Vorwort

Buchners Kompendium Politik – Neue Ausgabe ist ein kompaktes Unterrichtswerk für einen zeitgemäßen Politik- und Wirtschaftsunterricht. Basis der Konzeption ist ein stark ausgeweiteter Darstellungsteil, der das gesamte abiturrelevante Politikwissen vermittelt. Die Einbeziehung systematischer Informationstexte, die von den Schülerinnen und Schülern auch eigenständig erarbeitet werden können, strafft die Phase der Informations- bzw. Faktenvermittlung. Lehrerinnen und Lehrern dient das Kompendium gleichzeitig als Leitmedium für den Politikunterricht in der Oberstufe.

Jedes Kapitel beginnt mit der **Formulierung der im Kapitelverlauf zu erwerbenden Kompetenzen** und einer **Lernstandserhebung**. Der folgende **ausführliche** und **verständlich geschriebene Darstellungsteil**, bildet das notwendige **Sachwissen** – unterstützt durch ausgewiesene **Leitfragen** und spezifische **Arbeitsaufträge** – in anschaulicher Form ab. Im Anschluss folgt die Rubrik **Kompetenzen anwenden** mit ausgewählten vertiefenden und problematisierenden Materialien, die mithilfe spezieller **Aufgabenstellungen** zu einer lebendigen, diskursiven Auseinandersetzung mit der jeweiligen Thematik anregen und die **fachspezifischen Analyse-, Handlungs- und Urteilskompetenzen** der Schülerinnen und Schüler stärken. Exemplarisch ausgearbeitete **Methodenseiten** ergänzen den Darstellungs- und Materialteil, welche die **Methodenkompetenz** der Schülerinnen und Schüler intensiv schulen.

Dem Band liegt außerdem eine **CD-ROM** mit **349 ergänzenden Zusatzmaterialien** bei. Diese greifen die Thematik der jeweiligen Kompetenzen anwenden- und Methodenseiten auf und fördern im Sinne aktueller didaktischer Vorgaben einen nachhaltigen und zeitgemäßen Politikunterricht.

Neben der Aneignung politischen Basiswissens bietet Buchners Kompendium Politik – Neue Ausgabe so auch den Raum für die Einbeziehung aktueller politischer Ereignisse. Gerade in der Oberstufe des G8 erweist es sich als großer Vorteil, fundiertes Wissen zu allen potenziellen Abiturthemen in einem Band verfügbar zu haben. Aufgrund der umfassenden Darstellung der relevanten Themenfelder eignet sich das Kompendium gleichermaßen als **Arbeitsbuch** wie auch als **Nachschlagewerk**.

W0336876

Inhaltsverzeichnis

4 Das politische System der Bundesrepublik Deutschland

5 Die Europäische Union

6 Internationale Politik

Anhang

KOMPETENZEN

Am Ende dieses Kapitels sollten Sie Folgendes wissen und können:

- erläutern, wie man ein Mitglied der Gesellschaft wird
- an einzelnen Beispielen den sozialen Wandel in Deutschland erklären
- die Individualisierungstheorie als eine Theorie des sozialen Wandels beschreiben
- erläutern, was man unter sozialer Ungleichheit versteht und deren Dimensionen beschreiben
- beurteilen, inwiefern die Gesellschaft der Bundesrepublik durch soziale Mobilität gekennzeichnet ist
- einzelne Modelle sozialer Ungleichheit voneinander unterscheiden

1 Die moderne Gesellschaft in Deutschland

Karikatur: Plaßmann / Baaske Cartoons

Karikatur: Plaßmann / Baaske Cartoons

Aufgabe

Die Collage zeigt Ihnen einige Facetten der bundesdeutschen Gesellschaft und stellt gleichzeitig Aspekte des sozialen Wandels dar. Beschreiben und erläutern Sie diese.

1 Individuum und Gesellschaft

1.1 Soziales Handeln und der Prozess der Sozialisation

Leitfragen	Warum wird der Mensch als soziales Wesen bezeichnet?	Was beeinflusst unser Handeln?	Wie werden wir befähigt, in der Gesellschaft zu leben?	Was bedeutet der Begriff der „sozialen Rolle"?

Was prägt unser Verhalten?

Bedingungen sozialen Handelns

Im soziologischen Sinne werden wir nicht als Menschen geboren, sondern erst dazu gemacht. Uns werden zwar mit der Geburt alle lebensnotwendigen Anlagen mitgegeben, aber ohne unsere mitmenschliche Umwelt wären wir kaum überlebensfähig. Anders als andere Lebewesen erleben Menschen eine zweite, **sozial-kulturelle Geburt**, bei der sie ihre grundlegenden menschlichen Eigenschaften und Fähigkeiten ausbilden. Das neugeborene Kind ist auf andere Menschen angewiesen, die es pflegen und ernähren, mit ihm sprechen, sich ihm emotional zuwenden. Indem es zunehmend bewusst auf die Zuwendung reagiert, lernt es sozial – d.h. auf andere Menschen bezogen – zu handeln. Mit sozialem Handeln ist also ein Verhalten gemeint, für das wir uns bewusst entscheiden, das nicht instinktiv ist. Da es sich immer um einen wechselseitigen Vorgang handelt, spricht man auch von **sozialer Interaktion**.

Normen – festgelegte Regeln

Im Alltag beherrschen wir eine Vielzahl von sozialen Verhaltensweisen, ohne dass wir permanent darüber nachdenken müssen. Uns erscheint es als selbstverständlich, dieses oder jenes von anderen Menschen zu erwarten oder selbst so oder so zu handeln. Die Erwartungen an das Handeln von Menschen innerhalb einer Gesellschaft bezeichnet man auch als **soziale Normen**. Normen sind bestimmte Regeln, die von der Allgemeinheit anerkannt werden: Einander bekannte Menschen grüßen sich, bei Theateraufführungen und Konzerten verhält man sich ruhig usw. Alle diese Normen werden als selbstverständlich befolgt, ohne dass sie schriftlich fixiert sind. Der junge Mensch, der Schritt für Schritt in die eigene Kultur hineinwächst, übernimmt dabei die herrschenden Normen mehr oder weniger automatisch, ohne sie ausdrücklich lernen zu müssen.

Normen können zwischen verschiedenen Gesellschaften, aber auch innerhalb einer Gesellschaft von Gruppe zu Gruppe variieren und unterliegen einem historischen Wandel. Ein gutes Beispiel hierfür ist das Rauchen: War es in den 1950er Jahren gesellschaftlich noch vollständig aner-

Soziologie

„Soziologie bedeutet wörtlich übersetzt die kundige Rede (logos) über den Gesellen beziehungsweise Genossen (socius), einfacher ausgedrückt: über den Menschen als Gefährten anderer Menschen. Dem entspricht die Vorstellung von Soziologie als einer Gesellschafts- und Sozialwissenschaft, wobei unter Gesellschaft zunächst ganz einfach das *Beisammensein von Lebewesen* verstanden werden kann." (Alfred Bellebaum, Soziales Handeln und soziale Normen, Paderborn 1983, S. 7). Die Soziologie beschäftigt sich demnach mit dem gesellschaftlichen Verhalten und Handeln der Menschen, mit sozialen Gruppen und Institutionen, mit den gesellschaftlichen Strukturen und ihren Veränderungen und mit den Ideen von Gesellschaftsformen.

kannt und unproblematisch, in öffentlichen Räumen eine Zigarette anzuzünden, werden Raucher heutzutage auf Raucherzonen verwiesen. Die Trennung zwischen Raucher- und Nichtraucherzonen galt damals noch nicht als Norm. Viele Normen sind als Gesetze oder Verordnungen schriftlich fixiert und dadurch formalisiert. Ein solches Normensystem nennen wir **Recht**.

Werte

Von der Norm zu unterscheiden sind die **Werte**, kulturell verbreitete Vorstellungen von Wünschbarem, die als Grundprinzipien oder als Leitbilder der Handlungsorientierung dienen. Die Werte beinhalten die in einer Gesellschaft oder auch innerhalb einer bestimmten Gruppe anerkannten gemeinsamen Zielsetzungen. Man unterscheidet zwischen

- **moralischen** Werten (z.B. Treue, Wahrheit, Aufrichtigkeit, Gerechtigkeit),
- **religiösen** Werten (z.B. Gottesfurcht, Nächstenliebe),
- **politischen** Werten (z.B. Freiheit, Gleichheit, Toleranz, Frieden, Gemeinwohl),
- **ästhetischen** Werten (z.B. Schönheit, Kunst) und
- **materiellen** Werten (z.B. Wohlstand, Eigentum).

Werte entstehen nicht aus dem Nichts, vielmehr erwachsen sie einer Kultur und können sich, ähnlich wie auch die Normen, im Laufe der Zeit ändern. Ein Beispiel aus der Erziehung kann dies verdeutlichen: So erzog man die Kinder früher zu absolutem Gehorsam und Unterordnung, heute hingegen haben sich die Werte verändert und man erzieht sie zur Selbständigkeit und Verantwortungsübernahme.

Werte wirken innerhalb einer Gesellschaft aber keineswegs immer nur ordnend oder verbindend. Sie können auch Konflikte hervorbringen: Insbesondere in modernen Gesellschaften haben die Menschen häufig sehr unterschiedliche Ziele und orientieren sich an unterschiedlichen Werten. So können Werte den Zusammenhalt innerhalb einer Gruppe fördern, andere aber auch ausgrenzen.

Was bedeutet Sozialisation?

Der Sozialisationsprozess

Wie werden die Menschen zu dem, was sie sind? Wie werden sie ein Mitglied der Gesellschaft? Wie werden sie durch ihre Lebensbedingungen in ihrem Denken, in ihrem Handeln, in ihren Empfindungen beeinflusst? Wie lernen sie, sich von anderen zu unterscheiden, wie werden sie besondere und einzigartige Individuen? Für diese Fragestellungen steht der Begriff der **Sozialisation.**

„Der Ausdruck Sozialisation bezeichnet in sehr allgemeiner Weise das Hereinwachsen des Menschen in seine Gesellschaft, die Aneignung all der Kenntnisse und Fertigkeiten, der Wertmaßstäbe und Verhaltensregeln, die er braucht, um sich in der gesellschaftlichen Umwelt zurechtzufinden. Dieser Vorgang, auch ‚Vergesellschaftung‘ genannt, hat sein Schwergewicht während der Kindheit und des Jugendalters, wiederholt sich aber im Prinzip, wann immer jemand sich in einer neuen Position zurechtfinden muss.“

Peter Stromberger/Will Teichert, Einführung in soziologisches Denken, Weinheim/Basel 1978, S. 129

Sozialisation unterscheidet sich deutlich von dem pädagogischen Begriff der **Erziehung**, der vor allem die bewusst geplanten und zielgerichteten Bemühungen von Eltern und Lehrern meint, die Persönlichkeitsentwicklung eines Kindes zu beeinflussen. Der Prozess der Sozialisation schließt die Erziehung zwar mit ein, aber dem heranwachsenden Individuum wird nicht „beigebracht“, vielmehr eignet es sich die Welt an.

Phasen und Instanzen der Sozialisation

Die Sozialisation eines Menschen findet an unterschiedlichen Schauplätzen statt. Viele Personen und Organisationen sind daran beteiligt. Diese **Sozialisationsinstanzen** spielen unterschiedliche Rollen: Sie können sich bei der Sozialisation eines Menschen unterstützen, sich aber auch gegenseitig hemmen. Die wichtigsten Sozialisationsinstanzen sind neben der Familie die Gleichaltrigengruppe (peer-group), die Schule und die Medien. Gewöhnlich wird der Prozess der Sozialisation in drei Phasen unterteilt:

- die **primäre Sozialisation**: Herausbildung der Grundstrukturen der Persönlichkeit, Entwicklung von Grundmustern für soziales Verhalten. **Instanzen**: Eltern bzw. Familie, Kindergarten, Vorschule;
- die **sekundäre Sozialisation**: Erlernen von neuen und Weiterentwicklung bestehender Verhaltensweisen (Rollen). **Instanzen**: Schule, peer-groups, kirchliche oder berufliche Gruppierungen, Medien;
- die **tertiäre Sozialisation**: Weiterentwicklung im Berufs- und Privatleben („lebenslanges Lernen"). **Instanzen**: Berufsgruppen, politische Organisationen, Medien.

Die primäre Sozialisation wird als wichtigste Phase angesehen, weil in ihr alle entscheidenden Weichen für die spätere Entwicklung gelegt werden. Das Kind übernimmt Werte und Normen des Elternhauses, wobei die Vermittlung über die Sprache eine zentrale Rolle spielt. Da die Beziehungen zwischen Erwachsenen und Kindern i.d.R. asymmetrisch sind – d.h. die Kinder sind den Erwachsenen untergeordnet –, sammeln die Kinder in den **peer-groups** erste Erfahrungen mit gleichberechtigten Beziehungen. So verinnerlichen Kinder bis zum Eintritt in das Schulalter eine Vielzahl von Normen, Werten und Überzeugungen, wobei sie häufig auch ihre eigenen Vorstellungen, ihre spezifischen Normen und Werte entwickeln, die sie mit Gleichaltrigen teilen. Die Entscheidung, welche Normen und Werte in verschiedenen Situationen zu berücksichtigen sind, ist nicht immer leicht zu treffen. Die Fähigkeit, solche Entscheidungen zu treffen, ist jedoch zentral für das **Rollenhandeln** im Erwachsenenleben. Die Sozialisation in der peer-group ist auch wichtig für die Ausbildung einer **eigenen Identität**, die einen Menschen einmalig und unverwechselbar macht. Zum Ausdruck der Identität werden eine Reihe von Symbolen – z.B. Kleidung, Musik, Sprache – sowie symbolische Handlungen entwickelt.

Die Identität entwickelt sich heutzutage aber nicht mehr nur durch die Erfahrungen, die ein Mensch im direkten Zusammensein mit anderen macht, sondern auch in der Welt der Medien. Denn dort findet man eine Vielfalt an Identifikationsangeboten. So kann beispielsweise das Fernsehen die Internalisierung (Verinnerlichung) sozialer Normen und Werte fördern, indem es von den Kindern verlangt, das Wissen über Fiktion und Wirklichkeit, über Gut und Böse auch anzuwenden. Es kann auch dazu beitragen, bestimmte soziale Rollen (→ S. 12) kennen zu lernen und Rollenverhalten zu festigen. Darüber hinaus haben, so vermuten die Wissenschaftler, die digitalen Medien, und hier vor allem das Internet, Einfluss auf den Sozialisationsprozess und die Identitätsentwicklung. Insbesondere in den sozialen Netzwerken (z.B. Facebook) finden neue Formen der Gruppenbildung und des Austauschs statt. Aber entspricht das „digitale Ich", das die Menschen hier darstellen, auch dem „realen Ich"? Viele Wissenschaftler gehen mittlerweile davon aus, dass sich die meisten Nutzer in den sozialen Netzwerken nicht „verfremden" und ihre virtuelle auch mit ihrer realen Identität übereinstimmt.

peer-group

Def.: Soziale Gruppe von gleichaltrigen [Kindern und] Jugendlichen, in der das Individuum soziale Orientierung sucht und die ihm als Bezugsgruppe dient. Peer-groups haben eigene Werte, Einstellungen und Verhaltensweisen. Diese sind geprägt durch Unabhängigkeit von den Werten und Erwartungen der Erwachsenen. Peer-groups weisen jedoch eine starke Konformität gegenüber den Verhaltensnormen der eigenen Gruppe aus und akzeptieren die Führungsrolle von Meinungsführern.

Nach: Manfred Kirchgeorg, www.wirtschaftslexikon.gabler.de, 5.11.2012

Auch im **Berufsleben** werden die Menschen weiter sozialisiert. Jeder Eintritt in eine neue Funktion oder der Wechsel des Arbeitsplatzes erfordert die Aneignung weiterer Fähigkeiten oder Rollen. Der Sozialisationsprozess setzt sich somit das gesamte Leben hindurch fort. Dabei sind die Übergänge von einer Lebensphase in die andere von besonderer Bedeutung, wie z.B. Heirat oder Familiengründung. Die Sozialisation des Individuums wird entscheidend durch die **Gesellschaftsstrukturen** bestimmt. So gibt es in einer Gesellschaft unterschiedliche Sozialisationsmuster: Mädchen/Frauen und Jungen/Männer werden unterschiedlich sozialisiert, Kinder aus unteren sozialen Schichten anders als Kinder der Mittelschicht usw. Man spricht deshalb auch von einer **geschlechtsspezifischen** und **schichtspezifischen** Sozialisation.

Soziales Handeln

Soziale Rolle

Die moderne Soziologie geht davon aus, dass jeder Mensch innerhalb der Gesellschaft ganz bestimmte soziale Positionen einnimmt, so z. B. in der Familie, in der Schulklasse, im Berufsleben usw. Diese Positionen sind mit bestimmten Erwartungen verbunden, die sich allerdings nicht an das Individuum, vielmehr an die Position richten. Diese gebündelten Erwartungen nennt man **Rolle.**

Soziologische Rollentheorien wollen beschreiben, wie und warum Menschen ihr soziales Verhalten an den Erwartungen orientieren, die die Gesellschaft an sie heranträgt, wie gesellschaftlich vorgegebene Rollen erlernt, verinnerlicht, ausgefüllt und verändert werden. Der Begriff der Rolle hat mittlerweile auch Eingang in die Alltagssprache gefunden: Wir sprechen davon, dass „jemand aus der Rolle fällt" oder „keine Rolle mehr spielt", von einer eindeutigen „Rollenverteilung" innerhalb einer Organisation usw.

Rollenkonflikte

In den Sozialwissenschaften werden zwei Arten von Rollenkonflikten unterschieden. Man spricht von **Intrarollenkonflikten**, wenn einzelne Rollensegmente nicht vereinbar sind, d. h. wenn die Erwartungen unterschiedlicher Personengruppen an eine bestimmte Rolle gegensätzlich sind. Um einen **Interrollenkonflikt** handelt es sich, wenn die Erwartungen verschiedener Rollen einer Person in Konflikt miteinander geraten bzw. unvereinbar sind.

Habitus

Ein anderes soziologisches Modell, das versucht das Verhältnis des Menschen zu seiner Umwelt und sein Verhalten zu erklären, ist der Habitus. Damit sind Gewohnheiten, das Denken und Fühlen und das gesamte Auftreten, also auch der Lebensstil, die Sprache, Kleidung und (Essens-, Musik-, Kunst-)Geschmack usw. gemeint. Die Soziologen, die den Habitus-Begriff eingeführt haben, gehen davon aus, dass der Habitus **verinnerlicht** wird und ein Teil des eigenen Selbst, ja sogar des eigenen Körpers ist. Deshalb kann man den Habitus auch nicht ablegen. Er ist ganz stark abhängig von der sozialen Herkunft des Einzelnen.

Aufgaben

1. Erläutern Sie den Unterschied zwischen Werten und Normen sowie zwischen Erziehung und Sozialisation.
2. Erläutern Sie am Beispiel einer „Daily Soap", wie das Fernsehen als Sozialisationsinstanz fungieren kann.
3. Nennen Sie Beispiele für Intra- und Interrollenkonflikte.
4. Vergleichen Sie die beiden Konzepte Rolle und Habitus. Wo sind Unterschiede, wo Gemeinsamkeiten?

M Jugendzeit ist Schulzeit

Vereinfacht lässt sich sagen: *Die Jugendzeit in den modernen Industriegesellschaften ist zur Schulzeit geworden.* [...] Wegen der hohen Bedeutung, die hochwertige Schulabschlüsse haben, bestimmt die Sozialisationsinstanz Schule natürlich nicht nur den zeitlichen Tages-, Wochen- und Jahresrhythmus, sondern auch die soziale Orientierung. Die Schule ist der „Arbeitsplatz" der Jugendlichen, an dem sich über eine lange Spanne der Lebenszeit hinweg wichtige Gedanken und Planungsvorstellungen orientieren. [...] Aus [...] Interviews mit den 14- bis 21-jährigen Jugendlichen ergibt sich insgesamt das folgende Bild von der Schule als Sozialisationsinstanz:

- Die entscheidende Bestimmung der Aufgaben schulischer Bildung wird von der Mehrzahl der befragten Schülerinnen und Schüler [...] in der „Vorbereitung auf das spätere Leben" gesehen.

- Der Schule wird ein subjektiv nachvollziehbarer Sinn für die eigene Lebensplanung zugesprochen, soweit sie etwas für die Gestaltung und Bewältigung der Zeit nach der Schule, also einer ferneren Zukunft, leistet.

- Die gesellschaftliche Auslese- und Platzierungsfunktion der Schule wird von den Jugendlichen erkannt und auch für notwendig und legitim gehalten.

- Damit zusammen hängt ihre Einschätzung, dass das Abschlusszeugnis das eigentlich wichtige Resultat der Lernvorgänge in der Schule sei. Dem Abschlusszeugnis wird eine Art „Tauschwert" für den Eintritt in das „Leben nach der Schule" zugesprochen, das mit der Berufs- und Erwerbstätigkeit gleichgesetzt wird.

- Je nach Qualität des Abschlusszeugnisses verfügt man – so die Sichtweise der Jugendlichen – über eine mehr oder weniger gute Ausgangsbasis für den Eintritt in das Berufsleben [...].

- In der Schulzeit muss man sich als Jugendlicher nach diesem Interpretationsmuster unter Zurückstellung eigener Bedürfnisse und Interessen intellektuell trainieren lassen, um sich [...] eine geeignete Startposition für den Einstieg in den Beruf anzueignen.

Dieses Deutungsmuster ist bei der Mehrheit der Schülerinnen und Schüler verbreitet. Es zwingt die Schülerinnen und Schüler zu einer instrumentellen Sicht der Schule: Der Wert des schulischen Bildungsprozesses drückt sich demnach maßgeblich oder sogar ausschließlich in dem Wert des Abschlusszertifikats aus. Die Schüler bewältigen die Zumutungen einer instrumentellen Orientierung, indem sie die schulische Tätigkeit wie eine industrielle, quasi den Gesetzen von Lohnarbeit folgende, definieren und gestalten. Der Lohn ist für sie das Zeugnis mit seinem Tauschwert für vermeintlich erfüllendere Lebensbereiche.

Klaus Hurrelmann, Lebensphase Jugend, München 2005, S. 105ff.

Aufgaben

1. Bewerten Sie die These, wonach Jugendzeit Schulzeit ist. (M)
2. Inwieweit fühlen Sie sich persönlich durch die Sozialisationsinstanz Schule auf Ihr weiteres Leben vorbereitet? Begründen Sie Ihre Meinung.

1.2 Die Bedeutung von Gruppen

Leitfragen	Wodurch zeichnen sich Gruppen aus?	Welche Gruppentypen gibt es?	Welche Bedeutung haben Gruppen für den Einzelnen?

Merkmale von Gruppen

Die sozialen Gruppen sind die Bausteine der Gesellschaft. Sie sind soziale Gebilde, die immer dann entstehen, wenn sich mindestens zwei Menschen als Gruppe begreifen. Typische Merkmale einer sozialen Gruppe sind:

- **gemeinsame Interessen und Ziele**
- ein **gemeinsames Normen- und Wertesystem**
- unterschiedliche **aufeinander bezogene Rollen** und Positionen
- ein **„Wir-Gefühl"**.

Gruppentypen

- **Primärgruppen** werden durch gefühlsmäßige und persönliche Bindungen der Mitglieder zueinander charakterisiert. Die bedeutendste Primärgruppe ist die Familie, in der das Individuum seine grundlegenden sozialen Erfahrungen macht. Andere Beispiele sind die Nachbarschaftsgruppe oder die Clique.

- In den **Sekundärgruppen** sind die Beziehungen der Mitglieder zueinander stärker durch rechtliche und formale Regelungen bestimmt. Die sozialen Beziehungen sind unpersönlicher und zweckorientiert. Wir finden sie in Betrieben, Schulen und in Organisationen wie Gewerkschaften oder Parteien.

- **Formelle Gruppen** findet man überall dort, wo Menschen planvoll ein gemeinsames Ziel erreichen wollen, also insbesondere im beruflichen Bereich. Unternehmen oder auch andere Organisationen sind in erster Linie formal strukturiert.

- **Informelle Gruppen** bilden sich innerhalb der formellen Gruppen und Organisationen aufgrund persönlicher Zuneigung oder gemeinsamer Interessen. Diese Gruppen sind i. d. R. klein und dienen persönlichen Bedürfnissen (Kommunikation, Geselligkeit, Geborgenheit usw.), die in den Großgruppen nicht befriedigt werden können.

Gruppenrollen

Die Mitglieder einer Gruppe nehmen i. d. R. unterschiedliche gruppentypische Positionen bzw. Rollen ein. So gibt es z. B. Anführer, Beliebte, Mitläufer, Sündenböcke, Außenseiter. Man darf sich Gruppen aber nicht als statische Gebilde vorstellen – vielmehr befinden sie sich in einem stetigen Prozess der Veränderung, der Entwicklung oder des Konflikts. Man spricht deshalb auch von **Gruppendynamik**. Sie beschreibt die vielfältigen sozialen Interaktionen zwischen den Gruppenmitgliedern und wird durch mehrere Faktoren bestimmt (Größe, Zusammenhalt, Führung der Gruppe).

Gruppen grenzen sich von anderen ab. **Gruppengrenzen** haben die Funktion, Mitglieder innerhalb und Nichtmitglieder „draußen" zu halten. Diese Grenzen werden auch markiert oder durch Symbole dargestellt. Oft bildet sich innerhalb einer Gruppe ein spezielles Vokabular heraus, das ebenfalls zur Abgrenzung und zur Stärkung des „Wir-Gefühls" beiträgt. Daneben hilft ein „gemeinsamer Gegner", die Zusammengehörigkeit zu stärken. Sportgruppen funktionieren auf diese Weise, auch die häufig zu beobachtenden Rivalitäten von Dorfgemeinschaften im ländlichen Raum folgen diesem Prinzip. Die Mitgliedschaft in einer Gruppe muss für ihre Mitglieder aber nicht nur Geborgenheit bedeuten. Vielmehr erleben viele Menschen einen Gruppenzwang.

Aufgabe

Erläutern Sie die Merkmale sozialer Gruppen anhand konkreter Beispiele aus Ihrem Alltagsleben.

M 1 Das Asch-Experiment

Ein bekanntes Experiment, das den sog. Konformitätsdruck durch die Gruppe belegte, wurde 1956 von dem polnisch-amerikanischen Sozialpsychologen Solomon Asch (1907–1996) durchgeführt. Er wollte feststellen, was den Einzelnen dazu veranlasst, Gruppendruck nachzugeben oder ihm zu widerstehen.

Der Versuch:

Eine Strecke (in der Abbildung links) wurde auf eine Leinwand projiziert. Rechts davon wurden drei Vergleichsstrecken gezeigt. Die Versuchsperson sollte nun von den Strecken auf der rechten Seite die benennen, die in ihrer Länge derjenigen auf der linken Seite entspräche. (Die Unterschiede der Strecken auf der rechten Seite waren sehr eindeutig.) Der Versuch wurde natürlich mit unterschiedlich langen Strecken mehrmals wiederholt. Im Raum befand sich neben der einzelnen Versuchsperson noch eine Gruppe von „eingeweihten" Helfern des Versuchsleiters. Die Versuchsperson wurde in dem Glauben gelassen, dass es sich bei dieser Gruppe um weitere Versuchsteilnehmer handle. Alle Personen im Raum (Versuchsperson und Helfer des Versuchsleiters) wurden nun aufgefordert, ihre Urteile über die „richtige" Linie öffentlich abzugeben. Die instruierten Helfer gaben absichtlich als Antwort falsche Vergleichslinien an. Die Versuchsperson stand nun in der Situation, dass ihrem eindeutigen (richtigen) Sinneseindruck von der Gruppe der anderen einhellig widersprochen wurde. Die Versuchsperson stand nun unbewusst vor der Frage: Benenne ich meinen Sinneseindruck, von dem ich glaube, dass es der richtige ist, oder passe ich mich dem Gruppendruck an und wähle die falsche Vergleichslinie?

Ergebnisse:

Bei 12 Versuchswiederholungen
- passten sich ca. 75 Prozent der Testpersonen mindestens einmal dem falschen Urteil der Gruppe an;
- ließen sich ca. 25 Prozent der Testpersonen nicht von der Gruppe beeinflussen und verhielten sich nicht konform.

In Anlehnung an das Experiment wird die Anpassung an die Mehrheitsmeinung einer Gruppe auch „Asch-Effekt" genannt: Die Mehrheit der sich anpassenden Personen glaubte dem eigenen Urteil nicht und war unsicher, da die Mehrheit ja Recht haben müsste. Andere nahmen den Fehler wahr, wollten aber bewusst den Konflikt mit der Gruppe vermeiden.

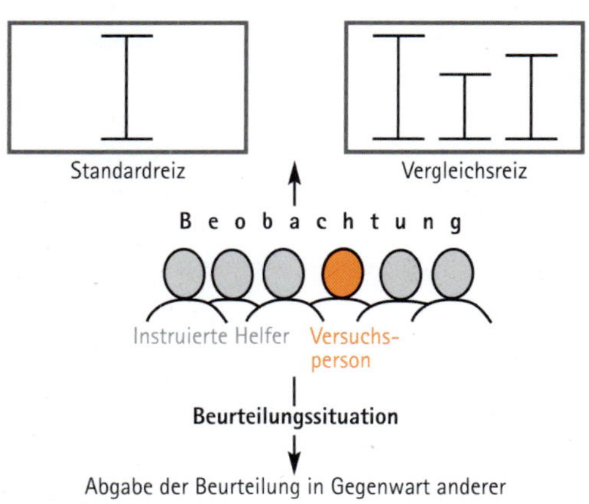

Nach: Alexander Thomas, Grundriss der Sozialpsychologie, Göttingen 1992, S. 97ff.

M 2 Das alltägliche Selbstsein und das Man

Ein fiktives Interview mit einem Philosophen aus der Schule Martin Heideggers (1889 – 1976).

Schüler: Herr Heidegger gehörte zu den bedeutendsten Vertretern der Existenzphilosophie. In seinem Hauptwerk *Sein und Zeit* hat er über das „Man“ geschrieben. Was ist darunter zu verstehen?

Philosoph: Heidegger unterscheidet zwei Weisen, wie wir als Menschen existieren: das eigentliche Selbstsein und die Existenzweise des Man. Die Art und Weise, wie wir alltäglich existieren, ist bestimmt durch das Man: Wir genießen und vergnügen uns, wie man genießt und sich vergnügt, wir urteilen über Literatur, Kunst und Musik, wie man urteilt, wir finden empörend, was man empörend findet, tun, was sich gehört usw.

Schüler: Heißt das, dass die Anderen über mein Leben bestimmen?

Philosoph: Richtig! In der alltäglichen Existenzweise sind wir gar nicht wir selbst, sondern leben so, wie Andere es vorgeben. Diese Anderen sind aber nicht bestimmte Andere, es könnte jeder Andere sein – deshalb hat Heidegger dafür den anonymen Ausdruck „Man“ geprägt. Indem ich so lebe, wie man lebt, trage ich dazu bei, dass sich die Macht des Man verfestigt. Das Man übt eine Diktatur aus, wie man leicht am Diktat der Mode erkennen kann, dem sich viele Menschen unterwerfen. Die Macht des Man zeigt sich darin, dass es um jede sich vordrängende Ausnahme wacht. Das heißt, wer sich nicht so verhält, wie man sich verhält, bekommt den Druck der Gruppe zu spüren.

Schüler: Gibt es eine Erklärung dafür, warum das Man so mächtig ist?

Philosoph: Was die Meisten tun, wird ja wohl auch für mich richtig sein. Indem ich mich danach richte, brauche ich keine eigene Entscheidung zu treffen, bin ich der Qual der Wahl enthoben. Und ich brauche auch keine Verantwortung zu tragen, denn wenn gefragt wird, wer für etwas Bestimmtes verantwortlich ist, kann ich immer sagen: die Anderen, denn ich habe nur getan, was sie getan haben.

Schüler: Und wie entkomme ich der Diktatur des Man?

Philosoph: Indem ich mich darauf besinne, was ich selber eigentlich will, und es gegebenenfalls gegen die Anderen durchsetze. Dadurch finde ich zu mir selbst.

Aufgaben

1. Erläutern Sie die Anordnung und das Ergebnis des Asch-Experiments. (M 1)
2. Definieren Sie vor dem Hintergrund des Experiments und M 2 den Begriff „Konformitätsdruck“.
3. Diskutieren Sie, inwiefern sich die Ergebnisse des Experiments, welches unter künstlichen Laborbedingungen stattgefunden hat, auf Alltagssituationen übertragen lassen.
4. Beurteilen Sie die Aussage des Soziologen F. Tenbruck zur Bedeutung der sozialen Gruppe: „Unsere Stellung in und zu der Gesellschaft als Ganzem bemisst sich nach unserer Zugehörigkeit zu ihren Gruppen. [...] Wer in keiner Gruppe Anerkennung, Zuneigung, Lob findet, beginnt an seinem Selbstwert zu zweifeln, mit eventuell schweren und dauernden psychischen Schäden.“

2 Aspekte gesellschaftlichen Wandels

2.1 Demografischer Wandel

Leitfragen	Welche Bereiche sind vom sozialen Wandel betroffen?	Welche Faktoren verursachen gesellschaftliche Veränderungen?	Durch welche Merkmale zeichnet sich die „moderne Gesellschaft" aus?	Wie könnten zukünftige Entwicklungen aussehen?

Geburten und Sterbefälle in Deutschland

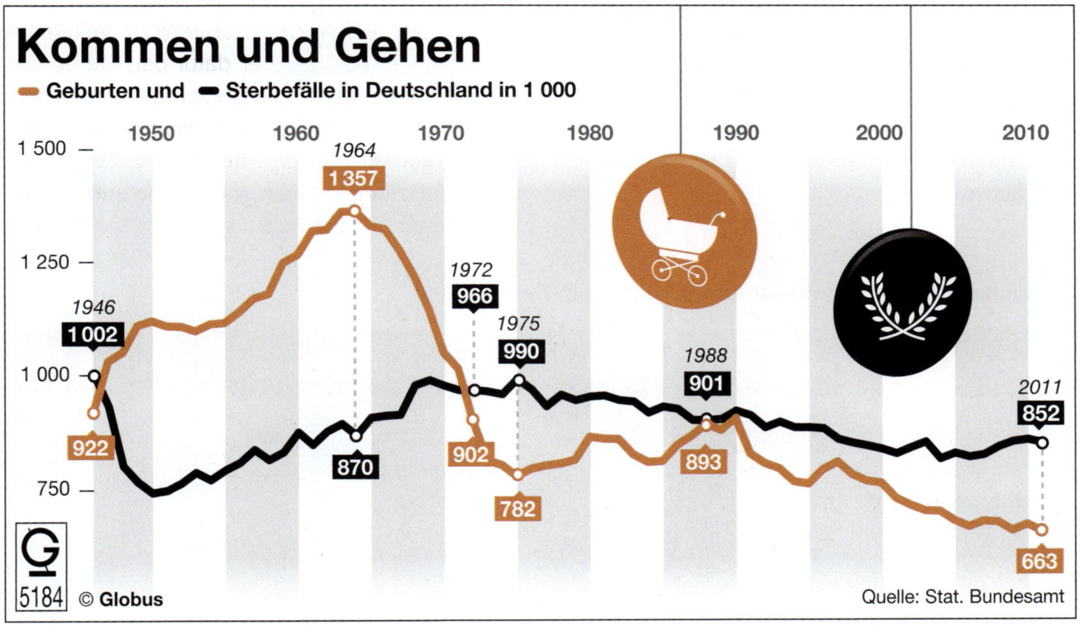

Bestimmungsfaktoren der Bevölkerungsstruktur

Spätestens seit dem Jahr 1998, als das Wort „Rentnerschwemme" zum Unwort des Jahres gekürt wurde, man immer häufiger von der „demografischen Zeitbombe" hören konnte, „Rentnerberge" prognostiziert wurden und der bevorstehende „Krieg der Generationen" angekündigt wurde, ist der **Wandel der Bevölkerungsstruktur** aus der öffentlichen Diskussion nicht mehr fortzudenken. Diese Schlagworte beschreiben die demografischen Veränderungen, die man nicht nur in Deutschland, sondern auch in vielen Gesellschaften Europas und Nordamerikas in ähnlicher Form feststellen kann. Diese Veränderungen betreffen drei Faktoren, welche die Bevölkerungsstruktur bestimmen:

- **Geburten** (generatives Verhalten: Geburtenzahlen, Anzahl der Kinder pro Frau);
- **Lebensdauer** (Lebenserwartung, Sterblichkeit);
- **Migration** (Zu- und Abwanderung).

Geburtenrückgang

Seit der Industriellen Revolution im 19. Jahrhundert sind die Geburtenraten in Deutschland und den meisten Industrienationen ständig gefallen. Unterbrochen wurde dieser historische Trend durch den sog. Baby-Boom, der unmittelbar auf die Folgen des Zweiten Weltkriegs zurückzuführen ist und in Westdeutschland Ende der 1950er Jahre ausbrach. Dieser dauerte bis zur Mitte der 1960er Jahre an („Pillenknick"). Seit über zwei Jahrzehnten hat Deutschland eine der **weltweit niedrigsten Geburtenraten** – und das, obwohl sich Umfragen zufolge mehr als 80 Prozent der bundesdeutschen Bevölkerung ein Kind wünschen. Die Ursachen für diese Entwicklung sind vielfältig (s. u.).

In der DDR lagen die Geburtenraten deutlich über den westdeutschen; mit dem Ende des sozialistischen Systems 1989/90 gingen die Geburtenziffern schlagartig zurück. Ähnlich verhielt es sich auch mit der Anzahl der Eheschließungen und Scheidungen.

Alterung der Gesellschaft

Der **Anstieg der Lebenserwartung** ist ein zweiter Trend, den man beim demografischen Wandel einbeziehen muss. Als Ursachen gelten

- der medizinische Fortschritt,
- die verbesserte Hygiene,
- die verbesserte Gesundheitsversorgung der Bevölkerung und
- die allgemeine Steigerung des Wohlstands.

Die durchschnittliche Lebenserwartung der Frauen liegt derzeit bei 82 Jahren und neun Monaten gegenüber 68,5 Jahren im Jahr 1950, die Lebenserwartung der Männer stieg im selben Zeitraum von 64 Jahre und fünf Monaten auf 77 Jahre und neun Monate. Die höhere Lebenserwartung der Frauen lässt sich nicht eindeutig erklären. Eine mögliche Ursache liegt im gesundheitsbewussteren Lebensstil, den Frauen eher als die Männer pflegen; aber auch Arbeitsbedingungen spielen bei der Lebenserwartung eine Rolle, üben Männer doch häufiger als Frauen gefährliche und körperlich belastende Berufe aus.

Mögliche Gründe für den Geburtenrückgang in Deutschland

Persönliche Gründe	Medizinische Gründe
▶ Erwerbstätigkeit und Emanzipation der Frau ▶ Gestiegener Bildungsgrad ▶ Lange Ausbildungszeiten ▶ Allgemeine Lebenslage ▶ Lebensstandard ▶ Fehlender Partner ▶ Zukunftseinschätzung ▶ Kind als Störung, Last ▶ Erfüllung des Kinderwunsches wurde zu lange herausgeschoben	▶ Empfängnisverhütung ▶ Alter (von Mann/Frau) ▶ Erkrankung
Politische Gründe	**Gesellschaftliche/wirtschaftliche Gründe**
▶ unzureichende staatliche Leistungen (Kindergeld, Elterngeld) ▶ unzureichende Kinderbetreuungsangebote (Kindergärten, Ganztagsschulen) ▶ Familienleitbild	▶ Steigerung der Lebensansprüche ▶ Hohe Kosten für Bildung und Ausbildung der Kinder ▶ Wohnungsgröße ▶ Geringes Familieneinkommen ▶ Arbeitslosigkeit

Nach: Wolfgang Wildfeuer/Wolfgang Beutel, Wochenschau Sekundarstufe I, Heft 3/4 2005, Sozialer Wandel, S. 105

Halten die beiden beschriebenen Trends an, so ist damit zu rechnen, dass es sowohl zu einer **Überalterung** als auch zu einer **Schrumpfung der Gesellschaft** in der Bundesrepublik kommen wird, die bereits heute Auswirkungen auf die sozialen Sicherungssysteme, auf das Zusammenleben der Menschen und auch auf den Arbeitsmarkt haben (→ Kap. 1.4).

- Der Anteil der jüngeren Menschen an der Gesamtbevölkerung nimmt ab, während der Anteil der Älteren und damit auch das Durchschnittsalter insgesamt steigen. Auch die Zuwanderung wird an dieser Entwicklung wenig ändern, zumal viele europäische Länder mit ähnlichen Problemen zu kämpfen haben. Für die Lebensplanung bedeutet die zunehmende Lebenserwartung, dass für das **Leben und Wohnen im Alter** zunehmend neue Modelle entwickelt werden müssen.

- Die Menschen werden länger Rente beziehen, die Anzahl der Pflegebedürftigen wird ansteigen. Das bedeutet **steigende Kosten für Gesundheitsversorgung und Alterssicherung.**

- Diese Entwicklung kann den **Generationenvertrag** erheblich belasten. Derzeit kommen 100 Erwerbstätige für die soziale Absicherung von 32 Rentnern auf, Schätzungen des Statistischen Bundesamts zufolge müssten sie im Jahr 2050 doppelt so viele über 67-Jährige versorgen. Deshalb wird in diesem Zusammenhang auch von einen möglichen Generationenkonflikt, von Verteilungskämpfen zwischen Jung und Alt gesprochen und mehr Gerechtigkeit für die jüngere Generation gefordert, damit diese nicht allein die Lasten dieser Entwicklung zu tragen hat.

- Das **Angebot an Arbeitskräften** wird sich deutlich **verringern** und ältere Arbeitnehmer werden einen größeren Anteil der Belegschaften in den Unternehmen ausmachen.

Viele Gesellschaftswissenschaftler zweifeln aber an diesen Prognosen, weil man heute überhaupt noch nicht absehen könne, wie sich die Bevölkerungsstruktur entwickle. Bevölkerungsprognosen seien nur Modelle, und unvorhergesehene Umstände könnten die Situation schlagartig ändern. So habe man in der Vergangenheit weder die Weltkriege noch die Entdeckung der Anti-Baby-Pille oder die Einwanderung von Arbeitsmigranten absehen können, und diese hätten die demografische Entwicklung der vergangenen 50 Jahre in Deutschland entscheidend geprägt.

Es werden in den gesellschaftspolitischen Diskussionen der jüngsten Zeit immer häufiger die Chancen betont, die mit dem demografischen Wandel verbunden sind, denn die längere gesunde und aktive Lebensspanne der Bevölkerung eröffnet nicht nur für die Wirtschaft zusätzliche Wachstumspotenziale, da viele Menschen auch im Alter noch arbeiten können und wollen. Der demografische Wandel wird sich auch auf die Siedlungsstrukturen und das Zusammenleben der Menschen auswirken, d.h. **Sozial- und Infrastrukturen** verändern sich nachhaltig. Gerade diese Entwicklung gilt es rechtzeitig zu erkennen und zu gestalten, denn sonst werden die „Schrekkensszenarien“ von entvölkerten Stadtteilen und verödeten Landschaften Wirklichkeit.

Reaktionen der Politik

Seit geraumer Zeit versucht die Politik, auf den gesellschaftlichen Wandel zu reagieren und die Veränderungen zu gestalten. Maßnahmen sind z.B.:

- Reform der Alterssicherung (Renten- und Pflegeversicherung, „Rente mit 67“, Förderung der Eigenvorsorge) (→ Kap. 1.4);
- Stärkere Anreize für die Familiengründung (Kindergeld, Ausbau der Kindergartenplätze, Steuerfreibeträge, Erziehungsurlaub, Elterngeld, flexiblere Arbeitszeitmodelle) (→ Kap. 1.2.4);
- Öffentliche Debatte und Aufklärung;
- Kontrollierte Zuwanderung (z.B. Zuwanderungsgesetz von 2005) (→ Kap. 1.2.5).

Generationenvertrag

Politische Bezeichnung für das Grundprinzip der gesetzlichen Rentenversicherung in Deutschland, dem zufolge immer der gerade (i.d.R. nicht-selbstständig) arbeitende Teil der Bevölkerung für die Rentenzahlungen an den nicht mehr arbeitenden Teil aufkommt, d.h., die im Laufe eines Erwerbslebens gezahlten Rentenbeiträge summieren sich nicht zu einem Kapitalstock, von dem die spätere Rente bezahlt wird, vielmehr wird durch die gezahlten Rentenbeiträge lediglich eine Anwartschaft auf Rentenzahlung erworben.

Klaus Schubert/Martina Klein: Das Politiklexikon – Begriffe, Fakten, Zusammenhänge. 5. aktualisierte und erweitere Auflage, Zentralen für politische Bildung, Bonn 2011

Der deutsche Lebensbaum

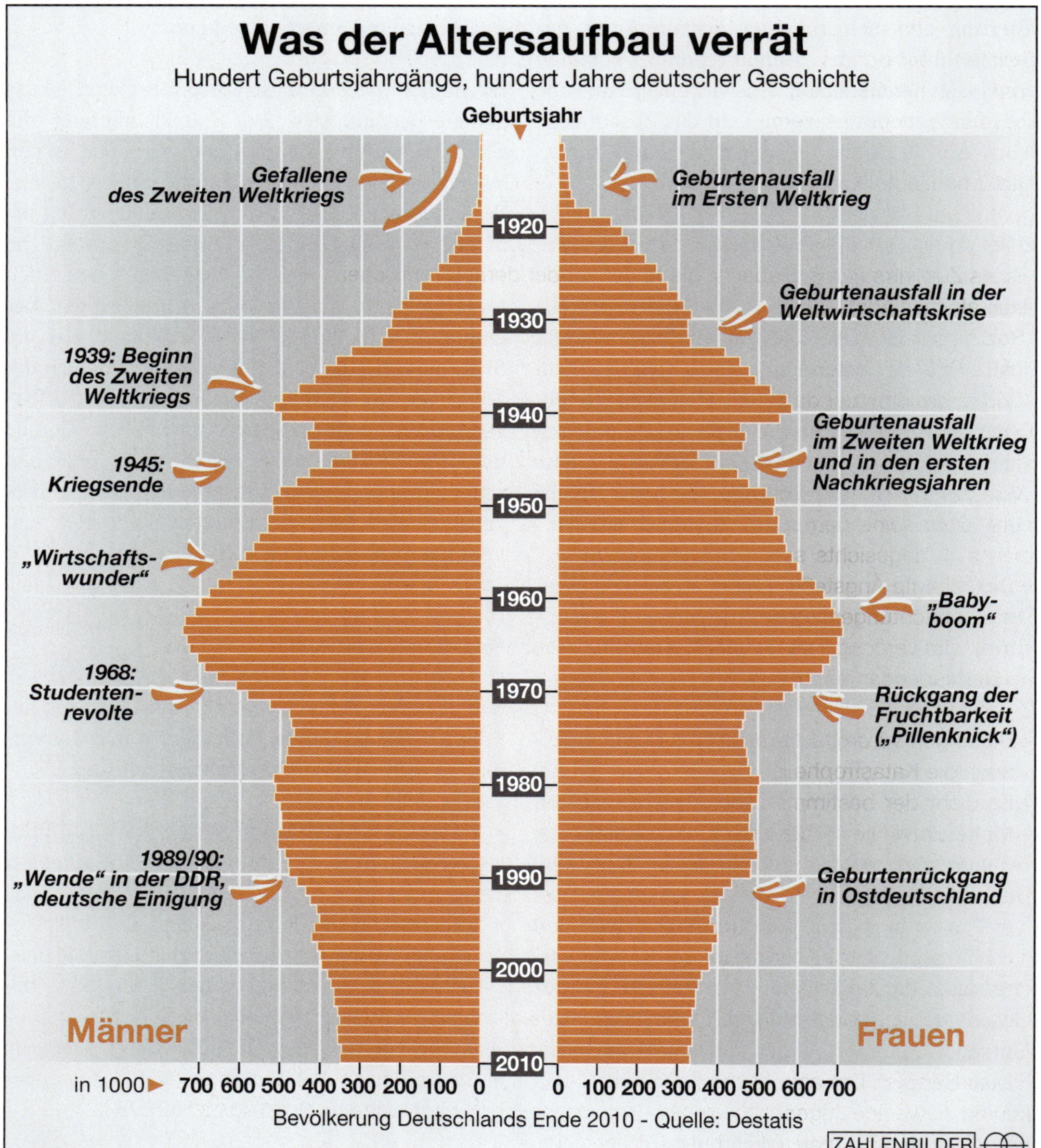

© Bergmoser + Höller Verlag AG

20 122

Aufgabe

Erläutern Sie drei Faktoren Ihrer Wahl, die für den demografischen Wandel in Deutschland mitverantwortlich sind.

M 1 Warum wir positiv in die Zukunft blicken können

Die Deutschen sterben aus, die Rente ist nicht sicher: Mit solch düsteren Ausblicken machen Politik und Wirtschaft den Menschen Angst – und rechtfertigen soziale Einschnitte in der Gegenwart. Wir sollten kritischer mit den Zukunftsprognosen umgehen, die uns da vorgelegt werden. Das zeigt auch ein Blick in die Vergangenheit.

Das Wort Demographie ist populär, vor allem, wenn es um Einschnitte ins soziale Netz geht. Dann wird es von Politikern, Wissenschaftlern und Unternehmern benutzt, um zu belegen, dass es keine Alternative zu dieser oder jener Kürzung gibt. Demographie gilt als Zukunftsthema. Dabei ist die Angst vor der demographischen Entwicklung viel älter, als man ahnt.

„Sozialstaat ist in der Sackgasse – wer zahlt morgen die Renten?", fragte zum Beispiel 1959 die österreichische *Neue Tageszeitung*. Konrad Adenauer prophezeite 1953 angesichts der damaligen Bevölkerungsentwicklung: „Dann sterben wir ja aus." Doch selbst Adenauer war nicht der Erfinder der Demographie-Angst. Schon 1932 schrieb der bekannteste Bevölkerungsforscher der Weimarer Republik unter dem Titel „Volk ohne Jugend – Geburtenschwund und Überalterung des deutschen Volkskörpers" über seine demographischen Berechnungen und Befürchtungen. Heute reibt man sich angesichts solcher Szenarien die Augen. Waren das nicht damals völlig unberechtigte Ängste? Wieso diese Angst vor Aussterben und Überalterung?

Die Beobachtungen zur alternden Gesellschaft waren in der Tat auch schon damals korrekt. Im vergangenen Jahrhundert stieg die Lebenserwartung um mehr als 30 Jahre. Der Jugendanteil reduzierte sich von 44 auf 21 Prozent. War 1900 noch fast jeder Zweite unter 20 Jahre alt, war es 2000 nur noch jeder Fünfte; der Anteil der über 65-Jährigen verdreifachte sich in der gleichen Zeit. Die Zahlen klingen katastrophal – doch die Katastrophe ist ausgeblieben. Offenbar war die demographische Entwicklung nicht der bestimmende Faktor des letzten Jahrhunderts. Wichtiger waren die enorme Entwicklung der Produktivität, die zunehmende Gesundheit der Älteren, die Wanderungen in einer mobilen Welt, die Zunahme der Bildung.

Doch dieser Blick in die Vergangenheit der Demographie ist nicht erwünscht. Denn wer ihn kennt, glaubt nicht mehr so leicht, dass soziale Einschnitte wie die Rente mit 67 oder Abstriche bei der Rentenhöhe, die Erhöhung der Krankenkassenbeiträge oder auch der angebliche Fachkräftemangel wirklich überwiegend demographische Gründe haben. Und auf der Suche nach anderen wichtigen Ursachen wird man leicht fündig.

Erstes Beispiel: Der angebliche Fachkräftemangel. Es heißt, dass es heute und auch künftig zu wenige Jugendliche gebe. Doch die heutigen Fachkräfte sind die Ausgebildeten der vergangenen Jahrzehnte. Und dort haben Verantwortliche Fehler begangen. Zwischen 1990 und 2005 wurde Hunderttausenden Jugendlichen die Ausbildung verweigert. Die Bertelsmann-Stiftung ermittelte im Jahr 2010 ungefähr 1,5 Millionen Betroffene zwischen 25 und 34 Jahren. Dieses Versäumnis wirkt also bis 2050 negativ auf dem Arbeitsmarkt. Sogar noch 2009 wurden Ausbildungsplätze reduziert und fertig Ausgebildete entlassen – wegen der Finanzkrise. [...]

Zweites Beispiel: Die Mär von den unbezahlbaren Renten. Die Antwort auf die bange Frage von 1959, wer wohl morgen die Renten bezahlen werde, fällt aus heutiger Sicht leicht: Die Produktivitätssteigerungen in der Wirtschaft erlaubten es, die Rentner materiell gut auszustatten, bei sinkenden Arbeitszeiten der Arbeitnehmer und einer ungeahnten Wohlstandssteigerung für fast alle. Mit diesem Wissen von der Vergangenheit können wir versuchen, uns der Zukunft rechnerisch zu nähern. Und das ganz ohne die vielen Unsicherheiten der offiziellen Bevölkerungsvorausberechnungen. [...]

Bürger, Politiker, Journalisten sollten kritischer mit den Zukunftsprognosen umgehen, die uns da vorgelegt werden. Die Prognostiker kennen die Zukunft auch nicht, sie rechnen Daten hoch. Leider manchmal mit versteckten und sogar dubiosen Annahmen. Was also wird bestimmend sein für die Zukunft des Landes und unseres Wohlstands? Neben der Bildung und der Verteilung des produzierten Reichtums beeinflussen sicherlich die Umweltschäden und die Finanzmärkte unsere Entwicklung. Dass Arbeitslosigkeit und niedrige Löhne zu Löchern in den sozialen Systemen führen, ist ebenfalls augenscheinlich. Bei all diesen wichtigen Themen scheinen die Regierenden in Wirtschaft und Politik aber nicht recht weiterzukommen. Vielleicht hören wir ja deshalb so viel über die angebliche demographische Bedrohung.

Zum Schluss: Wenn unsere Wirtschaft auch nur schwach weiter wächst, wenn gleichzeitig die Menschen in Deutschland weniger werden, was bleibt dann für jeden Einzelnen übrig? Ein größeres Stück Kuchen. Wenn nicht jemand vorher ein Stück vom Kuchen klaut.

Gerd Bosbach, Süddeutsche Zeitung, 2.1.2012

M 2 „Pößneck kommt zurück"

Die ostthüringische Stadt [Pößneck] will auf sich aufmerksam machen. Auf der entsprechenden Homepage werden Informationen über die Stadt eingestellt. Auch den Bewohnern selbst soll so ein positives Bild ihrer Heimat vermittelt werden, um sie im Ort zu halten. Die Initiative in Ostthüringen ist eine von vielen, mit denen Städte in ganz Ostdeutschland versuchen, die demografische Zeitbombe, die [ganz Deutschland] droht, zu entschärfen.

Eine weitere konkrete Maßnahme der Stadt: die Kampagne „In Jena studieren – in Pößneck wohnen". Mit einer Broschüre sollen Studenten angelockt werden. Ihnen wird das Wohnen in Pößneck mit Hinweisen auf Wohnungsangebote, Mietkosten und Fahrzeiten nach Jena schmackhaft gemacht werden. „Erste Erfolge stellten sich bereits ein", heißt es in einer Bilanz der Landesregierung für eine bundesweite Sammlung von „best practice-Beispielen", mit denen Abwanderung und Überalterung der Gesellschaft gegengesteuert werden soll. […]

Bei der Bewältigung des demografischen Wandels können die neuen Bundesländer Vorbild für Westdeutschland sein. Davon ist Patrick Kurth, der Sprecher der FDP-Bundestagsfraktion für den Aufbau Ost, überzeugt. „Die jungen Bundesländer sind geschult im politischen Umgang mit Umbruchsituationen und konnten viele Erfahrungen mit neuen Herausforderungen sammeln. Diesen Erfahrungsschatz sollten wir für ganz Deutschland nutzen", so der liberale Politiker.

Nach: Hartmut Kaczmarek, Thüringische Landeszeitung, 7.10.2011

Aufgaben

1. Stellen Sie dar, weshalb wir nach Ansicht des Sozialforschers Gerd Bosbach keine Angst vor der Zukunft haben sollten. (M 1)
2. Erläutern Sie, weshalb dennoch immer wieder von der „demografischen Bedrohung" die Rede ist.
3. Diskutieren Sie ausgehend von M 2 die Chancen für das Zusammenleben in der Gesellschaft, die der demografische Wandel mit sich bringen wird.

2.2 Familie und Pluralisierung der Lebensformen

Leitfragen	Was sind Merkmale und Funktionen der Familie?	Welche Faktoren haben den Wandel von Ehe und Familie beeinflusst?	Inwieweit hat sich die Bedeutung der Familie in den vergangenen Jahrzehnten verändert?	Ist die Familie ein Auslaufmodell?

Merkmale und Funktionen von Familien

Was ist überhaupt eine Familie? Früher war die Beantwortung dieser Frage einfach: Eine Familie ist ein Ehepaar, das zusammen mit seinen Kindern in einem gemeinsamen Haushalt lebt. In der vorindustriellen Zeit dominierte das Ideal der mehrere Generationen, Verwandte und auch familienfremde Personen umfassenden **Großfamilie.** Seit dem 18. Jahrhundert entwickelte sich die **bürgerliche Kleinfamilie** zum Leitbild. Im letzten Drittel des 20. Jahrhunderts haben sich die Familienformen grundlegend verändert. Bis zum Anfang der 1970er Jahre war die Kernfamilie, bestehend aus einem verheirateten Elternpaar mit zwei oder drei Kindern, weit verbreitet.

Heute sind die gesellschaftliche Wirklichkeit und mit ihr auch die Lebensformen viel komplexer geworden. Der soziale Wandel in Deutschland hat die Lebens- und Familienformen stark verändert. Die Familie übernimmt als besondere soziale Gruppe wichtige Aufgaben für die Gesellschaft.

Diese **Funktionen der Familie** sind in nahezu allen Gesellschaften und Kulturen gleich, auch wenn Familienformen von Gesellschaft zu Gesellschaft variieren und einem historischen Wandel unterliegen.

- Die Familie übernimmt die **Befriedigung emotionaler Bedürfnisse** durch Schutz und Geborgenheit sowie die Ausbildung des Selbstwertgefühls;

- Sie ist verantwortlich für die **Nutzung der Bildungschancen**;

- Die Familie regelt die **biologische Reproduktion** einer Gesellschaft und ermöglicht als primäre Sozialisationsinstanz, dass die Kinder den sozialen Ansprüchen und Erwartungen der Gesellschaft gerecht werden;

- Sie stärkt die **Solidarität zwischen den Generationen**;

- Sie ermöglicht ihren Mitgliedern die **soziale Platzierung**, d. h., die Familie sorgt dafür, dass ihre Mitglieder in dem komplizierten Netz der Rollen und Positionen innerhalb der Gesellschaft in der Lage sind, unterschiedliche Rollen zu übernehmen und diese auszufüllen. Darüber hinaus bestimmt die Familie in hohem Maße die soziale Position, die ein Mensch in der Gesellschaft einnimmt.

Familie und Lebensformen im Wandel

Der tiefgreifende Wandel von familiären und anderen Lebensformen umfasst folgende Aspekte:

- Geburtenrückgang,
- veränderte Rolle der Ehe und
- Pluralisierung der Lebensformen.

Die verringerte Geburtenrate geht einher mit dem Rückgang der Ehehäufigkeit und dem Anstieg der Scheidungsrate (mehr als jede dritte Ehe wird wieder geschieden). Nicht nur in Deutschland, sondern auch in vielen anderen westlichen Industriestaaten hat die Zahl der **nichtehelichen Lebensgemeinschaften** in den vergangenen 20 Jahren deutlich zugenommen. Die Eheschließung findet später statt und hat immer mehr mit der Erfüllung des Kinderwunsches und einer Schwangerschaft zu tun. Die Zunahme der nichtehelichen Lebensgemeinschaften muss aber auch im Zusammenhang mit strukturellen Veränderungen gesehen werden: Die Ausbildungszeiten insbesondere der Akademiker sind lang, der Arbeitsmarkt fordert immer mehr Mobilität, was die gemeinsame Lebensfüh-

Modell der bürgerlichen Familie

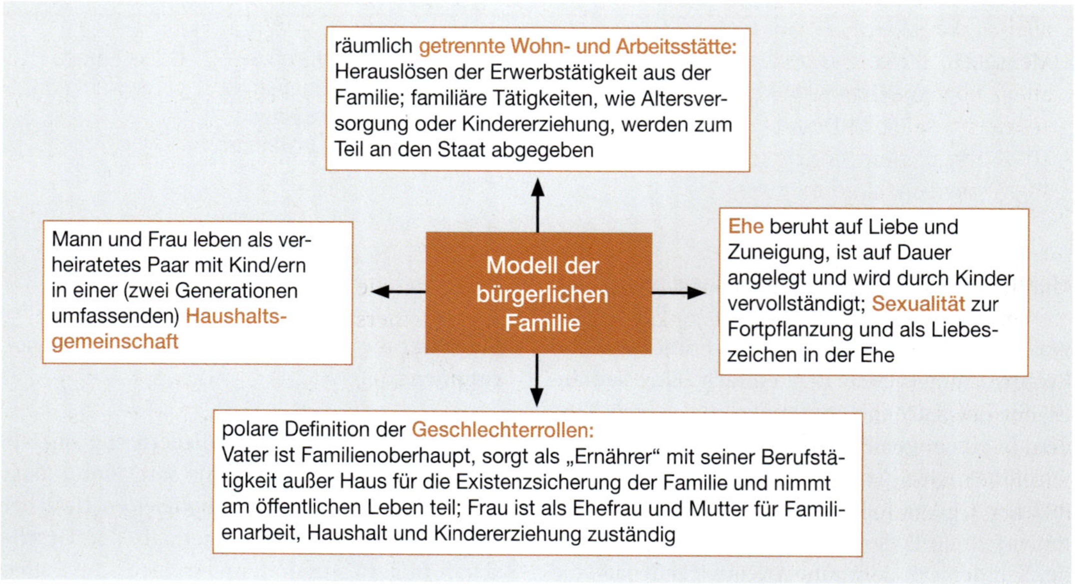

rung deutlich erschwert und häufig zu Wochenendbeziehungen führt.

Der **Anstieg der Frauenerwerbstätigkeit** seit dem Ende der 1960er Jahre hat Millionen von Frauen die finanzielle Unabhängigkeit gebracht und ist auch Ausdruck eines tiefgreifenden gesellschaftlichen **Wertewandels**, der die Einstellung zur Familie deutlich verändert hat. Die Familie ist ein Ort, der partnerschaftliche Beziehungen, Unabhängigkeit und Selbstentfaltung ermöglichen soll und die Selbstaufopferung der Frau für die Familie i. d. R. abgeschafft hat. An die Ehe werden dadurch immer neue und höhere Anforderungen gestellt. Sie wird häufig nicht mehr als eine Lebensgemeinschaft auf Dauer gesehen, sondern vielmehr als Lebensabschnittspartnerschaft. Die Ehe hat als Lebensform nicht an Bedeutung verloren, lediglich ist die Bereitschaft der Menschen geringer geworden, eine unglückliche Ehe weiterzuführen.

Neben der Ehe und dem „klassischen" Familienleben haben sich auf diese Weise vielfältige neue Formen des Zusammenlebens etabliert. Die Soziologen sprechen deshalb von der **Pluralisierung der Lebensformen.**

Es gibt

- Patchwork-Familien (zusammengesetzte Lebensgemeinschaften wie Stief- oder Fortsetzungsfamilien, freie Wohn- und Lebensgemeinschaften),
- Wochenendfamilien,
- gleichgeschlechtliche Lebensformen,

Lebensformen

Der Begriff der Lebensformen bezeichnet die verschiedenen Arten unmittelbaren Zusammenlebens von Menschen. Eine Lebensform ist die Zwei-Eltern-Familie ebenso wie die Ein-Eltern-Familie, das kinderlose Paar mit oder ohne Trauschein usw. Auch Arten des Nicht-Zusammenlebens, beispielsweise als Single, bezeichnet man als Lebensformen.

[...] interessant ist die Bestandsaufnahme der verschiedenen Lebensformen und ihrer Verbreitung, die wir unterteilt haben nach familialen Lebensformen und nicht-familialen Lebensformen.
Das Unterscheidungsmerkmal ist dabei das Vorhandensein von Kindern – der Soziologe redet immer dann von Familie, wenn mindestens ein Erwachsener und mindestens ein von diesem versorgtes Kind in die Lebensform involviert sind. Eine allein erziehende Mutter und ihr Kind sind in diesem Sinne eine Familie, ein kinderloses Ehepaar hingegen nicht.

Eng mit der Lebensform verbunden – allerdings nicht mit ihr identisch – ist der Haushalt. Einen Privathaushalt bilden Menschen, die in einer gemeinsamen Wohnung leben und gemeinsam wirtschaften.

www.schader-stiftung.de, 12.8.2008

- verheiratete und unverheiratete Paare mit getrennter oder gemeinsamer Wohnung,
- alleinerziehende Mütter und Väter sowie
- Menschen, die aus unterschiedlichen Gründen allein leben und häufig pauschal als Singles bezeichnet werden. In Deutschland waren im Jahr 2012 bereits rund 40 Prozent aller Haushalte sog. Einpersonenhaushalte.

Die Lebensformen neben der bürgerlichen Kernfamilie sind so vielfältig und häufig geworden, dass man sie längst nicht mehr als unkonventionell bezeichnet, auch wenn die Familie mit Kindern immer noch die relative Mehrheit der Lebensformen bildet. Abweichungen vom traditionellen Familienmodell finden sich überdurchschnittlich häufig in Großstädten und in höheren Bildungsschichten. Die Familiensoziologen beobachten seit einigen Jahren auch eine Zunahme der **multilokalen Mehrgenerationenfamilie.** Zu dieser Familienform gehören neben den Mitgliedern der Kernfamilie auch die Großeltern, die zwar nicht im selben Haushalt, aber in erreichbarer Nähe wohnen und sich um die Kinder kümmern, weil beide Elternteile berufstätig sind.

Auch die Politik hat auf die Pluralisierung der Lebensformen in Deutschland reagiert. 2001 wurde per Gesetz die Institution der **„eingetragenen Lebenspartnerschaft"** geschaffen. Im Februar 2013 hat das Bundesverfassungsgericht gleichgeschlechtlichen Paaren das volle Recht auf Adoption eingeräumt. Dieses Urteil erhöht den politischen Druck auf CDU/CSU, deren Ablehnung gegen die steuerliche und somit völlige Gleichstellung von homosexuellen Ehepaaren aufzugeben.

Lebensformen in Deutschland

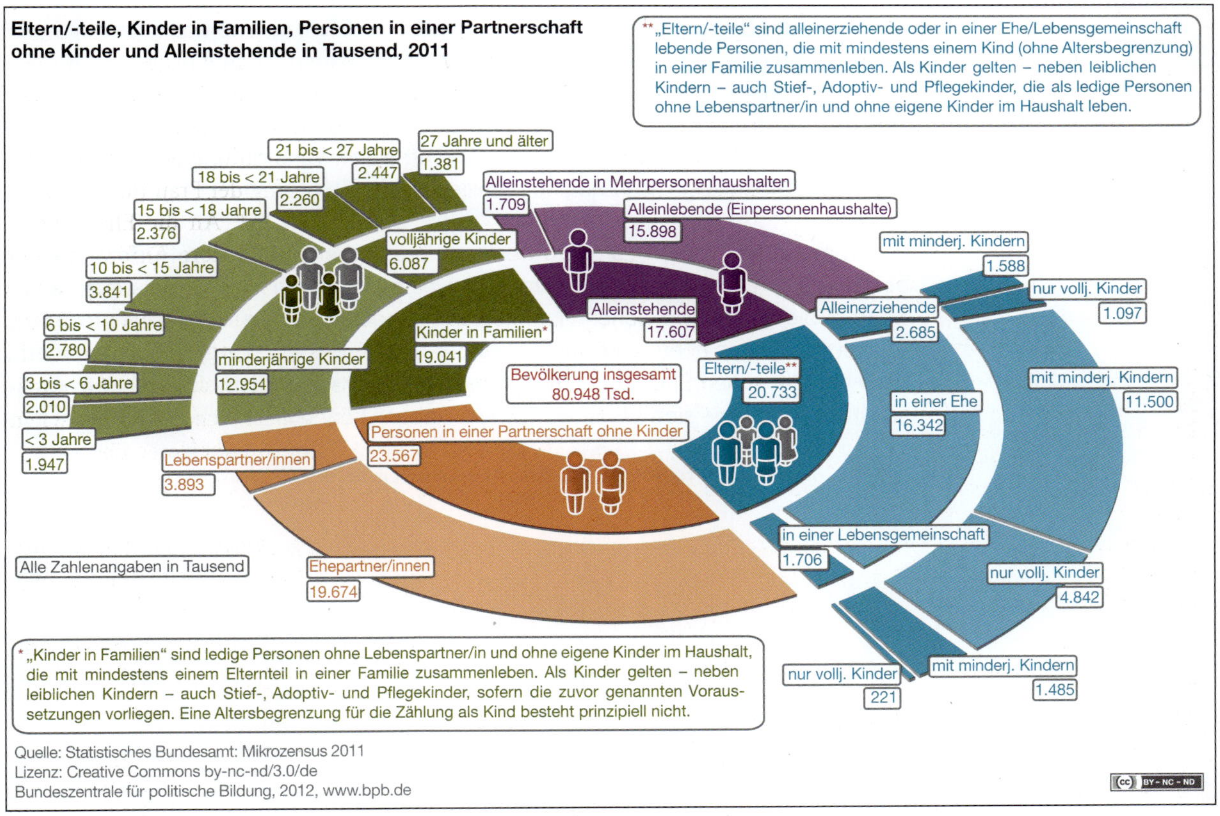

Aufgabe

Erläutern Sie Aufgaben und Funktionen, die die Familie innerhalb der Gesellschaft einnimmt.

M 1 Die Zukunft der Familie

Ehe und Familie – so die Diagnose in manchen wissenschaftlichen Abhandlungen und Medienberichten – befinden sich aufgrund des Anstiegs der Scheidungsraten, der hohen Zahl der nichtehelichen Lebensgemeinschaften, der Abnahme der Eheschließungen und Geburtenquoten sowie der wandelnden Rolle der Frau vor einem „Scheideweg“. Sie haben – so das Fazit – keine Zukunftschance mehr und werden als „Auslaufmodell“ apostrophiert. Andere Autoren teilen diesen Pessimismus, was die Zukunft von Ehe und Familie angeht, fordern aber alle gesellschaftlich relevanten Gruppen (vor allem Repräsentanten des Schul- und Bildungssystems, der Kirchen und der Politik) auf, dieser Entwicklung entgegen zu steuern. Nicht nur klammern sie sich an das bürgerliche Ehe- und Familienideal, sie sehnen sich auch nach der Einhaltung und Verfestigung traditioneller Werte und Familienformen [...]. Heute stehen diese jedoch zudem im Widerspruch zu anderen gesellschaftlich anerkannten Lebensidealen und -werten, z. B. zur Gleichberechtigung der Geschlechter, zur Aufhebung personenbezogener Abhängigkeiten und zur Freiheit individueller Entscheidungen.

Man darf sich von diesen düsteren Prognosen und einem nostalgischen Familienideal nicht irreführen lassen. Gestiegen ist in den letzten Jahrzehnten die Toleranz in weiten Teilen der Bevölkerung gegenüber alternativen Lebensformen und Lebensstilen [...], wie Umfragen immer wieder bestätigen. Doch diese liberalere Einstellung resultiert nicht etwa aus einer „Abkehr“ von Ehe und Familie. Nach wie vor stehen Ehe und Elternschaft, überhaupt das Familienleben, hoch im Kurs; ja, Ehe und Familie rangieren sogar an oberster Stelle der Lebensziele. Beide haben, anders als in den Medien häufig zu hören ist, in Deutschland nicht an Bedeutung eingebüßt. Verändert haben sich die Strukturen und die Erwartungen, die an sie gerichtet werden: Sie sind pluralistischer geworden und werden sich in Zukunft weiter verändern. Aber das bedeutet nicht den „Untergang“ von Ehe und Familie.

Wie immer man zu dem Lamento über „verlorene Werte“ und den Rückgang einer bestimmten Familienform stehen mag, für eine demokratische Gesellschaft ist es wichtig, die gesellschaftlichen Rahmenbedingungen (z. B. die Arbeitszeitstrukturen, die Infrastruktureinrichtungen für die Kinder- und Altenbetreuung) so zu verändern, dass die Menschen Ehe und Familie miteinander verbinden und sie in einer Partnerschaftsform, die sie sich selbst wünschen, „leben“ können.

Rosemarie Nave-Herz/Corinna Onnen-Isemann, Familie, in: Hans Joas, Lehrbuch der Soziologie, Frankfurt/M.-New York 2003, S. 307f.

M 2 Wie stehen Jugendliche zur Familie?

Jugendliche im Alter von 12 bis 25 Jahren

%-Angaben	Jungen	Mädchen
Man braucht eine Familie, um glücklich zu sein		
2002	60	75
2006	69	76
2010	71	81
Man kann alleine genauso glücklich sein		
2002	22	16
2006	20	15
2010	16	10

Shell-Studie 2010 – TNS Infratest Sozialforschung

Jugendliche im Alter im von 12 bis 25 Jahren (Angaben in Prozent)

	2006	2010
Man braucht eigene Kinder, um glücklich zu sein	43	44
Man kann ohne Kinder genauso glücklich sein	36	35
Man kann ohne Kinder glücklicher leben	5	3
Unentschieden	15	16

Fehlende zu 100 = keine Angaben

Shell-Studie 2010 – TNS Infratest Sozialforschung

Aufgaben

1. Erläutern Sie die Aufgaben der Familie. Welche erscheinen Ihnen am wichtigsten und warum?
2. Formulieren Sie in eigenen Worten eine Definition von Familie. Welche Kriterien sind für Sie wichtig?
3. Diskutieren Sie, inwiefern Kinderlosigkeit ein eher gesellschaftliches oder ein eher individuelles Problem ist.
4. Erörtern Sie, welche gesellschaftlichen Einflüsse zur Pluralisierung der Lebensformen geführt haben, und diskutieren Sie Vor- und Nachteile dieser Entwicklung.
5. Inwiefern finden Sie sich in den in M 2 dargestellten Befunden wieder? Führen Sie in Ihrem Kurs/in Ihrem Jahrgang eine Umfrage durch, die nach dem Stellenwert der Familie und nach Heirats- und Kinderwünschen fragt.
6. Ist die Familie ein Auslaufmodell? Diskutieren Sie diese Frage vor dem Hintergrund von M 1 und M 2.

2.3 Wandel der Geschlechterverhältnisse

Leitfragen

Welche Fortschritte in der Gleichberechtigung der Geschlechter wurden erreicht?

In welchen Bereichen sind Frauen noch immer benachteiligt und warum?

Rechtliche Verankerung der Gleichberechtigung

In Deutschland ist die **Gleichberechtigung der Geschlechter** als gesellschaftliches Prinzip in der Verfassung verankert. Art. 3 Abs. 1 GG schreibt fest: „Männer und Frauen sind gleichberechtigt." Das Grundgesetz wurde 1994 dahingehend ergänzt, dass die Förderung der „tatsächlichen Durchsetzung" der Gleichberechtigung von Frauen und Männern und die „Beseitigung bestehender Nachteile" zur **Aufgabe des Staates** erklärt wurde (Art. 3 Abs. 2 GG). Es dauerte aber noch bis zum Jahr 2006, bis ein Allgemeines Gleichbehandlungsgesetz (**Antidiskriminierungsgesetz**) vom Bundestag verabschiedet wurde. Dieses Gesetz hat zum Ziel, ungerechtfertigte Benachteiligungen aus Gründen der ethnischen Herkunft, des Geschlechts, der Religion, der Weltanschauung, einer Behinderung, des Alters oder der sexuellen Identität zu verhindern und zu beseitigen. So müssen z. B. Stellenanzeigen in Zeitungen so abgefasst werden, dass sich grundsätzlich jede Interessentin bzw. jeder Interessent auf die Stelle bewerben kann.

Anteil von Frauen auf verschiedenen Stufen der beruflichen Entwicklung

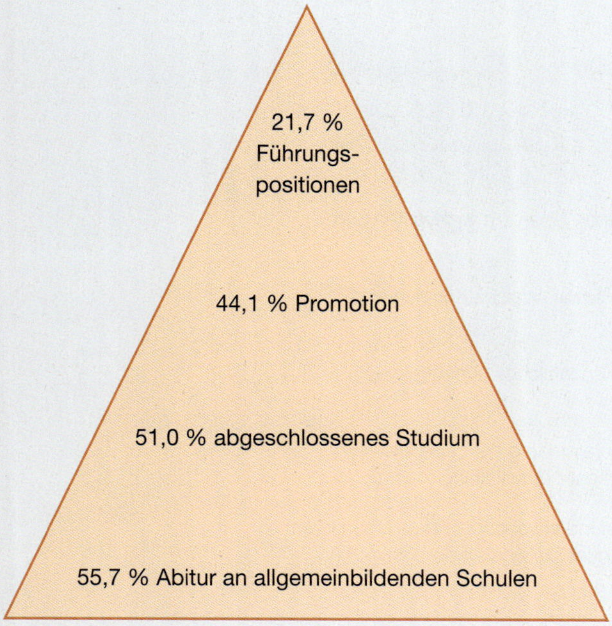

Nach: DIW, Statistisches Bundesamt

Bestehende Benachteiligungen

Trotz dieser rechtlich formalen Gleichberechtigung der Geschlechter erleben Frauen in vielen Bereichen der Gesellschaft nach wie vor deutliche Benachteiligungen. Obwohl Mädchen und junge Frauen ihre männlichen Altersgenossen bei den höher qualifizierten Schulabschlüssen überholt haben, können sie ihre besseren Bildungschancen vielfach nicht in bessere Berufschancen umsetzen. Die **Situation berufstätiger Frauen** ist oft gekennzeichnet durch

- schlechtere Arbeitsbedingungen,
- geringere Bezahlung,
- Arbeitsplätze mit niedrigerem Sozialprestige sowie
- ein höheres Armuts- und Arbeitsplatzrisiko.

Hinsichtlich der beruflichen Aufstiegschancen gilt nach wie vor: Je höher die berufliche Position und je höher das Gehalt sind, desto geringer ist der Frauenanteil. Auch wenn die Frauen zunehmend Leitungspositionen einnehmen, sind die meisten Führungsetagen in Wirtschaft und Verwaltung nach wie vor reine Männerdomänen. Selbst in den traditionell weiblich besetzten Berufssparten – etwa im Bildungs- und Gesundheitswesen – werden die meisten Führungspositionen von Männern ausgeübt.

Die **Ursachen** hierfür sind vielschichtig:

- Die **klassische Rollenteilung** in der Familie ist nach wie vor ein großes Hindernis für eine weibliche Karriere. Frauen tragen immer noch die Hauptverantwortung für Kindererziehung und Haushaltsführung und verzichten oft zugunsten der Familie auf eine berufliche Karriere.

- Auch infolge der oft **schwierigen Vereinbarkeit von Familie und Beruf** steigen viele qualifizierte Frauen vorübergehend aus dem Beruf aus oder wechseln in eine Teilzeitbeschäftigung, während ihre männlichen Altersgenossen Karriere machen.

- Die **Berufswahl** vieler Frauen verläuft weiterhin nach klassischen Mustern: Sie entscheiden sich nach wie vor häufig für „typisch weibliche" Ausbildungsgänge und Studienfächer, die traditionell oft gesellschaftlich weniger anerkannt und schlechter bezahlt sind als typische „Männerberufe".

Wandel der Rollenbilder

Trotz der häufig zu beobachtenden Festlegung der Geschlechter auf ihre traditionellen Rollen lässt sich beobachten, dass diese langsam in Bewegung geraten und Veränderungen vor allem im Selbstverständnis der Männer spürbar werden:

- Zunehmend begreifen auch Männer die Betreuung ihrer Kinder als persönliche Bereicherung und nehmen die Elternzeit für sich in Anspruch;

- Beide Elternteile teilen sich Haushalt und Kindererziehung und sind teilzeitberufstätig;

- Immer mehr Männer erkennen, dass die Gleichberechtigung der Geschlechter eine notwendige und positive Entwicklung für die gesamte Gesellschaft darstellt.

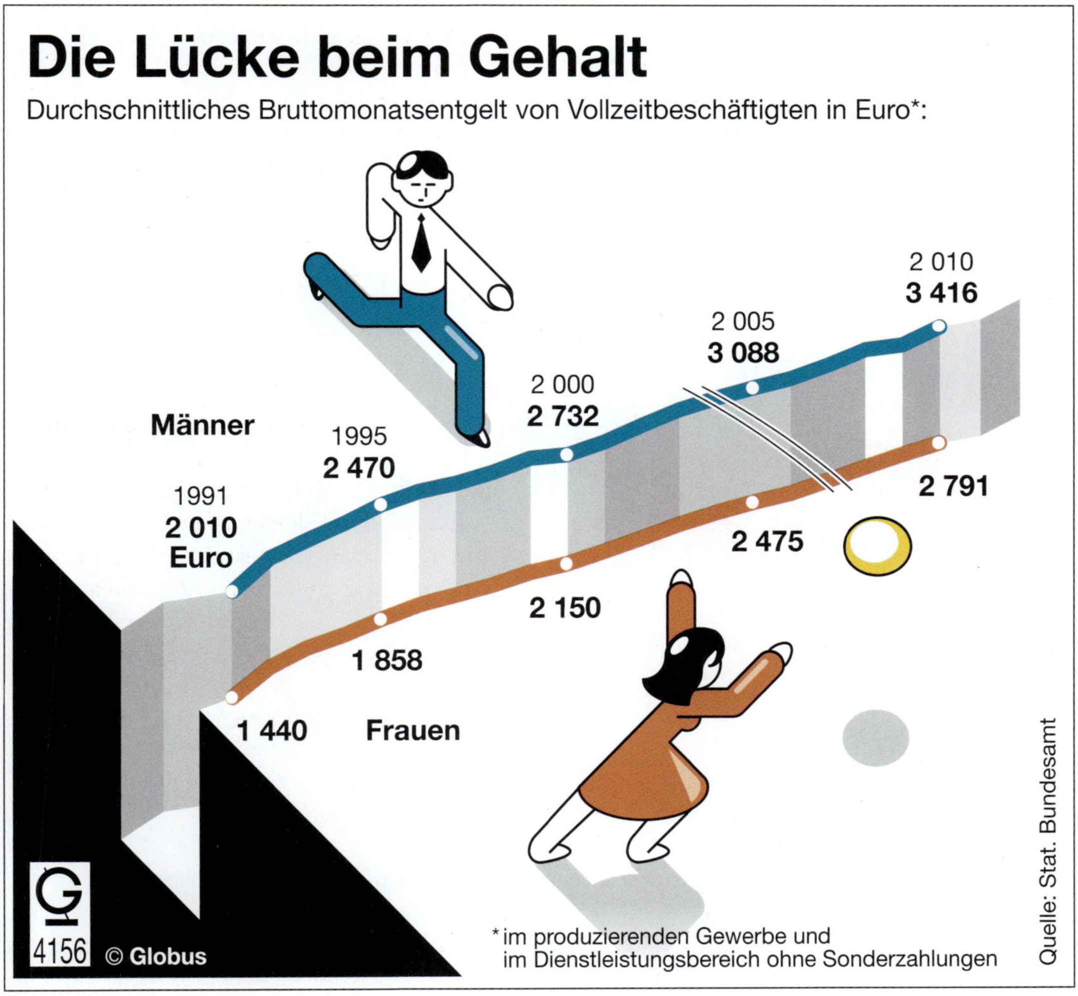

Diese Männer kämpfen aber häufig noch um Anerkennung und werden oft als Ausnahmen wahrgenommen, weil die traditionellen männlichen Lebensentwürfe nach wie vor dominieren. Sie machen nicht selten die Erfahrung, dass ihr „Abweichen“ von der traditionellen Rollenzuweisung mit Ausgrenzung und einem Karrierebruch einhergeht. Noch haben sich neue männliche Leitbilder gesellschaftlich nicht durchgesetzt.

Die Politik hat, wenn auch häufig nur zögerlich, auf die ungleichen Chancen der Geschlechter mit Gleichstellungsgesetzen und Frauenförderplänen reagiert, sodass zumindest im Staatsdienst die deutliche Unterrepräsentanz von Frauen mittlerweile rückläufig ist. Nach wie vor fehlt es aber in vielen Bereichen an einer zielgerichteten geschlechtergerechten Personalplanung.

Gender mainstreaming

Seit Ende der 1990er Jahre gibt es mit dem **gender mainstreaming** eine neue Strategie in der Politik für eine geschlechtergerechte Gesellschaft. Gender mainstreaming bedeutet, in alle Entscheidungssituationen die Perspektive des Geschlechterverhältnisses einzubringen und alle Entscheidungen im Sinne der Gleichstellung der Geschlechter zu fällen. Geschlechterpolitik meint also **Politik für Männer *und* Frauen** und das Verhältnis zwischen ihnen. Die Geschlechterrollen werden als historisch gewachsen und damit auch als politisch gestaltbar begriffen.

Nach dieser **Strategie** sollen alle Lebensbereiche „gender-gerecht“ gestaltet werden. So müssen beispielsweise Politiker bei der Förderung des Sports durch die Vergabe von Fördergeldern genau darauf achten, ob Angebote für beide Geschlechter gemacht werden, ob die unterschiedlichen Bedürfnisse beider Geschlechter berücksichtigt werden, ob es familiengerechte Angebote gibt usw.

Karikatur: Plaßmann / Baaske Cartoons

Aufgaben

1. Erläutern Sie mögliche Gründe, die zur Lohnungleichheit zwischen den Geschlechtern führen.
2. Stellen Sie den Wandel der Geschlechterrollen dar.
3. Interpretieren Sie die Karikatur.

Kontrovers diskutiert: Brauchen wir eine gesetzliche Frauenquote bei der Besetzung von Führungspositionen?

M 1 Pro Frauenquote

Es ist noch nicht lange her, da galt die Frauenquote als Teufelswerkzeug des Feminismus. Männer sahen ihre Macht und ihre Karrieren bedroht, Frauen hielten die Quote für einen Makel, der die persönlichen Verdienste schmälert. Aber inzwischen liegt Deutschland im Vergleich zu anderen Ländern in der Gleichstellung weit zurück. „Man muss jetzt richtig Feuer machen“, sagt [Bundesministerin] von der Leyen. Erst wenn jeder Dritte eine Dritte ist, ändert sich die männlich dominierte Unternehmenskultur, dann könnten Frauen ihre Stärken entfalten und andere nachziehen. Das haben viele Studien ergeben.

Aber wie? Vorbild ist das Musterland Norwegen, wo schon 2003 eine 40-Prozent-Marke für die Aufsichtsräte aller börsennotierten Unternehmen per Gesetz beschlossen wurde, die bis 2008 erfüllt sein müsste. Und siehe da, das Land existiert noch. Insgesamt hat sich die Zahl der Frauen in den Aufsichtsräten in den letzten acht Jahren von 200 auf rund 1.000 erhöht. Und auch in den Unternehmen, die von der Quote nicht betroffen sind, ist der Anteil der Frauen in den Räten um knapp 30 Prozent gestiegen. [...]

Genau wie in Frankreich gibt es in Spanien eine Quote von 40 Prozent für Aufsichtsratgremien, die bis 2015 erfüllt sein soll. Und in den Niederlanden ist ein Gesetz in Vorbereitung, das eine 30-Prozent-Quote für Aufsichtsräte und Vorstände vorsieht. [...]

Die Quote soll eine Erste-Hilfe-Maßnahme sein für eine Gesellschaft, die zulange an schematischen Rollenvorstellungen festgehalten hat.

Susanne von Beyer/Claudia Voigt, Der Spiegel 5/2011, S. 61

M 2 Kontra Frauenquote

Nur vier von 100 Vorständen in den größten [deutschen] börsennotierten Unternehmen sind weiblich. Dabei haben die Frauen hierzulande die Männer bei der Bildung längst hinter sich gelassen. Diesen Megatrend hat die hiesige Wirtschaft über viele Jahre hinweg verschlafen. Doch allmählich spricht sich herum, dass angesichts des Fachkräftemangels solche Ignoranz gefährlich ist. Kein Betrieb kann es sich leisten, auf die Hälfte der Talente zu verzichten. Und auch die Kundschaft ist in vielen Branchen zu einem großen Teil weiblich. Kein Wunder, dass laut Studien Unternehmen, deren Spitze geschlechtergemischt ist, erfolgreicher wirtschaften. Immerhin tut sich auch in deutschen Konzernen etwas. Im vergangenen Jahr wurden mehr weibliche Vorstände berufen als je zuvor. Einige Unternehmen wie die Deutsche Telekom haben sich interne Quoten gesetzt, andere knüpfen die Boni ihrer Führungskräfte an die Frauenförderung. Den Quotenverfechtern reicht jedoch das Tempo, mit dem die Frauen an die Spitze marschieren, nicht aus. Statt darauf zu vertrauen, dass die Marktkräfte fortschrittliche Unternehmen belohnen und auf diesem Weg automatisch eine Beschleunigung bewirken, wollen die Politiker mit der gesetzgeberischen Brechstange die Gleichstellung jetzt und hier durchsetzen.

Doch eine Einheitsquote für alle Betriebe und Branchen wäre fatal. Im Maschinenbau, der Stahlbranche oder in der Autoindustrie gibt es sicherlich hoch qualifizierte karriereorientierte Frauen. Aber die Zahl männlicher Bewerber für Topposten ist hier doch sehr viel höher. Wer in den Vorstand berufen wird, verfügt üblicherweise über Jahrzehnte Berufserfahrung. Und nur die ganz wenigen, die sich bei dem stetigen Ausleseprozess immer wieder durchsetzen, gelangen schließlich ganz nach oben. Frauen können das ebenso wie Männer. Doch die hiesigen Unternehmen haben es in der Vergangenheit schlichtweg versäumt, weibliche Mitarbeiter genauso als potenzielle Führungskräfte aufzubauen wie deren männliche Kollegen. Das muss man der Wirtschaft vorwerfen, aber es ist nicht mehr zu ändern. Die Aufstiegschancen heutiger Berufsanfängerinnen sind ungleich größer als die ihrer Vorgängerinnen – und zwar auch ohne Quote. Die Demografie ist der stärkste Verbündete, den die Frauen haben. In den vergangenen Jahren, in den Zeiten der Massenarbeitslosigkeit, konnte man sie an den Rand des Arbeitsmarktes drängen. Künftig aber werden sie in der Wirtschaft dringend gebraucht und können deshalb selbstbewusst Forderungen stellen.

Dorothea Siems, Die Welt, 8.3.2012

Aufgaben

1. Untersuchen Sie Beispiele für Geschlechtergerechtigkeit bzw. -ungleichheit in Ihrem eigenen Umfeld, z. B. in Ihrer Schule.
2. Entwickeln Sie Beispiele, wie gender mainstreaming im Bereich der Schule aussehen könnte.
3. Eine weitere Möglichkeit zur Förderung von Geschlechtergerechtigkeit im öffentlichen Leben wird in der Einführung von Frauenquoten gesehen. Diskutieren Sie Chancen und Grenzen von Frauenquoten.
4. **Projektvorschlag:** Männer- und Frauenbilder in der Werbung – zurück zum alten Klischee?
5. In jüngster Zeit wird das männliche zunehmend als das „schwache Geschlecht" bezeichnet: Jungen leiden häufiger als Mädchen unter psychischen Störungen, sind schlechter in der Schule, neigen eher zu Aggression und Gewalt. Daher wird immer häufiger eine stärkere Jungenförderung eingefordert. Wie beurteilen Sie diese Forderung?
6. Diskutieren Sie die unterschiedlichen Ursachen, die in den Texten für den ungleichen Karriereerfolg von Männern und Frauen angegeben werden. Wo stimmen Sie zu, welche Argumente erscheinen Ihnen problematisch? (M 1, M 2)
7. Erarbeiten Sie die Argumente, die für die Einführung einer gesetzlichen Quote sprechen, ergänzen Sie diese durch eigene/weitere und führen Sie im Anschluss eine Pro-Kontra-Diskussion (vgl. S. 304) zum Thema. (M 1, M 2)

2.4 Der Staat und die Familie

Leitfragen	Inwiefern ist Familienpolitik Aufgabe des Staates?	Wer ist für familienpolitische Fragen zuständig?	Was sind Leistungen des Staates für Familien?	Wie sehen neuere Entwicklungen in diesem Bereich aus?

Familienpolitische Aufgaben des Staates

„Ehe und Familie stehen unter dem besonderen Schutze der staatlichen Ordnung", heißt es in Artikel 6 des Grundgesetzes. Aus dieser besonderen Verantwortung des Staates gegenüber der Ehe und Familie leitet sich die **staatliche Familienpolitik** ab. Allgemein versteht man darunter alle politischen Aktivitäten, die dem Schutz und der wirtschaftlichen sowie sozialen Förderung der Familie dienen. Familienpolitik wird auch als **Querschnittsaufgabe** bezeichnet, weil sie kein abgegrenztes Politikfeld ist und wirtschafts-, sozial-, bildungs- sowie wohnungsbaupolitische Themen aufgreift. Aufgrund des föderalen Staatsaufbaus „teilen" sich Bund, Länder und Gemeinden die **familienpolitischen** Aufgaben bzw. ergänzen sich in manchen Bereichen.

Seitens des Bundes ist das Ministerium für Familie, Senioren, Frauen und Jugend (BMFSFJ, gegründet 1953) für Familienpolitik zuständig. In den Ländern und Kommunen sind damit die Länderministerien, kommunale Beratungsstellen, Kirchen und Sozialverbände betraut. Zu den primären familienpolitischen Aufgaben des Bundes zählen beispielsweise:

- die Zahlung von Kindergeld, Erziehungsgeld, Elterngeld, Betreuungsgeld;
- die Gewährung von Kinderfreibeträgen sowie des Familien- bzw. Ehegattensplittings in der Steuergesetzgebung;
- die Gewährung und Finanzierung der sog. „Vätermonate";
- die Regelung des Kündigungsschutzes für Mütter in der Schwangerschaft und Eltern in der Elternzeit im Arbeitsrecht;
- Anerkennung von Kindererziehungszeiten bei Berechnung der Rente;
- die Zahlung von Leistungen nach dem Bundesausbildungsförderungsgesetz (BAföG).

Länder und Gemeinden sorgen u.a. für:

- Wohnungsversorgung und Gestaltung eines kinder- und familiengerechten Wohnumfeldes;
- Kinderkrippen und Kindergärten;
- Schulen und Ganztagseinrichtungen;
- öffentliche Spielplätze und Sportstätten;
- Beratungs- und Hilfseinrichtungen für die erziehenden Eltern und Kinder sowie Jugendliche.

Aufgrund der unterschiedlichen Regelungen in den Bundesländern kommt es insbesondere bei der Versorgung mit Kinderbetreuungseinrichtungen zu regionalen Unterschieden. So gibt es in den östlichen Bundesländern deutlich mehr Krippenplätze als im Westen.

Entwicklungen in der Familienpolitik

War die Familienpolitik in den ersten drei Jahrzehnten der Bundesrepublik noch eindeutig am „männlichen Ernährermodell" orientiert, ist sie seit ca. 30 Jahren stärker auf die Vereinbarkeit von Familie und Beruf ausgerichtet. So wurde im Laufe der Zeit z.B. ein Mutterschutzurlaubsgeld (1979) eingeführt, das im Jahr 1986 durch das Erziehungsgeld, welches formal beide Elternteile in Anspruch nehmen konnten, abgelöst. Die geringe Höhe von nur 600 DM verhinderte aber eine Inanspruchnahme durch die Männer, da diese i.d.R. die Haupternährer und besser Verdienenden waren. Im Jahr 2007 wurde von der Großen Koalition unter Angela Merkel (2005–2009) schließlich das Elterngeld eingeführt, das bis 67 Prozent (max. 1.800 Euro) des zuvor erhaltenen Nettolohns ersetzt. Diese Lohnersatzleistung können Eltern bis zu 14 Monate lang beziehen. Auch Familienernährer können zur Erziehung der Kinder nun die Berufstätigkeit unterbrechen. Darüber hinaus soll die Kinderbetreuung in Kindergärten, Krippen und Tagespflege weiter ausgebaut werden.

Bereits vor der Einführung des Elterngeldes, im Zuge der „Nachhaltigen Familienpolitik" unter der rot-grünen Regierung Gerhard Schröders (1998 – 2005), wurde die Politik neu ausgerichtet. Familienpolitik wurde fortan nun auch betrieben, um die Geburtenzahlen zu erhöhen. Die Förderung einer partnerschaftlichen Arbeitsteilung in den Familien und die Änderung des Rollenverständnisses waren allerdings weniger beabsichtigt.

Das Elterngeld zeigte rasch Wirkung: So bezogen im Jahr 2010 schon 25,3 Prozent der Väter der in diesem Jahr geborenen Kinder Elterngeld und unterbrachen für zumindest zwei Monate (die vom Gesetzgeber geforderten „Partnermonate") die Berufstätigkeit, um im ersten Lebensjahr der Kinder Elternzeit zu nehmen. Volle gesellschaftliche Anerkennung erfahren die „Vätermonate" aber noch nicht. Die Frauen wiederum kehren nun früher, i. d. R. bereits nach einem Jahr, in den Beruf zurück, wenn sie zuvor berufstätig waren. Ein wesentliches Ziel, nämlich die Erhöhung der Geburtenzahlen, ist hingegen durch die Einführung des Elterngeldes nicht erreicht worden (→ Kap. 1.2.1).

Ob sich ein weiteres, hoch gestecktes familienpolitisches Ziel, der Rechtsanspruch auf einen Krippenplatz für jedes Kind zwischen einem und drei Jahren, jemals umsetzen lässt, ist ebenfalls zweifelhaft. Denn viele Familienpolitiker – insbesondere in der CSU – sehen darin eine Bevormundung der Familien. Deshalb wollen sie Eltern lieber ein Betreuungsgeld (ab 2013 für Kinder im 2. Lebensjahr 100 Euro monatlich; ab 2014 für Kinder im 2. und 3. Lebensjahr 150 Euro pro Monat) bezahlen, wenn diese ihren Nachwuchs zuhause betreuen. Im Vorfeld der Einführung des Betreuungsgeldes ist ein erbitterter politischer und gesellschaftlicher Streit entbrannt, der sich quer durch die politischen Lager zieht. Kritiker befürchten, dass insbesondere Eltern aus sozial schwachen Familien lieber das Betreuungsgeld in Anspruch nehmen und auf die wichtige Betreuung und Förderung ihrer Kinder in den Krippen verzichten könnten. Andere sehen im Betreuungsgeld eine „Herdprämie", die die Frauen wieder aus der Berufstätigkeit drängt und die zögerlich begonnene partnerschaftliche Arbeitsteilung in der Familie aufheben könnte.

Familienpolitik hat noch weitere Dimensionen. Auch wenn Ehe und Familie unter dem besonderen Schutz des Staates stehen, erkennt das Grundgesetz die „Pflege und Erziehung der Kinder" als das „natürliche Recht und die wichtigste Pflicht der Eltern" an (Art. 6 Abs. 2 GG). Einerseits wird so die **Familie vor Eingriffen des Staates geschützt** und den Eltern bleibt es freigestellt, wie sie ihre Kinder erziehen. Andererseits „wacht die staatliche Gemeinschaft" (Art. 6 Abs. 2 GG) über die Erziehungstätigkeit der Eltern.

Die kommunalen Jugendämter, denen diese Aufgabe in erster Linie obliegt, bieten dazu Beratung, Hilfe und Unterstützung an. Sie sind aber vor allem in jüngster Zeit vermehrt in die Kritik geraten, weil immer häufiger Fälle misshandelter, psychisch-sozial verwahrloster und getöteter Kinder in der Öffentlichkeit bekannt wurden. Hier wird immer wieder die Frage gestellt, ob „Vater Staat" in diesen Fällen nicht versagt habe, weil man die Kinder nicht von den Eltern getrennt hat. Dabei ist es sehr schwierig zu entscheiden, wo z. B. die Verwahrlosung beginnt. Hier muss sehr genau abgewogen werden zwischen der im Grundgesetz festgelegten und auch durch Art. 6 bestätigten freiheitlichen Gesellschaftsordnung einerseits und dem Kindeswohl andererseits.

Aufgabe

Erarbeiten Sie aus dem Text die unterschiedlichen familienpolitischen Zielsetzungen.

M Spielen ja, spülen nein

Treffen sich zwei Männer auf einem Spielplatz in Hamburg. Typ Großstadt-Mittelschicht im Freizeitdress: grüne Barbourjacke, beige Cordhose. Der eine seit einem Jahr Vater, der andere werdender Vater. Sagt der eine: „Weißt du denn schon, welchen Kinderwagen du haben willst?“ Sagt der andere: „Auf jeden Fall soll er geländegängig sein. Und Luftreifen und Scheibenbremsen will ich haben.“ Männergespräche im Jahr 2011.

Da sind sie nun also – die beiden Kinderwagenexperten, unsere „neuen Väter“. Ambitioniert, interessiert, engagiert. Sie füttern, windeln und bespaßen ihre Kinder. Und sie halten ihrer Partnerin den Rücken frei. Soweit möglich. Aber das ist leider nicht so oft. [...]

In Wahrheit unterscheiden sich die „neuen Väter“ gar nicht so sehr von ihren Vorgängern. [...] Daran haben auch Elterngeld und Vätermonate nichts geändert. „Das traditionelle Rollenverständnis der Männer als Ernährer ist nach wie vor sehr weit verbreitet – auch unter den jungen Männern“, sagt der Soziologe Stefan Reuyß vom Institut für sozialwissenschaftlichen Transfer (SowiTra) in Berlin, das eine der wenigen Untersuchungen zu Elterngeld und Vätern vorgenommen hat. Es ist demnach nicht so, dass sich gar nichts getan hätte. Aber es geht eben sehr, sehr langsam. Schneckentempo, sagt Reuyß. „Es gibt die neuen Väter zwar. Das ist keine reine Schimäre (Trugblid, Hirngespinst). Aber sie sind nur eine Speerspitze.“

Insgesamt sind die Veränderungen bisher eher atmosphärischer Art. Väter, die ihre Kinder morgens in die Kita bringen, sind keine Seltenheit mehr. Man sieht sie auch beim Babyschwimmen und beim Bastelnachmittag in der Grundschule. Ein Zuschauer-Papi, der am Wochenende in der Familie mal mitspielen darf, will heute kaum noch einer sein.

„Immer mehr Väter sind mit der reinen Ernährerrolle unzufrieden“, hat Väterforscher Harald Rost vom Staatsinstitut für Familienforschung Bamberg festgestellt. Aber die Unzufriedenheit hat bisher nicht dazu geführt, dass sich die Arbeitsaufteilung zwischen Männern und Frauen deutlich verändert hätte. Zwar nehmen seit Einführung des Elterngeldes 2007 rund 24 Prozent der Väter Elternzeit. Aber drei Viertel von ihnen pausieren lediglich die Mindestzeit von zwei Monaten. „Man darf sich da nicht blenden lassen“, warnt Rost. „Es ist ein verlängerter Urlaub und zwingt nicht zum Nachdenken über neue familienfreundlichere Arbeitsmodelle“, konstatiert auch Jutta Allmendinger, Präsidentin des Wissenschaftszentrums Berlin für Sozialforschung.

Nach der Elternzeit nehmen die Väter ihre Jobs wieder auf – wie vorher. [...] Dabei wünschen sich inzwischen viele Männer mehr Zeit für Partnerin und Kinder. Eine Umfrage für die Zeitschrift „Eltern“ hat vor wenigen Wochen ergeben, dass 40 Prozent der Väter gern Teilzeit arbeiten würden. Allein: Nur fünf Prozent tun es. Und es gibt keinen Trend nach oben. [...]

Und da kommt die Politik ins Spiel. Denn die persönliche Entscheidung eines jeden Paares darüber, wer wie viel arbeitet, wer wie viel zu Hause bleibt, ist längst nicht so frei und individuell, wie sie sich anfühlt, hat Soziologe Reuyß festgestellt. „Gerade am Anfang einer Beziehung wollen viele Paare Beruf und Familie gerecht aufteilen – aber dann kommen die Traditionalisierungsfallen.“ Die beiden wichtigsten: Kinder, Gehaltsunterschiede zwischen Männern und Frauen. Weil er mehr verdient, arbeitet sie Teilzeit oder bleibt gleich ganz zu Hause. [...]

Der erste Gleichstellungsbericht der Bundesregierung, der im Sommer (2011) verabschiedet wurde, bescheinigt der deutschen Politik dramatische Fehler. Unter anderem rügt der Bericht:

- Ehegattensplitting, weil es die traditionelle Rollenverteilung begünstigt,
- 400-Euro-Jobs, weil sie häufig von Frauen ausgeübt werden und keine Perspektive bieten,
- das Fehlen eines Mindestlohns, wovon besonders viele Frauen betroffen sind, weil sie häufig gering bezahlte Berufe haben,
- dass es zu wenige Frauen in Führungspositionen gibt und deshalb eine Quote her muss,
- zu strenge Regeln für die Änderung von Arbeitszeiten,
- die Unterschiede in der Bezahlung von Männern und Frauen,
- zu wenige Betreuungsangebote für Kinder. [...]

Doch in der schwarz-gelben Koalition gibt es derzeit offenbar wenig Interesse daran, darauf einzugehen. Man wolle zunächst den gleichstellungspolitischen Handlungsbedarf identifizieren, hieß es. Arbeitsministerin Ursula von der Leyen steht mit ihrem Kampf für eine feste Frauenquote für Spitzenpositionen ziemlich allein da. Und der Streit über das Betreuungsgeld für Frauen, die ihre kleinen Kinder nicht in die Kita geben wollen, köchelt munter vor sich hin. Mindestlohn und Ehegattensplitting sind Dauer-Diskussionsthemen ohne Ergebnis.

Doch es ist nicht nur die Politik, die Vätern dabei im Weg steht, die Hälfte der Familienarbeit zu übernehmen. Es sind auch oftmals ihre Frauen, die Schwierigkeiten haben, die Hälfte abzugeben. [...] Zum Selbstverständnis vieler Frauen gehört noch immer die Vorstellung, den Laden zu Hause am Laufen halten zu müssen, sagt Väterforscher Rost. [...]

Diese Einschätzung bestätigt auch die Statistik. Denn trotz Elterngeld und Windeln wechselnder Väter arbeiten heute weniger Mütter in Vollzeitjobs als vor 15 Jahren.

- 1996 hatten laut Statistischem Bundesamt rund 49 Prozent der arbeitenden Mütter mit Kindern unter 18 einen Vollzeitjob.
- 2009 waren es nur noch knapp 30.
- Rasant gestiegen ist dagegen die Teilzeitquote. Von 51 auf 70 Prozent.

Eines der Ziele der Elternzeit, nämlich mehr Frauen in den Beruf zu bringen, ist damit vorerst gescheitert. „Die Arbeitszeit der Frauen ist insgesamt nicht gestiegen", sagt Soziologe Reuyß, „die Frauen haben lediglich umverteilt." [...]

„Mit der ungleichen Verteilung wächst auch die Unzufriedenheit bei den Paaren." Die größte Zufriedenheit herrscht demnach in den wenigen Partnerschaften, in denen beide auf Teilzeit gehen und die Hausarbeit gerecht aufteilen.

Lisa Erdmann, Der Spiegel, 4.11.2011

Aufgaben

1. Erarbeiten Sie aus dem Text die Ursachen, die die Verfasserin anführt, weshalb die aktuelle Familienpolitik nicht die erhofften Wirkungen zeigen konnte. (M)
2. Diskutieren Sie vor diesem Hintergrund die immer wieder erhobene Forderung, das Elterngeld wieder abzuschaffen, da es außer Kosten (man geht jährlich von ca. 5 Mrd. Euro aus) nicht das erwünschte Ziel, die Erhöhung der Geburtenzahlen, zeige.

2.5 Migration und Integration

Leitfragen	Wer wandert ein und warum?	Kann die Zuwanderung das demografische Problem lösen?	Wo liegen Chancen und Probleme der Integration?

Wer sind die Migranten?

Die Migration ausländischer Arbeitnehmer („Gastarbeiter“) hat entscheidend zum sozialen Wandel in Deutschland beigetragen. Lebten 1960 noch knapp 700.000 Ausländer in Deutschland, waren es 2011 6,9 Millionen Menschen ohne deutsche Staatsangehörigkeit. Diese bilden aber nur einen Teil der Menschen mit fremden Wurzeln.

Die fast unübersehbare Vielfalt der deutschen Gesellschaft sprachlich richtig darzustellen, ist nicht einfach. Wir sprechen von einer „multiethnischen Gesellschaft“ und von Menschen mit „Migrationshintergrund“, denn der Begriff Ausländer schließt z. B. die Angehörigen nichtdeutscher Gruppen aus, die die deutsche Staatsbürgerschaft erworben haben. Die Menschen mit Migrationshintergrund machen heutzutage einen Anteil von 19 Prozent der 80,5 Mio. Einwohner aus.

Der multiethnische Teil unserer Gesellschaft zeigt sich als äußerst dynamisch und vielschichtig: Neben den in den 1960er Jahre angeworbenen „Gastarbeitern“ und ihren Familien, die jetzt in der zweiten und dritten Generation hier leben, schließt er Flüchtlinge, die aus den Krisengebieten der Welt vor Krieg, Elend und Unterdrückung fliehen, ebenso ein wie alle Deutschen nichtdeutscher Herkunft. Es handelt sich somit um **sehr unterschiedliche Gruppen** mit zum Teil gänzlich verschiedenen Lebens- und Arbeitsbedingungen:

- **EU-Bürger** (Freizügigkeit als eine der vier Freiheiten des EU-Binnenmarktes);
- **Spätaussiedler** (deutsche Volkszugehörige hauptsächlich aus Osteuropa);
- **Asylbewerber**, die vor politischer Verfolgung in ihrem Heimatland geflohen sind;
- **Angehörige** von in Deutschland lebenden Ausländern (Familiennachzug);
- **Hochqualifizierte Arbeitnehmer** aus dem Ausland, die mit der „Green Card“ in Deutschland leben;
- Arbeitnehmer aus Staaten außerhalb der EU (**Arbeitsmigranten**, etwa Saisonarbeiter);
- **Bürgerkriegsflüchtlinge** mit befristeter Aufenthaltsgenehmigung sowie anerkannte und illegale Flüchtlinge.

Neuere Untersuchungen haben gezeigt, dass Personen mit Migrationshintergrund am Arbeitsmarkt insgesamt schlechter positioniert sind als Personen ohne Migrationshintergrund. So sind Personen mit Migrationshintergrund – insbesondere die Frauen – seltener in sozialversicherungspflichtigen Beschäftigungsverhältnissen tätig als Personen ohne Migrationshintergrund. Damit spiegeln sich bei der beruflichen Stellung von Personen mit Migrationshintergrund immer noch die Nachwirkungen der Anwerbung un- und gering qualifizierter Arbeitskräfte bis in der 1970er Jahre wider. Die überwiegende Mehrzahl der Personen mit Migrationshintergrund sind Arbeiterinnen und Arbeiter, die in Beschäftigungssituationen mit Schicht-, Feiertags- und Wochenendarbeit tätig sind.

Migration und Bevölkerungsentwicklung

Der Zuzug von Migranten macht Deutschland zu einem wichtigen **Einwanderungsland**. Nach zahlreichen Maßnahmen zur Begrenzung der Zuwanderung (z.B. Verschärfung des Asylrechts) wird sie heute zunehmend als Chance gesehen, der Schrumpfung und Überalterung der deutschen Gesellschaft zu begegnen. Auch der Fachkräftemangel in vielen Bereichen der deutschen Wirtschaft trägt zu einem Umdenken bei.

Um die Probleme abzumildern, die durch den demografischen Wandel entstehen, müssten nach Berechnungen der UNO langfristig über eine halbe Million Menschen pro Jahr nach Deutschland einwandern. Da den Einwanderern jährlich aber fast genauso viele Auswanderer gegenüberstehen, werden diese Zahlen nicht annähernd erreicht.

Phasen der Ausländerpolitik	
1955–1973 Anwerbung	Arbeitskräfte aus Mittelmeerländern werden aufgrund des Arbeitskräftemangels in Deutschland angeworben; etwa 14 Mio. Ausländer kommen, etwa 11 Mio. kehren zurück (Rotationsprinzip). Amtlich als Ausländer bezeichnet, werden sie in der Öffentlichkeit „Gastarbeiter" genannt. 1956 wird das **erste Ausländergesetz** verabschiedet; 1973 erfolgt ein Anwerbestopp wegen Ölkrise und Wirtschaftsrezession.
1973–1980 Konsolidierung	Durch Familiennachzug und Geburten steigt die ausländische Wohnbevölkerung an, obwohl die Arbeitnehmerzahl unter 2 Mio. sinkt; teilweise besteht Interesse an Einwanderung.
1980–1998 Abwehr und Begrenzung	Deutschland ist Ziel von **Flüchtlingen** aus internationalen Krisengebieten; 1980 gibt es 108.000 Asylbewerber. Kriegs- und Bürgerkriegsflüchtlinge kommen in den 1990er Jahren vor allem aus Bosnien-Herzegowina und aus dem Kosovo. In Deutschland werden Begrenzungsmaßnahmen diskutiert, das Asylrecht wird 1993 eingeschränkt („Drittstaatenregelung"); die Einbürgerung wird erleichtert (Rechtsanspruch nach 15 Jahren Daueraufenthalt). Die Zahl der erwerbstätigen Ausländer steigt zwischen 1987 und 1993 von 1,8 auf 3,0 Mio.
seit 1998 Akzeptanz und Integration	Stärkeres Bemühen, Ausländer zu akzeptieren und zu integrieren; der Anwerbestopp wird 2000 für IT-Spezialisten aufgehoben; das geänderte Staatsangehörigkeitsgesetz erleichtert erneut die Einbürgerung: a) Einbürgerungsanspruch besteht schon nach acht Jahren Daueraufenthalt. b) Doppelte Staatsbürgerschaft kann mit Optionsrecht bis zum 23. Lebensjahr gewährt werden. 2005 tritt das **Zuwanderungsgesetz** in Kraft.

Basiswissen Schule, Politik Wirtschaft, Duden 2012, S. 337

Soziale Ungleichheit

Die **sozialen Ungleichheiten** zwischen den Zugewanderten und der deutschen Mehrheitsgesellschaft sind nach wie vor erheblich. Sie schlagen sich in deutlichen Unterschieden etwa in der Arbeitslosenquote, im Einkommen und im Armutsrisiko sowie in der Wohnsituation nieder.

Eine wichtige Rolle bei der sozialen Integration spielt die **Bildung**. Hier gelang es der zweiten Einwanderergeneration, viele Defizite abzubauen, auch wenn in diesem Bereich noch viel zu tun ist. Der Anteil der nichtdeutschen Abiturienten steigt kontinuierlich, während sich gleichzeitig der Anteil der Hauptschüler unter den ausländischen Jugendlichen verringert. Dennoch haben die PISA-Studien gezeigt, dass Kinder und Jugendliche mit Migrationshintergrund häufig über erhebliche sprachliche Defizite verfügen und einen Rückstand in der Lesekompetenz aufweisen. PISA hat aber auch zutage gefördert, dass Jugendliche mit Migrationshintergrund im Vergleich zu ihren Altersgenossen ohne Migrationshintergrund wesentlich geringere Chancen haben, eine Realschule oder ein Gymnasium zu besuchen, auch wenn sie derselben sozialen Schicht angehören.

Deutlich schlechtere Chancen haben diese Jugendlichen auch in der **Berufsausbildung**. So hatten im Jahr 2010 knapp ein Drittel der jungen Menschen mit Migrationshintergrund zwischen 20 und 30 Jahren keinen Berufsabschluss und bildeten sich auch nicht weiter. Ursächlich dafür sind die oft schlechten schulischen Voraussetzungen (insbesondere mangelnde Sprachkenntnisse) und teilweise zu geringe Förder- und Integrationsangebote.

Die Organisation für wirtschaftliche Zusammenarbeit und Entwicklung (OECD) fordert verstärkte Anstrengungen im Kampf gegen verdeckte Diskriminierung von Zuwanderern am deutschen Arbeitsmarkt. So leben einer aktuellen Schätzung der Bundesregierung zufolge ca. 500.000 zugewanderte Akademiker in Deutschland, deren ausländischer Bildungsabschluss nicht anerkannt wird.

Integrationspolitik

Migranten tragen viel zur wirtschaftlichen Entwicklung Deutschlands bei und bereichern das Zusammenleben auch kulturell. Die Integration ist eine dauerhafte Aufgabe sowohl für Zugewanderte als auch für die Aufnahmegesellschaft. Faktisch ist die Bundesrepublik seit den 1960er Jahren aus ökonomischen und demografischen Gründen ein Einwanderungsland, auch wenn die Politik diese Tatsache lange Zeit nicht anerkannt hat. Deshalb hat man es versäumt, frühzeitig über ein **tragfähiges Konzept zur Integration** der Einwanderer in die deutsche Gesellschaft nachzudenken. So mussten die Städte und Gemeinden als Orte der sozialen Integration in der Einwanderungsgesellschaft die Aufgabe der Integration selbständig meistern. Es gibt trotz unübersehbarer sozialer Brennpunkte mittlerweile eine Vielzahl von Beispielen und langjährig erprobten Konzepten gelungener Integration im kommunalen Bereich.

Mittlerweile hat man aber auch erkannt, dass man Integration politisch steuern kann und muss. Seit 2005 gibt es in Deutschland ein **Zuwanderungsgesetz**, das den Aufenthalt, die Erwerbstätigkeit und die Integration von Ausländern in Deutschland regeln soll. Kernstück des Gesetzes sind die **Integrationskurse**, welche das Ziel verfolgen die Integration der Migranten im Sinne gesellschaftlicher Teilhabe und Chancengleichheit zu fördern. Dies soll durch Sprachkurse, die Vermittlung von Wissen zur Orientierung im Alltag und von Kenntnissen über die Rechtsordnung und die Geschichte geschehen. Weiterhin entscheidet auch das Bestehen eines **staatsbürgerkundlichen Tests** über die Einbürgerung. Diese Tests sind nach wie vor umstritten. Weitere Neuregelungen des Zuwanderungsgesetzes betreffen das Asylrecht.

Die politische Debatte über eine gelingende Integration ist noch lange nicht abgeschlossen. Es geht dabei im Kern um die Verteilung gleicher Chancen zur Teilhabe in allen gesellschaftlichen Bereichen. Dafür sind umfangreiche Sprachkenntnisse, Bildung und Weiterbildung, Zugang zum Arbeitsmarkt, ausreichende Wohnverhältnisse und ein angemessenes Wohnumfeld Grundvoraussetzungen. Integrationsprozesse sind darüber hinaus aber auch langwierige **wechselseitige Kultur- und Sozialprozesse**, in denen es einerseits um die Integrationsbereitschaft der Migranten, andererseits um die Bereitschaft zum Umgang mit kultureller Differenz in der „Mehrheitsgesellschaft" geht.

Seit 2007 gibt es in Deutschland einen Nationalen Integrationsplan der auf den sog. Integrationsgipfeln von Vertretern der Bundesregierung, den Bundesländern, den Kommunen, Migrantenorganisationen, Verbänden der Wirtschaft, Sportverbänden und vielen andern zivilgesellschaftlichen Gruppierungen erarbeitet und verabschiedet wurde. Er soll alle integrationspolitischen Maßnahmen bündeln und enthält zahlreiche Selbstverpflichtungen, um eine bessere Integration der Migrantinnen und Migranten zu erreichen. Auf der Grundlage dieses Integrationsplans ist schließlich ein „Aktionsplan zur Umsetzung" beschlossen worden, der konkrete politische Handlungsfelder (z.B. Sprache, Bildung, Erwerbstätigkeit usw.) benennt.

Karikatur: Plaßmann / Baaske Cartoons

Aufgaben

1. Stellen Sie die Phasen der Migration nach Deutschland dar.
2. Interpretieren Sie die Karikatur.
3. Erläutern Sie, weshalb viele Menschen mit Migrationshintergrund nach wie vor strukturell benachteiligt sind.
4. „Integration kann nicht verordnet werden. Sie erfordert Anstrengung von allen, vom Staat und von der Gesellschaft, die aus Menschen mit und ohne Migrationshintergrund besteht." Erläutern Sie diese Feststellung aus dem Vorwort des „Nationalen Integrationsplans".

M Unterschichtung durch Migration

Die Integration der Migranten stößt in Deutschland im Vergleich zu anderen modernen Einwanderungsländern auf besondere Probleme, weil Deutschland durch Migranten sehr stark unterschichtet ist. Menschen mit Migrationshintergrund sind überproportional häufig unter den Geringqualifizierten und den statusniedrigen Berufsgruppen vertreten und daher besonders häufig prekären Beschäftigungsverhältnissen und Soziallagen ausgesetzt. Die PISA-Studien haben erstmals [...] exakt belegt, dass Deutschland stärker durch Migranten unterschichtet ist als die anderen vergleichbaren Einwanderungsgesellschaften. In einigen europäischen Nachbarländern – Vereinigtes Königreich, Schweden, Norwegen, Frankreich – ist der Statusabstand zwischen einheimischen und zugewanderten Familien höchstens halb so groß und in Kanada, das seit vier Jahrzehnten eine durchdachte Migrationspolitik mit einer darauf abgestimmten Integrationspolitik betreibt, gibt es kaum derartige Statusunterschiede. Die extreme tendenzielle Unterschichtung ist die Hypothek, die uns die frühere Gastarbeiterpolitik, das lange Fehlen einer zukunftsorientierten Migrationspolitik sowie die damit zusammenhängenden Integrationsversäumnisse hinterlassen haben. Die Migrations- und Integrationsforschung sowie die öffentliche Diskussion, in der das Thema Migration und Integration inzwischen angekommen ist, machen deutlich, dass es einen erheblichen Nachholbedarf bei der Integration der Migranten gibt – in der Arbeitswelt, bei der sozialen und politischen Teilnahme, in Medien und Öffentlichkeit und insbesondere in der Bildung, dem Schlüssel für die nachhaltige Integration der Migrantennachkommen. Ein Blick in die Nachbarländer zeigt jedoch auch, dass übertriebene Dramatisierungen der deutschen Situation unangebracht sind. So kommt der neu eingerichtete unabhängige Sachverständigenrat deutscher Stiftungen für Integration und Migration in seinem Jahresgutachten zu folgendem Ergebnis: „Im internationalen Vergleich ist ‚die Integration' in Deutschland keineswegs ‚gescheitert'. Sie ist in vielen empirisch fassbaren Bereichen durchaus zufriedenstellend oder sogar gut gelungen".

Rainer Geißler, Die Sozialstruktur Deutschlands. Aktuelle Entwicklungen und Erklärungsmodelle. Gutachten im Auftrag der Friedrich-Ebert-Stiftung, o. O. 2010, S. 30ff.

Unterschichtung durch Migration in Deutschland (2009)

	ohne Migrationshintergrund %	mit Migrationshintergrund %
keinen Schulabschluss	8	14
keinen beruflichen Abschluss	19	43
Arbeiter/in	23	40
geringfügig beschäftigt (25- bis 65-Jährige)	7	12
erwerbslos (25- bis 65-Jährige)	6	13
arm (Einkommen < 60 % des Medians)	11	22

StBA 2010 (Mikrozensur 2009)

Aufgaben

1. Erarbeiten Sie aus dem Text die Gründe für die „Unterschichtung" durch Migration. (M)
2. Diskutieren Sie politische Maßnahmen, wie dieser Unterschichtung entgegen gewirkt werden kann.

2.6 Strukturwandel der Arbeitswelt

Leitfragen	Welche aktuellen Entwicklungen bedingen den Wandel in der Arbeitswelt?	Welche Folgen ergeben sich daraus für den Arbeitnehmer?	Welche arbeitsmarktpolitischen Maßnahmen steuern den Wandel?

Veränderungen der Arbeitswelt

Arbeit als bezahlte Erwerbsarbeit erfüllt in unserer Gesellschaft eine zentrale Funktion: Sie sichert nicht nur die Existenz, sondern gibt dem Leben darüber hinaus Struktur und Sinn und verleiht soziale und personale Identität. Diese Vorstellung von Arbeit ist unmittelbar mit der Herausbildung der modernen Industriegesellschaft verbunden.

Kennzeichen der Arbeit in der Industriegesellschaft, die ihren Höhepunkt in Deutschland ungefähr zwischen 1850 und den 1950er und 1960er Jahren erlebte, war die deutliche Trennung von Arbeitsplatz und Familie bzw. Lebensort. Die Industrie und nicht mehr Landwirtschaft und Rohstoffgewinnung prägte das gesellschaftliche Leben. Die Erwerbsarbeit war durch Tarifverträge und die Sozialversicherung in hohem Maße sozial abgesichert.

Entwicklung zur Dienstleistungs- und Informationsgesellschaft

Mit der zunehmenden **Automatisierung und Digitalisierung** durch den Einsatz neuer Technologien wandelte sich auch der Charakter der Arbeit. Computergesteuerte Arbeitsvorgänge traten an die Stelle menschlicher (Hand-)Arbeit, hoch entwickelte und vielseitig einsetzbare Maschinen übernahmen in vielen Bereichen komplett die menschliche Arbeit. Menschliche Arbeitskraft wird seither zunehmend durch intelligente Technologie ersetzt.

Die Veränderungen in der Arbeitswelt gingen einher mit dem **Strukturwandel der Wirtschaft**, der auch als Wandel von der Industrie- zur Dienstleistungs- und Wissensgesellschaft beschrieben wird (→ Kap. 2.6). Folgende Merkmale sind für den Wandel der Arbeitswelt kennzeichnend:

- **Flexibilität**, d.h. eine zeitliche und räumliche Verfügbarkeit, die zunehmend von den Arbeitnehmern gefordert wird. Die bislang vorhersehbare Einteilung des Arbeitstages und die Ausführung von vorgegebenen Arbeitsschritten weichen einer Tätigkeit, die auf erfolgreiche Problemlösung in flexibler Arbeitszeit ausgerichtet ist. Arbeit erhält immer häufiger einen anderen zeitlichen, räumlichen und auch sozialen Zuschnitt.

- **Abnahme der „Normalarbeitsplätze"** – damit sind Beschäftigungsverhältnisse gemeint, die unbefristet sind und über Arbeit in Vollzeit ein existenzsicherndes Einkommen gewährleisten. Damit geht die **Zunahme der atypischen Beschäftigungsverhältnisse** einher.

- **Lebenslanges Lernen** im Sinne ständiger Qualifizierung und mehrmaliger Wechsel der Beschäftigungsverhältnisse wird zur Normalität. In diesem Zusammenhang spricht man auch von der **„fragmentierten Erwerbsbiografie"**.

- **Internationalisierung:** Die weltweite Vernetzung und Arbeitsteilung in der globalisierten Welt bedingt die Verlagerung ganzer Arbeitsbereiche in andere Länder mit Hightech-Standorten oder billigeren Produktionsbedingungen („Outsourcing").

Die von den Arbeitnehmern geforderte Flexibilität und Mobilität wird häufig als Chance für eine individuellere Gestaltung der Lebens- und Arbeitszeit, als Ausdruck eines individualisierten Lebensstils begriffen. Viele Beschäftigte sehen darin einerseits eine Chance auf mehr Selbstverwirklichung. Andererseits beklagen viele Menschen in den „neuen Beschäftigungsverhältnissen" den Verlust sozialer Bindungen und finanzieller Sicherheit, und sie empfinden die neue Eigenverantwortung im Beruf auch als Überforderung und Quelle von Stress und gesundheitlicher Belastung.

Formen atypischer Beschäftigung

Heutzutage arbeiten 37 Prozent der arbeitenden Bevölkerung in atypischen Beschäftigungsverhältnissen. Zu Beginn der 1990er Jahre betrug dieser Anteil noch 20 Prozent. Ein großer Teil des „deutschen Jobwunders“ der vergangenen zehn Jahre geht auf diesen Wandel in der Arbeitswelt zurück. Zu den atypischen Beschäftigungsverhältnissen zählen u. a.:

- zeitlich befristete Beschäftigungsverhältnisse, die nicht dem gesetzlichen Kündigungsschutz unterliegen und i. d. R. weder Urlaubs- noch Weihnachtsgeld beinhalten;
- Leiharbeitsverhältnisse, hier werden Arbeitnehmer von speziellen Zeit- oder Leiharbeitsfirmen an andere Unternehmen „ausgeliehen“;
- geringfügig Beschäftigte üben ihre Tätigkeit unterhalb des allgemein gültigen Sozialversicherungsschutzes aus (sog. Minijobs);
- (schein-)selbständige Arbeit oder Werkvertragsarbeit, häufig ein Beschäftigungsverhältnis ohne arbeits- und sozialrechtliche Absicherung, obwohl die Selbständigen von einem Auftraggeber abhängig sind;
- Telearbeit, der Beschäftigte arbeitet nicht im Unternehmen und hat keine geregelte Arbeitszeit;
- illegale Beschäftigung („Schwarzarbeit“).

Arbeitswelt im Wandel

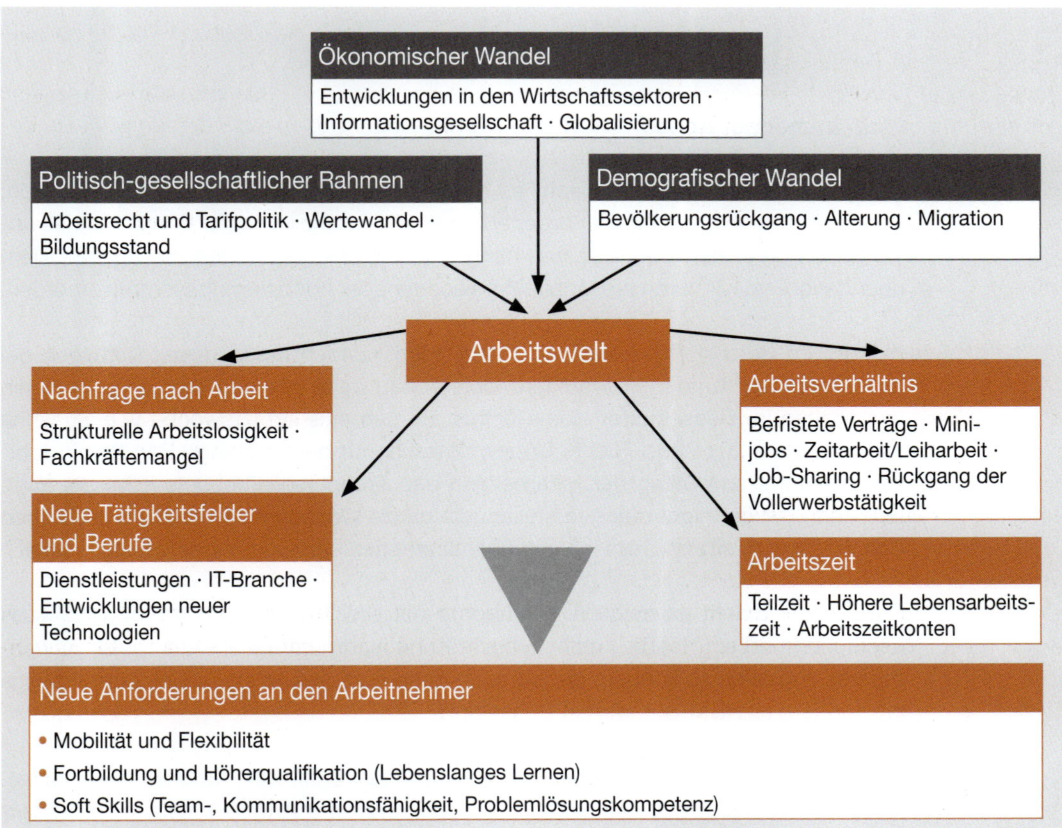

Aufgaben

1. Stellen Sie die Veränderungen, die sich in der Arbeitswelt vollzogen haben, dar.
2. Erläutern Sie die mit diesen Veränderungen einhergehenden Risiken für Arbeitnehmerinnen und Arbeitnehmer.

M 1 Damals...

Karikatur: Dieter Hanitzsch / Baaske Cartoons

M 2 Immer auf Achse – moderne Arbeitswelt

Die globalisierte Ökonomie macht es nötig, neue Kommunikationstechnik möglich: Wir werden künftig viel mobiler arbeiten als die Generation unserer Eltern. Ob das unser Leben bereichert oder belastet, hängt von verschiedenen Faktoren ab. Vor allem aber davon, ob wir durch die Mobilität freier oder aber noch fremdbestimmter werden.

Montag im Büro in Düsseldorf, Dienstag beim Kunden in Hannover, Mittwoch bei einem anderen Kunden in Frankfurt, Donnerstag beim internen Workshop in Berlin und Freitag im Düsseldorfer Home-Office. So sah eine Arbeitswoche von Susanne Kühn im März 2011 aus. Nichts Ungewöhnliches für die 26-jährige Beraterin. Mobilität bestimmt den Alltag der Mitarbeiterin des Technologiekonzerns IBM. Sie sagt: „Ich kann mir gar nicht mehr vorstellen, die ganze Woche im selben Büro am selben Schreibtisch zu sitzen. Dass ich von überall arbeiten kann, empfinde ich als Freiheit."

Die Technik macht es möglich. Ein Laptop mit UMTS-Karte für den mobilen Internetzugang und ein Handy – mehr braucht Kühn nicht, um auf alle Computer-Anwendungen zugreifen zu können, die sie auch dann nutzt, wenn sie mal nicht unterwegs ist, sondern am IBM-Standort in Düsseldorf.

Beim amerikanischen Konzern gilt die Devise: Es ist egal, wann und wo du arbeitest. Hauptsache, das Ergebnis stimmt. Kernarbeitszeit und Anwesenheitskontrolle wurden hier schon vor langer Zeit abgeschafft, ebenso wie feste Büroplätze inklusive Familienfotos auf dem Schreibtisch. Wer in einer der Niederlassungen des Unternehmens arbeiten will, sucht für sich und seinen Laptop morgens irgendwo einen freien Platz. Abteilungen sind nicht räumlich verortet, sondern existieren lediglich virtuell. Kühns direkte Kollegen etwa sitzen, sofern sie nicht unterwegs sind, in München,

Nürnberg, Stuttgart und Düsseldorf. Ausgetauscht wird sich via Telefon oder Chat. „Auch wenn ich mich in der Bahn befinde, bin ich mit den Kunden und Kollegen verbunden.“ Manchmal nimmt Kühn für Dienstreisen lieber das eigene Auto. „Wenn längere Telefonkonferenzen anstehen, ist das besser. Da kann ich frei reden, ohne dass das ganze Abteil zuhört.“

Kühn ist nicht die Einzige, die Mobilität als Freiheit begreift. Für viele junge, mit Internet und Handy aufgewachsene Kreativ- und Wissensarbeiter gehören räumliche und zeitliche Flexibilität zu den wichtigsten Parametern eines Lebensstils, der kaum etwas mit den Idealen zu tun hat, die noch die Generation ihrer Eltern prägte. Der herkömmliche Achtstundentag mit geregeltem Feierabend, der lebenslange Job, die strikte Trennung zwischen Arbeit und Freizeit sowie feste Bürozeiten samt Präsenzkontrolle – vor all dem graut es vielen der sogenannten digital natives geradezu. „Arbeit wird nicht begriffen als das, wohin man geht, sondern als etwas, das man kann – und das längst nicht mehr nur an einem Ort“, bringt der Publizist Peter Felixberger in seinem Buch „Deutschlands nächste Jahre“ die neue Sehnsucht nach Selbstverwirklichung auf den Punkt. [...]

Mobilität beinhaltet [...] beides: bewegen und bewegt werden. Unter den Hochschulabsolventen ist allerdings der Anteil jener besonders groß, die aus purer Lust unterwegs sind und sich nicht lange bitten lassen, wenn es darum geht, für einen guten Job umzuziehen oder weite Wege zu fahren. „Sie sind gut ausgebildet und motiviert, jung, oft Singles oder in loser Beziehung. Ideale Voraussetzungen für eine mobile Lebensweise“, sagt Arbeitspsychologin Otto. Bis zum dreißigsten Lebensjahr, so zeigen Untersuchungen, empfinden die meisten Menschen Job- und Stadtwechsel sowie Geschäftsreisen als interessant. Mit dem Alter aber sinkt die Freude am Unterwegssein. Wer schon einige Berufsjahre hinter sich und bereits eine Familie gegründet und Wohneigentum erworben hat, betrachtet Mobilität häufig als Last, die Zeit, Geld und Nerven kostet.

Mischa Täubner, FAZ Hochschulanzeiger Nr. 113, 7.9.2011

Aufgaben

1. Interpretieren Sie die Karikatur M 1.
2. Stellen Sie am Beispiel der Beschäftigten Susanne Kühn die „neue Arbeitswelt“ dar. (M 2) Worin besteht der Reiz dieser Tätigkeiten, worin könnten aber auch Risiken bestehen?
3. Wie stellen Sie sich Ihre eigene Berufstätigkeit vor?

2.7 Wertewandel

Leitfragen

- Woher wissen wir, an welchen Werten sich die Individuen und die Gesellschaft orientieren?
- Wie lassen sich Werte und Wertorientierungen überhaupt messen?
- Warum verändern sich Wertorientierungen?

Werte verändern sich

Werte legen allgemeine Ziele fest und bilden einen Orientierungsrahmen: das Handeln. (→ Kap. 1.1) Wie wir handeln, hängt in hohem Maß von dem ab, was wir als Wert erachten. Jeder von uns hat eigene Wertvorstellungen; was für den einen ein Wert ist, muss für den anderen noch lange nicht wichtig sein. Pünktlichkeit und Verlässlichkeit können beispielsweise dem einen wertvoll sein, dem anderen jedoch nicht.

Die individuellen Wertvorstellungen verändern sich i.d.R. im Laufe des Lebens. Dies geschieht vor allem beim Übergang von der Kindheit zum Jugendalter und dann wieder zum Erwachsenenalter. Damit sie wirksam werden, müssen sie von den Individuen internalisiert, d.h. verinnerlicht werden. Werte sind keine unveränderlichen Größen, vielmehr unterliegen sie dem gesellschaftlichen Wandel. Auf die Frage, unter welchen Umständen sie sich jedoch genau verändern, gibt es keine eindeutige Antwort. So kann der Wertewandel auch durch staatliches Handeln eingeleitet und vorangetrieben oder auch durch die wirtschaftliche Entwicklung beeinflusst werden. Dies hat die Geschichte der Menschheit immer wieder gezeigt. Manche Werte ändern sich schnell, andere haben hingegen eine große Beharrungskraft. Die Wissenschaftler sind sich jedoch darin einig, dass keine Werte ewigen Bestand haben.

Kann man Werte messen?

Einstellungen oder Werte lassen sich nicht direkt beobachten oder messen. Dennoch kann man sie erfassen, indem man Wertentscheidungen, die sich in bestimmten Handlungen oder Äußerungen ausdrücken, registriert. Dabei ist es aber notwendig, die soziale Situation, in der diese Handlungen und Äußerungen vollzogen werden, zu berücksichtigen. Ob sich Werte tatsächlich ändern, kann man nur beurteilen, wenn man auch die Veränderungen der gesellschaftlichen Rahmenbedingungen beachtet. Der Wertewandel lässt sich z.B. mit quantitativen Methoden der Umfrageforschung untersuchen. So werden den Versuchspersonen als Frage oder Urteil formulierte Aussagen vorgelegt, auf die sie ablehnend oder zustimmend antworten können. Diese „Indikatorfragen" lassen sich dann mithilfe einer Notenskala, z.B. von 1 (= unwichtig) bis 7 (= außerordentlich wichtig), beantworten. Mit einer einmaligen Erhebung von Werten kann man den Wertewandel selbstverständlich nicht nachweisen. Hierzu benötigt man eine Basiserhebung und mit einem gewissen zeitlichen Abstand dann Wiederholungen der Befragung.

Theorien zum Wertewandel

Der Wertewandel, der sich seit Mitte der 1960er Jahre vollzog, gilt allgemein als einschneidend und folgenreich. Festgestellt wurde ein Wandel von materiellen zu postmateriellen Werten (→ S. 47). Er fand in Westdeutschland und anderen westlichen Staaten statt, in denen sich die wirtschaftliche Situation und die sozialstaatliche Versorgung der Bevölkerung nach dem Ende des Zweiten Weltkrieges deutlich verbessert hatten. Dieser Wertewandel wird allerdings unterschiedlich bewertet.

a) **Ronald Inglehart** (*1934, US-amerikanischer Politikwissenschaftler): Theorie des Postmaterialismus

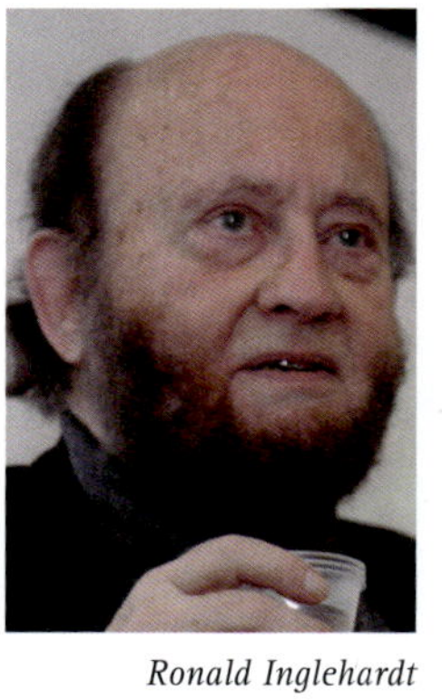
Ronald Inglehardt

Ingleharts Theorie basiert auf einer sehr breiten Datenbasis, die über einen langen Zeitraum erhoben wurde und noch durch die Erhebungen des Statistischen Bundesamtes verbreitert wird. Er geht von einem tiefgreifenden Wertewandel in den westlichen Industriestaaten aus, der durch die Abwendung von materiellen Werten (dem Streben nach Wohlstand, materiellen Gütern) und einer stärkeren Hinwendung zu postmateriellen Werten (Selbstverwirklichung, Wertschätzung individueller Freiheitsrechte, politische Beteiligung, Umweltschutz) gekennzeichnet sei. Dieser Wandel habe sich sehr langsam, wie eine „stille Revolution" vollzogen.

Ursache dieses Wandels sei die zunehmende materielle Sicherheit der Menschen (Abwesenheit von Krieg, wirtschaftlicher Aufschwung, soziale Sicherheit, Bildung). Menschen, die in einer Zeit des Mangels sozialisiert seien, würden sich demnach stärker an materiellen Werten orientieren. Menschen hingegen, die in Zeiten wirtschaftlichen Wohlstands aufwüchsen, zeigten hingegen eine postmaterialistische Wertorientierung. Dieser Wertewandel gehe einher mit einer zunehmenden Politisierung der Gesellschaft insgesamt und sei somit das evolutionäre Ergebnis der Entwicklung der modernen Industriegesellschaften.

Damit wertet Inglehart und auch die in seinem Sinn forschenden Wissenschaftler den Wertewandel als gesellschaftlichen Fortschritt.

b) **Helmut Klages** (*1930, Verwaltungswissenschaftler, Universität Speyer)

Helmut Klages

Auch Klages geht von einem Wertewandel aus. Er leitet seine Theorie aus der Erforschung der elterlichen Erziehungsstile ab, die von dem Meinungsforschungsinstitut EMNID seit mehreren Jahrzehnten untersucht werden. Demnach habe es einen Bedeutungsverlust der sog. „Akzeptanz- und Pflichtwerte" (z.B. Anpassungsbereitschaft, Ordnungsliebe, Fleiß, Gehorsam, Unterordnung) zugunsten der Selbstentfaltungswerte (Selbständigkeit, Individualität, Spaß-, Genuss- und Konsumorientierung) gegeben. Anders als Inglehart erkennt Klages nicht nur zwei Wertedimensionen (Materialismus und Postmaterialismus), sondern unterscheidet fünf Wertetypen. An der Theorie Ingleharts kritisiert Klages, dass es sich beim Wertewandel nicht um eine evolutionäre Entwicklung als vielmehr um eine Synthese (Kombination) unterschiedlicher Wertorientierungen handele. Der Wertewandel gehe also nicht nur in eine Richtung.

Ähnlich wie auch Inglehart sieht Klages einen Zusammenhang zwischen dem Wertewandel und der Verbesserung der materiellen Grundlagen der Gesellschaft.

c) **Elisabeth Noelle-Neumann** (1916–2010, Professorin für Kommunikationswissenschaft, Universität Mainz)

Elisabeth Noelle-Neumann

Noelle-Neumann war lange Zeit Leiterin des „Allensbacher Instituts für Demoskopie". Sie und ihre Mitarbeiter gehen aufgrund ihrer Forschungen, die sie seit 1947 kontinuierlich durchführen, von einem Verfall der Werte aus und beklagen das Vordringen der Selbstentfaltungswerte auf Kosten der Bereitschaft zu Disziplin und Pflichterfüllung.

Weiterhin befürchten sie eine Aushöhlung der Fundamente der Gesellschaft, weil u. a. die Bindung der Menschen an Kirche und Religion ständig abnehme, bewährte Tugenden (z.B. Höflichkeit, Pünktlichkeit, gutes Benehmen, Sparsamkeit usw.) oder auch die Bereitschaft sich politisch für das Gemeinwesen zu engagieren, nachlasse. Deshalb werden die Rückkehr zu den alten Werten und eine Erziehung im Sinne dieser Werte gefordert.

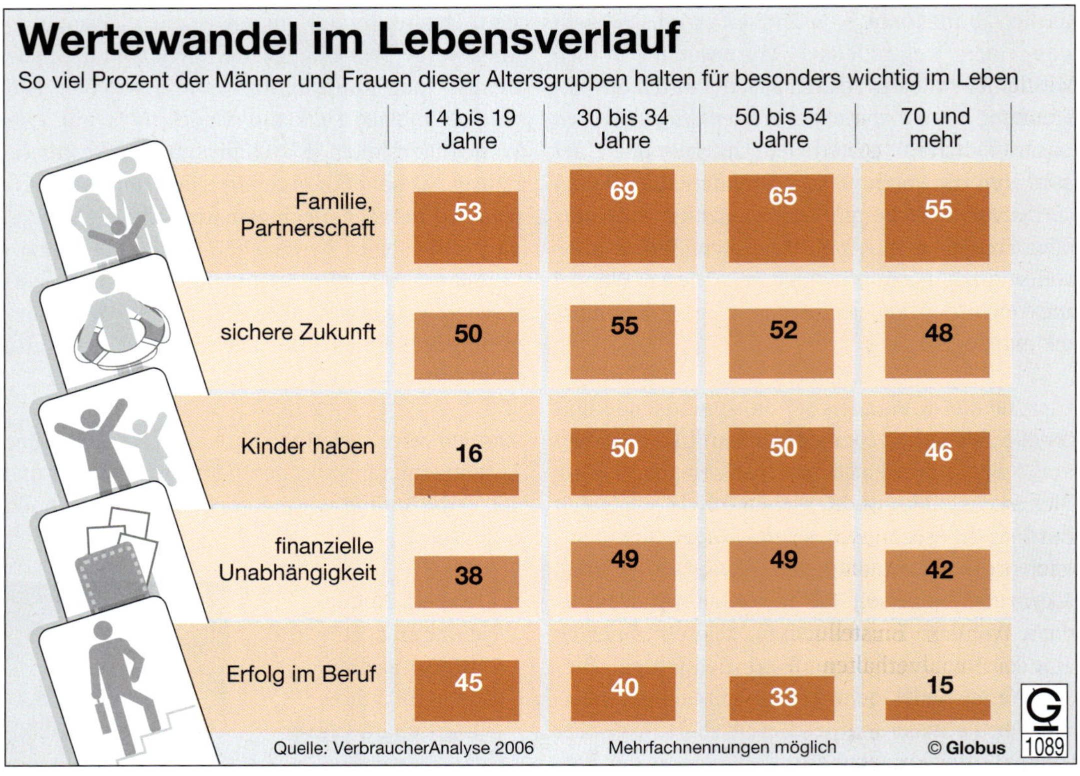

Aufgaben

1. Erklären Sie, was mit der folgenden Aussage gemeint ist: „Werte müssen nicht nur im Kopf präsent, sondern auch im Herzen wirksam sein!"

2. Um den Wertewandel erforschen zu können, hat R. Inglehart den Befragten seiner Studien die folgende Liste vorgelegt („Inglehart-Index"):

a) Aufrechterhaltung der Ordnung im Land
b) Verstärkte Mitsprache des Volkes bei der Entscheidung der Regierung
c) Bekämpfung der Preissteigerung
d) Schutz der freien Meinungsäußerung
e) Wirtschaftliches Wachstum
f) Sicherung der Verteidigungsstärke des Landes
g) Mehr Mitspracherecht der Menschen an ihrem Arbeitsplatz und in der Gemeinde
h) Verschönerung unserer Städte und unserer Landschaften
i) Eine stabile Wirtschaft
j) Verbrechensbekämpfung
k) Eine Gesellschaft, die freundlicher und weniger unpersönlich ist
l) Eine Gesellschaft, in der Ideen mehr zählen als Geld

Ordnen Sie die einzelnen Ziele dieses Index nach materialistischen und postmaterialistischen.

3. H. Klages geht in seiner Theorie des Wertewandels von einer Zunahme der Orientierung an den Selbstentfaltungswerten aus. Verdeutlichen Sie an möglichst konkreten Beispielen aus Ihren eigenen Lebenszusammenhängen, was damit gemeint ist.

4. In einigen Bundesländern gibt es in den Schulzeugnissen der Sekundarstufe I die sog. Kopfnoten (z. B. Arbeitsverhalten – Sozialverhalten). Übernehmen Sie die Positionen von Inglehart, Klages und Noelle-Neumann und kommentieren Sie diese schulpolitische Maßnahme.

Methoden der quantitativen Sozialforschung

Mit den **Methoden der quantitativen Sozialforschung** („Umfrageforschung") werden zählbare Eigenschaften gemessen, um Forschungsfragen (sog. Hypothesen) in der sozialen Wirklichkeit zu überprüfen. So erforschen die Soziologen die Häufigkeit eines bestimmten sozialen Phänomens und versuchen, dies in einen Zusammenhang zu anderen sozialen Faktoren zu setzen. Diese Forschungsmethode wird sehr häufig in der Meinungs-, Einstellungs- oder Wahlforschung angewandt. Sie eignet sich gut, um große Erhebungen durchzuführen und dann repräsentative, das heißt verallgemeinerungsfähige Aussagen zu treffen. Forschungs- bzw. Erhebungsinstrumente der quantitativen Sozialforschung sind z. B. Fragebögen, sog. standardisierte Interviews oder Beobachtungen.

Shell-Jugendstudie – die Wertorientierung Jugendlicher (2002 – 2010)

Die „Shell-Jugendstudie" versteht sich als „Langzeit-Berichterstattung über die junge Generation" und wird in Deutschland im Auftrag des Mineralölkonzerns Shell seit 1953 durchgeführt. Untersucht werden Einstellungen, Wertorientierung und das Sozialverhalten junger Menschen im Alter zwischen 12 und 25 Jahren. Für diese Stichprobe wurden z. B. für die 16. Studie 2.604 repräsentative Jugendliche für die quantitative und 20 Jugendliche für die qualitative Erhebung ausgewählt.

Frage 37 des Fragebogens

Jeder Mensch hat ja bestimmte Vorstellungen, die sein Leben und Verhalten bestimmen. Wenn Sie einmal daran denken, was Sie in Ihrem Leben eigentlich anstreben: Wie wichtig sind dann die folgenden Dinge für Sie persönlich?

Den Interviewten wurde eine Skala von 1 (unwichtig) bis 7 (außerordentlich wichtig) vorgelegt.

- Gesetz und Ordnung respektieren
- einen hohen Lebensstandard haben
- Macht und Einfluss haben
- seine eigene Phantasie und Kreativität entwickeln
- nach Sicherheit streben
- sozial Benachteiligten und gesellschaftlichen Randgruppen helfen
- sich und seine Bedürfnisse gegen andere durchsetzen
- fleißig und ehrgeizig sein
- auch solche Meinungen tolerieren, denen man eigentlich nicht zustimmen kann
- sich politisch engagieren
- das Leben in vollen Zügen genießen
- eigenverantwortlich leben und handeln
- das tun, was die anderen auch tun
- am Althergebrachten festhalten
- ein gutes Familienleben führen
- stolz sein auf die deutsche Geschichte
- einen Partner haben, dem man vertrauen kann
- gute Freunde haben, die einen anerkennen und akzeptieren
- viele Kontakte zu anderen Menschen haben
- gesundheitsbewusst leben
- sich bei seinen Entscheidungen auch von seinen Gefühlen leiten lassen
- von anderen Menschen unabhängig sein
- sich unter allen Umständen umweltbewusst verhalten
- an Gott glauben

Shell Jugendstudie 2010 – TNS Infratest Sozialforschung, S. 381

Teilergebnis:

	Besonders wichtig Skalenpunkt 6/7	Wichtig (5–7)	Teils – teils (4)	Unwichtig (1–3)	
Gute Freunde haben, die einen anerkennen und akzeptieren	87	95	4	1	2002
	94	97	1	2	2010
Einen Partner haben, dem man vertrauen kann	82	92	5	3	2002
	90	95	3	2	2010
Ein gutes Familienleben führen	67	89	10	5	2002
	77	92	5	3	2010
Eigenverantwortlich leben und handeln	61	84	11	5	2002
	71	90	6	4	2010
Viele Kontakte zu anderen Menschen haben	61	84	11	5	2002
	64	87	8	5	2010
Seine eigene Phantasie und Kreativität entwickeln	60	83	11	6	2002
	56	79	13	8	2010
Gesetz und Ordnung respektieren	56	81	12	7	2002
	62	81	10	9	2010
Von anderen Menschen unabhängig sein	58	80	11	9	2002
	63	84	9	7	2010
Nach Sicherheit streben	53	79	14	7	2002
	55	79	13	8	2010
Fleißig und ehrgeizig sein	52	78	15	9	2002
	60	83	11	6	2010
Sich bei seinen Entscheidungen auch von seinen Gefühlen leiten lassen	46	75	17	8	2002
	44	78	14	8	2010
Das Leben in vollen Zügen genießen	48	72	18	10	2002
	57	78	15	7	2010

Ebd. S. 197

Aufgaben

1. Analysieren Sie die Daten zur Wertorientierung Jugendlicher. Gehen Sie dabei nach dem folgenden Analyseschema vor:

   I. Was wird dargestellt?
   Geben Sie Thema, Titel, Erhebungsart und Quelle der Daten an.

   II. Beschreiben Sie das Diagramm/die Tabelle. Achten Sie dabei auf die Einheiten (absolute/relative Zahlen) und die Bezeichnung der Zeilen und Spalten.

   III. Beschreiben Sie die einzelnen Entwicklungen und Besonderheiten der Zahlenreihen.

   IV. Fassen Sie die Ergebnisse der Einzelaussagen zusammen, soweit dies die Daten erlauben.

2. Führen Sie die Umfrage nun in Ihrem Kurs/in Ihrer Jahrgangsstufe durch und vergleichen Sie die Ergebnisse. Sie können die Untersuchung ausweiten, indem Sie auch jüngere Schüler einbeziehen und zusätzlich Alter sowie Geschlecht erheben und diese Daten mithilfe von GrafStat auswerten.

Methoden der qualitativen Sozialforschung

Anders als mit den quantitativen Methoden wird mit den **qualitativen Methoden der Sozialforschung** nicht mit standardisierten Daten gearbeitet. Hier gewinnen die Wissenschaftler insbesondere in offenen Interviews oder Gruppendiskussionen, die eher einem Gespräch ähneln, ihre Erkenntnisse. Dabei geht es nicht um große Fallzahlen und repräsentative Ergebnisse, vielmehr möchte man in einer sehr genauen Fallanalyse die subjektive Selbst- und Weltwahrnehmung einzelner Menschen analysieren. Ein wichtiges Instrument der qualitativen Forschung ist das Leitfadeninterview: Dem Interviewten wird anhand eines „roten Fadens“ die Möglichkeit gegeben, z. B. seine Sicht auf bestimmte Dinge darzulegen oder Einzelheiten aus seiner Biografie zu erzählen. Die Interviews werden aufgenommen, dann wörtlich aufgeschrieben und im Anschluss analysiert. Qualitative Methoden wendet man an, um neue Forschungsfelder zu untersuchen und neue Forschungsfragen (sog. Hypothesen) zu entwickeln. Deren Überprüfung wiederum kann dann anhand der quantitativen Sozialforschung vorgenommen werden.

Jugend unter Druck – Auszug aus einem Interview mit Analysen der Sozialforscher

In dieser Studie soll den vielfältigen Handlungsoptionen und Ressourcen genauer nachgegangen werden, mit denen Jugendliche die Anforderungen des Erwachsenwerdens zu bewältigen suchen. Dabei stellt sich die Frage, wie Jugendliche unter den aktuellen gesellschaftlichen und ökonomischen Bedingungen [...] die jugendspezifischen Entwicklungsaufgaben lösen, die sich jeder Generation stellen: eben Qualifizierung und Berufseinstieg, Ablösung vom Elternhaus und Eingehen neuer Bindungen, gesellschaftliche Integration und Partizipation. Forscher konstatieren, dass Kinder und Jugendliche verstärkt unter Druck stünden, der sich besonders als Zeitdruck äußere. [...] Ob Jugendliche Druck empfinden, wie sie darauf reagieren und welche Verhaltens- und Handlungsoptionen ihnen zur Verfügung stehen, [...] erschließt sich eher in einem [...] Gespräch. [Die] qualitative Befragung an einigen wenigen ausgewählten Fällen [will] Deutungsmuster und subjektive Sichtweisen offenlegen. [...]
Die befragten Jugendlichen waren im Alter von 15 bis 24 Jahren. Innerhalb dieses Spektrums ging es um eine möglichst heterogene Auswahl, vor allem unter dem Aspekt unterschiedlicher sozialer Ausgangsbedingungen.

Onur: 15 Jahre alt – geht in die 9. Klasse der Hauptschule – lebt bei seiner Mutter in München, der Vater hat seine Anstellung verloren und bekommt Hartz IV, die Eltern kommen aus der Türkei – hat bis vor kurzem Fußball im Verein gespielt.

Der Quali: das Wichtigste im Moment

Zurzeit ist die Schule das Wichtigste überhaupt. Ich konzentrier mich nur noch auf die Schule, weil jetzt beginnt langsam die Endphase. Um einen gescheiten Quali zu machen, muss man lernen. Man kann es nicht, auch wenn man so gut ist wie jeder andere, superschlau ist, ohne zu lernen, schafft man es nicht. Beim Quali steht man unter so einem Druck. Das hab ich letztes Jahr gemerkt, obwohl ich das sowieso nicht machen wollte. Da vergisst man vieles, was man lernt davor. [...]
Also, zuversichtlich bin ich nicht, weil, man weiß nie, was kommt. Was ist, wenn ich doch Panik bekomme im Quali und das doch alles dann ein bisschen vermassel? Also, ich will nicht so große Töne spucken, damit ich danach sag, ja, ich schaff's locker und so, und am Ende schaff ich's nicht. Also, schaffen will ich es gerne, und der Herr S. hat gesagt, ich muss einen guten Quali schreiben wegen meinen Noten schon überhaupt. Aber langsam kommt halt der Quali näher und man merkt so, jaa, was ist, wenn ich es doch nicht schaff? Das wird halt bisschen schwieriger jetzat, um sich auf den Quali zu konzentrieren. [...]

Und gibt es sonst noch irgendwas, vielleicht was auch in der Schule stattfindet, was mit Musik oder Theater, Schülermitverwaltung, Kirche, oder gibt's da nichts, was Du machst?

Doch, die machen so'n paar Sachen, schon. Ich mach dort nicht so mit, weil, ich hab ... Wissen Sie, meine Freizeit ist kostbar, vor allem dieses Jahr, weil, ich hab fast kaum eine Freizeit. Jetzat kommt der Quali auch und dann verbring ich halt so viel Zeit wie möglich draußen im Freien oder einfach nur, dass ich mal eine Sekunde abschalten kann und sagen kann, okay, jetzat nicht Schule.

Karriere

Also, Karriere machen ist sehr wichtig, weil, jeder Mensch will aus seinem Leben was machen. Und Karriere ist eigentlich das, dass man einfach das Ziel dann hat, dass jeder einzelne Mensch im ganzen Universum hier im Kopf hat. Jeder will Karriere machen, einfach viel Geld haben. Vor allem die Jugendlichen jetzt. Viel Geld machen, ein schönes Auto fahren, ein schönes Haus haben. Karriere ist sehr wichtig, also für mich.

Und welche Dinge möchtest Du erreicht haben, bis Du 30 bist?

Also, bis ich 30 bin, will ich mein Studium beendet haben. Ja, das Studium dauert schon lange, ich weiß. Aber ich will es beendet haben bis dahin. Ich will dann einen guten Job haben, wo ich sagen kann, okay, das ist zum Beispiel gut. Zum Beispiel Richter werden. Damit ich sagen kann, ich verdien schönes Geld. Ich kann mir die Probleme von den anderen anhören. Ich bin ja der, der sie am Ende lösen darf. Das ist schon ein Traumjob sozusagen, einfach jemanden anzuschauen und die Gabe zu haben, zu wissen, der ist gut und der ist nicht gut und der sagt nur so. Das würde ich gerne machen. [...]

Wie sicher bist Du denn, dass Du das erreichen kannst?

Also, im Köpfchen habe ich's schon ... Den Ehrgeiz entwickle ich jetzt sehr und ich hoffe auch, dass ich es schaffe. Ich kann nicht sagen, okay, ich schaffe es. Aber wenn man will, dann schafft man eigentlich alles. Kein Mensch ist dumm oder ... sind halt nur faul. Aus jedem könnte alles werden. Verstehen Sie, was ich meine?

Wie siehst Du denn die Chancen am Arbeitsmarkt für junge Menschen?

Also, die sind ... zurzeit werden sie besser, aber so gut sind sie jetzt auch nicht. Man muss schon einen besseren Abschluss haben. Mit dem Quali wirst du vielleicht ein Kloputzer jetzat und verdienst deine 500 € plus das Nebengeld, also was die dort reinschmeißen, vielleicht ein bisschen mehr. Mit dem Quali – Sie wissen's ja – konnte man früher viel, viel mehr machen, viel, viel bessere Jobs haben. [...]

Manche Jugendliche fühlen sich einfach benachteiligt. Deswegen kommt dann auch immer Die Deutschen ... Warum denn? Die geben sich halt Mühe in der Schule. Ich hab auch immer so gesagt: immer die Deutschen und die sind bevorteilt, also Vorteile haben die und alles so. Das stimmt nicht. Die haben genauso ein schwieriges Leben wie wir, weil, die haben ... In Deutschland ist es wirklich so, wo meine Eltern hergekommen sind, sie haben von null angefangen und haben sich nach oben ... Also, im Ursprung war unten. Man ist in Deutschland gleichberechtigt worden. Und so was kannten halt meine Eltern auch nicht davor, und das war auch sehr schön, glaub ich.

Und wenn Du so an Gefühle wie Angst vor der Zukunft oder Zuversicht denkst, was würdest Du sagen?

Also, ich würde Angst sagen, weil man weiß nicht, was passiert. Vielleicht wird die Arbeitslosenquote noch höher, und irgendwann wird es auch sein, dass die nur noch Gymnasiasten nehmen oder nur noch Realschüler. Das ist sehr schwierig geworden in dieser Zeit, obwohl es eigentlich besser werden sollte. Jetzt wird's halt langsam knapp mit den Arbeiten, und viel mehr Jugendliche kommen in die Hauptschule und denken sich nix in der Zukunft. Und das macht die halt schwach und für die Zukunft unvorbereitet sozusagen.

Onur steht durchaus unter Druck. Sein Leben scheint sich gerade nur noch um den Qualifizierenden Hauptschulabschluss zu drehen, das Tikket auf die weiterführende Schule. Denn ohne den Quali ist es aus mit dem Traum, aus seinem Leben etwas zu machen, so sieht er es. Die Alternative hat er sich im vergangenen Jahr vor Augen geführt, als eigentlich schon einmal die Prüfungen anstanden. Auf dem Bau arbeiten oder als »Kloputzer« für 500 €. Auch mit dem Quali könne man heute nicht mehr viel machen, »man muss einen besseren Abschluss haben«.

Jetzt hat ihn der Ehrgeiz gepackt, wobei sein Klassenlehrer in der neuen Schule eine zentrale Rolle spielt. Auch die Mutter ist enorm wichtig für Onur: »Wenn meine Mutter nicht da wäre, dann würde ich, das weiß ich auch, würde ich, auf der Straße landen.« Seine Eltern haben sich scheiden lassen, doch zum Vater hat er immer noch Kontakt. Die Beziehung zu seinem Lehrer und zu den Eltern, besonders der Mutter, sind die »Stabilisatoren« in Onurs derzeitiger Situation. Daneben sind die Freunde wichtig und die Tatsache, dass er mit seiner witzigen Art überall gut ankommt, Onur ist unter den Gleichaltrigen sicher nicht der »Loser«.

Für die Freunde bleibt noch etwas Zeit, aber sogar das Fußballspielen hat Onur für sein Ziel, einen guten Quali, weitgehend aufgegeben. Damit hat er anders als andere Jugendliche keinen wirklichen Ausgleich für schulischen Druck. Onur spielte im Verein, und zwar sehr talentiert. Sein Traum ist immer noch, Fußballer zu werden, aber er ist sich nicht mehr so sicher. Alle Überlegungen zur beruflichen Zukunft sind auf die Zeit nach dem Abschluss verschoben. Er erwägt auch andere Ziele: Wirtschaftsschule, Abitur, Studium und dann vielleicht Richter werden, das wäre ein Beruf, den er sehr achtet. Seine Wünsche gehen hoch hinaus, sind aber noch nicht völlig durchdacht. Andererseits werden die Erwartungen zumindest nach außen erst einmal heruntergespielt: Es kann ja sein, dass man an der Prüfungsangst scheitert. Auch wenn das recht betrachtet sehr unwahrscheinlich ist, treibt ihn diese Sorge doch um. Und auch auf die Frage, mit welchen Gefühlen er an die Zukunft denkt, spricht er von Angst. Er ist sich seiner nicht eben großen sozialen Ressourcen offenbar sehr bewusst.

Was auch stimmt: »Es hat sich schon vieles geändert dieses Jahr«, sagt Onur, und es scheint neben einer neuen Lebensperspektive auch einige andere positive Erkenntnisse gebracht zu haben: Einen anderen Umgang mit Aggressionen und Konflikten, ein anderes Selbstbewusstsein gegenüber der deutschen Mehrheitsgesellschaft, von der er sich als Sohn türkischer Einwanderer nicht mehr automatisch benachteiligt fühlt. Viele Jugendliche »... also vor allem die Türken, die können glücklich sein, dass sie hier in Deutschland leben. Weil, in der Türkei würde es denen nicht so gut gehen, egal was sie leisten«. Ausländer, findet er, haben sich in den letzten 10 Jahren integriert. Trotzdem nimmt er deutlich Formen der Abgrenzung über Kleidung und bestimmte Marken wahr, die er ebenfalls trägt, und er bemerkt eine gewisse Herablassung im Verhalten deutscher Jugendlicher.

Onurs Geschichte hat am stärksten verdeutlicht, dass wir es hier tatsächlich mit Optionen für die Gestaltung des Lebens zu tun haben, die ergriffen werden können oder eben auch nicht, die in der einen Lebensphase vielleicht individuell passen, die in einer anderen aber weniger verfügbar sind. Und sie zeigt auch, wie wichtig manchmal Zufallskonstellationen sein können. Wäre Onur nicht auf diese Schule und zu diesem Lehrer gekommen, hätte er es heute ungleich schwerer.

Ebd. S. 243ff.

Aufgaben

1. Stellen Sie dar, wie die Sozialforscher die Antworten von Onur analysieren.
2. Qualitative und quantitative Untersuchungen sollen sich ergänzen. So können Interviews die Ergebnisse der Umfragen verdeutlichen. Untersuchen Sie die Aussagen von Onur daraufhin, ob auch sie die Ergebnisse der qualitativen Forschung verdeutlichen oder illustrieren können.

2.8 Theorie des gesellschaftlichen Wandels – Individualisierung

Leitfrage Wie haben sich die gesellschaftlichen Veränderungen der vergangenen Jahrzehnte möglicherweise auf das Individuum ausgewirkt?

Gesellschaftlicher Wandel

Ulrich Beck

Seit den frühen 1980er Jahren beobachtet der Soziologe **Ulrich Beck** (*1944) den gesellschaftlichen Wandel in Deutschland. 1986 erschien sein Buch „Risikogesellschaft", in dem er eine fast alarmierende Zeit- und Gesellschaftsdiagnose vorlegte. Angesichts der Reaktorkatastrophe von Tschernobyl 1986 gewann die Theorie der Risikogesellschaft in der öffentlichen Diskussion eine große Bedeutung, die allerdings nicht von allen Gesellschaftswissenschaftlern geteilt wird und Anlass für viele Diskussionen bot. Eng mit der Risikogesellschaft ist Becks Theorie der Individualisierung verbunden.

Individualisierung

Beck geht davon aus, dass sich seit den 1960er Jahren ein tief greifender Wandel in den westlichen Industriegesellschaften vollzogen habe: Der gestiegene Wohlstand der Bevölkerung, die deutliche Zunahme der Freizeit, die räumliche und soziale Mobilität, die Verschärfung der individuellen Konkurrenz und das höhere Bildungsniveau hätten dazu geführt, dass es zu einem **Individualisierungsschub** gekommen sei. Dieser habe zur Folge, dass die Menschen individueller entscheiden und handeln müssten als zuvor. Zugehörigkeit zu einer Religionsgemeinschaft, die Gemeinde, in der sie groß werden, oder die soziale Herkunft bestimme immer weniger die Art und Weise, wie die Menschen leben könnten. Vielmehr sei der einzelne Mensch immer mehr in der Lage „individuell" zu entscheiden, wie er leben möchte. Individualisierung bedeutet also, einerseits freier über die Gestaltung des eigenen Lebens entscheiden zu können, andererseits aber besteht die Gefahr der Orientierungslosigkeit.

Risikogesellschaft

Die Risikogesellschaft ist mittlerweile ein gängiger Begriff in Politik und Sozialwissenschaften. Er weist darauf hin, dass in den modernen Industrie- und Dienstleistungsgesellschaften eine Vielzahl von Risiken (z. B. soziale, politische, ökologische, ökonomische) entstanden sind und weiterhin entstehen, sodass die Krisenbewältigung und Eindämmung der Risiken an oberster Stelle der staatlichen Politik steht. Das Bewusstsein vom Vorhandensein gesellschaftlicher Risiken hat sich heutzutage allgemein in der Bevölkerung verbreitet.

Beck behauptet also nicht, dass mit der Individualisierung gleichzeitig eine neue und geradezu grenzenlose Freiheit des Individuums gegeben wäre, vielmehr sieht er viele Widersprüchlichkeiten und Risiken in diesem Prozess. Deshalb beschreibt er den Prozess in drei Dimensionen:

- Unter **Freisetzungsdimension** könne man den eigentlichen Gewinn an Handlungsspielräumen begreifen. Das Individuum habe im Laufe der Zeit im Rahmen des gesellschaftlichen Wandlungsprozesses immer größere Entscheidungs- und Handlungsspielräume bekommen. Habe es bis in die 1960er und 1970er Jahre noch als selbstverständlich gegolten, dass beispielsweise der Sohn eines Handwerkers die Realschule besucht, den gleichen Beruf wie der Vater erlernte und möglicherweise dessen Betrieb übernahm, hätten heutzutage Kinder aus Handwerkerfamilien viel mehr Wahlmöglichkeiten: Sie würden zu großen Teilen das Gymnasium besuchen, könnten studieren und dabei unter vielen Studiengängen auswählen. Sie könnten aber auch eine Ausbildung machen, ins Ausland gehen usw. Der Lebenslauf eines Menschen sei also nicht mehr aufgrund der sozialen Herkunft vorherbestimmt. Der Mensch werde zum eigenständigen Gestalter seiner Biografie.

- Damit einher gehe aber auch die **Entzauberungsdimension** im Prozess der Individualisierung. Mit dem Wegfall der Handlungsorientierung und dem festgelegten Lebensmuster fielen auch die Sicherheiten fort. Der Einzelne stehe einer unüberschaubaren Vielzahl von Möglichkeiten und Lebensmustern gegenüber, die es schwer und zugleich auch risikoreich machten, eine richtige Entscheidung zu treffen. Das Risiko der Lebensentscheidung müsse das Individuum nun selbst tragen. Welchen Beruf soll der Handwerkersohn oder die Handwerkertochter heutzutage wählen? Oder soll er oder sie vielleicht doch besser studieren? Aber welchen Studiengang wählen? Zum Studieren muss man i. d. R. in eine fremde Stadt ziehen. Was wird aus den Freunden, den sozialen Bindungen? Bekommt man nach Abschluss des Studiums überhaupt eine Anstellung? Das Erlernen eines Handwerks und die Übernahme des elterlichen Betriebes seien demgegenüber mit deutlich weniger Risiken ausgestattet und die neuen Risiken hätten die Individuen nun selbst zu tragen.

- Nach Beck entstünden aber auch neue Unfreiheiten und Zwänge. Der Einzelne hätte zwar die Möglichkeit, sein Leben nach freiem Willen zu gestalten. Er gerate aber unweigerlich in ein anderes Netz aus Kontrollen, Zwängen und Abhängigkeiten. Beck spricht deshalb auch von der **Kontrolldimension** (oder auch **Reintegration**). So seien die Entscheidungen des Einzelnen abhängig vom Arbeitsmarkt, von seinen Bildungsvoraussetzungen, sozialen und rechtlichen Instanzen. An die Stelle der alten Bindungen durch Familie, Religion, soziale Herkunft, seien neue Instanzen getreten, die den Lebenslauf des Individuums prägten und ihn in gewisser Weise auch zum „Spielball von Moden, Verhältnissen, Konjunkturen und Märkten“, wie Beck es ausdrückt, werden lassen. Aus der Chance zur individuellen Lebensgestaltung sei ein Zwang geworden.

Die Dimensionen der Individualisierung in Becks ahistorischem Modell der Individualisierung

Freisetzungs-dimension	Herauslösung aus vorgegebenen Sozialformen und Bindungen im Sinne traditionaler Herrschafts- und Versorgungszusammenhänge
Entzauberungs-dimension	Verlust von traditionellen Sicherheiten in Bezug auf Handlungswissen, Glauben und leitende Normen
Kontroll- oder Re-integrationsdimension	Neue Arten der Einbindung durch institutionelle Zwänge oder neue Sozialformen

Matthias Euteneuer, Individualisierung, zweite Moderne und Soziale Arbeit, Dortmund 2005, S. 24

Aufgabe

Ulrich Beck hat im Zusammenhang mit seiner Theorie auch den Begriff der „Bastelbiografie“ entwickelt. Bastelbiografien seien immer auch „Drahtseilbiografien“ oder „Risikobiografien“. Stellen Sie dar, was damit gemeint sein könnte.

M Lebensläufe heute: Eisenbahn- oder Automodell?

Einem „Eisenbahnmodell“ individueller und kollektiver Lebensläufe, das zwar unterschiedliche Routen und einige Optionen vorsieht, diese jedoch letztlich an ein fixes Streckennetz und definitive Kursbücher bindet, scheint ein „Automodell“ gegenüberzustehen, das weit mehr Wahlmöglichkeiten zwischen verschiedenen Abfahrtszeiten, Zielen und Routen vorsieht.

Im Unterschied zum Eisenbahnmodell, in dem [...] das Aussteigen während der Fahrt als riskant gilt, ist es im Rahmen des Automodells ausdrücklich erlaubt, die breiten Hauptstraßen zu verlassen, möglicherweise landschaftlich reizvolle Umwege zu befahren oder Pausen einzulegen. Im Automodell reichen angesichts einer viel größeren Vielfalt möglicher Wege und Geschwindigkeiten Informationen über Abfahrtszeitpunkt und geplante Reiseroute, also etwa über den Eintritt in einen bestimmten (Aus-)Bildungsgang oder Beruf, meist nicht hin, um die Position eines Reisenden zu einem späteren Zeitpunkt eindeutig zu bestimmen. [...]

Im Eisenbahnmodell genügt dagegen unter Umständen ein Blick auf die Karte der Streckenführungen und ins Kursbuch, um mit hinreichender Präzision festzustellen, wo sich eine Person, die einen bestimmten Zug oder Kurswagen benutzt [...] zum Zeitpunkt x befindet (oder befinden sollte). Die Menge der Kombinationsmöglichkeiten ist zwar groß, aber noch überschaubar, der jeweilige Weg ist meist durch die Wahl von Ausgangs- und Zielpunkt eindeutig vorgegeben, außerhalb von Bahnhöfen mit Umsteigegelegenheit sind keine unvorhersehbaren Richtungsänderungen ausführbar. [...]

Die Autofahrer geraten [...] unter einen permanenten Entscheidungsdruck: über die „beste“ Route, die optimale Geschwindigkeit, die „Ideallinie“, den Fahrstil usw.

P. A. Berger: Mobilität, Verlaufsvielfalt und Individualisierung. In: P. Berger/P. Sopp (Hg.): Sozialstruktur und Lebenslauf, Opladen 1995, S. 77f.

Aufgaben

1. Erläutern Sie die „Lebenslaufmodelle“ Peter A. Bergers im Text M und vergleichen Sie diese mit Becks Individualisierungstheorie.
2. Führen Sie in Ihrer Verwandtschaft/Ihrem Wohnumfeld Interviews und befragen Sie Ihre Interviewpartner nach ihrem Lebenslauf. Versuchen Sie dabei herauszufinden, welchem Berger'schen Modell dieser Lebenslauf besser entspricht. Versuchen Sie auch herauszufinden, wo die Weichenstellungen für den Lebenslauf lagen, wo Umwege (Brüche) auftauchten.
3. Wiederholen Sie die einzelnen Aspekte des gesellschaftlichen Wandels und diskutieren Sie, ob die Individualisierungstheorie dazu beiträgt, diesen Wandel und seine Auswirkungen auf das Individuum zu erklären.

3 Soziale Ungleichheit

3.1 Begriff und Dimensionen sozialer Ungleichheit

Leitfragen	Was ist soziale Ungleichheit und wie lässt sie sich erfassen?	Welche Formen sozialer Ungleichheit werden aktuell am stärksten diskutiert?	Was versteht man unter Chancengleichheit, und inwieweit ist sie realisiert?

Soziale Ungleichheit

Zu allen Zeiten waren manche Menschen innerhalb der Gesellschaft besser gestellt als andere. Diese Unterschiede beziehen sich in den modernen Industrie- und Dienstleistungsgesellschaften nicht nur auf die Verfügbarkeit von Einkommen, sondern auch auf die Position, die ein Einzelner innerhalb seiner sozialen Beziehungen einnimmt (z.B. in der Familie, am Arbeitsplatz oder in anderen gesellschaftlichen Gruppen). Unabhängig von der Persönlichkeit des Individuums sind mit dieser sozialen Position bestimmte Lebens- und Handlungsbedingungen verbunden, aber auch Rahmenbedingungen, die die Person nicht selbst beeinflussen kann. So sind manche Berufsgruppen angesehener als andere, unterscheiden sich die gesellschaftlichen Positionen von Männern und Frauen, In- und Ausländern usw. Diese Differenzen, die Menschen innerhalb des gesellschaftlichen Gefüges günstige oder ungünstige Lebensbedingungen zuweisen, bezeichnet man als **soziale Ungleichheit**. In modernen Gesellschaften offenbaren sich **mehrere Dimensionen sozialer Ungleichheit**. So unterscheidet man:

- **vertikale Ungleichheiten** in Bildungsabschlüssen, Einkommen, Erwerbschancen, Teilhabe an Macht und Prestige, die die Lebenschancen der Individuen prägen und ihr Verhalten bestimmen. Mit dem Zusatz „vertikal“ soll zum Ausdruck kommen, dass man mit diesen Merkmalen die Gesellschaft in „Oben und Unten“ unterteilen kann.
- Darüber hinaus gibt es **horizontale Ungleichheiten**. Die Soziologen nennen in diesem Zusammenhang Arbeits-, Freizeit-, Wohn-, Umwelt- und Gesundheitsbedingungen und bezeichnen diese als „neue soziale Ungleichheiten“, weil ihnen in der modernen soziologischen Forschung immer größere Bedeutung zukommt. Horizontale Ungleichheit existiert z.B. zwischen Männern und Frauen, verschiedenen Generationen und Regionen (Ost und West), zwischen Menschen unterschiedlicher Nationalität, Verheirateten und Unverheirateten, Kinderlosen und Kinderreichen.

Die horizontalen Ungleichheiten haben einen starken Einfluss auf die Lebensbedingungen und den sozialen Status eines Menschen. Sog. „Statusinkonsistenzen“ (inkonsistent = unzusammenhängend, unbeständig) werden dabei immer mehr zur Regel; z.B. hängt ein hoher Bildungsstand nicht mehr zwangsläufig mit hohem Einkommen oder guten beruflichen Chancen zusammen, so wie dies noch vor einigen Jahrzehnten der Fall war. So sind Menschen mit einem hoch qualifizierten Bildungsabschluss materiell nicht automatisch besser gestellt, wenn sie keine angemessene berufliche Anstellung finden. Umgekehrt gibt es aber auch genügend Beispiele dafür, dass Menschen mit geringer qualifizierten Schulabschlüssen oder gebrochenen Bildungsbiografien gesellschaftlich hohes Ansehen genießen und zu materiellem Reichtum gelangen (z.B. Fußballprofis).

S80/S20-Verhältnis

Das Nettoäquivalenzeinkommen der Personen wird nach der Höhe geordnet und in Fünftel (Quintile) unterteilt. Das oberste Quintil repräsentiert nun das Fünftel der Bevölkerung mit dem höchsten Einkommen und das unterste Quintil das Fünftel der Bevölkerung mit dem niedrigsten Einkommen. Die Summe der Einkommen aus dem obersten, dividiert durch die Summe der Einkommen aus dem untersten Quintil ergibt dann den Wert für das „S80/S20-Verhältnis". Diese beschreibt, um wie viel das Einkommen des obersten Fünftels im Verhältnis zum untersten ist.

Zentrale Dimensionen sozialer Ungleichheit in entwickelten Gesellschaften sind:

- Materieller Wohlstand (Einkommen und Vermögen),
- Erwerbstätigkeit (auch: Verteilung der Erwerbschancen),
- Wertschätzung (z. B. im Beruf),
- Macht und Prestige bzw. Einflussmöglichkeiten,
- Bildung,
- Möglichkeiten der Teilhabe (an Gesellschaft, Wirtschaft, Kultur).

Einkommensverteilung

Um die Schichtung der Einkommensunterschiede zu ermitteln und das Wohlstandsniveau von Haushalten unterschiedlicher Größe vergleichbar zu machen, setzen die Statistiker beim sog. **Nettoäquivalenzeinkommen** oder bedarfsgewichteten Pro-Kopf-Haushaltseinkommen an. Damit ist das verfügbare Haushaltseinkommen, das je nach Anzahl und Alter der einzelnen Haushaltsmitglieder gewichtet wird, gemeint. So werden das erste erwachsene Mitglied einer Haushaltsgemeinschaft mit dem Faktor 1, die weiteren erwachsenen Haushaltsmitglieder mit dem Faktor 0,5 und die Kinder unter 14 Jahren mit dem Faktor 0,3 gewichtet (neuere OECD-Skala). Die Teilung des gesamten Haushaltseinkommens durch die Summe aller Personengewichte ergibt das Nettoäquivalenzeinkommen.

Beispielrechnung: Ein Haushalt mit zwei Erwachsenen und zwei Kindern unter 14 Jahren hat ein Nettoeinkommen von 2.000 Euro monatlich. Er erhält ein Gesamtgewicht von 2,1 (1,0 + 0,5 + 0,3 + 0,3). Das Nettoäquivalenzeinkommen, das jedem Haushaltsmitglied zugewiesen wird, beträgt 952,38 Euro (2.000 Euro geteilt durch 2,1). Nicht die tatsächliche Anzahl der Haushaltsmitglieder wird bei der Berechnung zugrunde gelegt, sondern ein „Bedarfsgewicht", weil in Haushalten mit mehreren Mitgliedern gegenüber einem Einpersonenhaushalt wirtschaftliche Einspareffekte erzielt werden, denn alle nutzen gemeinsam die Wohnung und z. B. die Haushaltsgeräte. Berechnet man jetzt den Mittelwert aller Haushaltseinkommen, kann man die Veränderungen im Laufe der Jahre feststellen.

Die Einkommensverteilung und die Einkommensunterschiede in einer Bevölkerung lassen sich aber nur genau darstellen, wenn man weitere Berechnungen anstellt und z. B. das **S80/S20-Verhältnis** oder den **Gini-Koeffizienten** berechnet.

Gini-Koeffizient

Der sog. Gini-Koeffizient ist eine statistische Maßzahl, mit der sich das Ausmaß der Konzentration, also auch Einkommenskonzentrationen in einer Zahl zwischen 0 und 1 ausdrücken lässt. Je höher der Wert ist, desto größer ist die Einkommensungleichheit. Liegt der Gini-Koeffizient bei null, so haben alle Menschen das gleiche Einkommen. Liegt er hingegen bei eins, verdient der reichste Mensch im Land alles. In Deutschland lag der Koeffizient 1985 noch bei 0,25, bis 2011 stieg er dann auf 0,298.

Einkommensungleichheit in Deutschland

	1985[1]	1989[1]	1993	1997	2001	2005	2009
Äquivalenzeinkommen im Monat (real) Einkommensanteile in der Bevölkerung							
Ärmste 20 %	9,8	10,0	9,8	10,3	10,1	9,5	9,4
Reichste 20 %	34,6	34,6	35,0	34,3	34,7	36,1	36,3
Gini	0,249	0,246	0,250	0,238	0,244	0,263	0,268

[1]Für die Jahre 1985-1989 nur Westdeutschland

Datenreport 2011, S. 163

Einkommensungleichheit nimmt immer weiter zu

Die Verteilung von Vermögen und Einkommen ist ein wichtiger **Indikator für soziale Gerechtigkeit** in einer Gesellschaft. Einer neuen Untersuchung der OECD zu Folge ist die Einkommensungleichheit in Deutschland seit den 1990er Jahren viel stärker angestiegen als in den meisten anderen Staaten. Die Kluft zwischen den Besserverdienenden und der weniger verdienenden Bevölkerung wird demnach immer größer. Folgende Gründe werden genannt:

- Die unterschiedliche Entwicklung der Löhne und Gehälter: Das Haushaltseinkommen der untersten zehn Prozent der Bevölkerung stieg seit Mitte der 1980er Jahre jährlich um 0,1 Prozent, die oberen zehn Prozent verbesserten sich um 1,6 Prozent.

- Der große Anteil an Beschäftigten im Niedriglohnsektor: So arbeiteten 2010 23,1 Prozent der Beschäftigten für einen Lohn unter 9,15 Euro.

- Zunahme der Teilzeitbeschäftigung. Vor allem Frauen arbeiten immer mehr in Teilzeit.

- Zunahme der atypischen Beschäftigungsverhältnisse.

- Durch den Trend zur Single-Gesellschaft sinkt das durchschnittliche Haushaltseinkommen der Gesellschaft.

Hinsichtlich der Einkommen gibt es aber auch gravierende Unterschiede zwischen den Bildungs- und Berufsgruppen. Auch **regionale Abweichungen** sind nach wie vor bedeutsam: So haben sich in den ostdeutschen Bundesländern bezüglich der Verteilung der Einkommensunterschiede zwar „westliche“ Verhältnisse eingestellt, der Lebensstandard hat sich aber noch nicht komplett angeglichen.

Armut in Deutschland

Die Kluft zwischen Armut und Reichtum in Deutschland ist größer geworden, wie die Armuts- und Reichtumsberichte der Bundesregierung, der Wohlfahrtsverbände und anderer Organisationen immer wieder belegen.

Relative Armut bedeutet für die Betroffenen

- ein geringes Einkommen,
- eingeschränkte Teilhabe am kulturellen und sozialen Leben,

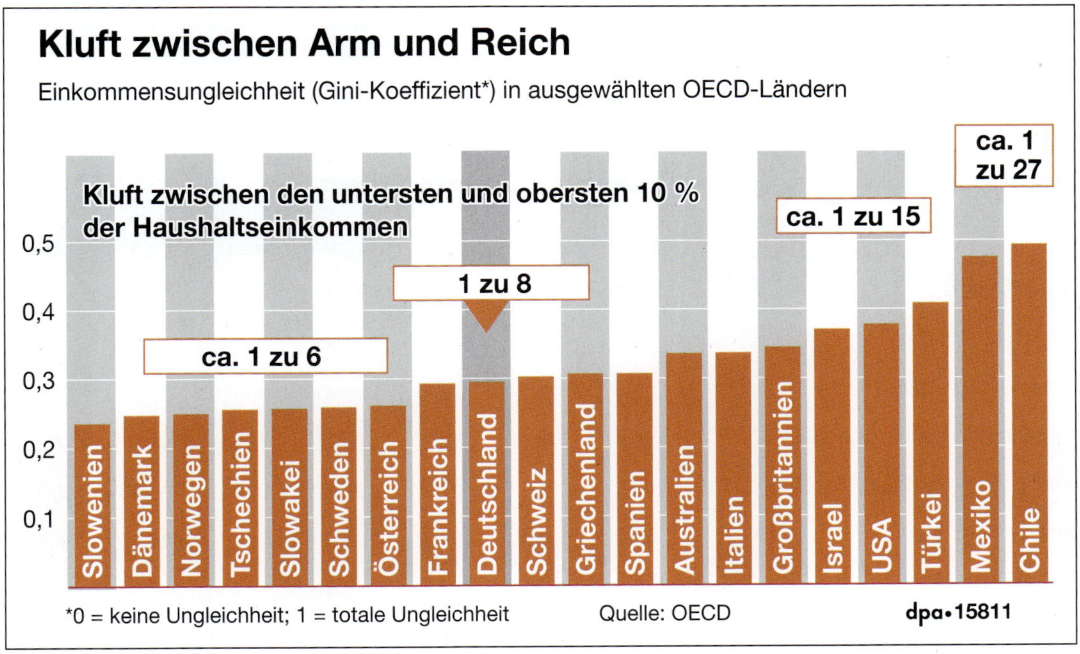

Armut

Als arm gilt nach der Definition der Europäischen Union, wer weniger als 60 Prozent des durchschnittlichen Einkommens zur Verfügung hat. In Deutschland lag die so errechnete Armutsrisikogrenze im Jahr 2010 bei 925 Euro netto im Monat. Im Jahr 2005 galt noch derjenige als arm, der weniger als 938 Euro netto im Monat zur Verfügung hatte. Die Differenz ergibt sich, weil die Durchschnittseinkommen in den letzten Jahren kontinuierlich gesunken sind. Daneben unterscheidet man zwischen absoluter und relativer Armut: Absolute Armut bedroht die Existenz, relative Armut bedeutet das Unterschreiten des in der jeweiligen Gesellschaft geltenden soziokulturellen Existenzminimums.

Wen trifft die Armut?
Prozentualer Anteil armutsgefährdeter Personen, die in diesem Haushaltstyp leben

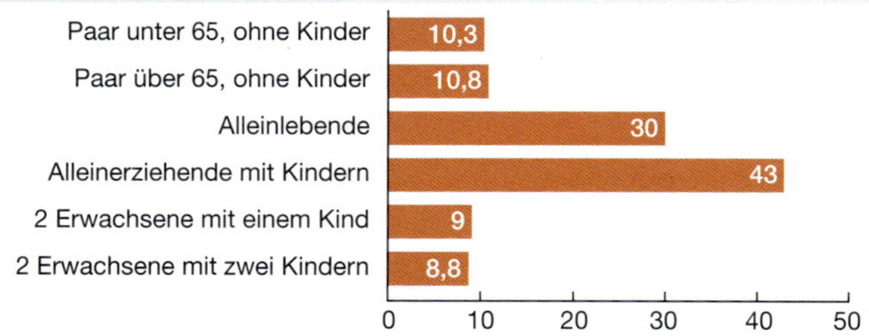

www.caritas.de – Quelle: Leben in Europa (EU-SILC) 2010

Einkommen

Die Grundlage für alle Einkommens- und Armutsberechnungen in Deutschland ist das Haushaltsnettoeinkommen aus dem Vorjahr der jeweiligen Erhebung. Dieses ergibt sich aus dem Bruttoeinkommen des Haushalts (z. B. Löhne und Gehälter, Einkommen aus selbständiger Tätigkeit, Vermögen, Vermietungen, Wohn- und Kindergeld, Sozialhilfe, Rente usw.) nach Abzug von Steuern und der Sozialversicherungsabgaben.

- ein erhöhtes Krankheitsrisiko und
- eine geringere Lebenserwartung.

Nach wie vor sind Arbeitslose am stärksten von Armut betroffen. Aber auch Erwerbstätige drohen zunehmend an die Armutsgrenze abzurutschen, denn sie kommen mit ihrem Einkommen oft nicht mehr aus. Diese Entwicklung ist neu; bislang entfaltete sich Armut immer außerhalb der geregelten Beschäftigungsverhältnisse. Die Beschäftigung im sog. Niedriglohnsektor gilt mittlerweile als Hauptursache des steten Anstiegs der Armutsquote. Dies hat eine gesellschaftspolitische Diskussion über die **Einführung gesetzlicher Mindestlöhne** in Gang gesetzt (→ Kap. 2.4.3). Sieben Prozent aller Erwerbstätigen gelten mittlerweile als „erwerbsarm“ und viele erhalten zusätzlich zu ihrem Lohn eine staatliche Unterstützung („Aufstockung“), weil ihr Einkommen unter dem Arbeitslosengeld liegt.

Als **Ursachen der Armut** gelten

- Arbeitslosigkeit (insbesondere die wachsende Zahl der Langzeitarbeitslosen),
- die zunehmende Anzahl Alleinerziehender als Folge des individualisierten Lebensstils (→ Kap. 1.2.2) sowie
- Defizite im sozialen Sicherungssystem (z. B. mangelnde Unterstützung kinderreicher Familien).

Schichtung der Bevölkerung nach relativen Einkommenspositionen, monatliches Haushaltsnettoeinkommen, Äquivalenzgewicht in % des Mittelwerts

	1985[1]	1989[1]	1993	1997	2001	2005	2009
Höherer Wohlstand (> 200 %)	3,4	3,5	3,7	3,5	3,7	4,3	4,7
Relativer Wohlstand (150–200 %)	7,0	7,3	8,8	7,6	8,0	7,3	7,9
Gehobene Einkommenslage (125–150 %)	12,4	11,7	9,6	9,4	9,7	9,6	10,0
Mittlere bis gehobene Einkommenslage (100–125 %)	18,6	18,6	17,9	20,4	18,0	18,1	17,3
Untere bis mittlere Einkommenslage (75–100 %)	26,5	26,7	27,3	28,2	29,1	26,0	25,3
Prekärer Wohlstand (50–75 %)	23,2	24,1	23,9	23,5	23,2	24,8	24,4
Relative Armut (0–50 %)	9,0	8,1	8,8	7,5	8,4	10,0	10,4

[1]Für die Jahre 1985–1989 nur Westdeutschland.

Jan Goebel/Roland Habich/Peter Krause, Bundeszentrale für politische Bildung, 2011

Soziologen zufolge hat die **Zunahme der Einkommensungleichheit** in Deutschland dazu geführt, dass sich trotz zeitweise positiver wirtschaftlicher Entwicklung immer mehr Menschen um ihre Zukunft sorgen. Die Angst vor Armut und sozialem Abstieg sei vom Rand in die Mitte der Gesellschaft gerückt.

Arm dran in einem reichen Land: Kinderarmut

Die Armut betrifft zunehmend auch Kinder. Das **Armutsrisiko** von Kindern und Jugendlichen ist seit Ende der 1990er Jahre angestiegen. In Deutschland leben zurzeit ca. 2,5 Mio. Kinder in Einkommensarmut, was etwa 19,4 Prozent aller Personen unter 18 Jahren entspricht. Soziologen sprechen bereits von einem Prozess der **Infantilisierung der Armut.** Da Kinder von Alleinerziehenden, Migranten und Hartz-IV-Empfängern besonders armutsgefährdet sind, besteht ein hohes „Vererbungsrisiko" von Armut. Armut hat weitreichende Auswirkungen auf das weitere Leben. So weisen arme Kinder und Jugendliche überdurchschnittlich häufig chronische Krankheiten, Übergewicht und Verhaltensauffälligkeiten auf, Bildungschancen und Schulerfolg sind im Schnitt geringer als bei Kindern aus wohlhabenden Familien.

Die Experten sind sich einig, dass bei der Bekämpfung von (Kinder-)Armut ein Zusammenspiel von Einzelmaßnahmen in unterschiedlichen Politikbereichen – z. B. in der Beschäftigungs-, Familien-, Bildungs-, Gesundheits- und Stadtentwicklungspolitik – Not in vielen Bereichen lindern könnte. Die betroffenen Familien einzig mit mehr Geld auszustatten, greife dabei zu kurz.

Bildung

Ein formaler Bildungsabschluss ist heutzutage nicht nur die Voraussetzung zur Aufnahme einer qualifizierten Berufstätigkeit, sondern auch die Grundlage für gesellschaftliche und politische Teilhabe. Bildung ist die wichtigste Grundlage für den materiellen, aber auch den kulturellen und ideellen Reichtum einer Gesellschaft. Umgekehrt ermöglicht aber erst der materielle Reichtum einer Gesellschaft den jahrelangen Besuch von teuren Bildungseinrichtungen. Die Entwicklung Deutschlands zur modernen Industrie- und Dienstleistungsgesellschaft bzw. zur Wissens- und Informationsgesellschaft und die damit verbundenen Anforderungen an die Individuen haben seit den 1960er Jahren zu einer enormen **Bildungsexpansion** geführt.

Gewinnerinnen dieser Bildungsexpansion sind eindeutig Mädchen und junge Frauen. Im allgemein bildenden Schulwesen bis einschließlich zum Abitur haben sie die Jungen mittlerweile überholt. Betrug der Jungenanteil im Gymnasium im Schuljahr 1960/61 noch 60 Prozent, sank er im Schuljahr 2010/11 auf 47,3 Prozent.

Was erfolgreiche Abschlüsse betrifft, haben Frauen im berufsbildenden Bereich und an den Hochschulen inzwischen mit den Männern gleichgezogen. Frauen entscheiden sich nach Ende des Studiums aber immer noch deutlich seltener für den nächsten Karriereschritt in der Wissenschaft, die Promotion. Die Anhebung des Gesamtbildungsniveaus führte jedoch nicht zu einer Umverteilung der Bildungschancen. Insbesondere die Kinder der ungelernten Arbeiter sind vom Bildungsboom kaum erfasst worden; Beamtenkinder konnten ihren Vorsprung an Gymnasien und Universitäten hingegen deutlich ausbauen.

In kaum einem anderen Land der Erde ist der Schulerfolg eines Kindes so stark abhängig von der sozialen Herkunft wie in Deutschland. Kinder armer Eltern oder von Migranten haben nach wie vor in allen Bundesländern deutlich geringere Chancen nach der Grundschule ein Gymnasium zu besuchen als Kinder von Akademikern. Darüber hinaus gibt es im Schulsystem eine Durchlässigkeit fast nur von oben nach unten. Eine Studie der Bertelsmann Stiftung zeigt, wie häufig dieses **Downgrading** in Deutschland vorkommt: Allein im Schuljahr 2010/2011 mussten 50.000 Schüler auf eine niedrigere Schulform wechseln. Nur für 23.000 Schüler ging es hingegen aufwärts. Das deutsche Schulsystem produziert demnach mehr als doppelt so viele Absteiger wie Aufsteiger. In einigen Bundesländern (Hessen, Berlin, Niedersachsen, Sachsen) kommen auf jeden Aufsteiger von der Realschule auf das Gymnasium sogar elf Absteiger.

Statussymbole

„Immer wenn äußerlich erkennbare Gegebenheiten den Prestigestatus eines Menschen anzeigen (sollen), dann hat man es mit Statussymbolen zu tun. Statussymbole können in äußerst vielfältigen Erscheinungsformen auftreten. Sie zeigen sich in Rangabzeichen an Uniformen, Wohngegenden, Haustypen und Wohnungseinrichtungen, Konsumgütern bestimmter Art (Autotyp, Uhr usw.), Lebensstilen, Sprachstilen, bestimmten Arten, sich zu kleiden, Sportarten (Golf, Snowboarding, ...), Gesten, Ritualen, Titeln u. a. m. Statussymbole können formell (offiziell) festgelegt sein oder sich informell eingespielt haben. Sie können in allen Gruppen einer Gesellschaft oder sogar über mehrere Länder hinweg Geltung haben [...]; sie können aber auch nur in Teilgruppen gültig und nur für deren Angehörige erkennbar sein (z. B. das Verfügen über einen Telefonapparat mit weltweitem Außenanschluss oder über einen reservierten Parkplatz ab Positionen bestimmter Höhe in Unternehmen)."

Stefan Hradil, Soziale Ungleichheit in Deutschland, Wiesbaden 2005, S. 292f.

Macht und Prestige

Der Dimension ungleicher Machtverteilung wird bei der Betrachtung sozialer Ungleichheit besondere Bedeutung beigemessen. Macht im soziologischen Sinn bedeutet die Überlegenheit von Menschen über andere und damit die Chance, den eigenen Willen (z. B. in Entscheidungssituationen) gegenüber anderen durchzusetzen. In modernen Gesellschaften geht Macht in geregelten Formen von Machtpositionen aus. Die Inhaber von Spitzenfunktionen werden auch als Machteliten bezeichnet (→ Kap. 1.3.2).

Die Zuweisung von Prestige fällt von Gruppe zu Gruppe unterschiedlich aus. Ein typisches Beispiel hierfür ist der Besitz eines großen PKW. Dieser kann an bestimmten Stellen großen Eindruck machen, in anderen Situationen aber auch zu Ablehnung führen.

Karikatur: Erich Rauschenbach / Baaske Cartoons

Aufgaben

1. Erläutern Sie den Unterschied zwischen „sozialer Ungleichheit" und „sozialem Unterschied".
2. Versuchen Sie die Begriffe absolute und relative Armut genauer voneinander abzugrenzen und erklären Sie deren Unterschiede.
3. Erläutern Sie, wie sich die Einkommensunterschiede in einer Gesellschaft durch den Gini-Koeffizienten und S80/S20-Verhältnis darstellen lassen.
4. An den statistischen Berechnungen zur sozialen Ungleichheit wird häufig kritisiert, dass sich diese nur auf die finanzielle Situation beschränkten. Stellen Sie dar, welche Dimension Armut noch hat und wie man diese bei der Erhebung der sozialen Ungleichheit berücksichtigen könnte.

M 1 Einmal unten, immer unten

In Deutschland hat sich die Zahl armer Menschen auf hohem Niveau eingependelt. Das kritisieren Sozialverbände und Gewerkschaften in ihrem Armutsbericht. Wer hierzulande einmal im Abstiegskreislauf steckt, bekommt immer weniger Chancen, sich wieder herauszuarbeiten.

„Armut ist politisch gewollt." Mit dieser These hat die Nationale Armutskonferenz (NAK) ihren „Schattenbericht" vorgestellt. Er soll ein Gegenentwurf zum offiziellen Armuts- und Reichtumsbericht der Bundesregierung sein. Wer arm ist, das zeige der Bericht, habe in Deutschland immer seltener die Chance, dieser Situation zu entfliehen.

Die Verfestigung von Armut zeige sich daran, dass die Armutsquote seit Jahren zwischen 14 und 16 Prozent liege, sagte die NAK-Vizesprecherin Michaela Hofmann am Dienstag in Berlin. Es sei ein „Skandal, dass sich diese Zahl auf so hohem Niveau einpendelt".

Dass Armut „politisch gewollt" ist, wie Hofmann sagt, sei abzulesen an den aus ihrer Sicht unzureichenden Hartz-IV-Sätzen sowie dem ausufernden Niedriglohnbereich. Das Bildungs- und Teilhabepaket im Rahmen der letzten Hartz-IV-Reform gebe auch Kindern „keine Chance, aus dem Armutskreislauf herauszukommen".

Ihre Kritik hat die NAK – ein Zusammenschluss von Sozial- und Wohlfahrtsverbänden wie der Arbeiterwohlfahrt, dem Paritätischen Gesamtverband, Caritas und Diakonie sowie Gewerkschaften wie dem Deutschen Gewerkschaftsbund (DGB) – in ihrem sogenannten Schattenbericht zusammengefasst. Demnach arbeitet in Deutschland inzwischen fast jeder vierte Beschäftigte im Niedriglohnsektor. Etwa 7,6 Millionen Menschen, 9,3 Prozent der Bevölkerung, erhalten staatliche Leistungen zur Sicherung ihres Existenzminimums.

NAK kritisiert „geschönten" Armuts- und Reichtumsbericht

Die NAK fordert unter anderem gesetzliche Mindestlöhne, höhere Regelsätze und Förderprogramm gegen Wohnungsnot und wirft der Bundesregierung vor, den Armuts- und Reichtumsbericht geschönt zu haben. Am ursprünglichen Entwurf von Bundesarbeitsministerin Ursula von der Leyen (CDU) sei die NAK unzureichend beteiligt worden, sagte NAK-Geschäftsführerin Carola Schmidt. Die auf Drängen der FDP schließlich veränderte Fassung habe sie aber regelrecht „schockiert".

Bei der Überarbeitung des Armutsberichts wurde eine Passage zur ungleichen Verteilung des Privatvermögens gestrichen. Zudem entfiel die Formulierung, dass die „Einkommenspreizung" zugenommen habe, was das Gerechtigkeitsempfinden der Bevölkerung störe. Stattdessen wird nun angeführt, dass sinkende Reallöhne „Ausdruck struktureller Verbesserungen" am Arbeitsmarkt seien. Der überarbeitete Armutsbericht soll Anfang kommenden Jahres vom Kabinett verabschiedet werden.

nck/dpa/dapd, Spiegel online, 18.12.2012

M 2 Deutschlands Bildungssystem ist extrem ungerecht

Peinlich, peinlich. Was Bildungsforscher im Auftrag der Bertelsmann-Stiftung herausgearbeitet haben, ist eine schallende Ohrfeige für fast alle Bildungspolitiker in Deutschland: Schulen in Deutschland kommen demnach ihren vornehmsten und wichtigsten Aufgaben nicht nach. Sie produzieren zu viele Schulabbrecher, bereiten zu wenig auf den Arbeitsmarkt vor – und sind vor allem: extrem ungerecht. Bildungserfolg hängt in allen Bundesländern stark von der sozialen Herkunft ab. […] In der Regel macht die Schule in Deutschland alles nur noch schlimmer, ungerechter.

Das ist für eines der reichsten Länder der Welt beschämend. Und umso beschämender, als der Befund alles andere als neu ist. Schon als vor gut zehn Jahren die erste PISA-Studie auf den Markt kam, wurde deutlich, dass kein anderes Schulsystem in Europa so gnadenlos nach sozialer Herkunft siebt wie das deutsche. Dass in keinem EU-Land so wenig getan wird, um Arbeiterkindern einen höheren Bildungsabschluss als ihren Eltern zu ermöglichen. Und was ist seitdem geschehen. Fast nichts. Einige Bundesländer propagieren halbherzig die Einführung von Ganztagsschulen. Andere experimentieren gelegentlich mit individueller Förderung. Vor allem aber wurden Schultypen umbenannt, die spätestens seit PISA als Bildungsabstellgleise stigmatisiert (geächtet) sind. Die Hauptschule wurde je nach Bundesland zur Mittel- oder Werkrealschule, die Sonderschule heißt jetzt Förderschule. Darüber hinaus hat das Thema Bildungsungerechtigkeit die Kultusminister der Länder eher kalt gelassen. So gern in bildungspolitischen Debatten immer wieder auf die Dauer-PISA-Sieger Schweden, Norwegen und Finnland verwiesen wird – so wenig hat sich die Bildungspolitik ernsthaft an skandinavischer Schulkultur orientiert. Warum? Tja, es kostet. Gerechtes Bildungssystem heißt nämlich – und das zeigen die vorbildlichen Schulsysteme dort allesamt: flächendeckende Ganztagsschule. Und: faktische und nicht nur behauptete individuelle Betreuung und Förderung. Dass so etwas mit 32 Schülern je Klasse für Lehrer schlicht nicht zu schaffen ist, das ist offensichtlich. Und so ist das Rezept gegen die deutsche Bildungsungerechtigkeit größtenteils ein banales: mehr Geld, mehr Lehrer. Doch statt zusätzliches Lehrpersonal einzustellen, brüsten sich Kultusminister […] damit, weniger Lehrerstellen zu streichen als geplant. Statt die Ganztagsschule zur Regelschule zu machen, jubiliert eine NRW-Schulministerin, wenn sie eine Ganztagsschule pro Schulbezirk anbieten kann.

Das Zu-Wenig-Geld-Argument darf in dem Zusammenhang schlicht nicht mehr gelten: Denn gemessen am Bruttoinlandsprodukt gibt Deutschland noch immer so wenig für Bildung aus wie kaum ein anderes Land der Europäischen Union. Und das ist genauso beschämend wie die daraus letztlich resultierende Bildungsungerechtigkeit.

Manfred Götzke, Deutschlandfunk, 12.3.2012

Aufgaben

1. Diskutieren Sie die These „Armut ist politisch gewollt“. Gehen Sie dabei auch auf die überarbeitete Passage des Armutsberichts der Bundesregierung ein, „dass sinkende Reallöhne Ausdruck struktureller Verbesserungen am Arbeitsmarkt seien“. (M 1)
2. Erarbeiten Sie die Kritik, die Götzke am deutschen Bildungssystem übt. (M 2)
3. Erörtern Sie, inwiefern man davon sprechen kann, dass das Schulsystem dazu beiträgt, die soziale Ungleichheit zu reproduzieren.
4. Diskutieren Sie die Forderungen, die Götzke aufstellt. (M 2)

3.2 Soziale Mobilität

Leitfragen

Was ist mit dem Begriff der sozialen Mobilität gemeint?

Was sagt das Ausmaß sozialer Mobilität über eine Gesellschaft aus?

Dimensionen der Mobilität

Als soziale Mobilität bezeichnet man das Maß, in dem es Menschen gelingt, sich im Laufe ihres Lebens aus ihren sozialen Lagen fortzubewegen. Dabei muss man zwischen den individuellen Aufstiegschancen innerhalb des Lebenslaufs eines Einzelnen und dem Wandel der sozialen Ungleichheit innerhalb der Gesellschaft unterscheiden. Weiterhin unterscheidet man zwischen der horizontalen und der vertikalen Mobilität.

Horizontale Mobilität nennt man die Bewegungen zwischen Positionen, die sich nach ihrer Art, nicht aber ihrem Rang unterscheiden, z. B. Wechsel des Wohnortes oder des Familienstandes. Die Veränderung des sozialen oder beruflichen Status wird demgegenüber als **vertikale Mobilität** beschrieben. Für das Thema der sozialen Ungleichheit ist die vertikale Mobilität von größerer Bedeutung. Sie umfasst Inter- und Intragenerationenmobilität.

- **Intergenerationenmobilität:** Sie meint den sozialen Auf- und Abstieg zwischen den Generationen bzw. das Ausmaß, in dem die Kindergeneration andere berufliche Positionen erreichen kann als die Elterngeneration.
- **Intragenerationenmobilität** oder Karrieremobilität beschreibt den Verlauf des eigenen Fortkommens, d. h. die Beweglichkeit innerhalb des eigenen Lebenslaufs.

Die Mobilitätsforschung untersucht, inwieweit es Kindern aus ungünstigen Herkunftsbedingungen gelingt, eine gute Berufsposition zu erlangen bzw. inwieweit berufliche Positionen „weitervererbt" werden. Die Erforschung der sozialen Mobilität gibt Aufschluss über das Maß der **Chancengleichheit** innerhalb einer Gesellschaft. Eine ausgeprägte soziale Mobilität ist somit **Ausdruck von Chancengleichheit und sozialer Gerechtigkeit** und führt zum Abbau sozialer Gegensätze.

Für Deutschland sind gegenwärtig folgende **Entwicklungen** feststellbar:

- Die **Intergenerationenmobilität** ist in den vergangenen Jahrzehnten geringfügig gestiegen.
- Die im internationalen Vergleich insgesamt geringe **Karrieremobilität** hat zugenommen.
- Bei der Mobilität überwiegt **Kurzstreckenmobilität** in benachbarte Positionen.
- Allgemein sind **Bildungspositionen und -schichten** offener zugänglich als Besitzpositionen und -schichten.
- Die Sozialstruktur veränderte sich weniger durch hohe Ab- und Zustromquoten als durch eine **Anhebung des Gesamtniveaus.**

Trotz der Betonung der Chancengleichheit im Bildungswesen und des Leistungsgedankens in der Berufswelt gilt nach wie vor: Je höher der soziale Status der Eltern, umso wahrscheinlicher ist der Besuch einer weiterführenden Schule durch die Kinder und **die Vererbung des beruflichen und sozialen Status.**

Eliten

Untersuchungen zum Thema Elitenbildung und Führungsgruppen haben an Stellenwert gewonnen. Machteliten finden sich in nahezu allen Bereichen der modernen Gesellschaften: Politik, Verwaltung, Justiz, Wirtschaft, Gewerkschaften, Massenmedien, Wissenschaft und Bildung, Kultur, Kirche, Militär. Dieser kleine Personenkreis übt bei zentralen Entscheidungen, die viele oder manchmal auch alle Mitglieder der Gesellschaft betreffen, großen Einfluss aus. Die Machteliten spiegeln weder die Struktur der Gesamtgesellschaft wider, noch sind sie eine in sich geschlossene Gruppe. Etwa die Hälfte aller Elitenangehörigen hat Väter, die selbst zu den Machteliten gehören. In Ostdeutschland hat sich in den vergangenen Jahren der Einfluss der sozialen Herkunft deutlich vergrößert. **Kennzeichen der Eliten** in Deutschland sind:

- ein meist **hohes Bildungsniveau**;
- eine relativ hohe Rekrutierung aus sozial und beruflich **privilegierten Bevölkerungsschichten**;
- eine eher **geringe Homogenität** aufgrund der verschiedenen Wirkungsbereiche und der dezentralen Struktur der Bundesrepublik (pluralistische Eliten).

Als **Probleme der Elitenbildung** gelten u. a.:

- die **soziale Selektivität** bei den Aufstiegschancen in die Eliten;
- die **mangelnde Zirkulation** zwischen den Eliten verschiedener Bereiche;
- der **geringe Frauenanteil** an den Führungszirkeln;
- **Ausmaß und Einfluss** von Elitenetzwerken.

Randgruppen

In unserer Gesellschaft gibt es Bevölkerungsgruppen, die zwar nicht im Hinblick auf alle Dimensionen sozialer Ungleichheit schlecht gestellt sind, aber dennoch soziale Benachteiligungen erfahren und von der Teilhabe am gesellschaftlichen, kulturellen und politischen Leben ausgeschlossen sind, d. h., sie sind nicht oder nur unzureichend in die Kerngesellschaft integriert. Angesichts der großen Vielfalt und Vielgestaltigkeit von sozialen Problemgruppen ist es nicht immer zutreffend, sie gleich dem gesellschaftlichen Rand zuzuordnen. Es müssen sich i. d. R. erst bestimmte ungünstige Faktoren anhäufen, bevor man von Randständigkeit sprechen kann. Zu den **sozialen Randgruppen in Deutschland** zählen

- Wohnsitzlose,
- Drogenabhängige,
- Strafentlassene,
- Langzeitarbeitslose,
- Entlassene aus stationärer psychiatrischer Behandlung oder
- Patienten in psychiatrischen Krankenhäusern.

Vererbungsraten – Anteil von Männern und Frauen, die die gleiche berufliche Position einnehmen wie ihre Väter, nach sozialer Herkunft

	Westdeutschland				Ostdeutschland	
	1976–1980	1981–1990	1991–1999	2000–2010	1991–1999	2000–2010
Männer			in %			
I. Obere Dienstklasse	44	49	46	42	26	27
II. Untere Dienstklasse	37	31	31	31	19	24
III a. Einfache Routine-Tätigkeiten	11	16	13	16	–	–
IV ab. Selbstständige	21	26	21	20	22	21
IV c. Landwirte	21	21	25	16	–	–
V/VI. Facharbeiter/Meister	49	48	50	41	63	54
VII ab/III b. Ungelernte Arbeiter/Tätigkeiten	25	27	24	30	18	29
Frauen						
I. Obere Dienstklasse	15	26	28	32	21	25
II. Untere Dienstklasse	41	33	38	39	37	40
III a. Einfache Routine-Tätigkeiten	38	46	38	42	–	33
IV ab. Selbstständige	12	11	15	12	24	–
IV c. Landwirte	12	10	9	9	–	–
V/VI. Facharbeiter/Meister	9	8	11	8	22	17
VII ab/III b. Ungelernte Arbeiter/Tätigkeiten	47	45	38	39	36	33

– Fallzahlen zu gering

Datenbasis: ALLBUS, SOEP, ZUMA-Standarddemografie, ISJP 1976–2010

Weiterhin werden unter bestimmten Bedingungen auch Teile der älteren Menschen und der ausländischen Bevölkerung sowie der Alleinerziehenden zu Randgruppen gerechnet. Randgruppen weisen meist folgende **Merkmale** auf:

- **Defizite** in gesellschaftlich wichtigen Bereichen, etwa bei der wirtschaftlichen Leistungsfähigkeit (Einkommen) oder bei Bildung und Sprache;

- **Diskriminierung oder Benachteiligung**, z.B. durch verweigerte Chancengleichheit im Bildungsbereich;

- Weitgehende **Einflusslosigkeit** in Gesellschaft und Politik.

Einige Randgruppen zeichnen sich dadurch aus, dass sie die innerhalb der Kerngesellschaft geltenden Normen und Werte (z.B. Streben nach Wohlstand und Reichtum) wenig bis gar nicht anerkennen und von dieser wiederum als Bedrohung der gesellschaftlichen Ordnung empfunden werden. Deshalb sind sie häufig **Ziel von Vorurteilen und Stigmatisierungen.**

Die Zugehörigkeit zu gesellschaftlichen Randgruppen ist i. d. R. auf folgende Ursachen zurückzuführen:

- schlechte materielle Lebensbedingungen (z.B. Armut, Wohnsitzlosigkeit);

- schwierige Beziehungen zur übrigen Bevölkerung (z.B. Vorurteile, Diskriminierung);

- ein besonderes Verhältnis zu staatlichen Einrichtungen (z.B. Strafvollzug, staatliche Betreuung).

Karikatur: Plaßmann / Baaske Cartoons

Aufgaben

1. Erläutern Sie den Unterschied zwischen sozialer Mobilität und sozialem Wandel.

2. Analysieren Sie die Daten der Tabelle (vgl. S. 50 Aufgabe 1).

3. Nennen Sie Beispiele für Randgruppen, die sich bewusst außerhalb der geltenden Normen und Wertvorstellung der Gesellschaft stellen und erläutern Sie, weshalb diese auch als Bedrohung empfunden werden.

M Wenn Leistung nicht lohnt

„Alle Menschen sind gleich geschaffen“ – der berühmte Satz der amerikanischen Unabhängigkeitserklärung von 1776 gilt bis heute als Basis der Demokratie. Dementsprechend muss Ungleichheit in demokratischen Gesellschaften begründet sein – durch Unterschiede in der Leistung und bei den Fähigkeiten, nicht durch Barrieren, die von außen aufgestellt werden. Ob das den westlichen Demokratien noch ausreichend gelingt, daran gibt es inzwischen Zweifel – vor allem, seit sie etwas genauer auf die Lage der wachsenden Zahl ihrer Migranten sehen: In Frankreich genügt eine Banlieue-Adresse auf einer Bewerbung, damit sie aussortiert wird, in Deutschland kann es ein türkischer Name über dem Uni-Diplom sein. Auch in den USA wachsen die Zweifel, ob der „American Dream“ vom Aufstieg durch Leistung noch ausreichend möglich ist. Für Deutschland hat sich der Sozialwissenschaftler Reinhard Pollak vom Wissenschaftszentrum Berlin in einer neuen Studie die Lage angesehen. [...]

Ist Deutschland sozial mobil?

Nein, jedenfalls nicht im internationalen Vergleich: In keinem anderen Land, über das es Untersuchungen gibt, schreibt Pollak, blieben die Menschen so stark in der Position hängen, die schon ihre Eltern hatten. Daran habe sich über Jahrzehnte auch nichts verändert – was übrigens auch für soziale Abstiege gilt. Interessant ist aber, dass die Gesellschaft schon mobiler war als heute: In Ost- wie Westdeutschland – die Studie hat die Geburtsjahrgänge 1920 bis 1978 ausgewertet – stieg mehr als ein Drittel der Männer, die heute 70 bis 80 Jahre alt sind, sozial auf. Im Osten, wo auch die Frauen häufiger aufstiegen als im Westen, waren es sogar etwa 45 Prozent. Für die in den 1940ern und 50ern geborenen Männer lag der Wert auch im Westen bei über 40 Prozent, bei den Frauen erreichte er etwas später 35 Prozent und blieb dann auf diesem Niveau. In den jüngeren Jahrgängen, unter den heute 32- bis 40-Jährigen wird die soziale Offenheit deutlich geringer, im Osten sogar in dramatischer Weise, wie es in der Studie heißt. Und oft geht es abwärts – 30 Prozent der jüngeren Ostdeutschen haben sozialen Abstieg erlebt.

Vom Tellerwäscher zum Millionär – gibt es das überhaupt?

Der Tellerwäscheraufstieg ist möglich. Aber die Werte liegen der Studie nach so niedrig, dass sie nicht prägend für die Gesellschaft sind. Weniger als ein Prozent der Kinder ungelernter Arbeiter schaffen es in die Position eines leitenden Angestellten. Damit sind sie freilich noch keine Millionäre. Typisch für den sozialen Auf- und Abstieg sind eher kleine Sprünge: Für Männer in Westdeutschland zum Beispiel gibt es doppelt so viele Aufstiege auf kurzem Wege, also etwa vom gehobenen zum höheren Beamten oder vom ungelernten zum Facharbeiter. Die kleinen sozialen Abstiege bei ihnen sind sogar viermal so häufig wie richtige Abstürze.

Was sind die Gründe?

Ganz offensichtlich war die größere soziale Mobilität in den ersten Jahrzehnten der beiden deutschen Staaten der Zeit geschuldet: Speziell für die in den 50er Jahren Geborenen gab es im Westen in den Boom-Jahren mehr Möglichkeiten des Aufstiegs, also mehr und qualifiziertere Arbeitsplätze. In der DDR spielten Enteignung und Flucht der alten Eliten eine Rolle, außerdem die gezielte Förderung von Arbeiterkindern. Später wurde auch die Sozialstruktur im Osten wieder fester. Für die vergleichsweise große Unbeweglichkeit der deutschen Gesellschaft macht die Studie vor allem die hohe Bildungsungleichheit verantwortlich, wie sie schon die Pisa-Untersuchungen herausarbeiteten. In Deutschland seien Positionen stark an bestimmte Abschlüsse

gebunden; wer sie nicht vorweisen kann, fällt durch den Rost. Dass Berufs- und Universitätsausbildung meist in einen bestimmten Beruf „kanalisieren“, dazu oft einen, für den die Eltern Vorbilder lieferten, mache das Land sozial unbeweglicher. So schnell komme man aus diesem Beruf schließlich auch nicht wieder heraus.

Was tun?

Die Studie empfiehlt Reformen im Bildungssystem, eine andere Förderung, auch für Berufswechsler. Und vor allem, etwas überraschend, ein anderes Bewusstsein. Die Frage von Gleichheit und Durchlässigkeit der Gesellschaft sollten eine viel größere Rolle in der Öffentlichkeit spielen. Erstaunlicherweise sind die Deutschen nämlich, der Wirklichkeit zum Trotz, überzeugte Anhänger des Tellerwäschermythos: Der Aussage: „Deutschland ist eine offene Gesellschaft, was man im Leben erreicht, hängt nicht mehr vom Elternhaus ab, sondern von den Fähigkeiten, die man hat, und der Bildung, die man erwirbt“, stimmen in Umfragen bis zu 80 Prozent der Befragten zu. Wer davon überzeugt ist, so lässt sich folgern, wird leichter dazu neigen, schlechte Schulnoten und verpassten Aufstieg für persönliches Versagen zu halten. Dies aber nimmt auch den vermeintlichen Versagern den Glauben an sich selbst und damit den Elan, sich durchzuboxen. Wer die seit Jahren laufenden Integrations- und Unterschichtendebatten verfolgt, weiß: Das sollte sich Deutschland nicht mehr leisten.

Andrea Dernbach, Tagesspiegel, 21.10.2010

Aufgaben

1. Fassen Sie die zentralen Aussagen der hier vorgestellten Studie zusammen. (M)
2. Erläutern Sie den sog. „Tellerwäschermythos“ und stellen Sie dar, weshalb der Verfasser der Studie diesen für falsch hält. (M)
3. Diskutieren Sie, ob der „Tellerwäschermythos“ auch als individueller Anreiz verstanden werden kann.

3.3 Theorien sozialer Ungleichheit

Leitfragen

Welche Modelle zur Analyse der Sozialstruktur gibt es?

Inwiefern sind sie jeweils geeignet, gesellschaftliche Strukturen zu erklären?

Wie beschreibt man die Gesellschaft?

Mit der starken Ausprägung der sozialen Gegensätze in der Phase der Industrialisierung seit dem ausgehenden 18. Jahrhundert und der Einsicht, dass soziale Ungleichheit nicht gottgewollt oder natürlichen Ursprungs, sondern auch veränderbar ist, begannen Menschen über die Ursachen der ungleichen Verteilung von Lebenschancen nachzudenken. Seitdem sind die Analyse der sozialen Ungleichheit und die Erforschung des Denkens und Verhaltens von Menschen in unterschiedlichen Bevölkerungsgruppen und sozialen Schichten ein fester Bestandteil der Gesellschaftswissenschaften.

Mit Modellen/Theorien wird versucht, Ordnung in die große Unübersichtlichkeit der sozialen Wirklichkeit zu bekommen. Diese Modelle sind, wie alle Modelle, kein Abbild der Realität. Sie reduzieren und vereinfachen die Wirklichkeit vielmehr auf Wesentliches. Modelle sind Hilfsmittel, die Wirklichkeit zu beschreiben und zu verstehen.

Klasse

Der Begriff der **Klasse** zur Erklärung der sozialen Ungleichheit geht auf Karl Marx (1818–1883) zurück. Danach sei die soziale Ungleichheit der Menschen auf ihre Stellung innerhalb des Produktionsprozesses zurückzuführen: So gäbe es Besitzer (Kapitalisten, Bourgeoisie) und Nichtbesitzer (Arbeiter, Proletariat) von Produktionsmitteln (Fabriken, Maschinen, Werkzeuge). Zwischen diesen beiden Klassen existiere ein Abhängigkeitsverhältnis, da die Proletarier gezwungen seien, ihre Arbeitskraft an die Kapitalisten zu verkaufen. Aus diesem Abhängigkeitsverhältnis leitete Marx auch die entgegengesetzten Interessen dieser beiden Klassen ab: Das Interesse der Kapitalisten bestehe demnach im Erhalt der bestehenden Verhältnisse, das Interesse der Proletarier hingegen sei an Veränderung orientiert.

Klasse und Schicht

Zur Analyse sozialer Ungleichheit waren in der Soziologie lange zwei Theorien vorherrschend: die **Klassen-** und die **Schichtungstheorie.** Sowohl in der Klassen- als auch in der Schichtungstheorie werden Menschen mit ähnlicher sozioökonomischer Lage zusammengefasst. Von Klasse oder Schicht spricht man dann, wenn die folgenden Merkmale erfüllt sind:

- Die soziale Lage wird mit anderen geteilt, sie ist kein Einzelschicksal, die Menschen bilden aufgrund ähnlicher Erfahrungen ähnliche Persönlichkeitsmerkmale (Einstellungen, Wertorientierung, Interessen, Lebensstile usw.) aus;
- Die soziale Lage ist dauerhaft und nicht vorübergehend;
- Die soziale Lage wird an die Kinder weitergegeben.

Klassen- und Schichtmodelle unterscheiden sich jedoch in wesentlichen Bereichen:

- Nach der Klassentheorie bilden die Angehörigen einer Klasse ein gemeinsames Klasseninteresse und Klassenbewusstsein aus. Die gegensätzlichen Interessen können demnach zu Konflikten innerhalb der Gesellschaft führen. Die Klassentheorie untersucht deshalb auch die Machtbeziehungen und Konflikte zwischen den Klassen der Gesellschaft. Ein „Schichtbewusstsein“ und unterschiedliche „Schichtinteressen“ bilden sich nach den Schichtmodellen hingegen nicht aus.
- Schichtmodelle beschreiben die Gliederung einer Gesellschaft, Klassentheorien gehen über die Beschreibung hinaus und fragen nach den Ursachen von Konflikten und Machtbeziehungen.

Statusaufbau und Schichtungen der Bevölkerung der BRD nach Bolte (1960er Jahre)

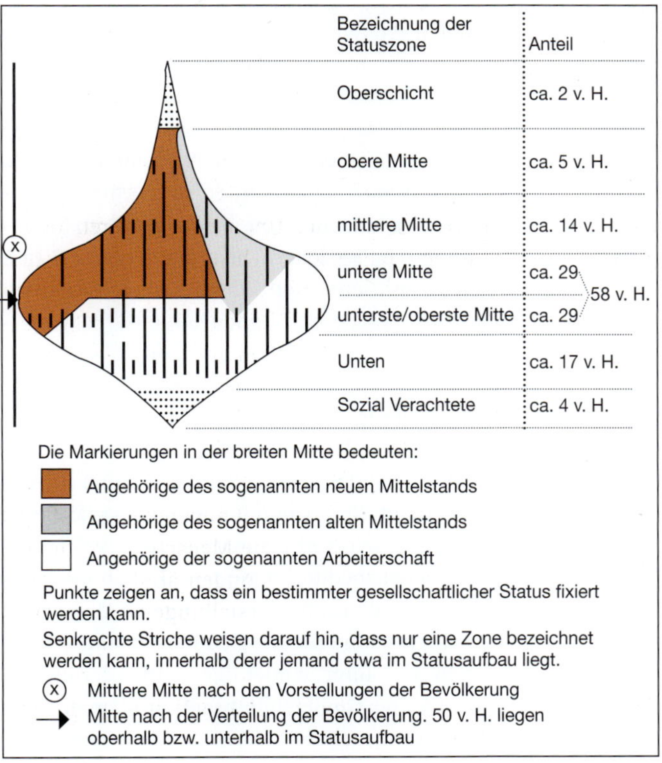

„Hausmodell" der Gesellschaft nach Dahrendorf (1965)

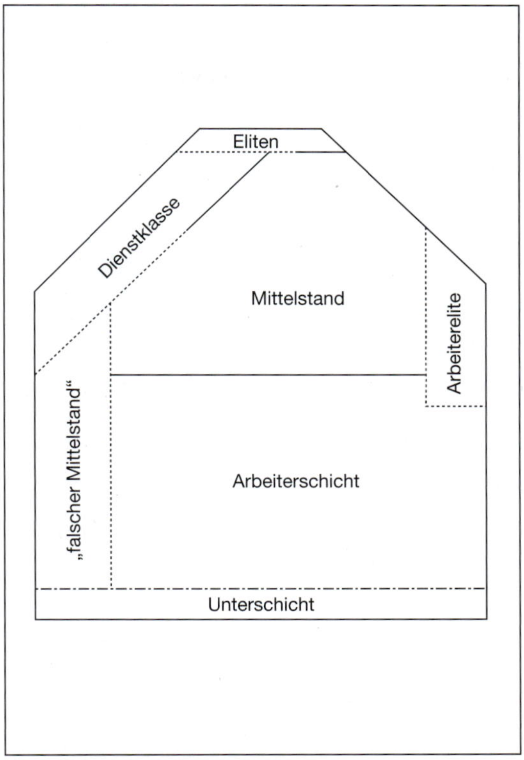

Soziale Schichtung

Soziale Schichtung beschreibt die vertikale Gliederung einer Gesellschaft in größere Bevölkerungsgruppen, die nach gemeinsamen Merkmalen zusammengefasst werden. Die Schichtungstheorie wurde in der Bundesrepublik bis weit in die 1970er Jahre als die zentrale Theorie zur Analyse sozialer Ungleichheit herangezogen. In vereinfachenden Modellen wurden anhand bestimmter Kriterien – etwa Beruf, Einkommen, Werte – soziale Ungleichheiten erfasst. Bekannt sind die zwiebelförmige Beschreibung der bundesdeutschen Gesellschaft des Soziologen Karl Martin Bolte sowie das „Hausmodell" des Soziologen Ralf Dahrendorf. Entstanden in den 1960er Jahren, werden diese Modelle immer weiterentwickelt.

Die Schichtungsmodelle, die die vertikale Ungleichheit deutlich betonen, gewinnen angesichts der Arbeitslosigkeit und der zunehmenden Einkommensunterschiede in Deutschland wieder mehr an Bedeutung.

Kritik an den Klassen- und Schichtenmodellen

In Westeuropa und Nordamerika gelten die Klassen- und Schichtenmodelle schon seit langem als geeignete Modelle, die Sozialstruktur einer Gesellschaft zu beschreiben. In Deutschland hingegen diskutiert man immer wieder über die Bedeutung dieser Modelle. Viele Sozialwissenschaftler zweifeln an der Richtigkeit dieser vertikalen Modelle zur Beschreibung der sozialen Wirklichkeit. Sie gehen davon aus, dass sich die Klassen und Schichten aufgelöst hätten, weil sich aufgrund des gestiegenen Wohlstands und der Bildungsexpansion in Deutschland eine große Vielfalt von Lebensstilen und Lebenslagen entwickelt habe und vor allem die Schicht- bzw. Klassenzugehörigkeit von den jeweiligen Mitgliedern so nicht mehr wahrgenommen würde. Es existiere eine Gesellschaft „jenseits von Klasse und Schicht", wie es der Soziologe Ulrich Beck 1986 formulierte.

Andere Sozialwissenschaftler halten hingegen an der Theorie von der sozialen Schichtung der Ge-

Die Sozialstruktur Deutschlands nach Geißler (2008)

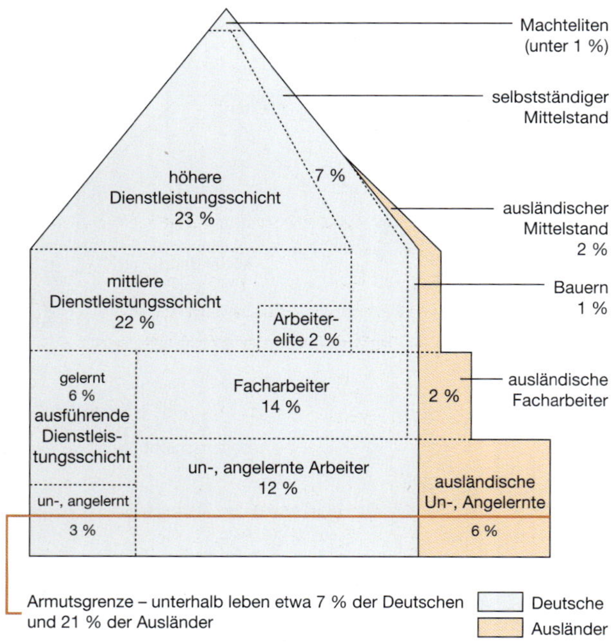

R. Geißler, Die Sozialstruktur Deutschlands, 5. Auflage Wiesbaden 2008, S. 100

sellschaft fest, denn die Verteilung der Chancen z. B. auf eine gute Bildung und die gesellschaftliche Teilhabe, aber auch hinsichtlich der Lebensrisiken (Armut, Arbeitslosigkeit etc.) sei abhängig von der sozialen Schicht, in die man hineingeboren worden wäre. Auch die Verteilung des Wohlstands innerhalb der Bevölkerung sehen diese Wissenschaftler als Bestätigung der Klassen-Schichten-Theorien.

Soziale Lagen

Die Modelle der Sozialen Lagen wurden seit dem Ende der 1980er Jahre als Erweiterung der Klassen-Schichten-Modelle formuliert, weil diese v. a. die vertikalen Ungleichheiten beschreiben. Mit ihnen lassen sich die horizontalen Ungleichheiten nicht abbilden.

Soziale Lagen werden insbesondere in der Wohlfahrtsforschung untersucht; sie beschreiben die Lebenschancen und die Lebensqualität einzelner Bevölkerungsgruppen. Bei der Zuordnung der Lebenslagen werden unterschiedliche Faktoren wie Beruf, Einkommen, Arbeitsplatzsicherheit, Bildung, Freizeitgestaltung und Zufriedenheit berücksichtigt. Der Vorzug der „Lagenmodelle“ liegt darin, dass sie zu einem **mehrdimensionalen Bild der Gesellschaft** gelangen. So unterscheiden Soziologen z. B. Machteliten, Bildungseliten, Manager, Experten, Studenten, „Normalverdiener“ (mit geringen, mittleren und hohen Risiken), Rentner, Arbeitslose, Arme und Randgruppen.

Soziale Milieus

Spätestens seit den 1980er Jahren wurden sowohl die **horizontalen Ungleichheitsmerkmale** wie Alter und Geschlecht als auch **subjektive Faktoren** der Lebensbedingungen verstärkt in die Analyse der Sozialstruktur einbezogen. Nach Ansicht von Kritikern sind die Klassen- und Schichtungstheorien mit ihrer eindeutigen Orientierung an der vertikalen Ungleichheit viel zu starr, um die Lebenswirklichkeit der Individuen angemessen zu erfassen. Neben den Begriff der Schicht traten die Begriffe **„Milieu“** und **„Lebensstil“** zur Analyse sozialer Ungleichheit. Anders als die Schichtungs- und Klassentheorie liefern diese Ansätze eher Beschreibungen als Erklärungen für soziale Ungleichheit. Die Milieuforschung entstand aus der Markt- und Wahlforschung und arbeitet mit repräsentativen Interviews.

Als **„soziale Milieus“** werden Gruppen von Gleichgesinnten verstanden, die große Ähnlichkeiten in ihrer Lebensführung, in den Beziehungen zu den Mitmenschen, in ihren Werthaltungen und Einstellungen aufweisen. Die Milieutheorien nehmen für sich in Anspruch, die soziale Ungleichheit in Deutschland besser als andere Ansätze beschreiben zu können, weil sie sowohl vertikale als auch horizontale Merkmale sozialer Ungleichheit berücksichtigen. So werden unabhängig von der beruflichen Stellung die Lebensstile der Individuen erfasst. Die Grundlage der **Lebensstilanalyse** bildet die Erforschung von Geschmack und Verhalten, von Freizeitgestaltung und Konsumgewohnheiten. Sehr bekannt sind beispielsweise die sog. „Sinus-Milieus“.

Soziale Schichten	Soziale Lagen	Soziale Milieus
entwickelt in den 1930er Jahren	entwickelt in den 1980er Jahren	entwickelt in den 1980er Jahren
vertikale soziale Ungleichheiten zwischen oben und unten	vertikale und horizontale soziale Ungleichheiten	vertikale und horizontale soziale Ungleichheiten
Unterschiede in den objektiven Lebensbedingungen wie Beruf, Einkommen, Ausbildung, Einfluss, Sozialprestige	Unterschiede in den objektiven Lebensbedingungen und bei horizontalen Kriterien wie Alter, Geschlecht, Kinderzahl	Unterschiede in den Wertorientierungen und Einstellungen zur Arbeit, zu Konsum, Familie und Partnerschaft, zur Politik sowie Unterschiede in den Lebensstilen

Basiswissen Schule, Politik Wirtschaft, Duden 2012, S. 291

Insbesondere die **Markt- und Parteienforschung** ist an den Untersuchungen interessiert, da mit den Ergebnissen eine präzisere Ansprache der Zielgruppen möglich ist.

Neuere Forschungsansätze

Aktuell nimmt die Diskussion neuer Schichten- und Klassenmodelle innerhalb der Gesellschaftswissenschaften wieder zu, da der Zusammenhang zwischen der sozialen Herkunft, den Bildungsabschlüssen und der wirtschaftlichen Stellung der Bürger in jüngsten Studien deutlich herausgestellt wurde.

Den „neuen" Schichtungs- und Klassentheoretikern zufolge stellt die wirtschaftliche Situation eines Einzelnen die zentrale Grundlage bei der Verteilung der Lebenschancen und -risiken dar.

Für großes Aufsehen sorgte eine **Studie der Friedrich-Ebert-Stiftung** aus dem Jahr 2006 zur politischen Einstellung und dem Wahlverhalten der Angehörigen unterschiedlicher sozialer Schichten. Die Untersuchung basiert auf einem Milieukonzept, das die Milieus auf der Grundlage von Wertvorstellungen einerseits und der sozialen Lage andererseits einteilt. Seitdem gibt es eine breite öffentliche Diskussion über soziale Ungleichheit, in der immer wieder Begriffe wie **„abgehängtes Prekariat"** (eine Wortkombination aus prekär und Proletariat), Prekarität, Ausgrenzung und „neue Unterschicht" auftauchen.

Das **Modell Exklusion-Inklusion** ist das jüngste Sozialstrukturmodell. Es unterscheidet nicht mehr zwischen dem Oben und Unten in einer Gesellschaft, sondern untersucht das „Drinnen und Draußen", die Zugehörigkeit und das Ausgeschlossensein, was sich in mehreren gesellschaftlichen Dimensionen zeigen kann. So kann sich das Ausgeschlossensein z. B. im Ausschluss vom Erwerbsleben (Arbeitslosigkeit), soziale Ausgrenzung durch das Leben in einem sozialen Brennpunkt oder aufgrund der Zugehörigkeit zu einer bestimmten ethnischen Gruppe, aber auch in mangelnder Teilhabe am kulturellen und politischen Leben zeigen. Untersucht werden aber auch die Auflösung der traditionellen sozialen Netzwerke oder das Ausgeschlossensein aufgrund von körperlichen oder psychischen Merkmalen etc.

Auch wenn sich das Modell auf die extrem benachteiligten Mitglieder der Gesellschaft bezieht, wird es dennoch als ein Vorzug erachtet, da es auf vielfältige Ausgrenzungsmechanismen in allen sozialen Schichten und Milieus aufmerksam machen kann, denn Exklusion passiert in allen sozialen Räumen.

Das Sinus-Milieumodell 2012 – Soziale Lage und Grundorientierung

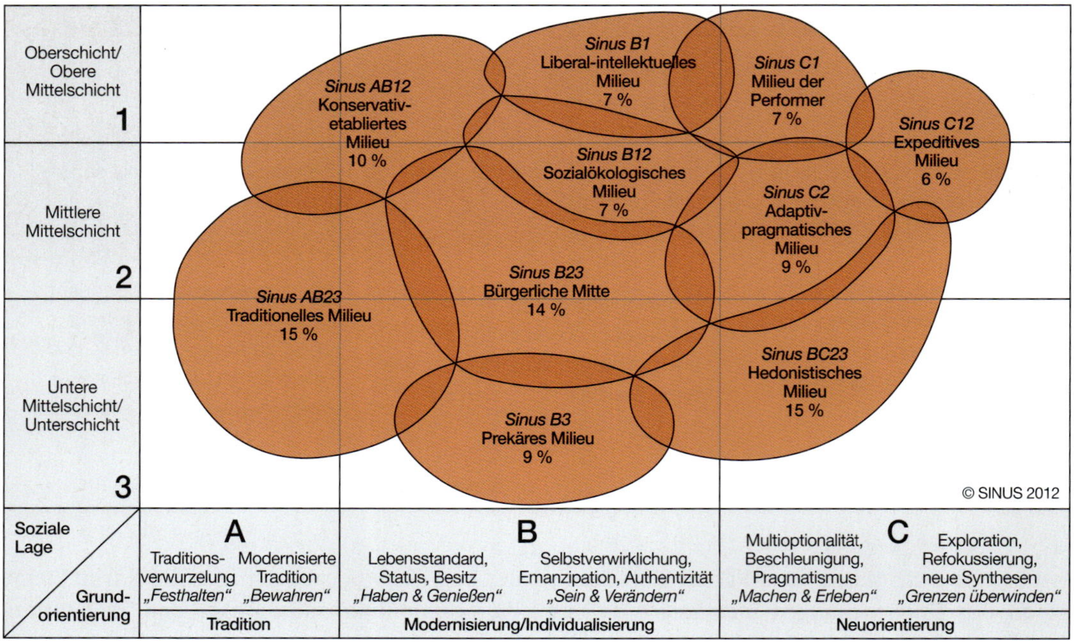

Kurzcharakteristik Sinus-Milieumodell 2012

Gesellschaftliche Leitmilieus		Traditionelle Milieus	
Sinus B1 (Etablierte)	Das selbstbewusste Establishment: Erfolgs-Ethik, Machbarkeitsdenken und ausgeprägte Exklusivitätsansprüche	Sinus A12 (Konservative)	Das alte deutsche Bildungsbürgertum: konservative Kulturkritik, humanistisch geprägte Pflichtauffassung und gepflegte Umgangsformen
Sinus B12 (Postmaterielle)	Das aufgeklärte Nach-68er-Milieu: Liberale Grundhaltung, postmaterielle Werte und intellektuelle Interessen	Sinus A23 (Traditions-verwurzelte)	Die Sicherheit und Ordnung liebende Kriegsgeneration: verwurzelt in der kleinbürgerlichen Welt bzw. in der traditionellen Arbeiterkultur
Sinus C12 (Moderne Performer)	Die junge, unkonventionelle Leistungselite: intensives Leben – beruflich und privat, Multi-Optionalität, Flexibilität und Multimedia-Begeisterung	Sinus AB2 (DDR-Nostalgische)	Die resignierten Wende-Verlierer: Festhalten an preußischen Tugenden und altsozialistischen Vorstellungen von Gerechtigkeit und Solidarität
Mainstream-Milieus		**Hedonistische Milieus**	
Sinus B2 (Bürgerliche Mitte)	Der statusorientierte moderne Mainstream: Streben nach beruflicher und sozialer Etablierung, nach gesicherten und harmonischen Verhältnissen	Sinus C2 (Experimentalisten)	Die extrem individualistische neue Bohème: Ungehinderte Spontaneität, Leben in Widersprüchen, Selbstverständnis als Lifestyle-Avantgarde
Sinus B3 (Konsum-Materialisten)	Die stark materialistisch geprägte Unterschicht: Anschluss halten an die Konsum-Standards der breiten Mitte als Kompensationsversuch sozialer Benachteiligungen	Sinus BC3 (Hedonisten)	Die Spaß-orientierte moderne Unterschicht/ untere Mittelschicht: Verweigerung von Konventionen und Verhaltenserwartungen der Leistungsgesellschaft

Aufgaben

1. Erläutern Sie (arbeitsteilig) die unterschiedlichen Theorien/Modelle zur Sozialstrukturanalyse.
2. Erklären Sie die Vor- und Nachteile der Schichtmodelle.
3. Erklären Sie, in welchem Verhältnis die Darstellung der Sinus-Milieus zum Schichtenmodell steht.
4. Erläutern Sie die unterschiedlichen „Sinus-Milieus“ mit eigenen Worten.
5. Welchem Milieu würden Sie sich selbst zuordnen? Überlegen Sie, ob Sie diesem Milieu auch noch in 15 Jahren angehören werden.

M Spaltung der Gesellschaft durch soziale Exklusion

Gemeinsam ist diesen verschiedenen Beobachtungen und Erfahrungen, dass sie vom sozialen Ausschluss handeln [...]. Die Frage ist nicht, wer oben und wer unten, sondern wer drinnen und wer draußen ist. Diese Menschen leiden darunter, dass ihnen Zugänge verwehrt werden, dass sie Missachtung erfahren und dass sie vom Gefühl der Unabänderlichkeit und Aussichtslosigkeit gelähmt sind. Die Soziologie hat dafür einen neuen Begriff geprägt: Es geht nicht allein um soziale Ungleichheit, auch nicht nur um materielle Armut, sondern um soziale Exklusion.

Der Bezugspunkt dieses Begriffs ist die Art und Weise der Teilhabe am gesellschaftlichen Leben, nicht der Grad der Benachteiligung nach Maßgabe allgemein geschätzter Güter wie Einkommen, Bildung und Prestige. [...] Soziale Exklusion [...] ist weder auf gesellschaftliche Benachteiligung zu reduzieren noch durch relative Armut zu erfassen. Sie betrifft vielmehr die Frage nach dem verweigerten oder zugestandenen Platz im Gesamtgefüge der Gesellschaft. Sie entscheidet darüber, ob Menschen das Gefühl haben, dass ihnen Chancen offenstehen und dass ihnen ihre Leistung eine hörbare Stimme verleiht, oder ob sie glauben müssen, nirgendwo hinzugehören, und dass ihnen ihre Anstrengung und Mühe niemand abnimmt.

Für die Exkludierten gilt der [...] Grundsatz „Leistung gegen Teilhabe" nicht mehr. Was sie können, braucht keiner, was sie denken, schätzt keiner, und was sie fühlen, kümmert keinen. Sie stellen daher eine Provokation für jede „anständige Gesellschaft" dar. Denn sie führen der saturierten* Mehrheit vor Augen, dass aufgrund bestimmter sozialer Mechanismen Menschen vor der Türe stehengelassen, aus ihren sozialen Kreisen aussortiert oder nach Ableistung ihres Beitrags zum Ganzen ihrem Schicksal überlassen werden. In der Bundesrepublik haben wir solche Phänomene des sozialen Ausschlusses lange Zeit als Randgruppenproblematik behandelt. [...]

Wir reden hier [jedoch] nicht von einigen Zehntausend unglückseliger und verlorener Existenzen, die zweifellos ein erhebliches soziales Problem darstellen, sondern von Millionen von Ausgeschlossenen, die einen Keil durch unsere Gesellschaft treiben: Kinder, die in Verhältnissen aufwachsen, wo es für keinen Zoobesuch, keinen Musikunterricht und nicht für Fußballschuhe reicht, junge Leute ohne Hauptschulabschluss, die sich mit Gelegenheitsjobs zufrieden geben müssen, Frauen und Männer im mittleren Alter, die „freigesetzt" worden sind und keine Aussicht auf eine Wiederbeschäftigung haben, Scheinselbständige und Projektmitarbeiter ohne soziale Rechte und politische Stimme, Minijobber und Hartz-IV-Aufstocker, denen es kaum zum Leben reicht, Kunden der Bundesagentur für Arbeit, die in einer Maßnahmenkarriere verloren gegangen sind [...]. Gemeinsam ist ihnen, dass sie für sich keine Perspektive mehr sehen, dass sie den Mut verloren haben und zu der Überzeugung gelangt sind, dass es auf sie nicht mehr ankommt. [...]

So ziehen sich die unregelmäßigen, aber unmissverständlichen Linien der sozialen Spaltung durch unsere Gesellschaft. Auf der einen Seite stehen diejenigen, die den sozialen Wandel verkörpern und den Takt vorgeben, und auf der anderen diejenigen, die zurückbleiben und aus dem Rhythmus kommen. Das passiert auf allen Ebenen und in den verschiedenen Milieus unserer Sozialwelt: In den Milieus der Unterprivilegierten genauso wie in den Arbeitnehmermilieus der Mitte, im psychosozialen Mittelstand der Ärzte, Therapeuten und Lehrer genauso wie im Bildungsbürgertum der Professoren, Pfarrer und Rechtsanwälte, in der Manager- und Bankerklasse genauso wie in den Reihen des Besitzbürgertums. Die Milieus teilen sich in relative Gewinner

und relative Verlierer. Es ist im Zweifelsfall eine Frage der Energie, des Geschicks und der Berechnung, aber auch eine der Gelegenheiten und des Glücks, ob die Leute in ihrem jeweiligen Viertel auf der sonnigen oder auf der schattigen Seite der Straße landen. Denn der soziale Raum ordnet sich entlang von zwei Dimensionen: entlang der vertikalen Dimension der sozialen Stufenleiter und entlang der horizontalen der Fühlung mit dem sozialen Wandel.

Weil vom Wechsel der funktionalen Arbeitsteilung, von der veränderten Zusammensetzung der Bevölkerung durch Einwanderung, vom Umbau des Wohlfahrtsstaats und von der Entstandardisierung der Lebenslaufregimes keine Lebenswelt und kein Sozialsystem unberührt bleibt, lässt sich die Dynamik des sozialen Ausschlusses nicht auf einen bloßen Algorithmus der Armut reduzieren.

Das Ausmaß der Spaltung zwischen denen, die sich sicher sein können, dass ihre Stimme zählt, und denen, die von dem Gefühl beherrscht sind, dass es auf sie nicht mehr ankommt, befindet über das „gute Leben", das eine Gesellschaft ihren Mitgliedern ermöglicht. Wenn die vermittelnde Kommunikation zwischen denen, die drinnen sind, und denen, die draußen bleiben, abbricht, zerreißt die soziale Spaltung das soziale Band des Zusammenlebens.

**saturiert = satt, zufrieden*

Heinz Bude, Die Ausgeschlossenen. Das Ende vom Traum einer gerechten Gesellschaft, München 2008, S. 13ff.

Aufgaben

1. Erarbeiten Sie den Begriff der Exklusion und nennen Sie die einzelnen gesellschaftlichen Gruppen, die von Exklusion bedroht sind. (M)
2. Erklären Sie, weshalb sich nach Bude die Exklusion nicht nur auf die ärmeren Bevölkerungsschichten beschränkt. (M)
3. Diskutieren Sie mögliche Folgen, die sich aus der Spaltung der Gesellschaft ergeben können.

4 Sozialstaat und Sozialpolitik

4.1 Der Sozialstaat und das System sozialer Sicherung

Leitfragen				
	Worin liegen die zentralen Aufgaben des Sozialstaats?	Inwiefern sichert das Grundgesetz den Sozialstaat?	Welche Bereiche und Maßnahmen umfasst Sozialpolitik?	Was versteht man unter den sozialethischen Prinzipien von „Solidarität“ und „Subsidiarität“?

Das Sozialstaatsgebot

In Art. 20 Abs. 1 des Grundgesetzes wird die Bundesrepublik Deutschland als „demokratischer und sozialer Bundesstaat“ definiert. Art. 28 Abs. 1 GG führt näher aus: „Die verfassungsmäßige Ordnung in den Ländern muss den Grundsätzen des republikanischen und sozialen Rechtsstaates im Sinne dieses Grundgesetzes entsprechen.“

Aufgrund dieses **Sozialstaatsgebots** (auch: Sozialstaatsprinzip) des Grundgesetzes formulierten die Richter des Bundesverfassungsgerichts zwei Aufgaben für alle staatlichen Organe:

1. durch entsprechende politische Maßnahmen ist für **sozialen Ausgleich** und

2. für die **Sicherung der sozialen Existenz** der Bürger zu sorgen.

Konkret bedeutet dies:

- Schutz vor Not;
- Sicherung gegen Wechselfälle des Lebens (z.B. Einkommensausfall infolge von Alter, Krankheit, Invalidität oder Arbeitslosigkeit);
- Bekämpfung großer sozialer Ungleichheit;
- Mehrung des Wohlstandes insgesamt.

Die Wege zur Erreichung dieser Ziele werden der Gestaltung durch demokratische Mehrheiten überlassen (Offenheit des Sozialstaatsprinzips). Das Ordnungsprinzip des Sozialstaatsgebotes zählt zum unveränderlichen **Verfassungskern** des Grundgesetzes.

Das Ziel des Sozialstaats besteht darin, soziale Sicherheit, soziale Gerechtigkeit und soziale Integration für alle Gesellschaftsmitglieder zu ermöglichen.

Nicht gemeint ist hingegen die Errichtung eines allumfassenden Wohlfahrtsstaates, der die Menschen zum Objekt umfassender staatlicher Fürsorge macht und die Freiheit zur eigenverantwortlichen Lebensführung in unangemessener Weise einschränkt. Zur Sozialpolitik gehören auch Regelungen zur Gestaltung der Arbeitsordnung (Arbeitszeit, Arbeitsschutzbestimmungen etc.), Maßnahmen im Bereich Gesundheit und Wohnen sowie das Bildungswesen.

Maßnahmen und Bereiche der Sozialpolitik

Sozialpolitik umfasst jene Maßnahmen des Staates, der Sozialversicherung und der Betriebe, die allen Gesellschaftsmitgliedern Schutz vor Not- und Mangellagen gewährleisten sollen.

Das **System sozialer Sicherung** gilt als Kernstück der Sozialstaatlichkeit. In diesem Rahmen ist die **Sozialversicherung** zentral. Sie ist ein gesetzlich geregeltes Pflicht-Vorsorgesystem für nahezu die gesamte Bevölkerung und nicht nur für die Benachteiligten der Gesellschaft. Ziel der Sozialversicherung ist es, durch Beitragszahlungen der Versicherten wichtige Lebensrisiken und ihre Auswirkungen finanziell auszugleichen oder zumindest zu begrenzen. Zudem sollen besonders für sozial Schwache Verbesserungen ihrer materiellen Situation und damit die Bedingungen für mehr **soziale Gerechtigkeit** erreicht werden, womit sich die Ziele des Sozialstaatsgebots – **Existenzsicherung und sozialer Ausgleich** – vermischen.

Versicherungspflichtig sind i. d. R. alle Arbeitnehmer, deren Bruttoeinkommen unterhalb der sog. Versicherungspflichtgrenze bzw. der Beitragsbemessungsgrenze liegt. Mit geringfügigen Schwankungen liegen die Beiträge seit Mitte der 1990er Jahre bei ca. 40 Prozent des Bruttoarbeitslohns. 20 Prozent werden den Arbeitnehmern direkt vom Lohn abgezogen, die Arbeitgeber überweisen noch einmal die gleiche Summe an die Sozialversicherung (paritätische Finanzierung).

Bestimmte Personengruppen tragen aber nicht zur Finanzierung der Sozialversicherung bei. Das sind neben allen Selbständigen – mit Ausnahme der Landwirte – und Arbeitnehmern, die mehr verdienen, als die Versicherungspflichtgrenze vorgibt, auch Beamte (z. B. Richter), Geistliche und Soldaten.

Grundsätze sozialer Sicherung

- **Versicherungsprinzip**: Danach sind alle Mitglieder der gesetzlichen Sozialversicherung gegen allgemeine Lebensrisiken abgesichert. Die Leistungen der Rentenversicherung erhalten die Versicherten nach dem **Äquivalenzprinzip** – je höher die Einzahlung, desto höher die Leistung. In der gesetzlichen Kranken- und Pflegeversicherung erhalten alle Versicherten unabhängig von der Höhe ihres Einkommens und damit auch ihrer Beiträge die gleichen Leistungen. Hier greift das **Solidarprinzip**: Darunter versteht man die Umverteilung von Lasten und Leistungen zugunsten der materiell schwächer gestellten Bevölkerungsgruppen (**Umlageverfahren**). So sind Singles mit Familien solidarisch, Junge mit Alten, Gesunde mit Kranken usw.

- **Versorgungsprinzip**: Alle diejenigen, die für die staatliche Gemeinschaft besondere Leistungen erbringen oder besondere wirtschaftliche Nachteile erfahren, erhalten Unterstützung aus Steuermitteln.

	Rentenversicherung	Gesetzliche Krankenversicherung	Pflegeversicherung	Arbeitslosenversicherung	Unfallversicherung
Pflichtversicherte	Angestellte, Arbeiter, manche Selbständige, Kindererziehende, Pflegepersonen bis zu einem Monatseinkommen von 5.950* € / West 5.000* € / Ost	Angestellte und Arbeiter bis zu einem Jahreseinkommen von 48.600* €	Angestellte und Arbeiter bis zu einem Jahreseinkommen von 48.600* €	Angestellte und Arbeiter bis zu einem Monatseinkommen von 5.950* € / West 5.000* € / Ost	Alle Arbeitnehmer, Schüler, ehrenamtlich Tätige
Träger	Versicherungsanstalten	Krankenkassen	Pflegekassen der Krankenkassen	Bundesagentur für Arbeit	Berufsgenossenschaften, Unfallkassen
Leistungen	Renten bei verminderter Erwerbsfähigkeit im Alter, Finanzierung von Rehabilitationsmaßnahmen, Hinterbliebenenrente	Medizinische Hilfe, Maßnahmen zur Vermeidung und Früherkennung von Krankheiten, Krankengeld	Geld- und Sachleistungen je nach Grad der Pflegebedürftigkeit	Arbeitslosengeld, berufliche Aus- und Fortbildung, Umschulung, Arbeitsvermittlung	Behandlungskosten und Förderungsmaßnahmen, evtl. Rente bei Unfällen am Arbeitsplatz und auf dem Weg dorthin sowie Berufskrankheiten
Pflichtbeiträge in % des Bruttoverdienstes	18,9 % je zur Hälfte Arbeitnehmer und Arbeitgeber	14,6 % je zur Hälfte Arbeitnehmer und Arbeitgeber + 0,9 % Arbeitnehmersonderbeitrag (= 15,5 % allgemeiner Beitragssatz)	2,05 % je zur Hälfte Arbeitnehmer und Arbeitgeber (Ausnahme Sachsen) + 0,25 % für Kinderlose ab 23 Jahren	3,0 % je zur Hälfte Arbeitgeber und Arbeitnehmer	Pflichtbeiträge der Arbeitgeber; Höhe je nach Gefahrenklasse und Betriebsgröße

** im Jahr 2014*

Nach: Stiftung Jugend und Bildung (Hg.), in Zusammenarbeit mit der Informationszentrale der deutschen Versicherer ZUKUNFT klipp + klar, Soziale Sicherung + private Vorsorge, Magazin für Schülerinnen und Schüler, 2012/2013, S. 11

- **Fürsorgeprinzip**: Wenn in einer individuellen Notlage alle anderen sozialen Sicherungssysteme nicht greifen, erhalten Bedürftige vom Staat Unterstützung aus dem Steueraufkommen. Die Lage einer Person muss aber so prekär sein, dass eine menschenwürdige Lebensführung nicht mehr möglich ist. Dies muss bei einer Bedürftigkeitsprüfung festgestellt werden.

- Vom **Subsidiaritätsprinzip** als dem Gegenprinzip zum Solidarprinzip spricht man, wenn eine gesellschaftliche oder staatliche Aufgabe erst dann von der nächsthöheren Einheit übernommen wird, wenn sie von der unteren nicht mehr wahrgenommen werden kann. Dadurch sollen Sach- und Personennähe sowie die Effektivität von Maßnahmen gesteigert und eine unnötige Regelungsdichte verhindert werden.

- **Eigenvorsorge** und **Selbsthilfe**: Um eine Überlastung der Sozialversicherungssysteme zu verhindern, wird die private Vorsorge und Absicherung der Bürger immer wichtiger werden.

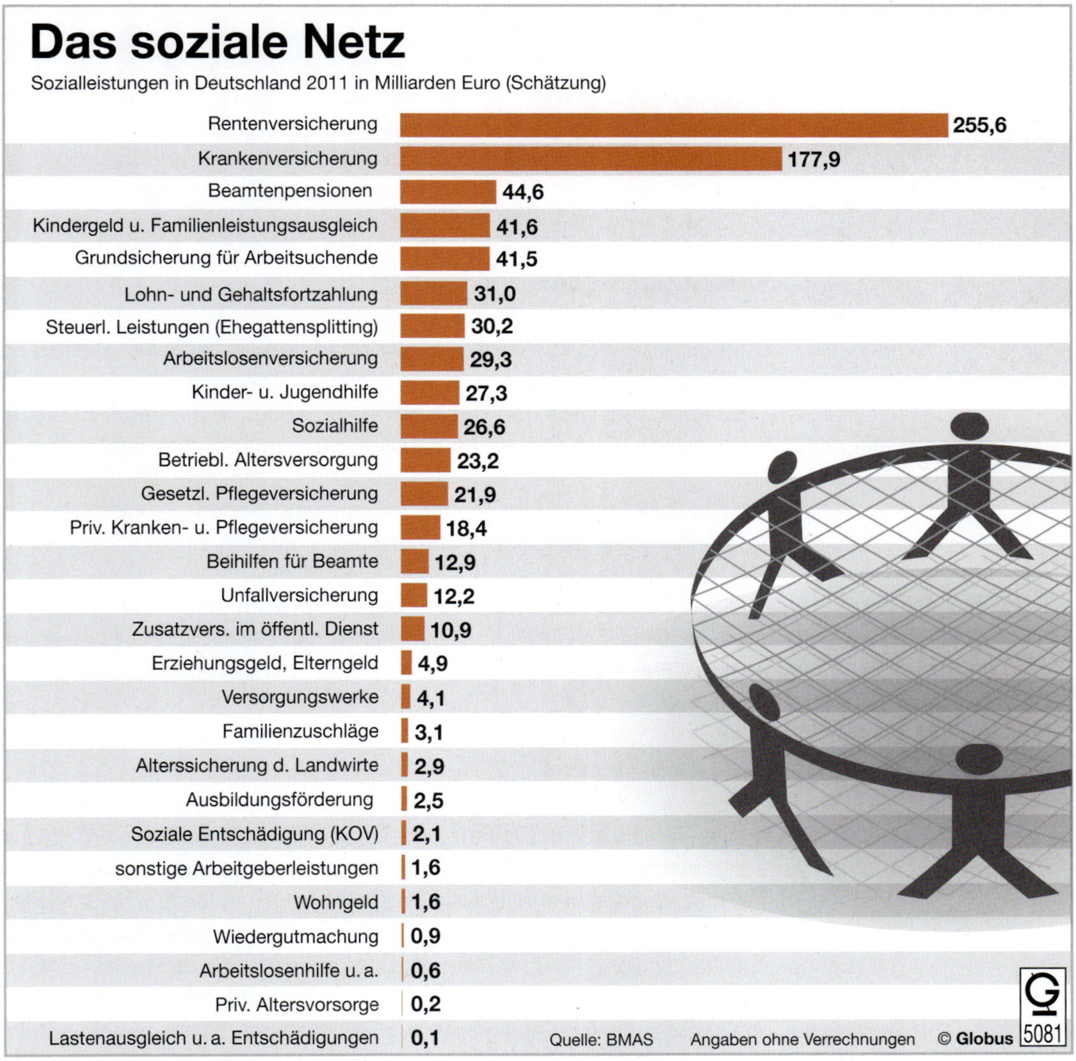

Aufgaben

1. Erläutern Sie das Sozialstaatsgebot des Grundgesetzes.
2. Erläutern Sie die einzelnen Prinzipien, die die Grundlage der sozialen Sicherung bilden.

M 1 Die Entwicklung der Tafeln in Deutschland

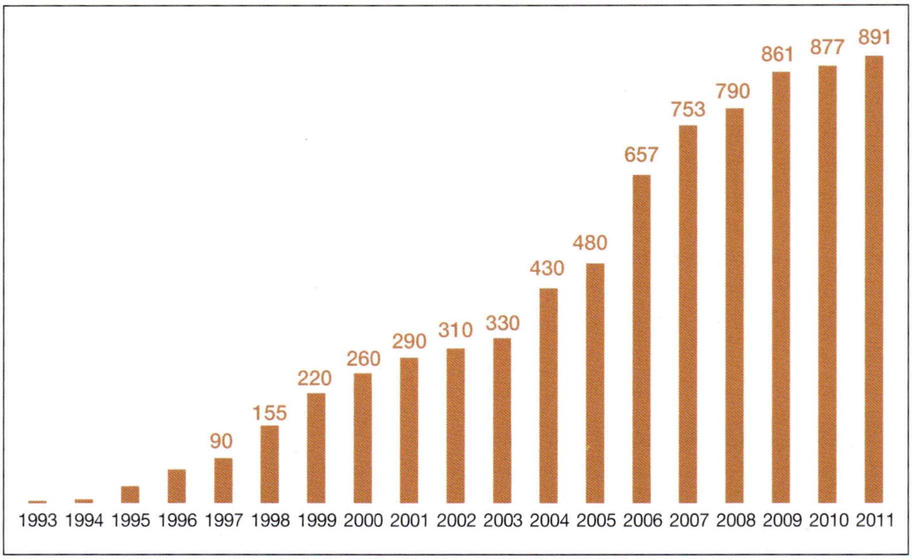

Bundesverband Deutsche Tafel e.V.

M 2 Tafeln verfestigen die Armut

Interview mit Stefan Selke, Professor für Soziologie und gesellschaftlichen Wandel an der Hochschule Furtwangen. Er untersucht seit Jahren das deutsche Tafelwesen und hat Hunderte von Ehrenamtlichen und Tafelbesuchern befragt. In mehreren Büchern, etwa der Sozialreportage „Fast ganz unten", analysierte er das System Tafel.

Welt am Sonntag: 1,3 Millionen Menschen in Deutschland beziehen regelmäßig Lebensmittel von Tafeln. Ein Paradebeispiel bürgerlichen Engagements?

Stefan Selke: Diese Zahl ist nicht wirklich belegbar, sondern eine vage Hochrechnung. Aber abgesehen davon geht es in der öffentlichen Diskussion viel zu oft um das Engagement der Ehrenamtlichen und viel zu selten um die Menschen, denen die Tafeln vermeintlich helfen.

Welt am Sonntag: Wieso vermeintlich?

Stefan Selke: Was Tafelnutzer brauchen, sind keine Almosen, sondern Arbeit und Anerkennung. Lebensmittel zu verteilen stellt keine nachhaltige Hilfe dar. Es ändert nichts an der Armut, sondern verfestigt sie im Gegenteil. In einer funktionierenden Gesellschaft sollte jeder in der Lage sein, sich selbst zu ernähren. Wer das nicht kann, hat zumindest in Deutschland Anspruch auf die Leistungen des Sozialstaats – eine zivilisatorische Errungenschaft. Und nun kommen die Lebensmitteltafeln und bauen ein System auf, das sogar zahlreiche Ableger erzeugt: Kindertafeln, Medikamententafeln, Tiertafeln, Sporttafeln. Da etabliert sich etwas, das irgendwann nicht mehr reversibel ist. Dabei besteht langfristig die Gefahr, dass diese milden Gaben im Grunde eine Aufweichung von Bürgerrechten darstellen.

Welt am Sonntag: Aber niemand ist gezwungen, die Hilfe der Tafeln in Anspruch zu nehmen.

Stefan Selke: So ist es! Tatsächlich gehen circa neun Millionen Menschen nicht zur Tafel, obwohl sie als Bezieher von Sozialleistungen dazu berechtigt wären.

Welt am Sonntag: Warum nicht?

Stefan Selke: In erster Linie aus Scham. Wer zur Tafel geht, fühlt sich nicht mehr als Teil der Gesellschaft. Tafeln sind zum Symbol gesellschaftlicher Ausgrenzung geworden – das ist die paradoxe Kehrseite ihres enormen Erfolges! Besonders Kindern ist es ungemein peinlich vor ihren Freunden oder Mitschülern, wenn die Eltern zur Tafel gehen. Wer das tut, ist „fast ganz unten", und die Verantwortung dafür schreibt er sich meist selbst zu. Die psychoemotionale Belastung, die mit Tafeln verbunden ist, ist weit größer als der gesellschaftliche oder individuelle ökonomische Nutzen.

Welt am Sonntag: Kritiker sagen, Tafeln mindern den Anreiz, sich einen Job zu suchen.

Stefan Selke: Um das zu beurteilen, fehlt die Datenbasis. Was die Befragungen meiner Forschungsgruppe aber ergeben haben, ist, dass Menschen die Tafeln sehr intensiv in ihre Alltagsstrukturen und ihre Lebenswelt einbauen und sich stillschweigend auf das Angebot Tafeln verlassen [...]. Nach dem Motto: Freitag ist Tafeltag. Da war zum Beispiel eine Taxiunternehmerin, die nur so lange zur Tafel gehen wollte, bis sie ihre Schulden abbezahlt hätte. Nach einem halben Jahr sollte damit Schluss sein. Vor diesem Tag, sagte sie, habe sie jetzt schon Angst. Das zeigt, wie sehr sich Menschen an die Tafel gewöhnen.

Welt am Sonntag: Für manche ist die Essensausgabe ein regelmäßiger Höhepunkt ihres sozialen Lebens.

Stefan Selke: Ist das nicht traurig? Wenn Tafeln als Ort der Begegnung dargestellt werden, ist das ein Euphemismus. Sie sind eher ein Aspekt einer parallelweltlichen „Exklusionsverwaltung". Wenn Hunderttausende zur Tafeln gehen, dann sind dort eben Hunderttausende gemeinsam ausgegrenzt. Wollen wir das? In den USA, wo die Bewegung mit den sogenannten Food Banks ihren Ursprung hatte, haben sich die Gründer längst vom eigenen System distanziert, weil sie erkannten, dass damit das Gegenteil dessen bewirkt wurde, was sie ursprünglich beabsichtigt hatten. Auch wir müssen uns fragen, ob wir in Deutschland langfristig ein Almosensystem etablieren und unterstützen wollen.

Steffen Fründt, Welt am Sonntag, 9.10.2011

Aufgaben

1. Werten Sie die Tabelle aus. (M 1)
2. Erläutern Sie die Funktionsweise der „Tafeln". (M 2)
3. Erarbeiten Sie die aus dem Interview die Kritik, die am System der „Tafeln" geübt wird. (M 2)
4. Führen Sie eine Pro-Kontra-Diskussion (vgl. S. 304) zum Thema „Sollte man die Tafeln wieder abschaffen?" durch.

4.2 Aktuelle Herausforderungen für den Sozialstaat

Leitfragen

Welche Ursachen sind für die aktuellen Probleme unseres Sozialstaates verantwortlich?

Wie können zukünftige Entwicklungen aussehen – wird aus dem einstigen Vorzeigemodell ein Auslaufmodell?

Ursachen für die Belastung des Sozialstaates

Die gesellschaftlichen Realitäten haben sich in den vergangenen drei Jahrzehnten deutlich gewandelt, und der Sozialstaat ist immer mehr unter Druck geraten. Folgende Faktoren gelten als **Ursachen** für die Belastung des Sozialstaates:

- Der **demografische Wandel** und die damit verbundene „Alterung" der Gesellschaft führt gegenwärtig zu einer deutlichen Minderung der Einnahmen und zur Steigerung der Ausgaben der Sozialversicherungssysteme. Das Verhältnis zwischen Beitrag zahlenden Erwerbstätigen und Rentnern gerät mehr und mehr in eine Schieflage, der **Generationenvertrag** wird brüchig. (→ Kap. 1.2.2).

- Eine von den 1970er bis zur Mitte der 2000er Jahren fast stetig steigende bzw. durchgängig hohe **Arbeitslosigkeit** und das verlangsamte Wirtschaftswachstum zur Jahrtausendwende trugen nicht nur zu Einnahmeausfällen in den Sozialversicherungssystemen bei, sondern zur sozialen „Schieflage" insgesamt.

- Die **Globalisierung** führt zunehmend zur Verlagerung von Arbeitsplätzen ins Ausland und trägt z. T. zu steigenden Arbeitslosenzahlen bei.

- Eine Zunahme **neuer Formen von Arbeit**, die nicht sozialversicherungspflichtig sind, verstärkt den Einnahmeschwund der Sozialversicherungen.

- Die **Kosten der deutschen Einheit** haben den Sozialstaat stark belastet (hohe Transferleistungen zwecks Angleichung der Lebensverhältnisse in Ost und West).

- Die Pluralisierung der Lebensformen und die Veränderungen in den Familienstrukturen bedeuten deutlich **weniger „Wohlfahrtsproduktion" innerhalb der Familie** und damit neue Anforderungen an die staatliche Sozialpolitik. So wird etwa die Pflege älterer Menschen häufig nicht mehr in der Familie geleistet, sondern in Pflegeheime verlagert.

Reaktionen der Politik

Die Politik hat in den vergangenen Jahren mit einer kaum noch überschaubaren Vielzahl von Einzelmaßnahmen, Gesetzen und Neuregelungen auf die veränderten gesellschaftlichen Bedingungen reagiert. Dabei lassen sich folgende Entwicklungen feststellen:

- Sowohl in der Renten- wie auch in der Arbeitslosenversicherung kam es zum **Abbau finanzieller Leistungen** für die Leistungsbezieher.

- In der Krankenversicherung entstanden durch **Erhöhung der Zuzahlungen**, **Leistungskürzungen** und **höhere Beitragslasten** erhebliche finanzielle Mehrbelastungen für die Versicherten. Die Grundprinzipien der Solidarität und Parität wurden dadurch geschwächt.

- In der **Pflegeversicherung** gab es zwar keine direkten Leistungsreduzierungen, die Leistungen wurden aber nicht den allgemeinen Preissteigerungen angepasst. Faktisch bedeutet dies eine Leistungsminderung.

- Es gibt einen Trend zum **Ausbau der privaten Versicherung** (z. B. in der Rentenversicherung).

- Ein zentrales Motiv für alle Reformen, denen die Sozialversicherungen in den vergangenen Jahren unterzogen wurden, lag in der Verbilligung des Faktors Arbeit durch eine **Senkung der Lohnnebenkosten**, um so den Wirtschaftsstandort Deutschland attraktiver zu machen.

Überblick über Lösungsansätze zum Umbau des Sozialstaates

Problem	Lösungsansätze	Beispiel
Hohe Kosten für ein umfassendes Versorgungssystem, in dem fast jeder mit allen Risiken erfasst ist	• Überlassung tragbarer Risiken der Eigenvorsorge der Bürger • Beteiligung der Sozialversicherten an den Kosten bei der Inanspruchnahme von Leistungen • Kürzungen von wohlfahrtsstaatlichen Leistungen • Erhöhung der Einnahmen der „Sozialkassen“ durch den Abbau der Arbeitlosigkeit	• Riester-Rente • Arzneimittel-Zuzahlung • Arbeitslosengeld II
Ausrichtung der Sozialpolitik auf eine konsumtive* Reaktion, z. B. durch finanziellen Ausgleich im Falle der Arbeitslosigkeit	• Neuausrichtung der Sozialpolitik in Richtung Prävention, z. B. durch Verhinderung von Arbeitslosigkeit oder Krankheit	• Aktive Arbeitsmarktpolitik • (Aus-)Bildungsprogramme • Vorsorge in der Gesundheitspolitik durch Prävention und Gesundheitsförderung
Belastung der Arbeitgeber durch hohe Lohnnebenkosten	• Ersetzung des Arbeitgeberanteils durch eine „Maschinensteuer“, die menschliche Arbeit verbilligt • Ersetzung des Arbeitgeberanteils durch eine Steuer auf den Ressourcenverbrauch (Energie, Rohstoffe, Umwelt)	• Ökosteuer
Finanzielle Belastung durch Sozialleistungen	• Förderung der Familienselbsthilfe, des sozialen Ehrenamtes in Wohlfahrtseinrichtungen und Nachbarschaften zur Entlastung der öffentlich finanzierten professionellen Dienste • Soziale Erwerbsarbeit statt Arbeitslosigkeit • Sozialpflichtdienst („Soziales Pflichtjahr“)	• Absicherung der pflegenden Personen in der Sozialversicherung • Bundesfreiwilligendienst
Rückkehr zur Vollbeschäftigung in der Zukunft	• Garantiertes Mindesteinkommen statt „Recht auf Arbeit“	
Intergenerationenkonflikte durch die ungleiche Lastenverteilung und steigende Abgabenlast	• Größere finanzielle Verantwortung für Kinderlose	

**konsumtiv: für den Verbrauch bestimmt*

Perspektiven

Die jüngste sozialpolitische Diskussion um die **Grenzen des Sozialstaates** wird von der Frage dominiert, ob nicht der fürsorgende und vorsorgende Sozialstaat endgültig ausgedient habe und der „aktivierende Sozialstaat" zum neuen Leitbild erhoben werden sollte. „Fördern und Fordern" heißt das Credo derjenigen Reformer, die den Sozialstaat auf diese Weise verändern möchten. Gemeint ist damit der teilweise Rückzug des Staates aus der Leistungserbringung und die Stärkung der Eigenverantwortung der Bürger, wie sie z. B. bereits in den Regelungen der Arbeitslosenversicherung und Sozialhilfe mit den sog. Hartz-Gesetzen deutlich wird. Das heißt auch, dass hier das Subsidiaritätsprinzip gegenüber dem Solidarprinzip eine deutliche Aufwertung erfährt.

In der Diskussion um diese „Neujustierung" des Sozialstaates wird hervorgehoben, der auf mehr Eigenverantwortung setzende Sozialstaat befreie die „bevormundeten" Bürger von Zwangsmitgliedschaften und gebe ihnen die Freiheit, ihr Kapital dort zu investieren, wo sie es für richtig und notwendig erachten. Gegner dieses Konzepts betonen, dass die soziale Sicherheit eine Grundvoraussetzung für die Wahrnehmung von bürgerlichen Freiheitsrechten sei. Sozialstaatliche Demokratie bedeute für alle die Freiheit, über ihr Leben selbst bestimmen zu können und letztlich auch die Freiheit, nicht unabhängig von jeder beruflichen Qualifikation jede Tätigkeit annehmen zu müssen. Die Rückverlagerung von Verantwortung auf die Individuen und die Familien, die Standardrisiken wieder selbst tragen zu müssen, komme einer **Entsolidarisierung** gleich und leiste einer **Polarisierung der Gesellschaft** Vorschub.

Die Grundsatzdiskussion über Abbau, Umbau und Reform des deutschen Sozialstaates ist noch lange nicht abgeschlossen und wird die gesellschaftspolitischen Debatten auch in den kommenden Jahren bestimmen.

Karikatur: Plaßmann / Baaske Cartoons

Aufgaben

1. Erläutern Sie die hier nur kurz angesprochenen Ursachen für die Belastung des Sozialstaates ausführlicher.
2. Interpretieren Sie die Karikatur.
3. Recherchieren Sie (arbeitsteilig) auf den Homepages der politischen Parteien und einiger Wohlfahrtsverbände (z. B. Arbeiterwohlfahrt, Caritas, Diakonisches Werk) deren Positionen zur Sozialpolitik und führen Sie auf der Grundlage dieser Recherche im Kurs eine Debatte.

M Der asoziale Sozialstaat

Wie kann das sein? Eine Million Menschen stehen regelmäßig Schlange, um kostenlos Brot, Butter und Obst zu bekommen. Sie sind zu arm, um sich diese Lebensmittel leisten zu können. Schwerkranke bekommen dringend benötigte Medikamente nicht, weil die Kasse sie nicht bezahlen will. Lehrer sammeln Spendengeld, um Schulessen zu finanzieren. Gleichzeitig gibt der Staat in Deutschland jedes Jahr 700 Milliarden Euro für Soziales aus. Wie ist das möglich? Wieso zahlen wir so viel für unseren Sozialstaat und müssen trotzdem hilflos zusehen, wie die Kinderarmut wächst, die Bildungsarmut ganze Stadtviertel bedroht und auch die Altersarmut in naher Zukunft wieder unausweichlich scheint? Wie kommt es, dass der Regierung trotz 15 Jahren intensivster Reformdebatte offenbar keine wirkungsvolle Sozialpolitik gelingt? [...]

Der Sozialstaat wächst, aber er wird nicht besser, zumindest nicht aus Sicht der Armen. Und auch die Mittelschicht fühlt sich mehr denn je vom Absturz bedroht. Zwischen 1998 und 2005 stieg der Anteil der Armen in der Bevölkerung von 12 auf 18 Prozent. [...] Ein wachsender Teil der Bevölkerung ist also wirklich bedroht, wirtschaftlich und sozial abgehängt zu werden. Diese Einsicht hat die Gesellschaft mit großer Verspätung und großer Wucht erfasst. Aber sie hat bis heute daraus nicht die richtigen Konsequenzen gezogen. Stattdessen macht die Regierung wieder Sozialpolitik wie in alten Zeiten, als bei jeder Forderung nach mehr Gerechtigkeit reflexhaft mehr Geld verteilt wurde: Das Bafög soll steigen und das Kindergeld. Wohngeld, Rente und Arbeitslosengeld werden erhöht. Die SPD will die Frühverrentung weiter fördern, die CSU den Pendlern helfen, Nordrhein-Westfalens CDU einen Rentenzuschlag für Geringverdiener einführen [...]. Längst unterhält die Bundesrepublik einen der teuersten Sozialstaaten der Welt, wie der Kölner Wirtschaftsprofessor Winfried Fuest vorrechnet – und dennoch wächst im Land die Armut. [...] Zahlen des Deutschen Instituts für Wirtschaftsforschung zeigen, dass die Kluft zwischen Arm und Reich in Deutschland tatsächlich über Jahre gewachsen ist. [...] Zur Spaltung hat die Langzeitarbeitslosigkeit beigetragen, die Globalisierung, der technische Fortschritt, der vor allem einfache Jobs vernichtet. Die beiden größten Armutsrisiken aber werden häufig unterschätzt: Die mit Abstand größten und am schnellsten wachsenden Gruppen unter den Armen sind Migranten und Alleinerziehende.

Die Zahl der Einkommensschwachen ist nach einer Untersuchung des Instituts für Wirtschaft und Gesellschaft in den vergangenen zehn Jahren um 4,1 Millionen gestiegen, drei Millionen davon haben einen Migrationshintergrund. Ein Fünftel der neuen Armen sind Alleinerziehende. [...] All diese Probleme passen nicht so recht zu unserem Sozialstaat, der einst als Arbeiterversicherung entstand, für Zeiten der Vollbeschäftigung und Familien mit einem männlichen Alleinernährer. Hinzu kommt, dass die heutigen Sozialpolitiker noch im alten Denken verhaftet sind. Sie schauen mehr auf die Lage der arbeitenden Mitte als auf die wirklich Armen. Deswegen ist der Sozialstaat oft nicht sozial. [...] Dabei gibt es Hunderte verschiedener Sozialleistungen. [...] Inzwischen ist die Zahl der Menschen, die von staatlichen Leistungen leben, ebenso groß wie die Zahl der Arbeitnehmer, die Sozialversicherungsbeiträge bezahlen. Ist das nun ein Zeichen von Not oder von großzügigen Sozialgesetzen? Beides. Der deutsche Sozialstaat ist allgegenwärtig, aber er ist nicht überall dort wirkungsvoll, wo er gebraucht wird. [...] Horst Seehofer [...] ist der erfahrenste Sozialpolitiker der Republik. [...] Er kennt [...] die Versuchungen und Sündenfälle der Sozialpolitik genau. [...] Diese [...] bedeuten, dass nur bestimmte Gruppen vom neuen Gesetz profitieren. So führt das schlechte Gewissen der Politiker dazu, dass der Sozialstaat komplizierter wird. Auch das macht ihn unsozial, weil so schwer zu verstehen ist, was wichtig und was

verzichtbar ist. Er kenne niemanden, sagt Seehofer, der die Verteilungswirkung des Sozialstaats durchschaue. Kein Politiker, kein Experte wisse, welche Gruppe wie profitiere. „Das Schlimme ist, dass die Sozialpolitik immer additiv ist“, sagt Seehofer. „Wir erfinden neue Leistungen, aber wir schaffen zu wenig Überholtes ab.“ Additive Sozialpolitik – das ist eine harmlose Formulierung für die Tatsache, dass der Staat planlos Geld verteilt und falsche Prioritäten setzt. Drei Beispiele: Der Staat gibt Milliarden aus, um mit der Altersteilzeit den Vorruhestand zu erleichtern, was vor allem Besserverdienende nutzen. Alten Hartz-IV-Empfängern dagegen wird die Unterstützung gekürzt, sobald sie für ein paar Tage ins Krankenhaus müssen. Sie erhalten dort ja warme Mahlzeiten umsonst.

Das höhere Kindergeld wird als große familienpolitische Leistung gefeiert, doch arbeitslosen Eltern wird jeder Cent Kindergelderhöhung von der Stütze abgezogen. An den Bedürftigsten geht die vermeintliche Wohltat also glatt vorbei.

Ausgaben für elitäre Privatschulen dürfen Eltern von der Steuer absetzen, für die in Hauptschulen abgeschobenen Bildungsverlierer aber tut sich wenig. Allen Sonntagsreden zum Trotz sank der Anteil der 18- bis 24-Jährigen, die weder über einen Schulabschluss noch über eine Berufsausbildung verfügen, in den vergangenen zehn Jahren nicht, sondern er stieg. Gleichzeitig wurden die Stellen in der Jugendsozialarbeit um fast ein Drittel gekürzt.

Dabei ist die Rechnung ganz einfach: Nur wenn weniger Geld für die Starken ausgegeben wird, bleibt mehr für die Schwachen. Dabei besteht gute Armutspolitik nicht allein im Geldverteilen an Bedürftige. Denn pure Sozialtransfers wirken oft nur wie Schmerzmittel: Der Patient fühlt sich erst einmal besser, aber er wird nicht gesund. Dafür braucht er eine andere Medizin. Wer gegen die Armut vorgehen will, muss Geld in Bildung stecken – Deutschland führt zwar im internationalen Vergleich bei seinen Sozialausgaben, rangiert bei den Bildungsausgaben aber im hinteren Drittel der Industrieländer. [...] Mehr Geld für Bildung, für die Förderung von Kindern und Jugendlichen sowie ein Abgabensystem, das Anstrengungen stärker belohnt – das wäre nötig. Dafür müsste der Staat seine knappen Mittel stärker konzentrieren. [...] Doch noch ist es weit zu einer Politik, die die Bedürftigen tatsächlich erreicht.

Elisabeth Niejahr/Kolja Rudzio, Die Zeit, 26.6.2008

Aufgaben

1. Erarbeiten Sie die Widersprüche, die die beiden Verfasser in der Ausgestaltung der Sozialpolitik erkennen. (M)
2. Erläutern Sie die Forderungen, die sich aus dieser Widersprüchlichkeit ergeben könnten.
3. In der sozialpolitischen Diskussion wird immer wieder die Forderung erhoben, ein einheitliches Bürgergeld, das ohne jegliche Bedingung an jeden Bürger gezahlt wird und alle staatlichen Leistungen ersetzt, einzuführen. Recherchieren Sie solche Bürgergeldmodelle und diskutieren Sie die Vor- und Nachteile.

KOMPETENZEN

Am Ende dieses Kapitels sollten Sie Folgendes wissen und können:

- die Strukturmerkmale von Wirtschaftsordnungen erläutern
- Schwankungen im Wirtschaftsablauf analysieren, wirtschaftspolitische Zielsetzungen und deren Bedeutung bewerten
- Maßnahmen der Einkommens- und Beschäftigungspolitik aus angebots- und nachfrageorientierter Sicht unterscheiden und beurteilen
- die Geld- und Währungspolitik der Europäischen Zentralbank vor dem Hintergrund der Schuldenkrise beurteilen
- Bedingungen und Ursachen für Globalisierung bzw. den internationalen Strukturwandel unterscheiden und sich mit deren Auswirkungen auf den Wirtschaftsstandort Deutschland auseinandersetzen
- das Verhältnis von Ökonomie und Ökologie erläutern sowie angemessene Kritik an der herkömmlichen Wachstumskonzeption formulieren und Alternativen aufzeigen

2 Grundlagen der Wirtschaftspolitik

Karikatur: Horst Haitzinger

Aufgabe

Beschreiben Sie die langfristige wirtschaftliche Entwicklung in Deutschland seit den 1950er Jahren und ordnen Sie die Bilder einzelnen Perioden des 20. und 21. Jahrhunderts zu.

1 Wirtschaftsordnungen zwischen Freiheit und Gleichheit

1.1 Aufgaben einer Wirtschaftsordnung

Leitfragen			
	Wie kann die Güterversorgung moderner Volkswirtschaften sichergestellt werden?	Welche grundlegenden Wirtschaftsordnungen können unterschieden werden und was sind ihre Grundprinzipien?	Wie lässt sich der Wirtschaftsprozess modellhaft darstellen?

Kartoffeln und Brot für Millionen – aber wie?

„Man stelle sich einmal das Problem der täglichen Versorgung einer Millionenstadt mit allen Gütern vor, deren ihre Bewohner zur Fristung, Verschönerung und Erheiterung des Lebens bedürfen: soundsoviele Tonnen Mehl, Butter, Fleisch, soundsoviel Millionen Zigaretten und Zigarren, soundsoviel tausend andere Dinge müssen täglich beschafft werden, ohne dass an der einzelnen Ware Mangel oder Überfluss herrscht. Sie müssen stündlich, täglich, monatlich oder jährlich – je nach Charakter der Ware – in Menge und Qualität auf die Nachfrage der Millionenbevölkerung abgestimmt werden. Dieser ungeheuer ausgedehnte Prozess kann nur vonstatten gehen, wenn alles in jedem Augenblick so sehr aufeinander abgestimmt ist, dass größere Unordnung vermieden wird. Wäre das nicht der Fall, so wäre die Versorgung von Millionen mit einem Schlage gefährdet.“

Wilhelm Röpke

Die Welt der Knappheit und der Homo Oeconomicus

Jede Volkswirtschaft steht vor der Aufgabe, das Grundproblem des Wirtschaftens lösen zu müssen: Wie kann – ausgehend von einer prinzipiell angenommenen Knappheit der Güter im Vergleich zu den nahezu unendlichen Bedürfnissen der Konsumenten – eine große Bedürfnisbefriedigung für alle sichergestellt werden?

Die „Welt der Ökonomen ist von wenigen grundlegenden Prinzipien bestimmt. Das Knappheitsprinzip ist das Kernprinzip allen Wirtschaftens. Während wir grenzenlose Bedürfnisse und Wünsche haben, sind die verfügbaren Ressourcen begrenzt. Von einem Gut mehr zu haben, bedeutet i. d. R., von einem anderen Gut weniger zu haben. Knappheit erzeugt Kosten: Die Wahl einer Alternative bedingt, dass die zweitbeste Alternative nicht genutzt werden kann. Die dadurch entstehenden Kosten bezeichnet man als **Opportunitätskosten**. Sie entsprechen dem Nutzen, der einem dadurch entgeht, dass man die alternative Aktivität nicht ausführen kann. In wirtschaftlichen Entscheidungssituationen werden also ständig Kosten und Nutzen in Relation gesetzt (Handeln nach dem Kosten-Nutzen-Prinzip). Gewählt wird immer die Alternative, die einen zusätzlichen Nutzen verspricht, der zumindest marginal höher ist als die zusätzlichen Kosten.

Aus diesen Erkenntnissen hat die Wirtschaftswissenschaft die ökonomische Verhaltenstheorie abgeleitet. Im Zentrum dieser Theorie steht der Homo Oeconomicus als idealtypisches Menschenbild. In der klassischen Volkswirtschaftslehre ist der Homo Oeconomicus ein Modell für die Erklärung menschlichen Verhaltens in Entscheidungssituationen. Er wird beschrieben als **individueller, rationaler** und **egoistischer Nutzenmaximierer**. Doch immer mehr melden sich auch Wirtschaftswissenschaftler zu Wort, die dieses Bild für zu wirklichkeitsfern halten, die davon überzeugt sind, dass die tatsächlich wirtschaftlich Handelnden auch von anderen Motiven geleitet werden können: von Fairness, Vertrauen, Solidarität, ja manchmal sogar vom Gegenteil des Egoismus: von Altruismus. Somit gerät der Mensch als komplexes Wesen ins Blickfeld moderner Wirtschaftstheorien – als rationales und als emotionales Wesen.

Steuerungsverfahren in modernen Volkswirtschaften: individuelle Entscheidungen oder Gesamtplan?

Arbeitsteilung und Spezialisierung sind kennzeichnend für moderne Volkswirtschaften, in denen nahezu jede Arbeitsleistung nicht zur eigenen, sondern zur Bedarfsdeckung anderer erbracht wird. Soll nicht völliges Durcheinander ausbrechen, muss das Wirtschaften für den ausschließlichen Fremdbedarf nach einem bestimmten Steuerungsverfahren ablaufen, das in modernen Volkswirtschaften folgende Aufgaben zu erfüllen hat:

- Die Nachfrage nach Gütern muss mit dem Angebot an Gütern abgestimmt werden.
- Es muss festgelegt werden, welche Güter in welcher Menge hergestellt werden.
- Die knappen Ressourcen müssen effizient eingesetzt werden.
- Das erwirtschaftete Sozialprodukt soll gerecht auf die Mitglieder der Volkswirtschaft verteilt werden.
- Der vorhandene Kapitalstock, d.h. der volkswirtschaftliche Bestand an Produktionsmitteln wie Maschinen oder Fabrikanlagen, muss ersetzt und erweitert werden.
- Vollbeschäftigung ist anzustreben.

Grundsätzlich bieten sich zwei Möglichkeiten an, diese Aufgaben zu bewältigen: Die dem politischen Leitbild des Liberalismus verpflichtete **marktwirtschaftliche Wirtschaftsordnung**, in der der Wirtschaftsprozess durch die individuellen Entscheidungen einer Vielzahl von Wirtschaftssubjekten (private Haushalte, Unternehmen, Staat) gesteuert wird, und die am Sozialismus orientierte Wirtschaftsordnung der **Zentralverwaltungswirtschaft**, die nach einem einzigen Wirtschaftsplan gesteuert wird. In den **Wirtschaftsordnungen** sind die Grundlagen und Rahmenbedingungen, wie etwa die wirtschaftlich relevanten rechtlichen Vorschriften, Koordinationsmechanismen, Verhaltensweisen, Zielsetzungen und Institutionen formuliert, die den organisatorischen Ablauf und den Aufbau einer Volkswirtschaft bestimmen. Wichtige Beurteilungsmaßstäbe für Wirtschaftsordnungen sind Gerechtigkeit und Leitungsfähigkeit.

Was macht eine Wirtschaftsordnung aus?

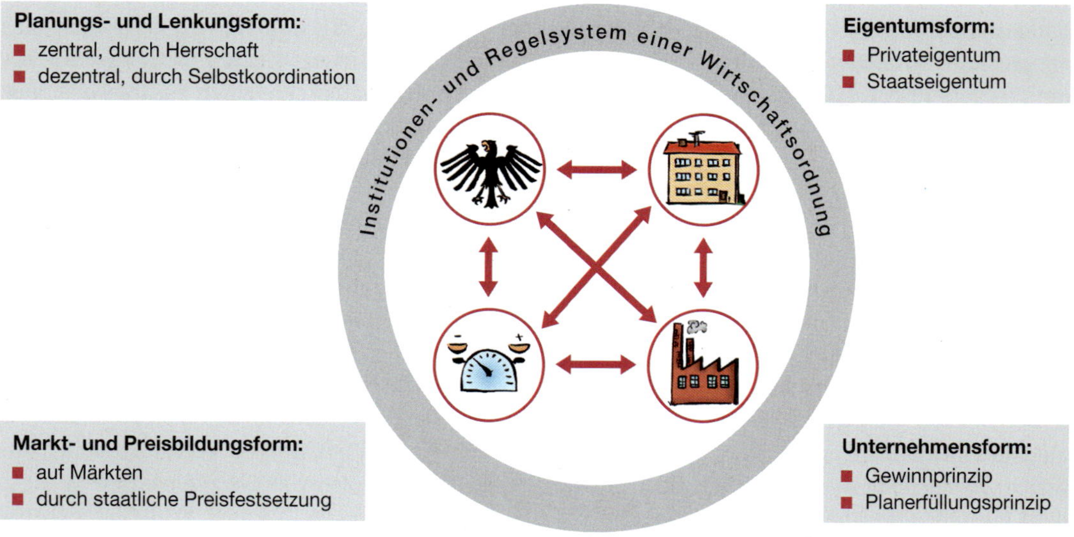

Nach: Institut für Ökonomische Bildung Oldenburg

Mit dem Wirtschaftskreislauf ökonomische Prozesse modellhaft darstellen

Vor Jahrhunderten war das Wirtschaftsleben deutlich leichter zu erfassen als heute: Die Familie oder die Gemeinschaft erzeugte alle lebensnotwendigen Waren selbst (Selbstversorgungs- oder Subsistenzwirtschaft). Durch den Vorgang der Arbeitsteilung verlor die Familie immer mehr die Eigenschaft einer Produktionsstätte, dagegen erhöhte sich ihre Bedeutung als Konsumeinheit. Kennzeichen heutiger („moderner") Volkswirtschaften ist eine ständig fortschreitende Arbeitsteilung mit einer deutlichen Trennung von Produktion und Konsum. Der damit notwendigerweise einhergehende Gütertausch zwischen Haushalten und Unternehmen führte zur Entstehung von Märkten, auf denen die hergestellten Güter gehandelt werden konnten. Das verwirrende Bild millionenfacher Tauschvorgänge wird übersichtlicher, wenn die vielen Vorgänge in vereinfachter Form dargestellt werden. Die Wirtschaftswissenschaften haben daher das **Modell des Wirtschaftskreislaufs** entwickelt.

Der Wirtschaftskreislauf einer modernen Volkswirtschaft ist äußerst komplex. Durch die Methode der Aggregation (Vereinigung) werden gleichartige ökonomische Transaktionen zu Strömen zusammengefasst. Das gilt auch für gleichartige Wirtschaftssubjekte, die zu Sektoren oder Polen vereinigt werden. So kann der Wirtschaftsprozess durch wenige Geld- und Güterströme dargestellt werden. Es erscheint auch nur vernünftig, die Wirklichkeit zunächst radikal zu vereinfachen und sich ihr dann stufenweise anzunähern. In einem ersten Schritt beschränkt man sich daher auf ein Kreislaufmodell, das nur aus den zwei Sektoren Haushalte und Unternehmen besteht. Diesem Modell legt man die Wirklichkeit vereinfachende Annahmen zu Grunde (Prämissen). Mit der Entwicklung hin zum vollständigen Kreislaufmodell werden die Prämissen nach und nach verändert und so immer mehr der Realität angepasst. Damit können ökonomische Zusammenhänge analysiert werden.

Der **einfache Wirtschaftskreislauf** (ohne ökonomische Beziehungen zum Ausland und ohne staatliche Aktivität) stellt zunächst die wirtschaftlichen Beziehungen zwischen den Wirtschaftssektoren Unternehmen als Produktionseinheiten und den Haushalten als Konsumeinheiten dar. Die Haushalte stellen den Unternehmen Faktorleistungen zur Verfügung (Boden, Kapital, Arbeit). Damit produzieren die Unternehmen Güter und stellen diese den Haushalten zur Verfügung (Güterstrom). Die Haushalte beziehen von den Unternehmen Faktoreinkommen (Löhne, Zinsen, Miete) aus der Überlassung der Faktorleistungen. Dafür bezahlen sie mit diesem Einkommen die von den Unternehmen produzierten Güter (Geldstrom). In Geldwirtschaften entspricht jedem realen Strom ein monetärer Strom, weswegen in komplexeren Modellen nur die Geldströme erfasst werden. Die Ersatzinvestitionen, die nur den abnutzungsbedingten Verschleiß alter Produktionsanlagen ausgleichen, werden in der Kreislauftheorie als In-sich-Strom des Sektors Unternehmen dargestellt. Die Ersatzinvestitionen werden auch Abschreibungen genannt.

Für den einfachen Wirtschaftskreislauf gilt, dass die mit der Produktion entstehenden Einkommen in voller Höhe für den Konsum ausgegeben wer-

Der einfache Wirtschaftskreislauf

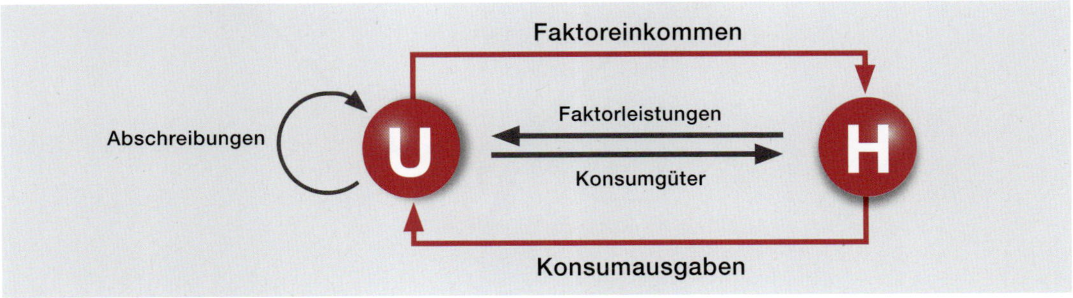

den. Tatsächlich verwenden die Haushalte aber nur einen Teil ihres Einkommens für Konsumgüter, einen Teil sparen sie. Ebenso produzieren Unternehmen nicht nur Konsumgüter, sondern auch Investitionsgüter, mit denen sie ihren Kapitalstock erweitern. Durch das Sparen der Haushalte und die Investitionstätigkeit der Unternehmen findet ein Vermögenszuwachs in der Volkswirtschaft statt. Eine solche Wirtschaft wird als evolutorisch bezeichnet. Im Kreislaufmodell einer evolutorischen Wirtschaft wird dies durch die Einführung eines weiteren Sektors, der Vermögensveränderung, berücksichtigt.

Werden die wirtschaftlichen Aktivitäten des Staates (Bund, Länder, Gemeinden und deren Gemeinschaftseinrichtungen wie Hochschulen, Schulen oder die Bundeswehr) im Kreislaufmodell berücksichtigt, sind weitere Transaktionen zu unterscheiden:

- **Direkte Steuern**: Einkommens- und Ertragssteuern und (aus Vereinfachungsgründen) auch die Sozialversicherungsbeiträge;
- **Indirekte Steuern**: Mehrwertsteuer und Verbrauchssteuern (z.B. Mineralölsteuer), die von den Unternehmen in die Produktpreise eingerechnet werden;
- **Staatlicher Konsum**: Kauf von Sachgütern und Dienstleistungen bei Unternehmen und Erfassung von Gemeinschaftsgütern (Bildung, Sicherheit, Gesundheit etc.);
- **Transferzahlungen an die Haushalte**: Unterstützungsleistungen wie Kindergeld, Pensionen oder Sozialversicherungsleistungen;
- **Subventionen an Unternehmen**: Geldleistungen z. B. für Forschungszwecke, für den Agrarsektor oder die Steinkohle.

Die positive Differenz aus Einnahmen und Ausgaben des Staates wird als Ersparnis des Staates bezeichnet. Übersteigt dagegen der Ausgabenstrom die Einnahmen, gleicht der Staat den Fehlbetrag durch Kreditaufnahme aus.

Moderne Volkswirtschaften verfügen über eine Vielzahl von Wirtschaftsbeziehungen zum Ausland. Ein nicht unerheblicher Teil der inländischen Produktion wird vom Ausland nachgefragt und als Exporte bezeichnet. Im Gegenzug importiert die inländische Volkswirtschaft Güter aus dem Ausland, die im Inland entweder weiterverarbeitet werden (Rohstoffe) oder zu Konsumzwecken dienen. Sind die Exporte größer als die Importe, erhöhen sich im Umfang des Ausfuhrüberschusses die Forderungen des Inlands gegenüber dem Ausland. Umgekehrte Vermögenseffekte treten ein, wenn die Exporte kleiner als die Importe sind. Mit der Einführung des Sektors Ausland ist auch der Saldo der Erwerbs- und Vermögenseinkommen aus der übrigen Welt abzüglich der Erwerbs- und Vermögenseinkommen an die übrige Welt als Geldstrom zum Sektor Unternehmen zu berücksichtigen.

Der evolutorische Wirtschaftskreislauf

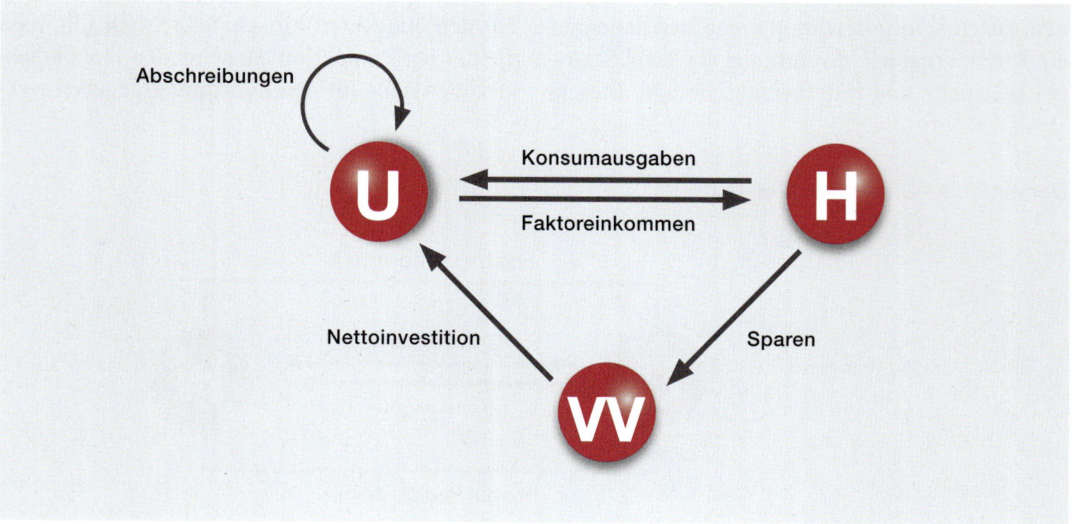

Werden die staatlichen Aktivitäten und die grenzüberschreitenden Transaktionen durch die Einführung des Sektors Ausland erfasst, gelangt man zum **Kreislaufmodell einer offenen Volkswirtschaft mit staatlicher Aktivität.**

Offene Volkswirtschaft mit staatlicher Aktivität

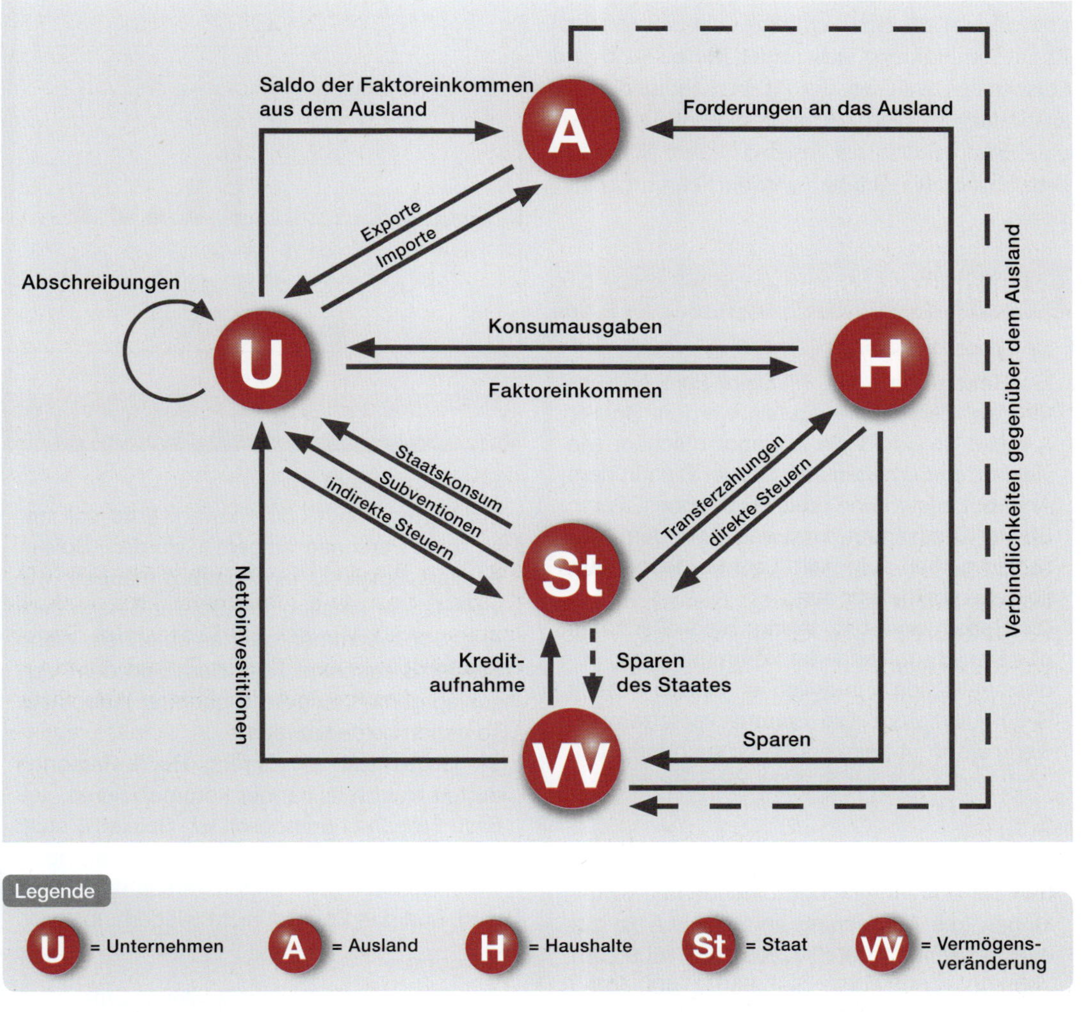

Aufgaben

1. Nennen Sie mögliche Opportunitätskosten eines Kinobesuchs.
2. Stellen Sie die grundlegenden Aufgaben einer Wirtschaftsordnung zusammen.
3. Beschreiben Sie am Beispiel des Sektors Staat die Vorgehensweise bei der Erstellung des Kreislaufmodells und begründen Sie allgemein die Notwendigkeit des Arbeitens mit Modellen in der Volkswirtschaftslehre.

Experimente im Wirtschaftsunterricht – das Ultimatumspiel

Spielanleitung für die Spielleitung

Jede/r Schüler/in nimmt zuerst die Rolle von Spieler A ein und entscheidet sich laut Aufgabenblatt für eine von elf festgelegten Verteilungen von 1.000 (fiktiven) Euro. In der zweiten Runde findet er/sie sich in der Rolle von B und entscheidet, welchen der elf Verteilungen er/sie zustimmen würde beziehungsweise welche er/sie ablehnen würde. Das Ergebnis lässt sich nach dem Muster der Abbildung darstellen und analysieren.

Muster für eine Auswertung (bei einer Gruppe von 14 Spielern)

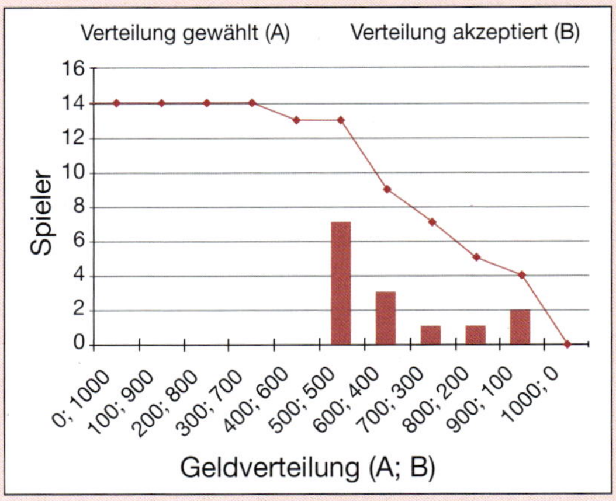

Rollenkarte Spieler A

Spielbeschreibung

Ein Betrag von 1.000 (fiktiven) Euro soll unter zwei Personen aufgeteilt werden. Spieler A muss Spieler B ein Angebot machen, wie viel letzterer erhalten soll. Spieler B kann dem Angebot zustimmen oder es ablehnen. Wenn Spieler B zustimmt, wird das Geld dem Vorschlag gemäß aufgeteilt. Lehnt er jedoch ab, so gehen beide leer aus.

Die Regeln sind sehr streng: Beide Personen dürfen nicht miteinander kommunizieren, sodass Feilschen unmöglich ist. Spieler A stellt B ein Ultimatum. Die Summe verschwindet, wenn sie nicht beim ersten Versuch aufgeteilt wird, und das Spiel ist nicht wiederholbar.

Aufgabe

Sie sind in der Rolle von Spieler A: Entscheiden Sie sich für eine der folgenden elf Verteilungen (die Auszahlung an Spieler A ist zuerst genannt): 1.000:0 / 900:100 / 800:200 / 700:300 / 600:400 / 500:500 / 400:600 / 300:700 / 200:800 / 100:900 / 0:1.000

Rollenkarte Spieler B

Spielbeschreibung

Ein Betrag von 1.000 (fiktiven) Euro soll unter zwei Personen aufgeteilt werden. Spieler A muss Spieler B ein Angebot machen, wie viel letzterer erhalten soll. Spieler B kann dem Angebot zustimmen oder es ablehnen. Wenn Spieler B zustimmt, wird das Geld dem Vorschlag gemäß aufgeteilt. Lehnt er jedoch ab, so gehen beide leer aus.

Die Regeln sind sehr streng: Beide Personen dürfen nicht miteinander kommunizieren, sodass Feilschen unmöglich ist. Spieler A stellt B ein Ultimatum. Die Summe verschwindet, wenn sie nicht beim ersten Versuch aufgeteilt wird, und das Spiel ist nicht wiederholbar.

Aufgabe

Sie sind in der Rolle von Spieler B: Entscheiden Sie sich, welchen der folgenden elf Verteilungen (die Auszahlung an Spieler A ist zuerst genannt) Sie zustimmen würden: 1.000:0 / 900:100 / 800:200 / 700:300 / 600:400 / 500:500 / 400:600 / 300:700 / 200:800 / 100:900 / 0:1.000

Aufgabe

Spielen Sie das Ultimatumspiel in Variationen und überprüfen Sie die jeweiligen Ergebnisse. Zwei mögliche Variationen sind:

a) Mehrere Spieler werben um die Gunst eines einzigen Partners (d. h. eines Monopolisten).

b) Die Spieler befinden sich nicht nacheinander in der Rolle A und B, sondern werden auf die Rollen A und B aufgeteilt: erstens zufällig, zweitens entscheidet ein Geschicklichkeitsspiel über die Aufteilung. Der Gewinner hat die Rolle von Spieler A. Ist der Verlierer eher bereit, niedrigere Angebote zu akzeptieren oder rächt er sich?

M Abschied vom Homo Oeconomicus

Professor Axel Ockenfels hat 2005 als erster Wirtschaftswissenschaftler seit 17 Jahren den Gottfried-Wilhelm-Leibniz-Preis erhalten. Der Preis ist mit 1,5 Millionen Euro dotiert. Ockenfels lehrt heute an der Universität Köln. Mit DW-WORLD redete er darüber, warum der „Homo Oeconomicus“ ausgedient hat und was Fairness mit Wirtschaft zu tun hat.

DW-WORLD: Die klassischen Theorien der Wirtschaftswissenschaften gehen davon aus, dass der Mensch rational und egoistisch ist und für sich nur das Beste will. Ist das inzwischen nicht mehr so – oder warum erforschen Sie so intensiv das Verhalten von Menschen in ökonomischen Entscheidungssituationen?

Axel Ockenfels: Die Hypothese, dass der Mensch vor allem egoistisch und rational sei, ist eine Hypothese der Ökonomen, die lange Zeit nie getestet worden ist. Aber der Mensch war vermutlich nie so rational und so eigennützig, wie der Ökonom ihn gerne hätte in seinen Modellen. Insofern hat sich der Mensch nicht geändert, sondern die Wirtschaftswissenschaft hat sich geändert, indem sie diesen neuen Ideen und neuen empirischen Befunden Rechnung trägt und den „Homo Oeconomicus“ langsam verabschiedet. Denn der „Homo Oeconomicus“ ist eine Fiktion, die so nicht existiert.

DW-WORLD: Und was macht der moderne Mensch anders? Will er etwa nicht mehr das meiste für sich?

Axel Ockenfels: Die Menschen sind immer noch egoistisch, aber sie haben ihren eigenen Egoismus. Sie schauen zum Beispiel nicht nur auf das, was sie unterm Strich bekommen, sondern sie schauen auch darauf, was die anderen bekommen und welchen Status sie – relativ gesehen – in einer bestimmten Vergleichsgruppe haben. Wir wissen eindeutig, dass Menschen durchaus bereit sind, andere zu bestrafen, die sich unfair verhalten – selbst wenn es sie selbst eine ganze Menge kostet. In Verhandlungssituationen zum Beispiel spielt Fairness eine große Rolle. In solchen Situationen sollten sich selbst Leute, die eigentlich eigennützig und egoistisch sind, fair verhalten. [...]

DW-WORLD: Da aber niemand über seinen Schatten springen kann: Kann man solches Verhalten lernen?

Axel Ockenfels: Ja, man kann lernen, wie man gut verhandelt. Die Verhandlungstheorie sagt Ihnen, wie man das geschickt und clever macht – wobei auch diese Theorie nicht perfekt funktioniert. Nehmen wir zum Beispiel das Ultimatum-Spiel: Sie haben 100 Euro zu vergeben, und Sie müssen entscheiden, wie viel Sie mir davon abgeben; ich sage „Ja“ oder „Nein“. „Ja“ heißt: Wir beide bekommen anteilig Geld. „Nein“ heißt: Wir bekommen beide nichts. Wenn wir also erfolgreich verhandeln, stellen wir uns beide besser. Die Frage ist nur: Wie verteilen wir die Effizienzgewinne? Die klassische Wirtschaftstheorie macht eine klare Prognose: Die sagt, Sie geben mir 1 Euro – denn das ist das, was „Homo Oeconomicus“ tun würde unter der Annahme „Mehr Geld ist besser als weniger Geld“. Wenn Sie mir 1 Euro geben und ich annehme, dann bekomme ich 1 Euro. Wenn ich ablehne, bekomme ich nichts. Und da 1 Euro besser ist als nichts, nehme ich an. Da Sie „Homo Oeconomicus“ sind, antizipieren Sie dieses Verhalten und dürfen sich darauf freuen, dass Sie fast den gesamten Kuchen kriegen und ich fast nichts.

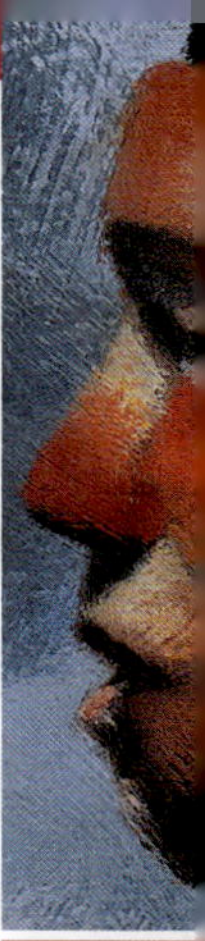

DW-WORLD: Wenn ich in dieser Situation Sie wäre, dann würde ich aber doch denken: „Den läppischen 1 Euro, den die mir abgeben will, kann sie sich an den Hut stecken!“

Axel Ockenfels: Ja, aber das ist nicht egoistisch! Damit stoßen Sie an die Grenzen einer ganz grundlegenden Hypothese der Ökonomik: „Mehr Geld ist besser als weniger Geld“. Wenn Sie sagen, „ich verzichte auf den 1 Euro“, dann heißt das, Sie schmeißen Geld weg. Das ist ein Verstoß gegen die Minimum-Hypothese, die eigentlich überall gilt. Aber Ihre Intuition ist völlig richtig: Wenn wir das Ultimatum-Spiel mit echtem Geld in unserem Labor spielen, dann gibt fast nie jemand nur 1 Euro ab. Die meisten geben ungefähr die Hälfte, also 50 Euro. Wenn Sie zu wenig abgeben wollen, dann wird typischerweise abgelehnt. Das ist ein ganz robustes Verhalten – das passiert in Deutschland genauso wie in den USA oder anderen Ländern. Sie können das Spiel auch 100 Mal wiederholen, das Ergebnis ist immer dasselbe: Die Leute haben eine Unfairness-Aversion. Sie wollen den anderen dafür bestrafen, dass er unfair war. In so einer Verhandlungssituation sollten Sie selbst als Egoist so tun, als ob Sie fair und nett sind, damit Sie nicht Gefahr laufen, bestraft zu werden. Sie sollten dem anderen die Hälfte abgeben – denn mit der hälftigen Abgabe maximieren Sie Ihren Gewinn. Wenn Sie weniger als die Hälfte abgeben würden, wäre die Wahrscheinlichkeit der Ablehnung so hoch, dass Sie sich am Ende schlechter stellen. Die Theorie vom „Homo Oeconomicus“ funktioniert hier also überhaupt nicht.

DW-WORLD: Die Theorie vom „Homo Oeconomicus“ wurde aber nicht aus der Luft gegriffen. Kann es sein, dass die Leute vor 150 Jahren anders reagiert haben – oder hätten?

Axel Ockenfels: Ich glaube, die Menschen vor 150 Jahren waren nicht anders als heute. Nur die Methoden, mit denen wir ihr Verhalten testen, haben sich verfeinert. Ich glaube, es ist wirklich die Theorie, die jetzt sehr spät auf etwas reagiert, was schon seit Hunderten von Jahren Tatsache ist: dass Menschen nicht nur Egoisten sind, sondern sich eben auch nach dem Prinzip „Wie du mir, so ich dir“ verhalten und auf Fairness und Status in einer Referenzgruppe achten. Das ist ganz wichtig.

Ingun Arnold, Deutsche Welle, 2.3.2005

Aufgaben

1. Arbeiten Sie im Detail heraus, welche Einschränkungen des Modells vom Homo Oeconomicus in M zum Ausdruck gebracht werden. Entwerfen Sie anschließend ein übersichtliches Tafelbild, in dem Grundannahmen und Einschränkungen des Modells deutlich werden.

2. Beurteilen Sie vor dem Hintergrund Ihres persönlichen Verhaltens in Entscheidungssituationen, z. B. beim Trinkgeldgeben oder beim Feilschen um einen Flohmarkt-Artikel, die Aussagekraft des Modells des Homo Oeconomicus zur Erklärung menschlichen Handelns in Entscheidungssituationen.

1.2 Freie Marktwirtschaft und Zentralverwaltungswirtschaft als Idealformen

Leitfragen	Welche Bedeutung hat die Preisbildung im marktwirtschaftlichen Modell?	Welche sind die Merkmale der Zentralverwaltungswirtschaft?

Das Modell „Freie Marktwirtschaft“

Markt und Preis

„Jeder Einzelne bemüht sich darum, sein Kapital so einzusetzen, dass es den größten Ertrag erbringt. Im Allgemeinen wird er weder bestrebt sein, das öffentliche Wohl zu fördern, noch wird er wissen, inwieweit er es fördert. Er interessiert sich nur für seine eigene Sicherheit und seinen eigenen Gewinn. Und gerade dabei wird er von einer unsichtbaren Hand geleitet, ein Ziel zu fördern, das er von sich aus nicht anstrebt. Indem er seine eigenen Interessen verfolgt, fördert er das Wohl der Gemeinschaft häufig wirksamer, als wenn er es beabsichtigt hätte.“

Adam Smith, Der Reichtum der Nationen, 1776

Der britische Nationalökonom Adam Smith (1723 – 1790) war fasziniert von der Erkenntnis, dass marktwirtschaftliche Systeme „selbstregulierende Systeme“ sind, die im Laufe der Menschheitsentwicklung entstanden sind. Das Modell der Freien Marktwirtschaft basiert auf seinen Gedanken und fordert die wirtschaftliche Handlungsfreiheit der Wirtschaftssubjekte, die selbstständig und eigenverantwortlich eine unübersehbare Anzahl von Wirtschaftsplänen aufstellen – die privaten Haushalte Konsumpläne und die Unternehmen Produktionspläne. Einzelpläne ergeben aber noch keine Ordnung. Sie müssen aufeinander abgestimmt werden. Diese Steuerung erfolgt nicht über eine zentrale Planungsbehörde, sondern dezentral am Markt. Ein Markt im wirtschaftlichen Sinne ist jeder Ort, an dem Güter getauscht werden. Der Wochenmarkt auf einem festgelegten Platz ist ebenso ein Markt wie Internetverkaufsbörsen, bei denen Güter angeboten oder nachgefragt werden. Der Markt ist das Nervenzentrum der Wirtschaft, dort treffen die Wünsche und Absichten von Konsumenten und Produzenten aufeinander, von Arbeitgebern und -nehmern, von Vermietern und Mietern, von Kapitalgebern und -nehmern – kurz: von Angebot und Nachfrage. Die Marktteilnehmer verfolgen unterschiedliche, aber immer ihre eigenen egoistischen Ziele: Der Konsument möchte möglichst billig einkaufen, der Produzent möglichst teuer verkaufen. Der Ausgleich der Interessen erfolgt durch den Markt- bzw. Preismechanismus. Auf natürliche Weise, wie von einer unsichtbaren Hand gesteuert, treibt das Verhalten der Käufer und Verkäufer die Märkte zum Gleichgewicht.

Die Haushalte streben Nutzenmaximierung an, d. h., sie wollen ihr Einkommen so ausgeben, dass möglichst viele Wünsche erfüllt werden können. Wenn der Preis eines Gutes steigt, werden deshalb die Konsumenten die Nachfrage nach diesem Produkt verringern, im umgekehrten Fall stei-

Das Schild hängt da jetzt auch schon seit Jahren ...

Karikatur: Dirk Meissner

gern. Weil die Unternehmen sich das Ziel der Gewinnmaximierung gesetzt haben, sind sie bereit, bei höheren Preisen und somit höheren Verkaufserlösen auch mehr anzubieten als bei niedrigen. Beim Gleichgewichtspreis, bei dem die angebotene mit der nachgefragten Menge übereinstimmt, bieten die Verkäufer die Menge an, die die Käufer zu diesem Preis kaufen wollen. Bei höheren Preisen ergibt sich ein Angebotsüberschuss mit der Folge eines Preisdrucks. Umgekehrt führen niedrigere Preise zu einem Nachfrageüberschuss. Dies bewirkt steigende Preise. Den Käufern, die eigentlich einen höheren Preis als den Gleichgewichtspreis zu zahlen gewillt sind, entsteht eine Konsumentenrente in Höhe der Ausgabenersparnis. Entsprechend fällt denjenigen Verkäufern eine Produzentenrente zu, die aufgrund ihrer Kostenstruktur zu einem niedrigeren als den Marktpreis anbieten könnten.

Der bewegliche Marktpreis gewährleistet, dass Angebot und Nachfrage zur Übereinstimmung kommen. Er zeigt aber vor allem an, ob an bestimmten Gütern Knappheit oder Überfluss herrscht. Das Funktionieren des Preismechanismus setzt einen vollkommenen Markt mit Wettbewerb und Konkurrenz (vollkommene Konkurrenz) voraus, auf dem es viele Anbieter und Nachfrager gibt, die als einzelne keinen Einfluss auf den Marktpreis haben.

Markt und Marktwirtschaft

Der Markt ist der Ort, an dem Angebot von und Nachfrage nach Gütern und Leistungen aufeinandertreffen. Im Wirtschaftsleben gibt es eine unüberschaubare Vielzahl von Märkten. Sie bilden sich für jedes Gut und jede Leistung. Die Vielzahl der Marktarten fasst man üblicherweise zusammen in (Konsum-)Gütermärkte und (Produktions-)Faktormärkte. Für das System der Marktwirtschaft ist der Markt als Lenkungsinstrument von grundlegender Bedeutung.

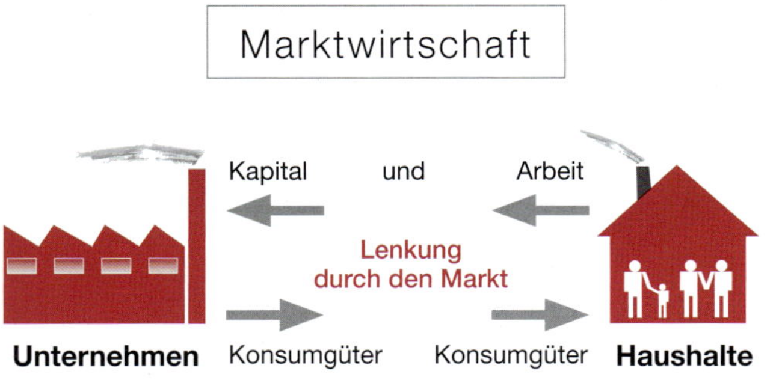

Die Preisbildung bei vollkommener Konkurrenz

Von vollkommener Konkurrenz spricht man, wenn

- sich am Markt eine sehr große Zahl von Anbietern und Nachfragern gegenüberstehen, die ein praktisch identisches Gut handeln (Bedingung der Homogenität),
- vollkommene Marktübersicht herrscht,
- die Anpassungsprozesse am Markt unendlich schnell ablaufen und
- es auch ansonsten keinen Grund gibt, einen Marktteilnehmer einem anderen vorzuziehen (keine persönlichen, sachlichen und räumlichen Präferenzen).

Bei vollkommener Konkurrenz verfolgen die Anbieter das Ziel der Gewinnmaximierung, die Nachfrager streben Nutzenmaximierung an. Fehlt eine der Bedingungen, handelt es sich um einen unvollkommenen Markt. Vollkommene Märkte sind in der Realität nicht zu finden. Am ehesten erfüllen Wertpapier- und Devisenmärkte die Prämissen des vollkommenen Marktes. Die Preisbildung bei vollkommener Konkurrenz entspricht dem Ideal der Freien Marktwirtschaft. Sie lässt sich mithilfe von mathematischen Modellen darstellen und untersuchen: Das Verhalten der Anbieter und Nachfrager wird durch Kurven innerhalb eines Koordinatensystems dargestellt. Die Nachfragekurve zeigt, wie die Nachfragemenge eines Gutes vom Preis abhängt. Dabei wird unterstellt, dass nach dem Gesetz der Nachfrage die nachgefragte Menge bei sinkendem Preis zunimmt, die Nachfragekurve hat daher eine negative Steigung. Andere Einflussgrößen der Nachfrage sind etwa die Einkommen oder die Bedürfnisse der Haushalte. Wenn sich eine dieser Einflussgrößen ändert, kommt es zu einer Verschiebung der Nachfragekurve.

Die Angebotskurve zeigt, wie die Angebotsmenge eines Gutes vom Preis des Gutes abhängt. Nach dem Gesetz des Angebots nimmt die angebotene Menge bei steigendem Preis zu. Die Angebotskurve hat daher eine positive Steigung. Wenn sich andere Einflussgrößen des Angebots ändern, kommt es zu einer Verschiebung der Angebotskurve. Der Schnittpunkt von Angebots- und Nachfragekurve bestimmt das Marktgleichgewicht.

Märkte im Gleichgewicht

Der Markt befindet sich im Gleichgewicht, die zum Gleichgewichtspreis angebotene Menge an Erdbeeren entspricht genau der nachgefragten Menge. Das Gleichgewicht findet man da, wo sich Angebots- und Nachfragekurve schneiden. Hier beträgt der Gleichgewichtspreis 2,00 Euro je kg Erdbeeren: Zu diesem Preis werden 70 kg Erdbeeren angeboten und nachgefragt.

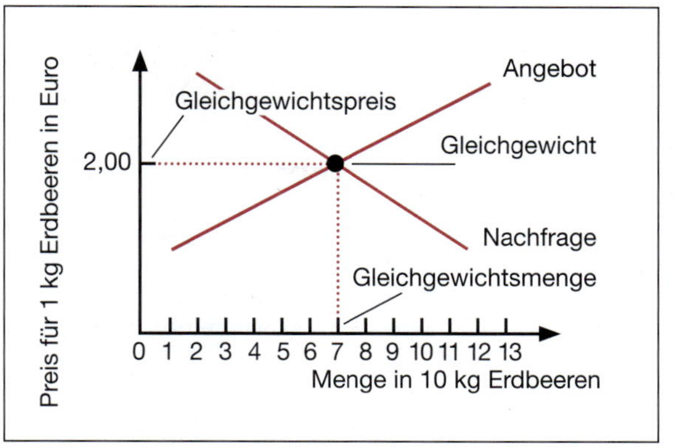

Märkte abseits des Gleichgewichts

Bei einem Marktpreis von 2,50 Euro (liegt über dem Gleichgewichtspreis) werden 40 kg Erdbeeren nachgefragt und 100 kg angeboten (Angebotsüberschuss). Die Anbieter versuchen, den Absatz durch Preissenkungen zu steigern; dies verändert den Preis in Richtung des Gleichgewichtspreises. Bei einem Preis von 1,50 Euro werden 100 kg Erdbeeren nachgefragt und 40 kg angeboten (Nachfrageüberschuss). Die Anbieter werden den Preis in Richtung des Gleichgewichtspreises anheben.

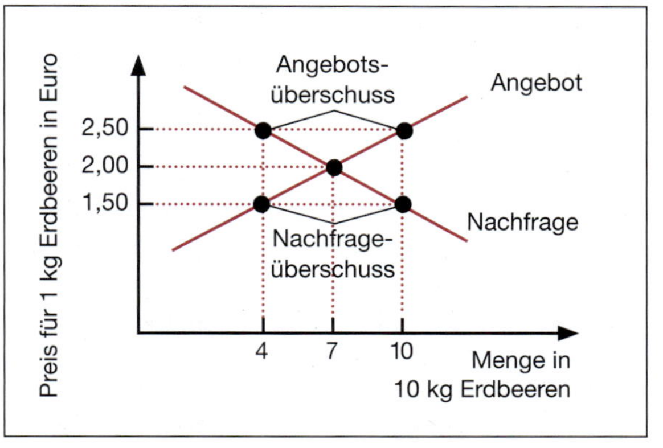

Folgen eines Angebotsrückgangs

Ein Unwetter vermindert die Angebotsmenge. Zum gleichen Preis wird jetzt weniger angeboten als vor dem Unwetter. Dies bewirkt eine Linksverschiebung der Angebotskurve von A_1 nach A_2. Der Gleichgewichtspreis steigt von 2,00 Euro auf 2,50 Euro und die Gleichgewichtsmenge sinkt von 70 kg auf 40 kg.

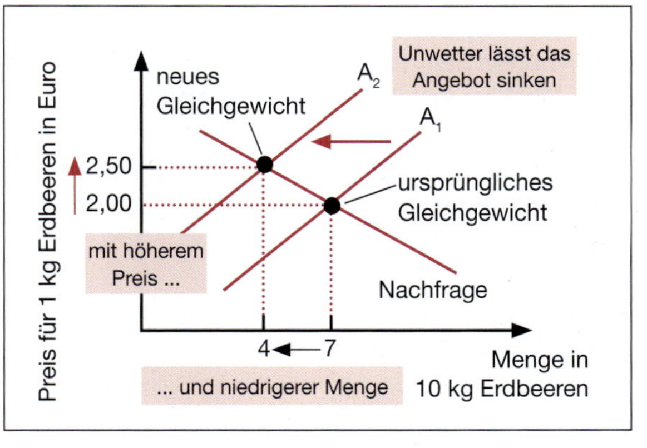

Folgen einer Nachfragesteigerung

Ein großes regionales Fest lässt die nachgefragte Menge an Erdbeeren auf dem Markt steigen, da hier viele Haushalte mehr Erdbeeren konsumieren. Zum gleichen Preis wird also jetzt mehr nachgefragt als vorher. Die Nachfragekurve verschiebt sich nach rechts. Der Gleichgewichtspreis steigt von 2,00 Euro auf 2,50 Euro, die Gleichgewichtsmenge steigt von 70 kg auf 100 kg.

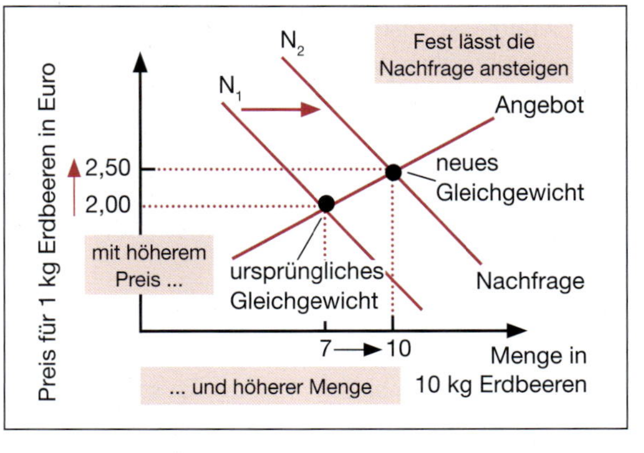

Die Ceteris-paribus-Klausel

Ceteris-paribus (lat. „alles Andere bleibt gleich") beschreibt eine hypothetische Situation, für die man einfach annimmt, dass alle anderen Einflussfaktoren auf die untersuchte Größe konstant bleiben, obwohl sich in der Realität zahlreiche Größen gleichzeitig verändern. Ceteris-paribus bedeutet im Hinblick auf die Preisbildung z. B., dass der Preis eines Gutes steigt, wenn die Nachfrage nach diesem Produkt zunimmt. Andere Einflussfaktoren auf den Preis werden nicht berücksichtigt.

Funktionen der Märkte

- **Koordinationsfunktion:** Die Einzelpläne der Wirtschaftssubjekte werden durch den Preismechanismus abgestimmt.

- **Signalfunktion:** Die Marktpreise signalisieren die Knappheit eines Gutes. Steigt der Preis, so wird deutlich, dass sich das Güterangebot bei gleichbleibender Nachfrage verknappt hat.

- **Allokationsfunktion:** Die Produktionsfaktoren (z. B. Arbeit und Kapital) werden auf diejenigen Märkte gelenkt, auf denen die größte Nachfrage (Knappheit) herrscht und deshalb die höchsten Gewinne erzielt werden können. Der Preis lenkt die Produktionsfaktoren zu ihrer effizientesten Verwendung. Eine über Preisveränderungen angezeigte Veränderung der Knappheitsverhältnisse führt zu einer Umlenkung der Produktionsfaktoren.

- **Zuteilungs- und Auslesefunktion:** Auf der Nachfrageseite teilen die Preise das Angebot den Nachfragern zu, die bereit sind, den jeweiligen Angebotspreis zu akzeptieren. Auf der Angebotsseite können nur diejenigen bestehen, die zumindest kostendeckend anbieten. Anbieter mit über dem Marktpreis liegenden Kosten werden verdrängt.

Weitere Bedingungen des Modells Marktwirtschaft

- **Wettbewerbsprinzip:** Auf den Märkten herrscht Konkurrenz auf Anbieter- und Nachfragerseite, d. h., die Marktmacht des Einzelnen ist so gering, dass er keinen Einfluss auf die Preise hat und den Preismechanismus nicht außer Kraft setzen kann.

- **Privateigentum:** Der Preismechanismus kann nur funktionieren, wenn Haushalte und Unternehmen eigenverantwortlich über die Verwendung der Produktionsfaktoren und Güter bestimmen können. Ein Unternehmen wird nur dann gegründet, wenn der Unternehmer über seine Maschinen und seinen Gewinn verfügen kann. Haushalte fragen nur solche Güter nach, über deren Verwendung sie selbst bestimmen können. Entscheidend ist daher, dass die Eigentumsrechte bei den Wirtschaftssubjekten liegen.

- **Freiheitsverbürgungen:** Vertragsfreiheit, Freiheit der Berufs- und Arbeitsplatzwahl, Gewerbefreiheit, Produktions- und Konsumfreiheit müssen garantiert sein.

- **Passive Rolle des Staates:** In der Freien Marktwirtschaft haben private Entscheidungen der Wirtschaftssubjekte Vorrang. Der Staat, verstanden als die Summe der Gebietskörperschaften und der Sozialversicherung, hält sich weitestgehend aus dem Wirtschaftsgeschehen heraus, er übernimmt lediglich Aufsichts- und Ordnungsfunktionen. Die wirtschaftliche Aktivität des Staates ist im Wesentlichen auf die Bereitstellung öffentlicher Güter und solche Produktionen beschränkt, die – wie z. B. die Wasserversorgung – nicht wettbewerblich angeboten werden können.

Die Zentralverwaltungswirtschaft

Historischer Hintergrund

„In den Kohle- und Eisenbergwerken arbeiten Kinder von 4, 5, 7 Jahren; die meisten sind indes über 8 Jahre alt. Sie werden gebraucht, um das losgebrochene Material von der Bruchstelle nach dem Pferdeweg oder Hauptschacht zu transportieren [...]. Die gewöhnliche Arbeitszeit ist 11 – 12 Stunden, oft länger, in Schottland bis zu 14 Stunden, und sehr häufig wird doppelte Zeit gearbeitet, sodass Arbeiter 24, ja nicht selten 36 Stunden hintereinander unter der Erde sind."

Kinderarbeit nach Berichten der königlichen Englischen Kommission, 1844

Kinderarbeit und das Elend von Hunderttausenden von Fabrikarbeitern im frühkapitalistischen Eng-

Karl Marx, einflussreichster Theoretiker des Sozialismus und Kommunismus sowie zusammen mit Friedrich Engels Verfasser des 1848 erschienenen „Kommunistischen Manifests".

Friedrich Engels, dessen Werk „Umrisse zu einer Kritik der Nationalökonomie" aus dem Jahr 1844 zum Ausgangspunkt für Marx' eigene Arbeiten wurde.

land waren für Karl Marx (1818 – 1883) und Friedrich Engels (1820 – 1895) Beleg dafür, dass die Verwirklichung der liberalen, marktwirtschaftlichen Ordnung zu wirtschaftlichen Krisen und einer ungerechten Verteilung von Vermögen, Einkommen und wirtschaftlicher Macht führt. Sie sehen in der Verfügungsgewalt über die Produktionsmittel das zentrale Problem und fordern die Enteignung der privaten Produktionsmittel und ihre Überführung in Kollektiveigentum. Da nun nicht mehr die Eigentümer den Betrieb beherrschen, sondern – zumindest theoretisch – die im Betrieb arbeitenden Menschen, ist nach Marx eine Ausbeutung der Arbeiter nicht mehr möglich. Die Zentralverwaltungswirtschaft, auch Planwirtschaft genannt, basiert auf den Grundgedanken von Marx' Ideen.

Dem Idealtyp der Zentralverwaltungswirtschaft entsprachen in der historischen Ausprägung am ehesten nach der Oktoberrevolution von 1917 die Sowjetunion und nach dem Zweiten Weltkrieg die anderen Länder des Ostblocks. Seit Ende der 1980er Jahre wurde in fast allen Ländern die Planwirtschaft in Richtung Marktwirtschaft reformiert oder ganz durch die marktwirtschaftliche Ordnung abgelöst. In der Gegenwart gibt es nur noch wenige planwirtschaftlich organisierte Staaten. Dazu gehören etwa Nordkorea, Kuba und Weißrussland.

Merkmale des Modells

In der Zentralverwaltungswirtschaft werden alle wirtschaftlichen Entscheidungen von staatlichen Stellen im Rahmen eines Gesamtplans zentral festgelegt. Der Staat ermittelt den Gesamtbedarf der Volkswirtschaft und setzt die Prioritäten über Art, Umfang und Rangfolge der zu befriedigenden Bedürfnisse fest. Die Preise werden staatlich reglementiert, ebenso die Investitionen, der von Staatsgesellschaften betriebene Außenhandel und die behördlich festgelegten Löhne. Märkte, nach denen sich Angebot und Nachfrage über bewegliche Preise einpendeln können, gibt es nur in rudimentärer Form, illegal als Schwarzmärkte oder gar nicht. Eine wichtige Bedingung der Zentralverwaltungswirtschaft besteht darin, dass die Verfügungsgewalt über die Produktionsmittel Boden und Kapital in der Hand des Staates liegen. Daher gibt es in Zentralverwaltungswirtschaften kein Privateigentum an Produktionsmitteln. Die Koordination von Bedarfs- und Produktionsplanung orientiert sich der Theorie nach am Bedarf.

Grundlegende Probleme der Zentralverwaltungswirtschaft entstehen dadurch, dass sich aufgrund der zentralen Planung Informationsdefizite über vorhandene Ressourcen und Konsumentenpräferenzen ergeben – dauernde Anpassungsschwierigkeiten und erhebliche Fehlinvestitionen sind die Folge. Zudem fehlen Leistungsanreize für die Wirtschaftsakteure. Dies führt insgesamt zu einer mangelnden Innovationsfähigkeit dieser Wirtschaftsordnung.

Aufgaben

1. Bewerten Sie Freie Marktwirtschaft und Zentralverwaltungswirtschaft hinsichtlich individueller Freiheit, Leistungsfähigkeit, Sicherheit und Menschenbild. Berücksichtigen Sie insbesondere die Bedeutung des Marktes als Koordinationsfunktion.

2. Beschreiben Sie und stellen Sie grafisch dar, wie sich folgende Ereignisse auf die Preisbildung für Spargel auswirken:

a) Durch neue, breit veröffentlichte Studien wird gezeigt, dass Spargel gesundheitlich noch wertvoller ist als bisher angenommen, und durch gutes Wetter fällt die Spargelernte deutlich besser aus als in den Vorjahren.

b) Schlechtes Wetter führt zu einem Rückgang bei der Spargelernte.

c) Wissenschaftliche Untersuchungen zeigen, dass Spargel besonders mit Schadstoffen belastet ist.

Kontrovers diskutiert: freie Märkte versus staatliche Regulierung

M 1 Märkte sind gewöhnlich gut für die Organisation des Wirtschaftslebens

Auf den ersten Blick ist der Erfolg von Marktwirtschaft rätselhaft. Man hat zunächst den Eindruck, die dezentralen Entscheidungen von Millionen von Haushalten und Unternehmungen würden im Chaos enden. Dies ist jedoch nicht der Fall. Marktwirtschaften haben sich als bemerkenswert erfolgreich bei der Aufgabe erwiesen, Volkswirtschaften zu organisieren und zugleich die soziale Wohlfahrt zu fördern.

In seinem 1776 erschienen Buch „The Wealth of Nations" machte Adam Smith die berühmte und höchst bedeutsame Aussage: Haushalte und Unternehmungen wirken auf Märkten zusammen, als ob sie von einer „unsichtbaren Hand" zu guten Marktergebnissen geführt würden. [...] Smith erläutert [darin weiter], wie die „unsichtbare Hand des Markts" den Egoismus des Einzelnen in wachsenden Wohlstand für die Allgemeinheit transformiert.

Beim Studium der Volkswirtschaftslehre wird man begreifen, dass Preise die Instrumente sind, mit denen die unsichtbare Hand die wirtschaftliche Aktivität dirigiert. Die Preise spiegeln beides: den gesellschaftlichen Wert eines Gutes und die sozialen Kosten der Produktion. Weil Unternehmungen und Haushalte bei ihren Kauf- und Verkaufsentscheidungen auf die Preise sehen, berücksichtigen sie bei ihren Entscheidungen unbewusst soziale Nutzen und Kosten ihrer Aktivitäten. Preise führen die individuellen Entscheidungsträger zu Ergebnissen, die in vielen Fällen auch die soziale Wohlfahrt maximieren.

Es gibt eine logische Folgerung aus der Leistungsfähigkeit der unsichtbaren Hand bei der Selbststeuerung der Volkswirtschaften: Wenn die Regierung die Preise daran hindert, sich auf natürliche Weise an Nachfrage und Angebot anzupassen, behindern sie die Koordination der Millionen Einzelentscheidungen von Haushalten und Unternehmungen, die eine Volkswirtschaft ausmachen. Dies erklärt auch die noch viel größeren Schäden, die eine direkte staatliche Preispolitik – etwa bei Pacht und Zins – verursacht. Und es erklärt das Scheitern der kommunistischen Zentralverwaltungswirtschaft. In den kommunistischen Staaten wurden die Preise von oben diktiert. Die Planer konnten gar nicht die Informationen haben, die in freien Marktpreisen stecken. Die Zentralplaner versuchten, die Volkswirtschaft zu betreiben, indem sie eine Hand auf den Rücken festbanden – die unsichtbare Hand des Marktes.

N. Gregory Mankiw, Grundzüge der Volkswirtschaftslehre, 4. Auflage, übersetzt von Adolf Wagner/Marco Herrmann, Stuttgart 2008, S. 11 – 13

M 2 Der Glaube an die unsichtbare Hand des Marktes ist vorbei

Ein Gespräch mit dem Wirtschaftsethiker Prof. Peter Ulrich von der Universität St. Gallen über die Grenzen des freien Marktes.

Die Finanzkrise ist für viele Menschen unverständlich: Wie können sich schlechte amerikanische Hypotheken zu einer globalen Katastrophe auswachsen?

Ulrich: Der tragende Boden, der die Finanzkrise möglich gemacht hat, ist das, was journalistisch gerne als Neoliberalismus umschrieben wird. Der Kerngedanke dieser Doktrin lautete immer schon: „Macht keine Geschichten, der Markt wird es schon richten". Also der merkwürdig vormodern anmutende Glaube, es gebe da einen anonymen, hinter unserem Rücken wirkenden Mechanismus, der wunderbarerweise dafür sorgt, dass alles gut werde, wenn jeder nur an sich selbst denkt. Bei dieser Finanzkrise haben sich die Deregulierung in Verbindung mit Maßlosigkeit gegenseitig hochgeschaukelt.

Die Ideologie des freien Marktes wird aber schon seit den Zeiten von Margret Thatcher und Ronald Reagan propagiert.

Ulrich: Zwei Jahrzehnte lang ist uns ein Geist gepredigt worden, der uns angeblich von jeder Zumutung der moralischen Selbstbeschränkung entlastet hat. Man hat von Freiheit und freiem Markt gesprochen, hat aber die Kehrseite der Münze missachtet. Die Kehrseite von Freiheit heißt eben immer Verantwortung. [...]

Die Deregulierung, auf die man ordnungspolitisch gesetzt hat, würde Eigenverantwortung aller Wirtschaftsakteure voraussetzen, diese fehlte jedoch. Die Deregulierung hat das Gewinndenken buchstäblich entfesselt. Es gab die Hoffnung auf mehr Leistung, je stärker die Gewinnanreize sind. Als Folge werde sich die Produktivität automatisch steigern, und dies sei für alle gut. In den Unternehmen wurden rein auf Geld basierende Anreizsysteme eingeführt, als ob Führungskräfte primär monetär motivierbar seien. Immer höhere variable Lohnbestandteile wurden eingeführt. Bei den „leistungsabhängigen" Boni zählte nur der Erfolg am Markt [...].

Es wurde auf rein kurzfristige Performance-Erfolge an der Börse abgestellt. Die langfristige Erfolgssicherung blieb außen vor. Das sind natürlich Fehlanreize. [...] Manager sind angestellte Führungskräfte, die sich unter den genannten Fehlanreizen offenkundig mehr ihren eigenen Vorteil als mit dem Unternehmen als Ganzes identifizieren. [...] Tatsächlich haben die Beteiligten kein Unrechtsbewusstsein. [...] Wer sich erlaubt hat nachzufragen, ob diese Verteilung des Wohlstandsgewinns gerecht sei, der wurde postwendend des Neids bezichtigt. Diese Neiddebatte hatte aber nur den Zweck, eine Gerechtigkeitsdebatte zu verhindern.

Dabei ist die Frage nach der Gerechtigkeit ausgewiesen. Nur einem kleinen Teil der Bevölkerung fließen die Gewinne zu. Der Rest, die überwiegende Mehrheit, hat vom steigenden Gesamtkuchen nichts bekommen. Dies, obwohl die meisten Leute heute länger und intensiver arbeiten als vor 20 Jahren. Alle zahlen zwar den Preis des Wirtschaftswachstums, aber nur noch wenige sind am Nutzen beteiligt.

Allzu große Unterschiede bei den Einkommen können eine Gesellschaft gefährden. Wie schätzen Sie die Risiken durch die wachsende Ungerechtigkeit ein?

Ulrich: Wir haben ein Verteilungsproblem. Die Schere von Einkommen und Vermögen öffnet sich ständig. Dies stellt die Legitimität unserer Wirtschaftsordnung über kurz oder lang ernsthaft in Frage. In der Nachkriegszeit bis etwa 1973 fiel beim allgemeinen Aufschwung für alle etwas ab, sei es durch höhere Löhne, Verkürzung der Arbeitszeit oder durch billigere Industrieprodukte. Jeder fühlte sich am Nutzen des Wachstums beteiligt. Die reale Marktwirtschaft war trotz ihrer kapitalistischen Grundstruktur akzeptiert. [...] Die Finanzkrise von 2008 hat die Wahrnehmung der breiten Bevölkerung irreversibel verändert. Der Glaube an die unsichtbare Hand des

Marktes ist vorbei. Die Leute haben im Gegenteil wieder ein klareres Bewusstsein für das, was im Fachjargon „Primat der Politik" heißt. Es geht nicht einfach um mehr Staat und weniger Markt, sondern es geht um die Einsicht, dass eine gut funktionierende Marktwirtschaft ein Rechtszustand und kein Naturzustand, also nicht der reine Dschungel ist.

Also braucht es neue Regulierungen?

Ulrich: Ein ungeordneter Markt tendiert zur Vermachtung. Das sah übrigens schon der Begründer der liberalen Ökonomie so, Adam Smith. Man darf die marktwirtschaftliche Rahmenordnung nicht den Lobbyisten überlassen, denn diese machen Interessenpolitik.

Ralph Hug, context 11/2008, S. 12ff.

M 3 Der Markt wirds schon richten

Karikatur: Klaus Stuttmann

Aufgaben

1. Erläutern Sie die Bedeutung des Marktmechanismus für die Selbststeuerung einer marktwirtschaftlich organisierten Volkswirtschaft.
2. So viel Markt wie möglich, so viel Staat wie nötig! Nehmen Sie Stellung zu dieser Aussage und belegen Sie Ihren Standpunkt mit den Argumenten aus M 1 und M 2.
3. **Projektvorschlag:** Recherchieren Sie ausgehend von M 3 für die im Bundestag vertretenen Parteien, ob deren wirtschaftspolitische Positionen eher dem Modell der Freien Marktwirtschaft oder der Zentralverwaltungswirtschaft zuzuordnen sind.

1.3 Die Soziale Marktwirtschaft

Leitfragen	Was ist das Leitbild der Sozialen Marktwirtschaft?	Schreibt das Grundgesetz eine bestimmte Wirtschaftsordnung vor?	Welche Herausforderungen muss die Soziale Marktwirtschaft vor dem Hintergrund aktueller Probleme bewältigen?

Das Leitbild der Sozialen Marktwirtschaft

„Die Freiheit des Marktes mit sozialer Verantwortung verbinden. Primäres Koordinationsprinzip bleibt der Wettbewerb".

Alfred Müller-Armack

Das Leitbild der Sozialen Marktwirtschaft entstand gegen Ende des Zweiten Weltkriegs und griff Elemente des Liberalismus und der christlichen Soziallehre auf. Geistige Väter des Konzepts waren Walter Eucken (1891 - 1950), Professor für Volkswirtschaftslehre, und Alfred Müller-Armack (1901 - 1978), später Abteilungsleiter im Bundesministerium für Wirtschaft. Diese Wirtschaftsordnung wurde in der Bundesrepublik Deutschland insbesondere durch den späteren Bundeskanzler Ludwig Erhard (1897 - 1977) politisch durchgesetzt. In ihr kommt dem Staat die Aufgabe zu, die sozial unerwünschten Auswirkungen der Marktwirtschaft zu verhindern oder wenigstens abzumildern. „Sozial" steht für soziale Gerechtigkeit und Sicherheit, „Marktwirtschaft" steht für wirtschaftliche Freiheit.

Wirtschaftliche Freiheit bedeutet, dass Verbraucher frei entscheiden können, welche Güter sie kaufen (Konsumfreiheit). Unternehmer haben das Recht auf Eigentum an Produktionsmitteln und die Freiheit, Güter nach ihrer Wahl zu produzieren und abzusetzen. Es gilt das Wettbewerbsprinzip, das garantiert, dass die Wirtschaftspläne über Angebot und Nachfrage so aufeinander abgestimmt werden, dass die Wirtschaft nahezu wie von selbst ihren bestmöglichen Zustand erreicht. Es sollen keine marktbeherrschenden Unternehmen entstehen, die den Marktmechanismus außer Kraft setzen.

Die **Marktfreiheit** soll durch den Staat dort beschränkt werden, wo sie die soziale Gerechtigkeit und die soziale Sicherheit gefährdet. Der Wirtschaftspolitik kommt z. B. die Aufgabe zu, die negativen Folgen von Konjunkturschwankungen wie etwa Arbeitslosigkeit zu dämpfen. Die Einkommens- und Vermögensverteilung soll mit dem Ziel einer größeren Gleichmäßigkeit staatlich korrigiert werden. Der Staat übernimmt auch Aufgaben, die über den Markt nur sehr eingeschränkt wahrgenommen werden können, wie etwa struktur- und bildungspolitische Aufgaben.

Ludwig Erhard

Der deutsche Politiker (1897 – 1977) war von 1963 bis 1966 Bundeskanzler der Bundesrepublik Deutschland, davor von 1949 bis 1963 Bundesminister für Wirtschaft. Er nahm als „Vater der D-Mark" und Begründer der Sozialen Marktwirtschaft entscheidenden Einfluss auf den wirtschaftlichen Wiederaufstieg der jungen Bundesrepublik. Die Wirtschaftspolitik in der Bonner Republik blieb auch in den folgenden Jahrzehnten eng mit Ludwig Erhards Namen verknüpft und an seinen Konzepten orientiert.

Die Soziale Marktwirtschaft hält grundsätzlich am **Ideengut des Individualprinzips** fest. Die Handlungsfreiheit des Einzelnen sollte allerdings

Ludwig Erhard mit seinem Werk, mit dem er für sein Konzept der Sozialen Marktwirtschaft wirbt.

dort aufhören, wo fundamentale Rechte und Lebensinteressen anderer eingeschränkt werden. Die Aufgabe der Sozialen Marktwirtschaft ist es, auf Grundlage der Marktwirtschaft das Prinzip der Freiheit mit sozialer Gerechtigkeit zu verknüpfen. Damit liegt die Wirtschaftsordnung zwischen den beiden Extremen der auf dem Individualprinzip aufgebauten Marktwirtschaft und der auf dem Kollektivprinzip beruhenden Zentralverwaltungswirtschaft.

Das Wettbewerbsprinzip: Fundament der Wirtschaftsordnung und Wohlstandsmotor

Erneute Millionenstrafe gegen Kaffeeröster – Das Bundeskartellamt hat gegen zahlreiche Kaffeeröster und den deutschen Kaffeeverband (DKV) wegen illegaler Preisabsprachen Bußgelder in Höhe von insgesamt 30 Millionen Euro verhängt. Auch gegen zehn verantwortliche Mitarbeiter der Unternehmen wurden Bußgelder verhängt. [...] Nach den Erkenntnissen des Kartellamts existierte seit mindestens 1997 bis Mitte 2008 ein Arbeitskreis beim DKV, bestehend aus Geschäftsführern und Vertriebsleitern. Dort wurden Preiserhöhungen und zum Teil auch Preissenkungen bei der Belieferung von Gastronomie, Hotels, Automatenaufstellern und anderen Großverbrauchern koordiniert.

www.tagesschau.de, 31.10.2010

„Du glaubst, dass ein Wunder das Ergebnis harter Arbeit ist? Dann hast Du etwas mit Ludwig Erhard gemeinsam. Sein erklärtes Ziel: „Wohlstand für alle". Dafür hat er gekämpft und geschuftet. Auch Du kannst Dir Dein Wunder erarbeiten. Ob Du Dein Ziel erreichst, entscheidest Du. Nicht das Schicksal."

Anzeige der Aktion „Du bist Deutschland"

In der Marktwirtschaft steht der Unternehmer im Dienst des Kunden. Dazu bringen ihn aber weniger Demut oder staatliche Vorgabe, sondern vielmehr die disziplinierenden Kräfte der Konkurrenz. Im Monopol ist der Anbieter König. Er hält zum Nachteil der Kunden die Menge knapp, damit der Preis einen lukrativen Gewinnzuschlag zulässt. Damit sichert sich der Monopolist einen Einkommensanteil, den er unter Wettbewerbsbedingungen nicht erwirtschaften könnte.

Aber wie kann gewährleistet werden, dass einerseits Menschen wirtschaftlich frei agieren können, andererseits jedoch keine privaten Monopol- und Machtstellungen entstehen? Walter Eucken, einer der Begründer der Sozialen Marktwirtschaft, setzt dabei auf den **Wettbewerb** als zentrales Instrument zur Verhinderung wirtschaftlicher Macht.

Zur Realisierung des Wettbewerbsprinzips muss ein funktionierender Preismechanismus die tatsächlichen Knappheitsverhältnisse am Markt anzeigen. Dazu ist notwendig, dass sich der Staat aus dem Wirtschaftsprozess heraushält und nicht durch Subventionen das Preisgefüge verzerrt. Vielmehr ist der Staat gefordert, Unternehmensfusionen und Kartelle zu verhindern. In der Bundesrepublik wurde daher das Gesetz gegen Wettbewerbsbeschränkungen erlassen und das Bundeskartellamt mit heutigem Sitz in Bonn geschaffen, dessen Aufgabe es ist, den Wettbewerb auf den Märkten zu sichern.

Da nur stabile Preise die Knappheitsverhältnisse unverfälscht darstellen, kommt der Sicherung der Geldwertstabilität ein besonders hoher Stellenwert im Rahmen der Wettbewerbsordnung zu, in der freier Marktzutritt und Vertragsfreiheit weitere zentrale Elemente sind. Das Wettbewerbsprinzip leistet noch mehr. Es hält die Kosten in Schach und zwingt die Unternehmen zu sparsamem Einsatz der knappen Ressourcen. Der Produzent, der billiger anbietet, ist auf dem Markt erfolgreich und zwingt den Konkurrenten ebenfalls zur Senkung der Produktionskosten. Der Wettbewerb zwingt aber auch zur permanenten Suche nach neuen Produkten und Verfahren. Es belohnt Einsatzwillen, Leistungsbereitschaft und Begabungen. Es ist nicht zu übersehen, dass der Wettbewerb die Produktivität erhöht, qualitativ hochwertige Leistungen erbringt, die Rationalisierung fördert und damit die entscheidende Voraussetzung für Wachstum und Wohlstand ist.

Aber auch das ist Wettbewerb: Der Chance des Gewinns steht das Risiko des Verlustes gegenüber. Das Wettbewerbsprinzip sorgt für eine strenge Auslese der am Wirtschaftsprozess Beteiligten, wenn keine marktgerechten Leistungen angeboten werden.

Grundgesetz und Wirtschaftsordnungen

Schreibt das Grundgesetz (GG) die Soziale Marktwirtschaft zwingend vor?

GG Art. 2, 9, 11, 12, 14 Abs. I	GG Art. 109	GG Art. 14 Abs. II., 15, 20
■ Freie Entfaltung der Persönlichkeit, Handlungsfreiheit, mit besonderer Bedeutung auf ökonomischem Gebiet – Unternehmens- und Gewerbefreiheit – Wettbewerbsfreiheit – Vertragsfreiheit ■ Vereinigungs- und Koalitionsfreiheit ■ Freizügigkeit ■ Freie Berufs- und Arbeitsplatzwahl ■ Recht auf Eigentum	■ Gesamtwirtschaftliches Gleichgewicht als Zielvorgabe ■ Konkretisiert durch das „Gesetz zur Förderung der Stabilität und des Wachstums der Wirtschaft“ ■ Kein allgemeines Recht auf Arbeit, aber Recht auf soziale Sicherung	■ Soziale Verpflichtung des Eigentums ■ Recht zur Enteignung zu Gunsten des Allgemeinwohls ■ Möglichkeit zur Sozialisierung im Rahmen der Verfassung ■ Sozialstaatsgebot

Die Soziale Marktwirtschaft ist verfassungsrechtlich zwar nicht vorgeschrieben, **aber** der Gesetzgeber ist an die Grundrechte, das Sozial- und das Rechtsstaatsgebot gebunden, d. h. die Soziale Marktwirtschaft entspricht am ehesten freiheitlichen und demokratischen Prinzipien.

Herausforderungen für die Soziale Marktwirtschaft

Ungeachtet der beispiellosen Wohlstandsmehrung in Deutschland, zu der die Soziale Marktwirtschaft nach dem Zweiten Weltkrieg beigetragen hat, treten seit etwa zwei Jahrzehnten Problemfelder auf, die die Wirtschaftsordnung in ihrer derzeitigen Prägung in Frage stellen. Die immer stärker voranschreitende Verflechtung der Güter- und Finanzmärkte im Rahmen der Globalisierung hat nationale Grenzen für die Wirtschaft immer mehr aufgehoben. Dies verursachte eine weltweite Streuung der Konsumentennachfrage sowie Investitionsmöglichkeiten von Kapital. Durch die Entstehung globaler Märkte sind nicht mehr nur die privaten Wirtschaftsakteure, sondern auch Staaten einem internationalen Wettbewerbsdruck ausgesetzt, der zu ökonomischen Verwerfungen wie Arbeitslosigkeit und Wachstumsschwäche geführt hat und gleichzeitig die nationalen Spielräume zur politischen Ausgestaltung der Wirtschaftsordnung erheblich eingeschränkt.

Der Blick auf die demografische Entwicklung der Bevölkerung in Deutschland zeigt eine Gleichung mit vielen Unbekannten. In einem sind sich jedoch alle Experten einig: Deutschland droht eine dramatische Überalterung seiner Gesellschaft. Mehrbelastungen für die auf dem Generationenvertrag beruhenden sozialen Sicherungssysteme mit steigenden Beitragszahlungen für die gesetzliche Renten-, Pflege- und Krankenversicherung sind die Folge. Zugleich entstehen wegen der unterschiedlichen Belastungen neue Konfliktfelder zwischen Jungen und Alten. Zunehmend drängender wird auch die Frage, wie bei schrumpfender Bevölkerung einer mittelfristigen Knappheit an Arbeitskräften begegnet werden kann.

Hinzu kommen soziale Herausforderungen durch drastische Veränderungen der Familienstrukturen und unterschiedlichen Lebensformen. Soziale Leistungen innerhalb des traditionellen Familienverbandes nehmen ab, während ausgleichende staatliche Leistungen durch die zunehmend enger werdenden finanziellen Handlungsspielräume des Staates angesichts der hohen Staatsschulden begrenzt sind.

Ungelöst ist auch, wie die Soziale Marktwirtschaft zum Erhalt der natürlichen Lebensgrundlagen beitragen kann. Die industrielle Produktion von Gütern ist mit der Nutzung der Umweltressourcen verbunden, beim Transport, bei der Verarbeitung und bei der Vermarktung der erzeugten Produkte. Dabei werden Rohstoffe und Energie verbraucht, Schadstoffe in Luft, Böden und Gewässer eingetragen und es entstehen Produktionsabfälle. Es fallen also Kosten an, die von der Allgemeinheit zu tragen sind (externe Kosten). Herausforderung für die Wirtschaftspolitik muss es sein, zu einer nachhaltigeren Wirtschaftsweise zu gelangen (→ Kap. 2.7).

Aufgaben

1. Erläutern Sie, inwiefern die Soziale Marktwirtschaft als „Dritter Weg“ zwischen Marktwirtschaft und Zentralverwaltungswirtschaft betrachtet werden kann.
2. Analysieren Sie das Plakat der Aktion „Du bist Deutschland“ und erläutern Sie, inwiefern sich die Kampagne auf die Grundprinzipien der Sozialen Marktwirtschaft beruft.

M „Wohlstand für alle" hat Risse bekommen

Nur noch 31 Prozent der Bevölkerung haben eine gute Meinung von der Sozialen Marktwirtschaft. Für die Netzeitung haben sich dazu drei führende Ökonomen geäußert.

Netzeitung: Was ist für Sie der größte Erfolg der Sozialen Marktwirtschaft?

Gustav Horn: Die Soziale Marktwirtschaft in Deutschland hat in den fünfziger und sechziger Jahren einen sehr dynamischen Wachstumsprozess initiiert. Zugleich ist es ihr gelungen, auf Dauer – vor allem in den sechziger Jahren – eine relativ gerechte Verteilung der Einkommen und Vermögen zu bewirken, sodass alle Schichten der Bevölkerung etwas von diesem Wachstumsschub hatten.

Michael Hüther: Die Entfesselung wirtschaftlicher Dynamik im Zeichen der Freiheit unter den Bedingungen der Nachkriegswirtschaft ist als der größte Erfolg zu bewerten. [...]

Klaus Zimmermann: Die soziale Bändigung der Marktkräfte machte die Disziplin des Wettbewerbs konsensfähig. Die deutsche Wirtschaftsgeschichte ist somit ein erfolgreicher Beleg für die mögliche Ko-Existenz des Sozialen und des Marktes. Der wichtigste Bestandteil ist für mich dabei das Soziale Sicherungssystem. Ohne eine Basissicherung, getragen durch eine breite gesamtgesellschaftliche Solidarität, kann eine Marktwirtschaft nicht human funktionieren.

Netzeitung: Einer aktuellen Umfrage zufolge haben nur noch 31 Prozent der Deutschen eine gute Meinung von der Sozialen Marktwirtschaft. Wie kann man das Vertrauen wieder festigen?

Gustav Horn: Dass das Vertrauen verloren gegangen ist, hat mit der Entwicklung der vergangenen Jahre zu tun. Die genannten Erfolge der Vergangenheit werden ganz offensichtlich nicht mehr reproduziert: Die Wachstumsdynamik ist erheblich schwächer geworden. Vor allem aber hat sich die Verteilung des Volkseinkommens sehr zu Lasten mancher Gruppen verschoben, insbesondere der Bezieher niedriger Einkommen. Das wirkt bis in die Mittelschicht hinein, wo die Abstiegsängste deutlich zugenommen haben. Das hat das Vertrauen der Menschen in die Soziale Marktwirtschaft tief erschüttert. Dabei handelt es sich nicht um eine Angstpsychose, die Befürchtungen haben eine reale Grundlage. Ein Beleg: Die Realeinkommen der privaten Haushalte sinken, obwohl wir einen Aufschwung haben. Das Vertrauen in die Soziale Marktwirtschaft lässt sich nur wiedergewinnen, indem wir mit den Früchten der Globalisierung besser umgehen. Wir sind Globalisierungsgewinner, doch die Früchte sind einseitig verteilt worden. Über Steuern (Vermögensteuer) als auch über die Senkung von Sozialabgaben für bestimmte Gruppen müssen wir eine Politik einleiten, die wieder eine gerechtere Verteilung von Einkommen und Vermögen bewirkt. Das ist eine gesamtwirtschaftliche Aufgabe. [...]

Michael Hüther: Die Funktionsfähigkeit und zugleich die Glaubwürdigkeit der Sozialen Marktwirtschaft hat sehr viel mit dem Erhardschen Versprechen „Wohlstand für alle" zu tun. Damit verband sich die tragfähige Aussicht auf eine faire Chance des Mitmachens. In den fünfziger und sechziger Jahren ist dieses Versprechen glaubwürdig gewesen. Das hat sich unter den Bedingungen der Globalisierung grundlegend geändert. Es rächen sich in besonderer Weise Fehler früherer Jahrzehnte. So ist die Befähigung zur Teilnahme am wirtschaftlichen Leben durch das staatliche Bildungssystem lange unzureichend eingelöst worden; die rund 8 Prozent Schulabbrecher und die etwa 20 Prozent der Schüler mit nur geringsten Lesekompetenzen belegen dies. Bildungsarmut definiert in hohem Maße künftige Einkommensarmut, denn sie verbaut für viele den Einstieg in Arbeit und die Chance auf weiteren Aufstieg. Bildung schafft die Voraussetzungen für Freiheitsfähigkeit und für Verantwortungsfähigkeit. [...]

Klaus Zimmermann: Das Erfolgsmodell hat tatsächlich schwere Risse bekommen. In der Globalisierung erwies sich die faktische Sozialpolitik in Deutschland zunehmend

als Unheil, denn die wachsenden Finanzierungslasten erdrückten zunehmend die Bereitschaft der Unternehmen, beschäftigungsintensiv zu produzieren. So können sich Arbeitslosigkeit und Ungleichheit ausbreiten. [...] Diese simplen Wahrheiten werden leider nicht genügend erkannt. Bei der derzeitigen öffentlichen Diskussion hat man oft den Eindruck, den Beteiligten kommt es nur noch auf das Soziale und nicht mehr auf die Marktwirtschaft an. Hier kann man nur unermüdlich dafür werben, dass Marktwirtschaft die beste Form zur Erzielung des größtmöglichen Wohlstandes ist und dass dafür die Marktkräfte funktionsfähig zu halten sind. Das impliziert auch Entlassungen, Umstrukturierungen und Outsourcing bei den Unternehmen.

Netzeitung: Ist die Soziale Marktwirtschaft in Deutschland noch zeitgemäß und zukunftsfähig in der Ära der Globalisierung, oder was müsste geändert werden?

Gustav Horn: Die Soziale Marktwirtschaft ist nicht nur zukunftsfähig, sondern sogar eine notwendige Voraussetzung, um die Globalisierung erfolgreich bewältigen zu können. Wenn wir viele Gruppen nicht mehr am Wachstumsprozess beteiligen, werden die Fliehkräfte in dieser Gesellschaft stark zunehmen. Das wird die Soziale Marktwirtschaft irgendwann sprengen. Dann haben wir Existenzkämpfe Jeder gegen Jeden. Die Soziale Marktwirtschaft ist also ein unerlässliches Zukunftsmodell. [...]

Michael Hüther: Die Soziale Marktwirtschaft basiert im Kern auf Grundsätzen, die Walter Eucken als konstituierende und regulierende Prinzipien einer dauerhaft funktionsfähigen Wettbewerbsordnung skizziert hat. Nur wenn die Verfügungsrechte über Privateigentum gesichert sind, die Vertragsfreiheit gewährleistet und die Haftung sanktionsbewehrt ist, kann die Verfolgung des ökonomischen Rationalprinzips ihre den Wohlstand mehrende Funktion erfüllen. Das ändert sich auch unter den Bedingungen der Globalisierung nicht. Wohl aber ist zu fragen, wo die marktwirtschaftliche Ordnung der Ergänzung bedarf. Dies gilt abgesehen von den bestehenden internationalen Institutionen insbesondere für die Bekämpfung globaler Umweltprobleme und die Sicherstellung offener, bestreitbarer Märkte. Hier sind globale Regelwerke oder Koordination notwendig, um die genannten Grundprinzipien wirksam werden zu lassen.

Klaus Zimmermann: Sie muss reformiert werden. Sozialpolitik im Überfluss des Wirtschaftswunders der sechziger Jahre war einfach. Aber war sie auch erfolgreich? Kaum: Nach einer wissenschaftlichen Studie liegt zwar der Anteil der Ausgaben für das Sozialsystem am Sozialprodukt in der Spitzengruppe der europäischen Staaten, ihre Effizienz ist aber im internationalen Vergleich eher gering. Diese Verschwendung nimmt also Chancen, den Benachteiligten des reinen Marktes besser zu helfen. Gerechtigkeit in der Globalisierung bedeutet heute freier Zugang zu Lebenschancen, insbesondere bei der Bildung.

Gustav Horn ist Leiter des Instituts für Makroökonomie und Konjunkturforschung (IMK) der gewerkschaftsnahen Hans-Böckler-Stiftung in Düsseldorf.
Michael Hüther ist Direktor des arbeitgebernahen Instituts der Deutschen Wirtschaft (IW) in Köln.
Klaus Zimmermann ist Direktor des Instituts zur Zunkunft der Arbeit (IZA) in Bonn.

Matthias Breitinger, Netzeitung, 18.6.2008

Aufgabe

Im Interview M finden sich unterschiedliche Positionen zum Erfolg der Sozialen Marktwirtschaft in den 60 Jahren ihres Bestehens. Stellen Sie in einer Tabelle zusammen, wo die Autoren
a) die größten Errungenschaften der Sozialen Marktwirtschaft,
b) die Ursache der Vertrauenskrise und
c) Ansätze für einen Rückgewinn des Vertrauens sehen.

2 Konjunktur und wirtschaftspolitische Zielsetzung

2.1 Die konjunkturelle Entwicklung der Bundesrepublik

Leitfragen

Welche Schwankungen im Wirtschaftsablauf können unterschieden werden?

Wie lassen sich die Schwankungen beschreiben und begründen?

Konjunkturschwankungen – nur wenige magere Jahre

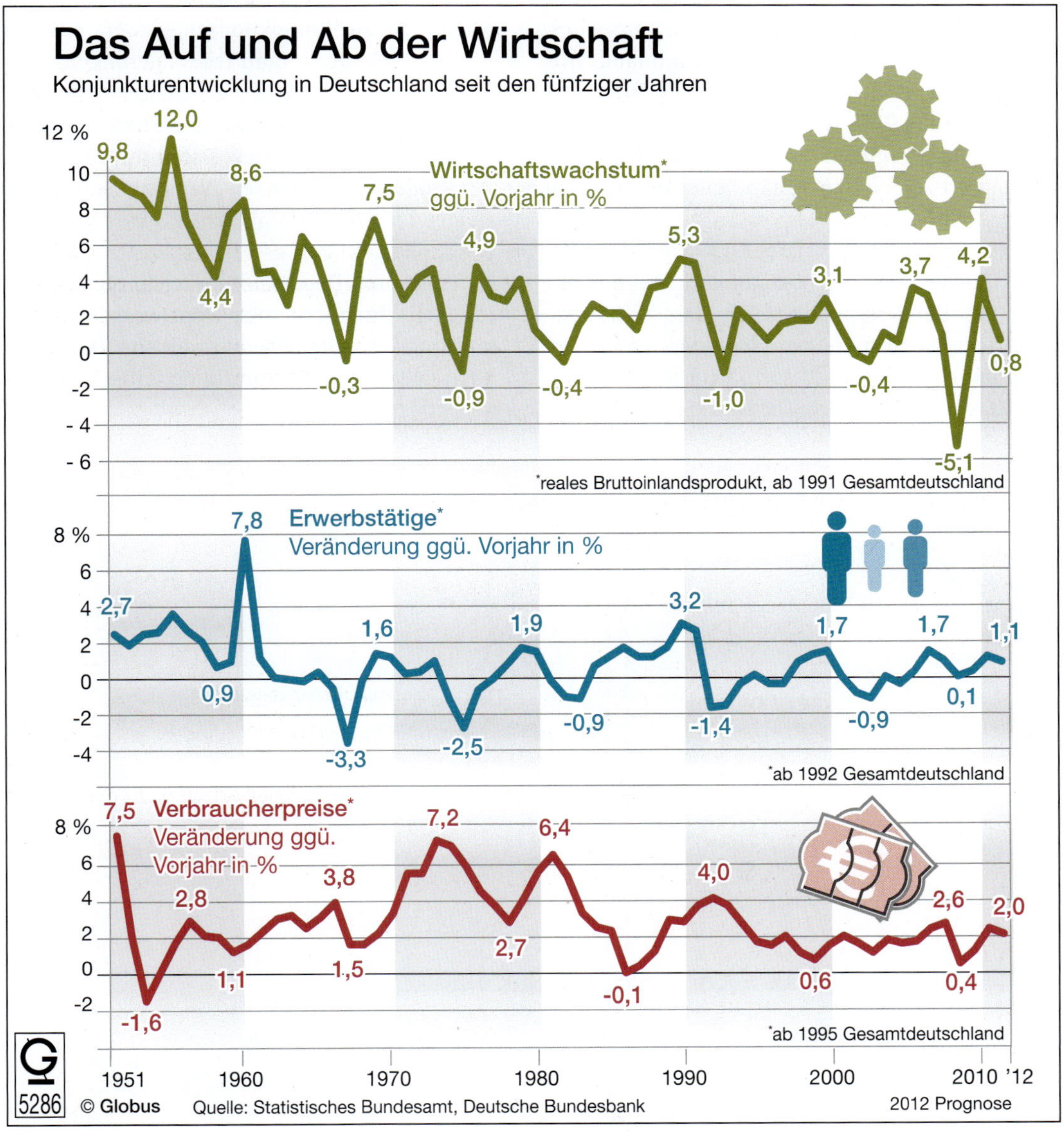

Konjunktur und Konjunkturzyklus

Das Phänomen ist dem Menschen seit jeher bekannt: Ob in der Bundesrepublik Deutschland oder weltweit – die wirtschaftliche Entwicklung vollzieht sich nicht regelmäßig, sondern unterliegt einem steten Auf und Ab. Die Auswirkungen dieser Schwankungen bekommt jeder Einzelne von uns zu spüren, sei es durch gute oder schlechte Chancen am Arbeitsmarkt, durch steigende oder fallende Löhne oder wechselnde Kaufkraft des Einkommens.

Die mit einer gewissen Regelhaftigkeit auftretenden wirtschaftlichen Wechsellagen werden mit dem Begriff **Konjunktur** bezeichnet. Die Bestimmung der konjunkturellen Lage erfolgt durch das zentrale Messergebnis des Wirtschaftsprozesses, das inflationsbereinigte (reale) Bruttoinlandsprodukt. Die jährliche Veränderung des **Bruttoinlandsprodukts (BIP)** wird als **prozentuale Veränderung im Vergleich zum Vorjahr** angegeben und basiert auf Werten in nationaler Währung zu konstanten Preisen.

Die Untersuchung der ökonomischen Entwicklung der Bundesrepublik zeigt, dass sich wirtschaftliche Schwankungen idealtypisch in einem Grundmuster mit vier Phasen, dem **Konjunkturzyklus**, darstellen lassen. Die Dauer der Zyklen ist unterschiedlich und bewegt sich für die Bundesrepublik zwischen vier bis sechs Jahren. Im Einzelnen lassen sich die Konjunkturphasen modellhaft wie folgt charakterisieren:

- Ein **Aufschwung** ist gekennzeichnet durch zunehmende Wachstumsraten des Bruttoinlandsprodukts, steigende Produktion und Investitionstätigkeit der Unternehmen, meist abnehmende Arbeitslosigkeit und Stärkung der Kaufkraft. Das Vertrauen in die wirtschaftliche Entwicklung eines Landes wendet sich in die positive Richtung.

- In der **Hochkonjunktur (Boom)** führt die hohe Nachfrage zu Produktionsengpässen mit der Folge von Kosten- und Preissteigerungen.

- Nach dem **Hochpunkt** folgt die Phase des **Konjunkturabschwungs (Rezession)** mit rückläufiger Produktion, fallenden Wachstumsraten und steigender Arbeitslosigkeit.

- Im **Tiefpunkt (Depression)** erreicht die Arbeitslosigkeit ihren höchsten Wert, das Bruttoinlandsprodukt stagniert und weist im Extremfall auch negative Wachstumsraten auf.

Darstellung eines Konjunkturzyklus von vierjähriger Dauer

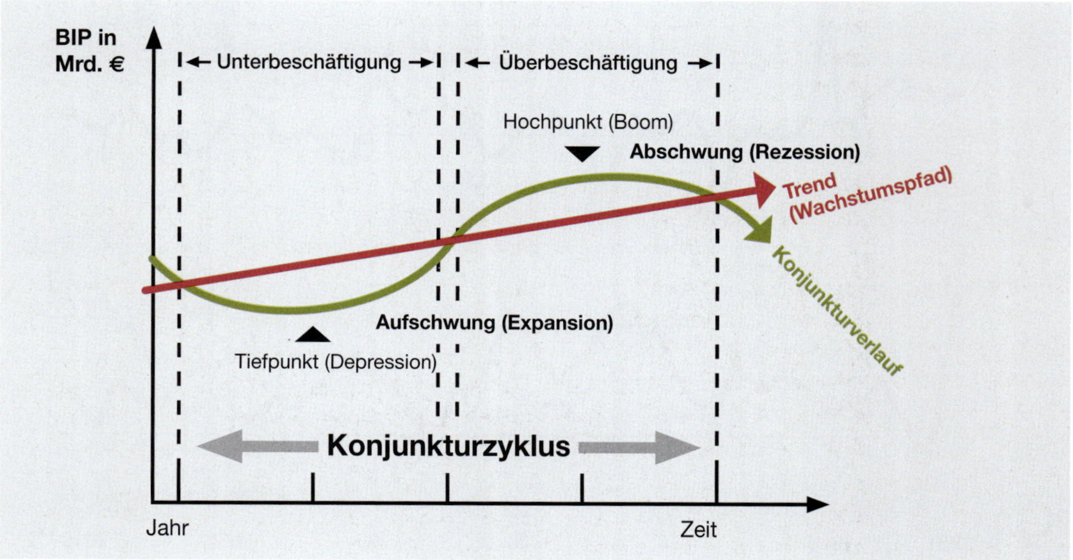

Nach: Gernot Hartmann, Volks- und Weltwirtschaft, 22. Aufl., Rinteln 2001, S. 422

Saisonale und langfristige Schwankungen

Haben die oben beschriebenen Konjunkturschwankungen mittelfristigen Charakter, sind die jährlich auftretenden saisonalen Ausschläge des Wirtschaftsprozesses mit einer Dauer von meist ein bis drei Monaten von kurzfristiger Natur. Sie betreffen nur Teilbereiche der Volkswirtschaft und haben ihre Ursachen in erster Linie im Klimawechsel der Jahreszeiten: Während im Winter die Tätigkeiten auf dem Bau meist deutlich eingeschränkt werden, herrscht im Sommer in der Bauwirtschaft Hochbetrieb. Auch von Verbraucherverhalten werden kurzfristige Schwankungen ausgelöst. So steigen die Einzelhandelsumsätze während des Weihnachtsgeschäfts erheblich an. Durch ihre Kurzfristigkeit wirken sich saisonale Schwankungen nicht nachteilig auf die Volkswirtschaft aus.

Im Jahre 1926 stellte der Russe N. D. Kondratieff die Theorie auf, dass sich die kapitalistische Wirtschaft in Form „langer Wellen“ fortentwickle, wobei die Dauer dieser Wellen rund 50 bis 60 Jahre beträge. Die Ursachen dieser sogenannten „Kondratieff-Wellen“ liegen in tiefgreifenden strukturellen Wandlungen der Wirtschaft, die durch technische Neuerungen hervorgerufen werden (Dampfmaschine, Eisenbahn, Raumfahrt, Computer).

Überblick über die Arten der Wirtschaftsschwankungen nach ihrer Dauer

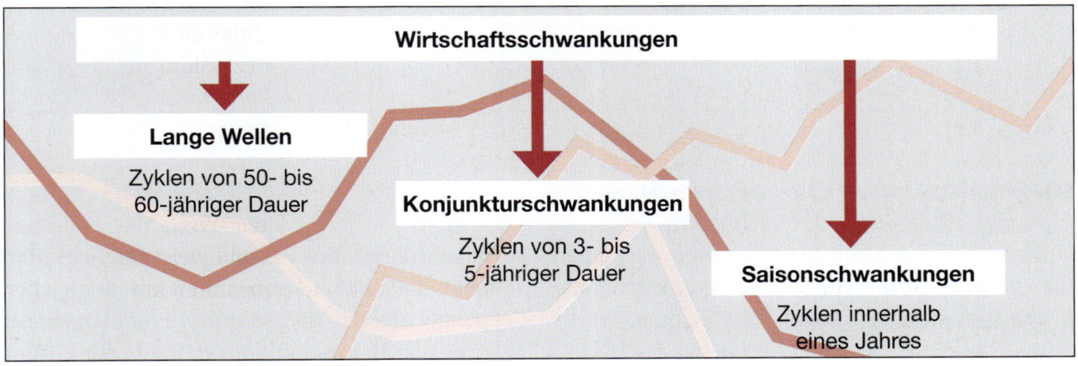

Wie lässt sich die Konjunktur messen?

Zur Beschreibung und Prognose der gesamtwirtschaftlichen Lage ist es notwendig, Indikatoren heranzuziehen. Indikatoren sind Messgrößen, mit deren Hilfe eine möglichst fundierte Einschätzung der wirtschaftlichen Lage eines Landes ermöglicht werden soll. Nach dem zeitlichen Ablauf lassen sich **Früh-, Präsens- und Spätindikatoren** unterscheiden.

Ein charakteristischer Frühindikator ist der Geschäftsklimaindex, der regelmäßig von Wirtschaftsforschungsinstituten gemessen wird. Durch Befragungen von Unternehmen aus dem verarbeitenden Gewerbe, dem Bauhauptgewerbe und dem Groß- und Einzelhandel werden die Erwartungen der Unternehmen in Bezug auf Auftragseingänge und Investitionspläne ermittelt. Mit den ermittelten Daten werden Prognosen zur wirtschaftlichen Entwicklung möglich. Als weitere Frühindikatoren gelten die Auftragseingänge oder die Anzahl der Baugenehmigungen.

Präsensindikatoren, wie etwa die Im- und Exporte oder die Produktion, beschreiben die aktuelle wirtschaftliche Lage, während die Spätindikatoren mit einer zeitlichen Verzögerung der konjunkturellen Entwicklung folgen. Zu ihnen zählen etwa die Veränderung des Preisniveaus und die Entwicklung auf dem Arbeitsmarkt, denn bei anziehender Konjunktur stellen Unternehmen nicht sofort Arbeitskräfte ein. Erst werden die Betriebe versuchen, durch Überstunden oder Abbau von Kurzarbeit auf die steigende Nachfrage zu reagieren.

Für alle Indikatoren gilt, dass eine fundierte Aussage zur wirtschaftlichen Entwicklung einer Volkswirtschaft nur dann getroffen werden kann, wenn mehrere, gleichlaufende Indikatoren zur Beurteilung herangezogen werden.

Konjunkturindikatoren

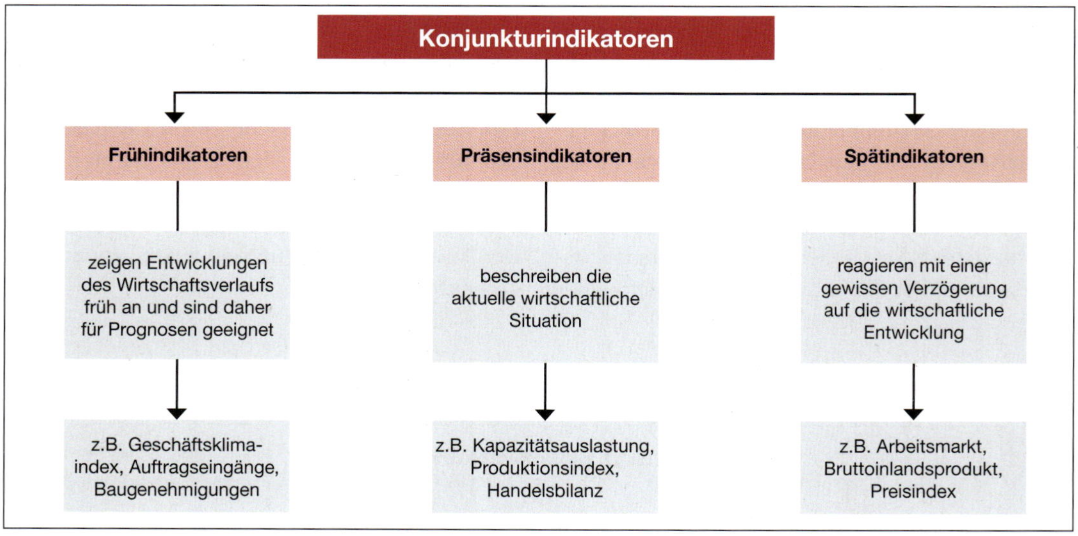

Wie entstehen konjunkturelle Schwankungen?

Unterschiedliche **Konjunkturtheorien** versuchen die zyklische Entwicklung der gesamtwirtschaftlichen Aktivitäten zu erklären.

- **Monetäre Theorien** gehen davon aus, dass Geldmengen- und Zinsveränderungen ursächlich verantwortlich für die Auf- und Abwärtsbewegungen des Bruttoinlandsprodukts sind. Demnach führt eine Ausdehnung der Geldmenge zu einem Aufschwung, der dann in die Rezession mündet, wenn die Zentralbank bei einer Gefährdung des Preisniveaus aufgrund hoher Konsumgüternachfrage mit einer Geldmengenbegrenzung und mit Zinserhöhungen reagiert.

- Die **Unterkonsumtionstheorie** begründet Rezessionen damit, dass die Konsumgüternachfrage hinter den Produktionsmöglichkeiten bleibt, da Löhne und Gehälter nicht im gleichen Umfang steigen wie Güterpreise und Gewinne. Da es den Haushalten an Kaufkraft fehlt, führt die zu geringe Nachfrage zum Abschwung, da die Unternehmen der Nachfragelücke mit Produktionseinschränkungen und der Freisetzung von Arbeitskräften begegnen.

- **Exogene (außerwirtschaftliche) Theorien** sehen die Ursachen für konjunkturelle Schwankungen in Gründen, die nicht direkt durch das Wirtschaftsgeschehen beeinflusst werden. Dazu gehören Naturkatastrophen, Kriege, Erfindungen, neue Rohstoffquellen und vor allem psychologische Faktoren, z.B. optimistische oder pessimistische Zukunftserwartungen.

Aufgaben

1. Beschreiben Sie, wie sich Produktion, Arbeitslosigkeit, Löhne, Zinsen und Preise in den einzelnen Konjunkturphasen entwickeln.
2. Beurteilen Sie die gegenwärtige Konjunkturlage mithilfe geeigneter Indikatoren.

M 1 Zur Bedeutung und Aussagekraft von Konjunkturindikatoren

Wissen ist Macht, Wissensvorsprung so gut wie Geld. Haben nicht die Rothschilds ein Vermögen daraus gemacht, dass einer ihrer Boten Napoleons Niederlage bei Waterloo als Erster und exklusiv nach London meldete? Also her mit den Frühindikatoren. Halbwegs solide sollten sie schon sein. Solider jedenfalls als die Erkenntnis, die mancher Statistik-Professor seinen Erstsemestern auftischt: dass die Ansiedlung von Störchen ein zuverlässiger Frühindikator für die Zunahme der Geburtenrate sei. Reizvoll, aber wenig ökonomisch auch diese Erkenntnis: Je kürzer die Röcke, desto optimistischer die Erwartungen. Ein bisschen plausibler klingt die Taxifahrerweisheit, dass höhere Einnahmen Vorläufer für bessere Zeiten sind. Auch Börsianer haben ihren Frühindikator: Der Börsenhausse folgt ein Konjunkturaufschwung in sechs bis neun Monaten. Aber das sind allemal Angaben ohne Gewähr. Beispiel Aktienkurse: Steigen sie wirklich, weil Anleger eine bessere Nase haben? Oder hat einfach eine Reihe günstiger Frühindikatoren die Stimmung verbessert? Manche Auguren behaupten, eine Umkehrung der Zinsstruktur kündige Unheil in ein paar Monaten an. Auf Deutsch: Wenn die Zinsen am Geldmarkt höher sind als am Kapitalmarkt, dann [droht] Unheil. Schwer einzusehen, aber gelegentlich ein Treffer. Einsichtiger ist da schon, dass die Auftragseingänge von heute die Produktion (und damit die Konjunktur) von morgen sind. Logisch auch dies: Steigt die Zahl der Baugenehmigungen, dann lässt sich der Konjunkturfrühling erahnen.

Häufig sind Frühindikatoren das Resultat von Umfragen. Da wird nicht gerechnet, sondern nach Einschätzungen gefragt. Hausfrauen geben zu Protokoll, ob sie vom Haushaltsgeld mehr zu sparen oder mehr auszugeben gedenken. Unterm Strich lässt sich dann das Konsumklima ablesen. Ähnlich verhält es sich mit dem Investitionsklima. Das ermittelt zum Beispiel der Deutsche Industrie- und Handelskammertag (DIHK) dreimal im Jahr. Dann fragen die 82 Kammern im Lande ihre Mitglieder nach Plänen für künftige Investitionen, Einstellungen und Entlassungen, Erwartungen für Export und Geschäftsentwicklung. [...] Die Konjunkturexperten der DIHK sind davon überzeugt, dass solche Umfragen weitaus komplizierteren makroökonomischen Modellen überlegen sind. Nach ihrer Erfahrung lässt sich der untere Wendepunkt des Konjunkturzyklus ein „gutes halbes Jahr" im Voraus aus seiner Umfrage herauslesen [...].

Höchste Beachtung findet der vom Münchner Ifo-Institut schon seit den siebziger Jahren ermittelte Geschäftsklimaindex. Monat für Monat wertet eine Truppe von rund zwanzig Mitarbeitern die Antworten von über 7.000 Unternehmen auf elf (teils stark differenzierte) Standardfragen aus. Ifo-Experten sind von der Zuverlässigkeit ihres Index überzeugt. „Unser Indikator ist besonders flexibel in der Zusammensetzung." Vor allem warten Wirtschaft und Politik stets ungeduldig auf die neuen Zahlen aus München. Sie wissen: Nach den bisherigen Erfahrungen kündigt eine Verbesserung des Klimas in den Unternehmen die Wende zum Besseren binnen drei Monaten an. Die Ifo-Experten versichern: „Erfahrungsgemäß sind die einfach gestrickten Indikatoren am Treffendsten." Da gibt es durchaus Widerspruch. Manche Auguren setzen auf „multidimensionale Indikatoren".

Das Handelsblatt zum Beispiel kombiniert fünf Einzelindikatoren (unter Einschluss der Ifo-Zahlen) und mixt daraus einen eigenen Frühindikator [...]. Doch Vorsicht, die Interpretation von Frühindikatoren erlaubt allenfalls Schätzungen, keine Prognosen. Streng genommen ist alles, was über ein Quartal hinausreicht, problematisch [...]. Paul A. Samuelson, der große Weise unter den Ökonomen, klagt: „Leider Gottes besitzt die

theoretische Volkswirtschaft nicht die klassische Einfachheit der Physik oder Mathematik." Also doch lieber auf Damenröcke schielen?

Klaus-Peter Schmid, Die Zeit, 8.11.2001

M 2 Der ifo-Geschäftsklimaindex

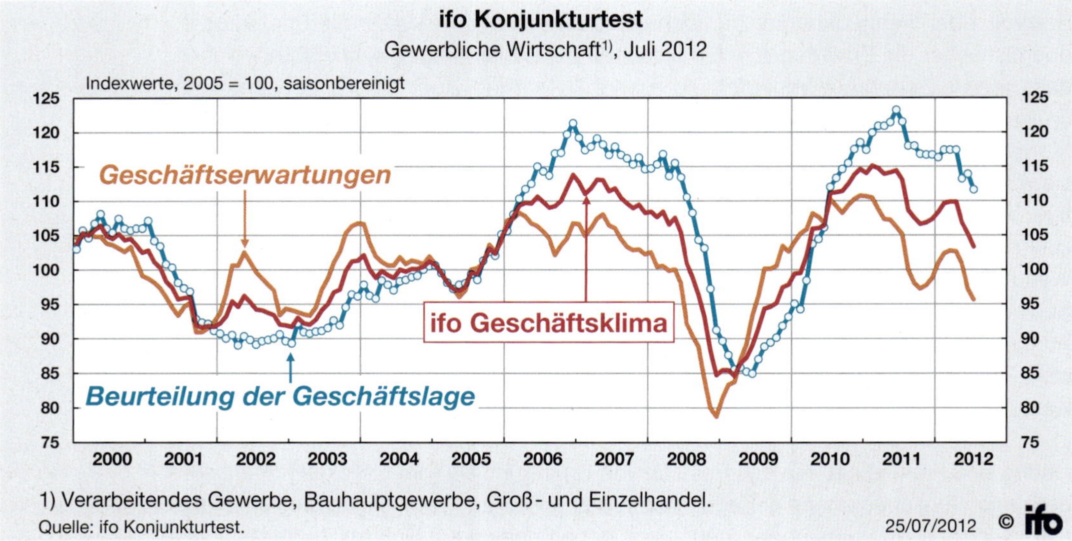

Aufgaben

1. Erläutern Sie die Notwendigkeit von Konjunkturprognosen für die politischen Entscheidungsträger.

2. Beschreiben Sie ausgehend vom ifo-Geschäftsklimaindex in M 2 und der Entwicklung des Bruttoinlandsprodukts in den letzten drei Jahren die derzeitige und die zukünftige konjunkturelle Entwicklung. Vergleichen Sie Ihre Ergebnisse mit den veröffentlichten Prognosen.

2.2 Wirtschaftspolitische Zielsetzungen und ihre Begründungen

Leitfragen

- Was sind die wirtschaftlichen Ziele der Sozialen Marktwirtschaft?
- Wie werden die Ziele gemessen und begründet?

2.2.1 Zur Bedeutung wirtschaftlicher Stabilität

Warum soll der Staat in den Wirtschaftsprozess eingreifen?

Wirtschaftspolitik wird häufig damit begründet, dass der Markt in manchen Bereichen nicht die gewünschten Resultate hervorbringe. Sie umfasst deshalb Maßnahmen, mit denen bestimmte ökonomische, ökologische und soziale Ziele verwirklicht werden sollen, von denen man annimmt, dass der Marktprozess allein sie nicht erreicht.

Die konkreten wirtschaftspolitischen Ziele werden durch die politische Willensbildung festgelegt. Sie sind stets umstritten und hängen wesentlich von den Wertvorstellungen innerhalb der Gesellschaft ab.

Motive zur Stabilisierung

Nicht erst seit der drastischen Zunahme der Arbeitslosigkeit in den 1970er Jahren in nahezu allen westlichen Industrienationen bildet das Problem der wirtschaftlichen Stabilität einen Schwerpunkt der wissenschaftlichen wie auch der öffentlichen Diskussion. Denn die Erfahrung zeigt, dass die Intensität wirtschaftlicher Tätigkeiten in kapitalistischen Systemen Schwankungen unterworfen ist.

War die erste Phase der Entwicklung der Sozialen Marktwirtschaft von einer weitgehenden Passivität des Staates gegenüber Konjunkturschwankungen gekennzeichnet – begünstigt durch keine nennenswerten Konjunktureinbrüche im Zuge

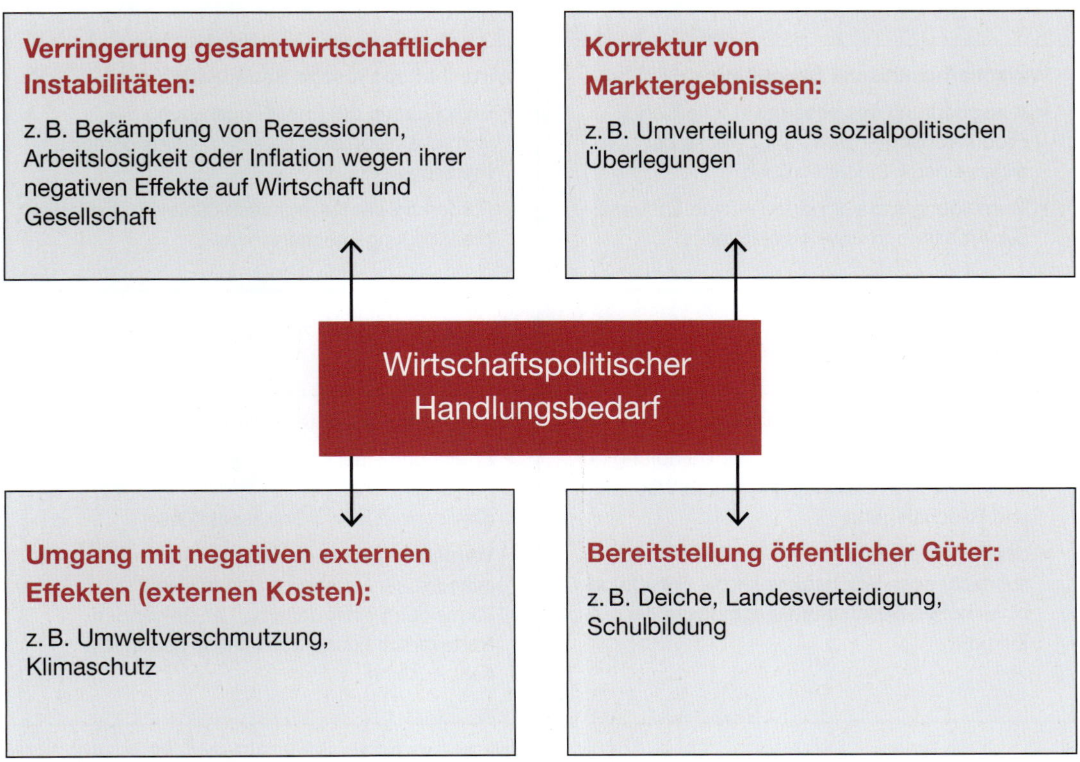

des stürmischen Wiederaufbaus der Bundesrepublik –, setzte sich mit dem Rückgang der Produktion und der Beschäftigung Mitte der 1960er Jahre der Gedanke durch, mit wirtschaftspolitischen Steuerungsmaßnahmen stabilisierend in den Wirtschaftsprozess einzugreifen.

Warum der wirtschaftlichen Stabilität allerdings eine so große Bedeutung beigemessen wird, ist gar nicht so eindeutig zu beantworten. Gerade die Marktwirtschaft lebt von der Dynamik ständiger Veränderungen. Nicht umsonst charakterisiert der österreichische Nationalökonom Joseph A. Schumpeter die marktwirtschaftliche Ordnung als Prozess der schöpferischen Zerstörung, die mit wechselhaften Wirtschaftsverläufen einhergeht.

Dass einer stabilen, abschätzbaren wirtschaftlichen Entwicklung dennoch ein so hoher Stellenwert beigemessen wird, liegt vor allem daran, dass instabile Entwicklungen meist mit Planungsschwierigkeiten, Arbeitslosigkeit, Einkommensverlusten und politischen Krisen verbunden sind, die die Politik vor große Aufgaben stellen.

Das Stabilitäts- und Wachstumsgesetz

1967 wurden deshalb mit dem „Gesetz zur Förderung der Stabilität und des Wachstums der Wirtschaft“ (**Stabilitätsgesetz, StabG**) Ziele staatlicher Wirtschaftspolitik formuliert:

„Bund und Länder haben bei ihren wirtschafts- und finanzpolitischen Maßnahmen die Erfordernisse des gesamtwirtschaftlichen Gleichgewichts zu beachten. Die Maßnahmen sind so zu treffen, dass sie im Rahmen der marktwirtschaftlichen Ordnung gleichzeitig zur Stabilität des Preisniveaus, zu einem hohen Beschäftigungsstand und außenwirtschaftlichem Gleichgewicht bei einem stetigen und angemessenen Wirtschaftswachstum beitragen (§ 1 StabG).“

Die Charakterisierung der stabilitätspolitischen Zielsetzung als „magisches Viereck“ bezieht sich darauf, dass zwischen den Zielen wechselseitige Beziehungen und Zielkonflikte bestehen, die es als unmöglich erscheinen lassen, alle Zielvorgaben gleichzeitig zu erfüllen.

Die Ziele des magischen Vierecks

Hoher Beschäftigungsstand	**Preisniveaustabilität**
Wirtschaftspolitische Bedeutung: ▸ Ausschöpfung des gesamtwirtschaftlichen Produktionspotenzials zum Zwecke der allgemeinen Güterversorgung ▸ Vermeidung sozialer Härten infolge unfreiwilliger Arbeits- und Erwerbslosigkeit	**Wirtschaftspolitische Bedeutung:** ▸ Erleichterung der Erwartungsbildung der Wirtschaftssubjekte bezüglich der allgemeinen Preisentwicklung ▸ Förderung der Koordinationsfähigkeit des freien Marktbildungsmechanismus
Stetiges und angemessenes Wirtschaftswachstum	**Außenwirtschaftliches Gleichgewicht**
Wirtschaftspolitische Bedeutung: ▸ der Stetigkeit: Vermeidung oder Dämpfung der konjunkturellen Schwankungen von Wachstum und Beschäftigung ▸ der Angemessenheit: Notwendigkeit eines ausreichenden Wachstums für die Erreichung eines hohen Beschäftigungsgrades in der Zukunft	**Wirtschaftspolitische Bedeutung:** ▸ Erreichung einer langfristigen ausgeglichenen Zahlungsbilanz (Devisenzuflüsse = Devisenabflüsse) ▸ Vermeidung eines dauerhaften Netto-Abflusses inländischer Ressourcen ins Ausland, Vermeidung einer dauerhaft ansteigenden Nettoverschuldung des Inlands gegenüber dem Ausland

Basiswissen Schule, Politik Wirtschaft, Duden 2012, S. 190

Vom Viereck zum magischen Vieleck

Im Stabilitätsgesetz von 1967 sind Ziele unberücksichtigt, die heute in der wirtschaftspolitischen Diskussion thematisiert werden.

- Schon 1994 wurde der **Umweltschutz** als allgemeines Staatsziel in das Grundgesetz (Art. 20a) aufgenommen, sodass eine umweltverträgliche Wirtschaftsentwicklung als weiteres Stabilitätsziel angesehen werden darf. Dies bedeutet, dass alle staatlichen Organe in ihrem Entscheiden und Handeln auf die Verantwortung für künftige Generationen zum Schutz der Umwelt verpflichtet sind.

- Das Ziel einer **gerechten Einkommens- und Vermögensverteilung** zeigt, dass wirtschaftspolitische Ziele oft durch allgemeinere gesellschaftspolitische Werturteile bestimmt sind. Die Ziele und ihre Gewichtung sind stets Gegenstand politischer und gesellschaftlicher Diskussion.

Wie stehen die Ziele zueinander in Beziehung?

Die wirtschaftspolitischen Ziele Deutschlands werden als magisches Vier- oder Sechseck bezeichnet, weil die Erfahrung gezeigt hat, dass ein gleichzeitiges Erreichen aller Ziele in der Vergangenheit kaum jemals realisiert werden konnte. Zwischen den Zielen bestehen vielmehr drei mögliche Zielbeziehungen:

1. Von **Zielkomplementarität** spricht man, wenn das Verfolgen eines Ziels das Erreichen eines weiteren ebenfalls fördert. Viele Ökonomen und Politiker gehen von einer Komplementarität zwischen „Wirtschaftswachstum" und „hohem Beschäftigungsstand" aus.

2. **Zielneutralität** ist gegeben, wenn Maßnahmen zur Realisierung eines Ziels ein anderes weder positiv noch negativ beeinflussen.

3. **Zielkonflikte** existieren dann, wenn die Verwirklichung eines Ziels die eines anderen behindert. Solche Gegensätze werden häufig für die Zielbeziehung „hoher Beschäftigungsstand" – „Preisniveaustabilität" behauptet.

Preisniveaustabilität versus hoher Beschäftigungsstand?

Von den vier Zielen des Stabilitätsgesetzes rivalisieren insbesondere die Preisniveaustabilität und der hohe Beschäftigungsstand miteinander. Nachfragebelebende Maßnahmen zur Erhöhung der Beschäftigung können in einigen Sektoren auf Kapazitätsengpässe stoßen und inflationäre Kräfte freisetzen. Nachfragedämpfende Maßnahmen zur Abschwächung eines Preisauftriebs wiederum können in einzelnen Bereichen Arbeitslosigkeit auslösen. Der grundsätzliche Gegensatz zwischen beiden Zielen ist erstmals 1958 von dem englischen Statistiker A. W. Phillips untersucht worden. Er kam zu dem Ergebnis, dass eine geringe Arbeitslosenquote mit hohen Lohnsteigerungen und umgekehrt geringe Lohnsteigerungen mit hoher Arbeitslosigkeit einhergingen. Demnach können in Zeiten hoher Beschäftigung auch hohe Lohnforderungen durchgesetzt werden, während in Zeiten starker Arbeitslosigkeit nur geringe Lohnerhöhungen möglich wären. Dies lässt sich grafisch als Phillipskurve darstellen. Ob es für die praktische Wirtschaftspolitik tatsächlich eine Entscheidung zwischen höherer Beschäftigung, dafür aber mehr Inflation, oder stabilerem Preisniveau, dafür aber mehr Arbeitslosigkeit gibt, ist umstritten.

Jörn Altmann, Wirtschaftspolitik, Stuttgart 2000, S. 644

Aufgaben

1. Stellen Sie aus der Sicht der privaten Haushalte, der Unternehmen und des Staates Argumente zusammen, die für das Festhalten an den wirtschaftlichen Zielgrößen sprechen.
2. Prüfen Sie für verschiedene Phasen der wirtschaftlichen Entwicklung der Bundesrepublik, wie sich die Zielgrößen zueinander verhalten. Recherchieren Sie dazu im Internet die entsprechenden Daten.
3. Überprüfen Sie den Zusammenhang zwischen Inflation und Arbeitslosigkeit für die Bundesrepublik Deutschland. Tragen Sie dazu in ein Koordinatensystem die entsprechenden Werte ein (Arbeitslosenquote auf der X-Achse: 1 Prozent = 1 cm, Preisentwicklung in Prozent auf der Y-Achse: 1 Prozent = 2 cm).

M **Das Stabilitätsgesetz – ein Anachronismus?**

Eine am ökologischen und sozialen Umbau der Volkswirtschaft orientierte alternative Wirtschaftspolitik kann nicht das anachronistische Stabilitätsgesetz als Grundlage haben.

In dem Zielkatalog des Stabilitätsgesetzes werden ökologische Ziele ausgeklammert. Das gesamtwirtschaftliche Wachstum gilt als entscheidender Fortschritts- und Wohlstandsindikator, obwohl sich hinter dem Zuwachs des Bruttosozialprodukts erhebliche und steigende ökologische und soziale Folgekosten des Wirtschaftens verbergen.

Diese Folgeschäden werden nicht als wirtschaftliche Phänomene interpretiert und ausgewiesen. Dabei bedeuten sie zu einem großen Teil den Abbau produktiven Naturvermögens. Auf der Basis des „naturblinden“ Stabilitäts- und Wachstumsgesetzes kann der erforderliche ökologische Umbau der Volkswirtschaft nicht initiiert werden.

Es liegt u. a. in der Systematik des Stabilitätsgesetzes begründet, dass die Wirtschafts- und die Umweltpolitik voneinander getrennt bleiben. Beide Politikbereiche werden kaum miteinander koordiniert. Der Umweltpolitik kommt im Verhältnis zur Wirtschaftspolitik eine bloß additive sowie nach- und untergeordnete Stellung zu.

Die politisch-administrative Aufwertung der Umweltpolitik und ihre Verzahnung mit der Wirtschaftspolitik ist aber eine wesentliche Voraussetzung für eine umweltverträgliche Transformation der Wirtschaft.

Eckard Stratmann-Mertens/Rudolf Hickel/Jan Priewe, Wachstum – Abschied von einem Dogma, Frankfurt 1991, S. 16

Aufgabe

Beurteilen Sie die Aussage des Textes von 1991 aus heutiger Sicht. (M)

2.2.2 Stetiges und angemessenes Wirtschaftswachstum

Entwicklung des realen Bruttoinlandsprodukts in Deutschland

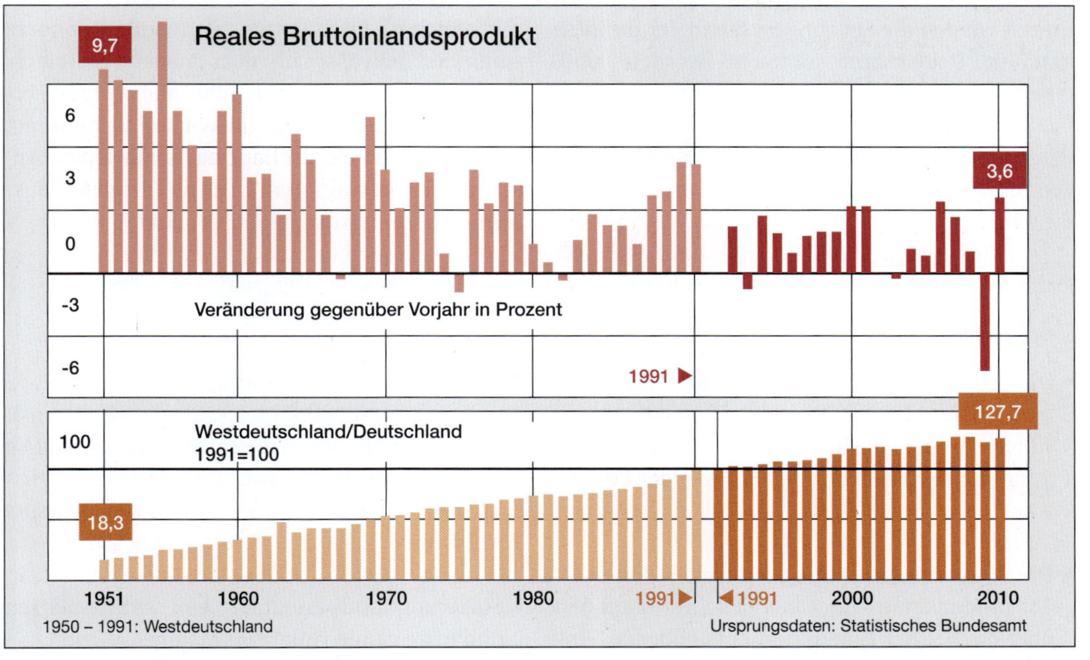

Institut der deutschen Wirtschaft Köln

Wie wird Wirtschaftswachstum gemessen?

Als Zielindikator der quantitativen Ermittlung des Wirtschaftswachstums gilt die Änderungsrate des inflationsbereinigten (realen) **Bruttoinlandsprodukts** (BIP). Das **BIP** errechnet sich aus der Summe aus Sachgütern und Dienstleistungen, die in einer Periode in einer Volkswirtschaft erzeugt werden und mit Preisen bewertet sind. Das BIP ist die umfassendste Messgröße für die gesamtwirtschaftliche Leistung eines Landes. Will man es als Wohlstandsindikator heranziehen, sind einige Einschränkungen zu beachten. So werden nur Leistungen erfasst, die legal auf Märkten gehandelt werden – die Produktion der privaten Haushalte bleibt ebenso unberücksichtigt wie alle Leistungen der Schattenwirtschaft. Schließlich lässt das BIP auch keine Aussage über die Verteilung der Einkommen und Vermögen sowie über die Höhe der Arbeitslosigkeit zu. Das Stabilitätsgesetz nennt zwar keine in Zahlen ausgedrückte Zielvorgabe; Experten gehen aber davon aus, dass Wachstumsraten von dauerhaft zwischen zwei Prozent und drei Prozent anzustreben sind, um positive Beschäftigungseffekte zu erreichen.

Das BIP als zentrale Größe der Volkswirtschaftlichen Gesamtrechnung

Das Bruttoinlandsprodukt wird im Rahmen der **Volkswirtschaftlichen Gesamtrechnung** (VGR) ermittelt. Die VGR liefert ein quantitatives Bild des ökonomischen Geschehens einer Volkswirtschaft. Sie steht in enger Beziehung zum Wirtschaftskreislauf (→ Kap. 2.1.1). Die VGR greift die gesamtwirtschaftlichen Konzepte der Kreislaufbetrachtung auf, erweitert sie und füllt sie mit Zahlen inhaltlich auf. Bei der Volkswirtschaftlichen Gesamtrechnung handelt es sich um eine rückblickende Betrachtung des wirtschaftlichen Geschehens. Man spricht von einer ex-post-Betrachtung. Die VGR ist ein umfassendes Instrument der Wirtschaftsbeobachtung und ein Informationssystem für die wirtschaftspolitischen Entscheidungsträger.

Das BIP ergibt sich aus der Summe der Produktionswerte der Wirtschaftssektoren. Um Doppelzählungen zu vermeiden, müssen jeweils Vorleistungen abgezogen werden. Dabei handelt es sich um Güter, die von anderen Unternehmen bezogen und in der gleichen Wirtschaftsperiode im Produktionsprozess eingesetzt werden. Bei der Ermittlung des Bruttoinlandsprodukts zu Marktpreisen geht man vom Inlandskonzept aus: Erfasst werden die Leistungen, die in der Bundesrepublik Deutschland erbracht worden sind, gleichgültig, ob es sich um inländische oder ausländische Unternehmen handelt. Mit dem BIP wird also das Produktionsergebnis innerhalb der geografischen Grenzen der Volkswirtschaft gemessen.

Es lassen sich drei Grundformen der Berechnung des Bruttoinlandsprodukts unterscheiden:

- Die **Entstehungsrechnung** ermittelt aus den verfügbaren Daten über die Produktion von Gütern und Dienstleistungen, wie hoch das gesamtwirtschaftliche Angebot in einer Periode war.
- Die **Verteilungsrechnung** errechnet den Wert der produzierten Güter aus den Informationen über die bei der Produktion entstandenen Einkommen, die sich auf das Arbeitnehmerentgelt sowie die Unternehmens- und Vermögenseinkommen aufteilen.
- Die **Verwendungsrechnung.**

Zur Berechnung des BIP nimmt man die statistisch ermittelten Daten der einzelnen Nachfragekomponenten und aggregiert diese zur gesamtwirtschaftlichen Nachfrage. Die Gesamtnachfrage setzt sich aus folgenden Kreislaufgrößen zusammen:

a) Private Konsumausgaben (C_H)
b) Konsumausgaben des Staates (C_{ST})
c) Bruttoinvestitionen (I_{br})
d) Exporte (X)

Die privaten und staatlichen Konsumausgaben sowie die Bruttoinvestitionen bezeichnet man als die „letzte inländische Verwendung". Addiert man die Exporte, also die Nachfrage des Auslands, gelangt man zur „letzten Verwendung". Bei dieser Größe stellt sich das Problem, dass die darin enthaltenen Güter und Dienstleistungen nicht ausschließlich im Inland produziert wurden, sondern zumindest teilweise aus dem Ausland stammen. Um die Nachfrage nach den im Inland produzierten Gütern zu ermitteln, muss man also von der letzen Verwendung die Importe (M) abziehen. Auf diese Weise gelangt man über die Verwendungsrechnung zum Bruttoinlandsprodukt:

$$\text{BIP} = C_H + C_{St} + I_{br} + (X - M)$$

Zielbegründung Wirtschaftswachstum

Keines der Ziele des magischen Vierecks wird so kontrovers diskutiert wie das Ziel des Wirtschaftswachstums. Für die Befürworter bedeutet Wachstum:

- Sicherung und Zunahme von Arbeitsplätzen durch steigende Güterproduktion,
- höheres Einkommen und damit steigender Lebensstandard,
- leichtere Finanzierung von Infrastrukturmaßnahmen und der sozialen Sicherung durch größeres, staatliches Steueraufkommen,
- konfliktfreiere Umverteilung von Einkommenszuwächsen als in einer stagnierenden Wirtschaft.

Gegner dagegen kritisieren angesichts der Endlichkeit der verfügbaren natürlichen Ressourcen und der Umweltbelastungen das vorherrschende Wachstumskonzept mit seiner einseitig auf maximalen, materiellen Konsum ausgerichteten Produktionsweise, die der Entwicklung einer gerechten und ökologisch ausgerichteten Gesellschaft entgegenstehen.

Aufgabe

Erläutern Sie aus Sicht der privaten Haushalte, der Unternehmen und des Staates die Bedeutung des Wirtschaftswachstums.

M Wie können wir „besser wachsen"?

Über die Ungerechtigkeiten wirtschaftlichen Wachstums ist viel geklagt worden, eine schrumpfende Wirtschaft aber ist noch viel ungerechter. Menschen in festen Jobs oder mit gut gesichertem Vermögen sind davon geringfügig betroffen, andere verlieren ihren Arbeitsplatz oder ihr unternehmerisches Lebenswerk. Sie stehen dann nicht vor minus 5 Prozent, sondern vor minus 100 Prozent ihres bisherigen Lebensentwurfs. Nicht zu vergessen die bedrohlichen Kettenreaktionen, die psychologischen Effekte und die wilden Übertreibungen, die der Wirtschaft innewohnen. Ob panikartige Massenentlassungen oder Börsenzusammenbrüche, Angstsparen in den Haushalten oder Kreditknauserei bei den Banken: Furcht und Vorsicht in Krisenzeiten sind oft hemmungslos übertrieben, mehr noch als Euphorie und Gier im Boom. Menschen tun sich sehr schwer damit zurückzustecken. Sie leiden mehr unter einem verlorenem Euro, als sie sich über einen gewonnenen Euro freuen. In Zeiten der Schrumpfung, sagen manche Soziologen, sei der soziale Frieden in Gefahr. Also brauchen wir wieder Wachstum – für den eigenen Frieden, den Frieden im Land und aus knallharten materiellen Gründen. Denn selbst wenn wir auf den nächsten Spritschlucker und den Plasmafernseher fürs Kinderzimmer verzichten wollen, müssen wir noch die steigenden Kosten unserer Gesundheitssysteme finanzieren. Wir müssen den Rentnern ihre Rente überweisen. Auf Dauer ist das nur möglich, wenn wir mit immer weniger Leuten mehr erwirtschaften.

Schon 1973 fragte Der Spiegel nach dem Sinn unbegrenzten Wachstums.

Und dennoch sollten wir jetzt eine Wachstumsdebatte führen. Nicht über die Frage, ob wir auf Wirtschaftswachstum verzichten sollten, sondern über die Art dieses Wachstums. Denn die Krise erinnert daran, dass es gute und weniger gute Richtungen der wirtschaftlichen Entwicklung gibt. Nützliche und weniger nützliche Produkte und Dienstleistungen. Räuberische und langfristig akzeptable Ausbeutungen der Gesellschaft und der Umwelt – ein Wirtschaften ganz ohne schädliche Umweltfolgen hat noch niemand erfunden. Können Wirtschaft und Politik unter dem Eindruck der Krise einen Weg aushandeln, um dieses Wachstum in sozialere, nachhaltigere, menschenfreundlichere Wege lenken?

Es gibt auch andere Maßstäbe: Das Glück der Menschen zum Beispiel. Das klingt vage und ist schwer zu fassen – doch gibt es eigentlich nichts Unpräziseres als die bisherige Methode, mit der wir unseren Wohlstand messen. Ökonomen wie Politiker

starren auf das Bruttoinlandsprodukt (BIP), zu dem Statistiker alles aufaddieren, was in einer Volkswirtschaft geschaffen und geleistet wird – solange es einen Preis hat. Es ist ein haarsträubendes Konstrukt, das eine Menge Probleme schafft. Kindererziehung daheim? Sie steigern das BIP kein bisschen. Umweltschäden, die keiner mehr beseitigen kann? Senken das BIP keineswegs. Mehr Freizeit und Selbstverwirklichung für alle. Im Zweifelsfall eher schlecht fürs BIP. Zunehmender sozialer Unfrieden und Kriminalität? Keine Auswirkungen. Halt, doch! Wenn ein Hooligan eine Scheibe einwirft, muss der Glaser kommen. Dann wächst das BIP sogar.

Aus diesem Unsinn aber richten wir unsere Politik aus. Als Bankkonzerne dank ihrer Luftbuchungen gewaltige Gewinne verzeichneten, haben wir es dankbar als einen Teil des BIPs verbucht. Der Steigerung des BIPs verschreiben wir unser Bildungssystem, unsere Forschungsförderung, unsere Infrastruktur. Der Raubbau an den Wäldern, bodenzerstörende Monokulturen, die Zersetzung von Gesellschaften durch Überarbeitung – sie dienen kurzfritig der Steigerung des BIPs und zerstören langfristig die Lebensgrundlagen des Menschen. Dennoch feiern wir Länder, die beim BIP-Wachstum vorn liegen, wie Leistungssportler: Schaut her, China hat die Zehnprozentmarke gerissen!

Wirtschaftswissenschaftler suchen seit Langem nach alternativen Messzahlen für die Ökonomie, die mal die Ökologie, mal das Soziale, mal das Glück der Menschen in den Mittelpunkt stellen. Diese Ideen sollte man schleunigst ausgraben und umsetzen. Wir müssen über bessere Arten des Wachstums reden.

Thomas Fischermann, Die Zeit, 23.4.2009

Aufgabe

Brauchen wir eine andere Bewertung des Wachstums und damit einen anderen Indikator zur Messung des Wohlstands als das BIP? Diskutieren Sie diese Frage.

2.2.3 Hoher Beschäftigungsstand

Arbeitslosigkeit in Deutschland

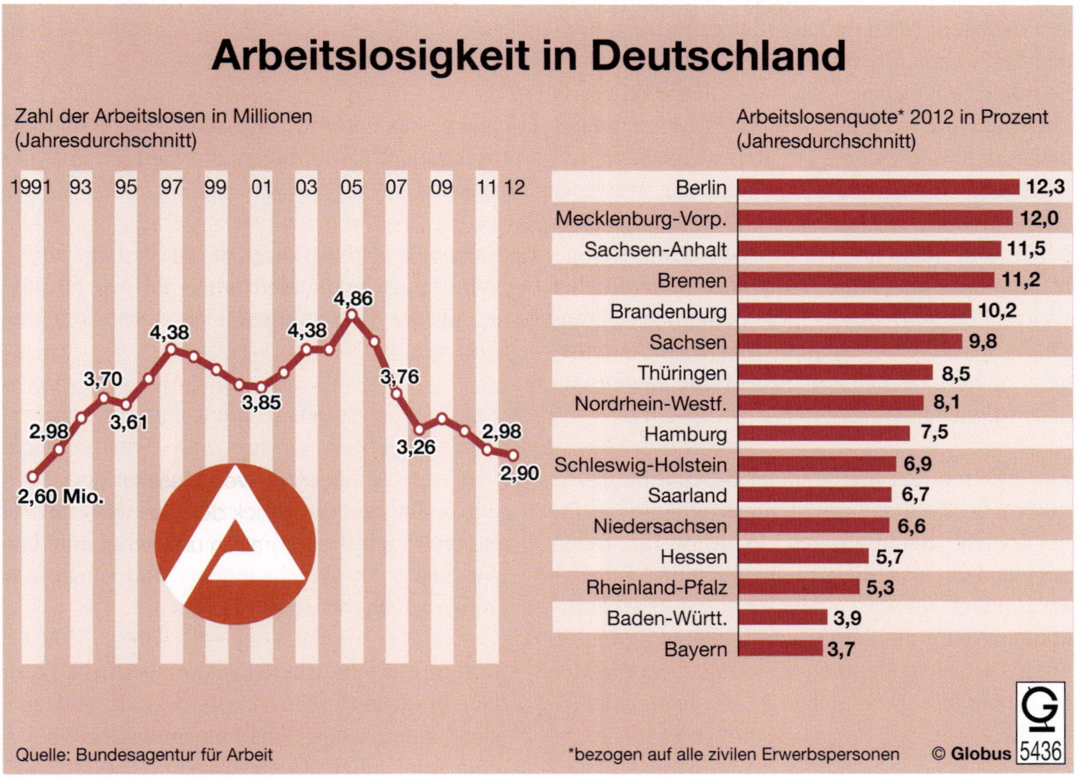

Was Arbeitslosigkeit bedeutet – für jeden Einzelnen und für die Gesellschaft

Arbeitslosigkeit stellt für die individuell Betroffenen eine hohe Belastung dar. Finanzielle Einbußen bedeuten persönliche Einschränkungen und berufliche Perspektivlosigkeit führt nicht selten zu gestörten Beziehungen zu Familie und Freunden sowie zu einem Rückzug aus dem gesellschaftlichen Leben. Gesamtwirtschaftlich bedeutet Arbeitslosigkeit zurückgehende Einnahmen des Staates aufgrund von Steuermindereinnahmen und Beitragsausfällen der Sozialversicherungen. Hinzu kommen erhebliche Kosten durch passive arbeitsmarktpolitische Maßnahmen wie Lohnersatzleistungen (Arbeitslosengeld) und durch aktive Arbeitsbeschaffungsmaßnahmen. Zudem ist die Binnennachfrage bei hoher Arbeitslosigkeit geringer als bei hohem Beschäftigungsstand.

Wie wird die Arbeitslosigkeit gemessen und erfasst?

Der offizielle Indikator zur Messung der Arbeitslosigkeit ist die **Arbeitslosenquote** (AQ). Sie ist in der deutschen Statistik definiert als Anteil der bei den Arbeitsämtern registrierten Arbeitslosen an den Erwerbspersonen (= Erwerbstätige und registrierte Arbeitslose):

$$AQ = \frac{\text{Registrierte Arbeitslose}}{\text{Erwerbspersonen}} \times 100\,\%$$

Die AQ ist allerdings nur von begrenzter Aussagefähigkeit. Sie erfasst nur einen Teil der Erwerbslosigkeit, nämlich die bei den Arbeitsämtern registrierten Arbeitslosen. Personen, die eine Arbeit suchen, ohne arbeitslos gemeldet zu sein, werden in der Statistik nicht berücksichtigt. Dieser Teil der Erwerbslosen wird durch den Indikator Stille Reserve ausgedrückt. Im „engeren Sinn“ verbergen sich dahinter nicht registrierte Arbeitslose, die statistisch nicht erfasst werden können, vor allem Jugendliche, die keine Lehrstelle gefunden haben und sich deshalb in berufsvorbereitenden Maßnahmen befinden, Freiberufler und Verheiratete, die keine abhängige Beschäftigung nachfragen. Die „Stille Reserve in Maßnahmen“ deckt sich weitgehend mit der „verdeckten Arbeitslosigkeit“. Hierzu zählen alle, die entweder subventioniert beschäftigt sind, wie z. B. Kurzarbeiter und Teilnehmer an Arbeitsbeschaffungsmaßnahmen, aber auch Teilnehmer an beruflicher Weiterbildung, Deutsch-Sprachlehrgängen, Empfänger von Altersübergangs- und Vorruhestandsgeld sowie Bezieher von Altersrente wegen Arbeitslosigkeit.

Zur besseren Beschreibung der Beschäftigungssituation wird daher zusätzlich der Indikator „offene Stellen“ herangezogen. Er weist die freien Arbeitsplätze aus, die Unternehmen den Arbeitsämtern melden. Aber auch hier gibt es Einschränkungen, denn die Zahl der tatsächlichen offenen Stellen ist meist deutlich höher als die gemeldeten, denn die Arbeitgeber haben keine Meldepflicht.

Die Quantifizierung des Ziels hoher Beschäftigungsstand ist äußerst schwierig. Es ist sicher dann erreicht, wenn alle Arbeitsplatzsuchenden auch Beschäftigung finden, wohingegen eine Arbeitslosenquote von null Prozent auf absehbare Zeit nicht nur unrealistisch, sondern auch nachteilig ist, da einer wachsenden Wirtschaft das dann notwendige Arbeitskräftepotential fehlen würde.

Formen der Arbeitslosigkeit

Je nach dem zugrunde liegenden Ursachenbündel unterscheidet man folgende Formen der Arbeitslosigkeit:

- **Saisonale Arbeitslosigkeit** ist bedingt durch Witterungs- und andere jahreszeitliche Einflüsse, die zu Schwankungen im Arbeitsvolumen führen.

- **Friktionelle Arbeitslosigkeit** entsteht vorübergehend bei dem Wechsel von Arbeitnehmern von einer Arbeitsstelle zur nächsten oder auch durch Umorganisationen einzelner Betriebe. Sie ist meist kurzfristig und notwendig, um den Ausgleich von Arbeitsangebot und -nachfrage am Arbeitsmarkt zu ermöglichen.

- **Konjunkturelle Arbeitslosigkeit** betrifft nahezu alle Branchen einer Volkswirtschaft und entsteht dann, wenn Nachfrageeinbrüche im In- oder Ausland zur Unterauslastung des Produktionspotenzials führen.

- **Strukturelle Arbeitslosigkeit** wird durch Veränderungen der Wirtschaftsstrukturen und die

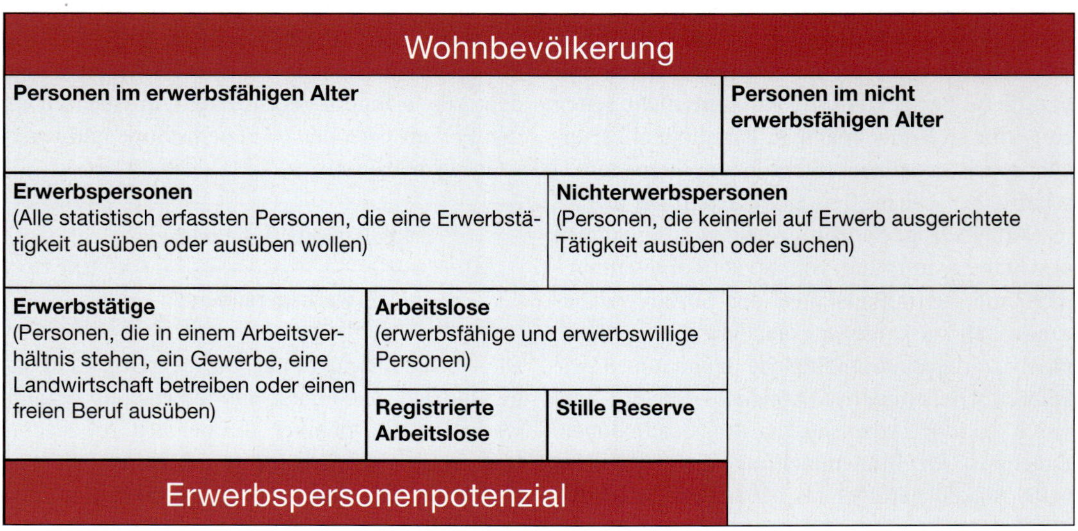

Jürgen Pätzold/Daniel Baade, Stabilisierungspolitik, 7. Aufl., München 2008, S. 17

sich dadurch verändernden Anforderungsprofile für die Beschäftigten verursacht. Entlassungen in der Schwerindustrie laufen parallel zu Arbeitskräftemangel in Branchen der Hochtechnologie. Mangelnde Qualifikation und Mobilität sind eine Ursache struktureller Arbeitslosigkeit. Die größte Herausforderung stellt aber heute der weltweite Strukturwandel (umschrieben mit dem Begriff Globalisierung) mit dem Aufkommen einer Vielzahl globaler Produktionsstandorte mit im Vergleich zur Bundesrepublik deutlichen Kostenvorteilen bei der Güterherstellung dar. Es ist davon auszugehen, dass diese Form der Arbeitslosigkeit gegenwärtig die entscheidende Ursache für Arbeitslosigkeit in Deutschland ist.

Formen der „strukturellen" Arbeitslosigkeit

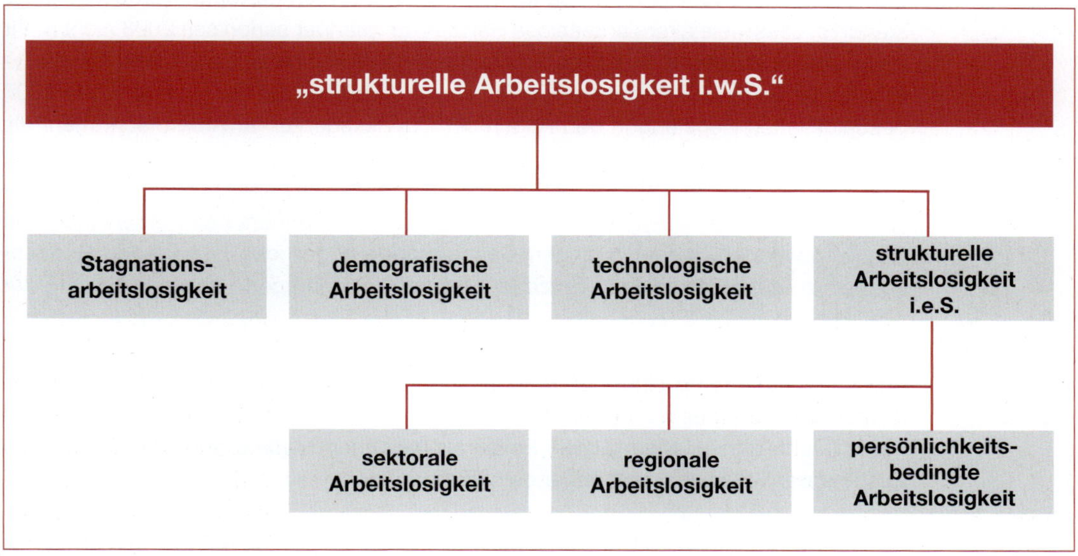

Aufgaben

1. Erstellen Sie ein Mind Map, in der Sie die Folgen von Arbeitslosigkeit für die privaten Haushalte, den Staat und Unternehmen strukturiert darstellen.

2. „Bürger ohne Arbeit – eine Gefahr für die Demokratie?" Verfassen Sie einen Kommentar zu den möglichen Auswirkungen von Arbeitslosigkeit auf das politische System.

M Arbeitsmarktstatistik: Was das Jobwunder wirklich wert ist

Höchststand [an] Erwerbstätigen, Rekordtief bei der Arbeitslosigkeit und so viele freie Stellen wie nie zuvor. Doch sagt die Arbeitsmarktstatistik alles? [...]

Der deutsche Arbeitsmarkt mit 2,78 Millionen Erwerbslosen im Dezember 2011 präsentiert sich zwei Jahre nach der schweren Finanz- und Wirtschaftskrise in Champagnerlaune. Selbst Experten müssen lange zurückblicken, um auf eine ähnliche Arbeitsmarktkonstellation zu stoßen wie im ungewöhnlich erfolgreichen Jahr 2011. [...]

Ohne Job und trotzdem nicht in der Arbeitslosenstatistik – das gibt es freilich auch. Erst vergangene Woche überraschte das Bundesarbeitsministerium mit dem Eingeständnis, dass viele ältere arbeitslose Hartz-IV-Empfänger schon seit 2008 nicht mehr in der amtlichen Erwerbslosenstatistik auftauchen. Wer älter ist als 58 Jahre, Hartz-IV-Empfänger und zwölf Monate lang erfolglos vermittelt wurde, der gilt nach einer 2007 beschlossenen Regelung in den Augen der Bundesagentur für Arbeit nicht mehr als arbeitslos. [...]

Änderungen in der Arbeitsmarktstatistik sind keine besonders neue Erscheinung. In den vergangenen Jahren zwangen Gesetzesänderungen des Bundes die Bundesagentur zu gut einem halben Dutzend relevanter Änderungen bei der Erfassung der Arbeitslosen. [...]

Arbeitsmarktexperten sind sich weitgehend einig: Die immer engere Fassung des Arbeitslosenbegriffes hat in den zurückliegenden Jahren die Aussagekraft jener Zahl geschwächt, die vor allem für die Politik als wichtiger Gradmesser für den aktuellen Zustand der Volkswirtschaft gehandelt wird.

Denn tatsächlich sind im Dezember 2011 knapp 3,89 Millionen Männer und Frauen in Deutschland arbeitslos, wenn man Ein-Euro-Jobber und Menschen in Fortbildungen mitzählt.

Die Bundesagentur spricht dabei von Unterbeschäftigung und weist den entsprechenden Wert seit einigen Jahren auch in ihrem monatlichen Arbeitsmarktbericht aus. Wer wissen will, wie es mit dem Jobaufschwung tatsächlich steht, bekommt hier Klarheit – und die Gewissheit, dass das deutsche Jobwunder mehr als ein Zaubertrick von Statistikern ist. Seit Dezember 2009 ist auch dieser Wert – ohne Kurzarbeit – fast um eine Million gesunken.

© manager magazin online, 3.1.2012

Aufgabe

Diskutieren Sie Gründe (statistisch, politisch, wirtschaftlich), warum die versteckte Arbeitslosigkeit nicht in der amtlichen Arbeitslosenquote erfasst wird.

2.2.4 Stabilität des Preisniveaus

Was ist eigentlich eine Inflation?

Im November 1923 deponierten Münchner Spengler in dem fertig gestellten Dach des Walchensee-Kraftwerks eine Urkunde mit folgendem Text: „Dieser Turm wurde gedeckt im Jahre 1923 während der Zeit vom Oktober bis November. Der Lohn dieser Zeit betrug für einen Spengler 120 Milliarden Mark in der Stunde. Es kostete in Milliarden: 1 Liter Bier 80, 1 Pfund Brot 36, 1 Pfund Fleisch 200, 1 Liter Milch 80, 1 Ei 15; 1 Paar Schuhe 3,5 Billionen, 1 Anzug nach Maß 70 Billionen, 1 Tafel Kupfer für den Turm 500 Billionen."

Damals herrschte in Deutschland eine schier unglaubliche, von Stunde zu Stunde sich beschleunigende Geldentwertung. Ungeheuere Geldvermögen wurden vernichtet.

Der Fachbegriff für die Geldentwertung heißt **Inflation** und beschreibt einen anhaltenden Prozess der Geldentwertung, der sich durch allgemeine Preiserhöhungen bemerkbar macht. Mit einer Geldeinheit kann dann ständig weniger gekauft werden, d. h., die Kaufkraft des Geldes vermindert sich laufend. Das im Stabilitätsgesetz formulierte Ziel der Preisniveaustabilität, das bei Preissteigerungsraten von weniger als zwei Prozent erreicht ist, bedeutet aber nicht, dass die Preise der einzelnen Güter konstant bleiben müssen, sondern dass sich das durchschnittliche Niveau der Preise nicht ändern soll. Marktwirtschaftlich organisierte Volkswirtschaften fordern geradezu bewegliche Preise, um Angebot und Nachfrage durch den Marktmechanismus auszugleichen.

Vor dem Hintergrund der Erfahrungen von zwei extremen Geldentwertungen – 1948 wiederholte sich, wenn auch in abgeschwächter Form, die Hyperinflation von 1923 – ist die Inflation in der Bundesrepublik konsequent bekämpft worden – und das aus gutem Grund:

Lang anhaltende Preisauftriebe führen zu Einkommensverlusten, denn während sich die Preise fortlaufend erhöhen, werden Transferleistungen (Kindergeld, Sozialhilfe, BAföG) oder Rentenzahlungen, wenn überhaupt, nur mit zeitlichem Abstand angehoben und zudem wird der Kaufkraftverlust durch die Geldanpassung oft nicht voll ausgeglichen. Lohn- und Gehaltsempfänger sind gleichfalls bei einer Inflation benachteiligt, wenn ihr Einkommen nicht im gleichen Maße steigt wie das Preisniveau.

Auf der Verliererseite sind vor allem aber die Sparer zu finden: Legt beispielsweise ein Sparer 10.000 Euro bei einer Bank an, wird er nach Ablauf des Anlagezeitraums aufgrund des geltenden Nominalwertprinzips wieder 10.000 Euro, also nominal den gleichen Wert, zurückbekommen. Treten während des Anlagezeitraums deutliche Preissteigerungen auf, wird der Sparer für seine 10.000 Euro aber nur einen geringeren Gegenwert an Gütern erhalten, als dies zu Beginn der Geldanlage möglich gewesen wäre. Die Verzinsung wird den Realverlust dann nicht ausgleichen, wenn die Geldentwertungsrate größer ist als der Zinssatz. Als Folge wird die Sparneigung abnehmen und die Flucht in die Sachwerte setzt ein – Gewinner der Inflation sind also Sachvermögensbesitzer.

Je stärker die Preise steigen, um so geringer wird das Vertrauen der Bevölkerung in die Währung sein. Das Geld verliert dann neben seiner Aufgabe als Wertaufbewahrungsmittel auch nach und nach seine Funktion als Zahlungsmittel. Ersatzwährungen, wie die sog. Zigarettenwährung während der Inflation 1948, übernehmen die Geldfunktion und der Naturaltausch bestimmt den Güterhandel. Häufig bleibt in derartigen Extremsituationen nur der Weg in eine Währungsreform, bei der die alte Währung durch eine neue ersetzt wird.

Da hohe Preissteigerungen besonders stark Sparer und Arbeitnehmer benachteiligen, sind vor allem untere und mittlere Schichten und damit der größte Teil der Bevölkerung betroffen, da sie am wenigsten in der Lage sind, Sachvermögen zu bilden. Der Sicherung der Geldwertstabilität kommt daher in der wirtschaftspolitischen Zielhierarchie eine entscheidende Bedeutung zu.

Inflationsursachen

Die Theorien über die Ursachen inflationärer Prozesse sind zahlreich und deuten insgesamt darauf hin, dass bei einer Inflation verschiedene Faktoren zusammenwirken, ohne dass ihr genauer Anteil an der Steigerung des Preisniveaus eindeutig bestimmt werden kann. Unstrittig ist, dass eine Inflation langfristig immer ein monetäres Problem ist: Die Geldmenge wächst stärker als die Gütermenge. Kurzfristig kann dieser Zusammenhang durch andere Faktoren überlagert werden.

- Als Ursache des Preisanstiegs ist zunächst die **Nachfrageinflation** zu nennen. Sie tritt auf, wenn bei ausgelasteten Produktionskapazitäten ein Nachfrageüberschuss besteht. Der gestiegenen Nachfrage (z. B. durch verstärkte Ausweitung der Auslands-, Investitions- oder Konsumnachfrage) begegnen die Unternehmen mit Preissteigerungen, wenn kurzfristig keine Möglichkeit besteht, die Kapazitäten zu erweitern.
- Von einer **importierten Nachfrageinflation** spricht man, wenn eine große Auslandsnachfrage zu Preissteigerungen führt. Mit der Theorie der Nachfrageinflation können inflationäre Prozesse in einer konjunkturellen Aufschwungphase oder im Boom erklärt werden.

Daneben gibt es verschiedene Inflationsursachen, die von der **Angebotsseite** ausgelöst werden.

- Bei der **Kosteninflation** führen steigende Produktionskosten – verursacht z. B. durch Lohnerhöhungen oder Verteuerung von Vor- und Zwischenprodukten – zu steigenden Preisen, wenn es den Unternehmen gelingt, die gestiegenen Kosten auf die Preise zu überwälzen.
- Verteuern steigende Importpreise, etwa für dringend benötigte Rohstoffe wie etwa Erdöl, die Produktionskosten und verursachen Preissteigerungen, spricht man von einer **importierten Kosteninflation**.

Inflationsursachen

I. Nachfrageinflation

Hausgemachte Nachfrageinflation

- Konsum-nachfrageinflation
- Investitions-nachfrageinflation
- Staats-nachfrageinflation

Importierte Nachfrageinflation

- Export-nachfrageinflation

II. Angebotsinflation

Kostendruckinflation

- Lohnkosten-inflation
- Kapitalkosten-inflation
- Kostensteuer-inflation
- importierte Kosteninflation

Marktmachtinflation (Gewinndruckinflation)

- Preismissbrauch durch marktbeherrschende Unternehmen
- Kartell-Absprachen und abgestimmtes Verhalten

III. Geldmengeninflation

(quantitätstheoretischer Erklärungsansatz)

Jürgen Pätzold/Daniel Baade, Stabilisierungspolitik, München, 7. Aufl. 2008, S. 57

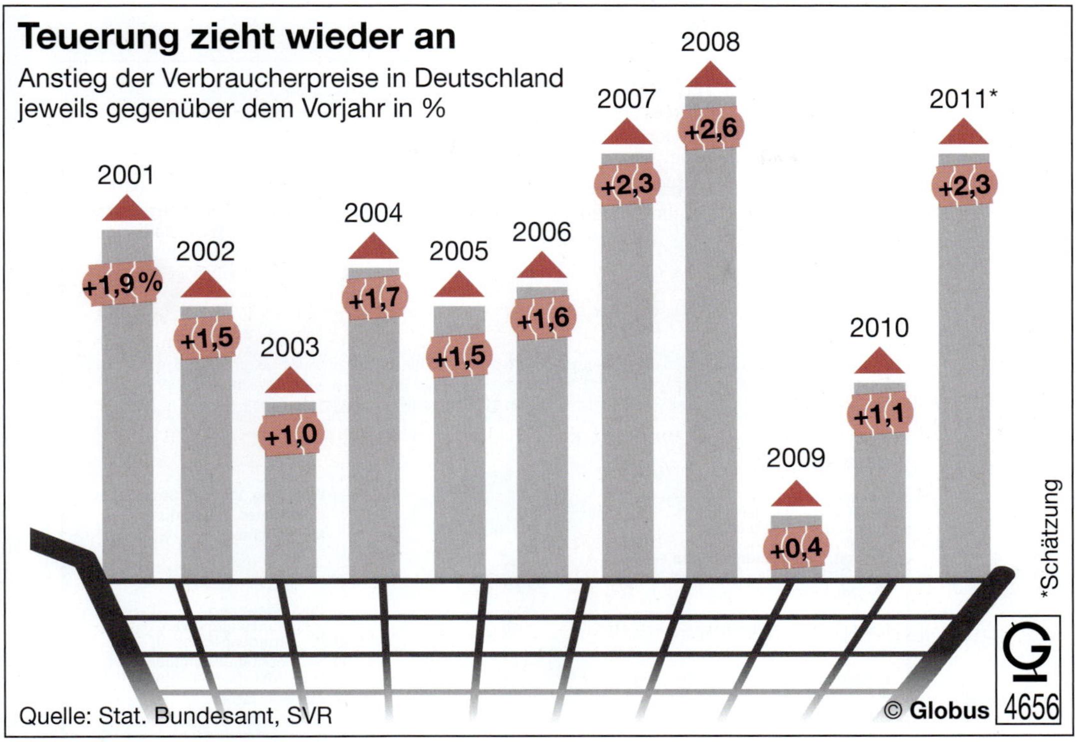

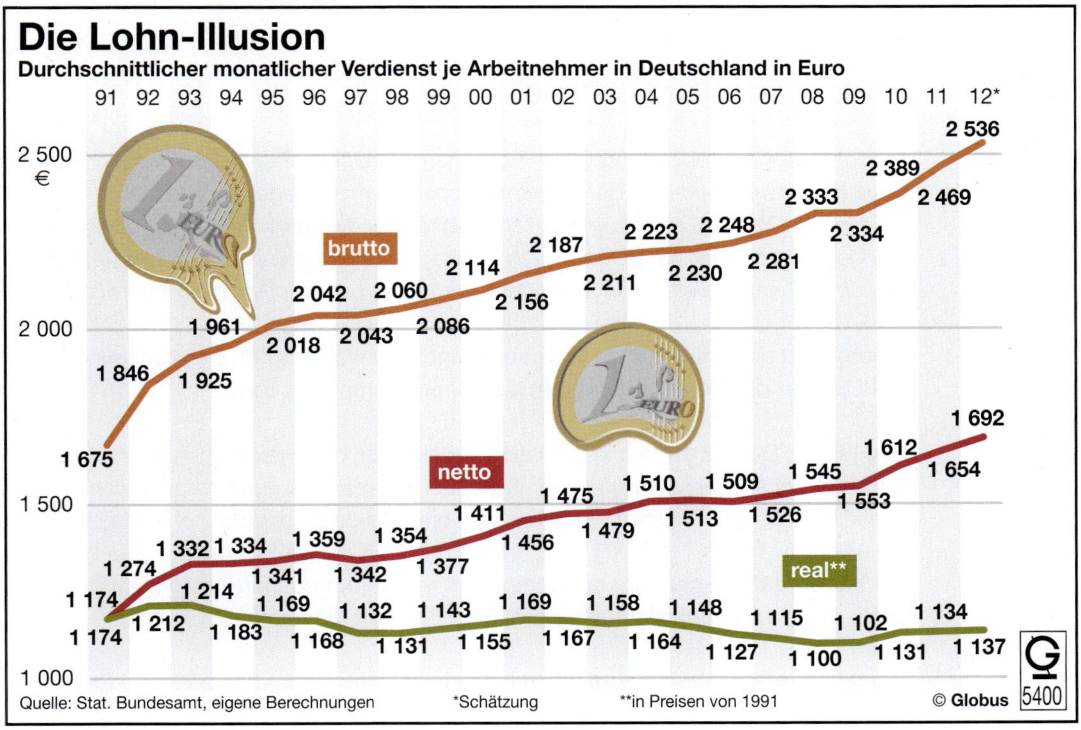

Aufgabe

Erläutern Sie aus einzel- und gesamtwirtschaftlicher Sicht, warum die Preisniveaustabilität ein wichtiges wirtschaftspolitisches Ziel ist.

M 1 Die Inflationsrate

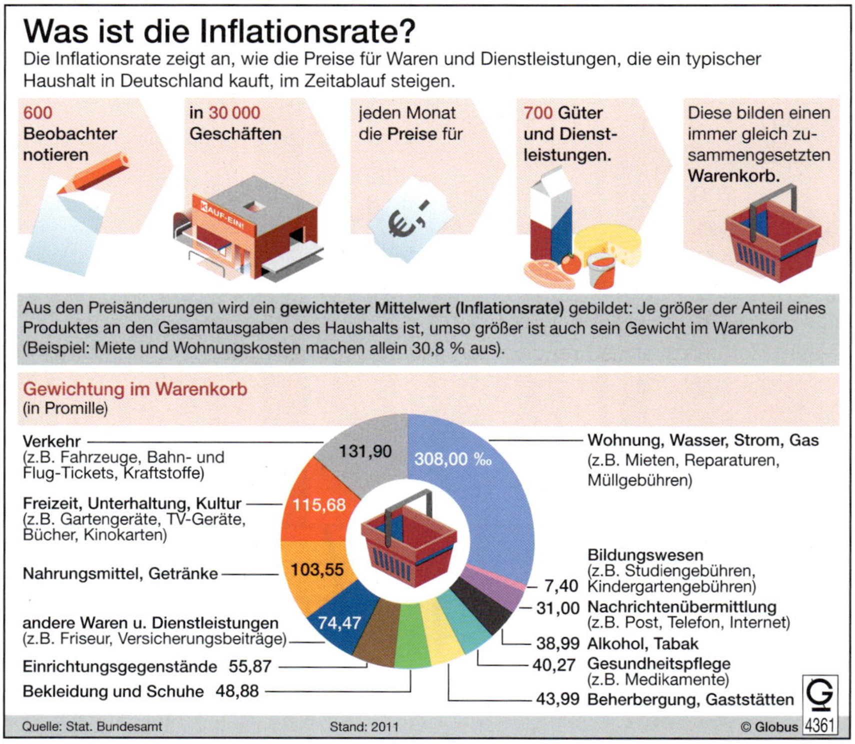

M 2 Die gefühlte Inflation liegt bei 4,5 %

Preiserhöhungen bei Lebensmitteln und Energie treiben die amtliche Inflationsrate in Deutschland an. Doch viele Bürger meinen, dass die Preissteigerung tatsächlich viel stärker ausfällt. Und ihr Gefühl trügt sie nicht, sagt der Schweizer Wirtschaftsprofessor Hans Wolfgang Brachinger, 59. Er hatte nach der Bargeldeinführung des Euro, der schnell den Beinamen Teuro erhielt, einen Index der wahrgenommenen Inflation (IWI) entwickelt.

Aktuell liegt die Inflationsrate in Deutschland bei zwei Prozent. Dennoch empfinden viele Bürger die Preissteigerungen als höher. Woran liegt das?

Brachinger: Der Bürger bemisst Inflation vor allem an den Preissteigerungen, die er bei seinen täglichen Einkäufen wahrnimmt. Da sich Lebensmittel und Energie in den vergangenen Monaten besonders verteuerten, wird die Inflation als deutlich höher eingeschätzt.

Sie haben dafür einen eigenen Index der wahrgenommenen Inflation (IWI) entwickelt, der die „gefühlte" Inflation erfasst. Wie steht dieser aktuell da?

Brachinger: Der Index der gefühlten Inflation liegt im Januar bei 4,5 %, im Dezember waren es 5,2 %.

Nach welchen Kriterien ermitteln sie die „gefühlte" Inflation?

Brachinger: Unser Index basiert – wie auch der amtliche Verbraucherpreisindex – auf dem Warenkorb des deutschen Durchschnittshaushalts. Allerdigs gewichten wir die

Produkte aus dem Warenkorb anders. Während für den amtlichen Index hochpreisige Produkte – wie TV-Geräte – ein größeres Gewicht einnahmen, konzentrieren wir uns stärker auf die häufig gekauften Produkte des täglichen Bedarfs. Man kauft Brötchen, Milch oder Benzin eben öfter als Elektrogeräte. Ein Gut ist in unserem Index also dann besonders wichtig, wenn es häufig gekauft wird, und nicht, wenn es viel kostet.

Spielt auch die Psychologie eine Rolle?

Brachinger: Ja. Verbraucher bewerten die Preise im Vergleich zu Referenzpreisen, die sie aus ihrer Erfahrung kennen. Und Preissteigerungen werden von den Käufern wesentlich höher bewertet als Preissenkungen. Wenn ich beispielsweise zum Tanken fahre, habe ich im Kopf, was ein Liter Benzin in etwa kostete. Liegt der aktuelle Preis über diesem Referenzwert, so reagiere ich sauer. Liegt der Preis darunter, so bin ich zufrieden und schenke dem weniger Aufmerksamkeit. Die Psychologen nennen das Verlustaversion.

Diese Verlustaversion ist aber doch individuell verschieden?

Brachinger: Die Empfindlichkeit variiert mit dem Preisniveau. Wenn das Brötchen plötzlich fünf Cent mehr kostet, registriert man das natürlich stärker, als wenn ein TV-Gerät einen Euro teuer wird. Die Empfindlichkeit variiert auch mit dem verfügbarem Einkommen. Wenn ich knapp bei Kasse bin, reagiere ich empfindlicher.

Welche Auswirkungen hat eine hohe Inflation auf das Kaufverhalten?

Brachinger: Bei Gutverdienern werden die höheren Ausgaben für Lebensmittel durch die sinkenden Preise bei langlebigen Produkten wie Fernseher oder Kameras ausgeglichen – hier ändert sich kaum etwas. Doch schon bei Normalverdienern dürfte sich das Kaufverhalten verschieben. Sie ärgern sich zwar, dass die Butter teurer wird, kaufen sie aber trotzdem, weil sie ihren gewohnten Lebensstandard nicht senken möchten. [...]
Menschen mit niedrigerem Einkommen sind von steigenden Lebensmittelpreisen am stärksten betroffen. Geringverdiener müssen auch ihren alltäglichen Konsum deutlicher einschränken.

Welche Inflationsrate ist die richtige?

Brachinger: Der amtliche Verbraucherpreisindex ist als Indikator für die allgemeine Geldentwertung gemacht – und damit für die Notenbanken interessant. Er ist aber auch für Lohnverhandlungen der adäquate Index. Für den Bürger ist er vergleichsweise unbedeutend. Der Verbraucher verlässt sich bei seinen Einkäufen vielmehr auf seine subjektive Inflationswahrnehmung. Diese wird durch dem IWI erfasst.

Beate Kranz, Hamburger Abendblatt, 21.2.2011

Aufgaben

1. Erklären Sie die Bedeutung der amtlichen Inflationsrate und bewerten Sie diese vor dem Hintergrund des Index der wahrgenommenen Inflation (IWI). (M 1, M 2)
2. Eine Schlagzeile ihrer Tageszeitung lautet: „Historisch niedrige Inflationsrate – gute Aussichten für die Verbraucher“. Verfassen Sie einen Leserbrief, in dem Sie sich kritisch mit der Schlagzeile auseinandersetzen.

2.2.5 Außenwirtschaftliches Gleichgewicht

Deutschland – zum Export verdammt?

Die Welt ist reif geworden; immer mehr Konkurrenten decken ihren Bedarf selbst oder exportieren ebenfalls mit großem Erfolg. China ist dabei der größte, nicht der einzige Spieler. Natürlich wäre eine stärkere Verlagerung auf den Binnenmarkt wünschenswert, um die Abhängigkeit vom Export zu mindern. Aber das ist ein langwieriger Prozess mit Risiken für die Millionen gutbezahlter Arbeitsplätze. Angesichts des bereits erreichten hohen Wohlstands- und Lohnniveaus gibt es kaum Spielräume. [...] Kurzfristig wird es nicht anders gehen, als weiter mit voller Kraft auf den Export zu setzen.

Marc Beise, Süddeutsche Zeitung 8.1.2010

Begründung und Definition des außenwirtschaftlichen Gleichgewichts

Der Austausch von Waren und Dienstleistungen mit dem Ausland (Export und Import) ist für die Bundesrepublik von großer Bedeutung, allein deshalb, weil Deutschland ein rohstoffarmes Land ist, das die wichtigsten Rohstoffe einführen muss. Um sie zu bezahlen, aber auch um seine Defizite im Dienstleistungsverkehr mit dem Ausland (Reiseverkehr) und seine Nettozahlungen zum EU-Haushalt oder internationalen Organisationen finanzieren zu können, braucht Deutschland ausländische Zahlungsmittel (Devisen), die es auf Dauer nur durch die Ausfuhr deutscher Waren ins Ausland verdienen kann. Diese hochgradige Verflechtung der Bundesrepublik in den internationalen Handel zeigt die Bedeutung des vierten wirtschaftspolitischen Ziels des Stabilitätsgesetzes „außenwirtschaftliches Gleichgewicht". Doch was ist damit gemeint? Das Gesetz lässt offen, was darunter tatsächlich zu verstehen ist. Zumeist wird es als ein Zustand definiert, bei dem sich die aus dem internationalen Güter-, Dienstleistungs- und Kapitalverkehr ergebenden Zahlungseingänge und Zahlungsausgänge entsprechen. Dauerhaft hohe Importüberschüsse bedeuten nämlich, dass zur Finanzierung des Imports entweder Devisenreserven abgebaut werden müssen oder es zur Verschuldung im Ausland kommt, mit der Folge künftiger Zins- und Tilgungsleistungen. Auf der anderen Seite führen Exportüberschüsse wie im Falle Deutschlands zu einer besseren Kapazitätsauslastung und helfen damit, die eigene Arbeitslosigkeit abzubauen und den Wohlstand zu sichern – allerdings zu Lasten der Defizitländer, denn Exportüberschüsse und die Devisenzunahme eines Landes sind gleich den Importüberschüssen und Devisenverlusten anderer Länder. Tragen sie im Inland zur Stützung der Konjunktur und der Beschäftigung bei, so setzen sie im Ausland Arbeitsplätze frei. Hinter dem Ziel „außenwirtschaftliches" Gleichgewicht steht also letztlich die Vorstellung einer gleichgewichtigen Entwicklung aller Staaten.

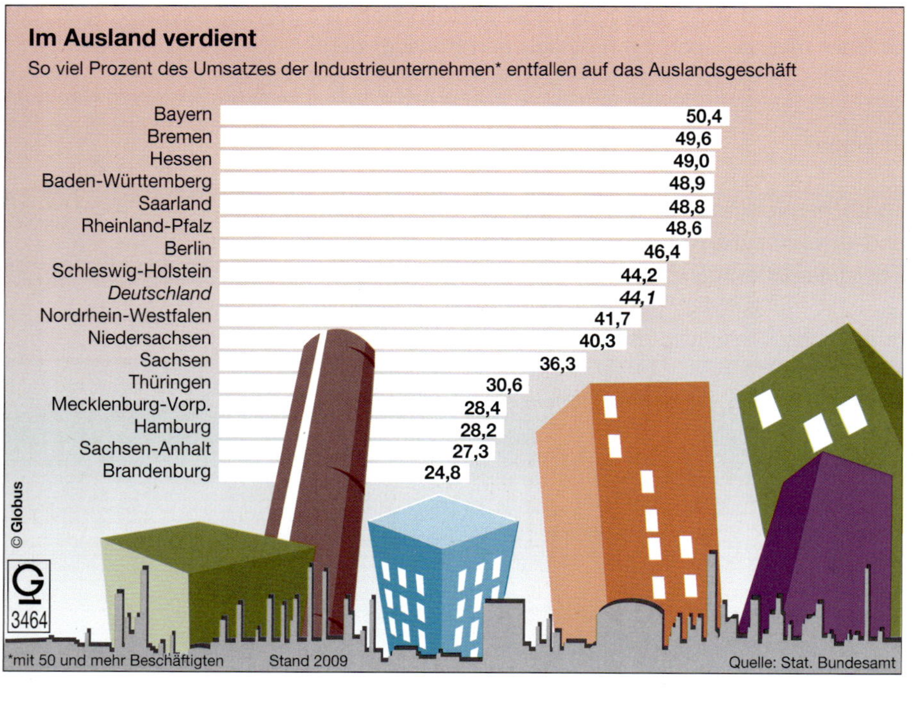

Die Zahlungsbilanz

Die ökonomischen Transaktionen zwischen Inländern und Ausländern, die in einem bestimmten Zeitraum stattgefunden haben, werden in der Zahlungsbilanz erfasst. Sie ist in mehrere Teilbilanzen untergliedert. Die wichtigsten sind:

- **Leistungsbilanz:** Sie erfasst in der Handelsbilanz alle Transaktionen von Waren mit dem Ausland. Die Ausgaben im Reiseverkehr und der weitere Austausch von Dienstleistungen werden in der Dienstleistungsbilanz verbucht. Die Übertragungsbilanz berücksichtigt alle unentgeltlichen Leistungen, wie etwa Entwicklungshilfe oder EU-Zahlungen, an das Ausland. Ein Überschuss in der Leistungsbilanz zeigt an, dass das Inland mehr Leistungen an das Ausland erbringt.
- **Kapitalbilanz:** In ihr werden die Kapitalbewegungen zwischen In- und Ausländern dargestellt. Dazu gehören Direktinvestitionen (u. a. Beteiligungen an Unternehmen, grenzüberschreitender Erwerb von Immobilien), Wertpapieranlagen (Anleihen oder Aktien) oder der Kreditverkehr.
- **Devisenbilanz:** Sie beschreibt die mengenmäßige Veränderung der Währungs- und Goldbestände.

Da alle Transaktionen doppelt gebucht werden, ist die Summe aller Teilbilanzen gleich null – die Teilbilanzen weisen dagegen meist von null abweichende Salden auf. Wenn also davon gesprochen wird, dass sich die Zahlungsbilanz im Ungleichgewicht befindet, dann bezieht sich dies immer auf Teilbilanzen.

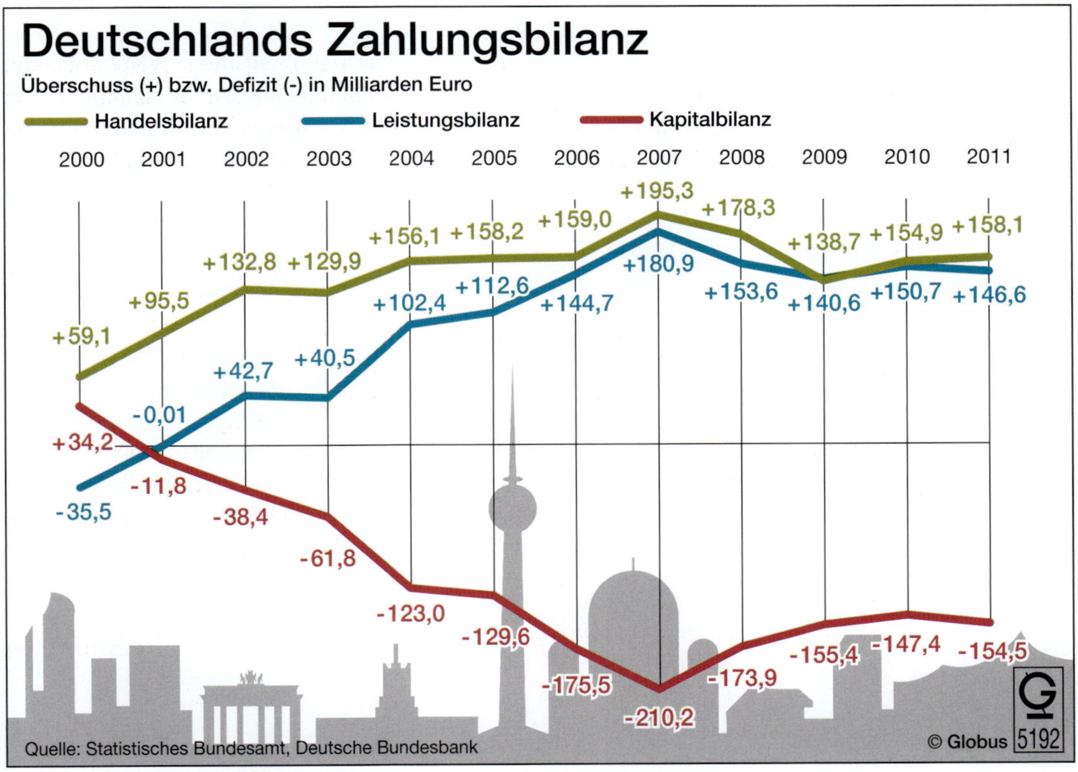

Aufgaben

1. Erläutern Sie die Bedeutung des Exports für die deutsche Volkswirtschaft.
2. Erklären Sie, warum Leistungsbilanzungleichgewichte auf Dauer problematisch sind.

M Prügel für den Streber

Deutschland hat seine Hausaufgaben gemacht. Das Land ist vom „kranken Mann Europas" zum Land eines neuen Wirtschaftswunders aufgestiegen. Die Deutschen haben ernst genommen, was die Ökonomen predigten: härter arbeiten, wendiger wirtschaften, weniger verdienen, sonst stehlen uns die Chinesen unseren Wohlstand. Zwischen 1998 und 2008 sind die deutschen Lohnstückkosten um gerade mal 4 Prozent gestiegen – aber in Frankreich um 20 Prozent und in Griechenland um 32 Prozent. Das deutsche Haushaltsdefizit ist niedriger als sonst wo in Europa. Der Schuldenberg weniger drückend. Doch [...] Deutschland ereilt das Schicksal aller Musterschüler. Es wird zum fiesen Streber abgestempelt. Die Partner in Europa [...] sind verstimmt, weil Deutschland Jahr für Jahr mehr Waren und Dienstleistungen ausführt, als es einführt. Es gefällt ihnen nicht, dass die Deutschen viel Geld auf Sparbücher legen, statt davon Renaults aus Frankreich oder Fetakäse aus Griechenland zu kaufen. Ob Deutschland denn nicht – bitte schön – „ein klein wenig mehr" für die heimische Nachfrage tun könne, fragte Frankreichs Finanzministerin charmant, aber bestimmt. [...]
Man merkt schon: Es setzt Klassenprügel. Eine unbequeme Frage steht im Raum: Schadet die eifrige deutsche Wirtschaftspolitik tatsächlich dem Rest Europas? Und schaden wir uns damit vielleicht sogar selbst? [...]
Tatsächlich bringt die Ausrichtung auf den Export für eine Volkswirtschaft wie Deutschland eine Menge ganz handfester Probleme mit sich.
Erstens: Die Nachbarn werden böse. In Frankreich herrscht schon seit Jahren von rechts bis links die Meinung, dass Deutschlands Außenhandelsüberschuss der Ausdruck einer „illoyalen Konkurrenz" sei. [...]
Zweites Problem: Die Nachbarn gehen pleite. Wer dauerhaft mehr Waren ins Ausland verkauft, als er von dort einführt, treibt andere Länder in die Verschuldung. Für die überschüssigen Exporte gibt es ja keine Gegenleistung in Form anderer Waren, sondern nur Schuldscheine. Inzwischen schuldet das Ausland den Deutschen unterm Strich 670 Milliarden Euro – das ist fast ein Drittel der jährlichen deutschen Wirtschaftsleistung. Die Welt ist in zwei Lager zerfallen. Auf der einen Seite stehen die großen Gläubigernationen Deutschland, China, Japan und die Erdölproduzenten. Auf der anderen Seite die großen Schuldner wie die USA und Spanien, aber auch Griechenland.
Drittes Problem: Eines Tages bleibt die Kundschaft aus. Export-Wunderländer wie Deutschland oder China können nur existieren, weil anderswo auf dem Planeten sehr viel importiert wird. Jemand muss den Deutschen ihre Waren abkaufen und im Gegenzug Schulden anhäufen. Wenn diese Schuldenberge zu hoch wachsen, müssen die Handelspartner aber irgendwann sparen, so wie jetzt die Griechen, Spanier und Amerikaner. Den deutschen Exporteuren brechen damit unweigerlich die Märkte weg. Es geht also nicht so weiter wie bisher. Der bisherige Umgang mit den Ungleichgewichten im Außenhandel stößt an seine Grenzen.

Thomas Fischermann/Petra Pinzer/Mark Schieritz/Gero von Randow/Frank Sieren/Claas Tatje, Die Zeit, 25.3.2010

Aufgaben

1. Zeigen Sie die Zielbeziehungen zwischen dem Ziel „außenwirtschaftliches Gleichgewicht" und den anderen Zielen des magischen Vierecks auf.
2. „Deutsche Exportstärke in der Kritik". Diskutieren Sie die Schlagzeile aus der Perspektive Deutschlands und aus Sicht der Defizitländer.

3 Beschäftigungspolitik zwischen Nachfrage- und Angebotsorientierung

3.1 Wirtschaftspolitische Grundkonzepte

Leitfragen

Ist die Nachfragetheorie nach Keynes ein geeignetes Konzept der Beschäftigungspolitik?

Auf welches Instrumentarium zur Lösung des Beschäftigungsproblems baut die Angebotstheorie?

Weltwirtschaftskrise und Arbeitslosigkeit – einst böse Folgen

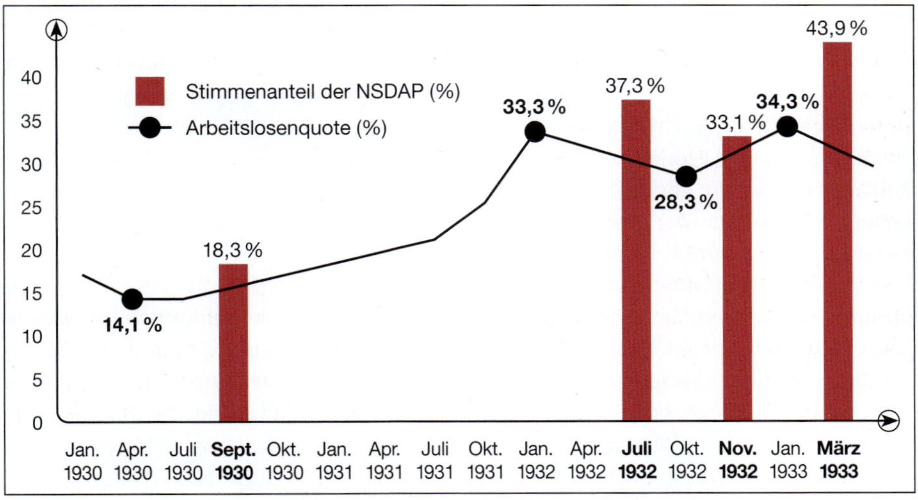

Arbeitslosenquote und Stimmenanteil der NSDAP zu den Wahlzeitpunkten der Weimarer Republik, 1930 – 1933; Bruno S. Frey, Ökonomie ist Sozialwissenschaft, München 1990, S. 49 – 61

John Maynard Keynes (1883-1946), britischer Ökonom und Regierungsberater, gilt als Begründer der nachfrageorientierten Wirtschaftspolitik.

Mit Staatsnachfrage aus der Krise: die Keynes'sche Revolution

Unter dem Eindruck der hohen Arbeitslosigkeit während der Weltwirtschaftskrise der 1930er Jahre entwickelte der englische Nationalökonom **John Maynard Keynes** eine Wirtschaftstheorie, die die Wirtschaftspolitik revolutionieren sollte. Keynes widerspricht der bis dahin vorherrschenden klassischen Wirtschaftstheorie, nach der eine den freien Marktkräften überlassene Volkswirtschaft automatisch zu Vollbeschäftigung führt. Die Klassiker der Nationalökonomie wie etwa Adam Smith oder Jean Baptist Say argumentierten, dass die Beschäftigung von der Lohnhöhe abhinge. Bei Arbeitslosigkeit, also einem Überangebot an Arbeitskräften, müsse der Lohnsatz nur tief genug fallen, bis die Unternehmen die nun billiger gewordene Arbeit in größerem Umfang nachfragen und damit die Unterbeschäftigung abgebaut würde. Keynes hielt dem entgegen, dass die Senkung der Löhne kaum möglich sei, da die Gewerkschaften sich dagegen wehren würden und dies zudem zu einer Verringerung der Konsumnachfrage der privaten Haushalte führe.

Keynes erkannte, dass zur Beseitigung von Arbeitslosigkeit die Marktkräfte nicht ausreichen. Anders als die Klassiker verlangt er die **aktive Rolle des Staates** bei der Steuerung der Konjunk-

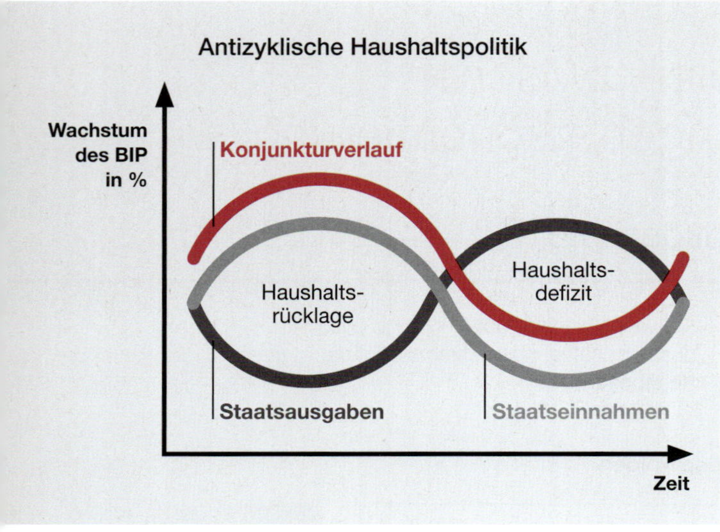

tur: Ist die gesamtwirtschaftliche Nachfrage wegen fehlender privater Nachfrage bezogen auf das gesamtwirtschaftliche Angebot zu gering, muss der Staat die fehlende Nachfrage der privaten Haushalte durch die Erhöhung seiner Staatsausgaben ausgleichen. Deshalb sind staatliche Beschäftigungsprogramme aufzulegen, um zusätzliche Nachfrage zu schaffen. Über die Initialzündung höherer Staatsinvestitionen soll ein positiver, sich selbst verstärkender Wirtschaftsprozess in Gang gesetzt werden. Der Staat hat also seine Ausgaben **antizyklisch** zum **Konjunkturverlauf** zu gestalten. Die Fiskalpolitik ist so zu gestalten, dass in der Rezession die Ausgaben kreditfinanziert (= Deficit Spending) zu erhöhen sind, im Boom sind höhere Steuereinnahmen zur Rückzahlung der Staatsschulden oder zur Bildung von Rücklagen zu verwenden.

Der US-amerikanische Wirtschaftsnobelpreisträger Milton Friedman (1912–2006) gilt als einer der einflussreichsten Ökonomen des 20. Jahrhunderts.

Die Grundgedanken der Keynes'schen Theorie wurden im Jahr 1967 in das „Gesetz zur Förderung der Stabilität und des Wachstums der Wirtschaft", kurz Stabilitätsgesetz genannt, aufgenommen. Darin sind eine Reihe von Instrumenten enthalten, die es dem Staat ermöglichen, dem Konjunkturverlauf entgegenzusteuern und eine antizyklische Wirtschaftspolitik zu betreiben. Als Mittel der Stabilisierungspolitik kommen insbesondere fiskalpolitische Maßnahmen – also die Variation von Steuern bzw. Staatseinnahmen und Staatsausgaben – infrage.

Die Nachfragetheorie in der Kritik

- **Unkalkulierbare Wirkungsverzögerungen:** Zwischen wirtschaftspolitischen Entscheidungen und ihren Wirkungen können erhebliche zeitliche Verzögerungen (time lags) liegen. Gründe sind zeitraubende politische Entscheidungsprozesse und der Umstand, dass getroffene Maßnahmen nicht sofort greifen, mit der Folge, dass antizyklische Maßnahmen sich prozyklisch auswirken können.
- **Ausweitung des staatlichen Sektors:** Mit der Umsetzung der Keynes'schen Rezeptur in den 1970er Jahren ist der Anteil des Staates am BIP deutlich gestiegen und erreichte schon in den frühen 1980er Jahren einen Anteil von 50 Prozent mit der Folge steigender Steuer- und Abgabenlast.
- **Wachsende Staatsverschuldung:** Die kreditfinanzierten Beschäftigungsprogramme führten in Deutschland zu einer drastisch angestiegenen Staatsverschuldung, die die finanzpolitische Handlungsfähigkeit des Staates zunehmend einschränkt (→ Kap. 2.4).

Gegenreaktion auf Keynes: die Angebotspolitik

Aus der Kritik am nachfrageorientierten Konzept und aus den Erfahrungen mit seiner Anwendung entwickelte sich das Gegenstück. Schärfster Kritiker der Nachfragetheorie war der amerikanische Ökonom Milton Friedman, der eine kompromisslose kapitalistische Linie vertrat.

Die angebotsorientierte Wirtschaftspolitik greift die Ideen des klassischen Wirtschaftsliberalismus auf. Ihre Befürworter werden daher auch als Neoliberale oder in Anlehnung an die Klassiker der Nationalökonomie auch als Neoklassizisten bezeichnet. Vertreter der Angebotstheorie sehen die Ursache für die Wachstumsschwäche in der Störung der Angebotsseite und führen die Unterbeschäftigung auf zu geringe Investitionen zurück. Volkswirtschaftliche Instabilitäten kommen von zu starken staatlichen Eingriffen in den Wirtschaftsprozess. Aus diesen Grundüberlegungen heraus ergeben sich Schlussfolgerungen:

- Die Rahmenbedingungen für die Unternehmen müssen verbessert werden. Dazu gehört die Förderung der privaten Investitionstätigkeit z.B. durch verbesserte Abschreibungsbedingungen, um die Rentabilität von Unternehmensinvestitionen zu verbessern.
- Auf Umverteilungszuschläge bei Lohnabschlüssen ist zu verzichten. Lohnsteigerungen sollen moderat sein und sich nur am Produktivitätsfortschritt orientieren.
- Der Arbeitsmarkt ist zu deregulieren. Dazu gehören der Abbau von Kündigungsschutzvorschriften ebenso wie die Flexibilisierung der Arbeitszeiten.
- Die Marktkräfte müssen gestärkt werden. Preisverzerrende Interventionen am Markt etwa durch Subventionen sind zu unterlassen.
- Die Staatverschuldung muss abgebaut und die Staatsquote zurückgeführt werden. Dadurch ergeben sich Spielräume zum Abbau leistungshemmender Steuern.
- Eine besondere Bedeutung kommt einer langfristig angelegten, an Preisstabilität ausgerichteten Geldpolitik zu, die sich am Wachstumspotenzial der Wirtschaft orientieren und den Wirtschaftssubjekten Planungssicherheit geben soll.

Der Bedeutung der Geldpolitik – insbesondere der Geldmengensteuerung – entsprechend, spricht man im Zusammenhang mit der Angebotstheorie auch von Monetarismus (lat. monetum = Geld).

Angebotsorientierung in der Kritik

Kritikern zufolge liegen die Schwächen der Angebotstheorie insbesondere in der Fixierung auf die Kosten. Da die Gewinne der Unternehmen jedoch auch von den Erlösen abhängen, muss auch die **Nachfrageseite** berücksichtigt werden. Unternehmen investieren ihre Gewinne nicht wie angenommen automatisch, sodass bei geringer Absatzerwartung durch eine geringe Nachfrage (wegen mangelnder Kaufkraft) Erweiterungsinvestitionen der Unternehmen unterbleiben oder als Rationalisierungsinvestitionen zu einem weiteren Rückgang der Beschäftigung führen.

Die Angebotspolitik gefährdet laut Kritikern auch die Grundlagen des Sozialstaats und bevorzugt vor allem die wirtschaftlich Erfolgreichen – es kommt demnach zu einer Umverteilung der Einkommen zugunsten der Eigentümer von Produktivvermögen.

Fiskalismus und Monetarismus als wirtschaftspolitische Instrumentarien

Neben der Strategiedebatte gibt es auch im Hinblick auf das Instrumentarium der Wirtschaftspolitik einen grundsätzlichen Meinungsstreit, der sich mit der Angebots- und Nachfrage-Debatte überschneidet. Auf der einen Seite stehen die keynesianischen „Fiskalisten", da sie dem Staatshaushalt (Fiskus) eine zentrale instrumentelle Bedeutung beimessen. Sie setzen auf die Fiskalpolitik; alle Maßnahmen des Staates, die geeignet sind, die öffentlichen Einnahmen und die öffentlichen Ausgaben (öffentlicher Haushalt) gezielt zu gestalten und damit die volkswirtschaftliche Gesamtnachfrage zu beeinflussen. Die Gegenposition vertreten die Monetaristen, nach deren Meinung die Geldmenge die entscheidende Steuerungsgröße der wirtschaftlichen Entwicklung ist. Sie setzt folglich auf die Geldpolitik als Gesamtheit der Maßnahmen zur Steuerung des Geldumlaufs und der Kreditversorgung in einer Volkswirtschaft.

Jörn Altmann, Volkswirtschaftslehre, Stuttgart 2009, S. 245f.

Wirtschaftsliberalismus

Der wirtschaftliche Liberalismus, dessen theoretische Grundlagen durch Adam Smith entwickelt wurden, geht von der freien wirtschaftlichen Betätigungsmöglichkeit jedes Einzelnen aus. Smith behauptet, dass das freie Spiel der Marktkräfte eine harmonische Ordnung ergebe. Gerade eigennütziges Verhalten aller Wirtschaftssubjekte führte unter wettbewerblichen Rahmenbedingungen zu einer bestmöglichen Güterversorgung und zur Vermehrung von Reichtum und Wohlstand sowohl für den Einzelnen als auch für die Gesellschaft insgesamt. Quasi als „unsichtbare Hand" lenke der Wettbewerb eigennütziges Verhalten [...] in eine auch gesellschaftlich vorteilhafte Richtung. Staatliche Eingriffe in die Wirtschaft werden deshalb vom Liberalismus abgelehnt. Der Liberalismus befürwortet eine freie Marktwirtschaft als Wirtschaftsordnung mit allen wirtschaftlichen Freiheiten wie Gewerbefreiheit, freie Preisbildung und Wettbewerbsfreiheit. Der Staat hatte im Modell des klassischen Wirtschaftsliberalismus lediglich Ordnungsfunktionen zu erfüllen („Nachtwächterstaat").

Nach: Krol/Schmid, Volkswirtschaftslehre, Tübingen 2002, S. 24f., und Das Lexikon der Wirtschaft, Bonn 2004, S. 30

Die zwei Strategien der Wirtschaftspolitik – eine Gegenüberstellung

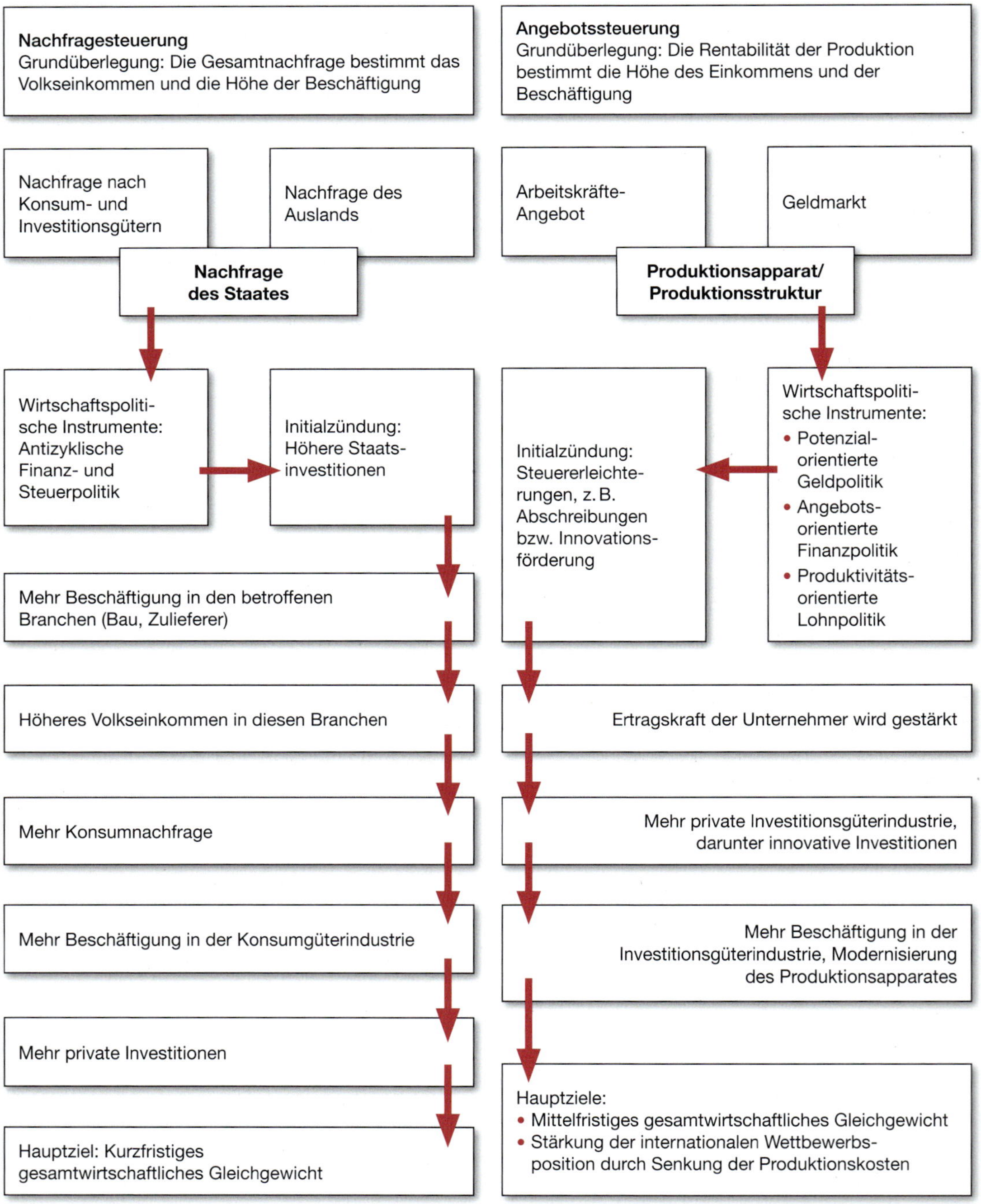

Heinrich Köppen, Konjunkturpolitik. Schülerheft, 7. Aufl., Stuttgart 1998, S. 47

Aufgabe

Seit längerer Zeit wird in Deutschland über die Einführung gesetzlicher Mindestlöhne diskutiert. Nehmen Sie aus einer angebots- und einer nachfrageorientierten Perspektive Stellung zu dieser Frage.

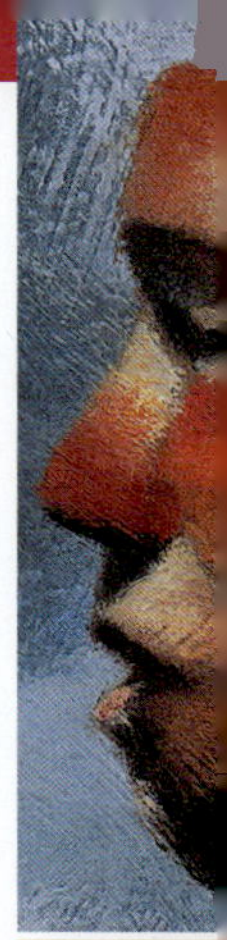

M Tendenz zu einem Mix aus Angebots- und Nachfragepolitik

Wenn man sich die konkrete Wirtschaftspolitik in der Bundesrepublik Deutschland anschaut, dann hat man den Eindruck, dass in den letzten Jahren der ökonomische Zeitgeist ins Lager der Anhänger eines makroökonomischen Policy-Mix aus verbesserten Angebotsbedingungen und einem positiven makroökonomischen Rahmen wandert. [...]

Nach dem Stand der Wirtschaftswissenschaften lassen sich Angebots- und Nachfragefaktoren empirisch gar nicht auseinanderhalten, eine positive wirtschaftliche Entwicklung kann nur entstehen, wenn ökonomische Anreize und gesamtwirtschaftliche Nachfrage zusammenwirken. Hohe Lohnabschlüsse stärken die Massenkaufkraft, den Konsum und die Beschäftigung – wenn nicht die Haushalte angesichts erwarteter Inflation und steigender Arbeitslosigkeit in Angstsparen verfallen. Hohe Löhne können technischen Fortschritt und somit angebotsorientiert Wachstum erzeugen – wenn die Effekte nicht durch Freisetzung von Arbeitskräften und Mindereinkommen aufgesogen werden.

Angebotstheoretisch motivierte Lohnzurückhaltung stärkt die internationale Wettbewerbsfähigkeit eines Landes und führt zu einem Nachfrageimpuls, der die Investitionen und die Binnenkonjunktur stimulieren kann – wenn die Unternehmer nicht infolge schwacher Absatzerwartungen neue Initiativen scheuen.

Makroökonomen aller Schattierungen benutzen dasselbe methodische Instrumentarium. Es gibt einen breiten Grundkonsens über wichtige makroökonomische Zusammenhänge. Nachfrageschwankungen beeinflussen die Konjunktur. Höhere Budgetdefizite, ein größeres Geldmengenwachstum oder sinkende Zinsen sowie ein gestiegenes Vertrauen von Verbrauchern und Investoren führen zu vermehrter Produktion und zu einem Abbau von Arbeitslosigkeit. Staatsdefizite sind somit zwar kurzfristig günstig, langfristig aber schädlich für das Wirtschaftswachstum. Politikstrategien können von den Wirtschaftssubjekten auch konterkariert werden. Die Struktur des Staatshaushalts ist gleichfalls wichtig. Infrastrukturmaßnahmen und Ausgaben für Forschung und Bildung sichern auch langfristiges Wachstum.

Klaus Zimmermann, Handelsblatt, 7.4.2005

Aufgaben

1. Recherchieren Sie Grundpositionen verschiedener Parteien zur Wirtschaftspolitik und prüfen Sie jeweils die These vom angesprochenen Policy-Mix (vgl. S. 253/255) aus Angebots- und Nachfragepolitik. (M)
2. Analysieren Sie, welche wirtschaftspolitische Grundkonzeption bei den verschiedenen Parteien überwiegt.

3.2 Beschäftigungspolitik zwischen Angebot und Nachfrage

Leitfragen

- Welchen Beitrag kann die Wirtschaftspolitik zur Lösung des Beschäftigungsproblems leisten?
- Mit welchen Maßnahmen konnte Deutschland in der Finanzkrise Arbeitsplätze sichern?

Entwicklung der Arbeitslosigkeit

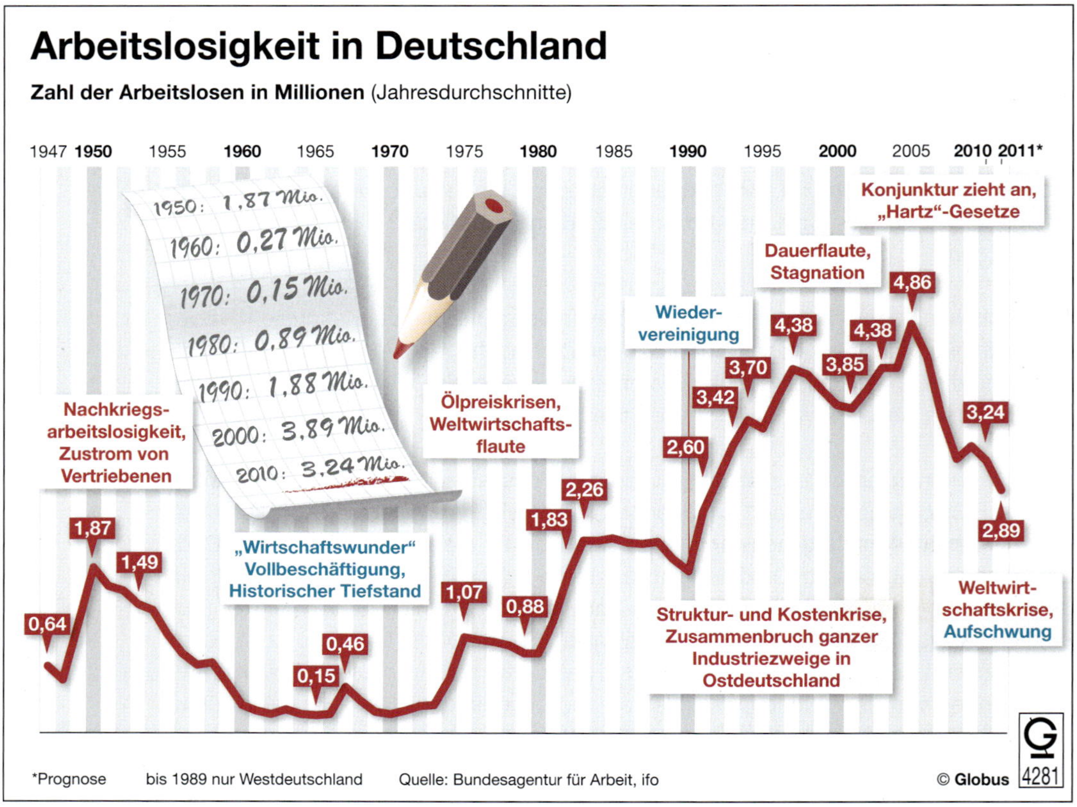

Wie kann die Wirtschaftspolitik Arbeitslosigkeit bekämpfen?

Für die **Angebotstheorie** sind fehlende Investitionen der Unternehmen die wesentliche Ursache für Unterbeschäftigung. Kritisiert werden zu hohe Arbeits- und Lohnnebenkosten, zu hohe Steuern und Sozialabgaben, einschränkende Regulierungen und zu geringe Flexibilität des Arbeitsmarktes (z. B. Kündigungsschutz), ausufernde Bürokratie, eine zu hohe Staatsquote und zu niedrige Arbeitszeiten. Dementsprechend fordern die Angebotstheoretiker, die Rahmenbedingungen für Investitionstätigkeit der Unternehmen zu fördern.

Für die **Nachfragetheorie** ist eine zu geringe Nachfrage für Arbeitslosigkeit verantwortlich. Der Staat soll seine Ausgaben – auch durch höhere Staatsschulden – steigern und etwa durch Beschäftigungsprogramme und staatliche Investitionen die private Nachfrageschwäche ausgleichen. Dadurch sollen Produktion, Einkommen und Beschäftigung steigen.

Beschäftigungspolitik konkret: mit Keynes aus der Finanzkrise

Mit dem Zusammenbruch der Investmentbank Lehman Brothers begann im September 2008 die globale Finanzkrise, die die gesamte Weltwirtschaft schlagartig in die tiefste Krise seit der großen Depression der 1930er Jahre beförderte. Um eine verheerende Abwärtsspirale aus rückläufiger privater Nachfrage, einbrechenden unternehmerischen Investitionen und sinkenden Exportüberschüssen zu verhindern, haben nahezu alle Industrienationen im Sinne von Keynes gigantische Konjunkturprogramme in Rekordzeit und in Rekordvolumen beschlossen, finanziert durch gewaltige staatliche Kreditaufnahmen.

In Deutschland wurden in kurzer Zeit zwei Konjunkturpakete im Umfang von mehr als 60 Milliarden Euro beschlossen.

Mit dem Instrument der Kurzarbeit wurden ergänzend Maßnahmen der Arbeitsmarktpolitik ergriffen. Durch Kurzarbeit kann die regelmäßige wöchentliche Arbeitszeit etwa bei wirtschaftlichen Problemlagen für maximal sechs Monate gekürzt werden. Unternehmen können damit ihre Lohnkosten senken. Um den Verdientsausfall der Arbeitnehmer auszugleichen, wird den Beschäftigten ein Großteil des Gehaltsunterschieds, der durch die kürzeren Arbeitszeiten entsteht, von der Bundesagentur für Arbeit ersetzt. Die Bundesregierung hatte 2009 angesichts der schweren Wirtschaftskrise die Zahlung des sog. konjunkturellen Kurzarbeitergeldes auf zunächst 18 und dann auf maximal 24 Monate verlängert. Durch den Einsatz von Kurzarbeit konnten die Unternehmen eine Beschäftigungsbrücke über die Krise bauen,

Milliarden für die Konjunktur

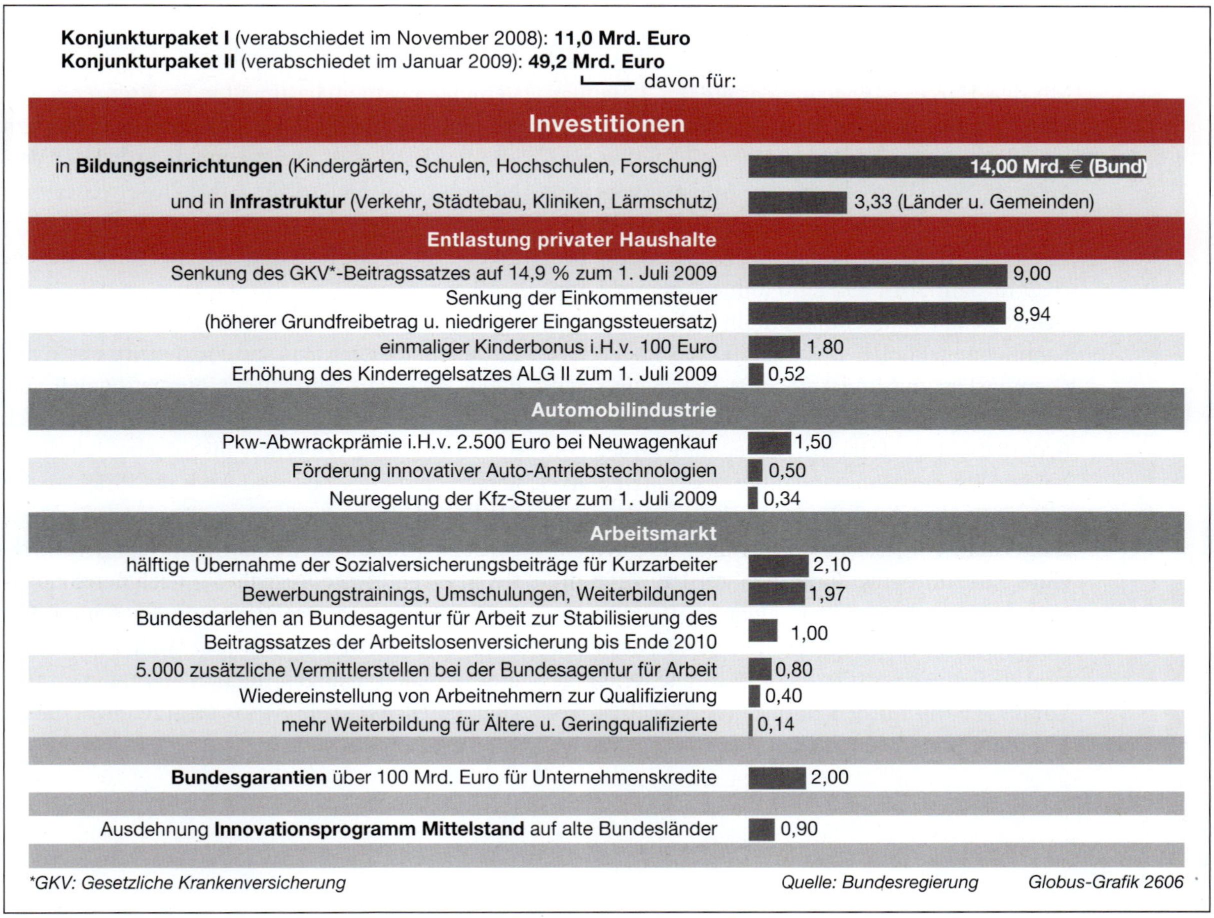

kurzfristig auf Kündigungen verzichten und bei besserer Auftragslage mit ihrer qualifizierten und eingearbeiteten Stammbelegschaft sehr schnell die Beschäftigung wieder ausweiten. Zugleich wurden die Kosten der Krise auf viele Schultern, respektive die Steuer- und Beitragszahler, verteilt. Im Gegensatz zu anderen Ländern stieg die Arbeitslosigkeit in Deutschland auch durch die Regelungen zur Kurzarbeit während der Krise nicht dramatisch an. Nach Angaben der Bundesagentur für Arbeit schlugen das Konjunktur-Kurzarbeitergeld und die Kosten für die übernommenen Sozialversicherungsbeiträge bei der Bundesagentur im Jahr 2009 mit knapp 4,57 Mrd. Euro zu Buche.

Das Instrument der Kurzarbeit eignet sich besonders dann, wenn es sich um kurze Wirtschaftskrisen handelt. Bei längerer, insbesondere struktureller Unterbeschäftigung, besteht die Gefahr, dass durch Kurzarbeit wirtschaftlich nicht haltbare Strukturen subventioniert werden, ohne Arbeitslosigkeit dauerhaft abzubauen.

Anzahl der Kurzarbeiter in Deutschland

März 2011 bis Februar 2013 in Hunderttausend (gerundet)

Mrz 11	Apr 11	Mai 11	Jun 11	Jul 11	Aug 11	Sep 11	Okt 11	Nov 11	Dez 11	Jan 12	Feb 12
2,5	1,3	1,2	1,1	0,8	0,7	0,8	0,8	0,9	1,4	2,1	2,3
Mrz 12	**Apr 12**	**Mai 12**	**Jun 12**	**Jul 12**	**Aug 12**	**Sep 12**	**Okt 12**	**Nov 12**	**Dez 12**	**Jan 13**	**Feb 13**
1,7	0,8	0,8	0,7	0,5	0,5	0,7	0,8	1,0	1,5	2,3	2,5

Bundesagentur für Arbeit, Datenstand: Juni 2013

Hartz IV oder „Flexicurity“: unterschiedliche Ansätze der Arbeitsmarktpolitik

Mit den **Hartz IV**-Regelungen, die am 1. Januar 2005 in Kraft getreten sind, wurden die Bezugsmodalitäten für das Arbeitslosengeld völlig neu geregelt. Nach Hartz IV werden Arbeitslosen- und Sozialhilfe zum Arbeitslosengeld II (ALG II) zusammengefasst. Die monatliche Regelleistung beträgt im Jahr 2014 391 Euro (ohne Wohngeld und Heizkostenzuschläge) und erhöht sich für weitere Familienangehörige. Das ALG II ist keine Versicherungsleistung und berechnet sich nicht nach dem früheren Arbeitseinkommen, sondern am Bedarf des Betroffenen. Das reguläre Arbeitslosengeld (in der Höhe abhängig vom letzten Arbeitseinkommen) wird nur noch ein Jahr lang ausgezahlt. Vorgesehen ist zudem die Möglichkeit eines Zuverdienstes durch den Ausbau öffentlicher Arbeitsgelegenheiten, etwa bei Wohlfahrtsverbänden. Arbeitslose erhalten dafür zusätzlich zu ALG II einen Euro pro Arbeitsstunde. Wichtige Voraussetzung für den Bezug von ALG II ist das Kriterium der Bedürftigkeit, d.h. vorhandenes Vermögen wird ab bestimmten Freigrenzen angerechnet. Nach dem Hartz IV-Grundsatz „Fördern und Fordern“ wird die Zumutbarkeit bei der Vermittlung von Stellen für Arbeitslose weiter verschärft. Wer eine zumutbare Arbeitsstelle nicht antritt, muss mit Kürzungen seiner Arbeitslosenbezüge rechnen.

In Dänemark geht man mit **Flexicurity** einen anderen Weg. Dort wird ein im internationalen Vergleich hohes Arbeitslosengeld gezahlt und auch die Länge des Bezugs mit bis zu vier Jahren ist bemerkenswert. Doch sind auch die Pflichten für die Erwerbslosen groß. Sie müssen aktiv arbeitssuchend sein und nicht nur ihre persönlichen Daten in einem Zentralregister für geeignetes Personal suchende Unternehmer eintragen. Sie müssen auch zwei Bewerbungen pro Woche abliefern, drei Stunden Fahrzeit täglich akzeptieren und auch bereit sein, jede Arbeit anzunehmen, die sie wahrnehmen können.

Flexicurity – Dänemark als Vorbild?

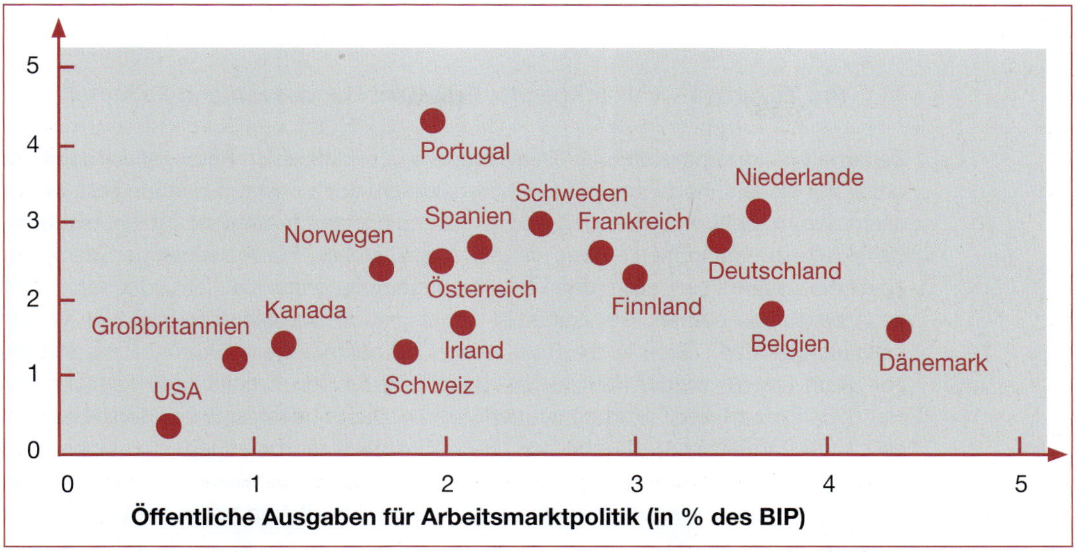

Erläuterung: x-Achse: Öffentliche Ausgaben für Arbeitsmarktpolitik (in % des BIP); y-Achse: Arbeitnehmerschutzrechte (Bsp.: je höher die Zahl, umso strenger der Kündigungsschutz); Nach: http://aplefebvre.files.wordpress.com/2008/01/flexicurite.png

Karikatur: Plaßmann / Baaske Cartoons

Aufgaben

1. Ordnen Sie einzelne Maßnahmen der Konjunkturpakete den wirtschaftpolitischen Grundkonzeptionen zu. Begründen Sie Ihre Festlegungen.
2. Stellen Sie mögliche Auswirkungen der Kurzarbeiterregelung auf die Unternehmen, die Haushalte und den Staat dar.
3. Beschreiben und erläutern Sie die Position Dänemarks und die anderer extrem positionierter Staaten. Beurteilen Sie: Sollte Deutschland das dänische Modell übernehmen?

Kontrovers diskutiert: Zeitarbeit als Beschäftigungsmodell – Chance oder Irrweg?

M 1 Pro Zeitarbeit – Volker Enkerts, Präsident Bundesverband Zeitarbeit

Zeitarbeit gehört untrennbar zu einem modernen und flexiblen Personalmanagement dazu. Wir lassen uns zwar darauf nicht reduzieren, doch unseren Kunden geht es vor allem darum, bei Personalengpässen, etwa bedingt durch Auftragsspitzen, rasch Arbeitskräfte zu bekommen – ohne sie gleich einzustellen. Für Arbeitnehmer wiederum spielt die Zeitarbeit vor allem dann eine wichtige Rolle, wenn sie nicht oder noch nicht im Arbeitsleben stehen: Die Zeitarbeit öffnet gerade Berufsanfängern, auch Hochschulabsolventen, Türen in die Berufswelt, und nach längerer Berufspause können vor allem Frauen wieder Fuß fassen. Der Effekt für den Arbeitsmarkt liegt auf der Hand: 64 Prozent der Zeitarbeitnehmer waren vorher arbeitslos. Besonders aber sind es Langzeitarbeitslose, die fast nur noch über die Zeitarbeit wieder zu einem Job kommen. Wenn sie in der Zeitarbeit einen Job bekommen, haben sie die oft unüberwindbare Hürde „Bewerbung" für diese Tätigkeit geschafft und können mit ihrer Arbeit überzeugen.

Dennoch: Firmen müssen flexibel sein, und sie scheuen sich, selbst bei Großaufträgen, neue Mitarbeiter fest anzustellen. Das Instrument Zeitarbeit sorgt dafür, dass sie die benötigten Mitarbeiter bekommen, was zu einer weiteren Entlastung am Arbeitsmarkt führt. Die aktuelle Stabilität auf dem Arbeitsmarkt ist zu großen Teilen der Zeitarbeit zu verdanken. [...]

Volkswirtschaftlich gesehen sorgt Zeitarbeit dafür, dass Produktion und Dienstleistung in bestimmten Bereichen überhaupt noch in Deutschland stattfinden und nicht in andere Länder abwandern. Aufgrund sehr hoher Lohnabschlüsse, vor allem der IG Metall, lohnen sich niedrig qualifizierte Tätigkeiten in Deutschland oft nicht mehr – einfache Arbeiter wurden so aus den Betrieben gedrängt. Hier kommt die Zeitarbeit mit eigenen Tarifverträgen ins Spiel, was die Produktion eines Autos oder einer Waschmaschine in Deutschland insgesamt wieder wirtschaftlich macht.

Peter Ilg, Stuttgarter Zeitung, 17.11.2010

M 2 Kontra Zeitarbeit – Detlef Wetzel, Zweiter Vorsitzender IG Metall

Prekäre, also unsichere, Beschäftigung und der Niedriglohnsektor nehmen in erschreckendem Maße bei uns zu. Leiharbeiter werden zu einer zweiten industriellen Reservearmee aufgebaut und als solche missbraucht. Obwohl ein Leiharbeiter dieselbe Arbeit macht wie ein fest angestellter Beschäftigter, bekommt er dafür 30 bis 50 Prozent weniger Geld. Hinzu kommt, dass der schlecht bezahlte Zeitarbeiter einen völlig unsicheren Arbeitsplatz hat. Das haben wir erst vor kurzem erlebt: In der Krise sind von heute auf morgen 250.000 Leiharbeiter entlassen worden.

Zwei Klassen von Beschäftigten, das mag als ein vorteilhaftes Geschäftsmodell einiger Unternehmen und Verleiher erscheinen, aber dieses Modell spaltet unser Land. Mit Leiharbeit etablieren die Firmen eine zweite Lohnlinie in ihren Betrieben. Und die Unternehmen versuchen immer häufiger, herkömmliches Personal durch Leiharbeiter zu ersetzen. Das schaffen sie in zunehmendem Maße. Nach unserer aktuellen Umfrage wird zusätzlicher Arbeitskräftebedarf nur in 15 Prozent der Fälle durch die Einstellung in unbefristete Stellen abgedeckt, 43 Prozent durch Leiharbeit und 42 Prozent durch befristete Einstellungen. Das heißt: Von 100 neuen Arbeitsverträgen sind 85 unsicher, die Zukunft der Mitarbeiter ist ungewiss. Statistisch gesehen mag das für die Zeitarbeitsbranche schön sein, wenn sie von sich behaupten kann, so viele neue Stellen zu schaffen. Doch das ist ein Trugschluss: Die Leiharbeitsbranche schafft keinen einzigen Arbeitsplatz. Die Arbeitsplätze werden in den Industrieunternehmen geschaffen, dort, wo die Aufträge sind. Nur wird dort zunehmend Stammbeschäftigung durch Leiharbeit verdrängt.

Der Arbeitsmarktskandal, gemeldet von der Bundesagentur für Arbeit selbst: 60 Prozent des Beschäftigungsaufbaus der letzten Monate erfolgte über Leiharbeit. Das ist arbeitsmarktpolitisch eine völlige Katastrophe. Volkswirtschaftlich übrigens auch: Unsere Sozialsysteme stehen, wenn diese Entwicklung so weitergeht, vor einem Kollaps, denn sie sind nicht darauf ausgerichtet, Billiglöhner in Millionenzahlen als Grundlage zu haben. Das zerstört unsere Sozialsysteme und trennt die Menschen noch mehr. Eine Zweiklassengesellschaft ist kein Geschäftsmodell für Deutschland.

Aufgaben

1. Überprüfen Sie, ob Hartz IV und die Zeitarbeit eher der Konzeption der Nachfrage- oder Angebotstheorie zuzuordnen sind.
2. Bewerten Sie die Zeitarbeit aus einzelwirtschaftlicher und gesamtwirtschaftlicher Sicht. (M 1, M 2)

3.3 Die Rolle der Tarifpartner für die Beschäftigung

Leitfragen | Welche Lohnstrategien verfolgen die Tarifpartner? | Wie sind deren Lohnstrategien zu bewerten?

Die Tarifvertragsparteien

Handlungsakteure bei der Ermittlung des Tariflohnes sind die Gewerkschaften als Vereinigung der Arbeitnehmer und die Arbeitgeber, die in einer Vielzahl von Verbänden organisiert sind, etwa dem Bundesverband der deutschen Industrie. Sie verhandeln im Rahmen ihrer Tarifautonomie – also unabhängig von direkter staatlicher Einflussnahme – über die Lohnhöhe, die Arbeitszeit und weitere Regelungen der Arbeitswelt.

Tarifautonomie und Tarifvertrag

Die Tarifautonomie leitet sich aus dem im Grundgesetz (Art. 9 GG) garantierten Recht der Koalitionsfreiheit ab und genießt in Deutschland hohes Ansehen. Ergebnis der Tarifverhandlungen ist der Tarifvertrag, der die Rechte und Pflichten der Vertragsparteien regelt.

Konzeptionen der Lohnpolitik

Produktivitätsorientierte Lohnpolitik: Von zentraler Bedeutung hierfür ist die Arbeitsproduktivität. Sie ergibt sich, indem die Menge der in einem bestimmten Zeitraum produzierten Güter ins Verhältnis zur Menge der dazu benötigten Arbeitsleistungen (Arbeitsstunden oder Zahl der Erwerbstätigen) gesetzt wird. Die Arbeitsproduktivität ist damit eine Orientierungsgröße für stabilitätsgerechte Tarifabschlüsse. Denn wenn die Löhne im gleichen Maße steigen wie die Arbeitsproduktivität, bleiben die Lohnstückkosten konstant, und es kommt nicht zu kostenbedingten Preissteigerungen. Gehen die Lohnsteigerungen über den Produktivitätsanstieg hinaus, so ist dies i. d. R. nur durch Preisanhebungen oder den Abbau von Arbeitsplätzen abzufangen.

Kaufkrafttheorie: Danach sollen Lohnsteigerungen neben dem Produktivitätszuwachs und Inflationsausgleich auch eine Umverteilungskomponente enthalten. Nach dieser Theorie sind hohe Löhne nicht etwa schlecht für die Vollbeschäftigung, sondern sogar notwendig. Denn nur wenn es genügend Nachfrage nach Gütern gibt, werden auch entsprechend viele Arbeitskräfte eingestellt. Lohnsenkungen würden der Konjunktur dagegen eher schaden als nützen. Als warnendes Beispiel wird dabei oft auf die Deflationspolitik in der Weltwirtschaftskrise der 1930er Jahre verwiesen. Die Kaufkrafttheorie entspricht der Sicht der Arbeitnehmer.

Da im Zeitalter der Globalisierung die Unternehmen mobiler sind als die Arbeitnehmer, besteht die Gefahr, dass Lohnerhöhungen über den Produktivitätsfortschritt hinaus zu Produktionsverlagerungen ins Ausland führen. Dies hat die Position der Gewerkschaften verschlechtert, sodass deren Tarifpolitik daher häufig defensiven Charakter hat. Offensive Lohnstrategien treten zugunsten von Arbeitsplatzsicherung in den Hintergrund.

Nominallohn und Reallohn

Unter dem Nominallohn ist das in Geldeinheiten gezahlte Entgelt für geleistete Arbeit zu verstehen, das keine Aussage über die Kaufkraft des Geldes zulässt, da – im Gegensatz zum Reallohn – die Veränderungen des Preisniveaus in Form von Inflation oder Deflation nicht berücksichtigt werden.

Der Reallohn gibt die Kaufkraft der Löhne und Gehälter wieder, d. h. den um die Inflation bereinigten Nominallohn. Lohnerhöhungen führen für die Arbeitnehmer nur dann zu einer Steigerung der Kaufkraft, wenn die Erhöhung größer ist als der Preisanstieg. Steigt der Lohn innerhalb eines bestimmten Zeitraums beispielsweise um fünf Prozent und liegt die Inflationsrate während des gleichen Zeitraums bei drei Prozent, so steigt der Reallohn lediglich um zwei Prozent.

Der Einkommenseffekt von Lohnerhöhungen

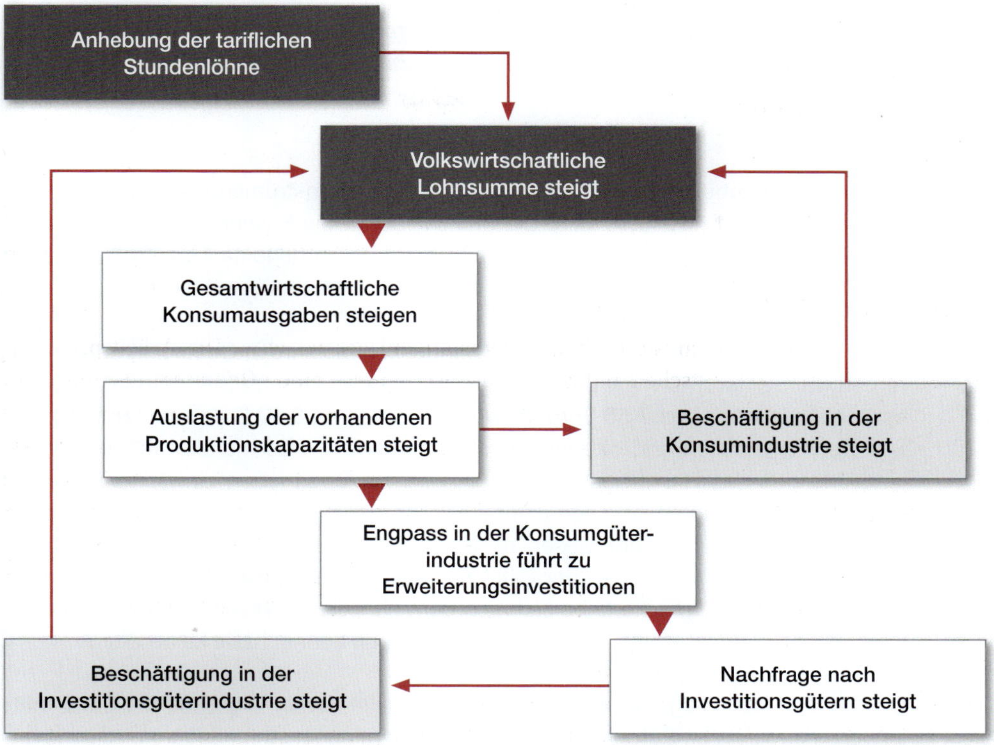

Institut der deutschen Wirtschaft, Köln

Der Kosteneffekt von Lohnerhöhungen

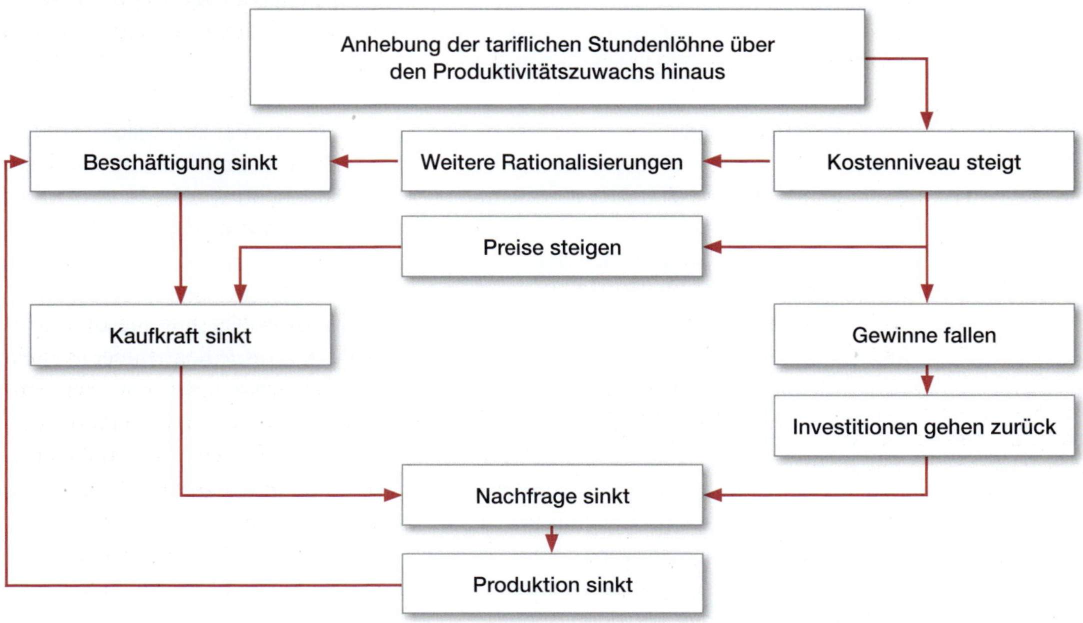

Aufgabe

Analysieren Sie, wie in einer aktuellen Tarifauseinandersetzung die Gewerkschaften ihre Lohnforderungen begründen.

M 1 Was bringt der Mindestlohn? – die Debatte um eine Lohnuntergrenze

Hilft eine Lohnuntergrenze den Niedrigverdienern oder kostet sie nur Jobs? Seit Jahren tobt die Debatte um den Mindestlohn zwischen Arbeitnehmern und Arbeitgebern. Statt mit Sachargumenten wird sie vor allem mit Überzeugungen geführt, denn klare Erkenntnisse fehlen.

Da ist der Leiharbeiter an der Uniklinik Essen, der die Instrumente aus dem OP wieder sauber macht – für 6,50 Euro die Stunde. Da ist die Friseurin in Leipzig, die mit 5,16 Euro zufrieden sein muss. Oder die Helferin im Drogeriemarkt, auf dem Land in Rheinland-Pfalz, die mit 5,30 Euro nach Hause geht. Ist das gerecht?

Die Debatte um das Für und Wider von Mindestlöhnen wird in Deutschland seit Jahren erbittert geführt. Der DGB fordert seit 2006 einen gesetzlichen Mindestlohn; ursprünglich in Höhe von 7,50 Euro, inzwischen sollen es 8,50 Euro sein. Er argumentiert mit moralischen und ökonomischen Argumenten. Das moralische lautet, dass jeder Mensch das Recht haben muss, von seiner Arbeit leben zu können; dass es niemandem zuzumuten ist, nach einer 35- oder manchmal auch 50-Stunden-Woche zusätzlich auf Hartz IV angewiesen zu sein, damit man über die Runden kommt. In den Worten des Vorsitzenden der CDU-Sozialausschüsse, Karl-Josef Laumann: Die Handlungsnotwendigkeit ergebe sich aus dem christlichen Menschenbild, so formulierte er es […]. Eine Arbeit, von der man nicht leben könne, habe keine Würde.

Das ökonomische Argument für Mindestlöhne weist darauf hin, dass der Staat mittlerweile elf Milliarden Euro im Jahr an Lohnsubventionen zahlt – indem er Geringverdienern das Einkommen auf Hartz-IV-Niveau aufstockt. Es ist der größte Subventionsblock überhaupt in Deutschland. Gewerkschafter werfen dem Staat vor, auf diese Weise Geschäftsmodelle am Leben zu erhalten, die bei seriöser Bezahlung keinen Bestand hätten. Und sie sagen, mit Mindestlöhnen könne man die Kaufkraft in Deutschland stärken: Gerade Geringverdiener gäben ja fast all ihr Geld aus, schon weil sie sich Sparen ohnehin nicht leisten können.

Ganz anders argumentieren von jeher die Arbeitgeber. Nach ihrer Darstellung gut gemeint – und damit das Gegenteil von gut. Niedrige Löhne erleichterten es vor allem Geringqualifizierten, eine Arbeit zu finden. Höhere Mindestlöhne aber führten dazu, dass Arbeitsplätze für diese Personengruppe entweder durch Maschinen ersetzt oder ins Ausland verlagert würden. Den Einwand, dass niemand nach Krakau zum Haareschneiden reist, weil der Friseur in Leipzig wegen Mindestlöhnen zu teuer ist, lassen die Arbeitgeber nicht gelten. Werde die Friseurrechnung höher, nehme in dieser Branche eben die Schwarzarbeit zu. Wie man es auch drehe und wende, „von einem Mindestlohn, den man nicht bekommt, weil es den Job nicht gibt, kann niemand leben", heißt es bei der Bundesvereinigung der Arbeitgeberverbände.

Beide Argumentationslinien beruhen mehr auf Überzeugungen denn auf gesicherten Erkenntnissen. Studien über Mindestlöhne, die es in den meisten Ländern der EU gibt, kommen bisher zu allen möglichen Ergebnissen – je nach Überzeugungen und Interessen ihrer Auftraggeber. Mehrere Bundesländer haben das Problem inzwischen so gelöst: Eine Firma, die einen öffentlichen Auftrag haben will, muss ihren Beschäftigten mindestens 8,50 Euro zahlen.

Detlef Esslinger, Süddeutsche Zeitung, 31.10.2011

M 2 Arbeiten für wenig Lohn

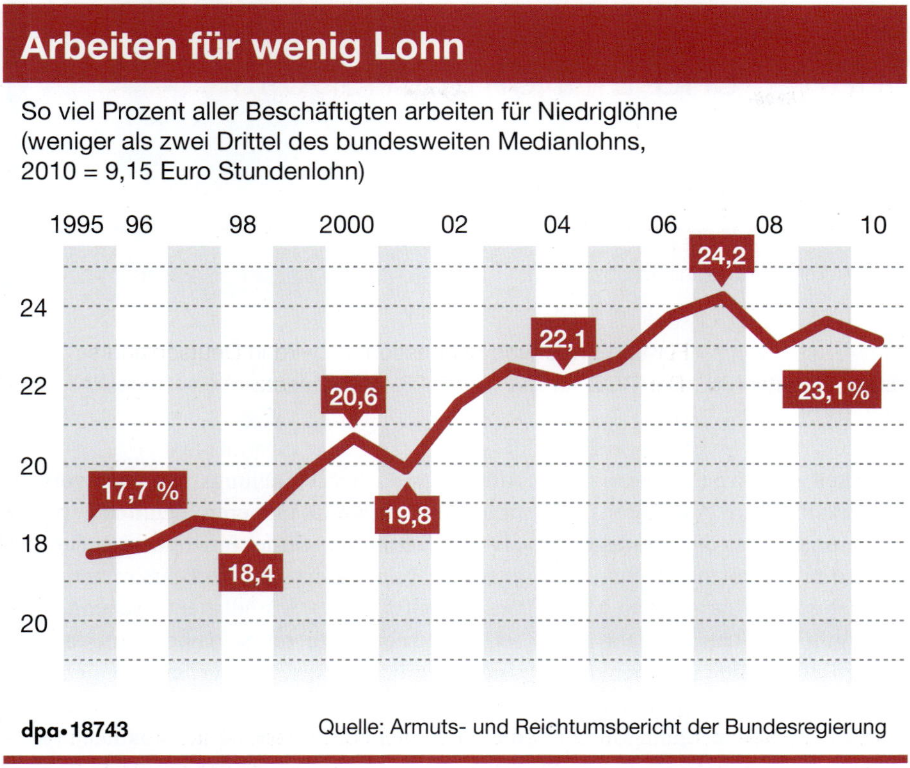

Aufgaben

1. a) Stellen Sie die unterschiedlichen Positionen von DGB und Arbeitgeber einander gegenüber. (M 1)
   b) Erläutern Sie, welcher wirtschaftspolitischen Grundkonzeption gesetzliche Mindestlöhne eher zuzuordnen sind.
2. „Von Arbeit muss man leben können" – „Besser working poor als nur poor"! Diskutieren Sie beide Aussagen. Vergleichen Sie hierzu auch die Einkommensverhältnisse eines Mindestlohnempfängers mit denen eines Hartz-IV-Langzeitarbeitslosen.
3. Beurteilen Sie auch vor dem Hintergrund der Wettbewerbssituation deutscher Unternehmen in einer globalisierten Welt, ob staatliche Mindestlöhne die Beschäftigungschancen gering Qualifizierter verbessern.

4 Finanz- und Einkommenspolitik

4.1 Finanzpolitik

Leitfragen | Welche Aufgaben hat die Finanzpolitik? | Wie werden die staatlichen Aufgaben finanziert?

Was macht der Staat eigentlich mit unserem Geld?

Wesentlicher Bestandteil staatlicher Wirtschaftspolitik ist die Finanzpolitik. Ihre Aufgabe ist es, mithilfe der Steuereinnahmen, der Festlegung von Abgaben und Kreditaufnahmen die Finanzierung der staatlichen Ausgaben zu sichern. Mehr als eine Billion Euro gibt der Staat pro Jahr aus, wobei der Bund den größten Anteil verteilen darf. Daneben kommen die Ausgaben der Länder, der Städte und Gemeinden. Es ist ein Multi-Milliarden-Euro-Spiel.

Allerdings ist der Verteilungsspielraum von Finanzministern und Kämmerern deutlich geringer, als man vermuten würde. Innere und äußere Sicherheit, Bildungssystem, Verkehrsinfrastruktur, Gesundheitsschutz, Grundlagenforschung, gesetzliche Leistungen im Sozialbereich – all das sind öffentliche Güter, die der Staat seinen Bürgern zur Verfügung stellen muss. Hinzu kommen die Zinslasten zur Bedienung der staatlichen Kredite.

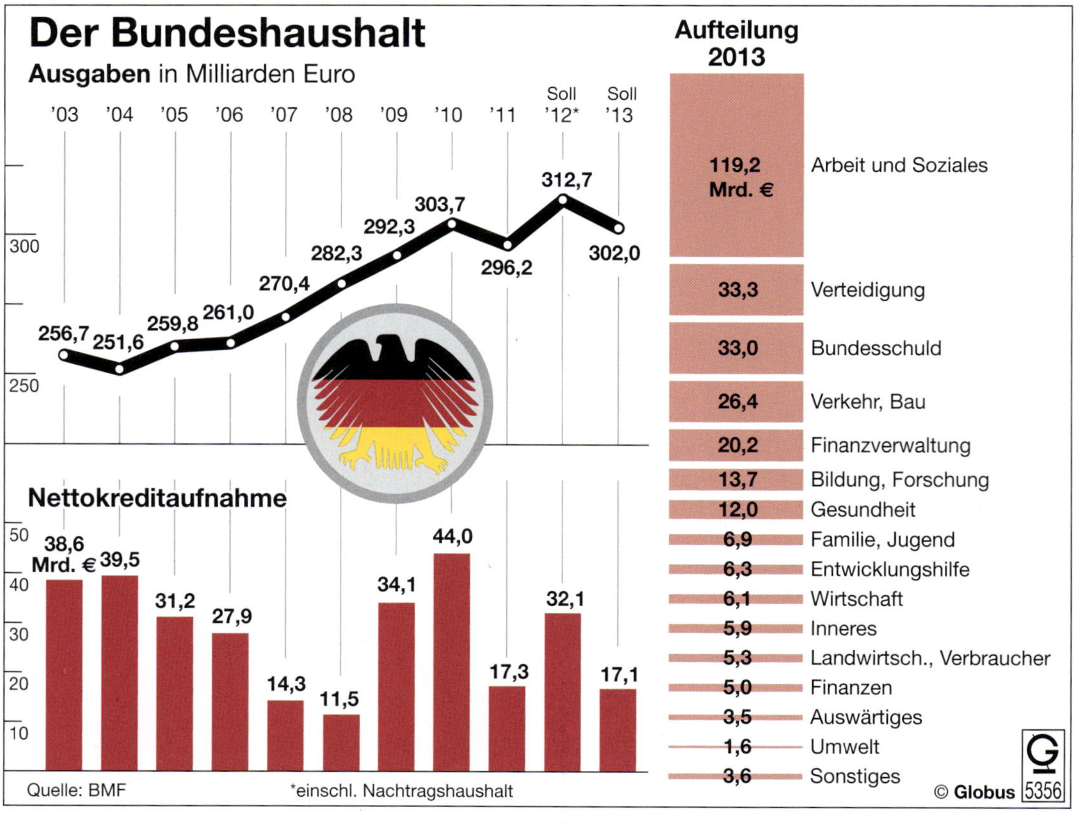

Natürlich könnten die Regierungen beschließen, die Renten zu kürzen, die Hartz-IV-Sätze zu halbieren oder die Autobahnen verkommen zu lassen. Allerdings werden sich dafür keine Mehrheiten in den Parlamenten finden. So stellen sich die staatlichen Etats praktisch von selbst auf und die Manövriermasse ist entsprechend gering. Die Haushaltspolitik steht unter dem Diktat gesetzlich vorgeschriebener Leistungen.

Funktionen des Staatshaushaltes

Bedarfsdeckungsfunktion	Umverteilungsfunktion	Konjunktursteuerung
Finanzierung öffentlicher Güter wie z. B. Schulen, Verkehrswege oder Krankenhäuser	Finanzierung von Maßnahmen zum Ausgleich sozialer Ungleichgewichte wie z. B. Sozialhilfe oder Mietzuschüsse	Steuerung der Ausgaben und Einnahmen um unerwünschten Wirkungen von Konjunkturschwankungen wie z. B. Arbeitslosigkeit entgegenwirken zu können

Jörn Altmann, Wirtschaftspolitik, 7. Aufl., Stuttgart 2000, S. 284

Wie finanziert sich der Staat?

Egal, ob wir ein Auto kaufen oder in einer Kneipe ein Bier trinken, der Staat verdient mit. Das ist nicht neu. Seit jeher fordern die Staaten von ihren Bürgern Steuern. Sie sind – neben Gebühren oder Beiträgen für bestimmte staatliche Dienstleistungen – die wichtigste Finanzierungsquelle des Staates. Sie können nach verschiedenen Gesichtspunkten gegliedert werden, und zwar:

- **nach direkten und indirekten Steuern:**

Direkte Steuern werden auf Einkommen und Vermögen erhoben, sind also Besitzsteuern. Dementsprechend zählen hierzu z. B. die Einkommen- und Körperschaftsteuer. Der Steuerzahler ist auch der Steuerträger.

Indirekte Steuern sind die Verkehr- und Verbrauchsteuern, wie etwa die Umsatzsteuer (Mehrwertsteuer) und die Mineralölsteuer. Indirekte Steuern sind in den Preisen der Produkte enthalten und werden von den Unternehmen an den Staat gezahlt. Steuerträger dagegen sind die Endverbraucher, also die privaten Haushalte. Deren persönliche Belastung richtet sich dabei nach ihrem Verbrauch, nicht nach dem Einkommen. Wer also viel konsumiert, hat eine höhere Steuerlast.

- **nach der Ertragshoheit:**

Mineralöl- und Tabaksteuer stehen ausschließlich dem Bund zur Verfügung, während die Einkommensteuer nach einem bestimmten Schlüssel auf Bund, Länder und Gemeinden aufgeteilt wird. Gleiches gilt für die Umsatzsteuer. Reine Ländersteuern sind die Kfz- und die Grunderwerbsteuer. Den Gemeinden fließt die Gewerbe- und die Grundsteuer zu.

Staatsquote und Abgabenquote

Die Staatsquote umfasst die Staatsausgaben in Prozent des Bruttoinlandsprodukts (BIP) und zeigt, in welchem Umfang der staatliche Sektor die gesamte Volkswirtschaft in Anspruch nimmt. Zu den Staatsausgaben zählen alle staatlichen Investitionen und Ausgaben für Personal und Verwaltung, aber auch Zinszahlungen und vor allem Zahlungen an private Haushalte und Subventionen an Unternehmen.

Die Abgabenquote drückt den Anteil von Steuern und Sozialabgaben am BIP eines Landes in Prozent aus.

Ist das deutsche Steuersystem gerecht?

Frage: „Finden Sie unser Steuersystem, so wie es jetzt ist, also die Höhe der Steuersätze, die Steuervergünstigungen usw., alles in allem gerecht oder nicht gerecht?"

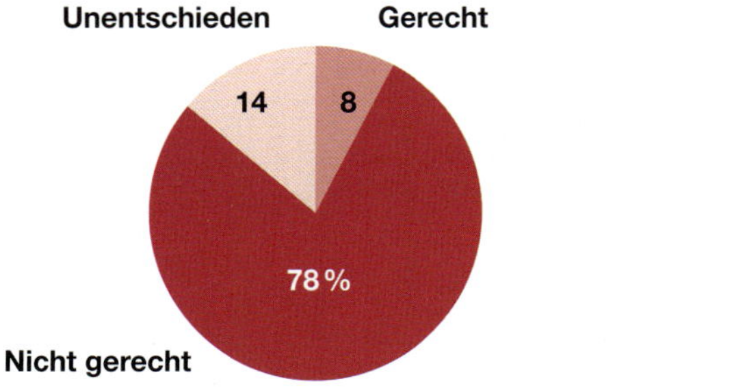

Allensbacher Archiv, IfD-Umfragen, zuletzt 10018, März 2008

Steuergerechtigkeit – nur wie?

Jeder ist damit einverstanden, dass das Steuersystem gerecht sein sollte. Wie aber lässt sich beurteilen, ob ein Steuersystem gerecht ist?

Nach dem **Äquivalenzprinzip** ist es gerecht, wenn die Steuerbelastung der Bürger den aus den beanspruchten staatlichen Leistungen empfangenen Vorteilen entspricht. Damit lässt sich etwa die Mineralölsteuer rechtfertigen, da diejenigen, die Kraftstoffe kaufen, auch diejenigen sind, die den größten Nutzen aus der Verkehrsinfrastruktur ziehen.

Nach dem **Leistungsfähigkeitsprinzip** ist es fair, wenn die Bürger entsprechend ihrer steuerlichen Leistungsfähigkeit an der Aufbringung des Steueraufkommens beteiligt werden. So sollen Besserverdienende zu Gunsten von Bürgern mit geringerem Einkommen stärker belastet werden. Gerechtfertigt wird dieser Ansatz damit, dass alle Bürger ein gleiches Opfer tragen sollten, um den Staat zu unterstützen. Das Ausmaß des Opfers einer Person hängt jedoch nicht von der Höhe der Steuerzahlung ab, sondern ebenso von deren individueller Belastung. Die Steuerzahlung von 1.000 Euro eines Normalverdieners kann ein größeres Opfer bedeuten als eine Steuerzahlung von 10.000 Euro, gezahlt von einer reichen Person. Einkommensstarke Steuerzahler sollen also einen höheren Beitrag zur Finanzierung des Gemeinwesens leisten. Die Frage ist nur, wie viel sie leisten sollen.

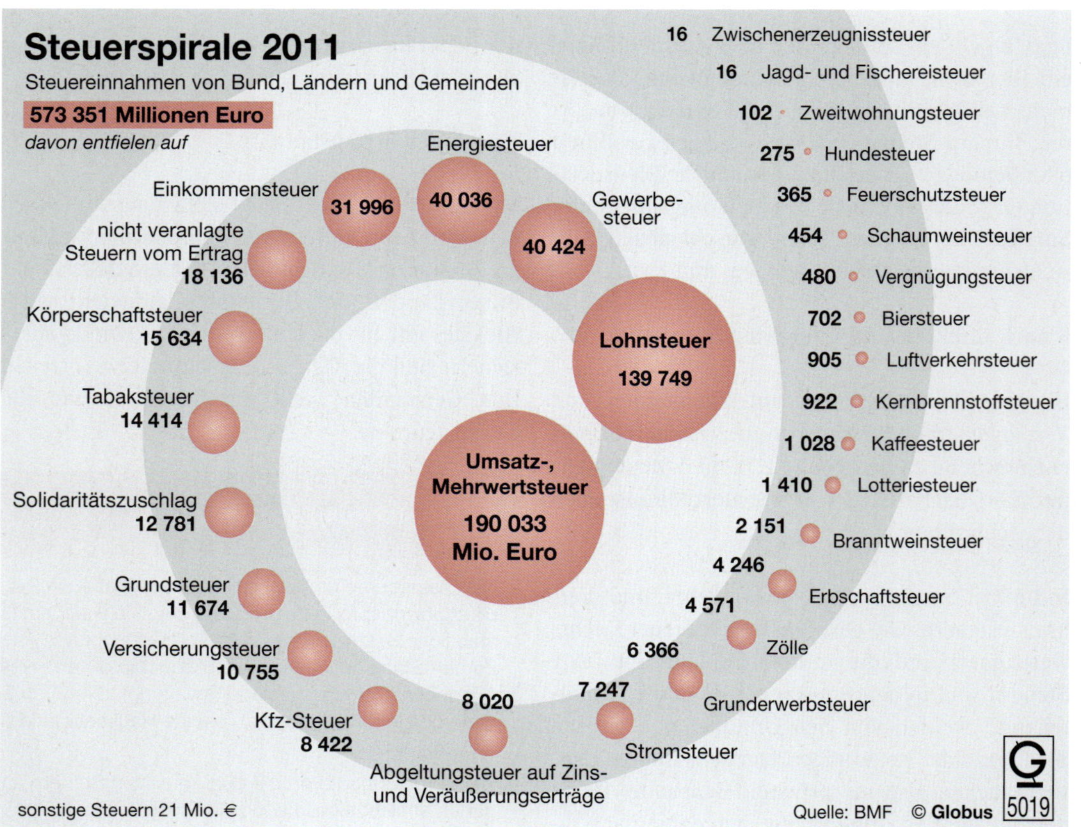

Der Umverteilungseffekt des Einkommensteuertarif

Die **Einkommensteuer** (ESt) ist eine Steuer, die auf das Einkommen natürlicher Personen erhoben wird. Bemessungsgrundlage ist das zu versteuernde Einkommen. Die Einkommensteuer ist eine der wichtigsten Einnahmequellen des Staates. Der Einkommensteuertarif gibt an, wie viel Steuern auf ein gegebenes zu versteuerndes Einkommen zu zahlen sind.

Grundsätzlich kann man bei der Erhebung der Einkommensteuer verschiedene Tarif-Modelle unterscheiden: progressiver Tarif, Stufentarif, proportionaler Tarif, regressiver Tarif.

Bei einem **progressiven Steuertarif** werden hohe Einkommen prozentual höher besteuert als geringe Einkommen. Beim **proportionalen Steuertarif** werden alle Einkommen – egal wie hoch – prozentual gleich besteuert. Beim Stufentarif gibt es verschiedene proportionale Tarife (Stufen), die mit der Höhe des Einkommens ansteigen. Der Grenzsteuersatz gibt an, mit welchem Prozentualanteil jede zusätzliche Einheit eines Einkommens besteuert wird. Der Durchschnittssteuersatz gibt das Verhältnis des gesamten Steuerbetrags zum Einkommen wieder. Der deutsche Einkommensteuertarif ist ein Mischsystem aus progressiven und proportionalen Tarifen.

Einkünfte und Steuerlast der Steuerpflichtigen

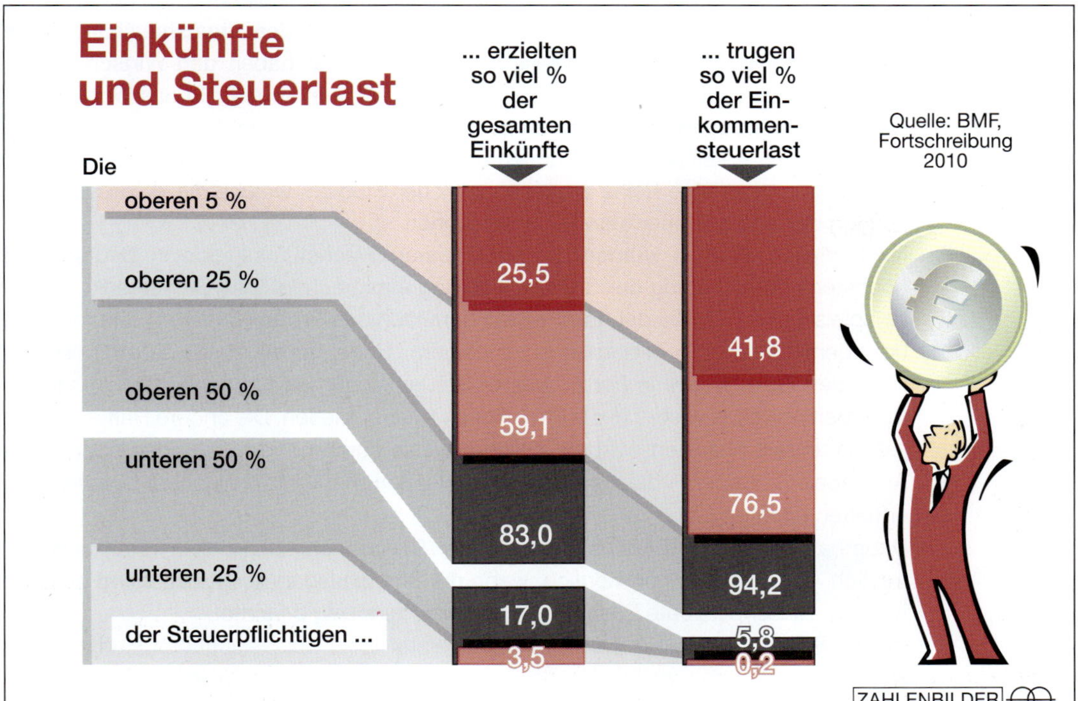

© Bergmoser + Höller Verlag AG

Aufgaben

1. Beurteilen Sie unter sozialpolitischen Gesichtspunkten die Forderung nach einer Senkung der Einkommensteuersätze, wenn zur Kompensation gleichzeitig die indirekten Steuern (z. B. die MwSt) erhöht werden.
2. Erläutern Sie, welcher wirtschaftspolitischen Grundkonzeption diese Position eher zuzuordnen ist.

M Durch Steuersenkungen zu mehr Wirtschaftswachstum – geht das gut?

Befürworter argumentieren, eine Sanierung der öffentlichen Haushalte sei ohne Wirtschaftswachstum nicht erreichbar, und Steuersenkungen brächten Wachstum. Erstens würden Steuersenkungen die gesamtwirtschaftliche Nachfrage durch höheren Konsum stabilisieren [...]. Zweitens würden niedrigere Steuern Leistungsanreize schaffen und Investitionen und Beschäftigung steigern. Dass derartige Wirkungen eintreten, ist plausibel. Nur stellt sich die Frage, ob sie so groß sind, dass der Staat am Ende mindestens gleich hohe Einnahmen wie zuvor hat, es also zu einer Selbstfinanzierung der Steuersenkungen kommt.

Wie sind die bisherigen Erfahrungen mit den Wachstumswirkungen von Steuersenkungs-Programmen? Ein berühmter Anhänger der Selbstfinanzierungsthese war der einstige amerikanische Präsident Ronald Reagan. Er senkte nach seinem Amtsantritt im Jahre 1981 massiv die Steuern.

Das Wirtschaftswachstum in den USA entwickelte sich in den Jahren danach durchaus gut. Aber es war nicht hoch genug, um die Verluste beim Steueraufkommen auszugleichen. Seinen Nachfolgern hat Ronald Reagan einen gewaltigen Schuldenberg hinterlassen [...].

Andere Länder haben ähnliche Erfahrungen machen müssen. In Deutschland sind zwischen 2000 und 2005 die Einkommensteuern deutlich gesenkt worden. Trotzdem verlief die Wirtschaftsentwicklung in diesen Jahren schlecht. Die nächste Bundesregierung war gezwungen, Steuern zu erhöhen, um den Staatshaushalt wieder ins Gleichgewicht zu bringen. Diese Steuererhöhungen haben den Wirtschaftsaufschwung in den Jahren 2006 bis 2008 übrigens nicht verhindert. Da das Wirtschaftswachstum stets von vielen Faktoren beeinflusst wird, ist es nicht einfach, zu bestimmen, welchen Anteil Steuersenkungen oder -erhöhungen an der Entwicklung haben. Allerdings gibt es eine Reihe wissenschaftlicher Studien, welche die Wachstumswirkungen bisheriger Steuerreformen untersuchen.

Nach diesen Studien würden die erreichbaren Wachstumseffekte in Deutschland höchstens dem Umfang der Steuerentlastung entsprechen. Eine Steuersenkung von beispielsweise 15 Milliarden Euro würde demnach das Bruttoinlandsprodukt maximal um ebenfalls rund 15 Milliarden Euro steigern. Ungefähr die Hälfte davon, also 7,5 Milliarden Euro, würde in Form höherer Steuereinnahmen und sinkender Ausgaben für Arbeitslosigkeit wieder in die öffentlichen Kassen fließen. Die andere Hälfte müsste jedoch anders finanziert werden, beispielsweise durch höhere Schulden oder durch Ausgabenkürzungen – die dann allerdings wiederum negative Wachstumswirkungen entfalten könnten [...].

Dauerhafte steuerliche Entlastungen breiter Bevölkerungsschichten wären zwar erfreulich, sie sind aber nur möglich, wenn die Staatsausgaben entsprechend gesenkt werden. Dieser schlichte Zusammenhang wird zu wenig beachtet.

Da die Staatsausgaben in Deutschland in erster Linie Sozialausgaben sind, würden spürbare Kürzungen weitreichende Reformen des deutschen Wohlfahrts- und Umverteilungsstaates erfordern. Wer dauerhafte Steuerentlastungen erreichen will, muss derartige Reformen mitliefern. Andernfalls sind die Steuersenkungen von heute nur die Steuererhöhungen von morgen.

Clemens Fuest, Süddeutsche Zeitung, 5.10.2009

Aufgabe

Diskutieren Sie die von einigen Parteien vertretene These, Steuersenkungen seien ein geeignetes Mittel, um Wirtschaftswachstum und Beschäftigung zu fördern.

4.2 Die Staatsverschuldung

Leitfragen | Was sind die Ursachen der Staatsverschuldung? | Welche Folgen hat eine zu hohe Staatsverschuldung?

Warum verschuldet sich der Staat?

Dass sich Staaten verschulden, ist nicht ungewöhnlich und durchaus nachzuvollziehen, da es nur selten zu einem in Einnahmen und Ausgaben ausgeglichenem Budget kommt. Zu groß sind die Unsicherheiten bei der Steuerschätzung. Zum Ausgleich der Fehlbeträge werden kurzfristige Kassenverstärkungskredite aufgenommen. Ein anderer Grund staatlicher Kreditaufnahme resultiert aus Maßnahmen im Rahmen einer antizyklischen Finanzpolitik, um bei rückläufigen Wachstumsraten und steigender Arbeitslosigkeit staatliche Konjunkturprogramme zu finanzieren. Dabei liegt die Überlegung zu Grunde, dass bei anspringender Konjunktur Steuermehreinnahmen generiert werden, mit denen die Staatsschulden wieder abgebaut werden können. Die Budgetpraxis des Staates zeigt allerdings, dass Mehreinnahmen nicht zur Schuldentilgung, sondern für andere Zwecke ausgegeben werden. Besonders problematisch wird es, wenn es zur strukturellen Verschuldung kommt. Dies ist dann der Fall, wenn die Steuereinnahmen die Ausgaben über lange Zeiträume nicht decken.

Was für Deutschland gilt, trifft in weit größerem Umfang auf viele hoch industrialisierte Staaten zu. Die Schuldenkrise wichtiger Eurostaaten wie Spanien oder Italien belegt dies deutlich. Ein wesentlicher Grund der hohen Staatsdefizite liegt wohl darin, dass Wohlstand auf Pump finanziert wird und die Bewältigung gegenwärtiger Probleme auf Kosten der Zukunft geschieht. Dass die Politik allein eine dauerhafte Begrenzung des Schuldenwachstums durchsetzt, ist kaum zu er-

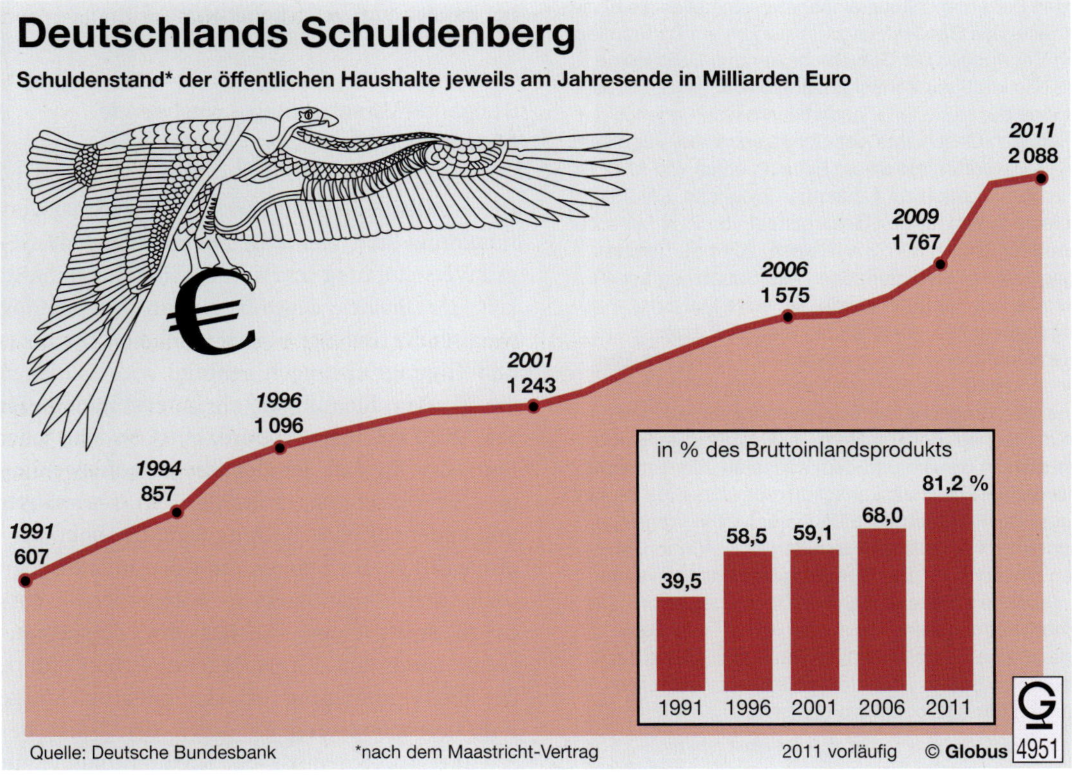

Verschuldung in Begriffen

Als Neuverschuldung werden die jährlich aufgenommenen Kredite bezeichnet, wobei die Gesamtsumme der in einem Haushaltsjahr neu eingegangenen Kreditverpflichtungen die Bruttoneuverschuldung (= Bruttokreditaufnahme) ergibt.
Da aber im selben Haushaltsjahr auch Kreditrückzahlungen (= Tilgungen) zu leisten sind, ergibt sich die Netto-Neuverschuldung (= Nettokreditaufnahme) als Bruttokreditaufnahme minus Tilgungen. Die Nettokreditaufnahme bezeichnet also den Betrag, den ein Staat jährlich neu aufnehmen muss, um seinen Haushalt auszugleichen, während die Gesamtverschuldung den Schuldenstand aller öffentlichen Haushalte bezeichnet.

warten. Denn die Politik orientiert sich in aller Regel an der Zustimmung der Wähler. So beschreiten die Bürger selbst den Weg in die Staatsverschuldung immer weiter, obwohl sie in ihrer Gesamtheit die Folgen zu tragen haben.

In Deutschland lassen sich verschiedene Phasen der öffentlichen Verschuldung unterscheiden.

Durch Wirtschaftswachstum zum Schuldenabbau?

Bund, Länder und Kommunen können sich bis Ende 2014 auf 135,3 Milliarden Euro mehr Steuereinnahmen einstellen als bisher geplant. Das teilte das Bundesfinanzministerium am Donnerstag in Berlin nach Beratungen der Steuerschätzer mit. Das üppige Plus ist Folge des kräftigen Wirtschaftsaufschwungs. Die neue Prognose ist eine der stärksten Einnahmeverbesserungen in der mehr als 55-jährigen Geschichte des Schätzerkreises. Für dieses Jahr rechnen die Experten mit einem Einnahmeplus von 17,6 Milliarden Euro im Vergleich zur November-Prognose. Für 2012 wird mit Mehreinnahmen für den Gesamtstaat von 21,4 Milliarden Euro gerechnet, für 2013 mit 47,3 Milliarden. 2014 dürfte das Steuerplus gegenüber der vergangenen Mai-Schätzung bei 49 Milliarden Euro liegen. Für 2015 wurde das erste Mal eine Prognose abgegeben: Hier erwarten die Steuerschätzer Rekord-Steuereinnahmen von insgesamt 652,3 Milliarden Euro. Der Deutsche Industrie- und Handelskammertag (DIHK) hofft nach der günstigen Prognose der Steuerschätzung auf baldige Reformen im deutschen Steuersystem. „Durch die sprudelnden Steuern besonders in diesem und dem nächsten Jahr kann der Bund die notwendige Haushaltskonsolidierung früher als geplant schaffen“, sagte DIHK-Hauptgeschäftsführer Martin Wansleben. „Der Spielraum für die überfällige Steuerstrukturreformen ist damit deutlich gewachsen.“ Der Bundesfinanzminister warnte davor, die zusätzlichen Steuereinnahmen überzubewerten. „Die Mehreinnahmen eröffnen keine haushalterischen Spielräume“, hieß es in einer Erklärung des Finanzministeriums. Grund sei, dass das Steuerplus bereits zum großen Teil in der aktuellen Haushaltsplanung berücksichtigt worden sei.

focus money online, 12.5.2011

Nach einer moderaten Schuldenpolitik in den 1950er und 1960er Jahren nahm die Verschuldung in den 1970er Jahren deutlich zu – auch eine Folge der im Stabilitätsgesetz von 1967 verankerten Politik des Deficit Spending. Nach einer Konsolidierungsphase in den frühen 1980er Jahren ist dann ab 1990 als Folge der Wiedervereinigung ein rapider Anstieg der öffentlichen Verschuldung festzustellen.

Die Verschuldungsproblematik trifft in weit größerem Umfang auf eine Reihe europäischer Länder zu. Dazu gehört in vielen hoch industrialisierten Staaten die Bewältigung gegenwärtiger Probleme auf Kosten der Zukunft.

Zur Deckung der Finanzierungslücken im Haushalt kann der Staat Schuldpapiere in Form von Bundes- und Länderanleihen, Obligationen, Schuldscheindarlehen oder Bundesschatzbriefe ausgeben, die über den Kapitalmarkt von institutionellen (z.B. Banken oder Versicherungen) oder privaten Anlegern gekauft werden können. „Staatspapiere“ sind interessante Geldanlagen, da sie bei einem geringen Risiko eine sichere Verzinsung garantieren. Während sich der Bund hauptsächlich über Anleihen und Obligationen finanziert, nehmen die Länder und Gemeinden vorwiegend direkt Kredite bei Banken und Versicherungen auf.

Steigende Verschuldung – wachsende ökonomische Probleme

Die negativen Folgen dauerhaft hoher Staatsverschuldung sind vielfältig: Die zunehmende Gesamtverschuldung schränkt die Handlungsfähigkeit des Staates deutlich ein, da ein ständig wachsender Teil der Staatseinnahmen für Zins- und Tilgungsleistungen benötigt wird. So lagen die Zinsverpflichtungen allein des Bundes im Jahr 2010 bei knapp 40 Mrd. Euro. So fehlt jeder Euro, der für den Schuldendienst aufzuwenden ist, für Forschung, Polizisten, Krankenhäuser und andere öffentliche Aufgaben. Die hohe Kreditnachfrage des Staates kann den inländischen Geld- und Kapitalmarkt so beanspruchen, dass es zu solch einem Anstieg des Zinsniveaus kommt und zum **„Crowding-out-Effekt“** führt, der die Verdrängung privater Kreditnachfrage und Investitionstätigkeit durch den Staat bezeichnet. Außerdem ist jede Kreditaufnahme mit einer Ausweitung der Geldmenge verbunden, was die Bemühungen der Zentralbank um Preisstabilität unterläuft.

Was sagen Grundgesetz und Stabilitätspakt?

Das Grundgesetz beschränkt in Artikel 115 die jährliche Neuverschuldung auf die Höhe der öffentlichen Investitionen. Allerdings hat diese Schuldengrenze den starken Schuldenanstieg in Deutschland nicht verhindern können. Grund ist vor allem der Ausnahmetatbestand des gesamtwirtschaftichen Ungleichgewichts, zu dessen Abwehr zusätzliche Kredite aufgenommen werden dürfen. Neben Art. 115 GG begrenzt die durch Bundestag und Bundesrat Anfang 2009 beschlossene „Schuldenbremse" (→ Kap. 4.5) die Kreditaufnahme des Bundes. Nach dieser Regelung durfte erstmals 2011 die strukturelle, also nicht konjunkturbedingte Nettokreditaufnahme höchstens 0,35 Prozent des Bruttoinlandsprodukts betragen. Ausnahmen sind nur bei schweren Rezessionen oder Naturkatastrophen möglich.

Eine völkerrechtliche Grenze besteht seit dem Vertrag von Maastricht zur Schaffung der Europäischen Währungsunion. Danach sind die Mitglieder der Währungsunion auch nach der Einführung des Euro durch den **Stabilitäts- und Wachstumspakt** an die finanzpolitischen **Konvergenzkriterien** gebunden, die eine Neuverschuldungsgrenze von drei Prozent und eine Gesamtverschuldung von 60 Prozent des Bruttoinlandsprodukts setzen. Der Stabilitätspakt sieht Sanktionen bis hin zu Geldbußen für jene Staaten vor, die die Defizitkriterien wiederholt verfehlen. Aber auch hier gibt es Ausnahmetatbestände, die ein Überschreiten der Defizitgrenzen straffrei erlauben, etwa wenn es zu einem deutlichen Rückgang der Wirtschaftsleistung in einem Land kommt.

Aufgaben

1. Steigende Steuereinnahmen haben zu einer öffentlichen Diskussion über deren Verwendung geführt. Entscheiden Sie sich für eine Verwendungsmöglichkeit und begründen Sie Ihre Position.
2. Beschreiben Sie, welche Wirkungen ein hohes staatliches Budgetdefizit auf Zinssätze, Investitionen und Inflation haben kann.
3. „Der Euro-Stabilitätspakt spielt für die Haushaltspolitik der Regierungen keine Rolle". Bewerten Sie diese These angesichts der gesetzlichen Vorgaben einerseits und den Haushaltsdefiziten der Eurostaaten andererseits.

M Wieso die Schuldenbremse Wahnsinn ist

[Die] Schuldenbremse ist nicht nur gesamtwirtschaftlich fragwürdig. Selbst aus einzelwirtschaftlicher Sicht ist nicht nachzuvollziehen, wie man solche Regeln festschreiben kann. [...] Tatsächlich ist es sogar für Firmen sinnvoll und im Sinne der Eigentümer, dass ein Betrieb für neue Investitionen Kredite aufnimmt. Nämlich dann, wenn er mit den Neuanschaffungen mehr Geld erwirtschaften kann, als er für den Zinsdienst aufwenden muss. Ein Manager, der dauernd erfolgversprechende Projekte mit Renditen von zehn Prozent streicht, wenn er sich für fünf Prozent Zinsen Geld von der Bank leihen kann, wird sehr bald von den Aktionären abgesetzt. Und das zu Recht.

Auch für Privathaushalte sind Schulden nicht unbedingt gefährlich. Wenn eine Familie feststellt, dass sie sich mit einer monatlichen Hypothekenrate von 1.000 Euro ein Haus leisten kann, für das sie sonst 1.500 Euro Miete zahlen müsste, kann es durchaus sinnvoll sein, einen Kredit über mehrere Hundertausend Euro aufzunehmen. Auch wenn das ein Vielfaches des Jahreseinkommens ausmachen kann.

Die Schuldenbremse soll aber nun gerade dem Staat das verbieten, was für Unternehmen und Privathaushalte vernünftig ist: Die Bundesländer sollen grundsätzlich gar keine Schulden mehr machen. Für den Bund gilt die 0,35-Prozent-Hürde. Dabei differenziert die Regel nicht danach, ob das Geld vom Staat verschwendet oder investiert wird.

Karikatur: Horst Haitzinger

Was für ein fragwürdiges Unterfangen das ist, erkennt man leicht, wenn man es auf den Privathaushalt überträgt: Eine analoge Regel für eine Durchschnittsfamilie mit einem Jahreseinkommen von 60.000 Euro würde erlauben, jedes Jahr 210 Euro Schulden für ein üppiges Weihnachtsessen zu machen. Gleichzeitig aber verbietet die Vorgabe, 150.000 Euro für den Bau eines Einfamilienhauses oder 10.000 Euro für das Studium der Tochter zu leihen.

Für den Staat ist das besonders dramatisch, weil es durchaus eine Vielzahl potentieller öffentlicher Ausgaben gibt, die eine gesamtwirtschaftliche Rendite weit über den Zinskosten erreichen. Berechnungen zu Bildungsinvestitionen deuten oft auf Renditen von zehn Prozent und mehr hin, während der Staat derzeit nur knapp mehr als drei Prozent Zinsen auf seine Schulden zahlen muss.

Die Schuldenaufnahme für solche Projekte zu begrenzen, hat nichts mit Generationengerechtigkeit zu tun: Genau wie ein Unternehmenserbe nichts davon hat, wenn er ein schuldenfreies Unternehmen erbt, das aus Angst vor Verschuldung nicht mehr in neue Technologien und Produkte investiert hat, erweisen wir unseren Kindern und Enkeln einen Bärendienst, wenn wir öffentliche Investitionen unterlassen, die mehr Nutzen bringen, als die Schulden kosten.

Sebastian Dullien, Der Spiegel, 9.2.2009

Aufgabe

„Die Schuldenbremse ist gesamtwirtschaftlich fragwürdig, aus einzelwirtschaftlicher Sicht nicht nachzuvollziehen und politisch bedeutungslos". Diskutieren Sie diese Aussage vor dem Hintergrund des gegenwärtigen Schuldenstandes.

4.3 Einkommenspolitik

Leitfragen

- Wie sind die Einkommen in Deutschland verteilt?
- Welche Ziele verfolgt die Einkommenspolitik?

Der Prozess der Einkommensentstehung und Einkommensverteilung

Zur Erfassung der Einkommensverteilung einer Volkswirtschaft ist zwischen der **primären** und der **sekundären Einkommensverteilung** zu unterscheiden. Die **Primärverteilung** zeigt jene Verteilung des Volkseinkommens, die sich durch den Einsatz der Produktionsfaktoren in Form von Lohn, Pacht oder Zins ergibt, ohne dass der Staat in die Verteilung eingreift.

Angenommen, ein Arbeitnehmerhaushalt bezieht durch Arbeitstätigkeit, durch Zinsen auf Sparguthaben und durch Vermietung von Wohnraum ein Bruttoeinkommen von 4.000 Euro, so ist dies sein Einkommen, das er im Rahmen der Primärverteilung erhält. Zieht man hiervon die Lohnsteuer und die Sozialversicherungsabgaben (z.B. Kranken- und Rentenversicherungsbeiträge) ab und addiert staatliche Transferleistungen wie etwa das Kindergeld hinzu, so erhält man das Einkommen des Arbeitnehmerhaushalts nach der Umverteilung durch den Staat. Man spricht dann von der **sekundären Einkommensverteilung**, die berücksichtigt, dass durch staatliche Maßnahmen die primäre Verteilung korrigiert wird.

Von der **funktionalen Einkommensverteilung** spricht man, wenn man das Volkseinkommen auf die an der Erstellung des Sozialprodukts beteiligten Produktionsfaktoren Arbeit und Kapital verteilt. Bezieht man das Volkseinkommen auf die Wirtschaftseinheiten, unabhängig davon, durch welchen Produktionsfaktor das Einkommen entstanden ist, spricht man von der **personellen Einkommensverteilung**.

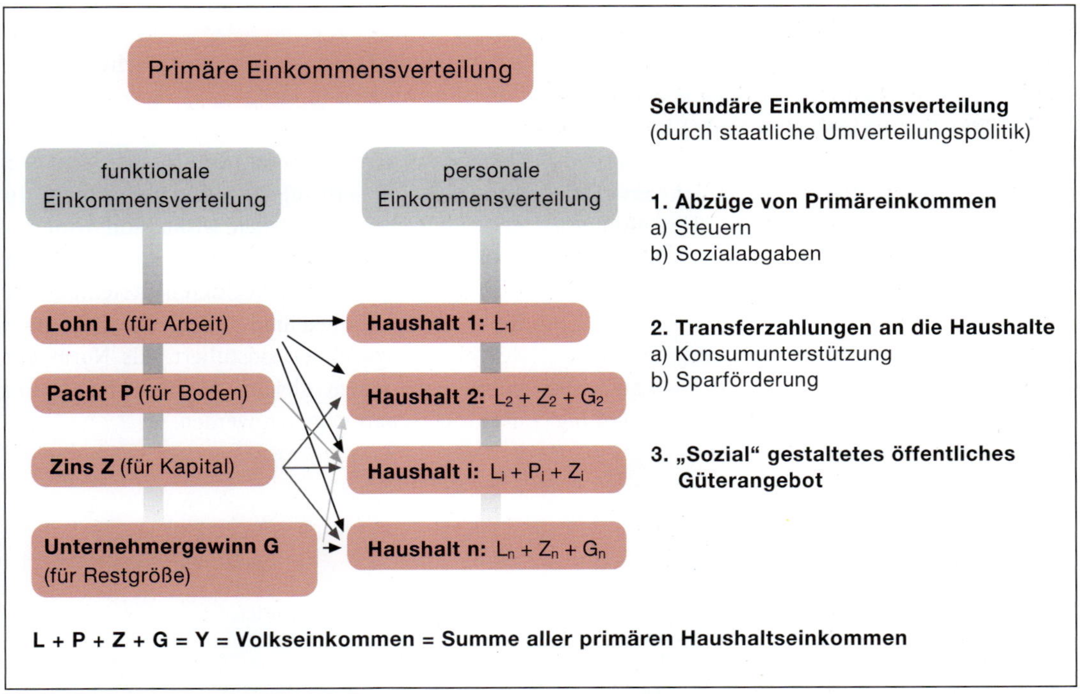

Michael Bauer u. a., Wirtschaft heute, Bonn 2003, S. 119

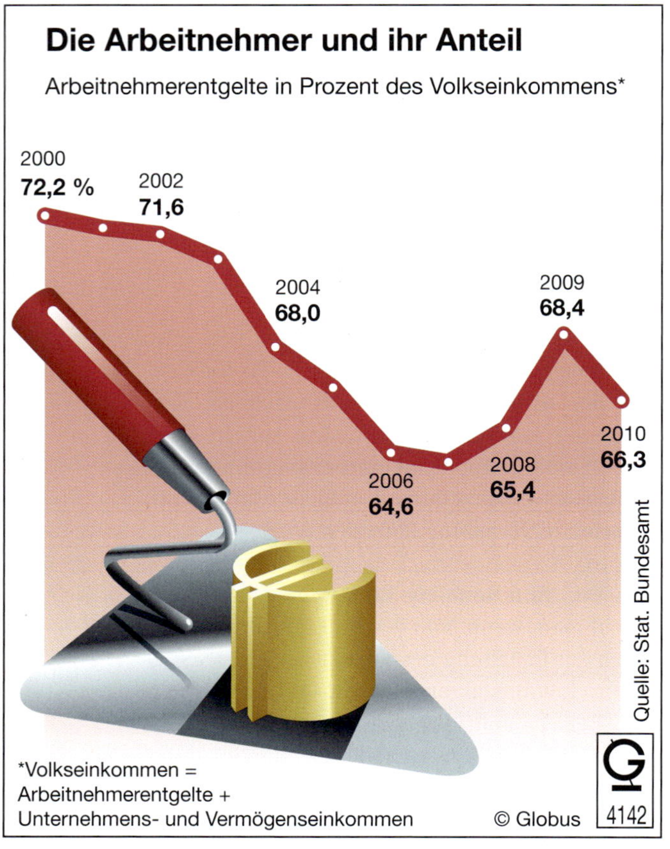

Die Lohnquote – Maßstab für Verteilungsgerechtigkeit?

In der verteilungspolitischen Diskussion kommt der **Lohnquote** eine besondere Bedeutung zu. Sie misst den Anteil der Einkommen aus unselbstständiger Tätigkeit, also die Arbeitnehmerentgelte, am Volkseinkommen. Die sog. **Gewinnquote** erfasst hingegen die Einkommen aus Unternehmertätigkeit und Vermögen.

In der öffentlichen Diskussion spielt die Lohnquote eine wichtige Rolle, wird sie doch auch als Maßstab für eine gerechte Einkommensverteilung genommen. Eine fallende Lohnquote wird als Verschlechterung der Einkommenssituation der Arbeitnehmer angesehen. Doch hier sind Zweifel angebracht, denn die Unterscheidung zwischen Gewinnen und Löhnen weist Ungenauigkeiten auf, weil nicht berücksichtigt wird, dass auch Lohnempfänger erhebliche Vermögenseinkünfte – wie Zinsen, Dividenden oder Mieten – beziehen und der Gewinnquote auch die Arbeitseinkommen der Selbstständigen zugerechnet werden.

Ziele der Verteilungspolitik

Bei der Festlegung verteilungspolitischer Ziele sind drei Ansatzpunkte zu unterscheiden.

- Nach dem **Leistungsprinzip** soll das Volkseinkommen gemäß dem Beitrag verteilt werden, den der Einzelne zur Entstehung des Volkseinkommens geleistet hat. Dabei wird aber ein Problem sichtbar: Was geschieht mit Menschen, die keinen Beitrag zum Volkseinkommen leisten (Kranke, Arbeitslose)?
- Nach dem **Bedarfsprinzip** soll jeder so viel Einkommen erhalten, wie er zur Deckung seiner Bedürfnisse benötigt. Diese Norm sorgt für eine gleichmäßigere Einkommensverteilung und führt zur dritten verteilungspolitischen Norm,
- dem **Egalitätsprinzip**, das eine Gleichverteilung der Einkommen fordert.

Doch ist es gerecht, wenn hoch Qualifizierte und gering Qualifizierte gleich entlohnt werden? In der gesellschaftspolitischen Diskussion wird regelmäßig die Forderung nach einer größeren Gleichmäßigkeit bzw. gerechteren Verteilung der Einkommen erhoben und zudem der Grundsatz der Chancengleichheit postuliert. Als Norm gilt dabei, dass jedem gleiche Aufstiegschancen in der Gesellschaft gegeben werden.

Aufgaben

1. Erklären Sie den Unterschied zwischen primärer und sekundärer Einkommensverteilung.
2. Stellen Sie dar, wie sich die Lohnquote verändern würde, wenn Arbeitnehmer einen Teil ihres Arbeitsentgelts in Form von Belegschaftsaktien als Beteiligung am Produktivvermögen erhalten würden. Begründen Sie davon ausgehend die Bedeutung der Lohnquote als Maßstab für Verteilungsgerechtigkeit.

M Brauchen wir mehr Umverteilung in Deutschland?

Trotz der umfassenden staatlichen Umverteilung gibt es in Deutschland deutliche Unterschiede in der Einkommensverteilung. Nach den Daten des sozio-ökonomischen Panel (SOEP), einer repräsentativen Wiederholungsbefragung privater Haushalte, die im jährlichen Rhythmus in Westdeutschland seit 1984 und in Ostdeutschland seit 1990 durchgeführt wird, bezogen im Jahr 2007 für Deutschland die 10 % der Einkommensbezieher („Dezil") mit den niedrigsten Einkommen nur 3,6 % der insgesamt geleisteten Nettoeinkommen. [...] Grafisch kann man die Einkommensverteilung mit der sogenannten Lorenzkurve abbilden. Sie kumuliert dazu – beginnend von den geringsten Einkommen – über die Dezile der Haushalte deren Anteil am gesamten Einkommen auf. So zeigt das Schaubild 13.2, dass im Jahr 2007 beispielsweise auf die 40 % der Einkommensbezieher mit den niedrigsten Einkommen 22 % der gesamten Bruttoeinkommen entfallen. Üblicherweise wird in einer solchen Grafik auch die 45°-Linie eingezeichnet, sie entspricht dem hypothetischen Fall einer völligen Gleichverteilung der Einkommen. Man kann nun die Fläche zwischen der Lorenzkurve und der Gleichverteilungskurve ins Verhältnis zu der gesamten Fläche unter der Gleichverteilungskurve setzen. Die so ermittelte Relation bezeichnet man als Gini-Koeffizient, der als wichtiger Indikator für die Einkommensverteilung verwendet wird. Diese Größe kann Werte zwischen 0 (völlige Gleichverteilung) und 1 (extreme Ungleichheit) annehmen. Für Deutschland ist der Gini-Koeffizient bei den Bruttoeinkommen von 0,40 im Jahr 1991 auf 0,47 im Jahr 2007 angestiegen. Bei den Nettoeinkommen war die Zunahme von 0,26 auf 0,29 etwas weniger ausgeprägt. Wiederum ist die Ungleichheit in Ostdeutschland deutlich stärker als in Westdeutschland. Im internationalen Vergleich gehört Deutschland zu den Ländern mit einer besonders hohen Ungleichheit der Markteinkommen. Durch das Transfer-System wird jedoch dafür gesorgt, dass die Ungleichheit bei den Nettoeinkommen dem OECD-Durchschnitt entspricht. Besonders deutlich ist die Ungleichheit der Nettoeinkommen in den Vereinigten Staaten, das dazu entgegengesetzte Staatsmodell findet man in den skandinavischen Ländern, in denen sowohl die Bruttoeinkommen als auch die Nettoeinkommen vergleichsweise gleichmäßig verteilt sind.

Peter Bofinger, Grundzüge der Volkswirtschaftslehre, 3. Auflage, München 2011, S. 219ff.

Einkommensverteilung für Deutschland

	1991	2007
1. Dezil	4,1	3,6
2. Dezil	5,8	5,3
3. Dezil	6,8	6,3
4. Dezil	7,7	7,2
5. Dezil	8,5	8,2
6. Dezil	9,5	9,1
7. Dezil	10,6	10,3
8. Dezil	12,0	11,8
9. Dezil	14,3	14,2
10. Dezil	20,7	24

Sachverständigenrat, Jahresgutachten 2009/2010, Tabelle 40.

Die Lorenzkurve

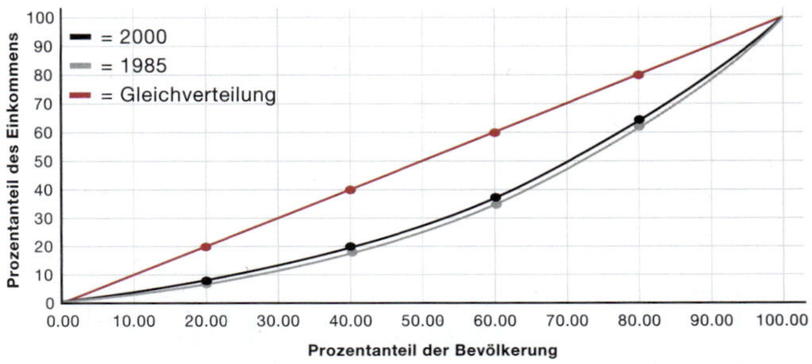

Lorenzkurve für Deutschland, Sachverständigenrat, Jahresgutachten 2009/2010, Schaubild 13.2

Aufgabe

Setzen Sie sich mit der Entwicklung der Einkommensverteilung in Deutschland zwischen 1991 und 2007 kritisch auseinander. (M) Erörtern Sie im Anschluss daran die Frage, ob wir mehr oder weniger Vermögensumverteilung in unserer Gesellschaft brauchen.

5 Geld- und Währungspolitik

5.1 Die Geldpolitik der Europäischen Zentralbank

Leitfragen | Welche Aufgaben hat eine Zentralbank? | Mit welchen Maßnahmen kann die EZB ihre geldpolitische Strategie umsetzen?

Das Europäische System der Zentralbanken und seine Aufgaben

Mit der Einführung des Euro wurde die geld- und währungspolitische Kompetenz von den nationalen Notenbanken auf die **Europäische Zentralbank** (EZB) übertragen, die zusammen mit allen nationalen Zentralbanken der EU-Staaten das europäische System der Zentralbanken (ESZB) bildet. Der Begriff **Eurosystem** bezeichnet die EZB und die nationalen Zentralbanken der Mitgliedstaaten, die den Euro bereits eingeführt haben.

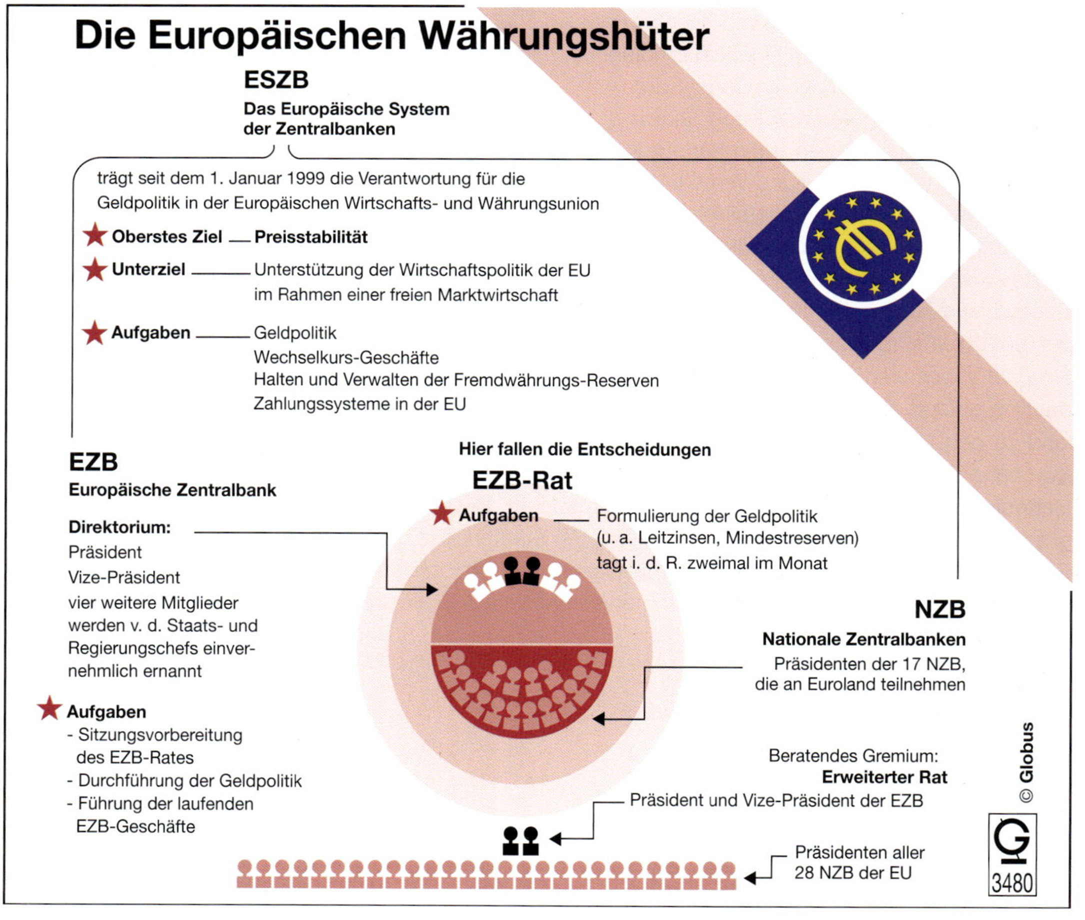

Die **Hauptaufgabe der EZB** besteht darin, im Euroraum für stabile Preise zu sorgen. Soweit es ohne Beeinträchtigung dieses Zieles möglich ist, unterstützt das ESZB die allgemeine Wirtschaftspolitik in der Gemeinschaft. Die EZB ist bei ihren Entscheidungen von politischen Weisungen unabhängig.

Die Unabhängigkeit der EZB

Sie ist in Art. 130 und 282 des Vertrages über die Arbeitsweise der Europäischen Union (AEUV) verankert. Danach dürfen weder die EZB noch eine nationale Zentralbank Weisungen von politischen Instanzen einholen oder entgegennehmen. Die Unabhängigkeit manifestiert sich im institutionellen, operativen und personellen Bereich. Die institutionelle Unabhängigkeit wird dadurch erreicht, dass die im EZB-Rat vertretenen nationalen Zentralbanken selbst unabhängig sind. Die operative Unabhängigkeit wird dadurch deutlich, dass die EZB freie Hand bei der Festlegung der Strategie, der Auswahl und dem Einsatz der geldpolitischen Instrumente hat; lange Amtszeiten für die Mitglieder des EZB-Rates (acht Jahre, keine Wiederwahl möglich) garantieren die personelle Unabhängigkeit.

Die Strategie der EZB: Geldwertsicherung oder Wachstumsförderung?

Über die Zielsetzung der Geldpolitik wird unter Wissenschaftlern und Politikern kontrovers diskutiert. Umstritten ist vor allem, ob die EZB ausschließlich dem Ziel der Geldwertstabilität verpflichtet sein oder ob sie auch das Erreichen weiterer wirtschaftspolitischer Ziele, insbesondere einen hohen Beschäftigungsstand, aktiv unterstützen soll. Die Diskussion wird immer dann besonders heftig geführt, wenn stabile Preise mit drückender Unterbeschäftigung einhergehen.

Das zentrale geldpolitische Ziel der EZB ist allerdings durch Art. 105 EU-Vertrag klar vorgegeben und wird von ihr im Hinblick auf den durch eine Geldentwertung verursachten volkswirtschaftlichen Schaden konsequent verfolgt. Nach Art. 104 EU-Vertrag ist sie verpflichtet, ihr Handeln vorrangig am Erreichen der Geldwertstabilität auszurichten. Maßgröße dabei ist der Harmonisierte Verbraucherpreisindex, der einen Anstieg der Verbraucherpreise für alle beteiligten Eurostaaten in prinzipiell gleicher Weise erfasst und der jährlich um weniger als zwei Prozent ansteigen soll.

Die Quantifizierung ist allerdings nicht ausdrücklich als direktes „Inflationsziel" zu verstehen, das bei Abweichungen automatisch zu geldpolitischen Reaktionen der EZB führen muss, auch deshalb, weil die Politik der EZB nur mit gewissen Zeitverzögerungen und auch nur indirekt über Zwischenzielgrößen greift. Die Zwischenzielgröße, die in sehr engem Zusammenhang mit der Inflationsrate steht und auch relativ genau durch die EZB gesteuert werden kann, ist die Geldmenge.

Grundlage der geldmengenorientierten Strategie ist die Auffassung, dass ein zu hohes Geldmengenwachstum letztlich immer zu steigendem Preisniveau führen wird. Zur bestmöglichen Durchführung der Geldpolitik muss die EZB die wirtschaftlichen und monetären Entwicklungen gründlich analysieren. Um sicherzustellen, dass keine relevanten Informationen übersehen werden, hat sie das sog. „Zwei-Säulen-Konzept" entwickelt, das zum einen auf der wirtschaftlichen und zum anderen auf der monetären Analyse beruht.

Die wirtschaftliche Analyse ist auf die Beurteilung der kurz- bis mittelfristigen Bestimmungsfaktoren der Preisentwicklung – mit Schwerpunkt auf realer Wirtschaftstätigkeit und Finanzierungsbedingungen in der Wirtschaft – ausgerichtet. Sie trägt der Tatsache Rechnung, dass die Preisentwicklung über diese Zeithorizonte hinweg weitgehend vom Zusammenspiel von Angebot und Nachfrage an den Güter-, Dienstleistungs- und Faktormärkten beeinflusst wird. Eine solche Beurteilung stützt sich auf eine breite Palette von Indikatoren, wie die Entwicklung der Löhne, Wechselkurse, Arbeitskosten oder Rohstoffpreise.

Art. 123 EU-Vertrag

(1) Überziehungs- oder andere Kreditfazilitäten* bei der Europäischen Zentralbank oder den Zentralbanken der Mitgliedstaaten [...] für Organe, Einrichtungen oder sonstige Stellen der Union, Zentralregierungen, regionale oder lokale Gebietskörperschaften oder andere öffentlich-rechtliche Körperschaften, sonstige Einrichtungen des öffentlichen Rechts oder öffentliche Unternehmen der Mitgliedstaaten sind ebenso verboten wie der unmittelbare Erwerb von Schuldtiteln von diesen durch die Europäische Zentralbank oder die nationalen Zentralbanken.

**Gesamtheit der Kreditmöglichkeiten*

Warum gerade 2 Prozent?

Noyer: Wir haben uns ganz bewusst für die 2 Prozent entschieden, weil bis zu diesem Wert der Inflationsrate die Bevölkerung den Eindruck stabiler Preise hat. Dementsprechend richten – ökonomisch gesehen – die Wirtschaftssubjekte ihre Handlungen an der Preisstabilität aus. Steigen die Preise deutlich mehr als 2 Prozent, wähnen sich die Menschen in einem inflationären Umfeld. Das findet dann seinen Niederschlag in höheren Lohnabschlüssen oder im Investitionsverhalten. Aller Erfahrung nach beginnt die Bevölkerung bei Teuerungsraten von mehr als 2 Prozent, Inflation in ihre Verhaltensweisen einzuplanen.

Der ehemalige Vizepräsident der EZB, Christian Noyer, Frankfurter Allgemeine Zeitung, 2.1.1999

Die monetäre Analyse ist auf einen längeren Horizont ausgerichtet und stützt sich dabei auf den langfristigen Zusammenhang zwischen Geldmenge und Preisen. Ein zu hohes Geldmengenwachstum führt demnach zu steigenden Inflationsraten.

Der Wirksamkeit geldpolitischer Maßnahmen sind Grenzen gesetzt. Internationale Finanzströme können ebenso die Inflation fördern wie zu hohe Lohnabschlüsse der Tarifparteien. Daneben können selbst steigende Zinsen die Investitions- und Konsumbereitschaft nicht dämpfen, wenn eine optimistische Grundstimmung herrscht und wenn Rentabilität einer Investition höher ist als die Kreditzinsen. Umgekehrt führt selbst ein niedriger Leitzins nicht zu vermehrten Investitionen und kreditfinanzierter Konsumnachfrage, wenn die zukünftige Wirtschaftsentwicklung von den Wirtschaftssubjekten negativ eingeschätzt wird.

Wirkung einer restriktiven Geldpolitik zur Erhaltung der Preisstabilität

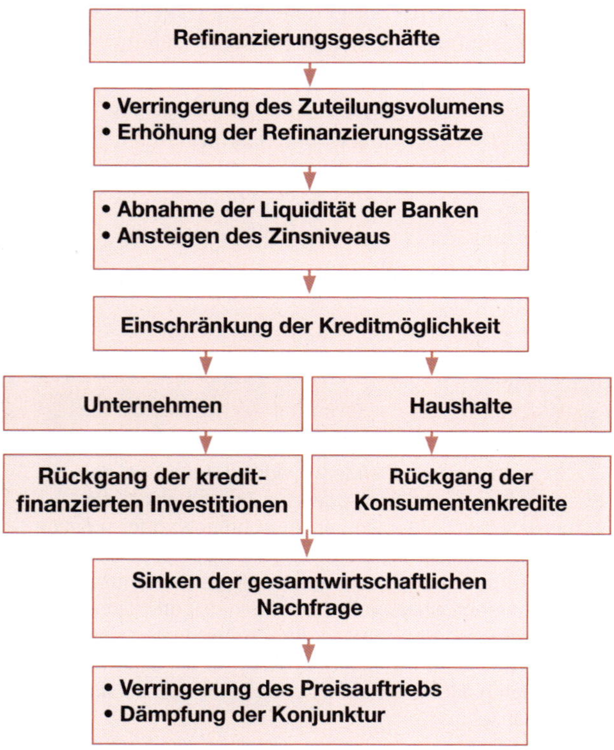

Wo die Geldpolitik ansetzt

Geldpolitik nennt man alle Maßnahmen, mit denen eine Zentralbank versucht, die ihr gestellten Aufgaben zu erfüllen. So ist die EZB verpflichtet, den Geldumlauf (Geldmenge) und die Geldversorgung der Wirtschaft mit dem Ziel zu regeln, ein stabiles Preisniveau zu sichern. Hierzu muss die Versorgung der Wirtschaft mit Geld knapp gehalten werden. Auf der anderen Seite ist Geld so reichlich zur Verfügung zu stellen, dass nicht aus Mangel an Geld Produktion und Beschäftigung leiden.

Neben der Geldmenge als zentraler Steuerungsgröße sind aber auch die Zinsen ein wichtiger Ansatzpunkt der Währungsbehörde. Im geldpolitischen Werkzeugkasten der EZB befinden sich daher liquiditäts- und zinspolitische Instrumente. Die Zentralbank kann aber ihre geldpolitischen Ziele nur indirekt erreichen und bedient sich dabei der Geschäftsbanken. Was heißt das?

Will ein Unternehmen investieren oder ein privater Haushalt ein Auto anschaffen, wird meist ein Kredit bei einer Bank aufgenommen. Um Kredite gewähren zu können, müssen sich die Banken aber selbst mit Geld versorgen, d. h., sie müssen sich „refinanzieren" – und das können sie bei der Zentralbank. Und wie bei jeder Kreditgewährung werden auch hier Zinsen fällig. Genau da setzt die EZB mit ihrem Instrumentarium an. Erhöht sie die Zinsen, zu denen sie Zentralbankgeld an die Banken abgibt, verteuert sie deren Kreditaufnahme. Die Banken geben aber ihre höheren Geldbeschaffungskosten an die privaten Kreditnehmer – Unternehmen und private Haushalte – weiter, indem sie höhere Zinsen für die Bankkredite verlangen. Manche kreditfinanzierte Investition wird für Unternehmer jetzt unrentabel, weil die höheren Kreditkosten sich im Vergleich zum erwarteten Gewinn nicht rechnen. Auch mancher Bauherr oder Autokäufer wird angesichts höherer Zinsen seine kreditfinanzierten Bau- oder Kaufpläne erst einmal nicht realisieren. Gleichzeitig sorgen steigende Zinsen dafür, dass die Sparneigung zunimmt. Die Maßnahme der EZB wirkt also doppelt: Sie dämpft die kreditfinanzierte Nachfrage und trägt durch Sparanreize dazu bei, dass dem Wirtschaftskreislauf Geld entzogen wird und auch auf diesem Wege die Nachfrage nach Waren und Dienstleitungen zurückgeht, damit sich der Preisanstieg verlangsamt.

Mit ihrem Instrumentarium kann die EZB also den Kreditspielraum der Geschäftsbanken erweitern, verengen oder über veränderte Konditionen das Zinsniveau regeln, was wiederum den Nichtbankensektor, also die private Wirtschaft, beeinflusst.

Das Instrumentarium der EZB – Hauptrefinanzierungsgeschäfte im Mittelpunkt

Im Mittelpunkt des geldpolitischen Instrumentariums der EZB stehen die den Banken wöchentlich angebotenen Hauptrefinanzierungsgeschäfte mit einer Laufzeit von einer Woche. Dabei handelt es sich um Refinanzierungskredite, mit denen die Zentralbank den Geschäftsbanken während der Laufzeit – i. d. R. eine Woche – Zentralbankgeld zur Verfügung stellt. Die EZB verrechnet hierfür einen Zinssatz, den Hauptrefinanzierungssatz, der als europäischer Leitzins gilt. Zur Kreditsicherung überlassen die Banken der EZB während der Laufzeit einen entsprechenden Bestand an besonders sicheren Wertpapieren, der nach Beendigung des Refinanzierungskredits von den Geschäftsbanken wieder zurückgenommen werden muss.

Neben den Hauptrefinanzierungsgeschäften, mit denen der größte Teil an Zentralbankgeld zur Verfügung gestellt wird, wird zusätzlich einmal im Monat ein Refinanzierungsgeschäft mit einer Laufzeit von drei Monaten, der sog. Basistender, angeboten. Durch das nahtlose Aneinanderreihen von Refinanzierungsgeschäften, d. h. bei Fälligkeit eines Refinanzierungsgeschäfts wird in ähnlicher Betragshöhe ein neues ausgeschrieben, bleibt ein Sockelbetrag an Zentralbankgeld ständig in Umlauf. Verfolgt die EZB die Zielsetzung, die Kreditvergabemöglichkeiten der Geschäftsbanken zu erhöhen, wird sie das auslaufende Refinanzierungsgeschäft durch ein neues mit einem größerem Volumen ersetzen. Je nachdem, ob die Differenz vom alten zum neuen Refinanzierungsgeschäft also positiv oder negativ ausfällt, kann die Zentralbank die Liquidität der Geschäftsbanken erhöhen oder vermindern. Durch derartig exakte Beeinflussung der Liquidität und durch eventuell leicht veränderte Zinskonditionen kann die EZB ihre geldpolitischen Ziele steuern.

Der Zinskorridor

Der Zinskorridor weist als Obergrenze die sog. Spitzenrefinanzierungsfazilität auf. Zu diesem (hohen) Zinssatz können sich die Geschäftsbanken „über Nacht“ Kredite von der EZB einräumen lassen. Die Zinsuntergrenze wird als Einlagefazilität bezeichnet. Zu diesem (niedrigen) Zins können Geschäftsbanken überschüssige Liquidität bei der EZB anlegen. Dazwischen bewegt sich der Zinssatz für die Hauptrefinanzierungsgeschäfte.

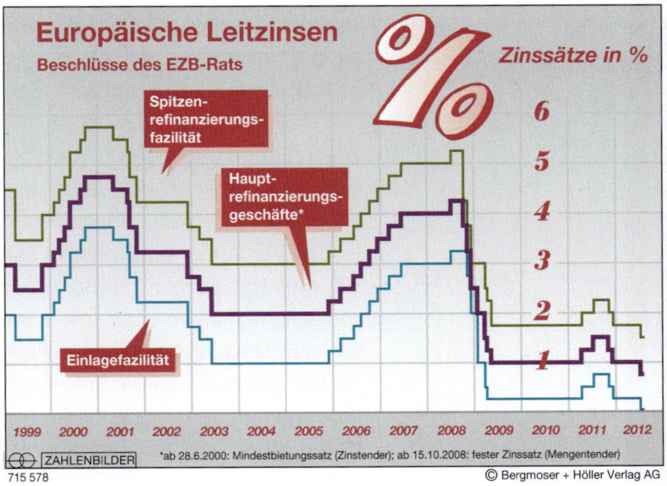

715 578
© Bergmoser + Höller Verlag AG

Aufgaben

1. Beschreiben Sie die ökonomischen Rahmenbedingungen, die die EZB zu einer Senkung des Leitzinses veranlassen könnten.
2. Zeigen Sie mit einer schlüssigen Wirkungskette Folgen, geldpolitische Maßnahmen der EZB und deren idealtypisch zu erwartende Wirkung, wenn es zu einer starken Ausweitung von Konsumentenkrediten kommt.

M Anleiheprogramm der EZB – Draghi greift zum letzten Mittel

EZB-Chef Draghi wagt eine riskante Wende in der Geldpolitik der Notenbank: Mit unbegrenzten Anleihekäufen will er eine Eskalation der Euro-Krise verhindern. Der Schritt markiert einen fundamentalen Kurswechsel im Kampf um die gemeinsame Währung.

Die Spannung war [...] groß genug vor der vielleicht wichtigsten Sitzung in der Geschichte der Europäischen Zentralbank (EZB). Die 22 Männer im EZB-Rat mussten über ein Programm entscheiden, von dem sich viele Experten nicht weniger als die Lösung der Euro-Krise versprechen – und das von anderen Experten als größter Sündenfall in der Geschichte der Währungsunion betrachtet wird.
In unbegrenztem Umfang soll die EZB Staatsanleihen europäischer Krisenländer am Markt aufkaufen. Da sie Geld schöpfen kann so viel sie will, hat sie quasi unendliche Mittel für diese Ankäufe. Das Stichwort lautet: Notenpresse. So soll die Zinslast für die betreffenden Staaten gedrückt werden. Mit „überwältigender Mehrheit" habe der Rat das neue Programm verabschiedet, teilte Notenbankpräsident Draghi mit. Der deutsche Bundesbank-Präsident Jens Weidmann wurde einfach überstimmt.
Die Reaktionen darauf fallen unterschiedlich aus. Börsianer und der Internationale Währungsfonds IWF feiern den Beschluss. Vor allem bei den Skeptikern in Deutschland herrscht dagegen Zurückhaltung. Kanzlerin Angela Merkel erklärte: Solche Maßnahmen könnten politische Aktivitäten innerhalb der Währungsunion „nicht ersetzen". Die Bundesbank zeigte sich ebenfalls wenig erfreut. Präsident Weidmann warnt bereits seit Wochen vor einem solchen Programm. Am Donnerstag votierte er als Einziger im Rat dagegen. Anleihekäufe durch die Zentralbank seien aus Sicht Weidmanns „zu nah an einer Staatsfinanzierung durch die Notenpresse", erklärte ein Bundesbank-Sprecher.
Die Diskussion um die Staatsanleihekäufe klingt ziemlich technisch. Doch es geht dabei um sehr Grundsätzliches: um die Einheit Europas – und natürlich auch um's Geld. Bleibt der Euro auch in Zukunft die Währung, in der wir unsere Stromrechnungen zahlen und unsere Hauskredite abstottern? Und was ist dieser Euro auf Dauer noch wert, wenn eine Zentralbank das Geld, für das die meisten Europäer schwer arbeiten, einfach so aus dem Nichts schöpfen und den klammen Regierungen zuschieben kann?

„Der Euro ist unumkehrbar", sagt Draghi

Mario Draghi hat sich dazu verpflichtet, die erste Frage mit „ja" zu beantworten. „Der Euro ist unumkehrbar", sagte der Italiener. Und das will er mit dem neuen Anleihekaufprogramm auch allen Investoren an den Finanzmärkten klarmachen. Dort hätten sich in den vergangenen Monaten „selbsterfüllende Prophezeiungen" aufgebaut: Weil jeder erwartet, dass es immer schlimmer wird, wird es tatsächlich immer schlimmer. So mussten vor allem Länder wie Spanien und Italien immer höhere Zinsen zahlen, wenn sie sich über die Ausgabe von Anleihen Geld bei den Investoren leihen wollten. Die hohen Zinsen seien die Folge „grundloser Ängste" bei vielen Investoren, sagt Draghi. Es gehe nun darum, die schlechten Erwartungen zu durchbrechen. Einen ersten Beleg dafür, dass dies gelingen könnte, gab es bereits in den vergangenen Wochen. Seit Draghi Ende Juli erstmals das neue Programm andeutete, gehen die Zinsen langsam zurück. Im besten Fall, so das Kalkül der Notenbank, muss sie gar kein Geld ausgeben. Die bloße Ankündigung könnte reichen, um die Investoren zu beruhigen.

Und wenn nicht? Dann begibt sich die EZB auf einen riskanten Weg. Noch nie gab es in Europa ein ähnliches Programm, die Folgen sind also kaum abzusehen. Kritiker werfen der Notenbank vor allem drei Dinge vor:

- Die EZB entlasse die Regierungen der Krisenländer aus der Verantwortung, weil diese sich nun nicht mehr bemühen müssten, weniger Schulden zu machen.
- Sie überschwemme durch die Anleihekäufe die Wirtschaft mit Geld und riskiere so eine Geldentwertung, also Inflation.
- Die Notenbank verletze ihr Mandat, weil sie Staatsfinanzierung betreibe, die ihr laut den europäischen Verträgen verboten ist. Sie mache sich so zum Handlanger der Staaten und riskiere ihre Unabhängigkeit.

Draghi versuchte am Donnerstag, all diese Vorwürfe zu entkräften. Und tatsächlich ist das neue Programm so geschneidert, dass es vielen Skeptikern – auch in den EZB-Reihen – entgegenkommt.

- Um den Reformdruck in den Krisenländern wie Spanien oder Italien aufrechtzuerhalten, sollen die Anleihekäufe an strikte Bedingungen geknüpft werden: Nur wenn sich ein Land zuvor einem sogenannten Anpassungsprogramm des europäischen Rettungsfonds ESM unterwirft, will die EZB überhaupt erwägen, einzugreifen. Das heißt: Hilfe aus der Notenpresse gibt es nur gegen eisernes Sparen.
- Die Inflationsbefürchtungen kontert die EZB mit der Ankündigung, alles Geld, das sie in den Wirtschaftskreislauf pumpt, später an anderer Stelle wieder rauszunehmen, zum Beispiel durch Verkäufe von Wertpapieren oder bei den regulären Leihgeschäften mit den Banken. Das Problem hierbei: Je höher die Summen, die die Notenbank in das System pumpt, desto schwieriger wird es, sie später wieder einzusammeln.
- Am schwächsten ist wohl das Argument der Notenbanker gegen den Vorwurf der Staatsfinanzierung. Die Anleihekäufe dienten vor allem dazu, die Geldpolitik wieder funktionsfähig zu machen, sagt Draghi. „Wir sind überzeugt, dass wir innerhalb unseres Mandats handeln." Durch die Krise sei der Mechanismus, über den die Notenbank normalerweise die Geldversorgung der Wirtschaft steuert, gestört und müsse nun repariert werden. Um das zu unterstreichen, will die EZB auch nur Anleihen mit kurzer Laufzeit von einem Jahr bis drei Jahren kaufen.

„Die EZB wird ihre Unabhängigkeit bewahren", sagte Draghi am Donnerstag immer wieder. Es klang wie ein Mantra. Doch es wird nichts daran ändern, dass die Notenbank ein Stück ihrer Unabhängigkeit abgibt. Allein indem sie ihr Eingreifen an Anpassungsprogramme des Rettungsfonds ESM koppelt, begibt sie sich automatisch in die Hände der Regierungen. Das ist wohl der Mindestpreis, den Europa für die Euro-Rettung zahlen muss.

Stefan Kaiser, Spiegel online, 6.9.2012

Aufgaben

1. Verfassen Sie – auch vor dem Hintergrund der europäischen Staatsschuldenkrise – einen Leserbrief zur Unabhängigkeit der EZB.

2. Die EZB sieht sich Kritik an ihrer stabilitätsorientierten Ausrichtung ausgesetzt. Kritiker fordern, die EZB solle ihren stabilitätsorientierten Kurs zugunsten einer stärkeren Wachstumsorientierung aufgeben. Diskutieren Sie diese Forderung.

3. Die Entscheidung, zur Stütze des Euro Staatsanleihen hochverschuldeter Eurostaaten, wie etwa Griechenland, zu kaufen, ist nach wie vor heftig umstritten. Führen Sie in Ihrem Kurs diesbezüglich einen Diskurs. Bilden Sie dazu zwei Gruppen und erarbeiten Sie jeweils ein Plädoyer für eine der beiden Positionen. Bestimmen Sie einen Sprecher, der die Ergebnisse der Gruppe vorträgt.

4. Diskutieren Sie, ob der unbegrenzte Ankauf von Staatsanleihen durch die EZB gegen Art. 123 EU-Vertrag verstoßen könnte.

5.2 Währungspolitik in der Europäischen Union

Leitfragen

- Warum schwanken Wechselkurse und welche Wechselkurssysteme kann man unterscheiden?
- Welche Bedeutung haben die Wechselkurse für den Außenhandel?

Warum China seine Währung künstlich niedrig hält

China steht am Pranger, weil es den Yuan künstlich niedrig hält und damit die Exportwirtschaft stärkt. [...] Vor allem die USA kritisieren China hart für diese Politik. Das Land halte seine Währung und damit seine Exporte billig. Mittlerweile stimmen auch die Europäer in die Kritik ein. Der Aufwand dafür ist enorm. Um die Besonderheit des chinesischen Währungsregimes zu verstehen, muss man sich zunächst den Normalfall ansehen. In anderen Industriestaaten unterliegen die Währungen dem freien Spiel der Kräfte. Am Markt bildet sich der Wechselkurs: Ist die Nachfrage nach einer Währung groß, steigt ihr Kurs. Ist sie gering, sinkt er. Ökonomen sprechen von „floating" – der Wechselkurs „fließt" auf und ab.

Beim chinesischen Yuan ist das anders. Dessen Kurs legt die chinesische Zentralbank fest. Er ist an den Dollar gekoppelt und darf täglich nur in einer Bandbreite von 0,5 Prozent plus oder minus um den vorbestimmten Referenzkurs schwanken. Größere Abweichungen lässt die Zentralbank nicht zu.

Simone Che Berberich, Focus online, 19.10.2010

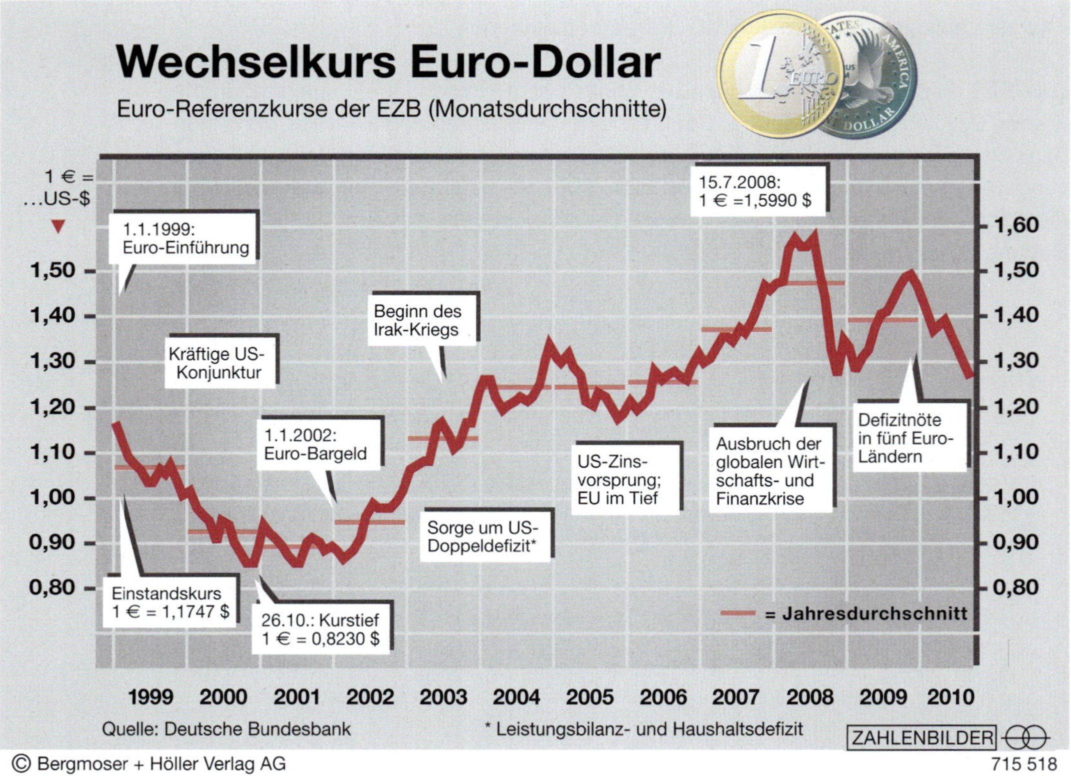

© Bergmoser + Höller Verlag AG 715 518

Was den Euro bewegt: Ursachen von Wechselkursschwankungen

Bei allen Zahlungen über die Landesgrenzen hinweg müssen i.d.R. einheimische Zahlungsmittel in ausländische umgetauscht werden. Solche Tauschgeschäfte erfolgen zum jeweils gültigen Wechselkurs. Er bestimmt sich aus dem Zusammenspiel von Angebot und Nachfrage nach Devisen. Wer Höhe und Veränderung von Wechselkursen erklären will, muss daher wissen, wovon Angebot und Nachfrage nach Währungen abhängen. Es lassen sich zwei dominierende Einflüsse ausmachen:

- Traditioneller Erklärungsansatz für Wechselkursschwankungen ist die **Kaufkraftparitätentheorie**: Erzielt ein Land z. B. aufgrund günstiger Produktionskosten Exportüberschüsse, führt dies zu einer steigenden Nachfrage nach der Währung dieses Landes, um die dort gekauften Güter bezahlen zu können. Als Folge dieser Nachfrage wird der Wechselkurs dieser Währung steigen und die Produkte verteuern sich – solange bis kein Preisvorteil mehr durch den hohen Wechselkurs besteht.

Der Wechselkurs

Unter dem Wechselkurs versteht man das Austauschverhältnis zweier Währungen (z. B. 1 Euro = 1,50 US-Dollar – sog. Mengennotierung oder 1 US-Dollar = 0,66 Euro – sog. Preisnotierung). Zahlungsmittel in fremder Währung werden auch als „Devise" bezeichnet. Deshalb wird auch häufig vom Devisenkurs gesprochen. Mit dem Wechselkurs werden Preise international vergleichbar. Wenn ein Big Mac in New York 1,50 Dollar kostet und in Frankfurt 1 Euro, dann sind diese Preise über den Wechselkurs 1 Euro = 1,20 Dollar vergleichbar: Der Big Mac in Frankfurt kostet 1,20 Dollar und ist damit, in Dollar gerechnet, billiger als in New York. Und wenn der Wechselkurs sich ändert, dann ändern sich auch die Preisrelationen der Güter: Steigt der Wechselkurs des Euro auf 1,50 Dollar, dann kostet der Big Mac in Frankfurt umgerechnet 1,50 Dollar, genauso viel wie in New York. Der Euro hat eine Aufwertung erfahren. Sinkt der Wechselkurs, handelt es sich um eine Abwertung des Euro.

- Zur Erklärung heutiger Kursschwankungen ist die Kaufkraftparitätentheorie immer weniger geeignet, da die durch die Handelsströme ausgelösten Devisenbewegungen nur einen sehr kleinen Teil an den gesamten Währungsbewegungen ausmachen. Wechselkursschwankungen sind heute auf die **immensen Kapitalbewegungen** der globalen Investmentfondsgesellschaften und Versicherungen zurückzuführen, die kleinste Zinsvorteile und Renditeunterschiede ausnutzen.

Karikatur: Kaczmarek / Baaske Cartoons

DIE HÖHENANGST FLIEGT MIT

Karikatur: Luis Murschetz

Der Kurs des Euro – je höher desto besser?

Ein hoher Wechselkurs gilt als Zeichen wirtschaftlichen Erfolgs. Doch ist er zu hoch, erschwert er die Exporte, weil sich die Güter im Ausland verteuern. Als Folge gehen die Gewinne der Unternehmen zurück, wenn der Exporteur, um wettbewerbsfähig zu bleiben, seine Preise in Euro senken muss. Zudem zwingt ein zu starker Euro die Unternehmen, die in Länder außerhalb der Währungsunion exportieren, zu Kostensenkungen (Rationalisierung), die meist mit dem Abbau von Arbeitsplätzen verbunden sind. Und weil die Importgüter der ausländischen Konkurrenz billiger werden, setzt ein hoher Wechselkurs die Firmen, die ausschließlich für den Euroraum produzieren, unter Kostendruck mit wiederum negativen Folgen für die Beschäftigung. Aber auch die Unterbewertung des Euro führt zu nachteiligen Folgen. Zwar wird der Außenhandel kurzfristig mit positiven Wirkungen für Konjunktur und den Arbeitsmarkt begünstigt. Doch gaukelt ein zu niedriger Wechselkurs Unternehmen und Politikern eine höhere internationale Wettbewerbsfähigkeit vor, als sie tatsächlich vorherrscht. Es besteht die Gefahr, Innovationen und Reformen zurückzustellen. Zudem besteht die Gefahr der importierten Inflation, da die Einfuhren teurer werden und damit das Preisniveau steigt.

Wie bilden sich Wechselkurse?

Wechselkurse bilden sich an den Devisenmärkten durch die Veränderung von Angebot und Nachfrage nach Währungen. Wie auch die Preise von Gütern unterliegen die Wechselkurse dem Prinzip marktwirtschaftlicher Preisbildung. Die Wechselkursbildung lässt sich mithilfe des Marktmodells anschaulich darstellen. Die Zusammenhänge lassen sich an einem Beispiel verdeutlichen:

- Werden deutsche Güter in die Vereinigten Staaten exportiert, werden diese entweder mit US-Dollar bezahlt und die deutschen Exporteure tauschen die erhaltenen US-Dollar in Euro um oder der Umtausch erfolgt bereits beim US-Importeur und dieser bezahlt den deutschen Exporteur mit Euro. In beiden Fällen steigen die Nachfrage nach Euro und das Angebot an US-Dollar an den Devisenmärkten. Bei unverändertem Euro-Angebot steigt damit der Kurs des Euro gegenüber dem Dollar. Im Marktmodell bedeutet die Erhöhung der Nachfrage nach Euro eine Rechtsverschiebung der Nachfragekurve von N_0 zu N_1. Der Wechselkurs des Euro steigt von k_0 auf k_1.

- Im umgekehrten Fall – wenn also ein deutscher Importeur beispielsweise Güter aus den USA importiert – bezahlt er diese mit US-Dollar, die er vorher gegen Euro eingetauscht hat, oder mit Euro, die der US-Exporteur dann gegen US-Dollar eintauscht. In beiden Fällen kommt es also zu einer Ausweitung des Angebots an Euro und der Nachfrage nach US-Dollar. Bei unveränderter Nachfrage nach Euro an den Devisenmärkten sinkt damit der Wechselkurs des Euro gegenüber dem US-Dollar. Im Marktmodell bedeutet die Ausweitung des Angebots an Euro eine Rechtsverschiebung der Angebotskurve von A_0 nach A_1. Der Wechselkurs des Euro sinkt von k_0 auf k_1. Im Beispiel bildet sich der Wechselkurs allein aufgrund von Angebot und Nachfrage an den Devisenmärkten. Man spricht von einem freien (flexiblen) Wechselkurssystem. Bei einem festen (fixen) Wechselkurssystem dagegen werden die Wechselkurse zwischen Staaten vereinbart.

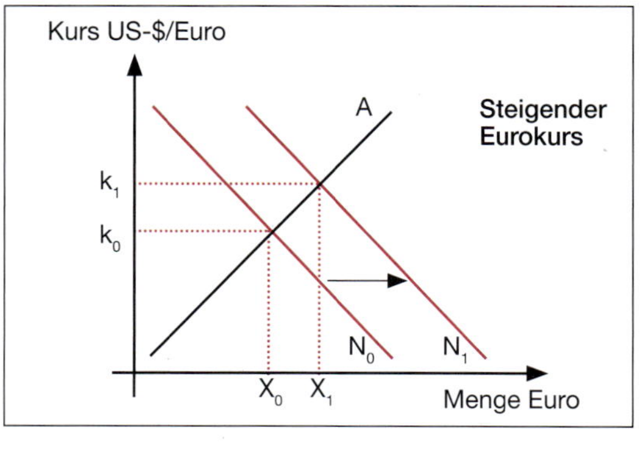

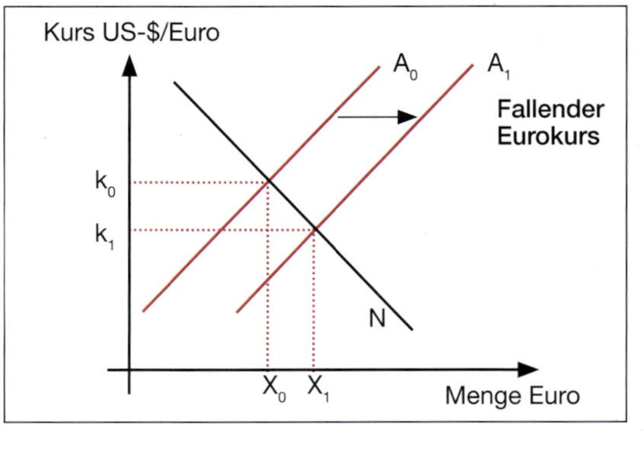

Freie und feste Wechselkurse

Freie (flexible) Wechselkurse	Feste (fixe) Wechselkurse
In einem System freier, schwankender Wechselkurse bilden sich die Wechselkurse grundsätzlich ohne staatliche Eingriffe (Interventionen) nach Angebot und Nachfrage an den Devisenbörsen.	In einem System fester Wechselkurse werden von den beteiligten Staaten genau fixierte Kurse bestimmt. Abweichungen vom Leitkurs sind nur innerhalb enger Bandbreiten zugelassen. Bei stärkeren Schwankungen müssen die jeweiligen Zentralbanken intervenieren.
Nach diesem Prinzip erfolgt die Kursbildung zum Beispiel zwischen Dollar, Euro und Yen, es ist das Wechselkurssystem zwischen EU-Staaten und Drittländern.	Kommt es zu einer dauerhaften Abweichung vom Leitkurs, muss ein neuer Leitkurs fixiert werden (realignment). Beispiel dafür ist das Wechselkurssystem – EWS II – zwischen den Teilnehmern an der Währungsunion („Ins") und den erst später teilnehmenden EU-Staaten („Outs").

Wo liegen die Vor- und Nachteile der beiden Wechselkurssysteme?

Freie Wechselkurssysteme	Feste Wechselkurssysteme
Vorteile	**Vorteile**
• Kursänderungen eher langsam als plötzlich • Ausgleich unterschiedlicher Lohn- und Preistrends im Ausland • Gefahr des Imports einer Inflation aus dem Ausland begrenzt • Ermöglicht eigene Wirtschaftspolitik	• Keine Transaktionskosten zur Kurssicherung • Bessere Kalkulation von Auslandstransaktionen • Abwertung der Währung zur Förderung des Exports wird verhindert • Andere Länder können im Fall einer Währungsunion (z. B. in der EU) herangeführt werden; fördert politische Integration und Arbeitsteilung zwischen Volkswirtschaften
Nachteile	**Nachteile**
• Planungsunsicherheit für Im- und Exporteure • Kurssicherungskosten fallen an • Finanzsektor kann über Kapitalströme und Spekulationen den Güter- und Dienstleistungssektor beeinflussen	• Koordination der Wirtschaftspolitik erforderlich • Gefahr, Inflation zu importieren bzw. Arbeitslosigkeit zu exportieren • Plötzliche Kursänderung • Förderung von Währungsspekulationen bei großen Ungleichgewichten • Abhängigkeit von der Leitwährung • Keine autonome Geld- oder Konjunkturpolitik möglich

Aufgaben

1. Bewerten Sie die chinesische Währungspolitik im Hinblick auf die Entwicklung der Weltwirtschaft.
2. Interpretieren Sie die beiden Karikaturen auf S. 171.
3. Stellen Sie die Vor- und Nachteile eines „schwachen" Euro in einer übersichtlichen Darstellung aus deutscher Sicht dar.

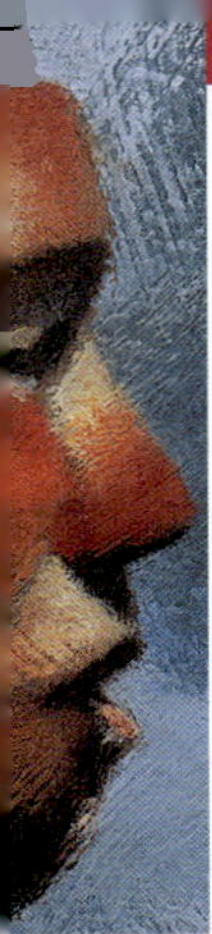

M 1 Wie die Schuldenkrise zur Krise des Euro wurde

Bis vor kurzem galt der Euro als Erfolgsgeschichte. Als sich die Regierungschefs vor zwei Jahrzehnten auf die Einführung einer gemeinsamen Währung einigten, gab es viele Warnungen, aber sie schienen von der Entwicklung widerlegt. Der Euro erleichtere den wirtschaftlichen Austausch für 330 Millionen Bürger und er war erstaunlich stabil. Im Schnitt lag die Inflationsrate unter zwei Prozent.

Von Jahr zu Jahr gewann der Euro auf den internationalen Finanzmärkten an Bedeutung, und nicht wenige hofften, die Gemeinschaftswährung könne eines Tages sogar den Dollar als internationale Leitwährung überflügeln.

Auch in der Finanzkrise schien sich der Euro als Glücksfall zu bewähren, vor allem für die deutsche Wirtschaft. Die Ökonomen sind sich sicher: Würde es noch die D-Mark geben, hätte Deutschland nach dem weltweiten Bankencrash eine drastische Aufwertung seiner Währung erlebt. Produkte made in Germany wären weltweit teurer geworden, das deutsche Exportwunder dieses Jahres hätte es nie gegeben.

Doch schon früh war klar: Der Euro werde nur dann funktionieren, wenn er von einer abgestimmten Wirtschafts- und Finanzpolitik begleitet wird. Zumindest müssen sich die Mitgliedsländer zu strikter Haushaltsdisziplin verpflichten. Niemals, so schreiben die Fachleute den Politikern ins Stammbuch, dürfe sich ein Land so sehr verschulden, dass es von anderen gerettet werden müsse.

Auf dem Papier befolgten die Politiker die Ratschläge. Sie vereinbarten eine politische Union, sie gelobten strenge Sparsamkeit, und sie schrieben ein Schuldenübernahmeverbot in die europäischen Verträge. Kein Land sollte für ein anderes haften.

So weit die Theorie. In der politischen Praxis jedoch wurden die hehren Absichten schon gebrochen, noch bevor der Euro im Januar 1999 offiziell eingeführt war. [...] Die vielen Regeln, Prozeduren und Abkommen, mit denen die EU eine solide Finanzpolitik sichern wollte, betrachteten die meisten Mitgliedsländer lediglich als Aufforderung, sie trickreich zu umgehen. Und welches Land sie in ihren Club aufnahmen, darüber entschieden die Regierungen nach ganz anderen Gesichtspunkten als vorgesehen: nicht allein nach ökonomischen Daten, sondern vor allem nach politischer Opportunität.

So kam es, dass es Euro-Mitglieder gab, die es nie hätte geben dürfen, dass viele Regierungen jahrelang über ihre Verhältnisse lebten und sich in Europa bald überall gigantische Schuldenberge auftürmten, ganz nach dem Motto: nach mir die Sintflut. Mit der Finanzkrise kamen neue Schulden hinzu, und es wurde klar, dass zumindest einige Euro-Länder größte Schwierigkeiten haben würden, ihre Kredite zurückzuzahlen: erst Griechenland, dann Irland und vielleicht Portugal und Spanien.

Nach: Jan Fleischhauer et al., Spiegel Nr. 49/2010, S. 20f.

M 2 Ist der Euro noch zu retten? Eine Kontroverse

Die Wirtschaftswissenschaftler Peter Bofinger und Stefan Homburg im Streitgespräch über die Euro-Krise und die Folgen eines deutschen Ausstiegs aus der Währungsunion.

SPIEGEL: Herr Bofinger, Herr Homburg, ist der Euro noch zu retten?
Homburg: Der große Philosoph und Europapolitiker Ralf Dahrendorf hat 1995 vorausgesagt, dass der Euro den Kontinent nicht einigen, sondern spalten wird. Was wir gerade erleben, ist der Beginn dieses Prozesses. Die politischen Spannungen in Europa nehmen zu, und die Deutschen werden als Zuchtmeister wahrgenommen. Deshalb wäre es besser, einen Schlussstrich zu ziehen und zur D-Mark zurückzukehren.

Bofinger: Das wäre unverantwortlich. Der Euro ist ein Erfolgsmodell. Wir sollten ihn unbedingt erhalten. Das Problem ist nur, dass die bisherigen Maßnahmen dafür nicht ausreichen. Was wir jetzt brauchen, ist ein mutiger Schritt hin zu mehr wirtschaftlicher Integration.

SPIEGEL: Was schwebt Ihnen vor?

Bofinger: Wir sollten den Vorschlag des luxemburgischen Premierministers Jean-Claude Juncker aufgreifen und gemeinsame Staatsanleihen für die Euro-Zone einführen. Solche Euro-Bonds würden die Zinskosten für Problemländer wie Griechenland, Irland oder Portugal deutlich drücken. Diese Länder hätten es dann leichter, mit ihren Sparprogrammen die Staatsfinanzen wieder in Ordnung zu bringen.

Homburg: Das bezweifele ich. Euro-Bonds verstoßen gegen den Maastricht-Vertrag, wonach in der Euro-Zone kein Staat für einen anderen haftet. Die Euro-Bonds erheben die Haftung sogar zum Prinzip und zwingen Deutschland, für Schulden anderer Länder einzustehen, deren Finanzgebaren wir nicht kontrollieren können. Die dafür erforderlichen Steuererhöhungen und Transferkürzungen würde unsere Bevölkerung nicht tolerieren.

Bofinger: Doch, man müsste ihnen erklären, dass der Euro nur so zu bewahren ist. Mit den heutigen Rettungsschirmen wird das nicht gelingen. Die reichen höchstens für Griechenland, Irland, Portugal und vielleicht noch Spanien. Aber sie wären überfordert, wenn ein Land wie Italien dazukäme. [...]

Homburg: Sie träumen. Durch Euro-Bonds entsteht eine Haftungsgemeinschaft zu Lasten Deutschlands. [...] Schlimm wird es, wenn Griechenland und andere ihre Schulden nicht mehr bedienen. Dann stehen wir für Beträge gerade, die sich heute noch niemand vorstellen kann. In Deutschland werden dann massive Einschnitte notwendig sein.

Bofinger: Dazu wird es nicht kommen, wenn der Vorschlag richtig umgesetzt wird. Er sieht ja nicht nur neue Anleihen vor, sondern vor allem mehr Macht für die Brüsseler EU-Kommission. Sie soll künftig darüber wachen, dass alle Mitgliedstaaten eine solide Haushaltspolitik betreiben. Es ist ganz einfach: Wer gegen die Kriterien des Stabilitätspakts verstößt, darf keine Euro-Bonds mehr ausgeben.

SPIEGEL: Mal angenommen, das System würde so eingeführt, wie es Herr Bofinger vorschlägt. Wäre das die Lösung, Herr Homburg?

Homburg: Nein. Der Stabilitätspakt hat nicht funktioniert, und er wird auch nie funktionieren. Die Bundesregierung ist mit allen Versuchen, den Stabilitätspakt zu härten, grandios gescheitert.

Bofinger: Das ist eine Frage des Verhandlungsgeschicks. Ich bin überzeugt: Wenn sich die Bundesregierung bereit finden würde, Euro-Bonds einzuführen, könnte sie den anderen Ländern Bedingungen stellen, nach dem Motto: Wir geben dem Euro noch eine Chance, aber nur, wenn sich unsere Partner zu strikter Haushaltsdisziplin verpflichten. [...]

Homburg: Wenn wir am Euro festhalten, gibt es einen Schrecken ohne Ende. Ich plädiere für ein Ende mit Schrecken, also ein Ende des Währungsexperiments. Europa würde dadurch befriedet und unter dem Strich besser fahren.

SPIEGEL: Sie fordern also, dass Deutschland aus dem Euro aussteigt. Die Frage ist nur, ob die wirtschaftlichen Folgen verkraftbar sind?

Homburg: Technisch ist der Ausstieg aus dem Euro genauso einfach wie vor einigen Jahren der Einstieg. Allerdings wird er wohl kaum mit langem Vorlauf angekündigt werden: Eines Morgens wachen wir auf und hören im Radio, dass wir eine neue Währung haben.

Bofinger: Das hört sich jetzt richtig idyllisch an, wie Sie den Deutschen über Nacht wieder zu ihrer geliebten D-Mark verhelfen wollen. Es wird aber nicht idyllisch, es wäre ein Horrortrip. Würden die Deutschen aus dem Euro aussteigen, würden ihre Vermö-

gen im EU-Ausland auf einen Schlag an Wert verlieren. Vor allem Banken und Versicherungen könnten dadurch in Existenznot geraten. Zudem würde eine Kapitalflucht in die neue D-Mark einsetzen, die alles sprengen dürfte, was wir bislang erlebt haben.

Homburg: Gemach, gemach. Was Sie Kapitalflucht nennen, also die Umschichtung von Griechenland-Bonds oder Irland-Bonds in Bundesanleihen oder französische Staatsanleihen, läuft doch seit langem. Das sind normale Kapitalmarktbewegungen.

Bofinger: Bei einer Rückkehr zur Mark würde der Prozess aber zusätzlich in Schwung kommen. Unsere Währung würde auf einen Schlag um 30 oder 40 Prozent aufwerten. Das wäre der Overkill für die deutschen Exporteure, weil ihre Waren auf den wichtigsten Absatzmärkten entsprechend teurer würden. So etwas haben wir schon einmal Mitte der neunziger Jahre erlebt, als die Mark gegenüber Pfund, Lira und Franc stark an Wert gewann. Die deutsche Wirtschaft hat über ein Jahrzehnt gebraucht, um sich von diesem Schlag zu erholen.

Homburg: Die Schwierigkeiten Mitte der neunziger Jahre beruhten auf den Folgen der Wiedervereinigung und nicht auf dem Wechselkurs. Die D-Mark würde zwar etwas aufwerten, aber längst nicht so stark, wie Sie suggerieren. Andererseits käme der damit verbundene Kaufkraftgewinn unseren Konsumenten zugute. Das ist doch genau das, was Sie jahrelang gefordert haben. Bange machen gilt nicht, denn eine Transferunion, die am Ende ohnehin zusammenbricht, ist ökonomisch wie politisch viel gefährlicher als eine Rückkehr zur D-Mark. [...]

SPIEGEL: Herr Bofinger, Ihr Kollege meint, dass Deutschland der europäischen Idee geradezu einen Dienst erwiese, wenn es aus dem Euro ausstiege. Sehen Sie das auch so?

Bofinger: Im Gegenteil: Würde Deutschland den Euro verlassen, würde das Europa um Jahrzehnte zurückwerfen. Der Kontinent würde wieder als Ansammlung von Kleinstaaten wahrgenommen und nicht als starker Wirtschaftsraum, der den USA und den aufstrebenden Schwellenländern Asiens wirtschaftlich Paroli bieten kann. [...]

SPIEGEL: War die Währungsunion von Beginn an ein Fehler?

Bofinger: Nein. Die Währungsunion ist ökonomisch wie politisch eine vernünftige Sache. Und wir haben von dem Gemeinschaftsgeld profitiert. Ohne den Euro wäre Deutschland eine Art Japan geworden, mit schwachem Wachstum und stets am Rande der Deflation. Wie Japan hätten wir jeder Abwertung des Dollar mit Lohnzurückhaltung begegnen müssen, um die Wettbewerbsfähigkeit wiederherzustellen. Das haben wir dank des Euro vermieden, und deshalb lohnt es sich auch, alles zu tun, damit er uns erhalten bleibt.

Homburg: Jeder Ökonom unterschreibt, dass Einheitswährungen theoretische Vorteile bieten. Sie vergrößern die Märkte und verringern die Kosten. Praktisch ist das Euro-Experiment aber gescheitert. Ich halte die Europäische Union für eine gute Sache und will sie nicht durch krampfhaftes Festhalten an einem fehlgeschlagenen Währungsexperiment gefährden. Genau das aber tut die Politik.

Christian Reiermann/Michael Sauga, Der Spiegel, 20.12.2010, S. 52f.

Aufgaben

1. Viele betrachten die gemeinsame europäische Währung als Erfolgsgeschichte. Begründen Sie diese Auffassung.
2. Der Euro wird nur mit einer gemeinsamen europäischen Finanz- und Wirtschaftspolitik überleben. Diskutieren Sie diese These. (M 1)
3. Entwickeln Sie aus dem Streitgespräch M 2 die Argumente für einen Ausstieg aus der gemeinsamen europäischen Währung.

6 Globalisierung der Wirtschaft

6.1 Wirtschaft im Wandel

Leitfragen	Was bedeutet wirtschaftlicher Strukturwandel?	Welche Ursachen und Dimensionen des Strukturwandels lassen sich unterscheiden?	Welche Auswirkungen hat der Strukturwandel?

Was Strukturwandel bedeutet

Wenn Menschen ihren Arbeitsplatz verlieren oder um diesen bangen, von Arbeitnehmern lebenslanges berufliches Lernen erwartet wird, zahlreiche Einzelhandelsgeschäfte in den Stadtzentren schließen und wir wie selbstverständlich über Handy und Internet weltweit kommunizieren, hat dies alles mit tief greifenden Veränderungen in Wirtschaft und Gesellschaft zu tun, die wir im Begriff „Strukturwandel" zusammenfassen. Überträgt man diese Veränderungen auf die ganze Welt, spricht man von **Globalisierung**. Strukturwandel wie auch Globalisierung sind nichts Neues. Umwälzende Veränderungen, wie der Übergang von der Agrar- zur Industriegesellschaft, haben mit der industriellen Revolution im 19. Jahrhundert begonnen und setzen sich heute beschleunigt im Übergang von der Industrie- zur Dienstleistungsgesellschaft fort. Der technische Fortschritt gilt als Triebfeder der Wandlungsprozesse in der Wirtschaft. Er verändert Produktionsverfahren, Produkte, Konsumverhalten und Arbeitsbedingungen. Sog. Basisinnovationen wie etwa die Erfindung des Automobils prägen und wandeln ganze Wirtschaftsepochen. Der Einzelne erfährt die damit verbundenen Veränderungen z.B. im Berufsleben durch wachsende Anforderungen an seine Ausbildung, Qualifikation oder Mobilitätsbereitschaft. Konnten frühere Generationen einen Beruf erlernen und darauf vertrauen, diesen Beruf ein Leben lang auszuüben, veraltet das heute erworbene Wissen und Können schnell. Alte Berufe, z.B. im Handwerk, sterben aus und neue Berufe entstehen, zunehmend in der Informationstechnologie. Unternehmen können sich heute und in Zukunft nur als anpassungsfähige und lernende Organisationen im internationalen Wettbewerb behaupten. Besonders schmerzhaft sind die Auswirkungen des Strukturwandels auf Arbeitnehmer beim Verlust des Arbeitsplatzes. Gerade die strukturell bedingte Arbeitslosigkeit erweist sich als problematisch, weil die Ursachen dieser Form der Arbeitslosigkeit nicht kurzfristig zu beheben sind (→ Kap. 2.2). Als maßgebliche Ursachen struktureller Arbeitslosigkeit gelten

- der rasante technische Fortschritt,
- die damit verbundene Rationalisierung der Produktion und
- die vom internationalen Wettbewerb diktierten Produktivitätssteigerungen.

Dies kann am Beispiel der Textilbranche in Deutschland verdeutlicht werden: Einerseits ist es der deutschen Textilwirtschaft nicht möglich, im weltweiten Lohnwettbewerb mitzuhalten, andererseits finden Beschäftigte in der Textilbranche aufgrund mangelnder Qualifikation und/oder mangelnder Mobilitätsbereitschaft nicht ohne Weiteres eine neue Arbeit in anderen Branchen. D. h., gelingt die Anpassung des Einzelnen an die vom Strukturwandel hervorgerufenen Veränderungen nur langsam oder gar nicht, entsteht Arbeitslosigkeit.

Dimensionen des Strukturwandels

Der marktwirtschaftliche Wettbewerb und die internationale Arbeitsteilung verursachen eine fortwährende Veränderung der wirtschaftlichen Strukturen. Strukturwandel ist – ob politisch gefördert oder gebremst – Kennzeichen einer Marktwirtschaft. Im Wesentlichen lassen sich **drei Dimensionen** des Strukturwandels unterscheiden.

- **Intersektoraler Strukturwandel**: Damit ist der in allen entwickelten Volkswirtschaften seit dem 19. Jahrhundert zu beobachtende Übergang von einer Agrar- in eine Industriegesellschaft und seit Mitte des letzten Jahrhunderts in eine Dienstleistungsgesellschaft gemeint. Mittlerweile sind die Beschäftigten überwiegend in den Dienstleistungsbranchen bzw. im Informationssektor tätig. Besonders expansiv entwickeln sich z. B. gesundheits- und unternehmensnahe Dienste wie Werbung, Finanzierung, Kundenservice. Letztere zeigen, dass Industrie und Dienstleistungen häufig eng miteinander verzahnt sind. Angesichts der wachsenden Bedeutung der Informations- und Kommunikationstechnologien wird in jüngster Zeit bereits von einem Übergang in die Informationsgesellschaft gesprochen.
- **Intrasektoraler Strukturwandel**: Auch innerhalb der großen Wirtschaftssektoren – Agrarwirtschaft, Industrie, Dienstleistungen – finden strukturelle Veränderungen statt. So übernehmen z. B. in der Industrieproduktion Maschinen gefährliche, schwere oder belastende Arbeiten. Auch der Arbeitseinsatz verändert sich; gerade in den Industrieländern gewinnen gut qualifizierte Arbeitskräfte immer mehr Beschäftigungsanteile hinzu, während es immer weniger Arbeit für gering Qualifizierte gibt.
- **Regionaler Strukturwandel**: In einzelnen Regionen verändern sich die wirtschaftlichen Strukturen immer wieder, zum Teil mit einschneidenden Konsequenzen für den Arbeitsmarkt. Ein anschauliches Beispiel ist das Ruhrgebiet, das sich mit dem Niedergang des Bergbaus und der Montanindustrie von einer Schwerindustrieregion in ein Zentrum für hochtechnologische Industrien (z. B. im Umweltschutzbereich) und moderne Dienstleistungen gewandelt hat. Ein wesentlicher Trend im Strukturwandel heute ist die funktionale Konzentration. Damit ist die Ballung vor allem bestimmter Dienstleistungen auf einige Zentren gemeint: Banken in Frankfurt am Main, Versicherungen in München, Medienunternehmen in Hamburg, Berlin und Köln.

Erwerbstätige in den Wirtschaftssektoren

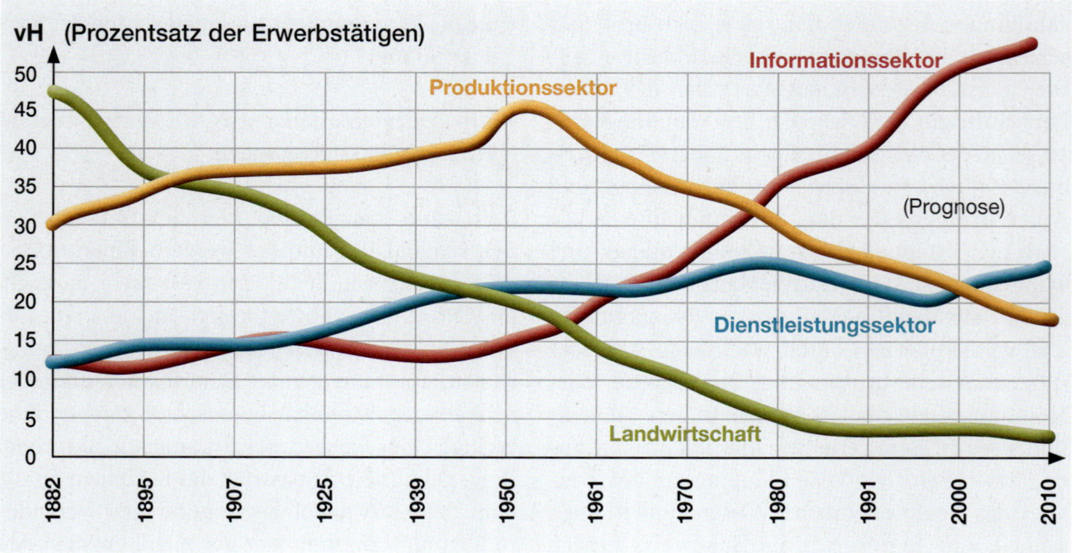

Henning Klodt u. a., Tertiarisierung in der deutschen Wirtschaft, Tübingen 1997, S. 68

Was treibt den Strukturwandel an?

Die Frage, welche Faktoren den Strukturwandel der Wirtschaft letztlich hervorrufen, wurde von Nikolai Kondratieff (1892–1938) beantwortet. Seine These lautet, dass die sog. **Basistechnologien**, also die großen Erfindungen, den entscheidenden Impuls für die Dynamik der wirtschaftlichen Entwicklung geben. Diese Basistechnologien lösen Wachstumsschübe aus, die jahrzehntelang Wellen schlagen und alle Bereiche des wirtschaftlichen sowie gesellschaftlichen Lebens prägen. Kondratieff (→ Kap. 2.2.1) gilt als Begründer der **„Theorie der langen Wellen“**, wonach bahnbrechende Innovationen, wie z. B. die Erfindung der Dampfmaschine oder des Autos, alle 30–50 Jahre für neues Wachstum und Wohlstand sorgen.

Der **Informationssektor** erweist sich in den letzten Jahrzehnten weltweit als starker Motor der wirtschaftlichen und gesellschaftlichen Entwicklung. **Im weiteren Sinne** versteht man unter dem Informationssektor qualifizierte Dienstleitungen, wie z. B. Beratungsdienstleitungen von Ingenieuren, Rechtsanwälten, Wirtschaftsberatern, Heil- und Erziehungsberufen, High-Tech-Tätigkeiten im Bereich IT, Nano- oder Biotechnologien. **Im engeren Sinne** werden darunter Kommunikationstechnologien und Informationsdienstleistungen subsumiert, also alle Branchen, die sich mit Erstellung, Verarbeitung und Verkauf von Informationen (Daten und Wissen) beschäftigen.

Die herausragende Bedeutung von Informationen und Kommunikation in unserem heutigen Leben wird im Begriff der **Wissensgesellschaft** deutlich. In der Wissensgesellschaft gelten Wissen und Informationen als zentrale Ressourcen von Entwicklung und sozialem Fortschritt. Gleichzeitig steigen die Anforderungen an Bildung und Ausbildung und erfolgreiche berufliche Biografien erfordern heute und in Zukunft lebenslanges Lernen. Nicht nur Zukunftsforscher beschäftigen sich mit der Frage, welche Innovationen die neue Welle des Wachstumszyklus im 21. Jahrhundert, den 6. Kondratieffzyklus, auslösen werden.

Die langen Wellen des Strukturwandels

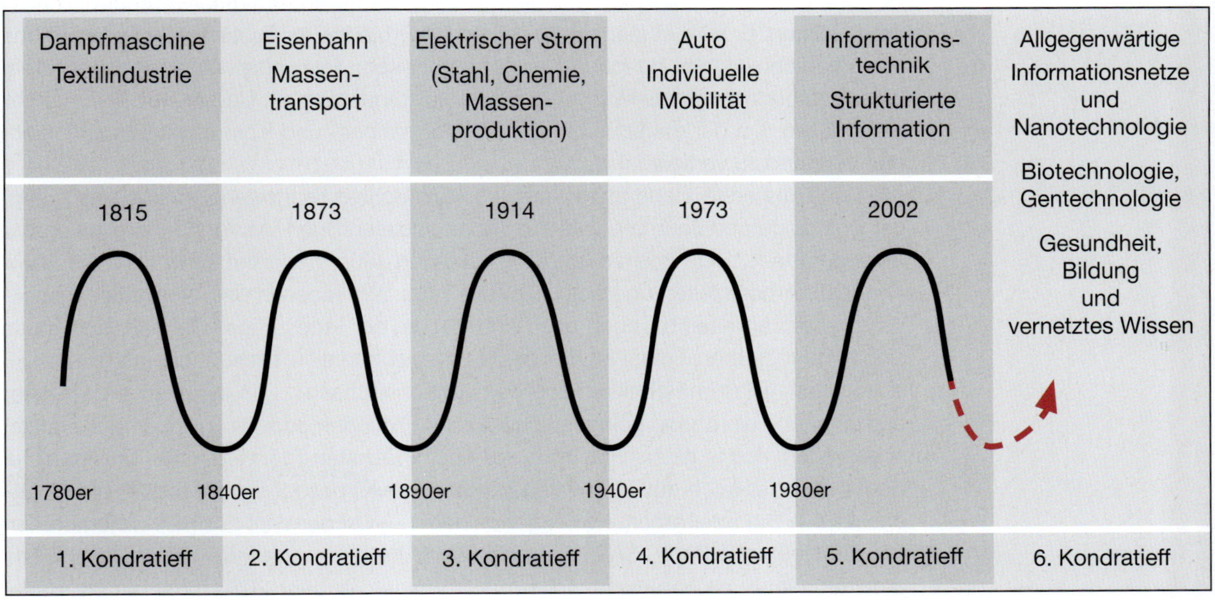

Nach: Bundesamt für Sicherheit in der Informationstechnik, BSJ-Jahresbericht 2003

Aufgaben

1. Beschreiben Sie, was unter dem Begriff der Wissensgesellschaft zu verstehen ist.
2. Überprüfen Sie die Angaben für den 6. Kondratieffzyklus – stimmen Sie dieser Prognose zu?

M 1 Moderne Arbeitnehmer in der Karikatur

Karikatur: Plaßmann / Baaske Cartoons

Karikatur: Reiner Schwalme

M 2 Die Zukunft der Arbeit

Arbeitsmarktforscher, Management-Experten, Organisationspsychologen – egal, wen man fragt: Alle sind sich einig, dass die Arbeitswelt vor einem radikalen Wandel steht. Und ein Wort dominiert die Diskussionen: Flexibilität. Das klingt abgedroschen, doch dahinter verbirgt sich weit mehr als Anpassungsfähigkeit im Denken und Handeln. Der Arbeitnehmer von morgen wird mehr als nur einen Arbeitgeber haben, er wird häufiger zwischen Selbstständigkeit und Festanstellung wechseln und mehr Teilzeit- und Zeitarbeit leisten. Er wird in ständig wechselnden Projekten mit unterschiedlichen Teams aus unterschiedlichen Nationen zusammenarbeiten, viele seiner Kollegen nur auf dem Videobeamer oder per E-Mail, Chat oder Wiki kennenlernen. Und er wird darauf achten müssen, bei der damit verbundenen Informations- und Kommunikationsflut nicht den Verstand zu verlieren. [...]

„Wir sind die erste Generation, die sich vom Schreibtischzwang emanzipiert", sagt der Politologe und Journalist Markus Albers, dessen Buch „Morgen komm ich später rein" gerade [...] erschienen ist. Darin skizziert Albers, warum Anwesenheitspflicht und feste Arbeitszeiten überholte Modelle sind: „Wir leben in der Informationsgesellschaft, aber arbeiten oft noch nach den Regeln der Industriegesellschaft. Das muss sich ändern." Albers selbst ist das beste Beispiel für seine These. Vor einem Jahr saß er noch jeden Tag im Schnitt elf Stunden am Schreibtisch [...]. Als Festangestellter traf er sich nach Feierabend gelegentlich kurz mit Freunden oder ging direkt nach Hause, schaute fern und legte sich ins Bett, weil er am nächsten Tag wieder früh raus musste. Heute bleibt er auch mal länger liegen, nutzt so viel besser seine produktiven Hochphasen am Tag oder arbeitet von irgendeinem [...] Ort der Welt aus [...]. Unternehmen wie die Deutsche Bank, SAP, IBM oder BMW lassen einige ihrer Mitarbeiter bereits arbeiten, wann und wo diese wollen. „Wir werden im Jahr 2030 mehr als die Hälfte unserer Arbeitszeit zu Hause verbringen", sagt die Arbeitsexpertin Marie Puybaraud von der Beratungsfirma Johnson Controls.

[Hinzu kommt ein weiterer Trend:] Berufseinsteiger stellen neue Ansprüche an ihren Traumjob. Verantwortlich dafür sind vor allem zwei Entwicklungen: die Technik und der neuerliche Kampf um die besten Köpfe. Seit es Handys mit E-Mail-Funktion und billige flächendeckende sowie breitbandige Internet-Verbindungen gibt, können alle miteinander arbeiten, ohne am selben Ort zu sein. Junge Menschen wiederum erwarten von ihrem Traumjob heute nicht mehr den dicken Firmenwagen, sondern vor allem eine bessere Work-Life-Balance, also attraktive Arbeitsbedingungen, die sowohl einen Kompromiss aus Familie und Karriere ermöglichen als auch abwechslungsreiche und herausfordernde Aufgaben. Und die entstehen gerade im Dienstleistungsbereich. [...]

Mehr noch: Diese Jobs werden zeitlich befristet sein und – auch hier ist Technik ein wesentlicher Motor – größtenteils über das Internet vermittelt. Zu den bekannten Jobbörsen gesellen sich dann Vermittlungsportale, wie etwa die kürzlich gestartete Internet-Seite netjobbing.de. Deren Gründer Nils Dreyer [...] will dort Auftraggeber und Experten für einzelne Projekte zusammenführen. Beispiele: Aktuell sucht ein Unternehmen jemanden, der 300 Beschreibungen von Instrumenten ins Englische übersetzt; ein Automobilkonzern benötigt für ein halbes Jahr einen Software-Ingenieur für seine Entwicklungsabteilung. Das Interessante an dieser Seite: Sie zeigt schon jetzt, wo die Reise hingeht. Angebote für einfache Tätigkeiten und für gering Qualifizierte werden immer seltener. Diese Jobs werden künftig in Deutschland von Maschinen oder Arbeitern im Ausland erledigt. Nach Angaben des Verbands Deutscher Ingenieure verlagert derzeit jeder elfte Betrieb Teile seiner Produktion in andere Länder. Was hierbleibt, sind dagegen die Jobs für Spezialisten. Derzeit haben 80 von 210 Millionen europäischen Arbeitnehmern einen Job, der ein hohes Maß an Qualifizierung erfordert. Diese Zahl werde bis 2015 um mehr als 20 Millionen kräftig steigen, gleichzeitig werden die Arbeitsplätze für gering Qualifizierte um 8,5 Millionen sinken, erwartet das Europäische Zentrum für die Förderung der Berufsbildung (Cedefop).

Auf der sicheren Seite sind entsprechend Fach- und Führungskräfte aus dem Bereich der Hochtechnologien, wie Licht- und Lasertechnik, Bio- und Nanotechnologie oder auch der Werkzeugmaschinenbau sowie die Metallindustrie. [...] Vorteile besitzen aber auch all jene Berufe, in denen körperliche Präsenz erforderlich ist: Alten- und Krankenpfleger genauso wie Erzieher, Kindergärtner und Lehrer. Im Bereich der Kinderbetreuung werden bis 2013 zusätzlich etwa 50.000 Fachkräfte und mehr als 30.000 Tagespflegepersonen benötigt. An Schulen sind heute 60 Prozent der Lehrer 50 Jahre und älter.

[Auch Projektwirtschaft] wird kommen: Arbeitnehmer werden künftig öfter zeitlich begrenzt und in Teilprojekten zusammenarbeiten. Ist eine Aufgabe beendet, werden die Teams neu aufgestellt. Der Grund: Durch die globale Konkurrenz stehen die Konzerne zunehmend unter Zeitdruck. Die Lebenszyklen von Produkten verkürzen sich, die Neuentwicklung von Nachfolgeprodukten muss schneller gehen. Also werden alle Entwicklungsschritte rund um den Erdball verteilt.

Daniel Rettig, Wirtschaftswoche online, 28.8.2008

Aufgaben

1. Interpretieren Sie die Aussagen der beiden Karikaturen. (M 1)
2. Erläutern Sie den intrasektoralen Wandel anhand von Beispielen im primären, sekundären und tertiären Sektor.
3. Beschreiben Sie für Ihre Region regionale und sektorale Wandlungsprozesse.
4. Erläutern Sie Auswirkungen des intersektoralen Wandels auf Ausbildung, Berufswahl und Beschäftigung.
5. Fassen Sie die Auswirkungen der Wissensgesellschaft auf die Arbeitswelt und Gesellschaft thesenartig zusammen. (M 2)

6.2 Strukturpolitik in der Sozialen Marktwirtschaft

Leitfragen

Welche Möglichkeiten hat der Staat, den Strukturwandel zu beeinflussen bzw. strukturelle Anpassungsprozesse zu erleichtern?

Wie sind strukturpolitische Maßnahmen zu beurteilen?

Strukturpolitik in Deutschland

In der Sozialen Marktwirtschaft der Bundesrepublik Deutschland greift der Staat über Konjunkturpolitik und Strukturpolitik ins wirtschaftliche Geschehen ein. Zwar gilt das für die marktwirtschaftliche Ordnung konstitutive Prinzip, dass der Strukturwandel von den Wirtschaftsakteuren selbst zu bewältigen ist; soziale Härten für Individuen, Unternehmen oder Regionen sollen aber in der Sozialen Marktwirtschaft vom Staat ausgeglichen werden. Grundlage dafür sind die Art. 72, Abs. 2 und Art. 106, Abs. 3 Nr. 2 des Grundgesetzes, welche den Staat verpflichten, für die Einheitlichkeit bzw. **Gleichwertigkeit der Lebensverhältnisse** zu sorgen.

Die strukturpolitischen Maßnahmen des Staates sind vielfältig: Zur Steuerung der Regionalstruktur dient vor allem der Ausbau der Infrastruktur (Straßen, Nahverkehr, Bildungseinrichtungen, Kommunikation) oder die Förderung von Unternehmensgründungen. Zur Steuerung sektoraler Anpassungsprozesse betreibt der Staat Arbeitsmarktpolitik, Subventions-, Technologie- und Forschungspolitik.

Im „**Aufbau Ost**“, in welchen der Staat seit 1990 über 1,4 Billionen Euro für strukturpolitische Maßnahmen investiert hat, zeigen sich sehr anschaulich die Probleme staatlicher Strukturpolitik. Trotz eines in der Geschichte der Bundesrepublik beispiellosen finanziellen Kraftakts sind die strukturschwächsten Regionen mit der höchsten Arbeitslosigkeit nach wie vor im Osten Deutschlands zu finden. Mit dem ersten sog.

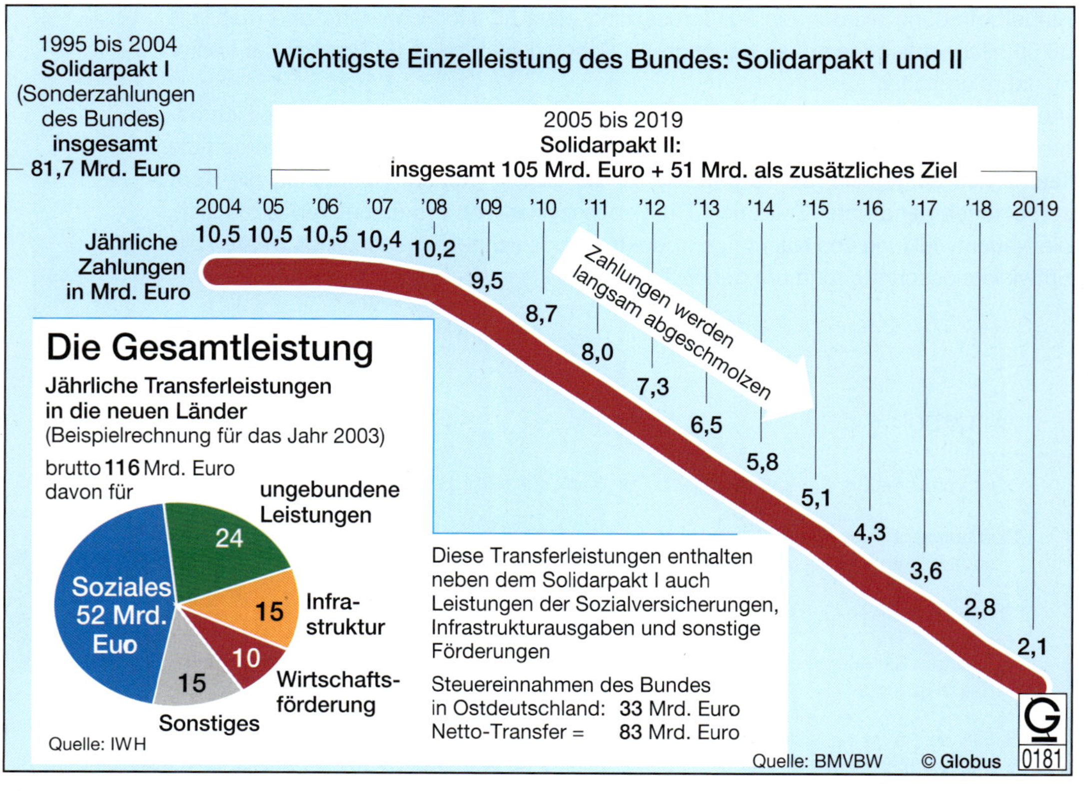

Solidarpakt (seit 1995) wurden die neuen Länder in den bundesstaatlichen Finanzausgleich einbezogen. Bund und Länder unterstützen mit dem Solidarpakt den Abbau der teilungsbedingten Sonderlasten der ostdeutschen Länder (einschließlich Berlins). Der 2001 vereinbarte **Solidarpakt II** sichert die Fortsetzung der ursprünglich bis 2004 beschlossenen Förderung bis zum Jahr 2019. Mit ihm stellt der Bund den neuen Ländern insgesamt weitere 156,5 Milliarden Euro zur Verfügung. Die Verteilung der Mittel wurde im Vergleich zum Solidarpakt I durch eine gezieltere Konzentration der Mittel (z. B. keine generelle Förderung von Bauinvestitionen mehr) ersetzt. Dadurch soll eine ineffiziente Verwendung der Mittel verhindert werden.

Neben der Strukturpolitik des Bundes und der Länder ist die Strukturpolitik der EU immer wichtiger geworden. Mit der Kohäsionspolitik der EU sollen strukturschwache Regionen innerhalb der EU finanziell unterstützt werden. Wie stark der Staat in den Strukturwandel eingreifen soll, ist umstritten. Vor allem Erhaltungssubventionen (z. B. Kohlebergbau) werden als marktwirtschaftlich bedenklich betrachtet, weil sie i. d. R. notwendige Strukturanpassungsprobleme verhindern oder verzögern. Ebenso wird staatliche Industriepolitik bzw. die Förderung von Zukunftstechnologien kontrovers beurteilt, da sie die unternehmerischen Risiken teilweise auf den Staat übertragen und damit letztlich die Verantwortung in die Hände der Allgemeinheit legen.

Kohäsionspolitik

Die Kohäsionspolitik gehört seit der Einheitlichen Europäischen Akte (1987) zu einem der Kompetenzbereiche der EU. Sie beruht auf der Annahme, dass eine Umverteilung zwischen reicheren und ärmeren EU-Regionen erforderlich ist, um die Auswirkungen der fortschreitenden wirtschaftlichen Integration auszugleichen. Bezüglich der finanziellen Rahmenbedingungen hat der Europäische Rat am 17. Dezember 2005 für den Zeitraum 2007 bis 2013 307,6 Milliarden Euro für nationale und regionale Hilfsprogramme im Rahmen der Kohäsionspolitik bereitgestellt.

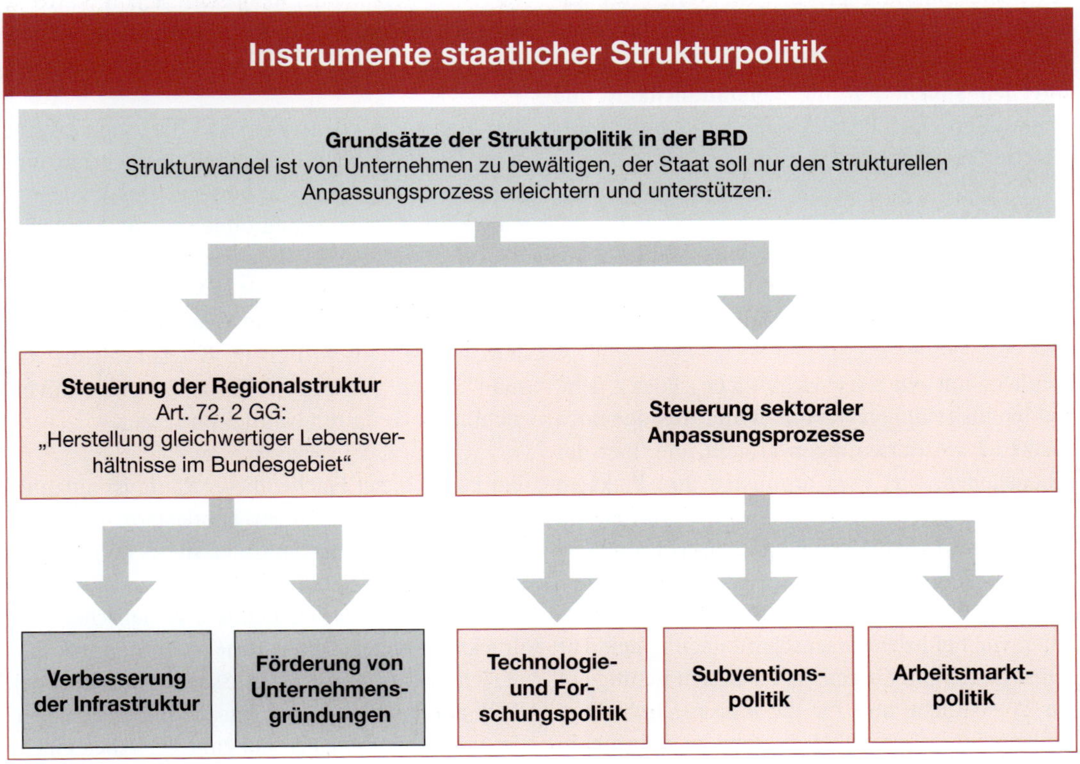

Aufgabe

Erläutern Sie, warum der Aufbau Ost eine strukturpolitische Maßnahme ist.

Ein wissenschaftliches Poster erstellen

Die Industriestädte Wolfsburg und Eisenhüttenstadt, rund siebzig Jahre alt die eine, etwa sechs Jahre jünger die andere, sind wohl die bedeutendsten Stadtgründungen in Deutschland im 20. Jahrhundert. Beide waren zugleich als Modell- und Musterstädte wichtig. „Stadt des Morgen", „Symbol unseres Lebens", „Stadt ohne Beispiel" sollten sie sein – junge, moderne, vorwärtsstrebende Städte. Auf dem Reißbrett entstanden, verkörperten diese zwei Städte im geteilten Deutschland Zuversicht und Aufbau-Euphorie der Nachkriegszeit, das Vertrauen in Fortschritt und Modernität, vor allem aber die Überzeugung ihrer Planer, dass nur ihrem Staat die Zukunft gehöre.

Untersuchen und vergleichen Sie die Geschichte und wirtschaftliche Entwicklung dieser beiden Städte in einem fächerverbindenden Projekt zur Industriegeschichte (zusammen mit Geschichte, Geographie). Stellen Sie Ihre Ergebnisse, die Sie z. B. in arbeitsteiliger Gruppenarbeit erarbeitet haben, in Form eines **wissenschaftlichen Posters** dar. Poster sind meistens DIN A0 große Präsentationen, die ein klar umrissenes Thema darstellen und ohne zusätzliche Erklärung für sich selbst sprechen sollen. Für die **Verständlichkeit** und **Originalität** eines Posters sind grundsätzlich vier Kriterien maßgebend:

- Inhalt, Aussage
- Gestaltung, Gliederung
- Technik, Ästhetik
- Verständlichkeit und Originalität.

Wenn es um ein wissenschaftliches Poster geht, werden insbesondere bei Inhalt und Aussage noch zusätzliche Anforderungen gestellt, die über das hinausgehen, was man ansonsten von Plakaten oder plakatähnlichen Darstellungen erwartet. Ein wissenschaftliches Poster kann nicht wie ein Werbe- oder Veranstaltungsplakat betrachtet werden. Die inhaltliche Qualität der Aussage ist zu beurteilen wie bei jeder wissenschaftlichen Arbeit. Die Kunst besteht im Kürzen, in der Beschränkung auf das Wesentliche und für die Aussage unbedingt Notwendige, ohne dabei zu sehr zu vergröbern oder unzulässig zu verallgemeinern. Auch ein Poster sollte die übliche Gedankenfolge einer wissenschaftlichen Arbeit anbieten:

- *Problemstellung* (Bedeutung, Abgrenzung des Problems),
- *Zielsetzung* (Welche Fragen sollen beantwortet werden? Welche Ziele verfolgt die Untersuchung, das Forschungsprojekt?),
- *Methodik* (Wie ist die Vorgehensweise zur Zielerreichung?),
- *Ergebnisse* (Was ist festgestellt worden und was heißt das für die Fragestellung/Zielsetzung?) und
- *Schlussfolgerungen* (Bedeutung der Ergebnisse für den Problemzusammenhang, mögliche Konsequenzen für die Praxis und für weitere Forschung?).

Der Betrachter eines Posters will möglichst viel sehen und so wenig wie möglich lesen. Visualisierung – die bildhafte Gestaltung von Aussagen – ist gefragt. Taucht z. B. eine Tabelle auf, so fragt man sich, ob sie nicht in ein Diagramm überführbar gewesen wäre. Bei aller Umsetzung ins Visuelle darf die wissenschaftliche Aussage nicht untergehen; gerade über die Visualisierung sollte sie möglichst verständlich und eindrucksvoll vermittelt werden.

Der Text muss gut lesbar sein. Diagramme sollte man aus zwei Metern Entfernung noch mit bloßem Auge gut erkennen können. Das erleichtert eine klare Schrift. Typen ohne „Serifen", eventuell im Fettdruck (z. B. „Arial", „Letter Gothic" oder „Tahoma"), sind meist besser lesbar und daher in kleinerer Schriftgröße noch eher zu entziffern als Serifenschriften (z. B. „Times New Roman" oder „Courier"). Farbe ist ein unverzichtbares Gestaltungsmittel im Poster.

Ein Poster bietet Fläche; dieser Raum ist aufzuteilen. Aufteilen heißt nicht Zupflastern. Freifläche ist eines der wichtigsten Güter, die es im Poster zu verteidigen gilt. Reihung, Rhythmus und Dynamik sind Elemente, die letztlich den ästhetischen Eindruck bestimmen. Dieser ästhetische Eindruck sollte sich in den Dienst der Aussage stellen und den Blick auf das Wesentliche lenken. Ein ansprechendes und schönes Poster lädt zum Verweilen ein, so kommt auch das weniger Zentrale zu seinem Recht. Ein verständlicher Text zeichnet sich durch Einfachheit, Kürze und Prägnanz, Gliederung und Ordnung aus. Dies gilt auch für das Poster.

M Staatliche Förderung der Nanotechnologie

Die Bundesregierung sieht in der Nanotechnologie großes wirtschaftliches Potenzial. Deshalb will sie die Erforschung und industrielle Anwendung dieser Technologie, die sich mit Strukturen und Prozessen auf allerkleinstem Raum befasst, in den kommenden Jahren stark fördern. Das geht aus dem Aktionsplan „Nanotechnologie 2015" hervor. [...] Bis 2015 sollen jährlich rund 400 Millionen Euro fließen, unter anderem in die Forschungsförderung, in Hilfen für kleine Betriebe und Gründer. „Mit dem Aktionsplan geben wir der nachhaltigen und sicheren Erforschung und Nutzung der Nanotechnologie einen neuen Rahmen", sagte Bundesforschungsministerin Annette Schavan (CDU). Einen Schwerpunkt legt die Regierung auf die Erforschung möglicher Risiken der Kleinstteilchen – ein Nanometer ist ein Milliardstel Meter – und auf die Information der Bürger. [...]

In der Öffentlichkeit herrsche wenig Transparenz darüber, in welchen Produkten Nanomaterialien eingesetzt werden und welche Konsequenzen damit verbunden sein können, heißt es in dem Aktionsplan. Durch die zunehmende Nutzung dieser Technik steige die Möglichkeit, dass die Partikel in die Umwelt gelangen. Deshalb will die Regierung Szenarien, Risikoabschätzungen und ökotoxikologische Bewertungen vorantreiben. Dabei sei eine umfassende Information der Öffentlichkeit von hoher Bedeutung [...].

Gerade bei Alltagsprodukten wie Kosmetik oder Lebensmitteln sollen die Verbraucher stärker mit Nanoprodukten vertraut gemacht werden. Sie sollen verstehen, wie solche Materialien eingesetzt werden. Noch sei der Wissensstand der Bürger zur Nanotechnologie gering. Die größte Akzeptanz für die Technik sieht die Regierung bislang in der Medizin.

Die Technikskepsis vieler Bürger in Deutschland – von der Energieversorgung über die Gentechnik bis zur Nanotechnologie – wird immer wieder von Politikern der verschiedenen Parteien, von der Wirtschaft, aber auch von Industriegewerkschaften problematisiert. Auch im Fall der Nanotechnologie sind die Befürchtungen groß, doch auch Fachleute, wie etwa das Umweltbundesamt, haben schon vor möglichen Risiken im Zusammenhang mit den Kleinstteilen gewarnt. [...]

Als exportorientiertes, rohstoffarmes Land hängt Deutschlands Wettbewerbsfähigkeit aus Regierungssicht an Zukunftsmärkten wie der Nanotechnologie. Auf den Weltmärkten gebe es kaum noch ein Hightech-Produkt, bei dem keine nanotechnologischen Verfahren eingesetzt würden. Für 2015 werde das Weltmarktvolumen auf mehr als eine Billion Euro geschätzt. Der Aktionsplan konzentriert sich auf Klima und Energie, Gesundheit und Ernährung, Mobilität, Sicherheit und Kommunikation als Einsatzgebiete für die neuartige Technik. Schon jetzt wird die Nanotechnologie in der Krebstherapie, in der Trinkwasseraufbereitung, in der Produktion besonders leichter und stabiler Windkraftrotoren oder auch im Korrosionsschutz eingesetzt. In Deutschland hängen nach Regierungsangaben heute mehr als 60.000 Arbeitsplätze von der Nanotechnologie ab.

Henrike Roßbach, Frankfurter Allgemeine Zeitung, 12.1.2011

Aufgaben

1. Diskutieren Sie das Für und Wider staatlicher Förderung der Nanotechnologie. (M)
2. Bewerten Sie die Tatsache, dass ausgewählte Produkte und Leistungen, wie z. B. der Kauf von Schnittblumen oder das Hotelsteuer-Privileg auf Übernachtungen, durch die Herabstufung des regulären Mehrwertsteuersatzes von 19 auf sieben Prozent eine staatliche Steuersubventionierung erfahren.
3. Recherchieren und vergleichen Sie die parteipolitischen Einstellungen zur Industriepolitik hinsichtlich der Rolle des Staates, des Marktes und der Ziele.

6.3 Wirtschaftliche Globalisierung

Leitfragen	Was bedeutet die wirtschaftliche Globalisierung?	Welche Ursachen und Dimensionen hat der weltwirtschaftliche Strukturwandel?	Welche Rolle spielen multinationale Unternehmen im Globalisierungsprozess?

Was bedeutet Globalisierung?

Der weltwirtschaftliche Strukturwandel wird heute mit dem Schlagwort der Globalisierung bezeichnet. Die Karriere des Begriffes nach 1990 lässt sich historisch begründen: Die 1990er Jahre waren durch drei einschneidende Entwicklungen gekennzeichnet, die zu einer neuen Qualität der **Internationalisierung der Wirtschaft** führten:

- Die dramatische Weiterentwicklung der **Computer- und Informationstechnik** ermöglichte eine neuartige, weltweit verflochtene Produktionstechnik und Logistik, z.B. sekundenschnelle weltweite Finanztransaktionen und Instant-Preisvergleiche mit der Folge eines intensivierten Kostenwettbewerbs.

- Der **Zusammenbruch der sozialistischen Systeme in Osteuropa** und in seinem Gefolge der Übergang vom vorwiegend politisch definierten Systemwettbewerb (zwischen Marktwirtschaft und Zentralverwaltungswirtschaft) zum vorwiegend ökonomisch definierten Standortwettbewerb nahezu aller Staaten miteinander. Dieser Wettbewerb erfasste weltweit auch Provinzen und Städte. Sie alle mussten sich viel intensiver als zuvor um das mobile Kapital bemühen.

- Die rasante **wirtschaftliche Entwicklung von Schwellenländern**, allen voran die Länder Asiens, zu wichtigen Akteuren der globalen Ökonomie.

Der Begriff Globalisierung hat neben der wirtschaftlichen Dimension zahlreiche Facetten – politische, gesellschaftlich-soziale, kulturelle und rechtliche, die eine begriffliche Klärung erschweren. Allen Dimensionen gemeinsam ist die zunehmende globale Vernetzung, Interdependenz (wechselseitige Abhängigkeit) und Entgrenzung von Lebensbereichen, die vormals relativ autonom und begrenzt gestaltet waren.

Im Bereich der Konsum- und Unterhaltungsindustrie ist die weltweite Angleichung der Alltagswelt vor allem bei Jugendlichen schon weit fortgeschritten. Die Globalisierungskritiker sprechen von der „McDonaldisierung“, einer hegemonialen Ausbreitung des amerikanischen Wirtschafts- und Lebensstils, die kulturelle Vielfalt nicht mehr zulasse. Die Folge davon können kulturelle Abschottungstendenzen, Fragmentierungen und kulturelle Konflikte sein.

Es darf jedoch nicht übersehen werden, dass durch den massiven Einfluss westlicher Konsumgüter und -muster gerade die lokalen kulturellen Traditionen wiederentdeckt werden. Die Vermischung unterschiedlicher kultureller Traditionen kann zu einer neuen bunten Vielfalt kulturellen Lebens führen. Das Internet, das gleichsam als Symbol der Globalisierung gelten kann, revolutioniert die Kommunikation hinsichtlich ihrer Raum- und Zeitdimensionen.

Das Ausmaß wirtschaftlicher Globalisierung lässt sich am Grad der **globalen Handelsverflechtungen** messen: Sie nimmt zu, wenn die Weltexportquote steigt, also der Anteil der Exporte an der Weltproduktion.

Ursachen des Globalisierungsprozesses

Die Globalisierung erfasst heute nahezu alle Bereiche des Wirtschaftens. Die Akteure in diesem Prozess sind vor allem **internationale Konzerne**. Strukturelle Veränderungen meinen einerseits die Zunahme des intra-industriellen Handels (der Handel von Fertigprodukten zwischen den Industrienationen), andererseits der Aufstieg von Schwellenländern – vor allem südostasiatischer Staaten – zu wichtigen Exportnationen. Gesunkene Transport- und Kommunikationskosten sind zugleich Bedingung und Folge der dynamischen weltwirtschaftlichen Entwicklung.

Globale Wirtschaft – die ökonomische Globalisierung
globale Produktionsketten und globale Güter-, Arbeits- und Finanzmärkte
Schafft eine globale Wirtschaft Wohlfahrtssteigerung und gerechte Verteilung?

Weltgesellschaft das „globale Dorf“ – Aspekte kultureller Globalisierung
weltumspannende Kommunikation und Information, globale Wirkungsmacht von Marken und Kulturgegenständen
Entsteht eine globale Einheitskultur?

Globalisierung
die Vernetzung der Welt

Politische Globalisierung – Weltinnenpolitik
Regulierung globaler Märkte durch internationale Institutionen und Rechtsnormen – Global Governance
Kann eine „Weltinnenpolitik“ gelingen?

Ökologie – Verantwortung für die eine Welt
globale ökologische Gefährdungen
Werden wir unserer Verantwortung für das Ökosystem gerecht?

Auf der Nachfrageseite zeigt sich eine deutliche Tendenz zur **Angleichung der Verbraucherbedürfnisse** weltweit (Konvergenzthese). Hervorgerufen wird dies durch eine Annäherung des Wissensstands infolge des weltweiten Einsatzes immer effizienterer Kommunikationsmittel, welche einen länderübergreifenden Wissens- und Erfahrungsaustausch ermöglichen. Dazu trägt auch die zunehmende Reisetätigkeit bei (Akkulturation).

Wesentliche **Ursachen** der Globalisierung auf der Angebotsseite sind:

- **Marktsättigungstendenzen** auf bestimmten Märkten (z.B. den Automobilmärkten);
- die **Öffnung der Märkte** durch den Abbau von Handelshemmnissen (Liberalisierung der Märkte);
- das Aufkommen **neuer internationaler Konkurrenten** (Schwellenländer, wie z.B. China).

Da sich die Lebensdauer von Produkten auf den Märkten durch den scharfen internationalen Wettbewerb ständig verkürzt (kürzere Produktzyklen), lassen sich die Forschungs- und Entwicklungskosten bei einer rein nationalen Vermarktung nicht mehr decken. Deshalb agieren Unternehmen global, um so über hohe Umsätze Gewinne zu ermöglichen.

Multinationale Unternehmen

Multinationale Unternehmen sind in mehreren Staaten – oft weltweit – operierende und produzierende Konzerne, wobei die in einem Staat angesiedelte Muttergesellschaft über meist rechtlich selbstständige Tochtergesellschaften in anderen Staaten Umsätze tätigt. Die umgangssprachlich auch „Multis“ oder **„Global Player“** genannten Unternehmen entstehen durch internationale Kapitaltransaktionen (Direktinvestitionen). Obwohl auch mittelständische Unternehmen international tätig sind, werden unter multinationalen Unternehmen meist Großunternehmen mit entsprechender Wirtschafts- und Finanzkraft verstanden. Neben multinationalen wird auch von internationalen, globalen oder transnationalen Unternehmen gesprochen, wobei die Begriffe oft uneinheitlich verwendet werden. Teilweise werden die Adjektive synonym gebraucht, teilweise werden darunter jeweils spezifische Konzepte international tätiger Konzerne verstanden. Die internationale Tätigkeit erschließt den multinationalen Unternehmen neue und gegebenenfalls größere Absatzmärkte und bringt Kostenvorteile (Arbeits-, Rohstoff-, Energie- und Transportkostenersparnis). Zudem wird so die Abhängigkeit der Unternehmen von nationaler Wirtschaftspolitik und Gesetzgebung sowie von nationalen Konjunkturschwankungen vermieden bzw. abgeschwächt.

Anzahl transnationaler Unternehmen (TNU)

In absoluten Zahlen, Anteil der TNU aus ökonomisch entwickelten Staaten in Prozent, 1968/69 bis 2008*

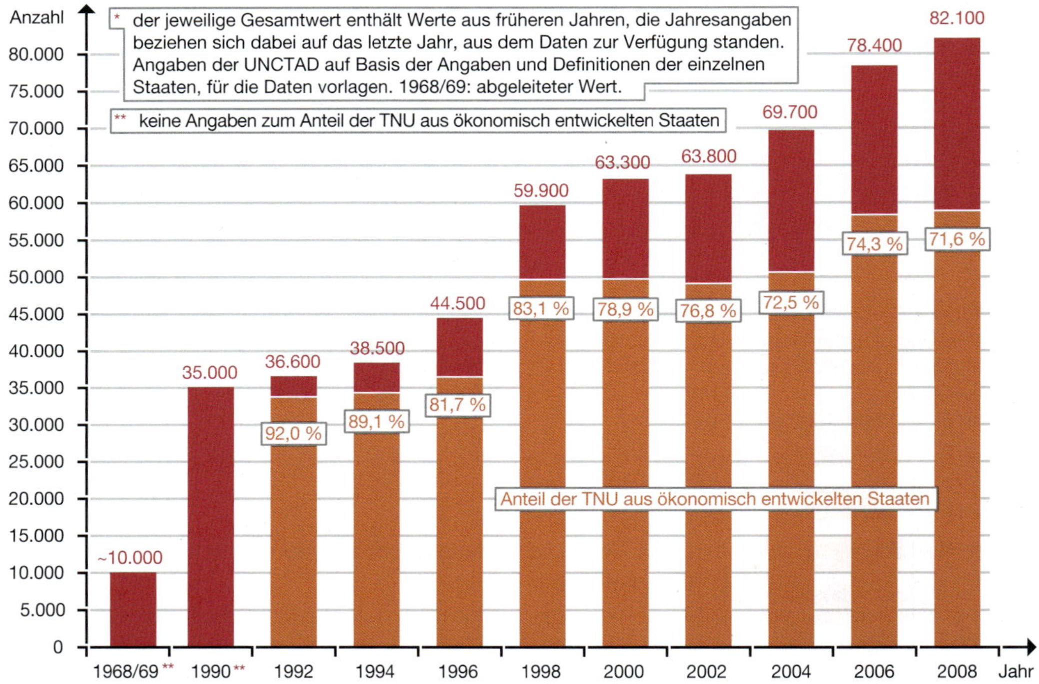

Quelle: United Nations Conference on Trade and Development (UNCTAD): World Investment Report, verschiedene Jahrgänge,
Lizenz: Creative Commons by-nc-nd/3.0/de, Bundeszentrale für politische Bildung, 2010, www.bpb.de

Schrittmacher der Globalisierung

Die transnationalen Unternehmen gelten vielen als „**Schrittmacher der Globalisierung**". Ihre Organisationsform ist ein Netzwerk mit einer Reihe wechselseitig abhängiger und geografisch verteilter Zentren, die von gemeinsamen Strategien, Normen und einem intensiven Austausch von Informationen, Erfahrungen und Ressourcen zusammengehalten werden. Mit ihren Direktinvestitionen vernetzen transnationale Unternehmen nationale Volkswirtschaften und werden damit zum Herzstück der globalen Weltwirtschaft. Transnationale Unternehmen treiben den grenzüberschreitenden Transfer von Finanzkapital, Technologie und Managementfähigkeiten voran. Eine Ursache für die wieder wachsende Zahl von Fusionen und Übernahmen liegt in der **Deregulierung** nationaler Märkte (z.B. in den Bereichen Telekommunikation, Energiewirtschaft, Bau). Dazu kommen weitere Motive der Unternehmen, die von Branche zu Branche variieren können: Sie reichen von besserer Marktpräsenz in neuen geografischen Räumen, dem Schließen von Angebotslücken bis hin zu Synergieeffekten in Forschung und Entwicklung, Produktion und Vertrieb.

Einerseits können transnationale Unternehmen für die Entwicklung des jeweiligen „Gastlandes" positive Beiträge leisten durch

- attraktive und im Landesvergleich gut bezahlte Arbeitsplätze,
- Forschung und Entwicklung,
- die Qualität der Produkte und Dienstleistungen,
- Devisen erwirtschaftende Exporte,
- Technologietransfer,
- die Ausbildung der Mitarbeiter und
- die Nutzung und Förderung heimischer Zuliefererbetriebe.

Sie tragen zur Verbesserung der internationalen Arbeitsteilung bei, zur Verbreitung von technischem und wirtschaftlichem Know-how, zur Ausweitung des Welthandels und somit häufig auch zu Fortschritt, Wohlstand und Wettbewerbsfähigkeit.

Andererseits werden sie kritisiert wegen

- wirtschaftlicher Machtkonzentration,
- möglicher politischer Einflussnahme,
- Wettbewerbsverzerrungen,
- Steuerflucht und
- der bislang unzureichenden öffentlichen Kontrolle, etwa durch eine internationale Wettbewerbsbehörde.

In der kontroversen Diskussion um Global Player sind auch die Wirkungen auf die Beschäftigung im Stammland umstritten. Die Bedeutung der Auslandsgeschäfte transnationaler Konzerne (These vom „globalen Dorf") darf aber auch nicht überschätzt werden, weil der überwiegende Teil der unternehmerischen Aktivitäten weiterhin national bleiben wird.

Umsätze von 20 ausgewählten TNU* im Vergleich zum BIP ausgewählter Staaten**

In Milliarden US-Dollar, 2008

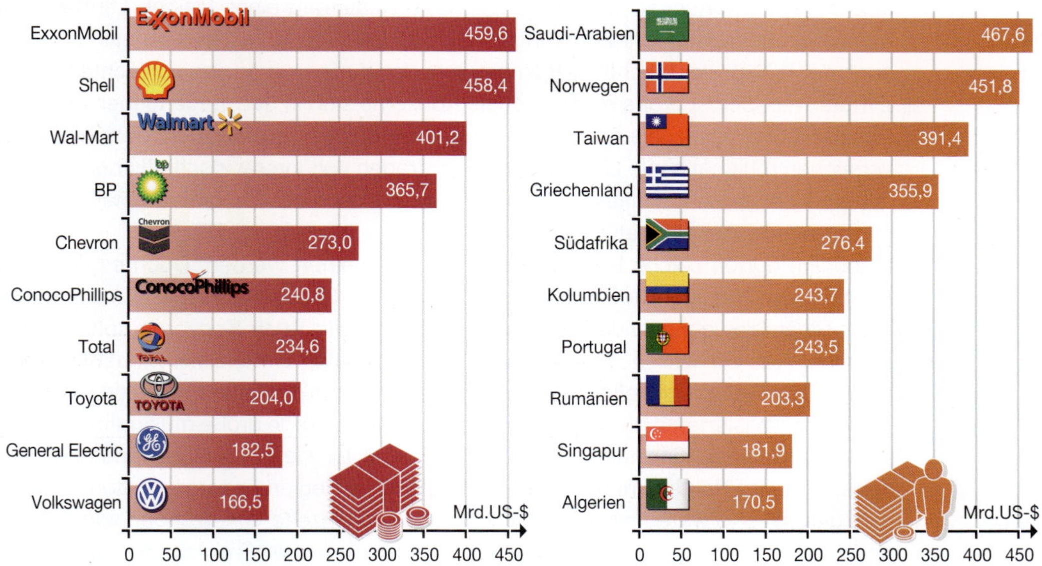

* Von den – nach Vermögenswerten im Ausland – 100 größten Transnationalen Unternehmen (TNU), die nicht zur Finanzbranche gehören, sind die 20 dargestellt, die in dieser Gruppe im Jahr 2008 die größten Umsätze hatten.

** Das Bruttoinlandsprodukt (BIP) misst den Wert der im Inland hergestellten Waren und Dienstleistungen (Wertschöpfung), soweit diese nicht als Vorleistungen für die Produktion anderer Waren und Dienstleistungen verwendet werden. Das BIP ist gegenwärtig das wichtigste gesamtwirtschaftliche Produktionsmaß.

Quelle: United Nations Conference on Trade and Development (UNCTAD): World Investment Report 2010, Handbook of Statistics 2010, Lizenz: Creative Commons by-nc-nd/3.0/de, Bundeszentrale für politische Bildung, 2010

Aufgaben

1. Diskutieren Sie in Partnerarbeit den Begriff „Globalisierung" und einigen Sie sich auf eine Definition.
2. Erläutern Sie die Ursachen des Globalisierungsprozesses.
3. Formulieren Sie erste Antworten auf die gestellten Fragen im Schaubild auf S. 187. Überprüfen Sie Ihre Antworten am Ende der Unterrichtseinheit.
4. Begründen Sie, warum Global Players als „Schrittmacher der Globalisierung" angesehen werden.

M Transnationale Konzerne in der Kritik

Oft wird beklagt, dass die Regierungen der Welt ohnmächtig der Globalisierung zusehen müssten. Die globale Wirtschaft vernetze sich immer mehr, die Politik bleibe aber national und verliere an Durchsetzungskraft. Vor allem die multinationalen Unternehmen stehen dabei im Mittelpunkt der Kritik. Für sie gelte das Primat der Politik schon gar nicht. [...]

Manche Berichte über die Größe der Global Player sind jedoch übertrieben. So geisterte vor ein paar Jahren durch die Welt, dass zur Jahrtausendwende schon 51 der 100 größten Wirtschaftseinheiten (Staaten und Unternehmen) aus Konzernen bestehen würden. Gleichwohl sind manche Multis wirtschaftlich größer als kleine oder besonders arme Staaten. Die politische Machtbalance könnte so aus dem Gleichgewicht geraten. Dem ist freilich entgegen zu halten, dass politische Macht ganz anders geartet ist als wirtschaftliche. Denn auch die Regierung eines kleinen Landes kann Menschen und Unternehmen zwingen, sich an Gesetze zu halten oder sich zuweilen auch der Willkür der Machthaber zu beugen, denkt man nur an das schlechte Beispiel Zimbabwes. Selbst große multinationale Konzerne sind in den vergangenen Jahren in Russland und Venezuela aus der Öl- und Gasindustrie verdrängt worden. Allerdings versuchen multinationale Unternehmen – getragen von ihrer wirtschaftlichen Macht – mittels Lobbyarbeit, Einfluss auf die Politik zu nehmen. Es gibt zweifellos einige unrühmliche Beispiele dafür, dass dies geschehen ist. [...]

Sicherlich dürfen solche Beispiele nicht verallgemeinert werden. Doch es bleibt die Aufgabe der Regierenden, sich nicht überzogenen Lobbyinteressen zu beugen, die dem Allgemeinwohl zuwiderlaufen. Grundsätzlich gilt: Auch Konzerne können nicht machen, was sie wollen. Verstöße von multinationalen Firmen aus Industrieländern gegen Sozial- und Umweltstandards oder gegen demokratische Prinzipien werden in der internetbasierten Welt von heute schnell publik. Gerade große multinationale Marken-Unternehmen sind sehr angreifbar, weil sich für sie ein Imageschaden schnell negativ in der Erfolgsrechnung niederschlägt. Nicht-Regierungsorganisationen haben dies genutzt und waren recht erfolgreich dabei, vereinzelte Verletzungen von Arbeits- und Sozialstandards durch multinationale Unternehmen in Entwicklungsländern anzuprangern. Allerdings geht in dieser kritischen Debatte zuweilen unter, dass das Gros der globalen Konzerne den Arbeitnehmern in den Entwicklungsländern deutlich bessere Löhne und Arbeitsbedingungen bieten als bei heimischen Firmen. Letztlich sitzen die Verbraucher am längeren Hebel, weil sie mit den Füßen abstimmen und selbst die globalen Konzerne mit Kaufenthaltung bestrafen können. [...]

Tatsächlich gibt es kein Weltkartellamt, das diese international agierenden Konzerne daran hindern kann. Gleichwohl sind die nationalstaatlichen Waffen gegen bedrohliche Megafusionen und eine zu starke Machtkonzentration weiterhin scharf. So hat etwa die EU-Kommission gegen Marktgiganten wie Microsoft und Intel hohe Strafen verhängt, weil sie ihre Wettbewerber mit unlauteren Mitteln behindert haben.

© 2010, IW Medien, iw-Dossier – Institut der deutschen Wirtschaft Köln Medien GmbH, 10.8.2010

Aufgaben

1. Arbeiten Sie die im Text genannten Thesen und Argumente heraus. (M)
2. Führen Sie anschließend eine Podiumsdiskussion Pro und Kontra transnationale Konzerne. Protokollieren Sie den Verlauf der Diskussion und formulieren Sie am Schluss ein Ergebnis.

6.4 Deutschland als Wirtschaftsstandort

Leitfragen	Welche Stellung hat Deutschland im internationalen Handel?	Was sind Standortfaktoren und was versteht man unter Standortqualität?	Wie attraktiv ist der Standort Deutschland?

Das Profil Deutschlands im Welthandel

Deutschland gehört trotz seiner vergleichsweise geringen Bevölkerungszahl zu den drei führenden Exportnationen der Welt. Bis 2009 konnte sich Deutschland mit dem Titel „**Exportweltmeister**" schmücken. Heute rangiert Deutschland nach China fast gleichauf mit den USA an zweiter Stelle. 2011 überstieg der Wert der deutschen Ausfuhren zum ersten Mal die Billionengrenze. Der hohe Verflechtungsgrad mit der Weltwirtschaft (Weltmarktanteil deutscher Produkte insgesamt ca. neun Prozent) zeigt sich auch an der Außenhandelsquote. Die Außenhandelsquote entspricht dem prozentualen Anteil des Warenexports und -imports eines Staates/einer Region am jeweiligen Bruttoinlandsprodukt (BIP).

Weltweit stieg die Außenhandelsquote von 19,7 Prozent im Jahr 1970 auf 53,2 Prozent im Jahr 2008. Deutschland hatte im Jahr 2010 mit ca. 70 Prozent eine überdurchschnittlich hohe Außenhandelsquote. Gleichzeitig ist Deutschland als rohstoffarmes Land auch auf Importe angewiesen, vor allem im Energiebereich. Exportschlager der deutschen Wirtschaft sind Maschinen, der Fahrzeugbau und Produkte der chemischen Industrie. Unsere wichtigsten Handelspartner sind die Mitgliedsstaaten der EU. In die EU der 28 gehen ca. 60 Prozent aller Exporte, in die Euroländer ca. 40 Prozent. Das wichtigste Exportland ist nach wie vor Frankreich. Die deutschen Exporte tragen wesentlich zur Sicherung der Arbeitsplätze bei. Fast jeder vierte Arbeitsplatz in Deutschland ist vom Außenhandel abhängig. Damit verbunden ist eine starke Abhängigkeit unserer Wirtschaft von der weltwirtschaftlichen Entwicklung.

Wie attraktiv ist der Standort Deutschland?

Durch die Globalisierung, aber insbesondere auch durch die Aufnahme der mittel- und osteuropäischen Staaten in den EU-Binnenmarkt im Zuge der Osterweiterung steht Deutschland in einem verstärkten **weltweiten Standortwettbewerb.** Dabei ist die zentrale Frage, ob der Standort Deutschland noch attraktiv genug ist, um Unternehmen und Investitionen im Lande zu halten bzw. neue Unternehmen und Investitionen nach Deutschland zu holen.

Für die Attraktivität von Wirtschaftsstandorten gibt es keinen absoluten Maßstab. Die Qualität eines Wirtschaftsstandortes ist nur in Relation zu anderen Standorten zu definieren. Zudem sind Standortfaktoren von Branche zu Branche und selbst für Unternehmen einer Branche unterschiedlich zu gewichten. Allgemein gilt, dass Standorte mit hohem Innovationspotenzial, in welchen die Produktionsfaktoren flexibel auf den Strukturwandel reagieren können und damit die Anpassungslasten einer Volkswirtschaft reduzieren, begehrt sind. Ein Indikator für die Attraktivität von Standorten stellen die Investitionen von Ausländern dar, die sog. **Direktinvestitionen.** Allerdings ist dieser Indikator nicht unumstritten, da in die Investitionsentscheidung auch Motive eingehen können, die nicht unmittelbar mit der Standortqualität zu tun haben. Dazu gehören z. B. Marktnähe durch lokale Präsenz, geografisch angepasste Produktdifferenzierung und lokale Strategien in der Produktentwicklung und -werbung. Durch Investitionen im Ausland können Unternehmen so ihre internationale Wettbewerbsfähigkeit sichern und damit auch ihr Überleben. Letztlich lässt sich die Frage, wie attraktiv der Standort Deutschland heute und in der Zukunft ist, nicht

Direktinvestitionen

Direktinvestitionen sind Kapitalanlagen von Inländern im Ausland (oder von Ausländern im Inland).
Dazu zählen Gründungen von oder Beteiligungen an Unternehmen, Produktionsstätten und Niederlassungen sowie Kreditgewährungen. Hohe Direktinvestitionen fließen in den Aufbau von Tochterunternehmen multinationaler Konzerne.

allgemein abschließend beantworten, auch weil den unternehmerischen Standortentscheidungen unterschiedliche Motive zugrunde liegen.

Exporterfolge – ... nicht alles Gold, was glänzt

Professor Hans-Werner Sinn relativierte mit seiner „Basar-Hypothese" 2003 die Euphorie verbunden mit den positiven Effekten deutscher Exporterfolge. Seine Basar-Hypothese besagt, dass der inländische Wertschöpfungsanteil an der Industrieproduktion, die sog. Fertigungstiefe, zugunsten des Auslands fällt und dass sich Deutschland zunehmend auf Basar-Tätigkeiten spezialisiert. Er geht dabei von der Erkenntnis aus, dass immer mehr deutsche Industrieunternehmen arbeitsintensive Teile ihrer Wertschöpfungsketten in ausländische Niederlassungen verlagern (**Offshoring**) oder bei Zulieferern aus dem Ausland kaufen (ausländisches **Outsourcing**), um dadurch den hohen deutschen Lohnkosten zu entkommen.

Schon aus diesem Grunde, so Sinn, zeige die Exportstatistik nicht die Wohlstandseffekte der Globalisierung für Deutschland. Ein bekanntes Beispiel sei der Porsche Cayenne, der scheinbar in Leipzig produziert wird, bei dem aber in Wahrheit 88 Prozent des Wertes bereits in dem vorgefertigten Auto stecken, das Porsche von seinem Werk in Bratislava anliefern lässt. In Leipzig werde kaum mehr als Lenkung und Getriebe eingebaut. Die Kunden aus aller Welt, die bei Porsche kaufen, hätten das Gefühl, ein Auto mit dem Prädikat »Made in Germany« zu erwerben, doch in Wahrheit fände ein Etikettenschwindel statt, der über die tatsächlichen Verhältnisse hinwegtäusche. Wenn der Cayenne nach Amerika exportiert wird, so Sinn, stehe er zu 100 Prozent in der deutschen Exportstatistik, obwohl nur zwölf Prozent der Wertschöpfung in Form von Gewinnen, Löhnen, anderen Einkommen und Deckungsbeiträgen für Abschreibungen in Leipzig anfielen. Der Export sei in diesem Beispiel mehr als achtmal so groß wie die Wertschöpfung für den Export.

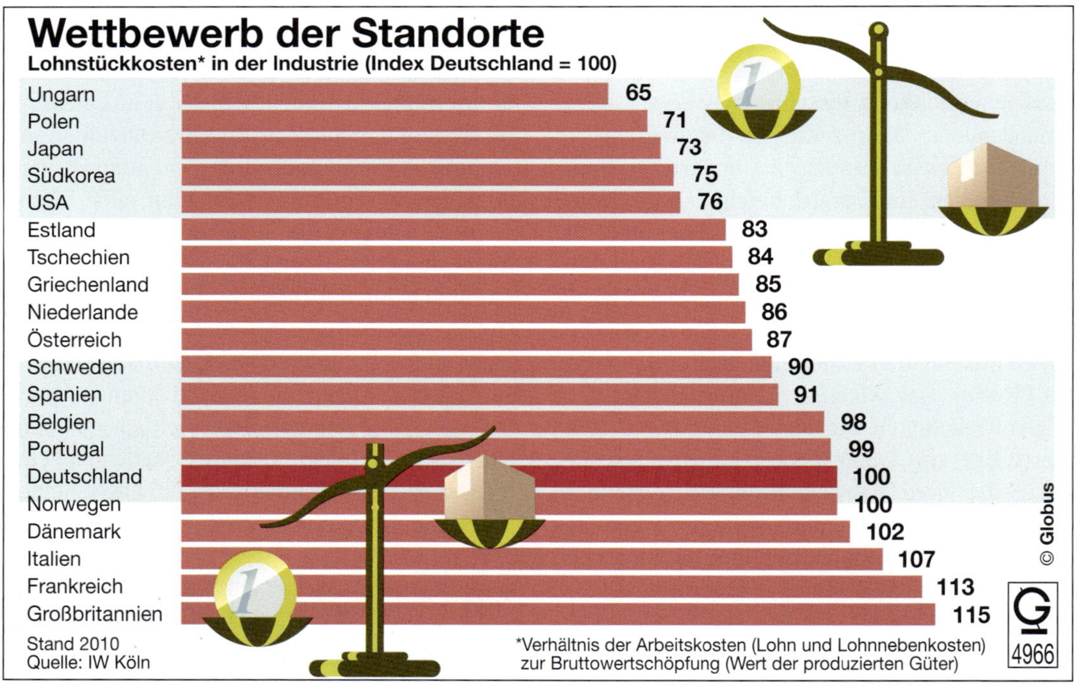

Aufgaben

1. Beschreiben Sie die Bedeutung von Direktinvestitionen für die Auswahl eines Standorts.
2. Erklären Sie die von Hans-Werner Sinn aufgestellte „Basar-Hypothese".

M 1 Deutsche Unternehmen zieht es ins Ausland

Der Autobauer BMW stellt sich darauf ein, wegen der guten Absatzlage im Ausland künftig noch mehr Autos außerhalb Deutschlands zu bauen. „Die Relation hat sich verschoben“, sagte BMW-Produktionsvorstand Frank-Peter Arndt […]. „Inzwischen produzieren wir 60 Prozent unserer Autos in Deutschland, 40 Prozent im Ausland. Langfristig werden wir uns wohl auf eine Verteilung von bis zu 50 zu 50 einstellen müssen.“ Zurzeit beschäftigen die Münchner 72.000 Menschen im Inland; etwa 24.400 Mitarbeiter sind in ausländischen Werken wie im chinesischen Shenyang oder in Spartanburg in den USA tätig.

Produktionschefs wie Arndt haben in diesen Zeiten eine zentrale Rolle in Autokonzernen. Sie müssen für eine größtmögliche Auslastung ihrer Fabriken sorgen – und gleichzeitig auf die Kosten achten. Wegen des unerwartet starken Wachstums im Ausland produzieren die Hersteller immer mehr Autos außerhalb Deutschlands. Politisch ist dies jedoch brisant – dies zeigten schon die heftigen Reaktionen auf die Entscheidung Daimlers […], Teile seiner C-Klasse-Produktion aus Sindelfingen in die USA zu verlagern. Die zentrale Frage, die sich viele stellen: Können ihre Arbeitsplätze langfristig in Deutschland gehalten werden? Erst [vor kurzem] hatte VW-Chef Martin Winterkorn seine Belegschaft auf einen Ausbau des Geschäfts im Ausland vorbereitet. Volkswagen müsse „noch internationaler werden“, sagte er […] – weil auch das „Geschäft immer internationaler“ werde. Wie BMW-Vorstand Arndt versuchte auch Winterkorn, die Ängste der Mitarbeiter zu zerstreuen. „Unser internationales Wachstum geht nicht auf Kosten der Werke hierzulande“, sagte er. Doch auch wenn BMW kräftig Geld in heimische Standorte pumpt – der Konzern wird Schritt für Schritt internationaler. […] Während der Absatz mit Autos der Marke BMW und Mini in Deutschland um 29,6 Prozent zulegte, wuchs der Absatz in China um 104,3 Prozent. Hier bereitet sich BMW auf einen lang anhaltenden Boom vor und baut seine Produktion in einem zweiten Werk in Shenyang weiter aus. Neben den USA und China hat der Autobauer Indien ins Visier genommen.

Thomas Fromm, Süddeutsche Zeitung, 11.12.2010

M 2 Warum Unternehmen nach Deutschland zurückkehren

Warum eigentlich kommen viele deutsche Unternehmen aus dem Ausland wieder nach Hause? Die deutsche Belegschaft des Kettensägenherstellers Stihl darf sich über ein besonderes Weihnachtsgeschenk freuen: Pünktlich zum Fest kündigte das schwäbische Familienunternehmen an, bald große Teile der Produktion seiner weltbekannten Motorsägen zu verlegen – und zwar nicht ins Ausland, sondern zurück nach Deutschland, an den Stammsitz in Waiblingen bei Stuttgart. Bereits im vergangenen Jahr hatte der Weltmarktführer die Produktion von Sägemotoren aus Nord- und Südamerika nach Deutschland abgezogen. Jetzt will Stihl weitere Kapazitäten von Brasilien zurück nach Hause holen. Dadurch stabilisiert das Unternehmen die Auslastung des heimischen Personals. Doch es gibt noch weitere Gründe: Brasiliens Währung Real hat im vergangenen Jahr deutlich an Wert gewonnen, sodass die dort gebauten Sägen für internationale Kunden teurer werden – und die Löhne brasilianischer Arbeiter, in Euro gerechnet, mehr kosten. Außerdem entfallen mit der Rückverlagerung Transportgebühren und Zölle. Stihl ist nicht der einzige Hersteller, der einen solchen Sinneswandel durchlebt. Auch andere bekannte deutsche Namen wie Solarworld oder die Stofftiermarke Steiff kommen heim. Verabschiedet sich die deutsche Industrie etwa nun vom Paradigma der Neunzigerjahre, durch Globalisierung der Wertschöp-

fungskette Produktionskosten zu sparen? Zwar ziehen immer noch große Konzerne mit ihren Fabriken ins Ausland. Wer etwa die Autobauer Daimler, VW oder BMW vor einem starken Euro nach Amerika fliehen sieht, könnte fast meinen, deutsche Produzenten kehrten immer noch in Scharen der Heimat den Rücken. Doch so ist es nicht. Tatsächlich haben Verlagerungen ins Ausland deutlich abgenommen und sind auf den tiefsten Stand seit 15 Jahren gesunken. [...] Die mit Abstand meisten Rückverlagerer nennen die bessere Qualität als Grund für die Wiederansiedlung ihrer Produktion in Deutschland. Wegen Qualitätsproblemen kehrt zum Beispiel die Kuschelmarke Steiff dem Ausland den Rücken.

Mark Fehr, Wirtschaftswoche online, 15.1.2010

M 3 Das „Ländle" des Ostens

Sachsen nimmt beim „Aufschwung Ost" eine Vorreiterrolle ein. Das Land besaß bereits 2006 in einzelnen Industriebereichen mit Raten von 8 bis 10 Prozent das stärkste Wirtschaftswachstum in Deutschland und konnte bei wichtigen Wohlstandsindikatoren zu den westlichen Bundesländern aufschließen. Einer der Gründe dafür ist sicherlich die stark mittelständisch geprägte Wirtschaftsstruktur mit vielen kleinen und mittelgroßen Unternehmen, die aber teilweise in ihren Nischen – gerade im Maschinen- und Anlagenbau oder im Elektroniksektor – Spitzentechnologie auf Weltmarktniveau anbieten und damit hocheffizient erfolgreich bestehen können. Weitere bedeutsame Wachstumsimpulse liefert zudem die traditionell im Freistaat ansässige Automobilindustrie. [...]

Solide Rahmenbedingungen

Darüber hinaus besitzt Sachsen weitere ausgezeichnete Standortfaktoren: Neben der gewachsenen Unternehmensstruktur, soliden wirtschaftspolitischen Rahmenbedingungen sowie einer modernen Verkehrsinfrastruktur beeindruckt eine starke Vernetzung von Wissenschaft und Wirtschaft. Zahlreiche herausragende Universitäten, Hochschulen und Forschungsinstitute (zu nennen sind besonders die Exzellenzuniversität TU Dresden und die TU Chemnitz mit dem Exzellenzcluster „Merge-Technologiefusion für multifunktionale Leichtbaustrukturen") ziehen gut ausgebildete Menschen an. Zudem sorgen wichtige „weiche Faktoren", etwa eine familienfreundliche Strukturförderung, eine gut ausgebaute Kinderbetreuung oder eine attraktive Kunst- und Kulturszene für eine hohe Lebensqualität.

Nach: Harald R. Pfab, Börsen-Zeitung, 24.4.2013

Aufgaben

1. Teilen Sie den Kurs in zwei Gruppen ein. Eine Gruppe hält einen Vortrag zum Thema: „Warum deutsche Unternehmen ins Ausland gehen" und bereitet dazu eine Rede vor. (M 1) Die andere Gruppe soll einen Vortrag zum Thema: „Warum Unternehmen in ihre Heimat zurückkehren" vorbereiten und dazu eine Rede entwerfen. (M 2)

2. Arbeiten Sie die genannten Faktoren für eine Standortwahl heraus. (M 1 – M 3) Entwickeln Sie im Anschluss daran eine Systematik der Kriterien für eine Standortwahl.

6.5 Regulierung globaler Märkte durch internationale Institutionen und Rechtsnormen – Global Economic Governance

Leitfragen	Ist eine politische Steuerung des Globalisierungsprozesses notwendig?	Welche Möglichkeiten und Grenzen hat Global Economic Governance?	Worin bestehen die Aufgaben von Welthandelsorganisation und Internationalem Währungsfonds?

Ungleiche Verteilung des Wohlstands auf der Welt

Wohlstand und Entwicklungschancen sind weltweit nach wie vor ungleich verteilt. So erwirtschaften 15 Prozent der Weltbevölkerung in den Industrieländern rund 52 Prozent der Weltwirtschaftsleistung und verkaufen ca. zwei Drittel aller Weltexporte. Ob die Globalisierung diese Ungleichheit erst hervorruft, sie verstärkt oder ob sie den ärmeren Ländern Chancen eröffnet, am Wohlstand teilzuhaben, wird unterschiedlich beurteilt. Viele Staaten, insbesondere in Asien, allen voran China, konnten von der Integration in den Weltmarkt überproportional profitieren. Das Wachstum anderer Länder, vor allem afrikanischer Staaten südlich der Sahara, weist dagegen eine deutlich geringere Dynamik auf. Zwar geht die Armut statistisch betrachtet weltweit zurück, doch gleichzeitig vergrößert sich das Wohlstandsgefälle zwischen reichen und armen Staaten immer weiter. Auch innerhalb der Staaten kann man diese Entwicklung zunehmender Ungleichheiten beobachten.

Die Begründung für Freihandel, die Theorie der komparativen Kostenvorteile nach D. Ricardo, besagt, dass sich der Handel grundsätzlich auch für das wirtschaftlich unterlegene Land lohne, es durch Arbeitsteilung ebenfalls Wohlstandsgewinne erzielen könne. Die Voraussetzungen dafür sind aber Handelsbeziehungen ohne Eingriffe des Staates. Untersuchungen zeigen, dass das Ausmaß von Wohlstandsgewinnen vom Grad der Marktöffnung abhängig ist. Entwicklungserfolge aufgrund der Liberalisierungsstrategie stellen sich aber längst nicht für alle Länder ein. Wenn Märkte sich öffnen, ist das für das betroffene Land oft ein sehr schmerzhafter Vorgang. Branchen, die auf dem bisher abgeschotteten heimischen Markt gut platziert waren, brechen zusammen, Menschen werden teilweise dauerhaft arbeitslos. Eine staatliche Strukturpolitik oder

David Ricardo wurde im April 1772 in London geboren. Er war ein englischer Bankier und gehört mit John Stuart Mill und Adam Smith zu den bekanntesten Vertretern der klassischen Ökonomie. Bis heute ist seine Theorie der komparativen Kosten bekannt. Er war auch in einer Zeit, als die einzelnen Staaten sich mit hohen Schutzzöllen umgaben, überzeugt von Vorteilen des Freihandels und der internationalen Arbeitsteilung. Er starb am 11.9.1823.

Sozialpolitik, die soziale Härten abfedern könnte, fehlt in vielen Entwicklungsländern. Armut und Verelendung können sich so als Modernisierungshemmnisse erweisen, welche die politische Stabilität untergraben, ja sogar gewaltsame Konflikte bzw. Kriege hervorrufen.

Obwohl es unterschiedliche Entwicklungsstrategien gibt, ist allgemein anerkannt, dass folgende Bedingungen für eine erfolgreiche wirtschaftliche Entwicklung unabdingbar sind:

- stabile **staatliche Institutionen** und ein klar definiertes **Eigentums- und Vertragsrecht,**
- ein **intaktes Bildungssystem**, das gut ausgebildete Arbeitskräfte hervorbringt, und
- eine **gute Infrastruktur** mit einem ausgebauten **Verkehrs- und Kommunikationsnetz.**

Sind diese Voraussetzungen erfüllt, so hat ein Land gute Chancen, am Wohlstandsgewinn durch die Globalisierung teilzuhaben.

Sozioökonomische Entwicklung weltweit

a) Armut und Weltbevölkerung

	Arme, die von weniger als 1 US-$ pro Tag leben					
	in Mio.			Anteil in %		
Region	**1990**	**2002**	**2015**	**1990**	**2002**	**2015**
Ostasien und Pazifik	472	214	14	29,6	14,9	0,9
ohne China	97	34	2	21,1	10,8	0,4
Europa und Zentralasien	2	10	4	0,5	3,6	0,4
Lateinamerika und Karibik	49	42	29	11,3	9,5	6,9
Naher Osten und Nordafrika	6	5	3	2,3	2,4	0,9
Südasien	462	437	232	41,3	31,3	12,8
Afrika südlich der Sahara	227	303	336	44,6	46,6	38,4
Welt insgesamt	1.218	1.011	617	27,9	21,1	10,2
ohne China	844	831	606	26,1	22,5	12,9

b) Soziale Schlüsselindikatoren

	Beendigung der Grundschule in %		Kindersterblichkeit[1]		Lebenserwartung	
Region	**1988/89–1993/94**	**2007**	**1990**	**2007**	**1990**	**2007**
Ostasien und Pazifik	97	100	59	27	68	72
Europa und Zentralasien	94	98	46	23	70	70
Lateinamerika und Karibik	88	97	53	26	68	73
Naher Osten und Nordafrika	82	91	80	38	61	70
Südasien	74	79	130	78	58	65
Afrika südlich der Sahara	50	63	187	146	51	52

[1]Sterblichkeit von Kindern unter fünf Jahren pro 1.000

Tobias Debiel/Dirk Messner/Franz Nuscheler (Hg.), Globale Trends 2007: Frieden, Entwicklung, Umwelt, Bonn 2006, S. 172f. und Weltbank (Hg.), Weltentwicklungsbericht 2010: Entwicklung und Klimawandel, Bonn 2010, S. 420ff.

c) Wirtschaftskraft

	Entwicklung des realen Bruttoinlandsprodukts pro Kopf in ausgewählten Regionen, Angaben in US-Dollar Kaufkraftparität							
	1980	**1985**	**1990**	**1995**	**2000**	**2005**	**2010**	**Veränderung 1980 bis 2010**
Euro-Zone	k. A.	k. A.	k. A.	21.200	25.472	30.050	32.388	–
Schwellen- und Entwicklungsökonomien	1.278	1.721	2.156	2.488	3.092	4.302	5.772	+ 352 %
Afrika	963	1.210	1.377	1.427	1.627	2.124	2.589	+ 169 %
Zentral- und Osteuropa	3.747	4.973	6.167	6.715	8.530	11.781	14.292	+ 281 %
asiatische Entwicklungsländer	398	641	948	1.468	2.002	3.053	4.591	+ 1.053 %
Mittlerer Osten	4.066	4.767	5.070	5.881	7.103	9.163	11.318	+ 178 %
Westliche Hemisphäre	3.713	4.460	5.208	6.349	7.404	8.873	10.577	+ 185 %

IWF, zitiert nach: Thieß Petersen, Ökonomische Globalisierung und Neuverteilung des globalen Wohlstands, in: GWP 59 (2010), Heft 1, S. 80

Die Welthandelsorganisation WTO

Die Welthandelsorganisation (World Trade Organization) ist neben dem Internationalen Währungsfonds und der Weltbank die zentrale internationale Organisation, welche Handels- und Wirtschaftspolitik mit globaler Reichweite verhandelt. Ihre Gründung geht auf die Initiative der Freihandelsbefürworter zurück, welche die Meinung vertraten, dass freier und ungehinderter Handel sich positiv auf den Wohlstand aller Nationen auswirkt. Daher wurde kurz nach dem Zweiten Weltkrieg das GATT (General Agreement on Tarifs and Trade) geschlossen. Seine Nachfolgerin, die WTO, nahm 1995 ihre Tätigkeit auf. Ihre 159 Mitgliedstaaten haben folgende Ziele und Aufgaben:

- die Liberalisierung des internationalen Handels,
- den Abbau von Handelsbeschränkungen sowie
- die Schlichtung von Handelsstreitigkeiten zwischen den Mitgliedstaaten.

Die WTO gilt als „**Hüterin des Freihandels**" und schafft mit der Beseitigung von Handelshemmnissen entscheidende Voraussetzungen für den Globalisierungsprozess. Die Organisation legt seit 1995 als einzige international anerkannte Vertragsinstitution Regeln für den Welthandel fest. Die für die Mitglieder bindenden Beschlüsse werden nach dem Konsensprinzip gefasst, wobei jedes Land eine Stimme hat. Damit soll erreicht werden, dass starke Wirtschaftsmächte die schwächeren Staaten nicht majorisieren können.

Die Arbeit der WTO gründet sich auf der Freihandelsdoktrin, nach der ein freier Handel Wohlstandsgewinne für alle Beteiligten ermöglicht. Im Zentrum der Organisation stehen dabei folgende Prinzipien, die von den Mitgliedstaaten anerkannt werden müssen:

- **Meistbegünstigung:** Alle handelspolitischen Zugeständnisse, die sich zwei Staaten untereinander machen, gelten automatisch auch für alle anderen Staaten;

- **Reziprozität:** Handelserleichterungen, die einem Handelspartner eingeräumt werden, muss dieser in gleicher Weise erwidern;

- **Inländerbehandlung/Nichtdiskriminierungsgrundsatz:** Keine Begünstigung inländischer Güter und Dienstleistungen gegenüber ausländischen Produkten.

Zur Beilegung von Streitigkeiten steht der WTO ein **Streitschlichtungsmechanismus** zur Verfügung, der eine einvernehmliche Einigung zwischen den Streitparteien herbeiführen soll und Vergeltungsmaßnahmen durch eine Partei (z. B. Strafzölle) sanktionieren kann. Die innere Struktur der WTO umfasst drei Teilabkommen, die den Warenverkehr, den Handel mit Dienstleistungen und den Schutz geistigen Eigentums regeln:

- GATT (General Agreement on Tarifs and Trade),
- GATS (General Agreement on Trade in Services) und
- TRIPs (Trade Related Intellectual Property Rights).

Die Erfolge der WTO bei der Liberalisierung des Welthandels werden unterschiedlich beurteilt. Während Befürworter einer weitgehenden Liberalisierung auf die Wohlfahrtseffekte einer zunehmend arbeitsteiligen Weltwirtschaft verweisen, kritisieren Globalisierungsgegner die negativen Folgen der Liberalisierung. Sie werfen der WTO Versagen bei der Durchsetzung einer gerechten Weltwirtschaftsordnung vor, die auch den ärmeren Ländern durch eine moderate Umverteilung des Wohlstandes die Einhaltung von sozialen und ökologischen Mindeststandards ermöglichte. Der WTO wird vorgeworfen, sie stelle das liberale Handelsrecht über ökologische und soziale Erfordernisse. So müsse sich z. B. das Handelsrecht in Zukunft dem Prinzip der Nachhaltigkeit und dem Umweltschutz unterordnen.

Protektionistische Maßnahmen, die trotz der Erfolge der WTO bei der Liberalisierung immer noch gebräuchlich sind, bieten einerseits Schutz für die eigene Volkswirtschaft vor wirtschaftlich überlegenen Konkurrenten und deren Gütern, die inländische Umweltstandards oder ethische Standards nicht erfüllen. Andererseits verzögert der Protektionismus notwendige Strukturanpassungen, sodass eine abgeschirmte Wirtschaft i. d. R. langsamer wächst als eine offene Volkswirtschaft.

Der Internationale Währungsfonds IWF

Der Internationale Währungsfonds steht im Mittelpunkt der internationalen Finanzmarktarchitektur. Er wurde 1944 mit dem zentralen Ziel gegründet, das internationale Währungs- und Finanzsystem zu ordnen und zu überwachen, um so für eine **stabile Weltwährungsordnung** zu sorgen. Bei Zahlungsbilanzschwierigkeiten unterstützt er Mitgliedstaaten mit Krediten und versucht dadurch, größere Turbulenzen auf den internationalen Finanzmärkten zu verhindern.

Staaten, die sich bei hohen Defiziten im Austausch von Waren und Dienstleistungen mit dem Ausland nicht mehr auf dem internationalen Kapitalmarkt finanzieren könnten, würden sonst zahlungsunfähig und könnten dabei eine schwere Störung des internationalen Geld- und Kapitalverkehrs verursachen.

Die Kreditvergabe durch den IWF ist allerdings i. d. R. mit Auflagen zur Sanierung der Staatsfinanzen verbunden, die im Empfängerland oft als unangemessene Einmischung in die Wirtschafts- und Sozialpolitik empfunden werden.

Die Weltbank

Aufbau

IBRD Internationale Bank für Wiederaufbau und Entwicklung	**IDA** Internationale Entwicklungsorganisation
vergibt günstige Kredite für Entwicklungs- und Schwellenländer	vergibt zinslose Kredite und Zuschüsse an die ärmsten Länder der Welt
erwirtschaftet nötige Mittel auf dem Kapitalmarkt	finanziert Hilfe durch Beiträge der Mitgliedsländer

Kreditnehmer
Im Finanzjahr 2007 vergab die Weltbank Kredite in Höhe von 24,7 Mrd. US-Dollar (IBRD: 12,8 Mrd., IDA: 11,9 Mrd.) davon in Prozent nach:

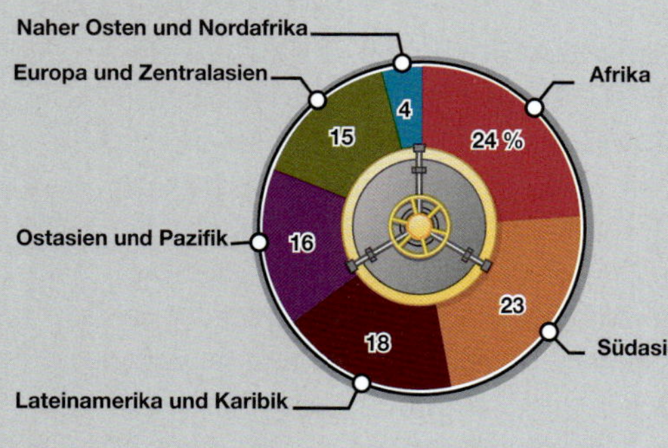

Quelle: Weltbank © Globus 1862

Die Stimmengewichte im Entscheidungsorgan des IWF, dem Internationalen Währungs- und Finanzkomitee, richten sich nach den Quoten der einzelnen Mitgliedstaaten. Dies ergibt – im Gegensatz zur WTO – ein **deutliches Übergewicht der großen Industrieländer**, sodass der IWF von Kritikern als verlängerter Arm der Industriestaaten gesehen wird.

Diese Tatsache und auch das Verhalten des IWF bei Finanzkrisen schwächerer Länder werden einerseits oft als Bevormundung der Entwicklungsländer durch die großen Industrieländer kritisiert; andererseits hat der IWF nach Ansicht seiner Befürworter durch seine Kreditvergaben häufig schlimmere Krisen verhindert.

Die Weltbank

Aufgabe der Weltbank ist es, den Lebensstandard in den ökonomisch sich entwickelnden Staaten zu steigern und Maßnahmen zur Armutsbekämpfung zu fördern. In ihren Anfangsjahren vergab die Weltbank während der Nachkriegszeit überwiegend Kredite für den Wiederaufbau Europas, heute stehen die Entwicklungsländer im Mittelpunkt ihrer Arbeit:

- Zur Entwicklungsförderung in armen Staaten vergibt die Weltbank zinsgünstige Darlehen, zinsfreie Kredite und sog. Mikrokredite.
- Sie leistet technische Hilfe, koordiniert Entwicklungsprojekte und unterstützt Entwicklungsländer in den Bereichen Bildung, Infrastruktur und Kommunikation.
- Die Weltbank betreibt ein Programm zur Korruptionsprävention und engagiert sich im Kampf gegen HIV/AIDS (mit über 1,3 Milliarden US-Dollar pro Jahr).

Die Weltbankkredite sind an Bedingungen und Auflagen gekoppelt, mit denen die Weltbank auf die Politik der Entwicklungsländer Einfluss nimmt. Dies wird immer wieder als unzulässige Einmischung der westlichen Industrieländer in die Sozial- und Wirtschaftspolitik der Kreditnehmer kritisiert. Zudem wurde von Kritikern die oft eindimensionale Ausrichtung auf ökonomische Wachstumsraten und die starke Förderung von ökologisch und sozial bedenklichen Großprojekten bemängelt.

Allerdings hat in den vergangenen Jahren ein Strategiewechsel der Weltbank stattgefunden: Der Schwerpunkt hat sich von der ökonomischen Wachstumsförderung hin zur Armutsbekämpfung verlagert. Dies beruht auf der Erkenntnis, dass Wachstum allein nicht automatisch die Armut verringert.

Internationale Netzwerke

Neben dem IWF und der Weltbank existiert heute ein Netzwerk **globaler transgouvernementaler Zusammenarbeit**, das für die Stabilität internationaler Finanzmärkte sorgen soll. Im Mittelpunkt stehen dabei immer noch die westlichen Industriestaaten und Russland (G8-Staaten). 1999 wurde ein informelles Dialogforum der Finanzminister und Notenbankgouverneure aus Industrie- und Schwellenländern geschaffen, die G20, die über 90 Prozent des Weltsozialprodukts produzieren und knapp zwei Drittel der Erdbevölkerung repräsentieren.

Zweck der G20 ist es, in einem informellen Dialog zwischen Industrie- und Schwellenländern Fragen zu erörtern, die für die Stabilität des internationalen Finanz- und Währungssystems bedeutsam sind. Hierzu gehören z.B. Fragen der Angemessenheit des Wechselkursregimes oder Fragen einer geordneten Liberalisierung des Kapitalverkehrs. Um die destabilisierenden Finanzspekulationen zu unterbinden, wird z.B. die Einführung einer Devisentransaktionssteuer gefordert, um die teilweise enormen Schwankungen zwischen den Währungen zu bekämpfen. Bei jedem Währungsumtausch soll demnach eine Steuer von bis zu 0,5 Prozent auf den Umsatz der Transaktion erhoben werden. Die Einnahmen aus der Steuer (Tobin-Steuer) sollen armen Ländern direkt zugute kommen. Damit könnte die Arbeit der Weltbank, die vor allem Entwicklungsprojekte finanziert, unterstützt werden. Wirkung und Realisierbarkeit der Tobin-Steuer werden allerdings unterschiedlich beurteilt.

Finanzkrisen – Angriffe auf die Weltwirtschaftsordnung

Die Globalisierung der Weltwirtschaft hat seit den 1970er Jahren zu einer immer stärkeren Liberalisierung und Deregulierung der internationalen Waren- und Finanzmärkte geführt. Diese Entwicklung hat Wachstum und Wettbewerb gestärkt, die nationalen Ökonomien aber auch in eine starke gegenseitige Abhängigkeit geführt. So

Finanzmarktarchitektur

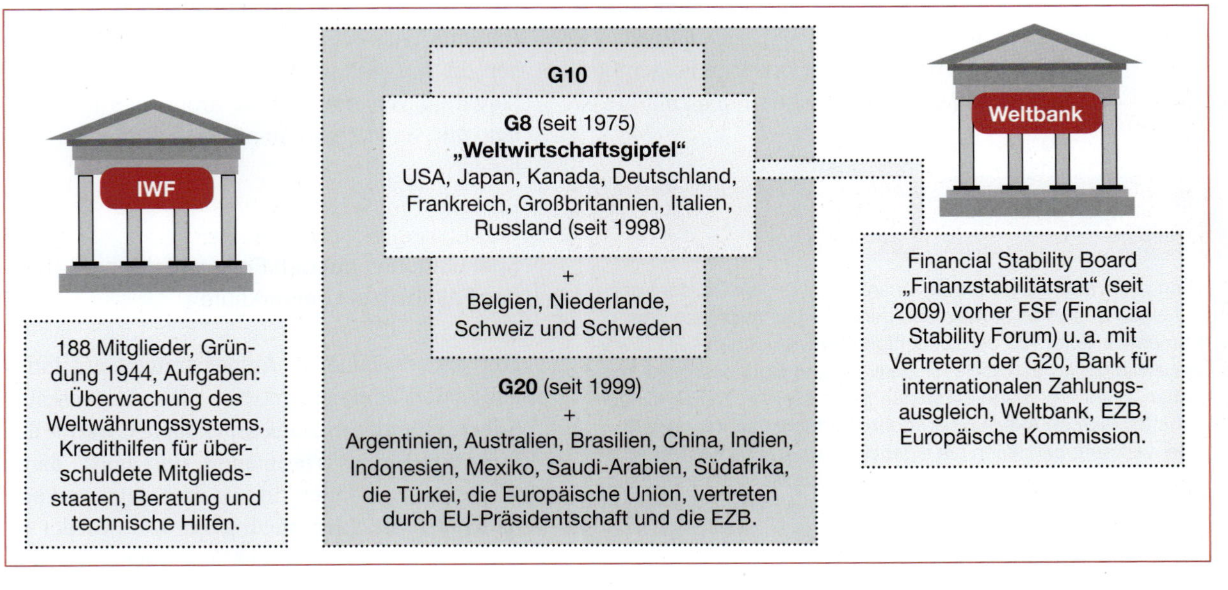

Hedgefonds

Investmentfonds, die mithilfe von Fremdkapital bzw. Kreditfinanzierung ein Vielfaches ihres Eigenkapitals z. B. in Devisen, festverzinslichen Wertpapieren, Aktien, Rohstoffen oder Derivaten anlegen, eine hochspekulative Anlagepolitik betreiben, auch Leerverkäufe betreiben und Verlustrisiken durch verschiedenartige Hedginginstrumente zu begrenzen suchen. So werden z. B. Gelder in bestimmte Hochzinswährungen investiert und durch Kreditaufnahmen in Niedrigzinswährungen finanziert.

Hedgefonds sind wegen ihrer kurzfristig renditeorientierten und spekulativen Geschäftspolitik, die als Gefahr für die internationalen Finanzmärkte gesehen wurde und auch zur Zerschlagung ganzer Unternehmen führte, an denen sich solche Fonds beteiligten, stark in die Kritik geraten.

Duden Wirtschaft von A bis Z: Grundlagenwissen für Schule und Studium, Beruf und Alltag. 5. Auflage, Bundeszentrale für politische Bildung, Bonn 2013

konnte es passieren, dass amerikanische Hausbesitzer im Jahre 2008 eine globale Rezession auslösten, deren Auswirkungen sich u. a. in der europäischen Staatsschuldenkrise seit 2010 niederschlagen und eine Gefahr für die gesamte Weltwirtschaft darstellen.

Finanzmarktspekulationen als Auslöser von Banken- und Wirtschaftskrisen

Auf den internationalen Finanzmärkten werden täglich unvorstellbare Summen an Geld, Devisen und Wertpapieren bewegt, damit Kapital dort zur Verfügung steht, wo es benötigt wird und am meisten Gewinn bringt. Immer größere Summen werden jedoch auch zu rein spekulativen Zwecken transferiert, mit dramatischen Folgen für die Stabilität der internationalen Finanzmärkte. Geraten die globalen Kapitalflüsse ins Stocken, so ist heute die ganze Welt davon betroffen. Die internationalen Finanzmärkte bergen heute eine Fülle von Risiken, die vor allem aus dem starken Wachstum der Geldvermögen und der Möglichkeit, dieses global zu investieren, resultieren. Zu diesen sich teilweise gegenseitig verstärkenden Risiken zählen: Leichtfertige und unzureichend kontrollierte Kreditvergabe der Banken aufgrund der Aussicht auf steigende Kurse und Vermögenswerte (insbesondere Immobilien), Zunahme und starke Ausdifferenzierung der angebotenen Finanzinstrumente (z. B. Derivate), die der Absicherung von Kursrisiken dienen, große Leistungsbilanzungleichgewichte zwischen einzelnen Ländern (insbesondere der USA mit Asien) mit der Gefahr der Verschuldung bzw. Anhäufung von Devisenreserven, starkes Wachstum von Hedgefonds und Private Equity Gesellschaften, die große Mengen von Kapital zu spekulativen Zwecken einsetzen.

Derivate

Unter Derivaten versteht man Finanztermingeschäfte, die sich auf einen Basiswert stützen und deren Preisentwicklung oder Kursentwicklung von der zukünftigen Entwicklung des Basiswertes abhängig ist. Beispiele für Derivate sind Optionsscheine auf Aktien, Währungen und Zertifikate. Bei dieser Art von Termingeschäften werden Aktien oder andere Wirtschaftsgüter gekauft oder verkauft, bei denen die eigentliche Übergabe des Vertragsgegenstands erst zu einem späteren Zeitpunkt stattfindet. Diese Termingeschäfte können an der Börse gehandelt werden, auch Futures genannt.

Hedgefonds können auf steigende und fallende Kurse von Aktien, Rohstoffen oder Anleihen wetten. Dazu sammeln sie Geld von privaten und institutionellen Anlegern ein und ergänzen dieses oft noch um Kredite. Geraten diese Fonds in eine Schieflage, so können sie die Kreditgeber – meist Investmentbanken – mitziehen und eine globale Krise verursachen.

Das Vertrauen, wichtigste ökonomische Größe überhaupt, in Kreditnehmer und Kreditinstitute ist stark erschüttert worden. Damit ist die Versorgung der Wirtschaft mit Bankkrediten gefährdet. Um eine Weltwirtschaftskrise zu verhindern, haben die Industriestaaten notleidende Banken mit Liquidität versorgt und die drohenden Rezessionen mit staatlichen Ausgabenprogrammen verhindert.

Spekulationen auf den Finanzmärkten – das Fallbeispiel Leerverkäufe

Eine hoch spekulative Anlagestrategie auf internationalen Finanzmärkten sind Leerverkäufe (short selling). Ein Börsenspekulant erwartet den Kursverfall eines Wertpapiers und hofft, daran verdienen zu können, indem er es jetzt verkauft und später zu einem niedrigeren Kurs wieder erwirbt. Dabei handelt er nicht mit eigenen Wertpapieren, sondern leiht sich die benötigten Aktien für die Dauer der Transaktion von anderen aus. Auf diese Weise können mit relativ geringem Kapitaleinsatz große Kapitalbeträge bewegt werden. Das folgende Beispiel zeigt das Vorgehen.

Die Aktien der Phantasie AG werden an der Börse mit dem Kurs von zehn Euro pro Anteilsschein notiert. Eine Bank besitzt 10.000 Aktien, möchte sie nicht verkaufen, aber doch gern einen zusätzlichen Ertrag erzielen. Sie verleiht die Aktien für sechs Monate an den Fondsmanager des Elitefonds gegen eine Leihgebühr von fünf Prozent. Der Fondsmanager bezahlt der Bank die Leihgebühr von 5.000 Euro und kann nun über die Aktien verfügen. In der Erwartung, dass der Kurs der Phantasie AG sinken wird, verkauft er die Aktien zum aktuell gültigen Kurs (also für 100.000 Euro). Drei Fälle sind nun denkbar:

- Der Kurs der Aktie fällt in den sechs Monaten um zehn Prozent auf neun Euro. Der Fondsmanager kann die 10.000 Aktien für 90.000 Euro zurückkaufen und an die Bank zurückgeben. Er macht einen Gewinn von 5.000 Euro (10.000 Euro Kursgewinn minus 5.000 Euro Leihgebühr), Steuern und Spesen vernachlässigt. Bezogen auf den Kapitaleinsatz (die Leihgebühr) ergibt dies einen Gewinn von 100 Prozent bei einer Kursänderung der Aktie von zehn Prozent.

- Der Kurs der Aktie ist zum Rückgabezeitpunkt unverändert. Der Fondsmanager kauft die Aktien für 100.000 Euro zurück. Zwar entsteht kein Kursverlust, dennoch macht er einen Verlust von 5.000 Euro (die bezahlte Leihgebühr). Das eingesetzte Kapital ist zu 100 Prozent verloren.

- Der Kurs der Aktie steigt um zehn Prozent auf elf Euro. Der Manager muss nun 110.000 Euro für den Rückkauf aufwenden. Er macht einen Verlust von 15.000 Euro (höherer Rückkaufpreis plus Leihgebühr). Bezogen auf den Kapitaleinsatz von 5.000 Euro (Leihgebühr) bedeutet dies einen Verlust des Elitefonds in Höhe von 300 Prozent.

Bei Leerverkäufen wirkt sich eine relativ geringe Änderung des Aktienkurses überproportional aus und kann hohe Gewinne, aber auch extreme Verluste auf das eingesetzte Kapital erbringen.

Die europäische Staatsschuldenkrise

Die Bewältigung der Finanzkrise 2008 führte zu einer weiteren Erhöhung der Staatsschulden. Seit 2009 sind Griechenland, Irland und Portugal aus eigener Kraft nicht mehr in der Lage, ihre Schulden zu bedienen. Ferner haben auch Italien, Spanien und Zypern Probleme, am Kapitalmarkt Kredite aufzunehmen und gehören ebenfalls zu den Krisenstaaten. Durch den IWF, die 2010 eingerichteten Europäische Finanzstabilisierungsfazilität (EFSF) und Europäischer Finanzstabilisierungsmechanis-

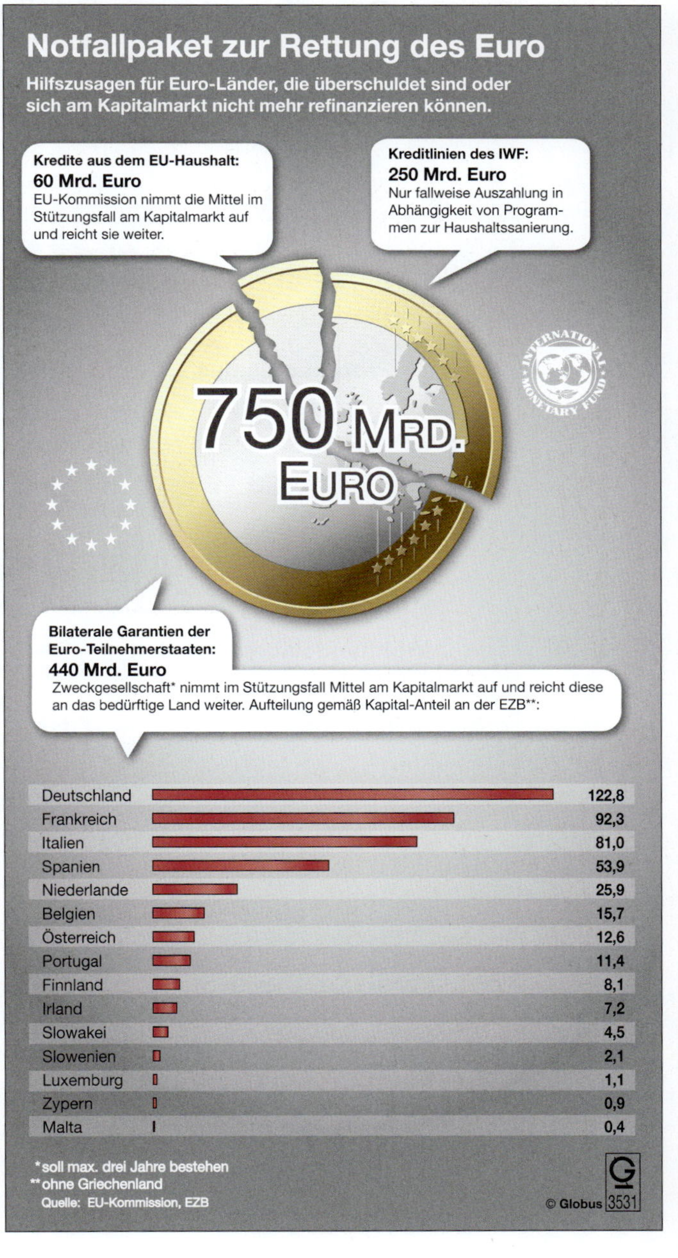

mus (EFSM) sowie den 2012 abgeschlossenen Vertrag zum Europäischen Stabilitätsmechanismus (ESM) wurden mehrere sog. Rettungsschirme verabschiedet, die mittels teilweise umstrittener politischer Maßnahmen, d.h. Notbürgschaften und Notkrediten, Staatsinsolvenzen verhindern sollen (→ Kap. 5.2.1). Die Krisenländer und deren Banken wurden von Ratingagenturen mehrfach in ihrer Kreditwürdigkeit abgestuft. Durch die Staatsschuldenkrise befinden sich die Europäische Währungsunion und die gesamte Europäische Union in einer schweren Krise, in der die Rückkehr zu einzelnen nationalen Währungen nicht mehr gänzlich auszuschließen ist.

Global Economic Governance im Überblick

Grundlagen einer stabilen Weltwirtschaftsordnung

Freie Welthandelsordnung
Freiheit des Güterverkehrs

Freie Weltfinanzordnung
Freiheit des Kapitalverkehrs

Gefährdungen

Protektionismus

Zahlungsverkehrbeschränkungen
Überschuldung von Staaten
Finanzmarktkrise

Gegenwehr durch Global Economic Governance

Welthandelsorganisation

Internationaler Währungsfonds
Weltbank
Forum für Finanzstabilität
G8-, G10-, G20-Treffen

Aufgaben

1. Analysieren Sie die Tabellen auf S. 196 hinsichtlich der Frage, ob Wohlstand ungleich verteilt ist.
2. Entwerfen Sie einen Maßnahmenkatalog zur Sicherung der gerechten Verteilung des Wohlstands auf der Welt.
3. Entwerfen Sie ein Lernplakat zur WTO: Ziele, Prinzipien, Aufbau, Instrumente.
4. Beschreiben Sie die Risiken für die Weltwirtschaft, welche die internationalen Finanzmärkte hervorrufen.
5. Erklären Sie am Beispiel von Leerverkäufen, was spekulative Finanzgeschäfte sind.

Kontrovers diskutiert: Brauchen wir eine stärkere Marktregulierung?

M 1 Drei Forderungen für eine besser regulierte Finanzwelt

Zerschlagt die Geldhäuser

In der Finanzkrise war der Staat erpressbar. Viele Banken galten als too big to fail: Aus Furcht, dass ihre Pleite eine Welle weiterer Insolvenzen nach sich zöge, wurden sie mit viel Geld gerettet. Deshalb sollten Großbanken aufgespalten werden. Das würde zwar den Bankern nicht gefallen, aber dem Wohl ihres Landes dienen. [...] Große Geldhäuser sollten in Investment- und Geschäftsbanken zerlegt werden, um künftige Finanzkrisen zu verhindern. Die Geschäftsbanken übernehmen das klassische Privat- und Firmenkundengeschäft, verwahren die Ersparnisse der Bürger und leihen den Unternehmern Kapital. Ihnen ist es verboten, auf eigene Rechnung zu spekulieren, Hedgefonds zu betreiben oder sich als Finanzinvestoren zu betätigen und Firmen zu kaufen. Der große Vorteil dieser Arbeitsteilung: Weder Spareinlagen noch Firmenkredite geraten in Gefahr, wenn Banker an den Kapitalmärkten spekulieren. Je weniger vernetzt und kleiner die Banken sind, umso leichter lassen sich in Schieflage geratene Institute abwickeln. Vor allem aber bringt eine Pleite nicht gleich das ganze Finanzsystem in Gefahr. Was ketzerisch klingt, war in den USA lange Zeit normal: Nach dem Börsencrash im Jahr 1929 führte Präsident Franklin Roosevelt den Glass-Steagall-Act ein, der es Kreditinstituten verbot, Investmentgeschäfte zu betreiben.

Catherine Hoffmann

Lasst die Banker zahlen

Was kostet die Krise? Allein in Europa könnte die Rettung maroder Banken im schlimmsten Fall mehr als eine Billion Euro kosten, schätzt die EU-Kommission. Und wer bezahlt dies? Im Zweifel die Steuerzahler. Die Geldhäuser, die den großen Finanzcrash maßgeblich verursacht haben, kommen relativ ungeschoren davon. Und sie haben längst wieder angefangen, riskante Geschäfte zu betreiben, die später neue Finanzkrisen auslösen könnten. Daher ist es höchste Zeit, die Banken zahlen zu lassen. Grob gesagt gibt es dafür zwei Wege. Europas Regierungen prüfen eine Steuer, die auf alle Geschäfte am Kapitalmarkt erhoben würde. Ein Beispiel: Wer den täglichen weltweiten Devisenhandel mit nur 0,02 Prozent besteuern würde, könnte jährlich mehr als 160 Milliarden Euro einnehmen. Eine solche Finanztransaktionssteuer hat aber den Nachteil, dass sie sich umgehen lässt, sobald Geschäfte außerhalb der Börse oder einfach in Länder verlagert werden, die keine solche Steuer erheben. Solange wichtige Industriestaaten wie die Vereinigten Staaten gegen eine Transaktionssteuer sind, erscheint dieser Weg wenig vielversprechend. Möglichkeit Zwei hat mehr Aussicht auf Realisierung: Die Gewinne der Banken mit einer gezielten Abgabe zu belegen. Die Bundesregierung hat in einem nationalen Alleingang bereits einen solchen Bankenobolus beschlossen. Er fällt mit 1,2 Milliarden Euro im Jahr allerdings deutlich zu bescheiden aus. Um den Steuerzahler zu entlasten, sollte international ein viel höherer Wert vereinbart werden.

Alexander Hagelüken

Zwingt Institute zur Vorsorge

Private Hauskäufer müssen schon 20 bis 30 Prozent Eigenkapital mitbringen, bevor sie von der Bank einen zinsgünstigen Immobilienkredit erhalten. Bei der Bank selbst geht es aufsichtsrechtlich laxer zu: Das Institut muss eine Kapitalquote von acht Prozent vorweisen, davon vier Prozent als Kernkapital. Eigenkapital bedeutet Erspartes, und wahrscheinlich hat jeder Bürger eine klare Vorstellung davon, was das bedeutet.

In der Finanzwelt ist es komplizierter, das beginnt schon beim Kernkapital. Hier gibt es hartes Kernkapital – das Geld der Aktionäre plus die Rücklagen – und weiches Kernkapital. Letzteres bezeichnet stille Einlagen und Hybridkapital, eine besondere Mischform von Eigen- und Fremdkapital. [...] Je mehr Eigenkapital die Banken bei ihren Geschäften vorhalten müssen, desto weniger Risiken können sie eingehen; und desto eher können sie einen finanziellen Verlust selbst schultern, ohne auf den Steuerzahler zurückzugreifen. Die Bank macht dadurch weniger Geschäft und weniger Gewinn, doch dafür wird das Finanzsystem stabiler. Ebenso sinnvoll ist die Einführung einer maximalen Verschuldungsquote für Banken. In der Finanzkrise haben sich manche Institute um das 30 bis 40-fache ihrer Bilanzsumme verschuldet. Solche Schuldenberge, das wissen Privatsparer, steigern die Kasino-Mentalität.

Markus Zydra

Süddeutsche Zeitung, 25.6.2010

M 2 Ist Regulierung die richtige Antwort?

Wenn ein Markt aus den Fugen gerät und die Selbstheilungskräfte zu versagen scheinen, kommt regelmäßig der Ruf nach mehr Regulierung. Nur: Regulierung schränkt immer Freiräume ein. Freiräume aber sind wichtig, damit Unternehmen Kreativität entwickeln und zum Wachstum beitragen können. Natürlich geht es auch in einer Marktwirtschaft nicht ohne Regulierung, und sei es nur, um den Marktzugang aller Teilnehmer und den Wettbewerb zu sichern. Gerade im Finanzsektor vermag Regulierung auch vertrauensbildend und damit wachstumsfördernd wirken, indem beispielsweise Mindeststandards zum Risikomanagement, zur Aufsicht, zur Transparenz oder zur Eigenkapitalausstattung gesetzt werden. [...] Wenn aber jeder vermeintliche Missstand zu einer neuen Regulierung führt, werden die wirtschaftlichen Freiräume zunehmend eingeschränkt mit fatalen Folgen für Innovation und Wachstum; und die Compliance[1] wird so aufwendig, dass sie mehr und mehr der schöpferischen Kräfte des Managements beansprucht. Je detaillierter die Regulierung wird, umso größer ist auch die Versuchung, mit der Erfüllung der gesetzlichen Anforderungen das eigene Denken zu ersetzen. Zudem verhindern Detailvorschriften oder gar Verbote gewisser komplexer Produkte neue Krisen nicht, weil immer neue regulatorische Lücken ausnutzende Produkte entwickelt werden und weil erfahrungsgemäß Geschäfte in unregulierte Bereiche abgedrängt werden. Wenn die Finanzmarktteilnehmer möglichst viele Freiräume bewahren und ständig weitergehende Regulierungen vermeiden wollen, müssen sie allerdings selber dafür sorgen, dass aus der Krise rasch Konsequenzen gezogen werden.

[1] Compliance = Einhaltung der Regeln

Kaspar Villiger, Mit regulatorischer Hektik ist der Subprime-Krise nicht beizukommen, Neue Zürcher Zeitung, 1.4.2008

Aufgaben

1. Fassen Sie die Vorschläge aus M 1 auf einem Plakat zusammen.
2. Beurteilen Sie die Realisierungsmöglichkeiten der Vorschläge vor dem Hintergrund von M 2.

7 Ökonomie und Ökologie

7.1 Zum Verhältnis von Ökonomie und natürlicher Umwelt

Leitfragen			
	Stehen ökonomisches und ökologisches Handeln in einem Widerspruch?	Wo liegen Grenzen des Wachstums?	Was ist neu an der Theorie der ökologischen Ökonomie?

Spannungsverhältnis zwischen Wirtschaftswachstum und Umweltnutzung

In den 1970er Jahren begann eine Diskussion darüber, ob und inwieweit das Wirtschaftswachstum die natürliche Umwelt in Mitleidenschaft ziehe. Die Umweltprobleme wurden verstärkt thematisiert – zuerst das Waldsterben, die Wasserverschmutzung in Deutschland, später das wachsende Ozonloch, Verstädterung, zunehmende Bodennutzung und Desertifikation in den Entwicklungsländern. Umweltverbrauch und -verschmutzung wurden schließlich als ein globales

Einige globale Trends des Ressourcenverbrauchs

Umweltindikator	Trend
Atmosphäre	Das Weltklima hat sich in den letzten 100 Jahren um 0,6 bis 0,7 Grad Celsius erwärmt; der überwiegende Teil der globalen Erwärmung geht auf menschliche Aktivitäten zurück.
Feuchtgebiete	Seit 1900 gingen über die Hälfte der weltweiten Feuchtgebiete verloren, die zum Wasserhaushalt und zur Artenvielfalt beitragen.
Biologische Vielfalt	Sowohl im Meer als auch auf dem Land hat der Artenverlust stark zugenommen; man sagt, die Erde befinde sich gegenwärtig in der sechsten Aussterbensperiode ihrer Geschichte.
Boden und Land	Schätzungsweise 50 % der globalen Landfläche sind durch direkten menschlichen Einfluss verändert worden; 23 % der nützlichen Landfläche haben eine Verschlechterung ihrer Qualität mit Folgen für die Produktivität erfahren.
Wasser	Mehr als die Hälfte des zugänglichen Süßwassers wird für menschliche Zwecke genutzt; riesige unterirdische Süßwasservorkommen werden dabei abgebaut und übernutzt.
Wälder	Die Waldfläche hat sich während der Menschheitsgeschichte von 6 auf 3,9 Milliarden Hektar reduziert; in 29 Ländern gingen seit dem 16. Jahrhundert mehr als 90 % des Waldes verloren; in den 1990er Jahren ging die Waldfläche weltweit um 4,2 % zurück.
Fischgründe	Die Übernutzung zahlreicher Fischbestände gefährdet das ökologische Gleichgewicht der küstennahen Ökosysteme und Ozeane; [es] sind derzeit mehr als ein Viertel aller Fischbestände erschöpft oder von Erschöpfung bedroht; weitere 50 % werden am biologischen Limit befischt.

Friedrich Schmidt-Bleek, Nutzen wir die Erde richtig? Die Leistungen der Natur und die Arbeit des Menschen, Frankfurt/M. 2007, S. 31

Club of Rome

Der **Club of Rome**, 1968 in Rom gegründet, ist eine internationale Vereinigung von Persönlichkeiten aus Wissenschaft, Kultur, Wirtschaft und Politik. Sein Ziel ist der Einsatz für eine lebenswerte und nachhaltige Zukunft der Menschheit. Regelmäßig erscheinen „Berichte an den Club of Rome" zur Weltlage; bekannt wurde der Club durch seinen ersten Bericht (Die Grenzen des Wachstums, 1972), der ein neues Leitbild der Verantwortung für Umwelt und Natur prägte.

Problem wahrgenommen. In den vergangenen Jahren trat der Klimawandel – insbesondere die Zunahme des CO_2-Ausstoßes durch die industrielle Produktion – in den Mittelpunkt der Diskussion; die Ansicht setzte sich durch, dass die Klimaveränderungen im Wesentlichen vom Menschen verursacht werden („anthropogen" sind). Stehen Ökonomie und Ökologie somit in einem unlösbaren Widerspruch?

Die Grenzen des Wachstums

In den Wirtschaftswissenschaften ging man traditionell davon aus, dass die wirtschaftlichen Aktivitäten sich in einem geschlossenen System abspielen. Nicht berücksichtigt wurde, dass diese Aktivitäten in einem Wechselverhältnis zu der sie umgebenden Natur bzw. zu dem ökologischen System Erde stehen. Dementsprechend wurde die Natur meist als „freies Gut" ohne Preis betrachtet, soweit sie nicht einem Eigentumsverhältnis unterliegt. Erst mit der Studie des Club of Rome „Die Grenzen des Wachstums" aus dem Jahr 1972 rückte dieser Zusammenhang allgemein in das Bewusstsein. Die Autoren, das Ehepaar Meadows, formulierten die These von der Endlichkeit natürlicher Ressourcen. Während man in der marktwirtschaftlichen Ökonomie von dem Postulat eines ständigen, im besten Fall stetigen Wachstums ausgeht – was in der klassischen Theorie mit einem kontinuierlichen Zuwachs des Wohlstands gleichgesetzt wird –, weisen ökologische Systeme Grenzen auf. Das Ehepaar Meadows stellte in seiner Untersuchung ein exponentielles Wachstum sowohl des wirtschaftlichen Systems als auch der Bevölkerung seit Beginn der Industrialisierung fest. Aus der Begrenztheit des ökologischen Systems Erde ergeben sich aber für das ökonomische System Grenzen des Wachstums, konkret Grenzen für die Nutzung der Ressourcen (Rohstoffe und Energie), aber auch Grenzen für den Ausstoß von Abfällen der Produktion, etwa für Schadstoffe.

Entwicklung einer ökologischen Ökonomie

Aus der wegweisenden Studie der Meadows entwickelte sich seit 1972 ein ökologischer Diskurs in der Ökonomie und Politologie, in Abgrenzung zu dem Bereich Ökologie in der Biologie auch ökologische Ökonomie genannt. Das ökonomische System kann demnach nicht mehr isoliert betrachtet werden. Es ist eingebettet in das Ökosystem Erde und angewiesen auf einen ständigen Durchsatz von Material und Energie: Einerseits fließen Ressourcen (Rohstoffe und Energie, auch Quellen genannt) in das ökonomische System, andererseits gibt dieses Abfälle, Schadstoffe und Abwärme an das ökologische System ab, die in natürlichen Senken gelagert werden. Das wirtschaftliche Teilsystem nutzt also Quellen und Senken des globalen Ökosystems. Hieraus entsteht die Problematik, dass Quellen wie Senken übernutzt werden können. Geschieht dies in größerem Maße, wird das Ökosystem Erde dauerhaft geschädigt, sein Gleichgewicht gestört. Diese ökologischen Zusammenhänge müssen somit zwingend in das ökonomische Kalkül einbezogen werden: Ökonomische Aktivitäten müssen dort ihre Grenzen finden, wo natürliche Gleichgewichte nachhaltig gestört werden.

Das Ehepaar Meadows ging bereits in seiner ersten Studie 1972 von einem absehbaren Erreichen der Grenzen des Wachstums aus, insbesondere bezüglich der Erschöpfung der natürlichen, nicht regenerierbaren Rohstoffe. Zu beachten ist in diesem Zusammenhang, dass es regenerierbare (z. B. Wasser) und nicht regenerierbare Quellen (z. B. Erdöl) gibt, aber auch die regenerierbaren Quellen durch Übernutzung geschädigt werden können. Daher forderten die Autoren ein schnelles Umsteuern der wirtschaftlichen Entwicklung. Die Prognosen der Meadows wurden scharf kritisiert; insbesondere die zeitlichen Voraussagen erwiesen sich als zu pessimistisch. In der Nachfolgestudie „2052", vorgestellt 2012, 40 Jahre nach Erscheinen des Reports „Die Grenzen des Wachstums", korrigiert der Mitautor Jorgen Randers z. B. die Voraussagen zur Entwicklung der

Weltbevölkerung, diese solle um das Jahr 2040 ihren Höhepunkt erreichen, das Wirtschaftswachstum werde sich abschwächen und die globale Produktion um 2045 ihren Höhepunkt erreichen. Andererseits geht der Bericht von einer Verschärfung des Klimawandels und einer Verschlimmerung der ökonomischen Ungleichheit auf der Welt aus.

Doch trotz aller Detailkritiken und verschiedener Revisionen der Voraussagen zur Entwicklung von Wirtschaft und Umwelt aufgrund neuer Entwicklungen und verbesserter Computerprogramme ist inzwischen die zentrale These des Berichts bezüglich natürlicher Grenzen des wirtschaftlichen Wachstums in der wissenschaftlichen Diskussion wie in der Öffentlichkeit weitgehend anerkannt.

Bevölkerung und Kapital im globalen System

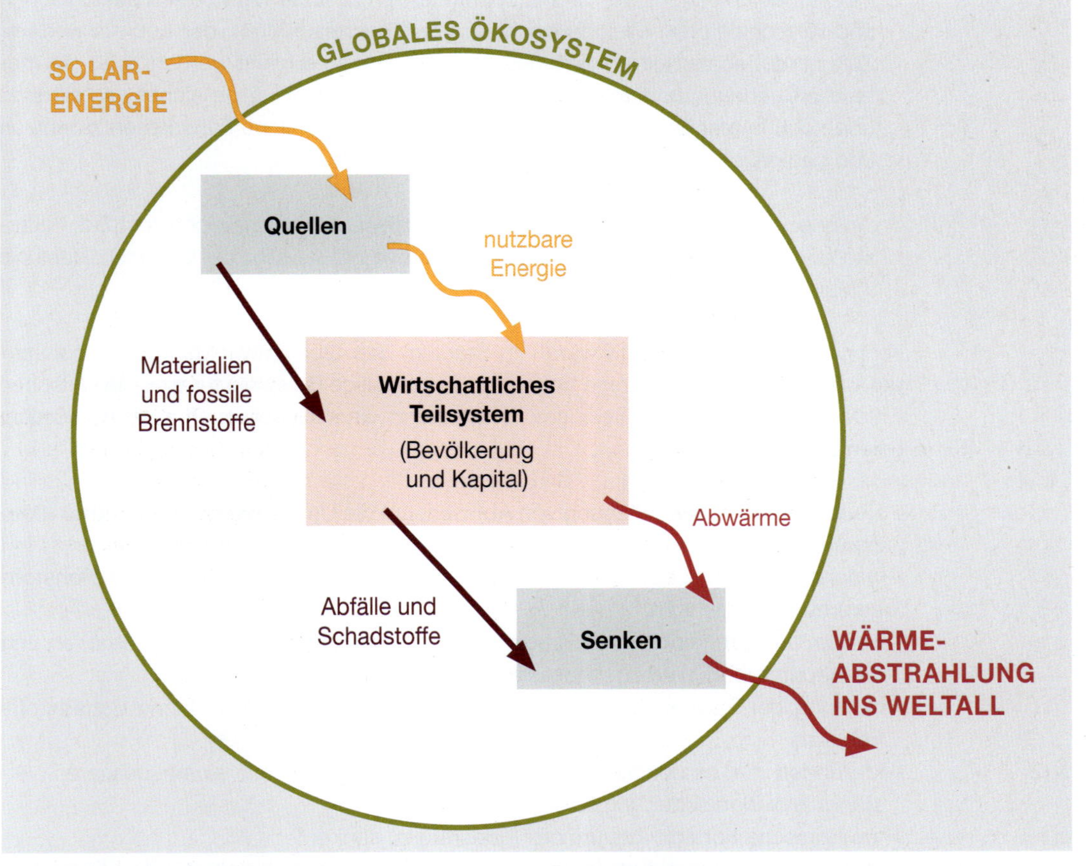

Durchflussmengen von Brennstoffen und sich nicht regenerierender Ressourcen erhalten die Bevölkerung und das Kapital. Sie stammen aus den Quellen der Umwelt und hinterlassen Abfälle und Abwärme, die das Wasser, die Luft und die Böden des Planeten schädigen.

R. Goodland et al., in: Donella Meadows, Dennis Meadows, Joergen Randers, Die neuen Grenzen des Wachstums, übersetzt von Hans Dieter Heck, Reinbek 1993, S. 69

Aufgaben

1. Erläutern Sie die Wechselwirkungen zwischen Ökonomie und Ökologie anhand des Schaubilds.
2. Sammeln Sie Beispiele für regenerierbare und nicht regenerierbare Rohstoffe. Diskutieren Sie anhand der Beispiele mögliche Grenzen für wirtschaftliches Wachstum.

M 1 Die Grenzen des Wachstums

Unsere Schlussfolgerungen lauten:

1. Wenn die gegenwärtige Zunahme der Weltbevölkerung, der Industrialisierung, der Umweltverschmutzung, der Nahrungsmittelproduktion und der Ausbeutung von natürlichen Rohstoffen unverändert anhält, werden die absoluten Wachstumsgrenzen auf der Erde im Laufe der nächsten hundert Jahre erreicht. Mit großer Wahrscheinlichkeit führt dies zu einem ziemlich raschen und nicht aufhaltbaren Absinken der Bevölkerungszahl und der industriellen Kapazität.

2. Es erscheint möglich, die Wachstumstendenzen zu ändern und einen ökologischen und wirtschaftlichen Gleichgewichtszustand herbeizuführen, der auch in weiterer Zukunft aufrechterhalten werden kann. Er könnte so erreicht werden, dass die materiellen Lebensgrundlagen für jeden Menschen auf der Erde sicher gestellt sind und noch immer Spielraum bleibt, individuelle menschliche Fähigkeiten zu nutzen und persönliche Ziele zu erreichen.

3. Je eher die Menschheit sich entschließt, diesen Gleichgewichtszustand herzustellen, und je rascher sie damit beginnt, umso größer sind die Chancen, dass sie ihn auch erreicht. […]

Technologische Fortschritte wären im Stadium des Gleichgewichts ebenso notwendig wie begrüßenswert. Einige besonders augenfällige Beispiele für diese praktischen Entdeckungen, die den Gleichgewichtszustand einer Gesellschaft sichern würden, seien aufgeführt:

- Neue Methoden zur Erfassung von Abfällen, um die Umweltverschmutzung zu reduzieren und Rohmaterialien zurückzugewinnen;
- wirksamere technische Methoden zur Rückgewinnung, um die Rate des Rohstoffverbrauchs zu senken;
- bessere Konstruktionen von Produkten, um deren Nutzungsdauer zu erhöhen und die Reparaturfähigkeit zu verbessern […];
- Nutzung der Sonnenstrahlung als Energiequelle, die praktisch keine Schadstoffe freisetzt;
- Methoden zur natürlichen Schädlingsbekämpfung, die auf einem besseren Verständnis ökologischer Vorgänge beruhen;
- medizinische Fortschritte, um die Todesrate zu senken;
- Fortschritte bei der Empfängnisverhütung, um die Angleichung der Geburten- an die Sterberate zu erleichtern.

Die lange Kette menschlicher Erfindungen hat bis jetzt zu Überbevölkerung, Zerstörung der Umwelt und zu größerer sozialer Ungleichheit geführt, da die Wirkung erhöhter Produktivität jeweils wieder durch das Wachstum von Bevölkerung und Kapital aufgehoben wurde. Es gibt keinen Grund, warum höhere Produktivität nicht zu einem höheren Lebensstandard, zu mehr Freizeit und zu einer besseren Umwelt für alle führen sollte, wenn diese Ziele das Wachstum als Wertmaßstab einer Gesellschaft ersetzen.

Dennis und Donella Meadows, Die Grenzen des Wachstums, übersetzt von Hans Dieter Heck, München 1972, S. 17 und 159f.

M 2 Das Ende des Wachstums

Der Club of Rome hat seine globale Vorhersage für die kommenden vier Jahrzehnte präsentiert. Im Mittelpunkt steht die Frage, ob die Menschheit auf einen umweltfreundlicheren Pfad umschwenken kann, bevor es zu spät ist.

Als der Club of Rome 1972 seinen Report „Die Grenzen des Wachstums" veröffentlichte, löste er heftige Reaktionen aus. Überbevölkerung, die Erschöpfung wichtiger Ressourcen, katastrophale Umweltzerstörung: Die auf Computermodellen basierende Fortschreibung damaliger Trends verkaufte sich millionenfach und ist eine Art Gründungsmanifest der globalen Umweltbewegung.

40 Jahre später hat der Club of Rome, ein weltweiter Zusammenschluss von umweltengagierten Forschern und Experten, eine Nachfolgestudie veröffentlicht, die auf etwas verfeinerten Berechnungen basiert. Autor Jorgen Randers, der bereits an der ersten Studie mitarbeitete, überprüfte dafür mit Hilfe zahlreicher Wissenschaftler die Thesen von früher und schaute 40 Jahre in die Zukunft, ins Jahr 2052. Das schlimmste ursprüngliche Szenario des Club of Rome, das unbegrenzte weitere Wachstum von Weltbevölkerung, Industrieproduktion und Ressourcenverbrauch, das schließlich zum unkontrollierten Kollaps der Weltgesellschaft führen würde, sieht er nicht kommen.

Stattdessen erwartet der Club of Rome, dass das Bevölkerungswachstum auf der Erde sich immer stärker abschwächt und sich um das Jahr 2040 herum schließlich sogar umkehrt. In den urbanen Ballungszentren werde die Fruchtbarkeit weiter stark abnehmen, so wie dies in den westlichen Industrieländern bereits geschehen ist. Die Weltbevölkerung wird deshalb nach Berechnung des Club of Rome am Höchstpunkt 8,1 Milliarden betragen – gerade einmal eine Milliarde mehr als im Augenblick.

Auch in anderen Bereichen sieht der Autor Jorgen Randers moderate Besserung. Die Investitionen in erneuerbare Energien – für die Deutschland besonders lobend hervorgehoben wird – werden sich auszahlen. Konventionelle Energiequellen wie Kohle und Öl, die nicht nur endlich, sondern auch klimaschädlich sind, sieht er zunächst langsam, schließlich aber immer schneller auf dem Rückzug. 2052 werde sich auch das Wachstum deutlich abgeschwächt haben. Gemessen an den Erfahrungswerten der Vergangenheit müsste sich bis dahin die Weltproduktion an Gütern und Dienstleistungen verdreifacht haben. Doch der Club of Rome erwartet, dass sie sich nur gut verdoppelt. Bis 2045 werde die globale Produktion ihren Höhepunkt erreichen. Damit werden die Ressourcen der Erde zwar immer noch massiv zusätzlich belastet. Doch das Katastrophenszenario des ungebremsten Wachstums, das schließlich im Kollaps mündet, muss nicht mehr befürchtet werden.

In Zukunft Stagnation

Zum einen liegen die niedrigeren Wachstumsraten am moderaten Bevölkerungswachstum. Zum anderen hat sich aber auch der Produktivitätszuwachs abgeschwächt und wird das nach Ansicht des Club of Rome auch weiterhin tun. Ein Großteil der wirtschaftlichen Ernte der Industrialisierung ist bereits eingefahren. In wachsenden Bereichen wie der Service-Industrie seien Fortschritte schwieriger. Stagnation statt Kollaps, das ist also die gute Nachricht: „Der Anpassungsprozess der Menschheit an die Grenzen dieses Planeten hat begonnen", schreibt Randers. Doch die Zukunft wird gespickt sein mit gewaltigen Problemen. Denn ein weiterer Grund für das magere Wachstum wird laut der Studie der Klimawandel. Trotz der immer wichtigeren Rolle

grüner Techniken lässt er sich nach Ansicht des Club of Rome kaum noch verhindern. Viele Menschen würden 2052 unter extremen Wetterbedingungen leiden. Für die zweite Hälfte des Jahrhunderts erwartet der Club eine weitere Verschlimmerung – die Auswirkungen des Klimawandels könnten in eine sich selbst verstärkende Spirale münden.

Und: Die ökonomische Ungleichheit unter den Menschen nimmt nicht ab, sondern noch zu. Einige große Schwellenländer, zum Beispiel China, Brasilien und Indien, würden Anschluss an den Westen gewinnen. In den alten Industrieländern, so die Erwartung, könnte die Wirtschaft sogar schrumpfen – was wiederum zu hoher Arbeitslosigkeit und anderen Problemen führt. Rund zwei Milliarden Menschen weltweit werde aber der Aufholprozess nicht gelingen. Sie bleiben arm. Insgesamt werde das niedrige Wachstum zu Verteilungsstreits und sozialen Unruhen führen.

Den Schluss des in ungewöhnlich persönlichem Ton geschriebenen Berichts bilden Tipps, welche persönlichen Konsequenzen daraus gezogen werden könnten. Einer lautet: Suchen Sie sich einen Wohnort aus, der kaum vom Klimawandel betroffen, also zum Beispiel sicher ist vor Überflutung. Ein anderer: Konzentrieren Sie sich darauf, Ihr Wohlbefinden zu steigern, nicht Ihr Einkommen. In Zeiten der Stagnation ist das kein schlechter Ratschlag.

Jakob Schlandt, Berliner Zeitung, 8.5.2012

Aufgaben

1. Benennen Sie die gängigen Argumente für ein angemessenes Wirtschaftswachstum. Vergleichen Sie diese mit den Schlussfolgerungen des Ehepaars Meadows. (M 1) Erörtern Sie anschließend Argumente für und gegen „Grenzen des Wachstums".

2. Diskutieren Sie die 1972 entwickelten Vorschläge der Meadows. (M 1) Überprüfen Sie diese auf ihre mögliche Umsetzbarkeit bzw. inwieweit diese bereits umgesetzt wurden.

3. Recherchieren Sie vor dem Hintergrund von M 2 unterschiedliche Voraussagen zur Bevölkerungsentwicklung, zum Wirtschaftswachstum weltweit und zum Klimawandel. Diskutieren Sie, ob und inwieweit die Vorhersagen des Club of Rome dadurch relativiert werden. Setzen Sie sich in diesem Zusammenhang auch mit der Problematik langjähriger Prognosen auseinander.

7.2 Kritik am wirtschaftlichen Wachstum als Wohlstandsmaßstab – Entwicklung einer Umweltökonomischen Gesamtrechnung

Leitfragen	Wie hat sich der Begriff des wirtschaftlichen Wachstums gewandelt?	Welche Ursachen liegen diesem Wandel zugrunde?	Gibt es neue Indikatoren zur Messung von Wohlstand und Umweltqualität?

Wirtschaftliches Wachstum als Wohlstandsmaßstab

Die erste Reaktion der in den 1970er Jahren entstandenen „Ökobewegung" auf die ökologischen Grenzen des Wachstums war die Forderung nach einem **Nullwachstum.**

In diesem Zusammenhang ist es zunächst notwendig, den Begriff des Wachstums einer kritischen Betrachtung zu unterziehen. Wachstum wird i. d. R. am Zuwachs des Bruttoinlandsprodukts (BIP) gemessen, dargestellt zumeist als Index „jährlicher Zuwachs des realen Bruttoinlandsprodukts in Prozent". Traditionell geht man davon aus, dass einer Zunahme des BIP eine Zunahme des Wohlstands einer Volkswirtschaft entspricht. Exemplarisch für diese Sicht sei folgendes Zitat genannt:

„Wir brauchen [...] wirtschaftliches Wachstum, weil sonst die Wirtschaft sich ebenfalls nicht im internationalen Wettbewerb behaupten könnte. Ohne wirtschaftliches Wachstum gäbe es keinen ausreichenden, zu einem höheren Lebensstandard führenden Fortschritt von Wissenschaft und Technik, keine Vollbeschäftigung, keine gerechte Verteilung von Einkommen und Vermögen, keine soziale Sicherheit und keine neuen Möglichkeiten des Staates zur Erfüllung der zunehmenden Gemeinschaftsaufgaben, vor allem im Bereich des Bildungswesens und der Infrastruktur [...]. Mit dem Wachstum ist es wie mit dem Treibstoff im Tank eines Düsenflugzeuges. Wird die Treibstoffzufuhr abgestellt, stürzt die Maschine ab. Eine Wirtschaft, deren Wachstum gehemmt wird, erleidet ein ähnliches Schicksal. Stillstand ist – jedenfalls für längere Zeit – ohne katastrophale Folgen nicht denkbar."

BMWi-Texte, Stabilität und Wachstum. Hrsg. Referat Presse und Information des Bundesministeriums für Wirtschaft, 3. Auflage, Bonn 1970, S. 17

Gegen eine solche Betrachtung spricht einiges:

- Das Wachstum des BIP enthält sog. **defensive Kosten**; das sind Kosten, die z. B. durch die Reparatur eines Autos nach einem Autounfall, durch Aufräumarbeiten nach Katastrophen oder durch einen Krankenhausaufenthalt entstehen. Solche Aufwendungen erhöhen das BIP, bedeuten aber nicht unbedingt einen Zuwachs des gesellschaftlichen Wohlstands.
- Der **Verbrauch der Umwelt** wird im BIP nicht berücksichtigt – die Minderung z. B. von Rohstoffvorräten könnte man jedoch als Minderung des Wohlstands einer Volkswirtschaft betrachten.
- Grundsätzlicher stellte die Ökologiebewegung infrage, inwieweit überhaupt eine **Zunahme des Massenkonsums** als eine Verbesserung des Wohlstands zu werten ist. So werden durch eine Zunahme des Konsums – z. B. des privaten Autoverkehrs – unter Umständen andere Güter geschädigt, insbesondere die Umwelt.

Umweltökonomische Gesamtrechnung

Als Reaktion auf die Kritik am BIP als Wohlstandsmaßstab wurde eine Reihe von Indikatoren zur Messung des Wohlstands bzw. der Umweltbelastungen entwickelt. Ziel all dieser Ansätze ist es, eine umfassende, nicht nur durch das Wirtschaftswachstum definierte Maßgröße für die Entwicklung des Wohlstands einer Gesellschaft zu erhalten. Das Statistische Bundesamt erstellt seit 1990 als Ergänzung zur herkömmlichen Volkswirtschaftlichen Gesamtrechnung (→ Kap. 2.2) die **Umweltökonomische Gesamt-**

rechnung. Diese erfasst die verschiedenen Wechselbeziehungen zwischen Wirtschaft und Umwelt, insbesondere die Entnahme von Ressourcen aus der Natur sowie die Abgabe von Schadstoffen an die Natur. Weiter werden der Zustand der Umwelt und dessen Veränderung, z. B. die Veränderung der Siedlungsflächen, und die Umweltschutzmaßnahmen erfasst.

Module der deutschen Umweltökonomischen Gesamtrechnung

Die „Material- und Energieflussrechnung" bildet in Materialkonten Entnahmen von Rohstoffen sowie deren Abgaben in die Natur ab; die Größen werden i. d. R. in Tonnen erfasst, es handelt sich somit um physische Ströme. Ebenso bilanziert werden Importe und Exporte von Rohstoffen und Emissionen. Die Materialkonten werden saldiert, als Saldo ergibt sich der Materialverbleib in der Wirtschaft. Im Modul „Umweltzustand" wird bisher nur die Nutzung der Bodenfläche festgehalten. Im Modul „Umweltschutzmaßnahmen" werden die laufenden Ausgaben und Investitionen des Staates und der Unternehmen zusammengefasst sowie die Einnahmen aus Umweltsteuern in Geldeinheiten aufgelistet. Ergänzt wird die Darstellung durch sektorale Berichtsmodule zu den Bereichen Verkehr, Landwirtschaft, Waldnutzung und private Haushalte. In letzterem werden die Konsumaktivitäten der privaten Haushalte z. B. in Hinblick auf den Umfang der verwendeten Umweltfaktoren untersucht.

Module der deutschen Umweltökonomischen Gesamtrechnungen

Belastung	Zustand	Maßnahmen
Material- und Energieflussrechnungen Physische Materialströme • Gesamtwirtschaftliches Materialkonto • Rohstoffrechnung nach Branchen • Energieflussrechnungen nach Branchen • Primärmaterial nach Branchen • Emissionsrechnungen nach Branchen • Wassergesamtrechnungen nach Branchen • Physische Input-Output-Tabellen	**Umweltzustand** Quantitative und qualitative Bestandsveränderungen des Naturvermögens in physischen Einheiten • Siedlungsfläche nach Branchen • Nutzungsintensität der Agrarökosysteme	**Umweltschutzmaßnahmen** Umweltbezogene monetäre Ströme und Bestände • Umweltschutzausgaben • Umweltsteuern
Sektorale Berichtsmodule	• Verkehr und Umwelt • Landwirtschaft und Umwelt	• Waldgesamtrechnungen • Private Haushalte und Umwelt

Statistisches Bundesamt, Einführung in die UGR, 2012

Weitere Ansätze zur Messung des Wohlstands

Neben der Umweltökonomischen Gesamtrechnung wurden und werden im Sinne eines gewandelten Wachstumsverständnisses verschiedene Konzepte zur Messung des Wohlstands erarbeitet, z. B.:

- der „**Human Development Index (HDI)**" der UNO, der mit verschiedenen Indikatoren den Entwicklungsstand eines Landes misst. Wesentlich sind hier der Gesundheitszustand der Bevölkerung, gemessen an der durchschnittlichen Lebenserwartung; das Bildungsniveau, gemessen an der Alphabetisierungsquote und der Zahl der Schülerinnen und Schüler; und der Lebensstandard, gemessen am Pro-Kopf-Einkommen. Um einen umfassenden Indikator für den Entwicklungsstand eines Landes handelt es sich laut der UN jedoch nicht;

- **soziale Indikatoren**, etwa das Sozioökonomische Panel des Deutschen Instituts für Wirtschaftsforschung, in dem seit 1984 jährlich in Deutschland lebende Personen u. a. über die Einkommensentwicklung, Erwerbsbeteiligung, Haushaltsgröße und soziale Mobilität befragt werden;

- von der **„Stiglitz-Kommission"** um den Wirtschafts-Nobelpreisträger Joseph Stiglitz im Auftrag des ehemaligen französischen Präsidenten Sarkozy, die die Berücksichtigung der Faktoren Umwelt und Wohlbefinden bei der Wohlstandsmessung vorschlägt.

- von der im Januar 2011 vom Bundestag eingesetzten **Enquetekommission „Wachstum, Wohlstand, Lebensqualität"**; sie „[...] soll den Stellenwert von Wachstum in Wirtschaft und Gesellschaft ermitteln, einen ganzheitlichen Wohlstands- und Fortschrittsindikator entwikkeln und die Möglichkeiten und Grenzen der Entkopplung von Wachstum, Ressourcenverbrauch und technischem Fortschritt ausloten."

Nach: www.bundestag.de, 14.8.2012

Probleme bei der Messung des Wohlstands

Die Erstellung von Indikatoren, die nicht nur quantitative, sondern auch qualitative Aspekte von Wohlstand in die Berechnung einbeziehen, stößt allerdings auf methodische Probleme: Wie kann man z. B. Wohlstandsverluste und -gewinne oder Veränderungen in der Umwelt, z. B. den Rückgang der Artenvielfalt, quantifizieren, wie soll man monetäre und physische Größen vergleichen? Und ist es überhaupt möglich bzw. sinnvoll, alle diese Daten in einem „Ökosozialprodukt", wie es von einigen Wissenschaftlern angestrebt wird, zusammenzufassen? Bisher hat sich dazu noch kein allgemein anerkanntes Verfahren durchgesetzt.

Auch deswegen ist die Größe „jährlicher prozentualer Zuwachs des BIP" in der Öffentlichkeit weiterhin der am meisten benutzte Indikator bezüglich der Zunahme von Wachstum und Wohlstand, wobei man aber beachten muss, dass das BIP tatsächlich nicht die Zu- oder Abnahme von Wohlstand, sondern lediglich die Veränderung der in einem bestimmten Zeitraum produzierten Menge an Waren und Dienstleistungen in einer Volkswirtschaft abbildet.

Die Zuwachsraten des BIP sind somit als Indikator für Wohlstandszuwachs skeptisch zu betrachten. Das Gleiche gilt für den bei internationalen Vergleichen beliebten Indikator „BIP pro Kopf".

»Hurra, wieder 2,5% höher!«

Karikatur: Horst Haitzinger

Aufgaben

1. Erörtern Sie die Aussagekraft der Indikatoren „jährlicher prozentualer Zuwachs des Bruttoinlandsprodukts" und „Bruttoinlandsprodukt pro Kopf" für die Wohlstandsmessung einer Volkswirtschaft.
2. Interpretieren Sie die Karikatur.

M 1 Die Vermessung des Glücks

Stiglitz-Kommission will Wachstum neu definieren / Einbeziehung der Faktoren Umweltschutz und Wohlbefinden.

Die Weltwirtschaft beruht auf „falschen“ Statistiken. Das behaupten namhafte Ökonomen in einem Bericht, den sie [...] dem französischen Präsidenten und Auftraggeber Nicolas Sarkozy überreichten. Kommissionspräsident Joseph Stiglitz übt darin scharfe Kritik am Bruttoinlandsprodukt (BIP), das heute der wichtigste Gradmesser für nationale Volkswirtschaften ist: „Das BIP ist nicht an sich falsch, wird aber auf falsche Weise benutzt.“ Der US-Wirtschafts-Nobelpreisträger nennt ein Beispiel: Wenn ein Büroangestellter eine Stunde im Autostau stecke, verbrauche er viel Benzin, was in der nationalen BIP-Statistik positiv aufscheine. In Wahrheit schade der Stau natürlich der Volkswirtschaft, da Arbeitszeit verloren gehe, aber auch dem ganzen Land und Planeten, da die Umweltverschmutzung zunehme. Die Stiglitz-Kommission, der eher progressive Ökonomen wie der Inder Amartya Sen oder der Franzose Jean-Paul Fitoussi angehören, geht aber noch einen Schritt weiter und behauptet, auch die aktuelle Krise sei zum Teil auf die „falsche“ Anwendung von Statistiken zurückzuführen. „Wenn die Messwerkzeuge zum Beispiel die Privatverschuldung besser in Betracht gezogen hätten, wären wir zu einer vorsichtigeren Einschätzung der Wirtschaftsleistungen gelangt“, heißt es in dem Bericht.

Gleichzeitig bemängelt die Stiglitz-Kommission, dass das BIP die Umweltverschmutzung und Klimaerwärmung zu sehr außer Acht lasse. Internationale Organisationen wie die OECD oder die EU-Kommission versuchen zwar seit einiger Zeit, neue Kriterien wie etwa den Bildungsstand der Bevölkerung in die BIP-Werte einfließen zu lassen. Laut Stiglitz muss das Umdenken aber viel weiter gehen und auch das generelle „Wohlbefinden“ miteinbeziehen. Solche Parameter lassen sich laut Stiglitz-Bericht durchaus messen. Voraussetzung sei, nicht nur den Durchschnitt der Einkommen, sondern auch deren „zunehmende Unterschiede“ zu messen. Es gelte, nicht nur das finanzielle, sondern das menschliche Kapital als Ganzes mit seinen sozialen, natürlichen und physischen Aspekten zu messen. Sarkozy versprach, dass Frankreich die Ergebnisse der Studie umsetzen werde. Er werde das nationale Statistikamt entsprechend anweisen. Zudem werde Frankreich bei allen internationalen Wirtschaftskonferenzen darauf drängen, dass die „revolutionären“ Erkenntnisse weltweit umgesetzt würden.

Stefan Brändle, Frankfurter Rundschau, 15.9.2009

M 2 Wie wollen wir leben?

Die Politik muss grundlegende Konsequenzen aus der Finanzkrise ziehen und einen neuen Maßstab für Fortschritt finden. Eine Enquetekommission im Bundestag könnte dabei helfen.

Aus Fehlern muss man lernen, durch Krisen wird man klüger. Das gilt auch für die aktuelle Wirtschaftskrise. Doch ich glaube nicht, dass wir bislang ausreichend gelernt haben.

Wir haben gehandelt: In der Großen Koalition haben wir durch Konjunkturpakete, Bankenstabilisierung und Kurzarbeit das Schlimmste verhindert. Das war richtig und notwendig. Aber die Finanz- und Wirtschaftskrise ist mehr als eine besonders tiefe

konjunkturelle Delle. Sie hat mehr ins Wanken gebracht als nur das Vertrauen in regellose Kapitalmärkte. Deshalb reicht es nicht aus, die Krisen-Blessuren mit Pflastern und Gips zu verarzten, sondern wir müssen die systemische Frage stellen: Ist eigentlich der Organismus gesund?

Er ist es nicht. Denn die Krise stellt ein Wachstum infrage, das durch Spekulationen befeuert wird, um dann in kürzester Zeit wie ein Kartenhaus in sich zusammenzufallen. Sie stellt ein Wachstum infrage, das durch den Raubbau an Ressourcen dem Wohlstand von morgen die Grundlage entzieht. Sie stellt ein Wachstum infrage, das wenige bereichert und immer mehr Menschen abhängt.

Die Krise hat uns drastisch vor Augen geführt: Vieles von dem, was wir für Wachstum und Wertschöpfung gehalten haben, war in Wahrheit keines. Und wenn wir diese Erkenntnis teilen, dann müssen wir heute nicht nur bestimmte Fehlentwicklungen im Finanzsektor kritisieren, sondern wir müssen grundlegend hinterfragen, was uns eigentlich als Wert und Wohlstand gilt. Wir müssen die Ziele und Maßstäbe unseres Wirtschaftens neu definieren. Es gilt, nachhaltige Lebensqualität und gesellschaftlichen Fortschritt in den Mittelpunkt zu rücken.

„Das Bruttoinlandsprodukt misst alles, nur nicht das, was das Leben lebenswert macht", sagte Robert Kennedy 1968. Der Zustand der Umwelt, das Niveau von Gesundheit und Bildung, Sicherheit, politische Teilhabe und Zugang zu Arbeit, aber auch die Verfügbarkeit von freier Zeit – all das erfasst das BIP nicht. Auch über die Verteilung von Wohlstand und Lebenschancen gibt das BIP keine Auskunft. Dabei zeigen uns Studien, dass extremere Ungleichheit alle, Arme wie Reiche, unzufriedener macht. Doch das BIP-Wachstum der letzten Jahrzehnte ging in vielen Ländern mit stark wachsender Ungleichheit einher. Individueller Wohlstand ist eben mehr als ein voller Kühlschrank und gesellschaftlicher Reichtum ist mehr als die Summe aller Bankkonten.

Diese Kritik am BIP ist nicht neu. Wir kennen sie spätestens seit 1972, als der Club of Rome vor den Folgen blinder Wachstumsgläubigkeit gewarnt hat. Doch vier Jahrzehnte später ist die Debatte noch an einem ähnlichen Punkt – und in der Zwischenzeit verengten Wissenschaft und Politik ihren Fokus gar noch stärker auf das Wachstum des BIP als Maßstab für richtig und falsch. Woran es uns mangelt, ist nicht die Kenntnis des Problems, sondern eine sichtbare und erstrebenswerte Alternative.

Schreckensszenarien von der Klimakatastrophe oder dem Ende der Arbeitsgesellschaft, Predigten von Verzicht auf Industrie und technologische Entwicklung sind genauso falsch wie kontraproduktiv, um für eine andere, bessere Wirtschaftsweise zu begeistern. Wir brauchen vielmehr eine neue Qualität der wirtschaftlichen Entwicklung, die auf nachhaltige Lebensqualität ausgerichtet ist und die Teilhabe und soziale Sicherheit zukunftsfähig macht. Wir dürfen uns nach der Krise nicht in biedermeierlicher Manier auf alte Glaubenssätze mit grünem Anstrich zurückziehen, sondern wir brauchen eine neue Vision von sozial-ökologischem Wachstum, kurz: von Fortschritt.

Die Fraktionen von SPD und Grünen setzen sich dafür ein, dass der Deutsche Bundestag dieser Herausforderung in einer „Fortschritts-Enquête" nachgeht. Gemeinsam mit Gesellschaft und Wissenschaft wollen wir ein neues Fortschrittsbild entwerfen, das der heutigen Wirtschaftsdoktrin einen neuen Maßstab entgegenstellt. Dafür müssen wir erstens untersuchen, welches, über die Grenzen des BIP hinaus, die wesentlichen Faktoren für Lebensqualität und gesellschaftliches Zusammenleben sind, und

zweitens, wie man diese adäquat messen kann. Und drittens wollen wir uns fragen, wie man die Faktoren in einem ganzheitlichen „Fortschritts-Indikator" zusammenführen kann.

Natürlich erfordern Auswahl, Messung und Gewichtung dieser Faktoren eine Vielzahl von Werturteilen. Gerade deshalb fordern wir eine breite gesellschaftliche Debatte, für die das deutsche Parlament die angemessene Plattform bietet. Die Politik darf sich in ihrem Tagesgeschäft der Pflaster und Gipse nicht genügen [...].

Dem BIP einen ganzheitlichen Fortschritts-Indikator entgegenzustellen, ist keine akademische Trockenübung für Volkswirte und Statistiker. Entscheidungsträger in Politik und Wirtschaft sind wie Seefahrer, die für ihren Kurs auf einen möglichst verlässlichen Kompass angewiesen sind. Die Qualität ihrer Entscheidungen hängt davon ab, was ihr Kompass misst und wie akkurat er es misst.

Wenn wir unseren wirtschaftlichen und gesellschaftlichen Kurs verbessern wollen, dann brauchen wir einen neuen Kompass. Politiker aller Parteien fordern heute, es dürfe nach der Krise kein einfaches „Weiter so!" geben. Einen neuen Maßstab von Fortschritt zu finden, ist der erste Schritt, um mit diesem Versprechen ernst zu machen.

Frank-Walter Steinmeier, Financial Times Deutschland, 16.4.2010

Aufgaben

1. Diskutieren Sie: Was würde eine Einbeziehung sozialer und ökologischer Faktoren in die Berechnung des BIP für die Ausgestaltung der Wirtschaftspolitik bedeuten? (M 1, M 2)

2. Recherchieren Sie im Internet den Stand der Beratungen der Enquete-Kommission des Bundestages zu „Wachstum, Wohlstand, Lebensqualität". (M 2) Recherchieren Sie auch nach weiteren Ansätzen zur Wohlfahrtsmessung.

7.3 Nullwachstum, qualitatives Wachstum, nachhaltiges Wachstum?

Leitfragen	Sollte in entwickelten Volkswirtschaften auf Wachstum verzichtet werden?	Ist Wachstum ohne Schädigung der Umwelt vorstellbar?	Mit welchen Wachstumskonzepten kann den ökologischen Problemen begegnet werden?

Nullwachstum

Geht man davon aus, dass das Wachstum des BIP einerseits immer weniger – oder gar keinen – Zuwachs an Wohlstand mit sich bringt, andererseits die natürlichen Grundlagen dadurch immer mehr geschädigt werden, liegt der Gedanke nahe, auf ein weiteres Wachstum des BIP zu verzichten (Nullwachstum). Mit dieser Idee erstarkte die in den 1970er Jahren neu entstandene Ökologiebewegung und bewirkte u.a. eine Veränderung und Erweiterung des politischen Spektrums durch die Etablierung „grüner", d.h. schwerpunktmäßig ökologisch orientierter Parteien. Gegen den Vorschlag eines Nullwachstums wurden folgende Einwände vorgebracht:

- Traditionell galt, dass eine Zunahme des Wachstums einen zunehmenden Verbrauch von Rohstoffen und Energie sowie eine Zunahme von Abfallstoffen bedingt. Dieser Zusammenhang ist jedoch nicht als naturgesetzlich zu betrachten; so ist durch die Entwicklung neuer Technologien die Produktion von Waren und Dienstleistungen auch mit einem geringeren Ressourcenverbrauch und einer Senkung von Schadstoffen möglich.

- Die Forderung nach einem Nullwachstum berücksichtigt zudem nicht, dass der „Wohlstand der Nationen" (Adam Smith) sehr ungleich verteilt ist, wie auch die Nutzung bzw. Schädigung der natürlichen Umwelt. Würde das Postulat „Nullwachstum" auch eine Verweigerung von Wachstumschancen für weniger entwickelte Volkswirtschaften beinhalten? Gerade in den Entwicklungsländern besteht hinsichtlich Konsum und Wirtschaftswachstum ein Nachholbedarf im Vergleich zu den Industrieländern, was auch für den Verbrauch natürlicher Ressourcen Folgen hat. Die Industrieländer sind nach Meinung vieler besonders in der Pflicht, einen größeren Beitrag zur Finanzierung umweltverträglicher Technologien zu leisten und ihren Umweltverbrauch einzuschränken. Denn die Tatsache ist unbestreitbar, dass die hoch entwickelten Volkswirtschaften bezüglich des Naturverbrauchs auf Kosten der weniger entwickelten leben.

Qualitatives und nachhaltiges Wachstum

Aufgrund dieser und weiterer Einwände gegen das Nullwachstum entstanden die Konzepte des **qualitativen Wachstums** und des **nachhaltigen Wachstums.**

Durch qualitatives Wachstum soll mit verschiedenen Maßnahmen eine Zunahme der Pro-Kopf-Lebensqualität erreicht werden, ohne die Umwelt weiter zu belasten. Wachstum sollte demnach nicht unhinterfragt als Ziel formuliert werden, wie oft in Wahlkämpfen postuliert und im „Stabilitäts- und Wachstumsgesetz" von 1967 als eines von vier Zielen der Wirtschaftspolitik festgeschrieben (→ Kap. 2.2.1). Vielmehr gelte es, Wachstum besonders in zukunftsfähigen, ökologisch verträglichen Sektoren zu fördern, etwa vermehrt Arbeitsplätze im Umweltschutz zu schaffen und generell in volkswirtschaftlich zukunftsfähige und ökologisch tragfähige Branchen zu investieren (z.B. regenerative Energien, Wärmedämmung, aber auch Ausbau des Bildungs- und des Gesundheitswesens).

Das Konzept des nachhaltigen Wachstums bzw. der nachhaltigen Entwicklung (sustainable development) ist in einem jahrzehntelangen Diskussionsprozess in der UNO und ihren Unterorganisationen entstanden. Der Begriff der Nachhaltigkeit (Sustainability) findet sich erstmals 1987 im sog. Brundtland-Bericht der Weltkommission für Umwelt und Entwicklung, auch bekannt als „Brundt-

Die Agenda 21

Die Agenda 21 [...] enthält [...] ein detailliertes Aktionsprogramm. Darin sind „Empfehlungen und Handlungsanweisungen" enthalten, die konkrete Maßnahmen aufzeigen, die von Staaten, internationalen Organisationen sowie wirtschaftlichen und gesellschaftlichen Akteuren zu ergreifen sind, um das Nachhaltigkeitsprinzip in die Praxis umzusetzen. Ein an der Agenda 21 orientiertes Handeln soll es ermöglichen, die wirtschaftliche Entwicklung mit dem Schutz der natürlichen Lebensgrundlagen vereinbar zu machen und umwelt- und entwicklungspolitische Ziele weltweit zusammenzuführen. [...] Die Entwicklung sog. Nachhaltigkeitsstrategien sieht vor, dass die Regierungen auf lokaler und nationaler Ebene jeweils unter Beteiligung privater Akteure aus Wirtschaft und Gesellschaft Politikmaßnahmen formulieren und umsetzen, die am Leitbild der nachhaltigen Entwicklung ausgerichtet sind. Eine erfolgreiche Umsetzung der Agenda 21 setzt demnach voraus, die Wechselwirkungen zwischen Umwelt- und Entwicklungszielen in der Politikplanung vorausschauend zu berücksichtigen.

Steffen Bauer, Informationen zur politischen Bildung Nr. 287: Umweltpolitik, Bonn 2005, S. 17

land-Kommission" nach dem Namen ihrer Vorsitzenden Gro Harlem Brundtland (ehemalige norwegische Ministerpräsidentin).

Auf dem Erdgipfel von Rio de Janeiro 1992, der Konferenz der Vereinten Nationen über Umwelt und Entwicklung (UNCED), wurde das Konzept der Nachhaltigkeit zum Leitbild der internationalen Umwelt- und Entwicklungspolitik erhoben und die Agenda 21 als Aktionsprogramm für eine nachhaltige Entwicklung verabschiedet. Auch unterschrieben die meisten Teilnehmerstaaten die Klimarahmenkonvention, die auf eine Begrenzung anthropogener (vom Menschen verursachter) Störungen des Klimasystems zielt. In Folgekonferenzen wurde das Konzept auf internationaler Ebene weiterentwickelt; auf dem Weltklimagipfel in Kyoto 1997 verpflichteten sich die Industriestaaten im Kyoto-Protokoll, ihre Treibhausgasemissionen bis 2012 um durchschnittlich 5,2 Prozent zu senken, bezogen auf das Niveau des Jahres 1990.

Nachhaltigkeit

Der Begriff der Nachhaltigkeit entstand bereits im 18. Jahrhundert in der Forstwirtschaft. Hier setzte sich die Erkenntnis durch, dass eine sinnvolle bzw. effiziente Forstwirtschaft nur dann zu betreiben ist, wenn in einem Forst nicht mehr Bäume geschlagen werden als nachwachsen können. Diese Erkenntnis wird seit einigen Jahren auf andere Branchen übertragen (etwa auf die Fischereiwirtschaft), auch werden eigene Labels für nachhaltiges Wirtschaften entwickelt. Zunehmend wird der Begriff Nachhaltigkeit auch in anderen Bereichen verwendet („nachhaltige Bildung", „nachhaltige Finanzwirtschaft"); problematisch erscheint dabei, dass der Begriff damit an Schärfe verliert und zu einem „Allerweltsbegriff" wird, was der Nachhaltigkeitsdebatte eher abträglich ist.

Das Kyoto-Protokoll wurde Ende 2012 auf der UN-Klimakonferenz in Doha durch eine 2. Verpflichtungsperiode („Kyoto II") verlängert. 37 Staaten verpflichteten sich, ihre Treibhausgasemissionen bis 2020 weiter zu reduzieren. Gemeinsam sind diese Staaten allerdings nur für ca. 15 Prozent des weltweiten Treibhausgasausstoßes verantwortlich. Die Staaten mit dem größten CO_2-Ausstoß, die USA und China, sind dem Kyoto-Protokoll nie beigetreten. Japan und Kanada haben ihre Mitgliedschaft gekündigt bzw. nicht verlängert. Erklärtes Ziel bleibt es dennoch, bis 2015 ein neues Klimaabkommen auszuhandeln, das ab 2020 in Kraft treten und dann für alle Staaten gelten soll. Das Kyoto-Protokoll ist das bislang einzige völkerrechtlich verbindliche Instrument der Klimaschutzpolitik (→ Kap. 6.2.3).

Die Konzeption eines nachhaltigen Wachstums bzw. einer nachhaltigen Entwicklung betont die Notwendigkeit qualitativen Wachstums und nimmt die Kritik auf, dass ein „blindes", nicht hinterfragtes ökonomisches Wachstum zu Schädigungen der natürlichen Umwelt führt. Ein nachhaltiges Wirtschaften muss somit die Folgen der wirtschaftlichen Tätigkeiten auf die natürliche Umwelt beachten und bei der Entnahme von Rohstoffen sowie der Abgabe von Schadstoffen darauf achten, dass das Ökosystem Erde nicht übermäßig belastet wird. Damit kommt auch der Aspekt der Generationengerechtigkeit ins Blickfeld, der traditionell in den Wirtschaftswissenschaften wenig beachtet wurde: Ein nachhaltiges Wirtschaften muss bewirken, dass kommende Generationen durch die gegenwärtigen wirtschaftlichen Aktivitäten nicht mehr belastet werden, als sie Nutzen aus diesen Aktivitäten ziehen können. Das ist der zentrale Gedanke ökologischer Nachhaltigkeit – in den Worten der Deklaration von Rio 1992:

„Sustainable Development is development that meets the needs of the present without compromising the ability of future generations to meet their own needs".

Der Begriff der Nachhaltigkeit wurde später um den **sozialen Aspekt** erweitert. Man geht demnach von drei Zielen nachhaltiger Entwicklung aus: einem ökonomischen, einem ökologischen sowie einem sozialen Ziel. Die Entwicklung dieses „Drei-Säulen-Konzepts" trug dem Einwand Rechnung, dass eine ökologisch nachhaltige Entwicklung nicht stabil zu erreichen sei ohne Beachtung sozialer Aspekte, vor allem einer gerechten Verteilung von Einkommen und Vermögen.

Schließlich haben sich in der wirtschaftspolitischen Diskussion Umweltschutz und Nachhaltigkeit als weitere Ziele neben den „klassischen", im Stabilitäts- und Wachstumsgesetz formulierten Zielen etabliert (→ Kap. 2.2.1). In das Grundgesetz wurde der Umweltschutz 1994 als staatliche Aufgabe aufgenommen (Art. 20a).

Die Konzepte des qualitativen bzw. nachhaltigen Wachstums hatten sich im Laufe der Zeit sowohl gegenüber Vorstellungen eines rein quantitativen Wachstums wie eines Nullwachstums als Leitbilder für eine naturverträgliche Entwicklung der Weltwirtschaft durchgesetzt. In Folge der Finanzkrise, zunehmender ökologischer Probleme und auch der demografischen Entwicklung der hochindustrialisierten Volkswirtschaften werden in den letzten Jahren aber erneut Ideen für eine Gesellschaft ohne wirtschaftliches Wachstum unter den Stichworten „jenseits des Wachstums" und „Postwachstumsgesellschaft" entwickelt.

Dimensionen und Strategien der Nachhaltigkeit

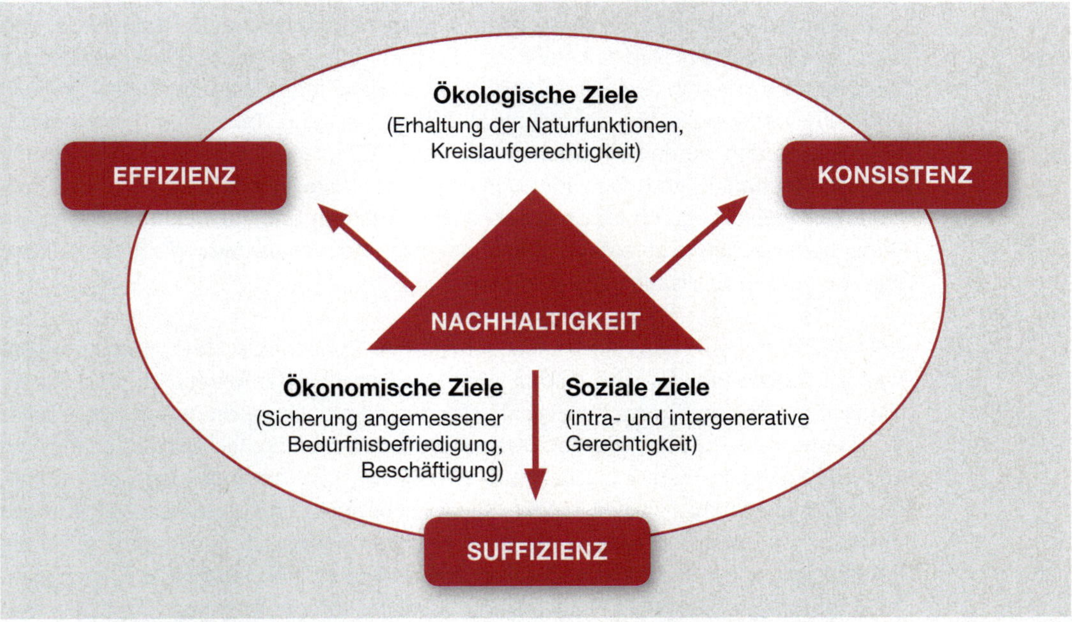

Bernd Siebenhüner, Homo sustinens. Auf dem Weg zu einem Menschenbild der Nachhaltigkeit, Marburg 2001, S. 78

Aufgaben

1. Stellen Sie Argumente für und gegen ein „Nullwachstum" zusammen. Recherchieren Sie dazu auch neue Ansätze, die die Folgen der Finanzkrise und der Eurokrise einbeziehen.
2. Recherchieren Sie die Ergebnisse der letzten Folgekonferenzen von Rio 1992 und Kyoto 1997.
3. Sammeln Sie Beispiele für lokale Agenden 21 in Ihrem Wohnumfeld.

M 1 Wachstum bedeutet Selbstzerstörung

Wahnsinn war für Albert Einstein die Dummheit, immer das Gleiche zu tun, aber andere Ergebnisse zu erwarten. Das gilt auch für den Glaubenssatz „Wachstum, Wachstum über alles“. Ost und West, Nord und Süd sind sich einig [...], dass dies der Garant für Wohlstand und Beschäftigung ist. Sinkt das Wachstum, verfallen ganze Nationen in kollektive Depression. In der totalen Fixierung auf Wachstum liegt der tiefere Grund für das desaströse Scheitern der Kopenhagener Klimakonferenz. Die dahinterstehende Denkweise brachte 2002 der damalige US-Präsident George W. Bush bei seinem Nein zum Kyoto-Protokoll auf den Punkt: „Unsere Ablehnung beruht auf dem gesunden Menschenverstand, der uns sagt, dass dauerhaftes Wachstum der Schlüssel zum Fortschritt in Umweltfragen ist.“ Die Industriestaaten und die Schwellenländer sind derart auf Wachstum fixiert, dass sie Verpflichtungen zur Reduktion des Kohlendioxidausstoßes als Bedrohung für ihre Wirtschaft und für ihre Rolle in der Welt empfinden. Es wird immer schwieriger, die globale Erwärmung auf zwei Grad Celsius zu begrenzen. Die ersten Opfer der Tatenlosigkeit werden die armen Länder in Afrika, Asien und Lateinamerika sein.

Studien [...] belegen, dass in den vergangenen 40 Jahren die Natur weit stärker geschädigt wurde als in den 500 Jahren zuvor. In der Prognose der Internationalen Energieagentur steigt der Energieverbrauch bis zum Jahr 2020 um weitere 60 Prozent an, überwiegend aus fossilen Quellen. Allein in den vergangenen acht Jahren erhöhte sich die Konzentration des klimaschädlichen Kohlendioxids um 30 Prozent. Um das knapper werdende Öl wird seit mehr als 20 Jahren Krieg geführt. [...] Die Quantität des Wachstums schlägt in eine neue Dimension der Naturzerstörung um. Zwischen 1980 und 2001 verdoppelte sich die globale Wirtschaftsleistung. Trotz einer deutlichen Effizienzsteigerung wurden im gleichen Zeitraum 70 Prozent der globalen Ökosysteme schwer geschädigt. Im Krisenjahr 2008 wuchs die Weltwirtschaft „nur“ um drei Prozent. Der Versuch, durch Effizienztechnik den Energie- und Rohstoffverbrauch vom Wirtschaftswachstum zu entkoppeln, reicht nicht aus, um die ökologische Selbstzerstörung unserer Zivilisation zu verhindern.

Egal – für den russischen Regierungschef Wladimir Putin bleibt „ohne Wachstum alles nichts“. Chinas Premier Wen Jiabao lehnt die westliche Demokratie ab, weil sie ein Wachstum von acht Prozent gar nicht erreichen könne. Ohne ein gewaltiges Wachstum fürchtet US-Präsident Barack Obama eine Wiederholung der Weltwirtschaftskrise von 1929. Angela Merkel [...] ficht ein „Wachstumsbeschleunigungsgesetz“ durch, das nicht einmal 15 Prozent für den Klima- und Umweltschutz bereitstellt. Sie alle rasen auf den Abgrund zu, obwohl die Endlichkeit der Rohstoffvorkommen und die Belastungsgrenzen der Natur seit Jahrzehnten bekannt sind. Im Prager Frühling von 1968 forderte die Nationale Akademie der Wissenschaft den Umstieg vom extensiven auf ein intensives Wachstum. 1972 veröffentlichte der Club of Rome die Meadows-Studie über die Grenzen des Wachstums. 1987 verlangte der Brundtland-Bericht den Wechsel zu einer nachhaltigen Entwicklung. Im selben Jahr warnten die Deutsche Physikalische und die Meteorologische Gesellschaft vor einer globalen Erwärmung um drei Grad Celsius bis zum Ende dieses Jahrhunderts. Ohne grundlegende Wirtschaftsreformen wird sich nichts ändern. Die Klimakrise wie die Finanzkrise sind zwei Seiten des Wirtschaftskriegs mit der Zukunft, getrieben von der Finanzgier des Kapitalmarkts und der Ausplünderung der natürlichen Lebensgrundlagen. Dieser Krieg kann nicht mit denselben Methoden beendet werden, mit denen er immer noch geführt wird. Vielmehr müssen wir die Ursachen, Triebkräfte und Interessen dahinter verstehen. Dann erst ändert sich etwas.

Jetzt sind die Umwelt- und Naturschutzverbände gefordert, eine breite Debatte über Wachstum zu beginnen, damit die Leitidee der Nachhaltigkeit nicht länger für alles und nichts missbraucht werden kann. Es geht um Demokratie, Gerechtigkeit und Freiheit. Ohne eine im wahren Sinne des Wortes nachhaltige Kultur, die Genügsamkeit und Selbstbeschränkung kennt, sind diese Werte nicht zu verteidigen oder zu erreichen. In vielen Bereichen geht es ums Schrumpfen: Stagnation im jetzigen Energiesystem würde Klimawandel und Ressourcenabbau zwar verlangsamen, aber nicht beenden. Viele Produkte müssen langlebiger und naturschonender werden in einer neuen Art von Kreislaufwirtschaft. Erst die Wachstumsdebatte setzt die in Kopenhagen verdrängten Fragen auf die Tagesordnung. Dafür sind auch neue Maßstäbe zur Bewertung von Lebensqualität und Wohlbefinden notwendig [...]. Doch diese Ideen müssen gegen starke wirtschaftliche Interessen und überholte Denkweisen durchgesetzt werden.

Hubert Weiger ist Professor für Naturschutz und nachhaltige Entwicklung und Vorsitzender des BUND (Bund für Umwelt- und Naturschutz Deutschland).
Michael Müller ist Bundesvorsitzender der NaturFreunde Deutschlands und Mitglied im Präsidium des Dachverbands der Umwelt- und Naturschutzverbände.

Hubert Weiger/Michael Müller, Die Zeit. 7.1.2010

M 2 Das Konzept der Nachhaltigkeit

Dem Konzept der Nachhaltigkeit werden in der Regel drei unterschiedliche Problemdimensionen zugeschrieben, die es bei der Verfolgung des Politikziels der nachhaltigen Entwicklung zu berücksichtigen gilt. Es sind dies die ökonomische, ökologische und soziale Dimension von Nachhaltigkeit. Die wissenschaftliche und politische Diskussion um die inhaltliche Ausgestaltung sowie die praktische Umsetzung nachhaltiger Entwicklung kreisen dabei ganz wesentlich um die unterschiedliche Gewichtung dieser drei Dimensionen:

- **Die ökonomische Dimension** von Nachhaltigkeit konzentriert sich im Sinne der Kapitalerhaltung auf die langfristigen Erträge, die aus der Nutzung vorhandener Ressourcen erwachsen. Sie grenzt sich dadurch von einer auf kurzfristige Gewinne setzenden Logik stetigen Wirtschaftswachstums ab, deren Unabdingbarkeit in der internationalen Handels- und Wirtschaftspolitik immer wieder als grundlegende Entwicklungsvoraussetzung beschworen wird. Gleichwohl bleibt quantitatives Wachstum erforderlich, um der chronischen Unterversorgung in den ärmeren Ländern im Sinne einer aufholenden Entwicklung entgegenzuwirken.

- **Die ökologische Dimension** von Nachhaltigkeit betont demgegenüber den mit materiellen Maßstäben schwer fassbaren Wert der Natur an sich sowie die nachweisbare Endlichkeit der natürlichen Ressourcen. Daraus leitet sich nicht nur die wirtschaftliche Notwendigkeit ab, bestehendes Naturkapital weitestgehend zu erhalten, sondern allgemein die ökologischen Bedingungen des menschlichen Überlebens zu sichern. Im Sinne eines qualitativen Verständnisses wirtschaftlicher Entwicklung sind demnach die ökologischen Kosten von Produktion und Konsum in den Bilanzen der Weltwirtschaft zu berücksichtigen.

- **Die soziale Dimension** von Nachhaltigkeit stellt die Frage nach der Verteilungsgerechtigkeit in den Mittelpunkt. Diese bezieht sich auf den Zugang zu Chancen und Ressourcen sowohl innerhalb einzelner Länder und Gesellschaften als auch

im globalen Verteilungskonflikt zwischen den reichen Industrieländern im Norden und den armen und hochverschuldeten Schwellen- und Entwicklungsländern im Süden. Neben dem Ziel der Grundbedürfnisbefriedigung für heutige und zukünftige Generationen berührt die soziale Dimension dabei ausdrücklich auch Fragen der Geschlechterverhältnisse im Sinne der Schaffung gerechterer Lebenswelten für Frauen und Männer.

Dass diese drei Dimensionen miteinander zusammenhängen und sich wechselseitig verstärken können, ist weltweit zu beobachten. Besonders deutlich treten die Zusammenhänge in den ärmsten Weltregionen zutage.

Steffen Bauer, a.a.O., S. 18ff.

Aufgaben

1. „Wachstum bedeutet Selbstzerstörung". Nehmen Sie Stellung zu dieser These. (M 1)
2. Erläutern Sie verschiedene Aspekte des Begriffs Nachhaltigkeit. Gehen Sie dabei auch auf die Bedeutung des Themas Generationengerechtigkeit ein. (M 2)

7.4 Konzeptionen zur Umsetzung nachhaltigen Wirtschaftens

Leitfragen	Was sind Grundsätze nachhaltigen Wirtschaftens?	Mit welchen Modellen und Indikatoren lässt sich Umweltverbrauch messen?	Wie sehen Inhalte und Ziele der nationalen Nachhaltigkeitsstrategie aus?

Grundregeln nachhaltigen Wirtschaftens

Am einfachsten sind die Auswirkungen der menschlichen Produktion bei der Nutzung von natürlichen Ressourcen (Quellen) zu studieren. Man unterscheidet sich regenerierende und sich nicht regenerierende Quellen. Abfälle der Produktion werden in natürlichen Senken gelagert (→ Kap. 2.7.1). Aus der Beachtung der Unterscheidung von regenerierbaren und nicht regenerierbaren Rohstoffen sowie der Begrenztheit natürlicher Senken ergeben sich erste Regeln für ein ökologisches Wirtschaften, die einer der Pioniere der ökologischen Ökonomie, Herman Daly, formuliert hat. Der Wirtschaftswissenschaftler hat drei Grundregeln benannt, nach denen man beurteilen kann, welche Durchsatzmengen grundsätzlich aufrechtzuerhalten sind und wo die langfristigen und nachhaltigen Grenzen der Nutzung liegen:

„**Sich regenerierenden Quellen** wie Nutzböden, Wasservorkommen und Waldungen darf man nicht mehr entnehmen, als sich gleichzeitig wieder regenerieren kann; die Nutzungsrate soll die Rate der Regeneration nicht überschreiten. Man darf nicht mehr Fische fangen, als gleichzeitig nachwachsen können. **Sich nicht regenerierende Quellen** wie Lagerstätten fossiler Energieträger und hochwertiger Erze sowie Vorräte an fossilem Grundwasser dürfen nicht rascher abgebaut werden, als gleichzeitig sich regenerierende Quellen für dieselbe Art von Nutzung geschaffen werden. Zum Beispiel sollte ein Erdöllager nicht rascher ausgebeutet werden, als man Sonnenkollektoren mit derselben Kapazität installiert und aus Erträgen des gewonnenen Erdöls finanziert. Wenn man so vorgeht, wird aus dem Ölfeld im Endeffekt eine sich regenerierende Energiequelle: Ist die Ölquelle erschöpft, so liefert dafür die nicht erschöpfbare Energiequelle die gleichen Energiemengen. **Die Emission von Schadstoffen** darf nur so hoch sein, dass die schädlichen Substanzen in harmlose Stoffe umgesetzt werden können, welche die Umwelt nicht schädigen. Biologische Abfälle darf man nur in solchen Mengen in einen Fluss einleiten, dass sie von den Mikroorganismen im Wasser zu Nährstoffen verarbeitet werden können."

Herman Daly, Toward some Operational Principles of sustainable development, Ecological Economics, 2 (1990), in: Meadows/Randers, a.a.O., S. 70f.

Konzeptionen zur Bemessung des Umweltverbrauchs

Um die Auswirkungen der menschlichen Produktion auf die jeweilige Umwelt einschätzen bzw. messen zu können, wurden die Konzepte des „ökologischen Fußabdrucks", des „ökologischen Rucksacks" und des „Umweltraums" entwickelt.

Der ökologische Fußabdruck ist ein Denkmodell, das bewusst machen soll, wie viel Fläche der Mensch benötigt, um seinen Lebensstandard zu erhalten. Jeder Mensch beansprucht eine gewisse Fläche der Erde für:

- Nahrungsmittelproduktion (inkl. der Futtermittelproduktion für die Tiere)
- Wohnen und Arbeit
- Transport und Mobilität (Straßen, Einbahnstrecken, Flughäfen etc.)
- Freizeit
- Energieerzeugung etc.

Auch das klimatische Gleichgewicht der Erde braucht Fläche (Wälder, Ozeane, CO_2-Absorbationsfläche). Die Industrienationen haben einen Ressourcen- und Umweltverbrauch, der einer größeren Fläche entspricht, als im eigenen Land zur Verfügung steht.

Der ökologische Rucksack

Der **ökologische Rucksack** kennzeichnet die Menge an Stoffen, die der Umwelt entnommen wird, um ein bestimmtes Produkt zu erzeugen. Die Indikatoren „ökologischer Fußabdruck" und „ökologischer Rucksack" erlauben ein Abschätzen der ökologischen Folgen eines jeweiligen Produktionsprozesses und gelten so als sinnvolle Ergänzungen zu den genannten Versuchen, Indikatoren für die Zu- bzw. Abnahme von Wohlstand zu messen.

Der Umweltraum beschreibt die Gesamtheit der Flächen, Ressourcen und Senken, die eine Bevölkerung nutzen kann, ohne den nachhaltigen Bestand der Ökosysteme zu gefährden. Dieser Indikator zeigt zusätzlich zwei Aspekte auf, die durch den ökologischen Diskurs schärfer ins Blickfeld geraten sind:

- Die Nutzung des Umweltraums ist, global betrachtet, sehr ungleich; die hoch entwickelten Volkswirtschaften verbrauchen viel größere Mengen an Ressourcen und geben deutlich mehr Schadstoffe in die Umwelt ab als die weniger entwickelten. Daraus ergeben sich neue Verteilungskämpfe um die (bis vor einiger Zeit als „freies Gut" betrachtete) Umwelt, die nur international reguliert werden können. Der Nord-Süd-Konflikt erhält hieraus neue Nahrung, heute zu beobachten z. B. in den Auseinandersetzungen zwischen den sog. Schwellenländern und den etablierten entwickelten Staaten etwa im Rahmen der jüngst entstandenen „G20-Gruppe".

- Auch wird die Verantwortung des Einzelnen – des Konsumenten – betont. Die Menschen in den entwickelten Volkswirtschaften „übernutzen" den Umweltraum. Als Folgerung aus dieser Erkenntnis ergeben sich Überlegungen eines verantwortlichen, „nachhaltigen" Konsums. So können die Verbraucher rund zwei Drittel ihrer Treibhausgas-Emissionen beeinflussen – über sparsamen Energieverbrauch, die Nutzung sauberer Energien, aber auch über die Kaufentscheidung und die Auswahl von Dienstleistungen.

Auf der Basis dieser Indikatoren haben verschiedene Umweltorganisationen Studien für eine nachhaltige Entwicklung ihrer jeweiligen Volks-

Produkte	**Ökologischer Rucksack**
Armbanduhr	12,5 kg
Jeans	30 kg
Kaffeemaschine	52 kg
Kaffeebecher	1,5 kg
Joggingschuhe	3,5 kg
Fahrrad	400 kg
PC	0,5 – 1,5 t
Telefon	25 kg
Neuer Goldring aus Weißgold	830 bis 1.660 kg
T-Shirt (Baumwolle)	4.583,7 kg
Einfacher Herrenschuh	696,4 kg
Weintrauben (1t)	226.909 t
Windeln (pro einjähriges Kind und Jahr)	Einweg 1.138 kg Mehrweg 353 kg
Dienstleistungen	**Ökologischer Rucksack**
Hände abtrocknen (pro Trockenvorgang)	Rollhandtuch 2,7 g Warmluftgebläse 7,2 g Papierhandtuch 17 g

Der ökologische Rucksack ist ein Indikator, der die Gesamtheit aller Primärmaterialien misst, die bei der Herstellung eines Stoffes oder Produktes – von der Wiege bis zum fertigem Stoff beziehungsweise Produkt – der Umwelt entnommen werden, aber nicht in den Stoff oder das Produkt selbst eingehen. Darunter fällt beispielsweise die Menge an Abraum, die u. a. bei der Förderung von Erzen anfällt, die Menge von anderen nicht verwerteten Materialien, aber auch die Energieträger, die zur Herstellung des Produktes benötigt werden. Der ökologische Rucksack ist ein physischer Indikator, der in Tonnen pro Tonne des entsprechenden Stoffes oder Produktes gemessen wird. Auf der Makro-Ebene wird der Indikator Globaler Materialaufwand (TMR) verwendet, um den Ressourcenaufwand von Volkswirtschaften zu messen. Dieser umfasst neben der inländischen Rohstoffentnahme und den Importen auch die inländischen ökologischen Rucksäcke und jene der Importe.

Wuppertal Institut für Klima, Umwelt, Energie: Zukunftsfähiges Deutschland in einer globalisierten Welt, Frankfurt/M. 2008, S. 143 wirtschaften entwickelt, z. B. die Studie „Zukunftsfähiges Deutschland“, erarbeitet vom Wuppertal Institut für Klima, Umwelt, Energie. Die Studien formulieren messbare Ziele für ein nachhaltiges Produzieren und Konsumieren, etwa für den Energie- und Wasserverbrauch, die Mengen verschiedener Schadstoffemissionen, das Verkehrsverhalten, den Einsatz von Düngemitteln in der Landwirtschaft, den Flächenverbrauch etc. Über die Einzelziele hinaus weisen die Studien darauf hin, dass ein grundsätzlicher Kurswechsel in der wirtschaftlichen und gesellschaftlichen Entwicklung hin zu ressourcenschonenderer Produktion wie Konsumtion notwendig sei.

Die nationale Nachhaltigkeitsstrategie

Aufgrund der Beschlüsse von Rio 1992, die die Staaten zur Erarbeitung von „Nachhaltigkeitsstrategien“ aufforderten, wurden neben den Studien verschiedener Umweltorganisationen nationale Nachhaltigkeitsstrategien erarbeitet. Für Deutschland wurde die nationale Nachhaltigkeitsstrategie 2002 vom Bundeskabinett verabschiedet. Leitlinien dieser Strategie sind u. a.:

- Der Verbrauch einer erneuerbaren Ressource darf nicht größer sein als ihre Regenerationsrate.
- Die Freisetzung von Stoffen darf nicht größer sein als die Aufnahmefähigkeit der Umwelt.
- Die Nutzung nicht erneuerbarer Ressourcen muss so beschränkt werden, dass die Entwicklung eines gleichwertigen Ersatzes möglich ist (Schaffung erneuerbarer Ressourcen).

Handlungsfelder bzw. Schwerpunkte der Nachhaltigkeitsstrategie sind:

- Klimaschutz und Energieeffizienz
- Umweltfreundliche Mobilität
- Umweltbewusstes Produzieren und Ernähren
- Globale Verantwortung

Im Rahmen der Nachhaltigkeitsstrategie wurden die folgenden Indikatoren für die Überprüfung einer nachhaltigen Entwicklung ausgearbeitet:

Indikatoren für den Fortschritt

Die Strategie führt 21 Indikatoren auf, an denen der Fortschritt zur Nachhaltigkeit gemessen werden soll:

1. Energie- und Rohstoffproduktivität
2. Emissionen der Treibhausgase
3. Anteil der erneuerbaren Energien
4. Entwicklung der Siedlungs- und Verkehrsfläche
5. Bestände ausgewählter Tierarten
6. Staatsdefizit
7. Investitionsquote
8. Forschungs- / Entwicklungsausgaben
9. Ausbildungsabschlüsse der 25-Jährigen, Studienanfängerquote
10. Bruttoinlandsprodukt
11. Transportintensität und Anteil der Bahn am Güterverkehr
12. Anteil des ökologischen Landbaus, Stickstoffbelastung der Agrarböden
13. Schadstoffbelastung der Luft
14. Zufriedenheit mit der Gesundheit
15. Zahl der Wohnungseinbrüche
16. Erwerbstätigenquote
17. Ganztagsbetreuungsangebote
18. Verhältnis der Bruttojahresverdienste von Frauen und Männern
19. Zahl der ausländischen Schulabgänger ohne Hauptschulabschluss
20. Ausgaben für Entwicklungshilfe
21. Einfuhren der EU aus Entwicklungsländern

Nach: Joachim Wille, Frankfurter Rundschau, 16.4.2002

Aufgaben

1. Erläutern Sie die von Herrman Daly entwickelten Regeln zum Umgang mit natürlichen Ressourcen anhand von Beispielen.
2. Entwickeln Sie einzelne Maßnahmen für eine „Nachhaltigkeitsstrategie“ (vgl. „Indikatoren für den Fortschritt“) und überprüfen Sie diese anhand Ihnen bekannter Projekte.

M 1 Konzepte und Indikatoren zur Messung des Umweltverbrauches

In den 1990er Jahren wurden im Verlauf der Nachhaltigkeitsdebatte verschiedene Konzepte und Indikatoren zur Messung des Umweltverbrauchs und seiner globalen Verteilung entwickelt. Prominente Beispiele sind das Konzept des Umweltraums und der Indikator ökologischer Fußabdruck, der eine Konkretisierung des Umweltraumkonzeptes darstellt.

Umweltraum: Das Konzept des Umweltraums geht von einem begrenzten Raum aus, der der Menschheit zur Nutzung von Ressourcen zur Verfügung steht. Ökosysteme sind nur begrenzt fähig, Abfall und Emissionen aufzunehmen, bevor sie kollabieren. Die Nutzung von natürlichen Ressourcen ist durch ihre Regenerationsfähigkeit limitiert; erst recht ist die Verfügbarkeit von einer Reihe nicht erneuerbarer Ressourcen begrenzt. Grenzen ergeben sich aber auch auf Grund von Gerechtigkeitskriterien. Das Umweltraum-Konzept weist jedem Menschen das gleiche Recht zur Nutzung des Umweltraumes zu. Dies gilt sowohl innerhalb der heutigen Generation als auch für zukünftige Generationen. Um den Umweltraum fair zu verteilen, muss zunächst ein nachhaltiges Niveau des Umweltverbrauches bestimmt werden. Dieses wird auf die Weltbevölkerung verteilt und in Pro-Kopf-Werten angegeben. Durch den Vergleich dieses Wertes mit den tatsächlichen Pro-Kopf-Emissionen eines Landes oder einer Region zeigen sich die starken Asymmetrien im Umweltverbrauch zwischen den Industrieländern, den Schwellenländern und den armen Entwicklungsländern. Hieraus lassen sich Reduktionsziele ableiten.

Ökologischer Fußabdruck: Auch der ökologische Fußabdruck vereint die Prinzipien von ökologischen Grenzen und internationaler Gerechtigkeit. Im Gegensatz zum Umweltraum, der verschiedene Quantitäten für die jeweiligen Ressourcen definiert, werden hier die verschiedenen Elemente der Ressourcennutzung in eine vergleichbare Maßeinheit übersetzt: die Fläche. Der ökologische Fußabdruck eines Landes oder einer Region beschreibt also die Fläche, die nötig ist, um die Ressourcen, die genutzt werden, bereitzustellen und die Emissionen, die durch Produktion und Konsum anfallen, aufzunehmen. Diesem Fußabdruck eines Landes wird die Biokapazität, also die Verfügbarkeit von biologisch produktivem Boden dieses Landes, gegenübergestellt. Ist er größer als dessen Biokapazität, befindet sich das Land oder die Region in einem ökologischen Defizit. Ähnlich wie beim Umweltraum wird der Fußabdruck eines Landes oder einer Region in Relation gesetzt zu dem, was in der Welt an Biokapazität insgesamt zur Verfügung steht, wie auch zu dem, was andere Länder verbrauchen. Und wieder ergeben sich Asymmetrien, die nach Auflösung verlangen.

Wuppertal Institut für Klima, Umwelt, Energie, a.a.O., S. 122f.

M 2 Eine Erde reicht nicht mehr

Der unermessliche Wert der Ökosysteme wird auch für Ökonomen deutlich, wenn man ihn in Zahlen kleidet. Was würde es kosten, wenn der Mensch all das selbst leisten müsste, was die Natur ihm kostenlos und jedes Jahr neu zur Verfügung stellt? Die Regulierung des Klimas, frisches Wasser, fruchtbare Böden, Blütenbestäubung, Lebensraum für Millionen von Arten, Nahrung, Rohstoffe und genetische Ressourcen sowie Erholungsräume und nicht zuletzt Schönheit der Natur. Eine Arbeitsgruppe um Robert Costanza, Umweltökonom an der US-Universität Vermont, schätzt den Wert dieser Dienstleistungen auf rund 33.000 Milliarden Dollar jährlich. Das ist deut-

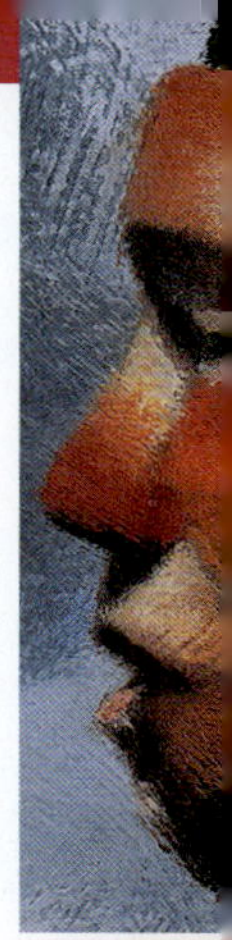

lich mehr, als der Mensch selbst leistet. Die Summe der weltweit erwirtschafteten Bruttoinlandsprodukte liegt bei 18.000 Milliarden Dollar. Dividiert man die 33.000 Milliarden Dollar durch die sechs Milliarden Menschen auf der Erde, ergibt sich eine Öko-Gesamtleistung von etwa 5.500 Dollar pro Kopf und Jahr. Für die vielen lebensnotwendigen Dienste, die das Ökosystem leistet, ist das eigentlich recht billig. Nach Schätzungen des Umweltprogramms der Vereinten Nationen (UNEP) beläuft sich allein der wirtschaftliche Beitrag der Mangrovenwälder und der Korallenriffe je nach Region auf 200.000 bis 900.000 Dollar pro Quadratkilometer und Jahr. Der britische Ökonom Nicholas Stern rechnete 2006 alle diese Zahlen zusammen und kam auf eine Schwindel erregende Summe. Die Umweltschäden, zumal die durch die Klimaerwärmung verursachten, werden Stern zufolge 5 bis 20 Prozent aller Bruttosozialprodukte aufzehren und die Welt damit in eine tiefe Rezession führen. Die Investitionen, um den Klimawandel auf zwei Grad Celsius zu begrenzen, würden laut Stern nur 1 Prozent kosten. Wenn uns solche Gefahren drohen, warum ist es dann trotzdem so schwer, die notwendigen Ausgaben zur Rettung der Erde zu bewilligen?

Nach der in den westlichen Leistungsgesellschaften vorherrschenden Wertvorstellung ist die Umwelt außerhalb von uns. Die Gesellschaft, so unsere Wahrnehmung, ist von der Natur mehr oder weniger unabhängig, die Schäden an ihr gelten als „Lateralschäden" – als Unfälle fernab vom eigentlichen System. Die Umwelt steht nur am Rande des modernen Bewusstseins. Dieses [...] auf Nützlichkeit ausgerichtete Denken spiegelt sich auch in den klassischen Indikatoren der Wertschöpfung wie Wachstum und Bruttoinlandsprodukt wider. Denn diese Indikatoren berücksichtigen weder Ressourcenschwund noch Abfallproduktion. In ihrer derzeitigen Form behandeln die Industriegesellschaften die Natur als auszubeutendes Territorium und wirtschaftliches Wegwerfprodukt. Diese Sichtweise ist nicht länger tragbar. Die Wirtschaft muss sich den Kapazitäten der Umwelt anpassen und aufhören, die Natur als unerschöpfliches Reservoir für ihr Wachstum zu betrachten.

Doch wie viel Natur dürfen wir in Anspruch nehmen? Stellen Sie sich vor, Sie seien Robinson Crusoe auf der einsamen Insel: Wie groß müsste Ihre Insel sein (Strand und nutzbarer Küstenstreifen inklusive), damit Sie autark leben und Ihre Bedürfnisse an Nahrung, Heizung, Baumaterial, sauberer Luft, Trinkwasser und Müllentsorgung dauerhaft befriedigen könnten? Es gibt eine Berechnungseinheit dafür: den „ökologischen Fußabdruck". Er wurde von dem kanadischen Wirtschaftswissenschaftler William Rees geprägt und gibt an, welche Fläche ein bestimmter Lebensstandard beanspruchen würde. Der Fußabdruck einer Bevölkerung bezeichnet dementsprechend die Fläche an Böden und Gewässern, die nötig ist, um die Ressourcen für ihren Lebensstil bereitzustellen und die anfallenden Abfälle und Rückstände aufzunehmen. Im Weltmaßstab war der ökologische Fußabdruck der Menschheit bereits in den 1980er Jahren größer als der Planet selber. 1999 überstieg er seine Fläche schon um 20 Prozent. Anders ausgedrückt: 1999 betrug die pro Kopf zur Verfügung stehende nutzbare Fläche 1,9 Hektar, der ökologische Fußabdruck dagegen 2,3 Hektar. US-Amerikaner haben einen ökologischen Fußabdruck von 9,7 Hektar, Briten 5,4, Franzosen 5,2 und der durchschnittliche Deutsche von 4,7 Hektar. Der ökologische Fußabdruck der einkommensstarken Länder beträgt damit das Sechsfache von dem der einkommensschwachen Länder. Um den Verbrauch der Industrieländer zu decken, bräuchten wir einen zweiten Planeten. Der ist einstweilen jedoch nicht in Sicht. Auf spielerische und damit im Detail natürlich anfechtbare Art und Weise schufen junge englische Wirtschaftswissenschaftler 2006 einen „Happy Planet Index", mit dem nicht das reichste, sondern das glücklichste Land der Welt ermittelt wird. Er bewertet die Parameter

Lebensqualität, Lebenserwartung und intakte Umwelt. Nach diesem Index wird das Land am höchsten bewertet, in dem man möglichst lange, möglichst genügsam und möglichst im Einklang mit der Natur lebt. Deutschland steht auf Platz 81. Nummer eins ist Vanuatu – der im Südpazifik liegende Archipel ist also das glücklichste Land der Welt. Allerdings ist Vanuatu auch eines der Länder, die bei der Erderwärmung als erste vom steigenden Meer überspült werden.

Agnès Sinaï, Le monde diplomatique, übersetzt von Josef Wininger, Atlas der Globalisierung, a.a.O., S. 10f.

M 3 300 Jahre Nachhaltigkeit in Sachsen

Sachsen ist die Wiege der Nachhaltigkeit. Vor 300 Jahren – im Jahr 1713 – wurde durch den sächsischen Oberberghauptmann Hans Carl von Carlowitz zum ersten Mal der Begriff der Nachhaltigkeit geprägt. Carlowitz wollte damit die ökonomischen Grundlagen des damaligen Kurfürstentums Sachsen – bezogen auf den Bergbau und die Forstwirtschaft – für die Zukunft sichern. Seitdem hat sich der Nachhaltigkeitsgedanke weit über den forstlichen Ansatz hinaus weiterentwickelt:
Der ökologische Fußabdruck zählt alle Ressourcen, die für den Alltag benötigt werden, und zeigt auf, wie viel Fläche benötigt wird, um all die Energie und Rohstoffe zur Verfügung zu stellen. Anschließend wird dieser Flächenverbrauch auf alle Menschen hochgerechnet und mit den auf der Erde real verfügbaren Flächen verglichen. Somit stellt der Fußabdruck nicht nur quantitativ die CO_2-Bilanz dar, sondern auch qualitativ den Flächenbedarf. Zudem ist der ökologische Fußabdruck ein Angebot- und Nachfrage-Modell, welches anschaulich widerspiegelt, wie groß die Biokapazität der Erde ist (also was wir von ihr nutzen können) und wie viel die Menschheit von ihr nutzt. Alle zwei Jahre [...] veröffentlicht der WWF den Living Planet Report, welcher den Verbrauch der Erde nach Nationen aufzeigt. Das Ergebnis für Deutschland: Wenn alle Menschen so leben würden wie wir, bräuchten wir 2,8 Erden, denn der deutsche Fußabdruck ist 5,09 Hektar groß. Der gerechte ökologische Fußabdruck liegt jedoch bei 1,9 Hektar.

Nach: Sächsisches Staatsministerium für Umwelt und Landwirtschaft, www.smul.sachsen.de (14.9.2013) und Jugend im Bund für Umwelt und Naturschutz Deutschland e.V. (BUNDjugend), www.footprint-deutschland.de (14.9.2013)

Aufgaben

1. Erklären Sie, welche Informationen der Maßstab des ökologischen Fußabdrucks im Vergleich zu den üblichen Umweltdaten eines Produkts (z. B. Verbrauchsangaben bei PKWs) zusätzlich vermittelt. (M 1)
2. Diskutieren Sie anhand von Beispielen, wie man durch „nachhaltigen Konsum" die Belastung des Umweltraums verkleinern kann. (M 2)
3. Berechnen Sie unter www.footprint-deutschland.de Ihren individuellen ökologischen Fußabdruck. Setzen Sie sich im Anschluss daran kritisch mit Ihrem persönlichen Ressourcenverbrauch auseinander. (M 3)

7.5 Effizienz, Suffizienz, Konsistenz

Leitfragen

Mit welchen Ansätzen kann nachhaltiges Wirtschaften erreicht werden?

Wo liegen Möglichkeiten und Chancen dieser Strategien?

Die Idee der Ressourceneffizienz

Die vordringlichsten Aufgaben bei der Entwicklung eines nachhaltigen Wirtschaftssystems sind entsprechend der vorherigen Überlegungen

- die Verminderung des Ressourcen- und Energieverbrauchs und

- die Verminderung des Schadstoffausstoßes.

Zur Verfolgung dieser Ziele gibt es verschiedene, z. T. kontrovers diskutierte Ansatzpunkte, die mit den Begriffen **„Effizienz"** und **„Suffizienz"** beschrieben werden (→ Abb. S. 219).

Mit dem Wachstum der Produktion steigen i. d. R. auch die verbrauchten Rohstoffmengen sowie die ausgestoßenen Schadstoffmengen. Das Konzept der „Ressourceneffizienz" setzt sich deshalb zum Ziel, den Einsatz der benötigten Ressourcen im Produktionsprozess zu senken, also eine Entkoppelung von Produktionswachstum und Ressourcenverbrauch zu erreichen. Dies soll durch eine Effektivierung der eingesetzten Technologien geschehen. Wo der technische Fortschritt bisher die Arbeitseffizienz im Blick hatte – also die Erhöhung der Produktivität der eingesetzten Arbeitsmenge –, steht bei der Ressourceneffizienz der Einsatz der Ressourcen im Mittelpunkt. In der Studie „Zukunftsfähiges Deutschland" heißt es dazu:

„Mit weniger auszukommen erfordert, klüger zu wirtschaften. Um den vollständigen Umstieg auf solare Energien und Stoffe möglich und finanzierbar zu machen, kommt es darauf an, den Gesamtbedarf an Ressourcen zurückzubauen. Dabei hilft, dass in den Wohnungen und Fabriken, in den Motoren und Werkstoffen erstaunliche Einsparpotenziale verborgen liegen. Sie zu erschließen, dafür ist eine neue Richtung des technischen Fortschritts angesagt: Statt der Arbeitseffizienz die Ressourceneffizienz voranzubringen."

Wuppertal Institut, a.a.O., S. 335

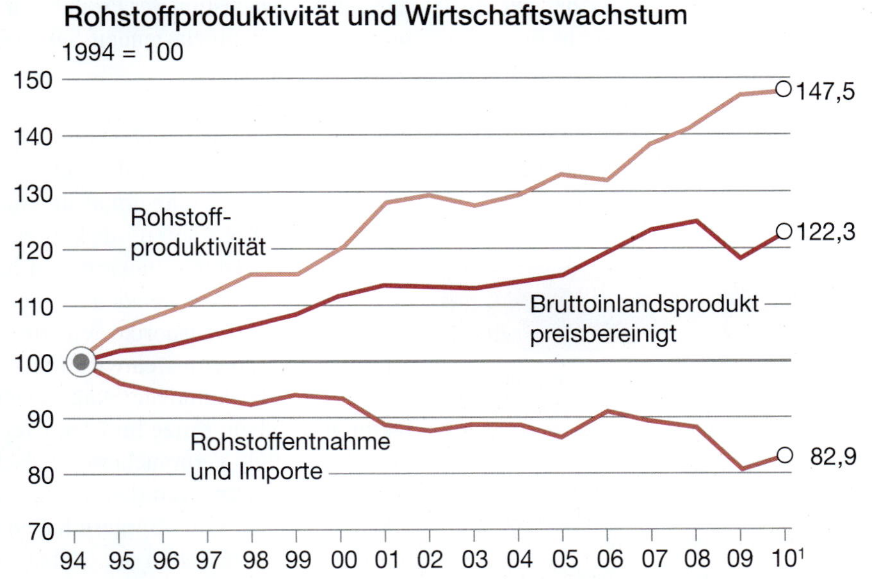

[1]Vorläufige Ergebnisse

© Statistisches Bundesamt, Wiesbaden 2011

Faktor 10

Die Zahl 10 kommt durch eine einfache Überschlagsrechnung zustande: Der gegenwärtige Ressourcenverbrauch der gesamten Menschheit zusammengenommen ist nicht zukunftsfähig. Zahlreiche Studien deuten darauf hin, dass eine Halbierung dieses Ressourcenverbrauchs der Ökosphäre eine dringend benötigte Entlastung bringen würde. Das ist die Forderung nach dem Faktor 2. Will man aber den dann vielleicht noch möglichen Ressourcenverbrauch gleichmäßig auf alle Menschen aufteilen, was ein Gebot der internationalen Gerechtigkeit ist, dann müssen die Industrieländer ihren Verbrauch weit stärker als nur um einen Faktor 2 reduzieren, während arme Länder noch zulegen dürfen.

Wie stark müssen die Industrieländer reduzieren? Wenn alle nach einer Phase der Gewöhnung und des Umlernens auf einen annähernd gleichen Verbrauch einschwenken sollen, dann müssen die Industrieländer bei rund einem Zehntel ihres heutigen Verbrauchs ankommen. Ein Zehntel muss uns – den Reichen – reichen. Das ist die Forderung nach dem Faktor 10.

Schmidt-Bleek, a.a.O., S. 83

Ausformuliert wurde diese Strategie zuerst im Auftrag des Club of Rome. Ernst Ulrich von Weizsäcker u. a. entwickelten 1995 in der Studie „Faktor Vier“ die Idee, durch den Einsatz effizienterer Technologien eine Verdoppelung des Wohlstands bei einer Halbierung des Naturverbrauchs zu erreichen. Inzwischen geht das Wuppertal Institut sogar von einem **„Faktor 10“** aus.

Der beschriebene Ansatz wird auch mit dem Begriff **„Dematerialisierung“** gekennzeichnet. Dematerialisierung bedeutet, dass bei der Produktion von Gütern möglichst wenig Rohstoffe und Energie verbraucht werden, wodurch „ressourcenleichte Produkte“ entstehen, die zusätzlich verbrauchsarm sind – Beispiele sind etwa Energiesparlampen und verbrauchsarme Automotoren.

(Öko-)Suffizienz

Suffizienz bedeutet allgemein Erhaltung durch Enthaltung und steht in der Ökologie für das Bemühen um einen möglichst geringen Stoff- und Energieverbrauch. Erreicht werden kann das durch eine geringere Nachfrage nach Gütern und Dienstleistungen, insbesondere solcher, die einen hohen Ressourceneinsatz verlangen. Mehr Suffizienz bedeutet einen bewussteren Umgang mit dem Konsum – und zum Teil auch den Verzicht.

Ökonomie und Ökologie, Wochenschau Nr. 3/4 2007, S. 126

Auch werden bei einer effizienten Wirtschaftsweise Dienstleistungen wichtiger; Produkte werden zunehmend gemietet statt gekauft, oder auch gemeinsam genutzt (z. B. car-sharing). Autokonzerne könnten zu Dienstleistern werden, die ihre Produkte verleasen – eine Tendenz, die im Bereich von Büromaschinen (Fotokopierer, Computer etc.) bereits gang und gäbe ist. Der Hersteller solcher Maschinen muss entsprechend mehr Wert legen auf die Lebensdauer, den sog. Lebenszyklus des jeweiligen Produktes.

Die Bedeutung der Suffizienzstrategie

Doch reicht ein effizienter Einsatz von ressourcensparender Technologie aus, um die Problematik begrenzter natürlicher Ressourcen zu lösen? Viele Experten setzen auf eine solche Strategie – ein Beispiel sind die staatlichen Programme zur Wärmedämmung –, doch verbraucht auch eine mit rohstoffeffizienten, ressourcensparenden Technologien wachsende Wirtschaft Ressourcen. Das würde bedeuten, dass durch die Verfolgung von Effizienzstrategien die Grenzen des Wachstums nur herausgeschoben werden, das Problem aber nicht gelöst wird.

Neben die Effizienzstrategie wird deshalb in der Ökologiebewegung die Suffizienzstrategie gestellt (suffizient = ausreichend, genügend). Diese zielt auf eine Selbstbeschränkung im Konsum, ggf. ein Nullwachstum der Produktion in einigen besonders umweltbelastenden Sektoren (z. B. im privaten Autoverkehr).

In diesem Zusammenhang werden auch Konzepte einer Entschleunigung des Lebens und Wirtschaftens und einer Reregionalisierung von wirtschaftlichen Kreisläufen diskutiert. Letzteres meint den verstärkten Rückgriff auf in der Region erzeugte Produkte – etwa bei Lebensmitteln –, um z. B. hohe Transportkosten zu vermeiden. „Nachhaltige Regionalentwicklung folgt der Grundidee, aus räumlicher Nähe einen Erfolgsfaktor zu machen. Kurze Entfernungen zwischen Erzeugern und Verbrauchern, zwischen Rohstoffproduktion und Verarbeitung, zwischen Entscheidungsträgern und Bürgern haben besondere Stärken, gerade in Zeiten der Globalisierung.“

Wuppertal Institut, a.a.O., S. 395

Konsistenz

Neben Effizienz und Suffizienz hat sich der Begriff der Konsistenz in der ökologischen Diskussion etabliert. Damit wird ein Einfügen technischer Prozesse in die Abläufe der Natur bezeichnet, das meint eine „Naturverträglichkeit“ menschlichen Wirtschaftens. Das Prinzip lautet: Industrielle Stoffwechselprozesse dürfen die natürlichen nicht stören. Zu denken ist hierbei an Methoden des ökologischen Landbaus, die Gewinnung regenerativer Energien oder die Verwendung sich natürlich abbauender Verpackungen bzw. Materialien.

Globale Stoffströme

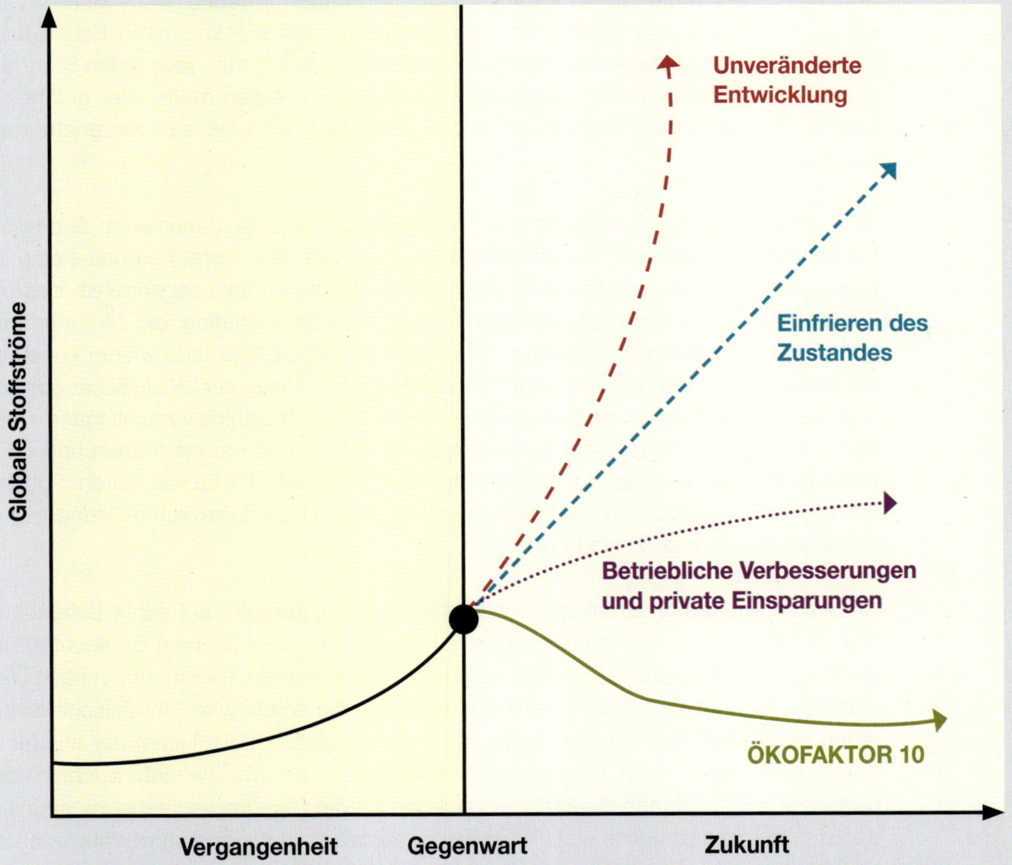

Verschiedene Verläufe der globalen Stoffströme projiziert in die Zukunft – a) bei unveränderter dynamischer Entwicklung, b) für den Fall, dass der gegenwärtige Zustand beibehalten wird, c) bei einigen Verbesserungen und Einsparungen (etwa Faktor 4) und d) bei drastischer Reduktion (mindestens Faktor 10). Wahrscheinlich führt nur der letzte Weg zu einer zukunftsfähigen Wirtschaft und damit zu einem lebenswerten Planeten.

Friedrich Schmidt-Bleek, a.a.O., S. 47

Aufgaben

1. Sammeln Sie Beispiele für „effiziente“ Technologien und beschreiben Sie deren Wirkungen.
2. Erörtern Sie, ob bzw. inwieweit durch die Entwicklung neuer Technologien die „Grenzen des Wachstums“ hinausgeschoben werden können.

M 1 Wir könnten auch anders

Wirtschaftswachstum auf Kosten der Natur könnte, wenn wir mutig und innovativ sind, einmal der Vergangenheit angehören. Die Frage, von der alles abhängt, heißt aber nicht: Können wir das ein bisschen reparieren? Sie heißt vielmehr: Können wir auch anders? Oder sind wir einfach so programmiert, dass wir immer nur mehr und noch mehr haben wollen? [...] Das muss nicht so sein. Bis heute fehlt jeder Beweis dafür, dass industriell erzeugter Luxus glücklich macht. Wir wissen nicht, ob der Mann, der am Sonntag mit seinen Kindern über die Autobahn in den hochgerüsteten Erlebnispark düst, wirklich zufriedener ist als jener, der mit den Kindern nur Verstecken im Schrebergarten spielt. Der westliche Lebensstil baut darauf, dass menschliches Wohlergehen von einer schier unbegrenzten Auswahl unter ungezählten Produkten abhängt. Das könnte ein Irrtum sein. Umfragen haben ergeben, dass sich das Lebensgefühl durch den Besitz von Luxusgegenständen nur kurzfristig heben lässt. Sehr schnell gehört der neue Geländewagen schon wieder zum gewohnten Standard, der mit dem Erwerb neuer Waren weiter überboten werden muss. Der gefährliche spätindustrielle Wachstumswahnsinn hält in Wahrheit selten, was er verspricht: mehr Lebensqualität.

Eine intelligente Transformation des Wachstumsprinzips ist daher auch aus egoistischen Motiven geraten. Sie erhöht die Chancen auf das, worauf es uns einzig ankommen sollte: ein gelingendes Leben. Die Entdeckung der Langsamkeit, des einfachen, aber intensiven und gesunden Lebens, des Downshifting, der Muße und der Nachhaltigkeit hat in der westlichen Welt, auch in den USA, gerade wieder vehement begonnen. Und diesmal nicht nur im stets belächelten Milieu der Müsli-Esser, sondern überall, wo man sich für die ewige, unsere Lebenszeit oft sinnlos verschlingende Rennerei im Hamsterrad der Hochleistungsgesellschaft nicht mehr mit teurem und ödem Klimbim abspeisen lassen will. Es geht nicht darum, auf Glück zu verzichten. Sondern darum, falschen Glücksversprechen zu entkommen. Es geht um nichts Geringeres als um einen neuen westlichen Lifestyle.

Anders leben – das meint nicht, schlechter zu leben, sondern auf echte Lebensqualität zu setzen, auf sinnlosen Konsum zu verzichten, weniger vom Schlechten und mehr vom Besseren zu haben. Niemand kann uns verbieten, millionenfach nach Ökoautos zu verlangen. Niemand kann uns zwingen, die schädliche Rindfleischindustrie durch fleißigen Fleischverzehr weiter zu unterstützen. Der Billigflieger, der uns für 19 Euro nach Neapel bringt, würde nicht mehr fliegen, wenn wir ihn nicht buchten. Und hielten sich 80 Millionen Deutsche ab morgen an die Ökostromanbieter, müsste sich die Stromwirtschaft etwas einfallen lassen. „Wir wären gut – anstatt so roh. Doch die Verhältnisse, die sind nicht so." So heißt es bei Bertolt Brecht. Immer schiebt man alles auf die berühmten Verhältnisse. Aber die Verhältnisse haben einen Herrn und Meister. Und das sind noch immer wir.

Iris Radisch, Die Zeit, 11.1.2007

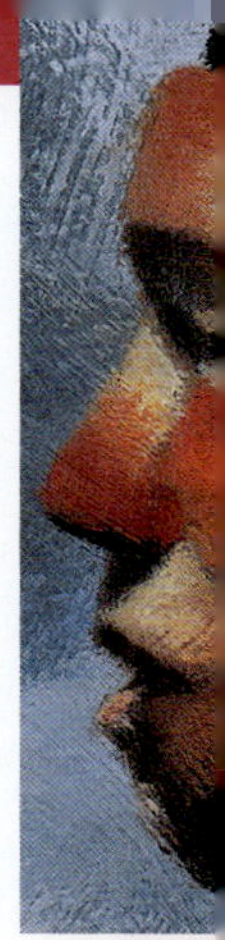

M 2 Die Plus-zwei-Grad-Welt*

Es gibt schon eine Art Plus-zwei-Grad-Welt. Sie liegt in Hammarby Sjöstad, einem Stadtteil von Stockholm, und das Leben dort zeigt, dass man keine Angst haben muss vor dieser Welt. Ein fröhlicher Klimaschutz ist möglich. Er entsteht in einer Mischung aus intelligenter Technologie und klimabewusstem Verhalten. In dieser Welt leben die Tiljas, Henrik, Asa-Viktoria und die kleine Doris. Sie verzichten schon länger auf ein Auto und ernähren sich von Biokost. Seit einem Jahr wohnen sie zudem in Hammarby Sjöstad auf 68 Quadratmetern, in einer schicken Wohnung, ganz in Weiß. „Wir verursachen pro Kopf nur 3,6 Tonnen Kohlendioxid-Ausstoß", sagt Henrik Tilja: „Damit liegen wir fast auf dem Niveau eines Entwicklungslandes." Mit cleverer Umwelttechnik haben die Stadtplaner den Kohlendioxid-Ausstoß um fast 40 Prozent gesenkt, und im Alltag bekommen Bürger und Besucher davon kaum etwas mit.

„Das Gas hier", sagt seine Frau Asa-Viktoria und setzt einen Teekessel auf die Herdplatte, „das ist bio." Es strömt aus der nur 500 Meter entfernten Kläranlage der Stadt. Tief in den Fels gesprengt, gärt in den Klärbecken der Faulschlamm vor sich hin und produziert Methangas, das die Stadtwerke in das Gasnetz von Hammarby pumpen. Wenn sie heizen, stammt ein Teil der Energie aus der Restwärme, die ein Wärmetauscher aus den Abwässern der Tiljas holt. Zudem gibt es einen Strommesser, der in jeder Minute anzeigen kann, welcher Verbraucher wie viel Strom verbraucht. Nur das Wissen darum, wie man den eigenen Stromverbrauch beeinflussen kann, hat den Verbrauch um 40 Prozent gesenkt. „Es geht darum, dass der Mensch eine Belohnung für umweltgerechtes Verhalten bekommen muss", sagt Henrik Tilja.

Auf dem Spielplatz ragen neben dem Sandkasten vier große Rohre mit einer Klappe aus der Erde. Da kommt der Müll hübsch getrennt von bio bis Papier hinein. Der Unterschied zur alten Abfallwelt: Es gibt keine schwitzenden Müllmänner und stinkenden Müllwagen mehr, weil Pumpen den Unrat per Unterdruck mit 70 Stundenkilometern absaugen. Das spart Energie und hat zu einer erstaunlichen Trenndisziplin geführt. Der Biomüll lässt sich zu fast hundert Prozent in Biogas verwandeln. Damit fahren dann die Busse von Hammarby. Stockholm belastet die Umwelt auch deshalb wenig, weil 40 Prozent der Elektrizität aus Wasserkraft kommt und 40 Prozent aus Kernenergie. „Aber nichts, was wir hier gemacht haben, lässt sich nicht auch anderswo verwirklichen", sagt die für Umwelt zuständige Bürgermeisterin Ulla Hamilton. Die Investitionskosten hätten nur zwei bis vier Prozent über denen für ein normales neues Stadtviertel gelegen. Im Rathaus sitzen die Planer schon an Hammarby 2.0.: Royal Seaport, so heißt das Viertel im Nordosten, wo heute die Fähren nach Finnland und ins Baltikum abfahren und die Öltanks und Gasspeicher der Hauptstadt stehen. Vom kommenden Jahr an soll dort ein Wohn- und Arbeitsquartier gebaut werden, das „CO_2-positiv" ist. Hier verschwindet Kohlendioxid. Dafür müssen die Häuser 30 Prozent des Stroms selbst produzieren, vor allem aber dürfen sie nur 55 Kilowattstunden pro Quadratmeter an Energie verbrauchen.

Tomas Gustafsson ist der Chefplaner. Früher beriet er Behörden in China, Vietnam und Thailand, wie man Städte baut, die ihre Bürger nicht krank machen. Dieser Tage hat Gustafsson mit Bürgermeisterin Hamilton den Elektronikkonzern ABB dafür gewonnen, für den Royal Seaport ein so genanntes Smart Grid, ein intelligentes Stromnetz, zu bauen. Der Stromzähler jedes Hauses ist online mit dem Elektrizitätslieferanten vernetzt. Er meldet etwa am Abend an die Zentrale, dass das Elektroauto bis zum nächsten Morgen um sieben aufgeladen sein muss. Die Zentrale legt dann den günstigsten Zeitpunkt für den Aufladevorgang fest. Auch die Waschmaschine setzt

der Computer erst in den Nachtzeiten in Bewegung, dann, wenn die Stromkosten am geringsten sind. „So wird dem Netz viel von den Stromspitzen genommen, wenn der Verbrauch hoch ist", sagt Gustafsson. Wird die Auslastung besser verteilt, werden weniger Kraftwerke gebraucht. „Es soll den Leuten möglichst leichtgemacht werden, sich umweltfreundlich zu verhalten", sagt Gustafsson. Seine Dienstherrin Ulla Hamilton sekundiert: „Wir müssen ihnen die Angst nehmen, dass wir für den Klimaschutz wieder zurück auf die Bäume müssen."

**Die Überschrift nimmt Bezug auf das sog. „Zweigradziel"; demnach soll der CO_2-Ausstoß so stark gesenkt werden, dass die Erderwärmung unterhalb von zwei Grad im Vergleich zum vorindustriellen Zeitalter gehalten werden kann. Bisher ist die mittlere Temperatur um rund 0,7 Grad gestiegen, weitere 1,3 Grad gelten als kaum noch vermeidbar. Zwei Grad gelten nach Erkenntnissen des UNO-Klimarats als absolute Obergrenze, wenn massive Schäden durch den Klimawandel verhindert werden sollen.*

Ralf Beste u. a., Der Spiegel Nr. 49/2009, Klimaserie Teil 1: Das Zwei-Grad-Leben, S. 69

Aufgabe

Die Forderung nach „Suffizienz" wird oft mit Verzicht auf Wohlstand gleichgesetzt. Diskutieren Sie diese Annahme vor dem Hintergrund von M 1 und M 2.

7.6 Externe Effekte und freie Güter in einer Marktwirtschaft

Leitfragen	Was versteht man unter externen Effekten und freien Gütern?	Welche Bedeutung haben sie in der Umweltpolitik?	Was sind Ökosteuern?

Externe Effekte

In den Wirtschaftswissenschaften spricht man von externen Effekten, wenn der wirtschaftliche Akteur entweder nicht alle Kosten tragen muss, die er verursacht (negative externe Effekte – externe Kosten), oder wenn er einen Nutzen erzeugt, der nicht in seine eigene Kalkulation eingeht, er also mit seiner Tätigkeit gleichzeitig und unbeabsichtigt auch anderen Vorteile verschafft (positive externe Effekte – externe Vorteile):

- Im Falle **positiver externer Effekte** entsteht bei Dritten ein Nutzen, der nicht beim Verursacher abgegolten wird; ein Beispiel dafür sind etwa Investitionen eines Ausbildungsbetriebes in seine Auszubildenden, von denen später auch andere Arbeitgeber profitieren.

- **Negative externe Effekte** kommen zustande, wenn eine Handlung Schäden oder Aufwendungen bei Dritten verursacht, die nicht in die Kostenrechnung des Verursachers einfließen. Zu nennen sind hier Umweltkosten, wenn etwa durch Emissionen von Industriebetrieben Flüsse, Boden und Luft verschmutzt werden, was bei Unbeteiligten zu Kosten in Form von Gesundheitsschäden, Umsatzeinbußen etc. führen kann, ohne dass diese Wirkungen in der Kostenkalkulation der Unternehmen berücksichtigt werden. Ein klassisches Beispiel ist ein Industriebetrieb, der giftige Abwässer in einen Fluss leitet, dadurch die Fischbestände ausrottet und so einen benachbarten Fischer um seine wirtschaftliche Existenzgrundlage bringt. Die Vergiftung der Fische taucht in der Rechnung des Industriebetriebes nicht als Kostenfaktor auf, da diese Kosten nur außerhalb des Unternehmens – beim Fischer – anfallen.

Negative externe Effekte entstehen also dann, wenn Kosten, die bei der Produktion anfallen, nicht von ihrem Verursacher – dem Produzenten – getragen werden. Die Kosten werden somit externalisiert (ausgelagert), fallen an anderer Stelle an, müssen von anderen getragen werden. Dadurch entstehen u. a. soziale Kosten. Als Standardbeispiele sind Luft- und Wasserverschmutzung zu nennen. Aufgabe des Staates (als Setzer eines „Ordnungsrahmens“) muss es dann sein, Methoden für eine „Internalisierung“ solcher Kosten zu entwickeln, sodass diese von dem jeweiligen Verursacher getragen werden (Verursacherprinzip → Kap. 2.7.7), d. h. sich im Preis abbilden. Dann wird weniger von dem schädlichen Gut/der schädlichen Leistung nachgefragt und angeboten.

Erstmals entwickelt wurde das Konzept externer Kosten von dem britischen Ökonomen Arthur C. Pigou (1877 – 1959). Pigou empfahl als Lösung die Einführung einer nach ihm benannten Pigou-Steuer, heute besser bekannt unter dem Begriff Ökosteuer. Die entsprechende Steuer, z. B. auf Benzin – seit ihrer Einführung 1999 umstritten und immer wieder bekämpft – basiert auf diesem Konzept: Umweltschädigende Kosten der Produktion sollen dadurch so weit wie möglich dem jeweiligen Verursacher zugeordnet werden. Beim

Ökosteuer

Allgemein bezeichnet Ökosteuer eine Steuer auf den Energieverbrauch bzw. umweltschädliches Verhalten. Das Konzept [...] will durch die Besteuerung von Energie die Energienutzung (im Verkehr und bei der Strom- und Wärmeproduktion) verteuern und so Anreize für mehr Effizienz schaffen; mit den entsprechenden Vorteilen z. B. für den Klimaschutz und die Schonung endlicher Ressourcen. Im Gegenzug sollen [...] die Kosten der Arbeit durch eine Senkung der Sozialversicherungsbeiträge verringert werden. In Deutschland wurden im Zusammenhang mit der ökologischen Steuerreform die Rentenversicherungsbeiträge gesenkt. Der in Deutschland am 1. April 1999 nach heftigen politischen Debatten in Kraft getretenen ökologischen Steuerreform lag die Kritik zugrunde, dass das bisherige Steuerrecht ökologische Kriterien des Wirtschaftens nur unzureichend berücksichtige.

Günther Seeber/Julia Krämer, Ökonomie und Ökologie, Wochenschau, a.a.O., S. 108

Der Güterbegriff der Ökonomik

Die Wirtschaftswissenschaft unterscheidet verschiedene Güterarten, z. B. nach den Kriterien „Grad der Rivalität im Konsum" und „Ausschließbarkeit vom Konsum": (1) Vom Gebrauch **privater Güter** (z. B. Speiseeis, Autos) kann der Besitzer alle anderen ausschließen, es herrscht Konsumrivalität. (2) „Geborene" **öffentliche Güter** können von jedem ohne Nachteil für alle anderen benutzt werden (keine Konsumrivalität) und man kann niemanden vom Gebrauch ausschließen (z. B. Deiche, Straßenbeleuchtung, Landesverteidigung). Allerdings stellt deswegen auch kein privater Anbieter diese Güter zur Verfügung, sondern sie müssen vom Staat bereitgehalten werden. (3) **Meritorische Güter** (auch: „erkorene" öffentliche Güter) könnten eigentlich auf Märkten gehandelt werden, aber sie werden politisch bzw. sozial für so bedeutsam gehalten, dass sie staatlich für alle Bürger verfügbar gemacht werden (z. B. Kranken-, Arbeitslosenversicherung, Schulbildung). (4) Bei **Allmendegütern** handelt es sich um Güter, von deren Konsum ebenfalls niemand ausgeschlossen werden kann, bei denen wegen begrenzter Ressourcen aber Rivalität im Konsum besteht (z. B. saubere Luft, Fischgründe). Auch hier gibt es also ein politisches Regulierungsbedürfnis.

Beispiel Benzin soll also der Autofahrer die Folgekosten des Autoverkehrs tragen. Das zentrale Prinzip der Ökosteuer besteht in einer Verteuerung der Energie, um deren Verbrauch zu senken und die Umwelt zu schonen. Als problematisch erweist sich in diesem Konzept allerdings die Berechnung der anfallenden Folgekosten; sie kann oft nur auf Schätzungen bzw. Prognosen beruhen. Auch die politische Durchsetzbarkeit entsprechender Maßnahmen ist oft schwierig.

Freie Güter

Externe Kosten fallen i. d. R. nur dort an, wo sog. freie Güter oder öffentliche Güter existieren. Freie Güter sind Güter, die keiner privaten Verfügung unterliegen, sei es aus natürlichen Gründen (deshalb auch natürliche Güter genannt, z.B. Wasser, Luft), sei es – bei öffentlichen Gütern – aufgrund gesellschaftlicher Traditionen bzw. Setzungen (z.B. das Straßennetz in Deutschland). Für freie Güter bestehen somit (zunächst) keine Preise, ihre Nutzung ist deshalb kostenlos. Wenn man aber eine Leistung nutzen kann, ohne sich an den Kosten der Bereitstellung dieser Leistung zu beteiligen, entsteht ein Anreiz, diese Kosten zu meiden. Die Nutzer gehen entsprechend der herrschenden ökonomischen Theorie also nicht sorgsam mit den öffentlichen Gütern um, bei der Nutzung entstehende Folgekosten werden abgewälzt. Manche Ökonomen schlagen deshalb eine **Privatisierung freier Güter** vor, was aber auf natürliche Grenzen wie gesellschaftliche Vorbehalte stößt. Ein Beispiel ist die Wasserversorgung durch private Unternehmen: Europäische Konzerne könnten aufgrund ihres Know-hows die Wasserversorgung in Metropolen der Dritten Welt modernisieren und damit evtl. auch ökologischer gestalten. Wenn jedoch die Wasserversorgung von privaten Anbietern übernommen und mit der Bereitstellung des freien Gutes Wasser Profit gemacht werden soll, werden unter Umständen alte Gemeinrechte außer Kraft gesetzt und die politische Gestaltung der Wasserversorgung behindert. So gab es in einigen Staaten – u. a. Bolivien, Mexiko – bereits gesellschaftliche Konflikte um die Privatisierung der Wasserversorgung.

Alternativ wird deshalb eine **Bepreisung der Nutzung** diskutiert; auf dieser Überlegung basieren Konzepte wie die Ökosteuer oder die Verschmutzungszertifikate für den CO_2-Ausstoß. Zudem werden aus der Ökologiebewegung auch Verbote oder Begrenzungen gefordert; in den Wirtschaftswissenschaften wird eine Bepreisung als die der Marktwirtschaft besser entsprechende Lösung angesehen. Da es sich hierbei aber nur teilweise oder erst nachträglich um sich am Markt bildende Preise handelt, gehen in die Bepreisung politische Wertungen ein mit den damit zusammenhängenden Problemen der Abwägung verschiedener gesellschaftlicher Interessen. So erhoben z.B. Vertreter der deutschen Transportwirtschaft Protest gegen die Ökosteuer: Durch die höheren Dieselpreise würden in der Branche Arbeitsplätze vernichtet, daher wurden spezielle Vergünstigungen für die betroffenen Berufszweige gefordert.

Aufgabe

Erklären Sie den Begriff der freien Güter. Spielen Sie am Beispiel eines freien Gutes durch, ob, und wenn ja, mit welchen Folgen dieses privatisiert werden könnte.

M Die Internalisierung externer Effekte

Pigou – Die Internalisierung externer Effekte: Arthur C. Pigou, der große englische Ökonom, brachte vor 75 Jahren sein Buch „The Economics of Welfare" heraus. Darin entwarf er das Konzept externer Effekte. Jede ökonomische Aktivität hat danach zwei Seiten: Nutzen und Kosten. Dabei ist Nutzen das, was uns in der gewünschten Richtung voranbringt. In der Pigou-Tradition spricht man von Wohlfahrtsgewinnen. Umgekehrt sind Kosten Wohlfahrtsverluste. Eine ökonomische Aktivität rechnet sich, wenn der aus ihr resultierende Nutzen die Kosten übersteigt. In einem funktionierenden Markt begegnen dem Urheber die Kosten seiner Aktivität in Gestalt von Unkosten, während der Nutzen als Ertrag anfällt. Arbeitet er rentabel, so hat der Urheber höhere Erträge als Kosten und macht einen Gewinn. Stiftet seine Tätigkeit hingegen mehr Kosten als Nutzen, so macht er einen Verlust. Oft geht aber ein Teil der Kosten am Verursacher vorbei und trifft die Allgemeinheit unmittelbar. Pigou nannte sie extern, weil sie in der Kostenrechnung des Urhebers nicht erscheinen. Man denke etwa an Gebäudeschäden, die durch Abgase verursacht werden. Um diesen Fehler zu korrigieren, empfahl Pigou, die externen Kosten zu internalisieren, das heißt, sie in Form einer „Pigou-Steuer" in Höhe der externen Kosten dem Urheber anzulasten. Dies bewirkt, dass der Verursacher mit den wirklichen, den „volkswirtschaftlichen" Kosten belastet wird, sodass sein Kalkül wieder stimmt. Die Pigou-Steuer hat zwei bemerkenswerte Eigenschaften. Zum einen entzerrt sie die durch externe Effekte abgefälschten Preise. Zum anderen ist sie ertragreich. Da externe Effekte unvermeidlich sind, würden auch immer Erträge anfallen.

Ökosteuer: Hinter dem Ruf nach Ökosteuern stecken verschiedene Anliegen. Zum einen geht es um die Modernisierung des Steuersystems und zum anderen darum, mit Ökosteuern preisliche Anreize für ein ökologiegerechtes Wirtschaften zu schaffen. Beginnen wir mit dem ersten Anliegen. Die herkömmlichen Steuern verzerren die Preise und haben unerwünschte Nebenwirkungen. So verteuert die Lohn- und Einkommensteuer zusammen mit den Lohnnebenkosten den Faktor Arbeit gewaltig, was zum Verlust von Arbeitsplätzen führt. In der Pigou-Steuer sind wir aber einem neuen Steuertyp begegnet, der das ökonomische Kalkül nicht verzerrt, sondern korrigiert, und der dazu noch ergiebig ist. Warum soll man die alten Steuern nicht mit der Zeit durch neue mit besseren Eigenschaften ersetzen? Das wäre auch dann verdienstvoll, wenn damit noch keine ökologischen Verbesserungen erzielt würden. Wichtig wäre allerdings, die Einführung solcher neuen Steuern jeweils zu koppeln mit der Senkung oder Abschaffung herkömmlicher Steuern. Die ohnehin hohe Steuerlast darf durch neue Steuern nicht noch weiter in die Höhe getrieben werden. Das zweite Anliegen ist die Förderung ökologiegerechten Wirtschaftens. Neue Steuertatbestände wären nicht mehr Einkommen oder Umsatz oder Hubraum, sondern Lärm, Abfalldeponie, Benutzung des Straßennetzes zu Stoßzeiten, Schadstoffemission. Es ist eine alte Weisheit der Finanzwissenschaft, dass man viele Steuern braucht, nicht eine einzige.

Holger Bonus, Die Suche nach dem wahren Wert, Politische Ökologie Nr. 42, München 1995, S. 18ff.

Aufgaben

1. „Internalisierung externer Effekte": Stellen Sie das Entstehen externer Effekte an Beispielen dar und erläutern Sie, wie diese jeweils internalisiert werden könnten. (M)

2. Diskutieren Sie Vor- und Nachteile der Ökosteuer auf Benzin und Diesel.

7.7 Konzepte und Aufgaben der Umweltpolitik

Leitfragen

- Welche umweltpolitischen Instrumente stehen der Politik zur Verfügung?
- Wo liegen Vor- und Nachteile der verschiedenen Maßnahmen?

Anfänge staatlicher Umweltpolitik

Seit etwa 1970 entwickelte sich – parallel zur Entstehung der Umweltbewegung – in der Bundesrepublik ebenso wie in anderen Industrieländern der damals noch neue Bereich der Umweltpolitik. Die Umweltpolitik umfasst zunächst alle staatlichen **Maßnahmen zur Erhaltung der Umweltqualität**. Den Auftakt in der Bundesrepublik Deutschland bildete 1970 das Sofortprogramm zum Umweltschutz der sozialliberalen Bundesregierung. 1986 wurde das Bundesministerium für Umwelt, Naturschutz und Reaktorsicherheit eingerichtet. Mit der Einheitlichen Europäischen Akte von 1987 wurde auch in der EU die Umweltpolitik offiziell als Aufgabe verankert.

Die ersten Jahre der Umweltpolitik waren geprägt von einer Reihe von **Umweltgesetzen**; z.B. spielten Abfallbeseitigung und Gewässerschutz eine große Rolle. Seit Ende der 1980er Jahre fand ein Wandel in der Umweltpolitik mit dem Ziel statt, Techniken zu entwickeln, die ein umweltschädliches Produzieren und Konsumieren vermeiden und nachsorgende Umwelttechnologie durch vorsorgende Verfahren ergänzen. In diesem Ansatz spiegelt sich der Beginn der Debatte um ein nachhaltiges Wirtschaften wider. In jüngster Zeit rücken „grüne" Technologien verstärkt ins Blickfeld, die neue, zukunftsfähige Produktionsfelder erschließen.

Prinzipien und Instrumente der Umweltpolitik

Eine Erhaltung der Umweltqualität kann mit verschiedenen Mitteln erreicht werden. Die Anwendung und Durchsetzung der verschiedenen Instrumente erfolgt auf der Grundlage von vier Grundprinzipien staatlicher Umweltpolitik.

Grundprinzipien staatlicher Umweltpolitik

Vorsorgeprinzip	Potenzielle Umweltschäden werden durch vorbeugende Maßnahmen verhindert – das betrifft z.B. Emissionsminderung, Abwasseraufbereitung, sparsamen Umgang mit Umweltgütern.
Verursacherprinzip	Betriebswirtschaftlich als externe Kosten erfasste Umweltschäden werden von den „Schadensproduzenten" in ihre Wirtschaftlichkeitsrechnung aufgenommen – das betrifft z.B. Verfahren und Produktnormen, Abgaben und Gebühren.
Gemeinlastprinzip	Die durch die Umweltbeeinträchtigung entstandenen Kosten werden durch die öffentliche Hand getragen – z.B. Rekultivierung von Tagebauhalden.
Kooperationsprinzip	Gesellschaftliche Akteure übernehmen Mitverantwortung, wobei Betroffene (Verursacher oder Geschädigte) in Entscheidungen über umweltpolitische Maßnahmen einbezogen werden; aufkommende Kosten übernimmt der Staat dann, wenn das Verursacherprinzip nicht anwendbar ist – z.B. bei der Altlastensanierung.

Basiswissen Schule, Politik Wirtschaft, Duden 2012, S. 271

Grundsätzlich kann man zwischen regulativen und marktwirtschaftlichen Instrumenten der Umweltpolitik unterscheiden:

- **Regulative Instrumente** sind ordnungspolitische Maßnahmen, also Gebote und Verbote (z.B. die Festlegung von Grenzwerten für Schadstoffe und andere Umweltauflagen).

- **Marktwirtschaftliche Instrumente** versehen das Gut Umwelt mit einem Preis, erheben etwa eine Steuer auf Benzin oder vergeben Umweltlizenzen.

Ziel dieser marktwirtschaftlichen Instrumente ist die **Internalisierung von Umweltkosten.** Dazu werden zwei Ansätze diskutiert:

- Zum einen kann man versuchen, entsprechend dem Verursacherprinzip externalisierte Kosten durch **Steuern** den jeweiligen Verursachern zuzurechnen. Dieser Ansatz wird mit dem Konzept der „Ökosteuern" verfolgt; am bekanntesten und umstrittensten ist die 1999 eingeführte Steuer auf Benzin. Als problematisch erweist sich dabei, dass die Höhe der jeweiligen Steuer nicht unbedingt die entstandenen Schäden abbildet, zumal diese i. d. R. nicht exakt ermittelt werden können. Die Höhe der Steuern bleibt somit weitgehend eine politische Entscheidung.

- In jüngster Zeit wird in den Wirtschaftswissenschaften der **Emissionshandel** favorisiert. Nach diesem Konzept setzt der Staat Mengenziele fest, z.B. Obergrenzen für den Ausstoß an CO_2. Den Unternehmen werden dann Zertifikate für bestimmte Ausstoßmengen zugeteilt, die wiederum auf neu entstehenden Märkten gehandelt werden. Auf diesen bildet sich ein Marktpreis. Dieses Konzept entwickelte sich ausgehend vom Kyoto-Protokoll, in dem sich die Unterzeichnerstaaten zu einer Reduzierung des CO_2-Ausstoßes verpflichteten. Auch hierbei spielen politische Entscheidungen eine entscheidende Rolle: Welche (Reduktions-)Mengen setzt der Staat fest, werden die Zertifikate zugeteilt oder versteigert, werden einzelne Industriezweige ausgenommen oder erhalten Vorzugsbedingungen?

Subventionen werden ebenfalls als umweltpolitisches Instrument eingesetzt, z.B. die Förderung erneuerbarer Energien und Umwelttechnologien, andererseits die Abschaffung der umstrittenen Kernenergie- und Kohlesubventionen. Die Förderung von Umwelttechnologie wird zunehmend auch unter dem Aspekt der Schaffung von Arbeitsplätzen und der Sicherung der internationalen Wettbewerbsfähigkeit diskutiert. Auch **Verbote** können sinnvoll sein; beispielsweise konnte das Produktionsverbot des ozonschicht-schädigenden Fluorchlorkohlenwasserstoffes (FCKW) international durchgesetzt werden.

Neben die genannten Mittel treten kooperative Instrumente, z.B. **Selbstverpflichtungen** von Unternehmen bzw. ganzen Branchen (z.B. der Chemieindustrie), bestimmte Standards einzuhalten. Ein Beispiel dafür ist das sog. **Ökoaudit.** Auf diese Weise können staatliche ordnungsrechtliche Maßnahmen vermieden werden. Kritiker verweisen allerdings auf die Unverbindlichkeit dieser Regelungen; sie sind meist nicht mit Sanktionen bei Nichteinhaltung verbunden. Werden die verschiedenen Instrumente der Umweltpolitik in der Wirtschaftstheorie zuweilen kontrovers disku-

Der Emissionshandel

Im Kyoto-Protokoll ist genau festgelegt, wie viel Treibhausgase jedes Land jährlich emittieren darf. Seit 2005 verteilt das europäische Emissionshandelssystem diese Menge auf Emissionszertifikate. Ländern bzw. Unternehmen wird eine bestimmte Menge an Zertifikaten zugeteilt, die jedes Jahr verknappt wird. Der Besitz der Zertifikate berechtigt dazu, eine bestimmte Schadstoffmenge an die Umwelt abzugeben. Wer weniger emittiert, kann seine überschüssigen Rechte an diejenigen verkaufen, für die es billiger ist, den Preis für Verschmutzungsrechte zu zahlen, als veraltete Anlagen so umzurüsten, dass der Abgasausstoß vermindert wird. Der Schadstoffausstoß wird so dort reduziert, wo es am wenigsten kostet. Das bedeutet, ökologisch wirksames Handeln wird durch Marktkoordination ökonomisch umgesetzt.

Ökoaudit

Das Ökoaudit ist ein gemeinschaftliches europäisches und internationales System, das Unternehmen hilft, Umweltvorschriften einzuhalten und den betrieblichen Umweltschutz zu verbessern. So sollen moderne Umwelttechnologien eingesetzt und Umweltschädigungen durch die betriebliche Tätigkeit vermieden werden. Die Einhaltung der Maßnahmen wird durch Kontrollen (Audits) überprüft. Es setzt auf freiwillige Teilnahme. Bei Erfüllung der Vorgaben dürfen die Unternehmen mit dem Ökoaudit-Logo werben.

tiert, hat sich in der Praxis ein „**Instrumenten-Mix**" als sinnvoll erwiesen.

Eine wichtige Rolle spielt zudem eine öffentliche Informations- und Verbraucherpolitik, die über Umweltprobleme und mögliche Lösungswege informiert. In diesem Zusammenhang sind die zertifizierten Umweltkennzeichen zu nennen, die umweltfreundliche Produkte ausweisen (z.B. blauer Engel, Bio-Siegel). Eine verstärkte Informationspolitik ermöglicht es den Verbrauchern, über die Nachfrage Anreize zum nachhaltigen Wirtschaften zu setzen.

Im Laufe der Zeit hat sich auch das Verständnis von Umweltpolitik erweitert; betrachtete man zunächst nur die staatlichen Aktivitäten, richtet sich der Blick mittlerweile auch auf die Mitwirkung verschiedener staatlicher, gesellschaftlicher und privater Akteure an der Umweltpolitik. Besonders auf der internationalen Ebene war dieser Prozess z. B. bei Konferenzen wie etwa in Heiligendamm oder zuletzt in Doha zu beobachten. Eine im Sinne nachhaltiger Entwicklung erfolgreiche Umweltpolitik kann nur zunehmend **international koordiniert** sein und muss – Stichwort „Global Governance" – die verschiedensten gesellschaftlichen Gruppen einbeziehen (→ Kap. 6.5.2).

Das Konzept der Ökosozialen Marktwirtschaft

Zusammenfassend ist festzuhalten, dass der Staat zumindest eine Rahmengesetzgebung entwickeln muss, die Regulierungen für die genannten ökologischen Probleme beinhaltet. Als Weiterentwicklung des Konzepts der Sozialen Marktwirtschaft wird deshalb seit den 1980er Jahren in der Ökologiediskussion der Begriff „Ökosoziale Marktwirtschaft" benutzt. Der grundlegende Gedanke der Ökosozialen Marktwirtschaft liegt darin, dass bei dem Vorherrschen freier Märkte ökologische Aspekte nicht berücksichtigt werden, also ein Marktversagen vorliegt, z.B. indem freie Güter nicht in die Preisbildung einbezogen werden. Deshalb sollte der Staat nicht nur bezüglich sozialer, sondern auch ökologischer Themen einen Ordnungsrahmen setzen und ggf. auch in den Wirtschaftsprozess eingreifen. Das Konzept der Ökosozialen Marktwirtschaft betont die Durchsetzung des Verursacherprinzips bzw. der ökologischen Kostenwahrheit. Der Produktionsfaktor Natur soll in das marktwirtschaftliche Preissystem integriert – umweltbewusstes Verhalten und Produzieren sollen staatlicherseits unterstützt werden. Wie dargestellt, existiert bereits ein umfassendes Instrumentarium zur Förderung der Ökosozialen Marktwirtschaft: Beispiele sind der Emissionshandel oder die Ökosteuer.

Dimensionen der Ökosozialen Marktwirtschaft

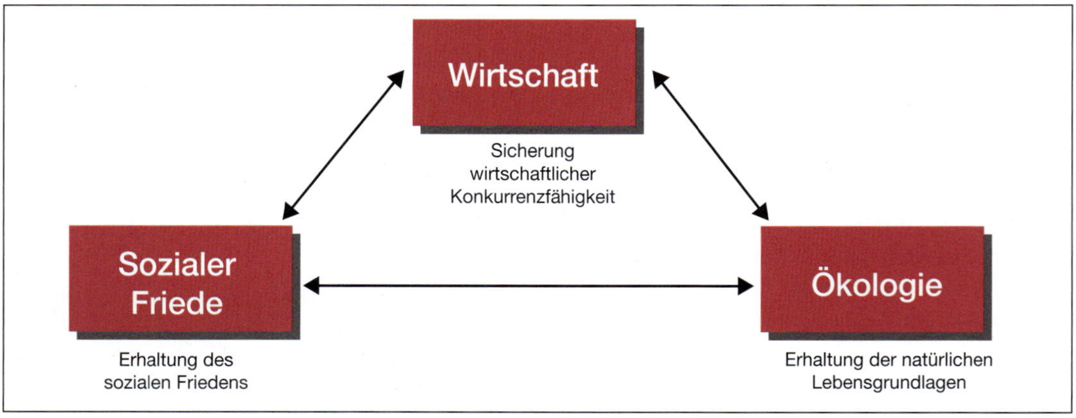

Aufgabe

Stellen Sie verschiedene umweltpolitische Maßnahmen dar und erläutern Sie deren Wirkungsweise. Welche Mittel erscheinen Ihnen sinnvoll, welche weniger? Begründen Sie Ihre Einschätzung.

M Klimaschutz als Weltinnenpolitik

Hat nach dem milliardenschweren Kraftakt zur Bewältigung der Finanz- und Wirtschaftskrise der langfristig angelegte Klimaschutz überhaupt noch eine Chance? Fehlen uns neben dem täglichen Krisenmanagement nicht Zeit und Energie, um unsere ökologischen, ökonomischen und sozialen Lebensgrundlagen zu sichern? Wie muss eine Ordnungspolitik aussehen, die dieser Perspektive in der realen Welt und nicht nur in Sonntagsreden Raum und Geltung verschafft? Am Klimaschutz lässt sich erkennen, ob unsere nationalen, europäischen und internationalen Strukturen in der Lage sind, eine Politik für das 21. Jahrhundert zu entwickeln.

Aus meiner Sicht gibt es auf die eingangs gestellten Fragen unzweideutige Antworten: Richtig verstandener Klimaschutz ist ein entscheidender Weg aus der Krise. Wer jetzt für die aktuelle Krisenbewältigung Milliarden ausgibt und dann für eine langfristig angelegte Politik vorgeblich kein Geld mehr hat, der versündigt sich an den Lebenschancen künftiger Generationen. Die aktuellen Maßnahmen zur Bewältigung der Wirtschaftskrise müssen gleichzeitig Investitionen in Energieeffizienz und in Erneuerbare Energien und damit in den Strukturwandel hin zu einer kohlenstoffarmen Wirtschaft sein. Der Strukturwandel lässt sich nur mit einer marktwirtschaftlichen Ordnungspolitik gestalten, die für Investitionen zugunsten des Klimaschutzes und nachhaltiger Entwicklung einen stabilen Rahmen schafft. Diese Ordnungspolitik setzt auf neue Techniken und deren schnelle Markteinführung; sie gibt nicht Geld aus, um ineffiziente Strukturen und alte Industrien künstlich am Leben zu erhalten. [...] Deutschland ist Technologieführer bei Erneuerbaren Energien und Energieeffizienz. Unser klares Bekenntnis zum Klimaschutz erhöht unsere Chancen im internationalen Wettbewerb, gibt dem dringend notwendigen Strukturwandel in der Energiewirtschaft endlich Schwung und stärkt die Verhandlungsposition Deutschlands. [...]

Um den Temperaturanstieg unter zwei Grad Celsius zu halten, ist eine grundlegend andere, treibhausgasarme Wirtschaftsweise notwendig. Weltweit muss der Ausstoß von Treibhausgasen um mehr als die Hälfte verringert werden. Die Minderungen, die in Industrieländern vonnöten sind, liegen bis zum Jahr 2050 in der Größenordnung von 80 bis 95 Prozent. Das heißt: Wir müssen die Art, wie wir wirtschaften und produzieren, vollständig umstellen. Es geht darum, einen fundamentalen wirtschaftlichen Strukturwandel hin zu einer zukunftsfähigen, modernen Wirtschaft zu organisieren. Dafür bleibt uns nicht viel Zeit: Spätestens bis 2020 muss die Trendwende vollzogen sein. [...] Deutschlands Chance besteht darin, dass der Klimaschutz zum Impulsgeber für die ökonomische Modernisierung unseres Landes wird. Dafür müssen wir mit Innovationen offensiv den Strukturwandel vorantreiben. Im Kern bedeutet Klimaschutz eine ambitionierte Steigerung der Energieeffizienz und den massiven Ausbau der Erneuerbaren Energien. Wenn wir auf diesen Weg setzen, dann verringern wir unsere Abhängigkeit von Energieimporten und vergrößern unsere Chancen für Exporte, für höhere Wertschöpfung und für Arbeitsplätze in Deutschland.

Können und wollen wir es uns leisten, am Status quo festzuhalten? Oder setzen wir alles daran, die weltweite technologische und industrielle Führung auf diesen Leitmärkten der Zukunft auszubauen? Schon jetzt sind Produktionsanlagen in Schwellen- und sogar Entwicklungsländern mitunter deutlich moderner, effizienter und emissionsärmer als Anlagen in Deutschland. Schon jetzt modernisiert sich China zum Teil schneller als Europa. Wenn veraltete Technologien subventioniert und innovative Technologien nicht gefördert werden, verliert Deutschland im Kampf um die Wettbewerbsfähigkeit auf den Zukunftsmärkten. Schon heute gibt es kaum einen anderen

Wirtschaftszweig, der ähnlich hohe Wachstumsraten verzeichnen kann wie der Markt für Umweltschutzgüter. Allein von 2005 bis 2007 stieg in diesem Segment in Deutschland der Wert der Produktion um 27 Prozent. Es gibt Schätzungen, nach denen der Umsatz der Umweltindustrien bis zum Jahr 2020 auf 3,1 Billionen Euro steigen wird. Gleichzeitig zeigt sich, dass die Rolle der Umwelttechnologie als Beschäftigungsmotor stetig zunimmt.

Der Energiepolitik kommt dabei eine Schlüsselrolle zu. Die Nutzung von Kohle, Öl und Gas und der daraus resultierende Kohlendioxidausstoß tragen maßgeblich zum Klimawandel bei. Die Öl- und Gasvorräte nehmen weltweit ab, während die Nachfrage stetig zunimmt. In der Folge der zunehmenden Nachfrage steigen die Preise – mit entsprechenden Konsequenzen für die Wirtschaft und die Bürger. Fast 70 Prozent der in Deutschland genutzten fossilen Energieträger werden importiert. Mit einer ambitionierten Strategie, die auf Effizienz und Erneuerbare Energien setzt, können wir 2020 die Ausgaben für Energieimporte um sieben Milliarden Euro vermindern. Die Atomenergie wird in der Koalitionsvereinbarung als eine Brückentechnologie beschrieben. Wenn wir auf Innovationen, auf die konsequente Steigerung der Energieeffizienz und auf eine kosteneffiziente Förderung der Erneuerbaren Energien setzen, kann unser Energieverbrauch bis 2050 fast vollständig durch Erneuerbare Energien gedeckt werden. Das ist der entscheidende Baustein für eine nachhaltige, ökologisch und ökonomisch erfolgreiche Entwicklung. [...]

Angesichts der ökologischen, ökonomischen und sicherheitspolitischen Dimensionen des Klimawandels stellt sich die Frage, ob die internationalen Entscheidungsstrukturen ausreichen, um auf solche Bedrohungen mit der notwendigen Entschiedenheit zu antworten. In der internationalen Politik gibt es keine einheitliche Instanz, der man die Formulierung und Einhaltung allgemeinverbindlicher Regeln übertragen könnte, sondern nur ein System wechselseitiger Interessen und Abhängigkeiten. Die Umweltabkommen der Vereinten Nationen, etwa zum Schutz der Ozonschicht, kommen nur zustande, wenn darüber Konsens erzielt wird. Damit ist jedes Land in einer Vetoposition und kann verbindliche Regeln zum Schutz der Umwelt blockieren. Dennoch ist gerade das Montrealer Abkommen zum Schutz der Ozonschicht ein gutes Beispiel dafür, dass ein weltumspannender Politikansatz nicht per se unwirksam ist und sogar weltweit gültige Verpflichtungen zum Schutz der Umwelt eingegangen werden – wenn der politische Wille dafür vorhanden ist. Die Entscheidungsfindung wird erschwert, weil das heutige Machtgefüge „multipolar" ist. Es gibt kein eindeutiges Machtzentrum mehr, sondern mehrere wichtige Akteure. Die Vereinigten Staaten und zunehmend China sind zwar Weltmächte – aber nicht die einzigen, auf die es ankommt. Wie kann Politik, wie kann „Global Governance" in einer solchen Welt funktionieren?

Der Klimaschutz gehört zu den wenigen Politikfeldern, auf denen Deutschland und die Europäische Union weltweit eine führende Rolle spielen. Wir müssen diese Verantwortung [...] wahrnehmen. Gerade die Entwicklungsländer erwarten von uns diese Führungsrolle. Sie beruht darauf, dass Deutschland und die EU zeigen, dass sich ein ambitionierter Klimaschutz mit einer erfolgreichen wirtschaftlichen Entwicklung verknüpfen lässt. Auf dieser Basis können wir die Amerikaner, aber auch die Schwellenländer glaubwürdig auffordern, ihren Beitrag zur Minderung der Treibhausgase zu leisten. Die Klimaverhandlungen unter dem Dach der Vereinten Nationen gehen nur langsam voran. Wir verlieren Zeit, die wir nicht haben. Dennoch muss der Verhandlungsprozess, in dem 192 Staaten im Konsens verbindliche Entscheidungen treffen, wie sie in Zukunft leben und wirtschaften wollen, respektiert werden. Es führt kein Weg daran vorbei, eine international tragfähige Lösung zu finden, die von allen als

angemessen und gerecht bewertet wird. [...] Die weltweite Finanzkrise hat uns vor Augen geführt, wie wichtig ein funktionierendes internationales System ist. Deutlich geworden ist auch: Zu spätes Handeln verursacht enorme Kosten. Die Ausgaben für die Rettungspakete sind aber gering im Vergleich zu den Kosten, die auf uns zukämen, würden wir dem Klimawandel nicht Einhalt gebieten. Der britische Ökonom Lord Nicholas Stern hat die Kosten des Nichtstuns mit bis zu 20 Prozent des globalen Bruttosozialprodukts beziffert. Doch wir wissen nicht, ob das reichen würde. Die Folgen eines ungebremsten Klimawandels wären so weitreichend, dass sie heute nur schwer in Zahlen zu messen sind.

Es gibt aber einen wesentlichen Unterschied. Bei der Finanzmarktkrise konnte die Notbremse noch gezogen werden, als der Abgrund schon in Sicht war. Bei der Klima- und Ökokrise wird das nicht möglich sein. Ökosysteme sind träge und lassen sich nicht mit eilig zusammengeschnürten Rettungspaketen stoppen. Mit anderen Worten: Wir müssen schon heute konsequent mit Veränderungen beginnen, auch wenn der Abgrund noch weit entfernt erscheint. Die Demografie hat uns soziale Nachhaltigkeit, die Finanz- und Wirtschaftskrise ökonomische Nachhaltigkeit gelehrt. Die Klimakrise muss uns ökologische Nachhaltigkeit lehren.

Norbert Röttgen, Frankfurter Allgemeine Zeitung, 2.12.2009

Aufgaben

1. Klimaschutz und nachhaltiges Wirtschaften als Wege aus der Krise? Stellen Sie die Argumente des ehemaligen Bundesumweltministers Norbert Röttgen zu dieser These zusammen, sammeln Sie mögliche Einwände und begründen Sie eine eigene Position zu dieser Frage. (M)

2. „Umweltpolitik als Jobkiller“ – „Umweltpolitik als Motor einer zukunftsfähigen Entwicklung“: Finden Sie Argumente für beide Aussagen und wägen Sie diese gegeneinander ab.

7.8 Die Energiewende in Deutschland

Leitfragen

Welche Argumente sprechen für und gegen die Nutzung der Atomkraft?

Wie soll die Energiewende in Deutschland gestaltet werden?

Die Auseinandersetzung um die Nutzung der Kernenergie

Bei der Entstehung der Ökologiebewegung in der alten Bundesrepublik spielte der Protest gegen den Bau von Atomkraftwerken, die sog. **Anti-AKW-Bewegung**, eine zentrale Rolle. Sie entwickelte sich insbesondere seit Mitte der 1970er Jahre als Antwort auf den forcierten Ausbau von Atomkraftwerken, der von der damaligen Bundesregierung als Folge der ersten Ölpreiskrise 1973 betrieben wurde. Es wurde der Bau von 40 Atomkraftwerken (AKWs) bis 1985 geplant, andererseits wurde bereits 1975 zum ersten Mal der Bau eines AKWs durch eine Bürgerinitiative im südbadischen Wyhl verhindert. Um den Bau der meisten Atomkraftwerke, ebenso wie um den geplanten Bau einer Wiederaufbereitungsanlage (in Wackersdorf) sowie eines Endlagers (in Gorleben) und um den Transport von radioaktiven Abfällen, besonders den Castor-Transporten (benannt nach den dafür konstruierten Containern) entwickelten sich teils heftige Auseinandersetzungen, geführt von lokalen Bürgerinitiativen wie von der erstarkenden bundesweiten Anti-AKW-Bewegung.

Umweltschutzplakat der Grünen zur Europaparlamentswahl 1979

In der Diskussion um die zivile Nutzung der Atomkraft bündelten sich typische Anliegen des sich damals entwickelnden ökologischen Diskurses: Gefährdet der Mensch unverantwortlich ökologische Kreisläufe bzw. entstehen durch die wirtschaftlichen Aktivitäten des Menschen zunehmend schwere Schäden in der Natur? Sind überhaupt die Folgen der sich immer schneller entwickelnden Technik noch abschätzbar? Und hinterlassen wir damit den folgenden Generationen unverantwortbare Lasten? Konkret bedeutet das bei dem Betrieb von Atomkraftwerken z. B.:

- Der möglicherweise unkontrollierbare Austritt radioaktiven Materials, sei es durch äußere Einflüsse wie Flugzeugabstürze, Kriege, Terrorismus, Erdbeben, oder unbeherrschbare Unfälle beim Betrieb der Atomreaktoren. Die dabei entstehenden Schäden wären vom Menschen nicht mehr beherrschbar, etwa bei einem sog. „größten anzunehmenden Unfall", auch **„Super-GAU"** genannt, in Folge einer Schmelze des Reaktorkerns.
- Die **Entstehung von Krankheiten** bei Mitarbeitern und Bewohnern im Umfeld eines Atomkraftwerks eventuell auch bei normalem Betrieb. Zu dieser Frage gab und gibt es verschiedene widersprüchliche Gutachten.

- Die völlig ungelösten Fragen der vorübergehenden Lagerung, eventuellen Wiederaufbereitung und schließlich Endlagerung der verbrauchten Atombrennstäbe und der **verstrahlten Abfälle.**

- Nicht zuletzt die Möglichkeit der **Proliferation**, d.h. der illegalen Weitergabe von spaltbarem Material (→ Kap. 6.2.2).

Darüber hinaus wurde von der Anti-AKW-Bewegung auch die ökonomische Effizienz des Atomstroms in Zweifel gezogen. Die zeitweilige starke Subventionierung des Ausbaus von Atomkraftwerken und das Ausblenden der damit verbundenen externen Effekte (→ Kap. 2.7.6) ergäben falsche Aussagen über die Kosten des Atomstroms.

Von Befürwortern des Atomstroms wurde und wird die Stromerzeugung durch Atomkraft hingegen als die preiswerteste Technologie angepriesen. Positiv wurde auch die größere Versorgungssicherheit bei der Produktion von Atomstrom in Deutschland hervor gehoben, die unter ökologischen Aspekten sinnvolle geringere Abhängigkeit von Importen von Erdöl und Erdgas. Und gerade in den letzten Jahren wurde im Zusammenhang mit der Diskussion um den Klimawandel die Vermeidung des Ausstoßes von CO_2 genannt.

So wurde die Diskussion um den Betrieb von Atomkraftwerken eine der prägenden Auseinandersetzungen in den letzten Jahren der alten Bundesrepublik.

Ausstieg aus der Atomkraft – ja oder nein?

Während die Anti-AKW-Bewegung anfangs auf starke Vorbehalte in der Öffentlichkeit und auch bei den etablierten Parteien und den Gewerkschaften stieß, änderte sich dies nach und nach seit den 1970er Jahren. Größere Unglücke wie im Kernkraftwerk Three Mile Island 1979, das zu einer jahrzehntelangen Einstellung des Baus von Atomkraftwerken in den USA führte, und besonders in Tschernobyl (Ukraine, ehemalige UdSSR) im April 1986, von dessen Auswirkungen auch Deutschland durch erhöhte Strahlenbelastungen betroffen war, beeinflussten die öffentliche Meinung in Deutschland. Der Bau von Atomkraftwerken wurde Mitte der 1980er Jahre eingestellt, der Streit um Wiederaufbereitung, den Transport von Atommüll und die Endlagerung gewannen an Bedeutung, daneben trat zunehmend die Diskussion um den Ausbau erneuerbarer Energien und Energiesparen.

Die Grünen als damals neue Partei im Parteienspektrum entstanden zu wesentlichen Teilen aus der Anti-AKW-Bewegung, aber auch die SPD und Teile der Gewerkschaften öffneten sich den Argumenten gegen den Betrieb von Atomkraftwerken, während CDU und FDP zu deren Befürwortern gehörten. Im Bundestagswahlkampf 1998, von SPD und Grünen unter der Perspektive eines rot-grünen Bündnisses geführt, wurde der Ausstieg aus der Atomkraft thematisiert. Entsprechend ging die rot-grüne Koalition dieses Vorhaben gleich nach dem Wahlsieg an. Im Juni 2000 wurde im sog. Atomkonsens der allmähliche Ausstieg aus der Atomkraft in Übereinstimmung mit der Atomindustrie beschlossen. Es wurden zu produzierende „Reststrommengen" für die einzelnen Atomkraftwerke festgelegt, die unter bestimmten Vorgaben zwischen Atomkraftwerken verschoben werden konnten.

Der Atomkonsens wurde nach der Bildung der CDU/CSU-FDP-Bundesregierung 2009 wieder mit den oben genannten Argumenten der Atomkraftbefürworter in Frage gestellt. Im Oktober 2010 beschloss die konservativ-liberale Mehrheit im Bundestag eine Laufzeitverlängerung von acht bis vierzehn Jahren für die Atomkraftwerke.

Das Unglück in den Atomreaktoren von Fukushima in Japan im März 2011 aufgrund von Erdbeben und eines folgenden Tsunamis veränderte die Sicht auf die Sicherheit von Atomkraftwerken in Deutschland völlig. Auch bisherige Befürworter der Kernenergie akzeptierten die Bedenken, dass bei schweren Schäden an einem Atomkraftwerk die daraus entstehenden Folgen nicht beherrschbar bzw. nicht hinnehmbar seien. Als Reaktion auf diesen Sinneswandel wurden in einem Moratorium der Bundesregierung im März 2011 die sieben ältesten Atomkraftwerke sowie das AKW in Krümmel, in dem mehrere Sicherheitsvorfälle stattgefunden hatten, abgeschaltet. Im Juni 2011 wurde im Bundestag mit breiter Mehrheit ein Gesetzespaket zur „Energiewende" verabschiedet, das den Ausstieg aus der Atomkraft bis 2022 beinhaltet.

Das Projekt der Energiewende in Deutschland – Pro und Kontra

Schon 1980 entwickelte das Öko-Institut Darmstadt das Konzept einer Energiewende mit dem Ziel, die Stromproduktion in Atomkraftwerken und mit fossilen Brennstoffen betriebenen Kraftwerken durch erneuerbare Energien wie Wasserkraft, Wind, Sonnenenergie etc. sowie einer Erhöhung der Energieeffizienz und der Förderung von Energiesparmaßnahmen völlig zu ersetzen. Die Realisierbarkeit des Konzeptes wurde zunächst stark in Zweifel gezogen, einzelne Vorschläge aber nach und nach aufgegriffen, wie z. B. die Förderung des Ausbaus erneuerbarer Energien und von Wärmedämmungsmaßnahmen an Wohnhäusern.

Mit der Verabschiedung des **„Gesetzes für den Vorrang erneuerbarer Energien“ (Erneuerbare Energien-Gesetz, EEG)** im Jahr 2000 wurde der Ausbau erneuerbarer Energiequellen zu einem vorrangigen Ziel der Energiepolitik erhoben, die Einspeisung von Strom aus erneuerbaren Energien in das Energienetz sowie feste Einspeisevergütungen garantiert. Bei der Novellierung des Gesetzes 2004 wurde als Ziel der Ausbau des Anteils erneuerbarer Energien an der Stromerzeugung bis 2020 auf 35 Prozent angegeben. Trotz immer wieder vorgebrachter Detailkritiken – z. B. an der Förderung von Solarstromanlagen – wird das EEG als überwiegend erfolgreich eingeschätzt und gilt als ein von anderen Staaten viel kopiertes Gesetz.

Mit dem Bundestagsbeschluss vom Juni 2011 wurde die **Energiewende** zur **offiziellen Leitlinie der Energiepolitik in Deutschland.** Die Bundesregierung setzte sich dafür ergänzend zu dem bis 2022 geplanten Ausstieg aus der Atomkraft insbesondere die folgenden Ziele:

- Bis 2050 soll die vollständige Energieversorgung durch erneuerbare Energien erreicht sein. Gefördert wird insbesondere der Ausbau der Windenergie, dabei wird die Rolle der offshore-Windenergie zunehmen. Eine Zunahme von Stromimporten soll vermieden werden.

- Energiesparen: Ebenfalls bis 2050 soll der Bedarf an Primärenergie um 50 Prozent gesenkt werden, der Wärmebedarf von Gebäuden soll bis 2020 um 20 Prozent sinken, 2050 sollten Gebäude klimaneutral sein.

- Energieeffizienz: z. B. Förderung hocheffizienter Geräte durch Verbesserung der Standards und Kennzeichnungen für die Konsumenten.

- Förderung der Elektromobilität: Angestrebt werden eine Million Elektroautos bis 2020, sechs Millionen bis 2030.

- Gewährleistung eines stabilen Versorgungssystems, dazu Ausbau des Stromnetzes und Errichtung moderner Energiespeicher.

- Als „Brückentechnologie“ zur Absicherung des Atomausstiegs ist der Bau moderner konventioneller (Gas- und Kohle-)Kraftwerke zu fördern.

- Das Ziel der Verminderung des Ausstoßes von Treibhausgasen (bis 2020 um 40 Prozent, bis 2050 um 80 Prozent, gemessen am Vergleichsjahr 1990) soll eingehalten werden.

- Die finanzielle Belastung der Stromverbraucher durch die Energiewende soll nicht steigen (3,5 Cent Umlage pro Kilowattstunde für erneuerbare Energien, EEG-Umlage). Es stellte sich allerdings sehr schnell heraus, dass dieses hochgesteckte Ziel nicht einzuhalten ist. So stieg die EEG-Umlage bis zum Jahr 2014 schon auf 6,24 Cent.

- Schließlich wird angestrebt, die Endlagerfrage für radioaktive Abfälle endgültig zu klären.

Das Vorhaben der Energiewende hat inzwischen nicht nur bei den Parteien, sondern auch in der Bevölkerung einen breiten Rückhalt, laut Meinungsumfragen im Sommer 2011 liegt die Zustimmung bei ca. 80 Prozent. Das Ziel des Ausstiegs aus der zivilen Nutzung der Atomkraft scheint unumstritten, ebenso wie die Förderung erneuerbarer Energien und von Energiesparkonzepten. Dadurch erschließt sich auch die Möglichkeit einer Rekommunalisierung, zumindest Dezentralisierung der Energieversorgung, in der bisher oligopolistische Strukturen vorherrschen, womit die Versorgung durch wenige Großkonzerne gemeint ist.

Dennoch werden eine Reihe von Bedenken gegen das Konzept der Energiewende vorgetragen. Insbesondere die schnelle, teils als überstürzt bezeichnete Wende von einer Verlängerung der Laufzeiten der Atomkraftwerke zu einer verstärkten Förderung erneuerbarer Energien wird in der Praxis als schwer umsetzbar kritisiert:

- Entstehen durch das Abschalten der Atomkraftwerke zusätzliche Kosten? Werden Arbeitsplätze gefährdet?

- Können die erneuerbaren Energien tatsächlich so schnell ausgebaut werden oder werden in diesem Zusammenhang eher Fehlentwicklungen gefördert (hier wird insbesondere die Förderung der Sonnenenergie genannt)?

- Ist der Ausbau der Stromnetze und der Energiespeicher, die die vermehrte Produktion von Windkraft notwendig macht, finanziell und zeitlich zu realisieren?

- Werden die Strompreise durch die Energiewende steigen und private Verbraucher und/oder die deutsche Industrie belasten?

- Wird es gar zu Stromausfällen oder Rationierungen in Spitzenlastzeiten kommen?

- Werden nicht auch der Ausbau der Windkraft und der Bau von Überlandleitungen auf den Widerstand von örtlichen Bürgerinitiativen stoßen?

- Erzeugt schließlich die vermehrte Nutzung von Biomasse zur Energieerzeugung und Biokraftstoffen (ebenfalls im EEG-Gesetz vorgeschrieben, vgl. die Diskussion um das „E10"-Benzin) eine preistreibende Konkurrenz zum Nahrungsmittelanbau?

Um diese Themen dürfte es in den nächsten Jahren, ja vielleicht Jahrzehnten noch heftige Auseinandersetzungen geben. Die Umsetzung der Energiewende wird ein zentrales Thema der gesellschaftlichen und politischen Entwicklung in der Bundesrepublik bleiben.

Wesentliche Streitpunkte, die die Diskussionen um die Durchführbarkeit der Energiewende von Anfang an beherrschten, sind die Fragen rund um „Ökologie und Ökonomie":

- Bedingt die Berücksichtigung ökologischer Aspekte bei der Produktion von Waren und Dienstleistungen einen ökonomischen Nachteil für die deutsche Wirtschaft, gerade in Zeiten der zunehmenden internationalen Konkurrenz durch die Globalisierung, oder bringt sie Vorteile, indem neue Produktionsbereiche erschlossen werden, die Arbeitsplätze in Deutschland sichern und neue Chancen auf dem Weltmarkt erschließen?

- Werden somit Arbeitsplätze in Deutschland gefährdet oder neue geschaffen und sollte der Staat, träfe letzteres zu, gezielt die Entwicklung „grüner Technologien" durch eine entsprechende Steuerpolitik, Subventionen, Umweltstandards etc. fördern?

Aufgaben

1. Von Seiten der Ökologiebewegung wird gefordert, die Folgen neuer Technologien für die Umwelt bereits vor ihrer Anwendung einzuschätzen (Technikfolgenabschätzung). Erörtern Sie diesen Vorschlag anhand von selbst gewählten Beispiele.

2. Recherchieren Sie in Ihrer Region nach Projekten zur Verwirklichung der Energiewende. Berücksichtigen Sie dabei die Argumente der verschiedenen an dem Projekt beteiligten Interessengruppen.

M 1 Willkommen zurück, Atommeiler!

Sechs Monate nach der „Energiewende“ wird klar: Wir bekommen das nicht so hin wie geplant, es fehlen Zeit und Geld. Warum nicht wieder ein paar Kernkraftwerke hochfahren?

Okay, ich weiß, das wollen Sie überhaupt nicht hören. Sie müssen jetzt ganz stark sein. Und ja, ich werde von Eon und RWE für diese Kolumne bezahlt. Also: Ich finde, wir sollten (zur Not) ein paar Meiler wieder hochfahren. Ja, die Atommeiler. Warten Sie, jetzt hören Sie mir doch erst mal zu. Ich fange auch ganz behutsam an: Manchmal sind es die kleinen, ja fast albernen Dinge, die von einem größeren Problem künden. Ich rede hier vom Wäschewaschen. Was bisher geschah: Am 30. Juni 2011 stieg Deutschland aus der Kernenergie aus. Wir wollten das ganze Land umbauen und nur noch mit sauberer Energie versorgen. Leider gab es immer wieder schlechte Nachrichten. Und vergangene Woche dann diese: Betreiber deutscher Stromnetze warnten, dass die Gefahr von Mega-Blackouts in Deutschland dramatisch gestiegen sei. Hamburg und das Rhein-Main-Gebiet sind besonders gefährdet. Berichtet wurde von Plänen, dass die Betreiber in ihren Verträgen mit einem Großkunden erstmals mögliche Notabschaltungen bis zu einer Stunde vereinbart haben. Und falls das immer noch nicht reicht, muss halt die Bevölkerung aufgerufen werden, Strom zu sparen. Eine mögliche Maßnahme: Mittags soll keine Wäsche mehr gewaschen werden. Ja, Sie haben richtig gehört. Sie sitzen vielleicht demnächst in Hamburg oder Frankfurt nicht nur im Dunkeln, sondern es könnte Appelle (oder sogar Vorschriften) geben, wann Sie Ihre Wäsche waschen.

Fast möchte man hoffen, dass es so kommt. Denn wenn es den Deutschen an die Wäsche geht, könnten sie ungemütlich werden. Und dann könnte sich die Stimmung drehen und eine der dämlichsten, am meisten überhasteten Entscheidungen – in Teilen – korrigiert werden, die in der vergangenen Dekade getroffen wurden: der panische Atomausstieg nach Fukushima, auch bekannt unter dem Kosenamen „Energiewende“. Nach einem halben Jahr ist offenkundig, dass wir sie so schnell nicht hinbekommen.

Es fehlt an Geld: Für den Ausbau der Netze (bis 2020 sollen über 3000 Kilometer Stromkabel verlegt werden), den Aufbau von Windparks, die Erforschung neuer Technologien und den Bau neuer Kraftwerke sind fast rettungsschirmähnliche Summen notwendig. Doch die Investoren sind leider nicht ganz so schnell und enthusiastisch wie die deutschen Aussteiger.

Der Ausbau der Netze stockt: Es gibt technische Probleme, schleppende Genehmigungsverfahren, politischen Streit und Widerstand von Umweltgruppen; auch bei der Anbindung der neuen Offshore-Windparks, auf die wir so große Hoffnungen setzen, drohten Engpässe.

Der Widerstand wächst: Unzählige Bürgerinitiativen wehren sich gegen Stromtrassen oder was sonst noch so gebaut und errichtet werden muss. Die Energiewende wird geplant in einem Land, deren Bevölkerung zwar das alles ganz toll findet, sich aber immer vehementer gegen jeden Ausbau, jede Planung und Änderung von Infrastruktur wehrt – sei es nun eine Straße, ein Bahnhof oder ein Kraftwerk. Ursache ist auch eine Kluft zwischen den Zielen der politischen Entscheider, die vorzugsweise in Großstädten ihre großen Dinge entwerfen, und der Landbevölkerung, die die Umgestaltung ertragen muss.

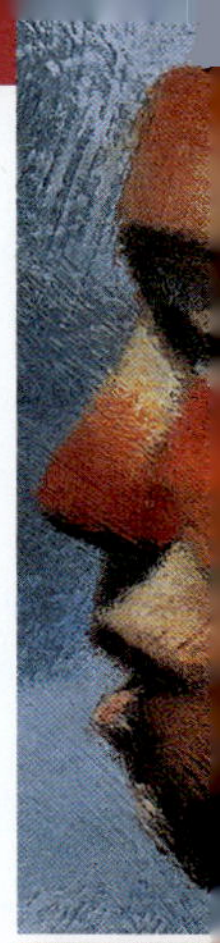

Wir haben die Chinesen unterschätzt: Deutsche Solarunternehmen kämpfen um Marktanteile oder gar ums Überleben. Der Traum einer deutschen Technologieführerschaft, die in alle Welt abstrahlt, hat sich an vielen Stellen als Schimäre entpuppt. Stellen Sie sich eine Tortengrafik der Martkanteile vor: Da haben wir mit den Chinesen in den vergangenen Jahren einfach mal die Kuchenstücke getauscht. Derweil explodieren die Kosten für Solarenergie.

All diese Schwächen und Probleme sind nicht neu. Umso merkwürdiger also, dass Politiker dieses Scheitern bisher weitgehend verdrängen. Und dass sie keinen Plan B entwerfen, wie die Wende besser gelingt.

Ein kleiner Vorschlag: Warum, wenn uns Zeit und Geld fehlt, schalten wir nicht einfach ein paar Meiler wieder an? Das würde sich allein schon lohnen, um das empörte Gesicht von Claudia Roth zu sehen. Im Ernst: Es ist nicht so, dass ich mich nach Krümmel und Brunsbüttel sehne oder eine Rückkehr ins Atomzeitalter wünsche. Was uns fehlt, ist Coolness und Pragmatismus, die Bereitschaft zu Korrekturen. In jedem Land gibt es mindestens ein Thema, über das man nicht mehr normal diskutieren kann. Alle sind bei der Angelegenheit hysterisch und überspannt, oder die Debatte ist so festgefahren, dass man sich nur noch mit Stanzen austauscht.

In Amerika zum Beispiel ist solch ein Thema die Todesstrafe. Politiker meiden das Thema einfach, vor allem wenn sie noch eine Karriere planen, wie etwa in das Weiße Haus einzuziehen. Der letzte Kandidat, der es versuchte, war der Demokrat Michael Dukakis – der 1988 gegen George Bush verlor. Seitdem weiß jeder Präsidentenaspirant: Sag bloß nix dagegen, oder sag besser gar nichts über die Todesstrafe. Das Thema wird eingefroren und mythisiert. In den USA glauben deswegen viele, dass die Todesstrafe irgendwie zu diesem Kontinent gehöre, da sei Amerika eben anders als Europa. Wer nachliest, wird verblüfft sein: In den USA war die Todesstrafe nach dem Zweiten Weltkrieg auf dem Rückzug. In Frankreich dagegen wurde sie erst 1981 abgeschafft und das Verbot 2007 (!) in die Verfassung geschrieben.

Was hat das mit der Kernkraft in Deutschland zu tun? Nun, die Atomenergie ist ein Thema, über das man hier nicht mehr normal diskutieren kann. Und das ist ein Hindernis für den Erfolg der Energiewende. Vielleicht werden einmal Historiker rätseln, was die Deutschen eigentlich geritten hat, bei dem Thema so kopflos und hysterisch zu sein. Und wie es dazu kommen konnte, dass kein Politiker, der noch etwas werden will, es wagt, dieses Thema anzusprechen. Lieber sitzen wir im Dunkeln. Oder ziehen Unterhosen zweimal an.

Horst von Buttlar, Financial Times Deutschland, 22.1.2012

M 2 Löscher: Siemens wird Gewinner der Energiewende sein

Siemens-Chef Peter Löscher sieht in der Energiewende eine große Chance für die Entwicklung der deutschen Industrie. Der Ausstieg aus der Atomenergie und der Umbau der Stromversorgung seien zwar eine enorme Herausforderung.

Aber: «Die deutsche Energiewende wird ein Innovationsmotor», sagte Löscher der Nachrichtenagentur dpa am Rande einer Siemens-Tagung in Stuttgart. Und vor allem sein Unternehmen werde davon profitieren. «Siemens wird einer der ganz großen Gewinner der Energiewende sein.» Zuletzt hatte der Konzern allerdings ausgerechnet bei den erneuerbaren Energien einen Dämpfer verkraften müssen, im ersten Quartal des Geschäftsjahres teilten sich Solar- und Windenergie einen Verlust von 48 Millionen Euro. «Wir erwarten in den nächsten Quartalen eine deutliche Verbesserung», sagte Löscher. Siemens habe eine herausragende Stellung etwa im Offshore-Windgeschäft.

Der Ausbau erneuerbarer Energien, aber auch die Herausforderung, Strom effizienter zu nutzen und einzusparen, werde die Industrie insgesamt verändern. Deutschland sei dafür gut gerüstet. «Die industrielle Stärke von Deutschland ist um ein vielfaches höher als sonst irgendwo in Europa.» Dennoch gebe es viele Aufgaben zu meistern. «Es gibt einfach noch viel zu tun.» Vor allem von der Politik hatte sich Löscher jüngst mehr Führung gewünscht und lange Genehmigungsverfahren etwa für Windräder kritisiert.

Doch nicht nur bei Sonne oder Wind sieht Löscher Potenzial. In vielen Ländern sei nach wie vor Kohle als Energieträger gefragt. «Wir haben auch Technologien, um den Wirkungsgrad von Kohlekraftwerken weiter zu verbessern.» Auch in Deutschland werde es für den Übergang neue Kraftwerke für fossile Energieträger geben müssen, um den Umstieg bewältigen zu können. «Da ist ein hocheffizientes Gaskraftwerk eine flexible Lösung, die Teil des Mixes sein wird.»

dpa, Zeit online, 7.2.2012

Aufgaben

1. Stellen Sie Pro- und Kontra-Argumente zur zivilen Nutzung der Atomkraft zusammen und spielen Sie diese in einem Rollenspiel durch.
2. Die Energiewende – ein Schub für die deutsche Volkswirtschaft? Diskutieren Sie ausgehend von M 1 und M 2 die ökonomischen Vor- und Nachteile der Energiewende.

KOMPETENZEN

Am Ende dieses Kapitels sollten Sie Folgendes wissen und können:

- die Begriffe Politik, Staat und politisches System voneinander unterscheiden und erklären
- die komplexen Wirklichkeiten von Politik anhand der drei Dimensionen des Politischen analysieren
- Kernelemente moderner Demokratien identifizieren
- Staatsformen von Herrschaftsformen unterscheiden
- verschiedene Demokratietheorien voneinander unterscheiden sowie deren Auswirkungen auf moderne Demokratien erläutern
- unterschiedliche Aspekte politischer Systeme auf einer grundlegenden Ebene vergleichend analysieren und Alternativen bewerten
- verschiedene Regierungssysteme voneinander unterscheiden

3 Politische Theorie

Wahlkampfplakat der CDU mit Motiv von Bundeskanzlerin Angela Merkel

Bundespräsident Joachim Gauck

Konrad Adenauer (CDU), erster Bundeskanzler der Bundesrepublik Deutschland (1949 – 1962)

Aufgaben

1. Ordnen Sie jedem der Personen jeweils einen der Begriffe „Politik“, „Staat“ und „Demokratie“ zu. Begründen Sie Ihre Entscheidung.

2. Erläutern Sie, wie diese Begriffe miteinander in Beziehung stehen.

1 Politische Theorie

1.1 Politik als Begriff und Organisationsprinzip menschlichen Handelns

Leitfragen	Was ist Politik?	Was ist ein Staat?	Was ist ein politisches System?

Der Politikbegriff

Politik als Begriff ist in der heutigen medialisierten Gesellschaft allgegenwärtig, d.h. er wird zur Beschreibung unterschiedlichster Phänomene verwendet und erfährt darüber hinaus bereits seit der Antike verschiedene Ausprägungen. Auch innerhalb der Politikwissenschaft wird der Begriff zum Teil unterschiedlich, jedoch oftmals im Zusammenhang mit menschlichem Handeln definiert. Von politischem Handeln wird i. d. R. immer dann gesprochen, wenn das Zusammenleben von Menschen als solches zu Problemen führt bzw. etwas Konflikthaftes in ihm besteht und das Handeln auf eine Lösung des Problems bzw. des Konfliktes gerichtet ist.

Somit ist zunächst unter **Politik im weiteren Sinne** menschliches Handeln zu verstehen, das bei Konflikten zwischen Menschen in Gruppen (z.B. Vereine, Schulklasse) zu einer spezifischen Form der Konfliktregelung führt. Politik ist in diesem Zusammenhang jedoch nicht der eigentliche Zweck der Gruppe. Der Zweck eines Sportvereins ist z.B. das gemeinsame Sportmachen und doch kann es zu verschiedenen Ansichten über die Gestaltung der Sportstätte kommen, die ein konfliktlösendes Handeln erforderlich machen.

Politik im engeren Sinne findet statt, wenn sich innerhalb einer Gesellschaft Institutionen etabliert haben, deren vordergründiger Zweck es ist, verbindliche Regeln des Zusammenlebens für die Gesamtgesellschaft festzulegen. Ziel dieser Institutionen ist es somit, durch politisches Handeln Konflikte, die durch die verschiedenen Interessen der unterschiedlichen gesellschaftlichen Gruppen entstehen, zu regeln. Gegenstand dieser Institutionen ist dann z.B. die Umweltpolitik, die Bildungspolitik oder die Sozialpolitik etc.

Zur Unterscheidung der komplexen Wirklichkeit von Politik werden in der Politikwissenschaft **drei Dimensionen** unterschieden: das institutionelle Normengefüge bzw. der politische Handlungsrahmen (**polity**), der Ablauf der politischen Prozesse (**politics**) und die Inhalte von Politik (**policy**). Diese unterschiedlichen Aspekte werden innerhalb der Politikwissenschaft zur Analyse von Politik in Staaten bzw. politischen Systemen verwendet. Zur näheren Betrachtung müssen diese politischen Objekte genauer definiert werden.

Handlungsrahmen der Politik (Polity)	Zum Handlungsrahmen von Politik gehören etwa das Wahlsystem und die Verhaltensregeln für die Akteure in Regierung, Parlament und Verfassungsgericht.
Politische Prozesse (Politics)	Zu den bedeutsamsten politischen Prozessen in den Demokratien zählen die Gesetzgebungsprozesse. Von Interesse ist dabei u. a., ob diese eher konflikt- oder kompromissorientiert ablaufen.
Politische Inhalte (Policy)	Die Betrachtung politischer Inhalte kann sich auf alle politischen Bereiche von der Familienpolitik über die Sozialpolitik bis hin zur Umweltpolitik beziehen.

Der Staat

Georg Jellinek

Die sog. „Drei-Elemente-Lehre“ basiert auf den Überlegungen des deutsch-österreichischen Staatsrechtlers Georg Jellinek (1851 - 1911). Demnach wird ein **Staat** durch ein abgegrenztes Hoheitsgebiet (**Staatsgebiet**), eine darauf ansässige (Kern-) Bevölkerung (**Staatsvolk**) sowie eine auf diesem Gebiet herrschende Gewalt (**Staatsgewalt**) definiert. Diese drei Merkmale sind laut Jellinek erforderlich, damit ein Staat den Status eines Völkerrechtssubjekts erlangen kann.

Der Staat trifft nicht nur verbindliche Regeln des Zusammenlebens, sondern er verfügt auch über eine öffentliche Verwaltung, die Entscheidungen implementiert sowie über ein Rechtssystem, das Konflikte reguliert. Zur Durchsetzung seiner Entscheidungen besitzt ein Staat zudem das Gewaltmonopol und sichert die Souveränität des Staates nach innen und außen. Er ist somit die Gesamtheit der öffentlichen Institutionen, die das Zusammenleben regeln.

Das politische System

Der Begriff des **Politischen Systems** ist umfangreicher als der des Staates. Politische Systeme sind keine starren Gebilde, sondern einem stetigen Wandel unterzogen und umfassen neben spezifischen Herrschaftsformen und Regimetypen auch Formen gesellschaftlicher und politischer Repräsentation. Dazu gehören ebenso nichtstaatliche Institutionen, Akteure, Normen und Verfahren, die im Rahmen eines verbindlichen Ordnungs- und Handlungsrahmens an politischen Prozessen und an der Formulierung von Inhalten beteiligt sind.

Input und Output des politischen Systems

Das politische System ist Adressat gesellschaftlicher Forderungen (**Input**). Diese Forderungen bzw. Eingaben, die sich konfliktär gegenüberstehen können, sind das „Rohmaterial“, aus dem die politischen Entscheidungen entstehen. Beispiele dafür sind z.B. Forderungen nach mehr Kindergeld oder mehr Zuwendungen im Bildungsbereich. Parteien, Interessenverbände und Massenmedien agieren dabei im intermediären Bereich, d.h. in dem Bereich zwischen Gesellschaft und Staat. Ihr Ziel ist es, die Interessen der Bürger in die Entscheidungsinstitutionen einzubringen.

Die wesentlichen Entscheidungsinstitutionen sind in Deutschland auf Bundesebene der Bundestag, der Bundesrat und die Bundesregierung. Hier werden Forderungen gebündelt, abgeschwächt, zurückgewiesen bzw. Entscheidungen getroffen und vereinbart, die auf die Gesellschaft zurückwirken, da sie für die Bevölkerung verbindlich sind (**Output**).

Das politische Entscheidungssystem

Das politische Entscheidungssystem entspricht im Grunde den staatlichen Institutionen und dient dazu, politische Entscheidungen zu treffen (**Regelsetzung**), die Vernünftigkeit dieser Entscheidungen zu überprüfen (**Regelkontrolle**) und die Entscheidungen umzusetzen (**Regelanwendung**). Aus den Entscheidungen können sich wieder neue Forderungen ergeben. Input und Output sind somit in einem Regelkreis miteinander verbunden.

In diesem Regelkreis hängt die Stabilität des politischen Systems davon ab, wie gut die Entscheidungsinstitutionen die verschiedenen Interessen der Bürger widerspiegeln. Probleme können in einem politischen System entstehen, wenn keine geeigneten Vermittler zwischen Bürgern und politischem Entscheidungszentrum existieren und somit bedeutende Forderungen der Bürger nicht aufgegriffen werden.

Modell des politischen Systems

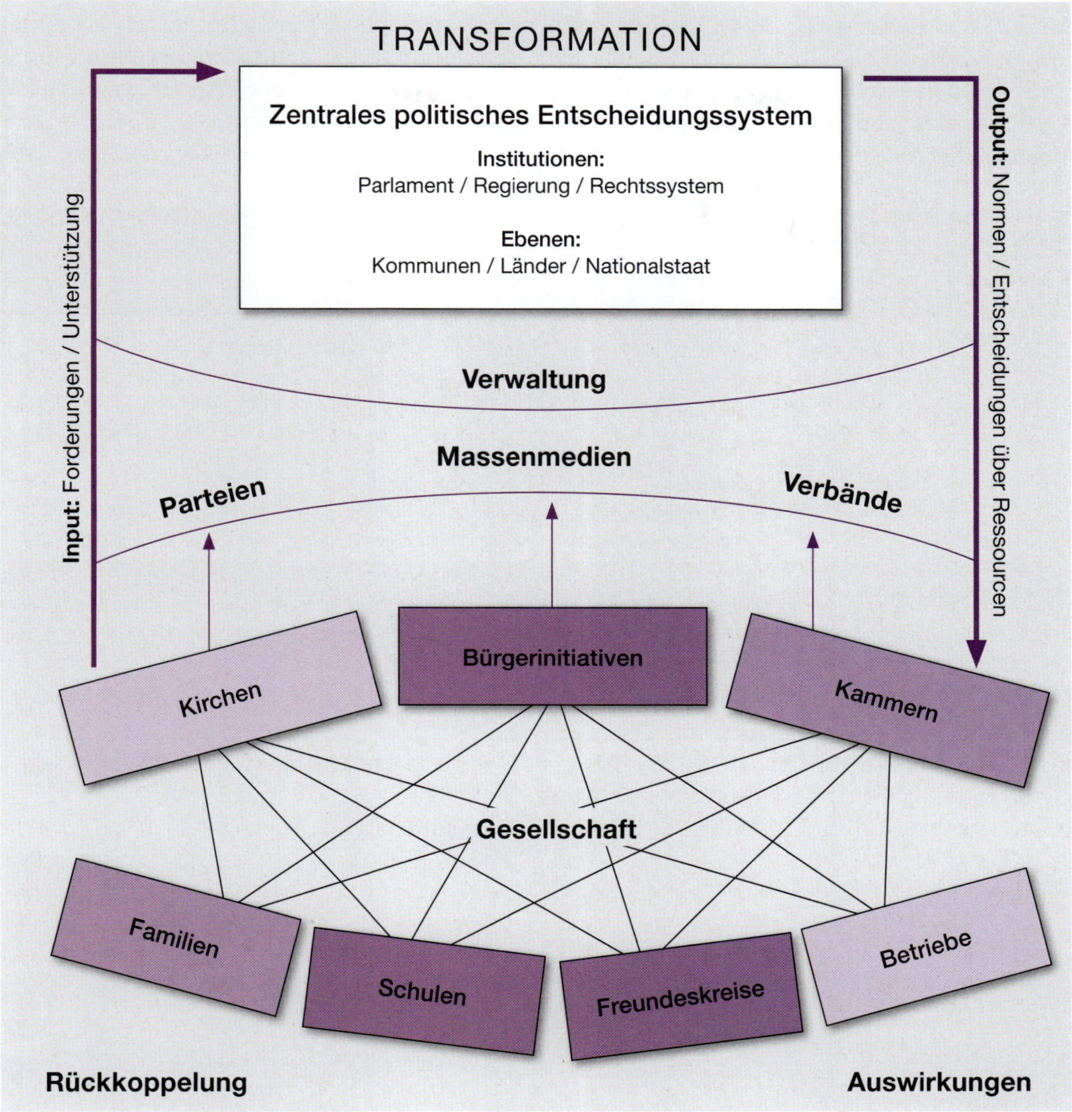

Modelle stellen eine vereinfachte Darstellung grundlegender Merkmale eines Sachverhaltes, eines Begriffes oder eines Phänomens dar. Sie sind somit nicht der Gegenstand selbst, erleichtern jedoch ein strukturelles Verstehen.

Aufgaben

1. Ermitteln Sie in Ihrem näheren Umfeld eine Gruppe von Menschen, in der Politik im weiteren Sinne betrieben wird. Nennen Sie den eigentlichen Zweck der Gruppe und erklären Sie, inwiefern politisches Handeln dennoch notwendig ist.

2. Erläutern Sie, inwiefern Energiepolitik Politik im engeren Sinne ist und worin der Unterschied zu Politik im weiteren Sinne besteht.

3. Beschreiben Sie anhand der Energiepolitik das politische System der Bundesrepublik Deutschland. Gehen Sie dabei darauf ein, welchen Input verschiedene gesellschaftliche Gruppen in das politische System einbringen, welche Rolle Parteien, Medien und Verbände spielen und nennen Sie Beispiele für den Output des politischen Entscheidungssystems.

Die drei Dimensionen des Politischen

Mit den drei Dimensionen des Politischen lassen sich politische von nichtpolitischen Phänomenen unterscheiden. Darüber hinaus kann die komplexe Wirklichkeit von Politik eingehend analysiert werden. Die Dimensionen begreifen Politik als multidimensional. Leitfragen helfen dabei, die verschiedenen Kategorien der jeweiligen Dimension zu einem politischen Problem bzw. Konflikt näher zu betrachten.

Polity (institutionell-formale Dimension)				
Polity bezeichnet den Ordnungs- und Handlungsrahmen, innerhalb dessen politisches Handeln stattfindet bzw. stattfinden kann.				
Kategorien (Bsp.)	Grundgesetz	Institutionen	Gesetze	Abkommen
Leitfragen	Welche Regeln schreibt das Grundgesetz vor?	Welche Institutionen sind beteiligt? Welche Kompetenzen haben sie?	Welche verbindlichen Rechtsnormen bzw. Gesetze gelten?	Gibt es internationale Abkommen, die einen Ordnungs- und Handlungsrahmen vorgeben?

Policy (normativ-inhaltliche Dimension)					
Policy bezeichnet die Inhalte und Probleme, mit denen sich Politik auseinandersetzt. Diese können sich u. a. auf verschiedene Politikfelder beziehen (z. B. Umweltpolitik, Gesundheitspolitik etc.).					
Kategorien (Bsp.)	Problem	Programme	Ergebnisse	Folgen	Beurteilung
Leitfragen	Was genau ist das politische Problem, um das es geht?	Welchen Zielhorizont geben politische Programme vor?	Welche Entscheidung wurde getroffen?	Welche Folgen hatte die Entscheidung?	Zu welchem Urteil kommen verschiedene Interessensgruppen bei der Auseinandersetzung mit möglichen Lösungen eines Problems?

Politics (prozessuale Dimension)				
Politics bezeichnet den Prozess der politischen Gestaltung durch Akteure, der durch die Vermittlung von Interessen sowie Konflikt und Konsens gekennzeichnet ist.				
Kategorien (Bsp.)	Akteure	Interessen	Macht	Legitimität
Leitfragen	Welche Akteure sind beteiligt/betroffen?	Welche Interessen werden vertreten/vermittelt/artikuliert/durchgesetzt?	Wer kann sich durchsetzen?	Wie kommen Entscheidungen zustande? Wie werden Mehrheiten gefunden?

Aufgaben

1. Analysieren Sie den Ausstieg aus der Kernenergie nach der Methode die drei Dimensionen des Politischen. Alternativ können Sie auch eine aktuelle politische Frage in Ihrem Bundesland (z. B. die Bildungspolitik) oder eine kommunalpolitische Fragestellung (z. B. ein Bauvorhaben, zu dem sich Bürgerinitiativen gegründet haben) nach dieser Methode analysieren.

2. Diskutieren Sie anschließend, inwiefern die Analyse nach den drei Dimensionen des Politischen ein tieferes Verstehen von Politik ermöglicht.

1.2 Politische Ideengeschichte

Leitfragen	Was bedeuten Liberalismus, Sozialismus und Konservatismus?	Welche sind ihre zentralen Ideen?	Wie haben sich politische Ideen im Laufe der Zeit gewandelt?

Zentrale politische Denkschulen

Die großen gesellschaftlichen, sozialen und wirtschaftlichen Veränderungen des 18. und 19. Jahrhunderts führten zu politischen Forderungen, auf die politische Theoretiker versucht haben Antworten zu finden. Diese fielen zum Teil sehr unterschiedlich aus. Die politischen Theoretiker beschäftigten sich mit den Bedingungen eines geordneten Zusammenlebens, dem Verhältnis zwischen Einzelnen und der Gemeinschaft sowie der Ausgestaltung und Legitimation staatlicher Herrschaft. Dabei haben sich vor allem drei Grundströmungen herausgebildet, die als ideologische Traditionslinien bis in die heutige Zeit für Parteien in Deutschland und anderen europäischen Staaten von Bedeutung sind: der **Liberalismus**, der **Sozialismus** und der **Konservatismus**.

Der **Liberalismus** hat als Kernziele die **Freiheit des Einzelnen** sowie die **Beschränkung staatlicher Herrschaft**, die nur soweit reichen soll, bis sie die Freiheit des Einzelnen begrenzt. Die Freiheit des Einzelnen soll hingegen enden, wo sie die Freiheit eines anderen einschränkt. Nach den Ideen des Liberalismus soll der Staat ein sog. **„Nachtwächterstaat"** sein. Seine Aufgabe ist es, uneingeschränktes Wirtschaften sicherzustellen. Der Liberalismus stellte sich grundsätzlich gegen Gilden und Zünfte sowie die Ständegesellschaft und forderte eine generelle Gewerbefreiheit für alle Menschen. Der Staat sollte hierfür einen rechtlichen Rahmen schaffen und die Menschen nur in äußersten Notlagen unterstützen. In seiner Reinform stellt sich der Liberalismus somit bis auf äußerste Notlagen gegen jedwede staatlichen Eingriffe in das soziale und wirtschaftliche Leben der Menschen und plädiert für eine Selbsthilfe der Menschen in allen Lebenslagen. Noch heute sind liberale Parteien Verfechter des Freiheitsgedanken und lehnen Eingriffe des Staates in die Privatsphäre des Einzelnen ab.

Der **Sozialismus** verfolgt das Ziel der Erschaffung einer **solidarischen Gesellschaft**. Soziale Unterschiede werden abgelehnt. Die individuelle Freiheit soll dort enden, wo sie der Gesamtgesellschaft schadet. Die Idee des Sozialismus entstand im Laufe der Industrialisierung in Zusammenhang mit der Herausbildung der Arbeiterbewegung und der sozialen Frage. In der Folge bildeten sich Parteien, die die Ideen des Sozialismus vertraten und sich u. a. gegen den Klassenunterschied zwischen Fabrikbesitzern und Arbeitern wandten. Während kommunistische Parteien die revolutionäre Abschaffung der kapitalistischen Wirtschaftsordnung forderten, waren andere Parteien wie die Sozialdemokraten nicht davon überzeugt, dass sich die Freiheit des Einzelnen grundsätzlich dem Gemeinwohl unterordnen soll. Auch heutige sozialdemokratische Parteien vertreten nicht die Ziele des ursprünglichen Sozialismus. Sie stehen den Gewerkschaften jedoch noch immer nahe und stellen in ihren Programmen „das Soziale" als besonderen Aspekt heraus.

Der **Konservatismus** entwickelte sich in Opposition zu liberalen und demokratischen Ideen, die

Ideologie

Im politischen Sinne dienen Ideologien zur Begründung und Rechtfertigung politischen Handelns. Ideologien sind daher immer eine Kombination von […] bestimmten Weltanschauungen, die jeweils eine spezifische Art des Denkens und des Wertsetzens bedingen, und […] eine Kombination von bestimmten Interessen und Absichten, die i. d. R. eigenen Zielen dienen, d. h. neben der Idee und Weltanschauung auch den Wunsch zur konkreten politischen und sozialen Umsetzung ausdrücken. Ideologien sind wesentlicher Teil politischer Orientierung; sie sind sowohl Notwendigkeit als auch Begrenzung politischen Handelns.

Klaus Schubert/Martina Klein: Das Politiklexikon – Begriffe – Fakten – Zusammenhänge. 5. aktualisierte Auflage, 2011. Zentralen für politische Bildung

jeweils neue Herrschaftsordnungen anstrebten. Nach der konservativen Idee sollte die herrschende politische Ordnung bewahrt werden. **Ungleichheiten zwischen den Menschen** wurden als **naturgegeben** angesehen, jedoch durch das Prinzip der Nächstenliebe zumindest abgemildert. Im Laufe der Zeit hat sich eine als **liberaler Konservatismus** zu bezeichnende Ideologie entwickelt, die sich nicht gegen demokratische Herrschaftsformen wendet. Dennoch sind konservative Parteien auch heute i. d. R. gegen jedweden sozialistischen Kollektivismus sowie unbeschränkten liberalen Individualismus. Die **Christdemokratie**, in der konservative Werte erhalten geblieben sind, betont den christlichen Werten folgend stark den Schutz der Familie.

Die zentralen politischen Denkschulen im Vergleich

	Liberalismus	Sozialismus	Konservatismus
Zentrale Idee	Die Freiheit des Einzelnen hat Vorrang vor der Gemeinschaft.	Eine politisch und sozial gerechte Gesellschaft.	Bewahren überlieferter Autoritäten, Werte, Sitten und Gebräuche.
Menschenbild	Der Mensch ist vernunftbegabt und hat von Natur aus ein Recht auf Freiheit und Eigentum.	Der Mensch ist von Natur aus gemeinwohlorientiert.	Der Mensch ist von Natur aus schwach und bedarf der Einbindung in Staat, Familie und Religion.
Gesellschaftsbild	Aus der freien Entfaltung des Einzelnen entsteht Wohlstand und Fortschritt der Gesellschaft.	Die Gemeinschaft hat Vorrang vor dem Einzelnen. Alle müssen nach dem Gemeinwohl streben.	Die Gesellschaft wird durch den Staat, Autoritäten und überlieferte Werte zusammengehalten.
Bild vom Staat	Der Staat hat die Funktion, die Freiheit des Einzelnen zu schützen und Rechtssicherheit zu gewährleisten.	Der Staat sorgt mittels Umverteilung für soziale und politische Gleichheit.	Der Staat hat die Funktion, die Menschen zu schützen und für Ordnung zu sorgen.
Zentrale politische Ziele	1. Freiheit des Einzelnen, 2. Beschränkung staatlicher Macht, 3. Trennung von Staat und Kirche, 4. Freie Marktwirtschaft.	1. Politische und soziale Gleichheit, 2. Vergesellschaftung der Produktionsmittel.	1. Verankerung staatlicher Ordnung in traditionellen Werten, 2. Recht und Ordnung als zentrale Staatsaufgaben, 3. Keine revolutionären Veränderungen.
Wichtige Vertreter	John Locke, John Stuart Mill, Adam Smith	August Bebel, Jean-Jacques Rousseau, Karl Marx	Edmund Burke, Thomas Hobbes

Aufgaben

1. Im Bereich der Sozialpolitik werden u. a. folgende Ansätze diskutiert:
   - steuerfinanzierte Grundsicherung für alle Bürger
   - Auflösung der privaten Krankenkassen zugunsten einer einheitlichen gesetzlichen Krankenkasse für alle
   - nur geringe Fürsorge für stark Bedürftige
   - Abschaffung der Pflichtversicherungen
   - Betreuungsgeld für Familien, die ihre Kinder zu Hause betreuen

   Weisen Sie den Ansätzen jeweils eine der Grundströmungen der zentralen politischen Denkschulen zu und formulieren Sie Erwiderungen von Vertretern der anderen Lager.

2. Ermitteln Sie in den Programmen der FDP, SPD und CDU/CSU Forderungen und Ziele, in denen die Kontinuität des traditionellen Liberalismus, Sozialismus und Konservatismus zu erkennen sind. Stellen Sie Ihre Ergebnisse anschließend Ihren Mitschülern vor.

M „Ich bin ein linker, liberaler Konservativer"

Das Interview mit Joachim Gauck wurde im Juni 2010, als er gegen Christian Wulff um das Amt des Bundespräsidenten kandidierte, geführt.

RP Online: Sind Sie denn nun ein Konservativer?

Gauck: Selbstverständlich bin ich auch ein Konservativer. Ich habe aber auch liberale und linke Elemente in meinem Denken. Daher gilt: Ich bin ein linker, liberaler Konservativer.

RP Online: Was ist derzeit besonders ausgeprägt?

Gauck: Das kann ich nicht sagen. Ich bin zunächst und vor allem Joachim Gauck und nicht etwas mehr oder weniger sozialdemokratisch, christdemokratisch oder liberal.

RP Online: Sind Sie ein Patriot?

Gauck: Absolut. Und zwar im Sinne von Johannes Rau. Ein Patriot liebt sein Vaterland. Ein Nationalist verachtet die Vaterländer der Anderen. [...]

RP Online: Sind Sie stolz auf Deutschland?

Gauck: Ja. Und das hätte ich vor 20 Jahren noch nicht gesagt. Aber wann dürfen Deutsche stolz sein, wenn nicht heute? Wir haben Rechtsstaat und Freiheit in unserem Land verankert. Wir haben Großartiges geleistet. Ich habe 1989 erlebt, dass Deutsche Freiheit wollen und dafür auch kämpfen können. Dass das geglückt ist, gibt diesem Land und seinen Bürgern eine große Kraft. Da wurde es zur puren Freude, Bürger zu sein. Daraus ist eine Dankbarkeit erwachsen, aus der auch Stolz werden kann. Ein wunderschönes, befreiendes Gefühl. Wir sind nicht mehr eine Mördernation. Wir sind eine freiheitliche, demokratische Nation, ein schönes Land mit aktiven Bürgern. [...]

RP Online: Wen schätzen Sie unter den bisherigen Bundespräsidenten am meisten?

Gauck: Sehr viele. Jeder hat auf seine Art verstanden, gegenüber den Bürgern ein ständiger Vertreter unserer politischen Institutionen, unseres ganzen Gemeinwesens, zu sein. Manchmal erinnere ich an Gustav Heinemann, der oft vergessen wird. Es war Heinemann, der die Freiheit in einer besonderen Weise geliebt hat und sogar, was viele nicht wissen, in Rastatt ein Freiheitsmuseum ins Leben gerufen hat.

RP Online: Zur Freiheit gehört Gerechtigkeit. Ist die soziale Balance in Deutschland, etwa durch das von der Bundesregierung beschlossene Sparpaket, in Gefahr?

Gauck: Ich bin kein Fachmann in Wirtschaftsfragen. Aber ich habe wie jeder andere Bürger ein Gespür dafür, was gerecht ist. Wenn gespart wird, kann es nicht angehen, dass es die einen, die tatsächlich wirtschaftliche Probleme haben, deutlich trifft und die anderen, denen es vielleicht kaum wehtut, weniger oder gar nicht herangezogen werden. Ich möchte keine Zensuren verteilen, aber ich möchte Fragen stellen. Sparen ja, aber sind alle Bevölkerungsgruppen gleichermaßen betroffen? Wer am unteren Rand der Gesellschaft lebt, spürt den Wegfall des Heizkostenzuschusses sofort. Würde es den Verlust von Lebensqualität bedeuten, wenn man im oberen Segment ein bisschen mehr wegnimmt?

RP Online: Würden Sie denn freiwillig mehr Steuern zahlen?

Gauck: Ja, nicht mit Begeisterung. Aber als Bürger ist es für mich selbstverständlich, dass ich einen Beitrag zur Generationengerechtigkeit leiste. Das Sparpaket ist ja kein Selbstzweck, es geht um die Zukunft unserer Kinder und Enkelkinder.

RP Online: Zahlen Deutsche zu viele Steuern?

Gauck: Ich will mich hier nicht im Detail äußern. Grundsätzlich gilt, dass alle Teile der Gesellschaft je nach persönlicher Leistungsfähigkeit Verantwortung tragen sollen. Die Bereitschaft, höhere Steuern zu zahlen, nimmt zu, wenn diese Form der Verhältnismäßigkeiten erkennbar ist.

RP Online: Die Linken vermissen bei Ihnen den Sinn für die soziale Gerechtigkeit.

Gauck: Wer Politik nur als Sozialpolitik versteht, hat einen verengten Politikbegriff. Das Wesen der Politik ist umfassender. Im Mittelpunkt der Demokratiebewegungen standen zunächst nicht die Versorgung der Menschen, sondern gleiche Rechte und Chancen für alle. Ich halte es mit Hannah Arendt. Der Sinn von Politik ist Freiheit. Erst danach stellt sich die Frage, wie in Freiheit die gleichen Rechte für jeden realisiert werden können.

RP Online: Was heißt das konkret?

Gauck: Freiheit, wie ich sie verstehe, bindet sich an das Gemeinwohl. Sie nimmt den besser Gestellten, um es den schlechter Gestellten zu geben und schafft damit soziale und ökonomische Voraussetzungen für eine möglichst große Chancengleichheit. Selbstverwirklichung in Freiheit gelingt beispielsweise nur, wenn Kinder und Jugendliche über gleiche Bildungschancen verfügen – unabhängig von ihrem Elternhaus oder ihrer sozialen Herkunft. So berühren sich liberales und wertkonservatives Denken mit dem Denken in sozialen Dimensionen.

RP Online: Haben Sie einen Staatsbegriff zwischen Nachtwächter- und Fürsorgestaat, der besser wäre?

Gauck: Ja, das ist die solidarische Gesellschaft, in der der Einzelne für sich Verantwortung übernimmt und wir alle füreinander. Dieses Modell steht auch im Grundgesetz: Die Bundesrepublik Deutschland ist ein sozialer Rechtsstaat. Das Modell kommt aber an seine Grenzen, wenn es die Menschen nicht zu selbstbewusstem Handeln ermutigt, sondern ein Leben in Abhängigkeit und in abwartender Erwartung auf einen fürsorglichen Staat fördert.

Michael Bröcker/Eva Quadbeck, RP Online, 20.2.2012

Aufgaben

1. Arbeiten Sie die unterschiedlichen politischen Positionen Gaucks aus dem Interview heraus und ordnen Sie diese den drei zentralen politischen Denkschulen zu. (M)
2. Begründen Sie, welcher politischen Strömung Sie Joachim Gauck am ehesten zurechnen.

1.3 Identitäts- und Konkurrenztheorie der Demokratie

Leitfragen

- Was ist Demokratie und wie lässt sie sich verwirklichen?
- Worin unterscheiden sich Identitäts- und Konkurrenz- bzw. Pluralismustheorie?
- Welchen Einfluss hatten bzw. haben politische Theorien auf das politische System Deutschlands?

Demokratietheorien

„Demokratie ist Regierung des Volkes durch das Volk für das Volk". Auf diese zunächst einfach erscheinende Formel hat der einstige amerikanische Präsident Abraham Lincoln (1809 – 1865) die Frage danach, was Demokratie (von griech. demos = Volk, kratein = herrschen) eigentlich ist, gebracht. Doch lässt sie völlig offen, wie die Regierung mit Macht ausgestattet, wie das gesamte Volk herrschen und wie Gesetze für das gesamte Volk, in dem es oft fundamental verschiedene Interessen gibt, beschlossen werden sollen. Staatstheoretiker haben teilweise sehr unterschiedliche Antworten auf die Frage, wie Demokratie genau ausgestaltet sein soll, hervorgebracht.

Zwar gab es bereits in der Antike Staatstheoretiker, die sich mit dem demokratischen Aufbau eines Staates auseinandergesetzt haben, seit Beginn der Aufklärung wurden jedoch moderne Demokratietheorien für die heutigen Staaten relevant. Neben der von Jean-Jaques Rousseau (1712 – 1778) entwickelten **Identitätstheorie**, entstand im angelsächsischen Raum u. a. durch James Madison (1751 – 1836) die **Konkurrenztheorie**, die in Deutschland durch Ernst Fraenkel (1898 – 1975) zur **Pluralismustheorie** weiterentwickelt wurde. Die Theorien unterscheiden sich insbesondere dahingehend, wie in einem Staat das Gemeinwohl erreicht werden kann.

Exkurs: Staatsform versus Herrschaftsform

Innerhalb der Politikwissenschaft unterscheidet man **Staatsformen** von **Herrschaftsformen**. Staatsformen beschreiben die äußere politische Organisationsform eines Staates. Es gibt mehrere Möglichkeiten, Staatsformen voneinander abzugrenzen. Ist das „Staatsoberhaupt" das zentrale Unterscheidungskriterium, gibt es weltweit nur zwei unterschiedliche Typen von Staatsformen: **Republik** und **Monarchie**. Während eine Monarchie über ein gekröntes oder fürstliches Staatsoberhaupt verfügt, sind alle Staaten ohne Kaiser, König oder Fürsten Republiken. Bei den Herrschaftsformen wird danach unterschieden, von wem die Staatsgewalt ausgeht. Hauptsächlich unterscheidet man zwischen **Demokratie** und **Diktatur**.

Klassisch werden sowohl zwei demokratische als auch zwei diktatorische Herrschaftsformen voneinander unterschieden: Innerhalb einer **repräsentativen Demokratie** wählen die Staatsbürger Volksvertreter, die in einem Parlament stellvertretend für die Bevölkerung Gesetze erlassen und je nach Regierungssystem auch die Regierung wählen. Bei der **direkten Demokratie** werden politische Entscheidungen durch plebiszitäre Abstimmungen direkt vom Volk gefällt. Dabei können die Bürger entweder über einen bestimmten politischen Sachverhalt abstimmen oder zwischen mehreren politischen Alternativen auswählen. Diktatorische Herrschaftsformen sind gekennzeichnet durch die Eingrenzung oder Abschaffung der Grund- und Menschenrechte. Gleichzeitig wird die Macht über Volk und Staat von einer Einzelperson oder einer Gruppe bzw. Partei uneingeschränkt ausgeübt. Im Gegensatz zu **autoritären Diktaturen** weisen **totalitäre Diktaturen** als besonderes Merkmal zusätzlich eine allgemeingültige Staatsideologie (Nationalsozialismus, Stalinismus etc.) und/oder einen speziellen Personenkult (z. B. Führerkult) auf.

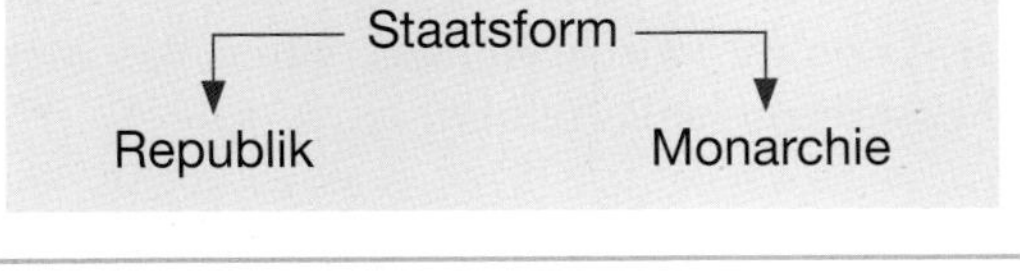

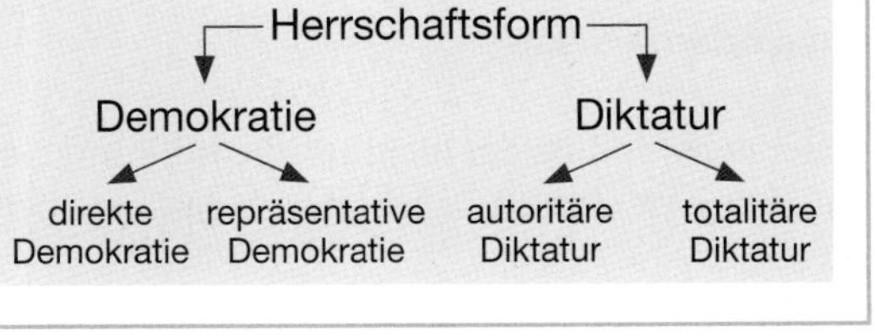

Identitätstheorie

Jean-Jacques Rousseau beeinflusste mit seiner 1762 erschienenen Schrift „Du Contrat Social" den Diskurs über Demokratie nachhaltig.

Rousseau war vom absolutistischen Regierungssystem Frankreichs geprägt, gegen das er sich mit seiner Staatstheorie wandte. Sein Prämisse war: „Der Mensch ist zwar frei geboren, doch überall liegt er in Ketten". Im Mittelpunkt seines Denkens stand die Idee der Volkssouveränität, d.h. dass das Volk oberste Gewalt des Staates ist und dass staatliches Handeln nur durch das Volk legitimiert werden kann. Ein weiterer zentraler Punkt von Rousseaus Identitätstheorie ist die Orientierung an einem einheitlichen Volkswillen und einem vorgegebenen (a priori) Gemeinwohl, welches vernunftgeleitet, d.h. objektiv erkennbar und einheitlich ist und deshalb von vornherein feststeht. Meinungsverschiedenheiten bzw. egoistische Einzelinteressen zwischen den Bürgern gibt es nur aufgrund mangelnden Wissens. Sie werden in der Volksversammlung ausgeglichen, indem jeder aufgrund eines vernünftigen Urteils entscheidet. Eine der Entscheidung vorausgehende Diskussion ist somit genauso wenig zulässig wie intermediäre Organisationen, z.B. Parteien oder Verbände, da diese Träger egoistischer Sonderinteressen sind, die sich gegen das Gemeinwohl wenden. In einer Demokratie nach diesen Prämissen sind die Regierten und die Regierenden identisch. Voraussetzungen für die Umsetzung der Identitätstheorie sind, dass das Staatsgebiet klein ist (da sich sonst nicht alle Bürger treffen können), die Gesellschaft möglichst homogen ist und in der Erziehung die Ausbildung vernunftgeleiteter Entscheidungen berücksichtigt wird.

Einfluss der Identitätstheorie auf moderne Staaten

Unter dem Einfluss der Identitätstheorie wurde im Laufe des 19. und 20. Jahrhunderts das allgemeine und gleiche Wahlrecht entwickelt und die Sklaverei abgeschafft. Zugleich diente die Identitätstheorie aber auch zur Legitimation von Diktaturen. In der Tradition dieses Demokratieverständnisses standen z.B. die kommunistischen „Volksdemokratien". Auch der bedeutende deutsche Staatsrechtler Carl Schmitt (1888 – 1985), der die Herrschaft Hitlers theoretisch zu rechtfertigen suchte, war ein Anhänger der Identitätstheorie. Dass die Identitätstheorie in der Praxis auch zur Entwicklung von Diktaturen führen kann, ist dabei bereits in der Theorie von Rousseau angelegt, da die Unterordnung des Einzelnen unter die Gemeinschaft die Gefahr autoritärer und totalitärer Entwicklungen birgt.

Konkurrenztheorie

James Madison begründete im Federalist-Artikel Nr. 10 seine Vorstellung von einem demokratischen Staatswesen.

In bewusster Abgrenzung zu Rousseau entwickelten die amerikanischen Verfassungsväter die Konkurrenztheorie. Sie waren der Ansicht, dass die Voraussetzungen für eine Demokratie nach Rousseau nicht gegeben waren. Zudem gingen sie davon aus, dass es kein objektives Gemeinwohl gibt, sondern dass die Gesellschaft in verschiedene Gruppen aufgeteilt ist, die naturgegeben verschiedene politische Interessen vertreten. James Madison hat darauf basierend eine Theorie für eine demokratische Herrschaftsform entwickelt, die auch den Anforderungen eines großen Territorialstaats Rechnung trägt. Die Theorie sieht vor, dass die Willensbildung in solch einem Staat durch einen offenen Prozess zwischen den heterogenen Gruppeninteressen geschehen soll. Die Bürger wählen hierfür Repräsentanten, die ihre jeweiligen Interessen vertreten. Aufgrund der Vielfalt der möglichen konfliktären Interessen werden Entscheidungen durch das Mehrheitsprinzip herbeigeführt.

Fortentwicklung der Konkurrenztheorie: die Pluralismustheorie

Seine grundlegende Abhandlungen zum Pluralismus publizierte Ernst Fraenkel im Band „Deutschland und die westlichen Demokratien" (1964).

Der deutsche Politikwissenschaftler Ernst Fraenkel stimmte in wesentlichen Punkten mit Madison überein. Er lehnte die Idee eines a priori Gemeinwohls ab, da er dies aus wissenschaftlicher Sicht nicht als beweisbar betrachtete. Das Gemeinwohl soll vielmehr (a posteriori) durch einen Interessenausgleich zwischen den einzelnen Gruppen erreicht werden. Fraenkel sah es als unbestreitbare Tatsache an, dass es Bereiche des Zusammenlebens gibt, über die man unausweichlich abstimmen müsse, da sich die Bevölkerung über deren Ausgestaltung uneinig sei (es gibt also plurale = mehrere Interessen). Er verstand es jedoch als consensus omnium, d.h. als Übereinstimmung aller Bürger, dass Teile des gesellschaftlichen Lebens feststehen und über diese nicht abgestimmt werden darf. Hierzu gehören die Achtung der Menschenrechte, die Orientierung an den Prinzipien des Rechtsstaates, das Mehrheitsprinzip sowie politische Freiheiten, wie z.B. die Meinungsfreiheit. Die Achtung dieses Grundkonsenses soll der Staat im Rahmen eines pluralistischen Systems sicherstellen. Damit innerhalb eines Staates die pluralistischen Interessen positive Wirkungen entfalten können, ist es von hoher Bedeutung, dass möglichst alle wesentlichen in der Gesellschaft be-

Gemeinwohl

Politisch-soziologische Bezeichnung für das Gemein- oder Gesamtinteresse einer Gesellschaft, das oft als Gegensatz zum Individual- oder Gruppeninteresse gesetzt wird. Dabei wird i. d. R. übersehen, dass in pluralistischen, offenen Gesellschaften die konkrete inhaltliche Bestimmung des Gemeinwohls immer von den Interessen und Zielen derjenigen abhängig ist, die sich auf das Gemeinwohl berufen und das Gemeinwohl bestimmen (wollen) und/oder derjenigen, denen die Verwirklichung des Gemeinwohls nutzt. [Es] bleibt strittig, a) ob sich das jeweils konkrete Gemeinwohl lediglich als Summe der individuellen Interessen ergibt oder ob es eine eigene spezifische Qualität hat und b) ob erst rückblickend (ex post) oder bereits vorher (ex ante) festgestellt werden kann, ob ein konkretes Vorhaben dem Gemeinwohl tatsächlich dient.

Klaus Schubert/Martina Klein: Das Politiklexikon – Begriffe – Fakten – Zusammenhänge. 5. aktualisierte Auflage, 2011. Zentralen für politische Bildung

Identitäts- und Pluralismustheorie im Überblick

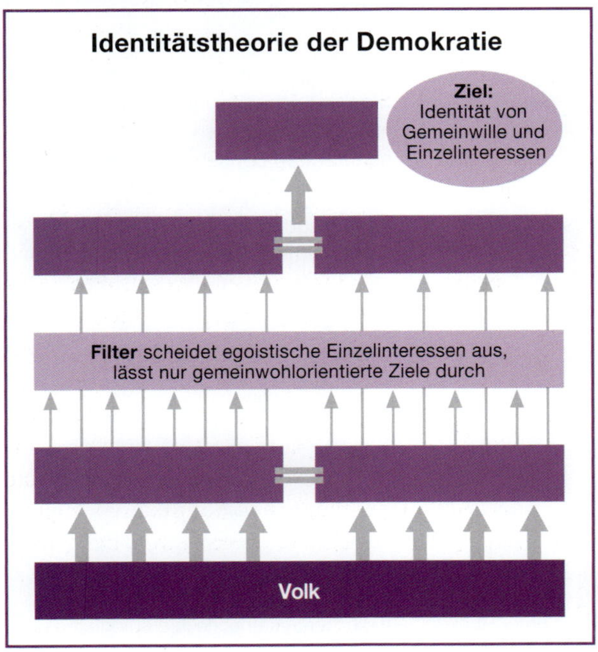

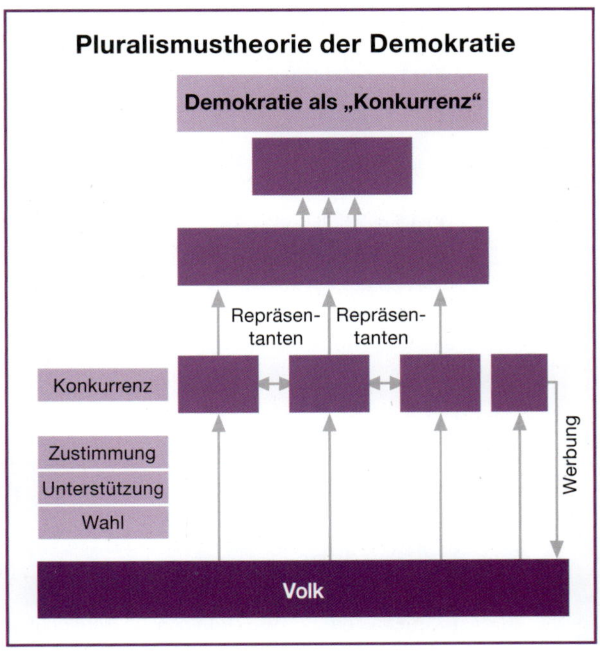

www.dadalos.org

stehenden Interessen politisch organisiert sind und es ein Machtgleichgewicht zwischen ihnen gibt. Hierin liegen wesentliche Kritikpunkte der Pluralismustheorie, da die Interessen von wirtschaftlich besonders potenten Gruppen (z. B. Gewerkschaften, Arbeitgeberverbände) oftmals einen stärkeren Einfluss auf politische Entscheidungsprozesse entfalten können als die Interessen von wirtschaftlich schwächeren Gruppen (z. B. Kinder, Rentner).

Vergleich der Identitätstheorie und der erweiterten Konkurrenztheorie/Pluralismustheorie

	Rousseau	Fraenkel
	Identitätstheorie	*Erweiterte Konkurrenztheorie, Pluralismustheorie*
Menschenbild	Der Mensch ist frei, gleich und friedlich. Da erst die Zivilisation zu Unterdrückung und Herrschaft führt, muss jeder Mensch quasi gezwungen werden frei zu sein.	Der Mensch hat von Natur aus unterschiedliche Interessen, die berechtigt sind.
Gemeinwohl	besteht *a priori*	consensus omnium + Entstehung *a posteriori*
Verhältnis Regierende/ Regierte	identisch	Repräsentation
Entscheidungsverfahren	plebiszitär	Wahl von Volksvertretern
Menschen- und Bürgerrechte	werden dem Gemeinwohl untergeordnet	sind unabänderlich
Minderheitenschutz/ Partikularinteressen	nicht legitim (keine Partikularinteressen)	durch Wertekodex und Bildung von Parteien
Voraussetzungen	kleiner Staat, homogene Gesellschaft, Erlernen der Bildung vernunftsbezogener Urteile	Organisation aller Interessen, Machtgleichheit zwischen den Interessensgruppen, der Staat schützt den consensus omnium
Kritik	Gefahr des Machtmissbrauchs durch Diktaturen	Bevorzugung der Interessen wirtschaftlich Bessergestellter

Aufgabe

Erläutern Sie, wie diktatorische Herrschaftssysteme unter Rückgriff auf die Identitätstheorie ihre autoritären und totalitären Regime rechtfertigen könnten.

M Exkurs: Ökonomische Theorie der Demokratie

Anthony Downs (geboren 1930) gilt als ein Begründer der ökonomischen Theorie der Demokratie. Im Jahre 1957 veröffentlichte er sein wegweisendes Buch „An Economic Theory of Democracy". Die aus der Wirtschaftswissenschaft stammende Theorie wird auch als Rational-Choice-Theorie bezeichnet.

Die ökonomische Analyse besteht [...] aus zwei Hauptschritten: aus der Auffindung der Ziele, die der betreffende Entscheidungsträger anstrebt, und aus einer Analyse, die zeigt, auf welche Weise sie am besten zu erreichen sind, das heißt mit dem geringsten Aufwand an knappen Mitteln. Bei der Durchführung des ersten Schrittes haben die Theoretiker im Allgemeinen versucht, die Zwecke jedes Wirtschaftssubjekts auf ein einziges Ziel zu reduzieren, so dass man einen wirtschaftlichsten Weg zu seiner Erreichung finden kann. Wenn eine Vielzahl von Zielen zugelassen wird, dann können die zur Erreichung des einen geeigneten Mittels den Weg zu einem anderen versperren. Folglich kann man dann dem rationalen Entscheidungsträger keinen Kurs vorschreiben, den er als den allein richtigen verfolgen müsste. Um diese Schwierigkeiten zu vermeiden, setzen die Theoretiker fest, dass die Unternehmungen den Gewinn und die Verbraucher den Nutzen maximieren. Alle anderen Ziele, die beide Seiten haben mögen, werden als Abweichungen betrachtet, die den rationalen Kurs auf das Hauptziel modifizieren.

In einer solchen Analyse wird der Begriff rational niemals auf die Ziele, sondern stets nur auf die Mittel eines Handlungsträgers angewendet. Dies folgt aus der Definition von rational als wirtschaftlich, das heißt den Output eines bestimmten Input maximierend bzw. den zur Erreichung eines bestimmten Output nötigen Input minimierend.

Ökonomische Rationalität lässt sich formell [...] definieren. Ein rationaler Mensch ist einer, der sich wie folgt verhält:

(1) wenn er vor einer Reihe von Alternativen gestellt wird, ist er stets im Stande, eine Entscheidung zu treffen;

(2) er ordnet alle Alternativen, denen er gegenübersteht, nach seinen Präferenzen so, dass jede im Hinblick auf jede andere entweder vorgezogen wird oder indifferent oder weniger wünschenswert ist;

(3) seine Präferenzordnung ist transitiv;

(4) er wählt aus den möglichen Alternativen stets jene aus, die in seiner Präferenzordnung den höchsten Rang einnimmt;

(5) er trifft, wenn er vor den gleichen Alternativen steht, immer die gleiche Entscheidung.

Alle rationalen Entscheidungsträger in unserem Modell – politische Parteien, Interessengruppen und Regierungen eingeschlossen – besitzen diese Eigenschaften. [...] Unser Ansatz zur Analyse von Wahlen veranschaulicht, wie sich diese Definition der Rationalität auswirkt. Die politische Funktion von Wahlen in einer Demokratie ist, so nehmen wir an, das Auswählen einer Regierung. Daher ist im Zusammenhang mit Wahlen ein Verhalten rational, das auf dieses Ziel und kein anderes ausgerichtet ist.

Unser Modell beruht auf der Annahme, dass jede Regierung das Ausmaß an Ansehen und Unterstützung, das sie beim Volk genießt, zu maximieren sucht. Wir nehmen ferner an, dass wir es mit einer Regierung in einer demokratischen Gesellschaft zu tun haben, in der periodisch Wahlen abgehalten werden, dass das Hauptziel der Regierenden die Wiederwahl ist und dass ferner ein Wahlsieg das Ziel auch jener Parteien ist, die im Augenblick nicht regieren. Nach jeder Wahl beherrscht die Partei, die die meisten Stimmen (wenn auch nicht unbedingt eine absolute Mehrheit) erhält, bis zur nächsten Wahl den gesamten Staatsapparat, Zwischenabstimmungen, entweder durch das Volk als Ganzes oder durch ein Parlament, sind dabei ausgeschlossen. Die regierende Partei verfügt daher über unbegrenzte Handlungsfreiheit innerhalb der durch die Verfassung gesetzten Grenzen.

Schlussfolgerungen aus der Theorie

[...]

Satz 2. In einem Zweiparteiensystem stimmen beide Partner in allen Fragen überein, für die eine Mehrheit der Bürger eine starke Vorliebe hat.

Satz 3. In einem Zweiparteiensystem sind die politischen Konzepte der Parteien (a) verschwommener, (b) einander ähnlicher und (c) weniger direkt mit Ideologien verknüpft als in einem Mehrparteiensystem.

Satz 4. In einem von einer Koalition regierten Mehrparteiensystem unternimmt die Regierung weniger wirksame Schritte zur Lösung der sozialen Grundprobleme, und ihre Politik ist weniger integriert und folgerichtig als in einem Zweiparteiensystem.

Anthony Downs, Ökonomische Theorie der Demokratie, übersetzt von Leonhard Walentik, Tübingen 1968, S. 4ff.

Aufgabe

Überprüfen Sie die Aussagen der ökonomischen Theorie der Demokratie, indem Sie das Verhalten der Parteien in Wahlkämpfen in einer aktuell anstehenden Wahl beobachten. Halten Sie fest, welche Aussagen der Theorie zutreffen und welche nicht.

1.4 Kernelemente moderner Demokratien

Leitfragen	Welche Elemente kennzeichnen die Demokratie?	Wie wird demokratische Herrschaft kontrolliert und begrenzt?	Vor welchen Herausforderungen stehen die modernen Demokratien?

Merkmale moderner Demokratien

Nicht nur die Grundströmungen des politischen Denkens und der politischen Theorien entwickeln sich stets fort, sondern auch demokratische politische Systeme sind nie endgültig abgeschlossen und passen sich an neue Begebenheiten an. Dennoch können Kernelemente identifiziert werden, die moderne Demokratien auszeichnen.

Volkssouveränität

Volkssouveränität ist ein fundamentales Merkmal aller Demokratien, welches besagt, dass die höchste Gewalt des Staates und oberste Quelle der Legitimität das Staatsvolk selbst ist („Alle Staatsgewalt geht vom Volke aus.“, Art. 20 Abs. 2 GG). Die Idee der Volkssouveränität setzte sich mit den Menschenrechtserklärungen des 18. Jahrhunderts allgemein durch und wurde mit dem Prinzip der Gewaltenteilung zum Fundament des modernen Verfassungsstaates.

Unter der Prämisse, dass alle Menschen von Natur aus gleiche Rechte haben, lässt sich eine Herrschaft von Menschen über Menschen, ohne dass diese zustimmen, nicht rechtfertigen. Herrschaft für das Volk geht somit Hand in Hand mit Herrschaft *durch* das Volk. Staatliche Herrschaft muss also durch das Volk legitimiert werden. Dies bedeutet jedoch nicht, dass das Volk die Herrschaft unmittelbar ausüben muss. Moderne Demokratien sind vielmehr durch politische und gesellschaftliche Institutionen (Parlamente, Parteien etc.) gekennzeichnet, die die Teilhabe der Bevölkerung auf gesetzlich geregelte Teilhabeverfahren (z. B. Wahlen) beschränken. Wahlen sichern die Volkssouveränität, indem sie die Herrschaft legitimieren und das Staatsvolk an politischen Entscheidungsprozessen beteiligen. In den meisten modernen Demokratien gelten sog. Wahlgrundsätze, nach denen die Wahlen allgemein, frei, geheim, gleich und direkt stattfinden müssen. Je nachdem, ob alle, nur ein gewisser Teil oder gar keiner dieser Wahlgrundsätze bei einer Wahl gegeben sind, unterscheidet man zwischen **freien** oder **unfreien Wahlen.**

Rechtsstaat

Das Rechtsstaatsprinzip entstand als Idee im 19. Jahrhundert. Unter Rechtsstaatlichkeit ist zunächst zu verstehen, dass die Gesetze in einem Staat sowohl nach bestimmten Regeln zustande kommen als auch dass sich der Staat an diese Gesetze hält (**formales Rechtsstaatprinzip**). Problematisch an dieser Form der Anwendung des Rechtsstaatsprinzips ist jedoch, dass ohne eine Bindung der staatlichen Macht an unumstößliche Grundwerte eine „Diktatur der Mehrheit“ entstehen könnte, d. h. dass zwar das gesamte Volk der Souverän ist und dieses Recht durch Wahlen auch wahrnimmt, doch durch Mehrheitsentscheide Politik nur zugunsten einer Mehrheit gemacht wird und die Interessen der Minderheit nicht berücksichtigt werden.

In modernen Demokratien gilt deshalb neben dem formalen Rechtsstaatsprinzip auch das **materielle Rechtsstaatsprinzip.** Danach ist der Staat nicht nur an die von ihm verabschiedeten Gesetze gebunden, sondern handelt auch nach dem Gleichheits- und Gerechtigkeitsprinzip und darf nicht gegen die Grund- und Menschenrechte verstoßen. Kennzeichen eines Rechts-

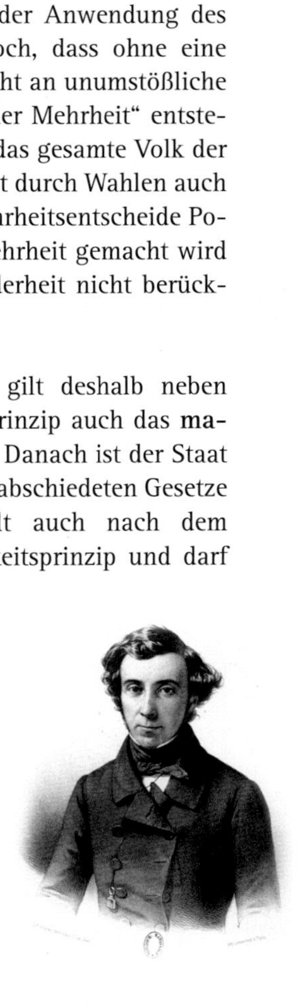

Alexis de Tocqueville (1805–1859) untersuchte in seinem Werk „Über die Demokratie in Amerika“ die Grundlagen von Staat und Politik, besonders das Verhältnis von Freiheit und Gleichheit.

staates sind weiter eine unabhängige Verfassungsgerichtsbarkeit, garantierte Rechtssicherheit sowie faire Gerichtsverfahren für alle Bürger.

Gewaltenteilung

Wirksame politische Partizipation und gesellschaftliche Impulse sind stark eingeschränkt, wenn die gesamte staatliche Macht bei einer Partei oder einem Individuum konzentriert ist, wie z.B. in einer Diktatur oder einer absolutistischen Monarchie. Wesentliches Merkmal eines Rechtsstaates und dessen tragendes Organisationsprinzip ist deshalb die Gewaltenteilung. Sie soll zu einer Ausbalancierung und Kontrolle politischer Macht führen und Machtmissbrauch durch einen Träger politischer Herrschaft möglichst verhindern. Deshalb wird die politische Macht auf mehrere Organe verteilt, die sich gegenseitig einschränken. Den Überlegungen von Charles de Montesquieu folgend, werden in demokratischen Staaten die **Exekutive** (ausführende Gewalt), die **Legislative** (gesetzgebende Gewalt) und die **Judikative** (richterliche Gewalt) voneinander unterschieden.

Charles de Montesquieu (1689–1755), französischer Staatstheoretiker, auf den das Prinzip der Gewaltenteilung zurückgeführt wird.

Weitere Formen der Gewaltenteilung sind

- die **vertikale Gewaltenteilung** durch die Verteilung der Macht auf verschiedene politische Ebenen (z.B. Bund, Land, Gemeinde),
- die **temporale Gewaltenteilung**, indem die politischen Ämter auf Zeit vergeben werden und sich die Entscheidungsträger zum Erhalt der Macht Neuwahlen stellen müssen,
- die **konstitutionelle Gewaltenteilung**, nach der einige Entscheidungen nur mit qualifizierter Mehrheit (z.B. Zweidrittelmehrheit) getroffen werden können oder einige Verfassungsprinzipien wie die Grundrechte unveränderlich sind sowie
- die **dezisive Gewaltenteilung** durch den pluralistischen Prozess der Entscheidungsfindung, in dessen Rahmen Parteien, Interessenverbände und Medien Einfluss auf politische Entscheidungen ausüben.

Pluralismus

Unter Pluralismus ist der legitime Wettbewerb unterschiedlichster und zum Teil auch entgegengesetzter Interessen zu verstehen. Er basiert auf der Gewährleistung zentraler Grundrechte wie der Meinungs- und Pressefreiheit, der Versammlungsfreiheit und dem Recht auf Bildung von Vereinen und Parteien.

Aufgaben

1. „Der Geist der Machtanmaßung strebt danach, die Gewalt aller Ämter in einem zusammenzufassen und so unabhängig von der Regierungsform praktisch den Despotismus herbeizuführen. [...] Das menschliche Herz [neigt dazu] Macht zu missbrauchen." (George Washington, 1732 – 1799)

Erklären Sie ausgehend von George Washingtons Zitat, warum aus demokratietheoretischer Sicht Machtbeschränkungen sinnvoll sind und welche Formen vorstellbar sind.

2. Erläutern Sie, inwiefern die einzelnen Kernelemente moderner Demokratien miteinander zusammenhängen.

M 1 Demokratie und die Herausforderungen der Zukunft

Dass Demokratien bei der Lösung von gesellschaftspolitisch relevanten Problemen versagen und in der Konsequenz sogar untergehen können, ist historisch vielfach belegt. [...] Letztlich gilt hier die Einsicht, dass kein politischer Systemtyp auf Dauer per se stabil ist. Droht also die Gefahr, dass auch etablierte Demokratien versagen können, wenn sie sich als unfähig erweisen, auf neue Herausforderungen flexibel zu reagieren? Und was genau charakterisiert dann eine solche [...] Problemlösungskapazität demokratischer Systeme? [...] Unabhängig von tagtäglichen Entscheidungsvorgaben, die jedes demokratische System bewältigen muss, sind es für die künftige Entwicklung von Demokratien im Wesentlichen vier Problemkreise, denen besondere Aufmerksamkeit gewidmet werden sollte.

Demokratische Selbstüberforderung

Eine der größten Herausforderungen für repräsentative Demokratien dürfte aus wachsenden Phänomenen demokratischer Selbstüberforderung entstehen: Schuldzuweisungen an die Fehlleistungen von Politikern – ohne hier im Einzelfall beschönigen zu wollen – sind häufig vorschnell und vor allem zu einfach. Zu den zentralen Entwicklungsmustern gerade demokratischer Systeme gehört jedoch der Trend, die Erwartung an die Regelungskapazität von Politik kontinuierlich zu steigern. Die Aufgaben des Staates und die Erwartungen der Bürger nehmen ständig zu – aber die Problemlösungsfähigkeit des demokratischen Staates hat sich nicht nennenswert geändert. Wen wundert es also, dass sich die Schere zwischen Ansprüchen an und Leistung von demokratischer Politik ständig weiter öffnet und der Unmut enttäuschter Bürger wächst? [...] In wachsendem Maße werden Demokratien zudem vor das Problem gestellt, auf parlamentarischem Wege nicht schnell genug entscheiden zu können, um mit dem rasanten Entwicklungstempo neuer Technologien Schritt zu halten [...]. So finden Debatten über gentechnologische Gesetzgebung im Deutschen Bundestag üblicherweise auf einem Stand der Gentechnik statt, der mehrere Jahre vor der Parlamentsdebatte gültig war. Die entstehenden Regelungen sind daher zwangsläufig schon veraltet, wenn sie vom Parlament verabschiedet werden. Die Forschung arbeitet indessen weiterhin im Freiraum ungeregelter Normen und Kompetenzen. Zusätzlich bedrohen strukturkonservative Entscheidungsblockaden die Handlungsfähigkeit demokratischer Systeme. Wenn notwendige Reformen im Unterholz besitzstandswahrender Lobbygruppen stecken bleiben, werden auch Demokratien auf Dauer nicht in der Lage sein, Zukunftsprobleme zu lösen.

Eigenverantwortung und Staat

Zur wesentlichen Herausforderung künftiger Politik in demokratischen Systemen wird das Spannungsverhältnis zwischen Eigenverantwortung und Staat, anders formuliert zwischen individueller Freiheit, Anspruchsdenken und der Entzauberung der Politik werden. Individuelle Freiheit ist für [...] uns längst zur selbstverständlichen Rahmenbedingung unseres Daseins geworden. Dabei scheinen wir eines zu vergessen: Die Erlangung individueller Freiheit ist gleichbedeutend mit der ersehnten Loslösung normativer* Fesseln, welche wiederum nur zum Preis des Verlustes von Sicherheit und der Übernahme von Verantwortung für das eigene Tun zu haben ist. So einfach ist das: Wer frei ist oder es sein will, ist auch verantwortlich für das, was er tut. Doch genau hier setzt der Verdrängungsmechanismus ein: Statt sich der eigenen Verantwortung zu stellen, tendiert das moderne Individuum dazu, zwar die Vorzüge der Freiheit in vollen Zügen zu genießen, die Kehrseite aber, die Verantwortung, abzuschieben auf ein Kollektiv, das wir üblicherweise Staat nennen. [...]

Medien und Demokratie

Der dritte Gesichtspunkt unterstreicht diesen Wahrnehmungseffekt mit Nachdruck: Es geht um die Rolle von Medien und unkontrollierbaren neuen Entscheidungszentren, die mit den demokratisch legitimierten Institutionen in Konkurrenz treten. [...] Das Überangebot an moderner Unterhaltung hat durchaus das Potenzial, aus freien Bürgern abhängige Junkies der Entertainmentindustrie zu machen. Mediale Massenverdummung bietet gelangweilten Wohlstandskindern ein Maximum an Fluchtmöglichkeiten mit einem Minimum an Aufwand – die elektronische Variante von „panem et circenses"**. Statt Probleme zu lösen, fliehen wir in Scheinwelten. [...]

Sicherheit

Viertens schließlich werden demokratische Repräsentativsysteme herausgefordert durch steigende Erwartungen ihrer Bürger an Sicherheit. Es ist eine Binsenweisheit, dass der Mensch nach Sicherheit strebt. Längst aber steht er nicht mehr vor dem Problem, natürliche Unsicherheiten zu reduzieren, sondern er muss heute umgehen mit den Bedrohungen, die er durch menschliches Zusammenleben selbst geschaffen hat – also mit zivilisatorisch erzeugten Gefahren. [...] Dieses Streben nach umfassender Sicherheit verändert Politik. Politisches Handeln wird gemessen an der Fähigkeit, Unsicherheiten zu beseitigen. Die Verantwortung für Sicherheit wird in wachsendem Maße vom Individuum auf die Politik verlagert und sie droht, Politik, gerade auch demokratische Politik, nachhaltig zu überfordern. [...] Die Zukunft der Demokratie ist also weder so rosig, wie sie Theoretiker ersinnen, noch so düster, wie Skeptiker sie ausmalen. Das Überleben der repräsentativen Demokratie verlangt als dauerhaftes Projekt die stetige flexible Anpassung an äußere und vor allem innere Herausforderungen. Im Wandel, nicht in der Stabilität liegen die eigentlichen Chancen der Zukunft.

**normativ = durch Normen (Gesetze, Prinzipien) festgelegt*
***panem et circenses, lat.: Brot und Spiele*

Eberhard Sandschneider, Tod durch Überforderung? Über die Zukunft der repräsentativen Demokratie, in: Internationale Politik Nr. 8/2003, S. 4f.

M 2 Von der überzeitlichen Kraft der Demokratie

Schon seit ihrer Entstehung in der Antike trifft die Demokratie immer wieder auf Kritik und zeitweilig sogar auf Feindschaft. Neben politischer Polemik gibt es auch begründete Kritik, die Probleme benennt, die mit der Demokratie zusammenhängen und von ihr erzeugt werden. Aber das Wissen um sie darf die Maßstäbe der Kritik nicht so weit verschieben, dass der Demokratie keine Chance gegeben wird. Nach wie vor gilt der Ausspruch des englischen Staatsmannes Winston Churchill vom 11. November 1947 bei einer Rede im Unterhaus: „Demokratie ist die schlechteste aller Herrschaftsformen – abgesehen von all den anderen Formen, die von Zeit zu Zeit ausprobiert worden sind." Oder, mit einem Demokratieforscher formuliert, „die zweitbeste Demokratie ist immer noch besser als die beste Nicht-Demokratie". Die Demokratie mag nur als das kleinere Übel angesehen werden, vereint aber andererseits so viele Vorteile auf sich, dass sie als die beste bekannte Herrschaftsform bezeichnet werden kann.

Einer dieser Vorteile ist ihre Lernfähigkeit, die sie in die Lage versetzt, auch große Herausforderungen zu bestehen, Probleme zu bewältigen und dabei ihre Nachteile so zu verarbeiten, dass sie gestärkt aus Krisen hervorgeht. [...]

Die moderne Demokratie ist gemäßigt, basiert auf Gewaltentrennung, repräsentativer Willens- und Entscheidungsbildung und, ganz entscheidend, auf Recht und Verfassung. Mit der Achtung von Recht und Gesetz, mit unabhängigen Gerichten und einer Verfassungsgerichtsbarkeit kann auch der von Alexis de Tocqueville und John Stuart Mill in der Mitte des 19. Jahrhunderts beschworenen Gefahr einer Tyrannei der Mehrheit begegnet werden. Individuen und Minderheiten müssen sich nicht bedingungslos einer Mehrheit beugen, die sich ja auch irren kann. Leben, Freiheit und Eigentum genießen den Schutz des Rechtes. Individuelle Freiheit und demokratische Selbstregierung lassen sich in der modernen Demokratie miteinander vereinbaren. [...]

Demokratien haben auch gelernt, mit grundlegenden gesellschaftlichen Problemen umzugehen. Sie können besser als nicht-demokratische Systeme zwischen Staat und Gesellschaft vermitteln. Durch Repräsentativität und Responsivität* ihrer Institutionen greifen sie Problemlagen aus der Gesellschaft auf und entschärfen sie, indem sie sie zu allgemein verbindlichen Entscheidungen verarbeiten. So hat sich durch die Entwicklung wohlfahrtsstaatlicher Maßnahmen in Reaktion auf die „soziale Frage" beispielsweise die soziale Demokratie herausgebildet. Gleichwohl vermag die Demokratie keineswegs alle Probleme zu lösen. Immer wieder wird ihr vorgehalten, dass sie nur die gut organisierten und machtvoll artikulierten Interessen berücksichtige und dabei nur die kurzfristigen Ziele, nicht aber das nachhaltige Gemeinwohl, auch nicht die Belange nachfolgender Generationen im Auge habe. Das mag in der Tat eine Achillesferse der Demokratie sein, aber ein prinzipieller Einwand gegen diese Herrschaftsform ist es nicht. Die Demokratie ist die einzige Herrschaftsform, die es den Bürgern erlaubt, Regierende zu sanktionieren, ohne das politische System selbst beseitigen zu müssen. Politische Führung kann ausgewechselt werden, weil es in der Demokratie nur Herrschaft auf Zeit gibt. [...] Und vor allem: Nur der Wille der Bürgerinnen und Bürger, artikuliert in Wahlen und Abstimmungen, begründet und legitimiert die Herstellung kollektiv verbindlicher Entscheidungen. Nur die Demokratie bietet den Menschen die Chance, sich umfassend an Willensbildung und Entscheidungsfindung zu beteiligen, ihre Angelegenheiten selbst in die Hand zu nehmen. Denn – schon die alten Griechen wussten es, als sie die Demokratie erfanden –: Die Politik ist vor allem die Sache ihrer Bürgerinnen und Bürger.

**Responsivität: Verantwortlichkeit*

Hans Vorländer, Demokratie – die beste Herrschaftsform, in: Demokratie. Informationen zur politischen Bildung Nr. 284/2004, S. 56f.

Aufgaben

1. Arbeiten Sie aus den Texten heraus, vor welchen Herausforderungen moderne Demokratien stehen und welche Vorteile Demokratien im Vergleich zu anderen Herrschaftsformen zugeschrieben werden. (M 1, M 2)
2. Beurteilen Sie die These „Die Demokratie ist die beste Herrschaftsform, um die heutigen Herausforderungen zu meistern".

2 Formen demokratischen Regierens

2.1 Parlamentarismus, Präsidentialismus und Semipräsidentialismus

Leitfragen	Was machen parlamentarische und präsidentielle Regierungssysteme aus?	Worin unterscheiden sie sich?	Was ist unter semipräsidentiellen Regierungssystemen zu verstehen?

Idealtypen demokratischen Regierens

In den modernen Demokratien stellen **präsidentielle** und **parlamentarische Regierungssysteme** Idealtypen dar, die einen institutionellen Handlungsrahmen beschreiben, innerhalb dessen politische Prozesse und Entscheidungen ablaufen. Daneben entwickelten sich Mischformen beider Regierungssysteme, die als **semipräsidentielle Regierungssysteme** bezeichnet werden. Trotz durchaus unterschiedlicher realer Ausgestaltungen können die demokratischen Regierungssysteme vieler Länder meistens einem dieser (Ideal-)Typen zugeschrieben werden.

Präsidentialismus

In präsidentiellen Regierungssystemen werden Regierungschef (Präsident) und Parlament jeweils durch getrennte Wahlen direkt vom Volk gewählt und sind somit voneinander unabhängig. Der Präsident kann weder vom Parlament abberufen werden noch kann der Regierungschef das Parlament auflösen. Idealtypisch sind in präsidentiellen Regierungssystemen Exekutive und Legislative voneinander getrennt. So dürfen Regierungsmitglieder nicht Teil der Legislative sein und sind nur dem Präsidenten gegenüber verantwortlich. Die Exekutive hat kein Gesetzesinitiativrecht im Parlament. Damit entsprechen präsidentielle Regierungssysteme formal der Gewaltenteilungslehre. Klassisches Beispiel für ein präsidentielles Regierungssystem ist das Regierungssystem der USA.

Parlamentarismus

In parlamentarischen Regierungssystemen wird nur das Parlament direkt vom Volk gewählt. Die Regierung geht aus der Parlamentsmehrheit hervor, weshalb die Regierung vom Parlament auch wieder abgewählt werden kann. Es besteht also eine sehr enge Verbindung zwischen Regierung und Parlament, da die Regierung zum einen vom Vertrauen des Parlaments abhängig ist und zum anderen eine enge Verschränkung von Exekutive und Legislative stattfindet. Die Gewaltenteilung zwischen Exekutive und Legislative ist in parlamentarischen Regierungssystemen vom Konflikt zwischen Opposition und Regierung(-smehrheit) geprägt. Das parlamentarische Regierungssystem fordert und fördert auf diese Weise die Entstehung von Parteien, die im Parlament Fraktionen bilden, Mehrheiten organisieren und die Regierung stützen bzw. als Opposition fungieren. Klassisches Beispiel und gleichzeitig Vorbild für andere parlamentarische Regierungssysteme ist das Regierungssystem von Großbritannien.

Semipräsidentialismus

Neben den reinen präsidentiellen und parlamentarischen Regierungssystemen entwickelten sich auch Regierungssysteme, die nicht eindeutig einem der beiden Idealtypen zugeordnet werden können. Hier spricht man deshalb von einem dritten Typus, dem semipräsidentiellen Regierungssystem. Dieses Regierungssystem weist sowohl Elemente des präsidentiellen als auch des parlamentarischen Regierungssystems auf. In semipräsidentiellen Regierungssystemen wird der Präsident wie im präsidentiellen Regierungssystem direkt vom Volk gewählt. Er ernennt selbstständig einen Regierungschef und die weiteren Regierungsmitglieder. Die Regierung muss allerdings wie im parlamentarischen Regierungssystem von der Parlamentsmehrheit mitgetragen werden. Das Parlament wird durch eine getrennte Wahl legitimiert und kann die Regierung durch ein Misstrauensvotum stürzen. Präsident und Parlament müssen bei der Regierungsbildung also eng zusammenarbeiten. Idealtypisch bestimmt der Präsident den politischen Entscheidungsprozess, wenn Präsident, Regierungschef und Parlamentsmehrheit der gleichen Partei angehören. Sollten jedoch der Präsident auf der einen Seite und Regierungschef und Parlamentsmehrheit auf der anderen Seite aus unterschiedlichen Lagern kommen, bestimmt die Regierung den politischen Entscheidungsprozess, während die Befugnisse des Präsidenten sich auf die Außen- und Sicherheitspolitik konzentrieren. Klassisches Beispiel für ein semipräsidentielles Regierungssystem ist das Regierungssystem Frankreichs.

Exkurs: Regierungssystem versus Regierungsform

Innerhalb der Politikwissenschaft kommt dem Begriff des **Regierungssystems** – neben der Unterscheidung von Staats- und Herrschaftsformen – eine zentrale Bedeutung zu. Das Regierungssystem beschreibt die formale Ausgestaltung und Funktionsweise einer Regierung. Hierbei liegt das Hauptaugenmerk auf der Stellung und den Kompetenzen des Staatsoberhaupts, des Regierungschefs sowie deren Wechselbeziehungen zum Parlament.

Oftmals wird neben dem Begriff des Regierungssystems auch der Begriff **Regierungsform** verwendet. Dieser wird allerdings unterschiedlich definiert und interpretiert. Am häufigsten wird jedoch die Beschaffenheit des Regierungssystems mit der jeweiligen Herrschaftsform verknüpft. So tauchen immer wieder Begriffe wie z. B. *präsidentielle* oder *parlamentarische Demokratie* in der politischen Diskussion auf. Überträgt man diese Terminologie auf Diktaturen, müsste man im Umkehrschluss allerdings auch von *absoluten* oder *parlamentarischen Diktaturen* sprechen. Dies ist im gängigen Sprachgebrauch de facto aber nicht der Fall.

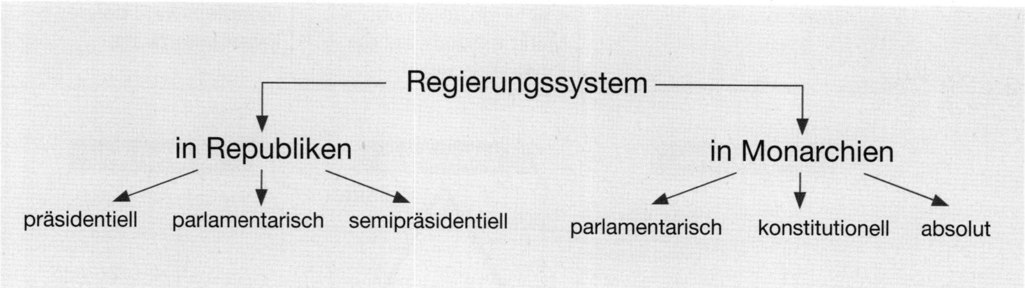

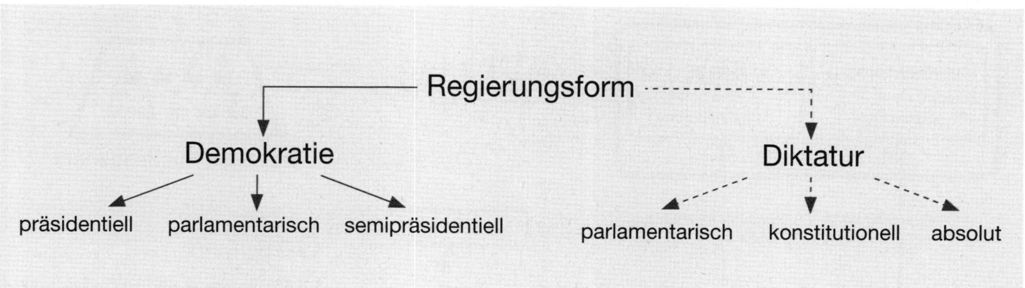

Regierungssysteme im Überblick

	Idealtypus Parlamentarismus	Idealtypus Präsidentialismus	Typus Semipräsidentialismus
Legitimation der Regierung	Das Volk wählt nur das Parlament, welches daraufhin die Regierung wählt.	Das Volk wählt Präsident und Parlament. Die Regierungsspitze wird somit unabhängig von den Kräfteverhältnissen im Parlament bestellt.	Das Volk wählt Präsident und Parlament. Die Regierung mit dem Regierungschef wird auf der Grundlage der Kräfteverhältnisse im Parlament vom Präsidenten ernannt.
Abberufbarkeit der Regierung	Durch das Parlament.	Kein Abberufungsrecht des Parlamentes.	Das Parlament kann die Regierung abberufen, nicht aber den Präsidenten.
Auflösung des Parlamentes	Die Regierungsspitze kann das Parlament auflösen.	Der Präsident kann das Parlament nicht auflösen.	Auflösungsrecht des Präsidenten nicht obligatorisch.
Vorteile	Kontrolle der Regierung; auch durch Möglichkeit der Abwahl, keine Blockade zwischen Regierung und Parlament.	Hohe Legitimität der Regierung durch deren Direktwahl, klare Gewaltenteilung, höhere Wahrscheinlichkeit der Anwendung des freien Mandats durch Abgeordnete.	Hohe Legitimität des Präsidenten, aber gleichzeitig parlamentarische Kontrolle der Regierung. Trotz verschiedener Parteizugehörigkeit des Präsidenten und der Parlamentsmehrheit Blockadepolitik eher unwahrscheinlich.
Nachteile	Lenkung des Parlamentes durch die Regierung, Fraktionsdisziplin (Sicherung der Regierungsmehrheit).	Durchregieren des Präsidenten, Blockade zwischen Parlament und Regierung, „Winner takes it all"-Prinzip durch Mehrheitswahl bei der Präsidentenwahl.	Lenkung des Parlamentes durch die Regierung, Fraktionsdisziplin, „Winner takes it all"-Prinzip durch Mehrheitswahl bei der Präsidentenwahl.

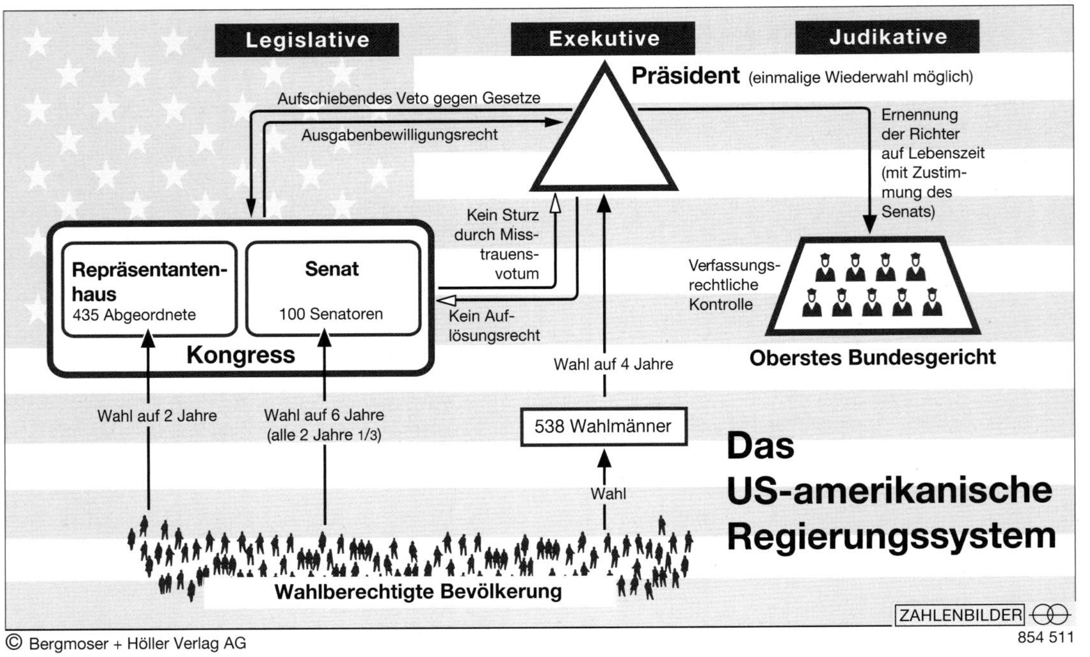

© Bergmoser + Höller Verlag AG

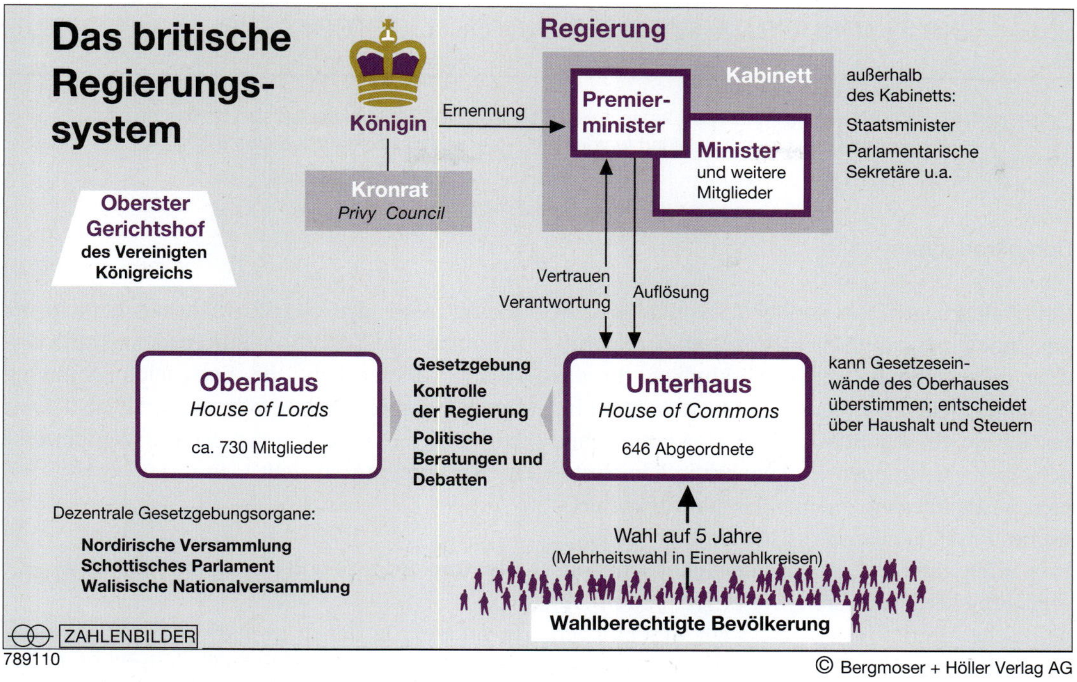

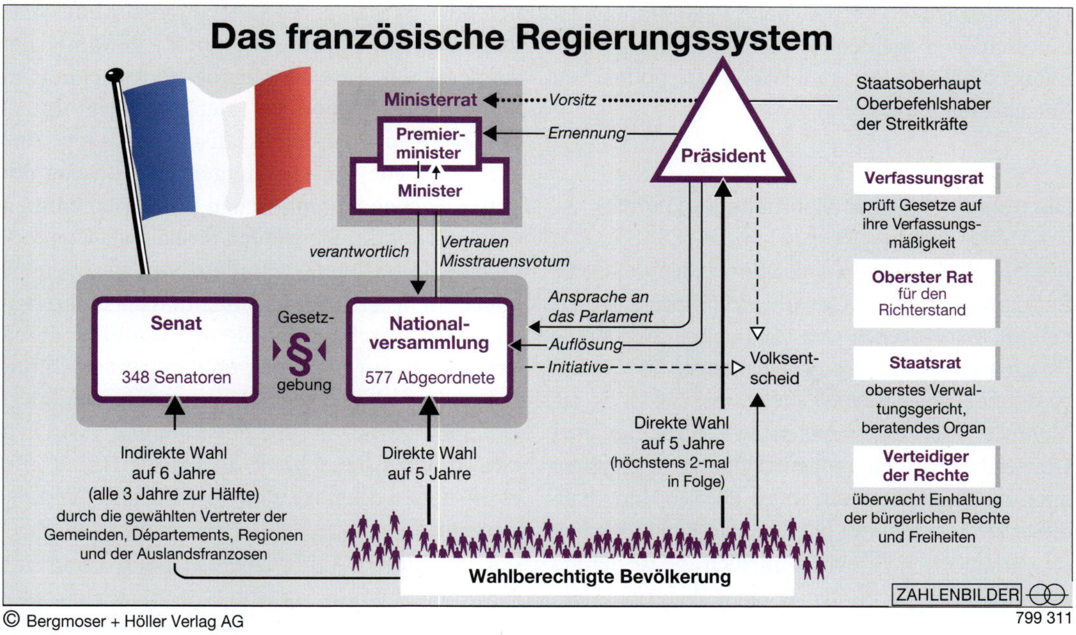

Aufgaben

1. Erarbeiten Sie in Gruppen die Merkmale der Regierungssysteme von Großbritannien, den USA und Frankreich heraus. Verdeutlichen Sie dabei, inwiefern die jeweiligen Regierungssysteme einem parlamentarischen, präsidentiellen oder semipräsidentiellen Regierungssystem entsprechen.

2. Wenn Sie Mitglied in einem Rat zur Reform eines Regierungssystems wären, für welchen der drei (Ideal-)Typen würden Sie sich entscheiden? Diskutieren Sie in Gruppen und begründen Sie Ihre Ergebnisse. Orientieren Sie sich dabei auch an den Vor- und Nachteilen der Tabelle.

3. Grenzen Sie den Begriff des Regierungssystems von den Begriffen Staats- und Herrschaftsform ab und erläutern Sie, in welcher Beziehung diese zueinander stehen.

2.2 Die Konkurrenz- und Konkordanzdemokratie

Leitfragen

- Durch welche Verfahren können politische Entscheidungen herbeigeführt werden?
- Worin unterscheiden sich Konkurrenz- und Konkordanzdemokratie?

Demokratietypen

Dem Politikbegriff aus Kapitel 3.1.1 folgend steht am Ende eines politischen Prozesses eine politische Entscheidung, welche verbindlich für das Zusammenleben der Menschen in einem Staat ist. Im Vorfeld einer politischen Entscheidung stehen verschiedene Gruppen in demokratischen Systemen im Wettbewerb zueinander, um für ein politisches Problem eine spezifisch an ihrer Ideologie bzw. ihrem Interesse ausgerichtete politische Entscheidung herbeizuführen. Dieser Wettbewerb um politische Alternativen ist eines der wesentlichen Kennzeichen moderner demokratischer Staaten. Es können jedoch verschiedene Demokratietypen unterschieden werden, in denen es auf jeweils unterschiedliche Art und Weise zu politischen Entscheidungen kommt.

Die Konkurrenz- und Mehrheitsdemokratie

In einer **Konkurrenzdemokratie** werden politische Entscheidungen durch Mehrheitsentscheide herbeigeführt. Dabei stehen sich idealtypisch zwei große Parteien gegenüber, die gegeneinander im Wettbewerb um Wählerstimmen stehen. Ihr Ziel ist es, die Mehrheit von Abgeordneten zu stellen, um über Gesetze entscheiden und je nach Regierungssystem auch die Regierung wählen zu können. Innerhalb dieser Demokratieform hat eine Partei die Mehrheit im Parlament, stellt evtl. zusätzlich die Regierung und fällt auch gegen den größten Widerstand der sich in der Minderheit befindlichen Opposition politische Entscheidungen. Damit es nicht ständig zu Aufständen der Minderheit kommt, die das politische System gefährden können, gibt es wichtige Voraussetzungen für eine Konkurrenzdemokratie:

- Es sollte keine den Wettbewerb prägenden großen Konflikte zwischen religiösen oder ethnischen Gruppen geben.
- Die Minderheit muss in der Lage sein, bei der nächsten Wahl die Mehrheit stellen zu können, was bestmöglich oft geschehen sollte.

Häufig wird der Begriff **Mehrheitsdemokratie** synonym zum Begriff Konkurrenzdemokratie verwendet. Dieser hebt die Entscheidungsfindung durch Mehrheit hervor, während der Begriff Konkurrenzdemokratie den Aspekt des Wettbewerbs in den Vordergrund stellt.

Die Konkordanz- und Konsensdemokratie

In Staaten, in denen es stark ausgeprägte Konflikte zwischen ethnischen oder religiösen Gruppen gibt, werden andere Verfahren zur Entscheidungsfindung benötigt, damit gewährleistet werden kann, dass bei Mehrheitsentscheidungen die größere Gruppe die kleinere nicht unterdrückt. In solchen demokratischen Staaten werden politische Entscheidungen im Konsens der verschiedenen am politischen Prozess beteiligten Gruppen gefällt. Sie werden deshalb als **Konkordanzdemokratien** (Konkordanz von lat. übereinstimmen) bezeichnet. In Konkordanzdemokratien werden politische Probleme und Konflikte durch Verhandlungen und Kompromisse herbeigeführt. Bei politischen Entscheidungen sollte möglichst ein hoher Grad an Übereinstimmung zwischen den Gruppen herrschen. Aus diesem Grund gibt es in diesen Demokratien formalisierte Verfahrens- und Proporzregeln, damit auch Minderheiten angemessen am Prozess der politischen Entscheidungsfindung beteiligt sind. Gleichzeitig gibt es das Vetorecht aller am Entscheidungsprozess beteiligten Gruppen. Ziel ist es, dass keine Gruppe den politischen Entscheidungen fundamental entgegensteht und möglichst alle Gruppen ihre Interessen in einer Entscheidung berücksichtigt sehen. Ein Beispiel für eine Proporzregel ist z. B. die sog. Schweizer „Zauberformel“, die genau festlegt, in welchem Verhältnis die Parteien an der Zusammensetzung der siebenköpfigen Bundesregierung (Bundesrat) beteiligt sind.

Der Begriff **Konsensdemokratie** wird oftmals synonym zum Begriff Konkordanzdemokratie verwendet. Dieser hebt ähnlich wie bei der Unterscheidung zwischen Konkurrenz- und Mehrheitsdemokratie die Entscheidungsfindung im Konsens hervor, während Konkordanz eher die Interaktion zwischen den Parteien beschreibt.

Reinformen der beiden Demokratieformen existieren in der Realität nur äußerst selten. Vielmehr wird ein politisches System in der Mehrzahl der Merkmale eher einem der beiden Systeme als dem anderen zugeschrieben. So ist Deutschland durch die Anwendung der Mehrheitsregeln und der Konkurrenz um Wählerstimmen dem Typus der Konkurrenzdemokratie zuzuschreiben. Durch die Verhandlungspraktiken zwischen Bund und Ländern oder der Notwendigkeit von Zweidrittelmehrheiten bei einigen Entscheidungen treffen auf die Bundesrepublik jedoch auch einige charakteristische Merkmale der Konkordanzdemokratie zu.

Konkurrenz-/Mehrheitsdemokratie und Konkordanz-/Konsensdemokratie im Vergleich

	Konkurrenz- und Mehrheitsdemokratie	Konkordanz- und Konsensdemokratie
Politische Entscheidungsfindung	durch Mehrheitsentscheid	durch Verhandlung und Kompromiss, Vetorecht aller beteiligten Gruppen
Vorteile	– klare Alternativen für die Bürger – schnelle Entscheidungen – großer Handlungsspielraum der Regierung und damit trotz Differenzen effiziente Politikergebnisse möglich	– Beteiligung aller gesellschaftlichen Gruppen am Prozess der Entscheidungsfindung – keine Dominanz der Mehrheit gegenüber Minderheiten – stabile politische Verhältnisse – Integration und Repräsentation aller gesellschaftlichen Gruppen am Entscheidungsprozess – hoher Grad an Legitimität
Nachteile	– tiefgreifende Politikwechsel möglich – Dominanz von Mehrheiten gegenüber Minderheiten – geringe Legitimität durch große Minderheit (im ungünstigsten Fall 49 Prozent)	– langwieriger Kompromissfindungsprozess – geringe Qualität der Entscheidungsergebnisse durch Kompromiss auf kleinstem gemeinsamem Nenner – geringer Handlungsspielraum der Regierung durch Vetorecht aller Beteiligten – Gefahr der Entstehung eines kleinen Machtzirkels – Gefahr der Unzufriedenheit durch langsame Fortschritte
Beispiele	USA, GB	Schweiz, Luxemburg

Aufgaben

1. Fassen Sie die wesentlichen Elemente der Konkurrenz- und Konkordanzdemokratie zusammen.
2. Diskutieren Sie, welcher Demokratietyp eher geeignet ist, dringende Reformen durchzusetzen. Gehen Sie dabei jeweils auf mögliche Folgen nach der Verabschiedung einer Reform ein.

Kriterien zur Unterscheidung von Mehrheits- und Konsensdemokratie

	Konkurrenz- und Mehrheitsdemokratie	Konkordanz- und Konsensdemokratie
Konzentration der Regierungsmacht	Einparteienregierung	Mehrparteienkoalition
Verhältnis Exekutive – Parlament	Exekutive dominant	Machtbalance
Parteiensystem	Zweiparteiensystem	Vielparteiensystem
Wahlsystem	Mehrheitswahl	Verhältniswahl
Einbeziehung der Interessensgruppen	Offen pluralistisch[1]	Reguliert korporatistisch[2]
Zentralisierungsgrad des Staates	Unitarischer[3] Staat	Föderaler/dezentralisierter Staat
Parlamentsstruktur	Einkammersystem	Zweikammersystem
Verfassungsänderung	Einfache Mehrheiten	Qualifizierte Mehrheiten
Verfassungsgerichte	Suprematie[4] des Parlamentes	Überprüfung der Gesetze auf Verfassungsmäßigkeit

1 Als pluralistisch werden Arbeitsbeziehungen bezeichnet, wenn eine Vielzahl von Verbänden miteinander konkurriert und die Mitsprache von Verbänden in der Politikformulierung und -implementierung nicht institutionalisiert ist.
2 Korporatistisch ist eine Form der Teilnahme privater Akteure (üblicherweise Gewerkschaften und Arbeitgeberverbände) an der Politik, die nicht durch Konkurrenz-, sondern durch Aushandlungsmechanismen geprägt ist.
3 Unitarischer Staat: Einheitsstaat
4 Suprematie: Überordnung

Nach: Carsten Giersch, Materialien zur Vergleichenden Regierungslehre; www.wiwi.uni-rostock.de, 29.3.2005

Aufgaben

1. Untersuchen Sie in Gruppen die politischen Systeme der USA, der Schweiz, Deutschlands, Großbritanniens und Frankreichs nach den Kriterien zur Unterscheidung von Mehrheits- und Konsensdemokratie. Ermitteln Sie, inwiefern die in der zweiten bzw. dritten Spalte aufgeführten Aspekte jeweils zutreffen oder nicht.

2. Die Politikwissenschaftler Gerhard Lehmbruch und Arend Lijphart kamen nach einer vergleichenden Untersuchung zwischen 21 Ländern zu dem Schluss, dass Konkordanzdemokratien nicht instabiler oder leistungsschwächer seien als andere und somit genauso effiziente Entscheidungen treffen können wie Konkurrenzdemokratien.

   Erörtern Sie auf der Basis dieser These und Ihrer Kenntnisse über diese beiden Demokratieformen die Frage, ob die Demokratie in Deutschland zukünftig stärker nach dem konkordanzdemokratischen Modell organisiert werden sollte. Überlegen Sie, in welchen Bereichen dies geschehen könnte. Orientieren Sie sich dabei auch an den in der Tabelle dargestellten Vor- und Nachteilen.

Systemvergleich

Die vergleichende Analyse ist eines der Kernbereiche der Politikwissenschaft. Sie wird u. a. als Methode angewendet, um generalisierende Aussagen treffen zu können oder um Gemeinsamkeiten bzw. Besonderheiten der jeweils zu vergleichenden Aspekte herauszustellen.

Ausgangspunkt einer vergleichenden Analyse ist i. d. R. eine Fragestellung, aus der sich weitere (Unter-)Fragestellungen ergeben können. Die Fragestellungen können auch von einer konkreten Beobachtung ausgehen, die man näher untersuchen möchte. Oft sind die Untersuchungsgegenstände umfangreicher als es auf den ersten Blick erscheint. Es ist deshalb sinnvoll, sich auf einen Aspekt zu konzentrieren.

Die folgende Darstellung liefert eine Übersicht über mögliche Aspekte, die bei politischen Systemen miteinander verglichen werden können sowie Leitfragen, die helfen, die Analyse zu strukturieren.

Die Kategorien bzw. Leitfragen können auch zur Beschreibung eines einzelnen politischen Systems bzw. für eine Analyse zu Unterschieden während verschiedener Perioden im politischen System verwendet werden.

Beispiele für Fragestellungen:

- Warum stellen im Bundestag der Bundesrepublik Deutschland derzeit fünf und im Unterhaus Großbritanniens i. d. R. nur zwei einflussreiche Parteien Fraktionen?
- Welche Auswirkungen bzw. Vor- und Nachteile sind für das jeweilige Regierungssystem charakteristisch (Kategorien u. a.: Entwicklung, Parteiensystem, Wahlsystem, Regierung)?

Kategorie	Leitfragen
Regierung	Wie wird die Regierung bestellt bzw. legitimiert? Wird die Regierung i. d. R. von einer Partei oder Koalition gewählt? Gibt es einen Präsidenten? Welche Machtbefugnisse hat er? Wie oft legt er ein Veto im Gesetzgebungsprozess ein? Wie oft wurde das Parlament durch die Regierung aufgelöst?
Gewaltenteilung	Wie strikt ist die Trennung zwischen Exekutive, Legislative und Judikative? Wie groß ist der Einfluss der Regierung auf das Parlament? Welche Formen der Gewaltenteilung existieren?
(Ideal-)Typus Regierungs-system	Welchem (Ideal-)Typus kann das Regierungssystem zugeschrieben werden (parlamentarisch, präsidentiell, semipräsidentiell)? Wie oft kommt es zu Krisen (z. B. Blockaden), die auf diese Form des Regierungssystems zurückzuführen sind? Welche Rolle hat die Opposition?
Parteiensystem	Wie viele einflussreiche Parteien gibt es und welchen politischen Grundrichtungen (z. B. konservativ, sozialdemokratisch, liberal) können die einzelnen Parteien zugeschrieben werden? Gibt es Gründe für die Anzahl der Parteien? Gibt es große Konflikte zwischen den Parteien? Welchen Einfluss hat das Wahlsystem? Stimmen die Parteien im Parlament oft geschlossen ab? Gibt es viele radikale Parteien im Parlament?
Parlament	Welche Rechte hat das Parlament in Bezug auf die Regierung? Kann es die Regierung wählen oder abberufen? Wie viele Gesetze werden in einem bestimmten Zeitrahmen verabschiedet? Wie viele große Reformen wurden in den letzten Jahren verabschiedet? Wie oft wurde die Regierung abgewählt? Wie oft fanden Mehrheitswechsel statt? Gibt es zwei oder nur eine Kammer des Parlamentes?
Entwicklung	Welche historischen Entwicklungen haben zur heutigen Ausgestaltung des politischen Systems geführt? Hat es viele Reformen der Verfassung gegeben? Welche Entwicklungen sind zukünftig zu erwarten?

Demokratieform	An welchen Stellen des politischen Systems ist eine Orientierung an die Identitätstheorie bzw. Konkurrenz-/Pluralismustheorie zu erkennen? Gibt es viele Volksentscheide? Wer hat die Volksentscheide initiiert? Wer war für oder gegen die Inhalte? Welche Interessen standen hinter den Volksentscheiden? Hatten Ergebnisse populistischen Charakter?
Wahlsystem	Wie werden die Repräsentanten des Parlamentes gewählt (Verhältniswahlrecht/ Mehrheitswahlrecht/personalisiertes Verhältniswahlrecht)? Wie hoch ist die Wahlbeteiligung? Gibt es eine Wahlpflicht?
Entscheidungs-prozess	Ist der Prozess der politischen Entscheidungsfindung eher konkurrenzdemokratisch oder konkordanzdemokratisch? Gibt es viele Aufstände gegen Gesetze? Auf welche Weise sind pluralistische Interessen an den Entscheidungen beteiligt?

Aufgabe

Entwickeln Sie in Gruppen eigene Fragestellungen für den Vergleich eines Aspektes zwischen den politischen Systemen Deutschlands und der USA. Beschreiben Sie zunächst das zu untersuchende Phänomen. Identifizieren Sie anschließend Gemeinsamkeiten und Unterschiede sowie deren Ursachen und benennen Sie die Auswirkungen der Unterschiede für die politischen Systeme. Stellen Sie Ihre Ergebnisse den anderen Gruppen vor.

KOMPETENZEN

Am Ende dieses Kapitels sollten Sie Folgendes wissen und können:

- die freiheitliche demokratische Grundordnung der Bundesrepublik Deutschland anhand ihrer Grundelemente beschreiben
- den Aufbau des politischen Systems der Bundesrepublik und das Zusammenwirken der Verfassungsorgane erläutern
- demokratische Beteiligungsmöglichkeiten im politischen System der Bundesrepublik einschätzen und nutzen
- zu wesentlichen Fragen und Problemen der Demokratie in der Bundesrepublik Stellung nehmen und eigene Positionen entwickeln
- hinsichtlich der Funktionsweise der Verfassungsorgane zwischen Verfassungstheorie und Verfassungswirklichkeit unterscheiden
- sich zu einer aktuellen politischen Problemstellung anhand wichtiger Kategorien und Kriterien ein Urteil bilden
- mit Hilfe eines theoretischen Modells den politischen Prozess analysieren

4 Das politische System der Bundesrepublik Deutschland

Aufgaben

Betrachten Sie die Bilder und ergänzen Sie anschließend folgende Aussagen:

1. Politische Herrschaft ist notwendig, weil ...
2. Staatliche Macht muss kontrolliert werden, weil ...
3. Ein demokratisches Staatswesen muss folgende Grundsätze berücksichtigen: ...

1 Die Grundlagen des politischen Systems

1.1 Die Grundrechte im Grundgesetz

Leitfragen	Welchen Charakter/Welche Eigenschaft(en) haben die Grundrechte?	Welche Funktion haben sie für das Verhältnis von Individuum und Staat?

Rechte und Pflichten der Bürger in der Bundesrepublik Deutschland

Das **Grundgesetz (GG)** wurde am 23. Mai 1949 verkündet und trat am darauffolgenden Tag als Verfassung der Bundesrepublik Deutschland in Kraft. In ihm sind die wesentlichen Bestimmungen für das Verhältnis von Individuum und Staat sowie für die staatliche Ordnung festgelegt.

Rechte der Bürger

Das Menschenbild des Grundgesetzes versteht den Menschen von Natur aus als Träger bestimmter Rechte, die ihm kraft seines Menschseins zustehen. Diese **Menschenrechte** sind unabhängig von staatlichen Regelungen und können nicht außer Kraft gesetzt oder veräußert werden. Menschenrechte gelten universell, d. h. gleichermaßen für alle Menschen und sind im Grundgesetz als **Grundrechte** festgeschrieben. Ein Teil dieser Grundrechte, die **Bürgerrechte**, gilt in der Bundesrepublik Deutschland nur für deutsche Staatsbürger, wie z. B. das Wahlrecht.

Höchste Norm des Grundgesetzes ist die **Menschenwürde**, aus der sich alle Grundrechte ableiten. So besagt Artikel 1 des Grundgesetzes: „Die Würde des Menschen ist unantastbar. Sie zu achten und zu schützen ist Verpflichtung aller staatlichen Gewalt." Die Menschenwürde wird demzufolge als **Staatsfundamentalnorm** bezeichnet. Dem Staat erwächst aus dieser Regelung die direkte Verpflichtung, die Würde jedes Menschen nicht nur selbst zu beachten, sondern auch vor der Verletzung durch andere zu schützen. Ihm kommt weiter die Aufgabe zu, für die Sicherheit der Bürger vor inneren und äußeren Bedrohungen zu sorgen. Die staatlichen Gewalten sind in allen Handlungen und Entscheidungen an die Menschenwürde gebunden. Sie ist, wie alle Menschenrechte, **vorstaatlich.** Zusammen mit dem Recht auf freie Entfaltung der Persönlichkeit sowie auf Leben (Art. 2 GG) und dem Grundsatz der Gleichheit aller Menschen vor dem Gesetz (Art. 3 GG) bildet die Menschenwürde das Fundament aller weiteren Grundrechte. Diese lassen sich demnach unterscheiden in **Freiheits- und Gleichheitsrechte.**

Grundrechte und Staat

Aus der geschichtlichen Erfahrung mit diktatorischen Herrschaftsformen, in denen die Staatsgewalt als Unterdrückung oder Verletzung der Freiheit des Einzelnen erfahren wurde, haben die Väter und Mütter des Grundgesetzes die Freiheitsrechte bewusst als **Abwehrrechte** gegen mögliche Übergriffe des Staates formuliert. Sie markieren einen Bereich der individuellen Freiheit, in den der Staat nicht eingreifen darf. Dazu gehören z. B.

- das Brief-, Post- und Fernmeldegeheimnis,
- die Religionsfreiheit und
- die Unverletzlichkeit der Wohnung.

Ergänzt werden diese Rechte durch **Mitwirkungsrechte**, die es dem Einzelnen ermöglichen, aktiv an der Gestaltung der Gesellschaft und der Politik mitzuwirken. Dazu zählen u. a.

- die Versammlungs- und Vereinigungsfreiheit,
- das aktive und passive Wahlrecht sowie
- die Meinungsfreiheit.

Die **Gleichheitsrechte** zielen darauf ab, Chancen- und Rechtsgleichheit für die Bürger herzustellen (→ Kap. 3.1.4). Weiter sollen zu große soziale Ungleichheiten innerhalb der Gesellschaft verhindert werden. Auch das Verbot der Diskriminierung von Menschen aufgrund von Abstammung, Geschlecht, Sprache, (sozialer) Herkunft, Glauben, Behinderung oder sexueller Orientierung gehört zu den Gleichheitsrechten. Die Einhaltung der Grundrechte durch den Staat kann vom Einzelnen eingeklagt werden (→ Kap. 4.7.2).

Daneben werden **soziale Grundrechte** als schützenswert angesehen, wie z.B. das Recht auf soziale Sicherheit, auf Arbeit oder auf bezahlbaren Wohnraum. Diese Rechte sind allerdings nur in einzelnen Länderverfassungen festgeschrieben.

Einige Normen im Grundgesetz bilden **institutionelle Garantien**, so z.B. der Schutz der Familie, die staatliche Aufsicht über das Schulwesen oder die Garantie des Eigentums.

Sog. **Verfahrensgrundrechte** (Art. 101 – 104 GG) schützen den Einzelnen vor staatlicher Willkür in Strafrechtsverfahren. Dazu gehören

- die Garantie des gesetzlichen Richters,
- die Garantie des rechtlichen Gehörs und
- die Garantie bestimmter Rechte im Falle eines Freiheitsentzugs.

Pflichten der Bürger

Den Rechten stehen laut Grundgesetz Art. 33 Abs. 1 auch **Pflichten** gegenüber. Dazu zählen z.B. die Meldepflicht (Art. 73 GG) oder die Pflicht der Eltern zur Erziehung ihrer Kinder (Art. 6 GG). Des Weiteren sind die Bürger zur Zahlung von Steuern und Abgaben sowie zur Gesetzestreue verpflichtet.

Grundrechte im Grundgesetz

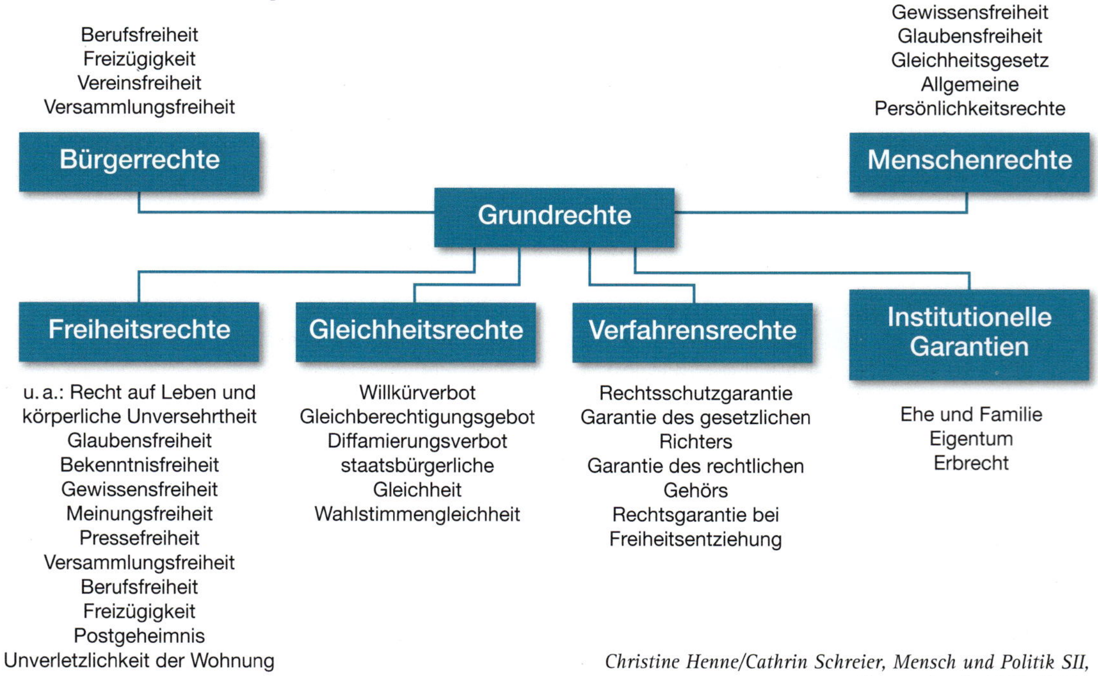

Christine Henne/Cathrin Schreier, Mensch und Politik SII, Braunschweig 2007, S. 290

Aufgabe

Halten Sie einen Kurzvortrag zum Thema „Das Verhältnis von Staat und Individuum nach dem Grundgesetz der Bundesrepublik Deutschland“.

M 1 Nacktscanner

Karikatur: Klaus Stuttmann

M 2 Der Terrorist als Gesetzgeber

Wer nichts zu verbergen hat, der hat nichts zu befürchten: Das ist der erste Hauptsatz der inneren Sicherheit. Mit diesem Satz begründen Politiker in ganz Europa jede neue Maßnahme, jedes neue Gesetz. Von jeder dieser neuen Maßnahmen und von jedem dieser neuen Gesetze hängt angeblich die Zukunft der inneren Sicherheit ab: So war und ist es beim biometrischen Personalausweis; bei der zentralen Speicherung von klassischen und digitalisierten Fingerabdrücken; bei der staatlich verordneten Gesichtsvermessung; beim heimlichen Abhören von Wohnungen mit elektronischen Wanzen. Wer nichts zu verbergen hat, der hat ja, angeblich, nichts zu befürchten. […]

Seit dem 11. September 2001 ist die Politik der westlichen Welt dabei, ihre Rechtsstaaten in Präventionsstaaten umzubauen: Das Recht wird verdünnt, um so angeblich besser mit den globalen Risiken fertig zu werden. Die Beruhigungsformel dabei lautet, wie gesagt: Wer nichts zu verbergen hat, der hat nichts zu befürchten – allenfalls, dass, sein Telefon oder sein Konto ab und zu heimlich und «verdachtsunabhängig» kontrolliert wird, wenn der Mensch nicht so ausschaut oder sich nicht so verhält, wie ein Polizist, ein Grenz- oder Verfassungsschützer sich einen braven Bürger vorstellen. Aber solche Kontrollen müsse man, so meinen die Politiker, im Interesse von mehr innerer Sicherheit in Kauf nehmen. Hinter der vermeintlichen Harmlosigkeit dieser Sätze steckt eine fundamentale Neuorientierung der Sicherheitspolitik: Jede einzelne der vielen neuen Maßnahmen mag, für sich genommen, noch für tolerabel gehalten werden. Von einer einzelnen Videokamera geht keine Gefahr aus, von einer einzelnen Speichelprobe, die von einem völlig unverdächtigen Menschen genommen wird, auch

nicht. Wenn der Mensch aber überall mit Videokameras beobachtet wird, wenn mit Erfassungssystemen festgehalten wird, wo und wann er welche Straßen benutzt, wenn die Daten seiner Flüge registriert, seine dortigen Essgewohnheiten festgehalten, seine Computer elektronisch durchsucht, seine Bankkonten staatlich visitiert, seine Persönlichkeitsdaten, seine Krankheiten und Gebrechen zentral abrufbar werden, dann ergibt sich die gefährliche Totalität aus der Summe. Die Erfassungsnetze, die alle Bürger umfassen, werden immer dichter, die beobachtungsfreien Zonen immer kleiner. [...]

Aus dem freiheitlichen Rechtsstaat wird so ein fürsorglicher Präventionsstaat, der seine Bürger nicht mehr als unverdächtig, sondern als potentiell verdächtig, als «noch» nicht verdächtig betrachtet. Es werden [...] Mittel und Methoden angewendet (heimliches Abhören und heimliche Kontrollen), die im Strafrecht nur gegen Verdächtige möglich waren. So werden Grundrechte banalisiert.

Heribert Prantl, NZZ Folio 09/07 - Thema: Sicherheit

Aufgaben

1. Beschreiben Sie die Karikatur M 1 und erläutern Sie deren Aussageabsicht. Gehen Sie dabei auf Art. 1 des Grundgesetzes ein.
2. Zeigen Sie, bezogen auf die Karikatur M 1, Grenzen der staatlichen Eingriffe ins Grundgesetz auf und diskutieren Sie, inwiefern diese Grenzen noch zeitgemäß sind.
3. Erklären Sie, was Prantl unter einem Präventionsstaat versteht und wie er diesen vom freiheitlichen Rechtsstaat abgrenzt. (M 2)
4. Stellen Sie das Spannungsverhältnis zwischen Freiheit und Sicherheit dar, welches von Prantl angesprochen wird. (M 2)
5. Erläutern Sie die Überschrift des Artikels. (M 2)
6. Stellen Sie die Argumentationsstruktur Prantls dar. (M 2)
7. Benjamin Franklin (1706 – 1790), einem der Gründerväter der USA, wird das Zitat: „Wer die Freiheit aufgibt, um Sicherheit zu gewinnen, der wird am Ende beide verlieren" zugeschrieben. Nehmen Sie Stellung zu dieser Aussage.

1.2 Die Staatsstrukturprinzipien

Leitfragen

Welche Prinzipien bilden die Grundlage für den staatlichen Aufbau der Bundesrepublik Deutschland?

Wie ist sichergestellt, dass die staatliche und demokratische Ordnung der Bundesrepublik nicht beseitigt werden kann?

„Verfassung in Kurzform" – Art. 20 GG

Neben Art. 1 kommt vor allem Art. 20 eine herausragende Stellung im Grundgesetz zu. Er bietet eine „Verfassung in Kurzform" und beinhaltet folgende **fünf Staatsstrukturprinzipien**, die für die staatliche Ordnung Deutschlands verpflichtend sind:

- Republik
- Demokratie
- Rechtsstaatlichkeit
- Föderalismus
- Sozialstaatlichkeit

Republik

Die Bezeichnung Bundes**republik** Deutschland schließt die Monarchie mit einem gekrönten oder fürstlichen Staatsoberhaupt als Staatsform aus (→ Kap. 3.1.3).

Demokratie

Die Herrschaftsform **Demokratie** beinhaltet als fundamentales Merkmal die **Volkssouveränität** (→ Kap. 3.1.4). Das Prinzip der Volkssouveränität ist Grundlage aller staatlichen Gewalt. Legitimationsquelle der politischen Macht muss das Volk sein. Dies bedingt regelmäßig stattfindende freie Wahlen. Jene sind u. a. Ausdruck des **Pluralismus**, dessen Prinzip einen freien Wettbewerb verschiedener Interessen beinhaltet. Die Bundesrepublik Deutschland versteht sich als **repräsentative Demokratie** mit einem **parlamentarischen Regierungssystem** und dem **Entscheidungsmechanismus nach Mehrheitsprinzip**. Der Bundestag erlässt als Parlament der Bundesrepublik Deutschland und Repräsentant des gesamten deutschen Volkes Gesetze für alle Bürger und kann somit als oberstes Verfassungsorgan bezeichnet werden.

Rechtsstaatlichkeit

Das Prinzip der **Rechtsstaatlichkeit** (→ Kap. 3.1.4) besagt, dass staatliche Entscheidungen nur dann gültig sind, wenn sie zwei Bedingungen erfüllen:

1. Sie müssen formalen Anforderungen an ihr Zustandekommen entsprechen. Dies bedeutet, dass die Gesetze nach dem dafür vorgesehenen formalen Ablauf entsprechend zustande kommen (**formaler Rechtsstaat**).

2. Gleichzeitig müssen sie sich an der Menschenwürde und den daraus abgeleiteten Grundrechten als oberster Norm orientieren (**materieller Rechtsstaat**).

Zur Rechtsstaatlichkeit gehört außerdem die **Rechtsgleichheit**, nach der alle Bürger von den Gerichten gleich behandelt werden. Weiter muss für die Bürger sichergestellt sein, dass eine Rechtsgrundlage für deren Handeln existiert und sie sich auf die Einhaltung der Gesetze seitens des Staates verlassen können (**Rechtssicherheit**). Was nicht verboten ist, darf getan werden; rückwirkende Verbote sind nicht erlaubt. Rechtsstaatlichkeit erfordert zudem zwingend die **Unabhängigkeit der Gerichte** von politischen Weisungen. Nur dann ist gewährleistet, dass sie die Politik effektiv kontrollieren können.

Das materielle Rechtsstaatsprinzip geht über das formale Rechtsstaatsprinzip hinaus. Demnach bildet die **Würde des Menschen den obersten Grundwert**, an den der Rechtsstaat in seinem Handeln gebunden ist. Die politisch Herrschenden sind durch die Verfassung darauf verpflichtet, die vorstaatlichen Menschenrechte zu achten und zu schützen. Ein Rechtsstaat ist somit das Gegenteil von einem Willkürstaat, in dem die Herrschenden ohne Rücksicht auf die Bürger unbeschränkt ihren politischen Willen durchsetzen können.

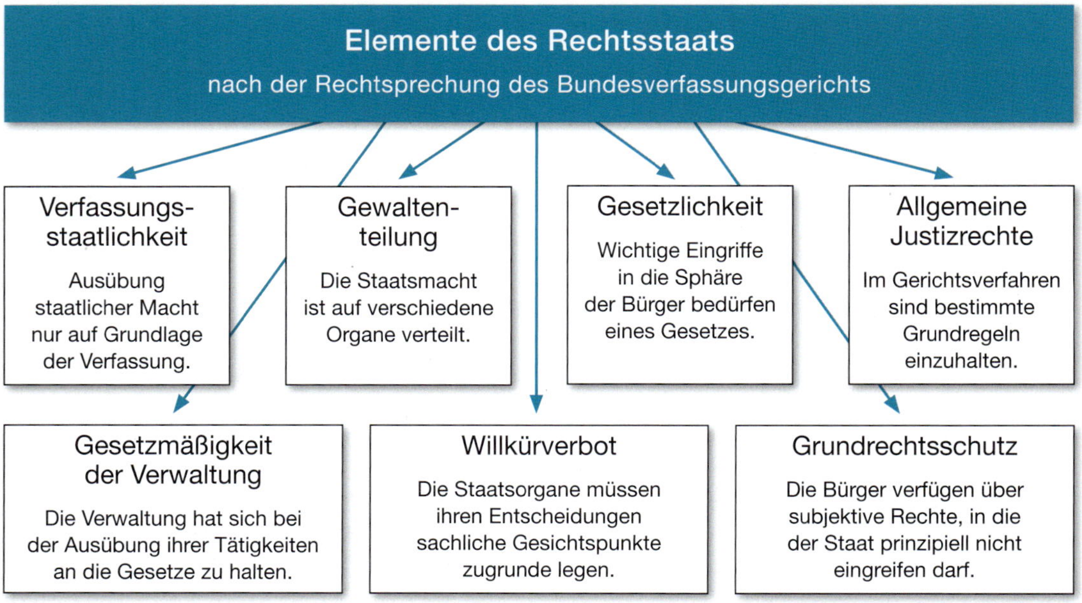

Michael Piazolo, Der Rechtsstaat, hrsg. von der Bayerischen Landeszentrale für politische Bildungsarbeit, München 1999, S. 13

Handlungsfelder des Sozialstaats

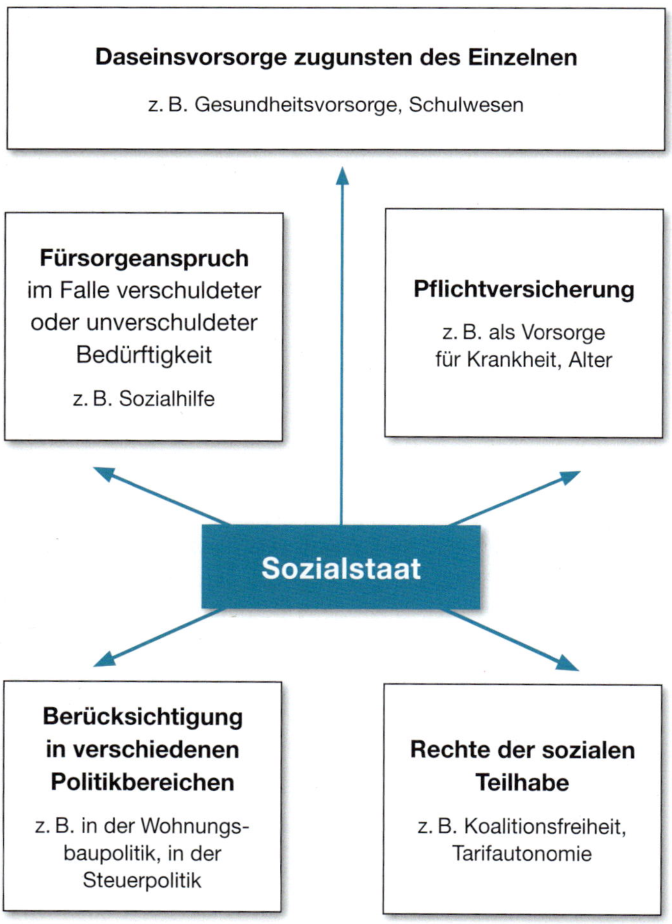

Föderalismus

Das Prinzip des **föderativen Staatsaufbaus** erfordert, dass mehrere Gliedstaaten (Bundesländer) gemeinsam einen Bund bilden (Bundesstaat). Staatliche Aufgaben sind zwischen Bundes- und Länderebene aufgeteilt. Die Festlegung auf das Prinzip eines föderativen Staatsaufbaus bedeutet aber nicht zwingend, dass die gegenwärtige Form des Föderalismus beibehalten werden muss. Länderneugliederungen, z. B. die Zusammenlegung von zwei oder mehreren Bundesländern zu einem, sind unter bestimmten Bedingungen möglich (Art. 29 GG).

Sozialstaatlichkeit

Das Prinzip der **Sozialstaatlichkeit** verpflichtet die Bundesrepublik Deutschland, eine Grundsicherung seiner Bürger zu garantieren. Dies ist eine bedeutsame Festlegung. Während sich ein liberaler Staat lediglich dazu berufen fühlt, Sicherheit und Freiheit seiner Bürger zu schützen, beansprucht ein sozialer Staat darüber hinaus, für ein Mindestmaß an Wohlergehen aller Bürger durch sozialen Ausgleich zu sorgen. Die konkrete Ausgestaltung dieses Prinzips wird im Grundgesetz nicht weiter definiert und unterliegt daher politischen Mehrheitsentscheidungen.

Menschenwürde und Staatsstrukturprinzipien – der unveränderliche Verfassungskern

Die in Art. 1 und Art. 20 GG festgelegten Grundsätze bilden **Verfassungsprinzipien** und einen **unveränderlichen Verfassungskern.** Das **Ewigkeitsgebot** des Art. 79 Abs. 3 GG besagt, dass jede Änderung dieser Grundsätze, auch wenn sie mit noch so großer Mehrheit beschlossen würde, unzulässig ist. Auch die in Art. 2 – 19 GG festgelegten Grundrechte genießen einen besonderen, wenn auch nicht so weit gehenden Schutz: Sie dürfen laut Art. 19 Abs. 2 GG „in ihrem Wesensgehalt" nicht verändert werden. Wann eine solche Veränderung vorliegt, müsste im Zweifelsfall durch das Bundesverfassungsgericht entschieden werden. Alle anderen Verfassungsartikel können mit Zweidrittelmehrheit von Bundestag und Bundesrat geändert werden. Das Grundgesetz der Bundesrepublik Deutschland ist also – bei besonderem Schutz der Menschenwürde und den unabänderlichen fünf Staatsstrukturprinzipien – flexibel genug, um durch politische Entscheidungen, welche jederzeit durch das Bundesverfassungsgericht überprüft werden können, an eine sich ständig ändernde gesellschaftliche, politische, soziale und wirtschaftliche Wirklichkeit angepasst zu werden.

Jedoch könnte das Grundgesetz zumindest theoretisch auf rechtsstaatlichem Wege abgeschafft bzw. durch eine neue Verfassung ersetzt werden. Art. 146 GG lautet nämlich: „Dieses Grundgesetz, das nach Vollendung der Einheit und Freiheit Deutschlands für das gesamte deutsche Volk gilt, verliert seine Gültigkeit an dem Tage, an dem eine Verfassung in Kraft tritt, die von dem deutschen Volke in freier Entscheidung beschlossen worden ist."

Die Demokratie der Bundesrepublik Deutschland – eine wehrhafte Demokratie

Ein Wesensmerkmal des Demokratieverständnisses ist das Prinzip des Pluralismus. Es besagt, dass die Unterschiedlichkeit und Gegensätzlichkeit individueller Interessen nicht nur hingenommen werden, sondern geradezu Voraussetzung und Grundlage für demokratische Entscheidungen sind. Diese ergeben sich aus dem Konkurrenzkampf der Interessen um politische Gestaltungsmehrheiten. Alle Staatsgewalt geht gemäß dem Prinzip der **Volkssouveränität** vom Volk aus. Demzufolge muss die Freiheit des Individuums zur politischen Teilnahme durch politische **Freiheitsrechte** gesichert sein. Dazu gehören z.B. das Recht auf Äußerung der Meinung oder das Recht auf Bildung von und Mitwirkung in politischen Vereinigungen.

In der Weimarer Republik konnten Parteien wie die NSDAP oder die KPD auf dieser Grundlage uneingeschränkt am politischen Wettbewerb teilnehmen. Beide Parteien wollten aber – mit unterschiedlichen Zielvorstellungen – die Demokratie und den freien, pluralistischen Wettbewerb der Parteien abschaffen. Die Erfahrungen unter der nationalsozialistischen Diktatur im Dritten Reich und der aufkommenden kommunistischen Diktatur in der von der Sowjetunion besetzten östlichen Besatzungszone veranlassten die Schöpfer des Grundgesetzes, Gegnern der **freiheitlichen demokratischen Grundordnung der Bundesrepublik** (FDGO) **Grenzen der politischen Mitwirkung** zu setzen. Sie sahen es als ihre Aufgabe an, die Freiheit zu schützen, ohne sie durch diesen Schutz zu zerstören. Dies geschieht durch verschiedene Regelungen:

1. Parteien, welche die FDGO bekämpfen, können auf Antrag von Bundestag, Bundesrat oder Bundesregierung vom Bundesverfassungsgericht verboten werden (Art. 21 Abs. 2 GG).
2. Die Bundesregierung und die Länderregierungen können Vereine verbieten, die sich gegen die FDGO richten (Art. 9 Abs. 2 GG).
3. Bürgern, die Grundrechte, wie z.B. die Meinungs- oder die Versammlungsfreiheit, dazu nutzen, die FDGO zu bekämpfen, können diese Grundrechte gemäß Art. 18 GG vom Bundesverfassungsgericht aberkannt werden.
4. Zudem bestimmt Art. 20 Abs. 4 GG, dass alle Deutschen das **Recht zum Widerstand** gegen Versuche haben, die FDGO zu beseitigen, „wenn andere Abhilfe nicht möglich ist".

Aufgabe

Verdeutlichen Sie anhand von konkreten Beispielen, wie der Staat den Bürgern sowohl als Unterstützer als auch als Gegner begegnen kann.

Politische Urteilsbildung

Die Fähigkeit, sich ein Urteil über einen Sachverhalt bilden zu können, ist eine zentrale Kompetenz der politischen Bildung. Ziel ist es, den Einzelnen dazu zu befähigen, auf der Grundlage sachlicher Informationen und klarer/überprüfbarer Kriterien zu einem persönlichen Urteil in einer kontroversen Fragestellung zu kommen und dieses Urteil auch begründen zu können.

Ausgangspunkt für die Urteilsbildung ist demnach eine aktuelle Problemstellung, die in Form einer Entscheidungsfrage als Thema einer Unterrichtsstunde oder -reihe formuliert wird.

Nach der Einführung des Themas wird mittels Punktabfrage zunächst ein spontanes **Voraus-Urteil** gefällt. Anschließend wird ein **konstatierendes (Sach-)Urteil** vorbereitet. Es wird festgestellt, wie z.B. die Gesetzeslage in Bezug auf das Problem ist, wer beteiligt ist oder sein kann etc.

Abwägende Justitia

Im nächsten Schritt wird das **qualifizierende Urteil** vorbereitet. Dazu werden, bezogen auf die Fragestellung, Pro- und Kontra-Argumente erarbeitet.

Danach soll jeder Schüler zu einem eigenen abschließenden Urteil kommen, das in einer erneuten Punktabfrage ermittelt wird. Dabei lässt sich feststellen, inwieweit sich die Beurteilung gegenüber dem spontanen Urteil verändert hat. Die Schüler sind im Anschluss daran in der Lage, ihr Urteil zu begründen und die für sie entscheidenden Kriterien/Kategorien offenzulegen.

Schritte zur politischen Urteilsbildung

1. **Schritt:** Einführung des Sachgegenstandes und Formulierung eines Themas in Form einer Fragestellung (Entscheidungsfrage), ausgehend von einem aktuellen Problem.

2. **Schritt:** Spontanes Urteil (z.B. durch Punktabfrage).

3. **Schritt:** Erarbeitung der Faktenlage anhand von Materialien und Bildung eines konstatierenden Urteils.

4. **Schritt:** Erarbeiten von Pro- und Kontra-Positionen anhand von Materialien.

5. **Schritt:** Abschließende Urteilsbildung und erneute Punktabfrage. Vergleich mit spontanem Urteil.

6. **Schritt:** Urteilsbegründung und Offenlegen der Kriterien.

7. **Schritt:** Abschlussbesprechung.

Ein mögliches NPD-Verbot in der Karikatur

Karikatur: Klaus Stuttmann

Aufgaben

1. Beschreiben Sie die Karikatur und erläutern Sie die Aussageabsicht des Karikaturisten. Formulieren Sie das dargestellte Problem in einem Fragesatz.
2. Beantworten Sie die Frage in einer spontanen Abstimmung ohne Diskussion oder Aussprache.
3. Informieren Sie sich **mithilfe der Materialien M 1 – M 8 auf der im Buch beiliegenden CD-ROM** über das Parteienverbot (Voraussetzungen? Wer kann Antrag stellen? Wer entscheidet? Was ist zu beachten?).
4. Stellen Sie in arbeitsteiliger Gruppenarbeit **mithilfe der Materialien auf der im Buch beiliegenden CD-ROM** Argumente für und gegen ein Verbot der NPD zusammen. **(M 1 – M 8)**
5. Überlegen Sie, welche Argumente Sie am stärksten überzeugen und welche Kriterien für ein Parteienverbot diesen zugrunde liegen. **(M 1 – M 8)**
6. Führen Sie eine weitere Abstimmung zum Thema durch und vergleichen Sie die Ergebnisse mit der ersten Abstimmung.
7. Begründen Sie Ihr Urteil auf Grundlage der Kriterien.

2 Die Bürger im politischen Prozess

2.1 Politische Beteiligung

Leitfragen

- Welche Bedeutung haben Wahlen in einer Demokratie?
- Welche Grundformen von Wahlsystemen lassen sich unterscheiden?

Wahlen in der repräsentativen Demokratie

Zu den grundlegenden Rechten der Bürger hinsichtlich der politischen Mitwirkung in einer Demokratie gehört das Wahlrecht. Dabei unterscheidet man das Recht zu wählen (**aktives Wahlrecht**) und das Recht sich selbst zur Wahl zu stellen (**passives Wahlrecht**).

Art. 38 des Grundgesetzes legt **Wahlgrundsätze** fest, die bei Wahlen in der Bundesrepublik Deutschland erfüllt sein müssen:

- Wahlen müssen **allgemein** sein, d.h. unabhängig von Geschlecht, Rasse, Sprache, Einkommen oder Besitz, Beruf, Stand oder Klasse, Bildung, Konfession oder politischer Überzeugung sind alle Staatsbürger stimmberechtigt. Einige unerlässliche Voraussetzungen müssen dabei jedoch erfüllt sein: ein bestimmtes Alter, deutsche Staatsbürgerschaft, Besitz der geistigen Kräfte und der bürgerlichen Ehrenrechte sowie volle rechtliche Handlungsfähigkeit.

- Wahlen müssen **frei** sein, d.h. die Bürger müssen zwischen mehreren miteinander konkurrierenden politischen Alternativen frei auswählen können. Sie dürfen nicht zur Wahl einer bestimmten Partei oder Person gedrängt oder gezwungen werden. Gleichzeitig können die Bürger auch frei entscheiden, ob sie von ihrem Wahlrecht überhaupt Gebrauch machen wollen oder nicht.

- Wahlen müssen **geheim** sein, d.h. es muss rechtlich und organisatorisch gewährleistet sein, dass jeder Wähler eine nicht von anderen erkennbare Wahlentscheidung treffen kann.

- Wahlen müssen **gleich** sein, d.h. jeder Wahlberechtigte besitzt das gleiche Stimmengewicht – der Zählwert der Stimmen der Wahlberechtigten muss gleich sein. Dies bedeutet auch, dass die Wahlkreiseinteilung stets daraufhin zu überprüfen ist, ob das Verhältnis der Bevölkerungsanzahl zur Zahl der zu wählenden Abgeordneten in den Wahlkreisen den Gleichheitsgrundsatz nicht verletzt.

- Wahlen müssen **unmittelbar** sein, d.h. das Volk muss seine Repräsentanten direkt ins Parlament wählen. Die Beauftragung von Dritten mit der Wahl ist nicht zulässig.

Wählertypen

Grundsätzlich hat sich das Wahlverhalten in der Bundesrepublik Deutschland in den vergangenen Jahren stark verändert. Die Zahl der Stammwähler hat immer weiter abgenommen, die Zahl der Wechselwähler und der Nichtwähler dagegen stetig zugenommen. Für die Parteien bedeutet dies, dass sie sich „ihrer" Klientel nicht mehr sicher sein können. Wahlforscher unterscheiden folgende Wählertypen voneinander:

- **Stammwähler**: Stammwähler sind Wähler, die sich stark mit einer Partei identifizieren und diese über mehrere Wahlen hinweg wählen. Sie sind von den anderen Parteien kaum zum Wechsel ihrer Stimmabgabe zu überreden.

- **Wechselwähler**: Wechselwähler identifizieren sich kaum oder gar nicht mit einer bestimmten Partei und bleiben daher i. d. R. auch keiner Partei über mehrere Wahlen hinweg treu. Ein Wechselwähler im engeren Sinne ist, wer seine Entscheidung für eine Partei von einer Wahl zur nächsten ändert.

- **Nichtwähler**: Nichtwähler beteiligen sich aus unterschiedlichen Gründen nicht an Wahlen. Da die Höhe der Wahlbeteiligung jedoch als Ausdruck der Zustimmung der Bevölkerung zur Demokratie gewertet werden kann, ist die Wahlenthaltung i. d. R. als Unzufriedenheit, zumindest aber als Desinteresse gegenüber dem herrschenden politischen System interpretierbar. Die „Partei der Nichtwähler" ist in den letzten Jahren immer größer geworden.

Anforderungen an Wahlsysteme

Laut dem deutschen Politikwissenschaftler Dieter Nohlen sollten Wahlsysteme fünf Anforderungen erfüllen:

1. **Repräsentation**: Alle relevanten gesellschaftlichen Gruppen sollen möglichst entsprechend ihrem Anteil an der Gesamtbevölkerung im Parlament vertreten sein. Die Wählerstimmen sollen sich dabei proportional in Abgeordnetenmandaten niederschlagen.

2. **Konzentration**: Die Zahl der im Parlament vertretenen Parteien soll möglichst gering sein, um die Bildung stabiler parlamentarischer Mehrheiten zu vereinfachen.

3. **Partizipation**: Die Wähler sollen möglichst große Mitwirkungsmöglichkeiten haben und insbesondere neben der Parteienwahl auch eine personelle Wahl treffen können.

4. **Einfachheit**: Die Wähler sollen die Funktionsweise des Wahlsystems verstehen und der Wahlvorgang soll transparent sein.

5. **Legitimität**: Das Wahlsystem und seine Ergebnisse sollen allgemein akzeptiert sein.

Grundformen von Wahlsystemen

Wahlsysteme stellen Verfahren dar, mittels derer die Stimmen der Wähler entsprechend ihrer Partei- oder Kandidatenpräferenz in Mandate übertragen werden und die Zusammensetzung von Parlamenten bestimmt wird.

Die konkreten Wahlsysteme in demokratischen Staaten sind i. d. R. das Ergebnis von Kompromissen zwischen den wichtigsten gesellschaftlichen und politischen Gruppierungen. Dies erklärt die enorme Vielfalt verschiedenster Wahlsysteme, die sich aber größtenteils alle auf zwei **Grundtypen** zurückführen lassen: die **Mehrheitswahl** und die **Verhältniswahl.**

Mehrheitswahl

Bei der Mehrheitswahl wird das Wahlgebiet in so viele Wahlkreise eingeteilt, wie Mandate zu vergeben sind. In allen Wahlkreisen stellen sich Kandidaten zur Wahl. Gewählt ist, wer in diesem Wahlkreis die meisten Stimmen erhält (**relative Mehrheitswahl**). Diese Variante wird z. B. bei der Wahl zum Unterhaus im Vereinigten Königreich oder den Kongresswahlen in den USA angewandt.

Bei der **absoluten Mehrheitswahl** ist derjenige Kandidat gewählt, der die absolute Mehrheit der Stimmen (50 Prozent + eine Stimme) im Wahlkreis erhält. Da dies meist nicht sofort zu erreichen ist, wird ein zweiter Wahlgang zwischen den beiden Bestplatzierten notwendig.

Verhältniswahl

Bei der Verhältniswahl legen die Parteien Listen mit Namen von Kandidaten für das jeweilige Wahlgebiet vor. Alle Stimmen, die für eine Partei abgegeben wurden, werden zusammengezählt. Dann wird errechnet, wie viele Parlamentssitze ihr nach ihrem Stimmenanteil zustehen. Wenn eine Partei z. B. 20 Prozent der Wählerstimmen errungen hat, bekommt diese auch 20 Prozent der Parlamentssitze. Diese Sitze werden an die Kandidaten in der Reihenfolge verteilt, wie sie auf der Liste ihrer Partei platziert waren.

Verschiedene Rechenverfahren zur Umrechnung von Wählerstimmen in Mandate

Von der Wählerstimme zum Mandat

Verfahren der Stimmenverrechnung in Verhältniswahlsystemen

nach d'Hondt

Beispiel: Es sind (11) Sitze zu vergeben

	Partei A	Partei B	Partei C
Stimmenzahl	6 000	3 100	2 950
geteilt durch			
1	6 000 (1)	3 100 (2)	2 950 (4)
2	3 000 (3)	1 550 (6)	1 475 (8)
3	2 000 (5)	1 033 (10)	983
4	1 500 (7)	775	738
5	1 200 (9)	620	590
6	1 000 (11)	517	492

Die zu vergebenden Sitze (1) bis (11) werden in der Reihenfolge der Höchstzahlen auf die Parteien verteilt

	Partei A	Partei B	Partei C
Sitze	6	3	2

nach Hare/Niemeyer

Es sind (11) Sitze zu vergeben

	Partei A	Partei B	Partei C
Stimmenzahl	6 000	3 100	2 950

Für jede Partei wird berechnet:

$$\frac{\text{Gesamtzahl der Sitze} \times \text{Stimmenzahl der Partei}}{\text{Gesamtzahl der Stimmen aller Parteien}}$$

Partei A	Partei B	Partei C
5,48	2,83	2,69

Am Ergebnis ist **vor dem Komma** abzulesen, wie viele Sitze jede Partei mindestens erhält.

Die dann noch zu vergebenden Sitze werden den Parteien in der Reihenfolge der größten Zahlenbruchteile **hinter dem Komma** zugeteilt.

	Partei A	Partei B	Partei C
	5,48	2,83	2,69
		+1	+1
Sitze	5	3	3

nach Sainte-Laguë/Schepers

Es sind (11) Sitze zu vergeben

	Partei A	Partei B	Partei C
Stimmenzahl	6 000	3 100	2 950

Die Stimmen der Parteien, die an der Sitzvergabe teilnehmen, werden durch einen *Divisor* geteilt. Als Divisor eignet sich die auf einen Sitz durchschnittlich entfallende Anzahl der Stimmen, hier: 1 095.

Die Ergebnisse der Division werden anschließend **auf ganze Zahlen auf- oder abgerundet**. An den ganzzahligen Resultaten lässt sich die Sitzverteilung unmittelbar ablesen.

Ist ihre Summe größer/kleiner als erforderlich, wird die Rechnung mit einem kleineren/größeren Divisor wiederholt.

	Partei A	Partei B	Partei C
	5,48	2,83	2,69
	abgerundet	aufgerundet	aufgerundet
Sitze	5	3	3

Vereinfachte Modellrechnung

ZAHLENBILDER

Rechenbeispiel Mehrheitswahl

In einem Wahlgebiet gibt es fünf Wahlkreise. In jedem Wahlkreis stellen sich von vier Parteien Kandidaten zur Wahl. Pro Wahlkreis werden 5.000 Stimmen nach dem Prinzip der relativen Mehrheitswahl vergeben. Es kommt zu folgendem Wahlergebnis:

Wahlkreis	Kandidaten/Parteien				Stimmen
	A	B	C	D	gesamt
1	1.800	1.200	1.000	1.000	5.000
2	1.260	1.250	1.245	1.245	5.000
3	1.300	1.250	1.225	1.225	5.000
4	1.250	1.300	1.225	1.225	5.000
5	1.250	1.300	1.225	1.225	5.000
Gesamt					25.000
in % aller Stimmen					

Rechenbeispiel Verhältniswahl

In einem Wahlgebiet wird nach dem Prinzip der Verhältniswahl abgestimmt. Es stellen sich sechs Parteien zur Wahl. Zehn Millionen Wahlberechtigte dürfen über die Vergabe von 91 Mandaten abstimmen. Die Parlamentssitze werden nach dem Sainte-Laguë/Schepers-Verfahren berechnet, welches seit 2009 bei Bundestagswahlen angewandt wird. Es kommt zu folgendem Ergebnis:

Partei	gültige Stimmen	%	Sitze
A	4.000.000		
B	3.000.000		
C	1.000.000		
D	1.500.000		
E	430.000		

Aufgaben

1. Ermitteln Sie im Rechenbeispiel Mehrheitswahl die jeweiligen Wahlkreissieger.
2. Stellen Sie im Rechenbeispiel Mehrheitswahl die Sitzverteilung der Parteien im gewählten Parlament fest.
3. Berechnen Sie im Rechenbeispiel Mehrheitswahl die Zahl der auf jede Partei entfallenen Stimmen im gesamten Wahlgebiet.
4. Berechnen Sie im Rechenbeispiel Mehrheitswahl den Stimmenanteil jeder Partei im gesamten Wahlgebiet in Prozent.
5. Vergleichen Sie im Rechenbeispiel Mehrheitswahl die Ergebnisse nach Wahlkreisen und nach Stimmenanteil der Parteien im gesamten Wahlgebiet und nehmen Sie anhand folgender Kriterien Stellung zum Ergebnis dieser Wahl:
   - Auswirkung auf die Vertretung der Interessen der Mehrheit der Bevölkerung,
   - demokratische Legitimation einer von diesem Parlament gewählten Regierung,
   - Stabilität der Regierung.
6. Berechnen Sie im Rechenbeispiel Verhältniswahl den Stimmenanteil für jede Partei in Prozent.
7. Berechnen Sie im Rechenbeispiel Verhältniswahl die Anzahl der Sitze, die jede Partei besetzen kann.
8. Beurteilen Sie im Rechenbeispiel Verhältniswahl das Ergebnis dieser Wahl anhand folgender Kriterien:
   - Auswirkung auf die Vertretung der Interessen der Mehrheit der Bevölkerung,
   - demokratische Legitimation einer von diesem Parlament gewählten Regierung,
   - Stabilität der Regierung.

Vor- und Nachteile beider Wahlsysteme

Die **Mehrheitswahl** hat als großen Vorteil den mehrheitsbildenden Effekt, d. h. dass sie zu stabilen Mehrheiten führt und eine schnelle Regierungsbildung möglich macht. Gewöhnlich kann die Mehrheitspartei ohne Koalitionspartner die Regierung stellen. Es besteht zudem eine enge Verbindung des Abgeordneten zu seinem Wahlkreis.

Der Nachteil liegt darin, dass alle Stimmen, die für die unterlegenen Kandidaten im Wahlkreis abgegeben wurden, unter den Tisch fallen. Ein großer Teil der Wahlbevölkerung ist demnach nicht im Parlament repräsentiert, da ein ebenso großer nationaler Stimmenanteil nicht in Mandate umgerechnet wird. Der mehrheitsbildende Effekt kommt den großen Parteien zugute und geht zu Lasten der kleineren Parteien. Wegen der Benachteiligung kleinerer Parteien spricht man von der „Feindlichkeit der Mehrheitswahl gegen Drittparteien". Es können sich überwiegend nur zwei große Parteien im Parlament etablieren.

Anders als bei der Mehrheitswahl sind bei der **Verhältniswahl** grundsätzlich alle Parteien im Parlament vertreten, die eine ausreichende Zahl an Stimmen erhalten haben. Die Stimme jeden Wählers wird bei der Umrechnung des Wahlergebnisses in Parlamentssitze in gleicher Weise berücksichtigt. Das Parlament ist somit die „Landkarte der Gesellschaft".

Dies kann allerdings dazu führen, dass das Parlament in seiner Zusammensetzung sehr stark fragmentiert ist, weil viele verschiedene politische Parteien in ihm vertreten sind. Zur Bildung einer Regierung ist dann i. d. R. die Bildung einer Koalition erforderlich. Je mehr (kleinere) Parteien dazu nötig sind, desto instabiler ist diese Regierung. Das Ausscheren einer einzigen kleinen Partei aus der Koalition kann schon dazu führen, dass die Regierung keine Parlamentsmehrheit mehr besitzt und abgewählt wird bzw. zurücktreten muss.

Das Wahlsystem der Bundesrepublik

Das Wahlsystem der Bundesrepublik Deutschland versucht die Vorteile beider Wahlsysteme miteinander zu verbinden und deren Schwächen so weit wie möglich auszugleichen. Es wird als **personalisierte Verhältniswahl** bezeichnet. Mit diesem Verfahren werden die 598 Sitze im Bundestag besetzt.

Jeder Wähler hat dabei zwei Stimmen. Mit der **Erststimme** werden nach der relativen Mehrheitswahl 299 **Direktmandate** vergeben. Dazu wird das Wahlgebiet in entsprechend viele Wahlkreise eingeteilt, in denen die Parteien ihre Kandidaten aufstellen. Die gewählten Kandidaten ziehen auf jeden Fall in den Bundestag ein.

Die **Zweitstimme** ist die wichtigere der beiden Stimmen (→ S. 374 **CD-ROM**). Mit ihr wird eine Partei gewählt. Die Zweitstimme entscheidet über die Gesamtzahl der Sitze für eine Partei im Bundestag. Dazu stellen die Parteien in den Bundesländern Landeslisten mit Kandidaten auf. Für diese Listen geben die Wähler ihre Zweitstimmen ab. Nach dem Sainte-Laguë/Schepers-Verfahren (→ S. 294) wird ermittelt, wie viele Kandidaten von der Landesliste der Partei in den Bundestag einziehen dürfen. Davon werden die schon erreichten Direktmandate abgezogen und die restlichen Mandate werden nach der Reihenfolge der Kandidaten über die Landesliste besetzt. Die beiden Stimmen können für Direktkandidaten und Landeslisten verschiedener Parteien abgegeben werden (**Stimmensplitting**).

Gewinnt eine Partei in einem oder mehreren Bundesländern mehr Direktmandate als ihr nach ihrem Zweitstimmenanteil eigentlich zustehen, so behält sie diese als **Überhangmandate**. Der Bundestag vergrößert sich dann um die Zahl der Überhangmandate aller Parteien.

Um eine zu starke Zersplitterung des Parlaments zu vermeiden, wurde eine sog. **Sperrklausel (Fünf-Prozent-Klausel)** eingeführt. Danach werden bei der Sitzverteilung nur die Zweitstimmen von Parteien gewertet, die mindestens fünf Prozent der abgegebenen gültigen Zweitstimmen oder mindestens drei Direktmandate erhalten haben. So zog die PDS 1994 gemäß der Sperrklausel mit 30 Abgeordneten in Gruppenstärke in den Bundestag ein, obwohl sie nur 4,4 Prozent der Zweitstimmen, dafür aber vier Direktmandate gewonnen hatte. Direktmandate bleiben in jedem

Fall erhalten. So zogen 2002 zwei Kandidaten der PDS per gewonnenem Direktmandat als fraktionslose Abgeordnete in den Bundestag ein, da die Partei lediglich vier Prozent der Zweitstimmen erreichen konnte.

Das Bundesverfassungsgericht hat in einer Entscheidung im Jahr 2008 das damals gültige Wahlverfahren nach Hare/Niemeyer (→ S. 294) teilweise für rechtswidrig erklärt, da es durch die Verrechnung der Landeslisten gegeneinander zu Benachteiligungen kommen kann. Nach der Wahlrechtsreform von 2011 hat das Bundesverfassungsgericht am 5. Juni 2012 auch das reformierte Wahlverfahren nach Sainte-Laguë/Schepers als teilweise rechtswidrig eingestuft, sodass sich der Bundestag erneut mit einer Wahlrechtsreform befassen musste.

Am 21. Februar 2013 verabschiedete der Bundestag schließlich eine Änderung des Bundeswahlgesetzes mit den Stimmen der Fraktionen von CDU/CSU, SPD, FDP und Bündnis 90/Die Grünen. Die Linksfraktion stimmte dagegen. Demnach werden die sog. Überhangmandate durch **Ausgleichsmandate** neutralisiert. Das neue Modell läuft darauf hinaus, dass die Parteien, die weniger oder keine Überhangmandate gewonnen haben, zum Ausgleich genauso viele Mandate zugestanden bekommen, bis die ursprünglichen Mehrheitsverhältnisse wieder hergestellt sind.

Bei der Wahl zum **18. Deutschen Bundestag**, die am 22. September 2013 stattfand, wurde das neue Wahlverfahren zum ersten Mal angewandt. Das Ergebnis führte zu einer – wenn auch geringeren als prognostiziert – **Vergrößerung** des Bundestages.

Aufgaben

1. Beurteilen Sie das Wahlsystem zum Deutschen Bundestag anhand der fünf von Nohlen aufgestellten Systemanforderungen.

2. Recherchieren Sie die aktuelle Sitzverteilung des 18. Deutschen Bundestages. Ermitteln Sie im Anschluss daran die Sitzverteilung, wenn bei der Bundestagswahl 2013 noch das bis 2009 geltende Sainte-Laguë/Schepers-Verfahren ohne Ausgleichsmandate angewandt worden wäre. Überprüfen Sie im Anschluss daran, ob sich dies konkret auf die Regierungsbildung hätte auswirken können.

3. Erläutern Sie, wieso das bei der Bundestagswahl 2013 erstmals angewandte neue Wahlverfahren fast zwangsläufig zu einer starken Vergrößerung des Deutschen Bundestages führt.

M 1 Hessen und andere Problemfälle

Um die Frage zu beantworten, ob ein Wahlsystem gerecht ist, muss zunächst die Frage beantwortet werden, woran die Wahlrechtsgerechtigkeit zu messen ist. Traditionell wird sie an der Proportionalität zwischen Wählerstimmen und Parlamentsmandaten gemessen. [...] Bei einer Betrachtung der Regierungsebene wird das Gerechtigkeitsargument regelrecht auf den Kopf gestellt.

Während die Mehrheitswahl in der Regel dazu führt, dass die stimmenstärkste Partei eine absolute Parlamentsmehrheit erhält und in der Folge (allein) die Regierung stellen kann (und damit die Wähler quasi direkt über die Regierungspartei abstimmen), bewirkt die Verhältniswahl in der Regel, dass die Regierung nicht bei der Parlamentswahl, sondern danach (in Form einer Koalition) gebildet wird. Dies kann – wie die Bundestagswahl 2005 belegt – dazu führen, dass eine weder von den Parteien noch von den Wählern (mehrheitlich) gewollte Regierung zustande kommt. Tatsache ist, dass nach der Bundestagswahl 2005 auch viele Wähler von CDU/CSU und SPD keine große Koalition wollten – so wie nach der Hessenwahl [2009] auch viele Wähler von SPD und Grünen keine von der Linken tolerierte rot-grüne Minderheitsregierung wollten. Jedenfalls wurden bei der Bundestagswahl 2005 die Parteien der großen Koalition von 69,4 Prozent der Wähler gewählt, aber die große Koalition nur von 33 Prozent der Wähler gewollt.

Die große Koalition ist allerdings nicht nur eine aus politischer Sicht ungewollte, sondern auch eine aus demokratietheoretischer Sicht unerwünschte Regierungsform. Schließlich impliziert sie eine zu kleine Opposition. So können die [...] Oppositionsparteien nur mit vereinten Kräften einen Untersuchungsausschuss einsetzen. Dieser Mangel wird keineswegs durch erhöhte Reformtätigkeit „kompensiert", da sich die Partner einer großen Koalition gegeneinander profilieren müssen und daher nur eingeschränkt miteinander gestalten können.

Paradoxerweise fördert gerade die Unzufriedenheit mit der großen Koalition deren Fortbestand. Schließlich wächst dadurch der Stimmenanteil kleiner Parteien – und damit der Zwang zur Fortsetzung der großen Koalition. Dabei wird deutlich, dass eine große Koalition de facto nicht abgewählt werden kann, was vielleicht das entscheidende demokratietheoretische Problem eines derartigen „Machtkartells" ist. Eine Regierung, die vom Wähler nicht gewollt ist und auch nicht abgewählt werden kann, ist jedenfalls problematisch.

Dies bedeutet jedoch nicht, dass eine kleine Koalition unproblematisch ist. Schließlich gibt sie kleinen Parteien einen viel zu großen Einfluss – personell, programmatisch, machtpolitisch. Dies kann auch dazu führen, dass der eigentliche Wahlsieger faktisch zum Verlierer wird: Gelingt es der stimmenstärksten Partei nicht, die absolute Mehrheit der Mandate zu gewinnen oder eine Koalition zu bilden, ist der Wahlsieg letztlich ein Pyrrhussieg – und der häufig beschworene „Auftrag" zur Regierungsbildung Makulatur. Das „Gerechtigkeitsargument" ist vor diesem Hintergrund also ein Argument für die Mehrheitswahl. Allerdings nicht das einzige.

Die klassischen Argumente für die Mehrheitswahl sind das „Regierbarkeits-" und das „Steuerungsargument": die These, dass die Mehrheitswahl stabilisiere, und die These, dass die Mehrheitswahl handlungsfähigere Regierungen hervorbringe als die Verhältniswahl. Die Bedeutung des „Steuerungsarguments" wird klar, wenn man sich die langjährige Diskussion zum Thema „Reformstau" vor Augen führt. Dass eine Partei

allein die Regierung stellen und ihr Wahlprogramm umsetzen kann, hat aber auch Vorteile mit Blick auf die politische Verantwortlichkeit und Transparenz. Schließlich ist es kaum möglich, ja durchaus unfair, [...] eine Koalitionsregierung an dem zu messen, was von den sie tragenden Parteien im Wahlkampf gesagt wurde. Die Bedeutung des „Regierbarkeitsarguments" wiederum wird klar, wenn man sich die Alternativen zur großen Koalition nach der Wahl 2005 vor Augen führt: eine höchst instabile Dreiparteienkoalition, eine wohl kaum handlungsfähige Minderheitsregierung oder Neuwahlen (mit vermutlich ähnlichem Ausgang).

Die Mehrheitswahl ist also durchaus eine Alternative zur Verhältniswahl: wegen des Arguments der besseren Regierbarkeit, wegen des Arguments der höheren Reformfähigkeit und wegen – nicht trotz – des Arguments der größeren Gerechtigkeit. Natürlich hat sie auch Nachteile. Selbstverständlich fehlt ihr eine gewisse Tradition in Deutschland. Und sicherlich spricht die zunehmende Erosion der Volksparteien gegen die Einführung der Mehrheitswahl. [...]

Nachdem das Wahlrecht vom Bundesverfassungsgericht in Teilen für verfassungswidrig erklärt wurde und ohnehin reformiert werden muss, wäre es an der Zeit, offen und sachlich über die Mehrheitswahl zu diskutieren.

Gerd Strohmeier, Süddeutsche Zeitung, 2.9.2008

Aufgaben

1. Ermitteln Sie die Argumente, mit denen Strohmeier seine Forderung nach Einführung des Mehrheitswahlrechts untermauert. (M 1)

2. Überprüfen Sie **mithilfe der Materialien M 2 – M 8 auf der im Buch beiliegenden CD-ROM**, inwiefern seine Argumente zutreffen. (Vergleichen Sie dazu Wahlergebnisse und Regierungsbeteiligung der einzelnen Parteien.)

3. Beurteilen Sie Sinn und Chancen einer Einführung des Mehrheitswahlrechts vor dem Hintergrund der Tatsache, dass die Regierbarkeit der Bundesrepublik Deutschland auch durch die Existenz des Bundesrates mit beeinflusst wird.

2.2 Elemente direkter Demokratie in Deutschland

Leitfragen

Worin bestehen die Unterschiede zwischen direkten und repräsentativen Demokratien?

Welche plebiszitären Elemente gibt es in Deutschland?

Direkte und repräsentative Demokratien

Demokratien lassen sich hinsichtlich ihrer Beteiligungsformen **zwei Modellen** (→ Kap. 3.1.3) zuordnen:

- **Direkte Demokratie**: Alle Bürger sind an allen politischen Entscheidungen beteiligt.
- **Repräsentative Demokratie**: Das Volk wählt Vertreter, die in seinem Namen politische Entscheidungen treffen.

In der gegenwärtigen Staatenwelt gibt es keine Demokratie, die dem Idealtypus der direkten Demokratie vollständig entspricht. Am nächsten kommt noch die Schweiz dem Modell der direkten Demokratie, aber auch die Schweizer wählen Repräsentanten, die zahlreiche wesentliche Entscheidungen im Namen des Volkes treffen. Repräsentative und plebiszitäre Elemente sind im demokratischen Verfassungsstaat keineswegs wie Feuer und Wasser. Alle modernen Demokratien sind repräsentative Demokratien, fast alle bieten jedoch auch Möglichkeiten für die Bürger, bestimmte politische Entscheidungen direkt zu beeinflussen.

Formen direktdemokratischer Elemente

Bei den direktdemokratischen Sachabstimmungen lassen sich **zwei Verfahren** unterscheiden:

- Bei einem **Referendum** legt die politische Elite in Regierung und Parlament dem Volk eine bestimmte Frage vor, über die es entscheiden soll. So konnten die Bürgerinnen und Bürger in Baden-Württemberg für oder gegen den Ausstieg des Landes aus der Projektfinanzierung von Stuttgart 21 abstimmen.

- Bei **Volksinitiativen** für Gesetze stoßen die Bürger einen politischen Entscheidungsprozess an. Diese Initiative können die Parlamentarier annehmen oder ablehnen. Im Falle der Ablehnung kann unter Umständen ein bestimmter Teil der stimmberechtigten Bürger ein **Volksbegehren** beantragen. In Sachsen sind dies etwa bei einer stimmberechtigten Gruppe von 3,6 Millionen Menschen 450.000 Bürger. Die Hürde ist also recht hoch. Nur wenn das Volksbegehren erfolgreich ist, findet auf Länderebene ein **Volksentscheid** statt, bei dem die Mehrheit der Bürger bestimmt.

Direkte Demokratie auf Bundesebene

In Deutschland gibt es **auf Bundesebene kaum Möglichkeiten für Bürger**, über politische Sachfragen abzustimmen. Eine kleine Ausnahme bildet die Regelung, dass eine Neugliederung von Bundesländern der „Bestätigung durch Volksentscheid" bedarf (Art. 29 GG). Es lässt sich dabei darüber streiten, ob es sich überhaupt um nationale Volksentscheide handelt, da nur die Bevölkerung der betroffenen Bundesländer stimmberechtigt ist. Bislang wurden nur **zwei Volksentscheide** mit Blick auf den Zuschnitt von Bundesländern durchgeführt:

- Nach einem Volksentscheid ging **1952** aus den bis dahin eigenständigen Bundesländern Baden, Württemberg-Baden und Württemberg-Hohenzollern das Bundesland Baden-Württemberg hervor.

- **1996** fand in Brandenburg und Berlin ein Volksentscheid über die Fusion beider Länder statt. Die führenden Politiker beider Länder propagierten nachdrücklich die Vereinigung. Damit diese durchgeführt werden konnte, mussten mindestens 25 Prozent der Bürger in beiden Ländern am Volksentscheid teilnehmen und von den Abstimmenden mussten sich mehr als die Hälfte für die Vereinigung aussprechen. In Brandenburg war das Interesse aber so gering, dass nicht genügend Bürger zur Abstimmung gingen. Zudem stimmte von diesen Bürgern sogar noch eine Mehrheit gegen die Fusion.

Der weitgehende Verzicht auf direktdemokratische Elemente auf Bundesebene war ursprünglich eine bewusste Entscheidung, weil die Schöpfer des Grundgesetzes der Ansicht waren, dass die Volksabstimmungen in der Weimarer Republik den Aufstieg der Nationalsozialisten begünstigt hatten. Der erste deutsche Bundespräsident Theodor Heuss bezeichnete Volksabstimmungen als „Prämie für jeden Demagogen".

Inzwischen wird unter den Parteipolitikern über diese ablehnende Haltung gegenüber Beteiligungsmöglichkeiten des Volkes gestritten. SPD und Grüne wollen mehr direktdemokratische Elemente, die Unionsparteien sind dagegen skeptisch.

Direkte Demokratie auf Länderebene

Alle Bundesländer haben in ihren Verfassungen Möglichkeiten für die Volksgesetzgebung verankert und jeweils unterschiedlich ausgestaltet. So unterscheiden sich etwa die Anforderungen an die Zahl der stimmberechtigten Unterstützer, die einen Volksantrag für ein Gesetz in die Wege leiten können oder die ein Volksbegehren unterschrieben haben müssen. Auch die Fristen, in der die notwendigen Unterschriften für ein Volksbegehren gesammelt werden müssen, sind unterschiedlich gesetzt.

Bestimmte Themen sind von der Volksgesetzgebung auf Länderebene ausgenommen. Bei allen Geldfragen – wie etwa der Höhe von Abgaben oder von Besoldungen – dürfen nur die Parlamente entscheiden (Haushaltsvorbehalt).

Direkte Demokratie in den Gemeinden

Die umfangreichsten Möglichkeiten, sich direkt an politischen Entscheidungen zu beteiligen, haben Bürger in den Gemeinden. Die Instrumente **Bürgerbegehren** und **Bürgerentscheid** wurden Anfang der 1990er Jahre eingeführt und finden sich heute in den Gemeindeordnungen aller Bundesländer.

Deutschland im Vergleich der Staaten

Die westlichen Demokratien nutzen seit 1945 in unterschiedlichem Maße direktdemokratische Elemente. In zahlreichen westeuropäischen Staaten fanden Volksabstimmungen im Zusammenhang mit der **Europäischen Union** statt. Mit Ausnahme Zyperns stimmte die Bevölkerung 2003 in neun von zehn Ländern, die neu in die Europäische Union aufgenommen werden sollten, über eine EU-Mitgliedschaft ihres Landes ab.

Referendumshäufigkeit in verschiedenen Staaten

Staaten mit ausgesprochen vielen Referenden auf nationaler Ebene (mehr als 100)	Schweiz
Staaten mit eher vielen Referenden (11 – 99)	Dänemark, Frankreich, Irland, Italien, Liechtenstein und Neuseeland
Staaten mit wenigen Referenden (1 – 10)	Belgien, Finnland, Großbritannien, Norwegen, Portugal, Schweden, Spanien
Staaten ohne Referenden	Deutschland, Israel, Japan, Niederlande, USA

Beobachteter Zeitraum: 1945 – 2007

Die Volksgesetzgebung am Beispiel von Sachsen

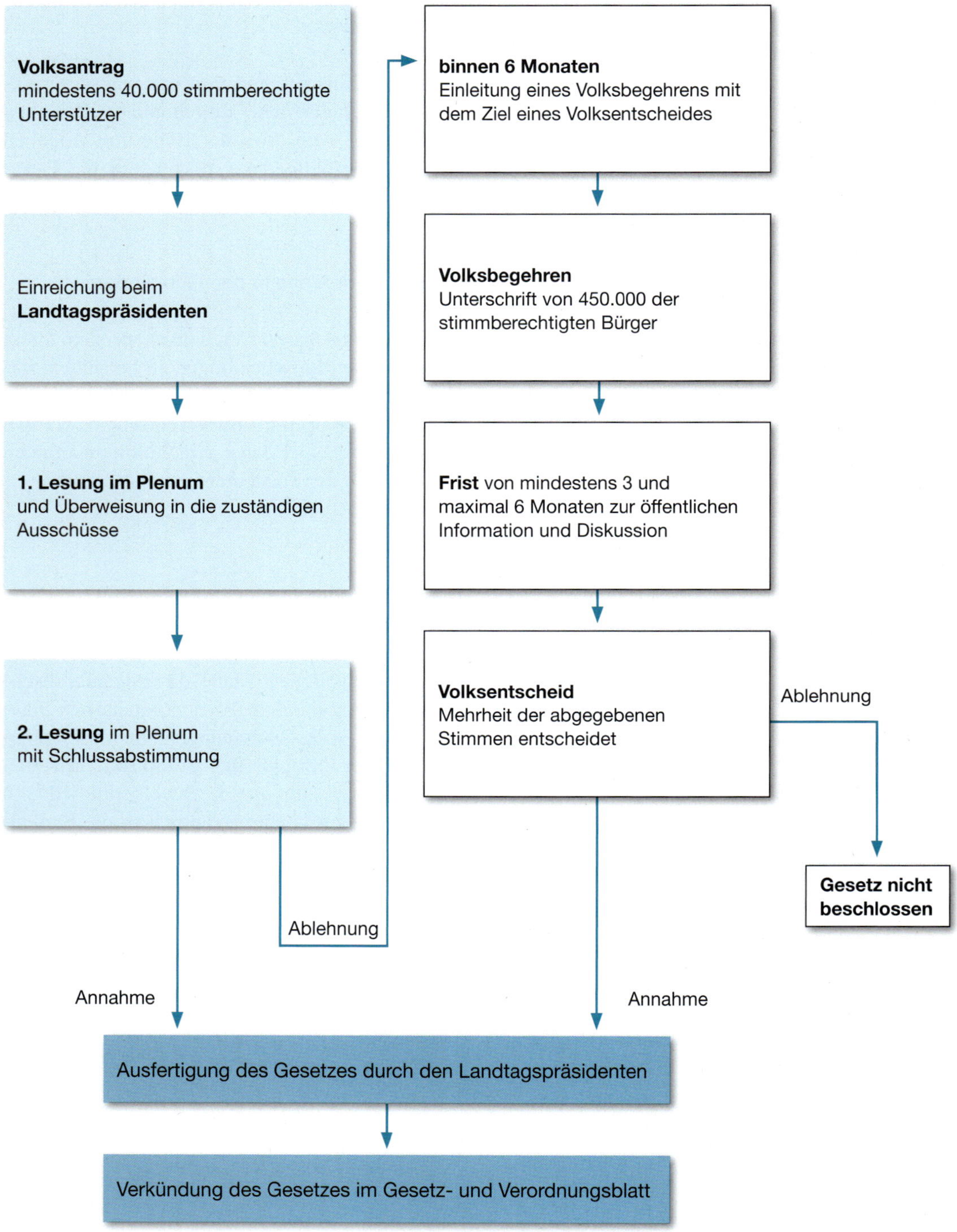

Nach: www.landtag.sachsen.de, 6.9.2012

Vorteile und Nachteile repräsentativer und direkter Demokratie

<table>
<tr><th></th><th>Repräsentative Demokratie</th><th>Um starke direktdemokratische Elemente ergänzte repräsentative Demokratie</th></tr>
<tr><td>Vorteile</td><td>1. Die Berufspolitiker als „Spezialisten“ haben eine höhere Kompetenz, um die politischen Probleme zu lösen. Die Bearbeitung dieser Fragen durch sie führt daher zu angemessenen Lösungen.

2. Die Inhaber politischer Ämter können in einer repräsentativen Demokratie für ihre Entscheidungen zur Rechenschaft gezogen werden. Wenn sie Fehler machen, werden sie nicht wieder gewählt.</td><td>1. Die Bürgerinnen und Bürger können in einzelnen Sachfragen direkt entscheiden. Damit können die gewählten Politiker besser kontrolliert werden.

2. Direktdemokratische Elemente bieten einen Anreiz, sich mit der Demokratie zu identifizieren. Aus „Zuschauern“ werden aktive Mitgestalter. Dies kann gegen Politikverdrossenheit helfen.

3. Gesetzesinitiativen von Bürgern können auf politische Probleme hinweisen, die von den Parteien übersehen wurden.</td></tr>
<tr><td>Nachteile</td><td>1. Die Beteiligung der Bevölkerung am politischen Prozess ist auf die Wahlen beschränkt. Darunter kann die Identifikation mit der Demokratie leiden.

2. Die Bürger haben nur durch Wahlen die Möglichkeit, die Politiker zu kontrollieren. Sie können aber nicht deren Entscheidungen bei grundlegenden politischen Problemen beeinflussen.

3. Die Parteien können aus unterschiedlichen Gründen wichtige Probleme ausklammern, deren Lösung vom Volk als dringlich angesehen wird.</td><td>1. Die Beteiligung der Bevölkerung führt zu einem deutlich längeren Entscheidungsprozess. Dies verhindert ein schnelles Lösen politischer Probleme.

2. Wenn das Volk direkt entscheidet, sind alle verantwortlich. Es gibt somit keine klar identifizierbar Verantwortlichen für eine Entscheidung.

3. Es können sich durch Einsatz von Geld gut organisierte Sonderinteressen bei den Volksabstimmungen durchsetzen.

4. Es können populistische Entscheidungen begünstigt werden, die nicht zu einer sachgerechten Lösung führen.</td></tr>
</table>

Aufgaben

1. Erläutern Sie den Unterschied zwischen einem Referendum und einem Volksentscheid mit eigenen Worten.
2. Welches der beiden Verfahren gibt der Bevölkerung Ihrer Ansicht nach stärkeren Einfluss? Begründen Sie Ihre Ansicht.

Die Pro-Kontra-Debatte

Die Pro-Kontra-Debatte ist eine **Form der politischen Kommunikation,** welche die **Meinungs- und Urteilsbildung** der Bürger zum Ziel hat.

Im parlamentarischen Rahmen dient sie der **Vorbereitung einer formellen Entscheidung**, also der Annahme oder Ablehnung eines Vorschlags, Antrags oder Gesetzes. Eine Debatte ist keine Diskussion. Ziel der Debatte ist nicht der Konsens, sondern die Beeinflussung des Publikums, um eine Mehrheit für die eigene Position zu erlangen und die Abstimmung über den Antrag zu gewinnen. Es müssen also unterschiedliche Positionen klar herausgearbeitet werden, damit sich der Zuhörer eine Meinung bilden kann.

Demzufolge spielt das **Thema** bei einer Pro-Kontra-Debatte eine entscheidende Rolle. Es muss so formuliert sein, dass **zwei unterschiedliche Positionen** als Alternativen für die Entscheidung einander gegenüber stehen (Entscheidungsfrage). Zur Durchführung einer Pro-Kontra-Debatte sollte eine Doppelstunde veranschlagt werden. Dabei hat die inhaltliche Vorbereitung schon vorher stattgefunden.

Der **Ablauf der Debatte** ist durch klare Regeln festgelegt; die Akteure sind ebenfalls festgelegt. Zur Vorbereitung werden Rollenkarten erstellt:

Ein Moderator: Seine Aufgabe ist die Einführung in die Thematik, die Erläuterung der Spielregeln und die Vorstellung der Debattenteilnehmer. Er ist zudem für den Ablauf der Debatte verantwortlich, erteilt das Wort und achtet auf die genaue Einhaltung der Zeit (mglw. 15 Sek. vor Ablauf Tonsignal).

Zwei Anwälte: Ein Anwalt vertritt die Pro- und der andere die Kontra-Position. Sie halten ein Eingangs- und ein Schlussplädoyer und befragen die Sachverständigen. Die Anwälte werden in Arbeitsgruppen intensiv auf ihre Aufgabe vorbereitet.

Je zwei **Sachverständige** der Pro- und Kontra-Seiten: Sie bieten Informationen, Argumente und Wissen zur Begründung einzelner Positionen. Auch sie werden in Arbeitsgruppen intensiv auf ihre Rolle vorbereitet und mit zusätzlichem Material versehen.

Das **Publikum** entscheidet durch sein Abstimmungsverhalten über die Überzeugungskraft der einzelnen Debattanten/Argumente. Ihm kann auch die Rolle des Beobachters zugewiesen werden, der die vorgetragenen Argumente sammelt und in ihrer Bedeutung gewichtet. Dazu werden **Beobachtungsaufträge** erteilt.

Am besten wird der Raum so gestaltet, dass er der aus den Medien bekannten Inszenierung möglichst nahe kommt. Wichtig ist ausreichende Distanz und guter Blickkontakt zwischen den Akteuren.

Ablaufplan einer Pro-Kontra-Debatte

Phase 1: Der Moderator begrüßt das Publikum und führt in die Thematik ein; Formulierung des Problems in Form einer Entscheidungsfrage. Er stellt die Teilnehmer der Debatte vor und erläutert die Spielregeln. Zeitkontingent: fünf Minuten.

Phase 2: Punktabfrage zur Ermittlung der Mehrheitsverhältnisse im Publikum ohne vorherige Diskussion. Zeitkontingent: fünf Minuten.

Phase 3: Plädoyer von Pro- und Kontra-Anwalt. Zeitkontingent: je eine Minute.

Phase 4: Befragung der Sachverständigen durch die beiden Anwälte. Zeitkontingent: je fünf Minuten.

Mögliche Sachverständige sind:
- Vertreter des Vereins „Mehr Demokratie e.V."
- Vertreter einer Partei, welche die Gegenmeinung vertritt
- Vertreter einer Partei, welche den Verein unterstützt
- Vertreter einer Verwaltungsbehörde
- Journalist

Phase 5: Schlussplädoyer von Pro- und Kontra-Anwalt. Zeitkontingent: je eine Minute.
Phase 6: Abstimmung des Publikums.
Phase 7: Auswertungsgespräch.

Nach: Hans-Werner Kuhn/Markus Gloe, Die Pro-Contra-Debatte, in: Siegfried Frech/Hans-Werner Kuhn/Peter Massing (Hrsg.), Methodentraining für den Politikunterricht, Schwalbach/Ts. 2004, S. 145–162

Demokratie aus Sicht eines Karikaturisten

Karikatur: Oliver Schopf

Aufgaben

1. Beschreiben Sie die Karikatur und erläutern Sie die Aussageabsicht des Karikaturisten.
2. Formulieren Sie die Aussage der Karikatur in einem Satz.
3. Leiten Sie aus dieser These eine Fragestellung in Bezug auf Volksentscheide für eine Pro-Kontra-Debatte ab.
4. Wählen Sie einen oder zwei Gruppensprecher aus – einer hält in der Debatte das Plädoyer, der andere erwidert auf das Plädoyer der anderen Gruppe.
5. Verschaffen Sie sich einen ersten Überblick über die **Materialien M 1 – M 5 auf der im Buch beiliegenden CD-ROM**.
6. Gehen Sie bei der Bearbeitung arbeitsteilig vor: Teilen Sie die Materialien auf die Gruppenmitglieder auf. Jedes Gruppenmitglied wird zum Experten für ein Kriterium, indem es die Materialien zu einem Aspekt bearbeitet. Recherchieren Sie im Internet nach aktuellen und vertiefenden Informationen.
7. Jedes Gruppenmitglied sammelt Argumente und hält sie auf Karteikarten fest.
8. Diskutieren Sie in Ihrer Arbeitsgruppe, welche Kriterien zur Stützung Ihrer Position wichtig sind. Überlegen Sie auch denkbare Argumente der Gegenseite, um möglichst gut darauf reagieren zu können.
9. Ordnen Sie die Karteikarten/Argumente nach ihrer Wichtigkeit.
10. Formulieren Sie für Ihre Gruppe ein Plädoyer, indem Sie Ihre Position möglichst knapp und prägnant darlegen.
11. Nach der Bearbeitung informieren Sie sich gegenseitig.
12. Führen Sie die Debatte durch.

Internet-Tipp: www.mehr-demokratie.de/debatte.html

3 Vermittler zwischen Bürgern und politischen Institutionen

3.1 Politische Parteien

Leitfragen			
	Welche Aufgaben haben Parteien in einer modernen Demokratie?	Wie wird sichergestellt, dass sich die Parteien auf der Grundlage der FDGO bewegen?	Welche programmatischen Ausrichtungen von Parteien lassen sich unterscheiden?

Was ist eine Partei?

Parteien sind nach dem Parteiengesetz **Vereinigungen von Bürgern**, die folgende Bedingungen erfüllen müssen:

- Dauernd oder für längere Zeit für den Bereich des Bundes oder eines Landes auf die politische Willensbildung Einfluss nehmen,
- an der Vertretung des Volkes im Deutschen Bundestag oder einem Landtag mitwirken wollen und
- an Bundestags- oder Landtagswahlen mit eigenen Wahlvorschlägen teilnehmen. Tun sie dies sechs Jahre lang nicht, verlieren sie ihre Stellung als Parteien.

Art. 21 des Grundgesetzes hebt die besondere Bedeutung der Parteien für die politische Willensbildung in der Bundesrepublik Deutschland hervor und schreibt ihnen Verfassungsrang zu: „Die Parteien wirken bei der politischen Willensbildung des Volkes mit. Ihre Gründung ist frei. Ihre innere Ordnung muss demokratischen Grundsätzen entsprechen. Sie müssen über die Herkunft und Verwendung ihrer Mittel sowie über ihr Vermögen öffentlich Rechenschaft geben." Parteien übernehmen also eine öffentliche Aufgabe.

Der Begriff **Partei**, abgeleitet vom lateinischen pars (= Teil), weist darauf hin, dass eine Partei nur einen Teil der Bevölkerung, i. d. R. eine politische Strömung der Gesellschaft, repräsentiert. Parteien versuchen die politischen Entscheidungen in den dafür vorgesehenen Organen (Parlamenten, Regierungen) zu beeinflussen, indem sie Schlüsselpositionen in diesen Organen mit eigenen Kandidaten besetzen. Um dies zu erreichen, streben sie danach, bei Wahlen Mehrheiten für ihre Programme und Kandidaten zu erringen. Der Wettbewerb der Parteien um diese Mehrheiten prägt das politische Leben innerhalb einer repräsentativen Demokratie. Er sorgt für die Mobilisierung der Wählerschaft und reguliert gesellschaftliche Konflikte und Interessenunterschiede.

Was ist ein Parteiensystem?

Die Gesamtheit der Beziehungen zwischen den einzelnen Parteien wird als **Parteiensystem** bezeichnet. Der Begriff setzt somit voraus, dass mehrere Parteien existieren, die über eine gewisse organisatorische Stabilität verfügen und in einem Konkurrenzverhältnis um die politische Macht zueinander stehen. Legt man den Fokus auf die Anzahl der konkurrierenden Parteien innerhalb eines demokratischen Systems, unterscheidet man zwischen **Zwei- und Mehrparteiensystemen**. Betrachtet man den Grad der Ausprägung des Wettbewerbs um Stimmen bzw. Mandate, trennt man **polarisierte** von **nicht-polarisierten Parteiensystemen**.

Für das Parteiensystem der Bundesrepublik Deutschland gelten zwei Grundsätze:

1. Das **Mehrparteienprinzip**; es müssen mehrere Parteien existieren, damit eine Einparteiendiktatur, wie z. B. die der NSDAP während der Zeit des Nationalsozialismus oder der KPdSU zu Zeiten der Sowjetunion, ausgeschlossen werden kann.

2. Die **Freiheit der Gründung und Chancengleichheit**; alle Bürger haben das Recht Parteien zu gründen. Keine mit der freiheitlichen demokratischen Grundordnung übereinstimmende Partei darf durch staatliches Handeln systematisch bevorzugt oder benachteiligt werden.

Funktionen der Parteien im politischen Prozess

Als „Mittler zwischen Bürger und Staat" erfüllen Parteien in modernen Demokratien wichtige Funktionen:

- **Partizipationsfunktion**: Parteien ermöglichen dem Bürger die Teilnahme an der Politik als Wähler oder Kandidaten. Als Parteimitglieder haben sie zudem die Möglichkeit, an der Gestaltung der Parteiprogramme und an der Kandidatenauswahl aktiv mitzuwirken.
- **Meinungsbildung**: Parteien nehmen – vor allem über die Medien – Einfluss auf die öffentliche Meinung und fördern so die politische Beteiligung der Bevölkerung.
- **Programmfunktion**: In den Parteien werden die Interessen und Meinungen der Bevölkerung artikuliert und gebündelt. Die verschiedenen Interessen fließen in ein politisches Programm ein, für das die Parteien im Rahmen von Wahlen um Mehrheiten werben.
- **Personalrekrutierung**: Parteien wählen und bilden Kandidaten für die Übernahme von öffentlichen Ämtern aus.
- **Einflussnahme auf Regierung und Parlament**: Im Parlament sind sie als Fraktionen (die „parlamentarischen Arme" der Parteien) dafür verantwortlich, dass das Parlament seinen Aufgaben nachkommen kann und das politische System funktioniert; so bereiten sie z. B. Gesetze vor und stellen in den Debatten ihre Lösungsansätze für politische Probleme vor. Als Opposition kritisieren sie die Regierung und haben zudem die Aufgabe, politische und personelle Alternativen zur Regierung(-smehrheit)

Die Aufgaben der Parteien

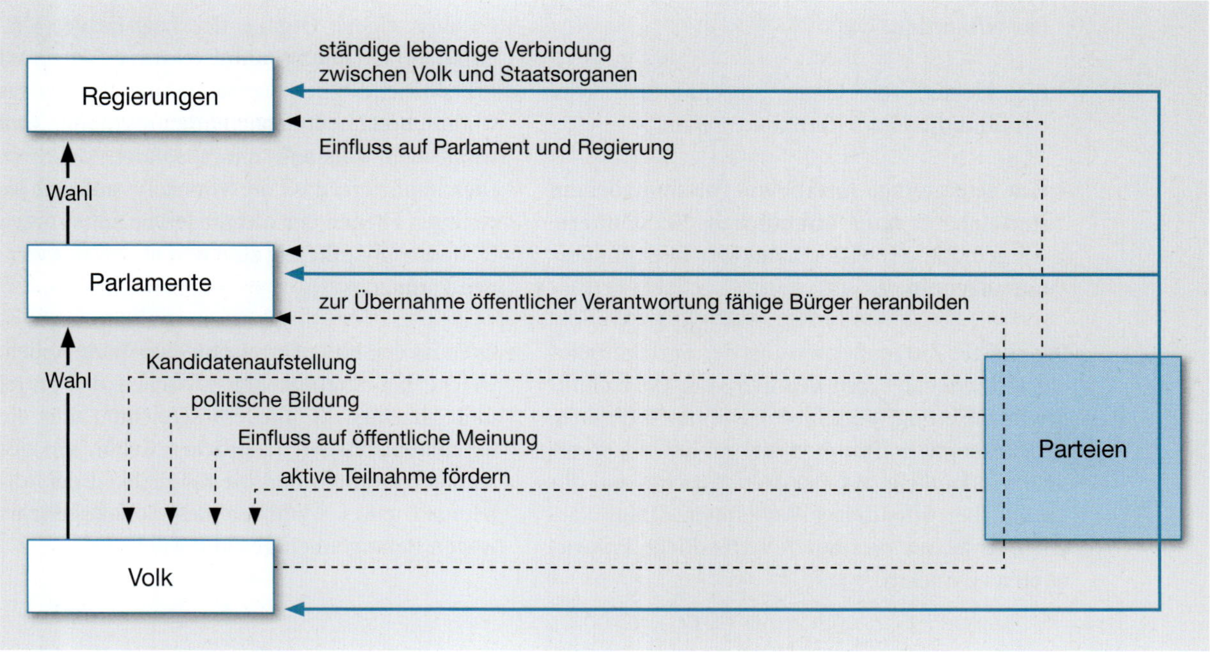

anzubieten. Als Mehrheitssfraktion(en) sorgen sie dafür, dass die Regierung eine Mehrheit für ihre Politik bekommt, und stellen gleichzeitig das Regierungspersonal. Somit nehmen sie direkten Einfluss auf staatliche und politische Entscheidungen.

- **Legitimationsfunktion**: Die Parteien sorgen für eine kontinuierliche Verbindung zwischen Staat und Gesellschaft, indem sie einerseits die Bürgerinteressen gegenüber den staatlichen Institutionen artikulieren und andererseits die Bevölkerung über staatliche Entscheidungen informieren und diese begründen.

Das Verhältnis von einfachem Parteimitglied und Parteiführung – innerparteiliche Demokratie

Die Parteien in der Bundesrepublik Deutschland üben einen sehr großen Einfluss auf politische Entscheidungen aus; man spricht in diesem Zusammenhang auch von einer **Parteiendemokratie.** Daher ist es notwendig, dass die Parteien allen Bürgern zur Mitwirkung offenstehen. Allerdings nimmt nur ein sehr kleiner Teil der Bevölkerung diese Möglichkeit auch wahr. Lediglich ca. fünf Prozent aller Wahlberechtigten sind Mitglieder von politischen Parteien. Außerdem sind sie in unterschiedlicher Weise in den Parteien aktiv:

- Ca. 80 Prozent der Parteimitglieder sind **ohne Parteifunktion.**
- Ein kleiner Teil nimmt **ehrenamtlich** oder **hauptamtlich** Parteifunktionen wahr.
- Eine sehr geringe Anzahl von Parteimitgliedern sind Inhaber von **öffentlichen Wahlämtern**, wie z. B. Bürgermeister, Landtags- oder Bundestagsabgeordnete.

Die soziale Zusammensetzung der Parteimitglieder unterscheidet sich deutlich vom Querschnitt der Bevölkerung. Verschiedene Gruppen (Frauen, Arbeiter) sind stark unterrepräsentiert. Es dominieren männliche Akademiker. Gleiches gilt für die Inhaber öffentlicher Wahlämter. Einige Parteien versuchen dies durch verbindliche Frauenquoten zu ändern.

Den Parteien wird vorgeworfen, dass sie eine Tendenz zur **Oligarchisierung** aufweisen. Damit ist die Bündelung von Organisations- und Entscheidungsmacht bei wenigen Mitgliedern an der Parteispitze gemeint. Dies hängt damit zusammen, dass es kaum möglich ist, alle Mitglieder in gleichem Umfang über anstehende Entscheidungen und deren Grundlagen, z. B. im Rahmen von Mitgliederversammlungen, zu informieren. Es haben sich deshalb Führungsgremien innerhalb der Parteien herausgebildet, die wichtige Entscheidungen treffen. Dadurch sind die Gestaltungsmöglichkeiten „einfacher" Parteimitglieder sehr stark eingeschränkt.

Dennoch gilt die Verpflichtung des Art. 21 GG auf die Einhaltung der innerparteilichen Demokratie, die im Gesetz über die Parteien in §§ 6 – 16 festgelegt sind. Es gelten für die Parteien demzufolge wesentliche demokratische Grundsätze:

- **Willensbildung von unten nach oben**: Alle Parteimitglieder müssen die Möglichkeit haben, an den Entscheidungen über den Kurs der Partei und über die Aufstellung von Kandidaten teilzunehmen. Dies wird über die Verpflichtung, die Partei territorial zu gliedern (Orts-, Kreis-, Landes- und Bundesebene), und das Antragsrecht, welches jedem Parteimitglied eine demokratische Mitwirkungsmöglichkeit zusichert, gewährleistet.
- Es muss eigene **Organe der Legislative** (Mitgliederversammlung) und **Exekutive** (Vorstand) geben. Die Mitgliederversammlung als oberstes Organ beschließt das Parteiprogramm und wählt den Vorstand mit absoluter Mehrheit. Dies impliziert, dass die Vorstände auf den jeweiligen Ebenen den Mitgliederversammlungen rechenschaftspflichtig sind und abgewählt werden können.
- Es muss ebenfalls **Parteischiedsgerichte** geben, welche bei Streitigkeiten zwischen der Partei und einzelnen Mitgliedern schlichten. Für die Beteiligten müssen rechtliches Gehör, ein gerechtes Verfahren und die Möglichkeit der Ablehnung eines Mitglieds des Schiedsgerichts wegen Befangenheit gewährleistet sein.

- Grundsätzliche **Offenheit der Partei** für alle Bürger. Allgemeine Aufnahmesperren für bestimmte Personengruppen sind nicht zulässig.

Vergleicht man die einzelnen Bestimmungen des Parteiengesetzes mit Prinzipien der freiheitlichen demokratischen Grundordnung der Bundesrepublik Deutschland, so stellt man fest, dass die wesentlichen Prinzipien auch für die Parteien vorgeschrieben sind. Dazu gehören u.a. Volkssouveränität, Gewaltenteilung, Mehrheitsprinzip, Verantwortlichkeit der Exekutive, Minderheitenschutz, Freiheit des Einzelnen, Pluralismus und Rechtsstaatlichkeit.

Programmatische Ausrichtung von Parteien

Parteien lassen sich nach ihrer Stellung zum politischen System in **systemkonforme** und **systemfeindliche Parteien** einteilen. Systemkonforme Parteien befürworten die geltende staatliche Ordnung und wirken in ihr mit. Systemfeindliche Parteien lehnen diese Ordnung ab und wollen sie durch eine andere ersetzen. Traditionell wird zur politischen Einordnung von Parteien ein **Rechts-Links-Schema** verwendet. Konservative und marktliberale Parteien werden rechts, Befürworter von stärkerem sozialem Ausgleich und von größerer gesellschaftlicher Liberalität links eingeordnet.

Volks- und Interessenparteien

Je nach Adressatenkreis der Parteien lässt sich zwischen Volks- und Interessenparteien unterscheiden.

- **Interessenparteien** wenden sich an bestimmte – soziale, konfessionelle oder regionale – Gruppen und beanspruchen, deren politische Interessen zu vertreten.

- **Volksparteien** wollen alle Bevölkerungsgruppen ansprechen; weltanschauliche Gesichtspunkte spielen eine untergeordnete Rolle.

Die christdemokratischen Unionsparteien (CDU/CSU) wandten sich nach dem Zweiten Weltkrieg an alle gesellschaftlichen Gruppen der deutschen Bevölkerung – Arbeitnehmer wie Unternehmer, Katholiken wie Protestanten. Die SPD vertrat bis zu ihrem Godesberger Programm von 1959 noch überwiegend die Interessen der Arbeiter. Seit der Neuausrichtung von 1959 wendet sich die SPD an alle gesellschaftlichen Gruppen der Bevölkerung und vertritt deren Anliegen.

Zwischen den Unionsparteien und der SPD, die sich gleichermaßen als Volksparteien ansehen, sind die weltanschaulichen Unterschiede eher gering. Sie vertreten i.d.R. keine gesellschaftlichen Teilinteressen, die miteinander völlig unvereinbar sind. Daher können Volksparteien miteinander meist leichter Kompromisse schließen als Interessenparteien.

Neue Aufgaben der Parteiendemokratie

Der soziale Wandel, die Folgen der Globalisierung und andere gesellschaftliche Veränderungen, wie z.B. die Zunahme der Bedeutung der Ökologie und der Nachhaltigkeit oder der neuen Medien, sind maßgeblich für die Veränderungen in der Parteienlandschaft und für die Krisensymptome der Parteiendemokratie verantwortlich. So führt etwa die Veränderung von Erwerbsstrukturen zur Auflösung traditioneller Milieus (z.B. des Arbeitermilieus), was nachlassende Unterstützung für die Volksparteien SPD und CDU/CSU bedingt. Der Rückgang der Parteienbindung reicht von flexiblem Wahlverhalten bis hin zur Wahlenthaltung.

Finanzierung der Parteien

Parteien brauchen viel Geld: Für Wahlkämpfe, hauptamtliche Funktionäre und einen mitunter großen Parteiapparat. Von allen Geldquellen sind Spenden die umstrittenste. Mehrfach – 1979, 1999 und 2002 – gab es in der Geschichte der Bundesrepublik Deutschland Parteispendenaffären. Immer wieder werden Befürchtungen geäußert, Vertreter aus der Wirtschaft könnten versuchen, über große Spenden Einfluss auf politische Entscheidungen zu nehmen. Um dies zu verhindern, führte das Bundesverfassungsgericht 1984 eine Höchstgrenze für die steuerliche Begünstigung von Parteispenden ein. Außerdem müssen Großspenden ab 10.000 Euro öffentlich gemacht werden.

Parteienfinanzierung in Deutschland

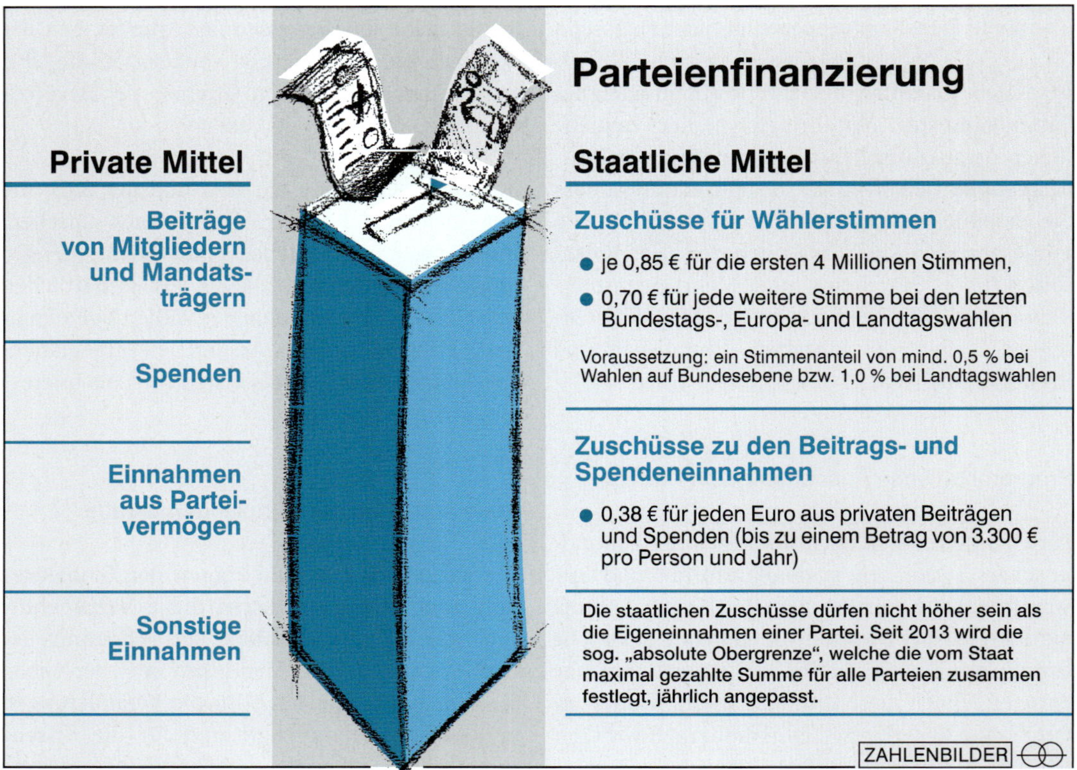

© Bergmoser + Höller Verlag AG 95 054

Neben der Möglichkeit von Großspenden stößt auch die staatliche Teilfinanzierung der Parteien auf Kritik. Die Gegner der Regelung argumentieren, dass sich die Parteien nur aus den Beiträgen ihrer Mitglieder und Spenden finanzieren sollten. Parteien würden schließlich im Interesse ihrer Mitglieder und Sympathisanten und nicht im Interesse der gesamten Bevölkerung am politischen Wettbewerb teilnehmen. Die Befürworter der Regelung halten dagegen, dass eine moderne Demokratie ohne Parteienwettbewerb gar nicht vorstellbar ist. Deshalb sei es nicht zu rechtfertigen, wenn nur die in Parteien aktiven Bürger die Kosten für die Wahlkämpfe der Parteien aufbringen müssten.

Grenzen der Freiheit des Parteienwettbewerbs

Das Grundgesetz sieht einerseits vor, dass die Gründung von Parteien frei ist. Auf der anderen Seite bietet es die Möglichkeit, Parteien zu verbieten, die Demokratie und Rechtsstaatlichkeit abschaffen wollen. Darüber, ob eine Partei verfassungswidrige Ziele verfolgt, darf ausschließlich das Bundesverfassungsgericht – auf Antrag von Bundestag, Bundesrat oder Bundesregierung – entscheiden. Dieses sog. **„Parteienprivileg“** soll verhindern, dass eine Regierung oder Parlamentsmehrheit eine ihr unbequeme Partei aus dem Wettbewerb um Stimmen ausschließen kann.

Bislang waren nur zwei Anträge auf Parteienverbot erfolgreich. 1952 wurde die rechtsextremistische Sozialistische Reichspartei (SRP) verboten, 1956 die Kommunistische Partei Deutschlands (KPD). 2001 beantragten Bundestag, Bundesrat und Bundesregierung ein Verbot der Nationaldemokratischen Partei Deutschlands (NPD). Der Antrag wurde aber 2003 vom Bundesverfassungsgericht aus Verfahrensgründen eingestellt.

Seit den Morden und Vorfällen rund um die rechtsextreme terroristische Vereinigung Nationalsozialistischer Untergrund (NSU) wird ein NPD-Verbotsverfahren wieder intensiv diskutiert. Am 14. Dezember 2012 beschloss der Bundesrat erneut, ein Verbot der NPD beim Bundesverfassungsgericht zu beantragen.

Programmatische Ausrichtung der Parteien	Beispiele
Christdemokratische Parteien betonen das Bekenntnis zum Christentum und sind meist eher konservativ ausgerichtet. Für die Christdemokratie ist die Ordnungsfunktion des Staats zentral. Im Unterschied zum Liberalismus unterstreicht die Christdemokratie nicht nur die Rechte, sondern auch die Pflichten der Bürger. Zudem wird der Wert der Familie betont.	Christlich Demokratische Union (CDU) und Christlich Soziale Union (CSU). Die christdemokratische Strömung konnte in der Geschichte der Bundesrepublik den größten Einfluss entfalten.
Sozialdemokratische Parteien wollen soziale Ungleichheit abbauen und einen Teil des gesellschaftlichen Wohlstands zugunsten der sozial Schwachen umverteilen. Die Sozialdemokratie unterscheidet sich vom Kommunismus dadurch, dass sie die Freiheit des Einzelnen nicht dem Gemeinwohl unterordnet. Die Sozialdemokratie hat sich historisch durch ihren Einsatz für eine Angleichung der Lebenschancen über den Weg staatlicher Umverteilungsmaßnahmen verdient gemacht.	Die Sozialdemokratische Partei Deutschlands (SPD) ist die älteste der heutigen politischen Parteien und nach der CDU/CSU die zweitstärkste politische Strömung in der Geschichte der Bundesrepublik.
Liberale Parteien gehen davon aus, dass aus der freien Entfaltung des Einzelnen Wohlstand und Fortschritt der Gesellschaft entstehen. Der Staat soll nach Ansicht liberaler Parteien lediglich einen Ordnungsrahmen bilden, um die Freiheit des Einzelnen zu schützen und Rechtssicherheit zu gewährleisten. Diese Parteien treten für eine freie Marktwirtschaft mit so wenigen staatlichen Eingriffen wie möglich ein.	Freie Demokratische Partei (FDP). Obgleich die liberale Strömung recht klein ist, gelang es der FDP, durch die Beteiligung an wechselnden Koalitionen mit CDU/CSU und SPD auf Bundes- und Länderebene beträchtlichen Einfluss zu erlangen.
„Grüne" Parteien konzentrieren sich in ihrer Programmatik stark auf die Betonung des Umweltschutzes. In der Gesellschaftspolitik haben sie eine liberale Ausrichtung.	Im deutschen Parteiensystem stehen Bündnis 90/Die Grünen für diese Strömung. Die Partei kam erst Ende der 1970er Jahre auf. Inzwischen hat sie sich fest im deutschen Parteiensystem etabliert.
Kommunistische Parteien lehnen die „bürgerliche" Demokratie ab und wollen eine „klassenlose" Gesellschaft. Dazu soll Privateigentum im Produktionsbereich abgeschafft und ansonsten eingeschränkt werden.	Deutsche Kommunistische Partei (DKP), in Teilen auch DIE LINKE, die aus der Staatspartei der DDR, der SED, hervorging.
Konservative Parteien wollen Traditionen bewahren und sind skeptisch gegenüber Neuerungen.	In der Bundesrepublik gibt es keine wählerwirksame konservative Partei, aber bedeutsame Strömungen in CDU und CSU sind als konservativ einzustufen.
Rechtsextreme und **-radikale Parteien** trennen strikt zwischen den Angehörigen ihrer eigenen Nation/Ethnie und allen anderen Menschen. Die Auffassung, dass alle Menschen gleiche Rechte haben, wird abgelehnt.	Die Nationaldemokratische Partei Deutschlands (NPD). Rechtsextreme und -radikale Strömungen sind in der Bundesrepublik bis heute insgesamt recht schwach geblieben.

Aufgabe

„Eine moderne Massendemokratie ist ohne Parteien undenkbar. Sie ist gleichzeitig aber auch problematisch."
Erläutern Sie diese Aussage anhand eines Beispiels.

M 1 FDP-Mitgliederentscheid zur Euro-Rettung – nur noch Verlierer

Der Mitgliederentscheid hätte eine Chance für die FDP und für ihren Chef Philipp Rösler sein können – wenn dieser gekämpft hätte. Stattdessen machte der Wirtschaftsminister Abwarten zu einer Tugend. Indem er nun vorzeitig den Mitgliederentscheid für gescheitert erklärt und sich als Sieger darstellt, zeigt Rösler einmal mehr, dass ihn sein Amt überfordert [...].

Von Beginn an hat die Parteispitze der FDP den Mitgliederentscheid torpediert. Dass sie inhaltlich die Position von Schäffler* nicht teilt, ist nachvollziehbar. Sie hat aber nicht sehen wollen, dass auch eine Chance in diesem Entscheid steckt. Die Chance zu einem Comeback der FDP.

Die Basis darf über eine Kernfrage der Euro-Rettungspolitik entscheiden. Keine andere Partei hat so viel Basisnähe zugelassen in dieser wichtigen Frage. Dieser Mitgliederentscheid hätte ein Vorbild für die Parteiendemokratie sein können. Mit allen Konsequenzen. Er hätte zeigen können, dass es in der Politik auf Inhalte ankommt. Dass das bessere Argument obsiegt. Rösler hätte seine Kritiker Lügen strafen können, wenn er sich mit aller Macht in die Auseinandersetzung geworfen und am Ende gewonnen hätte.

Rösler aber traut seinen Mitgliedern offenbar nicht. Statt auf Argumente setzte er lieber auf organisatorische Tricks. Die Parteiführung hat aus einem einfachen Mitgliederentscheid ein bürokratisches Monstrum gemacht. Es ging nicht um Inhalte, sondern um Machterhalt.

Unangemessenes Siegesgeheul

Da werden die Wahlunterlagen in der parteieigenen Mitgliederzeitschrift versteckt, die Tausende Liberale ungelesen in den Papierkorb geworfen haben dürften, während sie weiter auf ihre Wahlunterlagen gewartet haben. Im Sonderheft zum Mitgliederentscheid selbst findet sich der Wahlzettel ganz hinten auf der vorletzten Seite. Die für die Stimmabgabe notwendige schriftliche Versicherung, FDP-Mitglied zu sein, steht hingegen schon auf der zweiten Seite.

Warum, mögen sich manche Mitglieder da denken, warum sollen sie ihrem Parteichef vertrauen, wenn der ihnen nicht traut?

Wenn am Ende von derzeit knapp 20.000 eingegangenen Stimmen etwa 3.000 nicht mitgerechnet werden können, wie Medien berichten, dann lässt sich damit entweder ein eklatantes Versagen der Parteiführung festmachen. Oder ein perfider Plan ist aufgegangen, mit dem Ziel, den Mitgliederentscheid scheitern zu lassen.

Der Vorwurf, die Abstimmung bewusst komplex gestaltet zu haben, um möglichst viele ungültige Stimmen zu produzieren, wiegt schwer. Er wird aber nicht gerade entkräftet durch das Siegesgeheul, das Rösler derzeit anstimmt. Rösler leitet aus dem Scheitern des Quorums einen Sieg in der Sache ab.

**Frank Schäffler initiierte als Gegner einer Verstetigung von Finanzhilfen im Euroraum einen parteiinternen Mitgliederentscheid über die Positionierung zum Europäischen Stabilitätsmechanismus (ESM). Allerdings wurde weder das Quorum von einem Drittel der FDP-Mitglieder erreicht, noch erhielt Schäfflers Position mit 44,2 Prozent der gültigen Stimmen eine Mehrheit. 54,5 Prozent stimmten für den konkurrierenden Antrag des FDP-Bundesvorstandes.*

Thorsten Denkler, Süddeutsche Zeitung, 12.12.2011

M 2 Eine Frage des Vertrauens

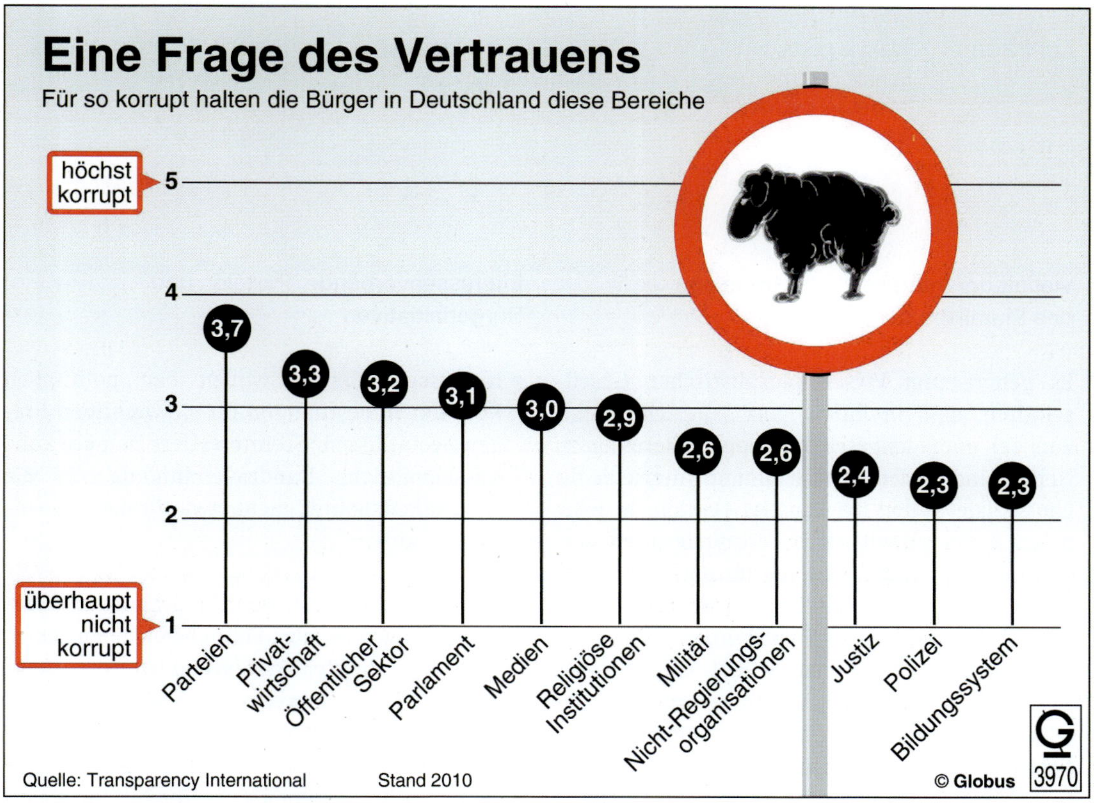

Aufgaben

1. Stellen Sie den Sachverhalt dar, um den es im Text M 1 geht (Beteiligte? Problem? Verhalten der Beteiligten?).
2. Erläutern Sie das Dilemma, in dem sich die FDP-Führung und die FDP-Fraktionsmitglieder bei einem Erfolg des Mitgliederentscheids befunden hätten. (M 1)
3. Beschreiben Sie das Verhalten der Parteiführung und überprüfen Sie es hinsichtlich der Grundsätze innerparteilicher Demokratie.
4. Beschreiben Sie das Verhältnis zwischen Parteiführung und einfachem Parteimitglied und überprüfen Sie dies in Bezug auf die durch das Parteiengesetz vorgeschriebenen demokratischen Grundsätze.
5. Wie ist es aus demokratietheoretischer Sicht zu bewerten, dass Frank Schäffler den Mitgliederentscheid überhaupt initiieren konnte?
6. Beschreiben Sie die Grafik M 2 und erläutern Sie deren Aussage.

3.2 Interessenverbände

Leitfragen	Welche politischen Funktionen nehmen Interessenverbände in einer Demokratie wahr?	Wie lassen sich Interessenverbände klassifizieren?	Welche Methoden nutzen Interessenverbände, um politische Prozesse zu beeinflussen?

Vielfalt der Interessen als Grundlage des Pluralismus

Es gehört zum Wesen **pluralistischer Gesellschaften**, dass in ihnen ganz unterschiedliche, zum Teil entgegengesetzte **Gruppeninteressen** zu finden sind. Jeder Mensch nimmt unterschiedliche soziale Rollen (→ Kap. 1.1.1) wahr. In jeder dieser Rollen entwickelt er bestimmte Interessen, sowohl im privaten als auch im politischen Bereich: Als Steuerzahler will er so wenige Steuern wie möglich zahlen, als Staatsbürger will er aber, dass möglichst viele staatliche Leistungen wie Bildung oder Sicherheit so gut wie möglich gewährleistet sind. Mieter möchten vor unberechtigten Forderungen ihrer Vermieter geschützt sein. Vermieter wollen an ihrem Wohneigentum verdienen. Arbeitnehmer haben ein Interesse daran, ihren Arbeitsplatz zu erhalten, gute Arbeitsbedingungen zu haben und möglichst viel zu verdienen. Unternehmer möchten, dass der Gewinn möglichst hoch ausfällt und daher die Lohnkosten des Unternehmens möglichst niedrig bleiben. Interessen können also entgegengesetzt, aber gleichermaßen legitim sein.

Was ist ein Interessenverband?

Nach den Parteien bilden die Interessenorganisationen die wichtigste Vermittlungsinstanz zwischen Bürgern und Staat. Ein **Interessenverband** ist eine Vereinigung, die sich für die gemeinsamen politischen Interessen der Mitglieder einsetzt. Interessenverbände vertreten dabei ihre Interessen gegenüber konkurrierenden Organisationen (z. B. in den Verhandlungen von Gewerkschaften und Arbeitgeberverbänden) und versuchen, die gemeinsamen politischen Interessen der Verbandsmitglieder durch Einflussnahme auf Regierung, Parlament, Parteien und Öffentlichkeit zur Geltung zu bringen.

Interessenverbände, Parteien und Bürgerinitiativen

- **Interessenverbände** wollen den politischen Kurs nur in bestimmten für sie wichtigen Fragen beeinflussen. So interessiert sich etwa die Kassenärztliche Bundesvereinigung für die Gesundheitspolitik, nicht etwa für die Verteidigungspolitik.

- **Parteien** müssen mit ihrer Programmatik dagegen Aussagen zu allen Politikbereichen machen. Sie wollen die Regierungsverantwortung übernehmen. Interessenverbände wollen dies nicht und stellen sich daher auch nicht zur Wahl.

- Während die **Bürger** i. d. R. nur Mitglieder einer einzigen Partei sein können, ist es ihnen möglich, mehreren Verbänden anzugehören. So kann ein Bürger Mitglied einer Gewerkschaft, des Deutschen Roten Kreuzes und einer Religionsgemeinschaft sein.

- **Bürgerinitiativen** sind eine spezielle Variante von Interessenverbänden, die zum Teil von diesen sogar grundsätzlich abgegrenzt werden. Es sind Vereinigungen von Bürgern, die eine bestimmte politische Maßnahme des Staats verhindern oder erreichen wollen. Abwehraktionen richten sich etwa gegen den Bau bestimmter Straßen, gegen den Bau von Bahnhöfen, Flughäfen, Kläranlagen oder Kraftwerken.

Welche Aufgaben haben die Verbände?

Interessenverbände haben folgende Funktionen im politischen System:

1. **Bündelung und Artikulation von Interessen:** Verbände sollen Interessen im Sinne ihrer Mitglieder so formulieren und verdichten, dass sie

Einfluss auf die politische Entscheidungsbildung nehmen (Interessenartikulation).

2. **Partizipation und Integration:** Das Engagement in Interessenverbänden wie z.B. Gewerkschaften ermöglicht es den Bürgern, auch außerhalb von Wahlen Einfluss auf politische Entscheidungen zu nehmen, die ihnen besonders wichtig sind (Interessenintegration).

3. **Interessenaggregation:** Verbände bündeln Interessen zu einigen wenigen klar umrissenen Entscheidungs- und Handlungsalternativen.

4. **Personalrekrutierung:** Die Interessenverbände dienen auch dazu, die politischen Eliten des Systems zu rekrutieren und auszubilden. Diese Funktion ist aber deutlich geringer ausgeprägt als bei den Parteien.

5. **Entlastung des Staates:** Interessenverbände erfüllen – etwa im sozialen und wirtschaftlichen Bereich – viele Aufgaben, die ansonsten der Staat übernehmen müsste, und nehmen so auch eine vor allem den Staat entlastende Funktion wahr; sie bieten häufig Dienstleistungen, die sonst durch den Staat oder zumindest mithilfe des Staates erbracht werden müssten.

Klassifizierung von Interessenverbänden

In Deutschland gibt es derzeit etwa **200.000 Verbände,** von denen etwa 5.000 im engeren Sinne politisch tätig sind. Die Verbände lassen sich je nach Schwerpunkt ihrer Tätigkeit verschiedenen Bereichen zuordnen (s.u.).

Methoden der Einflussnahme

Interessenverbände wollen erreichen, dass die Interessen ihrer Mitglieder bei den politischen Entscheidungsträgern Gehör finden. Die Beteiligung von Interessenverbänden am politischen Prozess ist erwünscht und auch rechtlich vorgesehen. So können nach der Geschäftsordnung des Deutschen Bundestags die Ausschüsse des Bundestags „öffentliche Anhörungen von Sachverständigen, Interessenvertretern und anderen Auskunftspersonen" (§ 70) vornehmen.

Von der **Mitwirkung der Verbände** am politischen Entscheidungsprozess verspricht man sich, dass die Qualität der Entscheidungen besser wird, weil sie den Entscheidungsträgern zusätzliche Sachkompetenz und detaillierte Informationen zu den behandelten Problemen bereitstellen. Die Interessenverbände können

Sektor	Beispiele
Wirtschaft und Arbeit	Deutscher Gewerkschaftsbund (DGB), Bundesvereinigung der Deutschen Arbeitgeberverbände (BDA)
Soziales und Gesundheit	Deutsches Rotes Kreuz (DRK), Kinderschutzbund
Freizeit und Erholung	Deutscher Olympischer Sportbund (DOSB), Deutscher Chorverband (DCV)
Religion, Weltanschauung und gesellschaftliches Engagement	Bund für Umwelt und Naturschutz (BUND), Zentralrat der Juden in Deutschland (ZdJ), Deutsches Institut für Menschenrechte
Kultur, Bildung und Wissenschaft	Bundesvereinigung Kulturelle Jugendbildung (BKJ), Stifterverband für die Deutsche Wissenschaft

Nach: Ulrich von Alemann, Interessenverbände. Informationen zur politischen Bildung, Heft 253, S. 21

auch als „Frühwarnsystem“ fungieren, das auf Probleme in bestimmten gesellschaftlichen Bereichen aufmerksam macht. Verbände bedienen sich dabei verschiedener Methoden, um Einfluss auf bestimmte Politiker oder politische Parteien zu nehmen. Es lässt sich dabei zwischen einer **direkten Beeinflussung** der politischen Entscheidungsträger und ihrer **indirekten Beeinflussung** über die Medien unterscheiden.

Einflussnahme in der Grauzone: Lobbyismus

Problematisch wird die Einflussnahme von Verbänden dann, wenn **Einzelinteressen als Gemeinwohl getarnt** werden und Interessenverbände in einer Form Einfluss etwa auf Gesetzgebungsverfahren nehmen, die weder bestimmten nachvollziehbaren Regeln folgt, noch für Außenstehende durchschaubar ist. Diese Form der Einflussnahme ist nicht zwingend illegal, sie bewegt sich aber oft im Graubereich.

Der Begriff **Lobbyismus** bezieht sich auf die Vorhalle des Parlaments, die Lobby. Sie galt insbesondere in US-amerikanischen und britischen Parlamenten als der klassische Treffpunkt von Interessenvertretern und Abgeordneten. Lobbyismus beschreibt eine Methode der Einwirkung auf politische Interessenvertreter. Dabei geht es meist nicht um die Vermittlung allgemeiner Interessen, sondern um die gezielte Einflussnahme auf Gesetzesvorhaben. Lobbyisten versuchen, Gesetzentwürfe möglichst in der Phase ihrer Entstehung zu gestalten, für sie unliebsame Entwicklungen früh zu erkennen und möglichst noch im Entscheidungsprozess zu verhindern. Sie stellen den Mitgliedern der Ministerialbürokratie und den Parlamentariern im Gegenzug Informationen zur Verfügung, die diese sonst nicht bekämen.

Derzeit sind in der sog. **Lobbyliste** des Deutschen Bundestags mehr als 1.800 Verbände registriert; die Zahl der Vertreter von Unternehmen oder Organisationen, die versuchen, die politischen Prozesse zu beeinflussen, dürfte aber weit höher sein.

Umstritten ist die **personelle Durchdringung** von Parteien, Parlamenten und Regierungen: So ist es etwa vorgekommen, dass Mitarbeiter aus Privat-

Parteien und Verbände in der BRD

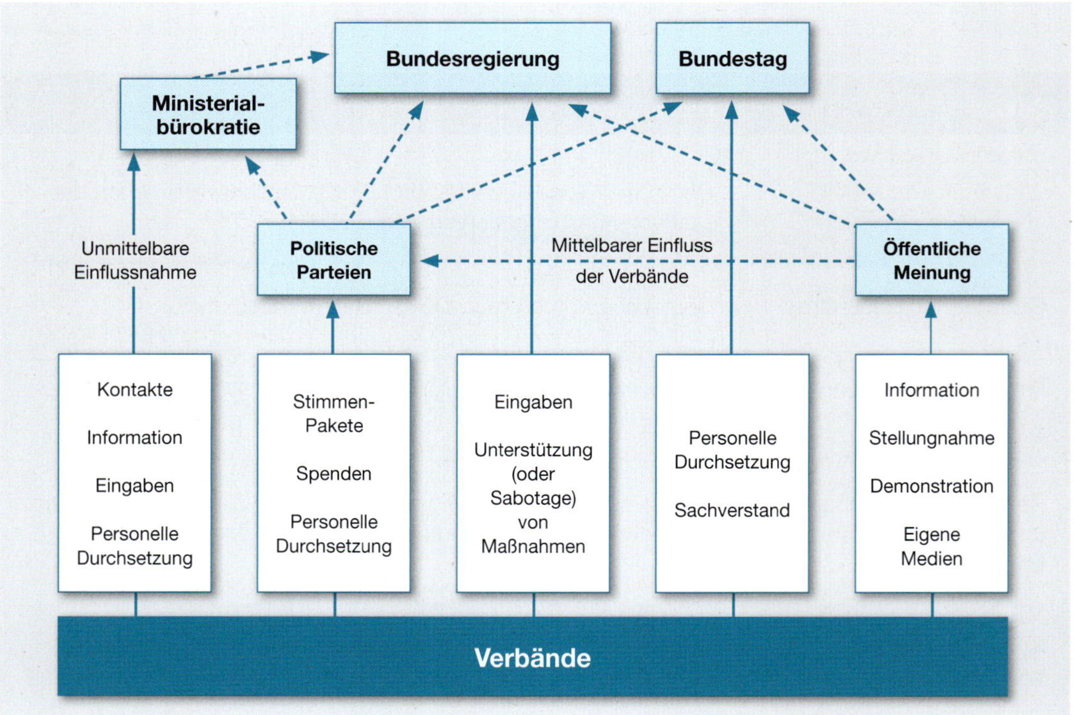

Wolfgang Rudzio, Die organisierte Demokratie. Parteien und Verbände in der Bundesrepublik, Stuttgart 1977, S.41

wirtschaft und Verbänden als externe Mitarbeiter in Bundesministerien direkten Einfluss auf die Entstehung von Gesetzestexten hatten.

Der ehemalige Präsident des Bundesverfassungsgerichts Hans-Jürgen Papier hat den Lobbyismus als „**fünfte Gewalt**" bezeichnet. Da die Grenzen zwischen Interessenartikulation und unlauterer Einflussnahme bis hin zur Korruption fließend seien, gefährde der Lobbyismus seiner Ansicht nach die demokratischen Grundprinzipien. Für den Bürger ist nicht ersichtlich, welche Verbände in welcher Form Einfluss auf die Entstehung von Gesetzen genommen haben. Immer wieder wird auch kritisiert, dass mächtige Verbände durch ihren Widerstand wichtige Reformen erschweren, verzögern oder sogar verhindern können. Damit werden sie zu einer **Vetomacht** im politischen System, die von der Verfassung nicht vorgesehen ist.

Problematisch ist zudem die Tatsache, dass vom Lobbyismus ausschließlich die Interessenvertretungen mit ausreichenden **finanziellen und personellen Ressourcen** profitieren, etwa Industrieverbände und Gewerkschaften. Bestimmte Gesellschaftsgruppen wie Arme, Kinder oder Migranten haben dagegen kaum Chancen, ihre Interessen so mächtig vertreten zu lassen.

Doch nicht nur der Einfluss der Verbände und Konzerne auf die Politik sorgt für Kritik: Auch die Tatsache, dass viele Politiker direkt im Anschluss ihrer politischen Karriere in Ämter in der Privatwirtschaft wechseln, wird bemängelt. In solchen Fällen werden immer wieder Vorwürfe laut, die Politiker hätten sich diese Posten während ihrer Amtszeit durch Entscheidungen gesichert, von denen die betreffenden Unternehmen profitierten.

Einflussnahme der Interessenverbände

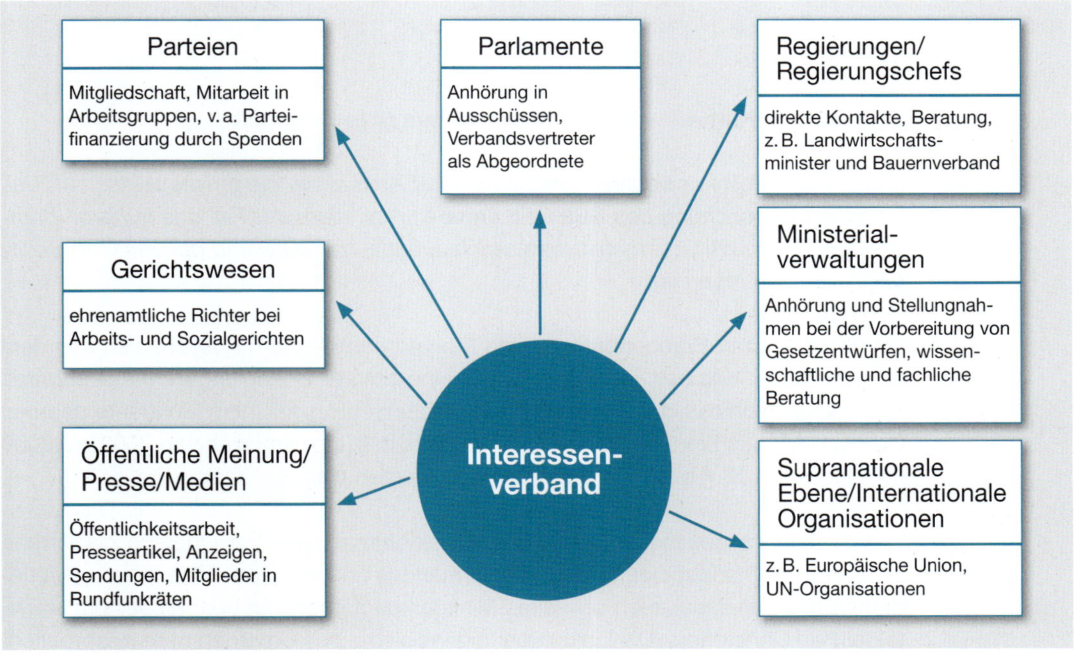

Aufgaben

1. Erstellen Sie eine Mind Map zu den Interessenverbänden im politischen System der Bundesrepublik Deutschland.
2. Erklären Sie die Bezeichnung des Lobbyismus als „fünfte Gewalt" (vgl. S. 320).

M 1 Jagdfreuden der deutschen Interessenverbände

Karikatur: Horst Haitzinger

M 2 Lobby-Karriere – Ex-Politiker machen gute Geschäfte

Immer mehr Politiker wechseln kurz nach ihrer Amtszeit in die private Wirtschaft. Das hat eine Untersuchung des SPIEGEL ergeben. Vor allem der Fall des früheren brandenburgischen Wirtschaftsministers Ulrich Junghanns (CDU) und der Fall Otto Schily (SPD) werfen Fragen auf.

Junghanns hat in Brandenburg wenige Monate nach seinem Ausscheiden aus dem rot-schwarzen Kabinett im Januar 2010 eine private Consulting-Firma gegründet. Bald darauf schloss der Politiker einen Beratervertrag mit dem Solarunternehmen Odersun AG aus Frankfurt an der Oder ab, das in seiner Amtszeit von 2002 bis 2009 mit insgesamt 13,4 Millionen Euro gefördert worden war.

Wie Junghanns gegenüber dem SPIEGEL einräumte, beriet er Odersun bis Anfang 2012 zu „Rahmenbedingungen des Solarmarktes und zur Firmenfinanzierung". Wiederholt habe er dabei auch sein altes Ministerium aufgesucht und mit seinem Nachfolger Ralf Christoffers (Die Linke) über die Probleme des Unternehmens gesprochen. Nach eigenen Angaben half Junghanns Odersun unter anderem bei der erfolgreichen Beantragung von Landesbürgschaften zur Absicherung von Krediten in Höhe von zehn Millionen Euro sowie einer „Rettungsbeihilfe" in Höhe von drei Millionen Euro, die im Februar an Odersun gezahlt wurde.

Gleichwohl ging das Solarunternehmen im März in die Insolvenz. Einen Interessenkonflikt zwischen seinem Ministeramt und dem später abgeschlossenen Beratervertrag wollte Junghanns auf Anfrage nicht erkennen.

Im Fall des früheren Bundesinnenministers Otto Schily (SPD) gibt es neue Belege, die zeigen, wie problematisch auch in diesem Fall der Übergang von Politik zu Wirtschaft war. Schily hatte sich 2006 an der inzwischen ebenfalls insolventen Sicherheitsfirma Safe ID Solutions AG aus Unterhaching beteiligt und war zuletzt deren Aufsichtsratsvorsitzender.

Der Geschäftszweck des Unternehmens war unter anderem die Herstellung von elektronischen Pass-Systemen – also genau jener Bereich, den Schily als Innenminister vorangetrieben hatte. Nach Angaben von Ex-Chef Karsten Neugebauer war der Sozialdemokrat als „Türöffner“ tätig. Schily selbst sagte, eine seiner Firmen habe bei der „Herstellung von Kontakten“ und der „Anbahnung von Verträgen“ geholfen. Für einen Millionenauftrag im Irak wurde der Schily-Firma eine Provision von der Safe ID zugesagt. Davon wurden nach Schilys eigenen Angaben 89.000 Euro tatsächlich ausgezahlt.

Inzwischen ermittelt die Staatsanwaltschaft München I gegen den früheren Firmenchef Neugebauer wegen des Verdachts auf Betrug. Dabei geht es auch um die Frage, ob in einem Fall ein noch unsicherer Auftrag gegenüber möglichen Anlegern als sicher dargestellt wurde, um neue Gelder einzuwerben. Neugebauer sagte auf Anfrage, er wisse von solch einem Verfahren nichts. Ein ehemaliger Vorstand hatte bereits 2011 in einem Schreiben an Aufsichtsratschef Schily schwere Vorwürfe gegen Neugebauer im Zusammenhang mit einem angeblich unsauberen Geschäftsgebaren erhoben. Ein gewünschtes Treffen hatte Schily zuvor schon abgelehnt. Heute begründet er das damit, dass es sich um verleumderische Beschuldigungen gehandelt habe.

Schneller Wechsel in die Wirtschaft

Eine vom SPIEGEL durchgeführte Auswertung von Lebensläufen ehemaliger Kanzler und Bundesminister ergab, dass immer mehr Politiker kurz nach Ende ihrer Amtszeit in die Wirtschaft wechseln und sich damit möglichen Interessenkonflikten aussetzen. Übernahmen aus den Kabinetten der Jahre 1969 bis 1982 nur drei Minister binnen zwei Jahren nach Dienstende Tätigkeiten in der Wirtschaft, so wechselten von den seit 2000 ausgeschiedenen Ministern elf in Privatunternehmen.

Die Einführung einer gesetzlich verpflichtenden Karenzzeit oder einer unabhängigen Prüfkommission für derartige Fälle, wie es sie in anderen Ländern und bei der EU gibt, ist in Deutschland gleichwohl nicht zu erwarten. In einer Umfrage unter den fünf Bundestagsfraktionen lehnten Union und SPD beides ab.

Spiegel online, 9.9.2012

Aufgaben

1. Beschreiben Sie die Karikatur M 1 und erläutern Sie deren Aussageabsicht.
2. Formulieren Sie die Aussage in einem Satz. (M 1)
3. Brauchen wir in Deutschland eine gesetzlich verpflichtende Karenzzeit für Politiker, die nach ihrer Amts- und Mandatszeit in die freie Wirtschaft wechseln? (M 2) Begründen Sie Ihre Meinung.

3.3 Medien

Leitfragen	Welche politischen Aufgaben erfüllen Medien in einer Demokratie?	Wie sehen aktuelle Entwicklungen auf dem Medienmarkt aus?	Ist Deutschland auf dem Weg von einer Parteiendemokratie in eine „Mediendemokratie"?

Medien im politischen Prozess

Rechtliche Grundlagen

Art. 5 Abs. 1 GG garantiert **Meinungs-, Informations- und Pressefreiheit**. Während unter Meinungs- und Informationsfreiheit das Recht des Einzelnen gemeint ist, seine Meinungen „in Wort und Schrift oder Bild" frei zu äußern bzw. „sich aus allgemein zugänglichen Quellen ungehindert zu unterrichten", ist die Pressefreiheit mehr als ein Individualrecht. Das Bundesverfassungsgericht definiert die Existenz einer freien Presse als **konstitutives Merkmal einer freiheitlichen Grundordnung**. Der Staat hat die Pflicht, Pressefreiheit zu gewährleisten, d.h. jene Gefahren abzuwehren, die einer freien Presse drohen, etwa durch Konzentration auf dem Medienmarkt oder durch staatliche Kontrolle der Medien.

Art. 5 Abs. 2 und 3 GG legen allerdings auch fest, dass das Recht auf freie Berichterstattung nicht schrankenlos beansprucht werden darf; es wird durch allgemeine Gesetze, das Jugendschutzgesetz und durch das Recht auf persönliche Ehre beschränkt.

Aufgaben der Medien

Die Medien haben eine **Doppelfunktion** im politischen Prozess eingenommen, da sie nicht nur Forum, sondern zugleich bedeutende Akteure sind. Die Massenmedien – Presse, Radio, Fernsehen und das Internet – nehmen verschiedene Aufgaben wahr:

- **Artikulation von Interessen:** Medien artikulieren die Interessen von Bürgern und machen die unterschiedlichen Ansichten innerhalb der Gesellschaft sichtbar.
- **Verbreitung von Informationen:** Medien sollen möglichst umfassend und sachlich Bericht erstatten über Ereignisse, Fakten und Ideen, die für die Bürger in politischer, gesellschaftlicher, wirtschaftlicher und kultureller Hinsicht bedeutsam sind.
- **Beitrag zur Meinungs- und Urteilsbildung:** Medien analysieren und bewerten das politische Geschehen und die Arbeit der Volksvertreter und machen den Bürgern komplizierte politische Prozesse verständlich.
- **Kritik und Kontrolle politischer Akteure:** Medien haben auch die Funktion, das Handeln der politischen Entscheidungsträger im Namen gesellschaftlicher Gruppen zu kritisieren und zu kontrollieren, auch Skandale aufzudecken. Daher gelten die Medien als **„vierte Gewalt"** neben Exekutive, Legislative und Judikative.

Damit Medien diese Aufgaben in einer Demokratie erfüllen können, müssen sie frei und ungehindert arbeiten können. Der Staat darf weder Veröffentlichungen überwachen und unterdrücken (Zensur) noch Journalisten dazu zwingen, ihre Quellen preiszugeben (Informantenschutz).

Öffentlich-rechtlicher Rundfunk und Fernsehen haben den Auftrag, eine Grundversorgung der Bevölkerung mit Information, Kultur und Unterhaltung sicherzustellen. Es gibt einen gesetzlich definierten Programmauftrag, die Vielfalt der bestehenden Meinungen soll sich in diesem Programm wiederfinden. Während sich die Presse fast komplett in Privatbesitz befindet, sind Hörfunk und Fernsehen teils öffentlich-rechtlich, teils privat organisiert (duales System).

Bei der Betrachtung von Medienunternehmen ist bedeutsam, dass sie im Unterschied zu Parteien in aller Regel nicht vorrangig gegründet werden, um politische Interessen durchzusetzen. Im Mittelpunkt des Interesses der Betreiber von Medien in Privatbesitz steht vielmehr das gewerbliche Interesse an möglichst hohem Gewinn. Den genannten Funktionen kommen daher nicht alle Medien gleichermaßen nach. Wichtig für die Funktionstüchtigkeit der Demokratie ist aber, dass diese politischen Aufgaben von der Gesamtheit der Medien in ausreichendem Maße erfüllt werden.

Trend: Medienkonzentration

Deutschland ist das **Ursprungsland der Zeitung:** 1650 erschien in Leipzig mit den „Einkommenden Zeitungen" die erste Tageszeitung der Welt. Bis heute ist das deutsche Zeitschriften- und Zeitungsangebot im internationalen Vergleich äußerst vielfältig. Dennoch gibt es einen Trend zur **Pressekonzentration.** Das bedeutet:

- **Verlagskonzentration:** Die gleiche Anzahl von Zeitschriften wird von immer weniger Verlagen herausgegeben.
- **Publizistische Konzentration:** Rückgang redaktionell selbständiger Tageszeitungen mit einer Vollredaktion.
- **Auflagenkonzentration:** Steigende Gesamtauflagen bei einem Rückgang der Zeitungsredaktionen und Verlage. Objekte mit hohen Auflagen wachsen, während kleine Zeitungen oft aufgeben müssen.
- **Lokalkonzentration:** Es gibt immer mehr Ein-Zeitungs-Kreise, also Kreise oder kreisfreie Städte, in denen nur noch eine regionale oder lokale Tageszeitung erscheint.

Die meisten auflagenstarken Tageszeitungen und Zeitschriften in Deutschland stammen von **vier Konzernen:**

- **Springer:** Die Axel Springer AG ist der größte Zeitungsverlag in Europa und bringt mit „Bild", „Bild am Sonntag" und „Welt am Sonntag" die auflagenstärksten Boulevard- und Sonntagszeitschriften heraus. Außerdem gehören dem Konzern zahlreiche Tageszeitungen, Zeitschriften und Anzeigenblätter.
- **Bertelsmann:** Die Bertelsmann-Aktiengesellschaft ist der größte Medienkonzern Europas. Ihm gehören nicht nur Großdruckereien und Verlage, er hält auch Anteile an Filmproduktionen und Fernsehsendern. Die Bertelsmann-Tochter Gruner + Jahr gibt Zeitschriften wie „Stern", „Brigitte" und „Hamburger Morgenpost" heraus.
- **Bauer:** Dem Bauer-Verlag gehören mehrere Verlage für Fachzeitschriften und Romanhefte, Zeitschriften in Großbritannien und den USA.
- **Burda:** In Deutschland gibt der Verlag unter anderem „Bunte", „Focus" und „Freundin" heraus.

Ranking – die zehn größten deutschen Medienkonzerne 2012

	Medienumsatz 2012 (in Mrd. EUR)
1. Bertelsmann AG (Gütersloh)	15,253
2. ARD (München / Berlin)	6,221
3. Axel Springer (Berlin / Hamburg)	3,185
4. Pro Sieben Sat.1 (Unterföhring)	2,756
5. Verlagsgruppe Georg von Holtzbrinck GmbH (Stuttgart)	2,260
6. Hubert Burda Media (Offenburg)	2,199
7. Bauer Media Group (Hamburg)	2,004
8. ZDF (Mainz)	1,993
9. Verlagsgruppe Weltbild (Augsburg)	1,657
10. WAZ Mediengruppe (Essen)	1,200

Nach: Institut für Medien- und Kommunikationspolitik, www.mediadb.eu, 7.9.2012

Bedeutend in der deutschen Presselandschaft sind außerdem die **Georg von Holtzbrinck GmbH**, die Buchverlage besitzt und Zeitschriften wie „Tagesspiegel“, „Die Zeit“ und „WirtschaftsWoche“ herausgibt und an verschiedenen Fernseh- und Hörfunkveranstaltern beteiligt ist, sowie die **Westdeutsche Allgemeine Zeitungsverlagsgesellschaft** E. Brost & Funke, die mehrere Tageszeitungen publiziert.

Zwischen Vielfalt und Meinungsmacht

In seinem **Rundfunkurteil** von 1986 stellte das Bundesverfassungsgericht fest: „Meinungsvielfalt, deren Erhaltung und Sicherung Aufgabe der Rundfunkfreiheit ist, wird in besonderem Maße gefährdet durch eine Entstehung vorherrschender Meinungsmacht.“ Weil eine zu starke Medienkonzentration die Meinungsvielfalt beschädigen könnte, entschied der Bundestag Mitte der 1970er Jahre, die publizistische Konzentration mit Mitteln des **Kartellrechts** zu begrenzen. Seither ist das Bundeskartellamt in Bonn für Zusammenschlüsse im Bereich der Presse zuständig und muss sie genehmigen. Der Versuch, **Pressefusionen** zu erleichtern, scheiterte 2005 am Widerstand der mittelständisch geprägten Zeitungsverleger.

Auch der Versuch medienübergreifender – sog. cross-medialer – **Fusionen** wird von den Aufsichtsbehörden kritisch beobachtet. So untersagten die Kommission zur Ermittlung der Konzentration im Medienbereich (KEK) und das Bundeskartellamt 2006 die Übernahme der ProSiebenSat.1 Media AG durch die Axel Springer AG. Sie befürchteten, die starke Position der ProSiebenSat.1-Gruppe im privaten Fernsehen könnte in Kombination mit der überragenden Stellung der Axel Springer AG mit den Zeitungen „Bild“ und „Welt“ bei der Tagespresse zu einer vorherrschenden Meinungsmacht führen.

Damit es nicht zu einer zu starken Beeinflussung der Medien kommt, dürfen auch **Parteien** keinen Einfluss auf die Programmgestaltung von Rundfunksendern nehmen. Sie dürfen sich aber an privaten Sendern beteiligen. Diese Feststellung des Bundesverfassungsgerichts von März 2008 ist insbesondere für die SPD wichtig: Sie erwirtschaftet mit ihrer Medienholding DDVG jährlich Überschüsse von mehreren Millionen Euro.

Probleme der Medienmacht

Als Probleme des Zusammenspiels von Politik und Medien gelten:

- **ein Trend zur Inszenierung**: Der Trend, Politik zu einem öffentlichen Schauspiel zu machen, kommt aus den USA, wo insbesondere Parteitage und Wahlen perfekt organisierte und in Szene gesetzte Medienereignisse sind.
- **ein Trend zur Personalisierung**: Dabei stehen nicht mehr Inhalte und programmatische Ziele der Parteien im Mittelpunkt, sondern Kandidaten, die sich besonders gut präsentieren können. Emotionen werden u. U. wichtiger als Fakten.
- **ein Trend zur Verkürzung**: Komplizierte Sachverhalte und schwer zu erklärende politische Prozesse werden stark verkürzt dargestellt, weil für umfangreiche Erklärungen oft weder Platz noch Zeit ist. Das führt zu Informationsdefiziten.
- **ein Trend zur Polarisierung**: Medien neigen dazu, Auseinandersetzungen auf ein Gegenüber der Extrempositionen zuzuspitzen. Politiker kommen diesem Bedürfnis entgegen, indem sie zu Profilierungszwecken die Unterschiede zu Positionen anderer Parteien häufig überzeichnen. Über das, worüber hinter den Kulissen – etwa in den Ausschüssen des Bundestags – nur im Detail Uneinigkeiten bestehen, streiten Politiker in der Öffentlichkeit zum Teil heftig.

Immer öfter findet sich eine Verflechtung von Politik und Unterhaltungskultur. Wenn Politik nicht mehr nach den Erfordernissen des politischen Prozesses dargestellt wird, sondern nach Entertainment-Kriterien, spricht man auch von **Politainment**. Die Inszenierung erfolgt dabei meist von beiden Seiten: Politiker setzen sich in Szene und geben so viele Interviews oder Statements wie möglich, um ihre Popularität zu steigern. Dass dabei komplizierte Sachverhalte verkürzt dargestellt werden, wird in Kauf genommen. Gleichermaßen nehmen Medien vorrangig jene politischen Themen auf, von denen sie sich ein möglichst großes Publikumsinteresse versprechen – also Quoten und hohe Auflagen. Beste Beispiele hierfür sind die zahlreichen „Polit-Talkshows“ sowohl der öffentlich-rechtlichen als auch der privaten Fernsehsender.

Medien, Wahlkampf und Meinungsforschung

Wahlkämpfe

Politik steht in Konkurrenz zu vielen anderen Lebensbereichen. Deshalb bemühen sich die Parteien immer aufs Neue um die Aufmerksamkeit der Bevölkerung. Dabei setzen sie zunehmend auf neue Trends und Techniken. Am deutlichsten wird das in Wahlkämpfen. Die Botschaften, die über Flugblätter, Wahlwerbespots, in Informationsveranstaltungen oder Interviews vermittelt werden, haben verschiedene Bezüge: personenbezogen (Spitzenpersonal der Parteien, Amtsinhaber oder Herausforderer), themenbezogen (Politikfelder, in denen die Kandidaten sich als besonders kompetent positionieren wollen) oder parteibezogen (ideologische Positionierung der Parteien und ihr Versuch, ein bestimmtes Image aufzubauen).

In den vergangenen Jahren ist zu beobachten, dass die Bedeutung der **kommunikativen Strategie** in Wahlkämpfen gegenüber jener der politischen Programme stetig wächst. Wahlforscher sprechen von einer **Amerikanisierung der Wahlkämpfe.** Das bedeutet:

- **Personalisierung:** Wahlkämpfe werden immer stärker auf die Spitzenkandidaten der Parteien ausgerichtet, politische Botschaften werden **durch Personen repräsentiert.** Dabei ist strategisch der Amtsinhaber meist im Vorteil. Damit der Kandidat die Hauptrolle im Wahlkampf spielen kann, braucht er die Geschlossenheit seiner Partei.

- **Mediatisierung:** Die meisten Bürger erleben Politik nicht direkt, sondern vermittelt. Dabei spielt das **Fernsehen** eine herausragende Rolle. Im Wahlkampf gilt es daher, auf dem Bildschirm so präsent wie möglich zu sein, ebenso in Nachrichten- wie Unterhaltungssendungen. Als relativ neues Medium gewinnt das **Internet** an Bedeutung: Hier können die Parteien ihre Botschaften über soziale Netzwerke (z. B. Facebook) oder Kurznachrichtendienste in Echtzeit (z. B. Twitter) ungefiltert verbreiten und den Bürgern über Diskussionsforen sowie Weblogs das Gefühl geben, direkt beteiligt zu sein.

- **Professionalisierung:** Wahlkämpfe werden nicht mehr nur in den Parteizentralen gemacht, sondern immer häufiger von externen Experten aus den Sozialwissenschaften, dem Management oder der Werbung geplant. Insbesondere in den USA hat sich mit den sog. „spin doctors" eine Gruppe **professioneller Wahlkampfberater** etabliert, die den Reden und Ereignissen um den Spitzenkandidaten den richtigen Dreh („spin") geben sollen. Auch in deutschen Wahlkämpfen werden zunehmend PR-Agenturen damit beauftragt, für das richtige Image der Kandidaten und gute Kontakte zu den Medien zu sorgen.

Demoskopie

Untrennbar mit dem Konglomerat von Medien und Politik verbunden ist die politische Meinungsforschung, die **Demoskopie.** Der Begriff geht auf die altgriechischen Begriffe „démos" (Volk) und „skopein" (ausspähen) zurück und beschreibt die Ermittlung von Stimmungen, Wünschen und Überzeugungen der Bevölkerung. Durch Befragungen auf Basis eines **repräsentativen Querschnitts** der Bevölkerung werden Daten erhoben und ausgewertet.

Die Demoskopie trat ihren Siegszug nach dem Zweiten Weltkrieg an, als zahlreiche private Befragungsinstitute gegründet wurden. Die für die Politik heute wichtigsten **Meinungsforschungsinstitute** in Deutschland sind das Institut für Demoskopie Allensbach, die Forschungsgruppe Wahlen, Infratest dimap, forsa und Emnid.

Weil die traditionellen Parteibindungen der Wähler aufbrechen und es immer mehr Wechselwähler gibt, wird es für die Parteien vor Wahlen wichtiger zu wissen, was die Bevölkerung denkt und wünscht. Sie betrachten die Umfragedaten als Möglichkeit, um:

- **Grundstimmungen** zu erkennen,
- **wichtige Themen** zu analysieren,
- das **Image** und die Wirkung ihrer Kandidaten zu überprüfen,
- die **Wahrnehmung der Wahlwerbung** zu überprüfen und Werbemittel zu testen,
- Wähler zu **mobilisieren** und
- Ergebnisse für **künftige Wahlkämpfe** abzuleiten.

Probleme der Demoskopie

Auch wenn die Meinungsforschung als sinnvolles **Frühwarnsystem** funktionieren und Politikern die Forderungen und Einschätzungen der Bevölkerung vermitteln kann, ist sie nicht unumstritten. Wenn die Politik nur danach strebt, in Umfragen gute Werte zu erhalten, besteht die Gefahr, dass sie unangenehme, aber nötige Entscheidungen und Reformen vermeidet und der **Populismus** überhandnimmt.

Es gibt keine eindeutigen Belege dafür, welche Wirkung die Veröffentlichung der demoskopischen Daten hat. Mehrere Effekte sind denkbar:

- **Mobilisierungs-Effekt**: Wird bekannt, dass es zwischen Kandidaten ein Kopf-an-Kopf-Rennen gibt, könnte das bislang unentschlossene Wähler dazu bringen, ihre Stimme abzugeben, um ihrem Kandidaten zum Sieg zu verhelfen.
- **Defätismus-Effekt**: Anhänger des Kandidaten, dessen Werte schlecht sind, könnten entmutigt werden und auf die Abgabe ihrer Stimme verzichten, weil ihr Kandidat den Prognosen zufolge ohnehin verlieren wird.
- **Lethargie-Effekt**: Wird umgekehrt ein Kandidat als sicherer Sieger gehandelt, könnten seine Anhänger darauf verzichten, ihn zu wählen, weil das Ergebnis vermeintlich bereits feststeht.
- **Bequemlichkeits-Effekt**: Deuten die Umfrageergebnisse darauf hin, die Wahl sei bereits entschieden, könnten unentschlossene Wähler daheim bleiben, weil sie glauben, ihre Stimme werde am Ergebnis ohnehin nichts mehr verändern.

Auf dem Weg zur Mediendemokratie?

Deutschland wurde von Beobachtern der politischen Entscheidungsprozesse häufig als Parteiendemokratie charakterisiert. Inzwischen wird das Land aber häufig auch als Mediendemokratie bezeichnet. In einer **Parteiendemokratie** sind Parteien das entscheidende **Scharnier zwischen Bürgern und Staat**. Sie sind dafür verantwortlich, für Kommunikation zwischen der Bevölkerung und den Staatsorganen zu sorgen und die Interessen gesellschaftlicher Gruppen zu artikulieren.

In einer **Mediendemokratie** hingegen nimmt die Partei- und Gruppenbindung ab, die Wähler werden immer individueller. Damit findet die Meinungs- und Willensbildung viel weniger über Parteien als über Massenmedien statt. Damit sind die Medien nicht mehr nur Informationsträger, sondern werden zu **eigenständigen Akteuren**, die das politische Geschehen beeinflussen.

Aufgaben

1. Erläutern Sie die Funktionen der Medien in einer modernen Demokratie.
2. Dem ehemaligen Bundeskanzler Gerhard Schröder wird der Spruch zugeschrieben, er brauche nur „Bild, BamS und Glotze" für erfolgreiches Regierungshandeln. Erklären Sie diese Aussage.
3. Vergleichen Sie die Einflussmöglichkeiten von Parteien, Interessenverbänden und Medien im politischen Prozess in einer tabellarischen Übersicht. Wählen Sie zum Vergleich Ihnen geeignet erscheinende Kriterien.

M Die Macht der Medien wird überschätzt

Wir. Die so genannten Medien. Die – so sahen es laut Umfragen viele Deutsche – eine „Hetzkampagne“ gegen Christian Wulff losgetreten hätten, ähnlich wie vor einem Jahr bei Karl-Theodor zu Guttenberg.

So als ob „die Medien“ Fehler gemacht hätten – und nicht die Personen, über die berichtet wurde. Christian Wulff ist zurückgetreten, weil die Staatsanwaltschaft in Hannover am Donnerstagabend die Aufhebung der Immunität des Bundespräsidenten beantragt hatte – und aus keinem anderen Grund sonst. Dass Wulff in seiner Erklärung aber nun sagt „Die Berichterstattungen, die wir in den vergangenen zwei Monaten erlebt haben, haben meine Frau und mich verletzt“, soll noch einmal den Eindruck erwecken, dass hier ein Unschuldiger gejagt wurde. Alles an diesem Eindruck wäre falsch.

Die Macht, die den Medien zugesprochen wird, bekam in den vergangenen Wochen etwas Unheimliches, vor allem bekam sie aber auch etwas Unrealistisches. Die Macht der Medien – und hier geht es ja tatsächlich um die klassischen Printmedien – ist geringer, als mancher glaubt. Leider glauben auch viele Journalisten, dass sie Macht hätten, und liegen damit auch falsch. In den verschiedenen Theorien zur Medienwirkungsforschung scheint eine der Wahrheit noch am nächsten zu kommen, und zwar die Verstärkertheorie. Sie besagt, dass die meisten Menschen die Medien selektiv nutzen – und zwar so, dass sie sich in einer bereits bestehenden Meinung bestärkt sehen: Menschen neigen also dazu, sich Texte durchzulesen, deren Haltung sie ohnehin schon vorher hatten. Ein gutes Beispiel dafür ist die Fernsehkritik.

Ab und zu schreibe ich Fernsehkritiken für den „Tagesspiegel“ – keine einzige meiner Fernsehkritiken hat bisher dazu geführt, dass das Fernsehen besser geworden wäre. Leserbriefe und Leserkommentare im Internet beweisen mir jedes mal aufs Neue, dass ich nicht in der Lage bin mit einer Fernsehkritik zu überzeugen, und zwar im Guten wie im Schlechten. Wenn ich mich in der Vergangenheit kritisch über Satiresendungen wie „Neues aus der Anstalt“ geäußert habe, dann war die einhellige Meinung der Leser, dass ich keine Ahnung von Satire hätte. Wenn ich mich in der Vergangenheit positiv über Harald Schmidt geäußert habe, dann erklärten mir die Leser, dass nichts überflüssiger sei als Harald Schmidt. Wenn ich eine Serie wie „Im Angesicht des Verbrechens“ lobe, bekomme ich Briefe, in denen steht, dass das ja gar nicht sein könne. Manchmal vergessen diese Leserbriefschreiber nicht zu erwähnen, dass sie ja schon seit Jahren gar kein Fernsehen mehr schauen.

Das ist übrigens alles vollkommen in Ordnung, ich jammere nicht, weder ich noch meine Frau fühlen sich durch solche Briefe verletzt. Ich glaube eben nur, dass die meisten Menschen in ihren Überzeugungen standfester sind, als sie selbst und manche Journalisten denken. Das ist zunächst einmal ein guter Befund.

In meiner Funktion als Fernsehkritiker habe ich übrigens in den vergangenen Wochen hier und da mal fallen lassen, dass ich Klaas Heufer-Umlauf für ein großes Moderationstalent halte, und dass ich finde, das ZDF solle ihm „Wetten, dass...?“ geben, schließlich war Thomas Gottschalk 1987, als er die Sendung von Frank Elstner übernahm, auch nichts anderes als ein großes Moderationstalent (Heufer-Umlauf halte ich übrigens für noch talentierter, aber gut). Auch habe ich hier und da meine Meinung zu Markus Lanz geäußert, sie ist nicht sonderlich gut, ich bin nicht der einzige Fernsehkritiker, der das so sieht.

Markus Lanz wird „Wetten, dass...?“ übernehmen, die Medien werden es nicht verhindern können, sie werden nur sein mögliches Scheitern beobachten und gegebenenfalls darüber berichten. Das ist im Grunde auch schon alles. Und es ist völlig in Ordnung.

Matthias Kalle, Der Tagesspiegel, 17.2.2012

Aufgaben

1. Wie stark schätzen Sie die Macht der Medien auf Politik und Gesellschaft persönlich ein? Begründen Sie Ihre Meinung.

2. Reflektieren Sie Ihren persönlichen Medienkonsum. Überprüfen Sie daraufhin kritisch, ob die Annahmen der Verstärkertheorie auf Ihren eigenen Medienkonsum zutreffen oder eher nicht.

4 Das zentrale politische Entscheidungssystem

4.1 Die Verfassungsorgane im Überblick

Leitfragen | Welche sind die Verfassungsorgane? | Wie werden sie legitimiert?

Die Verfassungsorgane

Verfassungsorgane sind diejenigen Staatsorgane, deren Rechte und Pflichten im Grundgesetz festgeschrieben sind. Sie stehen in einem gegenseitigen Treueverhältnis zueinander. Deshalb darf sich kein Verfassungsorgan so verhalten, dass ein anderes dadurch an seiner Pflichtausübung gehindert wird. Die Verfassungsorgane sind zudem in ihren Funktionen aufeinander abgestimmt.

Der **Bundestag** ist das einzige Verfassungsorgan, welches von der Bevölkerung **direkt gewählt** wird. Er kann deshalb als die zentrale Institution im politischen System der Bundesrepublik Deutschland bezeichnet werden.

Die weiteren **ständigen Verfassungsorgane** sind:

- der **Bundesrat**,
- der **Bundespräsident**,
- die **Bundesregierung** und
- das **Bundesverfassungsgericht**.

Daneben existieren zwei weitere **nichtständige Verfassungsorgane**:

- Die **Bundesversammlung**, welche sich ausschließlich für die Bundespräsidentenwahl konstituiert.
- Der **Gemeinsame Ausschuss**, welcher im Verteidigungsfall als „Notparlament" dient.

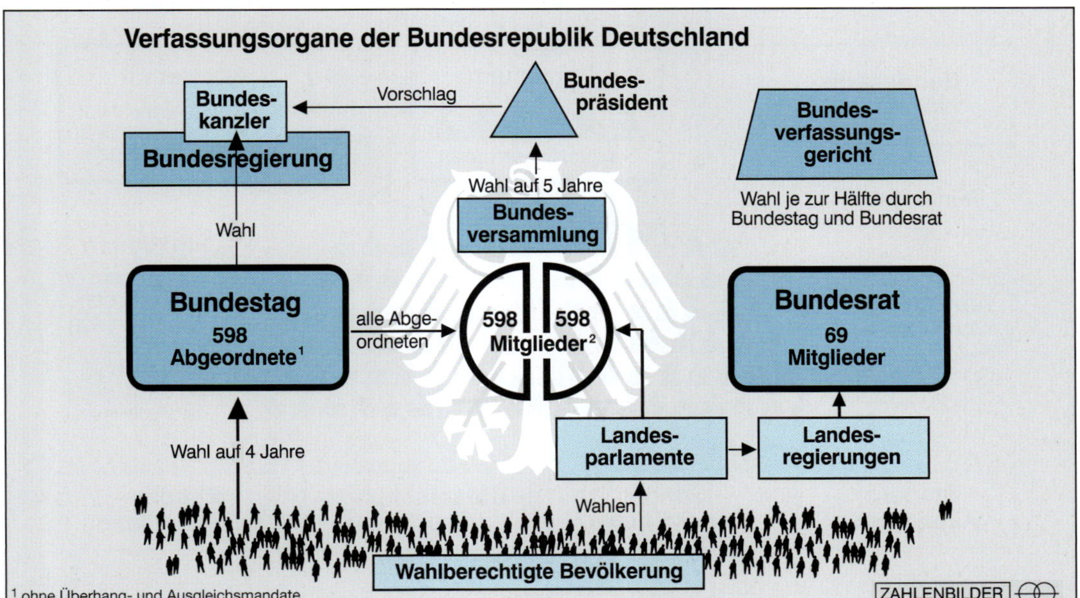

© Bergmoser + Höller Verlag AG ² gleiche Anzahl wie Bundestagsabgeordnete; je nach Anzahl der Überhang- und Ausgleichsmandate 62 110

4.2 Der Bundestag

Leitfragen	Wie wird der Bundestag gebildet?	Wie ist seine Arbeit organisiert?	Welche Stellung haben die Abgeordneten des Deutschen Bundestages?

Die Grundstruktur des Bundestages

Verhältnis von Regierungsmehrheit und Opposition

Der Bundestag verkörpert das **einzige direkt vom Volk gewählte Verfassungsorgan**. Er ist das Parlament der Bundesrepublik Deutschland und die Versammlung der von den deutschen Bürgern gewählten Repräsentanten. Die klassische Vorstellung von der Gewaltenteilung in Legislative, Exekutive und Judikative lässt vermuten, dass der Bundestag im Ganzen als Kontrolleur der Exekutive auftritt und ihr somit als Einheit gegenübersteht.

Da aber der Bundeskanzler und indirekt auch die Bundesregierung von der Mehrheit des Bundestags gewählt werden, wird die Exekutive von „ihrer" Mehrheit im Parlament gestützt. Der eigentliche Gegenspieler der Regierung ist also die Opposition. Kritik an der Regierung wird meist nur aus ihren Reihen geübt. Aus der Gewaltenteilung ist also eine **Gewaltenverschränkung** geworden, da die Exekutive mit der Parlamentsmehrheit eng zusammenarbeitet, mit ihr verflochten ist und dem kleineren Teil des Parlamentes – der Opposition – gegenübersteht. Bestärkt wird diese Gewaltenverschränkung noch dadurch, dass die Regierungsmitglieder i. d. R. gleichzeitig auch ein Abgeordnetenmandat im

© Bergmoser + Höller Verlag AG

Bundestag innehaben, also über ihre eigenen Gesetzesvorschläge abstimmen können und oftmals zusätzlich noch wichtige Mitglieder der Parteien sind, die sie im Parlament stützen.

Das Parlament ist somit der Ort, an dem **Regierungs- und Oppositionslager** aufeinandertreffen. Die Oppositionsparteien verfolgen i.d.R. das Ziel, bei den nächsten Wahlen selbst Mehrheiten zu erringen und die Gestaltung der Politik in die eigene Hand nehmen zu können. Dabei können sie zwei unterschiedliche Strategien anwenden:

- **Kooperative Opposition:** Die Opposition versucht hier durch Zusammenarbeit mit der Regierung, Einfluss auf deren Entscheidungen zu nehmen.

- **Kompetitive Opposition:** Die Opposition lehnt die Übernahme von Mitverantwortung für Entscheidungen der Regierung ab und wirbt für ihre eigenen politischen und personellen Alternativvorschläge. Über den Bundesrat kann sie versuchen, Entscheidungen der Regierung zu blockieren.

Die Aufgaben des Bundestages

1. **Legislativfunktion:** Alle Bundesgesetze müssen vom Bundestag beschlossen werden. Die Initiative zur Gesetzgebung kann dabei von den im Bundestag vertretenen Fraktionen, von der Bundesregierung oder vom Bundesrat ausgehen. Die Gesetzesvorlagen müssen im Bundestag eingebracht, dort in drei Lesungen besprochen und dann verabschiedet (als Gesetz beschlossen) werden. Überwiegend werden Gesetzesinitiativen von der Bundesregierung eingebracht. In der 16. Legislaturperiode von 2005 – 2009 waren dies 79,2 Prozent. Traditionell wird das Budget- oder Haushaltsrecht als das bedeutendste Recht des Bundestages angesehen. Der Entwurf für das Haushaltsgesetz, mit dem die geplanten Einnahmen und Ausgaben für das jeweils nächste Jahr beschlossen werden, wird von der Bundesregierung eingebracht und muss vom Bundestag beschlossen werden. Die Zuweisung von Mitteln ist dabei entscheidend für die tatsächliche Umsetzung der politischen Vorhaben der Bundesregierung. Entsprechend heftig ist deshalb auch die parlamentarische Auseinandersetzung um die Verabschiedung des Haushaltsgesetzes. Obwohl die Opposition de facto keine Chance hat, hier Änderungen zu erreichen, nutzt sie die Haushaltsdebatte i.d.R. dafür, um die Regierungspolitik heftig zu kritisieren. Nur mit der Zustimmung des Bundestages ist die Regierung „bei Kasse“ und damit handlungsfähig. Neben der Verabschiedung von Gesetzen muss der Bundestag auch internationale Abkommen und Verträge ratifizieren, die erst danach offiziell in Kraft treten und damit für die Bundesrepublik Deutschland Gültigkeit erlangen. Im Gegensatz zur Bundesgesetzgebung hat er hier allerdings keine inhaltliche Gestaltungsmöglichkeit, da das Aushandeln der Verträge ausschließlich Sache der Bundesregierung ist. Der Bundestag kann den im Vertrag getroffenen Vereinbarungen lediglich zustimmen oder sie ablehnen. Außerdem entscheidet der Bundestag über den Einsatz der Bundeswehr im Ausland.

2. **Kontrollfunktion:** Der Bundestag überwacht die Arbeit der Regierung. Die Fraktionen kontrollieren, kritisieren und beeinflussen dabei die Regierung im Vorfeld der Entscheidungen. Sie prüfen, ob die Regierung den beschlossenen politischen Kurs und die inhaltlichen Vereinbarungen einhält. Die **öffentliche** Kontrolle und Kritik ist i.d.R. Sache der Opposition. Die Oppositionsfraktionen versuchen der Regierung Fehler und Fehlverhalten nachzuweisen und machen sowohl inhaltlich als auch personell Alternativangebote.

3. **Kreativfunktion:** Der Bundestag hat u.a. die Aufgabe, andere Staatsorgane zu bestellen. Er wählt mit absoluter Mehrheit seiner Mitglieder den Bundeskanzler und stellt die Hälfte der Delegierten in der Bundesversammlung, die den Bundespräsidenten wählt. Außerdem wählt der Bundestag die Hälfte der Richter des Bundesverfassungsgerichts und wirkt an der Bestellung der Richter der obersten Bundesgerichte mit. Diese Staatsorgane erhalten so eine indirekte demokratische Legitimation.

4. **Interessenartikulation:** Der Bundestag ist das Forum der öffentlichen politischen Auseinandersetzung. Hier sollen alle gesellschaftlich wichtigen Themen und Standpunkte kontro-

vers diskutiert werden. Die öffentlichen Debatten vermitteln den Bürgern die politischen Vorstellungen der Parteien und geben ihnen so die Möglichkeit, sich ein eigenes Urteil über die politischen Sachfragen zu bilden. Die Abgeordneten sollen zwar die Interessen der Wähler repräsentieren; dies bedeutet aber nicht, dass die einzelnen Bevölkerungsgruppen und ihre Interessen proportional zu ihrem Anteil an der Gesamtbevölkerung vertreten sein müssen. Die soziale Zusammensetzung des Bundestages spiegelt nicht die Zusammensetzung der Gesamtbevölkerung wider. So sind z.B. Arbeiter und Frauen stark unter- und Beamte stark überrepräsentiert.

Organisation und Arbeitsweise des Bundestages

Die Ausschüsse

Der Bundestag wird als **Arbeitsparlament** bezeichnet, was angesichts der oft halbleeren Ränge im Plenum, der Vollversammlung aller Abgeordneten, eine Übertreibung zu sein scheint. Doch das Plenum ist nur eines der Bundestagsorgane. Die Öffentlichkeit nimmt die Arbeit der Abgeordneten jedoch fast ausschließlich über die dortigen Debatten und Abstimmungen wahr. Die Debatten und Abstimmungen sind aber nur der Endpunkt der eigentlichen Arbeit, die in **Ausschüssen** stattfindet.

Analog zum Arbeitsbereich jedes Ministeriums gibt es i. d. R. einen Ausschuss. Die Ausschüsse spiegeln in ihrer Zusammensetzung die Mehrheitsverhältnisse im Bundestag wider; hier arbeiten die Experten der einzelnen Fraktionen zum jeweiligen Fachgebiet und diskutieren die Gesetzesvorlagen und Anträge in allen Details. Da nicht alle Abgeordneten aller Fraktionen gleichzeitig mit den Feinheiten aller Sachgebiete vertraut sein können, geben die Ausschussmitglieder nach ihren Beratungen Beschlussempfehlungen an ihre Fraktionskollegen für die Abstimmung im Plenum weiter.

Die Fraktionen

Der Bundestag ist ein „Fraktionenparlament". Mindestens fünf Prozent der Mitglieder des Bundestages, die i.d.R. derselben Partei angehören, können eine **Fraktion** bilden und somit gemeinsame Ziele durchsetzen. Die Fraktionen können als „parlamentarischer Arm" der Parteien bezeichnet werden. Da nicht jeder Abgeordnete ein Spezialist für alle politischen Fragen sein kann, teilen sich die Fraktionen das politische Feld in Sachgebiete auf. Die einzelnen Abgeordneten werden dann bestimmten Spezialgebieten zugeteilt. Zentrales Beschlussgremium einer Fraktion ist die Fraktionsversammlung. Sie wählt den Fraktionsvorstand mit dem Fraktionsvorsitzenden an der Spitze. Die Fraktionsvorsitzenden gehören neben den Regierungsmitgliedern und den Parteivorsitzenden der Bundestagsparteien zu den mächtigsten Akteuren auf dem politischen Parkett.

Die Kontrollinstrumente des Bundestages

Zur Kontrolle der Regierung steht dem Bundestag ein umfangreiches Instrumentarium zur Verfügung, welches in vollem Umfang aber i. d. R. nur von der Opposition genutzt wird:

- **Interpellationsrecht** – Mindestens fünf Prozent der Abgeordneten oder eine Fraktion können in schriftlicher Form Fragen zu einem bestimmten Thema an die Regierung stellen, die diese beantworten muss. **Kleine Anfragen** beantwortet die Regierung ausschließlich in schriftlicher Form. **Große Anfragen** werden hingegen im Bundestag debattiert. Da es sich bei Großen Anfragen meist um wichtige politische Themen handelt, hat die Opposition so die Möglichkeit, kritische Fragen in den öffentlichen Sitzungen zu stellen und ihre eigene Meinung dazu darzustellen.

Das schärfste Schwert des Parlaments: das Misstrauensvotum

Der Bundestag kann den Kanzler durch ein Misstrauensvotum stürzen. Nach den Erfahrungen der Weimarer Republik wurde dafür aber bewusst eine hohe Hürde geschaffen. Beim konstruktiven Misstrauensvotum kann der Regierungschef nur dann abgewählt werden, wenn zugleich eine absolute Mehrheit der Bundestagsabgeordneten einen **neuen Regierungschef** wählt. Bislang gab es zwei Anläufe des Bundestags, den Kanzler zu stürzen. 1972 scheiterte ein konstruktives Misstrauensvotum gegen Willy Brandt (SPD), 1982 löste Helmut Kohl (CDU) auf diesem Weg Helmut Schmidt (SPD) ab.

Jedes einzelne Bundestagsmitglied kann monatlich bis zu vier Fragen zur schriftlichen Beantwortung an die Regierung richten. Fragen und Antworten werden in einer wöchentlichen Drucksache veröffentlicht. Darüber hinaus hat jeder Abgeordnete das Recht, für die sog. Fragestunde bis zu zwei Fragen pro Sitzungswoche an die Regierung zu richten. Jede Frage darf in zwei Unterfragen unterteilt sein. Die Fragen werden in der **Fragestunde** von der Regierung mündlich beantwortet.

Weiterhin kann die Regierung auf Antrag von mindestens fünf Prozent der Abgeordneten oder einer Fraktion in **aktuellen Stunden** zu einem aktuellen Thema befragt werden. Eine Mehrheit der Parlamentarier kann zudem einzelne **Minister in Bundestagssitzungen** zitieren, um von ihnen Informationen zu erhalten.

- **Ablehnung oder Änderung** von Gesetzesentwürfen der Regierung(-sfraktionen) bis hin zur Zurückweisung des Haushaltsentwurfs.

- **Konstruktives Misstrauensvotum** – Es ist das schärfste Kontrollinstrument des Parlamentes gegenüber der Regierung. Danach kann der Bundestag dem Bundeskanzler das Misstrauen aussprechen, indem er mit der absoluten Mehrheit seiner Mitglieder einen neuen Bundeskanzler wählt und den Bundespräsidenten ersucht, den Bundeskanzler zu entlassen. Der Bundespräsident muss dem Antrag entsprechen.

- Einsetzung von **Untersuchungsausschüssen** durch den Bundestag. Sie werden nur aus aktuellem Anlass mit Zustimmung von mindestens einem Viertel der Bundestagsabgeordneten eingesetzt. Untersuchungsausschüsse werden dazu genutzt, um politische und bürokratische Missstände in der Regierung, im Bundestag oder der Verwaltung zu prüfen und aufzuklären. Die Untersuchungsausschüsse verfügen dabei über weitgehende Rechte. Der Ausschuss kann Zeugen und Sachverständige laden und unter Eid vernehmen, sich Akten vorlegen lassen und Gerichte und Verwaltungsbehörden um Amtshilfe ersuchen. Am Ende der Untersuchung steht ein Bericht und eine Debatte im Bundestag. Eine Untersuchung wird durch das Ende einer Wahlperiode beendet. Da der Untersuchungsgegenstand meist im Zuständigkeitsbereich der Exekutive liegt, sind Untersuchungsausschüsse vor allem ein Instrument zur punktuellen Kontrolle der Regierung. Untersuchungsausschüsse gehen meist mit großem öffentlichen und medialen Interesse einher.

Die Bundestagsabgeordneten

Rechtliche Stellung

Die rechtliche Stellung der Bundestagsabgeordneten ist durch drei Prinzipien gekennzeichnet:

- **Indemnität:** Wegen einer Abstimmung oder einer politischen Äußerung, die ein Abgeordneter im Bundestag oder in einem seiner Ausschüsse getan hat, darf er zu keiner Zeit gerichtlich oder dienstlich verfolgt oder sonst außerhalb des Bundestages zur Verantwortung gezogen werden. Niemand kann also einen Abgeordneten wegen seiner Abstimmung zur Rechenschaft ziehen, auch nicht nach Beendigung seiner Mandatszeit. Der Bundestag kann die Indemnität eines Abgeordneten nicht aufheben.

- **Immunität:** Sie besagt, dass jede strafrechtliche Verfolgung oder jede Beschränkung der persönlichen Freiheit eines Abgeordneten nur mit Genehmigung des Bundestages zulässig ist. Eine Ausnahme gilt nur dann, wenn der Abgeordnete auf frischer Tat ertappt oder im Laufe des folgenden Tages festgenommen wird.

- **Zeugnisverweigerungsrecht:** Der Abgeordnete muss nicht über Gespräche mit Personen aussagen, wenn er diese Gespräche in seiner Eigenschaft als Abgeordneter geführt hat. Insoweit ist auch die Beschlagnahme von Dokumenten verboten, wenn diese Informationen über die Gespräche enthalten.

Diese Sonderrechte sollen den Abgeordneten davor schützen, durch Übergriffe oder fingierte Beschuldigungen in seiner Abgeordnetentätigkeit beeinträchtigt oder behindert zu werden. Außerdem wird die Funktionsfähigkeit des Parlamentes gesichert.

Wirtschaftliche Stellung

Die Abgeordneten erhalten für ihr Mandat eine finanzielle Entschädigung. Die sog. **Diäten** sollen Verdienstausfälle ausgleichen, die den Abgeordneten durch die Ausübung ihres Mandats entstehen, und ihre materielle Unabhängigkeit garantieren. Ihre Höhe wird auf Grundlage einer Empfehlung des Bundestagspräsidenten vom Bundestag beschlossen. Sie orientiert sich u. a. an den Bezügen von einfachen Richtern der obersten Bundesgerichte.

Politische Stellung – zwischen freiem Mandat und Fraktionsdisziplin

Nach Art. 38 GG verfügen die Abgeordneten über ein **freies Mandat**, d. h. sie sind als Vertreter des ganzen Volkes „an Aufträge und Weisungen nicht gebunden und nur ihrem Gewissen unterworfen". Weder die Wähler noch die eigenen Fraktionen dürfen den Abgeordneten direkte Aufträge oder ein bestimmtes Abstimmungsverhalten erteilen.

In der Realität ist das freie Mandat allerdings durch die Forderung nach Fraktionsdisziplin stark eingeschränkt. Die Fraktionen benötigen, um Mehrheiten zu schaffen oder zu erhalten, die Stimmen aller ihrer Mitglieder. Das Abweichen einzelner Abgeordneter von der Fraktionslinie wird schnell als fehlende Geschlossenheit und Uneinigkeit und damit als Schwäche der Fraktion interpretiert. Außerdem beschließt die Fraktion als Ganzes, welchen Standpunkt sie in einer politischen Frage einnimmt; somit hat jedes Fraktionsmitglied die Möglichkeit, in der internen Diskussion seine Meinung zu vertreten und dafür zu werben.

Die Forderung nach Fraktionsdisziplin wird i. d. R. dann aufgehoben, wenn es in einer anstehenden Abstimmung wirklich um eine so grundsätzliche Frage geht, dass allein das Gewissen des Abgeordneten seine Entscheidung bestimmen kann (z. B. um die Frage nach der Zulassung von gentechnischer Forschung an menschlichen Embryonen).

Aufgaben

1. Stellen Sie die Arbeitsweise des Bundestages mit eigenen Worten dar. Gehen Sie dabei auf die Bedeutung der Fraktionen und der Ausschüsse ein.
2. Erklären Sie, warum sowohl die Fraktionen als auch die Ausschüsse wichtige Teile des Bundestages sind.
3. Geben Sie die Funktionen des Bundestages mit eigenen Worten in je zwei Sätzen wieder.
4. Welches der Instrumente des Bundestages zur Kontrolle der Regierung ist Ihrer Ansicht nach das bedeutendste? Begründen Sie Ihre Ansicht.

M 1 „Im Bundestag herrscht heiliges Entsetzen“

Interview mit dem Bundestagspräsidenten Norbert Lammert (CDU). Das Gespräch führte Heribert Prantl.

SZ: Heute werden vier von fünf Gesetzen nicht im Parlament vorbereitet, sondern von der Ministerialbürokratie. Gefällt ihnen dieses Verhältnis?

Lammert: Mich besorgt diese Zahlenrelation überhaupt nicht. Und das aus zwei Gründen. Erstens: Bei uns finden Wahlen in der Wahrnehmung der Wählerinnen und Wähler mindestens so sehr zur Entscheidung über eine Regierung statt wie zur Zusammensetzung eines neuen Parlaments. Das heißt, dieser Zusammenhang wird gar nicht als Problem, sondern als ausdrücklich gewollte Interaktion wahrgenommen. Zweitens: In den Ländern, in denen der formale Anteil der Exekutive an der Vorbereitung von Gesetzgebungsakten nicht so ausgeprägt ist wie bei uns, findet eine informelle und weniger transparente Einflussnahme auf die Gesetzgebung statt. Wenn bei uns vier Fünftel der Gesetzesinitiativen von der Regierung eingebracht werden, dann weiß jeder, wer die verantwortet. Sie kommen dann nach parlamentarischer Behandlung in mal mehr und mal weniger modifizierter Form ins Gesetzesblatt. Und damit sind die Verantwortlichkeiten gleich an zwei Stellen eindeutig.

SZ: Das Verfassungsgericht hat in diesem Jahr den Bundestag mit drei Urteilen gestärkt, ja ihn aufgefordert, seine Rechte wahrzunehmen, vor allem gegenüber der Regierung. Die Richter haben zwischen den Zeilen gesagt: Jetzt, Leute, stellt euch auf die Hinterbeine, wir können nicht ewig für euch den Gebrechlichkeitspfleger spielen. Warum hat das Parlament so wenig Selbstbewusstsein?

Lammert: Es hat sich in der deutschen Politik überhaupt und im Bundestag im Besonderen eine sehr moderate Streitkultur entwickelt, die ich im Ganzen für eine Errungenschaft halte. Der Bundestag zeigt nicht immer die Kraft, die er hat. Besonders ärgerlich finde ich die Art und Weise, wie wir das Fragerecht gegenüber der Bundesregierung verschenken. Das bleibt so weit hinter den parlamentarischen Möglichkeiten zurück, dass mich das persönlich frustriert. Dies erinnert mich an den Versuch, Gas zu geben bei gleichzeitig angezogener Handbremse.

SZ: Was tun Sie dagegen? Sie sind ja nicht der Grüß-August des Parlaments, sondern der zweithöchste Repräsentant des Staates.

Lammert: Gerade in der letzten Legislaturperiode habe ich gewiss ein Dutzend Mal bei der Bundesregierung darauf gedrungen, dass sie zuvor verweigerte oder verzögerte Auskünfte dann doch ordentlich erteilt hat.

SZ: Wir reden vom fehlenden Selbstbewusstsein des Parlaments. Vielleicht hat es damit zu tun, dass aus dem Artikel 38 Grundgesetz eine Lüge geworden ist. Es stimmt einfach nicht, dass die Abgeordneten „an Aufträge und Weisungen nicht gebunden und nur ihrem Gewissen unterworfen“ sind.

Lammert: Der Artikel markiert ein Spannungsverhältnis: Da ist die Weisungsungebundenheit des Mandats, aber auch die Erkennbarkeit politischer Entscheidungen. Dieses Spannungsverhältnis ist unverzichtbar und darf nicht zugunsten einer Weisungskompetenz der Fraktion aufgelöst werden. Es ist aber auch vernünftig, dass die Abgeordneten die in den Fraktionen jeweils getroffenen Entscheidungen anschlie-

ßend gemeinsam im Bundestag vertreten. Es wäre doch verhängnisvoll, wenn jeder der [620] Kolleginnen und Kollegen den verzweifelten Ehrgeiz hätte, zu jeder Frage seine subjektive Meinung öffentlich spazieren führen zu wollen.

SZ: Sie malen die parlamentarische Anarchie an die Wand, wenn ich von parlamentarischer Freiheit rede.

Lammert: Das Parlament nimmt sich diese Freiheit schon, wenn es notwendig ist, wenn auch nicht so oft, wie Sie es gern hätten – und ich manchmal auch. [...]

SZ: Die Praxis, Gesetzentwürfe von Anwaltskanzleien erarbeiten zu lassen, ist ein Armutszeugnis.

Lammert: Bei der Vorbereitung von Gesetzestexten Sachverstand heranzuziehen, ist nicht zu beanstanden, die Auslagerung an externe Einrichtungen dagegen schon. Ich habe aber den Eindruck, dass die Sensibilität insbesondere auf Seiten des Parlaments gestiegen ist. Der Bundestag hat im Übrigen bei der raschen Ausarbeitung des Begleitgesetzes zum Lissabon-Vertrag im Sommer dieses Jahres gezeigt, was er selbst kann, ohne Federführung eines Ministeriums.

SZ: Da hat er binnen weniger Wochen in einer komplizierten Materie einen guten Gesetzentwurf hingekriegt.

Heribert Prantl, Süddeutsche Zeitung, 2.11.2009

M 2 Parlamentarismus in Deutschland – Missverständnis und Funktionslogik

[In der deutschen Öffentlichkeit und den Medien werden] immer wieder Vorstellungen einer dualistischen Gewaltenteilung formuliert. [...] Danach tritt das Parlament als Ganzes der Regierung gegenüber; die enge Beziehung der Abgeordneten der Mehrheitsfraktionen zur Regierung wird als Verlust gewaltenteiliger Kontrolle interpretiert. Geschlossenes Abstimmungsverhalten erscheint in dieser Sicht als Ergebnis von Zwang und Schwäche des Parlaments. Diese – häufig anzutreffende – öffentliche Darstellung und die entsprechende Wahrnehmung des Parlaments durch die Bürger illustrieren (aber) tief sitzende Missverständnisse der Grundlagen und Funktionsbedingungen moderner parlamentarischer Demokratie.

Zur Handlungslogik des Parlamentarismus

Konstitutiv für das Funktionieren parlamentarischer Demokratie ist die Existenz von Regierungsmehrheit und Opposition. Anders als im Präsidentialismus, wo die Exekutive unabhängig von der Legislative vom Volk bestellt wird, entsteht im Parlamentarismus eine Regierung durch das Parlament und in der Regel auch aus dem Parlament. Erst wenn die Mehrheit sich bereit findet, eine Regierung ins Amt zu bringen und sie dort zu unterstützen, wird politisches Handeln möglich. Diese zentrale Aufgabe schafft die enge inhaltliche Bindung und personelle Verknüpfung von Fraktionen der Mehrheit mit der Regierung, die man insofern mit Fug und Recht als „ihre" Regierung bezeichnen kann. Diese Handlungseinheit wird als Regierungsmehrheit bezeichnet.

Sie eint die Kongruenz ihrer Interessen, und zwar sachpolitisch, taktisch und strategisch. Prinzipiell gilt: Alle Angehörigen der Parlamentsmehrheit wollen ein bestimmtes politisches Programm durchsetzen, haben dafür das Mandat der Wählerschaft erhal-

ten, sind – nicht zuletzt deshalb – überzeugt, dass sie der Opposition auch inhaltlich überlegen sind, und wollen folglich, wie aus legitimem Eigennutz, Mehrheit bleiben. Dieses Ziel kann nur erreicht werden, wenn sich Regierungschef und Minister als leistungsfähig in den Augen der Wähler erweisen. Darüber ständig zu wachen obliegt der Mehrheit, denn letztlich hat sie darüber zu entscheiden, ob und wie lange die Regierung beziehungsweise Teile von ihr im Amt bleiben. Solange die exekutiven Führungskräfte erfolgreich sind, wird die Mehrheit ihre Solidarität nicht aufkündigen und ihrerseits – funktionsgerecht handelnd – alles daran setzen, die umfassende Handlungsfähigkeit ihrer Regierung zu sichern.

Voraussetzung des gemeinsamen Erfolgs der Regierungsmehrheit ist ihre Geschlossenheit. Vermag sie es nicht, inhaltliche Übereinstimmung in den politischen Vorhaben und stabile Unterstützung ihres Führungspersonals hervorzubringen, ist die Regierungsfähigkeit gefährdet – sowohl hinsichtlich der konkreten Politikergebnisse während einer Wahlperiode als auch im Blick auf die nächste Wahl. Diese Geschlossenheit ist nicht gegeben, sondern Produkt eines kontinuierlichen Prozesses der Kommunikation zwischen der Regierung und den sie tragenden Fraktionen.

Diese innere Logik gilt grundsätzlich ebenso für die Opposition. Erst ihre Existenz verleiht dem [...] Prinzip der Mehrheitsentscheidung demokratische Qualität. Die Opposition ist die institutionalisierte Alternative zur Regierungsmehrheit im Parlamentarismus. Dieser Rolle wird sie durch öffentliche Kritik und ständige Präsentation von sachlichen und personellen Gegenangeboten gerecht; sie hat den Wählern die Unzulänglichkeiten der amtierenden Regierung und ihrer Mehrheit vorzuführen, also öffentlich Kontrolle zu üben. Auch diese Funktionen können nur erfolgreich wahrgenommen werden, wenn die Opposition geschlossen handelt. Innere Zerstrittenheit über Programme oder Personen signalisiert den Wählern – zumal unter den Bedingungen der Politischen Kultur in der Bundesrepublik – Unfähigkeit zur Führung und damit zur Regierungsübernahme.

Suzanne S. Schüttemeyer, Politische Führung im Parlament, in: Aus Politik und Zeitgeschichte Nr. 2-3, 11.1.2010, S. 15f.

Aufgaben

1. Fassen Sie die Defizite des Bundestages, die Prantl im Gespräch mit Norbert Lammert feststellt, zusammen. (M 1)
2. Stellen Sie die genannten Funktionsdefizite des Parlamentes mit eigenen Worten dar. (M 1)
3. Schreiben Sie einen Leserbrief, in dem Sie auf der Basis von Schüttemeyers Erläuterungen aus M 2 zum Verhältnis von Exekutive und Parlament zu Prantls Vorhaltungen Stellung nehmen.

4.3 Die Bundesregierung

Leitfragen	Welche Aufgaben und Befugnisse hat die Bundesregierung?	Wie wird sie gebildet?	Welche Rolle hat der Bundeskanzler innerhalb der Bundesregierung und im politischen Institutionengefüge?

Aufgaben der Bundesregierung

Wenn auch der Bundestag als Volksvertretung als das oberste Bundesorgan angesehen werden kann, so ist die Bundesregierung doch das eigentliche Machtzentrum im Gefüge der Verfassungsorgane. Das hängt damit zusammen, dass die Bundesregierung von der Regierungsmehrheit im Bundestag unterstützt und getragen wird. Ihre Ziele und Entscheidungen werden daher i. d. R. auch durchgesetzt.

Aufgabe der Bundesregierung ist es, das Staatswesen zu lenken. Dies geschieht in erster Linie durch die Gesetzgebung. Da die Regierung in aller Regel die Mehrheit im Bundestag hinter sich hat, kann sie damit rechnen, dass ihre Gesetzesentwürfe auch verabschiedet werden. Und da politische Vorhaben in Form von Gesetzesentwürfen konkretisiert werden, bedeutet die Zustimmung zu den Gesetzesentwürfen durch die Bundestagsmehrheit auch die Zustimmung zur Politik der Bundesregierung. Die Verabschiedung der Gesetzesentwürfe der Bundesregierung stellt zudem sicher, dass zur Umsetzung der Ziele auch die nötigen Finanzmittel zur Verfügung gestellt werden. Zustimmungspflichtige Gesetze müssen allerdings auch noch vom Bundesrat verabschiedet werden, bevor sie in Kraft treten können (→ Kap. 4.4).

Bildung der Bundesregierung

Das Grundgesetz legt in Art. 63 und Art. 64 die Bildung der Bundesregierung klar fest. Auf Vorschlag des Bundespräsidenten wählt der Bundestag den Bundeskanzler. Vorgeschlagen wird der Kandidat, der am ehesten in der Lage zu sein scheint, eine Mehrheit zur Regierungsbildung zu bekommen. Allein der Bundeskanzler wird direkt von Bundestag gewählt und erhält somit eine indirekte Legitimation durch die Bevölkerung. Nach seiner Wahl schlägt der Bundeskanzler dem Bundespräsidenten die Minister vor. Der Bundespräsident muss diese Minister ernennen. **Bundeskanzler** und **Bundesminister** bilden zusammen die **Bundesregierung**.

Besonders groß sind die Kompetenzen der Bundesregierung im Bereich der Außen- und EU-Politik. Nur die Bundesregierung kann völkerrechtliche Verträge abschließen und außenpolitische Verhandlungen führen. Weiterhin leitet die Bundesregierung als oberstes Exekutivorgan die Arbeit der Bundesbehörden. Dabei übernimmt jeweils ein Fachministerium die Verantwortung für einen bestimmten Teil der Bundesbehörden.

Die Arbeitsweise der Bundesregierung nach dem Grundgesetz

Art. 65 GG gibt die Grundprinzipien der Arbeitsweise der Bundesregierung als Rahmen vor. Dabei werden Elemente der Alleinführung des Bundeskanzlers mit Elementen einer Kollektivführung durch das Kabinett kombiniert. Drei Prinzipien bestimmen die Arbeit der Bundesregierung.

- Das **Kanzlerprinzip** weist dem Bundeskanzler die **Richtlinienkompetenz** zu. Es besagt, dass der Bundeskanzler die Richtlinien der Politik bestimmt und die Verantwortung dafür trägt. Der Kanzler wird dadurch deutlich aus dem Kreis der Regierungsmitglieder herausgehoben.

- Das **Ressortprinzip** bestimmt, dass im Rahmen der Richtlinien des Bundeskanzlers die Minister ihre Geschäftsbereiche (Ressorts) in eigener Verantwortung leiten.

- Das **Kollegial-** oder **Kabinettsprinzip** legt fest, dass wichtige Entscheidungen vom Kabinett gemeinsam getroffen werden sollen. Auch bei Meinungsverschiedenheiten zwischen Ministern soll das Kabinett entscheiden.

Kanzlerprinzip und Kollegialprinzip stehen allerdings in einem gewissen Spannungsverhältnis zueinander: Die Richtlinien der Politik sind zu den wichtigsten Entscheidungsfeldern der Politik zu zählen. Wenn diese aber vom Kanzler im Alleingang bestimmt werden, dann können nicht zugleich alle wichtigen Fragen vom gesamten Kabinett gemeinsam entschieden werden. In vielen Fällen ist der Bundeskanzler an die Mehrheitsentscheidungen des Kabinetts gebunden und kann sogar von diesem überstimmt werden. Es ist daher in hohem Maße von der Person des jeweiligen Kanzlers, von seinem Prestige im eigenen Regierungslager und in der Bevölkerung abhängig, wie sehr er sich im Einzelfall durchsetzen kann.

Die zentrale Stellung des Bundeskanzlers

Die besondere Stellung des Bundeskanzlers im Machtzentrum der Bundesrepublik Deutschland beruht auf einer großen **Machtfülle**, die ihm zumindest nach dem Grundgesetz zukommt:

- Die **Richtlinienkompetenz** erlaubt es allein ihm, in allen Politikbereichen die politischen Grundlinien festzulegen, an denen sich die anderen Regierungsmitglieder orientieren müssen.
- Das **Kabinettsbildungsrecht** schreibt nur dem Bundeskanzler das Recht zu, Minister durch den Bundespräsidenten zu ernennen oder zu entlassen. Außerdem kann er die Aufgabenbereiche der Minister festlegen.
- Nur der Bundeskanzler kann die **Vertrauensfrage** stellen. Kombiniert er diese mit der Entscheidung über eine Sachfrage, kann er die Regierungsfraktionen dazu bringen, ihm bei einer umstrittenen Entscheidung den Rücken zu stärken und in seinem Sinne abzustimmen. Versagt ihm die Mehrheit des Parlamentes diese Zustimmung, kann der Bundeskanzler den Bundespräsidenten bitten, den Bundestag aufzulösen. Dies hätte Neuwahlen zur Folge, was für die Parlamentarier zunächst den Verlust ihres Mandates bedeuten würde.
- Im **Verteidigungsfall** hat der Bundeskanzler den **Oberbefehl über die Bundeswehr.**

Diese Machtfülle hat dazu geführt, dass die Demokratie der Bundesrepublik Deutschland oft als **Kanzlerdemokratie** bezeichnet wird. Unumstritten gilt diese Bezeichnung allerdings nur für die Amtszeit des ersten deutschen Kanzlers Konrad Adenauer (1949 – 1963). Er ließ seinen Bundesministern wenig Raum zur eigenen politischen Entfaltung.

Folgende Kriterien für eine Kanzlerdemokratie waren in der Amtszeit Adenauers besonders gegeben:

Die Stellung des Bundeskanzlers

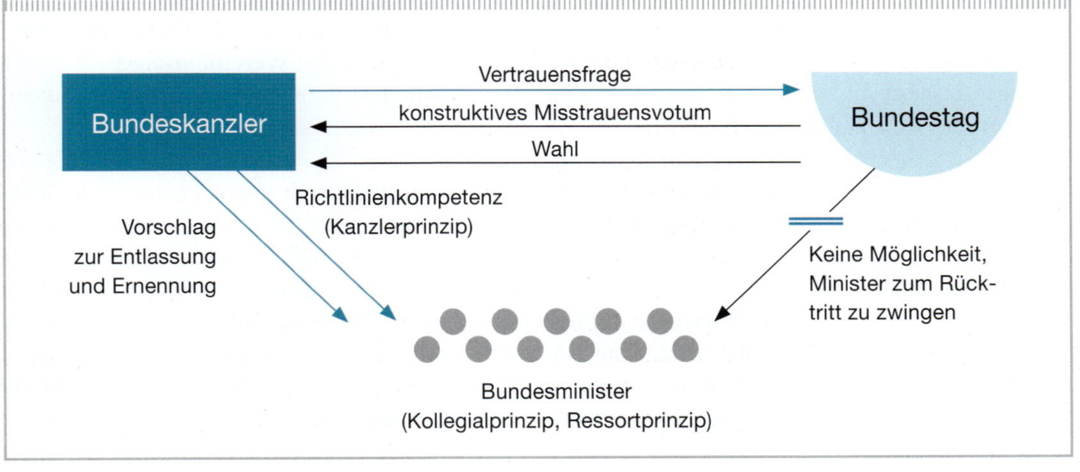

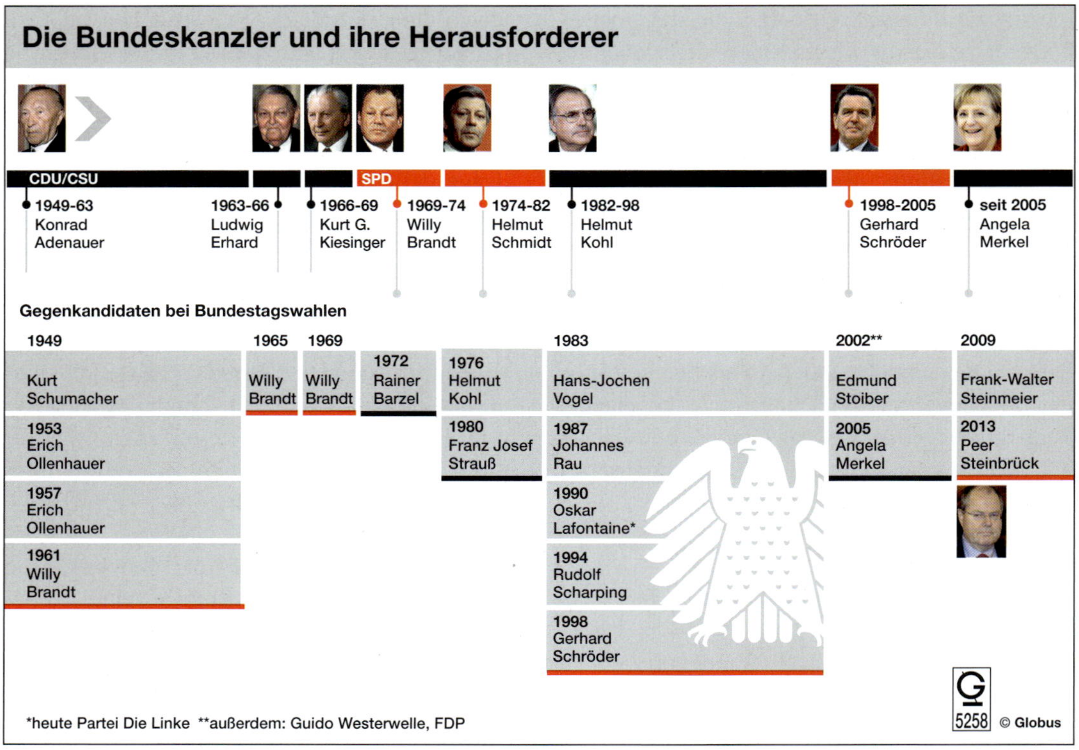

- Der Kanzler spielt eine zentrale Rolle bei der Vorbereitung der wichtigen Kabinettsentscheidungen und verkörpert die Regierungspolitik in der Öffentlichkeit.

- Der Kanzler verfügt über ein hohes Ansehen sowohl im Regierungslager als auch in der Bevölkerung und steht im Mittelpunkt der medialen Berichterstattung.

- Der Kanzler ist unumstrittener Vorsitzender seiner Partei.

- Der Kanzler ist ein wichtiger Akteur in der Außenpolitik. Er übt das Amt des Auswärtigen zunächst selbst aus und greift danach in das Ressort des Außenministers ein.

Grenzen der Kanzlermacht

Obwohl dem Kanzler nach dem Grundgesetz formal eine sehr große Machtfülle zukommt – er hat sowohl das Recht der Kabinettsbildung und der Festlegung der Richtlinien der Politik – wird diese Macht in der politischen Realität in aller Regel durch den Zwang zur Bildung von **Koalitionen** eingeschränkt. Bisher hat es nach Bundestagswahlen nie eine absolute Mehrheit für eine einzige Partei gegeben (Anmerkung zur Bundestagswahl 1957: Damals errangen die beiden Schwester- bzw. Unionsparteien CDU und CSU die absolute Mehrheit. Beide Parteien schlossen sich im Bundestag bislang immer zu einer einzigen Fraktion zusammen. Dennoch sind CDU und CSU zwei eigenständige Parteien mit jeweils eigenem Parteivorsitzenden sowie Wahl- bzw. Parteiprogramm). Regierungen waren somit immer auf Büdnisse von mindestens zwei Parteien angewiesen. Programmatische Grundlage der gemeinsamen Regierung sind dabei **Koalitionsverträge** oder **Koalitionsvereinbarungen**, die von den beteiligten Parteien ausgehandelt und auf Parteitagen beschlossen werden.

Die entscheidenden Akteure in den Koalitionsverhandlungen sind die Parteiführungen. Ihr Gewicht in den Verhandlungen hängt in erster Linie vom Wahlergebnis ihrer Partei ab. Eine Partei mit fünf Prozent der Zweitstimmen kann nicht so viele Ministerposten beanspruchen und nicht so viele ihrer Ziele umsetzen wie eine Partei mit 30 Prozent Stimmenanteil.

Die Aufgaben der Minister

Jeder Minister leitet sein Ressort in eigener Verantwortung. **Bundesministerien** sind oberste Bundesbehörden. Die Minister sind die Vorgesetzten aller Mitarbeiter in dem ihnen zugeordneten Aufgabenbereich. Sie werden in ihren Ministerien durch Staatssekretäre unterstützt. Für den Kontakt der Ministerien zum Bundestag sind parlamentarische Staatssekretäre verantwortlich.

Die Anzahl der Ministerien ist nicht festgelegt und kann sich durch Aufteilung oder Zusammenlegung von Ministerien (z.B. nach Bundestagswahlen) oder Neugewichtung bestimmter Politikfelder (z.B. Errichtung des Bundesministeriums für Umwelt, Naturschutz und Reaktorsicherheit 1986 rund fünf Wochen nach der Reaktorkatastrophe von Tschernobyl oder der Auflösung des Bundesministeriums für Post und Telekommunikation 1998 im Zuge der weitgehenden Privatisierung seiner Aufgaben) ändern.

Die Bundesministerien für Finanzen, Verteidigung und Justiz sind im Grundgesetz festgeschrieben und somit obligatorisch. Daneben zählen zwei weitere fakultative Ministerien zu den **fünf klassischen Ministerien** der Bundesrepublik Deutschland: das Bundesministerium des Innern und das Auswärtige Amt.

Die Arbeitsweise der Bundesregierung in der politischen Praxis

Die tatsächliche Arbeitsweise der Bundesregierung unterscheidet sich erheblich von der Theorie des Grundgesetzes. Abweichungen von den Koalitionsvereinbarungen können auch nicht durch die Richtlinienkompetenz des Bundeskanzlers durchgesetzt werden. Die grundlegenden Entscheidungen werden i.d.R. weder durch eine verbindliche Entscheidung des Bundeskanzlers im Alleingang noch durch einen Mehrheitsentscheid nach dem Kollegialprinzip im Kabinett getroffen. Sie werden vielmehr in sog. Koalitionsrunden der Vorsitzenden und wichtiger Fachpolitiker der beteiligten Parteien auf Grundlage der programmatischen Ausrichtung der Regierungsparteien ausgehandelt.

Aufgabe

Stellen Sie das Spannungsverhältnis, das zwischen der Richtlinienkompetenz des Bundeskanzlers und der Arbeitsweise der Bundesregierung in der politischen Praxis besteht, grafisch dar.

M Zwischen Richtlinienkompetenz und Koalitionsbindung – Grenzen der Kanzlermacht: Koalitionsvertrag zwischen CDU, CSU und FDP der 17. Legislaturperiode (Auszug)

VI. ARBEITSWEISE DER KOALITION

1. Kooperation der Parteien

Diese Koalitionsvereinbarung gilt für die Dauer der 17. Wahlperiode. Die Koalitionspartner verpflichten sich, diese Vereinbarung im Regierungshandeln umzusetzen. Die Partner tragen für die gesamte Politik der Koalition gemeinsam Verantwortung.
Die Koalitionspartner CDU, CSU und FDP werden ihre Arbeit in Parlament und Regierung laufend und umfassend miteinander abstimmen und zu Verfahrens-, Sach- und Personalfragen Konsens herstellen. [...]

2. Kooperation der Fraktionen

Im Bundestag und in allen von ihm beschickten Gremien stimmen die Koalitionsfraktionen einheitlich ab. Das gilt auch für Fragen, die nicht Gegenstand der vereinbarten Politik sind. Wechselnde Mehrheiten sind ausgeschlossen. Über das Verfahren und die Arbeit im Parlament wird Einvernehmen zwischen den Koalitionsfraktionen hergestellt. Anträge, Gesetzesinitiativen und Anfragen auf Fraktionsebene werden gemeinsam oder, im Ausnahmefall, im gegenseitigen Einvernehmen eingebracht.

3. Bundesregierung

3.1 Arbeit im Kabinett

Im Kabinett wird in Fragen, die für einen Koalitionspartner von grundsätzlicher Bedeutung sind, keine Seite überstimmt. Ein abgestimmtes Verhalten in den Gremien der EU wird sichergestellt. In allen Ausschüssen des Kabinetts und in allen vom Kabinett beschickten Gremien sind die Koalitionspartner nach einem grundsätzlich festgelegten Schlüssel vertreten. Die Besetzung von Kommissionen, Beiräten usw. beim Kabinett erfolgt im gegenseitigen Einvernehmen nach einem grundsätzlich festgelegten Schlüssel.

3.2 Ressortverteilung

CDU und CSU stellen die Bundeskanzlerin und die Minister in den folgenden Bereichen: Innen; Finanzen; Verteidigung; Arbeit und Soziales; Bildung und Forschung; Familie, Senioren, Frauen und Jugend; Ernährung, Landwirtschaft und Verbraucherschutz; Verkehr, Bau und Stadtentwicklung; Umwelt, Naturschutz und Reaktorsicherheit; Minister für besondere Aufgaben im Bundeskanzleramt;
Die FDP stellt die Minister in den folgenden Bereichen: Auswärtiges; Justiz; Wirtschaft und Technologie; Gesundheit; Wirtschaftliche Zusammenarbeit und Entwicklung;
Das Vorschlagsrecht für die jeweiligen Ämter liegt bei den verantwortlichen Parteien.

Wachstum. Bildung. Zusammenhalt., Der Koalitionsvertrag zwischen CDU, CSU und FDP., S. 132f.

Aufgaben

1. Vergleichen Sie die Machtbefugnisse des Kanzlers nach dem Grundgesetz und die Arbeitsweise der Regierung Merkel in der Realität. (M) Welche Auswirkungen hatte der Koalitionsvertrag zwischen CDU, CSU und FDP auf die Entscheidungsmöglichkeiten der Bundeskanzlerin?
2. Inwiefern kann die Herrschaftsform der Bundesrepublik noch als Kanzlerdemokratie bezeichnet werden?
3. Beschreiben Sie die Grenzen der Kanzlermacht.

4.4 Der Bundesrat

Leitfragen

- Welche Aufgaben nimmt der Bundesrat wahr?
- Wie ist sein Verhältnis zum Bund geregelt?

Politische Funktion des Bundesrats

Durch den Bundesrat sind die **Länder** an der **Gesetzgebung des Bundes** beteiligt. Er soll es ermöglichen, dass die Länder die Gesetze mitgestalten, die ihre Interessen berühren. Zugleich soll die **Qualität der Gesetzgebung** durch die Einbeziehung der Länder verbessert werden. Die Verwaltungsaufgaben üben nämlich in aller Regel die Länder aus; diese Erfahrungen sollen bei der Gestaltung der Gesetze genutzt werden.

Der Bundesrat ist das für den deutschen Föderalismus typische Organ. Er ist in dieser Form einmalig auf der Welt. Er ist sowohl Ausdruck einer vertikalen Gewaltenteilung als auch einer **vertikalen Gewaltenverschränkung** zwischen Bund und Ländern. Die Bundesratsmitglieder sollen keineswegs ausschließlich Länderinteressen vertreten, sondern „Bundes- und Länderinteressen in möglichste Übereinstimmung bringen“ (Art. 50 GG).

Zusammensetzung und Bestellung des Bundesrats

Der Bundesrat hat **69 Mitglieder.** Meist ist bei Beschlüssen eine absolute Mehrheit erforderlich, bei Verfassungsänderungen eine Zweidrittelmehrheit. Bundesratswahlen gibt es nicht. Der Bundesrat besteht aus Mitgliedern der 16 Länderregierungen; er ist ein sog. **„ewiges Organ“** ohne abgegrenzte Legislaturperioden. In nahezu jedem Jahr findet mindestens eine Landtagswahl statt. Nach vielen Landtagswahlen verändert sich die Regierungszusammensetzung auf Länderebene und damit auch die parteipolitische Ausrichtung der Bundesratsdelegierten des Landes.

Anders als die Abgeordneten des Bundestages haben die Delegierten der Länderregierungen im Bundesrat ein **imperatives Mandat**, das heißt, sie sind an bestimmte Weisungen und Aufträge gebunden. Außerdem müssen die Delegierten eines

© Bergmoser + Höller Verlag AG

Landes ihre **Stimme einheitlich abgeben.** Damit sind die Mitglieder des Bundesrats die Boten der Entscheidungen ihrer Landesregierungen.

Kompetenzen des Bundesrats

Der Bundesrat hat folgende Kompetenzen:

1. **Mitwirkung an der Gesetzgebung:** Er kann eigene Gesetzesvorlagen einbringen und zu Gesetzesentwürfen der Bundesregierung Stellung nehmen. Bei verfassungsändernden Gesetzen sowie bei Gesetzen, die Länderinteressen berühren, ist seine Zustimmung erforderlich (**Zustimmungsgesetze**). Bei allen anderen Gesetzen (**Einspruchsgesetze**) kann er einen Einspruch erheben (→ Kap. 4.6).

2. **Mitwirkung an der Verwaltung:** Der Bundesrat wirkt beim Erlass von Rechtsverordnungen des Bundes mit. Auch bei allgemeinen Verwaltungsvorschriften ist die Zustimmung des Bundesrats erforderlich. Aufgrund der starken Einbindung in die Verwaltung des Bundes lässt sich der Bundesrat auch als eine Art **„Zweite Regierung"** interpretieren.

3. **Mitwirkung an der Europapolitik:** Wenn eine EU-Angelegenheit ausschließlich in die Länderkompetenz fällt, dann muss die Bundesregierung auf europäischer Ebene die in einer Stellungnahme des Bundesrats ausgedrückten Länderinteressen berücksichtigen.

4. **Kontrolle von Bundesregierung** und Bundestag im Sinne der **Repräsentation und Artikulation der Länderinteressen** auf Bundesebene: Der Bundesrat soll darüber wachen, dass Bundesregierung und Bundestag nicht Kompetenzen an sich ziehen, die Befugnisse der Länder aushöhlen. Bei den zustimmungspflichtigen Gesetzen kontrolliert er, ob die Interessen der Länder ausreichend berücksichtigt wurden. Damit der Bundesrat diese Kontrollfunktion erfüllen kann, ist die Bundesregierung verpflichtet, ihn über die Führung der Geschäfte auf dem Laufenden zu halten.

5. **Mitwirkung an der Bestellung anderer Staatsorgane:** Der Bundesrat wählt die Hälfte der Richter des Bundesverfassungsgerichts.

Konfliktlinien im Bundesrat

Im Bundesrat gibt es zwei grundlegende Konfliktlinien, die sich bei bestimmten Entscheidungsprozessen überlagern können:

- eine parteipolitische Konfliktlinie **zwischen den Parteien** aufgrund der programmatischen Orientierung und/oder dem Streben nach einer Stimmenmaximierung;

- eine Konfliktlinie **zwischen den Länderblöcken** im Bundesrat, etwa zwischen finanzstarken und finanzschwachen Ländern.

Die **parteipolitische Konfliktlinie** beherrscht gewöhnlich das Abstimmungsverhalten im Bundesrat. Dies führt bei gegenläufigen Mehrheiten in Bundestag und Bundesrat zur Verbreitung des Vorwurfs, die Oppositionsparteien missbrauchten den Bundesrat für ihre Zwecke. Der Vorwurf ist jedoch nicht so tragfähig, wie es auf den ersten Blick scheint. Die Mitglieder des Bundesrats sind Delegierte der Landesregierungen. Die Landesregierungen kommen indirekt durch Landtagswahlen in ihr Amt. Bei den Landtagswahlen stehen aber Parteien zur Wahl. Die Landesparteien formulieren in ihren Wahlkampfprogrammen stets auch miteinander konkurrierende bundespolitische Forderungen. Die Wähler auf Landesebene können von den Regierungen durchaus erwarten, dass sie diese bundespolitischen Interessen über ein Engagement im Bundesrat nach der Wahl verfolgen. Dass wiederum die Vertreter einer Partei auf Bundes- und Landesebene in den meisten Fällen ähnliche Ansichten vertreten, liegt in der Natur einer Parteiendemokratie.

Problematisch wird die **Parteipolitisierung** nur dann, wenn es nicht mehr um die legitime Vertretung parteilich gefärbter Politikinhalte geht, sondern einzig darum, die Wahlkampfchancen der Oppositionsparteien zu Lasten der Regierungsparteien zu verbessern und durch die häufige Ablehnung von genehmigungspflichtigen Gesetzesentwürfen eine „Blockadepolitik" zu betreiben.

Aufgabe

Beurteilen Sie die Zusammensetzung des Bundesrats
a) unter dem Gesichtspunkt der „Gewaltenteilung" sowie
b) im Hinblick auf Stimmenverteilung und Einwohnerzahl der Bundesländer.

M Schafft den Bundesrat ab!

Wolfgang Schäuble hat viel Widerspruch provoziert und Spott geerntet, als er in der vergangenen Woche gefordert hat, die Enthaltungen im Bundesrat nicht mehr zu zählen. [...] Der Zeitpunkt, den Schäuble gewählt hat, war denkbar ungünstig, sein Anliegen hingegen ist nicht völlig falsch. Denn mit seiner Forderung nach einer Begrenzung der Bundesratsmacht weist er zumindest auf ein veritables* Problem der föderalen Ordnung hin: Deutschland könnte schon in der kommenden Legislaturperiode unregierbar werden. Angesichts eines Fünfparteiensystems und einer noch nie dagewesenen föderalen Vielfalt droht eine parteipolitisch motivierte Dauerblockade im Bundesrat.

Schon nach der Bundestagswahl 2009 wird voraussichtlich keine denkbare Bundesregierung auf eine Bundesratsmehrheit zurückgreifen können. Nicht Schwarz-Gelb, nicht Jamaika, nicht Rot-Rot-Grün und auch nicht eine Große Koalition. Es droht ein völliger politischer Stillstand. Schon jetzt zeigt sich, dass sich die Hoffnungen, die mit der Föderalismusreform verbunden waren, nicht erfüllt haben. Die Verabschiedung des ersten Teils hat weder das Zuständigkeitswirrwarr zwischen Bund und Ländern wirklich entflochten, noch sind die Gesetzgebungsverfahren transparenter und schneller geworden. Die Verhandlungen über den wichtigen zweiten Teil der Föderalismusreform, die Neuordnung der Finanzbeziehungen zwischen Bund und Ländern, ist inzwischen am kleinkarierten Parteiengezänk ganz gescheitert.

Tatsächlich jedoch hat Wolfgang Schäuble seinen Vorschlag nicht konsequent zu Ende gedacht. Denn statt nur das Abstimmungsverfahren im Bundesrat zu ändern, sollte man den Bundesrat in seiner jetzigen Form ganz abschaffen. Er ist ein politischer Anachronismus. An seine Stelle sollte zum Beispiel nach dem Vorbild des US-Senats eine tatsächliche Länderkammer treten, die vom Wähler unmittelbar legitimiert wird. Der Bundesrat ist schließlich längst nicht mehr das, was er einmal war. Er war nach dem Zweiten Weltkrieg ursprünglich nur als föderales Korrektiv vorgesehen, in dem die Bundesländer ihre Interessen gegenüber dem Gesamtstaat geltend machen sollten. Nach den Erfahrungen mit dem totalen NS-Staat sollte so die Macht der Zentralregierung begrenzt werden. Doch mit der Zunahme der zustimmungspflichtigen Gesetze wandelte sich die Länderkammer seit den 1970er Jahren mehr und mehr zu einem parteipolitisch funktionalisierten Blockadeinstrument. Quasi durch die verfassungsrechtliche Hintertür haben sich die Ministerpräsidenten und die Landesregierungen großen Einfluss auf die Bundespolitik gesichert – mehr, als ihnen die Väter des Grundgesetzes zugedacht hatten.

Trotzdem war die föderale Welt lange Zeit noch übersichtlich, weil sich die Parteien und ihre Wähler zwei Lagern zuordnen ließen. Jeder wusste: Schwand die Mehrheit der Parteien, die die Bundesregierung stellten, im Bundesrat und begann die Opposition, dort eine gesetzgeberische Blockade zu organisieren, ob unter Kohl oder später bei Rot-Grün, stand auch der Bund vor einem Machtwechsel. So war es 1982, 1998 und auch 2005.

Doch nun droht die Blockade zur Anarchie und zum Dauerzustand zu verkommen. Schon jetzt sind im Bundesrat sechs verschiedene Regierungskonstellationen vertreten, und wenn es in den Bundesländern demnächst auch Dreierbündnisse gibt, könnten es noch mehr werden. Jede der beteiligten Parteien wird versuchen, über die Länderebene Einfluss auf die Bundespolitik zu nehmen, der ihr im Bundestag fehlt. Deutschland würde unregierbar und stünde vor einer veritablen Verfassungskrise.

Die Lösung kann jedoch nicht sein, die föderale Macht der kleinen Parteien über einen verfahrenstechnischen Umweg zu begrenzen. Schließlich würden sich die beiden großen Volksparteien so nur mehr Macht sichern, als ihnen angesichts ihrer bröckelnden Verankerung bei den Wählern zusteht. Stattdessen wäre es an der Zeit, dem gewachsenen Einfluss der Länderkammer und der veränderten Parteienlandschaft durch eine echte Bundesrats-Reform Rechnung zu tragen. Die Mitglieder sollten nicht mehr von den Landesregierungen gestellt werden, sondern sie sollten sich alle vier Jahre an einem Termin in allen Ländern gleichzeitig zur Wahl stellen. Endlich erhielte der Bundesrat so eine unmittelbare demokratische Legitimation, die seinem gewachsenen demokratischen Einfluss entspräche. Deutschland bekäme ein echtes Zweikammern-Parlament. Zudem könnte so dem Missstand begegnet werden, dass jede Landtagswahl mittlerweile eine kleine Bundestagswahl ist, und die Landespolitik, für die die Ministerpräsidenten eigentlich gewählt werden, in den Hintergrund treten lässt. Deutschland braucht eine Demokratiereform. Es wird Zeit, den Föderalismus wieder vom Kopf auf die Füße zu stellen.

**veritabel = ernsthaft, schwerwiegend*

Christoph Seils, Zeit online, 24.11.2008

Aufgaben

1. Diskutieren Sie den Vorschlag des ehemaligen Bundesinnenministers Wolfgang Schäuble, das Abstimmungsverfahren im Bundesrat zu ändern. (M)
2. Erörtern Sie die These des Autors, der Bundesrat sei zu einem Blockadeinstrument verkommen und solle abgeschafft werden. (M)

4.5 Der Bundespräsident

Leitfragen

- Welche Stellung hat der Bundespräsident in der parlamentarischen Demokratie?
- Welche Rechte und Pflichten hat er?

Bedeutung und Aufgaben

Der Bundespräsident ist das **Staatsoberhaupt** der Bundesrepublik und repräsentiert den Staat nach innen und nach außen. Zur Kernfunktion des politischen Systems, für den Staat und die Bürger verbindliche Entscheidungen herbeizuführen, leistet er nur einen geringen Beitrag. Der Bundespräsident hat kein Gesetzesinitiativrecht und verfügt bei der politischen Willensbildung über keine formalen Einflussmöglichkeiten. Seine Amtshandlungen müssen vom Kanzler oder den Fachministern gegengezeichnet werden. Bedeutungslos ist der Bundespräsident aber keineswegs. Er erfüllt vor allem folgende Aufgaben:

- **Prüfung und Unterzeichnung** der Gesetze;
- **Ernennung und Entlassung** von Bundeskanzler, Bundesministern und Bundesrichtern;
- **Unterzeichnung** von völkerrechtlichen Verträgen, die vorher durch die Regierung ausgehandelt wurden;
- **Entscheidung** über Begnadigungen.

Bei diesen Aufgaben handelt es sich i.d.R. um rein **formale Kompetenzen.** In politischen Krisenzeiten mit unklaren Mehrheitsverhältnissen im Bundestag kommen dem Bundespräsidenten jedoch zwei verfassungsrechtlich bedeutsame Einflussmöglichkeiten zu:

- Da er das **Vorschlagsrecht** für das **Amt des Bundeskanzlers** besitzt, kann er bei unklaren Mehrheitsverhältnissen nach Bundestagswahlen durch den Vorschlag eines Kandidaten ggf. die Wahl des Bundeskanzlers beeinflussen. Im Normalfall schlägt er den Kandidaten vor, der die Mehrheit im Bundestag hinter sich hat.

- Eine **echte Entscheidungskompetenz** kommt ihm zu, wenn nach einer gescheiterten Vertrauensfrage der Bundeskanzler den Antrag auf Auflösung des Bundestages und die Ausschreibung von Neuwahlen stellt. Dies kann der Bundespräsident auch ablehnen.

Der Einfluss des Bundespräsidenten auf die innere und äußere Politik als höchster Repräsentant des Staates beruht auf seiner Überzeugungskraft und seinem Ansehen. So kann er durch Ansprachen auf Fehlentwicklungen hinweisen und Anstöße für politische Veränderungen geben sowie durch sein Auftreten bei Staatsbesuchen im Ausland das internationale Ansehen Deutschlands fördern.

Die Wahl des Bundespräsidenten

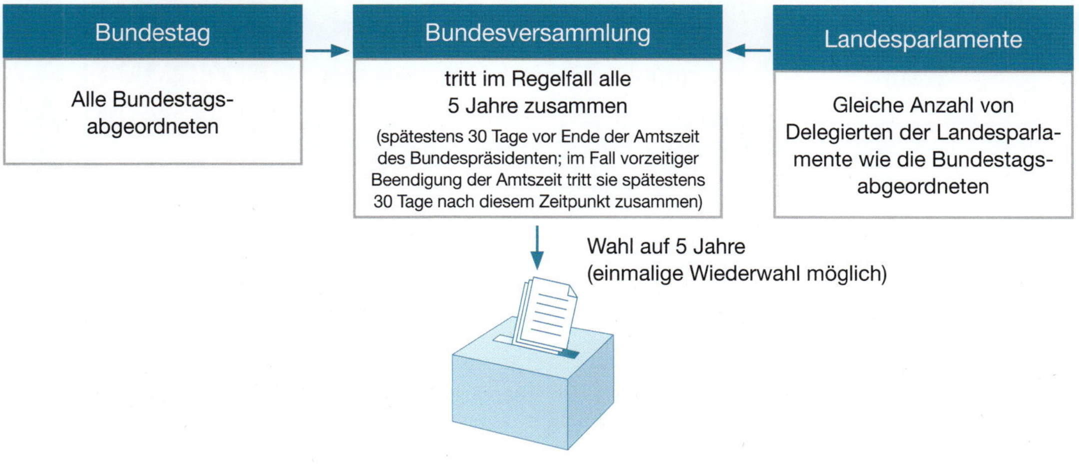

Wie kommt der Bundespräsident ins Amt?

Die Amtszeit des Bundspräsidenten beträgt **fünf Jahre.** Er kann nur einmal wiedergewählt werden. Anders als etwa in der Weimarer Republik oder auch heute in Österreich wählt nicht das Volk, sondern die eigens für diese Wahl zusammengestellte **Bundesversammlung** das Staatsoberhaupt. Außer der Wahl des Staatsoberhaupts hat die Bundesversammlung keinerlei Funktion.

Die von den Landesparlamenten für die Bundesversammlung nominierten Vertreter müssen selbst keine Mitglieder der Landesparlamente sein. Daher umfasst die Bundesversammlung auch immer wieder Prominente aus Sport und Medien wie etwa den ehemaligen Fußballspieler und -trainer Otto Rehhagel oder die Schauspielerin Nina Hoss.

Amtsführung

Die bisherigen Amtsinhaber haben das Amt des Bundespräsidenten überwiegend so ausgestaltet, dass es als eine Art **„Gewissen der Nation“** fungiert. Durch Reden zu grundsätzlichen politischen Fragen übt der Präsident zwar keine formale Macht aus, er kann aber die öffentliche Debatte wirksam beeinflussen. Für großes Aufsehen sorgte etwa Bundespräsident Richard von Weizsäcker mit seiner **Parteienkritik.** Bei Reden innerhalb Deutschlands muss sich der Bundespräsident dabei nicht mit dem Bundeskanzler abstimmen. Wenn der Bundespräsident dagegen als Vertreter Deutschlands im Ausland unterwegs ist, muss er seine Rede zuvor dem Bundeskanzler vorlegen. Gewöhnlich genießt die Person des Bundespräsidenten in Deutschland ein höheres Ansehen als der Bundeskanzler.

Aufgabe

Entwerfen Sie ein Schaubild zur Stellung des Bundespräsidenten. Verwenden Sie dazu eine Ausgabe des Grundgesetzes.

Kontrovers diskutiert: Sollte der Bundespräsident direkt vom Volk gewählt werden?

M 1 Für eine Direktwahl des Bundespräsidenten – Schluss mit der Kastration!

Die Väter und Mütter des Grundgesetzes hatten Angst vor einem starken Bundespräsidenten. Statt Macht gaben sie ihm die „Würde des Amtes". Doch der Lack ist längst ab. Wenn der Bundespräsident je wieder Autorität genießen soll, muss er vom Volk gewählt werden. Ein Plädoyer. […]

Das rhetorische Geschwurbel, in das Politiker schnell fallen, wenn es um den Bundespräsidenten geht, steht in krassem Missverhältnis zur tatsächlichen Bedeutung des Amtes. Das hat, wie so oft in Deutschland, historische Gründe. […] Denn die Mitglieder des Parlamentarischen Rats trauten ihren Landsleuten nicht über den Weg, sie bauten so viele Kontrollmechanismen wie möglich ins politische System der Bundesrepublik ein. Sie wollten verhindern, „dass ein Agitator unter Ausnutzung der Not und Missbrauch der emotionalen Kräfte des Volkes auf dem Wege des Plebiszits noch einmal nach der Macht zu greifen versucht", wie es der CDU-Politiker Adolf Süsterhenn im September 1948 bei der zweiten Sitzung des Parlamentarischen Rats formulierte. Das Ergebnis war ein machtpolitisch kastriertes Staatsoberhaupt, in jeder Hinsicht der Gegenentwurf zum Reichspräsidenten der Weimarer Republik. Bis heute schreibt Artikel 54 des Grundgesetzes vor, dass die Bundesversammlung den Bundespräsidenten „ohne Aussprache" wählt – weniger Wahlkampf geht nicht. Die Angst, die der Parlamentarische Rat vor den Deutschen hatte, war nachvollziehbar. Und natürlich gibt es bis heute keine Garantie, dass bei Wahlen in Deutschland oder anderswo immer lupenreine Demokraten siegen. Sehr viel größer ist mittlerweile allerdings das Risiko, die Bürger durch Ausschluss von der Politik zu entfremden. Über einen Bahnhof dürfen die Wähler entscheiden, bei der Wahl des Bundespräsidenten nicht? Lächerlich.

Die höchste Würde

Die Vorteile einer Direktwahl liegen auf der Hand. Ein vom Volk gewählter Bundespräsident besäße nicht nur die hohle Autorität seines Amtes, sondern hätte die höchste Würde, die eine Demokratie zu vergeben hat: die Mehrheit der Stimmen. Damit wäre er unabhängig von der Regierung und von den Parteien. Für die Bundesregierung könnte ein solcher Bundespräsident eine Zumutung werden – vor allem dann, wenn ihr Kandidat unterliegt. Ein relevantes Gegenargument ist dies allerdings nicht: Politiker sollten sich daran gewöhnt haben, dass ihre Entscheidungen pausenlos der öffentlichen Kritik unterzogen werden. Zumal die Direktwahl des Bundespräsidenten gerade für die Bundeskanzlerin einen großen Vorteil hätte: Nie wieder müsste sie sich anhören, einen miesen Kandidaten ausgekungelt zu haben. Denn verantwortlich wäre der Souverän – das Volk. Eine Direktwahl ist keine Garantie, eine Person für das Amt zu finden, die klug und integer genug ist, dem Land die richtigen Anstöße zu geben. Aber sie ist eine Chance, wahrscheinlich die einzige, die dieses Amt noch hat.

Hubertus Volmer, www.n-tv.de, 25.1.2012

M 2 Kontra Direktwahl des Bundespräsidenten – keine Krone für den zahnlosen Tiger

Die Direktwahl des Bundespräsidenten wird immer dann diskutiert, wenn mal wieder eine Wahl zum Bundespräsidenten ansteht. Sicher, das Wahlverfahren ist nicht sonderlich transparent. Da werden mehr als 1.200 Wahlmänner und -frauen von den Parteien entsprechend ihrer Stärke in Bund und Landesparlamenten in eine so genannte Bundesversammlung berufen. Und die stimmen dann geheim, aber wohl nicht immer frei, über die Kandidaten ab. Überraschungen gibt es nicht. Es gewann bisher immer der Kandidat, dessen Lager schon rechnerisch die Mehrheit in der Bundesversammlung hat.

Dieses Verfahren mag nicht besonders mitreißend sein, ist aber angemessen. Der Bundespräsident ist auf dem Papier das Staatsoberhaupt, hat aber nur viel zu sagen, doch faktisch nichts zu bestimmen. Er hat keinerlei gestalterische Macht. Und das ist gut so. Die Väter und Mütter des Grundgesetzes haben in großer Weisheit entschieden, dass niemals mehr so viel Macht in den Händen einer Person liegen soll wie in der eines Weimarer Reichspräsidenten. Absolute Macht hat in der repräsentativen Parteien- und Parlamentsdemokratie niemand mehr. Nicht mal die Bundeskanzlerin kann schalten und walten, wie sie will. Sie ist vom Bundestag abhängig, kann genauso gewählt wie auch wieder abgewählt werden.

Das Prinzip der repräsentativen Demokratie würde auf den Kopf gestellt werden, sollte der Bundespräsident vom Volk direkt gewählt werden. Auch Prinzipen dürfen natürlich hinterfragt werden. In diesem Fall aber spricht viel dafür, das Amt nicht durch eine Direktwahl aufzuwerten. Ein Bundespräsident, der sich auf eine erkleckliche Mehrheit im Volk berufen kann, der könnte, der müsste mehr zu tun haben, als nur die Abteilung „warme Worte“ zu verwalten. Es wäre kaum möglich, ihn als politischen Eunuchen weitermachen zu lassen, wenn die Mehrheit eines 80-Millionen-Volkes hinter ihm steht.

Bis jetzt etwa prüft der Bundespräsident Gesetze nur dahingehend, ob sie verfassungskonform sind. Es könnte ihm dann aber einfallen, auch inhaltlich Kritik zu üben, er könnte sich entschließen, aktiv in Gesetzgebungsprozesse einzugreifen. Wer würde das einem Amtsinhaber verwehren wollen, der eine größere demokratische Legitimation besäße als jeder andere staatliche Repräsentant inklusive des Kanzlers oder der Kanzlerin? [...] Was aber soll die Direktwahl dann? Warum sollte das Volk mit großem Tamtam, mit echtem Wahlkampf, Fernsehduellen und allem was dazugehört einen Bundespräsidenten wählen, der ausschließlich repräsentative Aufgaben wahrnehmen soll?

Wenn dahinter der Versuch stehen sollte, dem Volk mehr demokratische Macht zu geben, dann ist das ein äußerst kläglicher Versuch. Da gibt es andere, bessere Möglichkeiten, ohne gleich die repräsentative Demokratie in Frage zu stellen.

Thorsten Denkler, Süddeutsche Zeitung, 22.5.2009

Aufgaben

1. Stellen Sie die Argumente pro und kontra Direktwahl des Bundespräsidenten in einer Tabelle einander gegenüber. (M 1, M 2)
2. Welche Beurteilungskriterien sind den Autoren jeweils wichtig? (M 1, M 2)
3. Nehmen Sie Stellung zur Frage, ob der Bundespräsident von der Bevölkerung gewählt werden sollte. Welche Kriterien sind für Sie entscheidend?
4. Nennen Sie andere Möglichkeiten, den Bürgern mehr demokratische Macht zu geben, als einen Bundespräsidenten direkt zu wählen.

5 Staatsaufbau

Leitfragen	Was bedeutet Föderalismus?	Wie ist das föderale System in Deutschland organisiert?	Wodurch unterscheiden sich Zentral- und Bundesstaaten?	Warum wurde eine Föderalismusreform notwendig, und welche Änderungen wurden vorgenommen?

Die vertikale Gewaltenteilung

Die Frage der vertikalen Machtverteilung richtet sich darauf, in welchem Maße die politische Macht auf der zentralstaatlichen Ebene und damit in der nationalen Regierung konzentriert ist.

Man unterscheidet **Föderalismus** und **Zentralismus**: Die Begriffe Föderation und Föderalismus gehen auf das lateinische Wort „foedus“ für „Bund“ zurück. Das staatliche Organisationsprinzip des **Föderalismus** zielt darauf, die politische Macht zwischen einer zentral- und einer bundesstaatlichen Ebene zu teilen, d.h. es besteht eine Aufgabenteilung zwischen dem Bund und den einzelnen Bundesländern. Das Organisationsprinzip des **Zentralismus** hingegen konzentriert die politische Macht auf der nationalen Ebene.

Bundesstaatliche Ordnung

GG Artikel	Was dazu im Grundgesetz steht
20	„Die Bundesrepublik Deutschland ist ein demokratischer und sozialer Bundesstaat“
79	Das bundesstaatliche Prinzip darf nicht aufgehoben oder geändert werden
30	Eigenstaatlichkeit der Länder
50 23	Mitwirkung der Länder an der Gesetzgebung des Bundes und in Angelegenheiten der Europäischen Union durch den Bundesrat
70-74	Gesetzgebung: Aufteilung der Zuständigkeiten zwischen Bund und Ländern
83 -91 d	Zuordnung der staatlichen Verwaltungsaufgaben. Gemeinschaftsaufgaben. Verwaltungszusammenarbeit
104 a -109 a	Finanzhoheit. Verteilung des Steueraufkommens zwischen Bund und Ländern. Unabhängige Haushaltswirtschaft. Gemeinsame Verpflichtung zur Haushaltsdisziplin

ZAHLENBILDER
60 060

© Bergmoser + Höller Verlag AG

Staatsaufbau

	Gesetzgebung (Legislative)	Vollziehende Gewalt (Exekutive)	Rechtsprechung (Judikative)
Bund	**Bundestag Bundesrat** Ausschließliche Gesetzgebung (Art. 71, 73 GG) Konkurrierende Gesetzgebung (Art. 72, 74 GG)	**Bundesregierung Bundesverwaltung** (Art. 86-87b, 87d-89 GG)	**Gerichte des Bundes** (Art. 93-96 GG) Bundesverfassungsgericht Oberste Gerichtshöfe des Bundes
Länder	**Parlamente der Länder** Gesetzgebung der Länder Konkurrierende Gesetzgebung (Art. 72, 74 GG)	**Länderregierungen Länderverwaltungen** Ländereigene Verwaltung Ausführung der Bundesgesetze – als eigene Angelegenheit (Art. 83, 84 GG) – im Auftrage des Bundes (Art. 85, 87 c GG)	**Gesetze der Länder** z. B. Oberlandesgericht, Landesgericht, Amtsgericht, Landesarbeitsgericht, Arbeitsgericht
Kommunen	**Kreistage/ Gemeindevertretungen/ Stadtverordneten-versammlungen/ Gemeinde-, Stadträte** Kommunale Selbstverwaltung (Art. 28 GG)	**Landräte/Oberkreisdirektoren/Kreisausschüsse – (Ober-)Bürgermeister/ (Ober-)Stadtdirektoren/ Gemeindevorstände/ Magistrate** Verwaltung im Rahmen der Gesetze und der Kommunalverfassung	**Gerichte der Länder sind zuständig**

Basiswissen Schule, Politik Wirtschaft, Duden 2012, S. 109

Deutschland ist ein **Bundesstaat** (Föderation). Dieses Modell des Staatsaufbaus liegt zwischen einem Modell des **Staatenbunds** (Konföderation) und dem Modell eines **Zentral- oder Einheitsstaats.** Im Bundesstaat wird die politische Macht zwischen einer zentralen Regierung und regionalen Regierungen geteilt. Dabei muss jede Regierungsebene bestimmte politische Kompetenzen haben, die sie unabhängig von der anderen Regierungsebene wahrnehmen kann.

Obwohl der Föderalismus in Deutschland auf eine lange Tradition zurückblickt, entschied man sich nach dem Zweiten Weltkrieg vor allem aus einem Grund für dieses Organisationsprinzip: Man wollte eine Machtkonzentration verhindern, die die Herrschenden zu Missbrauch hätte verleiten können.

Prinzipien des deutschen Föderalismus

Das deutsche Grundgesetz erklärt die föderale Ordnung Deutschlands für unabänderbar (Art. 79 Abs. 3). Dies bedeutet:

- In Deutschland muss es sowohl **eine souveräne Bundes- als auch eine eigenständige Länderebene** geben. Es ist aber möglich, Ländergrenzen zu ändern, bestehende Länder aufzulösen oder miteinander zu vereinigen. 1996 unternahmen Berlin und Brandenburg einen – gescheiterten – Versuch, zu einem gemeinsamen Bundesland zu fusionieren (→Kap. 4.2.2).

- Sowohl die Bundes- als auch die Länderebene müssen **eigenständige politische Kompetenzen** sowie jeweils eine gewisse **finanzielle Eigenständigkeit** haben.

Das Kernelement einer föderativen Ordnung ist die Verteilung der Aufgaben zwischen den staatlichen Ebenen. Grundsätzlich sollen die Aufgaben von der Ebene erfüllt werden, die dafür am besten geeignet ist (**Subsidiaritätsprinzip**). Laut dem Grundgesetz ist für bestimmte Aufgaben einzig der Bund zuständig, für andere sind es ausschließlich die Länder. Im Bereich der **konkurrierenden Gesetzgebung** ist es dem Bund erlaubt, für alle Länder verbindliche Gesetze zu erlassen, wenn „die Herstellung gleichwertiger Lebensverhältnisse im Bundesgebiet oder die Wahrung der Rechts- oder Wirtschaftseinheit im gesamtstaatlichen Interesse eine bundesgesetzliche Regelung erforderlich macht“ (sog. „Bedürfnisklausel“; Art. 72 GG). Die Länder konnten bis zur Föderalismusreform 2006 dann keine abweichenden Regelungen mehr treffen. Diese Regelung war das Einfallstor dafür, dass sich im Namen gleichwertiger Lebensverhältnisse im gesamten Staatsgebiet die Gesetzgebungskompetenzen immer stärker auf zentralstaatlicher Ebene konzentrierten.

Kooperativer Föderalismus

Mit dem Begriff des kooperativen Föderalismus wird die wechselseitige Unterstützung von Bund und Ländern bei ihrer Aufgabenerfüllung bezeichnet, ihre gemeinsamen Absprachen und Entscheidungen. Der kooperative Föderalismus soll regionale Spezialisierung mit dem Ziel verbinden, ausgleichend und umverteilend eine Gleichwertigkeit der Lebensverhältnisse in Deutschland zu erreichen. Die enge Verzahnung und Zusammenarbeit der Exekutiven auf Bundes- und Landesebene bei vergleichsweise geringem Einfluss der Länderparlamente wird als **Exekutivföderalismus** bezeichnet. Das Gegenmodell zum kooperativen Föderalismus ist ein **kompetitiver Föderalismus.** Er ist durch eine strenge Trennung der Ebenen von Bund und Ländern sowie einen politischen Wettbewerb der Länder um die beste politische Lösung gekennzeichnet.

Föderalismusreform 2006

Kritiker warfen dem System des kooperativen Föderalismus in den 1990er Jahren zunehmend vor, dass er notwendige politische **Reformen behindere**. Sie bemängelten, dass der **politische Entscheidungsprozess zu lange** dauere. Außerdem könne niemand mehr genau sagen, wer für welche **politische Entscheidung verantwortlich** sei. Ins Kreuzfeuer der Kritik geriet vor allem, dass der Bundesrat bei nahezu allen Entscheidungen auf Bundesebene mitentscheiden konnte. Zudem hätten die Länder nicht mehr genügend Möglichkeiten, Politik zu gestalten. Eine Föderalismusreform sollte diese Probleme lösen.

Die im Jahre 2006 von Bundestag und Bundesrat beschlossene Föderalismusreform ist die umfassendste Änderung des Grundgesetzes in der Geschichte der Bundesrepublik. Im Zuge dieser Reform wurden die Länderrechte vor allem dadurch gestärkt, dass die Länder im Bereich der konkurrierenden Gesetzgebung auch dann abweichende Regelungen treffen können, wenn der Bund bereits ein Gesetz erlassen hat. Eine Reihe von Kompetenzen fällt nun in die **alleinige Zuständigkeit** der Länder. Seitdem sind die Länder u. a. allein für die Bildungspolitik verantwortlich.

Der Anteil der Bundesgesetze, die einer Zustimmung des Bundesrats bedürfen, soll laut Prognosen des Wissenschaftlichen Dienstes des Deutschen Bundestages von rund 60 Prozent auf rund 35 bis 40 Prozent sinken. Dies soll gelingen, indem künftig bei Bundesgesetzen, welche Regelungen zum Verwaltungsverfahren enthalten, die **Zustimmungspflicht entfällt.** Die Länder dürfen dafür nun das Verfahren auch abweichend regeln. Die tatsächlichen Auswirkungen dieser Neuregelung sind umstritten, da die Anzahl der seit der Föderalismusreform von 2006 beschlossenen Gesetze noch keine empirische Einschätzung darüber erlaubt. Weiterhin darf der Bund den Gemeinden keine Aufgaben oder Kosten durch Bundesgesetze übertragen.

Die Gesetzgebungskompetenzen von Bund und Ländern

Ausschließliche Gesetzgebung des Bundes:
z. B. Auswärtige Angelegenheiten, Verteidigung, Außenhandel

Konkurrierende Gesetzgebung: Die Länder haben das Gesetzgebungsrecht, wenn der Bund nicht aktiv wird. Der Bund übernimmt nur dann die Gesetzgebung, wenn es darum geht, für alle Bürger „gleichwertige Lebensverhältnisse“ zu schaffen, etwa im Straßenverkehr oder im Wirtschaftsrecht.

Ausschließliche Gesetzgebung der Länder: z. B. Kommunalwesen, Schulwesen, Versammlungsrecht

Modelle des Staatsaufbaus zwischen Einheitsstaat und Bundesstaat

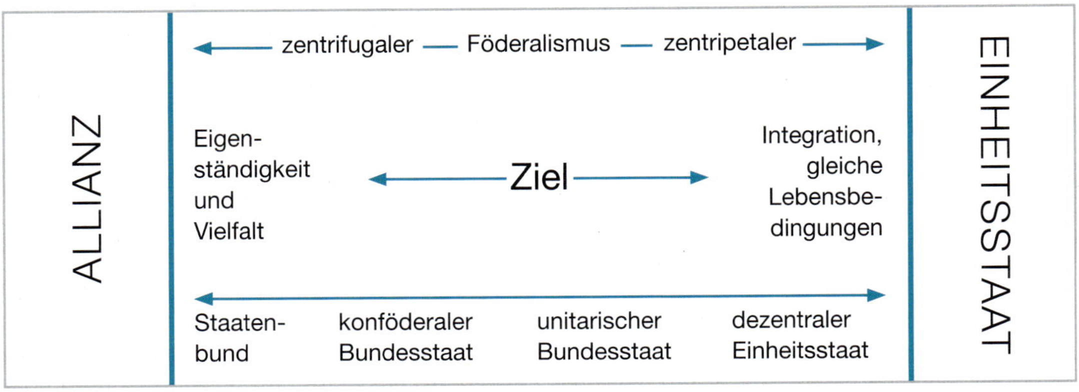

Föderalismusreform II

Nachdem die Föderalismusreform von 2006 in erster Linie eine klarere Zuordnung der Kompetenzen zwischen Bund und Ländern zum Ziel hatte, stand bei der Föderalismusreform II eine **Reform der staatlichen Finanzbeziehungen** im Vordergrund. Zum 1. August 2009 wurden für Bund und Länder neue Schuldengrenzen vereinbart. Demnach sind die Haushalte von Bund und Ländern grundsätzlich ohne Einnahmen aus Krediten auszugleichen. Ausnahmen des Kreditaufnahmeverbots für Bund und Länder sind unter folgenden Voraussetzungen eingeschränkt zugelassen:

- Bei einer **von der Normallage abweichenden Konjunkturentwicklung**. Kreditaufnahmen können im Abschwung dann zugelassen werden, wenn sie im Aufschwung zurückgeführt werden („konjunkturelle Komponente").

- In Fällen von **Naturkatastrophen** oder **außergewöhnlichen Notsituationen**. Ob eine solche Situation vorliegt, wird für den Bund mit einer Mehrheit des Bundestages entschieden.

Für den Bundeshaushalt ist es darüber hinaus zulässig, Einnahmen aus Krediten bis zur Höhe von 0,35 Prozent des Bruttoinlandsprodukts (BIP) jährlich in Anspruch zu nehmen („strukturelle Komponente" – Artikel 109 GG und Artikel 115 GG).

Eine Übergangsregelung sieht die Einhaltung der 0,35 Prozent-Grenze für den Bund ab dem Jahr 2016 zwingend vor. Das Verbot der Nettokreditaufnahme für die Länder tritt ab dem Jahr 2020 in Kraft.

Die Bundesländer

Die Länder der Bundesrepublik Deutschland besitzen „Staatsqualität", sind also nicht nur große Selbstverwaltungskörper wie die Gemeinden, Kreise oder Bezirke. Die Landesverfassungen gelten unabhängig und selbständig neben dem Grundgesetz. Keine der beiden Ebenen im Bundesstaat kann allein die Befugnisse der anderen Ebene beschneiden. Für eine Grundgesetzänderung ist demnach nicht nur eine Zweidrittelmehrheit im Bundestag, sondern auch eine Zweidrittelmehrheit im Bundesrat erforderlich.

Die Länder verfügen über definierte eigene Herrschaftsbereiche und sind insofern nicht nur Vollzugs- oder Ausführungsorgane des Zentralstaates. Daher müssen die Länderregierungen eigene, vom Bund nicht angreifbare Entscheidungskompetenzen besitzen, die ausschließlich in ihrer Verantwortung liegen.

Gemeinden

Die Gemeinden bilden keine eigene Ebene im Staatsaufbau; sie gehören zu den Ländern. Über die Gemeindegrenzen und die Kommunalverfassungen wird in den Landtagen entschieden.

Wichtigste **Pflichtaufgaben** der Gemeinden sind:

- Müllabfuhr, Versorgung mit Strom, Gas und Wasser, Straßenreinigung, öffentlicher Nahverkehr;
- Kinderbetreuung durch Kindergärten und Horte;
- Bau und Wartung von Schulgebäuden;

- Auszahlung von Wohn- und Heizgeld nach Hartz IV;
- Einwohnermeldewesen;
- Bereitstellung von Feuerwehr, Rettung, Katastrophenschutz;
- Durchführung von Wahlen (Kommune, Land, Bund);
- Bau- und Wohnungswesen sowie Verkehr.

Wichtigste **freiwillige Aufgaben** der Kommunen sind:

- Betrieb von Schwimmbädern und Sportanlagen;
- Betrieb von Musikschulen, Bibliotheken, Begegnungsstätten, Jugendclubs, Altenheimen;
- Unterhaltung von Grünanlagen.

Zu unterscheiden ist mit Blick auf die Aufgaben zwischen **weisungsfreien** und **weisungsgebundenen Aufgaben** im Auftrag von Land oder Bund. Bei weisungsgebundenen Aufgaben haben die Gemeinden teilweise keinen Spielraum, wie etwa bei der Durchführung von Wahlen oder der Auszahlung von Leistungen für Empfänger von Arbeitslosengeld II. Bei anderen weisungsgebundenen Aufgaben gibt es einen gewissen Spielraum. So müssen die Gemeinden Schulen bauen; wie diese aussehen, können sie selbst bestimmen.

Geht es um die Erfüllung der weisungsfreien Aufgaben, hat der Gemeinderat das letzte Wort, sonst trifft der Bürgermeister die Entscheidung. Die Arbeit der Gemeinden ist nicht einheitlich geregelt. Es haben sich **zwei Typen** der Kommunalverfassung durchgesetzt: die **Süddeutsche Ratsverfassung** und die **Magistratsverfassung**.

Aufgabe

Fassen Sie stichwortartig die wesentlichen Elemente der bundesstaatlichen Ordnung der Bundesrepublik zusammen.

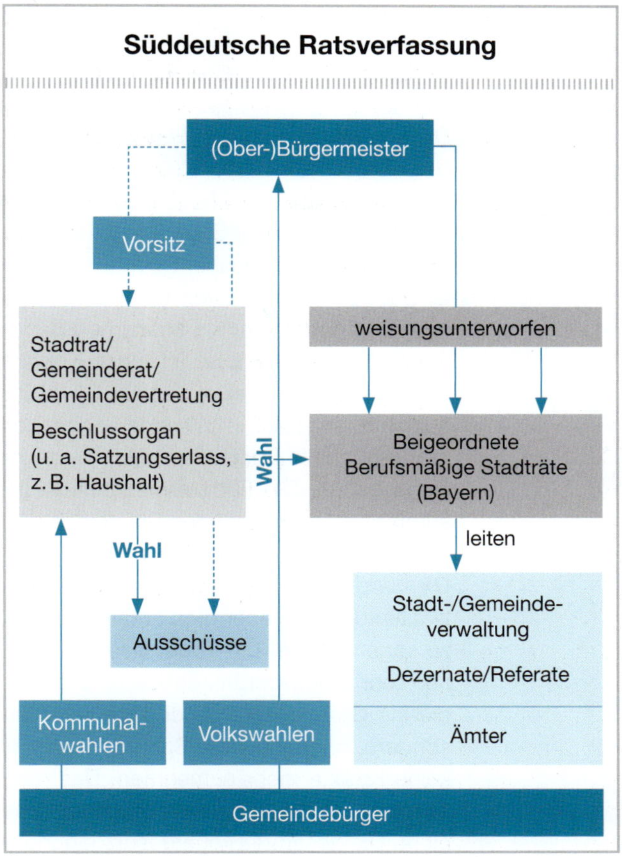

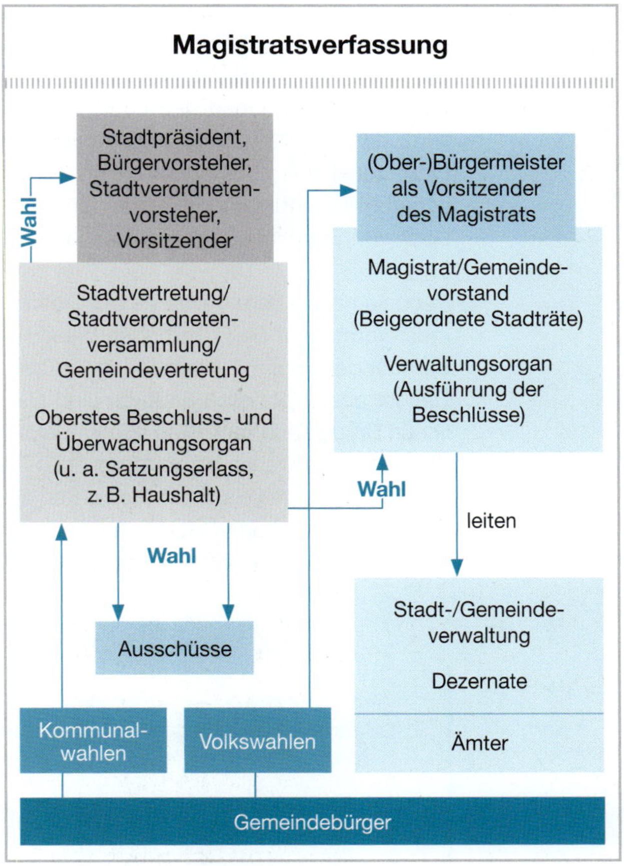

Nach: Basiswissen Schule, Politik Wirtschaft, Duden 2012, S. 112

M Sechzehn ausgeblasene Eier

Die Föderalismusreform beendet die Haushaltsautonomie der Landtage: Sie sind nur bemalte Schale.

Man kann an Pfälzer Saumagen, Münchner Weißwürste und Lübecker Marzipan denken; das ist kulinarischer Föderalismus. Denkt man an Rüttgers, Beck und Seehofer, ist man beim exekutiven Föderalismus. Wenn man an die Landtage denkt, nähert man sich dem Kern des deutschen Bund-Länder-Systems – dem parlamentarischen Föderalismus. Der aber ist massiv gefährdet. Den kulinarischen Föderalismus wird es immer geben, weil er den Leuten schmeckt. Den exekutiven Föderalismus wird es auch immer geben, weil er den Landespolitikern viele Bühnen gibt, unter anderem die große Bühne in Berlin. Den parlamentarischen Föderalismus aber wird es nicht mehr lange geben: Die Föderalismusreform II, über die am Freitag im Bundestag abgestimmt wird, zieht ihm den Stecker heraus.

Die Landtage werden zwar weiterhin existieren, die Bürger werden sie auch weiterhin wählen dürfen – aber die Landtage und Abgeordnetenhäuser werden nicht mehr viel zu sagen haben. Die Föderalismusreform/Teil II beseitigt die Reste einer schon bisher sehr eingeschränkten Haushaltsautonomie der Länder. Die „Schuldenbremse", die ins Grundgesetz geschrieben werden soll, gilt nämlich nicht nur für den Bund, sondern, ohne jedwede Spezifika, auch für die Länder. Das heißt: Sie dürfen künftig keine Kredite mehr aufnehmen. Das mag für den Bund erträglich sein, weil der via Steuergesetzgebung über seine Einnahmen bestimmen kann. Die Länder können das nicht. Die gesamte Steuergesetzgebung ist, mit Ausnahme der Grundverkehrssteuer, Sache des Bundes. Der Bund also entscheidet im Wesentlichen über die Einnahmen der Länder. Und ihre Ausgaben sind in hohem Maß gebunden, erstens durch Personalkosten und zweitens durch die Vorgaben des Bundes für den Vollzug der Bundesgesetze. Wenn den Ländern jetzt auch noch jede Kreditaufnahme verboten wird, dann bleibt von der Haushaltshoheit der Länder kaum mehr etwas übrig. Die Grundregel des Grundgesetzes, wonach „Bund und Länder in ihrer Haushaltswirtschaft selbständig und voneinander unabhängig" sind, ist aufgehoben. Wie viel bleibt noch von Staatlichkeit der Länder, die laut Grundgesetz „unantastbar" ist?

Pecunia nervus rerum hieß es bei Cicero: Geld ist der Nerv der Dinge. Die Föderalismusreform zieht den Landtagen diesen Nerv. Das wäre erträglich, wenn die Reform den Ländern mehr Finanzautonomie geben würde, eigene Steuern und Hebesätze. Das ist aber nicht so. Landtage sind also künftig Einrichtungen, die an einen österlichen Brauch erinnern: Man hängt ausgeblasene, aber schön angemalte Eier an einen Strauch. Der Strauch ist der deutsche Föderalismus, die ausgeblasenen Eier sind die 16 Landtage. Das Fazit der gesamten Föderalismusreform ist traurig: Im ersten Teil hat sie den Landtagen viele (auch sehr umstrittene) Kompetenzen gegeben. Im zweiten Teil versagt sie ihr die finanziellen Mittel dafür.

Heribert Prantl, Süddeutsche Zeitung, 26.3.2009

Aufgaben

1. Fassen Sie die Hauptaussage des Zeitungskommentars zur Föderalismusreform mit eigenen Worten zusammen. (M)
2. Diskutieren Sie die im Text aufgestellte These. (M)
3. Erklären Sie das Bild von den 16 ausgeblasenen Eiern. (M)

6 Die Gesetzgebung

Leitfragen

Welche Verfassungsorgane können Gesetzgebungsverfahren einleiten?

Welche Stufen muss ein Entwurf nehmen, bevor er zum Gesetz wird?

Prozess der Gesetzgebung

Gesetzgebungsfunktion des Bundestages

Die klassische Aufgabe des Parlaments ist die Gesetzgebung. Durch Gesetze regelt der Staat das Zusammenleben in der Gesellschaft. Er verabschiedet verbindliche Spielregeln und wacht über deren Einhaltung. Mithilfe von Gesetzen regelt er auch die Umverteilung im modernen Wohlfahrtsstaat, z. B. über das Steuerrecht oder die Sozialgesetzgebung. Gesetze, die der Staat zur Erfüllung seiner Aufgaben erlässt, weisen im Allgemeinen drei Merkmale auf:

- Gesetze kommen durch vorgeschriebene Verfahren zustande (**Rechtsstaatlichkeit**).
- Gesetze sind als allgemeingültige Normen auf alle entsprechenden Fälle anzuwenden (**Allgemeingültigkeit**).
- Gesetze haben verbindlichen Charakter und müssen deshalb von allen Betroffenen eingehalten werden (**Bindungswirkung**).

Stufen der Gesetzgebung im Bundestag

1. Am Beginn des Verfahrens steht das **Initiativrecht**, d. h. das Recht, einen Gesetzesentwurf einzubringen. Bundesregierung, Bundesrat und Bundestag (eine Fraktion oder mindestens fünf Prozent der Abgeordneten) besitzen das Initiativrecht. In der politischen Praxis kommen mehr als die Hälfte der Initiativen aus den Reihen der Bundesregierung. Die Entwürfe der Bundesregierung werden in den Fachministerien ausgearbeitet. Dort können bereits private Interessen – z. B. Interessenverbände – Einfluss nehmen und an der Ausarbeitung des Gesetzes mitwirken.

2. In der **ersten Lesung** debattiert der Bundestag die Grundzüge des Gesetzentwurfes. Anschließend wird der Entwurf an die **Ausschüsse** verwiesen, in denen eine eingehende Prüfung und Beratung stattfindet. In diesem komplizierten Prozess werden auch Experten und Vertreter von Interessenverbänden (→ Kap. 4.3.2) gehört. Die Ausschüsse tagen i. d. R. nicht öffentlich.

3. Anschließend berät das Plenum in **zweiter Lesung** die Änderungen und Ergänzungen, die in den Ausschüssen vorgenommen wurden. In der **dritten Lesung** findet nach der abschließenden Debatte die Schlussabstimmung statt. Bei einfachen Gesetzen reicht die einfache Mehrheit der anwesenden Parlamentarier aus, bei verfassungsändernden Gesetzen sind die Stimmen von zwei Dritteln der Mitglieder des Bundestages notwendig.

Mitwirkung des Bundesrats an der Gesetzgebung

Hat der Bundestag den Gesetzesentwurf angenommen, wird die Vorlage an den Bundesrat weitergeleitet. Mit Blick auf den Einfluss des Bundesrats auf die Gesetzgebung ist die Unterscheidung in **Einspruchsgesetze** und **Zustimmungsgesetze** von grundlegender Bedeutung (→ Kap. 4.4.4).

- Bei den **Einspruchsgesetzen** kann der Bundesrat lediglich einen Einspruch einlegen und dies auch erst, wenn er einen Kompromiss mit dem Bundestag gesucht hat. Wenn eine einfache Mehrheit des Bundesrats einen Einspruch einlegt, kann der Bundestag diesen mit einfacher Mehrheit überstimmen. Sollten aber zwei Drittel der Mitglieder des Bundesrats Einspruch einlegen, kann das Gesetz nur in Kraft treten, wenn der Einspruch von zwei Dritteln der Mitglieder des Bundestages überstimmt wird. Im politischen Alltag ist dies allerdings noch nie vorgekommen.

- **Zustimmungsgesetze** sind Gesetze, die nur verabschiedet werden können, wenn eine Mehrheit der Bundesratsmitglieder zustimmt. Der Bundesrat kann in diesen Fällen also die „rote Karte“ für ein Gesetzesvorhaben zücken. In diesen Bereich fallen alle Bundesgesetze, die Länderinteressen berühren. In der Vergangenheit waren alle Bundesgesetze zustimmungspflichtig, die Vorgaben zur Behördenorganisation oder zum Verwaltungsverfahren enthielten, da dies üblicherweise Aufgabenbereiche der Länder sind. Dies hat sich durch die Föderalismusreform von 2006 geändert; dadurch soll der Anteil der Zustimmungsgesetze deutlich sinken.

Der Vermittlungsausschuss

Funktionen

Wenn ein im Bundestag verabschiedetes Gesetz auf die Ablehnung einer Mehrheit des Bundesrats stößt, kommt ein bedeutsames, wenn auch in der Öffentlichkeit wenig bekanntes Organ der deutschen Demokratie ins Spiel: der **Vermittlungsausschuss.** Er soll Konflikte zwischen Bundestagsmehrheit und Bundesratsmehrheit lösen. Er kann nicht von sich aus tätig werden, sondern nur auf Antrag von Bundesrat, Bundestag oder Bundesregierung. Meist geht die Initiative vom Bundesrat aus; dieser kann bei allen Gesetzen den Vermittlungsausschuss anrufen.

Der Vermittlungsausschuss wird zu Beginn jeder Legislaturperiode des Bundestages neu gebildet. Seine Zusammensetzung kann sich aber durch Landtagswahlen verändern. Wird z. B. bei Landtagswahlen in Nordrhein-Westfalen eine SPD-geführte Koalition durch eine CDU-geführte abgelöst, dann wird im Vermittlungsausschuss auch der SPD-Vertreter Nordrhein-Westfalens durch einen CDU-Vertreter ersetzt. Bei den Abstimmungen im Vermittlungsausschuss sind die Delegierten der Landesregierungen im Gegensatz zu den Sitzungen im Bundesrat formal nicht an Weisun-

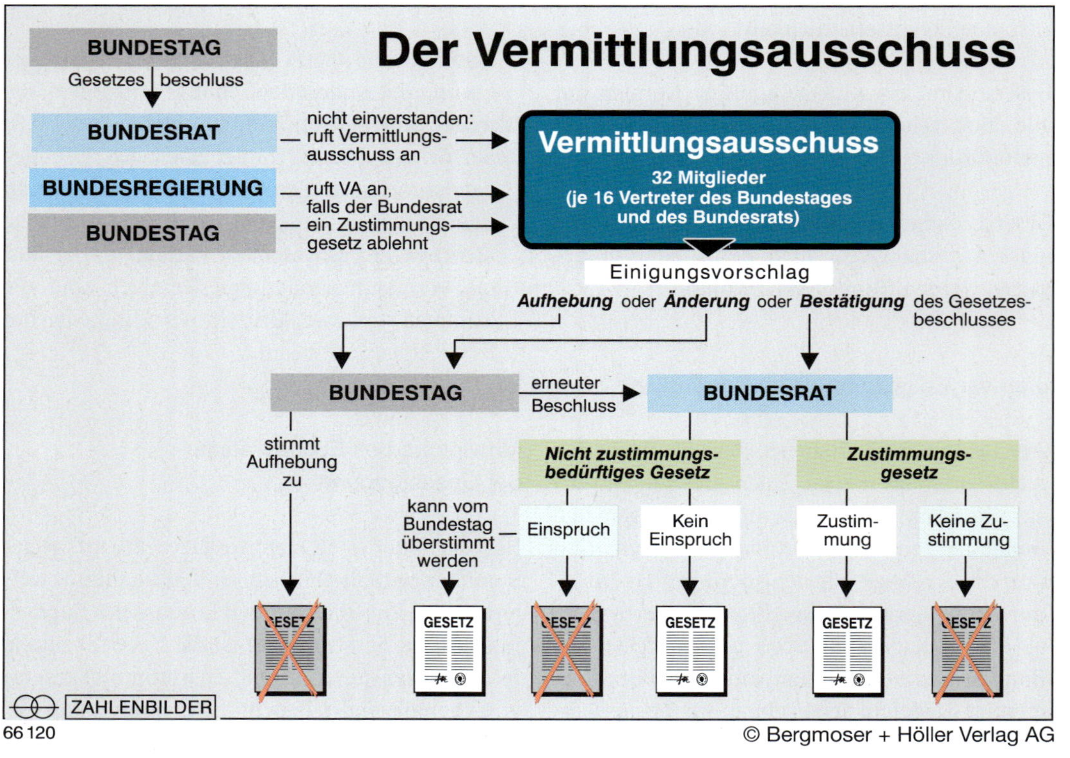

© Bergmoser + Höller Verlag AG

gen ihrer Regierungen gebunden. Die Sitzungen des Vermittlungsausschusses sind **streng vertraulich**. Über seine aktuelle Arbeit dringt recht wenig ans Licht. Die Sitzungsprotokolle dürfen stets erst in der übernächsten Wahlperiode nach der Sitzung – also frühestens fünf Jahre später – eingesehen werden. Der Grund für die Geheimniskrämerei ist, dass die Mitglieder anderenfalls kaum in der Lage wären, durch gegenseitiges Nachgeben einigungsfähige Kompromisse zu erzielen. Hinter den verschlossenen Türen des Vermittlungsausschusses wird manches Problem gelöst, über das zuvor lautstark und hitzig in den Talkshows der Republik debattiert wurde.

Verfahren nach einem Vermittlungsvorschlag

Schlägt der Vermittlungsausschuss Änderungen eines vom Bundestag verabschiedeten Gesetzesentwurfs vor, dann ist eine **vierte Lesung** im Bundestag notwendig. Der Bundestag hat dabei das Recht, den Vermittlungsvorschlag anzunehmen oder ihn abzulehnen. Es wird aber – und dies ist mit Blick auf die Machtstellung des Vermittlungsausschusses von großer Bedeutung – nicht mehr über die Positionen zu den Veränderungen des Entwurfs debattiert.

Da die Alternative zur Zustimmung zum Vermittlungsvorschlag bei Zustimmungsgesetzen ein Scheitern des Gesetzgebungsverfahrens ist und bei Einspruchsgesetzen zumindest die Gefahr eines Scheiterns entsteht, stimmen die Abgeordneten des Bundestags in aller Regel den Vermittlungsvorschlägen zu. Anschließend muss der Bundesrat entscheiden, ob er den Vermittlungsvorschlag akzeptiert und damit dem Gesetzesentwurf zustimmt oder ihm die Zustimmung verweigert.

Ausfertigung von Gesetzen

Stationen

Hat ein Gesetz Bundestag und Bundesrat passiert, wird es vom Bundeskanzler und den zuständigen Ministern unterzeichnet. Anschließend geht das Gesetz zum **Bundespräsidenten.** In aller Regel unterzeichnet er das Gesetz. Wenn er allerdings der Ansicht ist, dass der Inhalt des Gesetzes oder das Zustandekommen verfassungswidrig ist, kann er die Unterschrift verweigern. Nach der Unterschrift des Bundespräsidenten muss das Gesetz im Bundesgesetzblatt der Öffentlichkeit bekannt gemacht werden. Zwei Wochen nach der Verkündung tritt das Gesetz i. d. R. in Kraft.

Warum ist das Gesetzgebungsverfahren so kompliziert?

Das Gesetzgebungsverfahren ist in Deutschland streng formalisiert. Die wichtigen Gesetzgebungsverfahren beanspruchen vom ersten Anstoß bis zur Verabschiedung eine recht lange Zeit. Schnellschüsse sollen bewusst vermieden werden, weil ansonsten eine undurchdachte und vorschnelle Gesetzgebung zu befürchten ist. Die Machtverteilung hat zudem den Zweck, dass im Sinne des Pluralismus möglichst viele gesellschaftliche Interessen auf das Gesetzgebungsverfahren einwirken können. Dabei muss das Gesetzgebungsverfahren auch offen sein für Stimmen außerhalb des politischen Entscheidungszentrums von Bundesregierung, Bundestag und Bundesrat. So finden etwa bei Arbeitsmarktregelungen die Stimmen der Gewerkschaften und Arbeitgeberverbände Gehör.

Da wichtige Gesetzgebungsverfahren meist Angelegenheiten der Länder tangieren, bedürfen diese fast immer der Zustimmung des Bundesrats. In Deutschland sind bei solchen Verfahren auf Bundes- und Länderebene überwiegend die Unionsparteien und die SPD federführend eingebunden. Bei Regierungswechseln gibt es selten grundlegende politische Kurskorrekturen. Die Kehrseite davon ist, dass wichtige politische Entscheidungen häufig als eine Politik des kleinsten gemeinsamen Nenners angesehen werden können.

Gesetzgebungsnotstand

Der **Gesetzgebungsnotstand** kann von der Bundesregierung beantragt werden, wenn der Bundestag ihr das Vertrauen verweigert und anschließend ein von der Bundesregierung als dringlich bezeichnetes Gesetz nicht verabschiedet. Der Bundestag kann dies vermeiden, wenn er einen neuen Kanzler wählt. Bislang ist es in der Geschichte Deutschlands noch nie zu einem Gesetzgebungsnotstand gekommen.

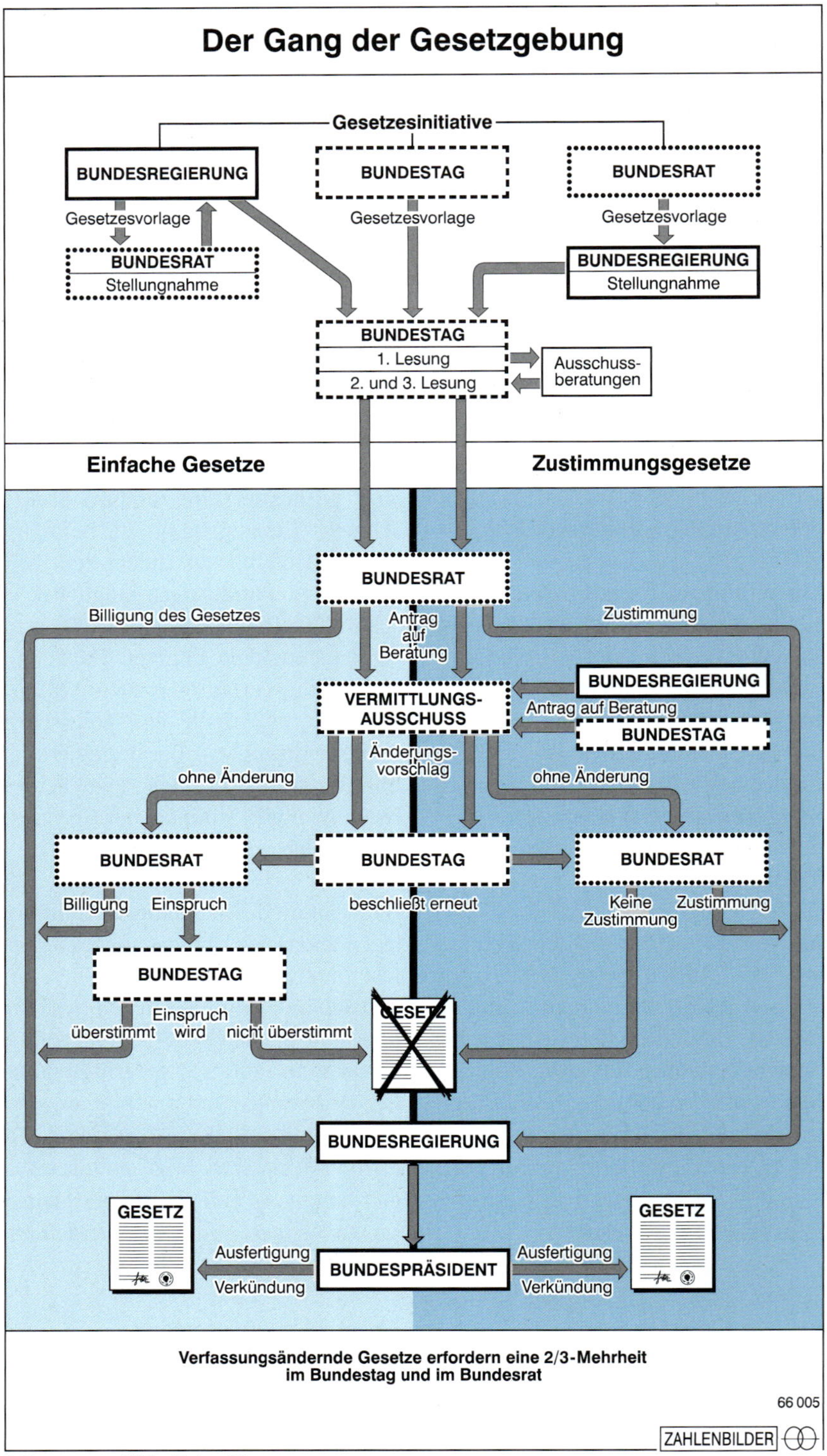

© Bergmoser + Höller Verlag AG

Aufgabe

Informieren Sie sich über das deutsche Atomgesetz (AtG). Analysieren Sie anhand der drei Novellierungen des Gesetzes aus den Jahren 2002, 2010 und 2011 die verschiedenen Etappen des Gesetzgebungsverfahrens.

Analyse politischer Prozesse mithilfe eines Modells – der Politikzyklus

Der Politikzyklus ist ein Instrument zur Untersuchung politischer Entscheidungsprozesse. Er ist zugleich ein Modell, das die Wirklichkeit zum besseren Verständnis stark vereinfacht und in ihrer Komplexität reduziert. Politik wird hier verstanden als ein dynamischer Prozess, eine „prinzipiell endlose Kette von Versuchen zur Bewältigung gesellschaftlicher Probleme" (Paul Akkermann/Gotthard Breit et al., Politikdidaktik kurzgefasst, Schwalbach/Ts. 2010, S. 25). Nach diesem Modell steht am Anfang der Kette ein gesellschaftliches Problem, welches die Politik zu lösen versucht. Das kann gelingen, aber es kann auch sein, dass ein Problem die Politik auf Dauer beschäftigt. Der Prozess der Problemlösung wird dabei systematisch gegliedert und in einzelne Phasen aufgeteilt, die mithilfe von Kategorien und Schlüsselfragen verstehbar gemacht werden.

Die Phasen des Politikzyklus:

1. **Phase:** Problemstellung.

2. **Phase:** Öffentliche Auseinandersetzung über Lösungswege/-möglichkeiten. Dabei spielen verschiedene (gesellschaftliche) Akteure/Interessen eine Rolle.

3. **Phase:** Entscheidungsfindung durch den Gesetzgebungsprozess.

4. **Phase:** Diskussion und Bewertung der Entscheidung in einer öffentlichen Diskussion. Wird das Problem als gelöst angesehen, dann ist der Politikzyklus abgeschlossen. Sind die Maßnahmen zur Lösung nicht ausreichend, unwirksam oder hat sich die Ausgangslage verändert, beginnt der Zyklus von vorne. Dieser Prozess spielt sich dabei in einem Geflecht von Faktoren ab, die von außen auf ihn einwirken.

Vorteil des Modells: Der Prozesscharakter der Politik lässt sich sehr gut darstellen.

Nachteil: Das Modell gliedert den politischen Prozess klarer als dies in der Realität der Fall ist. Die einzelnen Phasen des Prozesses sind in der Realität nicht so sauber getrennt; sie verlaufen vielmehr häufig parallel oder überschneiden sich.

Der Politikzyklus

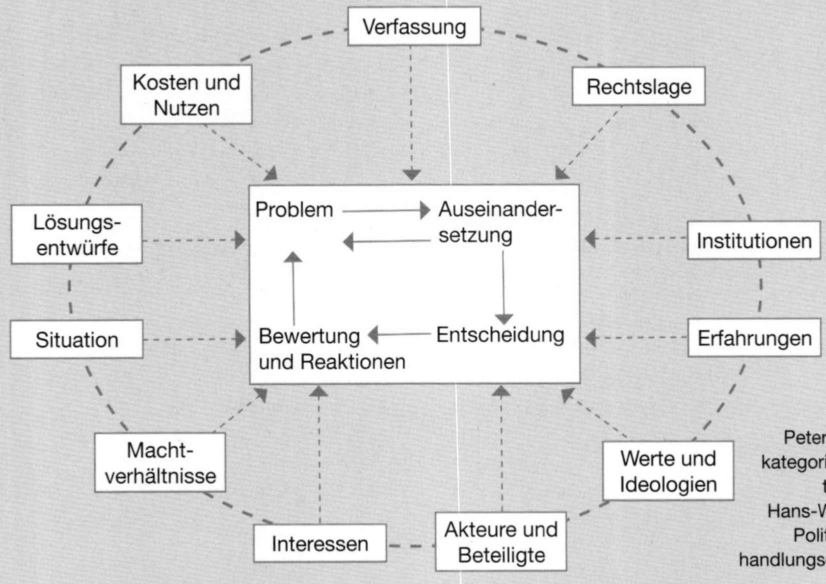

Peter Massing, Wege zu einem kategorialen und handlungsorientierten Politikunterricht, in: Hans-Werner Kuhn/Ders. (Hrsg.), Politikunterricht – kategorial + handlungsorientiert. Schwalbach/Ts. 1999, S. 34

Das Problem: die Vorratsdatenspeicherung – worum geht es?

Vorratsdatenspeicherung heißt, dass auch ohne Verdacht zahlreiche Verkehrsdaten der Telekommunikation für sechs Monate gespeichert werden, die Aufschluss über die Kommunikation aller Bürger geben können. Dies sind unter anderem:

- Telefonnummern von Anrufer und Angerufenem,
- Uhrzeit und Dauer der Gespräche,
- bei Mobilfunkgesprächen die Orte von Anrufer und Angerufenem,
- E-Mail- und IP-Adressen von Sendern und Empfängern (verpflichtend seit 2009) sowie
- Verbindungsdaten bei der Internetnutzung (ebenfalls seit 2009).

Dies bedeutet: Die gesamte Kommunikation und auch alle Kommunikationsversuche via Telefon, SMS, E-Mail oder Internet werden erfasst und sind ein halbes Jahr rückwirkend noch nachvollziehbar. Nicht ihr Inhalt, aber sämtliche Metadaten, die über Art und Umfang des Kontaktes etwas aussagen.

Diese Daten sollen, so die Idee des Gesetzgebers, Strafverfolgern zur Verfügung stehen und ihnen vor allem bei der Suche nach Terroristen helfen.

Unabhängig davon ist der Hauptkritikpunkt, dass mit der Vorratsdatenspeicherung jeder Bürger potenziell verdächtig ist und überwacht wird und dass die Datenspeicherung so dazu beiträgt, die Unschuldsvermutung abzuschaffen.

Außerdem gibt es Studien, die zeigen, dass sich anhand von solchen Verbindungsdaten detaillierte Aussagen über das Verhalten der Beobachteten machen lassen und dass die Daten mindestens genauso aufschlussreich sind, wie ein Abhören der Inhalte der Kommunikation.

Nach: dpa/AFP, Zeit online, 22.6.2011

Aufgaben

1. Fassen Sie **mithilfe der Materialien M 1 – M 10 auf der im Buch beiliegenden CD-ROM** die wichtigsten Etappen der Vorratsdatenspeicherung in einer Übersicht zusammen (Schlagworte).
2. Ordnen Sie die einzelnen Etappen den entsprechenden Phasen des Politikzyklus zu. **(M 1 – M 10)**
3. Schlüsseln Sie den Politikzyklus nach folgenden Fragen auf:
   a) Wer sind die beteiligten Akteure (gesellschaftliche Akteure; politische Institutionen)?
   b) Welche Interessen kommen zum Ausdruck?
   c) Wie sind die Machtverhältnisse?
   d) Welche Wertvorstellungen spielen eine Rolle?
   e) Welche Erfahrungen spielen bei der Problemlösung eine Rolle?
   f) Welche Argumente werden verwandt?
   Erläutern Sie das Ergebnis.

7 Rechtsordnung der Bundesrepublik Deutschland

7.1 Grundzüge der Rechtsordnung

Leitfragen | Was ist ein Rechtssystem? | Wie funktioniert das deutsche Rechtssystem?

Funktion des Rechtssystems

Das **Rechtssystem** ist ein System verbindlicher Normen und Regeln in einem Staat. Der Staatsapparat hat das **Gewaltmonopol**, d.h. allein der Staat hat die Möglichkeit, die Verletzung der verbindlichen Normen und Regeln zu ahnden. Zu klären, ob ein Rechtsverstoß vorliegt und wie schwer dieser ist, ist Aufgabe der Gerichte. Sie regeln auf Grundlage der Gesetze auch Konflikte zwischen Bürgern oder zwischen Staat und Bürgern. Erst ein Rechtssystem ermöglicht die friedliche Regelung von Konflikten. Es bietet die Möglichkeit der Gerechtigkeit, indem nicht automatisch der körperlich oder finanziell Stärkere den Sieg davonträgt. In Unrechtsstaaten sind allerdings auch die Gerichte nicht unabhängig. Die sog. Rassengesetze zur Zeit des Nationalsozialismus etwa waren ein Indikator dafür, dass das „Dritte Reich" zwar formal ein Rechtsstaat, aber materiell ein Unrechtsstaat war.

Rechtsquellen

- **Verfassungsnormen**: Diese legen die Grundrechte und die Grundzüge der politischen Ordnung fest. Die im Grundgesetz festgelegten Verfassungsnormen stehen über allen anderen Rechtsnormen. Die anderen Rechtsnormen dürfen nicht verfassungswidrig sein.

- **Gesetze**: Die Gesetze werden in Deutschland in den Parlamenten auf Bundes- oder Länderebene verabschiedet. Fast alle Gesetze, die erfolgreich verabschiedet werden, stammen aus den Reihen des Regierungslagers auf Bundes- oder Länderebene.

- **Rechtsverordnungen**: Verordnungen werden von Regierungen ohne Rücksprache mit den Parlamenten erlassen. Sie regeln spezielle Aspekte und die Ausführung von Gesetzen. In Deutschland kann eine Verordnung nur erlassen werden, wenn dies in einem Parlamentsgesetz ausdrücklich vorgesehen wird.

- **Satzungen**: In Satzungen regeln Gemeinden und andere öffentliche Institutionen ihre Angelegenheiten.

- **EU-Recht**: Eine weitere Rechtsquelle ist zunehmend das auf europäischer Ebene verabschiedete Europarecht. Große Teile der neuen Rechtsnormen sind auf europäischer Ebene entstanden.

Umstritten ist, ob manche Entscheidungen des **Bundesverfassungsgerichts** ebenfalls als Rechtsquelle anzusehen sind oder ob das Bundesverfassungsgericht grundsätzlich nur die Verfassungsnormen interpretiert.

Privatrecht und Öffentliches Recht

Es gibt zwei große Rechtsbereiche: Das **Privatrecht** und das **Öffentliche Recht**. Das **Privatrecht** regelt die Beziehungen zwischen den Bürgern. In diesen Bereich gehören z.B. die Regelungen von Eheschließungen und Ehescheidungen. Zum Bereich des **Öffentlichen Rechts** zählen etwa die Regelungen zum Aufbau des Staates sowie der Beziehungen der Staatsorgane, das Strafrecht, das Verwaltungsrecht und das Völkerrecht.

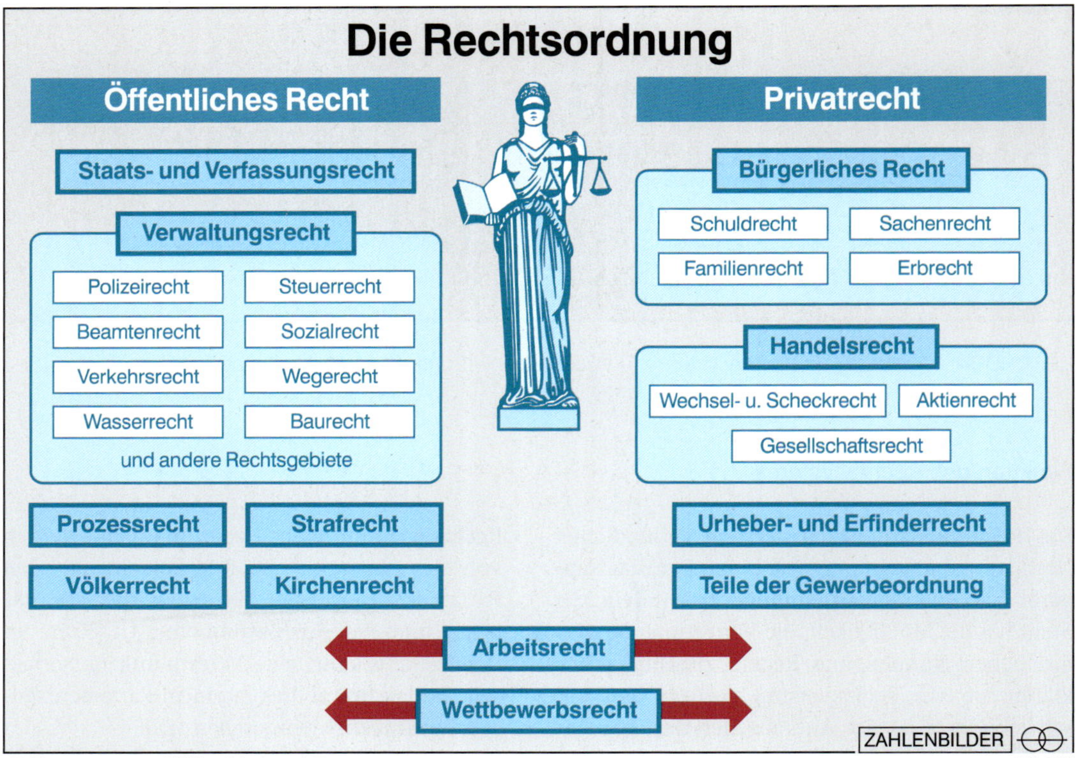

© Bergmoser + Höller Verlag AG
128 020

Grundsätze der Rechtsprechung

Neben der Polizei (als Exekutivorgan des Staates) sind die **Gerichte** dafür verantwortlich, das von den demokratisch legitimierten politischen Entscheidungsträgern gesetzte Recht zu wahren und durchzusetzen. Unter allen staatlichen Ausführungsorganen – Polizei, Einwohnermeldeamt etc. – sind die Gerichte stark herausgehoben. Die Richter sollen sich bei ihren Entscheidungen nur an das Recht halten und von Weisungen unabhängig sein. Dabei muss der Richter auch dann sein Urteil auf der Grundlage des Rechts sprechen, wenn die – von Politikern gesetzten – Regelungen seinen eigenen Überzeugungen widersprechen. Nur wenn ein von ihm anzuwendendes Gesetz nach seiner Auffassung dem Verfassungsrecht widerspricht, muss er dies dem Bundesverfassungsgericht mitteilen und das Gesetz prüfen lassen.

Die richterliche **Unabhängigkeit** wird dadurch geschützt, dass Richter nur entlassen werden können, wenn sie sehr schwer gegen das Dienstrecht verstoßen, indem sie etwa Beweismaterial unterschlagen oder Bestechungsgelder annehmen.

Zweige der Gerichtsbarkeit

Die Gerichtsbarkeit Deutschlands besteht aus fünf Zweigen:

- Die **„ordentlichen" Gerichte** wie z. B. das Amtsgericht verhandeln Strafsachen und Zivilsachen einschließlich der Ehe- und Familiensachen.
- Die **Arbeitsgerichte** verhandeln arbeitsrechtliche Streitigkeiten. Obgleich es sich um zivilrechtliche Konflikte handelt, wurde für diesen zentralen Bereich des Lebens eine eigene Gerichtsbarkeit geschaffen.
- Die **Verwaltungsgerichte** sind zuständig für alle öffentlich-rechtlichen Prozesse im Verwaltungsrecht.
- Die **Sozialgerichte** verhandeln über Rechtsstreitigkeiten, die die Sozialversicherung und soziale Leistungen wie das Kindergeld betreffen.
- Die **Finanzgerichte** befassen sich mit Steuer- und Abgabesachen. Meist geht es in den Prozessen um Einsprüche gegen Steuerbescheide.

Gerichtsbarkeiten in Deutschland

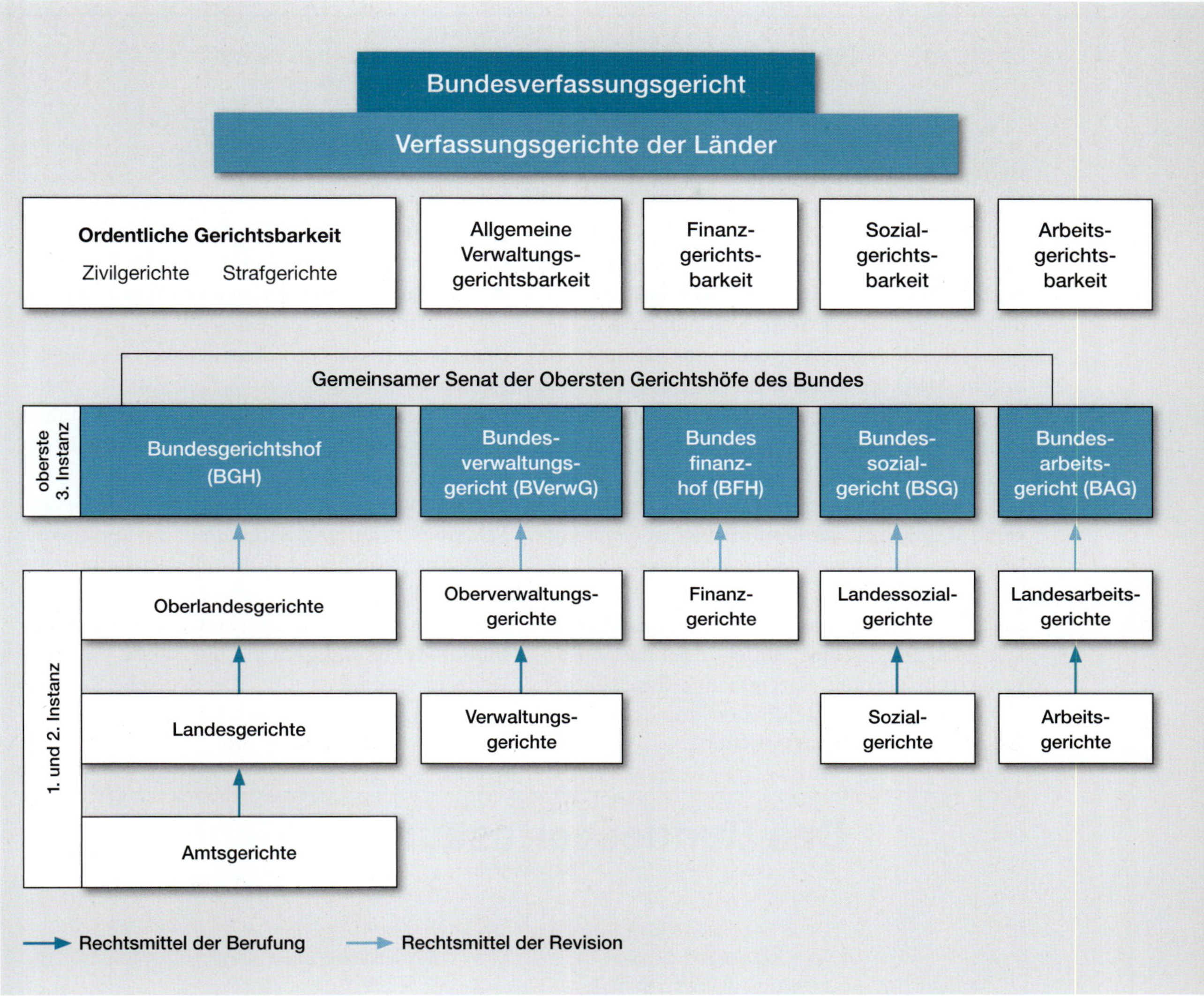

Basiswissen Schule, Politik Wirtschaft, Duden 2012, S. 180

Aufgaben

1. Ordnen Sie folgende Streitfälle entweder dem Privatrecht oder dem Öffentlichen Recht zu:
   - Unfallopfer verklagt Unfallverursacher auf Schmerzensgeld
   - Zivile Opfer von Bombardement verklagen Bundesrepublik
   - Arbeitnehmer klagt Abfindung ein
   - Eltern scheitern mit Klage gegen Schulpflicht
   - Kunde klagt auf Rückzahlung des Kaufpreises nach Vertragsrücktritt
   - Schüler scheitert mit Klage gegen Notengebung

   Begründen Sie Ihre Entscheidungen.

2. Formulieren Sie vier weitere Streitfälle, von denen sich je zwei dem Privatrecht und dem Öffentlichen Recht zuteilen lassen.

7.2 Das Bundesverfassungsgericht

Leitfragen | Welche Aufgaben hat das Bundesverfassungsgericht? | Welchen Platz nimmt es im politischen System der Bundesrepublik ein?

Bedeutung und Aufbau

Das Bundesverfassungsgericht ist die übergeordnete Rechtsinstanz zum umfassenden Schutz des Rechtsstaates. Es ist in Streitfällen dafür zuständig, das **Verfassungsrecht** verbindlich auszulegen. Es soll Verstöße gegen das Grundgesetz unterbinden, Rechtsnormen interpretieren und weiterentwickeln. Das Bundesverfassungsgericht kann Gesetze für nichtig erklären, die es für verfassungswidrig hält. Die **Entscheidungen** sind für alle staatlichen Organe **verbindlich**. Es gibt also keine Möglichkeit der Berufung gegen einen Entscheid des Bundesverfassungsgerichts.

Die Einrichtung einer Verfassungsgerichtsbarkeit geht auf die Idee zurück, dass das Verfassungsrecht Vorrang vor einfachen Gesetzen hat. Es soll politischen Mehrheiten unmöglich sein, nach Belieben alles in Gesetzesform zu gießen. Der Gesetzgeber ist somit an das Verfassungsrecht gebunden und der richterlichen Kontrolle unterworfen. Ihren Siegeszug in den westlichen Demokratien trat die Idee der Verfassungsgerichtsbarkeit verstärkt nach dem Zweiten Weltkrieg an. Der Grund waren Erfahrungen mit dem Machtmissbrauch durch die Nationalsozialisten.

Verfassungsgerichte sind bei ihrer Arbeit zur **Selbstbeschränkung** aufgerufen. Sie dürfen keine Politik betreiben, d. h. anstelle des Parlaments oder der Regierung politische Entscheidungen in die Wege leiten. Wie jedes Gericht kann das Bundesverfassungsgericht nur aktiv werden, wenn es eine Klage gibt. Das deutsche Bundesverfassungsgericht gilt aufgrund seiner weit ge-

© Bergmoser + Höller Verlag AG 129 015

fassten Aufgabenbereiche als das **mächtigste Verfassungsgericht der Welt.** Es besteht aus **zwei Senaten** mit klar abgegrenzten Bereichen. In beiden Senaten urteilen je acht Richter.

Rechtsprechung des Bundesverfassungsgerichts

Jeder Bürger kann Verfassungsbeschwerde einlegen (Art. 93 Abs.1 GG), wenn er sich durch staatliche Handlungen in seinen Grundrechten verletzt glaubt. Allerdings muss i. d. R. der vorherige Rechtsweg über die zuständigen Gerichte ausgeschöpft sein, d.h. eine Klage am Bundesverfassungsgericht ist die letzte Instanz. Ausnahmen davon gibt es allerdings, wenn der Verfassungsbeschwerde „allgemeine Bedeutung" zukommt oder die Rechtswegerschöpfung zu „unzumutbaren Ergebnissen" führen würde. Die Rechtsprechung des Bundesverfassungsgerichts umfasst nach Art. 93 GG vier Bereiche.

Bestellung der Verfassungsrichter

Die eine **Hälfte der Verfassungsrichter** wählt ein zwölfköpfiger Richter-Wahlausschuss des **Bundestages,** die andere **Hälfte der Bundesrat.** Der Wahlausschuss des Bundestages spiegelt dessen Mehrheitsverhältnisse. Im Bundesrat wie im Wahlausschuss des Bundestages ist bei der Wahl eines Verfassungsrichters eine **Zweidrittelmehrheit** notwendig. Diese hohe Hürde verhindert, dass eine Partei ihren Kandidaten im Alleingang durchsetzen kann. Oppositions- und Regierungsparteien müssen vielmehr in aller Regel die Kandidaten aushandeln. Die Folge sind teilweise heftige, öffentlich ausgetragene Kontroversen.

Bereiche der Rechtsprechung am Bundesverfassungsgericht

Verfassungsbeschwerde: Schutz der Grundrechte der Bürger und des verfassungsmäßig garantierten Rechts. Verfassungsbeschwerden machen den größten Anteil an den Vorgängen aus – etwa 5.000 jährlich, wobei etwa 97 Prozent als unzulässige oder unbegründete Beschwerden erst gar nicht zur Entscheidung angenommen werden. Normenkontrollverfahren stehen an zweiter Stelle der Bearbeitung.	1983: Volkszählungsurteil 1995: „Kruzifix"-Urteil 2012: Urteil zum Europäischen Stabilitätsmechanismus (ESM)
konkrete Normenkontrolle: Überprüfung eines Gesetzes im Rahmen eines konkreten Rechtskonflikts	1975: Urteil zum sog. „Radikalen-Beschluss"
abstrakte Normenkontrolle: allgemeine Überprüfung eines Gesetzes auf Verfassungsmäßigkeit	1975: Urteil zum Abtreibungsparagrafen 218
Verfassungsstreitigkeiten zwischen staatlichen Organen: Streitigkeiten zwischen Bundesorganen, Landesorganen und zwischen Bund und Land	1994: Urteil zu „out of area"-Einsätzen der Bundeswehr 1999: Urteil zum Länderfinanzausgleich
allgemeiner Schutz von Demokratie und Verfassung: Beschwerden im Wahlprüfungsverfahren des Bundestags, Parteiverbote, Verwirkung von Grundrechten, Anklagen gegen Bundespräsidenten und gegen Richter	1952: SRP-Verbot 1956: KPD-Verbot 2003: Scheitern des NPD-Verbotsantrags

Nach: Basiswissen Schule, Politik Wirtschaft, Duden 2012, S. 182

M 1 Das Bundesverfassungsgericht – ein Reparaturbetrieb der Gesetzgebungsmaschine?

Endgültiges Ergebnis der Namentlichen Abstimmung zum Gesetz zur Übernahme von Gewährleistungen im Rahmen eines europäischen Stabilisierungsmechanismus vom 29.9.2011:

	Ja	Nein	Enthaltung	ungültig	nicht abgeben
CDU/CSU	226	10	1	0	0
SPD	141	1	1	0	3
FDP	89	3	1	0	0
DIE LINKE	0	70	0	0	0
B'90/Grüne	67	1	0	0	0
Summe total	523	85	3	0	9

Deutscher Bundestag, Plenarprotokoll 17/130, 29.9.2011

M 2 Karlsruhe erklärt neunköpfiges Sondergremium für verfassungswidrig – mehr Rechte für Bundestag bei Euro-Rettung

Über milliardenschwere Hilfen des Euro-Rettungsschirms muss in aller Regel der gesamte Bundestag entscheiden. Das von der Bundesregierung eingerichtete neunköpfige Sondergremium für eilige Entscheidungen verstoße in Teilen gegen das Grundgesetz, urteilte [...] das Bundesverfassungsgericht. Die Rechte der übrigen Abgeordneten seien verletzt, wenn sie an derart folgenreichen Entscheidungen zur Euro-Rettung nicht beteiligt würden.

Das ‚Neuner-Gremium' sollte im Rahmen des vorläufigen Rettungsschirms EFSF in Fällen ‚besonderer Eilbedürftigkeit oder Vertraulichkeit' anstelle des Bundestags entscheiden dürfen. Der deutsche Anteil am EFSF beläuft sich auf 211 Milliarden Euro. Allerdings fasst der Gesetzestext diese Befugnis relativ weit: Bei Notmaßnahmen sei ‚regelmäßig' das Gremium zuständig. Dagegen hatten die SPD-Abgeordneten Peter Danckert und Swen Schulz geklagt. Karlsruhe hatte ihnen bereits im Oktober per Eilentscheid recht gegeben. [...]

Grundsätzlich muss das Budgetrecht des Bundestags von allen 620 Abgeordneten wahrgenommen werden. Dies gelte auch für zwischenstaatliche Rettungsaktionen zur Behebung der Schuldenkrise. Allgemeine Erwägungen über die Funktionsfähigkeit des parlamentarischen Betriebs dürften nicht dazu führen, ‚verfassungsrechtlich verbürgte demokratische Spielregeln außer Acht zu lassen', sagte Gerichtspräsident Andreas Voßkuhle.

Im Bundestag und bei der Bundesregierung stieß das Urteil auf ein positives Echo. Finanzminister Wolfgang Schäuble (CDU) verwies darauf, dass Beschlüsse über mögliche Stützungskäufe von Staatsanleihen auch künftig im Geheimen gefällt werden dürften. Anders ergäben sie auch keinen Sinn. Ähnlich äußerten sich die Haushaltsexperten der Union und der Grünen, Norbert Barthle und Priska Hinz, die beide

dem Neuner-Gremium angehören. Ihr FDP-Kollege Otto Fricke erklärte, es müsse ein Mittelweg zwischen den parlamentarischen Rechten jedes Abgeordneten und einer praktikablen Euro-Stabilisierung gefunden werden. Der haushaltspolitische Sprecher der SPD-Fraktion, Carsten Schneider, kritisierte, die Koalition habe Zweifel an der Verfassungsmäßigkeit der jetzt gekippten Regelung lange ignoriert.

Das Karlsruher Gericht hat zudem angeordnet, das Sondergremium müsse die Mehrheitsverhältnisse im Bundestag abbilden. Um diese Forderung zu erfüllen, müsste die Zahl der Mitglieder auf elf, besser noch auf 17, erhöht werden. Finanzminister Schäuble wollte sich bereits am Dienstagnachmittag mit Spitzenvertretern der Koalitionsfraktionen treffen, um das weitere Vorgehen zu beraten.

Claus Hulverscheidt, Süddeutsche Zeitung, 29.2.2012

M 3 Karlsruher Liebeserklärung an den Parlamentarismus

Es ist schon eine seltsame Zuneigung, die das Bundesverfassungsgericht für den Bundestag hegt; immer, wenn sie besonders heftig ist, kassiert das Gericht ein vom Bundestag beschlossenes Gesetz. So war es [...] auch diesmal: Das Parlament hatte sich gleichsam selbst kastriert, indem es einem Kleinstgremium aus neun Abgeordneten die Macht über Milliardenausgaben im Rahmen des Euro-Rettungsschirms übertragen hatte, mit einem deutschen Haftungsanteil in Höhe des halben Bundeshaushalts. Die Richter haben dem Parlament die leichtfertig weggeworfene Verantwortung wieder zurückgegeben. [...] Die öffentliche Debatte sei das Wesenselement der Demokratie, das Parlament ermögliche den Ausgleich widerstreitender Interessen.

Die Parlamentsbeteiligung ist längst eine Konstante der Karlsruher Europa-Entscheidungen geworden. Die Demokratie in Europa, so lautet die wiederkehrende Botschaft, findet im nationalen Parlament statt. 1993, im Urteil zum Vertrag von Maastricht, entschied das Gericht, dem Bundestag müssten ‚Aufgaben und Befugnisse von substantiellem Gewicht' verbleiben. 2009, im Lissabon-Urteil, nannte das Gericht einige für die staatliche Souveränität maßgeblichen Politikfelder, wie Militär, Sozialpolitik, Bildung – und die ‚fiskalischen Grundentscheidungen über Einnahmen und Ausgaben'. [...]

Das ‚Ob' der Parlamentsbeteiligung an der Euro-Rettung war damit geklärt; nun sollte es um das ‚Wie' gehen, wie Andreas Voßkuhle zum Auftakt der Urteilsverkündung erläuterte. Der Gerichtspräsident versicherte, man habe dabei sehr wohl die Funktionsfähigkeit des Bundestags im Blick: ‚Funktionsfähigkeit ist aber kein Selbstzweck, sondern bleibt bezogen auf das Ziel, möglichst viel parlamentarische Legitimation zu ermöglichen.' Soll heißen: Im Aktionismus der Eurorettung darf die Demokratie – repräsentiert durch alle 620 Abgeordneten des Bundestags – nicht unter die Räder kommen. ‚Andernfalls liefen wir Gefahr, der Funktionsfähigkeit des Parlaments insgesamt zu schaden.'

Pflichten des Plenums

Es ist also das Plenum des Bundestags, dem qua Haushaltsverantwortung grundsätzlich die Bewilligung europäischer Hilfsmaßnahmen ‚größeren Umfangs' obliegt. Dem Bundestag sei es daher untersagt, ‚seine Budgetverantwortung auf andere Akteure derart zu übertragen, dass nicht mehr überschaubare budgetwirksame Belastungen

ohne seine vorherige konstitutive Zustimmung eingegangen werden'. Zwar gewährt das Gericht dem Bundestag einen weiten Spielraum, Aufgaben auf Ausschüsse zu übertragen, die es in großer Zahl gibt. Die große Freiheit gilt freilich nur für vorbereitende Ausschüsse. Wenn echte parlamentarische Entscheidungen an kleine Gremien delegiert werden sollen, dann sei dies ,nur zum Schutz anderer Rechtsgüter mit Verfassungsrang und unter strikter Wahrung des Grundsatzes der Verhältnismäßigkeit zulässig'.

Der Vorrang des Plenums hat zwei Wurzeln. Die eine ist das Recht des einzelnen Abgeordneten: Er ist der gewählte Vertreter des Volkes, er ist berufen, die Interessen der Bürger im Bundestag zur Wirkung zu bringen. Wenn aber ein Gremium von nur neun Abgeordneten entscheidet, bedeutet das im Umkehrschluss, dass 611 Parlamentarier von der Entscheidung ausgeschlossen sind. Was, siehe oben, nur unter engen Voraussetzungen erlaubt ist. Im konkreten Fall hatte folgerichtig nicht etwa eine ganze Fraktion geklagt, sondern die beiden SPD-Abgeordneten Peter Danckert und Swen Schulz.

Der zweite Grund, warum Karlsruhe grundsätzlich den gesamten Bundestag in der Pflicht sieht, ist einer, dem gerade bei der Eurorettung eine wachsende Bedeutung zukommt: Die Öffentlichkeit der Auseinandersetzung. Wenn teure Hilfsaktionen im Verborgenen vorbereitet würden, dann kämen die Einwände der Skeptiker stets zu spät. [...]

Aber dies sind die Details einer großen Erzählung mit dem Titel ,Das Gericht, die Demokratie und Europa'. Sie wird in den nächsten Monaten fortgesetzt werden, mit einem Urteil zu den Informationsrechten der Parlamentarier. Zuständig ist im Zweiten Senat nach dem Ausscheiden von Udo Di Fabio inzwischen der Münchner Professor Peter Michael Huber. Er wird, wie es aussieht, die Karlsruher Fürsorglichkeit für den Bundestag fortsetzen.

Wolfgang Janisch, Süddeutsche Zeitung, 29.2.2012

Aufgaben

1. Stellen Sie das Problem dar, das die Entscheidung des Bundesverfassungsgerichts bedingte. (M 2, M 3)
2. Nennen Sie die Argumente, mit denen das Bundesverfassungsgericht seine Entscheidung begründete. (M 2, M 3)
3. Überprüfen Sie (auch mithilfe von M 1), inwiefern in diesem Fall das Bundesverfassungsgericht als „Ersatzgesetzgeber" angesehen werden kann. (M 2, M 3)
4. Nehmen Sie Stellung zur Entscheidung des Bundesverfassungsgerichts. (M 2, M 3)

KOMPETENZEN

Am Ende dieses Kapitels sollten Sie Folgendes wissen und können:

- Meilensteine in der Entwicklung der EU benennen sowie Motive und Ziele der europäischen Integration beschreiben
- wichtige Institutionen der EU und den politischen Entscheidungsprozess beschreiben
- demokratische Mitwirkungsmöglichkeiten im europäischen Willensbildungs- und Entscheidungsprozess einschätzen und nutzen
- Errungenschaften und Gefährdungen der europäischen Integration beurteilen
- Funktionsweisen zentraler europäischer Politikfelder beschreiben und Probleme beurteilen
- Beispiele für Einflussnahme der EU auf das Leben in den Mitgliedstaaten nennen
- zukünftige Entwicklungschancen und -risiken der EU beurteilen

5 Die Europäische Union

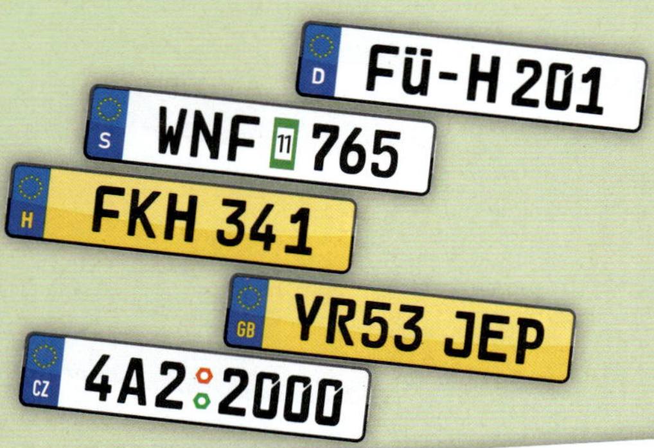

Soldatenfriedhof im französischen Verdun

Akropolis in Athen

Karl der Große

Heute verlassener Grenzposten zwischen Deutschland und Tschechien bei Petrovice

Istanbul war 2010 Kulturhauptstadt Europas

Aufgabe

„Europa bedeutet für mich …“ – Finden Sie möglichst viele Satzergänzungen, die zeigen, welche Bedeutung die Europäische Union für Sie persönlich hat.

1 Die Entwicklung der europäischen Integration

1.1 Stationen des Einigungsprozesses

Leitfragen

- Wie ist die Europäische Union entstanden?
- Was waren die Motive für die Gründung der Europäischen Union?
- Was sind die wichtigsten Stationen des europäischen Integrationsprozesses?

Steckbrief Europäische Union – „In Vielfalt geeint“

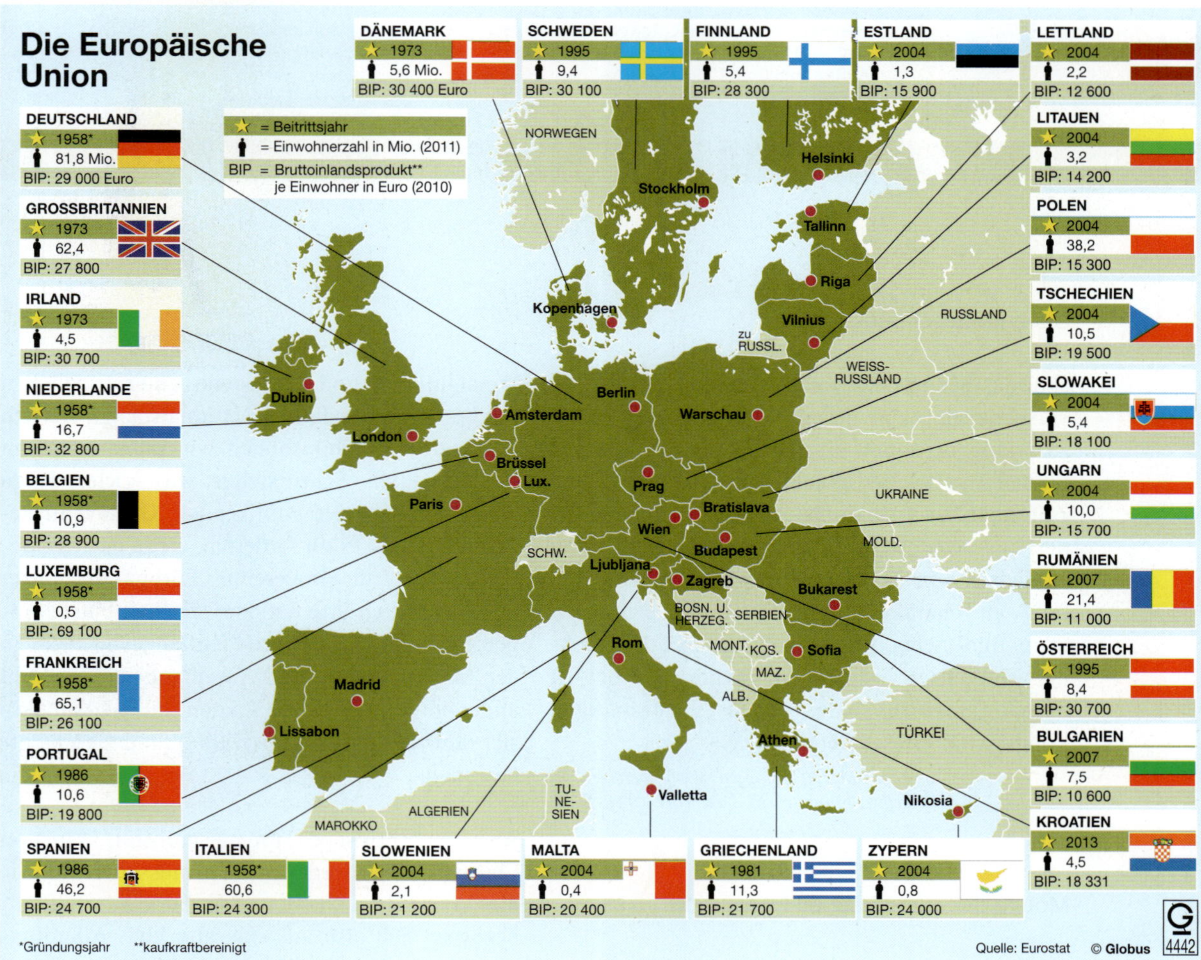

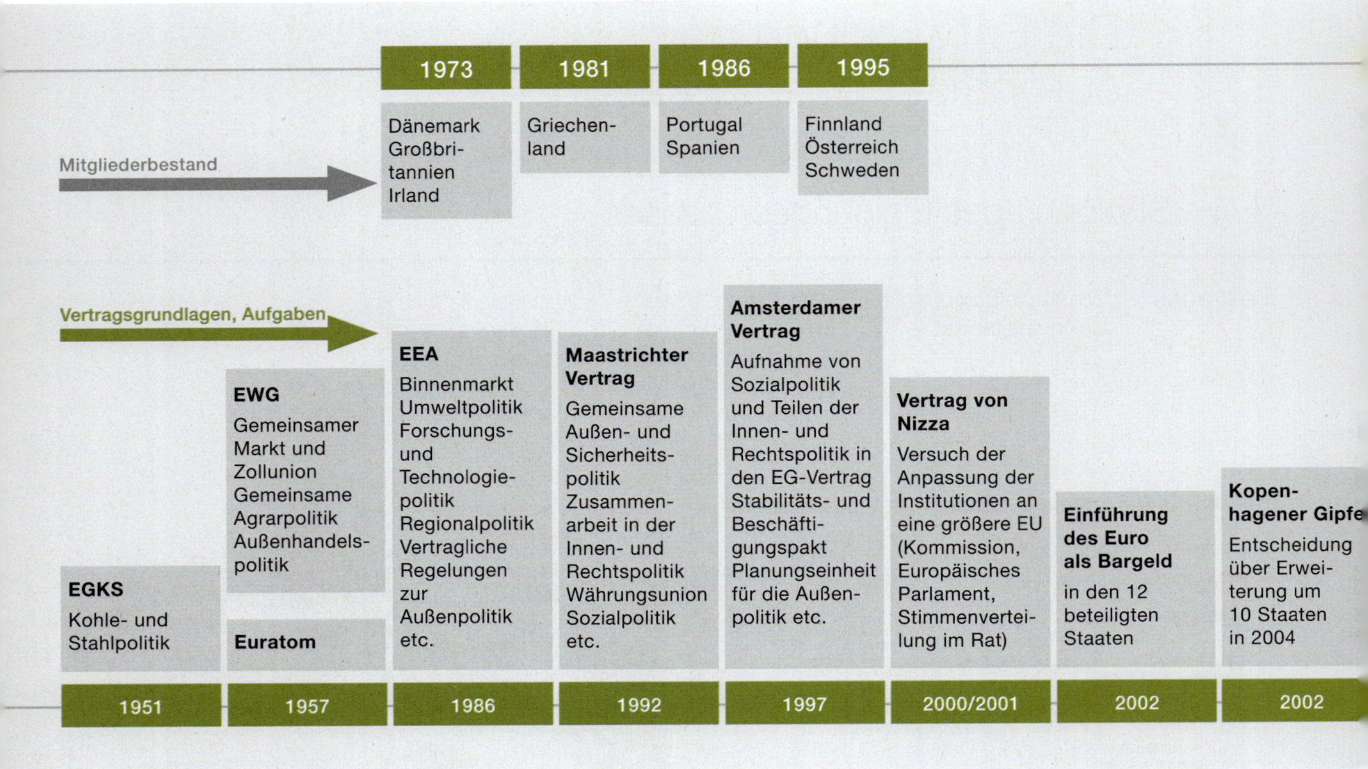

Die europäische Idee

„Europa beginnt zu verschwimmen, wenn man versucht, eine klar definierte Vorstellung davon zu erlangen; es zerfällt, sobald man es als eine Einheit zu erkennen glaubt. Wenn wir nach dem Zeitpunkt der ‚Gründung' Europas oder nach seiner unverwechselbaren Eigenheit suchen, dann entdecken wir, dass es nichts gibt, was von Anfang an charakteristisch für Europa gewesen wäre, und nichts, was man heute als ausschließlich europäisch bezeichnen könnte. Der Begriff Europa muss in seiner vollen, vielgestaltigen Komplexität erfasst werden."

Edgar Morin, Europa denken, übersetzt von Linda Gränz, Frankfurt/M.-New York 1991, S. 20

Motive der europäischen Integration

Europäische Staaten, die jahrhundertelang in unterschiedlichen Konstellationen und Bündnissen erbitterte Kriege gegeneinander führten, verstehen sich heute als Partner und gute Nachbarn. Vorstellungen und Ideen von einer friedlichen Integration europäischer Nationalstaaten reichen weit zurück – Philosophen wie Immanuel Kant (1724 – 1804), Schriftsteller wie Victor Hugo (1802 – 1885) oder Politiker wie Gustav Stresemann (1878 – 1929) forderten, wenn auch vergebens, schon früh ein vereintes Europa. Die Völker Europas sollten ihre nationalistischen Einstellungen überwinden und ihre Identität nicht mehr in der Abgrenzung zu und Auseinandersetzung mit anderen europäischen Staaten bilden, sondern sich auf die gemeinsame Kultur und Geschichte besinnen.

Als der britische Premierminister Winston Churchill 1946 forderte: „Wir müssen etwas wie die Vereinigten Staaten von Europa schaffen", bezog er sich also auf eine alte Idee. Allerdings erst die Katastrophe zweier Weltkriege, die den Nationalstaat gleichsam diskreditierte, brachte den Durchbruch für einen europäischen Zusammenschluss. Dass die politisch und kulturell so

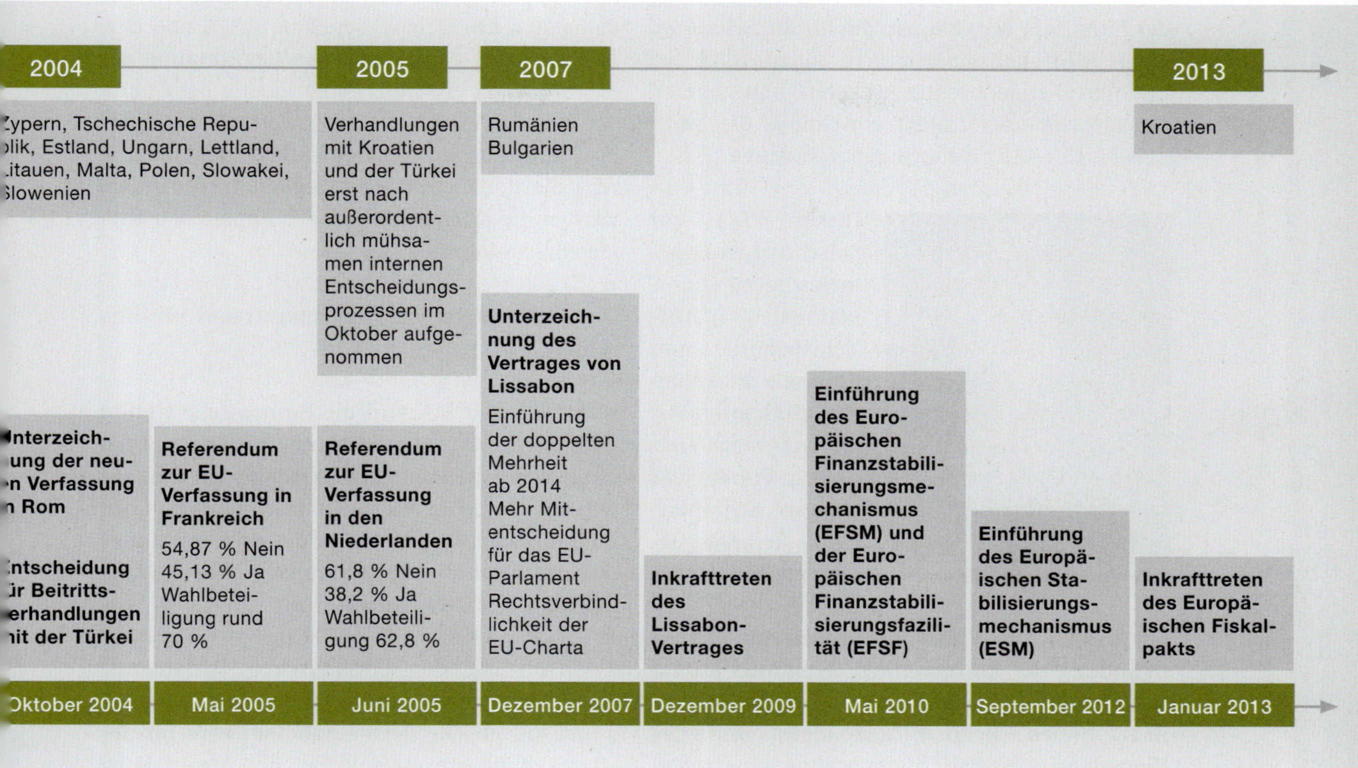

Nach: www.dadalos-d.org

unterschiedlichen Staaten Europas dauerhaft und eng zu einer politischen Union zusammengewachsen sind, ist bisher beispiellos in der Geschichte. Das **Zusammenwirken mehrerer Motive** bewirkte letztlich die europäische Integration:

- Es bestand der Wunsch nach der **Etablierung neuer Sicherheitsstrukturen** in einer Welt, in der Nationalstaaten keinen wirksamen Schutz vor fremder Aggression mehr bieten konnten.

- Es sollte eine Antwort auf die „deutsche Frage" gefunden werden, d.h. eine Möglichkeit der **Kontrolle über Deutschland** durch seine Einbindung in ein supranationales System.

- Ein schneller **Wiederaufbau** des zerstörten Europas und eine Steigerung des Wohlstands war nur durch wirtschaftliche Kooperation und die **Schaffung größerer Wirtschaftsräume** zu bewerkstelligen, um der amerikanischen Wirtschaftsmacht gegenüber konkurrenzfähig zu werden.

- Schließlich war das Streben der (West-)Europäer nach einer **Selbstbehauptung** bzw. der Bildung einer **„europäischen Identität"** gegenüber den neuen Supermächten USA und Sowjetunion ein weiteres Motiv für einen Zusammenschluss der Staaten.

Die Geburtsstunde

Fünf Jahre nach dem Ende des Zweiten Weltkrieges, am 9. Mai 1950, unterbreitete der damalige französische Außenminister Robert Schuman in einer Regierungserklärung den Vorschlag, als ersten Schritt zu einer „europäischen Föderation" „die Gesamtheit der französisch-deutschen Kohle- und Stahlproduktion einer gemeinsamen Hohen Behörde zu unterstellen, in einer Organisation, die den anderen europäischen Ländern zum Beitritt offen steht. [...] Die Solidarität der Produktion [...] wird bekundet, dass jeder Krieg zwischen Frankreich und Deutschland nicht nur undenkbar, sondern materiell unmöglich ist. [...] So wird einfach und rasch die Zusammenfassung der Interessen verwirklicht, die für die Schaffung einer Wirtschaftsgemeinschaft unerlässlich ist und das Ferment einer weiteren und tieferen Gemeinschaft der Länder einschließt, die lange Zeit durch blutige Fehden getrennt waren".

Robert Schuman (1886 – 1963)

Dieser Plan zur Schaffung einer gemeinsamen, supranationalen Aufsichtsbehörde zur Kontrolle der Kohle- und Stahlproduktion Deutschlands und Frankreichs ging als **„Schuman-Plan"** in die Geschichte ein.

Bereits im April 1951 wurde der Vertrag über die **Gründung der Europäischen Gemeinschaft für Kohle und Stahl** (EGKS) von Frankreich, der BRD, Italien, Belgien, Luxemburg und den Niederlanden in Paris unterzeichnet. Die später auch als **„Montanunion"** bezeichnete Gemeinschaft diente zur Kontrolle der westdeutschen Wirtschaftsentwicklung, insbesondere der für die Rüstungsgüterproduktion notwendigen Schwerindustrie. Für die Bundesrepublik bedeutete die Montanunion die Chance, als gleichberechtigter Partner die europäische Politik mitzugestalten (Westintegration). Der Schuman-Plan gilt als Geburtsstunde der Europäischen Union, weshalb der 9. Mai jährlich als „Europatag" gefeiert wird.

Der Vertrag von Lissabon – die große Reform der Europäischen Union

Am 13. Dezember 2007 unterzeichneten die EU-Staats- und Regierungschefs in der portugiesischen Hauptstadt Lissabon die geplante neue Vertragsgrundlage der Europäischen Union. Nach einem langwierigen Ratifizierungsprozess trat er am 1. Dezember 2009 in Kraft. Der Vertrag von Lissabon übernimmt in weiten Teilen die Bestimmungen des ursprünglichen Europäischen Verfassungsvertrags von 2004, auch wenn das Verfassungskonzept als solches aufgegeben wird.

Zentrale Anliegen des Vertrages von Lissabon sind **eine verbesserte Handlungsfähigkeit** der damaligen EU-27 bzw. heutigen EU-28 und eine **Stärkung der demokratischen Legitimation** der EU. So sollen etwa die Einbeziehung der Charta der Grundrechte in den neuen Vertragstext sowie die Einführung eines Europäischen Bürgerbegehrens die Rolle der Bürger aufwerten. Außerdem werden die Kompetenzen des Europäischen Parlaments ausgeweitet.

Die Änderungen des Reformvertrages im Einzelnen:

- **Aus EG und EU wird die Europäische Union:** Mit dem Vertrag von Lissabon verschmelzen die bisher getrennten Rechtsräume zur Europäischen Union, in der alle Entscheidungen in den EU-Organen stattfinden, wenn auch mit unterschiedlichen Beschlussfassungsverfahren (Aufhebung der Drei-Säulen-Struktur).

- **Aufwertung des Europäischen Parlaments:** Das Mitentscheidungsverfahren, das Parlament und Rat gleiche Rechte zubilligt, wird im Gesetzgebungsprozess und bei der Abstimmung über den Haushalt zum Standardverfahren. Das Parlament erhält außerdem das Recht, den Kommissionspräsidenten zu wählen.

- **Erleichterte Abstimmungen im (Minister-)Rat:** Mehrheitsentscheidungen werden ausgeweitet, um die Möglichkeit eines einzelstaatlichen Vetos zu reduzieren (qualifizierte Mehrheit: ca. 2/3, Einstimmigkeit: ca. 1/3). Für die Mehrheitsabstimmungen wird das Kriterium der „doppelten Mehrheit" eingeführt (allerdings erst ab 2014): Erforderlich ist dazu eine Zustimmung von 55 Prozent der Mitgliedsländer, die zugleich 65 Prozent der EU-Bevölkerung repräsentieren. Damit erhalten erstmals die Bürger ein eigenes Gewicht bei Abstimmungen.

- **Berufung eines Präsidenten des Europäischen Rates:** Ein hauptamtlicher Präsident – zurzeit der Belgier Herman van Rompuy – wird für je zweieinhalb Jahre vom Europäischen Rat gewählt und soll für eine größere Kontinuität bei längerfristigen politischen Projekten sorgen. Der Europäische Rat, der bisher nicht zu den EU-Organen zählte, wird nun in die EU-Architektur eingebunden.

- **Neugewichtung des Hohen Vertreters für Außen- und Sicherheitspolitik:** Der Hohe Vertreter der EU für Außen- und Sicherheitspolitik vereinigt die früheren Ämter des Hohen Vertreters für die GASP und des Kommissars für Außenbeziehungen. Er ist zugleich Vorsitzender des Außenministerrats und Vizepräsident der Kommission. Er soll die EU gemeinsam mit dem neuen Präsidenten des Europäischen Rates nach außen vertreten. Zu seiner Unterstützung wird ein eigener auswärtiger Dienst aufgebaut. Gegenwärtig besetzt die Britin Catherine Ashton das Amt der Außenbeauftragten, umgangssprachlich auch „EU-Außenministerin" genannt.

- **Institutionalisierung der verstärkten Zusammenarbeit:** Vertraglich ermöglicht wird eine weitergehende Integration einer Gruppe von Mitgliedstaaten, auch wenn andere sich nicht daran beteiligen.

- **Einführung eines europaweiten Bürgerbegehrens:** Eine Million Menschen aus verschiedenen Mitgliedstaaten der EU können mit dem Europäischen Bürgerbegehren die Europäische Kommission dazu bringen, sich mit einem Thema zu beschäftigen und einen Rechtsakt vorzuschlagen. Die Bürger bekommen so erstmals die Möglichkeit, sich direkt in den europäischen Rechtsetzungsprozess einzubringen.

- Erstmals erlaubt der EU-Vertrag offiziell den **freiwilligen Austritt** eines Staates – inoffiziell war dies schon immer möglich. Beitrittswillige Staaten müssen die Werte der EU respektieren und sich verpflichten, diese zu fördern.

Aufgaben

1. Erläutern Sie, warum die europäische Idee gerade kurz nach dem Zweiten Weltkrieg verwirklicht werden konnte.
2. Fassen Sie die wesentlichen Bestimmungen des Lissaboner Vertrags übersichtlich auf einem Lernplakat zusammen.

M 1 Europa ist ein Freiheitsprojekt

Wenn ich Europa kritisiere, dann nicht, weil ich Europa ablehne. Ich kritisiere Europa, weil ich an Europa als einen, vielleicht sogar den einen politischen Raum glaube, in dem Menschen unterschiedlicher Ethnien, Glaubensrichtungen, Sprachen, Geschlechter, sexueller Orientierungen und Überzeugungen gleichberechtigt und auf der Grundlage demokratischer säkularer Verfassungen leben können. Noch konkreter: Ich glaube auch an das europäische Projekt der Einigung, an diese so glanzlose, behäbige, bürokratische Europäische Union mit all ihren verwaltungsrechtlichen Absurditäten, die sich so billig aufspießen lassen, an das Europa der Butterbrotdosenverordnung, des Glühlampenverbots und des heillos überforderten Übersetzerdienstes. Die Europäische Union ist mitsamt ihren Vorläufern die größte politische Errungenschaft auf diesem Kontinent im vergangenen Jahrhundert, wenn nicht in der europäischen Geschichte. Sie hat nicht nur Völker befriedet, die sich in Hass und Kriegswut gegenüberstanden, sie hat dem Kontinent auch Demokratie, Rechtsstaatlichkeit und ökonomischen Wohlstand beschert. Europa ist eben nicht nur ein Friedensprojekt. Es ist auch ein Projekt der Freiheit: Es war die Verankerung in Europa, die die Demokratie in Deutschland erstmals gelingen ließ; es war der Druck aus Europa, der entscheidend zum Sturz der Diktaturen im Süden des Kontinents beigetragen hat, wir vergessen das heute zu leicht, in Spanien, in Portugal, in Griechenland; es war die Aussicht, zu Europa zu gehören, die später die osteuropäischen Staaten und in jüngster Zeit die Länder des Balkans und die Türkei angestiftet hat, demokratische Reformen einzuleiten.

Um heute für Europa zu werben, genügt es nicht, den eigenen ökonomischen oder geopolitischen Nutzen anzuführen. Eine solche, rein utilitaristische Argumentation widerspricht nicht nur im Kern dem europäischen Gedanken, der ein idealistischer ist, die Idee einer gerechteren Welt. Wer die Europäische Union auf den wirtschaftlichen Vorteil reduziert, steht mit leeren Händen da, sobald die Bilanz nicht mehr stimmt. Das genau ist es, was wir in der politischen Rhetorik dieser Tage beobachten: Die hilflose Suche nach einer Rechnung, welche die Billionentransfers irgendwie plausibel erscheinen lässt. Aber was, wenn die Finanzhilfen sich ökonomisch eben nicht rechnen sollten, wenn es tatsächlich Hilfen wären und nicht Investitionen?

Um eine Antwort zu finden, ist es sinnvoll, nicht an den Anfang der Europäischen Union zurückzugehen, sondern an die Anfänge des europäischen Projektes. Historisch geht das Projekt eines einigen Europas auf die Französische Revolution zurück, geistig auf die philosophische Aufklärung. Es war in seinen wesentlichen Begründungssträngen nicht darauf ausgerichtet, Frieden zwischen verfeindeten Nationen zu schaffen, sondern wandte sich gegen den Nationalismus, der in den meisten europäischen Ländern die politisch herrschende Kraft war, gegen die Idee einer Einheit von Kultur, Sprache, Religion und Blut. So nimmt es auch nicht Wunder, dass unter den Verfechtern der europäischen Idee überproportional viele jüdische Intellektuelle sowie Angehörige von ethnischen oder sprachlichen Minderheiten zu finden sind, die von dem Chauvinismus innerhalb der Nationalstaaten persönlich betroffen waren.

Damit aber blieb Europa lange Zeit die Vision einer Minderheit, eine Vision von Dichtern und Denkern. Erst als die Gefahren des Nationalismus in zwei Weltkriegen evident geworden waren, konnte sich die Idee eines einigen Europas politisch durchsetzen. Die Beschwörung des Friedens war gleichsam das Geburtsgebet der europäischen Einigung. Wenn es sich aber von selbst versteht, in Frieden zu leben, wird aus dem Gebet Sonntagsrednerei, und das ist es, was wir heute wahrnehmen. Kaum jemand bestreitet den Frieden, den die europäische Einigung dem Kontinent beschert hat. Eine politische Überzeugung jedoch, für die man bereit ist, sich einzusetzen, auch Opfer zu bringen, entsteht nicht allein aus der Lektüre von Geschichtsbüchern, sondern aus der eigenen Erfahrung. Sie gründet im Hier und Jetzt, und ihr Fokus liegt nicht auf der Vergangenheit, sondern auf der Zukunft: In welcher Gesellschaft will ich leben? Vielleicht wäre an dem Friedensprojekt Europa wieder das Freiheitsprojekt zu entdecken, das es im Ursprung war. Europa ist ein Freiheitsprojekt. Die jetzige Krise ist keine Schuldenkrise. Die Schulden sind Ausdruck und Folge einer politischen Krise.

Navid Kermani, Süddeutsche Zeitung, 24.10.2011

M 2 „Europa scheitert, wenn der Euro scheitert“

Merkel bezeichnete die Finanzkrise erneut als schwerste Bewährungsprobe in der Geschichte der Europäischen Einigung. Die Bundesregierung habe nie einen Zweifel daran gelassen, dass sie alles tun werde, damit Europa gestärkt aus dieser Bewährungsprobe hervorgehe. Die Regierung habe aber auch immer wieder vor der Erwartung an eine einfache und schnelle Lösung gewarnt. „Wir befinden uns vielmehr in einem lange Prozess, der Jahre in Anspruch nehmen“ werde, sagte Merkel. „Europa scheitert, wenn der Euro scheitert. Europa gewinnt, wenn der Euro gewinnt“.

dpa, Handelsblatt, 27.2.2012

Aufgaben

1. Erläutern Sie den Satz: „Die Zusammenführung europäischer Staaten nach dem Zweiten Weltkrieg ist beispiellos in der Geschichte und ein Glücksfall für Europa.“
2. Formulieren Sie eine Bestandsaufnahme des heutigen Integrationsstands der EU.
3. Ist die Europäische Union ein Freiheitsprojekt oder wird sie lediglich durch den Euro zusammengehalten? Setzen Sie sich mit diesen Thesen auseinander. Formulieren Sie anschließend (arbeitsteilig) jeweils eine Gegenrede an die Adressaten Kermani und Merkel. (M 1, M 2)

1.2 Vielfalt in der Einheit – wie groß darf die EU werden?

Leitfragen	Was hält die EU zusammen? – Gibt es gemeinsame Werte?	Was sind die Bedingungen für einen Beitritt?	Ist Vertiefung bei gleichzeitiger Erweiterung möglich?

Erweiterung und Vertiefung

Der Prozess der europäischen Integration ist gekennzeichnet durch **Erweiterung und Vertiefung.**

Vertiefung bedeutet eine Intensivierung und Reform der innereuropäischen Zusammenarbeit. Um eine vertiefte Zusammenarbeit zu erreichen, übertragen die Mitgliedstaaten zunehmend mehr Zuständigkeiten an die supranationalen EU-Organe, oder sie verstärken die Zusammenarbeit zwischen allen oder einzelnen Regierungen (intergouvernementale Zusammenarbeit). Die „verstärkte Zusammenarbeit" wurde bereits in den Verträgen von Amsterdam und Nizza verankert. Demnach können manche EU-Staaten ihre Integration schneller vorantreiben als andere, d.h. es müssen sich nicht alle Länder gleichermaßen an einer engeren Kooperation beteiligen.

Erweiterung umfasst den Beitritt in die Europäische Union oder vertragliche Kooperationen europäischer Staaten mit der EU. Das kann möglich sein durch eine

- Vollmitgliedschaft (etwa im Zuge der Osterweiterung),
- assoziierte Mitgliedschaft (z.B. die Türkei) oder
- auf Basis von Kooperationsverträgen mit einzelnen Ländern (etwa Russland) bzw. Ländergruppen (z.B. Staaten in Asien oder im Pazifik).

Beide Teilprozesse der Integration (Erweiterung und Vertiefung) sollten miteinander Schritt halten.

Die Osterweiterung

Die Europäische Integration, die mit sechs Gründerstaaten 1951 begann, übt eine große Anziehungskraft auf die Staaten Europas aus. Dies belegt die ständige Ausdehnung der EU auf nunmehr 28 Staaten. Die Europäische Union gilt offensichtlich als Garant für politische Stabilität, Demokratie, Menschenrechte und Frieden. Die fünfte und größte Erweiterungsrunde 2004 stellte eine einmalige historische Herausforderung für die EU dar:

- Noch nie in der Geschichte Europas war es möglich, die Teilung Europas in einem demokratischen, freiheitlichen Zusammenschluss von Staaten zu überwinden.
- Noch nie war die Zahl der Beitrittskandidaten so groß.
- Noch nie bewarben sich so viele kleine Staaten um eine Mitgliedschaft.
- Noch nie bestand ein so großes Gefälle in den Pro-Kopf-Einkommen zwischen den Bewerberstaaten und den Mitgliedstaaten der EU.
- Noch nie bestand eine so große Unsicherheit über die Auswirkungen der Erweiterung auf die Stabilität der EU und den Fortgang des Integrationsprozesses.

Mit der Osterweiterung wurde die Teilung Europas in Ost und West endgültig überwunden. Staaten, die mit der Geschichte und Kultur Europas eng verbunden sind, wurden in die EU aufgenommen. So entstand der größte Wirtschaftsraum der Welt mit rund 500 Millionen Einwohnern, der das politische und wirtschaftliche Gewicht der EU als supranationaler Akteur deutlich vergrößert hat. Die westeuropäischen Staaten, allen voran die Bundesrepublik Deutschland, profitierten bisher wirtschaftlich von der Entwicklung und Sicherung ihrer Exportmärkte im Osten.

Wer darf in die EU?

Im Juni 1993 hat der Europäische Rat von Kopenhagen den Staaten Mittel- und Osteuropas das Recht eingeräumt, der Europäischen Union beizutreten, wenn sie drei Beitrittskriterien erfüllen (**Kopenhagener Kriterien**):

- In **politischer Hinsicht** werden eine stabile demokratische und rechtsstaatliche Ordnung, die Wahrung der Menschenrechte sowie der Schutz der Minderheiten verlangt.
- Das **wirtschaftliche Kriterium** fordert eine funktionstüchtige Marktwirtschaft, die dem Wettbewerbsdruck des europäischen Binnenmarktes standhalten kann.
- Die Länder müssen sich die Ziele der politischen Union sowie der Wirtschafts- und Währungsunion zu eigen machen und sämtliche Rechte und Pflichten der EU übernehmen, den sog. **gemeinsamen Besitzstand** (acquis communautaire).

Diese politischen, gesellschaftlichen, wirtschaftlichen und rechtlichen Voraussetzungen muss jedes beitrittswillige Land erfüllen, bevor die EU über die Aufnahme entscheiden kann.

Werte und Ziele – was hält Europa zusammen?

Die Europäer haben aus der durch Krieg und Feindschaft geprägten europäischen Geschichte gelernt, dass Frieden und Wohlstand auf Dauer nur durch ein Miteinander möglich sind. Auf der Grundlage der Menschenrechte und der Demokratie soll Europa in Vielfalt geeint das Wohlergehen der Menschen fördern. Einig sind sich die 28 Staaten in ihren gemeinsamen Zielen: Sie wollen erreichen, dass alle EU-Länder wirtschaftlich prosperieren und die Menschen in Wohlstand leben können. Die Mitgliedsstaaten setzen sich dafür ein, dass in Europa und der Welt Frieden und Sicherheit herrschen. Sie haben sich vorgenommen, allen in der EU lebenden Menschen die gleichen Grundrechte (→ Kap. 4.1.1) zu garantieren, ein Leben ohne Diskriminierungen und mit Chancengleichheit für alle. Nach dem Motto „In Vielfalt geeint“ sollen die Kulturen und Traditionen der unterschiedlichen Staaten respektiert werden.

In Artikel 2 des Vertrages von Lissabon sind die zentralen Werte der EU festgehalten:

„Die Werte, auf die sich die Union gründet, sind die Achtung der Menschenwürde, Freiheit, Demokratie, Gleichheit, Rechtsstaatlichkeit und die Wahrung der Menschenrechte einschließlich der Rechte der Personen, die Minderheiten angehören. Diese Werte sind allen Mitgliedstaaten in einer Gesellschaft gemeinsam, die sich durch Pluralismus, Nichtdiskriminierung, Toleranz, Gerechtigkeit, Solidarität und die Gleichheit von Frauen und Männern auszeichnet.“

Als Ziele der Europäischen Union nennt der Vertrag unter anderem die Förderung des Friedens, die Schaffung eines Binnenmarkts mit freiem und unverfälschtem Wettbewerb, Wirtschaftswachstum, Preisstabilität, Soziale Marktwirtschaft, Umweltschutz, soziale Gerechtigkeit, kulturelle Vielfalt, weltweite Beseitigung der Armut und die Förderung des Völkerrechts.

Als „Krönung“ ihrer Werte und Ziele wurde der EU 2012 der **Friedensnobelpreis** „für über sechs Jahrzehnte Beitrag zur Förderung von Frieden und Versöhnung, Demokratie und Menschenrechten in Europa“ verliehen.

Die gemeinsamen Symbole

Die zwölf kreisförmig angeordneten Sterne der **europäischen Flagge** symbolisieren Vollkommenheit, Vollständigkeit und Einheit. Daher stehen die Sterne auf der Flagge für die Harmonie der europäischen Völker. Die Zahl der Sterne hat nichts mit der Anzahl der Mitgliedstaaten zu tun. Seit 1972 ist der letzte Satz von Ludwig van Beethovens 9. Symphonie die Hymne des Europarats. Bei der Komposition ließ sich Beethoven von Schillers Gedicht „Ode an die Freude“ inspirieren. **Offizielle Hymne** der Europäischen Union ist die „Ode an die Freude“ seit 1986. Die Hymne hat bisher keinen offiziellen Text und kann daher nicht gesungen, sondern nur instrumental gespielt werden. Das offizielle Motto der EU heißt **„In Vielfalt geeint“**. Dieser Leitspruch findet sich zum ersten Mal im Vertrag von Lissabon.

Facetten europäischer Identitäten

Identitätsstiftende Aspekte	Abgrenzungen	
Europäische Selbstbeschreibungen	**externe Andere**	**interne Andere**
1. Kontinent Europa als geografische und kulturelle Einheit, gemeinsame Geschichte europäische Kultur, gemeinsame Geschichte	„der Osten“, Asien, Türkei Russland	Balkan, Osteuropa
2. Zivilisation und technischer Fortschritt Ackerbau, Technik, Navigation, Wissenschaft, Handel und Gewerbe	„der Rest“	Osteuropa (Byzanz)
3. Christliches Abendland, römisch-katholische Kirche, Europa Karls des Großen, Protestantismus, Säkularisierung	Islam, USA, Türkei	Judentum, orthodoxe Kirchen (Byzanz), Islam, Osteuropa, Balkan
4. Ästhetische Einheit Kunstgeschichte in parallelen Epochen: Romanik, Gotik, Renaissance, Barock, Moderne, Postmoderne	USA, „der Rest“	Osteuropa
5. Reflexive Wissensgemeinschaft Umsetzung von Konflikt in Innovation, Wettbewerb und Kritik, öffentliche Diskursräume, freie Städte, Universitäten	Diktaturen, autoritäre Regime, Despotismus (Asien, Orient)	Osteuropa (Byzanz)
6. Europa der Nationen Gemeinschaft europäischer Völker und Nationen	Nicht-EU-Staaten	Beitrittskandidaten
7. Klassen, Schichten, Milieus, Mittelstand, Bürgertum, Kleinbürgertum, Arbeiterklasse	Zweiklassengesellschaften, USA, sozialistische Staaten	Osteuropa
8. Arbeitsethik und Wohlfahrtsstaat Arbeiterbewegung, Solidarität, Sozialausgaben, Soziale Marktwirtschaft	USA	(Osteuropa)
9. Europäische Wertegemeinschaft Menschenrechte, Demokratie, Freiheit, Toleranz, Rationalität, Individualität, Aufklärung, Religionsfreiheit, Säkularisierung	fundamentalistischer Islam, Türkei	Osteuropa
10. Europäische Kommunikationsgemeinschaft Europa als Rechtsgemeinschaft, Entnationalisierung von Kultur und Identität, Überkreuzung individueller Lebensstile, transnationale Netzwerke, Europäisierung und Individualisierung	Nicht-EU-Staaten	bildungsferne Schichten
11. Negative Erinnerungsgemeinschaft Schuldbekenntnisse zu Weltkriegen und Holocaust, „Tätergemeinschaft“, Verbot der Todesstrafe	Japan, Türkei, USA, Irak	Balkan

© *Gudrun Quenzel, Konstruktionen von Europa. Die europäische Identität und die Kulturpolitik der Europäischen Union, Bielefeld 2005, S. 14*

Aufgabe

Klären Sie in Gruppenarbeit, welche identitätsstiftenden Merkmale Sie für wichtig erachten. Legen Sie eine Reihenfolge (Ranking) fest.

Kontrovers diskutiert: Soll die Ukraine in die EU aufgenommen werden?

M 1 Westerwelle droht Ukraine mit Konsequenzen für EU-Beitritt

Bundesaußenminister Guido Westerwelle hat der Ukraine wegen des Umgangs mit der erkrankten Oppositionspolitikerin Julia Timoschenko mit Konsequenzen gedroht. Mit Blick auf die Bestrebungen des Landes, der EU beizutreten, sagte Westerwelle der Bild-Zeitung: „Die ukrainische Regierung muss wissen: Der Weg nach Europa führt über eine Brücke, die auf zwei Pfeilern steht: Demokratie und Rechtsstaatlichkeit." Als Mitglied des Europarates müsse die Ukraine ihrer Verpflichtung zu menschenrechtlichen Mindeststandards nachkommen. [...]

Die an Bandscheibenproblemen leidende Timoschenko verbüßt in der östlichen Stadt Charkiw eine siebenjährige Haftstrafe wegen Amtsmissbrauchs. Die EU kritisiert ihre Inhaftierung als politisch motiviert. Timoschenko protestiert mit einem Hungerstreik gegen ihre Haftbedingungen.

Nach Ansicht des außenpolitischen Sprechers der Union sollte Deutschland die Ukraine verklagen. „Die Bundesregierung sollte eine Staatenklage vor dem Europäischen Gerichtshof für Menschenrechte prüfen, um die Rechte der erkrankten Oppositionspolitikerin Julia Timoschenko einzufordern", sagte der CDU-Politiker Philipp Mißfelder der Nachrichtenagentur Reuters. [...]

EU-Kommissionspräsident José Manuel Barroso ließ mitteilen, er werde das Land nicht zur Fußball-Europameisterschaft besuchen, die die Ukraine ab Juni gemeinsam mit Polen ausrichtet.

dpa, Süddeutsche Zeitung, 2.5.2012

M 2 Polnischer Botschafter von EU-Beitritt der Ukraine überzeugt

Henryk Litwin, Botschafter der Republik Polen in der Ukraine, ist sicher, dass dem Beitritt der Ukraine in die EU nichts im Wege steht. [...] Der Botschafter wies darauf hin, dass die Ukraine dringender Umbrüche bedürfe und dass einige dieser Veränderungen im Assoziationsabkommen sowie dem Aktionsplan zur Visaliberalisierung schon enthalten seien, sodass einem Beitritt der Ukraine in die EU nichts im Wege stünde.

Der Botschafter erläuterte weiterhin: „Es ist schwierig zu bestimmen, wie lange es dauern wird, bis die Ukraine als vollwertiges Mitglied der Europäischen Union zählt. [...] So war beispielsweise im Jahr 1991 die Situation in den Baltischen Staaten durchaus schwieriger als in Polen. Diese Staaten mussten sich zudem weitaus mehr anstrengen als Ungarn. „Wir [Polen, Ungarn, Baltische Staaten] sind der EU jedoch alle gemeinsam beigetreten."

Um Veränderungen und Schritte in die Zukunft voranzutreiben, müssen die Ukrainer verstehen, dass der Beitritt der EU, der einzig richtige Weg für die Weiterentwicklung des Landes darstelle, fuhr der Botschafter fort. Aktuell ist die Mehrheit der ukrainischen Bürger (rund 70 Prozent) für einen EU-Beitritt. Doch der Umsetzung diesbezüglich notwendiger Reformen steht die ukrainische Gesellschaft noch skeptisch gegenüber. Henryk Litwin wies darauf hin, dass die Ukraine im Gegenzug für die Entscheidung, Teil der europäischen Gemeinschaft zu werden, keineswegs ihre kulturellen, sozialen oder wirtschaftlichen Beziehungen zu anderen Ländern abbrechen müsse.

Einschätzungen des polnischen Botschafters zufolge werde sich die EU trotz der aktuellen Wirtschaftskrise nicht verkleinern oder gar ihre Expansion einschränken. Der Beitritt Kroatiens im Jahr 2013 ist nur ein weiteres Beispiel für die stetige Ausweitung der EU. Litwin fügte hinzu, dass die gesamte EU von einem Beitritt der Ukraine und der damit einhergehenden Osterweiterung profitieren würde.

Dennoch bestehen zwischen Polen und der Ukraine grosse Unterschiede, die grösstenteils auf die 70-jährige kommunistische Regierungsführung der Ukraine vor 1991 zurückzuführen ist. Diese Zeit reichte aus, um drei Generationen zu verändern. Heute gibt es im Land kaum noch Menschen, die sich an die Zeiten vor der kommunistischen Führung und der offenen Volkswirtschaft erinnern. Litwin, der einen akademischen Abschluss in Geschichte aufweisen kann, führte an, dass Polen und die Baltischen Staaten im Gegensatz zur Ukraine eine viel kürzere Zeit unter der Führung eines kommunistischen Regimes standen und dass es diesen Ländern somit einfacher möglich war, neue Anforderungen anzunehmen und umzusetzen.

Nach: ots, www.presseportal.de, 26.4.2012

Aufgaben

1. Prüfen Sie, ob es allgemein anerkannte geografische und kulturelle Grenzen für Europa gibt.
2. Erstellen Sie eine Liste von Staaten Europas, die nicht der EU angehören. Wie erklären Sie sich die Nicht-Mitgliedschaft dieser Staaten?
3. Nehmen Sie Stellung zu folgender These: „Eine Vergrößerung der EU bei gleichzeitiger weiterer Integration schließen sich aus".
4. Beurteilen Sie, ob ein Beitritt der Ukraine zur EU mit den Werten und Zielen der EU vereinbar wäre. (M 1, M 2)

2 Zentrale Politikfelder

2.1 Wirtschaftliche Integration

Leitfragen | Was bedeuten Wirtschafts- und Währungsunion? | Wie ist der Stand der wirtschaftlichen Integration?

Die Wirtschafts- und Währungsunion

Die Entwicklung der europäischen Integration wurde von Anfang an durch die wirtschaftliche Zusammenarbeit geprägt und vorangetrieben. Politisch gesehen versprach man sich von engen wirtschaftlichen Verflechtungen der Länder wechselseitige Abhängigkeiten, die die politische Stabilität und den Frieden sichern sollten. Schon 1951 standen im Mittelpunkt der transnationalen Zusammenarbeit in erster Linie wirtschaftliche Interessen (siehe EGKS, Euratom, EWG). Gemeinsames Ziel war die Beseitigung von Handelshemmnissen und die Bildung eines „gemeinsamen Marktes“, der im europäischen Binnenmarkt verwirklicht werden sollte, in dem frei ohne Zölle und andere Beschränkungen Waren gehandelt werden können.

© Bergmoser + Höller Verlag AG 715 320

Die **Europäische Wirtschafts- und Währungsunion** (EWWU) wurde im Vertrag von Maastricht 1993 vereinbart und besteht seit 1999. Sie stellt eine neue Dimension der wirtschaftlichen Verflechtung dar. Ihr Ziel ist die Förderung wirtschaftlicher Dynamik und im Ergebnis Wirtschaftswachstum und Beschäftigungsanstieg.

Der europäische Binnenmarkt – die Wirtschaftsunion

Wirtschaftliches „Herz" der Europäischen Union ist der Binnenmarkt. Der europäische gemeinsame Markt war vor 1993 von zahlreichen nationalstaatlichen Regelungen wie z. B. Produktstandards oder Grenzkontrollen behindert worden. Die wirtschaftliche Dynamik im Handel der EG-Mitgliedstaaten stagnierte. Mit der Einführung des europäischen Binnenmarktes entstand ein Wirtschaftsraum, in welchem der **freie Verkehr von Waren, Personen, Dienstleistungen und Kapital** gewährleistet sein sollte (die „vier Freiheiten" des EG-Binnenmarktes). Der Binnenmarkt

- fördert den innergemeinschaftlichen Handel,
- steigert die Produktivität,
- senkt die Kosten durch erhöhten Wettbewerb sowie die Abschaffung von Zöllen (Zollunion) und
- bringt den EU-Bürgern zahlreiche Erleichterungen und Freiheiten in ihrem Alltagsleben.

Der ungehinderte Warentransport über unsere Binnengrenzen ist heute ebenso selbstverständlich geworden wie ungehindertes Reisen und Niederlassungsfreiheit für die EU-Bürger innerhalb der Gemeinschaft.

Vollendung des Binnenmarktes – eine ordnungspolitische Daueraufgabe?

Wir wissen heute, dass es eine Vollendung des Binnenmarktes im Sinne eines endgültigen Abschlusses nicht geben kann. Beim Warenverkehr und den anderen Freiheiten ist der Binnenmarkt noch Einschränkungen unterworfen. Das zeigen die zahlreichen Verfahren, die die EU-Kommission gegen Mitgliedstaaten einleitet, wenn diese gegen die Binnenmarktvorschriften verstoßen. In Österreich wird z. B. ein alkoholisches Getränk auf Kräuterbasis ohne besondere Auflagen hergestellt und verkauft. Für die deutschen Behörden ist das Gebräu ein Medikament, das nach dem Arzneimittelgesetz zugelassen werden muss. Irland unterzieht Bauprodukte aus der EU einem Zulassungsverfahren, das wie eine Importbeschränkung wirkt. Österreich, Griechenland, Finnland und Portugal erkennen bestimmte Berufsqualifikationen nicht an. Diese Fälle machen deutlich, dass ein wichtiges Prinzip, auf das die Gründer des Binnenmarktes gesetzt hatten, in der Praxis nicht recht funktioniert: Statt europaweit die Produktvorschriften und Qualifikationen anzugleichen (**Harmonisierung** der Rechtsvorschriften), sollten die Mitgliedstaaten verstärkt ihre unterschiedlichen Standards anerkennen. Den Grundgedanken dieses Äquivalenzprinzips hatte der Europäische Gerichtshof bereits 1979 in seinem berühmt gewordenen „Cassis de Dijon-Urteil" formuliert. Die Richter waren der Ansicht, dass die in einem Mitgliedstaat rechtmäßig hergestellten und in den Verkehr gebrachten Erzeugnisse auch in den anderen EU-Ländern vertrieben werden dürfen.

Die Gestaltung des Binnenmarktes zum Nutzen der Wirtschaft und der Verbraucher ist ein kontinuierlicher Prozess, der stets aufs Neue zwischen den zuständigen EU-Organen und den Nationalstaaten ausgehandelt wird. So gibt es unterschiedliche Vorstellungen in den Mitgliedsländern über Reichweite und Ausgestaltung von EU-Regelungen, z. B. zum Verbraucherschutz. Bildung und Ausbildung sind wichtige Zukunftsbereiche, in denen weitere Integrationsschritte nötig sind: von der Anerkennung von Bildungsabschlüssen, einheitlichen Standards für Bewerbungen bis zu Kooperationen von Schulen und Universitäten über nationale Grenzen hinweg. Da sich der Binnenmarkt nachhaltig auf viele andere Politikfelder auswirkt (Verkehr, Telekommunikation, Energie u. a.), gilt die Vollendung des europäischen Binnenmarktes als **ordnungspolitische Daueraufgabe der EU**.

Der Euro – die Währungsunion

Für die Bürger der Europäischen Union ist die Einführung des Euro als einheitliche Währung 2002 sichtbarstes Zeichen gemeinsamer europäischer Politik. Die Europäische Währungsunion vervollständigt den Binnenmarkt. Bedingungen und Effizienz des Wirtschaftens wurden verbessert durch

- den Wegfall von Wechselkursrisiken und Umtauschkosten sowie
- erhöhte Transparenz der Preise für Waren und Dienstleistungen.

Die Währungsunion bedeutete für die europäischen Volkswirtschaften eine gestärkte Position im internationalen Wettbewerb und einen wichtigen Schritt der Vertiefung europäischer Integration hin zu einer politischen Union.

Die **Geld- und Währungspolitik** ist nun Aufgabe der Europäischen Zentralbank (EZB); die Mitgliedstaaten haben ihre nationale Souveränität über die Geld- und Wechselkurspolitik an sie abgetreten. Die zentrale Aufgabe der EZB als „Hüterin der Währung" besteht darin, im Euroraum inflationäre Tendenzen zu verhindern und für einen stabilen Geldwert zu sorgen (→ Kap. 2.5). Um den Erfolg der Wirtschafts- und Währungsunion zu sichern und Risiken zu vermeiden, vereinbarten die Mitgliedstaaten in Maastricht wirtschaftliche Kriterien, die ein Staat erfüllen muss, bevor er der EWWU beitreten und den Euro einführen darf (Konvergenzkriterien; Konvergenz = Annäherung, Übereinstimmung).

Diese **Konvergenzkriterien** beinhalten:

- **Preisstabilität:** Die Inflationsrate darf max. 1,5 Prozent über derjenigen der drei preisstabilsten Mitgliedstaaten liegen;
- **Haushaltsdefizit:** Die Neuverschuldung darf höchstens drei Prozent des Bruttoinlandsprodukts (BIP) betragen;
- **Verschuldung:** Die Gesamtverschuldung der öffentlichen Haushalte (Bund, Länder und Kommunen) darf 60 Prozent des BIP nicht übersteigen;
- **Stabile Wechselkurse:** Vor Aufnahme in die Währungsunion muss ein Beitrittskandidat mindestens zwei Jahre am Wechselkurssystem des Europäischen Währungssystems teilnehmen, ohne seine Währung abzuwerten;
- **Zinsen:** Der Zinssatz für langfristige Anlagen darf höchstens zwei Prozent über dem der drei preisstabilsten Mitgliedsländer liegen.

Eurozone

Alle Mitgliedstaaten der EU – mit Ausnahme von Großbritannien und Dänemark – haben sich dazu verpflichtet, den Euro als gemeinsame Währung einzuführen und auf die Erreichung und Einhaltung der Konvergenzkriterien hinzuarbeiten.

Schweden gilt als Sonderfall, da es absichtlich – und von der Europäischen Kommission geduldet – nicht am Wechselkurssystem des Europäischen Währungssystems teilnimmt und dadurch einen Eurobeitritt vermeidet.

Der Stabilitäts- und Wachstumspakt

Um die Stabilität des Euro dauerhaft zu gewährleisten, verpflichteten sich die EU-Staaten im Rahmen des **Stabilitäts- und Wachstumspaktes** von 1997, sich auch zukünftig an die genannten Bestimmungen für eine stabile Gemeinschaftswährung zu halten. Staaten, die ihre Haushaltsdefizite nicht begrenzen, konnten nach dem Stabilitäts- und Wachstumspakt mit Geldstrafen zur Haushaltsdisziplin gezwungen werden. Durch eine Reform des Paktes 2005 konnten jedoch besondere Umstände innerhalb der Mitgliedstaaten berücksichtigt werden, die vorübergehend zu einer Verletzung der Kriterien führen (z. B. höhere Verschuldung in Deutschland infolge der Wiedervereinigung).

Von der europäischen Staatsschuldenkrise bis zum Fiskalpakt

„Die Staatsschuldenkrise in Europa ist die schwerste Bewährungsprobe in der Geschichte der europäischen Einigung, und ihre Überwindung ist die große Herausforderung für uns alle – für uns alle, die wir heute politische Verantwortung tragen."

Angela Merkel, Rede im Bundestag am 27. Februar 2012

Im Herbst 2009 wurde deutlich, dass die bisher verschleierten Haushaltsdefizite und die Gesamtverschuldung Griechenlands ein Ausmaß an Überschuldung angenommen haben, welches ohne fremde Hilfe zwangsläufig zur Zahlungsunfähigkeit Griechenlands führen musste. Nach

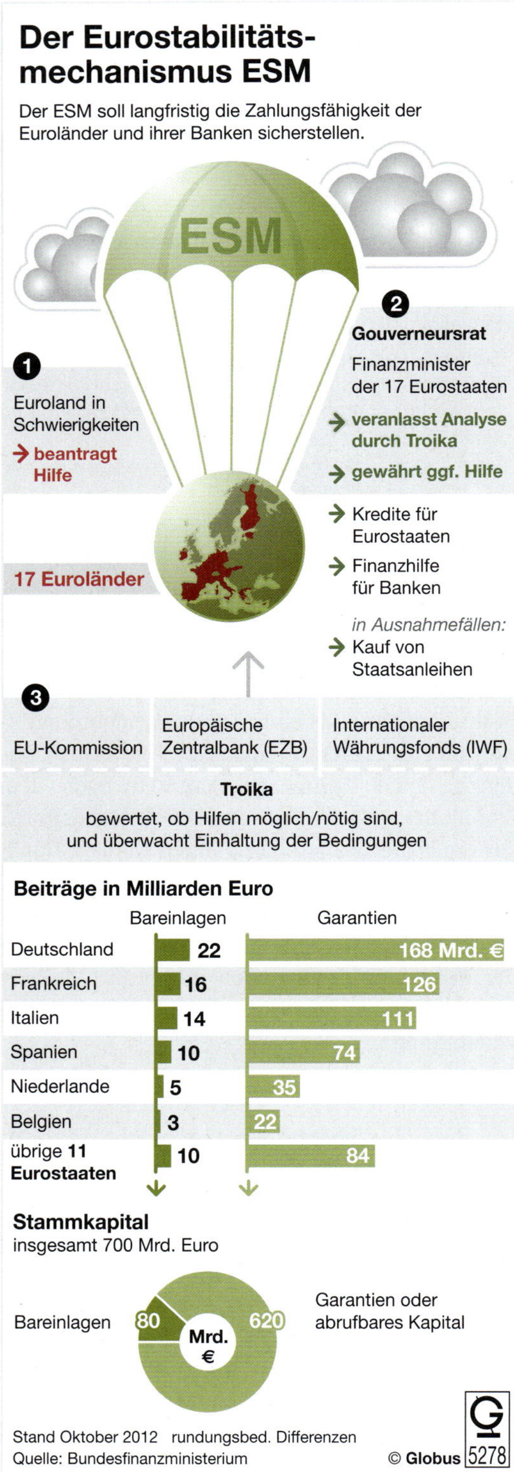

Griechenland konnten auch Irland und Portugal aus eigener Kraft ihre Schulden nicht mehr bedienen. Auch Italien und Spanien hatten teilweise Probleme, am Kapitalmarkt Kredite aufzunehmen und zählen ebenso zu den Krisenstaaten.

Deshalb wurden im Mai 2010 der **Europäische Finanzstabilisierungsmechanismus** (EFSM) und die **Europäische Finanzstabilisierungsfazilität** (EFSF) eingerichtet, mit deren Hilfe mehrere sog. Euro-Rettungsschirme beschlossen wurden, die mittels Notbürgschaften und Notkrediten eine Staatsinsolvenz in Griechenland, Irland und Portugal vorerst verhindern konnten. Auch die Europäische Zentralbank intervenierte mit dem umstrittenen Mittel des unbegrenzten Ankaufs von Staatsanleihen (→ Kap. 2.5.1) zugunsten der Krisenstaaten.

Im Zuge der Finanzkrise wurde die Kreditwürdigkeit der Krisenländer und deren Banken mehrfach von Ratingagenturen abgestuft. Offensichtlich gab es in einigen Mitgliedsländern des Euroraums über Jahre hinweg wirtschaftliche Fehlentwicklungen. Dazu gehörten vor allem ausufernde Staatsausgaben und ein Verlust an Wettbewerbsfähigkeit.

Um die Wirtschafts- und Währungsunion dauerhaft zu stärken wurde 2012 der unbefristete Rettungsschirm **Europäischer Stabilitätsmechanismus** (ESM) installiert, der über 700 Milliarden Euro Kapital verfügt.

Die Staatsschuldenkrise offenbarte eine verhängnisvolle Fehlkonstruktion der Wirtschafts- und Währungsunion, die Verknüpfung einer gemeinsamen Geldpolitik mit einer nach wie vor nationalen Wirtschafts- und Haushaltspolitik. In einer Währungsunion mit dezentraler Haushaltspolitik besteht die Gefahr, dass die ausufernde Staatsverschuldung eines einzigen Staates Folgen für den gesamten Währungsraum haben kann – z.B. über die Abwertung der gemeinsamen Währung. Eigentlich sollte der Stabilitäts- und Wachstumspakt ein solches Verhalten unterbinden.

Neben dem Stabilitäts- und Wachstumspakt gibt es noch eine weitere wichtige Sicherung im Gebäude der Währungsunion: Den Haftungsausschluss, der auch als **No-Bail-Out-Prinzip** (Nichtbeistands-Klausel des Maastrichter Vertrags) bezeichnet wird. Nach diesem Prinzip ist es Mitgliedsländern verboten, für die Schulden anderer Mitgliedsländer einzustehen. Das Leitmotiv der Währungsunion war damit die Eigenverantwortung der Mitgliedsländer für die Folgen ihrer

Politik und die Eigenverantwortung der Finanzmarktakteure für die Folgen ihrer Anlageentscheidungen.

Die europäische Finanz- und Staatsschuldenkrise entstand, weil sich die Sicherungen der Währungsunion als unwirksam erwiesen und sich die Akteure ihrer Verantwortung entziehen konnten. Um solche Krisen, die den Bestand der Wirtschafts- und Währungsunion gefährden, in Zukunft zu verhindern, verpflichteten sich bis auf Großbritannien und Tschechien alle EU-Staaten in einem internationalen Abkommen, welches am 1. Januar 2013 in Kraft trat, zu mehr Haushaltsdisziplin. Durch die Ablehnung der Briten und Tschechen konnte der Europäische Fiskalpakt nicht auf dem Weg einer Änderung des Vertrags über die Europäische Union erreicht werden, da hierfür Einstimmigkeit erforderlich ist. Stattdessen beruht die Zusammenarbeit auf einem neuen zwischenstaatlichen Vertrag.

© Bergmoser + Höller Verlag AG 715 552

Aufgaben

1. Beschreiben Sie die zentralen Elemente der Wirtschafts- und Währungsunion.
2. Erläutern Sie die Ziele und Inhalte des Fiskalpakts.

M Volle Kraft zurück!

Gut zwanzig Jahre ist es her, da sagte der seinerzeitige Bundeskanzler und promovierte Historiker Helmut Kohl im Bundestag einen bemerkenswerten Satz: „Die jüngere Geschichte [...] lehrt uns, dass die Vorstellung, man könne eine Wirtschafts- und Währungsunion ohne Politische Union auf Dauer erhalten, abwegig ist." [...]

Heute wissen wir: Die Politische Union mit einer europäischen Zentralregierung ist eine Illusion. Auf absehbare Zeit, wenn jemals, wird es die Vereinigten Staaten von Europa, vergleichbar denen von Amerika, nicht geben. Nicht einmal eine Fiskalunion, von der derzeit so viel die Rede ist. „Ich erkenne keine Bereitschaft, maßgebliche Souveränität in finanzpolitischen Fragen abzugeben", sagte kürzlich Bundesbank-Präsident Jens Weidmann.

Solch nüchterner Realismus tut gut in einer Zeit, in der europäische Rettungsschirme immer breiter gespannt werden; in der die Politiker für das bankrotte Griechenland ein zweites, gigantisches Rettungsprogramm durchziehen; in der Deutschland mit unvorstellbar großen Haftungsbeträgen seine eigene Zukunftsfähigkeit aufs Spiel setzt.

Der Euro ist ein Großexperiment, in dem sich (gegenwärtig) 17 Länder mit vielen Gemeinsamkeiten, aber auch mit viel Unterschiedlichem – Wirtschaft, Politik, Historie, Lebensweisen – eine gemeinsame Währung gaben. Entgegen manchen Erwartungen (auch meinen) sind diese Unterschiede im Lauf der Jahre nicht geringer geworden. Und es gibt leider auch keine Veranlassung zu erwarten, dass eine solche Annäherung in überschaubarer Zukunft erfolgen könnte.

Im Gegenteil: Die Globalisierung, die doch eigentlich auf dem Alten Kontinent für ein Aneinanderrücken sorgen sollte, löst allerorten Ängste aus und befördert den Rückzug ins regionale, vertraute Ambiente. Dass in einem solchen Umfeld Europas Völker bereit sein könnten, beispielsweise das Budgetrecht ihrer Parlamente an eine Brüsseler Instanz abzutreten, erscheint gänzlich unwahrscheinlich, mithin ist auch die Fiskalunion eine Schimäre. [...]

Derzeit ist Euro-Europa munter dabei, politische Verantwortlichkeiten von den Nationalstaaten in ein gemeinschaftliches Irgendwo zu verschieben:

- Die Schulden, die einzelne Staaten angehäuft haben, werden mit immer neuen Hilfsprogrammen vergemeinschaftet, das Haftungsprinzip wird außer Kraft gesetzt. Das empört zunehmend die Bürger in den Geberländern.
- Im Gegenzug werden den Schuldenstaaten rigide Sparprogramme auferlegt, mit massiven Einschnitten in die Sozialleistungen und brutalen Lohnsenkungen. Das empört viele in den Nehmerländern.

Mit dieser Strategie zerstören Europas Politiker, wie immer in bester Absicht, ein historisch einmaliges, kontinentales Einigungs- und Versöhnungswerk. Europa muss daher einen radikalen Kurswechsel vollziehen. Weg von dem enervierenden, sündhaft teuren Rettungsgeschacher; zurück zu den Ursprüngen des Maastrichter Vertrags, zu nationaler Autonomie in der Finanzpolitik; und zurück zur Vertragstreue.

Reihenweise haben die Regierenden und die Notenbanker in den vergangenen Jahren die europäischen Verträge gebrochen, mit denen die Grundlagen des Euro fest-

KOMPETENZEN ANWENDEN

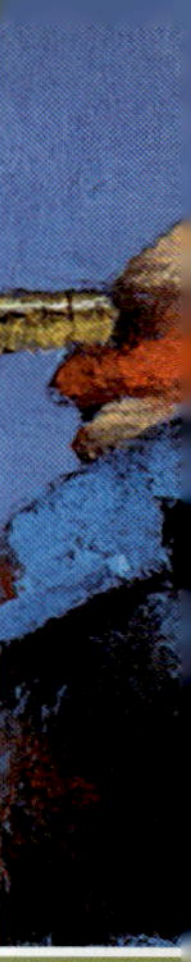

geklopft schienen: ein beispielloses Exempel. Von der Überschreitung der Defizitgrenzen bis hin zur schlichten Nichtachtung von Artikel 125 des EU-Vertrags, in dem ausdrücklich festgehalten wird, dass ein Mitgliedstaat nicht für die Verbindlichkeiten eines anderen haftet.

Die Europäische Zentralbank (EZB) ihrerseits verstößt seit bald zwei Jahren in abenteuerlicher Weise gegen das Verbot der Staatsfinanzierung. Sie kauft Staatsanleihen auf, angeblich mit geldpolitischer Zielsetzung, in Wahrheit aber zur (indirekten) Staatsfinanzierung. Und sie hat im Dezember 500 Milliarden an Billigstkrediten für die europäischen Banken locker gemacht, die mit dem Geld ihrerseits Staatsanleihen kaufen. Dieses Hilfsprogramm hat dafür gesorgt, dass die Notleider im Süden nun deutlich weniger Zinsen für ihre Schulden zahlen müssen.

Zurück zu den Ursprüngen heißt also: Zum einen, dass die (verschärften) Defizitregeln eingehalten und Sünder hart bestraft werden. Zum anderen, dass die Zentralbank aufhört mit der vertragswidrigen Schuldenfinanzierung. Und schließlich, vor allem, dass die Politik die Verantwortung für die Haushalts- und Leistungsbilanzdefizite zurückreicht an die Regierungen der Mitgliedsstaaten. Die müssen die Umschuldung in eigener Regie betreiben. [...]

Europa braucht eine gemeinsame Währung. Die Rückkehr zu nationalen Banknoten würde zu fürchterlichen Turbulenzen führen und den Kontinent im globalen Wettbewerb weit zurückwerfen. Aber Europa kann nicht auf Kohls Politische Union setzen. Es muss die Realitäten des Hier und Heute akzeptieren.

Wolfgang Kaden, Spiegel online, 1.3.2012

Aufgaben

1. Erläutern Sie die Bedeutung der wirtschaftlichen Integration für die Entwicklung der EU.
2. Beschreiben Sie die Vorteile des europäischen Binnenmarktes für die Bürger.
3. Erläutern Sie, warum die europäische Finanz- und Staatsschuldenkrise eine Zäsur in der wirtschaftlichen und politischen Entwicklung der EU darstellt.
4. Setzen Sie sich mit der Auffassung Wolfgang Kadens auseinander und verfassen Sie dazu einen Leserbrief. (M)

2.2 Außen- und Sicherheitspolitik

Leitfragen	Welche Ziele, Aufgaben und Handlungsmöglichkeiten hat die Europäische Außen- und Sicherheitspolitik?	Was sind die Aufgaben der Gemeinsamen Sicherheits- und Verteidigungspolitik?	Wie handlungsfähig ist die EU außenpolitisch?

Die Rolle der EU in einer neuen Weltordnung

„Welche Rolle spielt Europa in dieser gewandelten Welt? Muss Europa nicht – nun, da es endlich geeint ist – eine führende Rolle in einer neuen Weltordnung übernehmen, die Rolle einer Macht, die in der Lage ist, sowohl eine stabilisierende Rolle weltweit zu spielen als auch ein Beispiel zu sein für zahlreiche Länder und Völker? Europa als Kontinent der humanitären Werte, der Magna Charta, der Bill of Rights, der Französischen Revolution, des Falls der Berliner Mauer. Kontinent der Freiheit, der Solidarität, vor allem der Vielfalt, was auch die Achtung der Sprachen, Kulturen und Traditionen anderer einschließt. Die einzige Grenze, die die Europäische Union zieht, ist die der Demokratie und der Menschenrechte."

The Laeken Declaration on the Future of the European Union, in: Institute of Security Studies: Chaillot Paper Nr. 51, From Nice to Laeken. European Defence: Core Documents, Paris 2002, S. 113f. Aus dem Englischen W. R.

Die Gemeinsame Außen- und Sicherheitspolitik der EU – the EU as a global security player

Der Gedanke, die Europäische Union müsse in der internationalen Politik mit einer Stimme sprechen, ist so alt wie der Prozess der europäischen Integration selbst. Doch die Union ist bei der Gestaltung einer Gemeinsamen Außen- und Sicherheitspolitik im Laufe der Jahre weniger schnell vorangekommen als bei der Schaffung des gemeinsamen Marktes und der gemeinsamen Währung.

1970 wurde die **Europäische Politische Zusammenarbeit** (EPZ) ins Leben gerufen, mit der die Mitgliedstaaten versuchten, ihre Positionen zu aktuellen außenpolitischen Fragen zu koordinieren. Im Rahmen der EPZ wurden gemeinsame Erklärungen abgegeben, in denen Gewalt- und Terrorakte in aller Welt verurteilt, die Vereinten Nationen oder verschiedene Friedensinitiativen unterstützt wurden.

Der Grundsatz einer **Gemeinsamen Außen- und Sicherheitspolitik** (GASP) als Nachfolgerin der EPZ wurde schließlich 1992 im Vertrag von Maastricht verankert. Mit der zwischenstaatlich organisierten GASP wurde ein neuer Rahmen für größere außenpolitische Handlungsmöglichkeiten der EU geschaffen.

Um der GASP diplomatische Durchsetzungsfähigkeit und Sichtbarkeit zu verleihen, schuf die Union das Amt des **Hohen Vertreters für die Außen- und Sicherheitspolitik.** Bis 2009 bekleidete Javier Solana dieses Amt. Damit erhielt die Außen- und Sicherheitspolitik der EU ein Gesicht („Mr. GASP") und Henry Kissinger auf seine einstige Frage nach der Telefonnummer Europas für außenpolitische Krisenfälle eine Antwort. Dem Hohen Vertreter sind **neue politische Strukturen** zur Seite gestellt worden, die ihm weitreichende Unterstützung gewähren, unter anderem

- einen politischen Stab, der Krisensituationen bewertet und Frühwarnungen abgibt,
- ein politisches und sicherheitspolitisches Komitee (PSK) sowie
- einen Militärausschuss.

Seit Inkrafttreten des Lissabon-Vertrags ist der Hohe Vertreter zugleich Vizepräsident der EU-Kommission und Vorsitzender des Außenministerrats der EU (→ Kap. 5.1.1). Dieses Amt bekleidet seit Dezember 2009 die Britin Catherine Ashton. Aufgabe der Hohen Vertreterin ist es, die Union in der GASP zu repräsentieren. Sie führt im Namen der EU den Dialog mit Drittstaaten und vertritt den Standpunkt der EU in internationalen Organisationen und Konferenzen.

1999 ist zudem eine eigenständige **Europäische Sicherheits- und Verteidigungspolitik** (ESVP) ins Leben gerufen worden, im Lissabon-Vertrag umbenannt in **Gemeinsame Sicherheits- und Verteidigungspolitik** (GSVP). Primäres Ziel der GSVP ist die Stärkung der Handlungsfähigkeit der EU in Bezug auf internationale Konfliktverhütung und Krisenbewältigung sowohl im zivilen als auch im militärischen Bereich. Die GSVP ist integraler Bestandteil der GASP. Ihre Zwecke und Ziele werden durch die im Amsterdamer Vertrag verankerten **Petersberg-Aufgaben** beschrieben. Diese erlauben es den EU-Mitgliedstaaten, militärische Einsätze zu beschließen, z.B. für humanitäre sowie Friedensmissionen in Krisengebieten.

Sie umfassen

- humanitäre Aufgaben und Rettungseinsätze,
- friedenserhaltende Aufgaben,
- Kampfeinsätze,
- gemeinsame Abrüstungsmaßnahmen,
- militärische Beratung und Unterstützung von Drittstaaten,
- Maßnahmen der Konfliktverhütung und
- Maßnahmen der Konfliktnachsorge.

Außen- und Sicherheitspolitik

Zur Durchführung friedenssichernder und -erzwingender Maßnahmen hat die EU den Aufbau eigenständiger militärischer Kapazitäten in Form einer **schnellen Eingreiftruppe** geplant (60.000 Mann binnen 60 Tagen für max. 12 Monate einsetzbar). Um in Krisensituationen direkt handlungsfähig zu sein, haben die Mitgliedstaaten unterstützend die sog. **Battlegroups** geschaffen: Diese sollen innerhalb von zehn Tagen einsatzbereit und nach weiteren fünf Tagen im entsprechenden Einsatzland sein. Um diese Kurzfristigkeit gewährleisten zu können, werden zwei Battlegroups mit jeweils ca. 1.500 Mann für einen Zeitraum von sechs Monaten in Bereitschaft gehalten.

Seit 2003 hat es mehr als 20 Operationen gegeben (u.a. auf dem Balkan, im Nahen Osten, in Afrika, in Afghanistan, im Südkaukasus). Allerdings gibt es noch keine der NATO vergleichbare Militärstruktur; bei der Planung und Leitung militärischer Operationen ist die GSVP weitgehend auf nationale militärische bzw. NATO-Hauptquartiere angewiesen.

GSVP (ESVP) – die operative Dimension

Aufgaben der GSVP

Militärisch („Petersburger Aufgaben"):

- humanitäre Aufgaben und Rettungseinsätze
- friedenserhaltende Aufgaben
- Kampfeinsätze bei der Krisenbewältigung, inkl. Maßnahmen zur Friedenserzwingung

Die **zivilen Instrumente** der GSVP für das nichtmilitärische Krisenmanagement umfassen die Bereitstellung von Polizisten, Experten für Rechtsstaatshilfe (Richter, Staatsanwälte ...), Verwaltungsexperten sowie Experten für Katastrophen- und Zivilschutz.

Mit der GASP und der GSVP will die Union ihrer außenpolitischen Rolle als große internationale Handels- und Wirtschaftsmacht gerecht werden. Obwohl sich die Mitgliedstaaten verpflichtet haben, der GASP zum Erfolg zu verhelfen, fällt es ihnen oft schwer, ihre nationale Außen- und Sicherheitspolitik der GASP nachzuordnen. Eine ernste Belastungsprobe für die GASP stellte etwa der Konflikt um den Irakkrieg 2003 dar, den die Mitgliedstaaten der EU sowie die damaligen osteuropäischen Beitrittskandidaten unterschiedlich beurteilten.

Die fünf Ziele der Gemeinsamen Außen- und Sicherheitspolitik

- Wahrung der gemeinsamen Werte, der grundlegenden Interessen und der Unabhängigkeit der Europäischen Union
- Stärkung der Sicherheit der Union und ihrer Mitgliedstaaten in allen ihren Formen
- Wahrung des Weltfriedens und Stärkung der internationalen Sicherheit entsprechend den Grundsätzen der Charta der Vereinten Nationen sowie den Prinzipien der KSZE-Schlussakte von Helsinki (1975) und den Zielen der Charta von Paris (1990)
- Förderung der internationalen Zusammenarbeit
- Entwicklung und Stärkung von Demokratie und Rechtsstaatlichkeit sowie Achtung der Menschenrechte und der Grundfreiheiten

EU-Vertrag 1999, Artikel 11 Absatz 2

Als Folge dieser Uneinigkeit wurde 2003 eine **Europäische Sicherheitsstrategie** (ESS) verabschiedet. Diese fußt auf einem erweiterten Sicherheitsbegriff (→ Kap. 6.1.1) und will eine gemeinsame Interpretation von Sicherheitsgefährdungen sowie eine Einigung auf nötige Reaktionen innerhalb der 28 Mitgliedstaaten erreichen. Dafür identifiziert sie Hauptbedrohungen und Herausforderungen für die europäische Sicherheit, strategische Ziele und Auswirkungen auf die europäische Politik.

Insgesamt sind Fortschritte in der Ausgestaltung der GSVP und beim Aufbau multinationaler EU-**Streitkräfte** erzielt worden. Ziel ist es, innerhalb der NATO einen eigenständigen militärischen Pfeiler zu bilden.

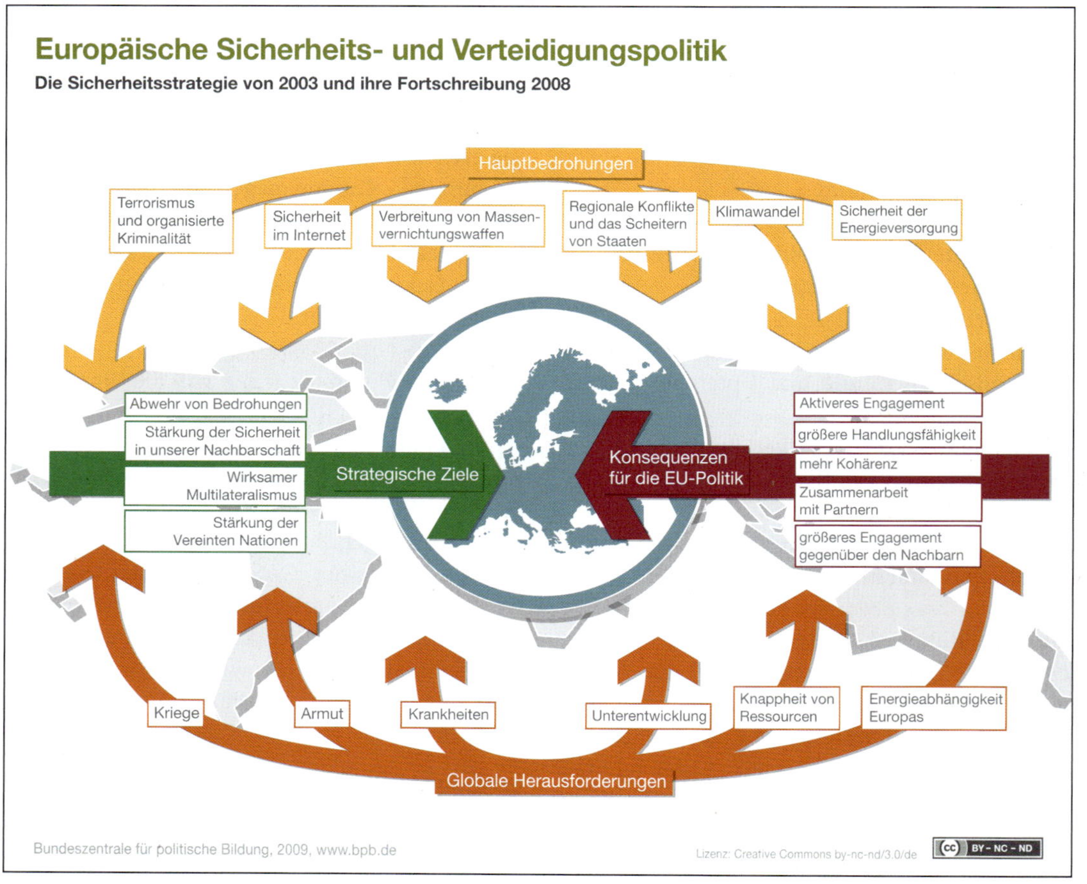

Aufgabe

Recherchieren Sie sowohl nach einer militärischen als auch einer nicht-militärischen Operation im Rahmen der GSVP und beurteilen Sie deren Erfolge hinsichtlich der fünf Ziele der Gemeinsamen Außen- und Sicherheitspolitik.

M Europas Versagen

Als Jugoslawien Anfang der 1990er Jahre in Blut und Chaos versank, meinte der damalige europäische Ratspräsident Jacques Poos: „Dies ist die Stunde Europas." Poos wäre längst vergessen, würden Europas verzweifelte Freunde und schadenfrohe Feinde seinen Spruch nicht immer dann zitieren, wenn Europa in der Außenpolitik versagt. Leider gibt der „Arabische Frühling" Anlass, an Poos zu erinnern. Dies müsste die Stunde Europas sein. Und wieder hat Europa versagt. Was hat es falsch gemacht? Die Europäische Union (EU) hat keine gemeinsame Außenpolitik. Und wenn sie eine hätte, würden ihr die Mittel fehlen, sie umzusetzen: Die EU ist ein Papiertiger. Die europäische Haltung gegenüber der arabischen Welt ist imperialistisch geprägt. Und die EU unterschätzt die Rolle der Türkei als Modell für die islamische Welt und sieht zu, wie sich die Türkei von der EU abwendet. Es müsste das Gegenteil des Bisherigen getan werden: Die EU muss ernst machen mit einer gemeinsamen Außen- und Sicherheitspolitik. Die EU muss auf die Demokratie in der arabischen Welt setzen, nicht auf die korrupten Eliten. [...] Am deutlichsten wird das Fehlen einer europäischen Außenpolitik in der Libyen-Frage. Einige EU-Staaten, allen voran Großbritannien, Frankreich und Italien, hatten die Rebellen mit einem Luftkrieg unterstützt. Das unerklärte Ziel war regime change im nordafrikanischen Land. Andere EU-Mitglieder hielten sich heraus. Als im Sicherheitsrat der Vereinten Nationen die Resolution 1973 eingebracht wurde, die den Militäreinsatz zum Schutz der libyschen Rebellen billigt, enthielt sich Deutschland zusammen mit den BRIC-Staaten (Brasilien, Russland, Indien und China). Die anderen im Sicherheitsrat vertretenen EU-Staaten – Großbritannien, Frankreich und Portugal – stimmten für die Resolution. Bei den Auseinandersetzungen innerhalb der EU um die Haltung zum Libyen-Einsatz standen die osteuropäischen Staaten eher auf der Seite Deutschlands, die west- und südeuropäischen auf der Seite Frankreichs.

Unabhängig davon, wie man zur Libyen-Aktion steht: Hier haben wir es mit einem Debakel zu tun. Der offene Dissens zwischen Deutschland und Frankreich markiert eine Zäsur. Innenpolitische Erwägungen waren für die wichtigsten Akteure ausschlaggebend: Frankreichs Präsident Nicolas Sarkozy stand unter Druck, seit die allzu engen Beziehungen seiner Außenministerin zum tunesischen Diktator Ben Ali ruchbar geworden waren; Angela Merkel stand vor einer Landtagswahl. Darin liegt ein Grundproblem europäischer Außenpolitik: Sie ist eine Geisel der Innenpolitik der Mitgliedsländer. [...]

Europa hat zwar seit 2009 mit Catherine Ashton eine „Hohe Vertreterin der EU für Außen- und Sicherheitspolitik", aber keine gemeinsame Außenpolitik, die Frau Ashton vertreten könnte; und erst recht keine gemeinsame Sicherheitspolitik. Es wäre zwar falsch, Sicherheitspolitik auf militärische Fragen zu reduzieren. Aber ohne militärische Fähigkeiten bleibt Sicherheitspolitik eine Floskel. Auch hier kann Libyen als negatives Beispiel dienen.

Es waren vor allem Frankreich und Großbritannien, die auf eine Militäraktion gegen Muammar al Gaddafi drängten. Die Amerikaner waren zunächst not convinced. US-Verteidigungsminister Robert Gates kritisierte noch Anfang März „loses Gerede" über militärische Optionen. Als aber zwei Wochen später der Angriff gegen Gaddafis Regime mit einem shock-and-awe-Einsatz begann, trugen die USA die Hauptlast der ersten Angriffswelle. Die Amerikaner feuerten 122 „Tomahawks" ab, die Briten zwei, die Franzosen keine. [...] Ohne Amerika wäre nicht Gaddafi, sondern Europa zusammengebrochen. Ohne Amerika ist Europa ein Papiertiger [...].

Was ist also zu tun? Die EU muss ihre imperialistische Politik, die auf die Stützung konservativer Herrscher im Namen der Sicherheit setzt, durch eine „neo-imperialistische“ Politik ersetzen, die im Namen der Freiheit die Stärkung fortschrittlicher Kräfte durchsetzt. Diese Politik leugnet nicht, dass Europa eigennützige Interessen in der Region verfolgt. Aber sie versucht diese Ziele vor allem bottom up zu erreichen: Demokratie ist unser wichtigstes Exportgut.

Investitionen sind kontraproduktiv, wenn sie durch die Hände der herrschenden Cliquen gehen. Auch wenn jene Cliquen über „Neokolonialismus“ zetern, sollte das EU-Parlament darum die Vergabe von EU-Investitionsgeldern an strikte Vorgaben binden und deren Einhaltung vor Ort überwachen. Firmen aus dem EU-Raum – wie die italienische Ölfirma ENI oder eben das Desertec-Konsortium – sollten durch europäische Gesetze gezwungen werden, einen Geschäftskodex einzuhalten, der die Förderung kleinerer Unternehmer oder die Anerkennung von Gewerkschaften einschließt. Noch sinnvoller als Investitionen allerdings wäre die Schaffung der versprochenen Freihandelszone, die auch Bauern und Kleinunternehmern die Märkte Europas öffnet.

Was für die Wirtschaft gilt, kann mutatis mutandis* auf den Erziehungssektor übertragen werden. Es hat keinen Sinn, Schulen und Universitäten zu fördern, an denen intellektuell korrumpierte und eingeschüchterte Lehrerinnen und Lehrer unterrichten, wo Auswendiglernen und Nachbeten die bevorzugten Methoden sind, wo die Bibliotheken gesäubert und das Internet zensiert werden und Politik- und Geschichtskurse von einem widerlichen Mix aus Nationalismus und Antisemitismus durchdrungen sind. Wenn die EU in Bildung und Ausbildung investieren will, und das sollte sie, dann muss sie entweder die zu fördernden Institutionen selbst schaffen, oder – und auch hier werden die bislang Privilegierten über „Kulturimperialismus“ zetern – als Gegenleistung Reformen der Lehrpläne und Lehrmethoden sowie eine Garantie der Informationsfreiheit fordern. Noch wichtiger aber ist die Öffnung des europäischen Bildungsmarkts für begabte und fleißige Studentinnen und Studenten aus dem arabischen Raum. Das Erlebnis der Freiheit ist die beste Werbung für die Freiheit.

**mutatis mutandis = mit den entsprechenden/nötigen Abänderungen*

Alan Posener, „Arabischer Frühling“ – Europäischer Herbst?
In: Aus Politik und Zeitgeschichte Nr. 39, 26.9.2011

Aufgaben

1. Fassen Sie die Ziele und Möglichkeiten europäischer Außen- und Sicherheitspolitik zusammen.
2. Beurteilen Sie am Beispiel eines aktuellen internationalen Konflikts die außen- und sicherheitspolitischen Handlungsmöglichkeiten der EU.
3. Erläutern Sie, worin der Autor das Versagen europäischer Außen- und Sicherheitspolitik sieht. (M)
4. Diskutieren Sie eigene Vorschläge, wie die EU in Zukunft als „global security player“ auftreten könnte.

2.3 Justiz- und Innenpolitik

Leitfragen | Welche Ziele werden mit der Zusammenarbeit verfolgt? | Wie ist die Zusammenarbeit organisiert?

Felder der Zusammenarbeit

Die Einführung des Europäischen Binnenmarktes und die Abschaffung der Grenzkontrollen machten eine Zusammenarbeit der nationalen Polizeien und Justizbehörden erforderlich. Um die Sicherheit der Bürger in einem Europa der offenen Grenzen zu gewährleisten, wurde im Rahmen des Vertrags von Maastricht die **Zusammenarbeit in den Bereichen Justiz und Inneres** (ZBJI) vereinbart. Das Schengener Abkommen von 1995, das die Freizügigkeit innerhalb der EU garantiert, sieht erste Regelungen polizeilicher Zusammenarbeit vor.

Die Innen- und Justizpolitik bzw. die polizeiliche und justizielle Zusammenarbeit ist wie die GASP durch die intergouvernementale Zusammenarbeit geprägt. D.h. der Rat kann keine für die Mitgliedstaaten verbindlichen Verordnungen oder Richtlinien verabschieden, sondern kann nur einstimmig gemeinsame Standpunkte oder Rahmenbeschlüsse formulieren.

Die polizeiliche und justizielle Kooperation soll in der EU einen „Raum der Freiheit, der Sicherheit und des Rechts" schaffen (Art. 29 des Maastricht-Vertrages). Insbesondere durch die Attentate vom 11. September 2001 ist dieses Politikfeld stärker in den Vordergrund gerückt. Die zwischenstaatliche Zusammenarbeit bezieht sich auf folgende Felder:

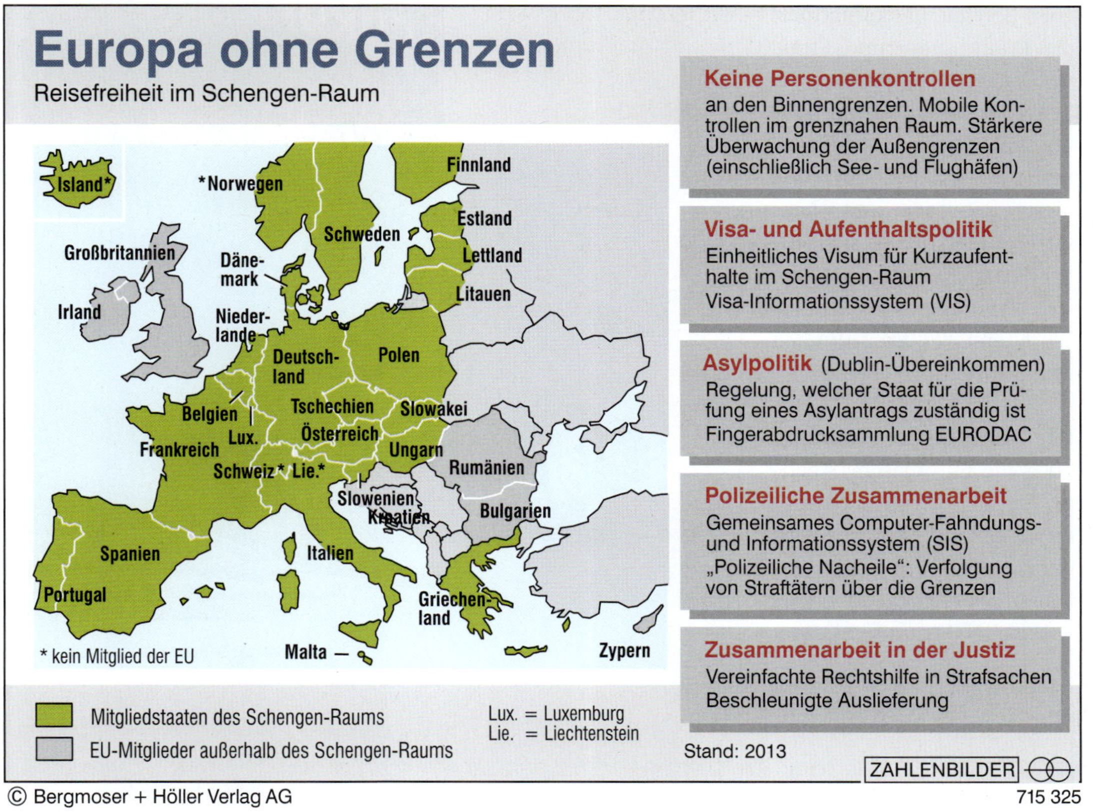

© Bergmoser + Höller Verlag AG 715 325

- Asyl-, Einwanderungs- und Visapolitik;
- Sicherung der Außengrenzen;
- Kampf gegen die Drogenkriminalität und das organisierte Verbrechen;
- Justizielle Zusammenarbeit in Zivil- und Strafsachen.

Organisationen

In Maastricht wurde zudem die Einrichtung des europäischen Polizeiamtes **Europol** beschlossen. Europol fungierte zu Beginn als Datensammelstelle für grenzüberschreitende Verbrechen. Mittlerweile kann sich Europol an Ermittlungsgruppen von Mitgliedstaaten beteiligen oder sie ersuchen, Ermittlungen aufzunehmen. Darüber hinaus wurden Kooperationsabkommen zwischen Europol und Drittstaaten abgeschlossen. Die sog. Einheit für justizielle Zusammenarbeit der Europäischen Union (**Eurojust**) besteht seit 2002; Eurojust ergänzt die Tätigkeit von Europol im strafrechtlichen Bereich und koordiniert die Ermittlungs- und Strafverfolgungsmaßnahmen bei Schwerkriminalität im Hoheitsgebiet der verschiedenen EU-Staaten. Mithilfe dieser Behörden und Netzwerke unterstützen sich Polizeibeamte, Staatsanwälte und Richter grenzüberschreitend bei Ermittlungen und Strafverfolgungen.

Der Europäische Rat rief 2004 die Europäische Agentur für die operative Zusammenarbeit an den Außengrenzen (FRONTEX) ins Leben. Der Aufgabenbereich von **FRONTEX** umfasst unter anderem die Unterstützung bei der Ausbildung nationaler Grenzbeamter, wobei auch gemeinsame Ausbildungsnormen festgelegt werden. Darüber hinaus erstellt die Agentur Risikoanalysen und bietet technische Unterstützung an den EU-Außengrenzen.

Nach den Terroranschlägen vom 11. September 2001 erfuhren Europol und Eurojust eine starke Aufwertung. Im Rahmen der ZBJI wurde zudem 2005 eine **Strategie zur Bekämpfung des Terrorismus** beschlossen mit dem Ziel, die EU-Bürger wirksamer vor Terroranschlägen zu schützen, innerhalb und außerhalb der EU Terroristen zu verfolgen und auf Folgen möglicher Terroranschläge besser zu reagieren.

Karikatur: Mester/Baaske Cartoons

Aufgabe

Informieren Sie sich über die aktuelle Flüchtlingsproblematik der Krisenherde in Nordafrika und Nahost. Interpretieren Sie vor diesem Hintergrund die Karikatur.

M 1 „Wir haben keine Pistolen"

Europol feiert seine neue Zentrale in Den Haag – doch die Zeremonie wird von einer Frage überschattet: Wie mächtig darf die EU-Polizei sein? Tatsächlich haben die Fahnder nur geringe Kompetenzen, wenn es ernst wird, bestimmen die Mitgliedstaaten den Kurs. Dabei ist das Verbrechen international.

Die Unterschrift des früheren EZB-Präsidenten Wim Duisenberg leuchtet heller als auf dem Original. Auch die Magnetpigmente sind sauber verarbeitet. Es piept leise, wenn Thomas Buttenberg den 500-Euro-Schein aus Bulgarien in das Prüfgerät legt. „Den hätte ein Verkäufer im Laden für echt gehalten", sagt der Europol-Experte. Im Juni 2009 haben Europol-Beamte gemeinsam mit bulgarischen Kollegen eine Fälscherwerkstatt in Plowdiw ausgehoben. Sechs illegale Druckereien haben Ermittler in dem neuen EU-Land in den vergangenen Jahren aufgedeckt. Allein bei der letzten Durchsuchung fanden sie Blüten im Wert von 2,5 Millionen Euro. Bis nach Kolumbien fliegen Europol-Ermittler heute auf der Jagd nach Falschgeld. Auf einem Tisch im Hauptquartier des Europäischen Polizeiamts (Europol) haben Buttenberg und seine Kollegen ihre Beute ausgebreitet, gefälschte 50er, 100er, 200er. Daneben präsentieren sie manipulierte Geldautomaten, im nächsten Raum gefälschte Markenware, auf der anderen Seite des Foyers eine beschlagnahmte Drogenküche. Europol hat einen Kinderporno-Ring aufgedeckt, kämpft gegen Steuerbetrug und Menschenhandel. [...]

Doch wenn man die Europol-Leute auf ihre Leistungen anspricht, reagieren sie verhalten, wie mit angezogener Handbremse. „Wir werden nur auf Bitten der Mitgliedstaaten tätig", sagt Thomas Buttenberg. „Wir haben keine Pistolen", ergänzt eine Kollegin lächelnd. Selbst der Direktor von Europol, Rob Wainwright, will von einer EU-Polizei offiziell nichts wissen. „Europol braucht keine Exekutivfunktionen, um erfolgreiche Arbeit zu leisten." Mit dem Vertrag von Maastricht 1992 haben sich die EU-Mitgliedstaaten entschlossen, ein europäisches Polizeiamt aufzubauen. Europol darf die Länder seitdem nur unterstützen. Es koordiniert, schreibt Analysen, sammelt Daten. Polizeiarbeit ist hoheitliche Aufgabe. Hier können die Nationalstaaten noch ihre volle Handlungsstärke beweisen. Noch.

Diffuse Angst vor übermächtiger EU

Europol geht es wie vielen europäischen Errungenschaften. Der EU-Binnenmarkt, das Schengen-Abkommen oder der Euro sind nur einzelne Teile des Puzzles Europa. Für sich genommen ergeben sie ein unübersichtliches Bild. Doch setzt man alle Teile zusammen, wird daraus ein mächtiger EU-Staat. Viele Bürger haben Angst vor dieser Europäischen Union, sie haben das Gefühl, von einer unheimlichen Macht überrollt zu werden. Daran sind auch die Politiker Schuld. Sie wussten, wie das Puzzle mal aussehen wird, haben es den Menschen aber nie erklärt. Aber wer außer Europol soll Falschgeldbanden jagen, die ihre Blüten im gesamten Euro-Raum verbreiten? Oder Menschenhändler? Oder Kreditkartenbetrüger?

Offene Grenzen führen zu grenzüberschreitender Kriminalität. Um sie zu bekämpfen, braucht es eine schlagkräftige EU-Polizei – darüber sind sich Experten längst einig. In den Tagen vor der Eröffnung tagten in Den Haag die Polizeichefs der Mitgliedstaaten und machten sich Gedanken über die Sicherheitsarchitektur in Europa. Das letzte Kapitel ihres Abschlusspapiers trägt die Überschrift: „Changing status of Europol." Es könne nicht sein, dass Europol erst einschreitet, wenn zwei Mitgliedstaaten von Kriminalität betroffen seien. Das Amt müsse von sich aus tätig werden dürfen. Der entscheidende Satz lautet: „In einigen Fällen könnte exekutive Gewalt für Europol notwendig werden." Als Rob Wainwright in der abschließenden Pressekonferenz auf die Passage angesprochen wird, weicht der Europol-Direktor aus. „Dies war eine Konferenz internationaler Polizeichefs", sagt er. „Ihre Ergebnisse spiegeln nicht notwendigerweise die Meinung von Europol wider."

Sven Becker, Spiegel online, 2.7.2011

M 2 Europol deckt Wettskandal auf

Europol-Ermittler sind auf einen der größten Wettskandale im Fußball gestoßen. Bis zu 400 Spiele seien manipuliert worden, darunter WM- und EM-Qualifikationsspiele.

Ermittler der europäischen Polizeibehörde Europol haben einen Wettbetrug bei 380 Fußballspielen zwischen 2008 und 2011 in mindestens 15 Ländern aufgedeckt. [...] Unter den manipulierten Spielen seien auch Qualifikationsspiele für Europa- und Weltmeisterschaften, Champions-League-Spiele sowie Spitzenpartien europäischer Ligen.

Wainwright sprach auf einer Pressekonferenz in Den Haag von Manipulationen „auf einem nie dagewesenen Niveau". „Wir haben ein dichtes kriminelles Netz aufgedeckt", sagte der Europol-Chef. Die Behörde ermittelt nach eigenen Angaben gegen mehr als 400 Verdächtige, darunter Offizielle, Vereinsvertreter und Schiedsrichter. Etwa 18 Monate hätten Mitarbeiter die Spiele untersucht.

Zusätzlich werde wegen rund 300 weiterer verdächtiger Profispiele ermittelt, meist in Übersee. Betroffen seien aber auch Spanien, Großbritannien und die Niederlande. Hinter dem Wettskandal soll Europol zufolge ein asiatisches Verbrechersyndikat stehen, das auch in Europa aktiv ist.

Das Problem sei sehr groß, sagte Wainwright. „Das ist erst die Spitze des Eisberges", erklärte der Europol-Direktor. „Das ist ein trauriger Tag für den europäischen Fußball." [...]

Die Betrüger sollen [...] Europol [...] zufolge mit den Manipulationen mindestens acht Millionen Euro verdient haben. Pro Spiel seien bis 100.000 Euro an Bestechung geflossen.

Reuters/dpa/tis, Zeit online, 4.2.2013

Aufgabe

Diskutieren Sie vor dem Hintergrund von M 1 und M 2 Vor- und Nachteile der europäischen Zusammenarbeit nationaler Polizeien.

3 Organe und Entscheidungsprozesse

3.1 Die Institutionen der Europäischen Union

Leitfragen | Welches sind die Entscheidungsorgane der EU? | Wie werden sie bestellt, wie setzen sie sich zusammen, und was sind ihre Aufgaben?

So funktioniert die EU

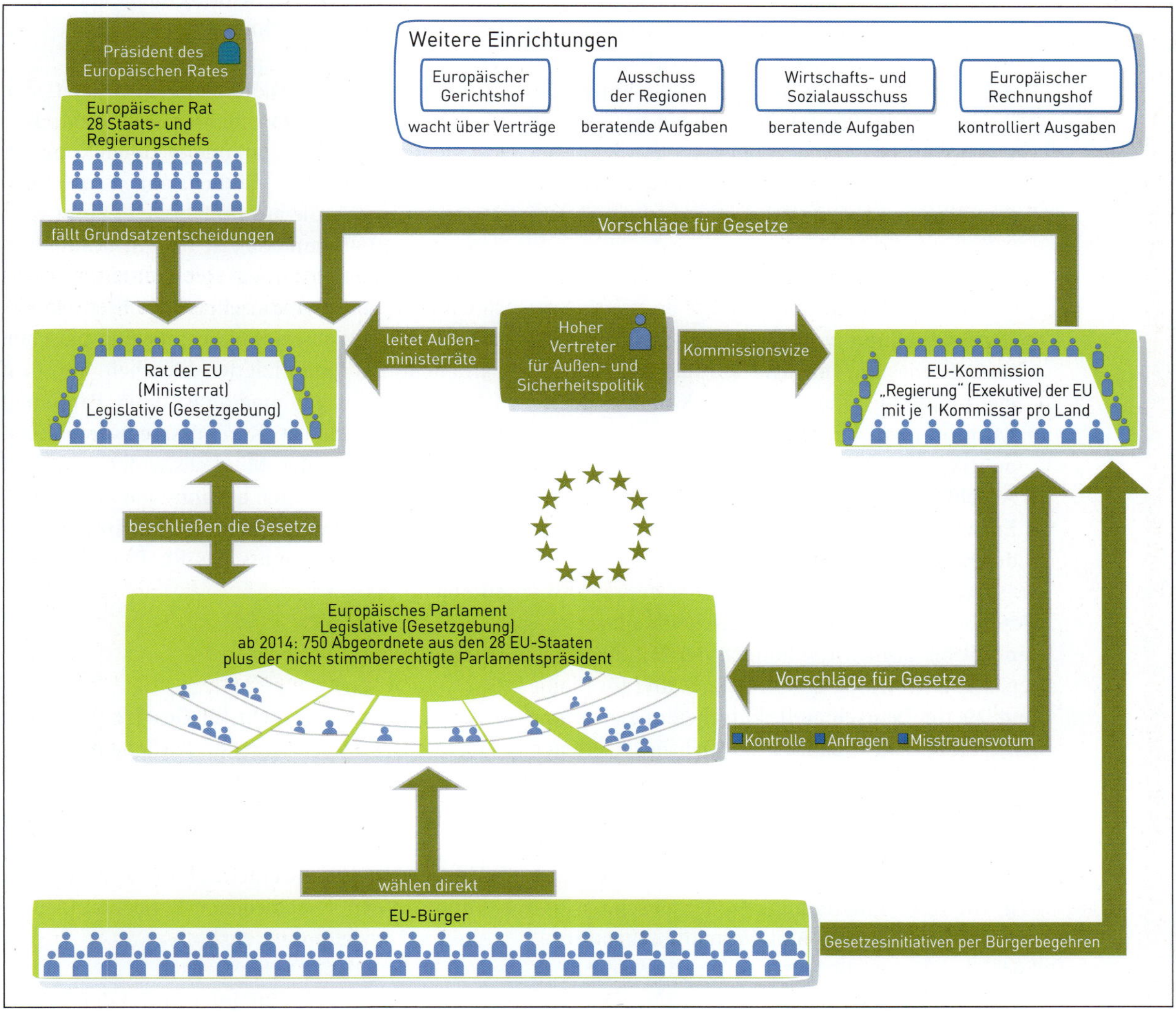

dpa-Grafik, poliTICKER (Nr. 1/2010), S. 3

Der Rat der Europäischen Union

Der Rat der Europäischen Union (auch: Ministerrat oder „der Rat") mit Sitz in Brüssel ist das wichtigste gesetzgebende Organ der EU und das eigentliche **Machtzentrum des EU-Systems.** Mit dem Europäischen Parlament teilt sich der Rat die Gesetzgebungskompetenz und die Verantwortung für den EU-Haushalt.

Zusammensetzung: Der Rat setzt sich aus den Fachministern der Mitgliedstaaten zusammen. Die Zusammensetzung der Ratstagungen hängt vom zu behandelnden Sachgebiet ab. Stehen z. B. Wirtschaftsfragen auf der Tagesordnung, so treffen sich die Wirtschafts- und Finanzminister im sog. ECOFIN-Rat. Der Vorsitz des Rates wechselt halbjährlich: Während der Ratspräsidentschaft ist jedes EU-Land jeweils sechs Monate lang für die Tagesordnung des Rates verantwortlich, treibt Entscheidungen voran und vermittelt unter den Mitgliedstaaten. Eine Ausnahme bildet der Rat für Auswärtige Angelegenheiten, in dem der Hohe Vertreter der EU für Außen- und Sicherheitspolitik den Vorsitz führt.

Aufgaben:

- **Verabschiedung von Gesetzen,** meist in Zusammenwirkung mit dem Europäischen Parlament und auf Initiative der EU-Kommission;
- **Abstimmung der Wirtschafts- und Steuerpolitik;**
- **Abschluss internationaler Verträge;**
- **Entwicklung der GASP** gemäß den Leitlinien des Europäischen Rates.

Beschlussfassung: Für das Entscheidungsverfahren gilt bis 2014: Die Stimmen der Mitgliedstaaten sind nach Größe gestaffelt (z. B. drei für Malta und 29 für Deutschland). Entscheidungen erfordern meist eine qualifizierte Mehrheit, seltener Einstimmigkeit. Der Vertrag von Lissabon zielt darauf ab, dass der Rat zunehmend mit qualifizierter Mehrheit statt einstimmig entscheidet, es sei denn, die Verträge sehen ein anderes Verfahren vor (z. B. Einstimmigkeit der Beschlussfassung in der Steuer- und Verteidigungspolitik). Für die Praxis bedeutet dies, dass die Beschlussfassung mit qualifizierter Mehrheit auf zahlreiche Bereiche – wie z. B. Zuwanderung, Kultur – ausgeweitet wurde. Der Vertrag von Lissabon sieht weiterhin vor: Ab 2014 soll die qualifizierte Mehrheit nach der doppelten Mehrheit von Mitgliedstaaten und Bevölkerung berechnet werden. Eine **doppelte Mehrheit** ist dann erreicht, wenn 55 Prozent der Mitgliedstaaten, die gemeinsam mindestens 65 Prozent der europäischen Bevölkerung auf sich vereinen, zustimmen. Jedes Land verfügt dann über eine Stimme.

Die Europäische Kommission

Die Kommission ist das supranationale Exekutivorgan der EU und mit weit reichenden Befugnissen ausgestattet. Daher wird sie auch als „Motor der Integration" bezeichnet.

Zusammensetzung: Die Kommission setzt sich zusammen aus dem Präsidenten (seit 2004: José Manuel Barroso, Portugal) und je einem Kommissionsmitglied pro EU-Mitgliedstaat, zurzeit also 28 Kommissaren, die auf fünf Jahre ernannt werden. Jeder EU-Kommissar ist für ein bestimmtes Aufgabengebiet zuständig. Der Kommissionspräsident wird vom Europäischen Rat unter Berücksichtigung des Wahlergebnisses zum Europäischen Parlament mit qualifizierter Mehrheit auf fünf Jahre vorgeschlagen und muss vom Parlament bestätigt werden. Die Kommissare werden von den Regierungen der Mitgliedsländer und dem Kommissionspräsidenten benannt und vom Ministerrat ebenfalls mit qualifizierter Mehrheit angenommen, auch hier muss das EU-Parlament zustimmen.

Aufgaben:

- Alleiniges **Initiativrecht für Gesetze** (Vorschläge und Gesetzesentwürfe an Parlament und Ministerrat);
- **Überwachung des EU-Rechts** (gemeinsam mit dem Europäischen Gerichtshof);
- **Umsetzung der Gemeinschaftspolitiken** der Union in den verschiedenen Bereichen (Agrarpolitik, Umweltpolitik etc.);
- Verwaltung des EU-Haushalts;
- Vertretung der EU auf **internationaler Ebene,** Aushandeln von Abkommen zwischen der EU und anderen Staaten.

Beschlussfassung: Die EU-Kommission ist ein kollegiales Organ, d. h. die Kommission trifft jede Entscheidung einstimmig – jedes Mitglied hat eine Stimme – und vertritt sie gemeinsam nach außen.

Die Kommissionsarbeit wird unterstützt von rund 24.000 Beamten, die in über 40 Generaldirektionen und Dienststellen in Brüssel und Luxemburg arbeiten.

Das Europäische Parlament

Das Europäische Parlament (EP) wird seit 1979 direkt von der Bevölkerung der Mitgliedstaaten gewählt; es ist das einzige direkt gewählte Organ innerhalb des EU-Systems. Der Vertrag von Lissabon stärkt die Befugnisse des Parlaments in den Bereichen Gesetzgebung, Haushalt und Genehmigung internationaler Vereinbarungen.

Zusammensetzung: Die Abgeordneten werden jeweils auf fünf Jahre von der Bevölkerung in den Mitgliedsländern nach den Prinzipien der Verhältniswahl (Wahl von Parteilisten) gewählt. Die Anzahl der Sitze pro Land orientiert sich an der Bevölkerungszahl. Im Vertrag von Lissabon wurde die Anzahl der Abgeordneten auf 751 (750 und der nicht stimmberechtigte Parlamentspräsident; derzeit der deutsche SPD-Politiker Martin Schulz) festgelegt. Mit der Europawahl 2014 wird diese Festlegung umgesetzt. Die Aufteilung der Sitze zwischen den Mitgliedstaaten erfolgt nach dem Grundsatz der „degressiven Proportionalität“: Das bedeutet, dass die Abgeordneten der bevölkerungsreichsten Mitgliedstaaten mehr Bürger ihres Landes vertreten als die Abgeordneten der Länder mit weniger Einwohnern. Darüber hinaus ist für jeden Mitgliedstaat eine Mindestzahl von sechs und eine Höchstzahl von 96 Abgeordneten vorgesehen. Die Abgeordneten schließen sich je nach politischer Orientierung zu übernationalen Fraktionen zusammen.

Aufgaben:

- **Gesetzgebung** gemeinsam mit dem Ministerrat. Die Instrumente der Gesetzgebung sind das Anhörungsverfahren, bei dem der Ministerrat das Votum des EP zurückweisen kann, und das Mitentscheidungsverfahren, das für die Mehrheit der Rechtsakte gilt (→ Kap. 5.3.2). Das EP hat kein Initiativrecht, kann aber die Kommission zur Ausarbeitung von Gesetzen auffordern.
- **Demokratische Kontrolle** über alle Organe der EU, insbesondere über die Kommission. Das Parlament stimmt der Benennung der Kommissionsmitglieder zu oder lehnt sie ab und kann einen Misstrauensantrag gegen die gesamte Kommission einbringen. Weitere Kontrollrechte sind Fragestunden, Anfragen oder Debatten.
- **Zustimmung zu völkerrechtlichen Verträgen** (z. B. Beitrittsbeschlüssen).
- **Haushaltsrecht:** Das EP teilt sich die Haushaltsbefugnis mit dem Rat und kann daher Einfluss auf die Ausgaben der EU ausüben. In letzter Instanz nimmt es den Gesamthaushalt an oder lehnt ihn ab.

Beschlussfassung: Ein Gesetzesentwurf muss alle Instanzen des Mitentscheidungsverfahrens durchlaufen. Wenn dem Ergebnis alle beteiligten Organe zustimmen können, wird im EP abgestimmt. Zur Verabschiedung eines Gesetzes ist i. d. R. die absolute Mehrheit nötig.

Das EP ist ein typisches Arbeitsparlament, d. h. seine Arbeit findet hauptsächlich in Ausschüssen statt und beschäftigt sich in erster Linie mit gesetzgeberischen Einzelheiten.

Der Europäische Rat

Der Europäische Rat ist das oberste Entscheidungsgremium in der EU. Er bestimmt den politischen Kurs und die Prioritäten der EU. Die Treffen des Europäischen Rates werden auch als „Europa-Gipfel“ bezeichnet. Der Europäische Rat ist seit Inkrafttreten des Lissabon-Vertrages ein vollwertiges EU-Organ. Seit Dezember 2009 gibt es das Amt des auf zweieinhalb Jahre gewählten (einmalige Wiederwahl möglich) Ratspräsidenten. Seine Hauptaufgabe besteht darin, die Vorbereitung und Kontinuität der Arbeiten des Europäischen Rates zu gewährleisten und auf einen Konsens hinzuarbeiten.

Zusammensetzung: Mindestens zweimal pro Halbjahr kommen die Staats- und Regierungschefs der EU, der Präsident des Europäischen Rates sowie der Kommissionspräsident zu einem Gipfeltreffen zusammen.

Aufgaben:

- Richtlinienkompetenz für Grundsatzentscheidungen (z. B. Festlegung von Beitrittskriterien);
- Entwicklung von Leitlinien für die GASP und GSVP;
- Impulse für die Weiterentwicklung der EU, Entwicklung umfassender Reformvorhaben.

Beschlussfassung: Im Unterschied zum Ministerrat kann der Europäische Rat keine rechtsverbindlichen Beschlüsse fassen. Seine politischen Vorgaben müssen im vorgesehenen Verfahren erst zu Gesetzen gestaltet werden.

Der Europäische Gerichtshof

Der Europäische Gerichtshof (EuGH) mit Sitz in Luxemburg ist das oberste Rechtsprechungsorgan der EU. Er hat mit seiner Auslegung der EG- und EU-Verträge ein europäisches Gemeinschaftsrecht begründet, das Vorrang vor dem nationalen Recht der Mitgliedstaaten hat.

Zusammensetzung: Die Regierungen der Mitgliedstaaten ernennen einvernehmlich einen Richter für sechs Jahre, sodass alle nationalen Rechtsordnungen im EuGH vertreten sind. Acht Generalanwälte unterstützen das Gericht bei der Rechtsfindung.

Wichtigste Aufgaben:

- **Prüfen der Rechtmäßigkeit** der Handlungen in der EU;
- **Gewährleistung einer einheitlichen Auslegung und Anwendung des EU-Rechts** in den Mitgliedstaaten;
- **Klärung von Streitigkeiten** zwischen den EU-Organen;
- **Prüfen von Bürgerklagen** gegen Verwaltungsakte der EU-Behörden und **Grundrechtsschutz.**

Beschlussfassung: Der EuGH fällt seine Entscheidungen in der Vollversammlung (Plenum), als Große Kammer (13 Richter) oder in Kammern mit drei oder fünf Richtern.

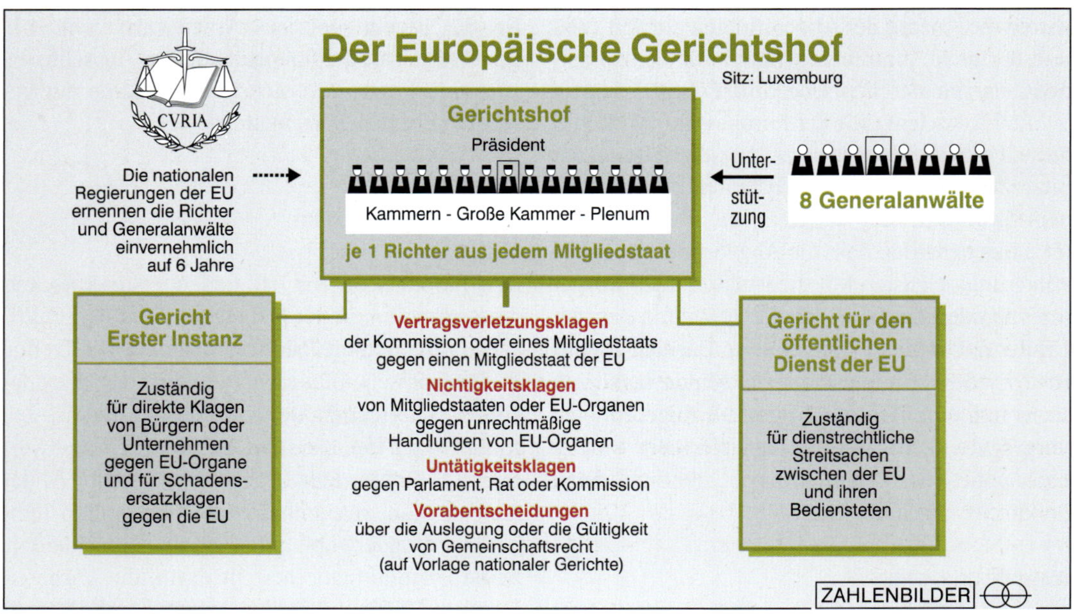

© Bergmoser + Höller Verlag AG 714 070

Aufgabe

Erstellen Sie eine Übersicht (Synopse) der EU-Institutionen mit den Kriterien Bestellung, Zusammensetzung, Aufgaben.

M Demokratiedefizit in Brüssel? Die Angst vor dem Superstaat

Die Angst vor einem undemokratischen, unkontrollierbaren europäischen Superstaat ist eines der Hauptargumente gegen Europa. Vielen Bürgern ist der Gedanke nicht geheuer, nationale Souveränitätsrechte nach „Brüssel" abzugeben, wo ihrer Meinung nach eine ausufernde Bürokratie auf undurchschaubaren Wegen Entscheidungen trifft, die jeglicher demokratischer Kontrolle entzogen sind. Was ist dran an diesen Vorwürfen?

Um ihnen auf den Grund zu gehen, hilft ein Vergleich zwischen den Rechten des Deutschen Bundestages und des Europäischen Parlaments. Der vom Volk frei gewählte Bundestag ist das Herz der bundesdeutschen Demokratie. Gemäß der klassischen Gewaltenteilung hat der Bundestag die beiden demokratischen Kernrechte, Gesetze vorzulegen und zu verabschieden, sowie die Regierung zu kontrollieren. Im Europäischen Parlament, das von allen wahlberechtigten Bürgern Europas frei gewählt wird, sieht das hingegen ganz anders aus.

Das EU-Parlament hat in beiden genannten Bereichen nur sehr eingeschränkte Kompetenzen. Im Gegensatz zum Bundestag hat es nicht das Recht, Gesetze vorzulegen. Und: [Einige] EU-Gesetze müssen noch nicht einmal vom Parlament abgesegnet werden. [Seit Inkrafttreten des Vertrags von Lissabon, muss] die Zustimmung des Parlaments immerhin bei [95] Prozent der Gesetze eingeholt werden. Entscheidungen, die die Gemeinsame Außen- und Sicherheitspolitik angehen, [bleiben] aber auch weiterhin außen vor. [...]

Die Nationalstaaten entscheiden auch, wen sie als Kommissar zur EU-Kommission (eine Art Regierung der EU) nach Brüssel schicken. Das Parlament kommt erst wieder ins Spiel, wenn die Kommission bereits fertig geformt ist. Denn das Parlament hat immerhin das Recht, die Kommission abzulehnen, was es [...] auch [schon] getan hat. [Seit Lissabon steht ihr auch] das Recht [zu], den Kommissionspräsidenten zu wählen. Zwar [wird] die Person immer noch vom Europäischen Rat vorgeschlagen [...]. Das Gremium [muss] aber auf die Mehrheitsverhältnisse im Parlament Rücksicht nehmen. Diese Änderung ist dem [aktuellen EU-Parlamentspräsidenten] Martin Schulz sehr wichtig. „Die Bürger haben [...] bei der Europa-Wahl endlich direkten Einfluss", sagte er [...]. „Wenn ich einen sozialdemokratischen Kommissionspräsidenten haben will, wähle ich die SPD in Deutschland oder die Labour-Party in England." [...]

Im Ergebnis kann man also sagen, dass die einzige, von den EU-Bürgern direkt gewählte Einrichtung, das EU-Parlament, nicht annähernd die Macht hat, die einer Volksvertretung zukommen sollte. Im Interview bringt der CSU-Politiker Gerd Müller die Entparlamentarisierung der europäischen Gesetzgebung auf den Punkt: „Auf der einen Seite ist der Bundestag nicht mehr als Gesetzgeber tätig, hat auch keine ausreichenden Kontrollmöglichkeiten. Und auf der anderen Seite kommt das Recht zur Gesetzgebung nicht beim Europäischen Parlament an." Der Vorwurf, die EU habe ein Demokratiedefizit und sei vom Parlament nur eingeschränkt zu kontrollieren, ist insofern berechtigt.

Doch wie kann man Europa demokratischer und kontrollierbarer machen? Die Antwort ist vergleichsweise einfach: Das EU-Parlament müsste endlich die vollen demokratischen Rechte einer Volksvertretung bekommen. Doch das geht nur, wenn die Nationalstaaten viel mehr Kompetenzen an Europa abgeben, als sie es bisher tun. Die Tatsache, dass die Zustimmung des EU-Parlaments nur bei [95] Prozent aller Gesetze notwendig ist, ist dem Umstand geschuldet, dass sich die Nationalstaaten vom EU-Parlament möglichst wenig in ihre Entscheidungen hineinreden lassen wollen. Denn die wirklichen Entscheidungen trifft die EU im Rat der Staats- und Regierungschefs und in den Ministerräten – und da haben allein die Nationalstaaten das Sagen. Deshalb werden die Gesetze auch von den Ministerräten beschlossen und von der Kommission ausgearbeitet – nicht etwa vom EU-Parlament. [...]

Die Situation ist also paradox: Die Bürger haben Angst vor einem undemokratischen Superstaat Europa und wollen deshalb möglichst wenig Rechte an die EU abgeben. Doch Europa hätte nur eine Chance auf wirkliche Demokratisierung, wenn eben dies geschähe: wenn man das demokratisch gewählte Europäische Parlament mit allen notwendigen Kontrollrechten gegenüber der Kommission und den nationalstaatlich geprägten Gremien (EU-Rat, Ministerräte) ausstatten würde. Die Regierungen der Einzelstaaten haben wenig Interesse daran, ihre Bürger über dieses Paradox aufzuklären, denn sie definieren es als ihr Interesse, in allen wichtigen Politikbereichen voll handlungsfähig zu bleiben.

Fazit: Europa hat ein Demokratiedefizit. Dies hat aber zunächst nicht so sehr viel mit „Brüssel" zu tun, sondern mit den Nationalstaaten. Entgegen der Ansicht vieler Bürger kann man dieses Defizit nur beseitigen, wenn die Nationalstaaten sehr viel mehr und nicht etwa weniger Kompetenzen an die EU abgeben.

Sabine Klein, www.tagesschau.de, 19.6.2012

Aufgaben

1. Stellen Sie in Form einer Tabelle einen Vergleich des Regierungssystems der EU mit dem der Bundesrepublik Deutschland an (Gewaltenteilung, Kontrolle, Bürgerbeteiligung).
2. Diskutieren Sie, wie das diagnostizierte Demokratiedefizit vermindert werden könnte. (M)

3.2 Strukturen und Entscheidungsprozesse

Leitfragen	Was bedeutet das Subsidiaritätsprinzip?	In welchem Verhältnis stehen Nationalstaat und EU?	Wie verläuft der Gesetzgebungsprozess in der EU?

Wer darf was machen? – das Grundprinzip der Subsidiarität

Die Geschichte der Europäischen Union ist auch die Geschichte der fortschreitenden Vergemeinschaftung politischer Entscheidungen. Die Mitgliedstaaten verzichten dort, wo die EU gemeinschaftlich Probleme besser lösen kann, auf ihre Souveränität – z. B. in der Geld- und Währungspolitik –, und übertragen die Zuständigkeiten auf die Gemeinschaftsorgane der EU.

Gleichzeitig basiert die Europäische Union auf dem **Grundsatz der Subsidiarität**: Subsidiarität ist ein politisches und gesellschaftliches Prinzip, nach dem Aufgaben und Entscheidungen auf die niedrigstmögliche administrative und politische Ebene verlagert werden sollen. In der EU regelt das Prinzip der Subsidiarität die Aufgabenverteilung zwischen den Mitgliedstaaten und der Union; es soll bürgerfernen Zentralismus vermeiden und **ein bürgernahes Europa fördern.**

Gesetze und Regeln dürfen nur dann auf europäischer Ebene erlassen werden, wenn die damit verbundenen Ziele nicht von den Mitgliedstaaten allein in ausreichendem Maße erreicht werden können und ein gemeinsames Handeln nachweislich bessere Ergebnisse verspricht. Entsprechend dem Subsidiaritätsprinzip unterscheiden sich je nach Politikfeld die Verteilung der Zuständigkeit

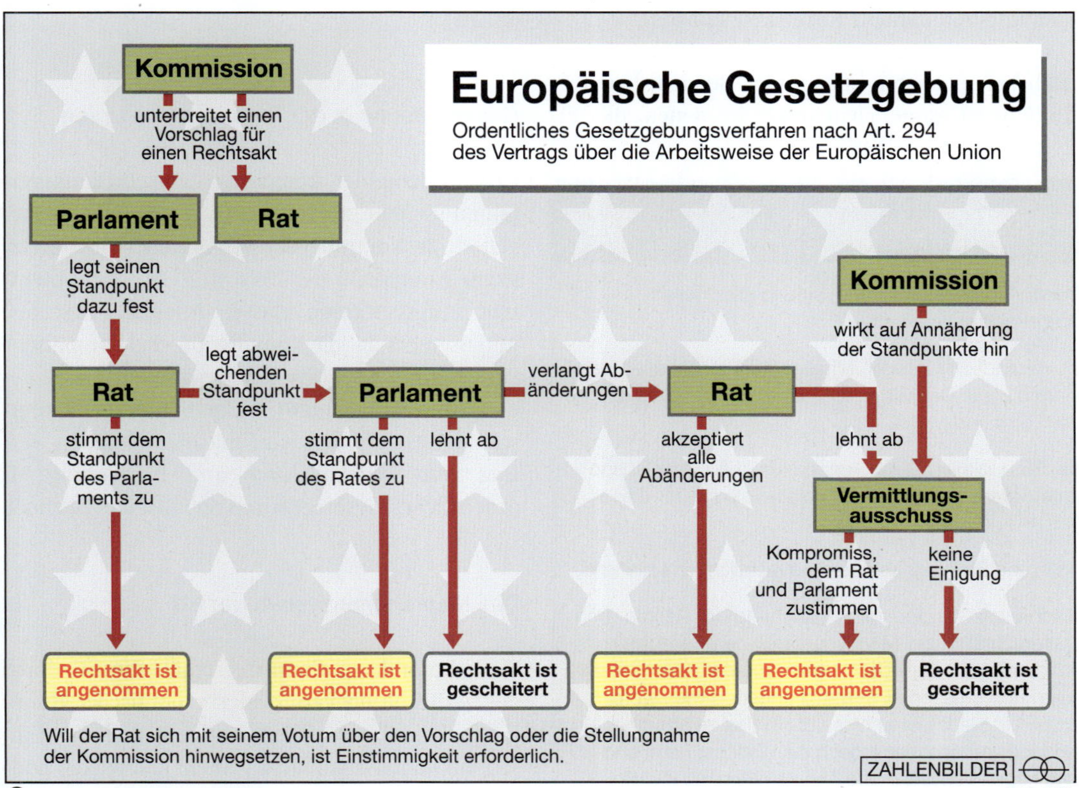

© Bergmoser + Höller Verlag 715 420

und damit die Formen der Zusammenarbeit zwischen den Mitgliedstaaten und der EU. Bei der Aufgabenverteilung spielt auch eine Rolle, inwieweit die Staaten bereit sind, ihre nationalen Souveränitätsrechte zu teilen. Alle Aufgaben und Verfahren der EU sind in Verträgen festgelegt, die von den Mitgliedstaaten freiwillig und demokratisch vereinbart wurden. Aus den Verträgen leitet sich ab, in welchen Politikfeldern die Organe der Union allein tätig werden können, in welchen die Union und die Regierungen der Mitgliedstaaten gemeinsam zuständig sind und in welchen die Staaten nach wie vor für sich allein Politik machen.

In einigen Bereichen (wie z.B. Außenhandel, Zollpolitik) sind die Organe der EU ganz oder weitgehend allein zuständig (**ausschließliche Zuständigkeiten**). Sie erlassen Gesetze, die in allen Mitgliedstaaten gelten. Diese können dort allein nicht mehr tätig werden.

Innerhalb anderer Politikbereiche (wie z.B. Umwelt, Verbraucherschutz, Entwicklungspolitik) liegt die Zuständigkeit zu Teilen bei der Union, zu Teilen bei den Mitgliedstaaten (**geteilte Zuständigkeiten**). Innerhalb dieser Bereiche können sowohl die Union als auch die Mitgliedstaaten tätig werden und verbindliche Rechtsakte erlassen.

Daneben existieren immer noch Bereiche (wie z.B. Bildung, Gesundheitspolitik), in denen die EU nicht selbstständig gesetzgeberisch tätig werden darf, sondern Maßnahmen der Mitgliedstaaten lediglich unterstützen, koordinieren oder ergänzen kann (**unterstützende Zuständigkeiten**).

Der Vertrag von Lissabon ermöglicht es den Staaten, bei vermeintlichen Verstößen gegen das Subsidiaritätsprinzip sowohl eine Rüge auszusprechen als auch Klage vor dem Europäischen Gerichtshof zu erheben. Bundestag und Bundesrat erhalten mit dem Vertrag von Lissabon mehr Mitwirkungsrechte in EU-Angelegenheiten.

Zu beachten ist, dass darüber hinaus Tätigkeitsfelder bestehen, in denen die EU **keinerlei Zuständigkeiten** besitzt. Innerhalb dieser Bereiche kann lediglich auf Regierungsebene zusammengearbeitet und anschließend einstimmig im Europäischen Rat allgemeine Leitlinien festgelegt werden. Dazu zählt insbesondere die Gemeinsame Sicherheits- und Verteidigungspolitik (GSVP) der EU. Aufgrund des Einstimmigkeitsprinzips behält praktisch jeder Mitgliedstaat seine hoheitlichen Souveränitätsrechte und somit die volle Kontrolle über die Entwicklung innerhalb dieses Politikbereichs. Maßnahmen der GSVP unterliegen zudem nicht der Rechtsprechung des Europäischen Gerichtshofes (EuGH).

Rechtsakte der EU

- **Verordnungen:** Allgemeine Geltung, sind in allen Teilen verbindlich und gelten unmittelbar.
- **Richtlinien:** Verbindlich für jeden Mitgliedstaat hinsichtlich des zu erreichenden Ziels. Der Mitgliedstaat hat bei der Umsetzung die Wahl der Form und Mittel.
- **Beschlüsse:** Sind in allen Teilen verbindlich. Sind Beschlüsse an bestimmte Adressaten gerichtet, so sind sie nur für diese verbindlich.
- **Empfehlungen und Stellungnahmen:** Sind rechtlich nicht bindend.
- **Rahmenbeschlüsse:** Werden zur Angleichung der Rechts- und Verwaltungsvorschriften der Mitgliedstaaten herangezogen. Sie werden von einem Mitgliedstaat oder von der Kommission vorgeschlagen und müssen einstimmig angenommen werden. Sie sind für die Mitgliedstaaten hinsichtlich des zu erreichenden Ziels bindend, lassen ihnen jedoch die Wahl der Form und der Mittel und haben deshalb große Ähnlichkeiten mit Richtlinien.

Gesetzgebung in der Europäischen Union

Grundprinzip der komplexen Entscheidungsverfahren ist eine abgestufte Machtteilung und gegenseitige Kontrolle der EU-Organe. Die Gesetze werden innerhalb der EU i. d. R. im sog. Mitentscheidungsverfahren erlassen. Alleiniges Gesetzesinitiativrecht hat die Kommission, das Europäische Parlament wird aber zunehmend am Gesetzgebungsprozess beteiligt (→ Kap. 5.3.1). Das Mitentscheidungsverfahren wird mit dem Lissabon-Vertrag zum Regelfall und wird im Vertrag als **ordentliches Gesetzgebungsverfahren** bezeichnet.

Das Mehrebenensystem der EU

Ihren besonderen Charakter erhält die EU durch die Verflechtung verschiedener politischer Handlungsebenen (europäisch, national und mit Einschränkungen regional) zu einem komplexen politischen Entscheidungssystem, in dem eine Vielzahl von unterschiedlichen Interessen den politischen Prozess bestimmen. Die Entscheidungsgewalt im politischen System der EU geht also nicht von einem politischen Zentrum aus, sondern ist auf verschiedene Ebenen und Institutionen verteilt. Dieses System wird als **dynamisches Mehrebenensystem** bezeichnet.

Das europäische Mehrebenensystem

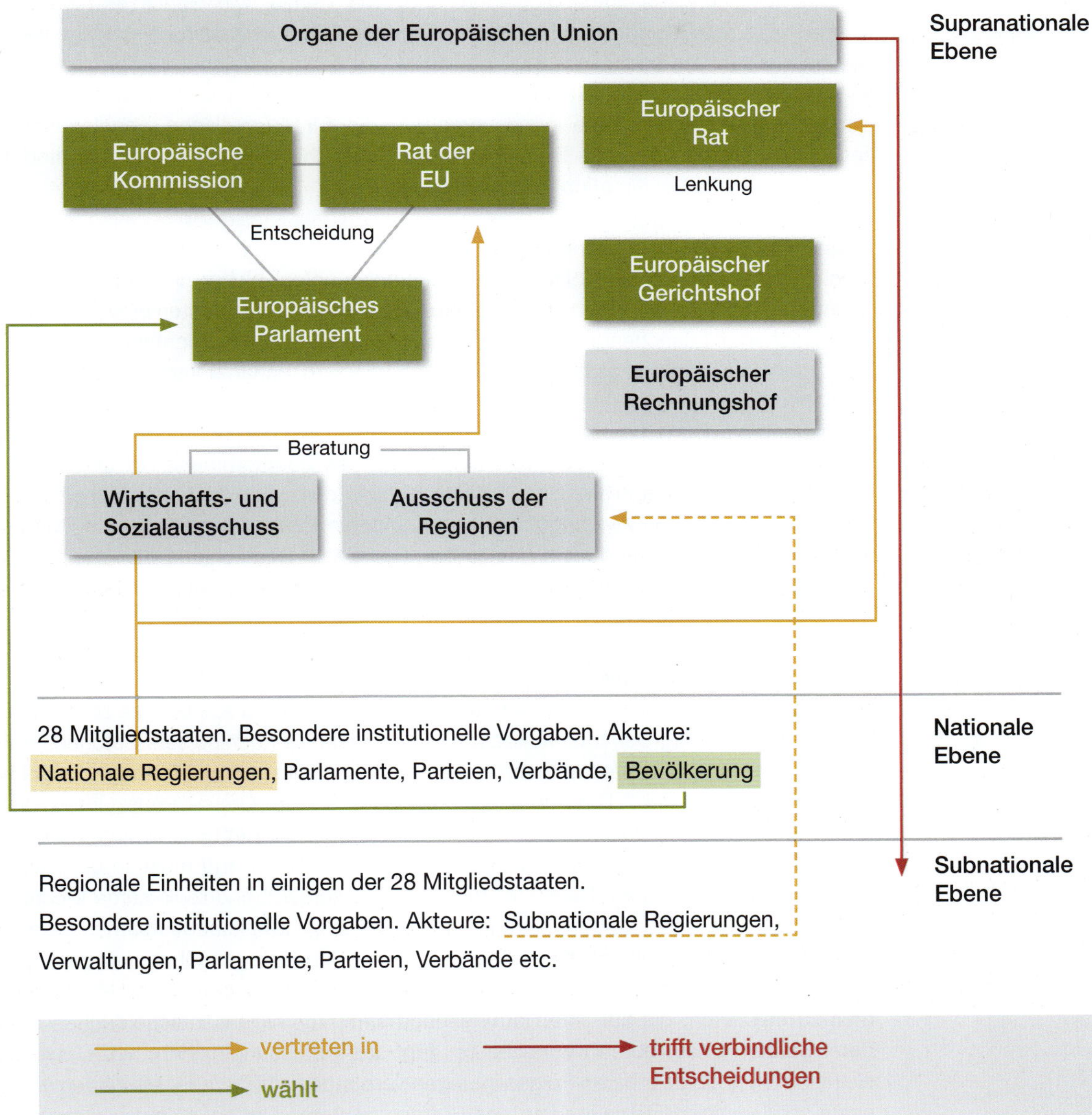

Nach: www.dadalos.org

Aufgaben

1. Erklären Sie das Prinzip der Subsidiarität.
2. Erläutern Sie das Mehrebenensystem der EU.

M Informationsrechte des Bundestags – an der Karlsruher Grenze

So schlimm war es nun auch wieder nicht, was Joachim Gauck da in Brüssel über die Lippen kam. Gefragt nach den Plänen der Bundesregierung, den Euro-Rettungsschirm auszuweiten, und nach der Rolle Karlsruhes dabei, sagte der Bundespräsident im April: „Ich sehe das noch nicht, dass diese Bereitschaft der Regierung konterkariert werden wird vom Bundesverfassungsgericht." Nun hat das Bundesverfassungsgericht entschieden, und zwar genau, wie Gauck es nicht erwartet hatte. Die Bundestagsfraktion der Grünen hatte in Karlsruhe geklagt, weil sie sich in den Verhandlungen über den ESM [...] nicht ausreichend informiert sah. In [diesem Fall] handelte die Regierung intergouvernemental und nicht nach den verfassungsrechtlichen Beteiligungsvorgaben, die für europäische Angelegenheiten gelten. Bisher hatte das Bundesverfassungsgericht stets eine möglichst starke parlamentarische Legitimation angemahnt.

Verfahren bisher selten „konterkariert"

Doch hat es zugleich die Politik der Bundesregierung(en) bisher nicht grundlegend „konterkariert" – so dass man in der Äußerung des Bundespräsidenten eine Prognose auf gesicherter Tatsachengrundlage sehen kann. Zwar haben die Richter [...] in Karlsruhe manches Regierungsmitglied und auch manchen Parlamentarier zur Weißglut getrieben. Doch sie blockierten nicht die europäische Integration. Das Bundesverfassungsgericht äußerte weder gegen den Vertrag von Lissabon noch gegen die Euro-Rettung prinzipielle Einwände. Wohl aber gegen die überkommene Art und Weise exekutivischer Europapolitik. Das Parlament muss demnach die wesentlichen Entscheidungen treffen – wie übrigens auch auf anderen Feldern. Und sogar die Befugnisse des Parlaments sind nicht grenzenlos: Sollte sich Deutschland dereinst einem europäischen Bundesstaat eingliedern, also seine souveräne Staatlichkeit aufgeben, so müsse darüber das Volk entscheiden.

Größere Maßnahmen müssen bewilligt werden

Natürlich lässt sich darüber sehr gut streiten – etwa ob sich diese Grenze so einfach setzen lässt. Da mag Gerichtspräsident Andreas Voßkuhle noch so sehr betonen, wie etwa in der mündlichen Verhandlung im vergangenen Juli zur Euro-Rettung: „Es geht um den Rechtsrahmen." Die Karlsruher Richter hätten „die Grenzen auszuloten, die das Grundgesetz der Politik setzt". Dabei kam für die Euro-Rettung heraus: Die Entscheidung über Einnahmen und Ausgaben der öffentlichen Hand muss in der Hand des Bundestages bleiben. Dem Parlament ist es untersagt, finanzwirksame Mechanismen zu begründen, „die zu nicht überschaubaren haushaltsbedeutsamen Belastungen ohne erneute konstitutive Zustimmung des Bundestages führen können". Es ist dem Gesetzgeber auch verwehrt, „dauerhafte völkervertragsrechtliche Mechanismen zu etablieren, die auf eine Haftungsübernahme für Willensentscheidungen anderer Staaten hinauslaufen". Vor allem, so fügt das Verfassungsgericht hinzu, „wenn sie mit schwer kalkulierbaren Folgewirkungen verbunden sind". Jede „ausgabenwirksame solidarische Hilfsmaßnahme des Bundes größeren Umfangs" muss demnach vom Bundestag im Einzelnen bewilligt werden.

Detaillierte Vorgaben

Gleichwohl kam das Gericht zu dem Schluss, dass die Beurteilung des Gesetzgebers, die damaligen Gewährleistungsermächtigungen in Höhe von insgesamt rund 170 Milliarden Euro seien für den Bundeshaushalt tragbar, nicht seinen Einschätzungsspielraum überschreite. Diese Rechtsprechung setzte sich damit fort, dass die Karlsruher Richter das Neuner-Gremium untersagten, auf das das Parlament Entscheidungen zur Euro-

Rettung delegieren wollte. Was heißt das nun für die Rechte des Bundestages – wenn etwa die Regierung intergouvernemental handelt, wie beim ESM, und nicht nach den verfassungsrechtlichen Beteiligungsvorgaben, die für europäische Angelegenheiten gelten? Diese sind nämlich recht detailliert und regeln eine parlamentarische Mitwirkung; demgegenüber kann der Bundestag völkerrechtliche Entscheidungen nur noch nachträglich billigen oder ablehnen.

„Regierung braucht freie Hand"

Die Regierung pocht demgegenüber darauf, freie Hand bei solchen Verhandlungen zu benötigen und darauf, dass auf sensiblen finanzwirksamen Feldern nicht jede Überlegung öffentlich gemacht wird. Schließlich, so die Bundesregierung, gebe es auch zahlreiche „Non-Papers", die nur eine Halbwertszeit von wenigen Stunden hätten. Die Regierung habe sich bemüht, die Rechte des Parlaments zu wahren, ohne die eigene Position zu schwächen. Der ESM wurde demnach bewusst außerhalb der EU-Strukturen gehalten. Freilich wiesen die Grünen darauf hin, dass die Entwürfe für den ESM die EU-Kommission geschrieben habe – „und das soll nichts mit der EU zu tun haben?". Es sei aber der Öffentlichkeit nicht vermittelbar, dass Maßnahmen zur Euro-Rettung keine Angelegenheit der EU sein sollen. Das österreichische Parlament habe den deutschen Kollegen „Amtshilfe" geleistet und Entwürfe zur Verfügung gestellt. Die österreichische Regierung, so sehen es jedenfalls die deutschen Grünen, habe eine stärkere Position wegen des starken Parlaments. „Alle hatten die Dokumente, nur der Deutsche Bundestag nicht."

Verständnis für beide Seiten

Informierte Mitwirkung wünschen die Kläger, die der Regierung durchaus ihre Sphäre des Handelns lassen wollen. Die Richter [...] zeigten in der mündlichen Verhandlung für beide Seiten Verständnis – also auch für die unter dauerhaftem Handlungszwang stehende Regierung. Doch dürfte [das Bundesverfassungsgericht] seiner Linie treu bleiben, die zentrale Rolle des Bundestags hervorzuheben. Versuche, das Parlament zu umgehen, haben damit keine Chance. Über den Inhalt des ESM ist damit noch nichts gesagt. Deutschland hat noch nicht ratifiziert, deshalb konnte noch niemand Karlsruhe einschalten. Doch sind schon Verfassungsbeschwerden angekündigt. Es fällt auf, dass mehr darüber diskutiert wird, wann der ESM-Vertrag ratifiziert wird, ob mit Fiskalpakt und Finanztransaktionssteuer oder nicht. Über seinen Inhalt wird auffallend wenig geredet. Dabei sehen Fachleute darin eine unbefristete und unwiderrufliche Ermächtigung der Finanzminister der Euro-Gruppe, deutsches Steuergeld zu fordern. Das könnte in die verfassungsmäßig garantierte Haushaltsautonomie des Deutschen Bundestages eingreifen, die das Bundesverfassungsgericht zuletzt so stark hervorgehoben hat. Ist wirklich sichergestellt, dass der Deutsche Bundestag jede grundlegende Entscheidung trifft? Oder liegt hier nicht genau der von den Karlsruher Richtern als grundgesetzwidrig gerügte Mechanismus vor, der zu „nicht überschaubaren Belastungen führt"? Das sollte sich auch der Bundestag noch überlegen. Sonst könnte [...] Karlsruhe Berlin wieder einmal in die Schranken weisen.

Reinhard Müller, Frankfurter Allgemeine Zeitung, 18.6.2012

Aufgaben

1. Erläutern Sie, welche Akteure des europäischen Mehrebenensystems das Bundesverfassungsgericht bei seinem Urteil berücksichtigen musste und in welcher Beziehung diese zueinander stehen. (M)

2. Beurteilen Sie die Rolle des Bundesverfassungsgerichts im europäischen Integrationsprozess.

4 Perspektiven und Probleme der europäischen Integration

Leitfragen

Befindet sich die europäische Integration am Scheideweg?

Wie soll eine zukunftsfähige europäische Integration aussehen?

Das Europa der zwei Geschwindigkeiten

Karikatur: Luis Murschetz

Aktuelle Risiken der europäischen Integration

Als größte Bedrohung für die weitere europäische Integration wird heute die europäische Staatsschuldenkrise gesehen. Die Länder der Europäischen Union haben als „Krönung“ der Integration eine gemeinsame Währung etabliert. Dabei haben sie es aber versäumt, gemeinsame Mechanismen zum Schutz vor bzw. zur Überwindung einer Finanzkrise vorzusehen. Der mögliche Austritt eines zahlungsunfähigen Staates könnte die ganze Währungsunion ins Wanken bringen und damit ein wesentliches Element europäischer Integration. Auch die Art und Weise des Krisenmanagements stellt die politische Handlungskompetenz europäischer Institutionen in Frage. Auffällig ist, dass weniger europäische Institutionen bei der Bewältigung der Krise agieren als vielmehr die nationalen Regierungen, allen voran Deutschland und Frankreich.

Die wichtigsten Entscheidungen zur Bewältigung der Staatsschuldenkrise wurden zunächst von der sog. Frankfurter Gruppe, bestehend aus Angela Merkel, Nicolas Sarkozy, dem damaligen französischen Staatspräsidenten, Christine Lagarde, Chefin des Internationalen Währungsfonds, Mario Draghi, Präsident der Europäischen Zentralbank, José Manuel Barroso, Präsident der Europäischen Kommission, Jean-Claude Juncker, dem damaligen Vorsitzenden der Euro-Gruppe, Herman van Rompuy, Präsident des Europäischen Rates sowie Olli Rehn, EU-Kommissar für Wirtschaft und Währung, getroffen. Dieser Krisengipfel verfügte weder über rechtliche noch legitimatorische Grundlagen, sondern hat sich selbst an den europäischen Institutionen vorbei etabliert. Die Forderung zukünftige Krisen durch eine gemeinsame Wirtschafts- und Finanzpolitik zu verhindern, also einen weiteren Schritt in die Vertiefung der Union zu gehen, stößt in Deutschland an verfassungsrechtliche Grenzen. Diese könnten wohl nur durch eine Volksabstimmung zur Änderung des Grundgesetzes vollständig beseitigt werden (→ Kap. 4.1.2).

Zukunftsperspektiven der EU

Sechs Jahrzehnte wurde die europäische Integration zwischen Erweiterung und Vertiefung vorangetrieben, ohne dass ein angestrebtes Ziel für die Gestalt des integrierten Europa definiert worden wäre.

Als mögliche **Grundmodelle** für eine künftige Organisationsform gelten „Bundesstaat" und „Staatenbund".

- **Bundesstaat**: Ein Bundesstaat – etwa nach dem Muster der Bundesrepublik Deutschland – stellt einen Zusammenschluss mehrerer Staaten zu einem übergeordneten Gesamtstaat dar. Sowohl der Bund als auch die Gliedstaaten verfügen über eigenständige Kompetenzen. Die Gliedstaaten sind gegenüber dem Bund zur Bündnistreue verpflichtet.

- **Staatenbund**: Ein Staatenbund ist ein Zusammenschluss von Staaten, die sich zum Ziel gesetzt haben, eine begrenzte Anzahl von Aufgaben gemeinsam wahrzunehmen. Dabei bleibt die Souveränität der einzelnen Mitgliedstaaten stets unberührt.

Die heutige Europäische Union ist ein Gebilde, das sich grundlegend von diesen Staats- und Bündnisformationen unterscheidet. Juristisch und politisch betrachtet ist die EU mehr als ein Staatenbund, denn die Europäische Union hat beispielsweise in bestimmten Politikbereichen das Recht, Gesetze zu erlassen, die für den Einzelnen verbindlich sind und die auch Vorrang vor nationalem Recht beanspruchen können. Dennoch kann die Europäische Union nicht als Staat oder Bundesstaat bezeichnet werden, da die Mitgliedstaaten der EU ihre Souveränität nicht verloren haben und sie somit nicht zu bloßen Gliedstaaten im „Bundesstaat Europa" herabgestuft worden sind. Das Bundesverfassungsgericht hat für dieses Gebilde daher den neuen Begriff **Staatenverbund** geprägt.

Die Union muss Anfang des 21. Jahrhunderts folgende vier Grundsatzfragen beantworten:

- Welches Ziel soll sich die europäische Integration setzen (Finalität und Idee)?

- Was macht die europäische Identität aus?

- Welches sind die geografisch-politischen Grenzen der EU?

- Wie kann die Handlungsfähigkeit Europas über demokratische Institutionen gesichert werden?

Aufgabe

Unterscheiden Sie Bundesstaat, Staatenbund und Staatenverbund.

KOMPETENZEN ANWENDEN

M 1 Europa neu denken: Kern und Peripherie

Dabei gilt, dass die europäische Einigung auf nichts anderes rekurrierte als auf eine Idee. Denn der Beginn der europäischen Geschichte ist ebenso wenig eindeutig wie Europas geografische Gestalt. „Europa betritt die Geschichte durch die Tür der Mythologie", so der Mediävist Jacques Le Goff. Und irgendwie ist es dabei geblieben. Denn als nach dem Zweiten Weltkrieg mit der Gründung der Organisation für europäische wirtschaftliche Zusammenarbeit 1948 und des Europarats 1949, der Europäischen Konvention zum Schutz der Menschenrechte und Grundfreiheiten 1950 und der Gründung der Montanunion 1951 die ersten Schritte gemacht wurden, war zwar die Sorge vor der sowjetischen Bedrohung prägend. Doch zugleich wirkte die aus der Erfahrung des Krieges folgende Einsicht, dass die klassischen Instrumente der Friedenssicherung nicht mehr griffen und gesamteuropäische Antworten geboten waren, die übernationale Regelungen und Ordnungen begründen.

Es gab dafür aber kein Muster und keine Referenz, sondern nur das Bewusstsein einer Elite, das geprägt war durch die Erfahrung der Zersplitterung, der Grenzverschiebungen sowie der Konflikte nach dem Ersten Weltkrieg und das getragen war durch eine diffuse europäische Idee aus Antike und Christentum. Damit war ein Europa angesprochen, wie es sich seit dem Frühmittelalter als Kulturraum auf christlich-abendländischem Fundament gebildet hatte.

Dabei war Europa immer von einer Ambivalenz aus widersprüchlichen Bewegungsrichtungen gekennzeichnet: Zum einen die Expansion sowie die gemeinsame Nutzung von Kraftzentren und Potenzialen, wie mit den Handelsbemühungen, den Kreuzzügen oder der Ostwanderung verbunden, zum anderen die Rückbindung, die Abgrenzung und Unterdrückung, die Konflikte im Miteinander. Erstaunlich ist, wie bei allen Brüchen, bei allen Verwerfungen, bei allen Kräfteverlagerungen die kulturell basierte, aber immer auch unbestimmte Idee Europa Überzeugungskraft und Gestaltungswirkung entfalten konnte.

Über die Jahrhunderte wuchs die kulturelle Einheit Europas. Romanik und Gotik, Renaissance und Humanismus, Barock und Aufklärung sind europäische Phänomene. Zugleich war es immer wieder Europa, wo die Vernunft sich von neuem Ausdruck verschaffte – in der antiken Philosophie, in der mittelalterlichen Scholastik, im Humanismus der Renaissance, in der Aufklärung und in den modernen Wissenschaften. Politisch herausragend war die Entstehung frühmoderner Staatlichkeit als Europa spätestens zur Mitte des 15. Jahrhunderts nicht mehr durch einen Herrscher oder in einer Gesamtmonarchie zu ordnen war. Die Christenheit differenzierte sich in Königreiche und Nationen, der Personenverband des Mittelalters als dominierende Gestaltungskraft verschwand. Vor allem Konfessionskriege beförderten die Staatenbildung. Nach dem Höhepunkt dieser Konflikte im 17. Jahrhundert entwickelte sich ein europäischer Zivilisationstypus, der zwei Maximen folgte: Friede durch Recht und Friede durch Säkularisation des Politischen (Westfälischer Friede 1648).

Die darauf beruhenden Ordnungen vermittelten den in Europa lebenden Menschen die Einsicht, einer gemeinsamen Rechtsordnung anzugehören. Zwar war dies nicht der Abschied vom Krieg als Option der Politik, doch wurde dieses Instrument gezähmt und eingehegt durch eine politische Welt der Diplomatie und der Kongresse. Dies bewährte sich mehr oder weniger bis zum Ende des langen 19. Jahrhunderts, das zugleich mit der Bildung von Nationalstaaten, fortschreitender Industrialisierung und aufkeimendem Imperialismus den Grund dafür legte, dass schließlich nach den zwei Fundamentalkonfrontationen im 20. Jahrhundert andere Wege gesucht werden mussten. Erst die tiefe Zäsur des Zweiten Weltkriegs verschaffte den seit der Neuzeit immer wieder formulierten Ideen einer Einheit Europas die Chance der Umsetzung.

Heute blicken wir auf 60 Jahre europäische Integration: „Fast ein ganzes Menschenalter ohne Krieg! Das ist eine Anomalie, auf die dieser Kontinent stolz sein kann", schreibt Hans Magnus Enzensberger: „Kurzum, der Prozess der europäischen Einigung hat unseren Alltag zum Bessern verändert." Doch im Umfeld der schwierigen Suche nach neuen Regeln für die Europäische Währungsunion entsteht zunehmend der Eindruck, dass Europa keine Vision mehr bietet. Diese Perspektivlosigkeit befördert die Zweifel am Projekt Europa. Nur 49 Prozent der Europäer bewerten die Mitgliedschaft ihres Landes in der EU positiv und nur 42 Prozent vertrauen den europäischen Institutionen. Angesichts ökonomischer Probleme verliert Europa an Überzeugungskraft.

Dennoch wirkt das kulturelle Erbe Europas. Ohne ein gemeinsames Grundkapital an kulturellen Werten wäre die Schaffung einer Europäischen Union, wie wir sie heute kennen, unmöglich gewesen. Das Band, welches die Europäer eint, ist eben jener christlich-neuhumanistische Geist. Wer das kulturelle Erbe Europas mobilisieren will, der muss zuerst die Integration räumlich begrenzen. Der Beitritt immer neuer Kandidaten zur Europäischen Union verändert zusehends deren Qualität. Eine politische Union, die deutlich über das hinausgeht, was mit der Gemeinsamen Außen- und Sicherheitspolitik sowie die Zusammenarbeit bei Strafsachen erreicht wurde, lässt sich nicht in einem Raum realisieren, der vom Atlantik bis zum Ural geht. Gleichzeitig wird niemand die erreichte Integration und die Befriedung dieses Raums gefährden wollen. Der Ausweg kann nur in einem Europa unterschiedlicher Integrationsräume liegen. Wir müssen den Mut aufbringen, Kerneuropa unter Anbindung an frühe Einigungsschritte als Vision neu zu denken und damit als Vehikel für die politische Einigung zu sehen, um zugleich die heutige Union als ökonomische Zweckgemeinschaft stabilisieren zu können. Drei Schritte weisen in diesem Sinne nach vorne:

(1) Die Gestaltung differenzierter Integrationsräume ist keine Absage an die jüngeren und peripheren Mitglieder der Union, sondern bietet die Chance einer realistischen Gestaltung angesichts unterschiedlicher Ausgangspositionen und nationaler Präferenzen. Dabei lassen sich auch für den großen Integrationsraum stärkere Verbindungen schaffen, indem jene Politikbereiche, die über nationale Interessen weit hinausgehen und regionsweite externe Effekte generieren – wie Verteidigung und Infrastrukturnetze –, in gemeinsamer Verantwortung organisiert werden. Dafür sind spezielle Finanzierungen begründbar, eine europäische Steuer für die Verteidigung und Eurobonds für die Infrastruktur.

(2) Die Entwicklung dieser Potenziale setzt sich in der gemeinsamen Währung fort. Europa benötigt diese Grundlagen wirtschaftlicher und politischer Stärke, um weltpolitisch nicht von einer G 2 aus USA und China marginalisiert zu werden. Nur Europa, aber kein einzelnes Mitglied, kann in diesem Konzert glaubwürdig und kräftig seine Stimme erheben. Nur so wird daraus G 3. Wir können es uns deshalb nicht mehr leisten, diplomatisch als Europäer zu versagen, wie es angesichts der revolutionären Bewegungen in Nordafrika der Fall war.

(3) Die Bildung eines Kerneuropas um Frankreich und Deutschland als Teil des großen Integrationsraums und damit die Stärkung des Zentrums [...] ist die besondere Herausforderung unserer Zeit. Dies wird nur gelingen, wenn das Potenzial kultureller

Gemeinsamkeiten neu bewertet wird. Europa steht trotz seiner Vergangenheit voller Konflikte zugleich für das Bemühen um Frieden. Friede durch Recht und Friede durch Säkularisation des Politischen, Aufklärung, Vernunft und Freiheit, kulturelle Vielfalt und politische Differenzierung haben unverändert eine hohe Strahlkraft, weil sie die geronnene Erfahrung eines historischen Raums präsentieren und nicht als allfällige politische Topoi daherkommen. Europa ohne kulturelle Dimension verstehen und gestalten zu wollen, wird jedenfalls dauerhaft nicht gelingen können. Auch das ist eine Botschaft der gegenwärtigen Krise.

Michael Hüther, © IW Köln/IW Medien, 29.7.2011

M 2 Zukunftsszenarien für Europa

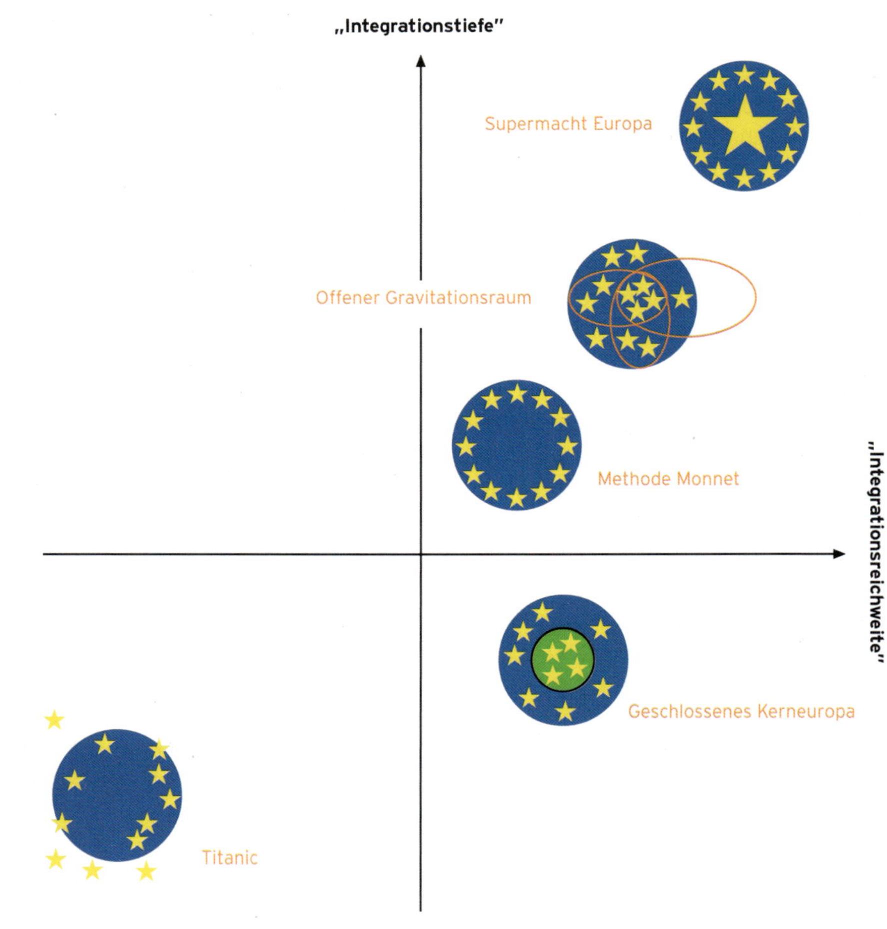

Legende:
„Integrationsreichweite" = Anzahl der beteiligten Staaten
„Integrationstiefe" = Anzahl der vergemeinschafteten Politikfelder

Erläuterungen zu den einzelnen Szenarien:

Titanic: Das Titanic-Szenario beschreibt eine wesentliche Gefährdung bis hin zur Auflösung der europäischen Integration. Die Europäische Union ist nach dem Szenario nicht fähig, den inneren und äußeren Herausforderungen gerecht zu werden. Innerhalb der Union nehmen die Interessenunterschiede und die Leistungsunterschiede der Mitgliedstaaten insbesondere durch die Erweiterung immer weiter zu. Die Verteilungskämpfe werden schärfer und die Wertvorstellungen der einzelnen Mitgliedstaaten scheinen unüberbrückbar. Die bestehenden Strukturen und Institutionen der EU erweisen sich als ungeeignet für die große Zahl von Mitgliedstaaten. Sie führen zu tiefen Rissen und schließlich zur totalen Handlungsunfähigkeit. Infolge dessen bemühen sich die Mitgliedstaaten nicht nur, keine Kompetenzen mehr an die EU zu übertragen, sondern bereits an die EU abgetretene Kompetenzen wieder zurückzuerhalten. Das Modell der EU ist gescheitert.

Kerneuropa: Dieses Szenario basiert auf der Annahme, dass die Mitgliedstaaten sich über den gemeinsamen Binnenmarkt und den grenzenlosen Reiseverkehr hinaus nicht mehr auf ein gemeinsames Ziel hinsichtlich der zukünftigen Entwicklung der Europäischen Union einigen können. Der Gedanke einer großen, föderativen politischen Union aller Mitgliedstaaten geht verloren. In einigen Staaten nehmen Nation und Region in ihrer identitätsstiftenden Bedeutung wieder zu. Diese blockieren aufgrund ihres Mitspracherechts in den europäischen Institutionen eine weitergehende Integration. Schließlich entschließt sich eine überzeugte Gruppe von Mitgliedstaaten zur Zusammenarbeit außerhalb der Strukturen der Europäischen Union.

Methode Monnet: Dieses Szenario schreibt das Muster des Einigungsprozesses der vergangenen Jahre fort. Nach dem Scheitern der Verfassung erweist sich die ständige Suche nach einem kleinsten gemeinsamen Nenner als das beherrschende Prinzip des Integrationsprozesses, der flickenhaft und unvollständig bleibt. Trotz ihrer institutionellen Schwächen und den unterschiedlichen Interessen der Mitgliedstaaten zerfällt die Union nicht. Die bisherigen Erfolge (Frieden, Binnenmarkt, Schengen-Region) halten die Union so zusammen, dass immer wieder Kompromisse und kleine Fortschritte möglich sind.

Offener Gravitationsraum: Wesentliches Merkmal dieses Szenarios ist eine Gruppe von Mitgliedstaaten, die sich dem Ziel einer kontinuierlichen Integrationsvertiefung verpflichtet haben. Die ganzheitlichen Reformbemühungen scheitern an den unterschiedlichen Interessen der Mitgliedstaaten. Dennoch hält eine Mehrheit der Mitgliedstaaten am grundsätzlichen Ziel der Fortentwicklung der EU in Richtung einer politischen Union fest. Sie wählt mit Duldung der anderen Mitgliedstaaten den Weg weiter vertiefter Kooperation, jedoch wird den anderen Mitgliedstaaten die Möglichkeit der Teilnahme an der vertieften Zusammenarbeit zu einem späteren Zeitpunkt gegeben.

Supermacht Europa: Die Staaten sind bereit, der EU immer weiterreichende Kompetenzen in zentralen Politikbereichen zu übertragen (Innen-, Außen-, Verteidigungs-, Wirtschafts- und Sozialpolitik), weil sie davon ausgehen, dass sich die Nationalstaaten nur über den Zusammenschluss in der EU im internationalen Wettbewerb behaupten können. Eine Europäische Verfassung führt zu einer klaren Abgrenzung der Kompetenzen der EU und der Mitgliedstaaten. Wirtschaftliche Leistungsfähigkeit, Rechtsstaatlichkeit, ein Wertesystem mit großer internationaler Ausstrahlungs- und Anziehungskraft und erweiterte militärische Fähigkeiten verschaffen der EU eine beachtliche Handlungsbasis. Auf der Grundlage eines sich immer stärker ausprägenden „Wir-Gefühls" entwickelt sich die EU in Richtung eines europäischen Bundesstaates mit eigener Staatsqualität.

Nach: Franco Algieri u. a., Centrum für angewandte Politikforschung, München

Aufgaben

1. Analysieren Sie in Gruppenarbeit jeweils eines der in M 2 abgebildeten Zukunftsszenarien. Diskutieren Sie die Auswirkungen der einzelnen Modelle auf Weg und Ziel der Integration, die Organisationsstrukturen, Erweiterungsmöglichkeiten sowie die Außenwirkung der EU.
2. Begründen Sie, welches Modell Ihnen am ehesten geeignet erscheint, um die aktuellen Herausforderungen der europäischen Integration zu meistern. (M 2)
3. Führen Sie eine Podiumsdiskussion durch, in der fünf Vertreter der Szenarien einschließlich der Position Hüthers vertreten sind. (M 1, M 2)

6 Internationale Politik

KOMPETENZEN

Am Ende dieses Kapitels sollten Sie Folgendes wissen und können:

- das System der Internationalen Beziehungen beschreiben und anhand theoretischer Modelle erklären
- unterschiedliche globale Risiken im 21. Jahrhundert, insbesondere Terrorismus, Proliferation, neue Kriege, Klimawandel, Bevölkerungswachstum und Staatszerfall, beurteilen
- Chancen und Grenzen der Durchsetzung des Völkerrechts sowie der Menschenrechte beurteilen
- zentrale internationale Sicherheitsorganisationen wie die UNO und die NATO beschreiben sowie deren Einsatz für Frieden und Sicherheit beurteilen
- die deutsche Außen- und Sicherheitspolitik in den Kontext aktueller Herausforderungen einordnen und beurteilen
- beurteilen, ob eine Weltinnenpolitik durch Global Governance globale Problemlagen lösen kann

„Guernica" von Picasso 1937

Aufgabe

Entwerfen Sie jeweils eine Mind Map zu den Themen Krieg und Frieden.

1 Merkmale der heutigen Weltordnung

1.1 Internationale Beziehungen im 21. Jahrhundert

Leitfragen	Wie hat sich der Sicherheitsbegriff im Laufe der Zeit verändert?	Welche Akteure nehmen Einfluss auf die internationale Politik?	Wie lassen sich die Internationalen Beziehungen anhand theoretischer Modelle erklären?

Der Sicherheitsbegriff in der bipolaren Weltordnung

Während der **bipolaren Weltordnung bis 1990** war der Sicherheitsbegriff traditionell durch objektiv gegebene oder subjektiv empfundene Bedrohungen von außen auf einen Staat gekennzeichnet. Diese vorrangig militärisch gefärbte Auffassung von Sicherheit bestimmte das sicherheitspolitische Denken, welches durch ideologische, politisch-ökonomische und militärische Gegensätze zwischen den Supermächten USA und Sowjetunion geprägt war.

Grundlage des damaligen sicherheitspolitischen Denkens war das sog. **Sicherheitsdilemma**: Solange die Welt anarchisch strukturiert ist und auf weltpolitischer Ebene eine übergeordnete Regelungs- und Sanktionsinstanz, eine Art Weltjustiz mit durchsetzungsfähiger Weltpolizei, fehlt, muss jeder Staat um seine Sicherheit fürchten. In einer Welt, die durch **Anarchie** geprägt ist, gilt das Recht des Stärkeren, weshalb die Staaten dem Risiko von Gewalt und Aggression durch andere Staaten ausgesetzt sind. Die einzige Sicherheit vor Angriffen scheint in der eigenen militärischen Stärke zu liegen (**Abschreckung**). Im Streben nach Sicherheit sind die Staaten gezwungen, immer mehr militärische Macht anzuhäufen. Dies führt wiederum dazu, dass andere Staaten dies als Bedrohung empfinden und ihrerseits nach Macht streben. Da sich in einer solchen Welt kein Staat je ganz sicher fühlen kann, ergibt sich ein Wettlauf um militärische Macht und ein Teufelskreis von Sicherheitsbedürfnis, Machtanhäufung und Bedrohung schließt sich.

In der Praxis führte dies zwangsläufig zum atomaren und konventionellen Wettrüsten zwischen der USA und der Sowjetunion. Nach der Logik des Sicherheitsdilemmas ergibt das Streben nach Sicherheit und das Beharren auf sicherheitspolitischen Interessen letztendlich eine **paradoxe** Situation: Die Absicht aller Staaten mehr Sicherheit herzustellen, bewirkt staatliches Handeln, welches leicht in Kriege ausarten kann und somit dem Ergebnis von mehr Sicherheit widerspricht.

Der erweiterte Sicherheitsbegriff nach Ende des Ost-West-Konflikts

Das Ende des Ost-West-Konflikts 1990 änderte die sicherheitspolitische Lage schlagartig. Der einzig

Internationale Beziehungen

Allg.: Das Geflecht der politischen, wirtschaftlichen, kulturellen und militärischen Beziehungen, wie es in der Zusammenarbeit zwischen den Staaten, den staatlichen und nichtstaatlichen Akteuren geformt wird.

Spez.: Teildisziplin der Politikwissenschaft, die sich mit den Bereichen Außenpolitik (einzelner Staaten, z. B. Institutionen und Prozessen der dt. Außenpolitik), internationale Systeme (d. h. das sich aus der Außenpolitik der Staaten ergebende internationale Beziehungsgeflecht) und internationale Organisationen (z. B. NATO, UN) befasst.

Klaus Schubert/Martina Klein: Das Politiklexikon – Begriffe, Fakten, Zusammenhänge. 5. aktualisierte und erweiterte Auflage, Zentralen für politische Bildung, Bonn 2011

Das Sicherheitsdilemma

Die Hauptursache des Krieges zwischen Athen und Sparta

Im 5. Jahrhundert v. Chr. waren Athen und Sparta in der griechischsprachigen Welt die mächtigsten Stadtstaaten. Nachdem es bereits einen Krieg zwischen beiden gegeben hatte, kam es zu einem 30-jährigen Waffenstillstand. Ab 431 v. Chr. führten beide aber wieder Krieg gegeneinander. Über diesen zweiten „Peloponnesischen Krieg" berichtet der Geschichtsschreiber Thukydides. Unter anderem äußert er in seinem Werk, worin er die Gründe für den Ausbruch des Krieges sieht:

„Den wahrsten Grund freilich, zugleich den meist beschwiegenen, sehe ich im Wachstum Athens, das die erschreckten Spartaner zum Krieg zwang. [...] Zu diesem Beschluss der Spartaner, dass der Vertrag (über den dreißigjährigen Frieden) gebrochen sei, hatten freilich die Verbündeten mit ihren Reden weniger beigetragen als die Furcht vor Athen, dass es immer noch mächtiger werden könne, da sie ihm doch den größten Teil von Hellas bereits Untertan sahen. [...]

Nun aber, da die Macht Athens so augenscheinlich stieg und ihren (den Spartanischen) Bund antastete, da riss ihre Geduld, und sie entschlossen sich anzugreifen und alles einzusetzen, um seine Größe zu stürzen, wenn sie könnten und eben den Krieg zu erklären."

Thukydides, Peloponnesischer Krieg, I, 23, 89, 118

verbliebenen Supermacht USA stand kein als militärisch ebenbürtig empfundener Feind mehr gegenüber. Sowohl ein global geführter (Atom-) Krieg als auch ein konventioneller zwischenstaatlicher Krieg mit globalen Auswirkungen waren in dieser **unipolaren Welt** unwahrscheinlich geworden. Vielmehr traten neue sicherheitspolitische Aspekte in den Vordergrund, die in den **erweiterten Sicherheitsbegriff** mit aufgenommen wurden:

- die weltweite Verbreitung von Massenvernichtungswaffen, das damit verbundene, international organisierte Verbrechen sowie der internationale Terrorismus;
- die zunehmenden innerstaatlichen Konflikte und Kriege, die mit massiven Menschenrechtsverletzungen einhergehen und zu Staatszerfall sowie regionaler Destabilisierung führen;
- die Zunahme von ökonomischen (z. B. Bedrohung der Energieversorgung), sozialen (z. B. Armut und Massenelend) und ökologischen (z. B. Umweltzerstörung und Ressourcenknappheit) Risikopotenzialen.

Der erweiterte Sicherheitsbegriff

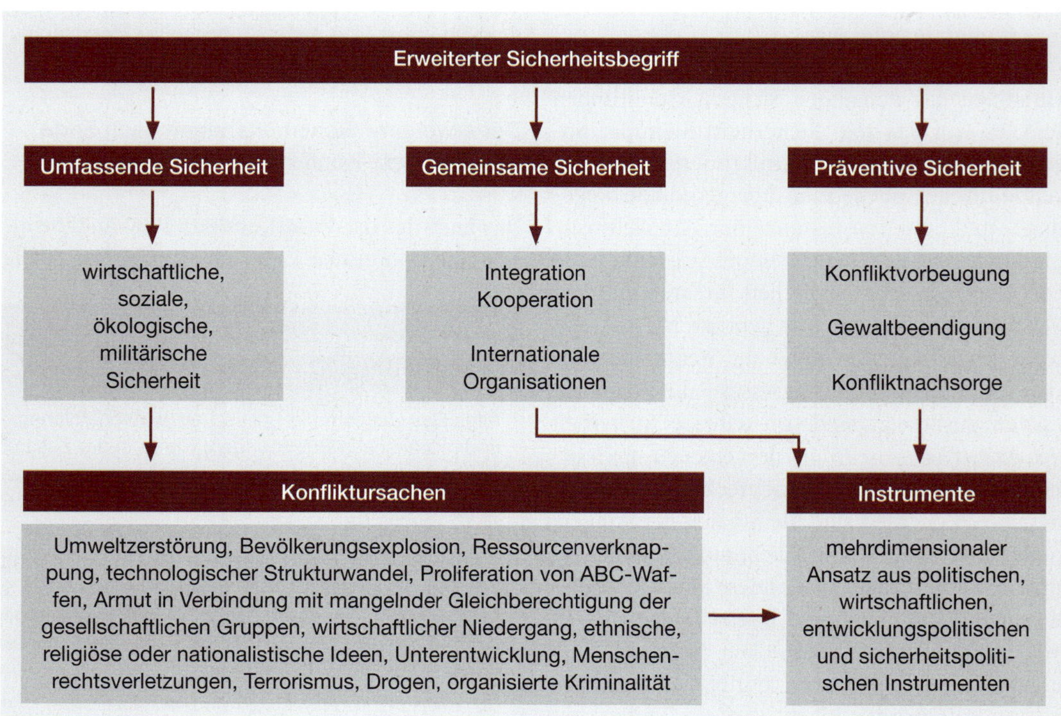

Jochen Hippler/Dirk Metzner/Franz Nuscheler, USA und Europa: unterschiedliche Sicherheitspolitiken, in: Globale Trends 2004/2005, hg. von Ingomar Hauchler, Frankfurt/M. 2003, S. 300

Sicherheit in einer globalisierten Welt

Die Auswirkungen der Globalisierung sind durch weltweite wirtschaftliche und gesellschaftliche Verflechtungen der Nationalstaaten untereinander (Interdependenzen) gekennzeichnet. Diese führen dazu, dass neben der klassischen, nationalstaatlichen militärischen Verteidigungspolitik nun zunehmend auch wirtschafts-, finanz-, innen- und entwicklungspolitische, staats- und völkerrechtliche sowie soziale und ökologische Aspekte für die globale sicherheitspolitische Lage eine tragende Rolle spielen. Mit anderen Worten: Die *hard power* von Staaten, begründet in militärischer und ökonomischer Macht reicht für die Garantie von globaler Sicherheit im 21. Jahrhundert nicht mehr aus.

Der Begriff der **globalen Sicherheit** bezieht sich nicht länger nur auf das System der Integrität souveräner Staaten, sondern auf die Lebensbedingungen der Weltbevölkerung und die Aussicht auf eine Weltgesellschaft freier Individuen (Denationalisierung). Insofern ist er eng mit dem Begriff der **humanitären Sicherheit** verknüpft und unterstreicht, dass das Recht auf menschenwürdige Lebensverhältnisse prinzipiell für alle Menschen auf der Welt zu gelten hat.

In der heutigen heterogenen, **multipolaren Welt**, die durch neue aufstrebende Machtzentren (z. B. BRICS-Staaten) gekennzeichnet ist, beruht die globale Sicherheit auf hoher Zufriedenheit der Bevölkerung mit dem politischen System und einer Zustimmung der Gesellschaft zu ihrer politischen Führung. Zusätzlich spielen das internationale Ansehen eines Staates, die Glaubwürdigkeit und Attraktivität seiner Politik, seiner Kultur sowie seines Bildungs- und Wissenschaftssystems (*soft power*) für die Sicherheit im System der Internationalen Beziehungen eine wichtige Rolle.

Wandel des Sicherheitsbegriffs

Der Wandel der Sicherheitskultur lässt sich anhand der graduellen Erweiterung des Sicherheitsbegriffs in den vergangenen fünfzig Jahren darstellen. Dabei lassen sich **vier Dimensionen** unterscheiden:

- Die erste Dimension betrifft das **Referenzobjekt**, also die Frage, wessen Sicherheit gewährleistet werden soll.
- Die zweite Dimension ist die **Sachdimension**, also die Frage, in welchem Problembereich der Politik Sicherheitsgefahren festgestellt werden.
- Die dritte Dimension betrifft die **Raumdimension**, mithin die Frage, für welches geografische Gebiet Sicherheit angestrebt wird.
- Die vierte Dimension betrifft schließlich die **Gefahrendimension**, also die Frage, wie das Problem konzeptualisiert wird, auf das Sicherheitspolitik antworten soll.

Nach: Christopher Daase, Wandel der Sicherheitskultur, APuZ 50/2010

Machtkonstellationen in der internationalen Politik

Bipolarität – Unipolarität – Multipolarität

Bipolarität bezeichnet einen Zustand, in dem die internationale Politik von der Rivalität zweier Großmächte geprägt ist, während sie im Falle der Unipolarität durch eine unangefochtene Supermacht dominiert wird. Von Multipolarität wird gesprochen, wenn es im internationalen System mehrere annähernd gleich starke Mächte mit Führungsanspruch gibt.

Nach: Wilfried v. Bredow, Sicherheitspolitik zu Beginn des 21. Jahrhunderts, Informationen zur politischen Bildung Nr. 274, Bundeszentrale für politische Bildung, Bonn 2002

Unilateralismus – Bilateralismus – Multilateralismus

Die Bezeichnung Unilateralismus meint das einseitige Handeln eines Landes z. B. bei der Handelsliberalisierung oder bei der Verfolgung staatlicher Sicherheitsinteressen.

Als Bilateralismus bezeichnet man ein System zweiseitiger Abkommen zwischen Staaten, z. B. zur Gestaltung der Handelsbeziehungen oder zur gegenseitigen Unterstützung bei Bedrohung durch Dritte.

Unter Multilateralismus versteht man ein System der Zusammenarbeit mehrerer Staaten in Form von Abkommen oder unter dem Dach einer internationalen Organisation (z. B. UNO) zur Bearbeitung eines internationalen Problems (z. B. Regelung des Welthandels, Friedenssicherung).

Der Wandel der Sicherheitskultur

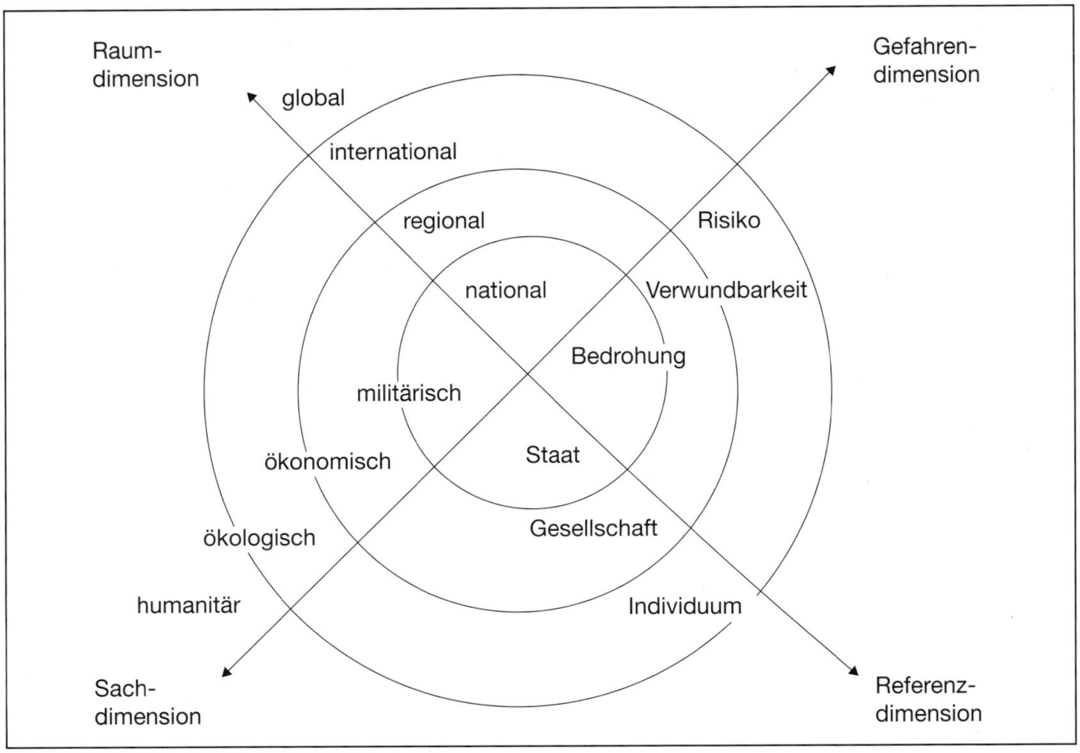

Nach: Christopher Daase, Wandel der Sicherheitskultur, APuZ 50/2010

Internationale Sicherheit im 21. Jahrhundert

Sicherheitspolitik im 21. Jahrhundert muss alle Politikbereiche umfassen und dabei

- politische
- ökonomische
- ökologische
- gesellschaftliche
- kulturelle

Bedingungen und Entwicklungen berücksichtigen.

→ Sicherheit kann weder vorrangig noch allein durch militärische Maßnahmen gewährleistet werden. Gleichwohl sind militärische Fähigkeiten unverzichtbare Voraussetzung für die Glaubwürdigkeit einer umfassenden Sicherheitspolitik.

↓ Eine Bedrohung der internationalen Sicherheit ist jedes Ereignis und jeder Prozess, das bzw. der

- zum Tod vieler Menschen oder
- zur Verringerung von Lebenschancen führt
- und dabei Staaten als das tragende Element des internationalen Systems untergräbt.

← Zur Gewährleistung der internationalen Sicherheit bedarf es eines Rahmens für präventives Handeln. Hierbei muss gegen alle Bedrohungen vorgegangen werden – und zwar auf die Art und Weise, die in den verschiedenen Teilen der Welt am meisten Resonanz findet.

Stand: 1.5.2011 Quelle: UN-Reformkommission/VPR © richter-publizistik

Das System internationaler Akteure

Der **moderne Nationalstaat** bildete sich im Laufe des 16. Jahrhunderts heraus und wurde mit dem Westfälischen Frieden von 1648 bis zum Ende der bipolaren Weltordnung 1990 zum dominanten Akteur im System der Internationalen Beziehungen.

Definiert wird der moderne Nationalstaat durch ein eindeutig umrissenes Territorium, Kongruenz der Reichweite der Politik mit nationalen Grenzen, einem Staatsvolk sowie einer souveränen Ausübung von Staatsgewalt (→ Kap. 3.1.1).

Das System der Internationalen Beziehungen war durch die Übersichtlichkeit des festgefügten **Zwei-Parteien-Nullsummenspiels** geprägt (was der eine Staat gewinnt, verliert der andere). Überschaubare **Freund-Feind-Schemata** kennzeichneten dieses staatenzentrische Weltbild.

Die Folgen, die das Ende des Ost-West-Konflikts mit sich brachten, und die immer spürbarer werdenden Auswirkungen der Globalisierung auf das System der Internationalen Beziehungen führten zu einer Krise des Nationalstaats. Der amerikanische Soziologe Daniel Bell (1919 – 2011) formulierte dies folgendermaßen: „Der Nationalstaat ist für die kleinen Probleme zu groß und für die großen Probleme zu klein geworden." Zunehmender Machtverlust der Nationalstaaten angesichts globaler Probleme wird mit den Schlagwörtern **„Denationalisierung"**, **„Entgrenzung"** und **„Disembedding"** bezeichnet.

Entgegen der Formulierung von Bell sind die Nationalstaaten im gegenwärtigen System der Internationalen Beziehungen immer noch die wichtigsten Akteure. Ihre Handlungsmacht kann aber durch grenzüberschreitend tätig werdende nichtstaatliche Akteure beeinflusst und eingeschränkt werden.

Zu den nichtstaatlichen Akteuren, die in ihrer Summe die Handlungsmacht der Staaten begrenzen, gehören

- **internationale Organisationen**, wie die Vereinten Nationen (UNO) oder die OSZE (Organisation für Sicherheit und Zusammenarbeit in Europa),
- **internationale Regime**, wie das Abkommen über die Nichtweitervergabe von Nuklearwaffen (Atomwaffensperrvertrag),
- **transnationale Konzerne** (→ Kap. 2.6.3) mit großer finanzieller und wirtschaftlicher Macht, wie die großen Öl- und Gaskonzerne (z. B. Shell, Exxon, Gazprom, Rosneft),
- **Nichtregierungsorganisationen** (NRO bzw. engl. NGO), wie Amnesty International, Greenpeace oder Attac, die vor allem menschenrechtliche und ökologische Ziele verfolgen,
- international agierende **kriminelle Banden**, wie die südamerikanischen Drogenkartelle und
- nicht zuletzt weltweit, wenn auch mit regionalen Schwerpunkten agierende **Terrornetzwerke**, wie al-Qaida.

Einerseits wird befürchtet, dass infolge der nachlassenden Ordnungskraft der Nationalstaaten und dem Bedeutungszuwachs nichtstaatlicher Akteure Kriege weltweit zunehmen. Diese Gefahr besteht vor allem bei schwachen Staaten, die vom Zerfall bedroht sind. Solche Staaten sind gekennzeichnet durch ein nicht mehr funktionsfähiges Gewaltmonopol, das zu einer Aufsplitterung der Gesellschaft in verschiedene Gruppen führt. Der Staat ist nicht mehr in der Lage, seine Bürger voreinander zu schützen. Durch fehlende Rechtsstaatlichkeit und mangelnde Partizipationsmöglichkeiten kommt es zusätzlich zu gravierenden Legitimitätsproblemen. Mit dem Zusammenbruch der Verwaltung kann der Staat seinen Wohlfahrtsaufgaben letztendlich nicht mehr nachkommen. In bestimmten Regionen der Erde könnten so dauerhafte Gebiete der Instabilität entstehen.

Andererseits besteht die Hoffnung auf die Ausbreitung von Menschenrechten und Rechtsstaatlichkeit und damit auf einen Rückgang von Gewalt und Kriegen weltweit. Durch verstärkte Einbeziehung von nichtstaatlichen Akteuren bei global auftretenden Problemen und Regelsetzungen mithilfe internationaler Organisationen könnte der Einfluss von demokratisch orientierten Zivilgesellschaften innerhalb der Internationalen Beziehungen gestärkt werden.

Akteure in der internationalen Politik

Akteure	Aktionsformen und Handlungsoptionen	Beispiele
Alle Akteure	Internationale Beziehungen	Gesamtheit der politischen, wirtschaftlichen, kulturellen Beziehungen auf internationaler Ebene
Supranationale (übernationale, überstaatliche) Einrichtungen	supranationale Politik und Verfahren (Wahrnehmung von Weisungs- und Strafbefugnissen gegenüber Staaten und Personen)	• Internationaler Strafgerichtshof • Kriegstribunale • Streitschlichtungsverfahren der WTO
Staatenverbund	supranationale und zwischenstaatliche Politik (Integration als regionale Friedens- und Wertegemeinschaft, an Problemlösungen orientiert)	• Europäische Union
Staatengruppen **Internationale Organisationen, Bündnisse**	internationale Politik (Gestaltung der Beziehungen zwischen den Staaten und den internationalen staatlichen Organisationen)	• G8 (Gruppe der führenden Industrieländer) und G20 (Gruppe der führenden Industrie- und Schwellenländer) • UNO, Weltbank, IWF, OSZE • NATO, Rio-Pakt
Einzelne Regierungen	Außenpolitik (Wahrnehmung der allgemeinpolitischen, wirtschaftlichen, militärischen und soziokulturellen Interessen eines Staates in seinem internationalen Umfeld)	• amerikanische Irak-Politik • deutsche Entwicklungspolitik • australische Einwanderungspolitik
Einzelressorts, substaatliche Verwaltungseinheiten	transstaatliche Politik (grenzüberschreitende Kooperation mit Einrichtungen anderer Staaten)	• Zusammenarbeit von Ministern verschiedener Staaten in EU-Fachministerräten • Städtepartnerschaften
Nationale Zivilgesellschaft (innergesellschaftliche Organisationen, Verbände, soziale Bewegungen)	außenpolitische Einflussnahme (durch Lobbyarbeit oder Mobilisierung der öffentlichen Meinung)	Haltungen von • Gewerkschaften • Industrieverbänden • Friedensgruppen zum Einsatz der Bundeswehr in Krisenregionen
Internationale Zivilgesellschaft (Parteien, Kirchen, Interessengruppen, soziale Bewegungen)	transnationale Politik (grenzüberschreitende Einflussnahme auf Entscheidungsträger in der internationalen Politik – begrenzte Handlungsmöglichkeiten)	• Internationale Handelskammer (ICC) • Greenpeace oder Amnesty International • NGO-Gegenkonferenzen zu Wirtschaftsgipfeln

Basiswissen Schule, Politik Wirtschaft, Duden 2012, S. 347f.

Weltordnungsmodelle

Anhand von Modellen können komplexe Besonderheiten vereinfacht dargestellt und grundlegende Merkmale eines Sachverhaltes, Begriffs oder Phänomens hervorgehoben werden. Um das System der Internationalen Beziehungen zu charakterisieren, unterscheidet man i.d.R. **vier Grundmodelle** voneinander:

Anarchie der Staatenwelt: Sicherheitsdilemma herrscht vor. Staaten streben nach Macht oder bilden Allianzen, um ihre Position zu verbessern.

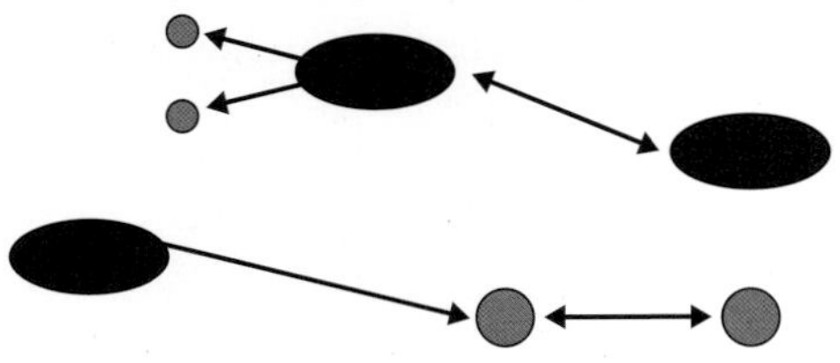

Hegemoniale Ordnung: Ein Staat ist aufgrund seiner herausragenden Machtposition in der Lage, allen anderen seinen Willen aufzuzwingen. Er versucht, weltweit sein Gewaltmonopol durchzusetzen.

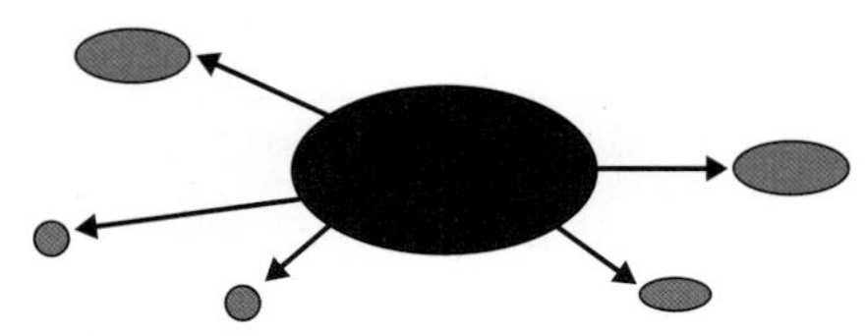

Horizontale Selbstkoordination: Staaten koordinieren ihre Handlung durch bilaterale oder multilaterale Verträge oder durch Entscheidungen, die in internationalen Organisationen getroffen werden. Die Nicht-Einhaltung von Verträgen kann aber nur in beschränktem Maße sanktioniert werden.

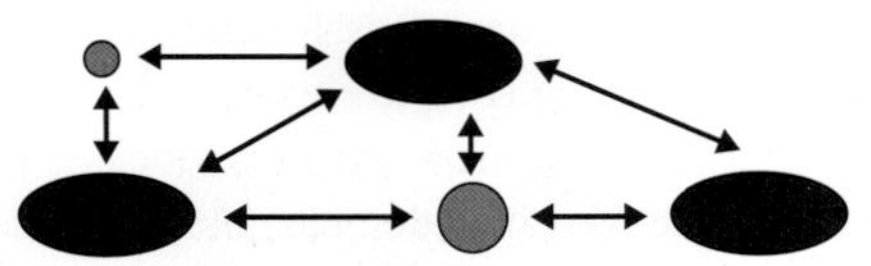

Weltstaat: Die Staaten begründen durch Abgabe von Souveränität an eine überstaatliche Autorität (z.B. UNO) ein öffentliches Gewaltmonopol. Das Gewaltmonopol ist kontrollierbar (Parlament, Gerichte) und demokratisch legitimiert. Es verfügt über Mittel zur Durchsetzung (Polizei, Justiz, Militär).

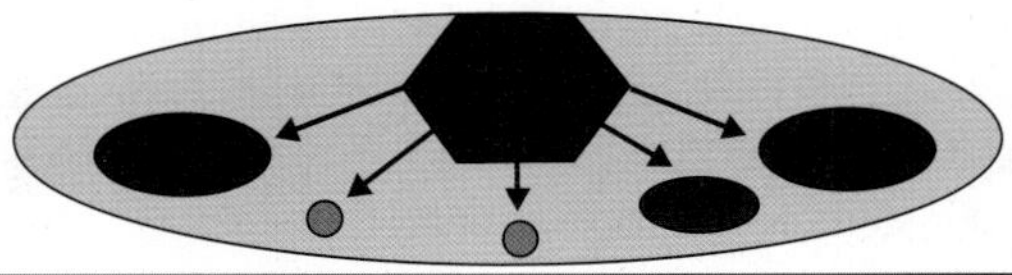

Nach: Ingomar Hauchler/Dirk Messner/Franz Nuscheler (Hrsg.): Globale Trends 2000, Frankfurt am Main 1999, S. 381

Theorien der Internationalen Beziehungen

Bevor allerdings ein vereinfachtes Bild (Modell) der Realität erstellt werden kann, bedarf es zunächst einer **Theorie**, die i.d.R. beschreibende (deskriptive) und erklärende (kausale) Aussagen über diesen Teil der Realität beinhaltet. Politische Theorien dienen dazu, die politische Realität so zu systematisieren, dass allgemeine Grundsätze und Regelmäßigkeiten sichtbar werden.

Die Theorielandschaft der Internationalen Beziehungen befindet sich in einem Zustand ständiger Ausdifferenzierung und ist durch ein Nebeneinanderstehen verschiedener und zum Teil konkurrierender Theorien, Ansätze, Perspektiven und Konzepte geprägt. Dennoch lassen sich als zentrale Denkschulen der Internationalen Beziehungen die drei Großtheorien des **Realismus**, des **Institutionalismus** und des **Liberalismus** (Idealismus) identifizieren.

Anarchie

Anarchie bedeutet das Fehlen einer übergeordneten Regelungs- und Sanktionsinstanz bzw. dass Nichts und Niemand die Sicherheit der einzelnen Staaten garantieren kann außer der Staat selbst. Anarchie bedeutet also ständig dem Risiko von Gewalt und Aggression durch andere Staaten ausgesetzt zu sein. Da das Recht des Stärkeren gilt, müssen alle Staaten selbst gewaltbereit sein – oder sich dem Willen ihrer mächtigeren Nachbarn unterwerfen. Die hegemoniale Ordnung, in der ein Staat aufgrund seiner Stärke den anderen Staaten seinen Willen aufzwingen kann, ist eine Konsequenz des Modells der Anarchie.

Realismus

Die realistische Schule basiert vor allem auf den theoretischen Überlegungen des amerikanischen Politikwissenschaftlers Hans Joachim Morgenthau (1904–1980). Ähnlich wie schon Thomas Hobbes (1588–1679) sieht Morgenthau zerstörerisches Handeln in der Natur des Menschen begründet.

Hegemoniale Ordnung „Unilateralismus"

Der amerikanische Politikwissenschaftler Samuel P. Huntington fasst die der amerikanischen Hegemonie zugrunde liegenden Überzeugungen wie folgt zusammen: A world without U.S. primacy will be a world with more violence and disorder and less democracy and economic growth than a world where the United States continues to have more influence than any other country in shaping global affairs. The sustained international primacy of the United States is central to the welfare and security of Americans and to the future of freedom, democracy, open economies, and international order in the world.

Samuel P. Huntington. „Why International Primacy Matters," International Security (1993): 83

Dieser Prämisse folgend ist das Zusammenleben der Menschen vom „Krieg aller gegen alle" geprägt. Morgenthau überträgt dieses Konzept der **Anarchie** auf die Internationalen Beziehungen. Da auf dieser Ebene eine zentrale Entscheidungs- und Sanktionsgewalt fehlt, ist die internationale Politik durch den Hauptakteur des **nach Macht strebenden souveränen Nationalstaates** gekennzeichnet. Oberstes Ziel der nationalstaatlichen Außenpolitik ist deshalb die Durchsetzung der eigenen Interessen gegen die Interessen anderer Staaten.

Institutionalismus

Ähnlich wie im Realismus geht auch die institutionalistische Denkschule von einem anarchisch strukturierten System der Internationalen Beziehungen aus. Im Gegensatz zum Realismus liegt dem Institutionalismus aber die Annahme zugrunde, dass **Kooperationen zwischen Staaten** prinzipiell möglich sind. Durch das politische Aushandeln von Verträgen kann eine tragfähige Friedensordnung geschaffen werden, die zur Zivilisation des anarchischen Systems der Internationalen Beziehungen beiträgt. Der Institutionalismus geht somit bis auf die These von Hugo Grotius (1583–1645) zurück, der davon überzeugt war, dass Kriege durch Institutionen, die Regeln setzen, verhindert werden können. Für moderne Vertreter des Institutionalismus, wie z. B. den deutschen Politikwissenschaftler Michael Zürn, stehen **internationale Organisationen** im Zentrum des Institutionalismus, welche die Einhaltung der gemeinsam ausgehandelten Verträge überwachen und garantieren.

Liberalismus

Die liberalistische Denkschule steht in direktem Gegensatz zu den theoretischen Annahmen des Realismus und geht auf das idealistische Menschenbild von Immanuel Kant (1724–1804) zurück. Deshalb wird der Liberalismus von Anhängern des Realismus auch abwertend als **Idealismus** bezeichnet. Kant nahm an, dass der Mensch von Natur aus vernunftbegabt, lernfähig und einsichtsvoll ist sowie sein Handeln an Normen und Ideen/Idealen orientiert. Moderne Vertreter des Liberalismus, wie der amerikanische Politikwissenschaftler Andrew Moravcsik, gehen deshalb nicht davon aus, dass souveräne Nationalstaaten die **zentralen Akteure** im System der Internationalen Beziehungen sind. Vielmehr hängt das staatliche Interesse von innerstaatlichen Gegebenheiten, wie den materiellen und ideellen **Interessen der verschiedenen gesellschaftlichen Gruppen** ab. Staatliches Handeln ist also immer das Ergebnis ganz spezifischer gesellschaftlicher Verhältnisse. Demzufolge sind liberaldemokratische Gesellschaftssysteme Voraussetzung für eine friedliche Koexistenz der Staaten im System der Internationalen Beziehungen.

Aufgaben

1. Erklären Sie, wie und warum sich der Sicherheitsbegriff im Laufe der Zeit verändert hat.
2. Untersuchen Sie einen aktuellen Konflikt im System der Internationalen Beziehungen daraufhin, welche Akteure der internationalen Politik daran beteiligt sind und wie diese das System der Internationalen Sicherheit beeinflussen.
3. Benennen Sie eine Theorie der Internationalen Beziehungen, die große Gemeinsamkeiten mit dem Sicherheitsdilemma (vgl. S. 419) aufweist, und erläutern Sie, wie beide miteinander zusammenhängen.
4. Erklären Sie, wie die vier Weltordnungsmodelle theoretisch begründet werden können, und ordnen Sie jedem Modell eine zentrale Denkschule der Internationalen Beziehungen zu.

M 1 Sicherheit im 21. Jahrhundert – die zweite Aufklärung

Wer heute im Westen von Sicherheit redet, der muss mit einem Widerspruch fertig werden: Der Krieg geht, aber die Unsicherheit bleibt. Die klassische militärische Auseinandersetzung ist immer weniger eine Option für die hoch entwickelten Gesellschaften. Der Krieg verabschiedet sich aus den Köpfen der Menschen, besonders in Europa, aber auch in den USA, wo die inneren Probleme immer weniger Platz lassen für die Konflikte der Welt.

Sicherheit gibt es deshalb allerdings noch lange nicht. Im Gegenteil, die Umbrüche in der Welt lassen die Angst vor neuen Bedrohungen wachsen: vor einem Kollaps der Märkte mit all seinen dramatischen Folgen für Staaten und seine Bürger; vor sozialen Spannungen, die durch die Ungleichverteilung von Wohlstand entstehen; vor der Radikalisierung von Gesellschaften, die ihr Heil im Fanatismus der Religionen suchen; vor einer Eskalation im Cyberspace, in dem sich ein gewaltiges Potential an Verwundbarkeit für Staaten, aber auch für jeden Einzelnen verbirgt. Da sind also neue Kräfte am Werk, die sich nicht einfügen lassen in die alten Muster der Sicherheitspolitik.

Diese Kräfte verändern das Macht-Monopol des Staates – ob der nun im demokratischen oder im autoritären Gewand daherkommt. Stärker gefährdet sind freilich die autoritären Regime. Das Militär taugt immer weniger zur Verteidigung der Autorität und zur Durchsetzung von Interessen – Irak hat gerade den Beweis dafür geliefert. Die neuen Kräfte lassen sich militärisch nicht wirklich abwehren. Sie sind gestaltlos, funktionieren wie ein Flashmob – plötzlich sind sie da, und ebenso plötzlich wieder verschwunden. Sie fordern Gerechtigkeit, Beteiligung, Transparenz, und sie sind dabei so unfassbar wie eine Wolke.

Die Welt wird überrollt von einem neuen Bedürfnis nach Teilhabe, getrieben von der Allmacht des Netzes und der durchdringenden Kraft einer weltumspannenden Kommunikation, die keine Zeitzonen, keine Grenzen, keine Hindernisse mehr kennt. Mehr als die Hälfte der Weltbevölkerung hat entweder Zugang zu Mobiltelefonen oder dem Internet. Für mindestens jeden vierten Menschen auf der Erde gibt es einen Fernseher, schätzungsweise 1,3 Milliarden Haushalte verfügen über ein Gerät. Seitdem al-Dschasira über die Missstände in den arabischen Ländern berichtet, seitdem ist auch in der Region der Boden für die neuen Kräfte bestellt. Der Staat hat seine Allmacht verloren.

Die Macht der Daten und Bilder lässt die Großen stürzen und die Ohnmächtigen hoffen. Sie zwingt zu Offenheit und Rechtfertigung. Und sie setzt Standards für die bestmögliche Regierungsform und für einen dienenden Staat. Zu kontrollieren ist sie jedenfalls nicht mehr. Das sind die Gesetze im Zeitalter der zweiten Aufklärung.

Dieses Zeitalter ist nicht nur in der arabischen Welt angebrochen, auch wenn dort die Revolution in ihrer Urgewalt zu beobachten ist. Klassische Hierarchien werden auch in hoch entwickelten Demokratien wie etwa Deutschland herausgefordert, wo die Piratenpartei die Konventionen des politischen Systems sprengt. In der Europäischen Union hat sich durch die Schuldenkrise ein gefährlicher Zorn vor allem auf das Brüsseler System angestaut, das intransparent daherkommt oder zu komplex funktioniert. Die ökonomische Krise hat die Autorität des Staates im Westen insgesamt untergraben, die Gestaltungsmacht der Politik wird durch die Akteure auf dem Finanzmarkt herausgefordert. Und die Occupy-Bewegung fragt auf der anderen Seite des Spektrums, ob diese Politik überhaupt noch handeln möchte.

In halbdemokratischen Systemen wie in Russland sucht sich der Widerstand seinen Platz ebenfalls mit Hilfe des Netzes und der anonymen Masse, die wie ein Fischschwarm nicht angreifbar, aber stets präsent und sichtbar ist. Der tumbe Machttransfer von Medwedjew auf Putin provozierte eine Empörung, die der neue, alte Präsident […] nicht ignorieren kann. Arroganz und Intransparenz haben nur noch wenig Lebensdauer.

Und selbst im autoritären chinesischen Staat verbringt die Parteiführung viel Zeit damit, die Gesetze der zweiten Aufklärung auf ihr System zu übertragen. Transparenz und Beteiligung in einem autoritären Staat? Kann das gehen? Hier liegt er, der große tektonische Bruch, an dem das nächste ideologische Beben abzusehen ist. Wer also ist besser vorbereitet für diese Erschütterung der Systeme? Wer kann besser umgehen mit den Gesetzen der zweiten Aufklärung? Sicherheit, so viel ist jedenfalls heute klar, könnte am Ende auch eine Frage der Breitbandgeschwindigkeit sein.

Stefan Kornelius, Süddeutsche Zeitung, 2.2.2012

M 2 Friedliche Koexistenz

Karikatur: Klaus Stuttmann

Aufgaben

1. Erläutern Sie die Aussagen von Stefan Kornelius und ordnen Sie diese jeweils einer Großtheorie der Internationalen Beziehungen zu. (M 1)
2. Interpretieren Sie die Karikatur M 2.
3. Leben wir in einer sicheren Welt? Erörtern Sie diese Fragestellung.

1.2 Die neuen Kriege

Leitfragen	Was unterscheidet die „neuen Kriege" vom traditionellen Krieg?	Wie lassen sich internationale Konflikte analysieren?

Unterscheidung von Kriegstypen

Unsere Vorstellungen vom Krieg sind vor allem durch die großen zwischenstaatlichen Kriege und Kriegsallianzen geprägt. Der zwischenstaatliche Krieg ist gekennzeichnet durch staatlich organisierte und staatlich gelenkte Streitkräfte, klare Kriegsziele, Trennung von Kombattanten und Nonkombattanten sowie der Unterscheidung zwischen Friedens- und Kriegszustand.

- Ein wesentliches Merkmal der „neuen Kriege" ist die **Entstaatlichung**. Kriege sind heutzutage vor allem Begleiterscheinungen des Staatszerfalls. In den neuen Kriegen geht die Gewalt auch von bewaffneten Banden und einzelnen aufgerüsteten Gruppen aus. Sind in zwischenstaatlichen Kriegen Staaten verpflichtet, internationale Konventionen bei der Kriegsführung einzuhalten, z. B. Regeln zum Umgang mit Kriegsgefangenen, so gibt es in den neuen Kriegen keine Anerkennung solcher Verhaltensregeln.

- Ein weiteres Kennzeichen neuer Kriege ist die **asymmetrische Kriegsführung**. Nicht Soldaten und Armeen kämpfen gegeneinander, sondern militärische Einheiten gegen Terroristen oder Guerilla-Einheiten. Häufig wird dabei die Zivilbevölkerung in die Kampfhandlungen miteinbezogen. Um sich zu wehren, sich vor Raub, Plünderung und Vergewaltigung zu schützen, greifen Zivilbürger häufig in Kampfhandlungen ein. Ebenso werden Kinder dazu gezwungen, sich an Kampfhandlungen als Kindersoldaten zu beteiligen.

- Die neuen Kriege sind nicht zuletzt durch einen **Wandel der militärischen Taktik** gekennzeichnet: Anstelle offener Feldschlachten verwenden die Kriegsparteien Techniken des Guerilla- oder Partisanenkampfes. Dabei wird Gewalt gegen ausgewählte militärische und infrastrukturelle Ziele oder gegen Zivilisten zum Zweck der Einschüchterung der Bevölkerung und der Beeinflussung der Politik der Gegenpartei angewandt.

- Sog. **Warlords**, welche immer häufiger an neuen Kriegen beteiligt sind und diese „mitführen", **privatisieren** gleichsam die **Kriegsführung**. Sie erhoffen sich eine hohe Kriegsbeute durch Ressourcen, wie z. B. Gold oder Diamanten sowie durch Einnahmen von Schutzgeldern. Deshalb verhindern sie bewusst friedensstiftende Maßnahmen.

- Ein wichtiger Unterschied gegenüber früheren Konflikten besteht darin, wie sich Rebellengruppen finanzieren. Konnten sie während des Ost-West-Konflikts noch darauf hoffen, durch einen der beiden Blöcke Unterstützung für ihren Kampf zu erhalten, sind sie heute viel mehr darauf angewiesen, die **Mittel zur Fortsetzung ihres Kampfes selbst zu erwirtschaften.** Sie tun dies zumeist durch Handel mit Konfliktgütern: Diamanten, Drogen, Öl, Edelhölzer, Mineralien.

Kritiker aus der Friedens- und Konfliktforschung bezweifeln, dass die sog. neuen Kriege wirklich neu sind. Sie argumentieren dagegen, dass die genannten Eigenschaften eher einen Rückfall in die vormoderne Kriegsführung darstellen, etwa in die Zeit des Dreißigjährigen Krieges (→ Kap. 6.1.1).

Die Arbeitsgemeinschaft Kriegsursachenforschung (AKUF) der Universität Hamburg unterscheidet **fünf Kriegstypen** voneinander:

A = **Antiregime-Kriege**, in denen um den Sturz der Regierenden, die Veränderung oder den Erhalt des politischen Systems oder gar der Gesellschaftsordnung gekämpft wird.
B = **Autonomie- und Sezessionskriege**, in denen um größere regionale Autonomie innerhalb des Staatsverbandes oder um Unabhängigkeit vom Staatsverband gekämpft wird.
C = **Zwischenstaatliche Kriege.**
D = **Dekolonisationskriege**, in denen um die Befreiung von Kolonialherrschaft gekämpft wird.
E = **Sonstige Kriege.**

Einordnung von Konflikt – Krise – Krieg

Gewaltgrad	Intensitäts-gruppierung	Intensi-tätslevel	Intensitäts-bezeichnung	Definition
nicht gewaltsam	niedrig	1	Latenter Konflikt	Eine Positionsdifferenz um definierbare Werte von nationaler Bedeutung ist dann ein latenter Konflikt, wenn darauf bezogene Forderungen von einer Partei artikuliert und von der anderen Seite wahrgenommen werden.
		2	Manifester Konflikt	Ein manifester Konflikt beinhaltet den Einsatz von Mitteln, welche im Vorfeld gewaltsamer Handlungen liegen. Dies umfasst beispielsweise verbalen Druck, die öffentliche Androhung von Gewalt oder das Verhängen von ökonomischen Zwangsmaßnahmen.
	mittel	3	Krise	Eine Krise ist ein Spannungszustand, in dem mindestens eine der Parteien vereinzelt Gewalt anwendet.
gewaltsam	hoch	4	Ernste Krise	Als ernste Krise wird ein Konflikt bezeichnet, wenn wiederholt und organisiert Gewalt eingesetzt wird.
		5	Krieg	Kriege sind Formen gewaltsamen Konfliktaustrags, in denen mit einer gewissen Kontinuität organisiert und systematisch Gewalt eingesetzt wird. Die Konfliktparteien setzen, gemessen an der Situation, Mittel in großem Umfang ein. Das Ausmaß der Zerstörung ist nachhaltig.

Heidelberger Institut für internationale Konfliktforschung (Hg.), Conflict Barometer 2007

Das klassische Kriegsbild löst sich auf

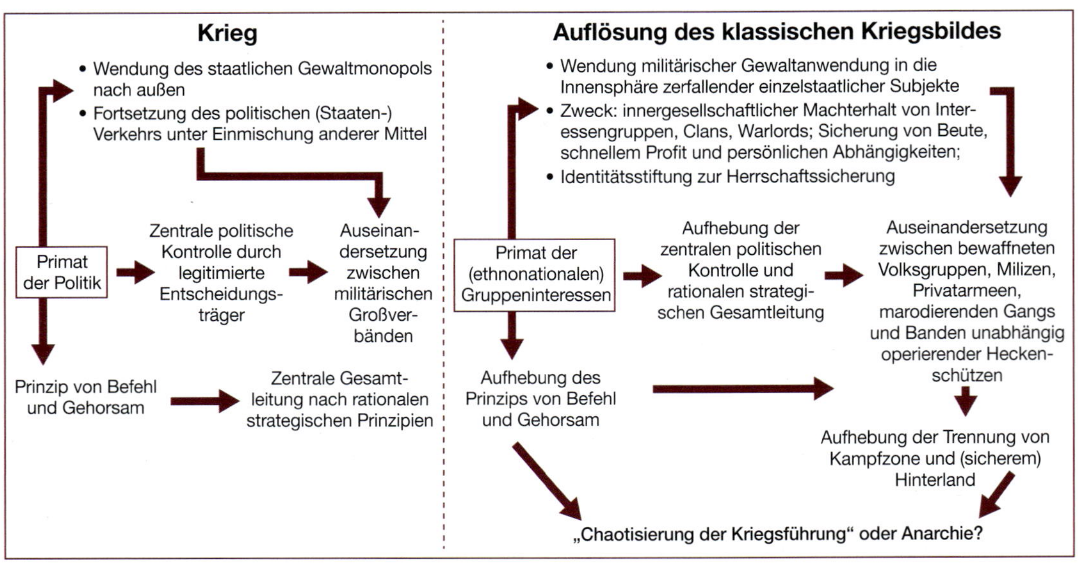

Reinhard Meyers, Krieg und Frieden, in: Wichard Woyke (Hg.), Handwörterbuch internationale Politik, 9. Aufl., Bonn 2004, S. 307

Aufgabe

Erläutern Sie, was unter den „neuen Kriegen" zu verstehen ist.

Analyse eines internationalen Konflikts

Wie analysiert man einen internationalen Konflikt?

In jedem Konflikt lassen sich drei Aspekte ausmachen:

- eine auf den Konflikt bezogene und diesen – bewusst oder unbewusst – rechtfertigende Einstellung/Haltung. Diese ist eng verbunden mit den Wahrnehmungen und Annahmen der Konfliktparteien in Bezug auf ihre eigene Stellung im Konflikt und die Bewertung der anderen Parteien (z.B. Feindbilder),
- ein den Konflikt anzeigendes und allzu oft verschärfendes Verhalten (z.B. Konkurrenz, Aggressivität, Hass, Gewalt) der Konfliktparteien sowie
- ein Widerspruch, d.h. eine Unvereinbarkeit von Zielen, Interessen bzw. Bedürfnissen.

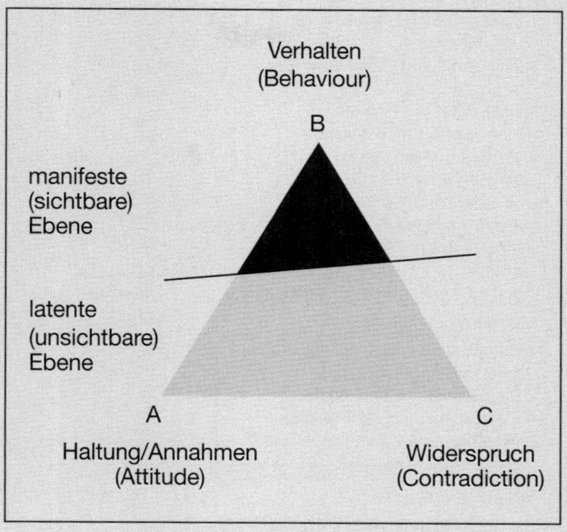

Konfliktdreieck nach Johan Galtung

Die drei Komponenten können im sog. Konfliktdreieck anschaulich dargestellt werden. Dieses weit verbreitete Werkzeug der Konfliktanalyse wurde von Johan Galtung entwickelt, einem der Mitbegründer der Friedens- und Konfliktforschung. Das Dreieck verdeutlicht den unauflöslichen Zusammenhang zwischen den drei Komponenten jedes Konflikts. Es wird erkennbar, dass ein „objektiver" Widerspruch allein nicht ausreicht, um einen Konflikt zu begründen. Mindestens eine Partei muss sich auch dieses Widerspruchs, konkret der Unvereinbarkeit ihrer Bedürfnisse, subjektiv bewusst sein und in ihrem Verhalten und ihrer Haltung auf eine Veränderung der für sie unbefriedigenden Situation drängen. Das Modell zeigt, dass eine erfolgreiche Konfliktbearbeitung an allen drei Ecken ansetzen muss.

Leitfragen zur Untersuchung eines Konflikts:

1. **Worin besteht der Gegenstand des Konflikts (Widerspruch) und worum wird gestritten?**
   - Was ist die Vorgeschichte des Konflikts?
   - Wer sind die Akteure?
   - Welche Interessen und Ziele verfolgen sie?
2. **Welche Haltungen haben die Konfliktparteien?**
   - Wie begründen (legitimieren) die Konfliktparteien ihre Ziele (Tradition, Religion, Recht ...)?
   - Welche Einstellung haben die Akteure zu den verschiedenen Mitteln der Konfliktlösung?
3. **Wie verhalten sich die Konfliktparteien?**
   - Welche Standpunkte werden formuliert und mit welchen Mitteln werden diese durchgesetzt (Propaganda, Einschüchterung, militärische Mittel)?
   - Wie reagieren die Konfliktparteien auf unterschiedliche Mittel der Konfliktlösung?
4. **Welche Folgen ergeben sich für die Wahl einer geeigneten Konfliktlösung?**
   - Wie kann dem Konflikt begegnet werden?
   - Wie kann eine dauerhafte Konfliktlösung aussehen?
   - Welche Maßnahmen sind zu ergreifen?
5. **Welche Folgen hat dies für mein eigenes politisches Handeln?**
   - Was kann ich tun?

Der Aufstand in Syrien als regionaler Krisenherd

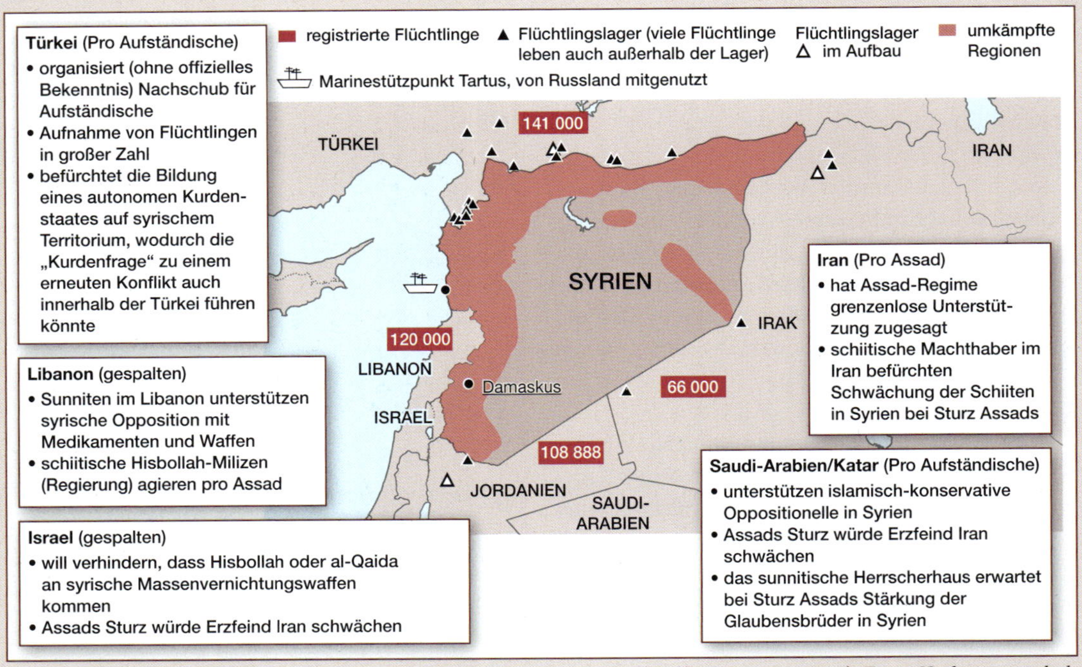

Nach: dpa 17970, 17185, Zahlen: UNHCR (Stand: 21.12.2012); Texte: Nach: www.welt.de

Syrien – der Konflikt

Der Bürgerkrieg begann im März 2011, als es im Rahmen des Arabischen Frühlings auch in Syrien zu Demonstrationen kam. Dabei verlangten Oppositionelle politische Freiheit und den Sturz von Präsident Baschar al-Assad. Nachdem die Regierung die Proteste mit harter Hand bekämpft hatte, Sicherheitskräfte scharfe Munition gegen Demonstranten eingesetzt hatten und Oppositionelle inhaftiert, gefoltert und ermordet worden waren, eskalierte die Situation in Syrien zu einem Bürgerkrieg.

Nachdem es im April 2012 zum Beschuss eines Flüchtlingslagers auf türkischem Staatsgebiet und Ende Juni 2012 zum Abschuss eines türkischen Kampfjets durch reguläre syrische Einheiten gekommen war, hatte die Türkei kurzzeitig erwogen, die NATO um Beistandspflicht gemäß Artikel 5 des NATO-Vertrages zu ersuchen. Der türkische Premierminister Erdogan hat dem Nachbarland bei weiteren Zwischenfällen mit Gewalt gedroht. Ankara werde auf alle Gesetzesverletzungen an den türkischen Grenzen reagieren. Im Rahmen der Mission *Active Fence Turkey* wurden im November 2012 Patriot-Abwehrraketen der NATO-Partner Deutschland, Niederlande und USA in der Türkei stationiert. Diese sollen zum Schutz und zur Verteidigung des Bündnispartners Türkei dienen.

Wegen des diplomatischen Patts auf der Ebene des UN-Sicherheitsrates versuchten die USA im Nachgang des G8-Gipfels in Camp David im Mai 2012 eine Beendigung der Krise durch eine sog. „jemenitische Lösung" zu erreichen. Nach dem Vorbild Jemens wurde eine Stabilisierung des bestehenden politischen Systems in Syrien, unter der Voraussetzung, dass Baschar al-Assad das Land verlässt und die Macht an einen Übergangspräsidenten abgibt, angestrebt. Eine solche Lösung konnte jedoch nicht umgesetzt werden, da u.a. das mit Syrien verbündete Russland für diesen Weg nicht gewonnen werden konnte.

Ende August 2013 kam es in Syrien zu einem Chemiewaffeneinsatz, bei dem über 1.400 Zivilisten – darunter viele Kinder – starben. Obwohl nicht zweifelsfrei festgestellt werden konnte, ob Regierungstruppen oder syrische Aufständische für den Angriff verantwortlich waren, drohten die USA umgehend mit einem Militärschlag – notfalls auch ohne UN-Mandat – gegen das Assad-Regime. Der syrische Bündnispartner Iran kündigte für diesen Fall einen Vergeltungsschlag gegen Israel an. Politiker verschiedener Länder befürchten daher eine Internationalisierung des Konflikts.

Warum ist Syrien politisch wichtig?

Syrien spielt bei den Konflikten des Nahen und Mittleren Ostens eine zentrale Rolle. Seine politische Bedeutung ergibt sich neben der militärischen Stärke aus seiner geografischen Lage zwischen der Türkei, dem Irak, Jordanien, Israel und dem Libanon. Der Ausgang des gegenwärtigen Bürgerkriegs könnte aus Expertensicht auch Nachbarländer mit ähnlichen religiösen oder ethnischen Konflikten destabilisieren – z. B. den Irak oder den Libanon.

Syrien ist mit 185.000 Quadratkilometern rund halb so groß wie Deutschland. Das Land am Mittelmeer ist von Höhenzügen, dem fruchtbaren Euphrat-Tal und Sandwüsten geprägt. Die an Israel grenzenden Golanhöhen sind von Israel besetzt und besiedelt. Mehr als die Hälfte der 22 Millionen Syrer leben in Städten, vor allem in Aleppo, Damaskus, Homs und Latakia.

Volks- und Religionsgruppen decken sich nur zum Teil. Fast 90 Prozent der Syrer sind Araber. Dazu kommen sechs Prozent Kurden, zwei Prozent Armenier und andere. Knapp 90 Prozent der Bürger sind Muslime, mehr als zwei Drittel von ihnen Sunniten. 13 Prozent sind Schiiten, Alawiten oder Ismaeliten. Rund zehn Prozent sind Christen.

Die Familie von Präsident Baschar al-Assad, die das Land seit rund 40 Jahren beherrscht, gehört zur religiösen Minderheit der Alawiten, aus deren Reihen sich die regimetreuen Schabiha-Milizen rekrutieren. Die Regierung konnte bisher auf die Loyalität der Christen und anderer Minderheiten zählen, die eine Machtübernahme sunnitischer Islamisten fürchten.

Die syrische Wirtschaft basiert vor allem auf der Ausbeutung der Erdöl- und Gasvorräte, der Landwirtschaft (Baumwolle, Obst und Gemüse) und der Textilherstellung. Seit Beginn der Revolten versiegt der Zustrom ausländischen Kapitals und die Wirtschaft leidet. Das verschärft Probleme wie die hohe Jugendarbeitslosigkeit.

dpa, Handelsblatt, 24.2.2012

Todesopfer im syrischen Bürgerkrieg

In Syrien wurden nach UN-Angaben im Verlauf des Bürgerkriegs bereits mehr als 100 000 Menschen getötet. Darunter mehrere zehntausend Zivilisten und Rebellen.

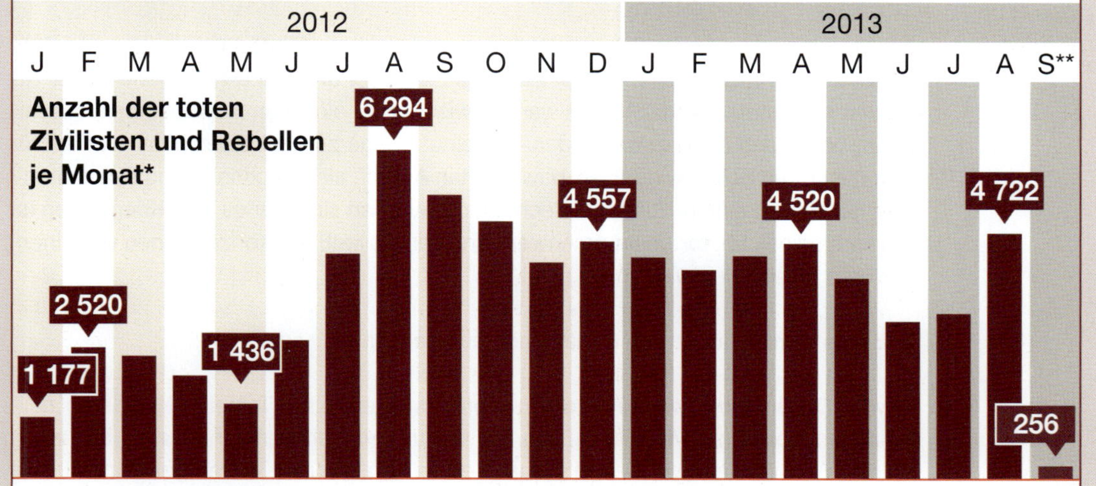

*keine verfügbaren Angaben zu getöteten Armeeangehörigen
**Stand 9. September 2013

Quelle: syrianshuada.com dpa•19860

Aufgabe

Analysieren Sie den Syrien-Konflikt mithilfe der Leitfragen. Beschreiben Sie, welche Akteure am Konflikt beteiligt sind und welche Interessen diese dabei vertreten.

M „Wir müssen unsere Verteidigung stärken" – Sicherheitsexperte Lewis über Cyber-Krieg

SZ: Cyber-Attacken machen bald täglich Schlagzeilen, Cyber-Krieg ist zum Modewort avanciert. Aber hat es schon eine Attacke gegeben, die uns eine Idee vermittelt, wie so ein Krieg aussehen würde?

Lewis: Wir können ausgehend von ein paar Ereignissen ausrechnen, wie ein Cyber-Krieg aussehen würde, aber es hat noch nicht wirklich einen gegeben. Wir haben in den vergangenen fünf Jahren gesehen, dass das Internet ein zentraler Teil der Geschäfts- und Finanzwelt geworden ist und auch der Politik. Kriminelle nutzen das aus. Die meisten Vorfälle sind keine Angriffe – und erst recht kein Krieg. Aber wir sehen einen rapiden Anstieg der Kriminalität. Das macht den Menschen bewusst, wie verwundbar das Netzwerk ist, von dem wir abhängen.

SZ: Aber es gab ja Vorfälle, die mit einem politischen Konflikt zusammenhingen, wie die Attacken auf Estland 2007.

Lewis: Es gibt einen Riesen-Hype um Estland. Manche Leute sagen, die Cyber-Attacken hätten Estland in die Knie gezwungen. Das ist Quatsch. Sie haben enormen Druck auf die Regierung entfaltet, vor allem weil sie sich fragte: Was kommt als Nächstes? Ist das die Vorstufe einer russischen Invasion? Es war eine Aktion, die politischen Zwang ausgeübt hat. Aber es war kein Krieg, kein Angriff. Das ist der Grund, warum die NATO nicht den Bündnisfall nach Artikel fünf ausgerufen hat. Wenn diese Denial-of-Service-Angriffe länger fortgesetzt und ausgedehnt worden wären, sodass sie einer Seeblockade gleichgekommen wären, dann hätte das vielleicht das Niveau von Kampfhandlungen erreicht.

SZ: 2010 kam der Wurm Stuxnet ans Licht. Der sollte offenkundig das iranische Atomprogramm sabotieren.

Lewis: Stuxnet wäre ein Fall von Waffengewalt, weil er Zerstörung verursachte. Das ist einer der wenigen Fälle, es gibt allenfalls zwei oder drei, die als wirkliche Cyber-Attacken einzustufen sind. Stuxnet war, als würde man eine Kommandoeinheit losschicken, um in das Land einzudringen und eine Anlage zu sabotieren. Das eröffnet für Iran die Frage: Sollen wir das als bewaffneten Angriff, als Kriegshandlung betrachten? Das ist letztlich eine politische Entscheidung. Aber an sich war es kein Krieg. Krieg ist die kontinuierliche, fortgesetzte Anwendung von Gewalt, um Konzessionen von einem anderen Staat zu erzwingen.

SZ: Was würde dann einen Cyber-Krieg ausmachen?

Lewis: Cyber-Krieg, wie ihn Staaten führen würden, wäre Teil eines größeren militärischen Konflikts. Wir wissen, wie die Doktrin einiger weniger Staaten aussehen würde. Wenn etwa die USA und China in einen Konflikt über Taiwan gerieten, würden die Chinesen Cyber-Techniken einsetzen in Kombination mit elektronischer Kriegsführung und Attacken auf Satelliten sowie Raketenangriffen auf US-Marine-Verbände. Die USA haben einen Vorteil in der Kriegsführung, weil sie Computer, Satelliten und Netzwerke nutzen – die Kommandeure erhalten haufenweise Daten. Wenn man das unterbrechen kann, verlieren die US-Truppen an Kampfkraft. Die USA würden versuchen, mit China das Gleiche zu tun. Aber Staaten werden keinen reinen Cyber-Krieg beginnen. Cyber-Waffen sind nicht so zerstörerisch. Man kann damit nicht viel erreichen. Auch wenn Russland, China, die USA, Großbritannien, Israel und auch Frankreich die Fähigkeit haben, wirkliche Cyber-Angriffe zu führen – es ist nicht wahrscheinlicher, als dass sie eine Rakete abfeuern.

SZ: Militärische Verteidigung und auch Abschreckung beruhen darauf, dass man weiß, wo ein Angriff seinen Ursprung hat. Wäre es im Fall von Cyber-Attacken nicht so, dass man keine Ahnung hat, von wem man angegriffen wird?

Lewis: Derzeit ist das meiner Ansicht nach nicht der Fall. Es gibt nur eine Handvoll Länder, die zu solchen Angriffen in der Lage sind. Außerdem werden die Schwierigkeiten bei der Zuordnung überschätzt. Es ist nicht so, dass es eine hundertprozentige Anonymität für Angriffe gibt. Vor ein paar Jahren sagte mir der für die offensiven Cyber-Fähigkeiten der USA verantwortliche General, das US-Militär könne in einem Drittel der Fälle Angriffe fast augenblicklich zuordnen. Die Botschaft an den Angreifer ist: ‚Du spielst Russisches Roulette mit einem Revolver mit nur drei Kammern!' Seither haben mir andere Militärangehörige versichert, dass unsere Fähigkeit, Angriffe zuzuordnen, wesentlich besser ist. Das schafft Unsicherheit für den Angreifer. Es ist das Gleiche, wie wenn man ein Sabotage-Kommando losschickt. Man kann die Schilder aus ihren Kleidern trennen, sodass man nicht erkennen kann, woher sie kommen, sollten sie geschnappt werden. Aber wie sicher kann man sein, dass das funktioniert?

SZ: Das schreckt vielleicht China oder Russland ab. Aber was ist mit Gegnern, die einen asymmetrischen Vorteil suchen, gar mit nichtstaatlichen Akteuren?

Lewis: Das ist das eigentliche Dilemma. Zurzeit besitzen nur wenige Staaten ernstzunehmende Angriffsfähigkeiten. Aber wir beobachten eine Weiterverbreitung an Länder, die nicht so stabil sind, etwa Iran oder Nordkorea, und auch an nichtstaatliche Akteure. Was passiert, wenn Anarchisten die Fähigkeit haben, eine Cyber-Attacke in Gang zu setzen? Sie werden sich nicht abschrecken lassen. Wir müssen unsere Verteidigung stärken, sonst sehen wir ein paar chaotischen Jahren entgegen. Denken Sie an Anonymous. Was können die? Sie können die Internetseite von jemandem verunstalten. Aber wenn sie das Licht in einer Stadt für ein, zwei Tage ausschalten könnten? Das wäre mehr als nur irritierend.

SZ: Was folgt daraus für die Cyber-Verteidigung? Welche Fähigkeiten muss ein modernes Industrieland entwickeln?

Lewis: Das heißt, dass man auf mindestens drei Ebenen Fähigkeiten braucht. Ein Teil sind militärische Fähigkeiten und Geheimdienste, um potentiellen Gegnern klarzumachen, dass man in der Lage ist, auf Angriffe zu antworten. Man braucht starke Strafverfolger. Daran mangelt es, weil Länder nicht bereit sind zu kooperieren. Eine bessere, internationale Strafverfolgung würde das Risiko von Cyber-Attacken reduzieren. Und schließlich braucht man einen Heimatschutz-Ansatz, vor allem die Härtung kritischer Infrastrukturen gegen Angriffe. Wir wissen, dass private Firmen das von sich aus nicht in ausreichendem Maße tun werden. Deshalb brauchen wir Regulierungen für manche Schlüsselbranchen, damit die minimalen Anforderungen an Cyber-Sicherheit erfüllt werden.

Paul-Anton Krüger, Süddeutsche Zeitung, 1.2.2012

Aufgabe

Beurteilen Sie, ob der Cyber-Krieg den „neuen Kriegen" zugerechnet werden kann.

2 Globale Risiken und Herausforderungen

2.1 Der internationale Terrorismus

Leitfragen	Warum ist der Terrorismus eine Bedrohung für die internationale Sicherheit?	Welche Ursachen hat der Terrorismus?	Wie ist dem internationalen Terrorismus beizukommen?

Ausprägungen des Terrorismus

Terrorismus als eine Form politisch motivierter Gewaltanwendung reicht weit in die Geschichte zurück. Bis in die 1980er Jahre waren terroristische Gruppierungen dominierend, die sich dem linksextremen politischen Spektrum zuordnen ließen. So z.B. die RAF, und Organisationen, deren Ziel die nationale Autonomie bzw. der „nationale Befreiungskampf" ist oder war (etwa die ETA in Spanien oder die IRA in Nordirland). Seit Beginn der 1980er Jahre gewinnt neben diesem national orientierten Terrorismus zunehmend der internationale Terrorismus an Bedeutung. Gegenwärtig sind **drei Erscheinungsformen** des Terrorismus wesentlich: nationaler, internationaler und transnationaler Terrorismus. Bisher gibt es keine einheitliche Definition von Terrorismus. Fasst man die wissenschaftlichen Beschreibungen zusammen, kommt man auf folgende Merkmale:

Terrorismus bezeichnet demnach eine andauernde und geplante Gewaltanwendung mit politischer Zielsetzung, um mit terroristischen Methoden das Verhalten des Gegners zu beeinflussen.

- „**Andauernd**" bedeutet dabei, dass Einzeltaten, wie politische Attentate, nicht zum Terrorismus hinzu gerechnet werden.
- „**Geplant**" verdeutlicht, dass es eine Abgrenzung zu spontaner Gewaltausübung, wie z.B. bei einer Demonstration, gibt.
- Mit „**politischer Zielsetzung**" wird verdeutlicht, dass organisierte Kriminalität nicht zum Terrorismus mit dazu gezählt wird.
- Aus „**terroristische Methoden**" lässt sich folgern, dass sich im Unterschied zum Freiheits-, Partisanen- oder Guerillakampf keine Trennlinie zwischen den Konfliktparteien (am Konflikt Beteiligten (Kombattanten) und unschuldigen Dritten (Nicht-Kombattanten)) ziehen lässt.

Betrachtet man den Anschlag auf das World Trade Center vom 11. September 2001, so wird deutlich, dass beim islamistischen Terrorismus ohne Unterschied jeder zum Opfer werden kann, der sich zum Zeitpunkt des Anschlages am Ort aufhält, während Rebellen- und Partisanenbewegungen i.d.R. selektiv gegen die Einheiten und Verbände des Gegners und damit nicht gegen alle am Ort befindlichen Personen vorgehen. Zudem wollen sich Terroristen im Unterschied zu Freiheits-, Partisanen- oder Guerillabewegungen überwiegend nicht an die Stelle des Gegners setzen, sondern diesen zu einer Änderung seines politischen Verhaltens nötigen.

Der islamistisch-fundamentalistische Terrorismus

Mit Beginn der 1990er Jahre und dem Auftreten des Terrornetzwerks al-Qaida hat der religiös-fundamentalistische Terrorismus eine neue Qualität hinsichtlich seiner Ziele, Mittel und Motive erreicht.

- **Internationalisierung**: Der Terrorismus ist deutlich internationaler/transnationaler geworden, was mit insgesamt steigender internationaler Vernetzung und Mobilität zusammenhängt.

- **Ideologie**: Sie gründet sich auf entsprechend interpretierte religiöse Lehren und gipfelt in der Errichtung eines Gottesstaates. Der islamistische Terrorismus wendet sich gegen eine „Verwestlichung“ islamischer Weltregionen und ruft zum „Heiligen Krieg“ gegen die „Ungläubigen“ auf.

- **Strategie**: Terroristen heutiger Prägung geht es immer seltener darum, bestimmte Personen zu beseitigen. Sie greifen vielmehr symbolische Orte und Gebäude an, die die Werte, Systeme und Einstellungen des Gegners repräsentieren. Dabei geht es ihnen mehr als jemals zuvor um möglichst hohe Opferzahlen. Dafür gibt es mehrere Gründe: Der Schrecken des Anschlages wird gesteigert; Angst und Verunsicherung steigen. Das Ereignis findet größere Berücksichtigung in den Medien. Den eigenen Anhängern kann die „Wirksamkeit“ des Kampfes nachhaltig verdeutlicht werden. Orte, an denen sich viele Menschen aufhalten, sind als sog. „weiche Ziele“ einfacher zu treffen als prominente gut bewachte Einzelpersonen.

- **Organisation**: Der islamistisch-fundamentalistische Terrorismus bedient sich transnationaler, dezentraler Netzwerke; Leitungsebene und Terrorzellen sind unterschiedlich eng miteinander verknüpft.

- **Durchführung der Anschläge**: Typisch für den Terrorismus neuartiger Qualität sind koordinierte und zeitlich aufeinander abgestimmte Anschlagsserien; kennzeichnend für den religiös-fundamentalistischen Terrorismus/Fanatismus ist auch die große Zahl von Selbstmordanschlägen.

Ursachen des islamistisch-fundamentalistischen Terrorismus

Der religiös-fundamentalistische Terrorismus ist von der Abwehrstellung gegenüber globalen Modernisierungs- und Säkularisierungstendenzen geprägt. Die Rückkehr zu einem ausschließlich auf religiösen Grundlagen beruhenden Leben wird der Dominanz der Werte des Westens, z. B. religiöse Indifferenz und kapitalistische-freiheitliche Marktwirtschaft, entgegengestellt.

Mit der Globalisierung eng verbunden ist die intensive Ausbreitung westlicher Wertvorstellungen, Leitbilder, Lebens- und Konsumstile. Viele Muslime fürchten daher um ihre religiös begründete kulturelle Identität und stemmen sich gegen die Herausbildung einer westlich orientierten Weltkultur.

Teilweise interpretieren Muslime die jüngere Geschichte als fortgesetzte Erniedrigung ihrer Kultur durch den Westen. Der Konfrontation mit den technisch, wirtschaftlich und militärisch überlegenen USA und Europa fördert Minderwertigkeits- und Ohnmachtsgefühle, die sich im Hass auf die „Ungläubigen“ kanalisieren. Die Bevölkerung in islamischen Regionen wächst explosionsartig; sie besteht zu einem großen Teil aus jungen Menschen und Jugendlichen. Die Infrastruktur hat damit bei weitem nicht Schritt gehalten; sie reicht zur Versorgung der Bevölkerung nicht mehr aus. Der Urbanisierungsprozess hat stark zugenommen und führt zu Elendsvierteln am Rande der großen Städte, die mit der Unterbringung und Versorgung der vom Land kommenden Zuwanderer überfordert sind. Der Industrialisierungsprozess verläuft zögerlich, und die Wirtschaft bleibt eng mit dem Staatsapparat verwoben, der zugleich der wichtigste Arbeitgeber ist.

Die Ausbreitung von „Dschihadisten“, womit religiös argumentierende Berufsfanatiker gemeint sind, durch Koranschulen und andere Einrichtungen, wird insbesondere von Ländern der arabischen Halbinsel finanziell großzügig unterstützt.

Folgen des internationalen Terrorismus

Der Anschlag auf das World Trade Center 2001 hatte vor allem für die USA negative wirtschaftliche Folgen. In den Wochen nach den Anschlägen verringerte sich die amerikanische Wirtschaftsleistung erheblich. Fabriken stellten temporär ihre Produktion ein, weil mit dem Zusammenbruch des Flugverkehrs und wegen drastisch verschärfter Kontrollen im Land- und Flussverkehr die Zulieferung von Vorprodukten nicht mehr gewährleistet war.

Zusätzlich verursachen die Kriege in Afghanistan und im Irak erhebliche Kosten. Nach offizieller Rechnung wurden für diese Kriege bislang rund

1,3 Billionen Dollar ausgegeben. Hinzu kommen rund 490 Milliarden Dollar erhöhter Ausgaben der US-Regierung für die Sicherung des Heimatlandes und die Geheimdienste. Die Kosten der Bundesstaaten und der Kommunen für erhöhte Sicherheit werden auf 110 Milliarden Dollar geschätzt.

Politisch führten die Anschläge zu einer Verschärfung der Gesetzgebung im Bereich der inneren Sicherheit (Anti-Terror-Gesetze). Der ehemalige Präsident George W. Bush (2000–2008) richtete für Terrorverdächtige auf dem US-Marinestützpunkt Guantanamo Bay im Süden Kubas ein Gefangenenlager ein. Seit Anfang 2002 werden dort vor allem mutmaßliche Taliban- und al-Qaida-Mitglieder festgehalten, denen die Rechte als Kriegsgefangene verwehrt blieben. Durch Berichte über willkürliche Misshandlungen, Erniedrigungen und Folter von Häftlingen wurde Guantanamo zum Synonym für die Missachtung von Menschenrechten im Kampf gegen den Terrorismus.

Biometrische Ausweise, Datenvorratssammlung, strenge Kontrollen der Flugpassagiere, Rasterfahndung, neue Überwachungsmethoden digitaler Kommunikation – dies sind nur einige der staatlichen Maßnahmen, die die Bürger auch in Deutschland vor Gewalt oder Terrorismus schützen sollen. Diese sind nicht unumstritten: Greift der Staat damit nicht zu sehr in die Freiheitsrechte der Bürger, wie sie im Grundgesetz (→ Kap. 4.1.1) niedergelegt sind, ein?

Formen des Terrorismus

nationaler Terrorismus	internationaler Terrorismus	transnationaler Terrorismus
Anwendung von Gewalt innerhalb eines Staates – Täter und Opfer unterliegen der gleichen staatlichen Autorität; zielt auf die Veränderung einer nationalen Ordnung	Anschläge auf Bürger oder das Territorium eines anderen Staates – Täter und Opfer gehören verschiedenen Staaten an; zielt auf die Veränderung einer nationalen Ordnung	Agieren in transnationalen Netzwerken und Räumen – ohne lokale Verortung; der Westen (bes. Weltmacht USA) ist erklärter Gegner; zielt auf Veränderung der internationalen Ordnung
„Klassische" Form des Terrorismus, bildete sich im 19. und 20. Jh. heraus; stand/steht im Zusammenhang mit antikolonialen Befreiungsbewegungen, sozialrevolutionären Ideologien, ethnonationalem Separatismus oder religiösem Fundamentalismus; ist weltweit vorherrschend	• Bilden von Außenstellen, ohne Stammsitz aufzugeben • Kooperation zwischen Terrorgruppen, z. B. beim OPEC-Attentat 1975 in Wien • Arbeitsteilung zwischen Kommandostrukturen und rekrutierten Attentätern • Internationalisierung der Finanzierung und Logistik	• transnationale Ideologie • dezentrale, netzwerkartige Organisationsformen global • Leitungsebene, „Operateure", Terrorzellen mit kooperierenden Terrorgruppen verbunden • multinationales Unternehmen mit zahlreichen Finanzierungsformen
Typische Beispiele für die Zeit nach 1945: • baskische ETA • kurdische PKK • deutsche RAF • nordirische IRA	Beispiele: • palästinensische Hamas • libanesische Hisbollah jeweils mit weltweiten Verbindungen bis nach Lateinamerika und Westafrika	Prototyp: transnationales Netzwerk al-Qaida (Attentat auf das World Trade Center 2001)

Basiswissen Schule, Politik Wirtschaft, Duden 2012, S. 387

Wie kann der Terrorismus bekämpft werden?

Der ehemalige UN-Generalsekretär Kofi Annan (1997–2006) legte 2006 seine **Anti-Terror-Strategie** in fünf Punkten dar:

- Erstens müssten desillusionierte Gruppen daran gehindert werden, Zuflucht zum Terrorismus zur Erreichung ihrer Ziele zu suchen. Dabei könnte eine „Konvention gegen den Internationalen Terrorismus" wirksam helfen.

- Eine zweite Aufgabe bestehe darin, den Terroristen die logistischen und materiellen Möglichkeiten für Anschläge zu verweigern. Dafür müsse unterbunden werden, dass sie ungehindert reisen können, finanzielle Unterstützung erhalten und Zerstörungsmittel, vor allem aber Massenvernichtungswaffen, erwerben. Besonders bedrohlich erscheinen gegenwärtig die Entwicklungen in den Biowissenschaften. In zehntausenden Labors könnten demnächst „Designerviren" hergestellt werden, die tödliche Infektionskrankheiten quer über den ganzen Erdball verbreiten. Um den terroristischen Missbrauch der Gentechnik zu verhindern, wird ein Forum vorgeschlagen, das Regierungen, Industriebetriebe, Wissenschaftler, Gesundheitsexperten und Sicherheitsbeamte zusammenbringt. Dadurch soll sichergestellt werden, dass die Fortschritte der Gentechnik ausschließlich zum Wohle der Menschheit eingesetzt werden. Anlass zur Sorge böte ebenfalls die zunehmende Nutzung des Internets zur Kommunikation, für die Rekrutierung des Terroristennachwuchses und zu Propagandazwecken.

- Eine dritte wichtige Herausforderung bestehe darin, Staaten davon abzuhalten, dass sie Terrorgruppen Hilfe gewähren. Stärker noch als bisher sollte der UN-Sicherheitsrat Sanktionen gegen diejenigen Staaten verhängen, die Terroristen Unterschlupf gewähren oder sie unterstützen.

- Viertens sei es notwendig, die Fähigkeiten der Staaten zur Terrorismusverhütung weiter auszubauen. Weil Terroristen bevorzugt schwache, zerfallende Staaten als Rückzugsräume nutzen, um Gefolgsleute auszubilden oder anzuwerben, und sich dort vor drohender Verhaftung zu verstecken, müssten die Kapazitäten und die Eigenverantwortung dieser Staaten gestärkt werden. So könnten z. B. zusätzliche Rechtsberater, Polizei- und Sicherheitskräfte eine verantwortungsvolle Regierungsführung und die öffentliche Ordnung stabilisieren.

- Schließlich und nicht zuletzt gelte es, Menschenrechte und Rechtsstaatlichkeit zu verteidigen. Annan sieht Terrorismus als einen direkten Angriff auf diese zentralen Werte und deshalb dürften sie nicht geopfert werden. Die Wahrung der Menschenrechte gehe nicht nur mit einer erfolgreichen Anti-Terror-Strategie einher, sondern sie sei eines ihrer wesentlichen Elemente. Dies gilt für Terroropfer ebenso wie für Terrorverdächtige und alle von den Folgen des Terrors Betroffenen.

Aufgaben

1. Beschreiben Sie verschiedene Ursachen des islamistisch-fundamentalistischen Terrorismus und zeigen Sie deren Zusammenhänge auf.
2. Erläutern Sie, inwiefern man von einer „Globalisierung" des Terrorismus sprechen kann.
3. Fassen Sie Maßnahmen zur Bekämpfung des Terrorismus zusammen.

M 1 Kommentar: Wie weit darf der Staat gehen?

Der ehemalige Verfassungsrichter Dieter Grimm setzt sich kritisch mit den Forderungen des ehemaligen Bundesinnenministers Wolfgang Schäuble (CDU) nach einer Ausweitung staatlicher Befugnisse im Kampf gegen den Terrorismus auseinander.

Wer die Freiheit für den Preis der Sicherheit hält, hat schlecht gerechnet. Zwar stimmt es, dass die Freiheit wenig nutzt, wenn man unausgesetzt um Leib und Leben fürchten muss. Seinen Bürgern Sicherheit zu gewährleisten ist die erste Aufgabe des Staates. Wenn er sie nicht mehr erfüllt, verliert er seine Legitimation. Aber stimmt es auch, dass jemand, der seine grundrechtlich geschützte Freiheit gegenüber der Staatsgewalt aufgibt, sich sicher fühlen kann? Oder hat er nur eine Gefahrenquelle gegen die andere ausgewechselt?

[...] Freiheit und Sicherheit sind keine Gegensätze. Sie sind aber auch nicht notwendig in Harmonie. Freiheit produziert Sicherheitsrisiken, die sich nur durch Freiheitsbeschränkungen eindämmen lassen. Dabei darf aber das Ziel nicht aus den Augen verloren werden. [...]

In Deutschland zieht sich dieser Streit mitten durch die Regierung. Dem Bundesinnenminister fallen ständig neue Sicherheitslücken auf, die er mit freiheitsbeschränkenden Gesetzen stopfen will. Die Bundesjustizministerin verweist darauf, dass sich nicht alle Vorschläge mit dem Grundgesetz vereinbaren lassen. In der Tat hat das Bundesverfassungsgericht zwei von drei nach den Anschlägen vom 11. September 2001 verabschiedeten Antiterrorgesetzen des Bundes und der Länder für verfassungswidrig erklärt und für das dritte eine einschränkende Interpretation vorgeschrieben. [...]

Mit Ausnahme des Luftsicherheitsgesetzes, das den Einsatz der Luftwaffe im Innern vorsah, betrafen die Gesetze allesamt die heimliche Informationsgewinnung. Das ist charakteristisch für die Bekämpfung neuartiger Gefahren wie organisierte Kriminalität, Waffenschmuggel und eben Terrorismus. Der Staat setzt in diesem Kampf auf Prävention. Er sucht der Straftat zuvorzukommen und die Gefahr schon im Keim zu ersticken. [...]

Damit wächst der Informationshunger des Staates erheblich. Er lässt sich freilich nur heimlich stillen. Deswegen wachsen auch die Geheimdienste und ihre Befugnisse. Die Vorteile der vorverlagerten Prävention sind allerdings nicht kostenlos zu haben. Wo erst Verdachtsmomente gesammelt werden sollen, trifft sie potenziell jeden und alles, weil bei der Verdachtssuche nichts unverdächtig ist, nicht das Buch aus der Bibliothek, nicht der Wecker auf dem Nachttisch, nicht der Ort, an dem man seine Freunde trifft. Deswegen darf man auch nicht der Beschwichtigung trauen, wer sich nichts vorzuwerfen habe, habe auch nichts zu befürchten. Jeder muss befürchten, dass seine Kommunikation überwacht wird. Niemand kann sicher sein, dass ihm daraus keine unangenehmen Folgen erwachsen. Ist man einmal im Verdachtsraster hängen geblieben, sind Beschattung und Ausforschung der Nachbarn, Beförderungsverweigerungen im Flugzeug, der Verlust des Arbeitsplatzes wegen Sicherheitsbedenken nicht mehr völlig fern.

Daher muss man dem staatlichen Informationshunger Grenzen ziehen. Je geringfügiger die Straftat, je kleiner der mögliche Schaden, je schwächer die Anhaltspunkte dafür, dass er eintreten könnte, je einschneidender die möglichen Folgen der Informationserlangung für den Einzelnen, desto höher müssen die Schwellen für Überwa-

chungsmaßnahmen sein. Umgekehrt: Je schwerer die Straftat, je stärker die Anhaltspunkte, dass sie vorbereitet wird, je größer der mögliche Schaden, desto niedriger darf die Schwelle ausfallen. [...]

Indessen setzt das Grundgesetz auch der Verfassungsänderung Grenzen. Die Grundsätze der Demokratie, des Rechtsstaats und des Bundesstaats sind ebenso unabänderlich wie die Garantie der Menschenwürde, die Existenz unveräußerlicher Menschenrechte und die Grundrechtsbindung der gesamten Staatsgewalt. Die Rechtlosstellung feindlicher Kombattanten wie in den USA könnte in Deutschland auch mit einer Verfassungsänderung nicht erreicht werden. Angesichts des bröckelnden Konsenses über das Folterverbot nach der Entführung des Metzler-Sohns[1] ist es auch nicht überflüssig, zu betonen, dass Folter selbst als Mittel der Terrorismusbekämpfung nicht infrage kommt. Zwar kann man den Sicherheitsbehörden zur Verhütung schwerer Straftaten weitergehende Befugnisse einräumen als bei der Verfolgung geschehener Taten, weil noch etwas zu retten ist. Die Folter kann aber selbst mit der Rettungschance nicht gerechtfertigt werden. Sie verletzt die Menschenwürde. [...]

Die Menschenwürde, die „zu achten und zu schützen" Artikel 1 GG zur „Verpflichtung aller staatlichen Gewalt" macht, ist nicht die Würde, welche der Einzelne durch ein gutes Leben erwerben und durch böse Taten verlieren kann. Es ist die Würde, die jeder menschlichen Person innewohnt, unabhängig von ihrem Alter, ihrer Einsichtsfähigkeit, ihrer körperlichen Beschaffenheit, ihrer Lebensführung. Diese Würde hat auch der Terrorist. [...]

Erhöhte Terrorismusgefahren verlangen erhöhte Sicherheitsvorkehrungen. Darüber darf aber nicht vergessen werden, dass es die Sicherheit einer freiheitlichen Gesellschaft ist, die erhöht werden soll. Wenn man im Kampf gegen den Terrorismus zu denselben Mitteln greift, welche die Terroristen anwenden, gibt man den grundlegenden Unterschied zu ihnen auf. Es ist dieser Widerspruch zu den eigenen obersten Prinzipien, der es verbietet, sie gegenüber ihren Verächtern zu missachten.

[1]Der 11-jährige Bankierssohn Jakob von Metzler wurde im September 2002 entführt und ermordet. Die Polizei, die davon ausging, dass Jakob noch am Leben sei, drohte dem später verurteilten Magnus Gäfgen mit Folter, wenn er das Versteck des Kindes nicht preisgebe. Diskutiert wurde damals der Einsatz von Gewalt seitens des Staates zur Rettung einer möglicherweise noch lebenden Geisel.

Dieter Grimm, Die Zeit, 29.11.2007

M 2 Freiheit oder Sicherheit?

Die Freiheit auch der Schwächeren zu schützen, ist Kernaufgabe des Staates und wesentliche Rechtfertigung seines Gewaltmonopols. Schon Thomas Hobbes sah im 17. Jahrhundert die Rechtfertigung für einen freiwilligen Freiheitsverzicht aller Bürger zugunsten staatlicher Gewalt darin, dass erst das Gewaltmonopol des Staates den Frieden und damit die Freiheit seiner Bürger zu garantieren vermag. Wir sehen das sehr deutlich an failed states: Niemand wird behaupten wollen, dass etwa in Somalia ein Leben in nennenswerter Freiheit möglich ist.

In Deutschland haben wir die bitteren Erfahrungen des nationalsozialistischen Unrechtsstaats gemacht. Das hat uns die Garantie fundamentaler Freiheitsrechte des Einzelnen an den Anfang unserer Verfassung setzen lassen. Wir verstehen diese

Grundrechte nicht nur als Abwehrrechte gegen staatliche Eingriffe, sondern entnehmen ihnen auch Schutzpflichten des Staates für die in der Verfassung garantierten Rechte. Nur wenn der Staat ausreichend für Sicherheit sorgt, können die Menschen ihre Chancen in einer offenen Gesellschaft wirklich wahrnehmen. Freiheit und Sicherheit sind also keine Gegensätze, sondern zwei Seiten einer Medaille.

Den Schutz persönlicher Freiheit muss der Staat unter sich immer wieder wandelnden Bedingungen gewährleisten. Wir leben heute in einer hochgradig vernetzten, globalisierten Welt. Ich nenne nur als Stichworte die Allverfügbarkeit von Informationen durch das Internet, offene Märkte, weltweite Kommunikation und grenzüberschreitende Mobilität der Menschen. [...]

Mit geänderten Lebensumständen ändern sich auch die Gefahren, vor denen wir stehen: Auch kriminelle Vereinigungen machen sich erleichterte Kommunikation und offene Grenzen zunutze. Noch während des Kalten Krieges war ein Angriff durch einen fremden Staat die größte Gefahr für die Sicherheit eines Landes. Heute stellen uns terroristische Bedrohungen und asymmetrische Formen der Kriegsführung vor neue Herausforderungen. [...]

Das Ziel terroristischer Gewaltakte erschöpft sich nicht im konkret messbaren Schaden, sondern geht weit darüber hinaus. Terroristen geht es nicht um die Menschen, die sie zu Opfern machen. Die Opfer sind ihnen Mittel zum Zweck. Ihr konkretes Leid, ihre vorgeführte Hilflosigkeit dient dem Ziel, den Staat – der eigentlich gemeint ist – als ohnmächtig vorzuführen, ihn zu destabilisieren und ein Klima der Angst zu verbreiten. Deshalb bringt es auch nichts, die Opferzahlen mit der Zahl von Menschen zu vergleichen, die durch Verkehrsunfälle oder durch das Rauchen umkommen. Der Terrorismus hat in seiner Schädlichkeit für unsere Freiheitsordnung eine andere Qualität.

Durch das, was wir chilling effect nennen, beeinträchtigt die terroristische Bedrohung die Bewegungs- und Handlungsfreiheit der Bevölkerung unmittelbar. Wenn etwa in der Debatte über die Videoüberwachung öffentlicher Räume die Verkürzung der individuellen Freiheit geltend gemacht wird, so ist ebenso an die Verkürzung individueller Freiräume zu erinnern, die aus unsicherer und bedrohter persönlicher Sicherheit im öffentlichen Raum erwächst. Wer ist unfreier: der Bürger, der bestimmte Räume meidet, weil sie videoüberwacht sind, oder derjenige, der sich aus Angst vor Kriminalität oder Anschlägen zu bestimmten Zeiten nicht mehr an bestimmte Orte wagt? [...]

Wir müssen sehen, dass die herkömmliche Abschreckung durch Strafandrohung bei Selbstmordattentätern versagt. Wenn aber Abschreckung keine ausreichende Wirkung entfaltet, bekommt die Prävention der Tat besonderes Gewicht. Erfolgreiche Prävention setzt vor allem Information voraus. Nur ausreichend informiert haben wir die Chance, Bedrohungen abzuwehren, ehe ein Schaden entstanden ist. Zur Verhinderung terroristischer Anschläge ist vor allem die Arbeit leistungsfähiger Nachrichtendienste unverzichtbar. Nur mit ihrer Hilfe verfügen wir frühzeitig über die Informationen, die wir brauchen. Auch die Anschlagpläne der „Sauerland-Gruppe“ konnten wir nur verhindern, weil wir frühzeitig geheimdienstliche Informationen aus den USA bekommen hatten.

Natürlich dürfen die Sicherheitsbehörden nur im Rahmen von Recht und Gesetz handeln und Informationen gewinnen. Also muss der Staat die notwendigen rechtlichen Grundlagen für ihre Arbeit schaffen, wie gesagt, auf der Höhe der technischen Entwicklungen unserer Zeit: Wenn Absprachen zur Vorbereitung von Straftaten nicht mehr nur mündlich, brieflich oder telefonisch getroffen werden, sondern zunehmend unter Nutzung elektronischer Medien, müssen die Sicherheitsbehörden in der Lage sein, diese Kommunikation ebenso nachzuverfolgen, wie es für andere Formen der Kommunikation schon der Fall ist. [...]

In der aktuellen Diskussion wird bisweilen der Eindruck erweckt, als ziehe die Schaffung neuer staatlicher Befugnisse und die stärkere Vernetzung der Sicherheitsbehörden zwangsläufig nach und nach den Verlust bürgerlicher Freiheit nach sich. Als seien wir auf dem Weg in den Polizeistaat. Ich halte diese Argumentation für falsch. Keineswegs werden seit jeher bestehende Freiheiten mehr und mehr eingeschränkt. Es gilt vielmehr, staatliche Handlungsmöglichkeiten an neue Freiheitsräume anzupassen, damit der Staat seine Kernaufgabe, die Sicherheit und damit mittelbar auch die Handlungsfreiheit seiner Bürger zu gewährleisten, weiterhin effektiv erfüllen kann.

Rede von Bundesminister Dr. Wolfgang Schäuble im Rahmen der Bucerius Summer School on Global Governance, Freedom vs. Security: Guaranteeing Civil Liberties in a World of Terrorist Threats, 26.8.2009

Aufgabe

Diskutieren Sie, ausgehend von M 1 und M 2, wie der Terrorismus bekämpft werden kann. Nehmen Sie dabei zum Spannungsfeld zwischen Freiheit und Sicherheit Stellung.

2.2 Die Verbreitung von Massenvernichtungswaffen

Leitfragen	Was macht die internationale Verbreitung von Massenvernichtungswaffen so bedrohlich?	Wie funktioniert das internationale Regime nuklearer Nichtverbreitung, welche völkerrechtlichen Abkommen sind zu beachten und wo liegen die Schwachstellen des Systems?	Warum ist die Atommacht Iran eine Bedrohung für den Weltfrieden?

Gefahr durch Atomwaffen

Die globale sicherheitspolitische Lage hat sich durch mehrere aufstrebende Regionalmächte verändert. Dabei stellt die weltweite Verbreitung atomarer, biologischer oder chemischer Massenvernichtungswaffen (**ABC-Waffen**) eines der größten Sicherheitsrisiken dar.

Nicht nur Staaten, auch Terrorgruppen streben nach Massenvernichtungswaffen bzw. nach den Materialien und Plänen zu deren Herstellung. Je größer das Verbreitungsgebiet dieser Waffen ist, desto größer ist auch die Gefahr von Missbrauch, Diebstahl, Sabotage oder Unfällen. Bis zum Ende des Kalten Krieges achteten die beiden Atommächte USA und Sowjetunion und deren Verbündete streng darauf, dass Massenvernichtungswaffen nicht in die Hände ihrer Gegner fallen konnten. Mit dem Zerfall des Ostblocks und der Öffnung der Grenzen sowie den durch die Globalisierung ermöglichten Informations- und Wissenstransfers kann sich auch das Know-how zur Herstellung der Massenvernichtungswaffen ausbreiten.

Sog. **Risikostaaten** bemühen sich darum, in den Besitz solcher Waffen und der für deren Einsatz benötigten Trägertechnologie zu gelangen. Staaten wie der Iran und Nordkorea sehen darin ein geeignetes Mittel, um aus ihrer Sicht bestehende außenpolitische Bedrohungen abzuwehren. Auf diesem Wege sollen eigene politische Forderungen gegenüber Nachbarstaaten oder der internationalen Staatengemeinschaft durchgesetzt werden. Diese Entwicklung kann in den Nachbarländern wiederum zu einer Neubewertung der eigenen Bedrohungslage führen und birgt daher die Gefahr eines militärischen Wettrüstens in den einzelnen Regionen. Besonders brisant ist die Lage im Nahen Osten, wo sich Israel in seiner Existenz durch den Iran bedroht sieht.

Karikatur: Mester / Baaske Cartoons

Das internationale Regime der atomaren Nichtverbreitung

Mit zahlreichen Rüstungskontrollverträgen und durch internationale Organisationen versuchen Atomwaffen- und Nichtatomwaffenstaaten seit den 1960er Jahren die unkontrollierte Verbreitung von Atomwaffen zu verhindern und vorhandene Bestände abzubauen oder einzufrieren. Der wichtigste multilaterale Vertrag ist immer noch der **Atomwaffensperrvertrag** (Treaty on the Non-Proliferation of Nuclear Weapons – **NPT**), der 1970 in Kraft trat. Der NPT wurde bislang von 190 Staaten ratifiziert. In einem für einen multilateralen Vertrag ungewöhnlichen Stil werden die Vertragsstaaten strikt in zwei verschiedene Kategorien geteilt: **Atomwaffenstaaten** (Nuclear-Weapon-States, NWS) und **Nichtatomwaffenstaaten** (Non-Nuclear-Weapon-States, NNWS). Wichtigstes Ziel des NPT ist die Verhinderung der Verbreitung von Atomwaffen. So statuiert der Vertrag in Art. I NPT die Pflicht für die NWS, keine Atomwaffen oder dafür notwendige (Träger-) Technologie an einen NNWS weiterzugeben. Spiegelbildlich verpflichten sich die NNWS in Art. II NPT weder Atomwaffen zu erwerben noch solche selbst zu entwickeln. Der Verzicht auf Atomwaffen stellt ein diplomatisches Zugeständnis der NNWS gegenüber den NWS dar.

Die Internationale Atomenergie-Organisation (IAEO)

Kontrolliert wird die Atompolitik der Staaten durch die Internationale Atomenergie-Organisation (IAEO) bzw. engl. International Atomic Energy Agency (IAEA). Die IAEO wurde 1957 mit Sitz in Wien gegründet. Als internationale Organisation verfügt sie über eine Generalkonferenz als Vollversammlung aller Mitgliedstaaten, einen mit Staatenvertretern besetzten Gouverneursrat als Exekutivorgan sowie ein Sekretariat für die operativen Aufgaben, an dessen Spitze ein Generaldirektor steht (seit 2009 der Japaner Yukiya Amano). Sie überwacht die sich für die Unterzeichnerstaaten des NPT ergebenden Pflichten und ist gleichzeitig weltweit die einzige Organisation, der die Nationalstaaten Einblick in ihre Atomprogramme geben. Die Kontrollen der IAEO sind für alle Unterzeichnerstaaten des NPT verpflichtend, für andere Staaten sind sie freiwillig.

Nach Art. III NPT ist z. B. der Iran als NNWS zum Abschluss eines sog. Sicherungsabkommens mit der IAEO verpflichtet. Ein solches Abkommen ist ein völkerrechtlicher Vertrag und bildet die Rechtsgrundlage für die Durchführung von Inspektionen durch die IAEO. Baut der Iran eine Atomanlage für zivile Zwecke, ist er verpflichtet, diese bei der IAEO anzumelden, worauf die IAEO Inspekteure entsendet, die überprüfen, ob die Anlage allein zu zivilen und nicht doch zu militärischen Zwecken genutzt wird.

Auch wenn der Atomwaffensperrvertrag und die Arbeit der IAEO die Weiterverbreitung von Atomwaffen stark begrenzt haben, so kann nur schwer verhindert werden, dass einzelne Staaten, wie z. B. Nordkorea oder der Iran, an geheimen Atomprogrammen arbeiten.

Aktuelle Situation

Um gegenüber den Risiken der Proliferation und der Erpressbarkeit durch sog. Schurkenstaaten und Terroristen gewappnet zu sein, entschlossen sich die USA zum Aufbau eines nationalen Raketenabwehrsystems, welches feindliche Interkontinentalraketen bereits im Weltraum orten und zerstören kann. Im Februar 2012 gaben die USA bekannt, dass der Raketenabwehrschirm zu einem europäischen NATO-Raketenabwehrprogramm ausgebaut wird. Eine erste Einsatzfähigkeit des Raketenabwehrschirmes wurde auf dem NATO-Gipfeltreffen in Chicago im Mai 2012 verkündet. Dieser einseitige Ausbau eines US-amerikanisch geführten Sicherheitssystems führte wiederum zu Misstrauen und Kritik anderer Staaten. Russland kündigte umgehend den Bau neuer Langstreckenraketen an und Nordkorea antwortete mit Atombombentests in Richtung der USA. Die USA haben daraufhin nochmals deutlich gemacht, dass sie gemäß ihrer Nationalen Sicherheitsstrategie bereit sind, militärisch zu intervenieren, um Staaten daran zu hindern, in den Besitz von Massenvernichtungswaffen zu gelangen. Das Raketenabwehrsystem soll bis zum Jahr 2022 aufgebaut und vollständig einsatzfähig sein.

Abrüstungs- und Rüstungskontrollpolitik

- **Abrüstungspolitik** hat das Ziel, die Verbreitung von Massenvernichtungswaffen zu stoppen und Rüstungswettläufe zu verhindern. So sollen etwa Waffenbestände vernichtet, die Entwicklung und Produktion von ABC-Waffen, Personenminen etc. verboten und Rüstungsbudgets reduziert werden.
- **Rüstungskontrollpolitik** will durch Rüstungsbegrenzung und -kontrolle ein militärisches Gleichgewicht herstellen oder erhalten. Das geschieht z. B. durch die Festlegung von Höchstgrenzen in Waffenproduktion und -besitz, den Abbau von Überkapazitäten oder Testverbote für Atomwaffen.

Mit Indien, Israel und Pakistan, die den Atomwaffensperrvertrag nicht unterzeichnet haben, leidet das internationale Regime der atomaren Nichtverbreitung bis heute an mangelnder Universalität. Gleichzeitig ist es für die Vertragsstaaten verhältnismäßig leicht, vom Vertrag zurückzutreten (z.B. Nordkorea 2003). Dies kann dazu führen, dass ein Staat zunächst von den Kooperationspflichten der Atomwaffenstaaten in Bezug auf die Unterstützung bei der Realisierung eines zivilen Atomprogramms profitiert, um den Vertrag anschließend zu verlassen und das erlangte Wissen für militärische Zwecke zu nutzen.

Mit der Trennung zwischen Atomwaffen- und Nichtatomwaffenstaaten kommt es für erstere zu einem Verlust an Autorität bei der Argumentation gegen die Weiterverbreitung dieses Rechts. Atomwaffen zuerst entwickelt zu haben, ist kaum hinreichende Legitimation für deren alleinigen Besitz und die NWS müssen sich von den NNWS zurecht vorwerfen lassen, durch den Atomwaffensperrvertrag ihre Machtstrukturen zementiert zu haben. Die als Entgegenkommen für diese Ungleichheit vorgesehene Abrüstungsverpflichtung der NWS kommt hingegen faktisch kaum über das vertragliche Versprechen hinaus – allein Russland und die USA besitzen auch nach Ende des Kalten Krieges jeweils mehr als 10.000 nukleare Sprengköpfe.

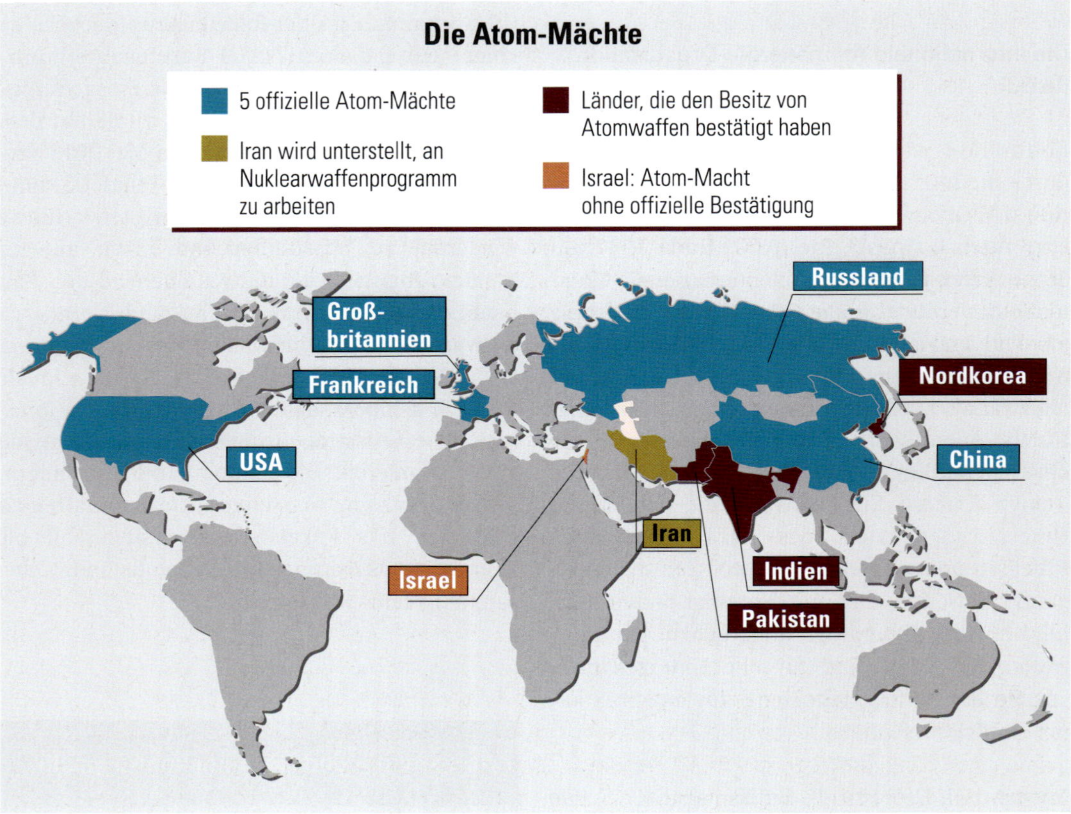

dpa-Grafik 3262

Aufgabe

Diskutieren Sie, ob der Atomwaffensperrvertrag hinsichtlich einer atomaren Nichtverbreitung als Erfolg angesehen werden kann.

M Die Ausgegrenzten

Warum provoziert der Iran den Westen? Das Regime in Teheran hat Angst, aus gutem Grund: Es geht ums Überleben.

Das Regime des Irans mag Unsicherheit streuen über seine wahren Absichten. Die Straße von Hormus, die Halsschlagader der Weltwirtschaft, für Öltanker sperren? [...] Hinter der militärischen Protzerei steckt ein Land, das in die Enge getrieben ist. Jetzt, so sehen es seine Führer, ist der Zeitpunkt gekommen, Amerika und Europa das zurückzuzahlen, was sie dem Iran so viele Jahre über angetan haben.

Das Regime in Teheran hat Angst, aus gutem Grund. Seit der ehemalige US-Präsident George W. Bush den Iran in einer berüchtigten Rede vor dem Kongress im Januar 2002 zusammen mit Nordkorea und dem Irak Saddam Husseins auf die »Achse des Bösen« setzte, hat sich der Druck auf das Regime stetig erhöht. Die Sanktionen der UN zeigen Wirkung. Es geht mittlerweile um die Existenz der Islamischen Republik Iran.

Die Regierung mag sich von den Sanktionen, die der UN-Sicherheitsrat seit 2006 in vier verschiedenen Runden verschärft hat, unbeeindruckt zeigen – im Land sind ihre Folgen immer deutlicher zu erkennen. Sie treffen den Iran dort, wo er am empfindlichsten ist – bei der Öl- und Gaswirtschaft. 80 Prozent seiner Haushaltseinnahmen erwirtschaftet das Land durch Öl- und Gasexporte. Durch die wachsende internationale Isolation kann der Iran seine Anlagen nicht mehr erneuern oder modernisieren. Das hat schwerwiegende Folgen. Die Produktionskapazität der iranischen Erdölwirtschaft liegt heute bei geschätzten 3,5 Millionen Barrel am Tag. Das sind 600.000 Barrel weniger als beim Amtsantritt von Präsident Mahmud Ahmadinedschad im Jahr 2005. Außerdem gibt es keine internationalen Firmen mit entsprechendem Fachwissen, die noch im Iran arbeiten. Das Land muss Diesel und Benzin teuer importieren.

Lange Zeit hat das Regime die Preise im Inland subventioniert. Doch nach und nach kürzte es die Subventionen, um die ohnehin hohe Inflation nicht weiter anzuheizen. Millionen Iraner erleben seither an der Zapfsäule die Folgen westlicher Eindämmungspolitik. Sie kommt die Iraner teuer zu stehen.

Der Auslöser für die Drohung, die Straße von Hormus zu sperren, ist der Plan der Europäer und Amerikaner, den Druck noch weiter zu erhöhen. Iranische Ölexporte sollen unterbunden werden. Auf ihrem nächsten Außenministertreffen will die EU darüber beraten, Geschäfte mit der iranischen Zentralbank zu verbieten. Über diese Zentralbank wird die Bezahlung für iranisches Erdöl abgewickelt. Mit anderen iranischen Banken ist es schon länger nicht mehr möglich, Geschäfte zu tätigen. Eine Blockade der Zentralbank käme einem Erdölembargo gleich, für den Iran hätte das schwerwiegende Folgen. Immerhin 18 Prozent seines Erdöls verkauft das Land in Staaten der Europäischen Union.

Der zweitgrößte Abnehmer iranischen Öls ist China mit einem Anteil von 22 Prozent. China wird sich an einem De-facto-Embargo wohl nicht beteiligen, doch hat auch Peking Schwierigkeiten, seine Rechnungen mit dem Iran abzuwickeln. Inzwischen werden chinesische Güter direkt gegen iranisches Öl getauscht. Auch Indien, ein weiterer großer Abnehmer iranischen Öls, hat lange gebraucht, bis es einen Zahlungsweg für die Lieferungen des Jahres 2010 fand. Die Transaktion gelang schließlich über eine türkische Bank. Für den Iran wird es also zunehmend schwer, an dringend benötigte Einnahmen zu kommen. Die Drohung, die Meerenge von Hormus zu schließen, bedeutet kurzum: Wenn ihr uns den Ölhahn abdreht, tun wir mit euch das Gleiche!

Der Versuch des Irans, die Meerenge komplett zu sperren, müsste sehr wahrscheinlich eine militärische Antwort der USA provozieren. Vielen Hardlinern in Washington käme das ganz recht. Denn ein Krieg, um die Lebensader der Weltwirtschaft offen zu halten, wäre auf internationaler Ebene sicher leichter zu legitimieren als ein Krieg, der verhindern soll, dass sich der Iran nuklear bewaffnet. Der Iran könnte zudem die wenigen noch verbliebenen Freunde verlieren, darunter China. Sosehr sich Peking in den letzten Jahren darum bemüht hat, den internationalen Druck auf den Iran abzumildern, so wenig hat das Land Interesse an einer Störung der Weltwirtschaft. 75 Prozent des gesamten Öls, das durch die Straße von Hormus exportiert wird, gehen nach Asien, nach Indien, Japan und eben China.

Wenn der Iran also tatsächlich die Straße von Hormus abriegeln wollte, wäre das fast schon ein selbstmörderischer Akt. [...] Wenn Teheran aber keinen Krieg will, wenn es seine ultimative Drohung nicht wahr machen kann, was will es erreichen?

Das Regime versucht schlicht, in einem extrem feindlichen Umfeld zu überleben. Neu ist das nicht, die Islamische Republik Iran war in der internationalen Gemeinschaft noch nie wohlgelitten, besonders nicht von den USA. Sie sind während der islamischen Revolution 1978 unter demütigenden Umständen aus dem Iran geworfen worden. Seit damals versucht die Weltmacht, in Teheran einen Regimewechsel herbeizuführen – mal mit sanfteren, mal mit härteren Mitteln. Das wissen die Machthaber in Teheran. Sie sind dementsprechend misstrauisch. Sie gehen davon aus, dass jede vom Westen angestoßene Initiative nur dem einen Ziel dienen soll, die Ära der Islamischen Republik zu beenden.

Der Argwohn ist berechtigt, denn bis auf eine kurze Phase während der Präsidentschaft Bill Clintons in den neunziger Jahren gab es keine wirkliche Annäherung zwischen dem Iran und den USA. Bis heute hat der Mullah-Staat keinen allseits akzeptierten und respektierten Platz in der Welt. Er bewegt sich außerhalb des Orbits westlich dominierter Ordnungssysteme. Die entscheidende Frage ist, ob es überhaupt möglich wäre, die Islamische Republik zu integrieren, ohne sie fundamental zu ändern. Immerhin hat der Iran die Feindschaft zu Israel in seine Gene eingeschrieben. Mahmud Ahmadinedschad schwadronierte mehrmals öffentlich darüber, dass Israel von der Landkarte verschwinden werde. Ein atomar bewaffneter Iran könnte diesen Albtraum vielleicht verwirklichen. Allerdings nur um den Preis der eigenen Vernichtung. Israel und die USA lassen daran keinen Zweifel.

Das Nuklearprogramm des Irans ist der Auslöser der seit Jahren schwelenden und sich nun verschärfenden Krise. Der Anlass für die jetzt von den USA und Europa geplanten Sanktionen war der bislang letzte Bericht der Internationalen Atomenergie-Agentur über die Fortschritte im Nuklearprogramm des Irans. Auch in diesem Bericht gab es keinen schlüssigen Hinweis darauf, dass das Land tatsächlich an einer Bombe bastelt. In der Sache also hatte der Bericht keine neuen Erkenntnisse gebracht, doch die Sprache und die Interpretation waren härter und schärfer: »Es besteht Anlass zu großer Sorge«, heißt es. [...]

Es ist möglich, dass der Iran die Bombe baut. Dann muss es ihm aber gelingen, dies unbemerkt von der IAEA zu tun. Die meisten Experten gehen davon aus, dass der Iran die Welt im Glauben lassen möchte, zum Bombenbau imstande zu sein, wenn er es wollte. Diese Angst nährt das Regime in Teheran ganz bewusst. [...]

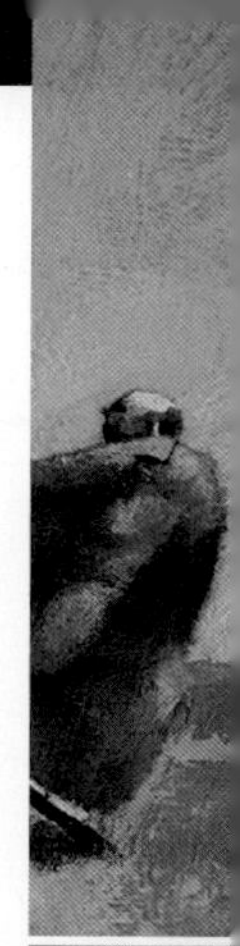

Natürlich würde ein nuklear bewaffneter Iran die strategischen Verhältnisse im Nahen Osten nachhaltig verändern. Dazu muss das Regime in Teheran die Bombe nicht unbedingt besitzen. Die Möglichkeit, sie bauen zu können, reicht aus. Kann man sich zum Beispiel vorstellen, dass Israel – wie zuletzt 2006 – einen Krieg gegen die mit dem Iran verbündete Hisbollah im Libanon führt, wenn der Iran möglicherweise nuklear bewaffnet ist? Es wäre jedenfalls höchst riskant.

Warum aber ist das Regime in Teheran bereit, den hohen Preis zu bezahlen, den seine Zweideutigkeit in der Atomfrage mit sich bringt? Teheran bezahlt ihn, weil es sich davon den Machterhalt verspricht. Das Spiel mit dem nuklearen Feuer soll das Regime absichern. Nach innen hin kann es sich als Verteidiger der Nation gegen »arrogante imperialistische Mächte« darstellen. Nach außen hin lässt es seine Feinde im Glauben, es könne im Kriegsfall mit der ultimativen Waffe zurückschlagen. Die Konsequenz ist, dass das Regime sich immer am Rande des Abgrunds bewegt. Und ihm immer näher kommt, wie der Konflikt um die Straße von Hormus zeigt.

Ulrich Ladurner, Die Zeit, 5.1.2012

Aufgaben

1. Führen Sie in Ihrem Kurs eine Umfrage durch zur Frage: „Fühlen Sie sich durch Atomwaffen bedroht?“ Diskutieren Sie das Ergebnis.
2. Diskutieren Sie folgende Ansicht: Warum sollten nicht weitere Staaten Atomwaffen besitzen dürfen, wenn schon mehrere große Länder darüber verfügen?
3. Erarbeiten Sie aus dem Text, warum eine Atommacht Iran eine besondere Bedrohung für den Weltfrieden darstellen würde. (M)
4. Erläutern Sie die Position des Iran im System der Internationalen Beziehungen und diskutieren Sie, wie die Kriegsgefahr gebannt werden kann.

2.3 Klimawandel, Bevölkerungswachstum und Migration

Leitfragen	Warum sind der Klimawandel und das Bevölkerungswachstum eine Gefährdung internationaler Sicherheit?	Bedingen ökologische und demographische Entwicklungen globale Migration?	Welches sind Ursachen und Folgen weltweiter Migration?

Ökologische Risiken – der Klimawandel

Die menschliche Hochkultur hat sich in den letzten Jahrtausenden in einem relativ stabilen Weltklima entwickelt. In den vergangenen 2.000 Jahren schwankte die globale Temperatur um deutlich weniger als 1°C. Seit der Industriellen Revolution ist die durchschnittliche Temperatur der bodennahen Luftschichten durch vom Menschen verursachte Treibhausgasemissionen um 0,8°C gestiegen. Auf der Grundlage plausibler Annahmen für künftige Emissionen können Klimaforscher die Bandbreite des globalen Temperaturanstiegs abschätzen. Dabei zeigt sich, dass bei hohen Treibhausgasemissionen die globale Mitteltemperatur bis zum Jahr 2100 um 3 – 7°C gegenüber dem vorindustriellen Niveau steigen kann.

Der Klimawandel hat das Potenzial, Gesellschafts- und Wirtschaftskrisen auszulösen. Staaten mit überwiegend armer Bevölkerung sind besonders gefährdet, aber auch reiche Staaten sind nicht immun. Dies gilt insbesondere bei einer Temperaturerhöhung von mehr als 2°C (→ Kap. 2.7).

Mit folgenden Wirkungen muss bei ungebremstem Klimawandel gerechnet werden:

- Die **Wasserversorgung** wird vielerorts durch Wetterextreme, veränderte Niederschlagsmuster und den Rückgang der Gebirgsgletscher **gefährdet**.

- Die **Nahrungsmittelproduktion** wird bei einer Erwärmung um 2 – 4°C voraussichtlich weltweit **sinken**, nicht zuletzt durch die Zunahme von Dürren und Bodendegradation. Dies kann regionale **Ernährungskrisen** auslösen und die ökonomische Leistungsfähigkeit betroffener Staaten untergraben.

- Über 2°C steigt das Risiko, dass innerhalb der nächsten Jahrzehnte ein **irreversibler Meeresspiegelanstieg** von mehreren Metern ausgelöst wird. Inseln, dicht besiedelte küstennahe Regionen und Megastädte wie z. B. London, Mumbai oder New York wären mitsamt Infrastruktur und Kulturgütern unmittelbar gefährdet.

- Die Erwärmung verstärkt **Gesundheitsrisiken** durch die mögliche Ausbreitung von Infektionskrankheiten, Herz-Kreislauferkrankungen und Gefährdungen durch Extremwetterereignisse.

- Die **wirtschaftliche Leistungsfähigkeit** vieler Länder, besonders in der Land-, Forst- und Fischereiwirtschaft, ist vom Klimawandel direkt und indirekt **negativ betroffen**. Auch der beschleunigte **Verlust biologischer Vielfalt** und der damit verbundenen Ökosystemleistungen wird weltweit erhebliche Kosten verursachen.

Der Klimawandel gefährdet folglich die Lebensgrundlage vieler Menschen in nahezu allen Weltregionen. Diese Folgen eines ungebremsten Klimawandels würden die Anpassungsfähigkeit vieler Länder überfordern, zu politischer und wirtschaftlicher Destabilisierung beitragen (Konflikte um Wasser, Nahrung, Weideland) und zusätzliche Umweltmigration auslösen. Somit wird der Klimawandel zunehmend auch zu einem Sicherheitsrisiko.

Daten aus: Wissenschaftlicher Beirat der Bundesregierung „Globale Umweltveränderungen", Factsheet 2+3/2009

Internationale Klimapolitik

Nach einer Reihe von weitgehend ergebnislos gebliebenen Anläufen zu einer international abgestimmten Politik zur Verringerung der CO_2-Emissionen wurde schließlich auf der UNO-Konferenz in Rio de Janeiro 1992 eine Klimarahmenkonvention verabschiedet. In dieser wurden die Gefahren der Emission von Treibhausgasen anerkannt und als Ziel eine für das Klima ungefährliche Konzen-

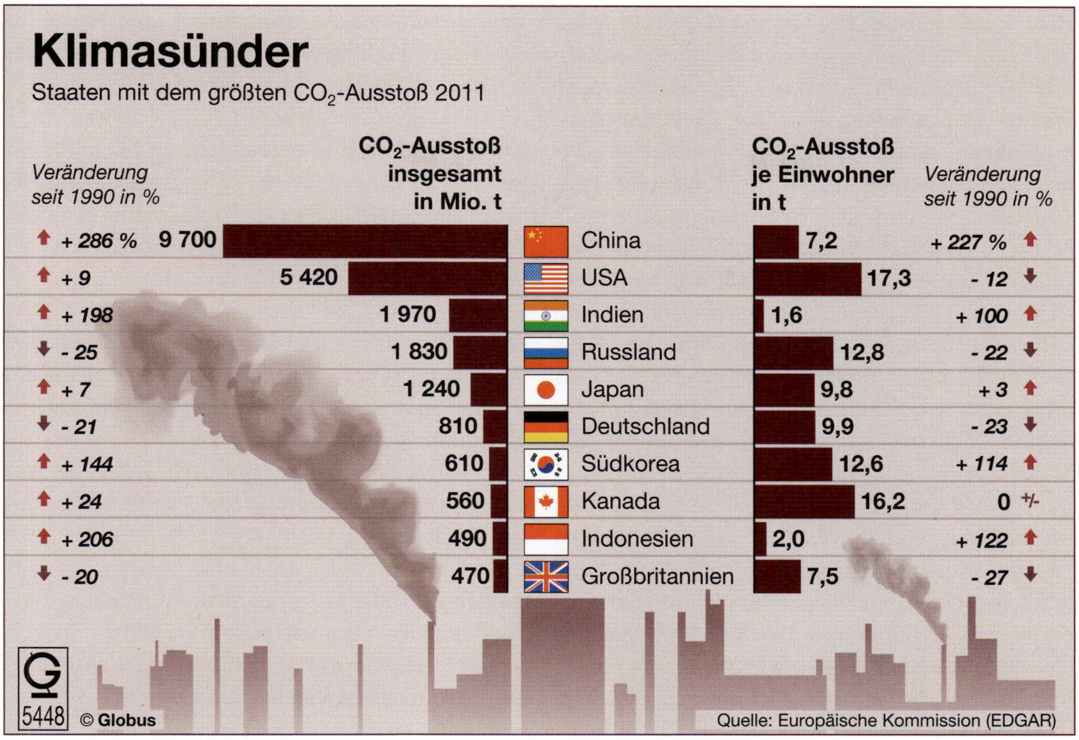

tration von Treibhausgasen festgeschrieben. Außerdem wurden Regeln beschlossen, nach denen künftig verpflichtende Vereinbarungen zur Reduktion der CO_2-Emissionen erarbeitet werden sollten.

Erst 1997 einigten sich die Vertragsstaaten in einer Nachfolgekonferenz im japanischen Kyoto auf das **völkerrechtlich verbindliche** Ziel der CO_2-Reduktion um 5,2 Prozent bis 2012 gegenüber dem Stand von 1990 (Kyoto-Protokoll). Das Kyoto-Protokoll konnte erst Anfang 2005 in Kraft treten, nachdem 141 Staaten, welche mehr als 55 Prozent des CO_2-Gases ausstoßen, das Abkommen ratifiziert hatten.

Die UN-Klimakonferenz im indonesischen Bali im Dezember 2007 sollte weitergehende Klimaschutzziele für die Zeit nach der ersten Kyoto-Periode verbindlich festlegen; die Ausarbeitung des Kyoto-Nachfolgeprotokolls wurde aber bis 2009 verschoben.

Auf dem „Klimagipfel" von Kopenhagen im Dezember 2009 gelang es jedoch nicht, verbindliche Ziele zur Fortschreibung des Kyoto-Protokolls auszuarbeiten. Die Delegierten der UN-Konferenz nahmen lediglich eine völkerrechtlich nicht bindende politische Vereinbarung zur Kenntnis, derzufolge die Erderwärmung auf weniger als 2°C im Vergleich zum vorindustriellen Niveau begrenzt werden soll. Hierfür sollen die Industrieländer nationale Klimaschutzziele vorlegen. Zusätzlich sind kurz- und langfristige Finanzhilfen der reicheren Staaten für die Entwicklungsländer vorgesehen. Bindende Verpflichtungen für aufstrebende Staaten wie China oder Indien gibt es hingegen nicht.

Auf der 16. Vertragsstaatenkonferenz, die 2010 in Cancún stattfand, sollte der in Kopenhagen gescheiterte Versuch fortgesetzt werden, ein rechtlich verbindliches Nachfolgeabkommen für das Kyoto-Protokoll zu beschließen. Der Gipfel endete jedoch mit dem Minimalziel, das Kyoto-Protokoll bis 2012 fortzusetzen.

Die 17. UN-Klimakonferenz in Durban begann am 28. November und endete aufgrund intensiver Diskussionen nach einer zweitägigen Verlängerung am 11. Dezember 2011. Trotz großer Anstrengungen konnten sich die Tagungsteilnehmer aber letztlich nur auf Beschlüsse einigen, die hinsichtlich ihrer Umsetzung unverbindlich blieben.

2012 wurde auf der UN-Klimakonferenz in Doha das Kyoto-Protokoll schließlich durch eine **2. Verpflichtungsperiode („Kyoto II") verlängert.** 37 Staaten verpflichteten sich ihre Treibhausgasemissionen bis 2020 weiter zu reduzieren. Gemeinsam sind diese Staaten allerdings nur für ca. 15 Prozent des weltweiten Treibhausgasausstoßes verantwortlich. Die Staaten mit dem größten CO_2-Ausstoß, die USA und China, sind dem Kyoto-Protokoll nie beigetreten. Japan und Kanada haben ihre Mitgliedschaft gekündigt bzw. nicht verlängert. Erklärtes Ziel bleibt es dennoch, bis 2015 ein neues Klimaabkommen auszuhandeln, das ab 2020 in Kraft treten und dann für alle Staaten gelten soll (→ Kap. 2.7.3).

Die Ergebnisse und Ereignisse von Kopenhagen Cancún, Durban und Doha wurden in der Weltöffentlichkeit fast einhellig als Rückschritt charakterisiert, was den Sinn und Zweck solcher Massenkonferenzen mehr und mehr in Frage stellt; festzuhalten ist aber, dass über die sich verschärfende Problematik des Klimawandels ein umfangreicher Diskussionsprozess in Gang gesetzt wurde und an der gemeinsamen Lösung des Problems gearbeitet wird.

Kritiker verweisen darauf, dass dieser Prozess zu langsam voranschreite und er immer wieder durch nationale Sonderinteressen sowie durch den Einfluss starker Lobbys behindert werde. Dies spiegelt jedoch die Normalität internationaler Politik bzw. politischer Prozesse überhaupt wider, alternative Vorgehensweisen erscheinen nicht möglich. Notwendig ist aus der Sicht der Kritiker eine aktive Politik weltweit tätiger Nichtregierungsorganisationen wie Greenpeace oder WWF, um die Verhandlungsprozesse zu begleiten und voranzutreiben. Insofern stellt die Entwicklung der internationalen Umweltpolitik ein Beispiel für die Herausbildung von Global Governance dar (→ Kap. 6.5.2).

Zudem wird auch infolge der zähen internationalen Verhandlungen die Notwendigkeit von Aktivitäten einzelner Gruppen auf lokaler und regionaler Ebene wie auch das Umweltverhalten der einzelnen Bürger betont.

Die Kosten für den Kampf gegen den Klimawandel werden selbst für die ehrgeizigsten Szenarien auf weniger als 0,12 Prozent des weltweiten jährlichen Bruttoinlandsprodukts (BIP) geschätzt. Selbst im teuersten Fall müssten demnach bis zum Jahr 2030 weniger als drei Prozent des BIP aufgewendet werden.

Folgende Probleme lassen an der Wirksamkeit internationaler Vereinbarungen zweifeln und zeigen, wie schwierig Klimapolitik angesichts massiv vertretener nationaler Interessen ist:

- Die Reduktionsziele verpflichten nur die Industrieländer, nicht aber die wachstumsstarken Schwellenländer (z.B. China, Indien), in denen die Emission von Treibhausgasen am raschesten zunimmt. Gegen die Interessen von Schwellen- und Entwicklungsländern, die bisher jegliche Behinderung ihrer wirtschaftlichen Entwicklung ablehnen, ist eine wirksamere Vereinbarung nicht möglich.

- Weder die USA noch China haben als größte Produzenten von Treibhausgasen das Kyoto-Protokoll bisher ratifiziert.

- Nur wenige Staaten haben bisher ihre Verpflichtungen aus dem Kyoto-Protokoll erfüllt.

Umweltprobleme und Herausforderungen

Handlungsbereiche	Umweltprobleme	Folgen/Gefährdungen
Schutz der Atmosphäre und der Ozonschicht	• Erhöhung der CO_2-Emissionen und anderer Treibhausgase in der Atmosphäre • Schädigung der Ozonschicht durch FCKW (Ozonloch)	• Erhöhung der mittleren globalen Lufttemperatur bis 2100 um 1,4°C bis 5,8°C und des Meeresspiegels um 10 bis 90 cm • Zunahme von Hautkrebs, grauem Star u. a. Erkrankungen durch schädliche UV-B-Strahlen • Gefahr der Überflutung ganzer Landstriche, Häufung von Wirbelstürmen und Dürren
Schutz der Wälder und der Erhalt der biologischen Vielfalt	• Bedrohung und Zerstörung der Wälder durch Luftverunreinigung (saurer Regen) und großflächige Abholzung • Verlust von Tier- und Pflanzenarten und ihrer Lebensräume	• Veränderung der Atmosphäre (z. B. Temperaturanstieg) • Zunahme der Bodenerosion, Abnahme der Bodenfruchtbarkeit, wachsende Überschwemmungsgefahr • Verlust der biologischen Vielfalt • Bedrohung der Lebensgrundlage der Menschen durch Zerstörung der Ökosysteme
Schutz der Meere	• Belastung der Ökosysteme der Meere durch Schad- und Nährstoffe aus der Luft und von Flüssen durch Schifffahrt, Erdöl- und Erdgasförderung sowie Fischerei	• Gefährdung einer wichtigen Nahrungsquelle der Menschen durch Abnahme der Weltfischbestände
Schutz und nachhaltige Nutzung der Süßwasserressourcen	• sinkendes Wasserangebot in verschiedenen Regionen der Erde durch Bevölkerungswachstum und verschwenderischen Umgang	• Zugang zu sauberem Trinkwasser ist für immer weniger Menschen gesichert (das betrifft heute schon 1,2 Mrd. Menschen vor allem in den Entwicklungsländern) • Bedrohung der regionalen Stabilität durch Streit um knappe Süßwasserressourcen
Schutz des Bodens und Bekämpfung der Wüstenbildung	• Degradierung von Böden (dauerhafte Minderung agrarischer Qualität) durch Bevölkerungswachstum und unsachgemäßen Umgang (Überweidung, Entwaldung, industrielle Belastung, Zerstörung des Wasserhaushalts durch Bewässerungsanlagen)	• Bedrohung der Nahrungs- und Existenzgrundlage großer Bevölkerungsteile in zahlreichen Entwicklungsländern durch Verlust landwirtschaftlicher Nutzflächen (ein Drittel der Böden ist bereits heute nur noch eingeschränkt nutzbar)

Schülerduden Politik, Berlin 2004, S. 418

Bevölkerungswachstum

Für die ökologischen Bedrohungen werden vorwiegend der Lebensstil und die Wirtschaftsweise der industrialisierten Länder verantwortlich gemacht. Ein Vergleich des durchschnittlichen Wasser- und Energieverbrauchs in den USA oder Europa mit jenem in Afrika macht deutlich, wie wohlbegründet dieser Vorwurf ist. Allerdings zeigt ein Blick auf manche Entwicklungsländer (z.B. Nepal oder Bangladesh), dass dort das rasante Bevölkerungswachstum ökologische Probleme wie Waldzerstörung, Verschmutzung der Gewässer und Zerstörung der Bodenfruchtbarkeit verstärkt.

Die Entwicklung der Weltbevölkerung hat erhebliche Auswirkungen auf die Verfügbarkeit von Ressourcen, das ökologische Gleichgewicht, die Lebensqualität der Menschen und damit auch auf den Weltfrieden.

Wuchs die Menschheit bis zum Jahre 1800 auf eine Milliarde an, so war die zweite Milliarde bereits nach weiteren 125 Jahren erreicht. Inzwischen wächst die Weltbevölkerung in etwa zwölf Jahren um jeweils eine weitere Milliarde und beträgt aktuell mehr als sieben Milliarden Menschen. Prognosen zufolge wird diese Zahl bis 2050 auf 9,3 Milliarden ansteigen. Das Bevölkerungswachstum wird bis zum Jahre 2050 in den verschiedenen Weltregionen höchst unterschiedlich verlaufen. 2050 werden voraussichtlich knapp 90 Prozent der Bevölkerung in heute weniger entwickelten oder besonders armen Ländern leben.

Bevölkerungswachstum im zeitlichen Verlauf

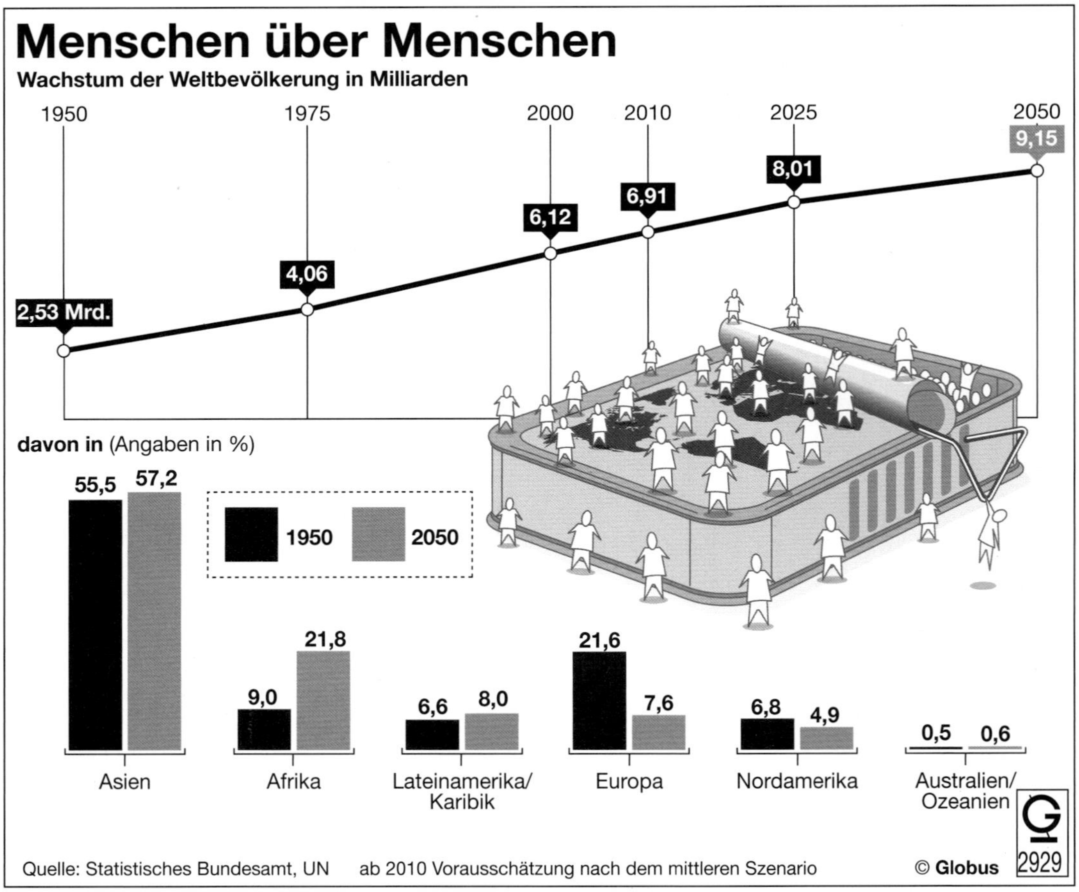

Ursachen des Bevölkerungswachstums in den Entwicklungsländern

Auswirkungen des Bevölkerungswachstums

Durch die rasante Zunahme der Bevölkerung wird das globale Gleichgewicht zwischen den menschlichen Nutzungsansprüchen und den begrenzten natürlichen Ressourcen gestört – die Umweltbelastung nimmt zu:

- Der Bedarf an Energieträgern und sonstigen Rohstoffen sowie an nutzbaren Flächen und Wasser steigt und bedingt Ressourcenknappheit (→ Kap. 6.2.4).
- Es kommt zu steigenden Emissionen, zu wachsenden Müllbergen und Abwässern.
- Infolge des Bevölkerungswachstums, zunehmender Wüstenbildung und Ressourcenknappheit wird es schwieriger, für Ernährungssicherheit zu sorgen; die Anforderungen an moderne Landwirtschaft, Düngung und gerechte Verteilung steigen.
- Die zunehmende Abholzung der Wälder führt zu weiterer Beeinträchtigung des Klimas und z.T. zu schlechter nutzbaren Böden.
- Infolge oft schwieriger Lebensbedingungen auf dem Land kommt es zu verstärkter Landflucht und Zuwanderung in die Städte; die Zahl der „Megastädte“ nimmt zu (Trend zur Verstädterung/Urbanisierung).
- Bevölkerungswachstum, rasch wachsende Städte mit z.T. großen Armutsvierteln, ungenügenden Versorgungsstrukturen und Ernährungsunsicherheit sind „demografische Stressfaktoren“, welche die Wahrscheinlichkeit für soziale Konflikte erhöhen.

Migration

Die genannten ökologischen und demografischen Veränderungen fördern Fluchtbewegungen in andere Landesteile (Binnenflucht) oder Staaten mit dem Risiko von Verteilungskonflikten zwischen Migranten und einheimischer Bevölkerung.

Die zunehmenden Flucht- und Migrationsbewegungen sind wesentlich durch ökologische, soziale

Migranten/Flüchtlinge

Der Begriff **Migration** wird für alle Formen räumlicher Mobilität von Individuen, (religiösen, ethnischen etc.) Gruppen, Minderheiten und Volksteilen verwendet. Migrationsprozesse können durch erhöhte individuelle Mobilität (z. B. aufgrund von Arbeitssuche) ausgelöst werden. Sie können sich in Form von Land- oder Stadtflucht und damit als Binnenmigration oder in Form von Ein- bzw. Auswanderung (Immigration, Emigration), also z. B. als politisch-geografische Wanderungsbewegungen, vollziehen.

Flüchtlinge sind Personen, die aufgrund ihrer ethnischen Zugehörigkeit oder Religion in ihrem Heimatstaat verfolgt werden bzw. aufgrund der sozialen, wirtschaftlichen oder politischen Bedingungen bzw. eines (Bürger-)Krieges ihr Heimatland verlassen mussten. Der Hohe Flüchtlingskommissar der Vereinten Nationen (UNHCR) gibt an, dass die Anzahl der Flüchtlinge 2009 weltweit 15,2 Mio. betrug. Schätzungen gehen davon aus, dass die Zahl der entwurzelten – z. B. auch innerhalb der eigenen Länder vertriebenen (Binnenflüchtlinge) ca. 43,3 Mio. Menschen beträgt.

Nach: Klaus Schubert/Martina Klein: Das Politiklexikon – Begriffe – Fakten – Zusammenhänge. 5. aktualisierte Auflage, 2011. Zentralen für politische Bildung

und wirtschaftliche Probleme in den Heimatregionen bedingt. Das Gros der Wanderungs- und Fluchtbewegungen geht in die jeweiligen Nachbarräume, findet also innerhalb der Entwicklungsländer statt. Schätzungsweise rund zehn Prozent der Migranten fliehen in andere Kontinente, Schwerpunkte der weltweiten Flüchtlingsbewegungen sind jedoch hauptsächlich Krisenregionen in Afrika und Südwestasien sowie Bürgerkriegsgebiete.

Ursachen für Flucht und Migration

Die Migrationsgründe liegen einerseits in Not- oder Zwangssituationen in den Herkunftsländern, andererseits in sog. Sogwirkungen bestimmter Ziel- bzw. Aufnahmeländer.

Ein wichtiger Faktor sind Umweltprobleme: Bereits heute fliehen mehr Menschen vor Umweltkatastrophen als vor Kriegen. Die UNO schätzt, dass im Jahr 2012 mehr als 50 Millionen Menschen aufgrund von Wüstenbildung, Überschwemmungen oder anderen ökologischen Katastrophen ihre Wohngebiete verlassen haben.

Es gibt vielfältige Gründe, die Menschen dazu bewegen, ihre Heimat zu verlassen. Oft sind sie auf komplexe Weise miteinander verbunden. Ob Menschen aufgrund von Krieg, Armut oder Umweltkatastrophen fliehen oder schlicht auf der Suche nach Lebensumständen sind, die das Überleben sichern, ist nicht immer eindeutig zu klären. Weder der Begriff des „politischen Flüchtlings“ noch der des „Wirtschaftsflüchtlings“ wird dieser Komplexität immer gerecht.

Migrationspolitik

Die Balance zwischen der wirtschaftlich als notwendig erachteten Öffnung für Zuwanderer und der häufig von den Einheimischen geforderten Begrenzung der Einwanderung zu finden fällt vielen Staaten schwer: Unternehmen drängen auf eine Ausweitung der Zuwanderung, um Arbeitsmarktengpässe auszugleichen, während die Sorge der Bevölkerung um zusätzliche Konkurrenz auf dem Arbeitsmarkt wächst.

Die Industriestaaten versuchen einerseits, ihre nationalen Handlungsmöglichkeiten auszubauen und die Wanderungsbewegungen zu kontrollieren. Andererseits erstreben sie gemeinsame Regelungen, indem sie die regionale Zusammenarbeit z. B. im Rahmen der Gemeinsamen Innen- und Justizpolitik der EU vertiefen (→ Kap. 5.2.3). Teilweise arbeiten sie mit internationalen Organisationen zusammen, an die sie Zuständigkeiten abgeben.

So haben in den vergangenen Jahren der UN-Hochkommissar für Flüchtlinge (UNHCR) und die International Organization for Migration (IOM) neue Aufgaben in der Betreuung von Flüchtlingen und Migranten übernommen.

Die Genfer Flüchtlingskonvention

Die von 141 Staaten unterzeichnete Genfer Flüchtlingskonvention von 1951 bildet die Grundlage des internationalen Flüchtlingsrechts. Sie definiert, was der Begriff „Flüchtling“ bedeutet, und bestimmt die Rechte von Flüchtlingen, zu denen Religions- und Bewegungsfreiheit sowie das Recht zu arbeiten, das Recht auf Bildung und das Recht auf den Erhalt von Reisedokumenten gehören. Ein Kernprinzip der Konvention ist das Verbot, einen Flüchtling in ein Land zurückzuweisen, in dem er Verfolgung fürchten muss (Non-Refoulement). Sie nennt zudem Personen oder Gruppen von Personen, denen kein Schutz nach der Genfer Flüchtlingskonvention zusteht (z. B. Kriegsverbrecher).

Nach: www.unhcr.de

Ursachen für Flucht und Migration

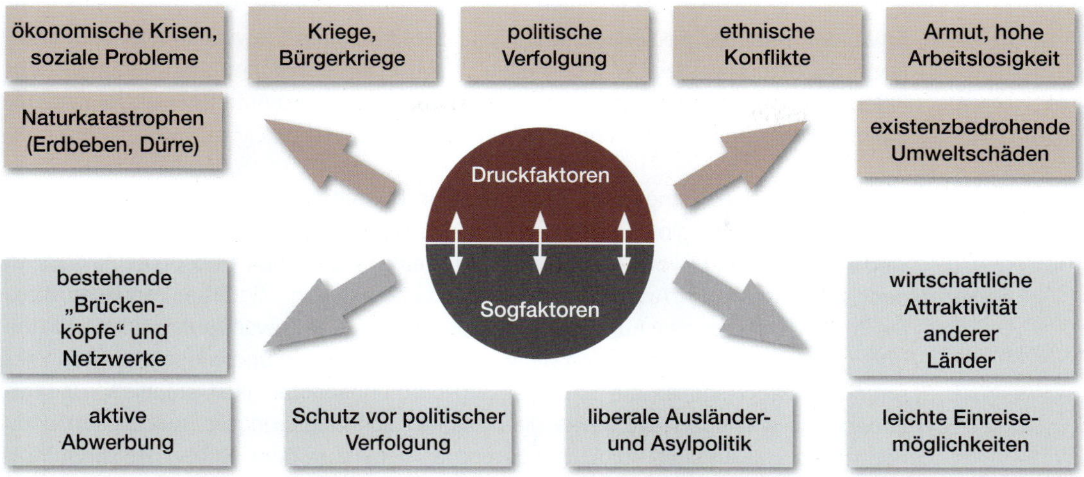

Basiswissen Schule, Politik Wirtschaft, Duden 2012, S. 434

Die Länder mit den meisten Migranten

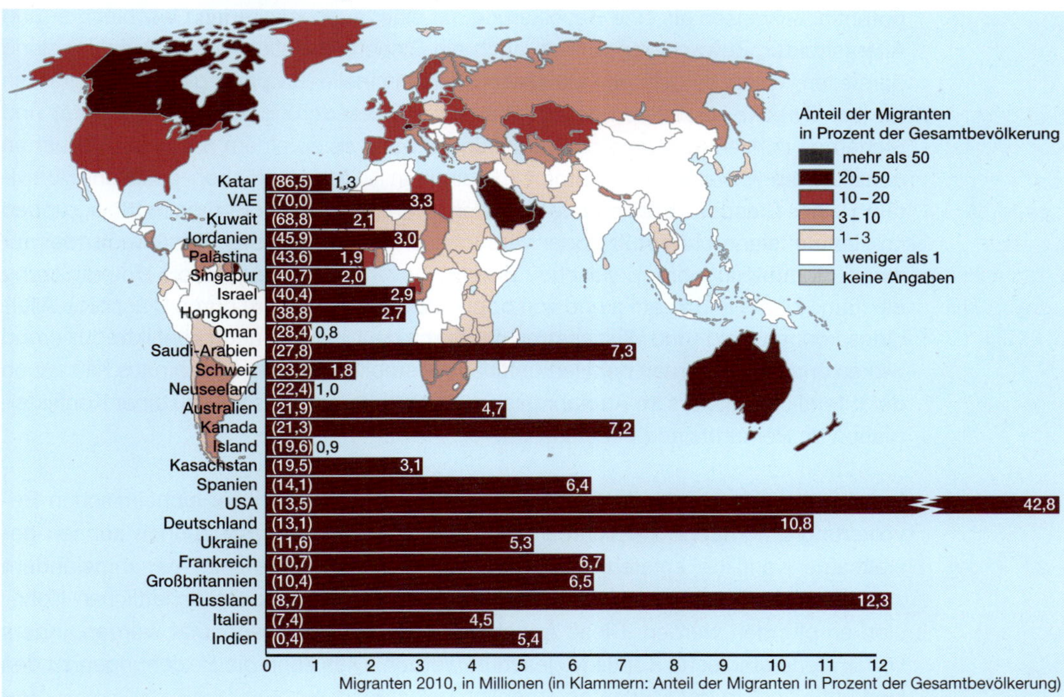

Nach: Le Monde diplomatique, Atlas der Globalisierung 2012, Die Welt von morgen, S. 53

Aufgaben

1. Entwerfen Sie ein Plakat, aus dem Risiken und Folgen des Klimawandels deutlich werden.

2. Entscheiden Sie, für welches Umweltproblem Sie sich vorrangig einsetzen würden, und begründen Sie Ihre Entscheidung.

3. Begründen Sie, warum das Bevölkerungswachstum ein sicherheitspolitisches Risiko darstellt.

4. Migration entsteht aus einer Vielzahl von zusammenhängenden Faktoren. Erläutern Sie folgende Faktoren: demografische, soziokulturelle, politische, wirtschaftliche, ökologische, religiöse, ethnische, kriegerische.

M Migration und Sicherheit

Etwa ein Drittel der weltweiten Migration findet zwischen Entwicklungsländern statt. Nach Schätzungen der UN leben etwa 75 Millionen Menschen als Migranten oder Flüchtlinge in Entwicklungsländern. Herkunfts-, Transit- und Aufnahmeländer sind dabei mit jeweils unterschiedlichen Risiken konfrontiert.

Die Migrationsforschung zeigt, dass es keine quantitativ bestimmbare „Grenze der Aufnahmefähigkeit" gibt. Die Sicherheit eines Aufnahmelandes kann aber beispielsweise bedroht sein, wenn die Zuwanderung eine bestehende Ressourcenknappheit oder Konkurrenz um Arbeitsplätze verstärkt, oder wenn Migranten Konflikte ihres Herkunftslandes in das Aufnahmeland importieren. Ob Zuwanderung zu Konflikten oder gar Gewalt führt, hängt von vielen sozialen, politischen und wirtschaftlichen Faktoren ab. Dabei spielen die Stabilität und die Funktionsfähigkeit staatlicher Institutionen eine wichtige Rolle sowie die Fähigkeit von Regierungen, gesellschaftlichen Vorurteilen und Ängsten vor Zuwanderung entgegenzuwirken. Neben der wirtschaftlichen Lage des Aufnahmelandes und der Verfügbarkeit einer intakten Infrastruktur sind auch demografische Faktoren von Bedeutung. So kann z. B. eine überwiegend junge und männliche Bevölkerung („youth bulge") ein größeres Destabilisierungspotential aufweisen als eine Bevölkerung mit einer ausgeglichenen Geschlechts- und Altersstruktur. Zuwanderer können auch ein Sicherheitsrisiko für das Aufnahmeland darstellen, wenn es dort gewaltbereite oder kriminelle Gruppen gibt, die Migranten für ihre Zwecke rekrutieren und ausbeuten. Auswanderung kann die Stabilität und Sicherheit im Herkunftsland beeinträchtigen, wenn es zu einem massiven Verlust an qualifizierten Arbeitskräften kommt („Braindrain"). Zudem können politische Aktivitäten einer Diaspora Konflikte verschärfen, wenn die Diaspora Oppositionsgruppen im Herkunftsland unterstützt oder versucht, die Regierung des Aufnahmelandes für eine Unterstützung ihrer politischen Ziele zu gewinnen (siehe z. B. die Unterstützung der Tamil Tigers in Sri Lanka und von oppositionellen Kubanern durch Diaspora). Allerdings können Geld- und Wissenstransfer durch die Diaspora auch konfliktreduzierend wirken und die Sicherheit der Herkunftsländer stabilisieren. Darüber hinaus kann auch der öffentliche Diskurs im Aufnahmeland die Haltung der Diaspora zu einer Konfliktsituation im Herkunftsland beeinflussen.

In ärmeren Aufnahmeländern konkurrieren Migranten oft mit der einheimischen Bevölkerung um knappe Ressourcen. Aus solchen Konkurrenzsituationen können gewaltsame Konflikte entstehen. Unerwünschte Migration kann in Aufnahmeländern zusätzlich als Bedrohung der nationalen Identität oder der gesellschaftlichen Kohäsion empfunden werden. Diese Ängste können politisch ausgenutzt werden, indem vorhandene ethnische Konflikte geschürt werden. Dies kann die Beziehungen zu den Herkunftsländern der Migranten erheblich belasten.

Regionale Sicherheit

Global betrachtet findet der größte Teil von grenzüberschreitenden Wanderungen innerhalb der Herkunftsregionen statt. Grundsätzlich können unterschiedliche migrationspolitische Interessen zu Spannungen zwischen Nachbarländern und innerhalb der Region führen. Im Nahen Osten hat die unterschiedliche Aufnahmepolitik gegenüber irakischen Flüchtlingen zwar nicht zu direkten politischen Konflikten geführt, aber eine regionale Kooperation bezüglich der Flüchtlingskrise erschwert. Regionale Flüchtlingsprobleme können aber auch zu regionaler Kooperation beitragen, wie die Koordination der UNHCR-Programme zur Bewältigung der irakischen Zuwanderung nach Syrien, Jordanien und Libanon zeigt, in deren Rahmen z. B. regionale Jahresplanungen entwickelt wurden.

Menschliche Sicherheit der Migranten

Obwohl Migration und Flucht meist eine Suche nach Sicherheit und Stabilität darstellen, sind Menschen in einer Migrationssituation oft erheblichen Sicherheitsrisiken ausgesetzt. Fehlende Rechtssicherheit und oft jahrelanges Warten, währenddessen weder eine Weiterwanderung noch eine Rückkehr in das Heimatland möglich sind, kann Perspektivlosigkeit und abweichendes Verhalten, gelegentlich auch Kriminalität, begünstigen. Die häufig mit dem Wanderungsprozess einhergehende Dequalifizierung kann zu Arbeitslosigkeit und erschwerter Integration führen. Zusätzlich können Fremdenfeindlichkeit und ausländerfeindliche Übergriffe die Zuwanderer physisch und psychisch gefährden. In dieser Situation stellt die Rekrutierung und Ausbeutung durch kriminelle oder gewalttätige Gruppen ein weiteres Risiko für die Sicherheit der Migranten dar.

Diese ist vor allem dann gefährdet, wenn die Migranten und Flüchtlinge Opfer von Menschenhandel werden oder wenn ihnen kein legaler Aufenthaltsstatus gewährt wird und sie von Verhaftung und Abschiebung bedroht sind. Fehlende Erwerbs- und Aufenthaltsmöglichkeiten gekoppelt mit schlechten wirtschaftlichen Perspektiven bei einer Rückkehr in das Heimatland verschlechtern die Sicherheit von Flüchtlingen und Migranten im Aufnahmeland. Außerdem herrschen in Flüchtlingslagern oft desolate Zustände, die von Milizen und Menschenhändlern ausgenutzt werden können. Es besteht die Gefahr, dass Migranten politisch instrumentalisiert oder als Sündenböcke für lokale Probleme missbraucht werden, um regionale Konflikte zu schüren (wie z. B. in der Côte d'Ivoire).

Zusammengestellt nach: Migration und Sicherheit, Risiken und Chancen der Süd-Süd-Migration für Frieden und Entwicklung, Fachtagung 2.12.2009 Berlin, BMZ

Aufgaben

1. Erklären Sie die Zusammenhänge zwischen Bevölkerungswachstum, Klimawandel und Migration. Erstellen Sie dazu eine Concept-Map.

2. Erklären Sie einerseits die positiven Faktoren der Migration und überlegen Sie, worin andererseits die Konfliktträchtigkeit von Migration und Flucht liegen kann.

3. **Projektvorschlag:** Vielleicht kennen Sie Menschen, die aus ihrer Heimat geflohen sind. Erstellen Sie ein biografisches Porträt dieses Menschen, über seine Fluchtmotive und seine Erfahrungen auf der Flucht, in seinem Herkunftsland und hier in Deutschland.

2.4 Ressourcenkonflikte

Leitfragen	Was sind Ursachen und Folgen des Wassermangels?	Wie lange werden die wichtigsten Ressourcen für den Lebensstil der Industrieländer reichen?	Wodurch können Verteilungskonflikte entstehen?

Verknappung wichtiger Ressourcen

In dem 1972 vom Club of Rome veröffentlichten Bericht „Die Grenzen des Wachstums" wurde erstmals die Unvereinbarkeit von ungebremstem Wirtschaftswachstum und der Endlichkeit der vorhandenen Ressourcen thematisiert (→ Kap. 2.7.1). Im Mittelpunkt der Diskussion stehen seither

- die **Verknappung** von fossilen Energieträgern (Erdöl, Erdgas...) und mineralischen Rohstoffen,
- die **Verschmutzung und Übernutzung von Gewässern,**
- die **Verschlechterung von Böden** (Degradation) und
- der **Süßwassermangel** für immer mehr Menschen.

Einige Fakten zum Wasser

- Bis zum Jahr 2050 wird voraussichtlich mindestens ein Viertel der Weltbevölkerung mit chronischem oder immer wiederkehrendem Süßwassermangel leben.
- In ca. 50 Ländern der Erde herrscht bereits Wasserknappheit.
- Über eine Milliarde Menschen weltweit haben weniger als 20 Liter Wasser pro Tag zur Verfügung.
- Rund zwei Milliarden Menschen haben keinen Zugang zu sauberem Trinkwasser und sind auf Flüsse, Seen, Tümpel oder Wasserlöcher angewiesen.
- Der größte Wasserverbraucher (und Verschwender) ist die Landwirtschaft, die knapp zwei Drittel aller Reserven verbraucht.
- Durch ineffiziente Bewässerung gehen weltweit rund 60 Prozent des Wassers verloren.
- Die zunehmende Verschmutzung des Oberflächen- und Grundwassers verschärft die Wasserkrise.

Angaben der Welthungerhilfe: www.welthungerhilfe.de, 24.6.2008

Die internationalen Bemühungen um eine Lösung der Probleme sind allerdings aufgrund von Interessengegensätzen innerhalb der Staatengemeinschaft in Ansätzen stecken geblieben. Während die gesicherte Versorgung mit Wasser und meist auch die Erhaltung der Bodenfruchtbarkeit regional begrenzte Probleme darstellen, wird die Verknappung der Erdöl- und Erdgasvorräte als mögliche Ursache für **globale Verteilungskonflikte** gesehen. In der wissenschaftlichen und politischen Diskussion besteht weitgehende Einigkeit darüber, dass diese Probleme zumindest mittelfristig globale Sicherheitsfragen berühren. Die Erweiterung des Sicherheitsbegriffs ist eine Reaktion auf die neue Wahrnehmung der ökologischen Risiken (→ Kap. 6.1.1).

Wassermangel

Der weltweite Wasserverbrauch hat sich in den vergangenen 100 Jahren fast verzehnfacht. Die Globalisierung erhöht den Wasserverbrauch durch ökonomisches Wachstum und durch die Verbreitung verbrauchsintensiver Lebensstile.

Ursachen der Wasserknappheit sind

- die erhöhte Nachfrage durch rasante **Zunahme der Weltbevölkerung,**
- der **Anstieg des Wasserverbrauchs,**
- **klimatische Veränderungen,**
- fehlende oder mangelhafte Trinkwassersysteme infolge von **Armut,**
- **Übernutzung** des Angebots an erneuerbarem Wasser sowie

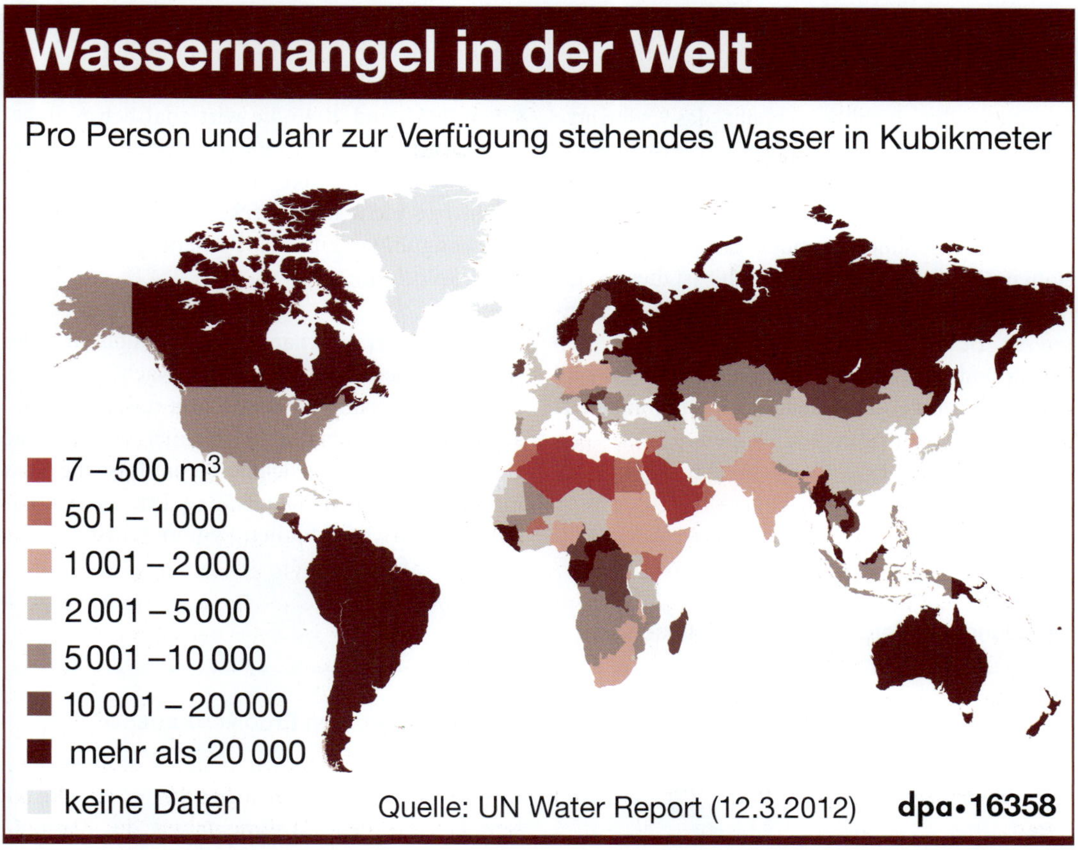

- **Nutzungskonkurrenz** bzw. gegenläufige Interessen der Wasserverbraucher (Wasser für die Landwirtschaft fehlt andernorts als Trinkwasser).

Die Schere zwischen den steigenden Nutzungsansprüchen durch intensivierte Landwirtschaft und Bevölkerungszunahme einerseits sowie den verfügbaren Vorräten (Gewässer, fossile Grundwasservorräte) andererseits öffnet sich immer weiter und ist in Wassermangelregionen des Nahen und Mittleren Ostens bereits heute eine wesentliche **Konfliktursache**.

Weitere **Folgen** des Wassermangels sind:

- **Krankheiten und Todesfälle**: Nach Angaben der Weltgesundheitsorganisation WHO sterben jährlich rund drei Millionen Menschen an den Folgen unsauberen Trinkwassers;
- **Zerstörung von Ökosystemen**: Die häufige Übernutzung der Wasservorkommen kann Ökosysteme beschädigen oder zerstören (z. B. Austrocknung von Flüssen und Feuchtgebieten);
- der Anteil der **Wasserflüchtlinge** an den Umweltflüchtlingen nimmt zu (→ Kap. 6.2.3).

Verknappung der Erdölvorräte

Das Leben in der heutigen Welt ist ohne Energieträger, die relativ günstig und bequem zur Verfügung stehen, nicht vorstellbar. Mobilität per Flugzeug oder PKW ist zur unverzichtbaren Lebensqualität in der industrialisierten Welt geworden, Güter aus entferntesten Regionen gehören zum selbstverständlichen Konsumbedarf, Unternehmen wählen oftmals die kostengünstigsten Produktionsstandorte und nehmen dazu Transporte um die halbe Welt in Kauf. Erdöl ist zum **Schmiermittel des Wirtschaftswachstums** geworden, es scheint als Energiequelle und Rohstoff für die chemische Industrie unverzichtbar. Die Weltbevölkerung verbraucht in wenigen Jahrzehnten, was in Jahrmillionen der Erdgeschichte entstand – die fossilen Energieträger Erdöl, Erdgas und Kohle.

Obwohl sich die westlichen Industrienationen als abhängige Verbraucherländer schon seit der ersten Ölkrise von 1973 um die Nutzung alternativer Energiequellen bemühen, bleibt das „schwarze Gold“ auch im 21. Jahrhundert von großer wirtschaftlicher und sicherheitspolitischer Bedeutung. Mehr als zwei Drittel der weltweit erkundeten Erdölvorkommen befinden sich in Staaten des Nahen und Mittleren Ostens; damit ist diese Region für den Westen von großem strategischen Interesse. Durch Interessenkonflikte zwischen den Förderländern und den Verbraucherstaaten wird der Raum um den Persischen Golf wohl auch zukünftig eine Konfliktregion bleiben.

Fachleute rechnen angesichts des rasch wachsenden Energieverbrauchs in China und Indien sowie in anderen Schwellenländern damit, dass zwischen 2035 und 2045 die wirtschaftlich rentabel zu erschließenden Vorräte zur Neige gehen werden. Ab dem Zeitpunkt, an dem die Förderung die Nachfrage nicht mehr decken kann – lange vor dem endgültigen Ende der Förderung – droht eine Preisexplosion.

Angesichts der Verknappung des Erdöls und der weltweit dramatisch steigenden Nachfrage muss mit **global wirkenden Konflikten** um die Beherrschung der Lagerstätten gerechnet werden. Die Gefahren vergrößern sich durch die Tatsache, dass die ergiebigen Erdöllagerstätten fast ausschließlich in **politisch instabilen Regionen** liegen.

Verteilung und Verbrauch der Erdölreserven

Erdölreserven

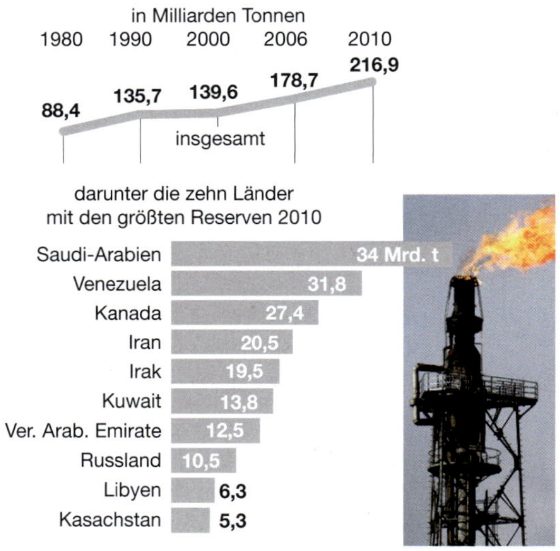

Die zehn größten Erdölverbraucher

Rang	Land	2000	2004	2010
			in Mio. t	
1	USA	887,8	927,3	833,6
2	VR China	219,8	308,6	428,6
3	Japan	255,0	250,5	203,1
4	Indien	98,0	115,3	155,5
5	Russland	123,5	131,8	147,6
6	Brasilien	100,1	101,7	116,9
7	Saudi-Arabien	95,2	95,2	112,8
8	Deutschland	129,4	123,2	105,7
9	Südkorea	99,3	99,1	98,8
10	Kanada	93,0	100,1	90,2
	Welt	3.539,2	3.780,1	3.937,1

dpa-Grafik 4516 *Quelle: BP 2011*

Aufgabe

Entwerfen Sie mögliche Szenarien, welche sich für die Erdöl fördernden Staaten, in denen gleichzeitig Wasserknappheit herrscht, ergeben könnten, sobald deren wirtschaftlich rentabel zu erschließenden Vorräte zur Neige gehen.

M Klima als Frage von Krieg und Frieden

Mit dem Wandel des Klimas verändern sich auch die Lebensbedingungen auf unserem Planeten. Wenn die Umweltexperten Recht behalten, wird sich die Lage für große Teile der Menschheit verschlechtern. Angesichts der bereits jetzt vielerorts zu beobachtenden Spannungen entlang politischer, ökonomischer, sozialer, ethnischer oder religiöser Linien befürchten manche Fachleute und Politiker eine Zunahme von gewaltsamen Auseinandersetzungen.

Einiges spricht dafür. Kriege werden in der Regel aus einfachen Gründen begonnen – unabhängig von allen vordergründigen Rechtfertigungen und Erklärungen: Entweder nimmt eine Gruppe von Menschen das Recht auf etwas in Anspruch, das ihnen verwehrt ist. Das können zum Beispiel natürliche Ressourcen sein, die sich im Besitz einer anderen Gruppe befinden. Oder aber man sieht sich genötigt, seinen Besitz, seinen Wohlstand, seinen Lebensstil zu verteidigen – auch präventiv. Nun sind der Zugang zu den Ressourcen dieses Planeten und die Möglichkeiten, sie zu nutzen, bereits jetzt extrem ungleich verteilt. Während die Bürger der Industriestaaten in relativ großem Wohlstand leben, mangelt es großen Teilen der Bevölkerung in den Entwicklungsländern an fast allem, was im Westen für selbstverständlich gehalten wird: sauberes Trinkwasser, ausreichende Nahrungsmittel, adäquate Gesundheitsversorgung, Zugang zu Bildung – vom Luxus eines Kühlschranks oder eines Autos ganz zu schweigen.

Für viele Menschen ist die eigene Umwelt lebensfeindlich. Jedes Jahr sterben drei Millionen Menschen an den Folgen von verschmutztem Wasser, berichtete kürzlich die UN-Umweltbehörde Unep. 850 Millionen Menschen sind unterernährt. Ströme von afrikanischen Flüchtlingen suchen bereits jetzt ihr Heil in der europäischen Fremde, in der Hoffnung auf ein besseres Leben – oder überhaupt ein Überleben. Fast 40 Millionen Menschen befinden sich derzeit weltweit auf der Flucht. Bislang ist offen, was geschehen wird, wenn aufgrund des Klimawandels mancherorts das Trinkwasser ausgeht – dies droht beispielsweise 500 Millionen Asiaten, weil die Gletscher im Himalaja wegschmelzen. Was geschieht, wenn sich in Afrika die fruchtbaren Böden zunehmend in Wüsten verwandeln? Wenn etliche Pazifikinseln in den steigenden Fluten versinken? Werden die Nachbarn, die verschont geblieben sind, ihren Lebensraum und ihre Rohstoffe mit den Flüchtlingen teilen, die vielleicht auch noch einer anderen ethnischen oder religiösen Gruppe angehören? Oder werden sie ihren Besitz verteidigen – notfalls mit Waffengewalt? Einige Politiker und Militärs äußern sich hier sehr pessimistisch. „Wenn wir nicht handeln“, warnte Bundeskanzlerin Angela Merkel [...], „wird das Auswirkungen auf Fragen von Krieg und Frieden haben.“ Auch [der ehemalige] Außenminister Steinmeier bezeichnete die Erwärmung der Erde als eine zunehmende Gefahr für den Weltfrieden.

Bereits im April hatten sich ehemalige US-Generäle zu Wort gemeldet. In ihrer Studie „Die nationale Sicherheit und die Bedrohung durch den Klimawandel“ warnten sie, dass die zunehmende Erderwärmung zumindest in politisch instabilen Regionen „Bedingungen schaffen könnte, die den Krieg gegen den Terrorismus verlängern“, erklärte etwa Admiral a. D. Joseph Lopez, der ehemalige Oberkommandierende der US-Seestreitkräfte in Europa. Verteilungskämpfe, Rebellionen und Flüchtlingsströme, so die Militärs, seien zu erwarten.

Auch die Befürchtungen, die der Wissenschaftliche Beirat der Bundesregierung Globale Umweltveränderung (WBGU) in seiner Studie „Sicherheitsrisiko Klimawandel“

im Juni veröffentlicht hat, klingen bedrohlich. Zwar wollen die Experten nicht gleich von einer erhöhten Kriegsgefahr durch den Klimawandel sprechen. Sie befürchten aber ebenfalls „innerstaatliche Zerfalls- und Destabilisierungsprozesse“ an etlichen Brennpunkten der Welt, die mit der klassischen Sicherheitspolitik nicht zu bewältigen seien. [...]

UN-Generalsekretär Ban Ki Moon vermutet sogar, der erste gewaltsame Konflikt aufgrund des gegenwärtigen Klimawandels habe bereits Hunderttausende Tote gefordert – und zwar in Darfur. „Neben verschiedenen sozialen und politischen Ursachen begann der Darfur-Konflikt als ökologische Krise, die zumindest teilweise auf den Klimawandel zurückgeht“, erklärte Ban im Juni in der Washington Post. Die Wüste im Sudan, so Ban, breite sich aus. Im Norden Darfurs wären die Lebensbedingungen für die Kamel-Nomaden in den letzten Jahrzehnten so schlecht geworden, dass sie nach Süden zogen. Die dort lebenden Bauern hätten zwar früher ihre Brunnen mit ihnen geteilt. Inzwischen aber litten alle unter der Trockenheit. Nahrungs- und Wassermangel hätten schließlich zu den Kämpfen geführt, „die sich im Jahr 2003 zur vollen Tragödie ausweiteten, die wir heute erleben.“ Eine Ausweitung, die natürlich auch damit zusammenhängt, dass die Regierung in Khartum die nomadischen Reitermilizen ausgerüstet hat und sie mit Kampfflugzeugen und -hubschraubern unterstützt. Für den Zusammenhang zwischen dem Massenmord und dem Klima spricht übrigens auch ein Bericht des UN-Umweltprogramms Unep: Demnach gab es in den letzten 77 Jahren mehr als 30 Konflikte um Boden und Wasser in Darfur. In den letzten drei Jahrzehnten aber haben sich die Auseinandersetzungen gehäuft. Zugleich kam es im Norden der Region in diesem Zeitraum zu großen Dürren und Hungersnöten. Nicht alle Experten sind überzeugt von diesem direkten Zusammenhang zwischen Klima und Krieg. So erklärte kürzlich Halvard Buhaug vom International Peace Research Institute im norwegischen Oslo, es gebe noch keine wissenschaftlichen Belege für wirklich robuste systematische Zusammenhänge.

Das sieht Marc Levy von der Columbia University in New York anders. Der Forscher hat rückblickend eine Reihe von Bürgerkriegen untersucht und eine interessante Entdeckung gemacht. Bleibt der Regen in einer Region aus, berichtete er im Wissenschaftsmagazin New Scientist, verdoppele sich die Gefahr, dass ein bereits schwelender Konflikt im folgenden Jahr zum Bürgerkrieg eskaliert. [...] Es ist noch schwer abzusehen, wie dramatisch die Folgen des Klimawandels tatsächlich sein werden. Dass die Veränderungen des Klimas jedoch einen Effekt auf Krieg und Frieden haben werden, ist unter Experten unstrittig. Oder, wie die frühere britische Außenministerin Margaret Beckett erklärte, ist es „einfach nicht vorstellbar, dass es keine tiefen und möglicherweise verheerenden Auswirkungen auf unsere kollektive und individuelle Sicherheit geben wird“.

Markus C. Schulte von Drach, Süddeutsche Zeitung, 14.11.2007

Aufgaben

1. Entwickeln Sie am Beispiel eines aktuellen Konfliktes ein Lösungsszenario für die Nutzungskonkurrenz um Wasser.

2. Benennen Sie die Gefahren für Frieden und internationale Sicherheit, die von Klimawandel und Ressourcenverknappung ausgehen. (M)

3. Diskutieren Sie, inwiefern die These vom „Krieg um Wasser“ zutreffend ist. (M)

3 Frieden und Sicherheit im 21. Jahrhundert

3.1 Gefahren für die Sicherheit nach dem Ost-West-Konflikt

Leitfragen	Welche Herausforderungen für die internationale Sicherheitspolitik bestehen heute?	Welche Ursachen haben innerstaatliche Konflikte?	Was können Voraussetzungen für Frieden sein?

Herausforderungen für Frieden und Sicherheit nach Ende des Kalten Krieges

Das Ende des Kalten Krieges ging mit tiefgreifenden Veränderungen im System der Internationalen Beziehungen einher. So flammten z. B. nach dem Zusammenbruch der Sowjetunion und der Auflösung des Warschauer Paktes vermehrt ethnisch-kulturelle Konflikte auf, die vorher durch die Dominanz der kommunistischen Ideologie und der staatlichen Machtapparate unterdrückt worden waren. Im ehemaligen Jugoslawien mündete solch ein Konflikt in den 1990er Jahren zu einem brutal geführten Bürgerkrieg mit dem als Völkermord eingestuften Massaker von Srebrenica. Somit wurde auch in Europa der Krieg wieder ein Mittel der Politik.

Häufiges Auftreten innerstaatlicher Konflikte

Im Jahr 2012 war die Anzahl kriegerischer Auseinandersetzungen auf dem höchsten Stand seit dem Ende des Zweiten Weltkrieges. Überwiegend handelte es sich dabei um innerstaatliche Konflikte. Von diesen waren vor allem der mittlere Osten und Afrika betroffen. Im Rahmen des Arabischen Frühlings kam es z. B. in Nord-Afrika und der arabischen Halbinsel zu Aufständen und Rebellionen gegen die bestehenden Herrschaftssysteme, in deren Folge es viel Blutvergießen und Systemumstürze gab.

Kriegerische Auseinandersetzungen konzentrieren sich heute überwiegend auf wirtschaftlich schwach entwickelte Regionen. Meistens finden diese Konflikte zwischen gesellschaftlichen Gruppen oder gegen die Regierung statt. Oftmals hat eine ethnische Gruppe die Kontrolle über die staatlichen Institutionen, welche von einer anderen Gruppe oder von nichtstaatlichen Akteuren bekämpft wird. Gewaltakteure wie z. B. Rebellengruppen oder Milizen ergänzen somit staatliche Streitkräfte in zunehmendem Maße.

Zusammenfassend können folgende **Konfliktursachen** beschrieben werden:

- Unterdrückung bzw. mangelnde Gleichberechtigung von gesellschaftlichen Gruppen,
- weit verbreitete Armut/geringes Pro-Kopf-Einkommen der Bevölkerung,
- eine schwache, oft korrupte Staatsführung, häufig in der Hand einer einzigen Ethnie,
- Konkurrenz um knappe Ressourcen (Wasser, Erdöl, fruchtbarer Boden ...),
- Territorialansprüche (Konflikte um Grenzverläufe),
- Herrschaftsansprüche (Konflikte um die Vormachtstellung in einer Region),
- ein hohes Vorkommen „plünderbarer“ Ressourcen (Diamanten, Edelhölzer, Öl ...),

Der Failed States Index 2012

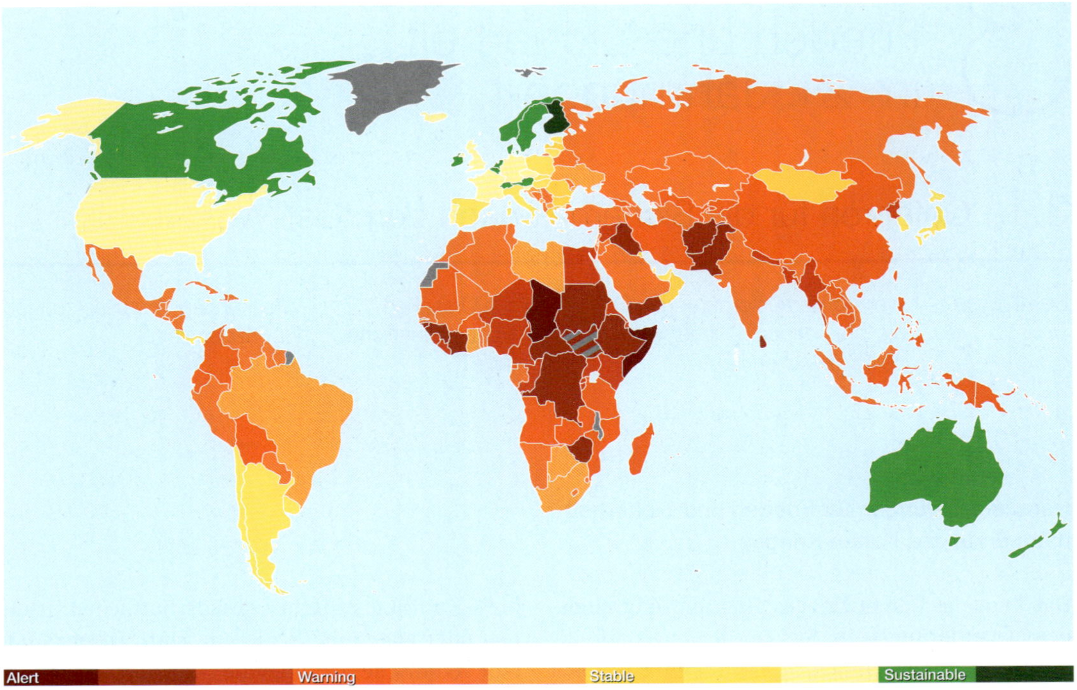

Der Failed States Index wird von einem Forscherteam in den USA jährlich erstellt. Anhand von 12 Indikatoren wird die Wahrscheinlichkeit gemessen, dass ein Staat kollabiert und Gewalt im Inneren ausbricht. Deutschland ist in dem Index nur in der zweitbesten Gruppe, da es bei den Indikatoren „demographische Probleme", „differente wirtschaftliche Entwicklung" und „Betroffenheit von Flüchtlingsproblemen" schlechte Bewertungen erhielt.

- wirtschaftliche Interessen einzelner Akteursgruppen (Entstehung von Kriegsökonomien) in Regionen, in denen staatliches Gewaltmonopol versagt und sog. Warlords herrschen.

Das **Versagen des Staates** bei Erfüllung seiner zentralen Aufgaben, eine soziale Grundversorgung seiner Bürger zu sichern sowie äußere und innere Sicherheit für die Bevölkerung zu garantieren, trägt zur Entwicklung von innerstaatlichen Konflikten bei. Diese können letztendlich bis zum **Staatszerfall** führen (**„failed state"**).

Die Vielzahl von innerstaatlichen Kriegen, Regionalkonflikten und instabilen Staaten bedeutet eine unmittelbare Gefährdung der menschlichen Sicherheit und stellt neue Anforderungen an die Außen-, Entwicklungs- und Sicherheitspolitik.

Viele Konflikte, vor allem in Afrika, sind in den Industriestaaten kaum Gegenstand der öffentlichen Diskussion. Erhöhte Aufmerksamkeit erlangen Konflikte i.d.R. erst dann, wenn Sicherheits- oder Wirtschaftsinteressen der Industriestaaten berührt werden, wie z.B. durch die Störung wichtiger Handelsrouten durch Piraterie vor der Küste Somalias.

Ein Plan für eine „Architektur des Friedens"

Der bekannte deutsche Friedensforscher Dieter Senghaas entwickelte ein Modell für die Entstehung eines dauerhaften Friedens – bestehend aus sechs Forderungen für eine Zivilisierung der inner- und zwischengesellschaftlichen Beziehungen (**„zivilisatorisches Hexagon"**).

1. Mit einer Durchsetzung des **Gewaltmonopols des Staates** wären Bürgerkriege ausgeschlossen (wie z.B. im zerfallenden Jugoslawien oder im Libanon). Zwischenstaatliche Kriege könnten durch das Gewaltmonopol bei überstaatlichen Institutionen wie der UNO verhindert werden.

2. Das Gewaltmonopol des Staates muss durch **Rechtsstaatlichkeit**, das heißt vor allem durch die Bindung des Staates an eine freiheitlich-demokratische Verfassung zivilisiert werden, um diktatorische Regime zu verhindern.

3. Die **demokratische, gleichberechtigte Teilhabe** aller gesellschaftlichen Gruppen, einschließlich religiöser oder ethnischer Minderheiten, verhindert, dass sich Teile der Bevölkerung von politischen Entscheidungen ausgeschlossen und diskriminiert fühlen und ihre Interessen im äußersten Falle gewaltsam vertreten.

4. Das Ziel der **sozialen Gerechtigkeit** im Sinne von Chancen- und Verteilungsgerechtigkeit sowie einer Sicherung der Grundbedürfnisse muss politisch verfolgt werden, um zu verhindern, dass sich Teile der Gesellschaft ausgegrenzt und chancenlos fühlen. Sozialpolitik ist somit eine Bedingung für die Erhaltung des inneren Friedens.

5. Die friedliche Austragung von Konflikten im Rahmen von Regelungsinstitutionen (z.B. Gerichten) muss getragen sein von einer Sozialisation, deren Ziel **Selbstbeherrschung und Affektkontrolle** bei den Konfliktparteien ist. Es muss also die Bereitschaft in der Gesellschaft vorherrschen, sich auf die institutionalisierte Konfliktregelung zu verlassen und nicht sein vermeintliches Recht gewaltsam zu verfolgen.

6. Die **Bereitschaft zur Kompromisssuche bei Konflikten** sowie **eine tolerante Grundhaltung** muss in der Gesellschaft selbstverständliche Orientierung sein und die politische Kultur prägen. Die rechtsstaatlichen Regeln und demokratischen Institutionen des Gemeinwesens werden so von einer positiven emotionalen Einstellung der Bürger getragen.

Nach: Dieter Senghaas, Frieden als Zivilisationsprojekt, in: ders. (Hg.), Den Frieden denken, Frankfurt/M. 1995, S. 198ff.

Das zivilisatorische Hexagon

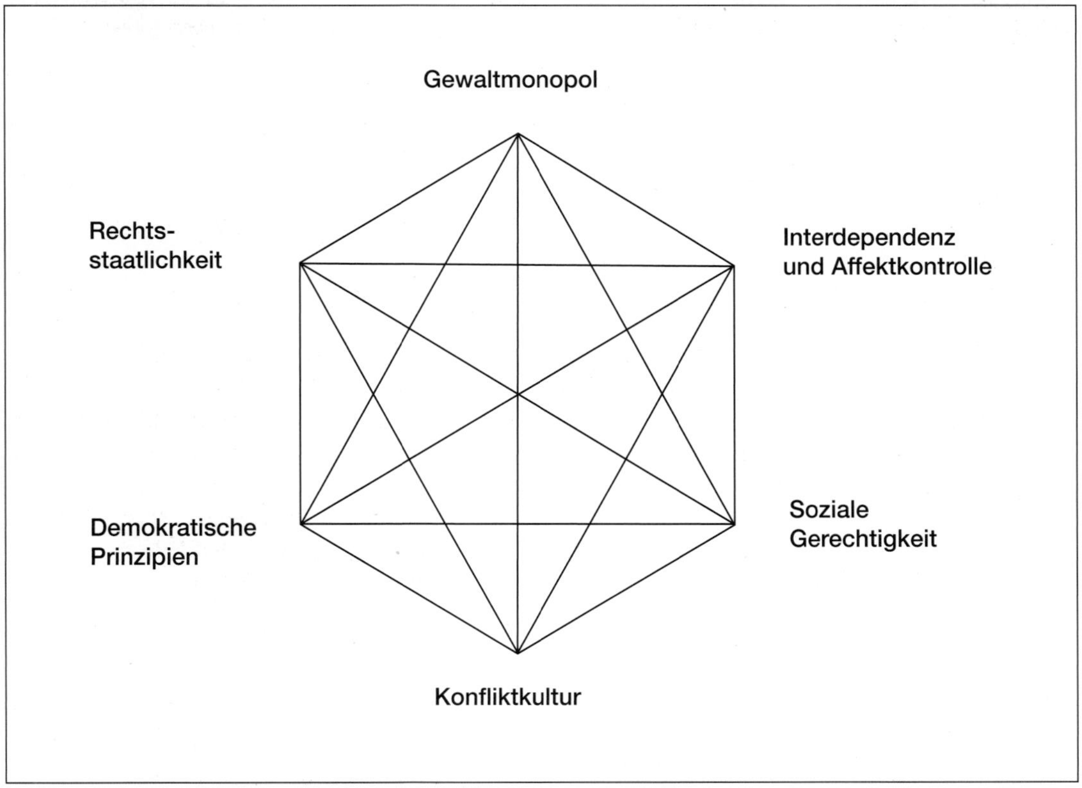

Nach: Dieter Senghaas, Frieden als Zivilisierungsprojekt. In: Den Frieden denken. Frankfurt/M. 1995, S. 196–223, Auszüge und Dieter Senghaas, Zum irdischen Frieden. Erkenntnisse und Vermutungen. Frankfurt/M. 2004, S. 30ff.

Frieden

Verbreitung hat vor allem die Unterscheidung zwischen „negativem“/„positivem“ und „stabilem“/„instabilem“ Frieden gefunden.

negativer Friede	positiver Friede	instabiler Friede	stabiler Friede
Nicht-Krieg, Abwesenheit organisierter militärischer Gewaltanwendung	Abwesenheit physischer und struktureller Gewalt, Zustand der Gewaltfreiheit und Gerechtigkeit	Möglichkeit der Gewaltanwendung durch Kampfverbände besteht	Wechselseitiger Einsatz von Kampfverbänden grundsätzlich ausgeschlossen

Beide Friedensbegriffe sind statisch und benennen Zustände. Die folgende Grafik zeigt die Entwicklung vom Kriegszustand zu einem negativen (instabilen) Frieden und schließlich zu einem positiven (stabilen) Frieden als Prozess, bei dem sich abnehmende Gewalthaltigkeit und zunehmende Gerechtigkeit (Stabilität) gegenüberstehen.

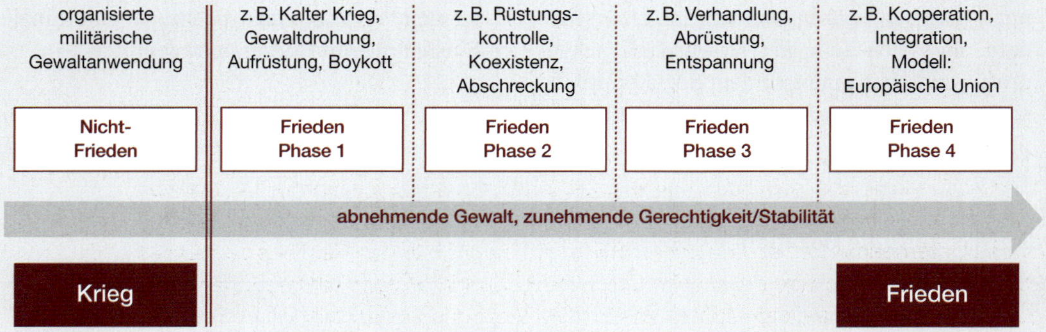

Nach: Bernhard Zangl/Michael Zürn, Frieden und Krieg, Frankfurt/M. 2003, Grafik nach Ragnar Müller, www.dadalos-d.org/frieden/grundkurs_2/frieden.htm

Aufgaben

1. Erstellen Sie einen mediengestützten Kurzvortrag, anhand dessen Sie Ihre Mitschüler über die neuen Herausforderungen für den Frieden im 21. Jahrhundert informieren.

2. Wenden Sie das zivilisatorische Hexagon auf Deutschland an und nennen Sie zusammenfassend Vor- und Nachteile des Modells.

M 1 Innerstaatliche Konflikte: das Beispiel Arabischer Frühling in Libyen

Geschichte des Konflikts

Die Proteste brachen Mitte Februar 2011 im Nordosten und den Nafusa-Bergen im Westen aus und erreichten innerhalb einer Woche die Hauptstadt Tripolis sowie weitere Städte des Nordwestens. [...] In Bengasi formierte sich Ende Februar der Nationale Übergangsrat und erklärte den Sturz des Regimes zum Ziel. [...] Zum Zeitpunkt, als der UN-Sicherheitsrat die Militärintervention autorisierte, bedrohte eine Gegenoffensive von Gaddafis Truppen Bengasi. Der Beginn der Luftschläge am 19. März verhinderte einen Angriff auf die Stadt in letzter Minute. [...] Am 23. August 2011 nahmen die revolutionären Truppen Gaddafis Hauptquartier in Tripolis ein. [...] Gaddafi und sein Sohn Muatasim wurden am 20. Oktober unter ungeklärten Umständen getötet [...].

Ursachen und Hintergründe

Auslöser für die Mitte Februar 2011 ausbrechenden Unruhen war der Sturz der Präsidenten in Tunesien und Ägypten nach wochenlangen Protesten. Gaddafi war seit 1969 an der Macht und damit noch länger als die Präsidenten der beiden Nachbarländer. Er hatte jegliche Opposition noch rücksichtsloser unterdrückt, als es in Tunesien und Ägypten der Fall gewesen war. Die erfolgreiche Protestbewegung dort ließ einen Machtwechsel plötzlich auch in Libyen möglich erscheinen.

In den Unruhen äußerte sich der lange aufgestaute, weitverbreitete Unmut gegen den Despotismus des Regimes. Gaddafi hatte die Handlungsfähigkeit staatlicher Institutionen ausgehöhlt und politische sowie wirtschaftliche Macht in informellen Zirkeln um seine Familie konzentriert. Unabhängiges politisches Engagement war unmöglich, privates Unternehmertum stark eingeschränkt und der Willkür des Regimes ausgeliefert. Zudem hatten sich die politischen und wirtschaftlichen Reformbestrebungen des Gaddafi-Sohnes Saif al-Islam spätestens seit 2009 als gescheitert, wenn nicht sogar als ein bloßes Täuschungsmanöver herausgestellt.

Dass sich aus den Unruhen innerhalb kürzester Zeit ein Bürgerkrieg entwickelte, hatte mehrere Gründe. Die brutale Repression der anfänglichen Proteste durch das Regime führte dazu, dass Teile des Militärs desertierten und sich die Demonstranten bewaffneten, um ihre Familien und Städte zu beschützen. Auch viele hohe Regierungsmitglieder und Diplomaten liefen zu den Aufständischen über und bildeten mit ihnen die politische Führung der Rebellion, den Nationalen Übergangsrat. [...]

Allerdings besteht die Möglichkeit weiteren Widerstandes gegen die neue Regierung durch Gruppen, die Gaddafi auch während des Bürgerkrieges noch unterstützten. [...] Es besteht die Gefahr, dass einige Gruppen ihre militärische Macht einsetzen, um politischen Einfluss auszuüben. Die Revolution wurde von einer losen Koalition verschiedener Gruppen angeführt: Im Übergangsrat prominent vertreten sind insbesondere langjährige Mitglieder der Exilopposition und ehemalige hohe Vertreter des Regimes. Mit dem Sturz des Regimes haben Machtkämpfe zwischen verschiedenen Gruppierungen der revolutionären Kräfte zugenommen.

Wolfram Lacher, Bundeszentrale für politische Bildung, 14.11.2011

M 2 Zweierlei Maß – Syrien, Libyen und der Westen

Panzer, Scharfschützen, Massenverhaftungen: Syriens Staatschef Baschar al-Assad lässt seine Armee, den Geheimdienst und die Polizei weiterhin mit großer Brutalität gegen die Regierungsgegner vorgehen. Seit den Mitte März andauernden Protesten wurden nach Angaben der syrischen Menschenrechtsgruppe Sawasiah bereits 400

Menschen durch Angehörige der Sicherheitskräfte getötet. Die Forderungen der Demonstranten nach dem Ende der autoritären Assad-Herrschaft und dessen korrupten Klientelsystems gleichen denen der Protestler in Tunesien, Ägypten und Libyen. [...] Die Befürworter der Libyen-Intervention beriefen sich auf das UN-Prinzip der Schutzverantwortung, dem Responsibility to Protect. Doch warum gilt diese Verantwortung nicht für die Regierungsgegner von Diktator Assad?

Tatsächlich ist der heutige Status quo ein gänzlich anderer als in Libyen. Gaddafi hatte zum Zeitpunkt der UN-Resolution bereits mehr als ein Drittel des Territoriums an die Rebellen verloren. Zudem ist sein Militär kein Vergleich zu der gut ausgebildeten und gerüsteten Armee Assads mit ihren russischen Kampfflugzeugen und Raketen. Damaskus steht zudem im Verdacht, nach Atomwaffen zu streben. Eine militärische Intervention wäre ungleich gefährlicher als jene in Libyen. [...] Zudem können einen weiteren Militäreinsatz weder die USA noch die EU-Länder bezahlen. Der zweite entscheidende Faktor für die Zurückhaltung der internationalen Gemeinschaft ist die Möglichkeit einer wachsenden politischen Destabilisierung in Nahost und damit im Zweifel auch jener Länder, aus denen das wertvolle Erdöl stammt. Obwohl Syrien Islamistenorganisationen wie Hisbollah im Libanon oder Hamas in Gaza unterstützt und Washington die engen syrischen Beziehungen mit Iran misstrauisch beäugt, hat das Assad-Regime paradoxerweise Eigenschaften, die es für seine Nachbarländer berechenbar erscheinen lassen.

So sieht Saudi-Arabien Syrien auch als eine Art Gegengewicht zum Vormachtstreben des Iran. Dies umso mehr, seitdem mit Ägyptens Ex-Präsident Mubarak der wichtigste Gegner Irans in der Region gestürzt wurde. Dass Obama Mubarak fallen ließ, hat in Riad Entsetzen ausgelöst. Die kurdische Minderheit im syrischen Norden gilt zudem der Türkei mit seiner langen Grenze zu Syrien als potentieller Unruheherd. Israel schließlich fürchte sich vor einem radikalislamischen sunnitischen Nachfolger des säkularen Assad-Regimes; Syrien wird seit fast fünfzig Jahren mit harter Hand von der Assad-Familie aus der Minderheit der Alawiten regiert. Auch Russland hat seine Finger im Spiel, es ist ein traditioneller Verbündeter Syriens und würde eine UN-Resolution mit Sicherheit scheitern lassen. Unabhängig davon, dass auch die Regierung in Peking wohl gegen einen Syrien kritischen Beschluss im Weltsicherheitsrat wäre, sie ist gegenüber Eingriffen bei den nahöstlichen Autokraten besonders misstrauisch, schließlich herrscht das Regime in Peking selbst autokratisch.

Steffen Richter, Zeit online, 27.4.2011

Aufgaben

1. Fassen Sie zusammen, worum es bei dem innerstaatlichen Konflikt in Libyen geht und wie er sich entwickelt hat. (M 1)
2. Trotz ähnlicher Geschehnisse und Zustände kommt es im Gegensatz zu Libyen zu keiner militärischen Intervention in Syrien. Arbeiten Sie aus dem Text die Ursachen hierfür heraus. (M 2)
3. Erörtern Sie die Frage, ob es auch im Falle Syriens zu einer Intervention wie in Libyen hätte kommen sollen. (M 2)
4. Erläutern Sie anhand des zivilisatorischen Hexagons, vor welchen Herausforderungen die neue libysche Regierung steht und welche Gefahren sich evtl. ergeben.

3.2 Die Vereinten Nationen

Leitfragen	Warum gibt es die Vereinten Nationen (UNO)?	Wie ist die UNO organisiert?	Was bedeutet kollektive Friedenssicherung durch die UNO?	Wo liegen künftige Herausforderungen für die UNO?

Gründung, Organisation und Ziele

Die Gründung der UNO

„Wir, die Völker der Vereinten Nationen [sind] fest entschlossen künftige Geschlechter vor der Geißel des Krieges zu bewahren, die zweimal zu unseren Lebzeiten unsagbares Leid über die Menschheit gebracht hat.“

Präambel der UN-Charta

Am 24. Oktober 1945 wurden die **Vereinten Nationen (UNO = United Nations Organization)** von 51 Staaten begründet. Sie entstanden unter dem Eindruck der Katastrophe des Zweiten Weltkriegs mit dem Ziel, durch eine globale Organisation künftig Frieden und Sicherheit in der Welt zu gewährleisten. Damals dachte man vor allem an die Verhinderung von zwischenstaatlichen Kriegen.

Die UNO beruht auf dem **Prinzip der kollektiven Sicherheit**, womit ein System von Sicherheit zwischen **gleichberechtigten souveränen Staaten** (vgl. Art. 24 Abs. 2 GG) gemeint ist, das durch Zusammenarbeit nach innen Wirksamkeit entfaltet und im Prinzip nicht gegen einen äußeren Feind gerichtet sein sollte. Im Gegensatz zur EU treten die Mitgliedstaaten keinerlei Souveränitätsrechte an die UNO ab. Allerdings verpflichten sich die Mitgliedstaaten, ihr Verhalten an den in der Charta der Vereinten Nationen festgelegten Prinzipien zu orientieren. Für die **Sicherung des Friedens** besonders wichtig sind hier die Verpflichtung zur Beilegung von Streitfällen mit friedlichen Mitteln und das Verbot der Androhung oder Anwendung von Gewalt.

Die UN-Charta: Ziele und Prinzipien

Artikel 1

Die Vereinten Nationen setzen sich folgende Ziele:

1. Den Weltfrieden und die internationale Sicherheit zu wahren und zu diesem Zweck wirksame Kollektivmaßnahmen zu treffen, um Bedrohungen des Friedens zu verhüten und zu beseitigen, Angriffshandlungen und andere Friedensbrüche zu unterdrücken und internationale Streitigkeiten oder Situationen, die zu einem Friedensbruch führen könnten, durch friedliche Mittel nach den Grundsätzen der Gerechtigkeit und des Völkerrechts zu bereinigen oder beizulegen;
2. Freundschaftliche, auf der Achtung vor dem Grundsatz der Gleichberechtigung und Selbstbestimmung der Völker beruhende Beziehungen zwischen den Nationen zu entwickeln und andere geeignete Maßnahmen zur Festigung des Weltfriedens zu treffen;
3. Eine internationale Zusammenarbeit herbeizuführen, um internationale Probleme wirtschaftlicher, sozialer, kultureller und humanitärer Art zu lösen und die Achtung vor den Menschenrechten und Grundfreiheiten für alle ohne Unterschied der Rasse, des Geschlechts, der Sprache oder der Religion zu fördern und zu festigen;
4. Ein Mittelpunkt zu sein, in dem die Bemühungen der Nationen zur Verwirklichung dieser gemeinsamen Ziele aufeinander abgestimmt werden.

Artikel 2

Die Organisation und ihre Mitglieder handeln im Verfolg der in Artikel 1 dargelegten Ziele nach folgenden Grundsätzen:

1. Die Organisation beruht auf dem Grundsatz der souveränen Gleichheit aller ihrer Mitglieder.
2. Alle Mitglieder erfüllen, um ihnen allen die aus der Mitgliedschaft erwachsenden Rechte und Vorteile zu sichern, nach Treu und Glauben die Verpflichtungen, die sie mit dieser Charta übernehmen.

3. Alle Mitglieder legen ihre internationalen Streitigkeiten durch friedliche Mittel so bei, dass der Weltfriede, die internationale Sicherheit und die Gerechtigkeit nicht gefährdet werden.
4. Alle Mitglieder unterlassen in ihren internationalen Beziehungen jede gegen die territoriale Unversehrtheit oder die politische Unabhängigkeit eines Staates gerichtete oder sonst mit den Zielen der Vereinten Nationen unvereinbare Androhung oder Anwendung von Gewalt.
5. Alle Mitglieder leisten den Vereinten Nationen jeglichen Beistand bei jeder Maßnahme, welche die Organisation im Einklang mit dieser Charta ergreift; sie leisten einem Staat, gegen den die Organisation Vorbeugungs- oder Zwangsmaßnahmen ergreift, keinen Beistand.
6. [...].
7. Aus dieser Charta kann eine Befugnis der Vereinten Nationen zum Eingreifen in Angelegenheiten, die ihrem Wesen nach zur inneren Zuständigkeit eines Staates gehören, oder eine Verpflichtung der Mitglieder, solche Angelegenheiten einer Regelung aufgrund dieser Charta zu unterwerfen, nicht abgeleitet werden [...].

Charta der Vereinten Nationen, verabschiedet am 26. Juni 1945

Organisation der UNO

Das im Laufe der Jahre entstandene, äußerst komplexe **UNO-System** besteht aus den **Hauptorganen** und den durch die UNO geschaffenen **Hilfsorganisationen** (z.B. Kinderhilfswerk UNICEF, Entwicklungsprogramm UNDP) sowie den durch Abkommen an die UNO gebundenen **Sonderorganisationen** (z.B. die UNESCO oder der Internationale Währungsfonds IWF). Die UNO hat 193 Mitgliedstaaten; diese haben ihre Tätigkeitsbereiche inzwischen auf alle Weltprobleme ausgeweitet – von der Bekämpfung von Armut und Hunger über den Klimawandel bis zu Kinderarbeit und Bildungsprogrammen.

Die Hauptorgane

- Die i.d.R. einmal jährlich tagende **Generalversammlung** ist offiziell das zentrale Beratungsorgan der UNO. Jedes Mitglied hat in ihr eine Stimme. Die Generalversammlung wählt für jeweils fünf Jahre einen Generalsekretär, der die laufenden Geschäfte führt. Neben Wahlen für weitere UN-Organe beschränkt sich die Tä-

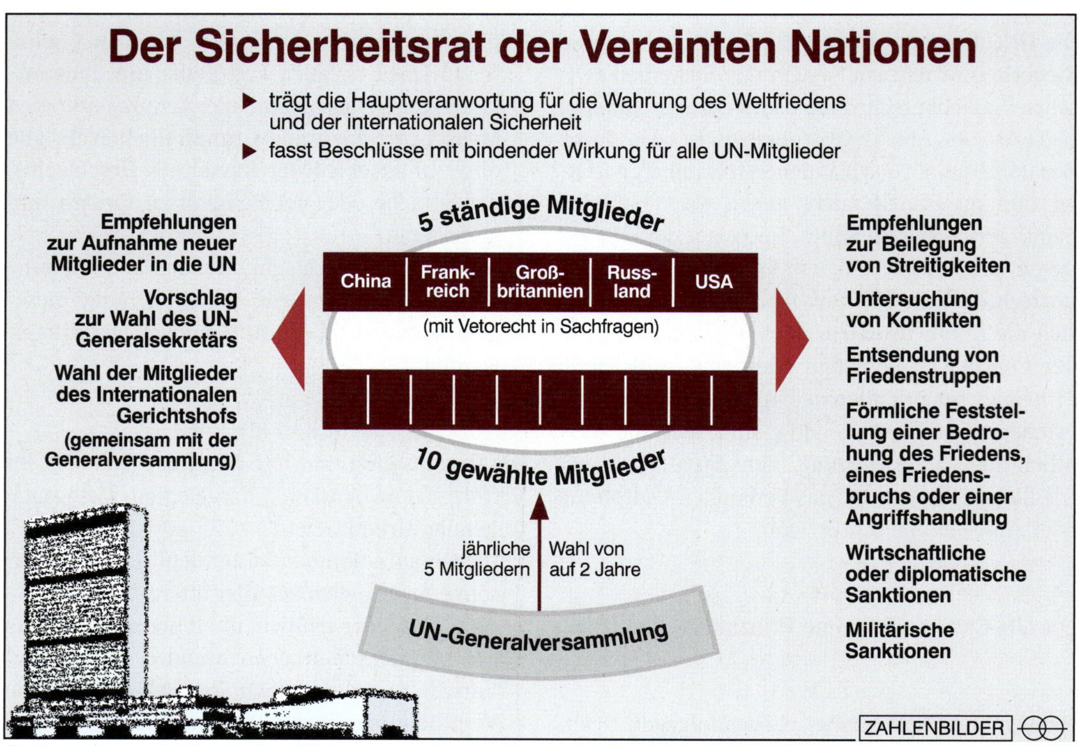

© Bergmoser + Höller Verlag AG
615 124

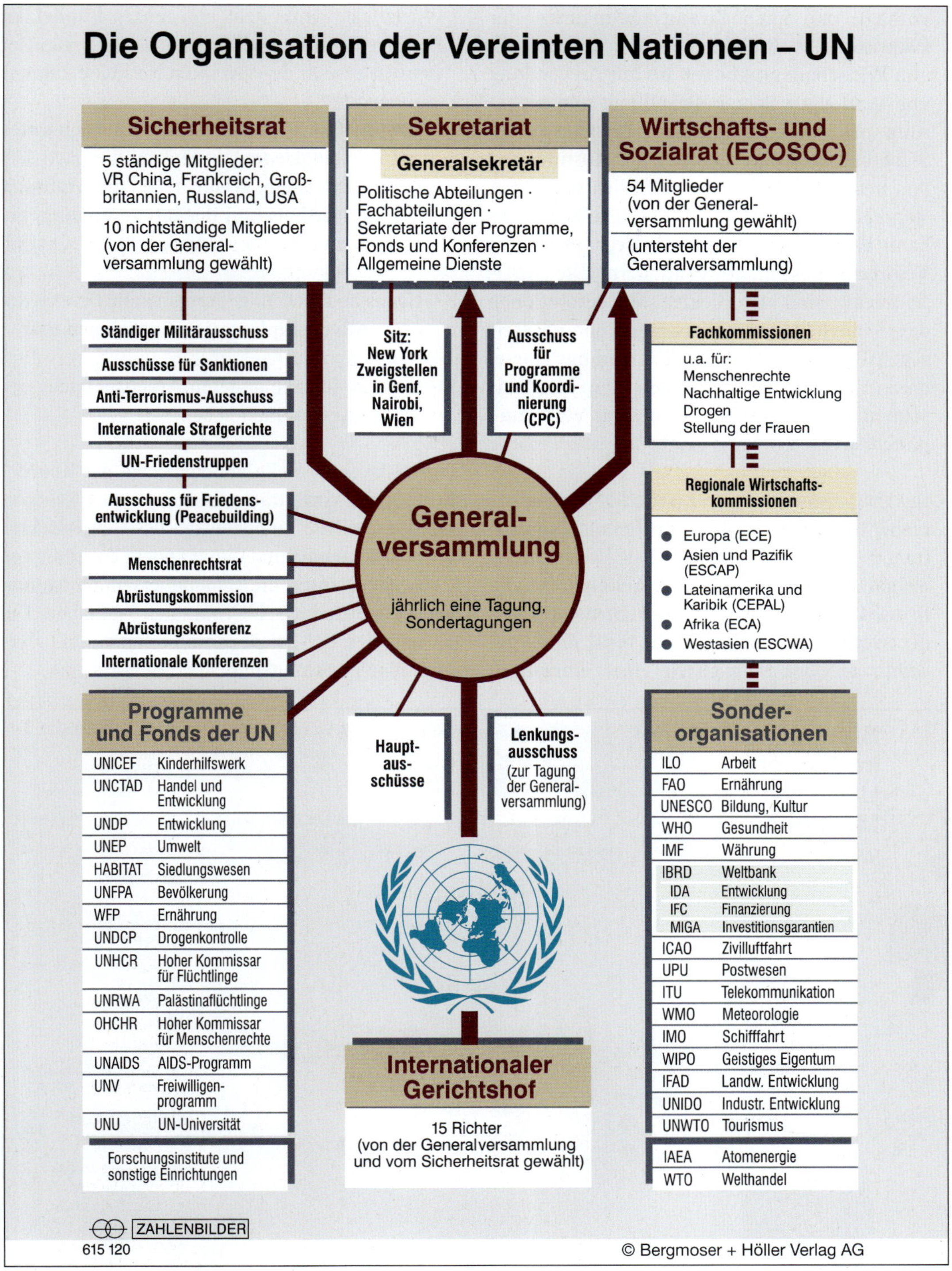

tigkeit der Generalversammlung darauf, Resolutionen zu verabschieden, die für die Mitglieder aber nicht verbindlich sind.

- Der **Sicherheitsrat** verfügt über weit mehr Macht und ist besonders im Hinblick auf die Erhaltung des Weltfriedens das eigentliche Entscheidungsorgan. Er besteht aus fünf ständigen und zehn nichtständigen, von der Generalversammlung auf zwei Jahre gewählten Mitgliedern. Der Sicherheitsrat (auch: Weltsicherheitsrat) stellt fest, ob eine Bedrohung des Friedens vorliegt, und kann **Zwangsmaßnahmen zur Wahrung des Weltfriedens** beschließen, die von Wirtschaftssanktionen bis zur Anwendung von Waffengewalt zur Herstellung und Sicherung des Friedens reichen. „Beschlüsse des Sicherheitsrats [...] bedürfen der Zustimmung von neun Mitgliedern einschließlich sämtlicher ständigen Mitglieder" (Art. 27 UN-Charta). Es kann also jedes ständige Mitglied mit seinem **Vetorecht** Beschlüsse verhindern. Die UNO-Mitglieder sind verpflichtet, die Resolutionen des Sicherheitsrats umzusetzen; bei militärischen Einsätzen ist die UNO allerdings immer darauf angewiesen, dass von den Mitgliedstaaten ausreichend Streitkräfte zur Verfügung gestellt werden.

- Der **UNO-Generalsekretär** (seit 2007 der Südkoreaner Ban Ki-Moon) leitet die gesamte Verwaltung der UNO, ist also der höchste Verwaltungsbeamte und Repräsentant der Weltorganisation. Er wird auf Vorschlag des Sicherheitsrates von der Generalversammlung für fünf Jahre gewählt, mit der Möglichkeit einer einmaligen Wiederwahl. Ihm steht ein ganzes **Bündel an Kompetenzen** im politischen Bereich zu. Der Generalsekretär der Vereinten Nationen kann

  - „die **Aufmerksamkeit des Sicherheitsrates** auf jede Angelegenheit lenken, die nach seinem Dafürhalten geeignet ist, die Wahrung des Weltfriedens und der internationalen Sicherheit zu gefährden" (Artikel 99, UN-Charta),
  - eigenständig wichtige Aufgaben im Bereich der **präventiven Diplomatie** wahrnehmen und
  - **Impulse** für alle anderen Arbeitsbereiche der Vereinten Nationen geben.

  Zentral ist seine Rolle außerdem bei der **Koordinierung der Aktivitäten** im gesamten UNO-System. Wesentliche Kompetenzen des Generalsekretärs sind ferner die ihm durch andere Hauptorgane – vor allem durch die Generalversammlung und den Sicherheitsrat – übertragenen Aufgaben. Die **Leitung der UN-Friedensmissionen** nimmt darunter eine herausragende Stellung ein.

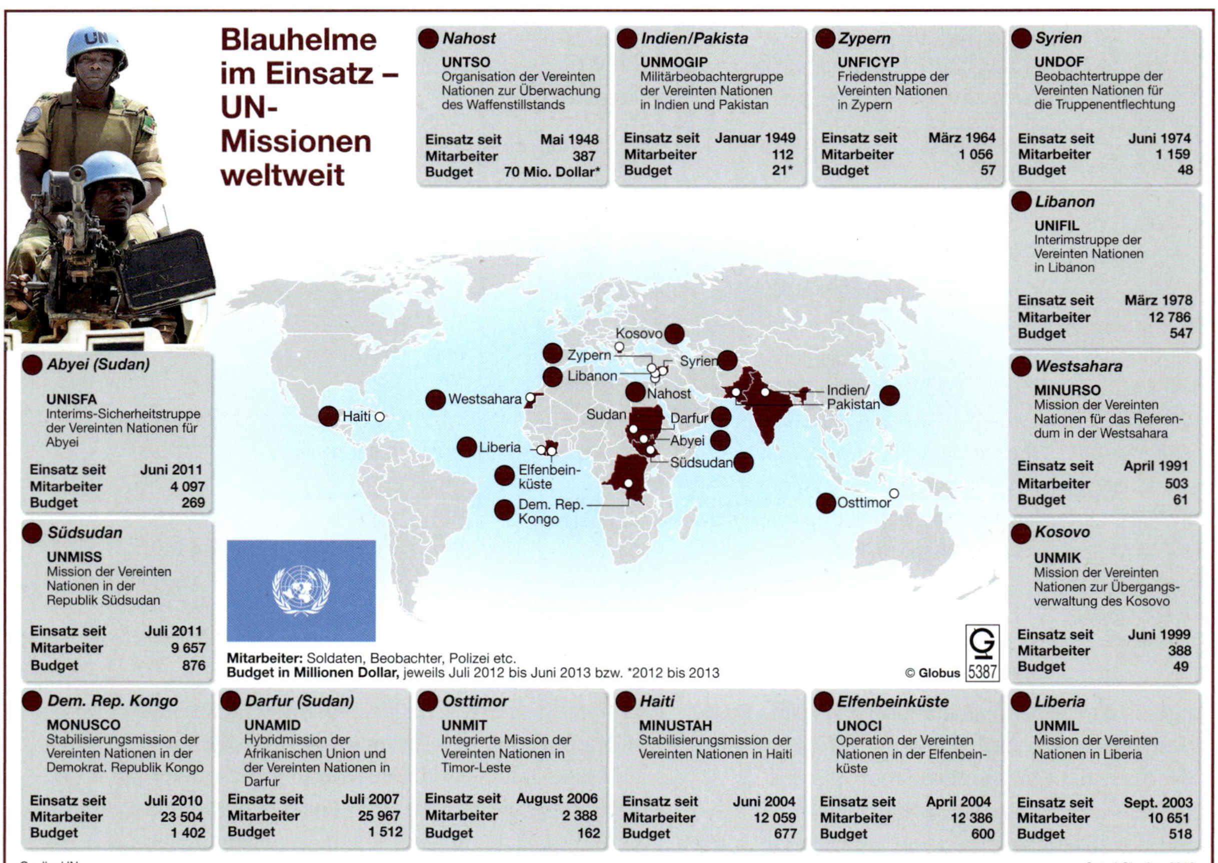

Kollektive Friedenssicherung

Friedenssicherung durch die UNO

In der UN-Charta wurden wichtige **Prinzipien für die Friedenserhaltung** festgelegt:

- Verpflichtung aller Staaten zur friedlichen Beilegung von Konflikten;
- Verbot der Androhung und Anwendung von Gewalt;
- Beistandsverpflichtung aller UN-Mitglieder für Maßnahmen der UNO.

Nur der UN-Sicherheitsrat ist befugt, im Falle einer Friedensbedrohung Zwangsmaßnahmen, Sanktionen oder Militäraktionen zu beschließen. Es wird unterschieden zwischen einem **„weichen Mandat“** (Kapitel VI der UN-Charta), das nur friedliche Mittel zur Konfliktlösung vorsieht, und einem **„robusten Mandat“** (Kapitel VII der UN-Charta), das UNO-Blauhelmen auch den Einsatz von Waffengewalt gestattet.

Die **Friedenseinsätze** der Vereinten Nationen haben sich zu einem wichtigen Instrument des UN-Sicherheitsrats bei der Wahrnehmung seiner Verantwortung für den Frieden entwickelt. Ende September 2009 waren mehr als 96.000 Uniformierte – also Soldaten, Polizisten und Militärbeobachter – sowie etwa 20.000 Zivilpersonen für friedenserhaltende oder friedensstiftende Maßnahmen der UNO im Einsatz.

Die **Zielsetzung** der Einsätze hat sich in den vergangenen Jahren gewandelt: Noch zu Beginn der 1990er Jahre ging es meist darum, Frieden zu schaffen. Heute tendiert der Sicherheitsrat vor allem wegen der Rückschläge in Somalia, Ruanda und dem ehemaligen Jugoslawien zum klassischen Mandat der **Friedenserhaltung**, bei dem die Konfliktparteien ihr Einverständnis erteilen.

Die **Bilanz** der Sicherung des Weltfriedens durch die UNO ist angesichts von mehr als 200 kriegerischen Konflikten seit 1945 zwiespältig. Zwar ist die Zahl der **Friedensmissionen** nach dem Ende des Ost-West-Konflikts deutlich gestiegen, aber immer wieder ruft zögerliches und halbherziges Reagieren der Weltgemeinschaft auf Verbrechen gegen eine Bevölkerungsgruppe bis hin zum Genozid (z. B. 1994 Ruanda, seit 2003 Darfur/Westsudan, seit 2011 Syrien) Empörung und Zweifel an den Fähigkeiten der UNO hervor.

Einen wesentlichen Beitrag zur verbesserten Konfliktregelung stellt die 1992 im Auftrag des Sicherheitsrats vom damaligen Generalsekretär Boutros-Ghali erstellte **Agenda für den Frieden** dar, da die dort enthaltenen Ansätze einer präventiven Sicherheitspolitik sowie von Maßnahmen zur Stabilisierung nach dem Konfliktende die Erfolgschancen von Friedenseinsätzen erhöhen.

Als neues Konzept für die internationale Staatengemeinschaft wurde 2005 die **„Responsibility to Protect“** (Schutzverantwortung) in das Abschlussdokument des UNO-Weltgipfels aufgenommen. Dabei geht es um den Schutz vor vier Bedrohungen: Völkermord, ethnische Säuberungen, Kriegsverbrechen und Verbrechen gegen die Menschlichkeit. Die internationale Gemeinschaft soll in diesen Fällen geeignete diplomatische, humanitäre und andere friedliche Mittel gemäß Kapitel VI und VIII der UN-Charta ergreifen, um den Schutz der Bevölkerung vor diesen Bedrohungen zu gewährleisten.

Probleme der Friedenssicherung

Doch es behindern eine Reihe von **strukturellen Problemen** die Effizienz der kollektiven Friedenssicherung.

- Trotz der in der Charta der Vereinten Nationen verankerten Gleichberechtigung der Mitgliedstaaten besteht ein deutliches **Machtgefälle**

Kosten der Friedenseinsätze

Die Finanzierung der Einsätze obliegt allen Mitgliedern der UN. Die ständigen Mitglieder des UN-Sicherheitsrats müssen sich wegen ihrer Gesamtverantwortung im UN-System jedoch stärker an der Finanzierung beteiligen. Das Budget für die Friedenseinsätze betrug für den Zeitraum vom 1.7.2012–30.6.2013 9,3 Milliarden US-Dollar. Zwischen 1948 und Mitte 2008 wurden insgesamt ca. 61 Milliarden US-Dollar für die Friedenseinsätze ausgegeben.

www.bpb.de, www.un.org

durch das Vetorecht der fünf ständigen Mitglieder des Sicherheitsrats sowie durch die Möglichkeit der wirtschaftlich und militärisch starken Staaten, durch Einbehalten von fälligen Beitragszahlungen oder Verweigerung der Hilfe bei Friedensmissionen die UNO zu erpressen. Die Vetomächte verhindern erfahrungsgemäß Beschlüsse des Sicherheitsrats durch ihr Veto, soweit sie eigenen Interessen zuwiderlaufen würden. So wird eine wirksame Arbeit des Sicherheitsrats häufig blockiert.

- Für den Einsatz von Friedensmissionen ist die UNO auf die **freiwillige Beteiligung** von Mitgliedstaaten angewiesen, die meist von deren Interessenlage abhängig ist. Dieses Problem wird noch verschärft durch die Tatsache, dass nur relativ wenige Staaten über die nötigen finanziellen und militärischen Ressourcen für aufwendigere Missionen verfügen.

- Im Laufe der Jahrzehnte haben sich die kriegerisch ausgetragenen Konflikte immer mehr von der zwischen- auf die innerstaatliche Ebene verlagert. Bei möglichen Interventionen geraten damit **Prinzipien der UN-Charta** miteinander in Konflikt: Einerseits besteht das Verbot, sich in innerstaatliche Angelegenheiten einzumischen (**Interventionsverbot**, Achtung der staatlichen Souveränität), andererseits ist etwa der **Menschenrechtsschutz** in der Charta verankert. Bei schwersten Menschenrechtsverletzungen durch staatlich legitimierte Gewalt und bei extremen humanitären Notlagen behalf man sich im Sicherheitsrat oft damit, eine über die Grenzen hinausreichende Bedrohung des Weltfriedens zu konstatieren und so eine rechtliche Basis für eine Intervention zu bekommen. Solche Beschlüsse waren immer wieder durch das Veto von ständigen Mitgliedern bedroht, welche selbst mit ähnlichen inneren Konflikten zu tun hatten (z. B. China mit Tibet, Russland mit Tschetschenien).

Agenda für den Frieden

Vorschläge des ehemaligen UN-Generalsekretärs Boutros-Ghali zur Friedens- und Sicherheitspolitik der Vereinten Nationen

1. Vorbeugende Diplomatie

ZIEL Das Entstehen von Streitigkeiten zu verhüten, den Ausbruch offener Konflikte zu verhindern oder Konflikte, die bereits ausgebrochen sind, rasch wieder einzugrenzen

MITTEL Diplomatische Gespräche; vertrauensbildende Maßnahmen; Frühwarnsysteme, die rechtzeitig auf Spannungen hinweisen; formelle Tatsachenermittlung; vorbeugender Einsatz von UN-Truppen; vorsorgliche Einrichtung entmilitarisierter Zonen

2. Friedensschaffung

ZIEL Nach Ausbruch eines Konflikts die feindlichen Parteien zu einer Einigung zu bringen

MITTEL

Friedliche Mittel
z. B. Vermittlung, Verhandlungen, Schiedsspruch, Entscheidungen durch den Internationalen Gerichtshof

Gewaltlose Sanktionen
z. B. Wirtschafts- und Verkehrsblockade, Abbruch der Beziehungen

Friedensdurchsetzung
durch speziell ausgebildete, ständig abrufbereite bewaffnete UN-Truppen

Militärische Gewalt
zur Aufrechterhaltung oder Wiederherstellung des Weltfriedens und der Internationalen Sicherheit, wenn alle friedlichen Mittel versagen

3. Friedenssicherung

ZIEL Die Lage in einer Konfliktzone zu entschärfen oder zu stabilisieren; die Einhaltung der Vereinbarungen zwischen den Konfliktparteien zu überwachen und durchzusetzen

MITTEL Entsendung von Beobachtermissionen; Einsatz von UN-Friedenstruppen zur Untersuchung von Grenzverletzungen, zur Grenzkontrolle, zur Beobachtung von Wahlen, Überwachung von Waffenstillstands- und Friedensvereinbarungen, Bildung einer Pufferzone zwischen gegnerischen Mächten, Wahrnehmung von Polizeiaufgaben, Sicherung humanitärer Maßnahmen usw.; umfassendes Konfliktmanagement

4. Friedenskonsolidierung

ZIEL Den Frieden nach Beendigung eines Konflikts zu konsolidieren; die Konfliktparteien zum friedlichen Wiederaufbau anzuhalten

MITTEL

Nach einem Konflikt innerhalb eines Landes
z. B. Entwaffnung der verfeindeten Parteien, Wiederherstellung der öffentlichen Ordnung, Einsammeln der Waffen, Minenräumung, Repatriierung von Flüchtlingen, Ausbildung und Beratung von Sicherheitskräften, Wahlüberwachung, Schutz der Menschenrechte, Reform oder Neuaufbau staatlicher Institutionen

Nach einem internationalen Krieg
z. B. gemeinsame Projekte, die der wirtschaftlichen und sozialen Entwicklung dienen und das gegenseitige Vertrauen stärken (Landwirtschaft, Energie- und Wasserwirtschaft, Verkehr usw.); Abbau der Schranken zwischen den Nationen durch Kulturaustausch, Reiseerleichterungen, gemeinsame Jugend- und Bildungsprogramme

ZAHLENBILDER
615 500

© Bergmoser + Höller Verlag AG

Ziele und Grundsätze der Charta	Politische Realität
• souveräne Gleichheit aller Mitgliedstaaten	• ausgeprägtes Machtgefälle zwischen Staaten und Regionen
• Erfüllung der mit der UN-Charta übernommenen Verpflichtungen	• Verweigerungen von Beiträgen und Leistungen je nach nationaler Interessenlage
• Verpflichtung zur friedlichen Streitbeilegung	• allgegenwärtige Gewalt im internationalen System
• allgemeines Gewaltverbot	• praktiziertes Recht einzelner Staaten auf unilaterale Gewaltanwendung
• Weltfrieden und internationale Sicherheit als kollektive Aufgabe aller Mitgliedstaaten	• Interessendominanz der Industriestaaten und vergessene Konflikte in Entwicklungsländern
• Verbot der Einmischung in innere Angelegenheiten der Mitgliedstaaten	• Globalisierung grundlegender Probleme erzwingt Erosion staatlicher Souveränität

Die Zukunft der Vereinten Nationen

Die Gefahr des US-amerikanischen Unilateralismus

Nach dem Zusammenbruch der Sowjetunion sind die USA die einzig verbliebene Weltmacht, allen anderen Staaten in wirtschaftlich-technologischer und militärischer Hinsicht überlegen. Bereits in den 1990er Jahren war in der amerikanischen Politik eine Tendenz zum **Unilateralismus** zu beobachten, zu einer Politik also, die ausschließlich die eigene Interessenlage berücksichtigt, ohne auf internationale Regelwerke Rücksicht zu nehmen oder internationale Institutionen einzubinden.

Diese Tendenz verstärkte sich massiv, als die USA am 11. September 2001 durch islamistische Terroristen in ihrem politischen und ökonomischen Zentrum angegriffen worden waren und den „Krieg gegen den Terror“ ausriefen. Als sich 2002/2003 im Sicherheitsrat keine Mehrheit für einen militärischen Einsatz zum Sturz der von den USA als Gefahr für die eigene Sicherheit eingestuften Diktatur im Irak fand, führten sie mit einer „Koalition der Willigen“ ohne Mandat des Sicherheitsrats einen Krieg gegen das Regime Saddam Husseins. Damit wurde die UNO in eine tiefe Krise gestürzt, wurden doch damit alle wesentlichen Prinzipien einer kollektiven Sicherheitspolitik verletzt. Die USA machen seitdem die Erfahrung, dass ein militärischer Sieg relativ leicht, Stabilität oder gar Frieden im Irak dagegen nur sehr schwer alleine zu erreichen ist. Möglicherweise werden die USA daher zukünftig die UNO verstärkt einbeziehen (z. B. beim Konflikt um die atomare Aufrüstung des Iran und Nordkoreas).

Die Diskussion um Reformen der UNO

Die im Irakkonflikt sichtbar gewordene Krise des multilateralen Sicherheitssystems der UNO förderte die Diskussion um notwendige Reformen. Neben den hohen **Zahlungsrückständen der Mitgliedstaaten** steht auch die **Reform des Sicherheitsrats** nach wie vor aus. Seit 1993 laufen innerhalb der UNO Bemühungen, den Sicherheitsrat zu reformieren. Als weitgehend konsensfähig gilt eine Erweiterung auf 25 Mitglieder, darunter fünf neue ständige Mitglieder. Diese Zahlen würden es erlauben, sowohl die bislang nicht vertretenen

Weltregionen Afrika, Lateinamerika und Südasien mit ständigen Sitzen auszustatten als auch zwei weitere politische bzw. ökonomische Schwergewichte zu berücksichtigen.

Außerdem sollten Aufnahmekriterien für den als Ablösung der UN-Menschenrechtskommission 2006 neu gegründeten **UN-Menschenrechtsrat** verhindern, dass diktatorische Regime, wie z.B. der Sudan, dort Sitz und Stimme haben; auch dieser Reformversuch ließ sich nicht konsequent umsetzen. **Korruptionsskandale**, wie sie z.B. beim Programm „Öl für Lebensmittel" im Irak aufgedeckt wurden, sollten künftig durch bessere Kontrollen und Strafmaßnahmen verhindert werden. Die Generalversammlung konnte sich im September 2005 nicht auf Reformen einigen; die Krise der UNO besteht weiter fort. Auch drohen die USA mit der Einstellung ihrer Beitragszahlungen, um Reformen nach ihren Vorstellungen zu erzwingen, was die Konflikte zwischen den Mitgliedstaaten noch verschärft.

Insgesamt gilt es möglichst rasch die Kluft zwischen dem Anspruch der Gründungscharta und der politischen Wirklichkeit zu verringern; nur so kann die Glaubwürdigkeit der Organisation wiederhergestellt werden. Angesichts der Vielzahl und Komplexität globaler Probleme ist die UNO als politisches Weltforum unverzichtbar.

Aufgaben

1. Erstellen Sie in Gruppen Informationsplakate, auf denen die Entwicklung, die Funktion, die Ziele und die Grundsätze der UNO dargestellt sind.

2. Erläutern Sie, auf welche Weise die UNO das Ziel der Sicherung und Wiederherstellung von Frieden verfolgt und vor welche Probleme sie dabei gestellt wird.

3. „Mächtige Nationen sind selten gute Mitglieder eines internationalen Clans, der dafür eingerichtet ist, die Ausübung nationaler Macht einzugrenzen." Erläutern Sie, was der Historiker Paul Kennedy damit in Bezug auf die Organisation der UNO gemeint hat.

4. Entwerfen Sie in Gruppen ausgehend von den Problemen bei der Friedenssicherung Vorschläge zur Reform der UNO und diskutieren Sie diese anschließend mit Ihren Mitschülern.

Das Konferenzspiel

Beim Konferenzspiel werden zu einem politischen Problem die wesentlichen Positionen in einer Konferenz dargestellt und auf diese Weise nachvollzogen. Folgender Ablauf ist empfehlenswert:

1. **Benennen Sie im Plenum das konkrete Problem,** das auf der Konferenz behandelt werden soll, und welche Akteure daran teilnehmen.

2. **Teilen Sie sich in Gruppen auf,** die jeweils eine Partei in der Konferenz vertreten. Weisen Sie einer Gruppe die Rolle des Konferenzleiters zu. Fertigen Sie ein Protokoll an, bei dem Sie die im Folgenden mit Buchstaben gekennzeichneten Schritte und deren Ergebnisse eintragen. Klären Sie in den Gruppen,
   a) welche Position Sie in Ihrer Rolle vertreten bzw. was Ihr Idealziel wäre und
   b) wie und wo Sie sich Informationen beschaffen können.

3. **Recherchieren Sie nach Informationen** über die Interessen der Rolle, die Sie vertreten. Überlegen Sie,
   c) mit welchen Argumenten Sie Ihre Rolle vertreten können,
   d) mit welchen Partnern Sie Bündnisse schließen könnten,
   e) wie eine Lösung des Problems aus Sicht Ihrer Rolle aussehen könnte und
   f) wie weit Sie bei einer Kompromissfindung gehen wollen.

4. **Nehmen Sie Kontakt zu anderen Gruppen auf,**
   g) um Bündnispartner zu finden, mit denen Sie eine Strategie besprechen können,
   h) um die Interessen möglicher Gegner für Kompromissvorschläge zu kennen.

5. **Spielen Sie die Konferenz durch.** Vertreten Sie dabei nicht Ihre eigene Meinung, sondern stets die Meinung der Ihnen zugeteilten Rolle. Stimmen Sie über Kompromissvorschläge bzw. Anträge zu Beschlüssen ab. Die Schüler, die nicht an dem Konferenzspiel beteiligt sind, sollten dabei überprüfen, ob die Rollen angemessen vertreten wurden.

6. **Werten Sie die Konferenz aus.** Orientieren Sie sich an folgenden Fragen:
   i) Welche Probleme haben Sie beim Zustandekommen eines Konferenzergebnisses festgestellt?
   j) Waren die Probleme eher inhaltlich oder eher strukturell begründet?
   k) Welche allgemeinen Aussagen lassen sich als Ergebnis der Konferenz feststellen?
   l) Welche Lösung für das Ausgangsproblem wäre denkbar?
   m) Welche allgemeinen Lösungen sind denkbar?

Der UN-Sicherheitsrat im Spannungsfeld der Interessen

Ungeachtet des Leidens der Zivilbevölkerung ist der Weltsicherheitsrat, das bedeutendste UN-Gremium, in der Darfur-Frage hoffnungslos zerstritten und blockiert. Während die USA und Großbritannien mehr Druck auf die Regierung des Sudan fordern, blockieren China, Russland, Pakistan sowie arabische Staaten jedes massivere Vorgehen des Weltsicherheitsrates. Insbesondere die Vetomächte China und Russland zeigen mit ihrer Blockadehaltung, dass Menschenrechte nicht Leitlinie ihrer Außenpolitik sind. Beide Staaten sind die bedeutendsten Rüstungslieferanten des Sudan. China ist inzwischen auch sein wichtigster Wirtschaftspartner. Im Jahr 2004 erwirtschaftete der Sudan 64 Prozent seiner Exporterlöse im China-Geschäft. China benötigt dringend Rohstoffe für seine aufstrebende Wirtschaft und ist inzwischen der bedeutendste Abnehmer sudanesischen Öls. Rund sechs Prozent des chinesischen Öl-Bedarfs wird heute vom Sudan gedeckt. Chinesische staatliche Öl-Konzerne kontrollieren heute weite Teile der sudanesischen Öl-Industrie. Mit 30.000 Entwicklungshelfern und Beratern ist die Volksrepublik im Sudan heute sehr stark vertreten und mit dem Bau zahlreicher Großprojekte (Öl-Pipelines, Staudamm, Straßen) betraut. [...]

Mit allen Mitteln versucht der Sudan eine UN-Friedensmission zu verhindern. So drohten sudanesische Minister unverhohlen mit gewalttätigen

METHODENKOMPETENZ

Übergriffen gegen westliche Diplomaten, sollten europäische oder US-amerikanische Soldaten im Rahmen einer UN-Mission in Darfur stationiert werden. Das Gebiet werde ein „Friedhof" für ausländische Soldaten, sollten UN-Soldaten im Westen des Sudan zum Einsatz kommen, warnte Sudans Staatspräsident Omar Hassan el Bashir im Februar 2006. Im Sudan drohe ein Religionskrieg der arabisch-muslimischen Welt gegen Europa und die USA, sollten Blauhelmtruppen nach Darfur entsandt werden.

Mit geschickter Lobby-Arbeit bei der AU* verhinderte der Sudan im Frühjahr 2006 eine schnelle Umwandlung der AU-Mission in eine UN-Friedenstruppe. Zwar sei man grundsätzlich dazu bereit, aber zur Zeit seien die Bedingungen für einen erfolgreichen UN-Einsatz noch nicht erfüllt. Erst nach der Unterzeichnung eines Friedensabkommens könne man über einen UN-Einsatz nachdenken, ließ die sudanesische Führung verlautbaren. Ein Friedensabkommen werde die Gewalt beenden, versprach die sudanesische Regierung im Frühjahr 2006. Doch das im Mai 2006 unterzeichnete Abkommen brachte nicht Frieden, sondern noch mehr Gewalt. Zwar sprach sich der Weltsicherheitsrat nach langwierigen Verhandlungen im August 2006 endlich für die Entsendung von UN-Friedenstruppen in den Westen des Sudan aus. Doch angesichts des Widerstands der sudanesischen Regierung blieb die Resolution des Weltsicherheitsrates folgenlos. Währenddessen eskalierte die Gewalt weiter in Darfur.

Monatelang ließ sich die sudanesische Regierung bitten, bis sie schließlich Ende Dezember 2006 der Entsendung von UN-Beratern und -Blauhelmsoldaten unter dem Kommando der AU-Friedenstruppe zustimmte. Ein fauler Kompromiss, der mit der ursprünglich beabsichtigten UN-Friedenstruppe nichts gemeinsam hat. Und der auch kaum dazu beitragen wird, einen wirksamen Schutz der Zivilbevölkerung sicherzustellen.

**AU = Afrikanische Union*

Gesellschaft für bedrohte Völker, Gefordert: die Vereinten Nationen, www.gfbv.de, 3.9.2012

Aufgaben

1. Führen Sie nach der Methode des Konferenzspiels eine Sitzung des UN-Sicherheitsrates zur Frage, wie der Frieden in Darfur gesichert werden kann, durch. Nutzen Sie den Text als erste Orientierung zu dem Konflikt und besetzen Sie in den Gruppen die Akteure USA, Großbritannien, Russland, China, Sudan und den UNO-Generalsekretär (gleichzeitig Konferenzleiter).

2. Diskutieren Sie, ob Großbritannien oder die USA unter dem Grundsatz der „Responsibility to Protect" nicht auch ohne Mandat in Darfur hätten einschreiten können. Gehen Sie auf mögliche Probleme und die Nachhaltigkeit des Grundsatzes ein.

M Die überfällige Reform der Vereinten Nationen

Im Juli 2011 wurde der Südsudan als 193. Mitglied in die UNO aufgenommen. Wenig später scheiterte der Antrag Palästinas auf Vollmitgliedschaft am Veto der USA und Frankreichs – in der Versammlung der Völker spielen immer noch die Großmächte die entscheidende Rolle.

In der UN-Vollversammlung gilt das Prinzip »Ein Land, eine Stimme«. Doch in wichtigen Belangen – wie internationale Sanktionen oder militärische Interventionen – darf die Vollversammlung nur Empfehlungen geben. Beschlüsse fassen kann allein der Sicherheitsrat, in dem die fünf ständigen Mitglieder ein Vetorecht haben. Die USA, Großbritannien, Frankreich, Russland oder China können also jede wichtige Entscheidung blockieren – auch gegen eine Mehrheit der zehn nichtständigen Mitglieder, die für jeweils zwei Jahre von der Vollversammlung in den Rat gewählt werden.

Diese ungleiche Machtverteilung entsprach den Kräfteverhältnissen am Ende des Zweiten Weltkriegs. Heute hat die Realität die UN-Charta von 1945 längst überholt. Internationale Institutionen, die völlig unabhängig von der UNO sind, haben an Einfluss gewonnen und bestimmte UN-Organe (zum Beispiel regionale Wirtschaftskommissionen) entwertet. Das gilt für die Weltbank und den Internationalen Währungsfonds (IWF), aber auch für Gremien wie die G 8 (oder neuerdings die G 20), mittels derer die führenden Industriestaaten ihre Interessen und Strategien koordinieren.

In diesem selbsternannten Direktorium der Weltwirtschaft werden Beschlüsse gefasst, die weitaus verbindlicher sind als die der zuständigen UN-Gremien. Das macht Organe wie die UN-Konferenz für Handel und Entwicklung (Unctad), die seit 1964 für eine angemessene Teilhabe der Entwicklungsländer am globalen wirtschaftlichen Fortschritt sorgen soll, im Grunde hinfällig. Auf diesem Gebiet haben seit Ende der 1980er Jahre die G-Staaten das Kommando übernommen. Seitdem sind wirtschaftliche Entscheidungen zunehmend von jeder Form der sozialen Verpflichtung abgekoppelt.

Auch in ihrem Kernbereich – der Sicherheitspolitik – wird die UNO mehr und mehr an den Rand gedrängt. Ihre Charta von 1945 sollte die Schwächen des Völkerbunds von 1920 korrigieren. Das erklärt die detaillierten Regelungen zur Wahrung von Frieden und Sicherheit. Allerdings liegt das Mandat zur Friedenssicherung beim Sicherheitsrat, während der Generalstab für die UNO-Einsatztruppen dem Generalsekretär untersteht. In der Praxis zeigte sich freilich, dass das Eingreifen der Internationalen Gemeinschaft häufig am Veto der fünf Großen im Sicherheitsrat scheitert. Der UN-Generalstab dagegen bleibt völlig machtlos. Deshalb können die Großmächte ihre jeweiligen verteidigungspolitischen Ziele unbehelligt weiterverfolgen.

Ein neuer Faktor sind die aufstrebenden Schwellenländer Brasilien, Russland, Indien, China und Südafrika, die sich zu den Brics-Staaten zusammengeschlossen haben und eine strukturelle Anpassung der internationalen Organisationen (UNO, IWF, Weltbank) an die neuen globalen Kräfteverhältnisse fordern. Eine gemeinsame Position beziehen sie vor allem dann, wenn sie ihre Leitprinzipien Gleichheit, Nichteinmischung und nationale Souveränität bedroht sehen. So stimmten sie 2008 einhellig gegen die Unabhängigkeit des Kosovo und enthielten sich 2011, als es um das militärische Eingreifen in Libyen und der Elfenbeinküste ging.

Eine neue regionale Organisation entstand im Juni 2001 mit der Schanghaier Organisation für Zusammenarbeit (SOZ), der Russland, Kasachstan, Kirgisien, Tadschikistan, Usbekistan und China angehören. Der ursprüngliche Zweck war, die nach dem Zerfall der Sowjetunion umstrittenen Grenzen festzulegen. 2002 wurde eine Charta verabschiedet, 2004 als erstes konkretes Projekt ein regionales »Antiterrornetzwerk« beschlossen. Die SOZ wird bisweilen [auch] als »Nato des Ostens« bezeichnet. [...]

Eine UN-Reform wird seit langem diskutiert. 2005 setzte Generalsekretär Kofi Annan das Thema offiziell auf die Tagesordnung. Es war auch die Antwort auf eine tiefe finanzielle und moralische Krise der Weltorganisation (schwere Rechtsverstöße von Blauhelmsoldaten in Liberia und im Kongo, Korruptionsfälle). Obwohl die Reformbemühungen stagnieren, bleibt die UNO der einzige Rahmen, in dem sich ein Kanon internationaler Werte herausbilden könnte, der die Hoffnung auf eine friedliche Weltordnung am Leben hält. Und mit ihren umfassenden Hilfsleistungen, die tagtäglich das Überleben von vielen Millionen Menschen sichern, trägt die UNO nach wie vor dazu bei, humanitäre Katastrophen einzudämmen und Konflikte zu lösen.

Anne-Cécile Robert, Le Monde diplomatique, Atlas der Globalisierung 2012, Die Welt von morgen, S. 156

Aufgaben

1. Diskutieren Sie, ob die UNO ohne eine Reform ihrer Entscheidungsstrukturen weiter an politischem Gewicht, Autorität und Glaubwürdigkeit gegenüber neuen internationalen Organisationen, regionalen Zusammenschlüssen und Militärbündnissen einbüßen wird.
2. Entwickeln Sie ein mögliches Szenario, wie eine Reform der Vereinten Nationen konkret aussehen könnte.

3.3 NATO und OSZE

Leitfragen	Ist die NATO heute noch für unsere Sicherheit von Bedeutung?	Wie hat die NATO auf die neuen Bedrohungen reagiert?	Worin besteht die sicherheitspolitische Aufgabe der OSZE?

Die NATO

Gründung und Ziele

Nach dem Zweiten Weltkrieg entstand als Reaktion auf die gewaltsame Expansion des sowjetischen Machtbereichs in Ost- und Mitteleuropa die NATO (North Atlantic Treaty Organization) als **Verteidigungsbündnis des Westens.** Gründungsmitglieder waren 1949 zehn europäische Staaten sowie die USA und Kanada. Die Bundesrepublik Deutschland trat der NATO 1955 bei. Seit 2009 gehören 28 Staaten der NATO an. Die Mitgliedsländer gehen eine **gegenseitige Beistandsverpflichtung** für den Fall eines bewaffneten Angriffs auf ein Mitglied ein, wobei allerdings der Beistand nicht automatisch in militärischer Form zu leisten ist. Die NATO versteht sich über das **Militärbündnis** hinaus als **Wertegemeinschaft**: Alle Mitglieder verpflichten sich zur Bewahrung der freiheitlich-demokratischen Ordnung im Innern und gegen Angriffe von außen.

Der Nordatlantikvertrag (Auszug)

Kernelemente des Nordatlantikvertrags sind Art. 1 sowie Art. 5. In Art. 1 verpflichten sich die Vertragsparteien, „in Übereinstimmung mit der Satzung der Vereinten Nationen, jeden internationalen Streitfall, an dem sie beteiligt sind, auf friedlichem Wege so zu regeln, dass der internationale Friede, die Sicherheit und die Gerechtigkeit nicht gefährdet werden, und sich in ihren internationalen Beziehungen jeder Gewaltandrohung oder Gewaltanwendung zu enthalten, die mit den Zielen der Vereinten Nationen nicht vereinbar sind“.

In Art. 5 vereinbaren die Vertragsparteien, „dass ein bewaffneter Angriff gegen eine oder mehrere von ihnen in Europa oder Nordamerika als ein Angriff gegen sie alle angesehen wird; sie vereinbaren daher, dass im Falle eines solchen bewaffneten Angriffs jede von ihnen in Ausübung des in Artikel 51 der Satzung der Vereinten Nationen anerkannten Rechts der individuellen und kollektiven Selbstverteidigung der Partei oder den Parteien, die angegriffen werden, Beistand leistet, indem jede von ihnen unverzüglich für sich und im Zusammenwirken mit anderen Parteien die Maßnahmen, einschließlich der Anwendung von Waffengewalt, trifft, die sie für erforderlich erachtet, um die Sicherheit des nordatlantischen Gebiets wiederherzustellen und zu erhalten. [...] Die Maßnahmen sind einzustellen, sobald der Sicherheitsrat (Anmerkung: der Vereinten Nationen) diejenigen Schritte unternommen hat, die notwendig sind, um den internationalen Frieden und die internationale Sicherheit wiederherzustellen und zu erhalten.“

www.nato.int

Aufbau der NATO

Diesem doppelten Charakter des Bündnisses – Militärbündnis und Wertegemeinschaft – entspricht die Zweiteilung der Organisationsstruktur in einen zivilen und einen militärischen Bereich. Entscheidungsorgan ist der NATO-Rat, in dem die Staats- und Regierungschefs oder die Außen- bzw. Verteidigungsminister der Mitgliedstaaten regelmäßig zweimal im Jahr zusammentreten. Damit ist der Primat (Vorrang) der Politik über das Militär gesichert; das Militär berät im Militärausschuss den Rat in allen militärischen Fragen. Alle Entscheidungen im NATO-Rat müssen einstimmig getroffen werden, sodass kein Mitglied gegen seinen Willen zu verteidigungspolitischen Festlegungen gezwungen werden kann. Der vom NATO-Rat gewählte Generalsekretär – seit August 2009 der Däne Anders Fogh Rasmussen – vertritt die NATO bei Verhandlungen mit anderen internationalen Akteuren und versucht, bei Meinungsverschiedenheiten zwischen den Mitgliedern Kompromisse zu finden. Militärische Einsätze der NATO werden durch integrierte Kommandobehörden geplant und geleitet.

Herausforderungen nach dem Ende des Ost-West-Konflikts

Neue Aufgaben

Mit der Auflösung des Warschauer Paktes in der Folge der Umwälzungen im sowjetischen Machtbereich verlor die NATO ihren Gegner und damit ihren zentralen Organisationszweck. Ehemalige Ostblockstaaten strebten die Mitgliedschaft in der NATO an, um sich gegenüber eventuellen künftigen Hegemoniebestrebungen Russlands abzusichern. So wurden 1999 Polen, Tschechien und Ungarn, 2004 Bulgarien, Estland, Lettland, Litauen, Rumänien, die Slowakei und Slowenien sowie 2009 Kroatien und Albanien aufgenommen. An die Stelle der Bedrohungen durch die sowjetische Militärmacht traten rasch **neue Gefahren für Frieden und Sicherheit**, die ein militärisches Eingreifen erforderlich machen können (→ Kap. 6.3.1). In den vergangenen Jahren engagierte sich die NATO mit Militärinterventionen in Bosnien-Herzegowina, im Kosovo, in Afghanistan und Libyen, wobei es jeweils um die Erzwingung und **Sicherung des Friedens** in innerstaatlichen Konflikten ging. In der Folge der Terroranschläge auf die USA am 11. September 2001 wurde zum ersten Mal der Bündnisfall nach Artikel 5 des NATO-Vertrags festgestellt. Die Bekämpfung des Terrorismus durch den Sturz des Taliban-Regimes in Afghanistan wollten die USA durchführen, ohne das Bündnis einzubeziehen. Durch Friedenssicherung in Afghanistan und Überwachung wichtiger Seewege im Mittelmeer sowie im Indischen Ozean beteiligen sich aber nun NATO-Verbände an der **Terrorismusbekämpfung**.

Das neue strategische Konzept

Die völlig neuen Aufgaben zur Bewahrung der Sicherheit im euro-atlantischen Raum erforderten ein neues sicherheitspolitisches Konzept. Nach-

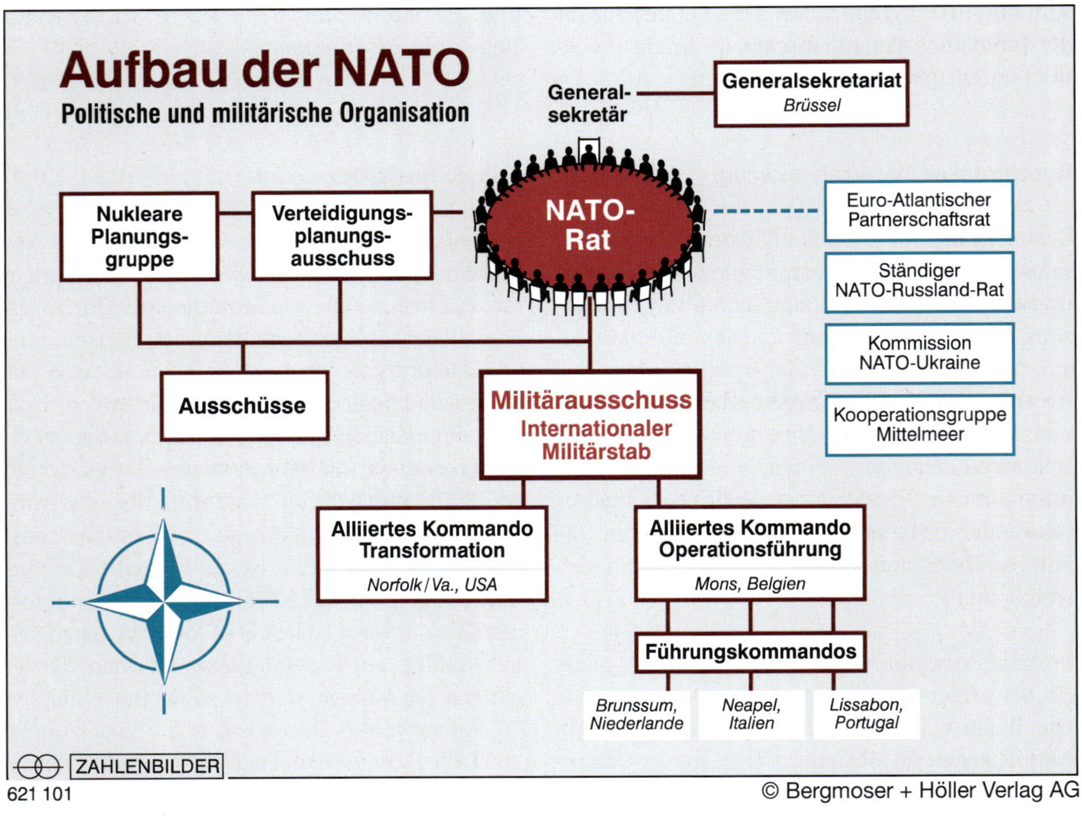

© Bergmoser + Höller Verlag AG

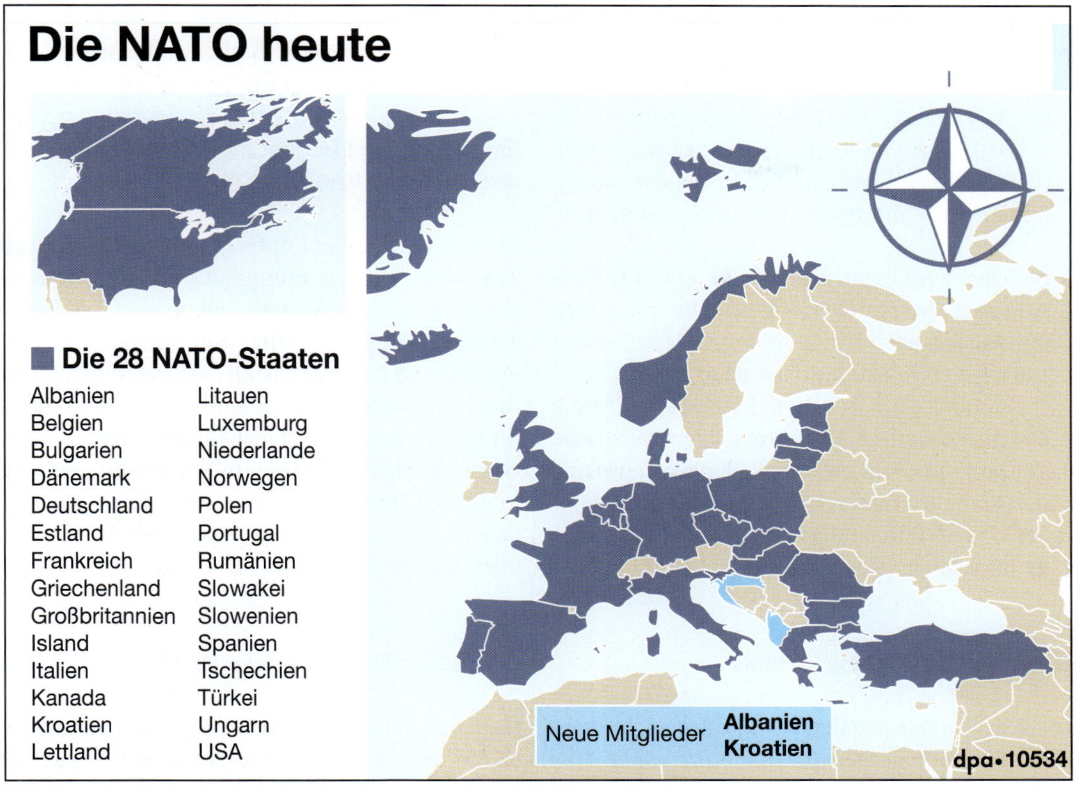

dem die NATO bereits in den 1990er Jahren durch die Interventionen im zerfallenden Jugoslawien über ihren ursprünglichen Verteidigungsauftrag hinausgegangen war, einigte man sich schließlich 1999 im NATO-Rat auf ein **neues strategisches Konzept**. Neben die klassische Aufgabe der Verteidigung des Bündnisgebietes tritt nun die Bewältigung von Krisen, die unmittelbar oder mittelbar die Sicherheit der Mitgliedstaaten bedrohen. Damit können seither auch folgende Einsätze zu den NATO-Aufgaben zählen:

- **Kampfeinsätze oder friedenssichernde Einsätze** im Rahmen eines Mandats des UN-Sicherheitsrats;
- militärische Einsätze zur **Verhinderung von humanitären Katastrophen** auch ohne UN-Mandat (z.B. Kosovo-Krieg, Libyen);
- **friedenssichernde Einsätze**, wenn die betroffene Regierung oder die Konfliktparteien darum ersuchen (z.B. in Mazedonien).

Damit kann das Bündnis auch außerhalb des NATO-Gebietes aktiv werden (Einsätze **„out of area“**). Den neuen Aufgaben muss auch die Truppenstruktur entsprechen. Große, stehende Streitkräfte sind weitestgehend sinnlos geworden. Die NATO benötigt vielmehr in allen Teilen der Welt rasch einsetzbare, mit modernsten Waffen ausgerüstete Einheiten. Deshalb wurde 2002 auf Druck der USA die Schaffung einer mobilen Eingreiftruppe (NATO Response Force), bestehend aus amerikanischen und europäischen Verbänden, beschlossen.

2010 wurde das **strategische Konzept** der NATO nochmals angepasst. Es dient als Grundlage, um den aktuellen Herausforderungen, wie dem internationalen Terrorismus, sowie der Tatsache, dass die NATO nunmehr 28 Mitglieder hat, besser gerecht werden zu können:

- Es sieht vor allem eine **engere Zusammenarbeit mit Russland**, **NGOs**, der **EU**, der **UNO**, aber auch mit der **Weltbank** und dem **Internationalen Währungsfonds** (IWF) vor. Auf diese Weise will die Allianz Teil eines globalen Sicherheitsnetzwerkes werden.

- Ein weiteres wichtiges Ziel ist die **Errichtung eines gemeinsamen Raketenabwehrschildes** (→ Kap. 6.2.2), der das gesamte europäische NATO-Gebiet vor Angriffen durch Lenkraketen schützen soll. Russland soll in die Planungen und die Durchführung eingebunden werden.
- Daneben wird **explizit der Umgang mit Cyber-Attacken beschrieben**, die nicht zu einem Bündnisfall nach Art. 5 führen sollen, sondern zunächst zu Konsultationen nach Art. 4.
- Zudem hebt die NATO durch das strategische Konzept von 2010 ausdrücklich hervor, dass sie sich klar zur **atomaren Abrüstung** bekennt, jedoch weiterhin nukleare Abschreckung betreibt, solange es Atomwaffen gibt.

Das transatlantische Verhältnis

Die Kriege im ehemaligen Jugoslawien zeigten, dass die europäischen NATO-Partner ohne US-amerikanisches Eingreifen bedrohlichen Konflikten selbst unmittelbar „vor ihrer Haustür" weitgehend hilflos gegenüberstehen. Die ungleichen militärischen Fähigkeiten und die oft unterschiedliche Einschätzung von Gefahren und geeigneten Gegenmaßnahmen innerhalb der Bündnispartner bedrohen das westliche Bündnissystem. Während die USA ihr Verteidigungsbudget vor allem nach den Terroranschlägen des 11. September 2001 weiter aufstockten (2009 umgerechnet ca. 307 Mrd. Euro) und finanziell in der Lage sind, nahezu jede militärische Aufgabe alleine zu bewältigen, zeigen sich die europäischen Staaten nur begrenzt fähig, ihren militärischen Beitrag zur gemeinsamen Sicherheit zu leisten (z.B. betrug das deutsche Verteidigungsbudget 2009 31,2 Mrd. Euro). Die USA sind dazu in der Lage, militärische Einsätze alleine oder unter Umgehung der Konsultations- und Beschlussmechanismen der NATO mit „willigen" Partnern zu bewältigen.

Auch für europäische Staaten hat die NATO nach dem Wegfall der sowjetischen Bedrohung nicht mehr höchste sicherheitspolitische Priorität; Ansätze zu einer eigenen militärischen Komponente der Europäischen Union (Gemeinsame Sicherheits- und Verteidigungspolitik, GSVP) werden vor allem von den USA als Konkurrenz zur NATO eingeschätzt (→ Kap. 5.2.2).

Die Organisation für Sicherheit und Zusammenarbeit in Europa (OSZE)

Entstehung und Bedeutung während des Ost-West-Konflikts

Die Schlussakte der Konferenz für Sicherheit und Zusammenarbeit in Europa (KSZE), die von allen Warschauer Pakt-Staaten, allen NATO-Mitgliedern und allen neutralen europäischen Staaten im Jahre 1975 unterzeichnet wurde, bildete eine Brücke zwischen den Gegnern im Ost-West-Konflikt und verlieh den Entspannungsbemühungen einen entscheidenden Schub. Dieser wirkte in den folgenden Jahren weiter und ermöglichte wesentliche Fortschritte vor allem auf dem Gebiet der Rüstungskontrolle.

Die heutige Bedeutung der OSZE

Nach dem Ende des Ost-West-Konflikts musste die KSZE, die 1995 in „Organisation für Sicherheit und Zusammenarbeit in Europa" (OSZE) umbenannt wurde, eine neue Rolle in der Weltpolitik finden. Als einzige Sicherheitsorganisation, die alle europäischen Staaten einschließlich der Nachfolgestaaten der Sowjetunion und Jugoslawiens sowie die USA und Kanada umfasst, schien sie einerseits besonders geeignet, die im zerfallenden Ostblock aufbrechenden Konflikte zu bearbeiten. Andererseits erschwert die große Zahl von 57 Mitgliedern die für Entscheidungen notwendige Einstimmigkeit von Beschlüssen (Konsensprinzip). Zudem kann sie zur Beendigung von Konflikten weder selbst Streitkräfte einsetzen noch den Einsatz von Gewalt erlauben. Die OSZE betreibt deshalb eine unspektakuläre, in den Medien kaum präsente Sicherheitspolitik. Sie versucht, Krisen frühzeitig zu entschärfen, um sie nicht in gewaltsam ausgetragene Konflikte ausarten zu lassen. Wo dies nicht verhindert werden konnte, sollen nach Beendigung der Kampfhandlungen Bedingungen für ein konfliktfreies Neben- und Miteinander von Gesellschaften verbessert werden.

Diese **präventive und nachsorgende Sicherheitspolitik** erfordert ein breites Spektrum von Maßnahmen, wie etwa die Beobachtung von Wahlen oder die Früherkennung gesellschaftlicher und politischer Missstände (z.B. eine diskriminierende Behandlung von gesellschaftlichen Minderheiten).

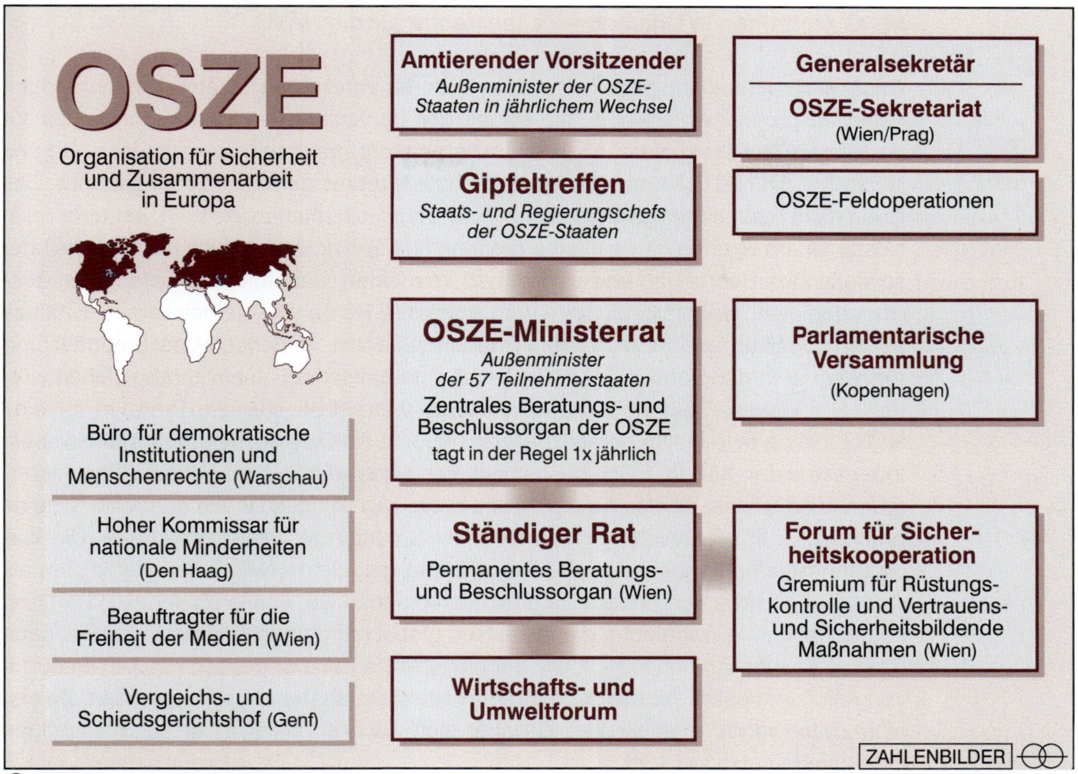

© Bergmoser + Höller Verlag AG
711 212

Aufgaben

1. Arbeiten Sie heraus, welche veränderten Aufgaben und Ziele die NATO nach dem Ende des Ost-West-Konfliktes verfolgt.

2. Erklären Sie, durch welche Organisationsstruktur die NATO ihre Aufgaben und Ziele wahrnimmt.

3. Stellen Sie tabellarisch die Form der Sicherheitspolitik von NATO und OSZE gegenüber. Ermitteln Sie Unterschiede und Gemeinsamkeiten.

KOMPETENZEN ANWENDEN

M Gipfeltreffen in Chicago – Zeitenwende für die NATO

Tatsächlich richtet sich der strategische Blick der Vereinigten Staaten zunehmend auf Asien, also weg von Europa. Die Pflege der transatlantischen Beziehungen ist für die jüngere Politikergeneration in Washington nicht mehr selbstverständlich. Obama selbst hat die NATO einmal das erfolgreichste Bündnis der Geschichte genannt. Das klang nicht nach einem gemeinsamen Aufbruch in die multipolare Welt, sondern nach Nostalgie. Im Grunde ist das keine dramatische Entwicklung. Nach dem Wegfall der sowjetischen Bedrohung war es nicht zu vermeiden, dass die Interessenlagen auseinanderfielen, jedenfalls bis zu einem gewissen Punkt. Die gemeinsamen Einsätze auf dem Balkan und in Afghanistan haben zunächst verdeckt, dass Europäer und Amerikaner in der globalisierten Welt nicht automatisch an einem Strang ziehen würden. Der Libyen-Krieg im vergangenen Jahr war schon eher ein Prototyp für eine NATO à la carte, die sich herauszubilden beginnt: An Operationen nimmt teil, wer ein Interesse daran hat. Im Fall Libyens hielt sich selbst die Bündnisvormacht im Hintergrund auf. Deshalb spielen für die Allianz heute Nichtmitglieder wie Australien eine so große Rolle. In Afghanistan stellen sie mehr Soldaten als viele Verbündete. Die Vereinigten Staaten können sich dabei eine derart gelockerte NATO viel eher leisten als jeder europäische Verbündete. Sparen müssen auch sie, aber trotzdem ist das Land immer noch eine Weltmacht, die militärisch global handlungsfähig ist. In Europa kann das keiner von sich behaupten, wie der Libyen-Krieg wieder gezeigt hat. […] Es dürfte von Asien in diesem Jahr sogar bei den Rüstungsausgaben überholt werden. Das ist eine Zeitenwende, deren volles Gewicht sich noch an vielen strategisch wichtigen Orten niederschlagen wird.

In Chicago hat die NATO versucht, dieser Entwicklung mit einer verstärkten militärtechnischen Zusammenarbeit zu begegnen, die darauf abzielt, teures Gerät gemeinsam zu kaufen und zu nutzen. […] Mit der besseren Verwaltung des Mangels [ist es] natürlich nicht getan. In Europa wird man wieder ernsthaft darüber reden müssen, wie viel uns die Sicherheit wert ist. Der großzügige Sozialstaat hat nicht nur viele Länder in die Verschuldung getrieben, sondern sie auch verwundbarer gegen äußere Feinde gemacht. Ob die auch in Zukunft vornehmlich an fernen Fronten zu bekämpfen sind – das war die sicherheitspolitische Binsenweisheit der vergangenen zwanzig Jahre –, ist schwer zu sagen. Die Erfahrungen der NATO mit Interventionskriegen sind jedenfalls durchwachsen. Auf dem Balkan, wo das Bündnis am längsten mit Truppen steht, kommt es immer noch sporadisch zu Unruhen. In Afghanistan ist auch nach zehn Jahren völlig offen, ob eine Nationen- und Staatsbildung nach westlichem Vorbild gelingt; deshalb begnügt sich die NATO nun mit dem Aufstellen einheimischer Sicherheitskräfte. In Chicago hat keine Rolle mehr gespielt, ob man die Afghanen Ende 2014 wirklich schon alleine lassen kann – die westlichen Truppensteller wollen nur noch raus aus dem Land. (Dass die Deutschen dabei nicht als erste zum Ausgang drängen, ehrt sie.) Der Luftkrieg gegen das Gaddafi-Regime wiederum hat gelehrt, dass ein Eingreifen ohne nachfolgende Besatzungstruppe auch keine Erfolgsgarantie bietet und sogar Nachbarländer in Mitleidenschaft ziehen kann.

Nikolaus Busse, Frankfurter Allgemeine Zeitung, 21.5.2012

Aufgabe

Diskutieren Sie, welche Auswirkungen ein verstärktes militärisches Engagement der USA in Asien für die europäischen NATO-Partner konkret bedeuten könnte.

3.4 Aufgaben und Instrumente deutscher Außen- und Sicherheitspolitik

Leitfragen	Welche außen- und sicherheitspolitischen Bedingungen nach dem Ost-West-Konflikt bestehen für Deutschland?	Was sind die Ziele und Grundlagen deutscher Außen- und Sicherheitspolitik?	Welche Rolle spielt die Bundeswehr?

Aufgaben und Instrumente deutscher Außenpolitik

Außenpolitik meint die Gestaltung der Beziehungen eines Staates zu anderen Staaten und zu internationalen Organisationen, besonders die Herstellung zweiseitiger (bilateraler) oder mehrseitiger (multilateraler) politischer, militärischer, wirtschaftlicher, rechtlicher oder kultureller Beziehungen. Bestimmende Faktoren der Außenpolitik sind die geografische Lage und Größe eines Staates, seine Wirtschaftskraft, Geschichte und politische Verfasstheit. Zu den zentralen Interessen zählen gemäß dem Weißbuch zur Sicherheit der Bundesrepublik Deutschland von 1994:

- die Bewahrung von Freiheit, Sicherheit und Wohlfahrt der Bürger Deutschlands und der Unversehrtheit des Staatsgebiets;
- die Integration in die Europäische Union;
- das dauerhafte, auf eine Wertegemeinschaft und gleichgerichtete Interessen gegründete transatlantische Bündnis mit den USA;
- auf Ausgleich und Partnerschaft bedachte Beziehungen zu den östlichen Nachbarstaaten, ihre Heranführung an westliche Strukturen und die Gestaltung einer neuen kooperativen Sicherheitsordnung für Europa;
- die weltweite Achtung des Völkerrechts und der Menschenrechte;
- eine auf marktwirtschaftlichen Regeln basierende gerechte Weltwirtschaftsordnung.

Diese **grundlegenden Ziele** deutscher Außenpolitik sind vom **Grundgesetz** vorgegeben:

- **Art. 1 Abs. 3:** Das Deutsche Volk bekennt sich zu unverletzlichen und unveräußerlichen Menschenrechten als Grundlage jeder menschlichen Gemeinschaft, des Friedens und der Gerechtigkeit in der Welt.
- **Art. 24 Abs. 2:** Der Bund kann sich zur Wahrung des Friedens einem System gegenseitiger kollektiver Sicherheit einordnen; er wird hierbei in die Beschränkungen seiner Hoheitsrechte einwilligen, die eine friedliche und dauerhafte Ordnung in Europa und zwischen den Völkern der Welt herbeiführen und sichern.
- **Art. 26 Abs. 1:** Handlungen, die geeignet sind und in der Absicht vorgenommen werden, das friedliche Zusammenleben der Völker zu stören, insbesondere die Führung eines Angriffskrieges vorzubereiten, sind verfassungswidrig.
- **Art. 25:** Die allgemeinen Regeln des Völkerrechtes sind Bestandteil des Bundesrechtes. Sie gehen den Gesetzen vor und erzeugen Rechte und Pflichten unmittelbar für die Bewohner des Bundesgebietes.
- **Art. 87a Abs. 1:** Der Bund stellt Streitkräfte zur Verteidigung auf.
- **Art. 87a Abs. 2:** Außer zur Verteidigung dürfen die Streitkräfte nur eingesetzt werden, soweit dieses Grundgesetz es ausdrücklich zulässt.

Instrumente der Außenpolitik umfassen

- die Pflege diplomatischer Beziehungen,
- internationale Verträge und Bündnisse,
- die Mitgliedschaft in internationalen Organisationen und Gerichtshöfen,
- Außenwirtschaftspolitik,
- die Unterstützung multilateraler Konfliktbearbeitung (Auslandseinsätze).

Aufgaben der Bundeswehr

Das Aufgabenprofil der Bundeswehr hat sich seit Ende der bipolaren Weltordnung geändert; als zentrale Anforderung ist die Unterstützung der internationalen Krisenprävention und -bewältigung hinzugekommen. Aufgabenfelder sind:

- Verteidigung Deutschlands und Schutz der deutschen Staatsbürger;
- Unterstützung von Bündnispartnern (NATO, UNO ...);
- Rettung und Evakuierung;
- Sicherung von Frieden und Stabilität im europäischen Raum;
- Förderung des Weltfriedens und der internationalen Sicherheit im Einklang mit der UN-Charta;
- Hilfe bei Katastrophen und Notlagen, Unterstützung bei humanitären Missionen.

Akteure der Außenpolitik

Akteure der Außenpolitik sind die mit der Wahrnehmung der auswärtigen Angelegenheiten betrauten Staatsorgane, internationale und supranationale Organisationen sowie Nichtregierungsorganisationen (NGOs). In Deutschland wird Außenpolitik vor allem vom **Außenminister** – unterstützt vom Auswärtigen Amt – und vom **Bundeskanzler** – assistiert von der außenpolitischen Abteilung des Kanzleramts – betrieben. Daneben sind auch viele Aktivitäten anderer Ministerien, wie etwa des Verteidigungsministeriums oder des Ministeriums für wirtschaftliche Zusammenarbeit und Entwicklung, der Außenpolitik zuzuordnen. Außenpolitik ist also im Wesentlichen **Aufgabe der Regierung**; der Bundestag debattiert zwar häufig über außenpolitische Fragen, seine Entscheidungskompetenzen sind aber eng begrenzt.

Bedingungen deutscher Außenpolitik

Die Rolle Deutschlands ist geprägt durch Bedingungen, die sich aus seiner Lage, Größe und seinen historischen Erfahrungen ergeben.

- Deutschland ist mit ca. 80,5 Millionen Einwohnern das bevölkerungsreichste Land Europas und liegt in dessen Zentrum, ist also von Nachbarstaaten umgeben, für die das ehemalige Deutsche Reich eine unmittelbare Bedrohung darstellte. Während des Ost-West-Konflikts war Deutschland durch die Grenze zwischen den beiden Blöcken zweigeteilt; heute liegt es an der „Wohlstandsgrenze" zu den ehemaligen Ostblockstaaten und unterhält **freundschaftliche Beziehungen** zu allen Nachbarstaaten.
- Als rohstoffarmes Land ist Deutschland besonders stark auf sichere und stabile Rohstoff- und Energiemärkte sowie auf Exporterfolge angewiesen, somit auf gut funktionierende **Außenhandelsbeziehungen.**
- Deutschland hat in der Vergangenheit durch nationalistische Macht- und Expansionspolitik und durch Verfolgung von Minderheiten ein großes Maß an Unglück über die Welt gebracht. Manche der Politiker, welche Deutschland nach dem Zweiten Weltkrieg wieder in die internationale Staatenwelt zurückführen konnten, hatten selbst die Schrecken der totalitären Gewaltherrschaft der Nationalsozialisten erfahren müssen und vertraten die Werte **Freiheit, Menschenrechte und Demokratie** aus tiefster Überzeugung – eine Haltung, die nach wie vor deutsche Außenpolitik bestimmt. Auch die besondere Verantwortung Deutschlands gegenüber Israel ist eine Konsequenz aus der Vergangenheit.

Reaktionen auf neue Rahmenbedingungen

Die Vereinigung der beiden deutschen Staaten 1990 und das Ende der bipolaren Weltordnung bedeuteten für Deutschland einen Zuwachs an außenpolitischer Bedeutung und Verantwortung. Deutschland wurde zur größten europäischen Regionalmacht und musste neue Verpflichtungen im Rahmen der veränderten NATO-Strategie sowie der Krisenbearbeitung durch die UNO übernehmen, was auch die **Beteiligung der Bundeswehr an internationalen Friedenseinsätzen** einschließt. Diese Neuorientierung löste heftige Debatten aus; 1994 bestätigte das Bundesverfassungsgericht jedoch die Verfassungsmäßigkeit internationaler Einsätze der Bundeswehr, sofern diese mit Zustimmung des Bundestages stattfinden. Rein humanitäre Missionen hingegen bedürfen auch weiterhin keiner Billigung durch das Parlament. Dieses Grundsatzurteil des Bundesverfassungsgerichts bekräftigte den Charakter der Bundeswehr als einer **„Parlamentsarmee"**. Das Karlsruher Urteil verschaffte der Regierung einen größeren Handlungsspielraum, um den internationalen Verpflichtungen Deutschlands gerecht werden zu können. Schwerpunkt deutscher Außenpolitik bleibt aber nach wie vor der Einsatz für Verhandlungen und von nichtmilitärischem Druck (Sanktionen, Embargen ...) zur Lösung von internationalen Konflikten, vor allem im Rahmen der Initiativen von EU und UNO.

Seit Ende des Kalten Krieges erlebt die Bundeswehr einen Wandel von einer reinen Verteidigungsarmee hin zu einem außen- und sicherheitspolitischen Instrument, um den neuen globalen Herausforderungen und Verpflichtungen im Rahmen der UNO, NATO und EU gerecht zu werden. Während die Truppenstärke der Bundeswehr in den 1980er Jahren noch bei fast 500.000 Mann lag, wird sie in naher Zukunft auf maximal 185.000 Soldaten schrumpfen. Durch die Aussetzung der Wehrpflicht, die bei Bedarf per einfacher Mehrheit vom Bundestag jederzeit wieder eingeführt werden kann, gehen Prognosen z.T. von noch weniger Soldaten aus. Zukünftig sollen zudem mobile Einheiten mit bis zu 10.000 Soldaten gleichzeitig im Ausland aktiv sein können.

Bereiche deutscher Außenpolitik

Neben den genannten Feldern gibt es weitere Kompetenzbereiche und Interessen:

- **Außenwirtschaftsbeziehungen**: Deutschland ist stark mit der Weltwirtschaft verflochten und von ihrer Entwicklung abhängig. Mehr als jeder vierte Euro wird im Export von Waren und Dienstleistungen verdient, mehr als jeder vierte Arbeitsplatz hängt vom Außenhandel ab. Der Export von Waren und Dienstleistungen ist deshalb ein zentraler Faktor der deutschen Konjunktur. Es ist Aufgabe der deutschen Außenpolitik, deutsche Wirtschaftsinteressen zu fördern und darüber hinaus zur weiteren Entwicklung einer gerechten und nachhaltigen globalen Wirtschaftskooperation beizutragen.

Auslandseinsätze der Bundeswehr

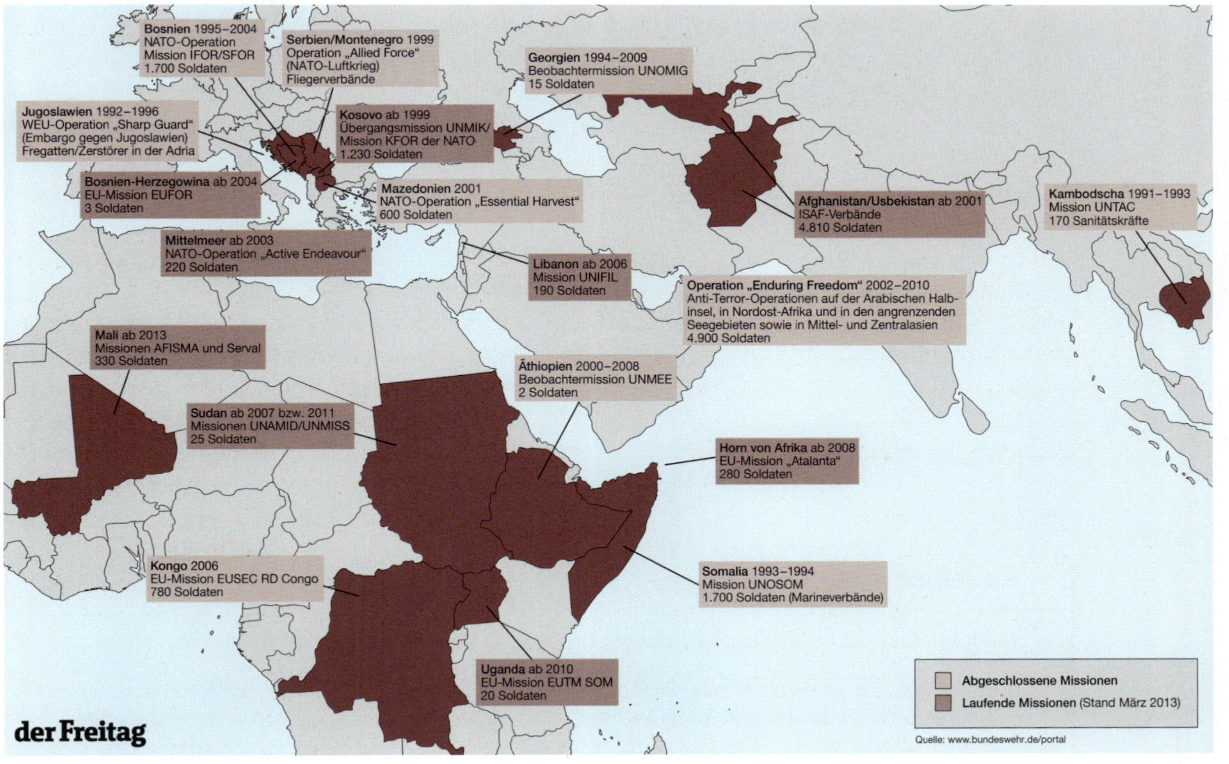

- **Internationale Rechtsbeziehungen:** Hierzu zählen etwa die Mitgliedschaft Deutschlands in internationalen Gerichtshöfen und die Unterzeichnung völkerrechtlicher Verträge (→ Kap. 6.5).

- **Auswärtige Bildungs- und Kulturpolitik:** Sie soll die kulturellen Beziehungen zwischen Deutschland und anderen Staaten stärken und die internationale Zusammenarbeit im Bereich Forschung und Hochschule fördern. Akteure der Auswärtigen Kultur- und Bildungspolitik sind insbesondere die Goethe-Institute und die deutschen Auslandsschulen. Ein Schwerpunkt ist die Vermittlung und Förderung der deutschen Sprache im Ausland.

Einflussfaktoren auf die deutsche Außenpolitik

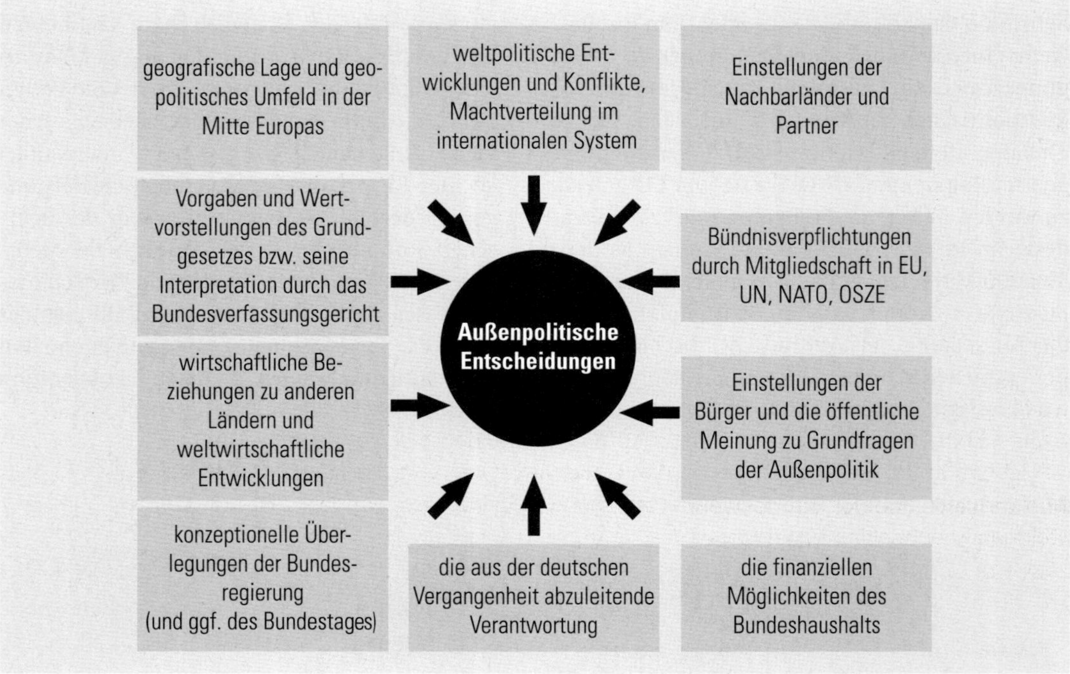

Aufgaben

1. Erklären Sie, welche Ziele und Grundlagen die deutsche Außen- und Sicherheitspolitik hat.

2. Ermitteln Sie, inwiefern die Bundeswehr durch ihre Auslandseinsätze zur Erreichung deutscher außenpolitischer Ziele beiträgt. Recherchieren Sie hierfür die nötigen Hintergrundinformationen zu einzelnen Auslandseinsätzen.

Kontrovers diskutiert: deutsche Enthaltung zum Militäreinsatz in Libyen

M 1 Pro: Außenminister Westerwelle begründet die Enthaltung Deutschlands

Vor einer Woche hat der Sicherheitsrat die Resolution 1973 verabschiedet, die den Einsatz von Waffengewalt zum Schutz von Zivilisten in Libyen autorisiert. Deutschland hat sich bei der Abstimmung über die Resolution enthalten. Seitdem hagelt es Kritik nicht nur, aber besonders aus Teilen der Opposition. Ein früherer Außenminister, der so viele deutsche Soldaten wie kein Bundesaußenminister vor und nach ihm in neue Kampfeinsätze geschickt hat, hat die Enthaltung als ‚skandalösen Fehler' bezeichnet.

Jeder weiß, wie schwierig außenpolitische Abwägungsentscheidungen über Krieg und Frieden sind. Ich habe großen Respekt vor meinem Vorgänger Frank-Walter Steinmeier, der jenseits von Parteitaktik unser Abstimmungsverhalten öffentlich als ‚verständlich und nachvollziehbar' bezeichnet hat. Andere wollen in Anbetracht der zwei Landtagswahlen am Sonntag und der zwischenzeitlichen Kritik von ihrer bisherigen Haltung nichts mehr wissen. Die Kernvorwürfe der Kritik lauten: Deutschland habe sich außenpolitisch isoliert. Deutschland habe gegen die Bündnissolidarität verstoßen. Weder das eine noch das andere ist richtig.

Deutschland hat sich nicht isoliert. Weder im Sicherheitsrat, noch in der NATO, noch in der EU. Aus der EU wird sich eine Mehrheit der Mitgliedsstaaten nicht an dem militärischen Einsatz in Libyen beteiligen. Die EU hat sich geschlossen auf ein humanitäres Engagement und, nicht zuletzt auf unser Drängen hin, auf eine nochmalige Verschärfung der Sanktionen gegen das Gaddafi-Regime verständigt. Einerseits ein Militäreinsatz, andererseits noch kein umfassendes Ölembargo, um dem Diktator den Geldhahn nachhaltig abzudrehen – das passt nicht. Im Sicherheitsrat haben sich die ständigen Ratsmitglieder Russland und China enthalten, daneben Brasilien und Indien. […]

Wir haben uns bei der Neufassung des strategischen Konzepts der NATO dafür eingesetzt, dass deren Kernverpflichtung, die gemeinsame Verteidigung nach Artikel 5, noch einmal betont wird. Ich darf daran erinnern, dass Libyen, bei aller Sorge, mit der auch wir die Situation und die Verbrechen des Gaddafi-Regimes sehen, keinen Bündnisfall nach Artikel 5 darstellt. Anders als seinerzeit Afghanistan. […]

Viele sehen nachträglich einen Königsweg darin, wir hätten zustimmen sollen und gleichzeitig deutlich machen, dass wir uns nicht mit deutschen Truppen am Libyen-Einsatz beteiligen. Dann hätten wir heute eine ganz andere Debatte. Ich bin überzeugt: Es ginge national und international nur noch darum, welche Fähigkeiten die Bundeswehr für den Einsatz zur Verfügung stellt und nicht mehr ob sie das tut. […]

Die Menschenrechtsverletzungen des Gaddafi-Regimes sind ein großes Unrecht und lassen niemanden kalt. Der Diktator muss gehen und für seine Verbrechen zur Verantwortung gezogen werden. Für uns ist die Alternative zum militärischen Eingreifen nicht Tatenlosigkeit. Wir haben uns dafür eingesetzt, dass der Internationale Strafgerichtshof befasst wird. Wir haben auf scharfe Sanktionen gedrängt. Wir leisten humanitäre Hilfe. Wir wollen ein Ölembargo und ein Zahlungsmoratorium, damit Gaddafi und seine Leute nicht an frisches Geld herankommen.

Wir haben aber von Anfang an aus unserer Skepsis gegenüber einem militärischen Eingreifen keinen Hehl gemacht. Abgesehen von den zivilen Opfern, mit denen gerechnet werden musste: Was ist, wenn das Eingreifen mit Luftschlägen den Bürgerkrieg nicht beendet? Gehen dann doch noch Bodentruppen rein? Ist das Risiko der Eskalation beherrschbar? Ist die Unterstützung aus der arabischen Welt wirklich so eindeutig, wie behauptet? Die Resolution der Arabischen Liga war es jedenfalls nicht, die Stellungnahmen aus der arabischen Welt nach Beginn der Luftschläge sind es auch nicht. Wie sieht die angekündigte Beteiligung der arabischen Welt an dem Einsatz heute denn tatsächlich aus? Besteht dann am Ende nicht doch die Gefahr des Eindrucks einer Intervention des Westens? Was heißt das für die weitere Entwicklung in der arabischen Welt, was für die Freiheitsbewegungen und Reformbestrebungen in den anderen Ländern Nordafrikas? Es gilt: Respice finem! Bedenke das Ende! [...]

Der vom Sicherheitsrat angeordnete Waffenstillstand ist dringlich. Wir werden uns nicht mit deutschen Soldaten an diesem Militäreinsatz beteiligen, aber wir werden das Unsere tun, damit die Ziele von Resolution 1973 erreicht werden. Keine Kampfeinsätze der Bundeswehr heißt nicht Tatenlosigkeit der Bundesregierung.

Guido Westerwelle, Süddeutsche Zeitung, 24.3.2011

M 2 Kontra: Der ehemalige Außenminister Fischer kritisiert die Enthaltung

SPIEGEL: Westerwelle reklamiert für sich eine wesentliche Rolle beim Sturz des Diktators Muammar al-Gaddafi.

Fischer: Er behauptet allen Ernstes, dass das Gaddafi-Regime vor allem durch seine Sanktionspolitik beseitigt wurde. Jeder weiß, dass das Unfug ist, dass ohne den militärischen Einsatz der NATO gar nichts vorangegangen wäre. Nein: Das Verhalten der Bundesregierung im Libyen-Konflikt mit der Enthaltung im UNO-Sicherheitsrat ist ein einziges Debakel, vielleicht das größte außenpolitische Debakel seit Gründung der Bundesrepublik. Die Position unseres Landes in der Welt wurde wesentlich beschädigt. Auch durch die jetzt gehörten Begründungen Westerwelles für seine Libyen-Politik.

SPIEGEL: Was meinen Sie?

Fischer: Er sprach davon, dass neue Machtzentren neue strategische Partnerschaften notwendig machen würden. Diesen Satz muss man sich auf der Zunge zergehen lassen. Das soll ja wohl heißen, dass Deutschland wieder eine eigenständige Weltpolitik machen will – mit den neuen Machtzentren China, Russland, Brasilien, Indien, an deren Seite wir im Sicherheitsrat abgestimmt haben. Ich fasse es nicht. Die Grundkonstanten der deutschen Lage haben sich doch auch im 21. Jahrhundert überhaupt nicht geändert. Wir sind zu groß, um uns auf eine Rolle wie die der Schweiz zurückzuziehen; wir sind zu klein, um Weltmacht zu spielen. An unserer Verankerung als Teil des Westens festzuhalten, sollte unser höchstes Interesse sein – und vorrangig, ja unverzichtbar ist dabei die Vollendung des europäischen Einigungsprozesses.

SPIEGEL: Westerwelle sagt, er stehe auch in einer wichtigen außenpolitischen Tradition Deutschlands, nämlich der Tradition, sich militärisch zurückzuhalten. Hat er da nicht einen Punkt?

Fischer: Das Militär hat bei uns keinen Primat, das steht schon im Grundgesetz. Aber eine Politik der militärischen Zurückhaltung kann doch kein Freibrief für Diktatoren und ihre blutige Unterdrückungspolitik sein. In Bosnien 1995, denke ich heute im Rückblick, haben wir sogar zu lange gewartet mit dem Eingreifen. Im Irak 2003 waren die Kriegsgründe der Bush-Regierung nicht belastbar, die Konsequenzen nicht durchdacht, da haben wir uns zu Recht rausgehalten. [...]

SPIEGEL: Im Fall Libyen aber hatten Sie jetzt keine Zweifel, dass militärisch eingegriffen werden musste?

Fischer: Gaddafi drohte in Bengasi mit einem Blutbad, es gab eine unmittelbare Gefahr für die Zivilbevölkerung. Die Mehrheit im Sicherheitsrat war klar, die Unterstützung der Arabischen Liga und der Organisation Islamischer Staaten vorhanden – was wollte die Bundesregierung eigentlich mehr, um zuzustimmen? Die Enthaltung der Russen und Chinesen war als stillschweigende Zustimmung zu werten. Und die deutsche Enthaltung, machen wir uns da nichts vor, wirkte wie ein Nein – und hat Deutschland bei seinen Bündnispartnern isoliert.

SPIEGEL: Manche sagen, der Westen habe sich, um den Diktator aus dem Amt zu jagen, eine Rechtfertigung in Form einer UNO-Resolution gebastelt, nach dem Motto: Der Zweck heiligt die Mittel. Sieht so das neue Völkerrecht aus?

Fischer: Nein, natürlich nicht. Es ging primär um das Überleben von unmittelbar bedrohten Zivilisten, und dazu waren militärische Mittel unvermeidlich.

SPIEGEL: Ein Wendepunkt der internationalen Politik: Erstmals hat die UNO jetzt im Fall Libyen ein Mandat mit der Schutzverantwortung der Völkergemeinschaft begründet.

Fischer: Es ist eine höchst erfreuliche Entwicklung, wenn Gewaltherrscher nicht mehr unter dem Deckmantel der Souveränität ihre eigene Bevölkerung straflos massakrieren dürfen.

Ralf Neukirch/Erich Follath, Der Spiegel, 35/2011

Aufgabe

Erstellen Sie auf der Basis der Aussagen von Westerwelle und Fischer eine Liste mit Pro- und Kontra-Argumenten zur Frage der deutschen Enthaltung in Libyen. Erörtern Sie anschließend, ob Deutschland im Sicherheitsrat für die Intervention hätte stimmen sollen. (M 1, M 2) Berücksichtigen Sie hierbei die Konsistenz der Argumente mit den Zielen und Grundlagen der deutschen Außen- und Sicherheitspolitik.

4 Globale Verteilung von Armut und Reichtum

4.1 Das Nord-Süd-Gefälle

Leitfragen	Was ist Armut?	Was sind Entwicklungsländer?	Wo liegen die Ursachen für deren Unterentwicklung?	Wie wirkt sich die Globalisierung auf die Entwicklungsländer aus?

Armut und Reichtum in der Welt

Armut beschreibt allgemein einen Mangel an Gütern, die zum Überleben benötigt werden. Es wird unterschieden zwischen absoluter und relativer Armut: Als **absolut arm** gelten Menschen, die in einer existenzbedrohenden Mangelsituation leben (Mangel an Gütern wie Wasser, Nahrung, Kleidung und Wohnung). **Relative Armut** bezeichnet einen Zustand, in dem zwar das physische Existenzminimum gesichert ist, der Lebensstandard aber erheblich unter dem Durch-

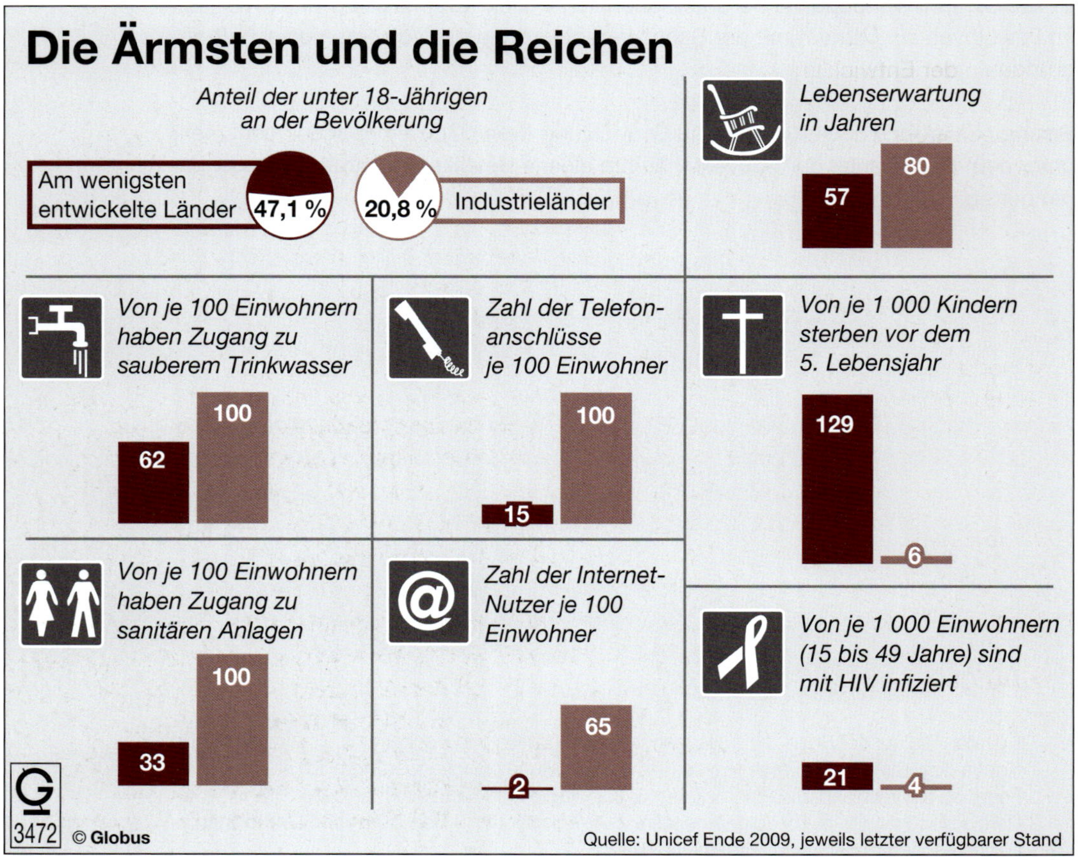

schnitt der eigenen Gesellschaft liegt (soziokulturelles Existenzminimum). Relative Armut ist auch in Industrieländern verbreitet (laut UN-Definition stehen weniger als 50 Prozent, laut EU-Definition weniger als 60 Prozent des durchschnittlichen Einkommens des jeweiligen Landes zur Verfügung), absolute Armut ist vor allem ein Problem in Entwicklungsländern. Dort besteht eine enge Wechselwirkung zwischen Hunger und Armut. Für UNO und Weltbank gelten Menschen als absolut arm, wenn sie weniger als den Gegenwert von 1,25 US-Dollars am Tag zur Verfügung haben. Dies trifft UN-Angaben zufolge auf 1,3 Milliarden Menschen zu, also etwa auf 18 Prozent der Weltbevölkerung. Der Interessengegensatz, der sich aus der unterschiedlichen ökonomischen Lage zwischen dem reichen Norden (vor allem Europa, Japan, Nordamerika) und dem armen Süden (vor allem Afrika, Südasien) ergibt, bestimmt auch die politischen Beziehungen und wird als **Nord-Süd-Konflikt** bezeichnet. Dabei umfassen die **„Länder des Globalen Nordens"** die industrialisierten Länder, während die **„Länder des Globalen Südens"** die Entwicklungsländer meint.

Die Kluft zwischen Arm und Reich

Der weltweiten Armut steht ein extremer, globaler Reichtum gegenüber: Laut Forbes erhöhte sich das Nettovermögen der Milliardäre von Anfang 2005 bis Anfang 2010 um 60 Prozent auf 3,5 Billionen US-Dollar. Die Zahl der Personen, die über ein Vermögen von über einer Milliarde US-Dollar verfügen, ist in nur 25 Jahren von 140 auf 1.011 gestiegen. Die zehn reichsten Personen dieser Welt haben ein Vermögen von rund 340 Milliarden US-Dollar. Die ärmsten 40 Prozent der Weltbevölkerung beziehen dagegen nur fünf Prozent des weltweiten Einkommens. Die reichsten zehn bzw. 20 Prozent verfügen hingegen über 54 bzw. 74 Prozent des weltweiten Einkommens; die Schere zwischen Arm und Reich öffnet sich weltweit.

Nach: www.bpb.de, Dossier Armut, 8.6.2010

Merkmale der Entwicklungsländer

Gemeinhin kann als Charakteristikum gelten, dass Entwicklungsländer nicht in der Lage sind, für große Teile ihrer Bevölkerung grundlegende Existenzbedürfnisse zu befriedigen. Untenstehende Kriterien sind in unterschiedlicher Ausprägung in den meisten Entwicklungsländern anzutreffen, wenngleich über die Gewichtung der Merkmale in

Merkmale der Entwicklungsländer

Ökonomische Merkmale	Geringes durchschnittliches Pro-Kopf-Einkommen verbunden mit extrem ungleicher Einkommensverteilung, niedrige Spar- und Investitionsrate, geringe Produktivität, unzulängliche Infrastruktur, dominanter, teilweise auf Selbstversorgung orientierter traditioneller Sektor sowie außenwirtschaftliche Abhängigkeit von wenigen, auf die Märkte der Industrieländer orientierten Exportprodukten – zumeist Rohstoffe – und eine hohe Auslandsverschuldung.
Soziodemografische Merkmale	Vergleichsweise niedrige Lebenserwartung vor dem Hintergrund weit verbreiteter Gesundheitsmängel und schlechter medizinischer Versorgung, hohe Analphabetenquote und schlechter Ausbildungsstand, sehr hohes Bevölkerungswachstum, starke Wanderungsbewegungen in Ballungsräume.
Ökologische Merkmale	Armutsbedingter ökologischer Raubbau und Zerstörung besonders anfälliger Ökosysteme.
Soziokulturelle und politische Merkmale	Orientierung an Primärgruppen wie Großfamilie bzw. ethnischen Gruppen, verbunden mit geringer Loyalität gegenüber institutionellen Strukturen wie dem Staat, geringe Mobilität, autoritärer und zugleich schwacher Staat, schwache politische Legitimation der Führung und unzureichender Menschenrechtsschutz, mangelnde Umsetzbarkeit politischer Programme und hohe Korruptionsrate, oftmals gewaltsame Konfliktaustragung nach innen und außen.

Nach: Sven Bernhard Gareis/Johannes Varwick, Die Vereinten Nationen, Opladen 2002, S. 215f.

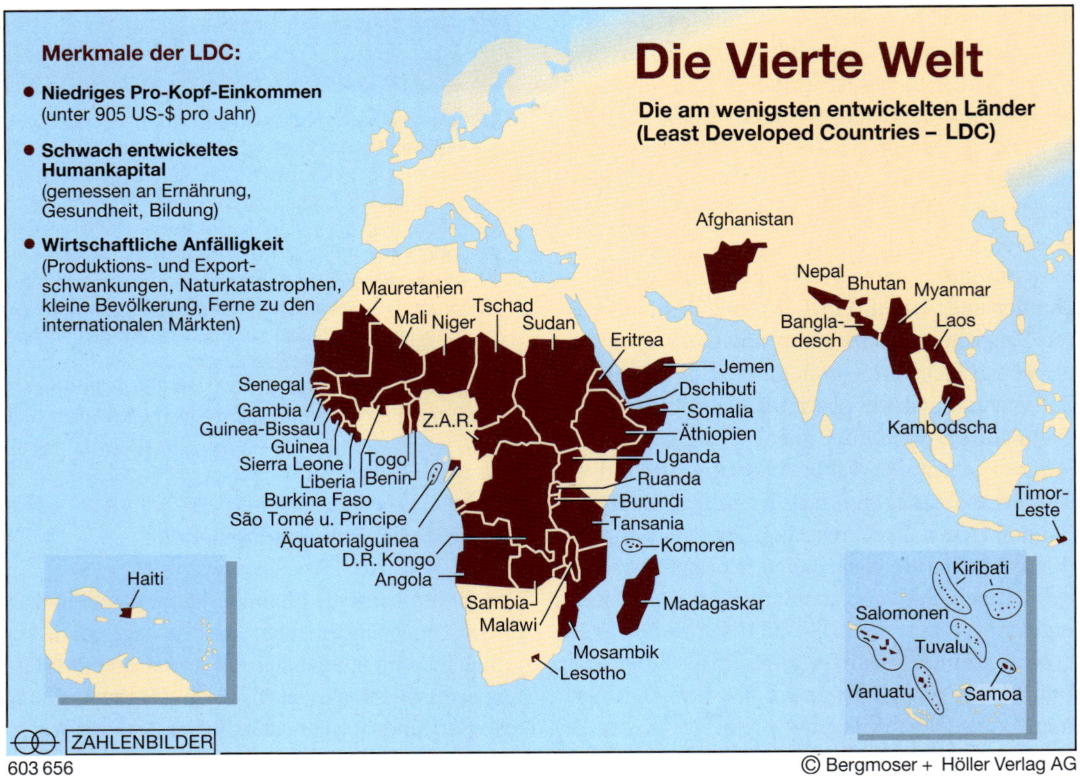

der Wissenschaft kein Konsens zu verzeichnen ist. Eine genauere Betrachtung zeigt große Unterschiede im Ausmaß und in der Entwicklung absoluter Armut. Während es vor allem den ostasiatischen Ländern zu gelingen scheint, bittere Armut allmählich zu verringern, konzentrieren sich die Probleme auf Afrika südlich der Sahara und Südasien. Diese Regionen werden mittlerweile auch als **Vierte Welt** bezeichnet.

Ursachen der Unterentwicklung

„Jede europäische Kuh wird im Schnitt mit zwei Dollar pro Tag subventioniert; über die Hälfte der Menschen in den Entwicklungsländern muss mit weniger als zwei Dollar pro Tag auskommen. So zynisch es klingt: Es ist besser, eine Kuh in Europa zu sein, als ein armer Mensch in einem Entwicklungsland."

Joseph Stiglitz

Die Diskussion um die Ursachen der Armut in Entwicklungsländern und der Kluft zwischen Reich und Arm in der Welt wird kontrovers geführt, schließt die jeweilige Antwort doch auch gravierende Vorwürfe an politische und wirtschaftliche Akteure ein.

Aus unterschiedlichen Erklärungsansätzen der Unterentwicklung entstanden **verschiedene Theorien** und Lösungsmodelle: Für manche sind die Folgen des Kolonialismus (Ausbeutung von Bodenschätzen, willkürliche Grenzziehungen ...) und die fortwährende Ausnutzung der schwächeren ökonomischen Position der Entwicklungsländer durch die Industrieländer ursächlich für die Armut (Kernthese der **Dependenztheorie**), andere sehen die Ursachen vor allem in den ungenügenden gesellschaftlichen, politischen und wirtschaftlichen Bedingungen in den Entwicklungsländern und fordern die Modernisierung deren gesellschaftlicher und wirtschaftlicher Strukturen (Kernthese der **Modernisierungstheorie**).

Die Ursachen für Unterentwicklung und Armut sind vielschichtig, meist miteinander verflochten, bedingen sich oft gegenseitig und lassen nicht in jedem Falle eine trennscharfe Unterscheidung zwischen äußeren und inneren Faktoren zu. Allgemein kann man folgende Entwicklungshemmnisse nennen.

Natürliche Faktoren: Rohstoffvorkommen und klimatische Bedingungen

- Das Klima hat wesentlichen Einfluss auf die Bedingung für den Anbau landwirtschaftlicher Güter und kann im Extremfall zum Ausfall ganzer Ernteerträge und damit zu einer Nichtversorgung der Bevölkerung führen.

- Das Vorhandensein von Rohstoffen, die abgebaut werden können, ist ein wichtiger Faktor für die Produktion von Gütern. Ein Nichtvorhandensein wirkt sich als verstärkender Faktor für Unterentwicklung aus.

- Umweltkatastrophen, wie Erdbeben und Tsunamis können verheerende Auswirkungen auf bereits schon geschwächte Gesellschaften haben.

Interne Faktoren: Bedingungen in den Entwicklungsländern

- **Kriege und Bürgerkriege, Staatszerfall:** In betroffenen Ländern (z.B. Demokratische Republik Kongo, Somalia, Sudan) wird seitens der Regierung, der Verwaltung und/oder der Konfliktparteien nicht nur jeglicher Fortschritt verhindert, sondern auch die ohnehin meist schlechte Infrastruktur (Verkehrswege, Gesundheitswesen, Schulen) zerstört. Zugleich lösen sich staatliche Strukturen auf, sodass selbst ein Mindestmaß an staatlicher Daseinsvorsorge und Sicherheit unmöglich wird.

- **„Bad Governance“:** In vielen Staaten vor allem Afrikas verhindern Demokratiedefizite, Korruption, Misswirtschaft und Selbstbedienungsmen-

Modernisierungstheorien

Ursachen der Unterentwicklung	Entwicklungsempfehlung
Interne Faktoren in den Entwicklungsländern: • traditionelle Wirtschafts- und Gesellschaftsstrukturen • technischer und wirtschaftlicher Rückstand • ungenügende Einbindung in den Weltmarkt	**Orientierung am Modell der westlichen Industrieländer:** • nachholende Entwicklung durch technische, wirtschaftliche und soziale Modernisierung • Veränderung der inneren Strukturen und der ökonomischen Dynamik zum einen und Gewinn am Wachstum zum anderen durch Einbindung in den Weltmarkt (exportorientierte Entwicklung)

Dependenztheorien

Ursachen der Unterentwicklung	Entwicklungsempfehlung
Externe Faktoren: • durch den Kolonialismus wurden den Entwicklungsländern wichtige Entwicklungspotenziale geraubt • Entwicklung ist zu sehr auf Weltmarktproduktion (nach außen) und zu wenig auf Eigenbedürfnisse orientiert – die eigene Entwicklung wird blockiert • nach der formalen staatlichen Unabhängigkeit bleibt die strukturelle Abhängigkeit bestehen	**Autozentrierte Entwicklung:** • zeitweilige „Abkopplung“ vom Weltmarkt und binnenwirtschaftliche Entwicklung • kollektive Eigenständigkeit (collective self-reliance) der Entwicklungsländer als Gruppe

Terms of trade

(engl.: Handelsbedingungen): Terms of trade bezeichnen das in einer (meist der einheimischen) Währung gemessene Austauschverhältnis zwischen dem Import und dem Export eines Landes, d. h. sie geben an, welche Menge an Gütern eine Volkswirtschaft importieren kann, gemessen an der Gütermenge, die exportiert wird (reale Austauschverhältnisse). So kann bspw. bei gleichbleibender Exportmenge mehr importiert werden, wenn die heimischen Produkte im Ausland teurer werden, die Preise für Importprodukte aber konstant bleiben.

Nach: Klaus Schubert/Martina Klein: Das Politiklexikon – Begriffe – Fakten – Zusammenhänge. 5. aktualisierte Auflage, 2011. Zentralen für politische Bildung

talität in der staatlichen Führung und Verwaltung, dass Hilfe von außen wirksam eingesetzt werden kann; dies lähmt häufig auch die ökonomische Aktivität innerhalb der Gesellschaft.

- **Bevölkerungsanstieg und Umweltzerstörung:** Die in besonders armen Gesellschaften oft rasante Zunahme der Bevölkerungszahl verhindert häufig, dass wirtschaftliche Fortschritte zu einem Anstieg des Pro-Kopf-Einkommens führen. Es erweist sich meist als unmöglich, für die zunehmende Anzahl von Jugendlichen entsprechende Ausbildungs- und Arbeitsmöglichkeiten zu schaffen. Zugleich verstärkt der Anstieg der ländlichen Bevölkerung eine Überbeanspruchung und Zerstörung der natürlichen Produktionsgrundlagen (Wasser, Wald, Böden).

- **Extreme soziale Ungleichheit:** In manchen Regionen besteht eine stark ungleiche Land- und Einkommensverteilung (wenige Großgrundbesitzer gegenüber zahlreichen Landlosen). Die extrem ungleichgewichtigen Besitzverhältnisse stören den sozialen Frieden und verhindern gesamtgesellschaftliche Entwicklung.

- **Benachteiligung der Frauen:** In vielen Ländern erweist sich die Benachteiligung der Frauen (kaum Chancen auf Schulbildung für Mädchen, Festlegung auf die innerfamiliäre Rolle) als wichtiger Hinderungsgrund für positive wirtschaftliche und soziale Entwicklungen.

- **Traditionelle Werteordnungen** verhindern z. B. durch religiöse Gebote an modernen Wirtschaftsordnungen ausgerichtetes Handeln.

Externe Faktoren: Einflüsse des Welthandels

- **Internationale Rohstoffproduzenten** beuten vielfach die Bodenschätze in Entwicklungsländern aus, ohne einen entsprechenden Anteil ihrer Gewinne dort zu belassen.

- Durch die **Abschottung heimischer Märkte** hindern die Industrieländer gerade die Entwicklungsländer daran, ihre Exportchancen wahrzunehmen (**Protektionismus**): Durch **Subventionen der Industrieländer** für die eigene Landwirtschaft (Agrarprotektionismus) gehen den Entwicklungsländern nach Berechnungen der Weltbank jährlich über 60 Milliarden US-Dollar verloren.

Insbesondere Produkte mit einem hohen Verarbeitungsgrad werden in den Industrieländern mit hohen Zöllen belastet. Dies führt dazu, dass die meisten Entwicklungsländer hauptsächlich **Rohstoffe** exportieren (z.B. Kakao-, Kaffeebohnen, Baumwolle) und von teilweise nur einem Exportprodukt abhängig sind.

Diese **einseitig ausgerichtete Handelsstruktur** führt bei Preisverfall des jeweiligen Rohstoffes auf dem Weltmarkt zu erheblichen Devisenverlusten für die Entwicklungsländer. Die Entwicklungsländer müssen heute z.B. doppelt so viel Kaffee exportieren, um die gleiche Menge z.B. an Dünger zu importieren wie etwa noch vor zwei Jahrzehnten, d.h. die wirtschaftlichen Austauschverhältnisse – die sog. **Terms of trade** – haben sich zum Nachteil der Entwicklungsländer verändert.

Protektionismus

Viele Industrieländer schützen sich durch hohe Zölle und weitere Zugangshürden vor der wirtschaftlichen Konkurrenz aus Schwellen- und Entwicklungsländern. Diese Schutzmaßnahmen der inländischen Industrie vor ausländischer Konkurrenz umfassen **tarifäre Handelshemmnisse** (z. B. Zölle) und **nichttarifäre Handelshemmnisse** (Einfuhrquoten, Ein- und Ausfuhrverbote, Genehmigungsvorschriften, Subventionen für heimische Unternehmen). Innerhalb des europäischen Binnenmarktes sind protektionistische Maßnahmen verboten. Von Drittstaaten werden die „Zollmauern" der EU als Verstoß gegen den Freihandel kritisiert, insbesondere die Abschöpfungen im Agrarbereich.

Nach: Bruno Zandonella, Pocket Europa, Bundeszentrale für politische Bildung, Bonn 2007

Folgen der Globalisierung für Entwicklungsländer

Die Konsequenzen der Globalisierung für die wirtschaftliche Lage in den Entwicklungsländern werden gegensätzlich beurteilt. Internationale Institutionen wie etwa der Internationale Währungsfonds, Regierungen der Industrieländer und die Mehrheit der Wirtschaftsfachleute betonen die Vorzüge und Chancen für alle beteiligten Länder; Globalisierungskritiker sehen hingegen als Ergebnis eine wachsende Kluft zwischen den Ländern des Globalen Nordens und Ländern des Globalen Südens.

Die Kluft zwischen Arm und Reich hat sich in den Jahren verstärkter Globalisierung einerseits vergrößert. Andererseits verzeichnen einige Regionen deutliche Fortschritte bei der Armutsreduzierung. Weltweit sinkt der Anteil der absolut Armen, wobei große Unterschiede zwischen den Weltregionen auffallen.

Folgende **Auswirkungen der Globalisierung** auf Entwicklungsländer sind weitgehend unbestritten:

- Länder, die sich gegen internationale Wirtschaftsbeziehungen abschotten, bleiben in ihrer ökonomischen Entwicklung gegenüber der globalisierten Welt zurück.
- Gleiches gilt für Länder, welche wegen ihrer inneren Probleme und/oder wegen des Mangels an exportfähigen Produkten bisher vom internationalen Warenaustausch ausgeschlossen sind.
- Im Zuge der Globalisierung wachsen die Wohlstandsunterschiede sowohl zwischen den Staaten als auch innerhalb der Entwicklungs- und Schwellenländer.
- Inwieweit Entwicklungsländer von der Globalisierung profitieren können, hängt auch davon ab, ob der ökonomische Strukturwandel durch staatliche Maßnahmen abgefedert und die Qualität der öffentlichen Infrastruktur verbessert werden (Bildungs- und Gesundheitssystem, Verkehrswege, öffentliche Verwaltung und Rechtssystem).
- Einige Schwellenländer vor allem in Süd- und Ostasien haben das weltweit höchste Wirtschaftswachstum, sind also eindeutig Gewinner der Globalisierung. Der durchschnittliche Wohlstand der Bevölkerung wächst, allerdings bei oft extrem ungleicher Verteilung der Einkommen und bestehender Armut großer Bevölkerungsschichten.

Aufgaben

1. Erläutern Sie Ursachen und Folgen für die Unterentwicklung in den Entwicklungsländern.
2. Untersuchen Sie in Gruppen jeweils ein Land der sog. Vierten Welt und stellen Sie dar, inwiefern die Ursachen der Unterentwicklung zutreffen.

Kontrovers diskutiert: Nützt die Globalisierung den Entwicklungsländern?

M 1 Globalisierung stimuliert die Wirtschaft

Mit dem Image der Globalisierung steht es nicht zum Besten. Sie schade vor allem den Entwicklungsländern, wenden Kritiker immer wieder ein. Dabei eröffnet der zunehmende Waren- und Kapitalfluss gerade den ärmeren Regionen große Chancen. So zeigt eine Untersuchung des Instituts der deutschen Wirtschaft Köln, dass jene Entwicklungsländer, die sich dem Weltmarkt zugewandt haben, ihre Wirtschaftsleistung beachtlich steigern konnten.

Unter Globalisierungsgegnern gilt es als ausgemachte Sache: Die internationale Vernetzung mittels Handel, Kapitalverkehr, Migration und Wissenstransfer ist eine Einbahnstraße, bei der Profite und Wohlstand nur in die reichen Industriestaaten fließen. Die ärmeren Regionen in Asien, Afrika und Südamerika blieben demnach auf der Strecke. Dass solch ein Pauschalurteil der Globalisierung nicht gerecht wird, zeigt schon ein erster Blick auf die ostasiatischen Entwicklungsländer. Diese haben sich seit den achtziger Jahren verstärkt in den Welthandel eingeklinkt und ernten jetzt die Früchte. [...]

Doch auch in anderen Regionen der Welt erweist sich die Globalisierung für die Entwicklungsländer keineswegs als Verlustgeschäft. Das verdeutlicht eine neue Studie des Instituts der deutschen Wirtschaft Köln (IW). Dazu wurden die Veränderungen der Export- und Importquoten sowie der Zölle und Direktinvestitionen in vielen Entwicklungsländern betrachtet und daraus ein Ranking erstellt. In der oberen Hälfte finden sich Staaten wieder, die im Verlauf der achtziger Jahre stärker an der Globalisierung teilgenommen haben – etwa Costa Rica, Mexiko und Paraguay. In der unteren Hälfte sind dagegen Länder wie Niger oder Sierra Leone vertreten, die sich für den Außenhandel nicht so beherzt geöffnet haben. [...]

Vor diesem Hintergrund erklärt sich auch die schwache Wachstumsbilanz vieler afrikanischer Staaten südlich der Sahara, in denen das Pro-Kopf-BIP während der vergangenen Dekade durchschnittlich um 0,3 Prozent pro Jahr sank. Verantwortlich dafür ist nicht die Globalisierung – sondern im Gegenteil ein Mangel an wirtschaftlicher Integration in den Weltmarkt. Schließlich werden allein 12 der letzten 15 Plätze des Globalisierungsrankings von afrikanischen Sub-Sahara-Staaten belegt. Bei vielen erschwerten zusätzlich ein hohes Bevölkerungswachstum, Misswirtschaft, korrupte Eliten und AIDS die wirtschaftliche Entwicklung.

Die Ergebnisse der IW-Studie decken sich mit dem, was eine Vielzahl ähnlicher Untersuchungen sowie die ökonomische Theorie nahe legen: Während sich die Entwicklungsländer durch Abschottung selber bestrafen, eröffnet ein verstärkter Außenhandel allen Teilnehmern Chancen – auch den ärmeren:

Möglichkeit der Spezialisierung. Im Zuge der Globalisierung können sich die Länder auf Güter konzentrieren, bei deren Herstellung sie gegenüber anderen Staaten Vorteile haben. Die Industrieländer beispielsweise verfügen über reichlich Kapital und Know-how. Daher gehen dort vor allem Produkte vom Band, die intensive Forschung, gut ausgebildete Mitarbeiter und komplexe Maschinen benötigen. In den Entwicklungsstaaten dagegen mangelt es derzeit noch an Bildung und Investitionen – dafür werden relativ geringe Löhne gezahlt. Dementsprechend lohnt es sich für diese Nationen, insbesondere arbeitsintensive Güter, wie Bekleidung, Spielzeug oder Agrarprodukte auf dem Weltmarkt anzubieten. Wenn nun jeder das tut, was er am besten kann, holen alle das meiste aus ihren Möglichkeiten heraus – sprich: Die volkswirtschaftlichen Ressourcen werden so effizient wie möglich genutzt. In der Folge steigen laut der ökonomischen Theorie Wohlstand und Wachstum in den beteiligten Staaten. Wie sehr sich die Spezialisierung auf arbeitsintensive Güter als Wirtschafts-Stimulanz erweisen kann, zeigt das Beispiel Bangladeschs. Der Nachbar Indiens erhöhte seine Ausfuhr von Bekleidungsartikeln zwischen 1995 und 2001 jährlich im Schnitt um 17 Prozent. Im Jahr 2001 machten die Modeprodukte bereits knapp 80 Prozent der Exporte aus. Diese Konzentration bescherte dem Dritte-Welt-Staat in der zweiten Hälfte der neunziger Jahre ein jährliches Pro-Kopf-Wachstum von durchschnittlich rund 3,4 Prozent. Bevor im Land die Nähmaschinen angeworfen wurden, waren solche Raten undenkbar.

Größere Absatzchancen. Den in Entwicklungsländern beheimateten Unternehmen bieten sich vielfach nur sehr eingeschränkte Absatzmöglichkeiten. Zu klein sind die heimischen Märkte, zu arm ist die Bevölkerung. Gelingt den Firmen dagegen der Sprung auf den Weltmarkt, können sie mehr produzieren und dadurch in der Regel ihre Stückkosten reduzieren – was den Menschen in Afrika, Asien oder Südamerika in Form fallender Preise zugute kommt und die Wettbewerbsfähigkeit der Firmen erhöht. [...] Trotz des eindeutigen Plädoyers für die Globalisierung, das sich sowohl aus den Zahlen als auch aus der Theorie herauslesen lässt, wäre es jedoch verfehlt, die wirtschaftliche Integration in den Weltmarkt als alleinigen Heilsbringer zu loben. Vielmehr muss sie flankiert werden durch Reformen, die ein Land fit machen für den grenzenlosen Handel. So gilt es etwa, hohe Inflationsraten in den Griff zu bekommen, Staatsdefizite abzubauen, die Eigentumsrechte und Rechtssysteme zu stärken sowie die Korruption zu bekämpfen. Zudem löst die Öffnung für den Weltmarkt in den Entwicklungsländern starke Umbrüche aus: So werden vermutlich nicht konkurrenzfähige Sektoren schrumpfen. Gleichzeitig entstehen zwar in anderen Branchen neue Arbeitsplätze – doch das kann eine Weile dauern. Um diesen Strukturwandel besser zu verkraften, mag es sinnvoll sein, Handelshemmnisse in kleinen Schritten abzubauen und die Exportunternehmen etwa durch bessere Straßen, Bürokratieabbau und Marketinghilfen zu unterstützen.

© 2004, DIV, iwd 37, Deutscher Instituts-Verlag GmbH, 9.9.2004

M 2 Der Markt löst das Armutsproblem nicht

Die Euphorie über die Globalisierung ist vorüber, ihre Propagandisten sind kleinlaut geworden. Dabei waren die Versprechen, die nach dem Fall der Mauer in die Welt gesetzt wurden, durchaus faszinierend. Wenn die Weltwirtschaft schrankenlos wachse und gedeihe; wenn auf dem Erdkreis alle Handelshemmnisse beseitigt und die Kapitalinvestoren überall freie Hand bekämen, dann werde die Menschheit einer leuchtenden Zukunft entgegensehen. Früher oder später würde der Wärmestrom der Globalisierung alle Boote erfassen, auch die der Armen und Elenden, und sie hinaustragen in ein Meer aus Wohlstand und Freiheit. Kaum jemand hat kenntnisreicher seine Zweifel an diesem marktgängigen Zukunftsversprechen vorgetragen als Joseph Stiglitz, seines Zeichens Nobelpreisträger für Ökonomie [und] ehemaliger Chef-Volkswirt der Weltbank [...].

Stiglitz weiß, wovon er spricht, denn er ist aus Erfahrung klug geworden. Viele Weichenstellungen der neunziger Jahre, schreibt er selbstkritisch, seien falsch gewesen, ungerecht und von westlicher Arroganz getragen. Deshalb zweifelten immer mehr Menschen daran, „dass die Kosten der Globalisierung – niedrige Löhne, wachsende Arbeitslosigkeit – die vermeintlichen Vorteile überwiegen". Globalisierung ist für Stiglitz kein Schicksal; sie ist das Ergebnis politischer Steuerung und der Durchsetzung ökonomischer Theorien. Wären die Weichen anders gestellt worden, wäre es heute um die Welt besser bestellt. Entsprechend trostlos fällt in seinem [...] Buch „Die Chancen der Globalisierung" die Bilanz aus. Die Reichen sind reicher geworden, die Armen oft arm geblieben. Die Globalisierung hat weniger Menschen zu Wohlstand gebracht als erhofft; nur Indien und China bilden die spektakulären Ausnahmen. „Obgleich der Prozentsatz der in Armut lebenden Menschen rückläufig ist, steigt die absolute Zahl der Armen weltweit." Die Behauptung, Reichtum werde auf natürlichem Wege von oben nach unten zu den Armen durchsickern („trickle down"), sei eine Fabel. Die Forderung, der Nationalstaat müsse sich klein machen wie eine Mücke und dem Elefanten des Kapitals das Feld überlassen, führe auf einen Irrweg. Tatsächlich erzeugten Märkte nicht von sich aus effiziente Ergebnisse oder „lösen das Armutsproblem"; womöglich werde es noch verschärft. Nur in der mythischen Welt der Freihandelsbefürworter komme der Abbau von Handelsschranken allen Menschen zugute, denn die „unsichtbare Hand des Marktes ist unsichtbar, weil es sie gar nicht gibt". Auch der gern gesungene Refrain, Märkte sorgten langfristig für Vollbeschäftigung, sei falsch, denn langfristig „sind wir alle tot". Warum heute immer mehr Menschen glauben, die Globalisierung sei nur benutzt worden, um das angloamerikanische Wirtschaftsmodell durchzusetzen, ist für Stiglitz leicht zu erklären: Die Welthandels- und Weltfinanzordnung ist strukturell ungerecht; in ihr „fließt das Geld von unten nach oben", von den Armen zu den Reichen. „Die Mindereinnahmen, die die reichen Länder den armen Ländern durch Handelshemmnisse bescheren, sind dreimal höher als die gesamte Entwicklungshilfe, die sie leisten." [...] Überaus beredt führt Stiglitz Klage über westliche Doppelmoral, über die Rhetorik der gespaltenen Zunge. Mit salbungsvollen Worten predigten Industrieländer dem Rest der Welt die Vorzüge der Demokratie; tatsächlich fördern sie oft genug die Korruption. Ölgesellschaften unterstützen repressive Regime mit Schecks; Konzerne, ansonsten „Schrittmacher des Technologie-Transfers", plündern Bodenschätze. „Bestechung, Betrug und ungleiche Verhandlungsmacht beschneiden die Beträge, die rechtmäßig den Entwicklungsländern zustehen sollten." Unternehmen „stehlen" das tradierte Wissen der Entwicklungsländer, um anschließend dafür Nutzungsgebühren zu verlangen. [...] Überzeugend belegt Stiglitz, wie die Globalisierung jungen Demokratien das Leben schwer macht. Hierzulande wird gern und professoral von failing states geredet, von zerfallenden Staaten. Als Gründe werden Korruption und Schlendrian, überhaupt alle Formen von Misswirtschaft genannt. Das ist für Stiglitz nur die halbe Wahrheit. Staaten zerbrechen auch deshalb, weil sich die gewählten Regierungen erst gar nicht bewähren dürfen. Eben erst in die Freiheit entlassen, werden sie von Konzernen an die Kandare genommen oder vom IWF gezwungen, ihre Geldpolitik an „Experten" abzugeben. Kaum sind die alten Kolonialherren von der Bildfläche verschwunden, sitzen die neuen schon am Tisch.

Thomas Assheuer, Die Zeit, 9.11.2006

Aufgabe

Arbeiten Sie aus den Texten die Pro- und Kontra-Argumente zur Frage „Nützt die Globalisierung den Entwicklungsländern?" heraus und beurteilen Sie diese Frage. (M 1, M 2)

4.2 Entwicklungspolitik

Leitfragen	Was motiviert die Industrieländer zur Entwicklungszusammenarbeit?	Was sind die Ziele der Entwicklungspolitik?	Welche entwicklungspolitischen Strategien helfen bei der Bekämpfung von Armut und Unterentwicklung?

Motive für Entwicklungszusammenarbeit

Seit den 1960er Jahren gibt es Versuche der Industrieländer, ärmere Staaten bei der ökonomischen und gesellschaftlichen Entwicklung zu unterstützen. Der lange Zeit gebräuchliche Begriff „Entwicklungshilfe" wurde später durch den neutraleren Begriff der **Entwicklungspolitik** ersetzt. Um zu verdeutlichen, dass Erfolge sowohl Bemühungen der unterstützenden als auch der zu entwickelnden Staaten benötigen, wird heute vielfach von **Entwicklungszusammenarbeit** oder **Entwicklungspartnerschaft** gesprochen.

Die dargestellte Kluft zwischen den Gesellschaften der Industrieländer und dem armen Teil der Welt bedeutet eine politische und moralische Herausforderung für die Staatengemeinschaft, gerade wenn man angesichts globaler Bedrohungen die Weltbevölkerung als Schicksalsgemeinschaft betrachtet (→ Kap. 6.2).

- Der Gegensatz zwischen Arm und Reich wird als Ungerechtigkeit gesehen, die aus **ethisch-moralischen Gründen** die reichen Gesellschaften zur Hilfe verpflichtet, zumal die Politik der Kolonialzeit eine Grundlage für etliche Fehlentwicklungen gebildet hat (Grenzziehungen, Ausbeutung von Bodenschätzen etc.). Daraus erwächst eine **besondere Verantwortung** für die Industrieländer.
- Es gibt ein **Eigeninteresse der Industrieländer** an einer Verbesserung der Situation in den Entwicklungsländern: Die zunehmenden Migrationsbewegungen sollen durch verbesserte Lebensbedingungen in deren Heimatländern verringert werden. Verbreitete Armut und Perspektivlosigkeit in den Entwicklungsländern kann unter Umständen auch die Unterstützung in der Bevölkerung für terroristische Bewegungen bzw. diktatorische Regierungen erhöhen und gilt dementsprechend als Sicherheitsrisiko.
- Daneben spielen **wirtschaftliche Motive** eine Rolle: Die inzwischen erfolgreichen Schwellenländer vor allem Asiens sind für die Industrieländer nicht nur zu Konkurrenten geworden, sondern entwickeln sich auch zu wichtigen Absatzmärkten.

Ziele und Strategien

Während das grundlegende Ziel von Entwicklungspolitik – eine Verbesserung der wirtschaftlichen Lage – über die Jahre gleichgeblieben ist, haben sich die bevorzugten Strategien zum Erreichen dieses Ziels gewandelt.

Die Grundbedürfnisstrategie

Versuchte man in den 1960er Jahren, Entwicklung vor allem durch wirtschaftliches Wachstum zu erreichen und damit dem Vorbild der Industrieländer nachzustreben (Zuführung von Kapital, Einbindung in den Weltmarkt), setzte man angesichts deutlicher Misserfolge bei der Bekämpfung der Massenarmut ab Mitte der 1970er Jahre auf die Befriedigung der Grundbedürfnisse der Bevölkerung.

Mit der sog. **Grundbedürfnisstrategie** wollte man erreichen, dass alle Menschen Zugang zu lebenswichtigen Gütern und Dienstleistungen bekommen und so die Versorgung mit Nahrung, Wasser, Bildung, Kleidung und Wohnung gesichert wird. Ziele waren folgerichtig die Förderung der Landwirtschaft, die Durchsetzung von Landreformen und der Ausbau der Infrastruktur (Gesundheitsversorgung, Bildungseinrichtungen, Verkehrssysteme etc.).

Die Millenniumsziele

Bei der UN-Vollversammlung im September 2000 – auch Millenniums-Gipfel genannt – wurden angesichts der nach wie vor unbefriedigenden Situation in einem großen Teil der Entwicklungsländer acht sog. **Millenniumsziele** proklamiert:

- Halbierung des Anteils der Weltbevölkerung, der an extremer Armut und Hunger leidet;
- Gewährleistung der Grundschulbildung für alle Kinder;
- Förderung der Gleichstellung der Geschlechter und Stärkung der Frauenrechte;
- Senkung der Kindersterblichkeit;
- Verbesserung der Gesundheit von Müttern;
- Bekämpfung von HIV, Malaria und anderen übertragbaren Krankheiten;
- Sicherung der ökologischen Nachhaltigkeit, verstärkter Umweltschutz;
- Aufbau einer weltweiten Entwicklungspartnerschaft.

Eine Verwirklichung dieser Ziele **bis zum Jahr 2015** wird angestrebt.

Aktuelle Leitmotive

Die heutige Entwicklungspolitik ist durch folgende Grundideen geprägt:

- Prinzip der **„Hilfe zur Selbsthilfe"**: Ohne Einbindung der lokalen Bevölkerung und Berücksichtigung der jeweiligen natürlichen und gesellschaftlichen Rahmenbedingungen ist erfolgreiche Entwicklung nicht möglich. Es müssen Techniken entwickelt und angewandt werden, die auf Dauer von der ansässigen Bevölkerung genutzt werden können. Damit sollen Möglichkeiten einer langfristigen eigenständigen Erzielung von ausreichenden Erträgen aufgezeigt werden – sei es zur Selbstversorgung oder zur Vermarktung.

- **Nachhaltige Entwicklung** muss auch in ökologischer Hinsicht gewahrt sein. Alle Projekte müssen auf Ressourcenverbrauch und Umweltverträglichkeit hin überprüft und Hilfen zur Vermeidung der armutsbedingten Vernichtung natürlicher Ressourcen (z. B. Abholzung von Wäldern) geleistet werden.

© Bergmoser + Höller Verlag AG 625 290

- Ein wichtiger Faktor ist der **Kampf gegen Analphabetismus**, um die Bildungschancen breiter Bevölkerungsschichten zu erhöhen.

- Zentral für verbesserte Lebensbedingungen sind die **Förderung von Frauen** und ein Ende ihrer Diskriminierung in vielen traditionellen, vor allem islamischen Gesellschaften. Erfahrungen zeigen, dass die verstärkte Einbeziehung der Frauen erst die Voraussetzung für den Erfolg vieler Entwicklungsprojekte schafft.

- Die negativen Wirkungen von **„Bad Governance"** werden stärker als früher bedacht. So wird die Vergabe von Entwicklungsgeldern seit einiger Zeit auch an gute Regierungsführung in den „Empfängerländern" gebunden (Demokratisierung, Achtung der Menschenrechte). Allerdings ist der Einfluss ausländischer Entwicklungspolitik auf das Verhalten von Regierung und Verwaltung in Entwicklungsländern i. d. R. begrenzt.

Der deutschen Entwicklungspolitik liegen **vier Leitbilder** zugrunde:

- Bekämpfung der weltweiten Armut;
- Globaler Umweltschutz;
- Frieden sichern und Demokratie fördern;
- Gerechte Gestaltung der Globalisierung.

Nachhaltige Entwicklung

Das Konzept der Nachhaltigkeit stammt ursprünglich aus der Forstwirtschaft und bezeichnet ein Bewirtschaftungsprinzip, nach dem nicht mehr Holz geerntet wird, als nachwachsen kann. Nachhaltigkeit heißt konkret: Wir dürfen heute und hier nicht auf Kosten der Menschen in anderen Regionen der Erde und auf Kosten zukünftiger Generationen leben. Für den Umgang mit unserer Umwelt bedeutet das, dass mit Blick auf die heutigen und zukünftigen Generationen ein sorgfältiger und effizienter Umgang mit Ressourcen gepflegt werden muss.

1992 hat sich die internationale Staatengemeinschaft auf der Konferenz der Vereinten Nationen für Umwelt und Entwicklung in Rio de Janeiro auf das Leitbild der nachhaltigen Entwicklung („sustainable development") verständigt. In der Rio-Deklaration werden der gemeinsame Wille und die gemeinsame Verantwortung zum Ausdruck gebracht, die Ressourcen der Erde künftig so behutsam zu nutzen, dass alle Länder der Erde gerechte Entwicklungschancen erhalten, die Entfaltungschancen zukünftiger Generationen aber nicht geschmälert werden. Die Agenda 21, das Aktionsprogramm für das 21. Jahrhundert, enthält [...] Handlungsempfehlungen zur nachhaltigen Bewirtschaftung von Ressourcen. Adressaten der Agenda 21 sind nicht nur die Regierungen der Nationalstaaten, sondern auch die einzelnen Bürger, die Selbstverwaltungskörperschaften und die gesellschaftlichen Gruppen. Inzwischen durchzieht das Leitbild der „nachhaltigen Entwicklung" sowohl die globale als auch die europäische und deutsche Politik.

Nach: Nachhaltigkeit als Handlungsauftrag, auf: www.bmu.de (Seiten des Bundesministeriums für Umwelt, Naturschutz und Reaktorsicherheit)

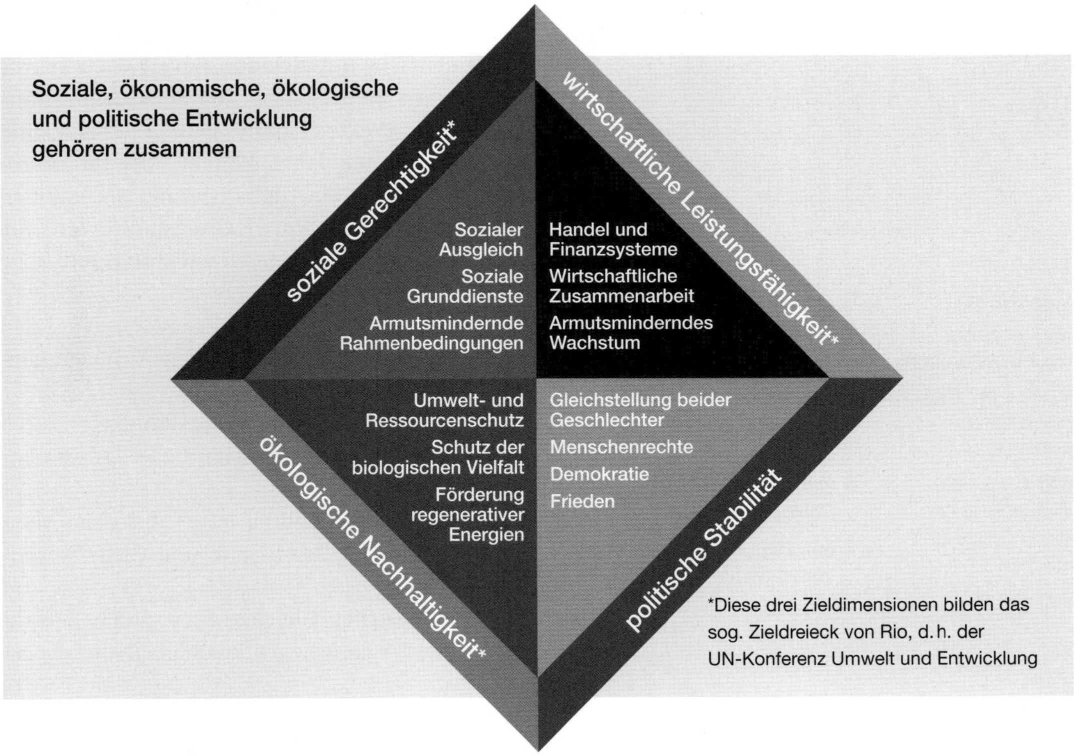

Leitmotiv der deutschen Entwicklungspolitik ist eine global nachhaltige Entwicklung, die gleichermaßen wirtschaftliche Leistungsfähigkeit, soziale Gerechtigkeit, ökologische Tragfähigkeit und politische Stabilität beinhaltet.

Akteure der Entwicklungspolitik

- **UN-Organisationen** (z.B. UNDP, das Kinderhilfswerk UNICEF, Weltbank) sind wichtige Akteure auf dem Feld der Entwicklungszusammenarbeit. Die wichtigste internationale Organisation zur Vermittlung von Krediten für entwicklungspolitische Programme und Projekte ist die **Weltbank** (→ Kap. 2.6.5). 2009 vergab die Weltbank Mittel in Höhe von insgesamt 46,9 Milliarden US-Dollar für 303 Projekte in Entwicklungsländern.

Etat des Bundesministeriums für wirtschaftliche Zusammenarbeit und Entwicklung (BMZ) 2013

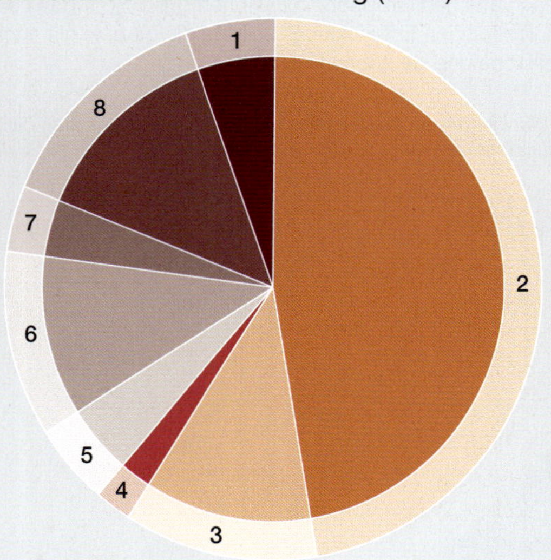

1 ■ 318.800.000 € (5,1%) Vereinte Nationen und internationale Einrichtungen

2 ■ 3.007.544.000 € (47,8%) Bilaterale staatliche Zusammenarbeit

3 ■ 729.600.000 € (11,6%) Zivilgesellschaftliche und wirtschaftliche Gruppen und Institutionen

4 ■ 129.267.000 € (2,1%) Bundesministerium

5 ■ 301.518.000 € (4,8%) Ernährungssicherung und globaler Umweltschutz

6 ■ 694.000.000 € (11,0%) Europäische Entwicklungsfonds

7 ■ 248.417.000 € (3,9%) Regionalbanken

8 ■ 867.295.000 € (13,8%) Weltbank/IWF

GESAMT 6.296.441.000 €

Nach: BMZ

- Die **Europäische Union** unterhält eine entwicklungspolitische Partnerschaft mit den ehemaligen Kolonien der EU-Staaten (AKP-Länder; AKP = Asien, Karibik, Pazifik).

- **Kirchliche Organisationen** engagieren sich z.B. mit dem evangelischen Hilfswerk „Brot für die Welt" oder dem katholischen Hilfswerk „Misereor".

- **Staatliche Institutionen** wie die Gesellschaft für technische Zusammenarbeit (GTZ) oder die Kreditanstalt für Wiederaufbau (KfW) führen Entwicklungsprojekte und Programme durch bzw. unterstützen diese finanziell.

- **Freie Träger/Nichtregierungsorganisationen** wie Terre des Hommes, Ärzte ohne Grenzen oder die Deutsche Welthungerhilfe finanzieren sich hauptsächlich über Spenden und führen zahlreiche Entwicklungshilfeprojekte durch.

- Die Entwicklungspolitik Deutschlands wird wesentlich vom **Bundesministerium für wirtschaftliche Zusammenarbeit und Entwicklung** (BMZ) betrieben, dessen Etat im Jahr 2013 bei 6,3 Milliarden Euro lag. Leitprinzip der deutschen Entwicklungspolitik sind die in Art. 1 Abs. 3 GG festgelegten „Menschenrechte als Grundlage jeder menschlichen Gemeinschaft, des Friedens und der Gerechtigkeit". Mit entwicklungspolitischen Projekten soll die deutsche Entwicklungspolitik dazu beitragen, dass Menschen in den Entwicklungsländern in Freiheit, ohne materielle Not und selbstbestimmt leben können. Die Bundesregierung sieht die Globalisierung als Rahmen für erfolgreiche Entwicklungspolitik an. Sie nennt insgesamt vier entwicklungspolitische Ziele:

1. **Soziale Gerechtigkeit** durch Armutsminderung und sozialen Ausgleich.
2. **Wirtschaftliche Leistungsfähigkeit** durch Wachstum und wirtschaftliche Zusammenarbeit.
3. **Politische Stabilität** durch Frieden, Menschenrechte, Demokratie und Gleichberechtigung.
4. **Ökologisches Gleichgewicht** durch Bewahrung der natürlichen Ressourcen als Lebensgrundlage.

© Bergmoser + Höller Verlag AG 625 310

Entwicklungspolitik: Anspruch und Realität

Damit die Ziele der Entwicklungszusammenarbeit keine unrealistischen Wunschvorstellungen bleiben, wurde 2002 eine Konferenz der Vereinten Nationen zur Entwicklungsfinanzierung auf der Ebene der Staats- und Regierungschefs in Monterrey/Mexiko einberufen, an der auch Vertreter aus Wirtschaft und von Nichtregierungsorganisationen teilnahmen. Sie thematisierte als erste UN-Konferenz alle Grundprobleme der Entwicklungsfinanzierung: die Mobilisierung eigener Mittel in Entwicklungsländern, ausländische Direktinvestitionen, den internationalen Handel, öffentliche Entwicklungshilfe, das Problem der Verschuldung und die Regeln des internationalen Finanz- und Handelssystems. Eine Leitfrage war, wie die Erreichung der Millenniumsziele finanziert werden könne. Der **„Monterrey-Konsens"** enthält wichtige Elemente einer effektiveren Entwicklungspolitik:

- Die Industrieländer bestätigten die Untergrenze für öffentliche Entwicklungshilfe von **0,7 Prozent des Bruttosozialprodukts** (BSP) und sagten eine bessere Abstimmung ihrer Hilfe sowie Schuldenerleichterungen für die armen Länder und entwicklungsfreundliche Reformen der Welthandels- und Weltfinanzordnung zu.
- Die Verantwortung der Entwicklungsländer für **„Good Governance"** und jene der Industrieländer für **faire weltwirtschaftliche Rahmenbedingungen** wurde bekräftigt.
- Die Zusagen mehrerer Staaten summierten sich zwar auf 16 Mrd. US-Dollar bis 2006, vorsichtige Schätzungen errechnen aber einen Finanzbedarf von mindestens 50 Mrd. US-Dollar, um die „Millenniumsziele" bis 2015 zu erreichen.

Im Jahr 2008 fand in Doha eine UN-Folgekonferenz zur Entwicklungsfinanzierung statt. Diese sollte weiter reichende Akzente für die Entwicklungszusammenarbeit setzen. Unter dem Einfluss der Finanzkrise wurde eine drohende Kürzung der Entwicklungshilfe zwar abgewendet und die

Ziele von Monterrey wurden bekräftigt. Es konnten jedoch keine weiteren verbindlichen Vereinbarungen getroffen werden.

Die UN-Vollversammlung hatte bereits 1970 das Ziel gesetzt, die Industrieländer zu einer Abgabe von 0,7 Prozent ihres Bruttosozialprodukts für die Entwicklungszusammenarbeit zu bewegen. Hinter diesem Ziel bleiben seitdem die meisten Länder weit zurück, unter ihnen auch Deutschland.

Kritik an der Entwicklungspolitik

Angesichts der nach wie vor problematischen Lebensbedingungen in vielen Entwicklungsländern wird immer wieder Kritik an der Praxis der Entwicklungspolitik laut. Die Kritik bezieht sich vor allem auf die folgenden Aspekte:

- Die Industrieländer bleiben nach wie vor weit hinter dem Ziel zurück, 0,7 Prozent ihres BSP für öffentliche Entwicklungshilfe aufzuwenden.
- Die wirksamste Hilfe für Entwicklungsländer wäre die Chance, ihre Produkte vor allem aus der Landwirtschaft in die Industrieländer exportieren zu können. Die Industrieländer verhindern dies aber durch protektionistische Maßnahmen (→ Kap. 6.4.1).
- Radikale Kritiker auch aus den Entwicklungsländern fordern die Einstellung der Entwicklungshilfe: Durch Hilfslieferungen würden die lokalen Märkte und Produktionsstrukturen zerstört, während Geldhilfen häufig nur der persönlichen Bereicherung von Eliten dienten.
- In Deutschland wurde sehr kontrovers über Entwicklungspolitik diskutiert, da Entwicklungshilfen z. T. erst gar nicht bei den Hilfsbedürftigen ankamen, weil viele Gelder in Verwaltungen oder korrupte Apparate flossen.
- Problematisch ist, dass es kaum Instrumente gibt, mit denen die Nichteinhaltung von entwicklungspolitischen Vereinbarungen sanktioniert werden können.
- Entwicklungspolitik ist zudem politisch wenig reizvoll, da Wähler ihre Erfolge i. d. R. nicht unmittelbar erkennen können.

Karikatur: Mester / Baaske Cartoons

Aufgaben

1. Verfassen Sie einen Lexikoneintrag zu dem Begriff Entwicklungspolitik. Gehen Sie dabei auch auf Akteure, aktuelle Strategien sowie die deutsche Entwicklungspolitik ein.
2. Stellen Sie anhand der Texte und Grafiken dar, inwiefern die Ziele der Entwicklungspolitik bzw. Entwicklungsstrategien nicht erreicht werden. Nennen Sie mögliche Gründe.
3. Recherchieren Sie in Gruppen ein Projekt zur Entwicklungszusammenarbeit. Stellen Sie das Projekt und seine Ziele dar und überprüfen Sie, inwiefern die aktuellen Leitmotive zum Tragen kommen.

M Warum schadet Entwicklungshilfe?

Seit einem halben Jahrhundert mühen sich die reichen Industrieländer mit viel Geld, immer neuen Hilfsprogrammen und guten Ratschlägen um die Entwicklung der armen Staaten. Nutzen bringt das vor allem den Geberländern: Unter der Flagge der Wohltätigkeit ist eine riesige Hilfsindustrie entstanden, die sich nahezu verselbständigt hat. Ein undurchschaubares Geflecht aus supranationalen, staatlichen, halbstaatlichen und privaten Organisationen und Unternehmen lebt von der Entwicklungshilfe, die in den Geberländern zahlreiche Arbeitsplätze schafft. Ihren Vertretern gelingt es, als Stimme der Armen aufzutreten und immer höhere Hilfszusagen und Verpflichtungen der Reichen einzufordern.

Einen vorläufigen Höhepunkt markiert das Jahr 2000. Staats- und Regierungschefs aus 189 Ländern beschlossen [...] die Entwicklungsziele für das neue Millennium. An vorderer Stelle stehen die Halbierung der extremen Armut bis zum Jahr 2015 und eine Grundschulbildung für jedes Kind. In Deutschland hat man daraufhin den Etat des Bundesministeriums für wirtschaftliche Zusammenarbeit und Entwicklung [...] kräftig aufgestockt, zuletzt um mehr als 14 Prozent auf mittlerweile rund 5 Milliarden Euro. Entwicklungshilfe darf es freilich längst nicht mehr heißen, politisch korrekt ist nur noch von „Entwicklungszusammenarbeit“ die Rede. Dies soll den Eindruck fördern, hier begegneten sich zwei Partner – Geber und Empfänger – gleichberechtigt, und es treffe nicht ein auf guten Willen angewiesener Bittsteller seinen Förderer. Das entspricht aber nicht den Tatsachen.

An Statistiken der Not, die das Anliegen der Befürworter von Entwicklungspolitik eindrucksvoll stützen, fehlt es nicht. Das Entwicklungsministerium listet sie auf seiner Homepage auf: Elf Millionen Kinder sterben jährlich vor ihrem fünften Geburtstag. Eine Milliarde Menschen und damit jeder Sechste hat weniger als einen Dollar am Tag zum Leben. Auch Umweltschäden als Folge mangelnder Wirtschaftskraft alarmieren den Westen, etwa die jährliche Rodung von 20.000 Hektar Waldflächen, zweimal die Fläche von Paris. So gewaltig die Probleme, so fragwürdig sind die Versuche, ihnen mit Mitteln der Entwicklungshilfe beikommen zu wollen. Der enorme finanzielle Einsatz trägt allenfalls magere Früchte. Punktuellen oder zeitlich befristeten Erfolgen stehen grandiose Fehlschläge gegenüber. Das freilich bekümmert die Entwicklungspolitiker nicht. Weil die Lebenssituation der Menschen eines Landes von vielen Faktoren abhänge, ließen sich Entwicklungserfolge nur schwer messen und der Unterstützung einzelner Geber zuordnen, schreibt das Entwicklungsministerium. Im Klartext heißt dies: Rechenschaft über die sinnvolle Verwendung der Gelder ist gar nicht möglich. Zu einem Synonym für das Versagen der weltweiten Entwicklungspolitik ist gleichwohl mittlerweile Schwarzafrika geworden: Hier geht es vielfach gerade den Ländern am schlechtesten, die über Jahrzehnte die meiste Hilfe bekommen haben.

Die erfolgreiche wirtschaftliche Aufholjagd Chinas, Indiens oder der asiatischen Tigerstaaten in den vergangenen beiden Dekaden ist hingegen weder in erster noch in zweiter Linie Entwicklungshilfegeldern geschuldet, sondern der Einführung einer verhältnismäßig stabilen marktwirtschaftlichen Ordnung, der Öffnung für den Welthandel und der Einrichtung halbwegs tragfähiger Rechtssysteme, die das Eigentum schützen. All das sind Faktoren, die Ökonomen seit langem als zwingende Voraussetzung für wirtschaftlichen Erfolg identifiziert haben. Kapital- und Technologietransfer verpufft wirkungslos, wenn es an einem verlässlichen institutionellen Rahmen fehlt, der Investitionen schützt und Handel ermöglicht. Bis heute versucht man in den Geberländern der Erkenntnis auszuweichen, dass die Entwicklungshilfe vielen Empfängern

womöglich sogar mehr schadet als nutzt – weil sie abhängig macht, Passivität fördert und die Korruption blühen lässt. Seit 1990 ist beispielsweise der Lebensstandard in weiten Teilen Afrikas südlich der Sahara gesunken, also in jenen Ländern, die bevorzugtes Ziel von Entwicklungsgeldern aus aller Welt sind. Dennoch wird dies nicht zum Anlass genommen, den Sinn der Hilfe als solche in Frage zu stellen. [...]

Debattiert wird stattdessen über die Höhe der Zahlungen und die Qualität sowie Konditionen der Hilfsprogramme. Dies obwohl heftige Kritik mittlerweile selbst aus den Empfängerländern kommt. Zu den schärfsten Gegnern gehört der liberale kenianische Wirtschaftswissenschaftler James Shikwati. Er wirft den Geberländern vor, dass ihre Hilfsgelder die Politik korrumpieren, den Staatssektor aufblähen und in fragwürdige Infrastrukturvorhaben fließen und so den Aufbau produktiver Industrien verhinderten. Die besten Köpfe des Landes wetteiferten um einen Anteil an der Hilfe. Die Nahrungsmittelprogramme zerstörten die Landwirtschaft, weil kein Bauer mit seinen Preisen gegen die kostenlosen Hilfslieferungen konkurrieren könne. Kleiderspenden vernichteten Arbeitsplätze in der Textilindustrie. Shikwati hält den Gebern auch vor, in erster Linie eigene Interessen zu verfolgen: den Zugang zu Rohstoffen und politischem Einfluss zu sichern und Arbeitsplätze für die eigenen Entwicklungshelfer zu schaffen. „Wer Afrika helfen will, darf kein Geld geben“, verlangt der Ökonom. Unglücklicherweise seien die Europäer in ihrem Eifer, Gutes zu tun, keinerlei Argumenten mehr zugänglich. Auch der Friedensnobelpreisträger Mohamud Yunus, Begründer der Grameen-Bank, die Mikrokredite an Kleinunternehmer vergibt, macht eine bedrückende Rechnung auf: Drei Viertel der für sein Heimatland Bangladesch vorgesehenen Hilfen seien im Geberland hängengeblieben, der Rest in der öffentlichen Verwaltung seines Landes versickert. In den Industrieländern dient die Entwicklungshilfe überdies dazu, Debatten über wirksamere Maßnahmen zur Förderung der Wirtschaft in den Entwicklungsländern zu verhindern. Gegen die subventionierte Agrarproduktion der Industrieländer hat die Konkurrenz aus Entwicklungsländern einen schweren Stand, zumal oft Handelsbarrieren hinzukommen. Die sichtbaren Entwicklungsgelder wiegen den Schaden nicht auf, den die Industrieländer über öffentlich kaum wahrgenommene Subventionen und Abschottung der Märkte den schwächeren Staaten zufügen.

Doch Entwicklungsländer haben nur dann eine echte Chance aufzuholen und zu Partnern auf Augenhöhe zu werden, wenn es gelingt, sie in den Weltmarkt einzubinden und über die Arbeitsteilung Kapital und Wissen ins Land zu holen. Dann freilich werden sie den alten Industrieländern als Konkurrenten schnell bedrohlich – im Übrigen selbst in der Entwicklungspolitik. China macht es vor: In Afrika sichert sich China, obwohl es selbst noch bevorzugter Empfänger deutscher Entwicklungshilfe ist, mit Entwicklungsgeldern schon den Zugang zu Rohstoffen und Märkten.

Heike Göbel, Frankfurter Allgemeine Zeitung, 23.4.2008

Aufgaben

1. Setzen Sie sich kritisch mit den Argumenten gegen die bestehende Entwicklungspolitik auseinander und nehmen Sie anschließend Stellung zu der Frage, ob Entwicklungspolitik mehr Schaden anrichtet, als dass sie hilft. (M)
2. Entwickeln Sie mögliche Alternativen zur Entwicklungspolitik.

5 Auf dem Weg zu einer Weltgesellschaft und Weltinnenpolitik?

5.1 Gleiches Recht für alle? Das Völkerrecht im Wandel

Leitfragen | Was ist unter dem Völkerrecht zu verstehen? | Wie kann das internationale Recht weltweit durchgesetzt werden?

Völkerrecht – das Recht der Internationalen Beziehungen

Unter dem Völkerrecht versteht man jene Rechtsnormen, die das Verhältnis von Staaten, ihre gegenseitigen Rechte und Pflichten sowie die Rechtstellung internationaler Organisationen verbindlich regeln. Diese Normen haben sich aus Verträgen und internationalen Abkommen sowie aus langjähriger Praxis auf der Grundlage gemeinsamer Rechtsüberzeugungen gebildet.

Völkerrechtliche Grundsätze

- **Äußere und innere Souveränität**: Alle Staaten genießen souveräne Gleichheit. Die Unverletzlichkeit der Grenzen bzw. des Staatsgebiets und die politische Unabhängigkeit gelten gleichberechtigt für jeden Staat.

- **Interventionsverbot**: Das Prinzip der Nichteinmischung besagt, dass Staaten oder internationale Organisationen nicht das Recht haben, sich in die inneren Angelegenheiten eines Staates einzumischen. Dieser Grundsatz gerät zunehmend in Konflikt mit anderen Normen des Völkerrechts (Schutz der Menschenrechte, Verantwortung der Internationalen Staatengemeinschaft).

- **Pacta sunt servanda**: „Verträge müssen eingehalten werden" – Es gilt das Prinzip der Vertragstreue.

Besonders seit dem Ende des Zweiten Weltkrieges wurde das Völkerrecht durch verschiedene Abkommen ergänzt, die den Schutz der Menschenrechte international garantieren sollen. Das bekannteste Dokument mit dieser Zielsetzung ist die 1948 im Rahmen der Vereinten Nationen beschlossene **Allgemeine Erklärung der Menschenrechte**. Diese Erklärung hat zwar keine rechtlich bindende Wirkung, die darin verankerten Menschenrechte gelten aber qua langjähriger Praxis und gemeinsamer Rechtsüberzeugungen als **Völkergewohnheitsrecht**.

Das **humanitäre Völkerrecht** ist ein Sonderrecht, das für Kriegs- und Konfliktsituationen geschaffen wurde. Es beinhaltet Regeln für den Schutz von Personen, die nicht oder nicht mehr an Kampfhandlungen teilnehmen (wie Verwundete, Kriegsgefangene und Zivilisten) und legt den Konfliktparteien Beschränkungen hinsichtlich der Art und Weise der Kriegsführung auf. Kernstück des humanitären Völkerrechts sind die vier

Völkerrecht

Das Völkerrecht ist eigentlich kein Recht der Völker, sondern regelt die Beziehungen zwischen den Staaten. Ansätze eines solchen „Staatenverkehrsrechts" gab es schon in den frühen Hochkulturen und in der Antike. Mit dem Ende des Dreißigjährigen Krieges 1648 begann die Zeit des klassischen Völkerrechts; im „Westfälischen Frieden" wird erstmals die Souveränität der Staaten betont. Seit 1919 spricht man vom „modernen Völkerrecht", mit der Verabschiedung der Satzung des Völkerbundes.

Nach: Uli Jäger, Pocket global, Bundeszentrale für politische Bildung, Bonn 2004

Genfer Abkommen (auch: **Genfer Konventionen**) von 1949 und ihre Zusatzprotokolle von 1977 und 2005. An die Abkommen sind fast alle Staaten der Welt gebunden: Derzeit sind 194 Staaten Vertragsparteien der vier Genfer Abkommen.

Internationale Gerichte als Instrumente des Völkerrechts

Im Gegensatz zum innerstaatlichen Recht fehlten lange Zeit Möglichkeiten, völkerrechtliche Normen mithilfe von Gerichten durchzusetzen. 1946 gründete die UNO den **Internationalen Gerichtshof** (IGH) mit Sitz in Den Haag, vor dem Staaten wegen Verletzung von Verträgen oder Abkommen klagen und verklagt werden können. Voraussetzung für die Wirksamkeit seiner Urteile ist, dass sich die Staaten seiner Gerichtsbarkeit unterstellen und die Urteile akzeptieren. Mit seinen Entscheidungen trägt der IGH zur Weiterentwicklung des Völkerrechts bei.

Nachdem die UNO jeweils UN-Kriegsverbrechertribunale für die im ehemaligen Jugoslawien und in Ruanda verübten Kriegsverbrechen etabliert hatte, wurde die Gründung des ständigen **Internationalen Strafgerichtshofs** (IStGH) im Jahre 2002 als Durchbruch bei der strafrechtlichen Verfolgung schwerster Menschenrechtsverletzungen gefeiert. Grundlage seiner Arbeit ist das **Statut von Rom**, das bisher von 122 Staaten ratifiziert wurde. Nicht mit dabei sind die USA. Sie hatten das Statut zwar unterschrieben, die Unterzeichnung aber wieder zurückgenommen. Der Grund: Vor dem IStGH können Individuen entweder wegen eines Verbrechens in einem Unterzeichnerland angeklagt werden oder, wenn sie die Staatsangehörigkeit eines Unterzeichnerlandes besitzen. Die USA wollen aber verhindern, dass sich US-Staatsangehörige vor dem IStGH verantworten müssen.

Das Gericht verfolgt **Völkermord, Verbrechen gegen die Menschlichkeit und Kriegsverbrechen**, die vor nationalen Gerichten straffrei blieben. Bei ihrer Verfolgung von Verbrechen gegen die Menschlichkeit können sich die 18 Richter auf einen festen Katalog stützen, der diesen Straftatbestand genauer definiert und der von allen Unterzeichnerstaaten gebilligt wurde. Folter und Vergewaltigung fallen genauso darunter wie Verfolgung aus ethnischen oder religiösen Gründen, Deportationen oder Sklaverei. Auch „Verbrechen der Aggression“ und „Terrorismus“ sollen verfolgt werden, sobald sich die Mitglieder auf eine juristische Definition dieser Tatbestände geeinigt haben.

Der Internationale Strafgerichtshof

Das Gericht

Präsident
Sang-Hyun Song
(Südkorea)

\+ 17 weitere Richter

Ehemalige Richter bleiben im Amt, bis ihr Fall beendet ist.

- eigenständig
- kein Teil der UN
- Sitz in Den Haag (NL)

Richter und Chefankläger werden von Versammlung der Vertragsstaaten bestimmt.

Derzeit haben 122 Länder den Vertrag (das Römische Statut) ratifiziert und weitere 30 unterschrieben, aber noch nicht ratifiziert.

Anklagebehörde

Chefankläger
Luis Moreno-Ocampo
(Argentinien, bis Juni 2012)

seit Juni 2012
Fatou Bensouda
(Gambia)

Die Angeklagten

Individuen, keine Staaten

wegen:

- Völkermord
- Verbrechen gegen die Menschlichkeit
- Kriegsverbrechen
- Verbrechen der Aggression (Anwendung frühestens 2017)

Das Verfahren

Voraussetzung:
Der Staat, in dem das Verbrechen begangen wurde, kann oder will die Straftat nicht verfolgen.

1. Internationaler Strafgerichtshof wird aktiv auf/wegen:
   - Initiative eines Vertragsstaates
   - Resolution des UN-Sicherheitsrats
   - Initiative des Anklägers
2. Ermittlungen
3. Vorermittlungskammer (Pre-Trial) tritt zusammen, Vorladung des Angeklagten, ggf. wird Haftbefehl ausgestellt
4. Prozess
   Höchststrafe
   30 Jahre Haft oder lebenslänglich

Bedingungen für Anklage

- Taten müssen nach Inkrafttreten des Römischen Statuts (am 1.7.2002) begangen worden sein.
- Verbrechen wurden in einem Vertragsstaat verübt oder
- Angeklagter hat Staatsangehörigkeit eines Vertragsstaates.

Fälle

bisher Verfahren wegen Verbrechen in **Uganda**, der **Dem. Rep. Kongo**, **Sudan**, **der Zentralafrik. Republik**, **Kenia**, **Libyen** und der **Elfenbeinküste**

Quelle: IStGH, Römisches Statut, Auswärtiges Amt

© Globus 4892

Der IStGH kann keine Verbrechen ahnden, die vor dem 1. Juli 2002 – seinem offiziellen Gründungstag – begangen wurden. Die erste Anklage erhob das Gericht Ende Januar 2007 gegen den kongolesischen Milizenführer Thomas Lubanga, dem die Rekrutierung von Kindersoldaten in der Demokratischen Republik Kongo vorgeworfen wurde. Er ist auch der erste Angeklagte, der im Rahmen eines aufwendigen Gerichtsverfahrens vom IStGH am 14. März 2012 für schuldig gesprochen wurde. Im März 2009 erließ der Internationale Strafgerichtshof erstmals einen Haftbefehl gegen ein amtierendes Staatsoberhaupt: Der sudanesische Präsident Umar al-Baschir soll sich vor dem Gericht wegen Kriegsverbrechen, Völkermord und Verbrechen gegen die Menschlichkeit in der sudanesischen Provinz Darfur verantworten.

Wandel des Völkerrechts – Interventionsverbot vs. humanitäre Interventionen

Es stellt sich die Frage, ob völkerrechtliche Grundsätze, wie das in der UN-Charta festgeschriebene Gewaltverbot, das Souveränitätsprinzip und das Nichteinmischungsgebot in innere Angelegenheiten eines Staates, verletzt werden dürfen. Nämlich wenn die Menschenrechte innerhalb eines Staates nicht mehr gelten und z. B. Völkermorde geschehen. Im Kern geht es also um eine Abwägung zweier völkerrechtlicher Grundsätze: Auf der einen Seite steht die Achtung und der Schutz der staatlichen Souveränität und Nichteinmischung in die inneren Angelegenheiten eines Staates. Auf der anderen Seite die Achtung und der Schutz der Menschenrechte, dabei vor allem der Schutz des Lebens. Zum Schutze des Lebens sollen militärische Zwangsmittel auf fremden Territorien eingesetzt werden dürfen. Dies bedeutet aber massive Gewalt anzuwenden, ja Krieg für „höhere" Ziele zu führen.

Humanitäre Intervention bedeutet, so einige Kritiker, die Ausschaltung des staatlichen Souveränitätsprinzips und das Führen eines Angriffskrieges, was folglich einen Bruch des bisherigen Völkerrechts darstellt. Diese Rechtsauffassung galt zumindest bis zum Jahr 2006, als der Sicherheitsrat der UN die zuvor von der Generalversammlung beschlossene **„Responsibility to Protect"** (→ Kap. 6.3.2) übernahm. Sie besagt, dass jeder Staat die Pflicht hat, seine Bevölkerung zu schützen. Wenn der Staat dies nicht tut, hat die internationale Gemeinschaft für den Fall, dass die Bevölkerung eines Landes großem Leid ausgesetzt ist, die Pflicht, diesen Schutz zu gewährleisten. Legitimiert ist das Recht zur militärischen Intervention durch einen Beschluss des UN-Sicherheitsrats.

Sind Menschenrechte universell gültig?

Die Geltung der Menschenrechte im Völkerrecht hat ihren Ausgangspunkt in der Gründung der Vereinten Nationen (UNO) 1945, bei der die 51 Gründungsmitglieder die Charta der Weltorganisation annahmen. Im zweiten Absatz der Präambel der Charta bekräftigten die „Völker der Vereinten Nationen" ihren „Glauben an die grundlegenden Menschenrechte, an Würde und Wert der menschlichen Person, an die gleichen Rechte von Männern und Frauen". Gemäß Artikel 1 Nr. 3 der UN-Charta ist es eines ihrer Ziele, „die Achtung vor den Menschenrechten und Grundfreiheiten für alle ohne Unterschied der Rasse, des Geschlechts, der Sprache oder der Religion zu fördern und zu festigen".

Eine zentrale Frage des Völkerrechts ist bis heute, ob die ihr zugrunde liegenden Menschenrechte kulturunabhängig gelten und universell anerkannt werden. Insbesondere stellt sich die Frage, ob die islamisch und asiatisch geprägten Kulturen die durch die westliche Ideengeschichte geprägten Menschenrechte akzeptieren. Der Westen ist bisweilen dem Vorwurf ausgesetzt unter dem Deckmantel der Menschenrechte handfeste Macht- und Interessenpolitik und Kulturimperialismus zu betreiben.

Responsibility to Protect

Der Begriff **„Responsibility to Protect"** (dt. Schutzverantwortung) ist ein relativ neues Konzept der internationalen Politik. Unter diesem Schlagwort wird eine ethische und moralische Verantwortlichkeit der internationalen Staatengemeinschaft, vornehmlich der UN, gegenüber Staaten und ihrer politischen Führung bezeichnet, die innerhalb ihres Territoriums die Kriterien von Good Governance (dt. gute Regierungsführung) entweder nicht erfüllen können oder wollen.

Nach dem westlichen Verständnis der Menschenrechte sind diese vorstaatliche Rechte (→ Kap. 4.1.1), naturrechtlich begründet, unveräußerlich und unwandelbar. Es handelt sich um Individualrechte, vor allem politische Freiheitsrechte, die sich als Schutzrechte des Einzelnen gegenüber dem Staat historisch herausgebildet haben.

Diese Auffassung der Menschenrechte steht im Spannungsfeld zum asiatischen Verständnis von Menschenrechten. Der Konfuzianismus vertritt z.B. die Auffassung, dass der Mensch als soziales Wesen [...] allein kein Menschenrecht habe. Vielmehr wird von der grundsätzlichen Gleichwertigkeit von individuellen und kollektiven Rechten ausgegangen. Im Zweifel stehen die kollektiven vor den individuellen Rechten: „Der Mensch ist in seinen Anlagen gleich, aber in seinem gesellschaftlichen Leben ungleich. [...] Jeder Mensch hat von Natur ein Potential zur Entwicklung seiner Würde, doch hängt es von seinem gesellschaftlichen Verhalten ab, inwieweit er diese Würde realisiert. Die Würde des Menschen ist damit viel stärker in einen gesellschaftlichen Kontext eingebunden. Sie ist eine soziale Eigenschaft, die erst im Leben des einzelnen erworben werden muss, und keine unveräußerliche natürliche Wesensbestimmung des Menschen."

Müller, Sven-Uwe: Konzeptionen der Menschenrechte im China des 20. Jahrhunderts (Mitteilungen des Instituts für Asienkunde Hamburg, 274). Hamburg 1997, Müller, Konzeptionen, S. 18f.

Aufgaben

1. Stellen Sie den Internationalen Strafgerichtshof in einem Kurzreferat vor.

2. Diskutieren Sie die Stärken und Schwächen des Strafgerichtshofs.

3. Recherchieren Sie, welche Verfahren gegenwärtig beim Internationalen Strafgerichtshof anhängig sind. Stellen Sie in Arbeitsgruppen unterschiedliche Fälle mit ihren Schwierigkeiten und Erfolgen vor. (Homepage des ICC: www.icc-cpi.int)

4. Erläutern Sie die beiden im Text dargelegten grundlegenden Probleme des Völkerrechts.

M Das Problem der „Universalität der Menschenrechte“

Der Ausdruck „Universalität der Menschenrechte“ meint die Allgemeingültigkeit der Menschenrechte im Sinne eines Geltungsanspruchs: Es wird der Anspruch erhoben, die Menschenrechte hätten überall für alle Menschen zu gelten.

Die „Geltung für alle Menschen“ hat zwei unterschiedliche, miteinander verknüpfte Bedeutungen:

- Jedes menschliche Wesen kann sich auf dieselben Menschenrechte berufen, um seine elementaren Interessen zu schützen.
- Jedes menschliche Wesen sollte die Geltung derselben Menschenrechte anerkennen.

Universalität als moralischer Anspruch

Die erste, subjektive Bedeutung der Allgemeingültigkeit lässt sich praktisch nur realisieren, wenn die zweite, intersubjektive Bedeutung erfüllt ist, nämlich die Forderung nach der allgemeinen Anerkennung der Menschenrechte. Denn wenn sich jemand auf die Menschenrechte beruft, und in der Mitwelt werden diese nicht anerkannt, so führt das nicht zum Ziel.

Die zweite Bedeutung des universalen Geltungsanspruchs beinhaltet über die bloße Anerkennung hinaus eine moralische Forderung: Jeder Mensch ist verpflichtet, die Menschenrechte von all seinen Mitmenschen zu respektieren. Da man nicht erwarten darf, dass sich alle Menschen an diesen moralischen Grundsatz halten, braucht es tragfähige rechtliche Instrumente, um die universale Anerkennung der Menschenrechte zu garantieren und praktisch wirksam werden zu lassen.

Universalität als positiv rechtliche Tatsache

Der Anspruch auf universale Geltung hat also die Schaffung von positiv rechtlichen Vorkehrungen zur Folge, welche zum Ziel haben, den Schutz der Menschenrechte von allen Menschen auf wirksame Weise zu institutionalisieren. Dies ist der Schritt von der Allgemeingültigkeit als moralischem Geltungsanspruch hin zur Allgemeingültigkeit als einer positiv rechtlichen Tatsache.

Alle Staaten sind mit dem UNO-Beitritt die moralische Verpflichtung eingegangen, diesen Schritt zu vollziehen und den Menschenrechten in ihren nationalen Rechtssystemen volle Geltung zu verschaffen. Anders gesagt: Alle Staaten stehen unter dem moralischen Appell, die internationalen Menschenrechtsverträge zu ratifizieren und sich damit auch rechtlich zu verpflichten, die Menschenrechtsnormen in ihrem Hoheitsgebiet durchzusetzen.

Die fundamentalsten Menschenrechte wie das Folterverbot oder das Sklavereiverbot gehören heute zum Völkergewohnheitsrecht; sie sind für alle Staaten unmittelbar verpflichtend und sind deshalb auch im positiv rechtlichen Sinne universal gültig. Sehr viele Staaten haben außerdem eine ganze Reihe von rechtsverbindlichen internationalen Menschenrechtsabkommen ratifiziert. In diesen Fällen ist die Frage nach der Geltung rechtlich entschieden, auch wenn die positivrechtliche Universalität insgesamt noch lückenhaft ist.

Universale Verpflichtung zum Schutz der Menschenrechte

Zusammengefasst: Aus dem moralischen Anspruch auf universale Geltung der Menschenrechte fließt die Verpflichtung für alle Individuen, institutionellen, staatlichen und nichtstaatlichen Akteure, die Menschenrechte von allen Menschen zu respektieren und zu schützen. Doch nur für die Staaten ist es bis jetzt gelungen, diese Verpflichtung in eine verbindliche rechtliche Form zu kleiden; nur für die Staaten hat die Universalität der Menschenrechte eine gewisse positiv rechtliche Bedeutung.

Alle nichtstaatlichen mächtigen Akteure wie große Wirtschaftsunternehmen, Massenorganisationen, religiöse Vereinigungen etc. unterliegen zwar ihrerseits der moralischen Verpflichtung, die Menschenrechte in ihrem Einflussbereich zu achten und zu schützen. Allerdings ist diese Verpflichtung bis heute erst teilweise in indirekter Form über das allgemeine Rechtswesen verbindlich geregelt. [...]

Zwei Argumentationsweisen

Der universale Geltungsanspruch der Menschenrechte kann auf unterschiedliche Art und Weise mit Begründungen untermauert werden. Grob lassen sie sich einteilen in absolutistische und dialogfähige Begründungen.

Absolutistische Argumentationen begründen die Geltung der Menschenrechte in einer absolut gesetzten Instanz, sei dies Gott, die Vernunft, die menschliche Würde etc. Aus dieser Warte erscheinen dann all jene Menschen, welche die Überzeugung der Allgemeingültigkeit der Menschenrechte nicht teilen, als Irrgläubige, Fehlgeleitete, Bösartige oder Schwachsinnige – jedenfalls als minderwertige Kategorie. Absolutistische Argumentationen leisten den Menschenrechten einen Bärendienst, denn sie werden von jenen, die andere Überzeugungen bevorzugen, nicht zu unrecht als arrogant, rechthaberisch und kulturimperialistisch wahrgenommen.

Dialogfähige Argumentationen für die Allgemeingültigkeit der Menschenrechte zeichnen sich dadurch aus, dass sie zwar die eigene Position mit Überzeugung vertreten, gleichzeitig jedoch diese nicht verabsolutieren, sondern anerkennen, dass es für viele Menschen gute oder auch weniger nachvollziehbare Gründe gibt, um eine andere Position zu vertreten. Im besten Falle gelingt es, mit diesen in einen echten Dialog einzutreten.

Toleranzgebot

Welches sind nun die praktischen Konsequenzen des dialogfähigen Universalismus? Der universale Anspruch der Menschenrechte äußert sich im Bestreben, die Anerkennung der Menschenrechte weltweit bei allen Menschen durchzusetzen. Die größte Herausforderung liegt darin, die Universalisierung der Menschenrechte ohne missionarische Arroganz voranzubringen.

Dabei steht das Toleranzgebot im Zentrum: Im Namen der Menschenrechte geäußerte transkulturelle Werturteile dürfen im Rahmen des Tolerierbaren nicht in eingreifendes Handeln umgesetzt werden. In diesem zu erduldenden Spannungsbereich darf man zwar verurteilen, jedoch keine Machtmittel zur Durchsetzung des eigenen Urteils anwenden. In der menschenrechtspolitischen Anwendung ist dies der Bereich der Kritik ohne Sanktionen.

Wenn der Dialog scheitert…

Die Toleranz endet dort, wo der kritische Dialog gescheitert ist und die moralische Selbstachtung negiert würde, wenn man nicht versuchte, eingreifend zu handeln. In solchen Fällen stehen schwer wiegende menschenrechtliche Güter auf dem Spiel. Dass es eine solche Grenze der Toleranz gibt, ist offensichtlich. Wo sie genau anzusetzen ist, lässt sich jedoch nicht allgemeingültig festlegen, sondern bedarf der Situationsanalyse, welche immer von subjektiv Handelnden geleistet wird.

In der Praxis heißt dies: Es ist durchaus legitim, beispielsweise gewisse durch die Scharia vorgeschriebene Bestrafungsformen als grausam und unmenschlich, d. h. verboten zu qualifizieren. Nur dürfen menschenrechtliche Universalistinnen und Universalisten nicht erstaunt sein, auf die Abwehrhaltung eines ebenso universal konzipierten religiösen Diskurses zu stoßen. Wenn sich Dialogversuche als aussichtslos herausgestellt haben, so ist es legitim, dass die zuständigen UNO-Gremien aufgefordert werden, auf jene Staaten, welche die Bestrafungsformen der Auspeitschung und der Amputation von Gliedmaßen anwenden, massiven Druck auszuüben mit dem Ziel, diesen Praktiken ein Ende zu setzen. […]

Die Illusion vom universalen Konsens

Die Erfahrung zeigt, dass differenzierte Normen, welche den Anspruch haben, für alle Menschen gültig zu sein, niemals von allen Menschen akzeptiert werden. Dafür sind der menschliche Eigensinn und die Selbstgerechtigkeit, die Macht von Tradition und Religion, aber auch das Interesse an der Aufrechterhaltung von bestehenden Machtbeziehungen zu stark.

Nach: Alex Sutter, Informationsplattform humanrights.ch, 16.8.2010

Aufgaben

1. Erläutern Sie, was unter „dialogfähigem Universalismus" zu verstehen ist. (M)

2. Beurteilen Sie die Möglichkeiten und Grenzen des „dialogfähigen Universalismus".

5.2 Global Governance – Idee und Realität

Leitfragen	Was wird unter Global Governance verstanden?	Wer sind die Akteure von Global Governance?	Welche Ansätze einer „Weltinnenpolitik“ gibt es bereits?	Vor welchen Herausforderungen steht die Umsetzung von Global Governance?

Global Governance als Antwort auf globale Herausforderungen

In den vergangenen Jahrzehnten wurde deutlich, dass die Nationalstaaten ihre Fähigkeit zur wirksamen Steuerung von innergesellschaftlichen und grenzüberschreitenden Entwicklungen immer mehr eingebüßt haben.

Globale Umweltprobleme, internationaler Terrorismus, weltweite Migration oder die Verbreitung von Massenvernichtungswaffen (Proliferation) stellen grenzüberschreitende Probleme dar, die einen **hohen internationalen Regelungsbedarf** haben (→ Kap. 6.2). Grunderkenntnis ist dabei, dass sich bei globalisierten Problemlagen auch die Politik globalisieren müsse.

Global Governance meint das Zusammenwirken von staatlichen und nichtstaatlichen Akteuren von der lokalen bis zur globalen Ebene, eingebettet in eine globale Rechtsordnung. Der Begriff bedeutet ausdrücklich nicht: eine Weltregierung. Global Governance bezeichnet den praktischen Versuch, in einem System geteilter und sich überlappender Souveränitäten politische Steuerungsfähigkeit wiederzuerlangen und Konflikte friedlich zu lösen. Diese neue „Weltordnungspolitik“ zeichnet sich durch mehrere Merkmale aus:

- Eine wirksame globale Problemlösungspolitik setzt auf allen politischen Ebenen an (lokal, regional, national, global).
- Regierungsleistungen werden auf der Ebene erbracht, die dafür am besten geeignet ist (Subsidiaritätsprinzip).
- Die Vernetzung zwischen lokaler, regionaler, nationaler und globaler Ebene wird verstärkt.
- Für die Problemlösung sind neben formellen auch informelle Regelungen von Bedeutung.
- Staatliche, wirtschaftliche und zivilgesellschaftliche Akteure werden einbezogen und arbeiten zusammen.
- Im Sinne der Durchsetzung von Rechtsstaatlichkeit muss ein Konsens über menschenrechtliche Mindeststandards gefunden und von den Akteuren etabliert werden.

Im Zentrum einer Global Governance-Architektur stehen internationale Organisationen wie die Vereinten Nationen, die EU oder die WTO (→ Kap. 2.6.5). Darüber hinaus gewinnen unterhalb einer festen Organisationsform stabile und dynamische multilaterale Abkommen und Konferenzen (internationale Regime), Netzwerke und internationale Ordnungsprinzipien (wie das Völkerrecht) zunehmend an Bedeutung. Diese Institutionen führen zu einer stärkeren Verhaltensverlässlichkeit der Staaten. In Form von Verträgen oder allgemeinen Normen stellen sie notwendige Regeln für die Zusammenarbeit von Staaten bereit. So können sie helfen, Kooperationshindernisse zu überwinden und den Konfliktaustrag zwischen Staaten zu zivilisieren.

Es gibt weder ein einziges Modell oder eine einzige Form der Weltordnungspolitik, noch existiert eine einzige Ordnungsstruktur. Vielmehr handelt es sich um einen dynamischen und vernetzten Prozess der Entscheidungsfindung, der sich angesichts sich verändernder globaler Problemlagen ständig weiterentwickelt.

Ansätze und Akteure von Global Governance

Die internationale Politik zeigt in Zeiten der Globalisierung eine Reihe von Entwicklungen, die wenigstens teilweise den Vorstellungen der

Global Governance-Vordenker nahe kommen. Folgende Akteure gestalten Global Governance:

- **Internationale Organisationen** wurden im Laufe der Jahre für immer mehr grenzüberschreitende Probleme gegründet: von der Internationalen Atomenergieagentur IAEA bis zu den UN-Unterorganisationen für Entwicklung, Bildungsförderung oder Kinderhilfe in Armutsregionen. Ihre Tätigkeit gilt heute vielfach als unverzichtbar.

- Daneben entstanden **regionale Organisationen**, an die Souveränitätsrechte von den beteiligten Nationalstaaten abgetreten wurden und die heute – wie vor allem die EU – als wichtige Akteure der internationalen Politik auftreten.

- Wichtige Akteure sind auch die **Nichtregierungsorganisationen** (NGOs); in Vereinen, Gewerkschaften oder Verbänden organisiert sich die Zivilgesellschaft, um Einfluss auf Entscheidungsprozesse zu nehmen. Ihr Spektrum reicht von weltweit agierenden Organisationen wie Greenpeace oder Amnesty International bis zu lokalen Umweltgruppen. NGOs spielen eine wichtige Rolle im Bereich der Interessenartikulation und sind durch ihren oft niedrigen Organisationsgrad und ihre Verankerung in der Zivilgesellschaft für viele Hoffnungsträger einer mehr bürgerorientierten, demokratischeren Weltgesellschaft.

- Als institutioneller Rahmen für die Zusammenarbeit von Nationalstaaten wurden **internationale Netzwerke** geschaffen. Ein besonders bekanntes Beispiel ist der alljährlich stattfindende Weltwirtschaftsgipfel der G8-Staaten – der weltweit acht wichtigsten Industriestaaten –, bei dem im informellen Meinungsaustausch weltwirtschaftliche Probleme und drängende Sicherheitsfragen thematisiert werden. Ein Beispiel für ein Netzwerk von NGOs ist das **Weltsozialforum**, das mit seinen Aktivitäten versucht, die Öffentlichkeit in den Industriestaaten für die Probleme des armen Teils der Welt zu sensibilisieren.

- Neben der Zusammenarbeit internationaler Organisationen innerhalb einer festen Organisationsform gewinnen multilaterale Konferenzen und Abkommen zunehmend an Bedeutung (internationale Regime). **Internationale Regime** entwickeln in der Zusammenarbeit der beteiligten Akteure Prinzipien, Normen, Regeln und Entscheidungsverfahren für bestimmte globale Herausforderungen wie etwa den Klimawandel (z. B. Kyoto-Protokoll) oder die Abrüstung (z. B. NPT). Ein internationales Regime ist auf die Bereitschaft der Beteiligten angewiesen, die vereinbarten Verhaltensregeln anzuerkennen, da es die Einhaltung dieser Regeln aufgrund einer fehlenden institutionellen Organisationsstruktur (z. B. keine eigene Gerichtsbarkeit) nicht erzwingen kann.

Basiswissen Schule, Politik Wirtschaft, Duden 2012, S. 459

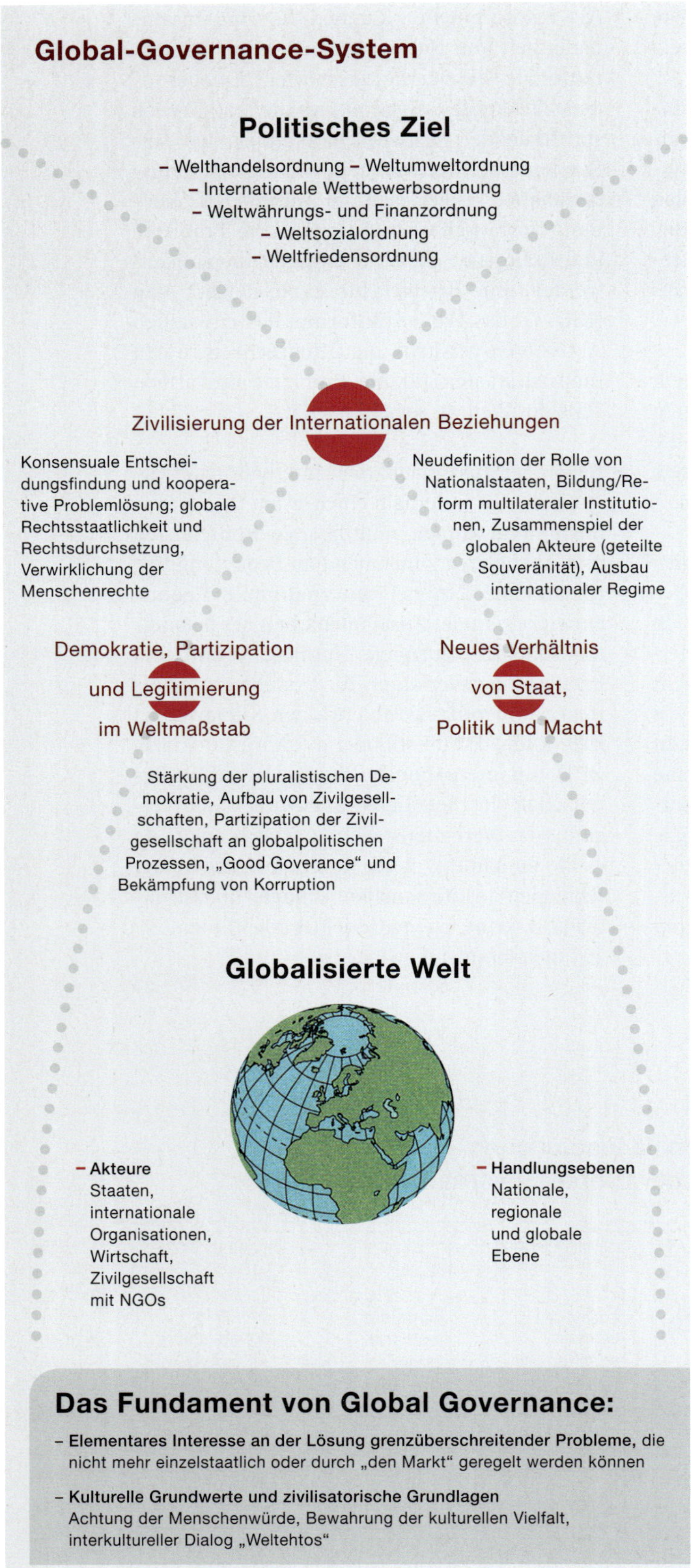

- Ein weiterer Schritt auf dem Weg zu Global Governance ist die Entwicklung einer **internationalen Gerichtsbarkeit** (→ Kap. 6.5.1).

- Durch den gestiegenen internationalen Handel mit Waren und Dienstleistungen und die Möglichkeiten einer modularen Produktionsweise hat sich in den vergangenen Jahrzehnten auch die Zahl und Bedeutung **multinationaler Unternehmen** stark erhöht (→ Kap. 2.6.3). Zurzeit existieren etwa 78.000 dieser Unternehmen mit rund 780.000 ausländischen Tochterfirmen. Sie wickeln einen großen Teil des Welthandels ab und sind so zu wichtigen Akteuren im Prozess der Globalisierung geworden.

Probleme von Global Governance

Skepsis von Wissenschaftlern und Politikern im Hinblick auf die Chancen von Global Governance stützt sich sowohl auf die bisherigen Erfahrungen mit der Wirksamkeit internationaler Institutionen als auch auf grundsätzliche Erwägungen. Besonders in den „harten“ Bereichen internationaler Politik, in denen vitale Interessen von Nationalstaaten berührt werden, blockieren große Mächte wie die USA, Russland oder China oft ein rasches und energisches Vorgehen von internationalen Organisationen bei der Lösung von globalen oder regionalen Problemen. So leidet die Lösungskompetenz der UNO bei internationalen Krisen an der häufigen Uneinigkeit der Vetomächte im Sicherheitsrat (→ Kap. 6.3.2).

Zentrales Problem einer auf der Selbstkoordination der Staaten beruhenden Global Governance-Architektur bleibt einerseits der Mangel an Entscheidungsfähigkeit und andererseits die Umsetzung von Entscheidungen. So sind einstimmig zu treffende Entscheidungen in großen multilateralen Verhandlungssystemen nur schwer herbeizuführen – und die Umsetzung einmal getroffener Entscheidungen hängt ganz vom Willen der Nationalstaaten ab. Da es kein internationales Gewaltmonopol gibt, können vor allem mächtige Staaten nicht gezwungen werden, internationale Vereinbarungen auch einzuhalten. Auch die Legitimation zivilgesellschaftlicher Akteure - der NGOs - zur allgemein verbindlichen Regelung von politischen Problemen ist umstritten. Es wird kritisiert, dass besonders aktive und engagierte Vertreter sich selbst das Mandat zur Vertretung gesamtgesellschaftlicher Anliegen erteilen und nicht von der Bevölkerung legitimiert sind.

Zudem zeigt die Praxis globaler zivilgesellschaftlicher Aktivitäten wie z.B. des Weltsozialforums, dass angesichts der unüberschaubaren Zahl von Teilnehmern mit unterschiedlichen Interessen und Zielvorstellungen eine einheitliche Beschlussfindung nur schwer möglich ist.

Aufgaben

1. Formulieren Sie in Gruppen eigene Definitionen von Global Governance und halten Sie diese auf einem Plakat fest. Einigen Sie sich anschließend auf eine gemeinsame Definition.

2. Erläutern Sie die Probleme von Global Governance.

3. Beurteilen Sie das Konzept von Global Governance. Wo liegen aus Ihrer Sicht die Stärken, wo die Schwächen des Konzepts?

M 1 NGOs in der Diskussion

Pro	Kontra
• NGOs haben das Privileg und die Funktion, die eingespielten Routinen der Politik durch Protest und Provokation zu stören, in Bewegung zu halten, Gegenöffentlichkeit zu erzeugen und Gegenmacht aufzubauen. • Die NGOs fungieren als Sensoren der Gesellschaft, greifen vernachlässigte Themen auf und konfrontieren das politische System mit einem Reformdruck von unten. Sie setzen die Politik unter Handlungs- und Legitimationsdruck. • NGOs tragen zur Zerkleinerung der „großen Politik" bei und können sich leisten, über den kurzen Zeithorizont von Wahlterminen hinauszuschauen und Vorschläge zu unterbreiten, die aus machtpolitischen Gründen tabuisiert werden. • Die NGOs konfrontieren die Welt der Sachzwänge und scheinbar unveränderbaren Systemlogiken oft mit der Welt des Wünschbaren, mit der Utopie einer besseren Welt – und können so zuweilen zumindest Nachdenklichkeit bewirken und Denkanstöße geben. • NGOs tragen dazu bei, das soziale und moralische Kapital einer Gesellschaft zu mobilisieren; sie bringen zum Ausdruck, dass es neben Individualisierungs- und Entsolidarisierungstendenzen auch noch Bedürfnisse nach erlebbarer Gemeinschaft und kreativer Betätigung im Gemeinwesen gibt. Sie holen gewissermaßen die Politik in die Gesellschaft zurück.	• Die NGOs greifen oft punktuell Problemfelder auf und erarbeiten sich in diesen Feldern beachtliche Sachkompetenz, berücksichtigen aber bei dieser Engführung die Interdependenzen zwischen Politik- und Problemfeldern nicht hinreichend. Auch NGOs leiden häufig an einer Kurzsichtigkeit, die sie der Politik anzulasten pflegen, weil sie die Wirkungen ihrer Aktivitäten auf andere Problemfelder ausblenden. Ihr Erfolg beruht auch auf dem Privileg, sich nicht um den Ausgleich von Zielkonflikten kümmern und Entscheidungen treffen zu müssen. • Die NGOs haben zwar die kommunikative Infrastruktur der Gesellschaft verbreitert und zur Rückbindung der Politik in die Gesellschaft beigetragen. Manche neigen allerdings, weil sie auf die Schaffung von Öffentlichkeit über die Medienpräsenz setzen, zu einer „Skandalisierung" der Politik. Statt komplizierte Sachverhalte verständlich zu machen und Lösungswege aufzuzeigen, werden Skandale medienwirksam inszeniert. • Größere NGOs haben innere Demokratie- und Legitimationsdefizite; statt auf Wählerfang gehen sie auf Spendenfang. Die Zustimmung zu ihrer Arbeit über Spenden hinterlässt ein Legitimationsvakuum: In wessen Namen und für wie viele Menschen sprechen die NGO-Funktionäre? Es gibt eine wachsende Gruppe professionalisierter NGOs, die kaum über aktive Mitstreiter verfügen, sondern auf der Grundlage von Spendengeldern Lobbyarbeit für dieses oder jenes Anliegen betreiben. Wie steht es um die innerorganisatorische Demokratie?

Nach: Franz Nuscheler: www.oneworld.at/ngo-conference/discussion/nuscheler.htm, 12.12.2002

M 2 Global Governance: Idee und Perspektiven

1. Global Governance heißt nicht Global Government, also Weltregierung oder Weltstaat. Ein solcher ist weder eine realistische noch eine erstrebenswerte Option, weil eine solche bürokratische Superbehörde kaum demokratische Legitimation gewinnen könnte und weit entfernt von den zu lösenden Problemen wäre. [...] Der Globalisierungsdruck befördert eher die Aufwertung regionaler Organisationen als Schutz- und Trutzbündnisse und mobilisiert auf nationaler und lokaler Ebene das Bedürfnis nach autonomen Handlungsspielräumen. [...] Die Vision von Global Governance entspricht eher der bereits von Immanuel Kant anvisierten Weltföderation von freien Republiken mit einem notwendigen Minimum an Zentralstaatlichkeit. [...]

2. Global Governance beruht auf verschiedenen Formen und Ebenen der internationalen Koordination, Kooperation und kollektiven Entscheidungsfindung. Internationale Organisationen übernehmen diese Koordinationsfunktion und tragen zur Herausbildung globaler Sichtweisen bei. Regime übersetzen den Willen zur Kooperation

in verbindliche Regelwerke. In solchen Regimen verpflichten sich die Staaten durch vertragliche Vereinbarungen zur Bearbeitung von gemeinsamen Problemen. Sie wurden zutreffend als Kernelemente von „governance without government“ bezeichnet. Auch Hegemone lassen sich auf solche Regime ein, weil sie etwas regeln, was ihnen für das eigene Wohlergehen wichtig ist und was sie nicht allein regeln können.

3. Der Zwang zur Kooperation verlangt (dabei) Souveränitätsverzichte, die Globalisierungseffekte und Interdependenzstrukturen schon längst erzwungen haben. Auch die Großmächte müssen sich, um sich als kooperationsfähig zu erweisen, mit „geteilten Souveränitäten“ abfinden, die – wie das Beispiel der EU zeigt – einen Zugewinn an gemeinsamer Handlungs- und Problemlösungsfähigkeit bewirken können. [...]

4. [...] Die Gleichzeitigkeit von Globalisierung und Regionalisierung und von Globalisierung und Lokalisierung („Glokalisierung“) gehört zu den strukturbildenden Entwicklungstrends von Weltgesellschaft und Weltpolitik. In allen Regionen formieren sich mehr oder weniger erfolgreiche Kooperations- oder Integrationszonen, wobei die EU das am weitesten entwickelte Modell von Regional Governance bildet. Global Governance muss auf solchen regionalen Kooperationskernen aufbauen und sie als organisatorischen Unterbau nutzen, weil das Subsidiaritätsprinzip auch im globalen Kontext sinnvoll bleibt und dem Aufbau teurer, aber ineffizienter bürokratischer Wasserköpfe vorbeugen kann.

5. Global Governance ist kein Projekt, an dem nur Regierungen oder internationale Organisationen als Instrumente der Staatenwelt beteiligt sind. Das Neue des Konzepts [...] liegt nicht nur in einem Mehr an staatlich organisiertem Multilateralismus, sondern im „Zusammenwirken von staatlichen und nichtstaatlichen Akteuren von der lokalen bis zur globalen Ebene“. Diese „public-private partnership“ in horizontal und vertikal vernetzten Strukturen bezieht sich nicht nur auf die wachsende Bedeutung von global operierenden „Multis“ und Medienkonzernen, die die globale Telekommunikation kontrollieren, sondern auch auf die zunehmend transnational organisierten Nichtregierungsorganisationen (NGOs). Sie gehören längst zur Dramaturgie von Weltkonferenzen und erhielten in einzelnen „weichen“ Politikbereichen (Umwelt-, Menschenrechts- und Entwicklungspolitik) neben der konsultativen und korrektiven auch eine mitgestaltende Funktion. Sie profilierten sich als „Globalisierungswächter“. [...]

Die Nationalstaaten bleiben die Hauptakteure der internationalen Politik, die weiterhin allein autoritative Entscheidungen treffen und durchsetzen können, und bilden die tragenden Pfeiler der Global Governance-Architektur. Sie ist aber ohne netzwerkartige Verstrebungen mit der Wirtschafts- und Gesellschaftswelt nicht mehr tragfähig. „Public-private partnership“ bedeutet, dass der Staat in Kooperation mit gesellschaftlichen Gruppen gemeinsame Problemlösungen erarbeiten muss.

Franz Nuscheler, Rhetorik und Praxis von Global Governance, in: Österreichisches Studienzentrum für Frieden und Konfliktlösung (Hg.), Globale Armutsbekämpfung – ein Trojanisches Pferd? Auswege aus der Armutsspirale oder westliche Kriegsstrategien? Münster 2009, S. 307ff.

Aufgaben

1. Führen Sie ausgehend von M 1 eine Podiumsdiskussion zur Frage „Haben NGOs einen zu großen Einfluss auf die internationale Politik?“ durch.
2. Erläutern Sie, welche Entwicklungen das Konzept des Global Governance gefördert haben. (M 2)

Sachregister

G

H

I

J

K

N

O

P

Q

R

W

Z

Hinweise zur Bearbeitung der Aufgaben

Anforderungsbereich I (Reproduktion)	
Er verlangt in erster Linie das Wiedergeben und Darstellen von fachspezifischen Sachverhalten aus einem abgegrenzten Gebiet und im gelernten Zusammenhang unter reproduktivem Benutzen geübter Arbeitstechniken.	
Operator(en)	**Definition**
aufzählen / nennen / wiedergeben / zusammenfassen	Kenntnisse (Fachbegriffe, Daten, Fakten, Modelle) und Aussagen in komprimierter Form unkommentiert darstellen
benennen / bezeichnen	Sachverhalte, Strukturen und Prozesse begrifflich präzise aufführen
beschreiben / darlegen / darstellen	Wesentliche Aspekte eines Sachverhaltes im logischen Zusammenhang unter Verwendung der Fachsprache wiedergeben

Anforderungsbereich II (Reorganisation und Transfer)	
Er fordert das selbstständige Erklären, Bearbeiten und Ordnen bekannter fachspezifischer Inhalte und das angemessene Anwenden gelernter Inhalte und Methoden auf andere Sachverhalte.	
Operator(en)	**Definition**
analysieren	Materialien und Sachverhalte kriterienorientiert oder aspektgeleitet erschließen, in systematische Zusammenhänge einordnen und Hintergründe und Beziehungen herausarbeiten
auswerten	Daten und Einzelergebnisse zu einer abschließenden Gesamtaussage zusammenführen
charakterisieren	Sachverhalte in ihren Eigenarten beschreiben und diese dann unter einem bestimmten Gesichtspunkt zusammenführen
einordnen	Eine Position zuordnen oder einen Sachverhalt in einen Zusammenhang stellen
erklären	Sachverhalte durch Wissen und Einsichten in einen Zusammenhang (Theorie, Modell, Regel, Gesetz, Funktionszusammenhang) einordnen und deuten
erläutern	Wie erklären, aber durch zusätzliche Informationen und Beispiele verdeutlichen
herausarbeiten / ermitteln / erschließen	Aus Materialien bestimmte Sachverhalte herausfinden, auch wenn sie nicht explizit genannt werden, und Zusammenhänge zwischen ihnen herstellen
interpretieren	Sinnzusammenhänge aus Materialien erschließen
vergleichen	Sachverhalte gegenüberstellen, um Gemeinsamkeiten, Ähnlichkeiten und Unterschiede herauszufinden
widerlegen	Argumente anführen, dass Daten, eine Behauptung, ein Konzept oder eine Position nicht haltbar sind

Anforderungsbereich III (Reflexion und Problemlösung)	
Er umfasst den reflexiven Umgang mit neuen Problemstellungen, den eingesetzten Methoden und gewonnenen Erkenntnissen, um zu Begründungen, Folgerungen, Beurteilungen und Handlungsoptionen zu gelangen.	
Operator(en)	**Definition**
begründen	Zu einem Sachverhalt komplexe Grundgedanken unter dem Aspekt der Kausalität argumentativ und schlüssig entwickeln
beurteilen	Den Stellenwert von Sachverhalten oder Prozessen in einem Zusammenhang bestimmen, um kriterienorientiert zu einem begründeten Sachurteil zu gelangen
bewerten / Stellung nehmen	Wie beurteilen, aber zusätzlich mit Reflexion individueller und politischer Wertmaßstäbe, die Pluralität gewährleisten und zu einem begründeten eigenen Werturteil führen
entwerfen	Ein Konzept in seinen wesentlichen Zügen erstellen
entwickeln	Zu einem Sachverhalt oder zu einer Problemstellung ein konkretes Lösungsmodell, eine Gegenposition, ein Lösungskonzept oder einen Regelungsentwurf begründend skizzieren
erörtern	Zu einer vorgegebenen Problemstellung eine reflektierte, kontroverse Auseinandersetzung führen und zu einer abschließenden, begründeten Bewertung gelangen
gestalten	Produktorientierte Bearbeitung von Aufgabenstellungen. Dazu zählen unter anderem das Entwerfen von eigenen Reden, Strategien, Beratungsskizzen, Karikaturen, Szenarien, Spots und von anderen medialen Produkten sowie das Entwickeln von eigenen Handlungsvorschlägen und Modellen
problematisieren	Widersprüche herausarbeiten, Positionen oder Theorien begründend hinterfragen
prüfen / überprüfen	Inhalte, Sachverhalte, Vermutungen oder Hypothesen auf der Grundlage eigener Kenntnisse oder mithilfe zusätzlicher Materialien auf ihre sachliche Richtigkeit bzw. auf ihre innere Logik hin untersuchen
sich auseinander setzen / diskutieren	Zu einem Sachverhalt, zu einem Konzept, zu einer Problemstellung oder zu einer These etc. eine Argumentation entwickeln, die zu einer begründeten Bewertung führt

Einheitliche Prüfungsanforderungen in der Abiturprüfung Sozialkunde/Politik, Beschluss der Kultusministerkonferenz vom 1.12.1989 i. d. F. vom 17.11.2005, S. 17f.

Bildnachweis

Archiv für Kunst und Geschichte, Berlin – S. 418;

Baaske Cartoons – Dieter Hanitzsch, Müllheim – S. 44; Baaske Cartoons – Peter Kaczmarek, Müllheim – S. 171; Baaske Cartoons / Gerhard Mester, Müllheim – S. 396, 444, 510; Baaske Cartoons / Thomas Plaßmann, Müllheim – S. 8 (2), 30, 40, 67, 84, 145, 180; Baaske Cartoons / Erich Rauschenbach, Müllheim – S. 62; Bergmoser + Höller Verlag, Aachen – S. 20, 155, 167, 170, 274, 275 (2), 294, 310, 327, 328, 341, 349, 356, 358, 362, 364, 383, 387, 395, 402, 405, 472, 473, 476, 484, 487, 498, 506, 509; Christine Betz, Zapfendorf – S. 370; Bildarchiv Mauritius / Edmund Nägele, Mittenwald – S. 370; Bundesamt für Sicherheit in der Informationstechnik, Bonn – S. 179; Bundesministerium für wirtschaftliche Zusammenarbeit und Entwicklung, Berlin – S. 508; Bundesverband Deutsche Tafel e.V., Berlin – S. 80; Bundeszentrale für politische Bildung, Bonn - S. 25, 188, 189, 392; Bündnis 90 / Die Grünen - Bundesgeschäftsstelle, Berlin – S. 244;

Das Fraunhofer-Institut für System- und Innovationsforschung ISI, Karlsruhe – S. 194; Der Spiegel, Hamburg – S. 123; dpa Infografik, Frankfurt – S. 17, 29, 48, 59, 79, 111, 120, 125, 131 (2), 132, 134, 135, 142, 143, 151, 152, 154, 157, 162, 164, 182, 198, 201, 297, 313, 338, 346, 371, 386, 399, 432, 433, 446, 451, 454, 461, 462, 474, 485, 496, 514; dpa Picture-Alliance, Frankfurt – S. 88 (2), 282; dpa Picture-Alliance / akg-images, Frankfurt – S. 105, 252, 374; dpa Picture-Alliance / J.W. Alker, Frankfurt – S. 282; dpa Picture-Alliance / bifab, Frankfurt – S. 254; dpa Picture-Alliance / Malte Christians, Frankfurt – S. 282; dpa Picture-Alliance / Heirler, Frankfurt – S. 263; dpa Picture-Alliance / Landov Xinhua, Frankfurt – S. 370; dpa Picture-Alliance / Bodo Marks, Frankfurt – S. 282; dpa Picture-Alliance / PHOTOPQR SUDQUEST, Lartique Stephane, Frankfurt – S. 8; dpa Picture-Alliance / Stefan Puchner, Frankfurt – S. 252; dpa Picture-Alliance / Patrick Seeger, Frankfurt – S. 47; dpa Picture-Alliance / ZB, Stefan Sauer, Frankfurt – S. 282; dpa Picture-Alliance / ZB, Matthias Tödt, Frankfurt – S. 370;

Fotolia – S. 290;

Horst Haitzinger, München – S. 88, 160, 213, 318; http://www.bundeswehr.de – S. 491; http://www.du-bist-deutschland.de – S. 106; http://www.wikipedia.de – S. 46, 101, 195, 262, 370; http://www.wikipedia.de / Beck-GroeberKleine – S. 54; http://www.wikipedia.de / J. Patrick Fischer – S. 252;

ifo - Institut für Wirtschaftsforschung an der Universität München e.V., München – S. 117; Institut der deutschen Wirtschaft, Köln – S. 121; Institut für Demoskopie Allensbach – Gesellschaft zum Studium der öffentlichen Meinung mbH, Allensbach – S. 154; Institut für Ökonomische Bildung, Oldenburg – S. 90; IPON / Stefan Boness, Berlin – S. 282; iStockphoto / Leonsbox – S. 370;

Le monde diplomatique, Atlas der Globalisierung 2012, S. 53 – S. 457;

Max-Planck-Gesellschaft, München – S. 95; Dirk Meissner, Köln – S. 97; Luis Murschetz, München – S. 171, 410;

Roger Schmidt, Brunsbüttel – S. 88; Oliver Schopf, Wien – S. 305; Reiner Schwalme, Krausnick - Groß-Wasserburg – S. 180; Sinus Markt- und Sozialforschung GmbH, Heidelberg – S. 74; Stadtarchiv Graz / Foto: Fischer, Graz – S. 47; Statistisches Bundesamt, Wiesbaden – S. 28, 212, 229; Klaus Stuttmann, Berlin – S. 104, 285, 291, 428;

Thinkstock / Getty ImagesPhoto.com – S. 101; Thinkstock / iStockphoto – S. 8; Thinkstock / Jupiterimages – S. 8; Thomson Reuters / Kasperski, Berlin – S. 88;

Ullstein-Bild, Berlin – S. 137; Ullstein-Bild / Archiv Gerstenberg, Berlin – S. 262; Ullstein-Bild / Financial Times, Berlin – S. 138; Ullstein-Bild / Lebrecht Music & Arts, Berlin – S. 268; Ullstein-Bild / Reuters, Berlin – S. 88; Ullstein-Bild / Roger Viollet, Berlin – S. 267;

VG Bild-Kunst / © Succession Picasso Bonn 2013 – S. 418;

Wildner + Designer, Fürth – S. 370.